朔州市金融誌

《朔州市金融志》编纂委员会　编

中国金融出版社

责任编辑：亓　霞
责任校对：潘　洁
责任印制：程　颖

图书在版编目(CIP)数据

朔州市金融志 / 《朔州市金融志》编纂委员会编. — 北京：中国金融出版社，2020.12

ISBN 978-7-5220-0981-0

Ⅰ.①朔… Ⅱ.①朔… Ⅲ.①地方金融事业 — 概况 — 朔州 Ⅳ.①F832.725.3

中国版本图书馆CIP数据核字（2020）第270410号

朔州市金融志
SHUOZHOU SHI JINRONGZHI

出版发行 中国金融出版社
社址 北京市丰台区益泽路2号
市场开发部 (010) 66024766，63805472，63439533 (传真)
网 上 书 店 www.cfph.cn
(010) 66024766，63372837 (传真)
读者服务部 (010) 66070833，62568380
邮编 100071
经销 新华书店
印刷 河北松源印刷有限公司
尺寸 210毫米×285毫米
印张 58.75
插页 16
字数 1632千
版次 2021年12月第1版
印次 2021年12月第1次印刷
定价 390.00元
ISBN 978-7-5220-0981-0

新城（朔县）鼓铸货币及出土钱币

新城（鼓铸）布（朔县出土）

辛城（新城）（鼓铸）布（朔县出土）

辛城布（阳高出土）

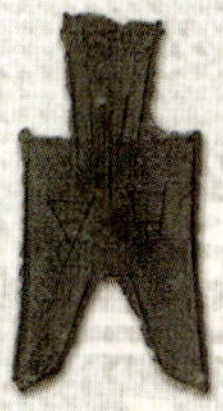
辛城（新城）布（朔县出土）

宋子三孔布（正面、背面）（朔县出土）

文阳布

明刀

秦半两

汉五铢

大泉五十

永安五铢

常平五铢

周元通宝

大观通宝

咸丰重宝（正面、背面）

大清铜币

光绪元宝

平鲁区出土的钱币

戈布（正面、背面）

货布

唐代窑藏金廷、金饼

怀仁县出土的钱币

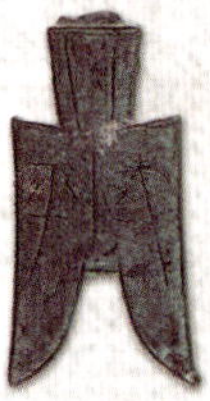
武平布

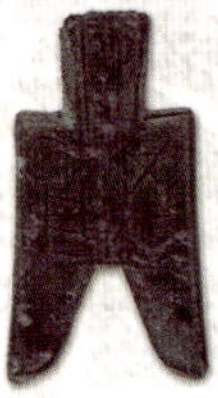
晋阳布

中都布

梁布

长子布

襄垣布

明刀

次布九百

山阴县出土的钱币

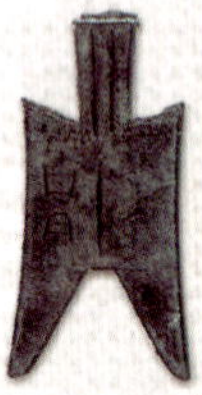
甘丹布

平阳布

离石布
（正面、背面）

汉五铢铜钱范

唐开元通宝

后蜀
广政通宝

辽
统和元宝

北宋
靖康元宝

北宋
宣和通宝

北宋
天禧通宝

元代
至正通宝

右玉县出土的钱币

安邑二釿布
（正面、背面）

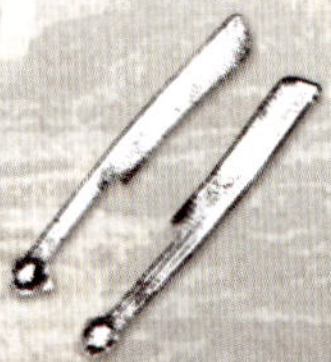
刀币

大元通宝

应县出土的钱币

北宋宣和通宝

北宋政和通宝
（正面、背面）

明佈告 清钱帖

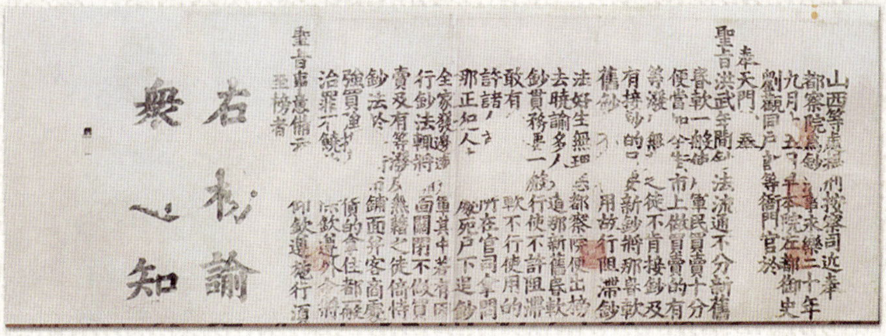

明朝永乐二十年钞法佈告（应县）

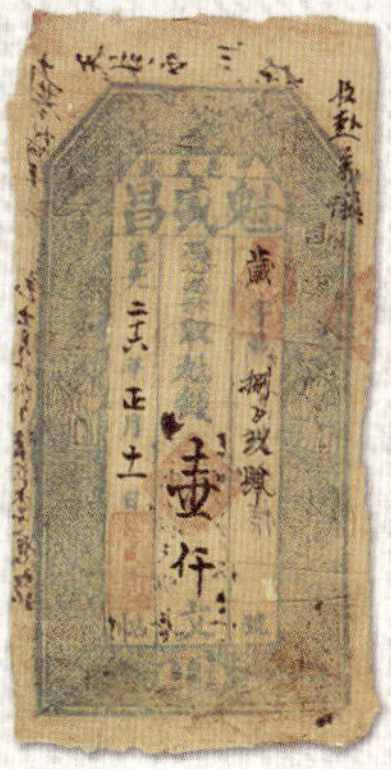

清朝壹仟文钱帖（山阴）

民国时期朔州印制流通的纸币

山西省银行银元券

山西省银行铜元券

晋绥地方铁路银号

朔州辖区洪涛山革命根据地命名的洪涛印刷厂印制的西农币

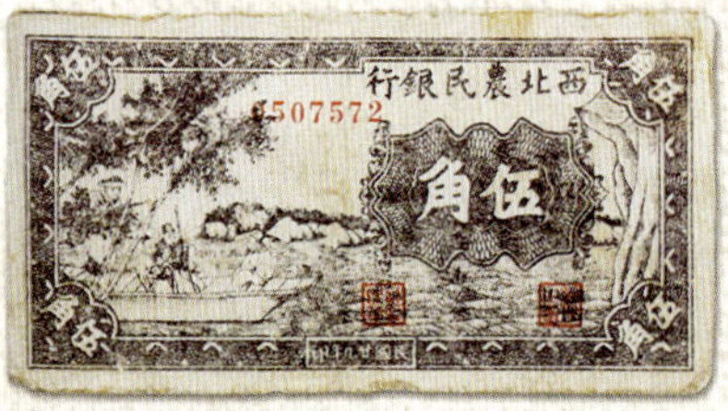

民国二十九年（1940年） 伍角

民国二十九年（1940年）伍分

民国二十九年（1940年） 贰圆

民国二十九年（1940年） 壹圆

民国三十年（1941年） 伍圆

民国三十二年（1943年） 伍拾圆

民国三十二年（1943年） 壹百圆

民国三十四年（1945年）拾圆

民国三十五年（1946年） 伍百圆

民国三十六年（1947年） 贰仟圆

民国三十六年（1947年） 壹萬圆

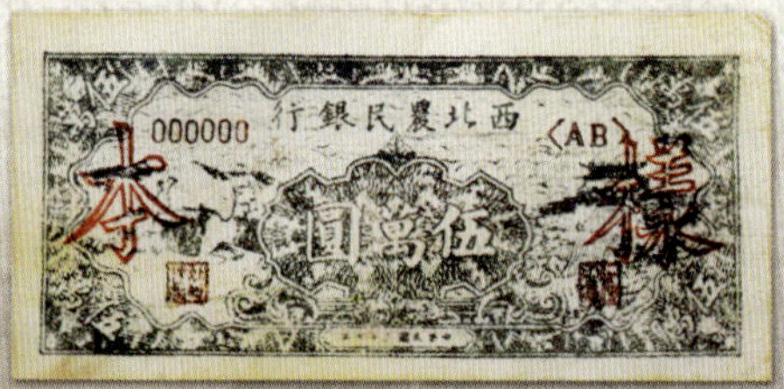

民国三十七年（1948年） 伍萬圆

朔县发行流通的纸币

山西省银行在朔县发行流通的货币

朔县义聚隆当贰角

朔县义聚隆当壹角

裕丰兑换券

平鲁发行流通的纸币

平鲁堡子沟德聚店

应县发行流通的纸币

应县广钰成

应县义合长

怀仁发行流通的纸币

怀仁大德裕钱帖

山阴县发行流通的纸币

山阴岱岳调剂金融兑换券

山阴县安薛水利信用合作券

晋北盐业银号

山阴万成德

山阴岱岳聚和惠当

山阴县相顺成

山阴岱岳晋源永

山阴县农民贷借合作社

山阴岱岳万升永

第一套人民币

第二套人民币

第三套人民币

第四套人民币

第五套人民币

国库券

1954年、1955年国家经济建设公债

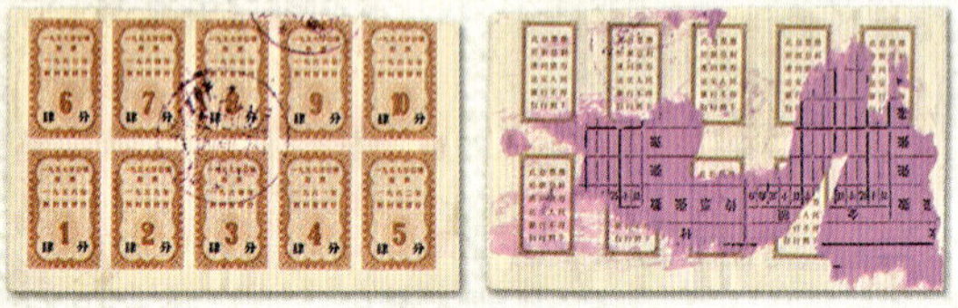

公债息票

国家经济建设公债

1981年国库券

1987年国库券伍圆

1988年国家建设债券

1989年保值公债

1995年国库券伍仟圆

实物票证及储蓄存单

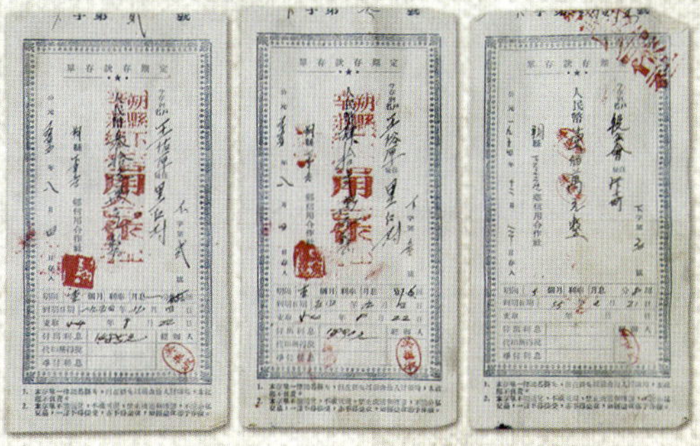

1954年朔县信用合作社定期存单

1958年朔县信用合作社定额储蓄存单

1958年山西省商业厅发布棉布购买券

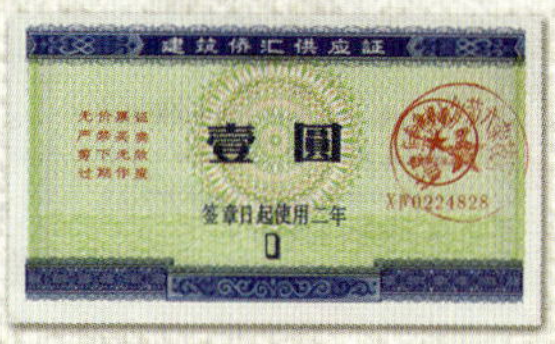

建筑侨汇供应证

1959年中国人民银行山阴县支行
发行定额活期有奖储蓄存单

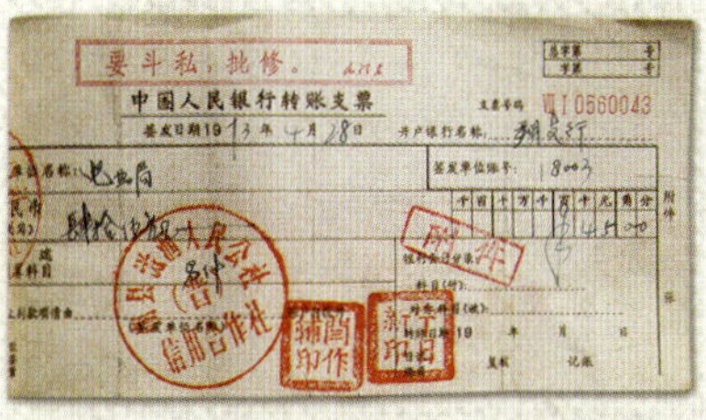

1973年朔县信用合作社转账支票

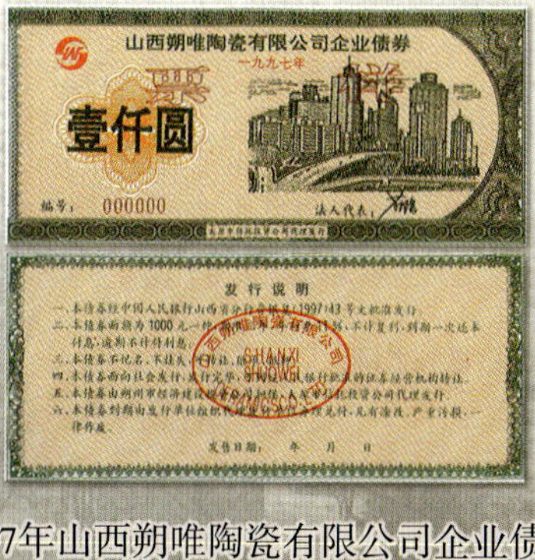

1997年山西朔唯陶瓷有限公司企业债券

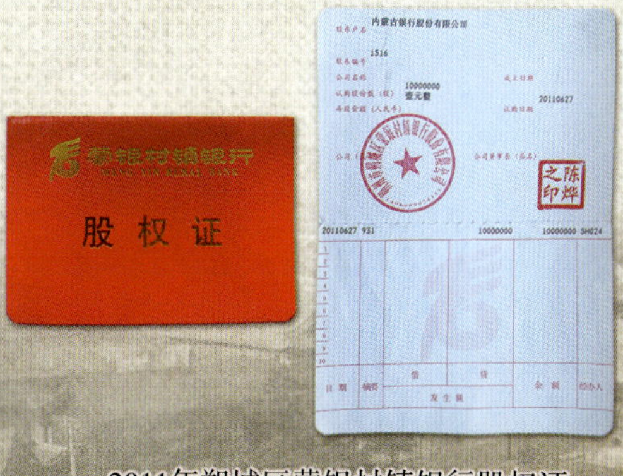

2011年朔城区蒙银村镇银行股权证

纪念币（钞）

1988年，中国人民银行
成立40周年纪念币（建行币）

1998年，中国珍稀野生动物——褐马鸡纪念币

1999年，中华人民共和国
成立50周年纪念钞（建国钞）

2000年，迎接新世纪
纪念钞（龙钞）

2008年，第29届奥林匹克
运动会纪念钞（奥运钞）

2010年，云冈石窟圆形金银纪念币
（金币图案为云冈石窟坐佛头部造型，面额200元；
银币图案为云冈石窟莲花与飞天造型，面额20元）

2012年，五台山圆形金银纪念币
（金币图案为菩萨顶景观造型，面额100元；
银币图案为文殊菩萨，面额20元）

2015年，中国航天
纪念钞（航天钞）

2018年，人民币发行70周年
纪念钞（70钞）

2019年，世界遗产（平遥古城）
金银纪念币

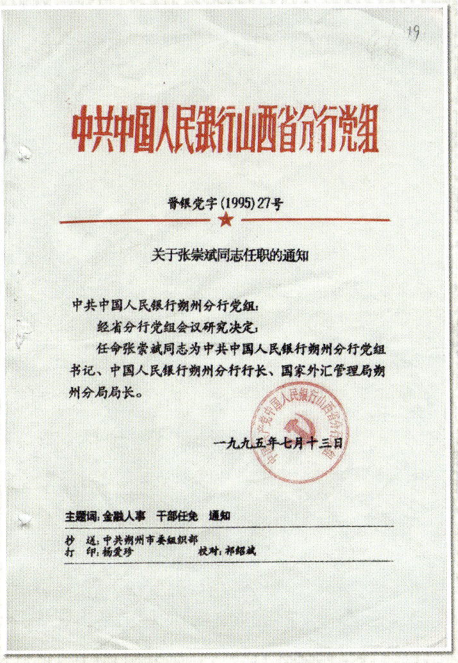
19

中共中国人民银行山西省分行党组

晋银党字(1995)27号

关于张崇斌同志任职的通知

中共中国人民银行朔州分行党组：

经省分行党组会议研究决定：

任命张崇斌同志为中共中国人民银行朔州分行党组书记、中国人民银行朔州分行行长、国家外汇管理局朔州分局局长。

一九九五年七月十三日

主题词：金融人事　干部任免　通知

抄　送：中共朔州市委组织部

打　印：杨爱珍　　校对：郝绍斌

1995年，张崇斌同志任职
人行朔州分行党组书记、行长文件

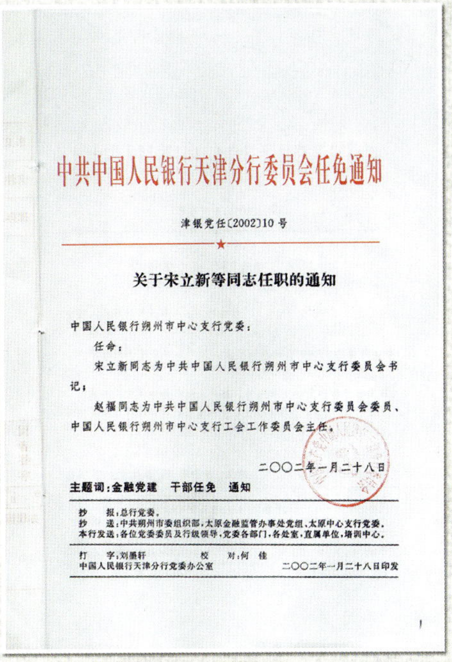
中共中国人民银行天津分行委员会任免通知

津银党任〔2002〕10号

关于宋立新等同志任职的通知

中国人民银行朔州市中心支行党委：

任命：

宋立新同志为中共中国人民银行朔州市中心支行委员会书记；

赵福同志为中共中国人民银行朔州市中心支行委员会委员、中国人民银行朔州市中心支行工会工作委员会主任。

二〇〇二年一月二十八日

主题词：金融党建　干部任免　通知

抄　报：总行党委。
抄　送：中共朔州市委组织部，太原金融监管办事处党组、太原中心支行党委。
本行发送：各位党委委员及行级领导，党委各部门，各处室，直属单位，培训中心。

打　字：刘墨轩　　校　对：何　佳
中国人民银行天津分行党委办公室　　二〇〇二年一月二十八日印发

2002年，宋立新同志任职
人行朔州市中支党委书记文件

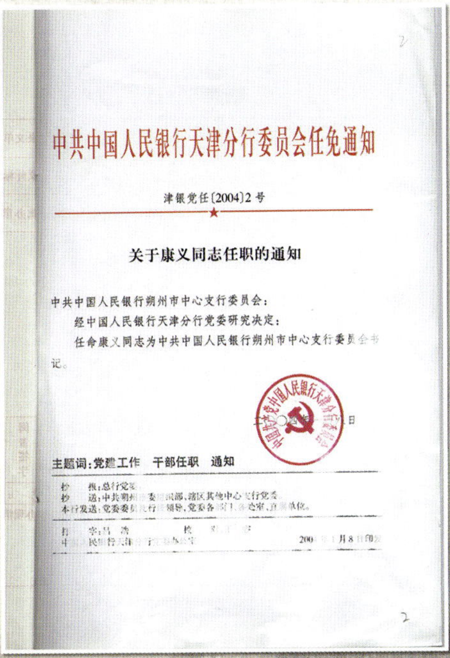
中共中国人民银行天津分行委员会任免通知

津银党任〔2004〕2号

关于康义同志任职的通知

中共中国人民银行朔州市中心支行委员会：

经中国人民银行天津分行党委研究决定：

任命康义同志为中共中国人民银行朔州市中心支行委员会书记。

[illegible]日

主题词：党建工作　干部任职　通知

抄　报：总行党委。
抄　送：中共朔州市委[illegible]部，辖区其他中心支行党委。
本行发送：党委委员[illegible]领导，党委各部门，各处室，直属单位。

打　字：[illegible]　　校　对：[illegible]
中[illegible]民银行天津分行党委办公室　　200[illegible]年1月8日印发

2004年，康义同志任职
人行朔州市中支党委书记文件

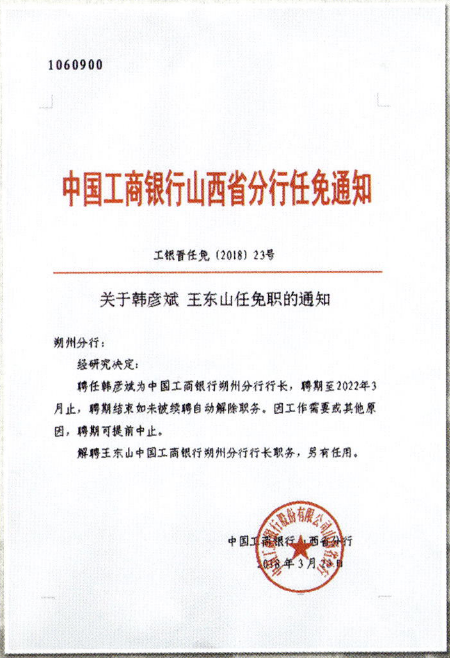
1060900

中国工商银行山西省分行任免通知

工银晋任免〔2018〕23号

关于韩彦斌 王东山任免职的通知

朔州分行：

经研究决定：

聘任韩彦斌为中国工商银行朔州分行行长，聘期至2022年3月止，聘期结束如未被续聘自动解除职务。因工作需要或其他原因，聘期可提前中止。

解聘王东山中国工商银行朔州分行行长职务，另有任用。

中国工商银行山西省分行
2018年3月2[illegible]日

2018年，韩彦斌同志任职
工行朔州分行行长文件

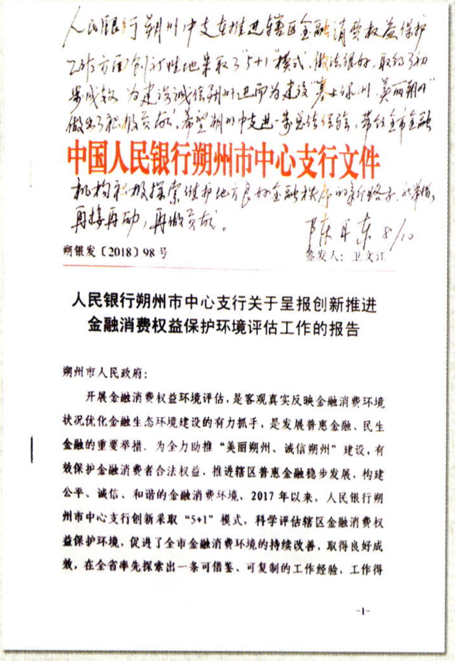

中国人民银行朔州市中心支行文件

朔银发〔2018〕98号 签发人：卫文江

人民银行朔州市中心支行关于呈报创新推进金融消费权益保护环境评估工作的报告

朔州市人民政府：

开展金融消费权益环境评估，是客观真实反映金融消费环境状况优化金融生态环境建设的有力抓手，是发展普惠金融、民生金融的重要举措。为全力助推"美丽朔州、诚信朔州"建设，有效保护金融消费者合法权益，推进辖区普惠金融稳步发展，构建公平、诚信、和谐的金融消费环境，2017年以来，人民银行朔州市中心支行创新采取"5+1"模式，科学评估辖区金融消费权益保护环境，促进了全市金融消费环境的持续改善，取得良好成效，在全省率先探索出一条可借鉴、可复制的工作经验，工作得

-1-

2018年，时任朔州市副市长陈耳东对人行朔州市中支相关工作的批示

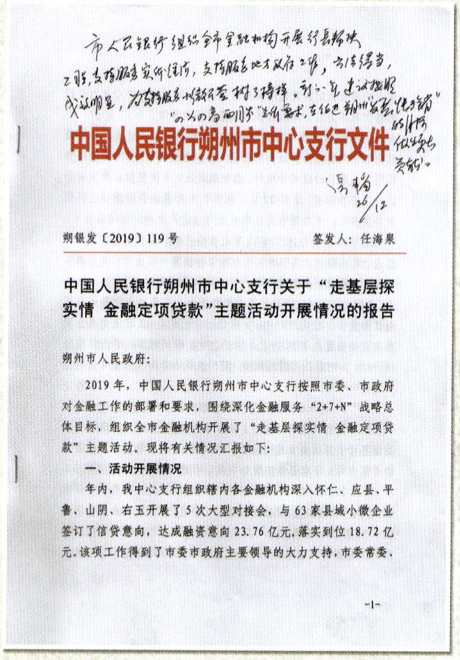

中国人民银行朔州市中心支行文件

朔银发〔2019〕119号 签发人：任海泉

中国人民银行朔州市中心支行关于"走基层探实情 金融定项贷款"主题活动开展情况的报告

朔州市人民政府：

2019年，中国人民银行朔州市中心支行按照市委、市政府对金融工作的部署和要求，围绕深化金融服务"2+7+N"战略总体目标，组织全市金融机构开展了"走基层探实情 金融定项贷款"主题活动。现将有关情况汇报如下：

一、活动开展情况

年内，我中心支行组织辖内各金融机构深入怀仁、应县、平鲁、山阴、右玉开展了5次大型对接会，与63家县域小微企业签订了信贷意向，达成融资意向23.76亿元，落实到位18.72亿元。该项工作得到了市委市政府主要领导的大力支持，市委常委、

-1-

2019年，朔州市副市长张韬对人行朔州市中支相关工作的批示

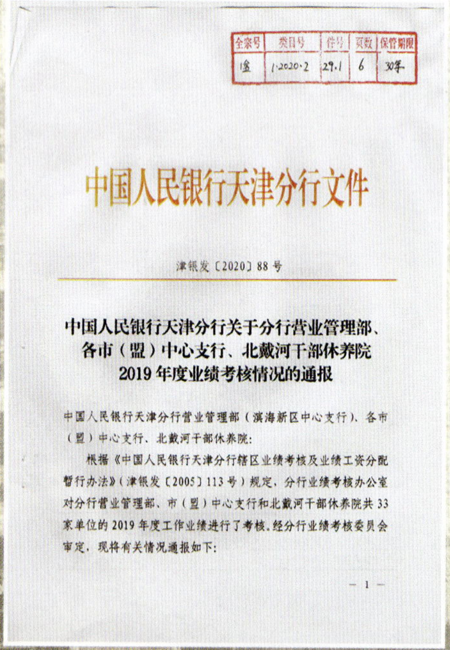

全宗号	类目号	卷号	页数	保管期限
1	1·2020·2	29.1	6	30年

中国人民银行天津分行文件

津银发〔2020〕88号

中国人民银行天津分行关于分行营业管理部、各市（盟）中心支行、北戴河干部休养院2019年度业绩考核情况的通报

中国人民银行天津分行营业管理部（滨海新区中心支行）、各市（盟）中心支行、北戴河干部休养院：

根据《中国人民银行天津分行辖区业绩考核及业绩工资分配暂行办法》（津银发〔2005〕113号）规定，分行业绩考核办公室对分行营业管理部、市（盟）中心支行和北戴河干部休养院共33家单位的2019年度工作业绩进行了考核，经分行业绩考核委员会审定，现将有关情况通报如下：

－1－

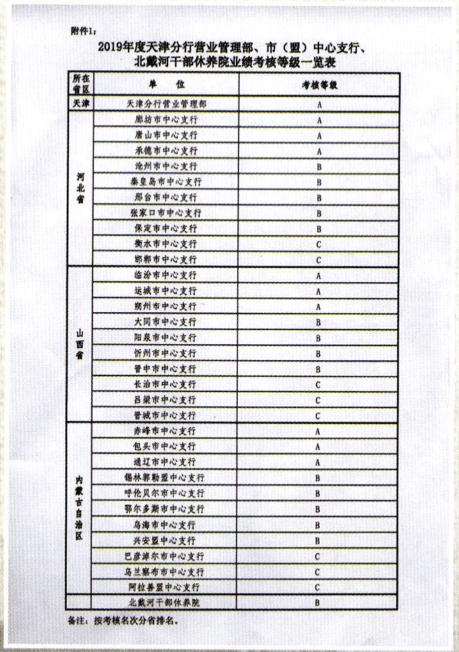

附件1：

2019年度天津分行营业管理部、市（盟）中心支行、北戴河干部休养院业绩考核等级一览表

所在省区	单　位	考核等级
天津	天津分行营业管理部	A
河北省	廊坊市中心支行	A
	唐山市中心支行	A
	承德市中心支行	A
	沧州市中心支行	B
	秦皇岛市中心支行	B
	邢台市中心支行	B
	张家口市中心支行	B
	保定市中心支行	B
	衡水市中心支行	C
	邯郸市中心支行	C
山西省	临汾市中心支行	A
	运城市中心支行	A
	朔州市中心支行	A
	大同市中心支行	B
	阳泉市中心支行	B
	忻州市中心支行	B
	晋中市中心支行	B
	长治市中心支行	C
	吕梁市中心支行	C
	晋城市中心支行	C
内蒙古自治区	赤峰市中心支行	A
	包头市中心支行	A
	通辽市中心支行	A
	锡林郭勒盟中心支行	B
	呼伦贝尔市中心支行	B
	鄂尔多斯市中心支行	B
	乌海市中心支行	B
	兴安盟中心支行	B
	巴彦淖尔市中心支行	C
	乌兰察布市中心支行	C
	阿拉善盟中心支行	C
	北戴河干部休养院	B

备注：按考核名次分省排名。

2019年，人行天津分行辖区业绩考核为A类的文件

1986年9月，人行雁北分行在朔县支行召开第二次人行、工行两行分设会议，人行雁北分行党组书记、行长魏云（前排左五）；党组成员、副行长张禄（前排左四）、副行长王平善（前排左六）、13县支行长及雁北分行部分科级干部合影（详见附录图1标注）

1990年3月，王平善行长（左二）陪同时任人行副行长陈元（右一）、时任人行山西省分行行长谷五富（左一）考察平朔安太堡露天煤矿建设情况

1998年，全市人行会计财务会议，行长赵保卫（左二）及班子成员出席会议

1999年7月18日，共青团中国人民银行朔州市中心支行委员会成立大会。人行天津分行团委书记于木兰（右二）、朔州市团委书记苏连根（左一）亲临会场祝贺

2000年4月8日，中共中国人民银行朔州市中心支行委员会召开第一次党员代表大会。中支行长赵保卫（前排左四），副行长宋立新（前排左五）、张自强（前排右三）等出席会议（详见附录图2标注）

2003年，人行朔州市中支党委书记、行长康义（左三）陪同天津分行行长刘崇明（右一）、太原中支行长毛金明（左一）、天津分行办公室主任郭保民（左二）在应县考察调研

2004年1月16日，在中国银行业监督管理委员会朔州监管分局挂牌仪式上，宋立新局长向来宾介绍分局未来的目标和任务

2004年，人行天津分行行长郭庆平莅临朔州市中支指导工作

2018年10月17日，人行朔州市中支党委书记、行长卫文江（左二）陪同天津分行党委书记、行长周振海（左一），太原中支党委书记、行长李文森（右一）检查指导应县支行党建工作

2009年8月18日，人行天津分行厅局级党委中心组联组学习会议合影（详见附录图3标注）天津分行党委书记、行长林铁钢（左七），太原中支党委书记、行长毛金明（左九），朔州市中支党委书记、行长康义（右一）出席会议

2016年6月14日，朔州市市委书记王安庞（前排左二）就建行朔州市分行在小微企业信贷方面作出的积极贡献进行专题工作调研

2018年2月12日，人行朔州市中支行领导参加全体职工新春联欢会

2018年7月30日，人行朔州市中支召开干部宣布大会暨宪法宣誓仪式，天津分行工会主任杨红员（左四）、太原中支副行长杜斌（左三）出席会议，宣布新任党委书记、行长卫文江同志（右一）任职决定（详见附录图4标注）

2018年8月8日，山西怀仁农村商业银行股份有限公司创立大会暨第一次股东大会召开，人行朔州市中支党委书记、行长卫文江（左三），山西省农信社联社副主任任晓峰（左四），朔州市银监分局副局长武日荣（右三）出席会议（详见附录图5标注）

2018年8月16日，人行太原中支副行长王山松（左三）莅临人行朔州市中支调研指导工作（详见附录图6标注）

2019年3月26日，农行朔州分行党委书记、行长董中华同志等深入包联帮扶企业怀仁鸿达瓷业有限公司调研工作

2019年11月11日，工行朔州分行行长马向阳、副行长王文锦等深入中煤集团山西华昱能源有限公司走访调研

2020年6月8日，人行朔州市中支组织召开助企惠农、稳就业、保增长政银企恳谈会。朔州市委常委、副市长张韬（前排左三）；人行朔州市中支党委书记、行长卫文江（前排左二）；朔州市银保监分局局长刘慧峰（前排左一）出席会议（详见附录图7标注）

2020年11月，人行太原中支党委书记、行长高波（左四）来朔调研，人行朔州市中支党委书记、行长卫文江（右四）陪同（详见附录图8标注）

1988年，人行雁北地区中心支行会计、计划业务培训，
时任朔县支行行长马军（二排左五）参加（详见附录图9标注）

1989年，人行朔州分行开业合影。人行山西省分行副行长王一开（前排右六），
市委副书记、市长董福山（前排左七），副市长来玉龙（前排右四），
人行朔州分行行长王平善（前排右三）参加开业典礼（详见附录图10标注）

1994年12月，朔州市人行老干部协会成立留念，副行长张崇斌（前排左五）出席会议（详见附录图11标注）

1996年8月28日，朔州市钱币学会成立留念。
前排左起依次为：魏建宝、杨世让、寇子儒、邢满红、王重山、
张崇斌、宋立新、王满禹、诸富荣、刘建民、王争艳

1997年10月，人行山西省分行行长张绍瑞（前排左五）出席在汾阳召开的省人行老金协会会长座谈会，市人行退休干部景忠（二排左三）参加会议（详见附录图12标注）

2020年12月27日，《朔州市金融志》全体编纂人员合影（详见附录图13标注）

左上：工商银行朔州分行；右上：农业银行朔州分行；
中：人民银行朔州市中支；
左下：中国银行朔州分行；右下：建设银行朔州分行。

朔州银保监分局

农发行朔州市分行

交通银行朔州市分行

邮储银行朔州市分行

朔州农村商业银行

山西省农村信用社联合社朔州办事处

招商银行朔州分行

华夏银行朔州分行

晋商银行朔州分行

浦发银行朔州分行

大同银行朔州分行

晋城银行朔州分行

朔州市朔城区蒙银村镇银行

人寿财险朔州市中心支公司

太平洋保险朔州中心支公司

朔州市华朔融资担保公司

晋昌源小贷公司

1989年4月20日，人行朔州分行开业剪彩仪式，山西省分行副行长王一开（左二）、朔州市副市长来玉龙（右一）、人行朔州分行行长王平善（左一）参加开业典礼

1993年，人行朔州分行办公楼奠基仪式，行长王平善主持并发表讲话

2004年1月16日，中国银行业监督管理委员会朔州监管分局揭牌仪式

2012年4月26日，招商银行朔州分行开业仪式

2012年11月22日，英大财险朔州中心支公司开业仪式

2018年12月28日，山西省农村信用社联合社朔州审计中心挂牌仪式

1983年6月，朔县首届保险工作会议

1990年2月10日，朔州市人行系统一九八九年双先表彰会

1990年10月20日，朔州市旺季资金
管理工作会议

1991年4月22日，山西省金融系统
“一学三爱”演讲团在朔州市做专场演讲

1991年8月27日，全市人行系统
思想政治工作座谈会在人行朔州分行召开

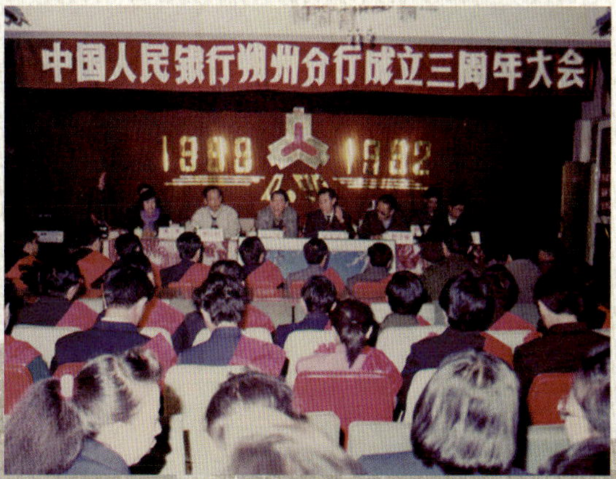

1992年4月20日，人行朔州分行
举行庆祝分行成立三周年大会

1992年4月20日，在人行朔州分行成立
三周年大会上，36名“建行功勋”个人合影

朔州市农村信用社工作会议

朔州市农村信用社工作暨双先表彰会议

2004年，朔州市银行卡宣传活动新闻发布会

2005年3月18日，纪念《中国人民银行法》
颁布十周年座谈会

2008年9月27日，朔州市小额贷款公司
工作会议

工行朔州市分行牡丹卡宣传活动

农行朔州市分行宣传活动

联通公司朔州分公司、建行朔州市分行合作协议签字仪式

人行朔州市中支揭批“法轮功”签名活动

邮储银行朔州市分行“绿卡”宣传活动

朔州市农信社存贷款业务突破80亿元
新闻发布会

1995年，人行朔州分行业务竞赛

2003年，全市人行系统乒乓球比赛

2005年5月，人行朔州市中支《国家金库条例》
颁布20周年知识竞赛暨业务技术比武

2006年5月27日，朔州市人行首届羽毛球比赛

2010年，人行朔州市中支发行基金押运应急演练

2012年，朔州市金融系统首届业务技能竞赛

2008年，人行朔州市中支“党旗在我心中”主题演讲比赛

2016年，建行朔州分行举办迎国庆职工趣味运动会

2018年，邮储银行朔州市分行10周年行庆文艺活动

2018年10月16日，农行朔州分行举办“快乐工作 健康生活”健步行活动

2019年7月，农发行朔州市分行庆祝中国共产党成立98周年，全体党员重温入党誓词

2019年，人行朔州市中支举办“我和我的祖国”庆祝新中国成立70周年干部职工合唱活动，行长卫文江担任指挥

2019年10月12日，工行朔州分行举办庆祝中华人民共和国成立70周年暨朔州工行成立30周年文艺汇演

《朔州市金融志》编纂委员会

顾　问：魏　云　王平善　张崇斌　赵保卫　宋立新　康　义　张小平　郭　海
　　　　刘益令　寇子儒　董剑云　刘向前　景　忠　王　林　张　艳

主　任：卫文江（中国人民银行朔州市中心支行党委书记、行长）

副主任：吴夺魁（朔州市人民政府金融工作办公室党组书记、主任）
　　　　刘慧峰（中国银行保险监督管理委员会朔州监管分局党委书记、局长）
　　　　任海泉（中国人民银行朔州市中心支行党委委员、副行长）

委　员：

罗宏元（中国人民银行朔州市中心支行党委委员、副行长）
郑有升（中国人民银行朔州市中心支行党委委员、纪委书记）
邱继岗（中国人民银行朔州市中心支行党委委员、副行长）
郑建中（中国农业发展银行朔州市分行党委书记、行长）
韩彦斌（原中国工商银行朔州分行党委书记、行长）
马向阳（中国工商银行朔州分行党委书记、行长）
董中华（中国农业银行朔州市分行党委书记、行长）
史晋旭（原中国银行朔州市分行党委书记、行长）
张　彦（中国银行朔州市分行党委书记、行长）
杨浩宇（原中国建设银行朔州分行党委书记、行长）
王晓亮（中国建设银行朔州分行党委书记、行长）
李　震（交通银行朔州分行党委书记、行长）
李建峰（原中国邮政储蓄银行朔州市分行党委书记、行长）
孙志强（中国邮政储蓄银行朔州市分行党委书记、行长）
靳　彪（原山西省农村信用联社朔州审计中心党委书记、主任）
李智升（山西省农村信用联社朔州审计中心党委书记、主任）
孟瑞鸿（华夏银行朔州分行党委书记、行长）
文　军（原招商银行朔州分行党委书记、行长）

李志勇（招商银行朔州分行党委书记、行长）
赵陆海（浦发银行朔州分行党委书记、行长）
罗红秀（晋商银行朔州分行党委书记、行长）
裴　云（大同银行朔州分行党委书记、行长）
郭　栋（晋城银行朔州分行党委书记、行长）
张　砺（朔州农商银行党委书记、董事长）
郭俊娥（朔州市保险行业协会党支部书记、秘书长）
赵文奇（原中国人民财产保险股份有限公司朔州市分公司党委书记、总经理）
安　宜（中国人民财产保险股份有限公司朔州市分公司党委书记、总经理）
梁保锋（中国人寿保险股份有限公司朔州分公司党委书记、总经理）
张雁梅（中国人寿财产保险股份有限公司朔州市中心支公司党委书记、总经理）
郝金鸽（中国人民人寿保险股份有限公司朔州市中心支公司党委书记、总经理）
陈晓文（中国大地财产保险股份有限公司朔州中心支公司党支部书记、总经理）
王志勇（中国太平洋财产保险股份有限公司朔州中心支公司党支部书记、总经理）
曹文杰（中国太平洋人寿保险股份有限公司朔州中心支公司党支部书记、总经理）
宋中长（山西证券股份有限公司朔州分公司党支部书记、总经理）
王宏杰（大同证券有限责任公司朔州古北东街证券营业部总经理）

编纂委员会办公室

主　任：卫文江

副主任：郑有升

成　员：解　锋　刘为民　周俊清　王君文　钟启霞　梁恒山　梁　荣
魏炳华　郝　东

主　编：卫文江

编　辑：任海泉　刘为民　魏炳华

撰写人：

魏炳华　马　震　梁　荣　黄文贞　郭峻峰　苏　强　何艳太　张广元
郭志宏　赵守谦　解丽荣　郝一飞　安利军　王　信　张　峰　郭水龙
王攀峰　侯　永　卢　福　吕　鉴　赵善肖　马晓军

供稿人：

刘为民　梁恒山　王晓荣　赵　靖　梁婕妤　钟启霞　王保卫　李锦海
解　锋　李世瑞　杨翠山　杨柳桃　聂瑶瑶　卢娜娜　高　健　兰志亮
徐　涌　魏建锋　王俊仁　唐万里　董艳霞　郭志良　张君武　刘海峰
李江禹　王君文　周俊清　智国栋　于思敏　程　浩　孙　璐　赵凌娟
穆廷权　张靖胤　李晟华　李明钰　郝　东　阎丽生　张茫茫　王卓然

志书评审：

寇子儒　武日荣　罗宏元　郑有升　邱继岗　李胜春　马维东　韩生存
马志强　赵　荣　闫玉春　兰志亮　杨春艳　于学军　樊禄林　张业民
梁继锋　赵守卿　李世玲　张志强　雷向东　董连卿　张一富　廖玉萍
郭水龙　王世光　寇永春　杜彩云　樊国鹏　解玉太　高　煜　高如佳

本志参与提供资料的其他工作人员：

卫文江　郑有升　寇子儒　景　忠　李胜春　刘为民　梁恒山　侯　永
张业民　梁继锋　赵守卿　董连卿　王世光　杜彩云　何艳太　李东民
李　文　王喜如　石　伟　李艮娥　苗　相　杨春艳　王联邦　卢文秀
姚　政　李飞雪　郭　宝　周愈胜　齐　晓　郝文玲　李　和　任世旭
韩富梅　杨小波

封面设计：卫文江

封面题字：高　煜

摄　　影：寇永春

凡　例

一、本志坚持实事求是原则，以记载历史、反映规律、服务当代、垂鉴后世为宗旨，翔实记述了朔州金融事业的发展进程、变化规律，真实反映了朔州金融事业的发展。

二、本志遵循地方志“门类合理、归属得当、事以类从、横分纵述”的编写原则，志体结构分为篇、章、节、目四个层次。需要设立子目以“○”打头，子子目以“◎”打头，用黑体字标示。结合朔州金融历史和现状，设大事记、货币、机构、业务、人物等部分，上下领属，依时记述。

三、本志纪事时限上溯朔州货币发端，下讫2019年。

四、本志严格遵循国家地方志编纂和出版物编辑规范标准。

五、本志“金融业务”各章节记事地域范围，1989年朔州建市前数字以当年朔县为依据；1989年建市后，1989—1992年数据以平鲁、朔县、山阴数字为依据，1993年朔同合并将右玉、怀仁、应县三县数据统计在内，以记录金融业务发展历程。

六、本志所列组织机构、会议、文件、著作等名称一般用全称，过长的名称在正文中第一次出现时用全称，并加括号注明规范简称，方便后文使用。例如，朔州市人民政府简称朔州市政府或市政府；中国人民银行简称人行，中国人民银行总行简称人总行，中央银行简称央行，一定语境下特指中国人民银行；中国人民银行朔州市中心支行简称人行朔州市中支或市人行，各专业银行依次简称市工行、市农行、市中行、市建行，其余金融机构依此类推。

七、本志凡党组织及其活动，未记述具体党派名称的均指中国共产党。

八、本志彩插部分图片人物，附录作详细标注。

九、本志人物以从事金融工作的人物为主，也收录个别与此相关的人物，并分别按卒年和出生年月对人物传和人物简介进行排序。

十、本志资料主要来源于各金融机构相关档案，一般不注出处。

序　言

欣逢盛世修新志，乐著文章启后贤。

今年是中国共产党诞辰100周年，值此特殊的历史节点，《朔州市金融志》即将付梓出版，这是朔州金融发展进程中的一项重要成果，也是向党百年华诞的一份特别献礼。编委会卫文江同志邀我作序，深感义不容辞，愿加薄力，与读者共享。

修志编史是中华民族的优良文化传统。习近平总书记高度重视修史修志，在福建宁德谈修志工作时指出："了解历史最可靠的方法就是看志，这样可以从中把握很多带有规律性的东西，可谓开卷有益"；李克强总理也曾批示强调："修志问道，以启未来"，"为当代提供资政辅治之参考，为后世留下堪存堪鉴之记述"。《朔州市金融志》是朔州市建市以来首部金融专志，记述了朔州历代，尤其是新中国成立七十多年来金融业的纵演发展和现状概貌；记录了在改革开放和经济发展中所取得的巨大成就及前进中的曲折，突出了时代特点和地方特色。在填补编纂区域金融专志空白的同时，为金融行业、金融部门、金融专项工作，烙下了永恒的历史印记，留存于世、启迪后人、可喜可贺。

朔州市地处山西省北部、晋蒙交界区域，这块土地有着深厚的历史沉淀和丰富的文化内涵。考古资料显示，2.8万年前旧石器时代，朔州境内峙峪猎马人就点燃了人类文明的薪火。秦置马邑，北齐置朔州，隋唐称鄯阳，迄今两千余年，沧海桑田、历经更迭，朔州见证了农耕文明与游牧文明的交融碰撞。

朔州金融的历史，悠久而辉煌，曲折演进而又充满活力。《朔州市金融志》资料翔实，运用历史唯物主义观点，客观记述朔州境内金融演变的历史过程，上限溯自货币金融之发端，下限至2019年，悠悠千年。

《朔州市金融志》尽现朔州金融发展史上的闪光点。例如，朔城区梵王寺"新城"布币的发掘佐证了战国时期赵国在朔州铸币的历史事实，也从侧面反映出朔州地区铸币历史之悠久、铸币工艺之精湛、货币流通之广泛；平朔秦汉墓"宋子"三孔布，为我国目前唯一一枚考古发掘的三孔布，由于有明确的出土时间和地点，具有重要的科研价值，因又是海内外孤品，故显得弥足珍贵。明朝中期，朔州金融业开始萌芽，以典当、钱庄、商号为代表的金融业迅速崛起并盛行于清朝中晚期，在杀虎口设立的边贸市场和交通口岸，成就了清代晋商

“走西口”的盛况。新民主主义革命时期，中国共产党领导的晋绥边区和北岳区根据地开始探索地区金融发展道路，扶持生产、支援战争，为夺取抗战的胜利发挥了重大作用。新中国成立初期，辖内人民银行严厉打击金融投机活动，紧缩通货，积极发动社会各界群众认购国债，回笼货币，有效稳定了金融市场，统一了货币，为国民经济恢复和发展奠定了良好的基础。国民经济计划时期，辖区金融业紧紧围绕党和国家的经济、金融方针，通过加强现金管理、组织现金结算、鼓励城乡人民参加储蓄等措施，积极开展各项业务，为国家筹集了大量资金，对经济建设与社会发展作出积极贡献。改革开放后，随着我国第一个中外合资改革开放“试验田”平朔安太堡露天煤矿的开发，朔州逐步发展成为我国亿吨级商品煤出口基地，一座新兴的现代化生态园林城市屹立在莽莽黄土高原，其间，朔州金融业也得到长足发展，形成了以中国人民银行朔州市中心支行、中国银保监会朔州监管分局、朔州市人民政府金融工作办公室为管理主体，各国有商业银行、其他银行和非银行金融机构并存的组织体系。辖区金融调控日趋成熟、金融体系不断健全、金融市场逐步规范、金融业务蓬勃拓展。

揆昔察今，方能鉴往知来。读罢洋洋百万字的《朔州市金融志》书稿，掩卷沉思，感慨万端，赞叹历史的深沉与辉煌。同时，历史总是在接续奋斗、砥砺前行中书写。今天，我们站在新的历史起点，身处中国特色社会主义新时代，全面建设小康社会、奋力实现中华民族伟大复兴中国梦，为金融事业开辟了更加广阔的舞台，新的征程赋予了新的使命和新的任务。让我们高举习近平新时代中国特色社会主义思想伟大旗帜，全面贯彻执行党的基本路线，不忘初心、牢记使命、以史为鉴、开创未来，在追寻与追赶中不断探索适合地区金融发展的新道路，努力创造更加辉煌的新业绩，谱写更加璀璨的新篇章，为建设“能源绿都、塞上明珠”作出新的更大贡献。

是为序，以资鼓励！

山西大学二级教授　博导

山西省晋商文化研究会会长　刘建生

2021年6月20日[illegible]

目 录

第一篇 货币

上篇 历史进程

第二篇 机构

上篇 古近代金融

中篇 金融监管机构

第四篇 金融机构业务

上篇 存贷款业务

中篇 银行业务

第二章　纪检监察

中篇　建设

第三章　人员招录

第四章　工资改革

下篇　文化

第六篇　人物

中篇　支持产业经济

下篇　金融轶事

附录

概　述

朔州，位于山西省北部、晋蒙交界区域，居内外长城之间。地处北方游牧民族和中原农耕民族的碰撞交融地带，自古为三晋门户，兵家必争之地。朔州历史悠久，据考证，早在28 000多年前，“峙峪人”就在此繁衍生息。春秋以前，朔州为北狄所居。战国时，渐为赵国属地。秦始皇三十二年（公元前215年），蒙恬率军击败匈奴，筑土城养马，后置马邑县，归雁门郡。北齐天宝八年（557年），改马邑县为招远县，为朔州治，此为朔州名之始。北魏迄至辽金，朔州长期处于北方民族统治之下，甚至置为京畿之地。隋唐时设马邑郡。后晋天福元年（936年），割让给契丹。辽统和四年（986年），北宋收复朔州。元、明时期朔州隶属大同府。清雍正三年（1725年）置朔平府。民国元年，改朔州为朔县，属山西省。1989年1月，朔州建市，辖朔县、平鲁区、山阴县，归山西省管辖。1993年7月，雁北地区撤销，地市合并，朔州增辖应县、右玉县、怀仁县。朔州是改革开放初期第一个中外大型合作项目平朔安太堡露天煤矿诞生地，是全国新型的以煤电为主导的能源重化工基地、中国农区最大的奶源基地、北方重要的日用陶瓷生产基地和全国唯一的草牧业发展试点市。朔州还是右玉精神的发祥地，2011年以来，习近平总书记先后5次对右玉精神作出重要批示和指示。

（一）

朔州地理位置特殊，历史进程复杂，不仅是北方各民族相互争战、往来、徙居之地，也是民族融合商榷往来聚集之地，更是古代金融发源和发展的先行之地。朔州货币历史源远流长，从已出土的历代钱币来看，朔州境内使用货币之早，铸造货币之精，货币流通之广，在山西乃至全国都占有重要的历史地位。早在公元前16世纪至前11世纪，朔州境内就普遍使用天然海贝。春秋战国时期，朔州便是早期的钱币铸造地之一。1963年以来，朔城区沙塄河、阳高县天桥村等地先后出土不少面文地名为“辛城”或“新城”的布币，为历代布币中的稀缺珍品。“新城”布币的发掘佐证了战国时期赵国在此铸币的历史事实。1983年4月，朔县平朔露天煤矿生活区基建施工现场出土“宋子”三孔布1枚，“宋子”三孔布的面世在国内外实属罕见，为我国目前唯一一枚考古发掘的三孔布，也是海内外孤品。秦汉时期，朔州商贸经济得到发展，货币使用更为广泛。除秦“半两”、汉“半两”“五铢钱”、王莽钱等外，黄金、丝织品等也充当一般等价物在货物贸易中扮演着重要角色。1985年，山阴县安荣乡西沟村出土汉“五铢”背“廿五”青铜钱范1块，印证了本地汉代铸钱的史实。魏晋南北朝时期，朔州境内战乱频繁，谷帛为通用的支付工具，但永安五铢的出土打破了史书记载的“冀州以北民众拒用铜钱，流行谷帛”的说法。隋唐时期，朔州境内社会经济进入兴旺繁荣阶段，北方汉民族与突厥人的交市地点设在马邑（今朔城区东20公里），金银不仅流通使用，还用于进奉、上贡、赋税、储藏等方面。1979年4月，平鲁县屯军沟发现一批金器，共计194件，折合成纯金重量为33 025.64克，属中唐时期历史文物，为我国现已知黄金器物出土之最。辽宋金时期，朔州境内主要由契丹、女真等少数民族政权控制，不仅是其边防要塞，也是榷场的重要场所与通道，榷场贸易经久不衰、互市不绝，宋朝铜钱流通使用达数十种之多，反映出其时经贸活动的繁盛。1966年6月，应县木塔三层佛座下发现政和通宝金币、宣和元宝金币各1枚，属稀世珍品。2003年，山阴县出土靖康元宝一枚，因其传世量较为稀少，为海内外孤品。元明两代，朔州境内杂用纸币、银两、钱币。清代继承明代的“银钱并行”，以银为本，以钱为末，大额动银，小额用钱。晚清至民国初年，制钱、银两、银元、铜元混用。之后，银元和铜元逐渐代替银两和制钱。清嘉庆年间，朔州的杀虎口是朝廷6个可以自己熔铸宝银的关口之一。

除金属货币外，朔州纸币的流通使用也时代久远。唐代的尉迟恭钱帖，为迄今为止世界上有文字记载最早的纸币与汇票。2001年，在内蒙古和林格尔县出土印面叠撰朱文“朔州交钞之印”铜印一方，证明金代时的朔州即有“朔州交钞”发行。1974年，应县佛宫寺释迦木塔中发现“明代都察院钞法佈告”一份，是国内所见唯一有关钞法的古代佈告实物。元、明时期，朔州境内实行全国统一货币制度，以强制发行不兑换纸币为基本货币制度。明初以“大明宝钞”为主币流通。清雍正十三年（1735年），在杀虎口用满、汉、蒙三种文字印制商票，用于商品交易，这是雁北地区最早发行的区域性官方纸币。清末，朔州境内曾行用清政府发行的官票宝钞。1919年，山西省银行成立，阎锡山下令发行晋钞。1924年后，晋钞贬值严重，朔州经济遭到严重破坏。1941年，晋钞暂停发行，并逐渐退出朔州市场。其间，朔州境内纸币的流通一直处于排外且大量通行本省纸币的情况，大部分以阎锡山发行的晋钞为主，法币在朔州市场上的使用量较少。同时，私人发行的钱帖子小范围流通。1937年，朔州沦陷，日伪政府控制沦陷区金融，伪满洲银行、蒙疆银行发行的日伪币泛滥，物价飞涨，投机盛行。与此同时，在中国共产党的领导下，晋绥北岳（洪涛山）革命根据地建立，“西农币”“边币”“冀南币”在朔州流通，抗币的流通主要是扶持生产，支援战争，为夺取抗战的胜利发挥了重大作用。

（二）

据文字记载，朔州金融业起源于明朝中期。清朝中晚期，以典当、钱庄、银号为代表的金融机构迅速崛起并盛行，在杀虎口设立边贸市场和交通口岸，成就了清朝晋商“走西口”的盛况。

明朝时期，卫城平鲁和沿边即有负责管理军饷和验证储边商贾盐引“勘合”的银号产生，承办官府、军队、商民有关金融业务汇兑。清康熙三十五年（1696年），朔平府府城所在地右玉县开设“吉盛堂”商号，后改为“大盛魁”，总号移在归化城，其业务范围涵盖内外蒙古、新疆、甘陕、晋绥以及俄国等地。

明朝中后期，朔州已有经营货币兑换的钱庄萌芽。雍乾之交，右玉商人率先创办以经营工商业存放款业务为主的钱庄。随着货币经济的发展，朔州境内钱庄初具规模，比较出名的有朔县的福义生、义信亨，山阴县的永记，平鲁县的四庆隆，右玉县杀虎口的晋泰泉、福全德等。

清朝中后期，朔州经营当铺已十分普遍，行业发展空前繁荣。当铺主要集中在朔县、右玉、应县人口稠密大县，当铺除发行钱票、兑换货币外，还办理汇兑业务。清光绪十三年（1887年），朔县有当铺10家，实为11家，比较出名的有义合当、德兴园当、务本当、天锦当4家。右玉县有当铺15家，山阴县有当铺7家。怀仁县有当铺4家。从清道光咸丰年间到民国时期，平鲁县设有当铺15家。1921年，应县城乡设有当铺11家，质店4家。

1919年，朔县青钟村人蔚汉祥，在老城南街设立朔县裕丰银行，办理存款、放款以及纸币与银币的汇兑业务，发行裕丰银行券，流通于朔县、神池、宁武、丰镇等地。经清末至抗日战争，朔州境内银号、当铺、钱庄受政权更迭、社会动荡及战乱影响，大部分歇业或破产，逐渐衰败下来。1928年，阎锡山政权官办山西省银行设朔县办事处。次年，设右玉办事处、应县办事处，经营存款、放款、汇兑业务。一般而言，这是朔州地方新式银行的先导。

抗日战争时期，中国共产党建立晋绥北岳（洪涛山）革命根据地，为了发展经济，巩固根据地建设，1941年，晋察冀边区在山阴县设营业所，开始探索地区金融发展道路，扶持生产，支援战争，为夺取抗战的胜利发挥了重大作用。日伪沦陷区，日伪蒙疆银行设朔县分行、右玉办事处、朔县实业银行支行，控制朔州境内金融活动。随着日本投降，伪蒙银行全部停业关闭。解放战争时期，1948年，西北农民银行在山阴设立支行。

（三）

金融业规模不断壮大，金融体系日臻完善。1949—1951年，人民银行朔州境内各县相继成立分支机构，通过掌管货币发行，整治金融市场，打击金融投机活动，改造旧式银钱业，集中管理信贷资金，代理国家财政金库业务，办理存贷款及汇兑结算业务等，到1952年，基本建立集中统一的金融体系。20世纪50～70年代，朔州各县的金融体系比较单一，只有兼具中央银行和商业银行双重职能、高度集中统一的人民银行。其间，曾几度设立、撤销建设银行和农业银行。1979—1993年，金融体制改革正式拉开序幕，朔州各县先后恢复和设立建设银行、农业银行、中国银行、工商银行、保险公司等国家专业金融机构，组建农村信用社联社，恢复办理邮政储蓄业务，成立城市信用社。1989年朔州建市，建设银行、工商银行、农业银行、中国银行市级机构相继设立，增设机构网点，扩大服务功能。年末，朔州设有各级各类金融机构192家，金融从业人员2 162人。1993年7月，朔州行政区划调整，增辖应县、右玉县、怀仁县。年末，设有各级各类金融机构384家，金融从业人员2 805人。至此，朔州逐步形成了以人民银行为领导，四大国有专业银行为主体，其他银行和非银行金融机构并存和分工协作的金融机构组织体系。1996年11月，中国农业发展银行朔州市分行成立，承接原由中国农业银行代理的农村政策性金融服务，成为朔州唯一的政策性银行。2008年5月，中国邮政储蓄银行朔州市分行成立。2011年9月，交通银行朔州分行成立。金融机构规模进一步扩大。

全国性股份制商业银行陆续入驻。2012年4月，招商银行股份有限公司朔州分行成立，是朔州首家全国性股份制商业银行。2012年11月，上海浦东发展银行股份有限公司朔州分行成立。2016年5月，华夏银行股份有限公司朔州分行成立。股份制商业银行的进驻带动了朔州金融服务总量的增长。

异地城市商业银行相继落户。2011年9月，大同银行朔州分行成立，是首家进驻朔州的异地城市商业银行。2012—2013年，晋商银行朔州分行、晋城银行朔州分行相继成立。

朔州本地法人银行业机构从无到有，得到较大发展。20世纪50年代，朔州境内各县相继成立农村信用合作社。1984年，各县相继成立县级农村信用合作社联合社。1996年后，伴随着农村金融体制改革的推进，经过多次改制，先后转变为农村商业银行。2015年11月，山阴农村商业银行挂牌开业，成为朔州首家农村商业银行。2018年7月，朔州市朔城区农村信用合作联社与朔州市平鲁区农村信用合作联社组建成立朔州农村商业银行，成为山西省首家以新设合并方式组建的地市级农村商业银行。同年11月，怀仁农村商业银行改制完成，在山西省范围内开创了改制最快、历时最短、成效最高的先河。2019年12月，右玉农村商业银行完成改制。应县农村信用联社改制化险积极有序推进。

村镇银行纷纷设立。2011年7月，由内蒙古银行发起的朔城区蒙银村镇银行成立，这是朔州设立的第一家村镇银行。继之，山阴县太行村镇银行、怀仁市慧融村镇银行、应县金都村镇银行、右玉县长青村镇银行相继成立并设立分支机构。2019年末，全市5家村镇银行遍布朔州各县（市）区。

保险机构异军突起，发展壮大。1989年4月，随着朔州建市，中国人民保险（以下简称人保）朔州中心支公司成立。1996年，保险实施分业经营，人保财险朔州市分公司和人保寿险朔州市分公司成立。2005年以后，保险机构迅速发展壮大。2019年末，朔州保险公司地市级分支机构达24家，其中，财产险16家，人身险8家。

证券机构方面。1996年，山西证券公司朔州业务部成立。2010年，大同证券朔州营业部成立。

第三方支付机构迅猛发展。2006年，银联商务股份有限公司山西分公司朔州业务部成立。2019年末，朔州市备案开展第三方支付业务的机构达30家。

融资担保机构、小额贷款公司、典当业应运而生。为解决中小企业融资难问题，2005年，嘉汇融资担保有限公司成立，这是朔州首家民营担保公司。朔州小额贷款公司起源于煤炭资源整合而退出的民间资本。2009年，朔州西易易融小额贷款有限责任公司成立，是朔州成立的第一家小额贷款公司。2013年末，朔州小额贷款公司高峰时期达79家，总注册资本金为46.33亿元，贷款投放规模将近50亿元，无论是数量还是资金规模都位居山西省前列。2002年10月，万通源典当公司成立，成为朔州第一家典当企业。

在金融机构蓬勃发展的同时，金融管理不断加强。1984年11月后，朔州各县人民银行开始独立行使中央银行职能；1989年4月，中国人民银行朔州分行成立；1998年，更名为中国人民银行朔州市中心支行（以下简称人行朔州市中支）。1987年1月，国家外汇管理局平朔分局成立。2004年1月，中国银监会朔州监管分局（以下简称朔州银监分局）成立。2009年2月，朔州市人民政府设立朔州市人民政府金融工作办公室（以下简称金融办）。2018年12月，中国银保监会朔州监管分局（以下简称朔州银保监分局）挂牌成立。金融管理构架更加完备，金融监管协调机制进一步完善，金融管理力度不断提升。

经过70年的发展，朔州金融业从无到有，从小到大，不断发展壮大，特别是改革开放后，金融体系得到快速健康发展，逐步形成以人行朔州市中支、朔州银保监分局、朔州金融办为管理主体，各国有商业银行、其他银行和非银行金融机构并存的功能齐全、形式多样、公平竞争、协调发展、监管有效的金融机构组织体系。2019年末，朔州人民银行系统分支机构6家，在编职工235人。银保监分支机构6家，在编职工51人。市金融办在编职工14人。全市设有各级各类银行业金融机构（包括营业网点）349家，银行业从业人员6 000多人。其中：政策性银行分支机构6家，从业人员122人；国有大中型银行分支机构149家，从业人员2 993人；地方法人金融机构146家，从业人员1 958人；股份制商业银行分支机构7家，从业人员98人；城市商业银行分支机构24家，从业人员436人；村镇银行分支机构17家，从业人员393人。设有保险业分支机构92家，从业人员8 000人；证券业机构2家，从业人员56人。融资担保机构8家，小额贷款公司41家，典当企业14家。第三方支付业务机构30家。

（四）

货币政策框架体系逐步完善，支持地方经济持续健康发展能力有效提升。新中国成立后，朔州境内各县人民银行按照“分类指导、重点扶持”的信贷方针，发放各项贷款，对工业企业流动资金实行全额信贷，对国营商业实行贸易金库制，支持生产流通的恢复和发展。1953年起，实行“统收统支”“统存统贷”的信贷管理办法，银行存贷款业务实行指标管理，贷款指标不得突破。1954年后，非商品资金由财政拨款，商品资金和在途资金由银行贷款，并建立了贷款“有计划、有物资保证、按期归还”的信贷制度。“文化大革命”十年，有借有还的贷款政策和合理规章制度遭到破坏，发放的贷款未能充分发挥支持生产的作用。党的十一届三中全会以后，随着国家对经济政策管理实行调整改革，1980年起，朔州境内开始实行“统一计划、分级管理、存贷挂钩、差额控制”的信贷管理办法，打破信贷资金计划管理的框框，从单一的按计划贷款转变为按社会、市场需要贷款，从银行贷款只能用于流动资金扩展到可以用于固定资产，各银行在不突破差额的前提下，工业贷款指标和商业贷款指标可以相互调剂，发放了中短期设备贷款、商业网点建设贷款等，同时，发挥信贷、利率的杠杆作用，提高资金使用效益，银行组织和运用资金的积极性提高。1985年后，实行“统一计划、划分资金、实贷实存、相互融通”的信贷管理办法，在国家信贷计划的额度内，实行资金的实贷、实拨、实存，开始运用再贷款调节银行的流动性。1989年朔州建市后，针对建市初期金融领域的突出矛盾和问题，在“实贷实存”基础上把资金与规模分开，实行“信贷规模和资金双项控制”的办法，建立备付金管理制度，治理经济环境、整顿金融秩序。1998年后，朔州实行“计划指导、自求平衡、比例管理、间接调控”的信贷资金管理办法。人行朔州市中心支行加强“窗口指导”，灵活运用存款准备金、再贷款、再贴现、利率等货币政策工具，加强货币信贷政策分析，促进经济结构调整和社会资源优化配置，围绕朔州市委市政府经济发展目标和产业规划，紧扣服务实体经济、深化金融改革、防控金融风险任务，突出深化金融供给侧结构性改革，先后制定《关于金融支持朔州市经济转型跨越发展的指导意见》《金融支持朔州脱贫攻坚工作的实施意见》《朔州市金融支持县域特色产业项目库及行长帮扶工程建设方案》等30多项支持地方经济建设意见和制度。各金融机构加强信贷供给，精准滴灌，助力经济转型发展，实施乡村振兴战略，助推民营经济发展，加大金融精准扶贫信贷投放力度，支持地方经济持续健康快速发展。建市30年来，朔州已由单一的煤电两大传统产业发展成为以煤电为基础，以新能源、高端陶瓷和新材料、生物医药、现代煤化工、文化旅游、草牧业和农产品深加工、商贸物流七大新兴产业为主导的产业体系。朔州也成为名副其实的煤都、电都、瓷都、奶都。2019年末，金融机构各项贷款余额达861.55亿元，其中，民营经济贷款余额达306.8亿元，普惠口径小微企业贷款余额达40.8亿元，涉农贷款余额达405.38亿元，金融精准扶贫余额达27.90亿元。各金融机构累计向煤炭行业投放信贷资金达1 500亿元，累计投放电力行业信贷资金近800亿元，累计投放陶瓷企业信贷资金超28亿元，累计投放乳业贷款100多亿元。支持朔州原煤产量达18 010.3万吨，是1949年4万吨产量的4 503倍，平均每年以12.77%的速度递增；发电量达381.67亿千瓦时，占山西省发电总量的12.05%；陶瓷企业产值于2017年达到80亿元，接近朔州市工业总产值的1/10；奶牛存栏18.5万头，鲜奶产量57.5万吨，建成现代化奶牛场154座，成为蒙牛、伊利、光明等乳业的重要奶源基地。

存贷款业务发展迅速，金融服务实体经济能力持续增强。新中国成立初期，朔州金融业十分落后，业务范围小，服务品种单一，货币投放量少，存款业务发展缓慢。党的十一届三中全会后，在各级党委和市委、市政府的正确领导下，各银行多渠道、多形式聚集社会资金，支持地方经济建设，存款业务得到较快发展。尤其是1989年朔州建市后，随着银行工作指导思想的转变，各金融机构贯彻“存款立行”理念，把大力开展存款业务放在银行工作首位，推行储蓄承包经营责任制，增加基层网点，创建一流服务体系，扩大存储信贷业务范围，开辟新的存款项目，存款业务得到稳定高速增长。金融机构利用聚集起来的社会资金，根据各个时期党和国家政策计划，不断拓宽贷款范围，增加贷款对象，从只对国营企业和大集体企业贷款，扩大到对小集体企业、私营企业、个体工商户、农户、住房、消费贷款等多项业务，同时，围绕地方经济发展目标，加强产业结构调整，推动供给侧结构性改革，持续加大对煤炭、电力、陶瓷、乳品、化工、“三农”、金融精准扶贫、民营小微企业等重点行业、支柱产业的信贷支持力度。1950年末，朔州金融机构各项存款余额21万元，各项贷款余额15万元，社会资金极端紧缺。1989年末，金融机构各项存款余额5.34亿元，比1950年增长2 543倍，年均增长22.27%；各项贷款余额10.14亿元，比1950年增长6 757倍，年均增长25.37%。到2019年末，金融机构各项存款余额达1 683.51亿元，比1989年增长314倍，年均增长21.1%；各项贷款余额达861.55亿元，比1989年增长84倍，年均增长15.96%。从最简单的存贷款数据可以看出，朔州金融业发生了翻天覆地的变化，存贷款业务快速发展，有力地支持了地方经济持续健康发展。

金融产品日益丰富，金融服务能力水平显著提升。新中国成立后，朔州支付结算方式不断改进和完善。1951年，社会资金往来和结算开始通过银行办理。为了适应经济发展，1953年起，各县人民银行开始推行支票结算、保付支票结算、计划结算、托收无承付结算、电拨信拨结算（后称汇兑结算）、特种账户结算、信用证结算、托收承付结算等结算方式，到1955年，逐步形成同城、异地、城乡、农村4大类共12种结算方式。1984年，打破开户城乡界限，城乡个体户、联营户取得工商营业执照即可在工商银行或农业银行开户。1986年，正式成立山西省第一家县级银行系统同城票据交换清算所。1989年朔州建市后，金融支付结算电子化发展突飞猛进，支付结算渠道和方式日臻灵活，支付结算网络范围不断扩展，参与者规模不断扩大，业务量快速增长，各金融机构提供的各项金融服务覆盖到国民经济各部门和社会发展的方方面面。20世纪90年代后，支付清算系统得到全面发展和完善，以人民银行全国大小额支付系统为核心，银行业金融机构行内支付系统为基础，银行卡跨行支付系统、全国支票影像交换系统、境内外币支付系统、电子商业汇票系统、网上支付跨行清算系统等为重要组成部分的支付清算网络体系逐步形成，资金结算速度进一步加快。非现金支付工具推广应用增长迅速，以汇兑、支票、汇票、本票、银行卡等传统支付工具为主体，以网上支付、电子支付、移动支付等新兴支付工具为发展方向的非现金支付工具体系全面拓展。各金融机构不断创新金融服务理念，金融服务产品日益丰富，24小时银行、电话银行、网上银行、住房及消费信贷、证券、基金、期货、担保、信托理财等新型服务种类和方式不断突破和创新。人民银行加强账户管理，建立健全账户管理制度和程序，推广运用账户管理系统，规范支付行为，防范违法犯罪活动。2019年末，朔州市存量单位银行结算账户58 258户，存量个人银行结算账户955.4万户；各银行机构累计发行银行卡735.4万张；第三方支付机构达30家，全年活动商户3.61万户，活动终端4.21万台，清算923.84万笔；累计建设农村金融综合服务标准站1 592个，覆盖行政村1 227个，有条件建站行政村覆盖率达100%。

（五）

金融宏观调控和金融监管不断加强，维护地方金融业安全稳健运行。1978年前，朔州境内实行计划经济和“大一统”银行体制。1984年11月，朔州各县人民银行单独行使中央银行职能后，履行对辖区银行业、保险业、证券业、信托业等的综合监管职能。监管主要围绕市场准入进行，重点是审批新的业务机构，监管手段主要依靠金融管理和稽核等行政手段。1989年建市初期，监管工作重点针对金融秩序混乱、金融业务飞速发展、新设机构增多等，监督管理各银行机构不正当竞争和违规经营。1993年，按照国务院《关于金融体制改革的决定》，对证券业的监管从人民银行分离。朔州金融监管工作围绕整顿金融秩序、严肃金融纪律、推进金融体制改革等方面采取了一系列措施。随着国家专业银行商业化改革步伐的加快，1996年后，朔州金融监管工作由对银行业的合规监管向风险监管过渡，监管重点由过去主要承担机构监管转移到机构、业务、风险防范等全方位监管，从单一行政手段监管转变为综合运用经济、行政、法律手段，突出防范和化解金融风险，维护辖区金融秩序，重点对金融机构信贷资产质量、违规经营、账外经营等实施全面监管。1998年，对保险业的监管职能从人民银行分离。随着各国有商业银行全面推行资产负债比例管理，朔州金融监管工作重心向中小金融机构转移，进一步加强对城乡信用社的监管，开展国有独资商业银行等金融机构贷款质量、盈亏状况、单笔大额贷款、表外资产、非信贷资产损失等大检查，对银行业全面实施贷款质量五级分类制度。到2003年末，朔州辖区国有商业银行不良贷款率逐年降低；股份制商业银行资产质量良好；化解农村信用社支付风险取得明显成效；城市信用社分类处置稳步推进，平稳退出市场；省级各银行在朔州设立的信托投资公司办事处、业务部全部移交或撤销。2004年，人行朔州市中支与朔州银监分局分设，同年1月，朔州银监分局挂牌成立，机构组建后，围绕“管法人、管风险、管内控、提高透明度”，持续提升依法监管水平，2008年末，完成6家县级联社全部统一法人组建工作，实现挂牌开业。2019年末，批复设立朔城区蒙银村镇银行等十几家金融机构；4家农村商业银行完成改制，1家正在改制中。2004年以来，随着人民银行金融稳定职能和反洗钱职能的增加，人行朔州市中支以防范化解区域金融风险为中心，在金融维稳协调，区域金融风险监测、预警与处理，两管理两综合，存款保险，央行评级等方面开展各项工作，维护辖区金融业稳健运行；制定出台50多项金融稳定工作制度，形成涵盖人民银行、政府及相关部门、银保监、金融机构等在内的纵向工作机制和横向协调机制，做到金融风险“早发现、早报告、推动早处置”；密切关注、反映辖区大型商业银行改革进展和实际效果，加强重点关联行业、保险业、农业发展银行商业化、邮政储蓄银行、农村合作金融机构、新型农村金融机构改革及农村信用社改制化险情况等监测，对存在风险隐患的金融机构采取约见谈话、风险提示、发送预警通知等形式进行预警。2011年以来，人行朔州市中支共办理52家新设（改制）金融机构加入人民银行金融服务与管理体系；累计对56家银行网点开展综合执法检查28次，实施处罚64.3万元；累计办理投保手续15次，征收存款保险基金0.43亿元，地方法人投保机构10家；累计6次对34家地方法人银行机构开展现场评估，下发央行评级通知书31份。辖区金融业稳健运行，金融风险预警处置能力不断增强，未发生系统性、区域性金融风险事件。认真履行反洗钱职能，在丰富反洗钱监管手段、建设反洗钱监测模型、特定非金融领域反洗钱监管等方面开展多项创新，积极参与涉毒、涉税、扫黑除恶、地下钱庄、涉腐等犯罪惩治工作，推动反洗钱政策落地，反洗钱工作参与朔州社会治理的内涵和外延不断扩展。

人民币发行管理取得长足发展，为地方经济建设注入不竭动力。新中国成立初期，朔州各县人民银行通过开展货币斗争，实施货币管理，建立发行库制度，采取“大出、大入”的方针，迅速占领城乡货币阵地。在调节货币流通中，重点支持壮大国营经济力量，恢复和扩大城乡物资交流，取缔打击金银倒贩活动，有力地支持了经济恢复。“一五”时期和过渡时期，通过现金管理，对国营企事业、机关、团体、学校、部队及集体所有制单位，实行30元为转账结算起点等办法，有效控制不合理现金投放。1955年3月1日起开始以新版人民币1元合旧版人民币1万元的比价收兑，进一步健全了统一、独立、自主的货币制度，支援社会主义经济建设。“大跃进”及“文革”时期，加强现金及工资基金管理，控制货币投放、财政支出，商业采取出售高价商品等政策，促进国家经济的调整与发展。党的十一届三中全会后，朔州经济步入发展快车道，流通中的货币逐年增加，周转速度不断加快。人民银行按照“适当集中、合理摆布、灵活调拨”的方针，通过开展货币流通调查，强化现金流通量测算，实施现金管理“七不准”，建立消费基金专用户，优化流通现金各券别比例等措施，保证经济发展的需要。1979年，试行发行基金定额管理。1980年，实行出纳收付款券别登记制度。1989年朔州建市初，针对经济社会发展需要，实行工资基金手册管理制、支取现金许可证制、行长责任制及大额提现分级审批制、支取现金柜台审批制等，强化人民币发行库管理，全面规范专业银行收付行为，加大对重点行业如煤炭、铁路运输、制造业等投放，保证合理正常现金需求。2000年以后，朔州现金管理制度由审批制逐步转向备案制、大额提款预约制。人行朔州市中支利用人民币流通监测网络，对辖区现金投放回笼情况、资金流向情况、现金库存余额和券别明细、人民币流通整洁度、反假人民币形势等内容开展监测，加强流通人民币管理和流通中人民币整洁度管理。2003年，推行残损币兑换“首办负责制”。2007年，建立流通人民币质量、整洁度监测和社会公众问卷调查制度。2010年，建立货币真伪和残缺污损人民币两级鉴定管理中心、人民币流通状况监测预警机制。2016年，组建社会化清分中心。2019年，推行流通现金质量义务观察员制度。到2019年末，朔州货币投放量从1989年建市初的2.4亿元增长到92.3亿元，增长37倍多，货币净投放从2.1亿元增长到40.6亿元，增长18倍多。设有朔州、怀仁2个发行库正常开办业务。建立特殊残损币兑换主办网点33个，残币回笼量稳定在20亿元左右。安装纸硬币自助兑换机28台，建立现金服务示范区3个、农村现金服务工作站74个。发行基金调拨实现信息化、电子化。反假货币实现整体联动、齐抓共管。

国库管理服务水平不断提升，保障预算资金安全、服务社会民生成效显著。20世纪50年代初，朔州各县先后建立县支金库。1951年，开始兼理地方金库业务。1986年起，开始经理国库业务。1989年朔州建市后，设立中华人民共和国国家金库朔州市中心支库，到1993年，逐步形成以人民银行为主导、商业银行（信用社）为补充的较为完整的国库组织机构体系。朔州建市初期，国库业务量小，核算方式停留在手工操作，国库部门业务范围定位于能准确及时办理国家预算收入的收纳、划分、留解、库款支拨、监督库款的退付及办理政府债券的发行和兑付。1994年，随着财税体制改革的不断推进，朔州国库管理工作得到进一步加强，逐步建立起多部门数据共享、业务处理无缝衔接的国库运行机制，实现国库会计业务由手工处理到电子化处理、数据从分散到集中、资金从中转到直达的转变，国库体系不断健全，国库管理制度日臻完善，国库会计核算安全高效，国库业务量不断增加，国库信息化建设成效明显，国库监督管理扎实有效。2019年末，朔州共设立中心支库1个、城区支库2个，县（市、区）支库5个，集中收付代理银行14个、国库经收处269个。以“3T”（TIPS、TCBS和TMIS）为核心的国库信息化系统基本覆盖全市各级税务、国库、商业银行。国库收入由1989年建市初的1.5亿元增加至2019年末的92.29亿元，国库支出由1989年建市初的1.82亿元增加至2019年末的215.22亿元。

实施外汇管理，助力涉外经济实现高速发展。朔州的外汇业务是从1982年全国首家中外合作项目平朔安太堡露天煤矿建立而发展起来的。该项目1987年9月建成投产，被誉为中国改革开放的“试验田”，是中国改革开放以后第一个、也是当时最大的中外合作项目。1987年国家外汇管理局平朔分局成立后，业务范围主要以平朔露天煤矿及神头电厂的外汇业务为主。1989年朔州建市初期，出口企业较少，且均无商品进出口许可权，出口产品多为土特产、服装和工艺品，出口企业的外汇留成由朔州市对外经济贸易公司负责分配，并报备国家外汇管理局平朔分局。1989年6月，国家外汇管理局平朔分局更名为国家外汇管理局朔州分局（以下简称朔州外汇局），承担全市外贸企业出口创汇、非贸易外汇、外商投资企业、外债及银行结售汇等外汇管理工作。同年，对外汇（转）贷款实行全面登记管理制度。1994年，取消外汇留成制度，对境内经常项目下的外汇收支实行银行结汇和售汇制度。1996年，开展国际收支统计申报工作。2001年起，实施进出口差额核销和备查管理。2004年，外汇指定银行结售汇市场准入实行备案制。2007年，取消出口企业分类管理。2010年，开始实行进口付汇核查制度。建市以来，朔州外汇局以促进国际收支平衡为目标，落实各项外汇管理制度，加强外汇监管，改善营商环境，提升跨境贸易投资便利化水平，深化外汇管理“放管服”改革。各金融机构持续加大本外币融资投放，助力涉外企业做大做强，促进朔州对外贸易持续增长，外资稳步发展，规模不断扩大，创汇额不断增加，涉外经济实现高速发展。到2019年末，朔州办理外汇业务的金融机构由1993年前的1家增加到2019年的8家52个网点；国际收入申报19 172.93万美元，国际支出申报8 753.76万美元；银行累计结售汇总额13 634万美元；进出口企业50家，出口收汇额5 250万美元，进口付汇额6 146.9万美元；外商投资企业25家，外债余额33 590.77万美元。

加强征信管理与服务，社会信用体系建设稳步推进。1998年之前，朔州征信工作主要是贷款证的发放及年审。1999年，完成银行信贷登记咨询系统建设。2005年，个人信用信息数据库建立。2006年，企业信用信息基础数据库系统正式联网运行，中小企业信用体系建设试点工作起步。2007年，农村信用体系建设工作开始实施。2018年，实现个人征信自助查询机全覆盖。从1998—2019年，经过20多年的发展，朔州征信机构从无到有，征信系统实现了从手工贷款证制度到银行信贷登记咨询系统，再到全国统一的金融信用信息基础数据库系统的跨越；征信工作从最初的单纯贷款证发放及年审逐渐扩大为征信市场管理、征信系统建设、征信宣传及服务、社会信用体系建设等诸多方面；征信服务对象从银行类金融机构扩展到包括企事业单位、个人等在内的社会各个领域和各个层面。2019年末，个人征信系统共收录自然人信用信息138.2万条，企业信息2.6万条。48家企业通过中征应收账款融资服务系统获得融资874 450万元。人民银行内部（企业）评级系统上传企业141家，通过资信评级98家。动产融资统一登记系统完成动产担保登记184笔。

保险业从零起步，实现跨越式发展。20世纪50年代初期，朔州境内曾经开办过保险业务，但保险业务险种单一，业务量小，开办时间较短。由于历史原因，从1954年到80年代初，保险业处于停办状态。1981年，恢复保险业务。1989年朔州建市后，保险行业逐步深入社会经济各个方面，形成种类齐全、内容完善、依法依规的格局，服务能力全面提升，保险经济社会保障力度不断加大，对地方经济建设和人民生活安定发挥了不可替代的作用。1989年，朔州市各级保险业务保费收入0.1亿元，支付各类保险赔付0.04亿元，各级保险机构5家；2000年，各级保险业保费收入0.83亿元，支付各类保险赔付0.21亿元，各级保险机构增加到23个；2010年，各级保险业保费收入11.89亿元，支付各类保险赔付2.8亿元，各级保险机构增加到45个；2019年末，各级保险业实现保费收入25.92亿元，支付各类保险赔付10.31亿元，保险深度2.4%，保险密度1 412元/人，保险机构达92家。

（六）

党的建设和职工队伍建设全面进步。朔州金融系统加强党的建设、组织建设、党风廉政建设和精神文明建设，深入贯彻落实全面从严治党要求，开展“三反”“五反”运动，“四清”运动，三个整顿、两个学习，“三讲”教育，保持共产党员先进性教育，党的群众路线教育实践，“三严三实”专题教育，“两学一做”学习教育，“不忘初心　牢记使命”主题教育等活动，全面从严治党持续向纵深发展。加强干部职工队伍建设，强化内部管理、教育培训，具有现代化科学化专业化管理知识的金融从业人员队伍不断壮大，先进人物不断涌现。

新中国成立70多年来，朔州金融业紧紧围绕党和国家经济金融方针政策，积极开展金融业务，在促进经济社会又好又快发展中发挥了重要作用。同时，金融业本身也取得了长足发展，金融体系不断健全，金融总量持续扩大，金融调控日臻成熟，金融市场逐步规范，金融功能作用有效增强，金融业增加值在国民生产总值增量中的占比不断上升，成为朔州地方经济发展的重要支撑力量。

一切伟大成就都是接续奋斗的结果，一切伟大事业都需要在继往开来中推进。朔州的金融业从古到今，筚路蓝缕，一路走来，历经漫长的岁月，其真正得以充分发展，是新中国成立后，尤其是党的十一届三中全会以来取得长足发展。朔州金融业70多年来取得的巨大成绩，得益于中国特色社会主义道路和国家改革开放政策，得益于朔州经济社会的快速发展，得益于金融从业人员的使命担当、辛勤工作、勇于创新。未来的朔州金融，将在习近平中国特色社会主义思想指引下，以“功成不必在我”的精神境界和责任担当，蓝图不改，与时俱进，永续发展。

大事记

战国

赵国在新城（今朔城区梵王寺）铸造“新城”布币。

在朔州市沙塄河村出土的尖足布、方足布明字刀，北旺庄村出土的宋子三孔币，均为战国时赵国流通货币。

朔州市右玉城关出土一枚安邑二釿布，据考证该币为战国时魏国铸。

秦

朔县出土两枚秦半两：一枚径3.2厘米，穿0.8厘米，重8克；一枚径2.9厘米，穿0.8厘米，重5克。

境内先后置马邑县（今朔城区）、班氏县（今怀仁县）、善无县（今右玉县）、楼烦县（今朔城区南梵王寺村）。

汉

平朔露天煤矿出土5枚五铢钱，据考证为汉朝时期所铸，朔县出土两枚五铢钱，据考证为西汉时期所铸。

境内先后置汪陶县（今山阴县）、中陵县（今右玉县和平鲁区境内）、剧阳县（今怀仁县和应县境）。

魏晋南北

朔县陆续出土的永安五铢，据考证为北魏所铸；朔县出土的常平五铢，据考证为北齐时期所铸。

隋

朝廷在马邑（今朔城区境内）设互市，并置吏管理与突厥人进行马匹等交易的课税事宜。

唐

武德七年（624年），应县北楼口置互市，成为雁门关外较早开通的商贸之关。

五代十国

2011年，应县出土的壮国元宝，据考证为五代后晋天福二年（937年）宣武节度使杨光远所铸。

宋元

1966年，在山西应县木塔中发现宋代政和通宝金钱，钱径2厘米，重4克。之后又发现宋代宣和元宝金钱，钱径2.2厘米，重3克。

天历元年（1328年），大同路所辖朔州、应州的煤炭生产规模已有很大规模，“各路煤炭课总计钞1 645锭余，内大同路129锭余”。

金

20世纪80年代初，在呼和浩特市和林格尔县新丰乡八号村的金、元时期村落遗址中出土铜印一方，重850克，方形，通高4.8厘米，厚1.7厘米，扁长方纽（2.8厘米×1.4厘米，高2.8厘米），印面每边长6.9厘米，边郭宽3～4毫米，印面汉字叠篆、朱文“朔州交钞之印”六字。（该铜印为内蒙古文物工作队藏品）

明

— 洪武八年（1375年）

明政府在朔州地区设玉林卫、威远卫、朔州卫等卫所，专属山西行都司，统辖军队、民政、税负等事宜。

1974年，山西省应县在佛宫寺释迦木塔中发现明代“都察院钞法”佈告，佈告高94.5厘米，长276厘米，盖有“山西等处提刑按察司印”五方。“都察院钞法”佈告是我国唯一发现有关钞法的古代佈告实物，上面明确了伪造纸钞的惩处规则，对研究明朝时期货币流通有十分重要的意义，弥足珍贵。

1974年，山阴县安荣乡河阳堡村王家屏墓出土一枚明“大明通宝”冥钱。

清

清初，赋税有田赋和丁徭，统一征收银两。朔州境内各县设户房，掌握赋税、财政收支事务。

— 顺治七年（1650年）

清廷在右玉杀虎口设户部抽分署，为全国内陆39个常设税关之一。

— 光绪十三年（1887年）

是年，朔县有当铺11家，颇有名者有义合当、德兴园当、务本当、天锦当四家。分布于县城内的当铺：东门口北有务本当，南门口西有德聚当，西门口西有万成当，北街有天锦当。乡当：利民镇十字街北有义合当，西街南有得和当，东街北有天顺当，东街东有绿成当；滋润村中心街北有德兴园当；神头镇中心街有万兴当，南街有南街当。

是年，山阴县有当铺7家，怀仁有当铺3家，右玉县有当铺15家。

一 光绪十五年（1889年）

山阴县崔汉章（山阴县高山疃人）开设当铺瑞和当，资本为白银7万两，聘晋中市寿阳县人为掌柜。民国六年（1917年），由山阴县安荣村郭嵩山投入资本合白银1.7万两，成为合资当铺。民国十五年（1926年）后倒闭。

中华民国

一 民国四年（1915年）

9月24日，朔县广裕垦牧公司借用晋行（中国银行山西分行）银元5万元，定期5年。

平鲁城及平鲁七墩当铺、四庆隆钱庄遭绥远匪徒卢占魁率众抢劫烧毁。

一 民国八年（1919年）

朔县青钟村人蔚汉祥，在老城南街设立朔县裕丰银行，实为银号，办理存款、放款及纸币与银币的互兑业务，发行裕丰银行券，流通于朔县、神池、宁武、丰镇等地。因券票滥发无度，该行被恒德昌商号挤兑而倒闭。

一 民国十七年（1928年）

2月，山西省银行朔县办事处成立，属阳曲县山西省银行办事处管辖，并在朔县城、山阴岱岳镇设立两家钱庄，长期为省府收各种税款、粮款、工商款，并大量发行商业贷款。日军侵朔前夕搬迁太原。据民国二十年（1931年）统计，资本总额10万元，存款3 000元，放款6 000元，汇出13.48万元，汇入12.348万元，货币发行额8.298万元。

一 民国十八年（1929年）

2月，山西省银行应县办事处成立。

2月，阎锡山利用对蒋介石作战胜利的时机，控制察哈尔、绥远、河北及平津地区，接收天津造币厂，委薄以众（阎锡山的四妹夫）铸造“袁大头”和孙中山两种银元。

一 民国二十三年（1934年）

是年，朔县财政总收入27 915元，其中，田赋收入13 347元，工商杂税收入14 568元。

山西省政府金融机构在朔县县城开办公营“朔县官盐店”。

一 民国二十四年（1935年）

1月，晋北盐业银号成立，该号为山西公营事业董事会经营，原定资本为20万元，后由阎锡山令晋绥财政整理处拨足资本100万元。总号设在岱岳，分号设于太原，总经理徐吉午。营业范围，除特种经营盐款外，兼办汇兑、存款及扶助各项公营事业，发行兑换券。当年，该号储蓄16 000元，发行兑换券25 000元。1936年7月，总号改设在太原。1937年，该银号停业。

是年，朔县始设联合征收局，直属省财政厅领导。

一 民国二十六年（1937年）

12月，日军侵入山西后，建立日伪金融机构“蒙疆银行”，并发行大量日伪币。在大同、朔县设立分行，在雁北发行蒙疆币1 400余万元。

— 民国二十七年（1938 年）

1月11日，共产党在冀西阜平召开军政民代表大会，会上经民主选举成立晋察冀边区临时行政委员会，这是敌后第一个抗日民主政权，会上决议设立晋察冀边区银行。

2月28日，伪蒙疆联合委员会强制大同银钱业组成伪晋北实业银行，3月1日开业，先后在岱岳、怀仁、朔县、应县、右玉等县设分行。

3月10日，日伪在察哈尔绥远成立“蒙疆银行”，大量发行“联银券”等伪币，流通于山西、河北等省，目的是掠夺抗日根据地的物资。

3月20日，晋察冀边区银行在五台县石咀村普救寺正式成立，并在朔县设立办事处，开始发行“晋察冀边币”。

— 民国二十八年（1939 年）

是年，日伪蒙疆银行在怀仁、应县设立支行，除发行蒙疆银行币外，还办理机关存款、公私营工商业存款和放款，以及蒙疆币和中联币的互兑业务。

— 民国二十九年（1940 年）

年初，日伪晋北实业银行在大同设立总行，岱岳、阳高、左云、天镇设立支行，控制了整个雁北的金融活动。

是年，日伪蒙疆政府设朔县实业银行支行，属张家口总行管辖，办理私营工商业和住户的存款、放款、汇兑业务，控制朔县金融活动。

— 民国三十四年（1945 年）

8月，日军投降，日伪蒙疆银行倒闭。

是年，右玉德升当铺破产。

— 民国三十六年（1947 年）

12月，各地赤金价格持续上涨，朔县每两440万元，换布29匹，换棉花137斤。

— 民国三十七年（1948 年）

是年，西北农民银行山阴支行成立，地址在岱岳镇南大道，开展实物贷款业务，帮助农民恢复生产。

中华人民共和国

— 1949 年

9月，人行朔县支行成立，首任行长李子春，年末职工人数21人，内设会计、业务、出纳、农金、秘书五个职能组，组长分别由王子宽、曹子俊、罗文达、郭常森、闫志芳担任。主要任务：办理全县农村、城镇的农业、工商业存放款、汇总、公债发行，管理金融市场。

10月5日，政务院财政经济委员会作出关于建立发行库的决定：人总行设总库，各区行及主要分行设分库，建立垂直系统独立的会计制度，发行库与业务库完全分开。根据“决定”精神，太原首先建立分库，雁北、大同、阳泉、忻县、运城、临汾等地也相继建立中心支库。

11月1日，人行大同办事处设财政支金库。朔县、山阴（从晋西北划归大同办事处）各支行代理支金库，应县到浑源支库办理解交手续；怀仁、右玉在大同支库办理解交手续；平鲁在朔县支库办理解交手续。

12月，人行雁北地区中心支行在平鲁县设立金融小组，经办信贷、农金、会计三项业务。

12月，人行在平鲁县设立中国人民银行平鲁金融小组，地址为平鲁城。组长黄凤林，共有职工6人，具体经办信贷、农金、会计三项业务。

是年，在原西北农业银行山阴支行的基础上，中国人民银行山阴支行组建成立，地址在山阴岱岳，设有会计、出纳、业务三股。首任行长宋岐峰。

—1950年

9月15日，人行朔县支行行长李子春调任人行大同办事处副主任。

是年，朔县取缔银楼12家。

是年，朔县发行以小米、面粉、白布、食油为计价单位的胜利折实公债。

是年，山阴县故驿村古城北内出土春秋战国时期流通的货币共10枚，其中，布币9枚，“明”字刀一枚。

—1951年

5月，人行雁北地区中心支行行长罗陶然来人行朔县支行了解储蓄存款及贷款发放情况。

是年，人行平鲁县支行成立，属察哈尔省分行管辖，机构设置在平鲁城。首任行长阎志方，设有信贷股、农金股、会计股和保险公司（当时保险公司是银行内设公司）。

—1952年

1月，朔县支行开展“三反”运动。运动中发现被贪污款项9 200万元（第一套人民币1万元折合现行人民币1元），追回赃款3 904万元。其中副行长苑丽声贪污1 427万元，在运动中拒不坦白，乘机潜逃，抓捕后送人民法院法办。业务股副股长石青山贪污1 016万元，拒不坦白，被送法院判刑。会计股股长成国相坦白贪污款1 036万元，在追赃当中进行反抗，被送人民法院判刑。

5月，中国人民保险公司雁北中心支公司成立，朔县、平鲁县、应县、山阴县、怀仁县、右玉县设县公司。

12月1日，原察哈尔省撤销，中国人民银行在雁北地区的20个支行划归山西省分行领导，建立雁北、大同两个中心支行。

是年，人行平鲁县支行开始办理农民合作基金贷款。

—1953年

是年，平鲁县保险公司正式成立。

是年，山西省贸易、合作、金融模范会议举行，选出山阴安荣村金融小组、应县前后堡金融小组、怀仁下寨村金融小组等模范单位。

是年，农村高利贷偶有发生，怀仁县于家园和北萍乡有65户放债，放粮食247斗，借债者206户，利息为春借1斗，秋还半斗。

—1954年

12月30日，朔县贾庄信用社会计张显在沙塄河遭歹徒抢劫，损失贾家庄信用社存款及代收银行贷款的现款及存折共计362元。

是年，朔县开始发行国家经济建设公债。

是年，人行朔县支行建立保卫、保密委员会。

—1955年

12月，平鲁县保险公司撤销。

是年，朔县共有51个农村信用合作社。

—1956年

10月，人行朔县支行开始执行省辖处所往来制度。

是年，人行应县支行杏宅营业所评为山西省先进单位。

—1957年

3月30日，人行雁北中心支行、农行雁北中心支行撤销，3月31日停止办公。

3月，原人行朔县支行职工李占魁因在街道墙壁上用粉笔书写反动标语被公安机关逮捕，后在看守所自杀。此事影响人行朔县支行其他4位员工，在1967年4月，4人接受县公安局审查，1970年12月，4人平反并恢复工作。

—1958年

年底，平鲁、朔县两县合并，称朔县。人行平鲁县支行建制撤销，改为人行平朔支行井坪办事处，机构设在井坪镇。

1958年，人行朔县支行以人民公社为单位，将所辖的信用社和营业部组建成公社银行，信用社的人员和财产、资金统归公社银行经营管理，公社银行的管理权下放给人民公社政府。

—1959年

根据中央指示精神，公社银行恢复为信用社。

—1961年

是年，平鲁县、朔县两县再次分设，平鲁县恢复中国人民银行县支行建制。

是年，人行朔县支行代山西省政府发行期票20.8万元，面额为100元、500元两种，为期3年。

—1963年

是年，人行平鲁县支行的信贷股和计划股合并为城市业务股，农金股改为农林业务组，其他各股也相应改为组。

是年，人民银行、农业银行两行分设，翌年2月又合并，在三年经济调整时期，银行也由“指标管理”改为“农村信贷包干”管理，坚持“自力更生为主，国家支援为辅”的方针。

—1964年

是年，人行朔县支行重点完成收兑苏联代印3元、5元、10元三种人民币（由于国内印钞生产能力不足，又缺少高档专用印钞纸，面额3元、黄色5元、10元的人民币由总行委托苏联代印）964 838.5元的任务。

是年，在山西省财贸部门“五好”企业、“六好”职工代表会议中，平鲁县周家花板信用社被评为先进单位。

— 1965 年

是年，朔县农行并入朔县人行。同时，随着全县行政区划的调整，农村信用社调整为28个，人民公社化后，信用社调整为17个，下设3个分社。

— 1966 年

4月2日，为及时掌握各地开展“三查”节约运动的进展情况，更好地指导全省工作，山西省人行确定朔县等15个县支行为“三查”工作的重点联系行，直接向省分行报告“三查”节约工作情况、问题和经验等。

— 1973 年

是年，建行在朔县设雁北区朔县办事处，办理朔县、平鲁、山阴三个县和神头发电厂的基本建设拨款与贷款等业务。

— 1978 年

是年，山西省财贸学大庆学大寨会议召开，应县杏寨信用合作社被评为金融系统大庆大寨式企业单位、平鲁县陶村信用合作社被评为学大庆、学大寨先进企业单位。

— 1979 年

4月，平鲁县平鲁公社屯军沟大队青年社员黑云和公社中学学生杨茂、安斌、张莺儿等，在劳动中偶然发现大批金铤等物，经鉴定为唐代金器，共计193件，合计34 770克，折合成纯金重量为33 025.64克，全数上缴国家。

— 1980 年

1月，朔县人民银行、农业银行两行分设，农行朔县支行建立，同时组建朔县农村信用社联社，辖全县17个农村信用社、3个信用分社。

6月，人行雁北地区中心支行行长赵志远来人行朔县支行调研。

是年，建行雁北区朔县办事处分建建行神头电厂专业支行。

是年，人保朔县支公司成立。

是年，农行朔县支行被评为全国金融红旗单位。

— 1981 年

2月13日至3月4日，人行山西省分行举办全省科技成果展览，共12个展品，人行应县支行的凭证盖章机入选展出。

是年，朔县恢复保险业务，按照“为生产服务、为群众服务”的原则，开办企业财产保险、机动车辆及第三者责任保险、奶牛保险。

— 1982 年

是年，建行朔县办事处再次与山阴、平鲁建行分建，成立中国人民建设银行朔县支行。

是年，建行平鲁县支行、山阴县支行成立，具体经办基本建设存款、财政基本建设委托贷款和全县施工企业单位的资金管理。

—1983年

6月30日，建行山西省分行批准成立建行平朔露天煤矿专业支行。

7月，全国政协常委戎子和到平鲁县视察，调研了解当地财税情况。

11月3日，工行山西省分行任命工行朔县支行行长王斌担任工行雁北中心支行党组书记、行长。

—1984年

1月，中国人民保险公司朔县支公司组建成立。

5月，平鲁县保险公司恢复成立，具体开办企业财产保险、企业人身保险、职工家庭财产保险等业务。

6月，中行平朔支行在平朔露天矿生活区组建，7月1日开业，首任行长王黎明。

11月，朔县人民银行、工商银行两行分设，组建工行朔县支行。

是年，中行平朔支行开办外汇业务。

—1985年

1月1日，保险公司平朔办事处成立，主要承办平朔露天煤矿公司的保险业务。

1月15日，中行平朔支行成立生活区储蓄所，在全国中行系统首家正式开办个人储蓄存款业务。

7月10日，人保总公司与山西省平朔露天煤矿签订预约保险协议。

11月，人保山西省分公司与平朔安太堡煤矿的美方代表草签保险协议。

是年，政府清理并撤销了朔县投资公司，整顿金融市场，对收汇、用汇的单位核定其周转外汇券限额，限额外全部收存中行平朔支行，专门开设外汇券缴存户进行管理。

是年，中行平朔支行根据客户高级负责人出具的保函，推出私人支票贴现业务，这是中行平朔支行开办的一项带有创新意义的业务。

—1986年

6月22日，工行雁北中心支行行长王斌莅临工行朔县支行调研。

7月，中行平朔支行成立安太堡办事处，为建行以来成立的第一个下属机构，主要为平朔安太堡露天煤矿的施工单位提供金融服务。

8月1日，平鲁县人民银行、工商银行两行分设。人行平鲁县支行专门行使中央银行职能，设置办公室、计划调研股、金管股、会计股、稽核股、货币发行股六股一室，具体职能是协调、监督、管理各专业银行的业务活动，经理国库和发行货币等。

8月，人行朔县支行协助朔县邮电局，筹办邮政储蓄业务并正式营业。截至1986年底，邮政储蓄存款余额达19.68万元。

9月，人行雁北中支行长魏云、副行长张录、王平善来人行朔县支行就人民银行、工商银行第二次分设召开会议，并在人行朔县支行调研。

是年，人行山阴县支行正式接受国库的经营和组织管理工作，配备2名专职国库人员，将之前的库款10日上解改为逐日上解，并组织国库券的认购工作，按旬、按月督促专业银行及时上划国库券款项。

—1987年

4月，人行山阴县支行成立同城票据交换所，确定专人负责，当日交换，当日轧平。

5月28日，山阴县城市信用社成立。

5月，人行山西省分行原行长张毅、原副行长王重山、王少浩在原雁北中支行长赵志远陪同下来朔县调研朔县钱币收藏及历代钱币出土情况。

11月5日，朔县城市信用社成立开业，当年吸收储蓄存款12万元，办理集体和个体开户6个，发放贷款30万元。

是年，国家外汇管理局平朔分局成立，进一步加强对外汇的管理。

是年，朔县金融系统同业拆借市场建立。

是年，中行平朔支行在全省首先发行有奖储蓄券100万元。同年，开办贴花储蓄业务。

是年，中行平朔支行在全省中行系统第一家办理代发工资转存，年末，全行储蓄余额达到1 006万元。

—1988年

1月，中行平朔支行安太堡办事处，因施工单位陆续撤出，业务量减少，经人行平鲁县支行同意、中行雁北分行批准，机构迁设到平鲁县井坪镇。

4月，中行平朔支行生活区储蓄所被总行评为“先进存款单位”。

5月，中行平朔支行在朔县组建中行朔县支行。

5月，平鲁县城市信用社成立，具体经办个体、集体工商业的存贷款和城镇居民的储蓄业务。

6月，中行平朔支行安太堡办事处升格为中行平鲁县支行，设置计划信贷股、会计出纳股、办公室和两个储蓄所，具体经办一般工业企业存贷款、其他商业企业存贷款和城镇居民储蓄等业务。

8月18日，中行平朔支行在全省中行系统首家开办信用卡业务，专门安装电传、电脑等现代化工具，发行第一张信用卡——长城万事达卡。

10月，人行雁北中支计划科副科长杜斌来人行朔县支行了解统计数据库工作。

10月，人行雁北中支党组成员、副行长宋连到人行朔县支行对农副产品贷款进行调研。

11月，建行朔州支行开始组建。

是年，中行平朔支行被中行总行和中国金融工会授予“全国金融系统文明优质服务先进单位”称号。

是年，朔县共有各级各类金融机构61家。

—1989年

1月，国务院批准由原雁北地区划出朔县、平鲁县、山阴县，设立朔州市。

2月15日，人行山西省分行在朔县支行召开会议。参加会议的有人行山西省分行副行长秦权记、人事处处长黄来富；朔州市委秘书长卢维邦；人行雁北分行行长魏云、副行长王平善、纪检组组长张崇斌；人行朔县支行行长马军，副行长景忠、杨秀珍，纪检组组长王生明；人行平鲁支行行长张自强，副行长段有；人行山阴县支行行长王增山、副行长原建国；以及人行朔县支行全体干部职工。会议由秦权记主持，卢维邦宣布人行山西省分行下发的晋银人字第8号文件《关于设立中国人民银行朔州分行的通知》，撤销中国人民银行朔县支行建制，成立中国人民银行朔州分行；任命王平善为朔州分行行长、党组书记，张崇斌为副行长，党组成员。

2月17日，人行朔州分行租赁朔城区工程公司办公用房协议书签字仪式在朔城区工程公司举行。协议规定：人行朔州分行租赁工程公司办公楼三层和二层东半部，共51间，租期3年。

2月28日，人行朔州分行设立计划科、会计科、金管科、人事科、国库科、办公室、营业部，再加上原外管科，共6科1室1部。

2月，农行山西省分行下发《关于成立中国农业银行朔州市支行的通知》，在农行雁北中支党组的帮助下，组建起了6人组成的农行朔州市支行筹备小组。办公地址设在朔州市城关乡大楼。

3月25日，人行朔州分行吴树斌、王国治及司机一行3人驾驶141汽车前往省分行调运国库券。返程行至忻州七一路十字路口处，接受交警检查，王国治出示323特约通行证，交警因对该证件存有疑问，要求扣押司机驾驶证，随行人员与交警发生言语冲突，导致交警强行扣押车辆到忻州公安局。后经省分行保卫处与省公安厅联系放行，最后顺利将国库券运回朔州。

4月1日，中国人民建设银行朔州市支行开业，所辖4个支行，2个分理处，11个储蓄所。

4月13日，经人行山西省分行批复（〔1989〕晋银金字第10号文），同意设立中国农业银行朔州市支行并成立营业部，农行朔县支行更名为农行朔州市城区支行。

4月20日，人行朔州分行开业典礼在朔城区工程公司办公楼三层会议室举行。人行朔州分行行长王平善汇报组建筹备情况，朔州市副市长来玉龙、人行山西省分行副行长王一开分别讲话，朔州市委副书记董福山和人行山西省分行副行长王一开剪彩、揭牌。人行朔州分行开始在朔州市行使中央银行职能。

4月25日，经人行山西省分行（晋银金字〔1989〕第14号）和工行山西省分行（晋工商银人字〔1989〕29号文件）批准，工行朔州市支行开始组建。工行山西省分行党组同时研究决定：任命原工行雁北中支工会主席李建忠为工行朔州市支行党组书记、行长。

5月15日，工行朔州市支行开办有奖储蓄活动。

6月2日，工行山西省分行行长牛瑞骅、办公室主任韩振东、计划处处长郭成登、人事处副处长郑爱芝及工行雁北中支行长王斌一行来朔州，正式宣布工行朔州市支行领导班子的任命。

6月3日，根据“晋银〔1989〕第37号”文件精神，撤销原中国人民银行朔州分行营业部建制，设立中国人民银行朔城区支行。

6月5日，工行朔州市支行党组研究决定：市支行内设机构由办公室、人事教育部、信贷部、计划部、储蓄部、会计出纳部、监察稽核部6部1室组成。

6月14日，农行朔州市支行组织举行开业典礼仪式。

6月24日，国家外汇管理局山西分局下发“晋汇管字〔1989〕第15号”文件，将“国家外汇管理局平朔分局”更名为“国家外汇管理局朔州分局”。

7月1日，人行朔州分行货币发行科、保卫科组建，管辖全市货币发行业务和负责发行科的安全保卫工作。王宽寿负责发行科工作，王生明负责保卫科工作。

7月5日，人行朔州分行召开党组会议，任命杨钧为人行朔城区支行行长。

7月5日，工行朔州市支行正式揭牌开业。工行山西省分行副行长陈汝银、朔州市市长吕日周、副市长来玉龙及人行朔州分行行长王平善参加开业典礼。

8月11日，朔州市金融系统召开建市以来的第一次市级金融机构行长（经理）联席会议。市政府常务副市长来玉龙、人行朔州分行、各专业银行、保险公司负责人参加会议。

9月，中行平朔支行在全省地市行中首家开办贸易项下的国际结算业务。

12月28日，人行朔州分行组织召开全市市级金融机构负责人工作座谈会，市长吕日周出席座谈会并对金融系统工作予以肯定。

12月，工行朔州市支行代理发行2 100万元国库券。

是年，中国人民财产保险股份有限公司朔州市分公司（以下简称人保财险朔州分公司）成立，是朔州保险行业成立时间最早的财产保险公司。

—1990年

3月12～13日，人总行副行长陈元、人行山西省分行行长谷五富到平朔安太堡露天煤矿视察工作。

3月13日，中国金融研究所所长赵海宽来人行朔州分行指导工作，考察参观平朔露天煤矿。

4月13日，人行朔州分行石志权参加全省人行系统和全省财贸系统文艺调演，所演节目获“优秀节目奖”。

4月16日，人行朔州分行被山西省公安厅和人行山西省分行授予“安全保卫工作先进集体”。

5月6日，人行山西省分行正处级稽核员张玉萍带队来人行朔州分行检查指导工作。

5月25～26日，人行山西省分行副行长张绍瑞、外管处处长赵川龙等一行5人来人行朔州分行检查指导工作。

5月29日，人行山西省分行保卫处处长杨效成带队来人行朔州分行检查指导工作。

5月30日，山西省财办主任王祥洪来人行朔州分行检查指导工作。

5月，工行朔城区支行中心街储蓄所开始装备台式电脑，开启该行由计算机取代人工办理储蓄业务的先河。

6月9～10日，人行山西省分行原副行长王重山带队来人行朔州分行考察领导班子情况。

6月6日，工行“三北”地区第二次储蓄业务研讨会在太原召开，工行朔州市支行储蓄部主任张勇代表朔州市支行参加会议并发言。

6月，国务院批准撤销平鲁县，设立平鲁区。

7月4日，在全省人行系统乒乓球比赛中，人行朔州分行代表队获“精神文明队”称号。

7月5日，山西省证券公司朔州代理处开业，截至年底，共买进有价证券44万元。

8月1日，工行朔州市支行首次代理销售十一届亚运会基金奖券（面值1元），共承销21 600元。

10月23日，朔州市金融学会筹备组成立。组长王平善；副组长张崇斌、李建中、崔海瑞、白志中、李惠、石宝镛；下设办公室，主任康俊，副主任祁魏、赵毅新、王杰贤、尹怀恭、魏喜平。

11月1～3日，朔州市金融系统第一次理论研讨会在人保朔州市中心支公司召开。

12月31日，农行山西省分行以“晋农银党字〔1990〕第21号”文件决定，任命崔海瑞为农行朔州市支行党组书记、行长。

12月31日，工行朔城区、平鲁、山阴三个支行开办代发工资和工资转存业务，代发工资人数达1 200人，代发金额30万元，工资转存额4.2万元，留存额占代发额的14%。

是年，人行朔州分行被市委、市政府授予“双文明建设先进集体”“文明单位”荣誉称号。

—1991年

2月16日，人行朔州分行被市委、市政府授予“1990年度双文明先进集体”。

3月19日，朔州市金融工作会议在朔城区宾馆召开，市、县两级主管财贸、经济工作的副市长、县（区）长，市财委、经委、计委、财政、粮食、商业、供销、外贸、县营以上企业负责人及全市金融系统股级以上干部，共计450多人参加会议。会议由袁伦化副市长主持，来玉龙副市长做了题为《认真贯彻金融方针政策，推动经济健康发展》的报告。

4月21日，山西省金融工会副主任冯秉道带领全省金融系统“一学三爱”演讲团一行11人抵达朔州，并作专场演讲。

4月29日，朔州市金融系统妇女委员会成立，选举产生朔州市金融系统第一届妇女委员会，主任李青梅，副主任王居英、李鹤年。

6月6日，第九、第十届全国人大常务委员会委员、中共中央第十四届候补委员、工商银行行长张肖莅临工行朔州市支行调研视察，在工行山西省分行行长阴建功和朔州市支行行长李建忠、副行长寇子儒等陪同下参观平朔露天煤矿。

6月24日，朔州市举办金融系统乒乓球比赛，市金融系统6个代表队30名男女运动员参加比赛。

7月1日，工行朔州市支行被市政府评为“全市工商企业十面红旗单位”。

7月2日，朔州市金融学会成立暨第二次理论研讨会在神头第一发电厂招待所召开。人行山西省分行原行长、省金融学会副会长谷五富，人行山西省分行副行长、省金融学会副会长王一开，市政府副市长来玉龙分别讲话。市金融学会筹备组组长、人行朔州分行行长王平善向大会做《关于朔州市金融学会筹备情况的报告》。

7月16日，朔州市金融学会筹备组在农行朔州市支行召开会议。会议讨论通过《朔州市金融学会章程（草案）》、学会领导机构候选人名单，朔州市金融学会成立的时间、地点、议程等。会议接纳吸收首批会员100名。

7月24日，朔州市金融学会在神头第一发电厂招待所召开成立大会。会议选举产生第一届会长、副会长、副秘书长、理事、常务理事。审议通过朔州市金融学会领导机构候选人名单，董福山、曹振声、来玉龙任学会顾问，王平善任会长，张崇斌任常务副会长，赵福任秘书长；理事50人、常务理事9人。

8月3日，工行朔州市支行在全行范围内广泛推行“压缩商业企业两项资金占用的八个工作方法”，该经验做法受到山西省分行肯定，在全省系统推广。同时，朔城区支行总结的“压缩三项资金的十个政策界限”，被山西省人民政府在全省推广。工商银行总行主办的《金融队伍建设》杂志对此作出专题报道。

8月8日，朔州金店开业，是朔州市第一家专营金银首饰的实体金店。

9月3日，人行山西省分行行长秦权记带队来人行朔州分行检查指导工作。

9月10日，工行朔州市支行为细化管理、确保各项工作任务圆满完成，在征得上级行同意的前提下，增设了政工办公室、行政办公室和保卫部三个内设机构。

9月16日，人行山西省分行副行长王一开、国库处处长张雪花等4人来人行朔州分行指导工作。

10月3日，工行朔州市支行压缩三项资金和清理三角债工作成绩卓著，以压降20%的幅度排名全省第一，受到省分行的肯定和表扬，行长李建忠在全省工行系统经验交流会上做典型发言。

12月15日，人行朔州分行守库员景秀文被人总行评为“全国人民银行系统安全保卫先进工作者”，保卫科副科长王生明被人行山西省分行评为“全省人行系统安全保卫先进工作者”。

是年，工行朔城区支行在开办中心街电脑储蓄的基础上，率先在全市金融系统实现储蓄通存通兑，推动储蓄工作目标管理任务的实现。

—1992年

3月6日，工行朔州市支行全辖11个储蓄所全部开办代发工资业务和集体零存整取储蓄存款业务。

3月20日，中行平朔支行开办进口开证业务获得成功。

4月10日，工行朔州市支行被山西省劳动竞赛委员会荣记集体一等功。

5月4日，工行朔州市支行被市政府评为“双文明单位”和“全市工商企业十面红旗单位”。

5月5日，通过朔州市档案局的大力支持，工行朔州市支行建成标准化档案库和信贷档案库。

5月10日，在工行朔州市支行和朔城区支行的协助下，神头发电厂“内部银行”正式开始运行。

5月12日，人行山西省分行原行长谷五富、党委办主任张盛孝等3人组成考察组抵朔，对人行朔州分行领导班子考察。

6月8日，经人行山西省分行、朔州市政府批准，工行朔州市支行为住房金融改革探索试点，组建房地产信贷部，并在各支行分设4个分支机构、3个代办处。

7月11日，人总行稽核司司长张付，山西省分行总稽核啜保真、稽核处处长郑连英等一行11人到人行朔州分行指导工作。

8月11日，朔州市金融系统举办反假人民币培训，市县两级人民银行、专业银行有关人员共计40人参加培训，人行山西省分行发行处刘殿斌做专题讲座。

8月26~28日，山西省外汇管理工作会议在平朔宾馆召开，全省各地市人行外管科长及有关人员共计22人参加会议，国家外汇管理局山西分局副局长张绍瑞、国家外汇管理局朔州市分局局长王平善出席会议。

11月8日，工行右玉县支行被工商银行总行授予“思想政治工作先进集体”。

11月24日，人行朔州分行组织销毁残币工作。山西省分行发行处副处长王长秋现场监督。本次共销毁残损人民币317万元，各类债券846万元。

11月，中行太原信托咨询公司朔州证券业务部、平朔支行盛达电脑公司成立。

12月17日，中国农业银行山西省信托投资公司朔州证券业务部成立。

—1993年

是年，雁北地区机构改革，怀仁、应县、右玉三县划归朔州市。

3月8日，工行朔州市支行被中共朔州市委、朔州市人民政府授予“文明单位”。

5月7日，朔州市金融系统监察室召开纪检监察工作会议，市纪委有关领导、各专业银行监察室主任，人行区县支行监察主任参加会议。

5月9日，工行朔州市支行在朔城区中心街储蓄所首次开始配置微机系统。

5月19日，人行山西省分行行长秦权记来朔考察朔州地区经济金融形势。

6月3日，根据山西省政府“关于撤销雁北地区、调整大同市和朔州市行政区划”的有关精神，经工行山西省分行研究决定，将原工行雁北中心支行所辖的怀仁、应县、右玉三个县支行划归工行朔州市支行管辖。

6月23日，朔州市人民政府下发征用土地使用书（朔政征土字〔1993〕40号），划拨人行朔州分行13 412.21平方米土地使用权。地界为东至朔城区四中西墙，南至古北大街道路红线，西至开发路东边道路红线，北至东关村耕地（现已修建集贸市场）。

7月10日，人行朔州分行行长王平善前往大同接管怀仁、应县、右玉三县人行的人员及资产，此后三县人行划归人行朔州分行管理。

7月20日，人行朔州分行组织销毁残币工作，人行山西省分行发行处王太平现场监督，共销毁残损人民币426万元。

9月15日，人行山西省分行副行长魏云、人事处处长黄来福一行来人民银行朔州分行宣读《关于宋立新同志职务任免的通知》（晋银党字〔1993〕22号），任命宋立新为中共人行朔州分行党组成员、副行长、国家外汇管理局朔州分局副局长。

10月6日，人行朔州分行办公场所迁址，由原来的朔城区工程公司大楼搬迁到朔城区新建西大街83号。

10月25日，原“中国人民银行朔州分行劳动服务公司”更名为“朔州金源股份有限公司”，与人行朔州分行彻底脱钩，原人行派往公司的人员及人事劳资关系与人行脱离，转为公司职工，公司作为独立企业法人，独立核算、自主经营、自负盈亏、自担风险。

11月17～20日，山西省档案局张兆峰处长、人行山西省分行档案室杨景芳一行7人组成考评组对人行朔州分行及城区、平鲁、山阴支行档案工作进行检查验收，在这次档案升级达标活动中，人行朔州分行及所辖城区、山阴、平鲁三区县支行全部达到“山西省二级档案管理标准”。

12月15日，朔州市人行系统第一届第一次职工代表大会在人行朔州分行召开，参加会议正式的代表57人，列席代表6人。与会代表通过王平善所做的《银行工作报告》，邢满红所做的《银行财务工作报告》，以及《工会实施细则》《社会主义劳动竞赛方案》，成立朔州市人行系统第一届工会委员会，市总工会副主席李翠到会并讲话。

12月，朔州市共有各级各类金融机构384个。

—1994年

1月3日，人行朔州分行召开联席会，会议评选工行朔州市支行、中行平朔支行、建行朔州市支行三家机构为1993年出席朔州市政府先进集体。

1月，中行平朔支行首次开办出口审单及无证跟单托收和光票托收业务。

7月4日，农行朔州市支行开办金穗信用卡业务。

8月23日，工行朔城区支行神头电厂办事处升格为市直办事处。朔州市委书记阎赞尧和工行朔州市支行行长李建忠共同参加剪彩仪式。

9月26日，农行山西省分行批复，同意设立农行朔州市支行金穗信用卡业务部，机构规格为科级。

10月9日，工行朔城区支行支持商业企业改革、提高自身经营效益的经验做法得到工商银行总行的肯定，经验材料在《工商银行简讯》（1994年第69期）刊发。

10月10日，工行朔州市支行被中共山西省委、省人民政府授予全省“双文明”单位，同时在山西省社会主义劳动竞赛中荣立集体一等功。

11月12日，在全省工行储蓄改革成功论证会上，工行朔州市支行储蓄存款计价承包经营管理经验做法受到省行通报表彰。

12月20日，工行朔州市支行行长李建忠被评为“山西省财贸系统优秀企业家”，同时被省总工会评为“山西省劳动模范”。

是年，农行朔州市支行首次开办国债保管业务。

—1995年

1月24日，经人行山西省分行党组会议研究决定：免去王平善人行朔州分行党组书记、行长、国家外汇管理局朔州分局局长职务。人行朔州分行的工作暂时由副行长张崇斌负责。

5月1日，牡丹卡业务在朔州市正式开办。工行朔州市支行研究制定《关于使用牡丹信用卡征缴公路养路费等规费的实施办法》，开始探索办理牡丹信用卡代理征缴公路养路费业务。

5月12日，工行神头电厂办事处协助公安部门抓获3名持枪歹徒（抢劫客户钱财后来办事处诈骗），受到省分行和省公安厅、市公安局的通报表扬。

6月15日，山西省金融系统纪检监察专员杜作敏、办公室主任宋玉一行2人来人行朔州分行检查上半年工作情况。

6月23日，经工行山西省分行和监管部门批准，工行朔州市支行营业部成立，在鄯阳东街粮贸宾馆挂牌营业。

7月27日，人行山西省分行副行长张保山、人事处处长黄来福一行3人来人行朔州分行宣读《关于张崇斌同志任职的通知》（晋银党字〔1995〕27号），任命张崇斌为中共人行朔州分行党组书记、行长、国家外汇管理局朔州分局局长。

9月3日，工行朔州市支行作为全省首家成功应用信用卡代收养路费的地市行，其经验做法被省分行和省征稽局在全省推广。通讯报道《借助车轮子，发行信用卡》在《银行会计》杂志刊登。

10月1日，工行朔州市支行在全市首次开通电子联行汇兑业务，实现异地汇款24小时到账。

10月9日，人行山西省分行副行长魏云莅临人行朔州分行调研指导工作。

10月，朔州市农行证券部转让给山西证券公司，与农行朔州市支行脱离隶属关系。

10月12日，人行朔州分行被人行山西省分行授予“全省人民银行系统会计结算先进单位”。

12月8日，经工行山西省分行和人行朔州分行批准，工行神头兴电分理处、怀仁广场储蓄所成立，开始对外营业。

12月26日，人行朔州分行召开基建领导会议，研究人行朔州分行办公楼决算问题，中铁十二局建安处第二项目经理部有关领导和工程技术人员、人行朔州分行基建领导组成员及基建办人员参会。

12月，人行山西省分行总稽核郎煜来人行朔州分行指导稽核工作。

是年，工行怀仁县大西街储蓄所被工行山西省分行评为二星级储蓄所，被人行、工行山西省分行和山西省团委联合命名为“青年文明号”。

—1996年

3月15日，经国家外汇管理局朔州分局“〔1995〕第9号文件和总行国际业务部〔96〕工银国字第1号”文件批准，工行朔州市支行正式开办外汇业务。

4月2日，经工行山西省分行和人行朔州分行批准，朔城区铁路办事处正式成立、对外营业。

6月18日，人行山西省分行行长张绍瑞、吴增平处长来人行朔州分行检查工作。

9月19日，工行朔州市支行信用卡部保安沈强，在中心街储蓄所和诈骗犯罪分子英勇搏斗中多处负伤，终将犯罪分子扭送公安机关。工行朔州市支行党组通报嘉奖沈强，发放奖金1 000元。

9月，人行朔城区支行原保卫股干部吕雪松，因见财起意，将城区医生付莲杀害，被判处死刑。

11月28日，全省农村信用合作社与农行“脱钩”。

11月28日，农发行朔州市分行成立开业。内设办公室、计划信贷处、财务会计处、人事教育处、稽核监察处。

12月31日，工行怀仁支行大西街储蓄所存款余额突破1亿元，成为全市第一家亿元储蓄所。

是年，工行怀仁县大西街储蓄所被工总行验收为“管理达标所”，同时连续十年被怀仁县委、县政府授予红旗单位、先进集体。

是年，农发行朔州市分行开始发放粮棉油收购贷款。

—1997年

3月12日，中行平朔支行更名为中行朔州支行，机关及新建营业部乔迁新落成的大楼（朔州市开发南路45号，后更名为开发南路19号）办公营业。同时，中行平朔支行机构仍然保留，内部降格为科级支行。

4月7日，人行山西省分行副行长杨世源来人行朔州分行宣布省分行党组文件，任命赵保卫为朔州分行党组书记、行长，张自强为党组成员；同时免去张崇斌朔州分行党组书记、行长，邢满红党组成员、副行长。

9月1日，经人行朔州分行批准，工行朔州市支行开办储蓄存单小额抵押贷款业务。

9月，农行朔州市支行机关乔迁，新址为朔州市开发北路346号。

9月，工行朔州市支行第一台穿墙式ATM在牡丹办事处正式投入应用。

11月17日，工行朔州市支行办公大楼竣工，总投资3 467万元，建设期3年。

12月25日，根据上级行要求，工行朔州市支行将8 700万元政策性粮食贷款划转移交农发行朔州市分行。

12月28日，工行朔州市支行全辖11个机构有10个获得“市级文明单位”称号，同时，工行朔州市支行、工行朔城区支行、工行怀仁县支行获得“省级文明单位”称号，其中，工行朔州市支行、工行怀仁县支行被省精神文明建设指导委员会授予“精神文明建设先进企业”称号。

是年，农发行朔州市分行研究独创的《粮油收购供应票管理办法》得到时任农发行行长朱元樑批示，农发行山西省分行以“〔1997〕工商6号”文件转发该项管理办法，并提供给湖南、河北等三省进行参考借鉴。

—1998年

3月，中行平朔支行取得国家级“青年文明号”申报资格。

4月1日，工行山西省分行党组对工行朔州市支行的领导班子进行调整：免去李建忠朔州市支行党组书记、行长职务，改任正处级调研员，张州昆任朔州市支行党组书记、行长。

4月13日，人行朔州分行新办公楼建成，办公场所从朔城区新建西大街83号搬迁到朔州市开发路85号（后改为开发南路26号）新办公大楼。

4月25日，根据中央金融工委和省工行决定，工行中共朔州市支行党组实行垂直管理，不再受地方党委领导，改名为中共朔州市分行党委，同时设立纪委，傅作梅任纪委书记。

5月7日，人行山西省分行行长张绍瑞一行3人来人行朔州分行听取副行长宋立新汇报农信金融工作情况。

5月15日，工行朔州市分行为山西电力公司代理发行电力债券560万元。

6月24日，人行山西省分行行长张绍瑞来人行朔州分行调研。

7月1日，工行朔州市分行成立会计核算中心和出纳中心库，对市区行办的票据交换、资金清算、款项调拨实行集中管理。

7月7日，朔州市人民政府、朔州市土地管理局核发“朔国用（93）字第930013-1号”“朔国用（93）字第930013-2号”《国有土地使用证》，其中“930013-1”为人行朔州分行大院，用途为商业金融，用地面积11 872.21平方米，“930013-2”为住宅楼，用途为住宅，用地面积1 540平方米（东至城区四中西墙、北至东关耕地、南至市人行大院、西至市人行大院）。

8月1日，工行朔州市分行对储蓄存款规模达2 000万元的储蓄所全部实行套班制，彻底改变储蓄所工作日中午及节假日不营业的工作制度。

10月15日，工行朔州市分行全行储蓄存款提前两个半月完成全年任务，增幅由上年全省倒数第一跃升为全省正数第二。省分行劳竞委为此向全省推广了“朔州经验”。

12月19日，人行朔州分行被人行山西省分行评为“一九九八年目标责任制考核优胜单位”。

12月23日，随人民银行大区分行的改革，人行朔州分行划归人行天津分行管辖，原名称中国人民银行朔州分行更名为中国人民银行朔州市中心支行，中共中国人民银行朔州分行党组更名为中共中国人民银行朔州市中心支行委员会，实行垂直管理，不再受地方党委领导。

12月31日，农行山西省分行“晋银复〔1998〕254号”文件批复，农行朔州市支行更名为农行朔州市分行。

是年，农发行朔州市分行信贷支农和扶贫开发业务划转农行朔州市分行，农发行朔州市分行开始专职从事粮棉油收购资金“封闭运行”管理，实现业务从委托代理向基本自营的过渡。

—1999年

1月，经人行山西省分行批准：中国银行朔州支行更名为中国银行朔州市分行。

2月24日，市工行发行牡丹灵通卡，具有可联机使用存取款、转账功能。

6月20日，山西省国家税务局授予人行朔州市中支“金融协税先进单位”奖牌。

7月18日，共青团中国人民银行朔州市中心支行委员会成立，人行天津分行团委书记于木兰、团市委书记苏连根出席会议。

10月4日，工行山西省分行党委宣布宋民担任朔州市分行任党委书记、行长。

12月，按照总行的统一部署，工行朔州市分行首次为平朔第一煤炭有限公司发放流动资金贷款8 000万元。

—2000年

1月20日，人行天津分行人教处原松副处长来人行朔州市中支反馈班子考察情况。

2月12日，孟涛担任农行朔州市分行行长。

2月13日，按照总行要求，工行朔州市分行全面建立全行法人客户信贷业务档案。

5月31日，人行天津分行行长刘崇明、人事教育处处长王玉翠、办公室副主任郭保明、行长助理陈琼来人行朔州市中支宣布“津银党任〔2000〕10号”文件，任命杨庆和为中国人民银行朔州市中心支行党委书记，免去赵保卫中国人民银行朔州市中心支行党委书记；同时宣布“津银党任〔2000〕11号”文件，任命杨庆和中国人民银行朔州市中心支行行长、国家外汇管理局朔州市中心支局局长，免去赵保卫中国人民银行朔州市中心支行行长、国家外汇管理局朔州市中心支局局长职务。

7月3日，山西省农村信用社整、改、规验收组来人行朔州市中支检查信用社工作。

8月31日，工行山西省分行行长随运生到工行朔州市分行调研，实地考察平朔露天煤矿脱硫项目和皮带输煤项目。

10月，工行朔州市分行引深资金汇划清算系统改革，实现资金实时汇兑，并进行网上银行、手机银行的系统调试和环境准备工作，为电子银行的开通奠定基础。

是年，农行朔州市分行开始办理信用证业务（服务对象为山阴古城乳业有限公司）。

—2001年

2月，工行朔城区支行和山西证券朔州分公司签约，实现银证转账合作。

3月7日，人行太原中支行长杨世源带队一行3人来人行朔州市中支调研指导工作。

3月17日，工行怀仁大东街储蓄所原主任李清先，利用职务之便采取空存实取、储蓄所调款不入账等手段贪污833万元，被开除公职，并移交司法机关追究刑事责任。

4月23日，人行天津分行党委任命蔡如刚为人行朔州市中支党委委员、副行长。

4月25日，人行朔州市中支召开全市金融系统安全工作会议，会议由纪委书记段仁勇主持，副市长王芳及市公安局、市检察院领导到会并讲话，区县支行行长、联社主任及各专业银行责任人参加会议。

7月，工行朔州市分行开办代理保险业务，累计余额达成3.48亿元，排名同业首位。

7月，朔州市系统机动车辆保险业务全面实行网上集中核保。

—2002年

2月19日，市委副书记、市长闫沁生、副市长王芳慰问人行朔州市中支全体干部职工，并调查了解全市金融运行情况。

4月6日，人行朔州市中支邀请人总行郭晶处长、尹龙博士、周加龙博士就宏观经济形势、金融体改革、金融监管等课题进行专题讲座。

5月16日，朔州市委、市政府在人行朔州市中支举行“中国人民银行朔州市中心支行双文明单位”授匾仪式。

5月31日，市政府召开朔州市创建金融安全区工作会议，市政府副市长王芳、市直有关部门领导及市级金融机构主要负责人参加会议。

6月5日，中行山西省分行与山西省大唐发电有责任公司举办“神电二期项目借款合同和转贷协议”签字仪式。

6月18日，山西省金融系统纪检监察特派办处长白水婵等一行3人来朔州市检查督促挪用资金专项治理工作。

6月26日，人行朔州市中支行长宋立新陪同朔州市委副书记王耀斌深入应县乡、村、户开展农村经济、农业生产及小额信用贷款情况进行调研。

7月9日，工行朔州市分行全行完成会计、出纳、储蓄业务的“三合一”整合改革，实现个人金融业务账务向会计结算的全面移交。

7月29日，人总行监管工作检查组来人行朔州市中支对邮政储蓄监管工作进行检查指导。

8月5日，人行天津分行党委委员，工会主任陈和平到人行朔州市中支检查指导工作。

8月8日，工行朔州市分行为嘉明陶瓷、蒙牛乳业、古城乳业、威尔陶瓷、连顺洗煤等优秀民营企业首次发放贷款5 000万元。

8月13日，人总行会计司基建处、财务处领导来人行朔州市中支检查工作。

8月21日，人行朔州市中支行长宋立新带领中支下乡扶贫工作队深入中支包点扶贫村进行慰问，向贫困村民捐助现金2 000元、衣物300余件。

9月2日，人行天津分行副行长何成玉到人行朔州市中支对农村信用社监管工作进行调研。

9月9日，工行朔州市分行开办个人质押贷款、汽车消费贷款业务。

11月13日，人行朔州市中支行长宋立新陪同人总行金融研究局副局长潘硕健深入应县进行调研。

12月，工行朔州市分行在全辖推出贵宾理财服务品牌“理财金账户”业务。

— 2003年

3月25日，农行朔州市分行对外正式开办网上银行业务。

3月，工行朔州市分行在全辖储蓄所投产个人金融业务应用系统，实现灵通卡、信用卡、国际卡在储蓄柜面、ATM、POS机上的全面联网。之后，又先后投产运行个人理财系统、开放式基金系统、银保通柜面出单系统、全功能银行系统（NOVA）、新一代个人网上银行“金融@家”、牡丹灵通卡e时代系统。

5月9日，人行朔州市中支党委书记、行长宋立新获得山西省“五一劳动奖章”，受到省委、省政府的表彰。

6月26日，全市农村信用社工作促进会暨经营管理现场会在应县召开，市委副书记王耀斌、副市长王芳、人行朔州市中支行长宋立新等领导出席会议。

9月15～19日，人行朔州市中支被朔州市总工会推荐为山西省职业道德建设“十佳”单位。

10月6日，工行新城支行被评为山西省财贸系统优质文明服务先进单位，支行行长王天军荣获朔州市第二届十大杰出青年特别贡献奖。

10月29日，人总行国库局副局长黄海波，人行太原中支副行长李文明、国库处处长王伟安来人行朔州市中支对“国库会计核算系统（2.0版）”的运行情况进行调研。

11月17日，人行天津分行行长郭庆平、人行太原中支行长毛金明等一行到朔州市中支开展调研工作。

11月19日，人行朔州市中支宋立新行长陪同市委副书记王耀斌到朔州市红旗牧场进行调研。

12月1～5日，审计署驻山西特派办对人行朔州市中支进行财务检查。

12月，工行朔州市分行积极调整信贷结构，抓住同煤集团兼并王坪、小峪煤矿之机，收回王坪、小峪煤矿不良贷款9 512万元，置换平朔集团在中行的流动资金贷款2亿元，置换神头二电厂项目融资5亿元，为平朔洗煤厂新增项目贷款9 900万元。

是年，农行朔州市分行营业部开通外币业务。辖内外汇经办行由1家增加到2家。

是年，中国人民财产保险公司朔州市分公司更名为“中国人民财产保险股份有限公司朔州市分公司”。

—2004年

1月13日，人行天津分行人事任命决定，任命康义为中国人民银行朔州市中心支行党委书记、行长兼国家外汇管理局朔州市中心支局局长。

1月16日，中国银行业监督管理委员会朔州监管分局挂牌成立，宋立新任分局局长。

1月29日，朔州市副市长王芳慰问人行朔州市中支员工，并听取中支行长康义汇报2003年金融工作情况及人民银行改革情况。

3月4日，人行朔州市中支召开2004年工作会议。会议传达全国银行、证券、保险工作会议、中国人民银行工作会议、天津分行工作会议、全省金融服务工作会议和外汇管理工作会议精神；朔州市政府副市长王芳到会讲话；中支党委书记、行长康义代表中支党委作了《解放思想　更新观念　求真务实　开拓创新　全面完成2004年工作任务》的工作报告。

4月15日，人行朔州市中支组织召开全市金融系统经济金融形势分析会。市人大副主任石璋、市政府副市长王芳、市人大财经委、市政协经济委员会、市发展计划委员会、经贸委员会及市级金融机构负责人共30人参加会议。

4月19日，工行朔州市分行首个个人理财中心正式成立。

7月6日，朔州市政府领导及有关部门领导、辖区金融机构负责人在人行朔州市中支电视电话会议室参加了推进小额担保贷款政策落实工作电视电话会。朔州市政府副市长王芳，中支党委书记、行长康义和中支分管领导、有关部门负责人参加会议。

8月26日，中国银行朔州市分行更名为中国银行股份有限公司朔州市分行。

9月3日，朔州市委书记阎沁生、市政府副市长王芳莅临工行朔州市分行调研。

9月3日，工行朔州市分行设立票据业务中心，实现全行票据业务集中审批和转贴现集中办理。

9月12日，平鲁区修建乡村公路时，在陶村乡陶村村东500米处挖路基时出土1 000余公斤古钱币，出土钱币上限最早为汉代的半两、五铢钱，下限最晚为金代的正隆（1156—1161年）元宝年号钱，大多数为宋代的钱币，制钱形制有崇宁通宝、咸平元宝、开元通宝等100多种。其中，出土的广政通宝据考证为五代十国时期后蜀孟昶广政元年（938年）铸。

12月30日，朔州市政府召开农村信用社改革工作党务会。

是年，农发行朔州市分行开办代理保险业务、国际结算业务、咨询顾问业务等中间业务。

—2005年

4月14日，人行朔州市中支组织召开朔州市金融运行情况分析会。出席会议的有市人大、市政府、市政协、财政、统计及市级政策性银行、各商业银行负责人。

5月6日，中国工商银行朔州市分行更名为中国工商银行股份有限公司朔州分行，其下辖支行也相应更名。

6月6日，工行朔州市分行组织人员赴工行四川雅安分行学习“扁平化改革”经验。经省分行批准，指定工行朔州市分行为山西省首家扁平化改革试点行。

7月2日，工行朔州市分行和中石化朔州分公司全面合作，为辖内加油站提供上门收款服务。

7月19日，人行天津分行党委委员、太原中支党委书记、行长毛金明在人行朔州市中支行长康义、副行长蔡如刚的陪同下深入右玉支行，就撤销右玉发行库后有关情况进行调研。

9月14日，农行朔州市分行行长、副行长在朔州电台“行风热线”节目，现场解答客户提出的热点问题，并向全市发出郑重承诺接受广大客户监督。

11月2日，工行朔州市分行被评为山西省思想政治工作先进单位。

是年，农发行朔州市分行获银监会批准开办农业产业化龙头企业贷款业务。

—2006年

2月8日，朔州市政府副市长王芳一行来人行朔州市中支进行慰问，副行长蔡如刚代表中支党委向王市长汇报2006年主要工作思路及支持地方经济发展的主要措施。

6月5日，工行山西省分行副行长王明贤莅临工行朔州市分行检查督导工作。

6月8日，工行朔州市分行与朔州市保安押运护卫中心签订守押社会化合作协议。中共朔州市委副书记王耀斌，市委常委、副市长韩忠荣、王芳，市人大副主任张丁成等领导参加了签字仪式。

7月1日，人保财险朔城区支公司第3901号投保单顺利通过核保，成为朔州市交强险第一笔保单。

7月3日，人行天津分行党委第四巡察组来人行朔州市中支开始为期1个月的巡察工作。

7月，工行朔州市分行开办贵金属业务。

8月，工行朔州市分行代理烟草结算系统上线。

9月2日，工行省分行副厅级巡视员王继恒莅临工行朔州市分行、朔城支行、振华支行、平朔支行调研。

10月，工行朔州市分行以间接银团贷款的方式成功置换中煤平朔公司在国家开发银行的中长期贷款6亿元。

11月，中国大地财产保险有限公司朔州中心支公司成立，驻建设北路金塔商业办公楼。

12月，工行朔州市分行成功连接人民银行征信CIIS和PCRS系统。

是年，农发行朔州市分行获准扩大农业产品化龙头企业贷款范围和开办农业科技贷款业务。

—2007年

2月8日，工行朔州市分行成立辖内首家贵宾理财中心，并开业运营。

4月10日，农发行山西省分行下发文件《关于张平、尹继君二同志任免职的通知》（晋农发银党〔2007〕4号），任命张平为农发行朔州市分行正处级调研员，免去其农发行朔州市分行行长、党委书记职务；副行长、党委副书记尹继君主持农发行朔州市分行全面工作。

4月26日，全省外汇管理专业工作会议在平朔宾馆召开，国家外汇管理局朔州市中心支局局长康义参加会议并致欢迎辞。

4月29日，人保财险朔州市分公司承保平鲁区城镇职工补充医疗保险，保费金额117.88万元，签出全市第一单城镇职工补充医疗保险。

6月7日，人行太原中支副行长刘满生带领省分库国库业务检查组对人行朔州市中支、平鲁支行国库内控制度执行情况进行检查。

6月27日，人行朔州市中支组织代表队参加全山西省会计基本制度知识竞赛，荣获团体第二名。

7月4日，中行朔州市分行营业部业务服务部荣获总行级“巾帼文明示范岗”授牌仪式在市分行办公楼前举行。

9月，朔州市怀仁县融通典当有限责任公司成立，位于山西省朔州市仁爱路340号，注册资本人民币500万元。

10月8日，工行朔州市分行与寿险公司等四家公司签署合作协议，开始代理寿险业务。

10月11日，人行朔州市中支举办朔州市金融系统“人行杯”反洗钱知识竞赛，人行太原中支反洗钱处处长周文峰指导观摩比赛。

12月5日，人行天津分行纪检二处处长彭世清一行4人来朔州市中支检查党风廉政建设量化管理工作。

12月30日，工行朔州市分行全行各项存款同业增量占比达38.91%，位居全市第一。

是年，农发行朔州市分行开办同业定期存款存入业务。

—2008年

1月2日，工行山西省分行党委决定，牛喜军担任工行朔州市分行党委书记、行长。

5月11日，工行朔州市分行在全省二级分行中率先推广“二级分行直销、支行维护”的公司业务运作模式。

5月15日，农行朔州市分行成立对账中心，实行对账集中管理。

5月19日，人行朔州市中支组织哀悼地震灾区遇难同胞，发起“情系地震灾区捐款活动”，捐款合计48 800元，并向全行干部职工发出抗震救灾义务献血倡议书。

5月22日，中国邮政储蓄银行朔州市分行挂牌开业，雷文平任分行党委书记、行长。

6月16日，工行山西省分行行长林明来工行朔州市分行督导调研。

9月6日，人行太原中支副巡视员刘满生来人行朔州市中支指导科技工作，并现场检查中心机房设备。

9月26日，中国平安人寿保险股份有限公司朔州中心支公司成立，下设山阴、怀仁两个分支网点。

9月28日，人保财险朔州市分公司成功承保山阴张庄乡陆庄村养殖户温新奶牛113头，签单保费3.16万元，实现全市政策性奶牛保险零的突破。

9月，工行朔州市分行为山西大唐国际发电有限公司原建设项目发放固定资产支持类融资贷款5亿元。

10月9日，全省会计赛账比赛中，人行朔州市中支获团体第三名，个人中支级第二名、县支行级第一名。

10月13日，中国太平洋财产保险股份有限公司朔州中心支公司成立。

11月11日，朔州市委书记田喜荣一行来人行朔州市中支进行调研，行长康义就全市金融工作情况及人行支持地方经济快速发展进行了汇报。

12月30日，工行山西省分行行长林明莅临工行朔州市分行，拜访市政府冯改朵市长。

12月31日晚，市政府冯改朵市长带队慰问全市市级金融机构年终决算员工。

—2009年

1月9日，农行朔州市分行首次开办电话转账业务。率先申请开办行为平鲁区支行、怀仁县支行、金龙支行。

2月，朔州市人民政府金融工作办公室成立，为全额预算事业单位，正处级建制，由朔州市人民政府办公厅代管。

3月11日，市政府召开市金融工作汇报会，辖内各银行业金融机构主要领导参加会议，讨论通过人行朔州市中支出台的指导金融工作10条措施，并要求各银行认真贯彻中央经济金融政策，促进辖区经济平稳较快发展。

4月20日，人行应县支行报告应县联社大临河信用社发生原主任王兴挪用客户资金案，人行朔州市中支立即启动公共突发事件应急预案，研究、部署相关应急措施，并及时向太原中支应急指挥部上报公共突发事件报告。

4月，阳光财产保险股份有限公司朔州中心支公司成立，孟江任总经理。

5月6日，农发行山西省分行党委书记、行长王明刚到朔，宣布农发行山西省分行党委对中国农业发展银行朔州市分行班子任免决定：任命王瑞华为农发行朔州市分行行长（晋农发银党〔2009〕40号）。

5月21日，人行太原中支党委委员、纪委书记梁娟娟一行4人莅临人行朔州市中支调研，就离退休干部党支部建设、离退休干部管理和参加医保情况进行座谈。

5月25日，人行朔州市中支牵头举办朔州市非公有制经济健康发展首届银企合作洽谈会暨签字仪式。市委书记田喜荣、市长冯改朵等主要领导出席会议，其间，辖内各银行与24家中小企业签订贷款意向13 570万元。

6月2日，中国农业银行朔州市分行更名为中国农业银行股份有限公司朔州市分行。

8月17~18日，人行天津分行厅局级党委中心组联组学习会议在右玉县召开，人行天津分行、石家庄中支、呼和浩特中支、太原中支党委委员参加学习会议，朔州市中支全体党委成员列席会议。

9月2日，朔州市政府组织召开全市处置清收国有粮食企业不合理占用贷款专项工作会议。

9月15日，工行朔州市分行与11家企业签订企业年金受托管理协议，开办全省首笔“3+1”模式企业年金受托管理业务。

10月23日，人行朔州市中支组织辖区各银行业金融机构召开取消同城票据交换业务专题工作会议。

11月18日，人行朔州市中支在辖内山阴县举办“支付清算系统宣传活动启动仪式”，山阴县人民政府、各银行业金融机构主要领导人参加启动仪式。

11月，由工行山西省分行主导，工行朔州市分行与中煤平朔公司正式签署全面战略合作协议，首次为中煤平朔公司开办信用证业务。

12月22日，市委书记田喜荣一行来人行朔州市中支调研，行长康义就人民银行2009年服务地方经济建设工作做了专题汇报，市级各银行业金融机构负责人就本行2009年信贷投放情况及2010年信贷投放数量、结构计划作出汇报。

12月，朔州市保险行业协会成立。

12月，中国人民人寿保险股份有限公司朔州市中心支公司正式挂牌营业，张兴友任总经理。

—2010年

1月14日，人行朔州市中支、市金融办、市经委联合筹办召开“全市规模以上企业重点项目银企对接会”。市长冯改朵、副市长雷建国、各区县主要领导、人行朔州市中支副行长蔡如刚、市级银行业金融机构负责人及辖区企业代表出席会议。会上各银行与31家企业共签订贷款意向12亿元。

2月23日，朔州市东江典当有限公司成立，注册资本500万元。

2月，闫兴华担任中国邮政储蓄银行朔州市分行党委书记、行长。

5月5日，大同证券朔州营业部成立，位于山西省朔州市朔城区开发南路华兴文化广场三楼。

8月5日，人行朔州市中支举办山西省金融突发事件应急演练朔州培训班。太原中支副行长熊俊、金融稳定处处长孟来亮应邀对朔州市金融突发事件应急管理进行指导，朔州市市委宣传部、公安局、财政局、应急办、银监局、金融办、各银行业金融机构相关负责人参加培训。

8月18日，工行朔州市分行与市住房公积金管理中心联合发行“牡丹公积金联名卡”，并举行联名卡启动仪式，全国首张以公积金卡为载体的“城市一卡通”蓝本正式面世，为货币电子化、城市智能化开辟全新的快捷通道。副市长雷建国、工行山西省分行副行长于晋萍等领导及特约商户代表100多人参加仪式。

8月19~20日，全省人民银行货币信贷年中工作会在右玉县召开。

9月8日，工行朔州市分行以财税库银系统推广项目为契机，争取到辖内348户纳税单位开立对公结算账户，归集财政国债基建户存款近2亿元；新开地税归费专户3户，归集资金2.6亿元。

9月15日，工行朔州市分行与11家企业签订企业年金协议，并办理全省首笔“3+1”模式企业年金业务。

10月，蒙银村镇银行正式开始筹建，成立了朔州市朔城区蒙银村镇银行股份有限公司筹建工作领导组。

12月，工行朔州市分行与中煤平朔集团有限公司联合发行“牡丹中煤平朔联名卡”，在山西省信用卡业务综合经营业务年度考评中名列第一。

12月，工行朔州市分行公司存款规模突破40亿元大关，余额为40.06亿元，余额、同业占比在全市金融系统中排第一位。

—2011年

2月20日，工行山西省分行党委决定，总行挂职干部、大同分行常务副行长董建军担任市工行党委书记、行长，原行长牛喜军升任工行山西省分行党委委员、副行长。

3月28日，国家开发银行山西省分行行长王学峰来朔调研，并与市委、市政府领导座谈。

4月10日，朔城区蒙银村镇银行召开创立大会和第一届股东大会，选举产生第一届董事会和监事会，选举陈烨任董事长，聘任赵峰任行长。6月，开始为期一个月的试营业。

4月，朔州市保险行业协会改名为山西省保险行业协会朔州办事处。

4月，工行朔州市分行开办汽车专项分期和工程机械车分期付款业务。

5月28日，山阴县太行村镇银行获朔州银监局筹建批复；6月2日，创立大会及第一届股东大会第一次会议召开；10月28日，获朔州银监局开业批复；12月19日，山阴县太行村镇银行正式开业。

7月，晋商银行朔州分行开始筹建；2012年3月24日挂牌营业。

9月，大同银行筹备设立朔州分行，获批开业，行长裴云。

10月，招商银行股份有限公司朔州分行开始筹建；2012年4月26日正式挂牌营业，丁俊田任行长。

12月15日，市政府组织召开朔州市银行业融资产品展示会，副市长雷建坤到会并讲话，辖内12家金融机构和100余家中小企业代表参加会议。

12月16日，朔州市人力资源和社会保障局与中行朔州市分行联合举办“朔州市社会保障卡首发仪式”。

—2012年

2月15日，朔州市政府与建行山西省分行举办“四化一体”东部新区建设金融战略合作签字仪式。

4月27日，朔州市金源典当行有限责任公司成立，注册资本为1 000万元。

7月，王保平担任中国邮政储蓄银行朔州市分行党委书记、行长。

9月，人行天津分行任命张小平为朔州市中心支行党委书记、行长兼国家外汇管理局朔州市中心支局局长；免去康义朔州市中心支行党委书记、行长兼国家外汇管理局朔州市中心支局局长。

10月1日，工行朔州市分行成功营销一尊九公斤的“金关公”，成为全省唯一营销该产品的二级分行。

10月25日，上海浦东发展银行股份有限公司朔州分行取得朔州银监分局颁发的金融许可证，任命王兴河为朔州分行行长；11月1日，顺利实现了试营业，11月30日正式开业。

11月16日，朔州市举行首届“邮储银行杯”青年创富大赛活动。

11月22日，英大泰和财产保险股份有限公司朔州中心支公司开业。

12月6日，工行朔州市分行被总行授予“第八届文明单位”。

是年，在全国工商银行系统二级分行综合考核排名中，工行朔州市分行排名由第221名上升至第49名，跻身全国二级分行50强之列。

—2013年

2月12日，工行山西省分行党委决定任命王东山为工行朔州市分行党委书记、行长。

2月18日，工行朔州市分行获得“山西省服务业百强企业”称号。

3月19～21日，人行朔州市中支行长张小平陪同太原中支副行长毛德君一行到工行朔州市分行、山阴古城乳业集团、天鹏养殖场等地进行实地调研。

5月12日，工行朔州市分行成功营销办理中煤平朔铁路专用线创新融资租赁业务10亿元。该笔铁路专用线创新融资租赁业务在全省系统内是第一笔。

5月，朔州卓信典当有限公司成立，注册资金1 000万元。公司共有5个股东，其中法人股东2个，分别是太原市高远时代科技有限公司（出资460万元）、朔州市贵龙商贸有限公司（出资240万元）；自然人股东2个，分别是王京平（出资100万元）、王明（出资100万元）、王国新（出资100万元）。

6月7日，山西证券股份有限公司朔州分公司获中国证监会山西证监局批准设立，于8月26日领取营业执照，9月25日取得经营许可证，是山西证券股份有限公司的分支机构，也是朔州地区唯一一家上市券商分支机构。

8月14日，山西省人民政府副省长王一新莅临农村信用社朔城区联社营业部调研，对朔州市农村信用社支持“三农”、服务地方经济的贡献给予充分肯定。

8月，工行朔州市分行重启停办了11年的信用卡不良透支核销申报工作。

9月17日，招商银行太原分行任命任康玉为招商银行朔州分行党委书记、行长。

9月，晋商银行山西省分行任命蔡夺为晋商银行朔州分行行长。

11月6日，紫金财产保险股份有限公司朔州中心支公司成立，公司地址位于朔州市朔城区张辽路豪德贸易广场三层。

11月10日，为了支持中俄哈军演，工商银行朔州市分行在空军某部驻怀仁基地设立“战地银行”，为参演的三国官兵提供金融服务。

12月30日，工行朔州市分行被工行总行评为“精神文明建设先进单位”。

—2014年

6月14日，山西银监局局长刘晓勇莅临农村信用社山阴联社。

6月29日，工行朔州市分行正式开办个人按揭贷款业务，应县、怀仁县2个大型地产项目入围。

6月，大同银行朔城区支行获批开业。

7月17日，工行朔州市分行在全省率先开办商票贴现业务，全行全年办理商票贴现业务16 979万元。

8月26日，朔州市银行业金融机构召开朔州市金融青年联合会成立大会暨第一届委员会第一次全体会议。

9月28日，人行朔州市中支组织全市银行业金融机构开展全市金融系统第二届金融知识暨劳动技能竞赛。

9月，李建峰任中国邮政储蓄银行朔州市分行党委书记、行长。

10月，应县金都村镇银行开始筹建；2015年8月，应县金都村镇银行取得国家银监部门的开业批复；2016年7月7日，应县金都村镇银行正式开业。

11月20日，工行朔州市分行为中煤平朔公司代理发行30亿元私募债券。

是年，华夏银行股份有限公司朔州分行开始筹建，2016年4月9日试营业，5月9日正式开业；2017年4月25日，经太原分行研究决定，孟瑞鸿为朔州分行负责人。

—2015年

1月15日，山西保监局党委书记、局长王毅在保险协会调研指导工作。

2月6日，朔州市嘉汇融资担保有限公司经朔州市政府金融办公室，朔州市工商行政管理局核发营业执照并开业。

3月，工行朔州市分行启动互联网金融品牌——e-ICBC，成为区域第一家发布互联网金融品牌的银行。

4月21日，人行朔州市中支按照总行、太原中支出台的《金融机构重大事项报告管理办法》制定《朔州市银行业金融机构重大事项报告管理办法》，印发全市金融机构执行。

4月28日，朔州市政法委书记李锦在保险协会调研指导调解工作。

4月，永安财产保险股份有限公司朔城支公司批准筹建；9月，挂牌营业。

5月15日，王锁林担任招商银行朔州分行行长。

6月18日，朔州市星顺典当有限公司批准设立，注册资金为2 000万元。

7月1日，朔州农村商业银行股份有限公司筹建工作小组成立，时任朔州常务副市长雷健坤任组长。

7月3日，朔州市朔城区农村信用合作联社和朔州市平鲁区农村信用合作联社分别召开社员代表大会，审议通过《朔州农村商业银行股份有限公司筹建工作方案》。

7月12日，工行山西省分行副行长赵象钰莅临工行朔州市分行督导调研。

7月，大同银行怀仁支行获批开业。

8月13日，朔州市金融团工委成立。

10月23日，山阴县太行村镇银行荣获“全国百强村镇银行”和“服务三农与小微企业优秀单位”荣誉称号。

10月29日，农行山西省分行党委研究决定，任命都郭胜为中共市农行委员会书记；11月30日，聘任都郭胜为农行朔州市分行行长。

11月12日，朔州市召开农村信用市场建设推进会。

11月27日，山西山阴农村商业银行股份有限公司举行揭牌开业仪式。

是年，农发行朔州市分行率先在国定贫困县右玉县和省定贫困县平鲁区、山阴县推进扶贫业务，实现全市贫困县扶贫工作全覆盖。

是年，农行朔州市分行实现整车抵押零突破，成功营销第一笔汽车专项分期业务，金额5.6万元，是专项分期进C3系统后全省第一笔整车抵押方式的业务。

是年，农行朔州市分行为山西朔州山阴金海洋南阳坡煤业有限公司成功办理国内信用证项下议付，金额4 000万元，填补业务发展空白，是全省农行国内信用证项下首笔议付业务。

—2016年

1月12日，人保财险右玉支公司成功签署非煤矿山责任险保单，收取保费6 267元，全市系统第一笔非煤矿山责任保险在右玉县实现破冰。

3月6日，工行朔州市分行成立朔州私人银行分中心。

4月8日，朔州常务副市长雷健坤签发七份督办函，督促朔州农商银行改制工作。

5月3日，省联社党委书记、理事长崔联会到朔州就朔州农商银行改制工作调研指导。

6月8日，工行朔州市分行在全省首家开办“银政通”业务，填补业务空白。

6月14日，市委书记王安庞来人行朔州市中支调研并组织金融机构进行座谈。

6月16日，山西省副省长王一新到朔州就朔州农商银行改制工作进行调研指导。

6月24日，农行朔州市分行成功开具山西省系统非试点行及朔州市银行业金融机构首张增值税专用发票。

7月27日，朔州市召开银行卡产业发展委员会成立大会。

9月7日，人行朔州市中支联合市公安局开展“宣传金融知识　防范金融风险”大型宣传活动。

10月，工行朔州市分行开办云闪付手机信用卡业务，启动信用卡不良资产证券化处置工作。

12月16日，浦发银行朔州分行与朔州市政府签署经济发展投资基金合作协议。

12月，保险行业协会朔州办事处实施改革，成立朔州市保险行业协会。

是年，农发行朔州市分行作为试点行成功开具全国农发行系统首张增值税发票，全面推进“营改增”工作。

是年，建行朔州市分行成功办理全省首笔委托贷款业务，发放企业单位委托贷款8.5亿元。

—2017年

1月10日，人行朔州市中支启动发行库改扩建项目立项工作。

2月6日，工行山西省分行党委决定任命韩彦斌为工行朔州市分行党委书记、行长，王东山调任工行大同分行担任党委书记、行长。

2月，大同银行朔州平朔支行、大同银行平鲁支行获批开业。

4月21日，朔州市召开金融扶贫小额信贷工作推进会，人行朔州市中支行长张小平专题汇报“五位一体”金融扶贫工作部署及进展情况。

4月，工行朔州市分行取得市区供暖费工行e缴费项目的成功，突破民生领域缴费项目的空白。

6月5日，招商银行太原分行党委任命陈亮为招行朔州分行行长。

6月，右玉县耀盛祥典当有限公司成立，注册资金500万元。

7月，人行朔州市中支发行库改扩建项目获得人总行批准。

8月30日，工行朔州市分行票据中心成功堵截一起100万元克隆银行承兑汇票案件。

9月12日，农行山西省分行党委研究决定，董中华担任中共中国农业银行朔州市分行委员会书记；免去都郭胜中共中国农业银行朔州市分行委员会书记职务。

11月9日，农行山西省分行研究决定聘任董中华为农行朔州市分行行长。

11月16日，人保财险神头营销服务部成功签下全省新材料保险首单，收取保费3 100元，实现朔州该险种零的突破。

12月26日，朔州农村商业银行股份有限公司获得中国银监会同意筹建的批复。

是年，工行朔州市分行成功取得市级代理财政国库集中支付业务资质，市财政局在该行开立国库集中支付备付金账户和国库集中支付财政零余额账户。

是年，农发行朔州市分行认真落实省分行棚改工作部署，首次实现棚改贷款区县全覆盖。

—2018年

3月，大同银行应县支行获批开业。

6月12日，农行朔州市分行为山阴县某养殖奶牛大户发放“青贮贷”50万元，为山西省首笔发放的“青贮贷”。

6月29日，朔州农村商业银行股份有限公司获得山西银监局的开业批复。

7月18日，朔州农村商业银行股份有限公司挂牌开业。

7月30日，人行朔州市中支组织召开干部宣布暨宪法宣誓大会。天津分行副巡视员杨红员，太原中支党委委员、副行长杜斌，天津分行党委组织部副部长、人事处副处长王春江，太原中支人事处副处长孟五虎，朔州市委常委、常务副市长陈耳东，朔州市金融办主任白秀，以及中支副科级以上干部参加会议。

人行天津分行党委组织部副部长、人事处副处长王春江宣布天津分行党委关于对张小平的免职决定和对卫文江的任职决定，免去张小平中国人民银行朔州市中心支行党委书记、行长兼国家外汇管理局朔州市中心支局局长职务，任命卫文江为中国人民银行朔州市中心支行党委书记，聘任卫文江为中国人民银行朔州市中心支行行长兼国家外汇管理局朔州市中心支局局长，聘期五年。

7月30日，农行朔州市分行与朔州市住房公积金管理中心签订战略合作协议。

8月9日，人行朔州市中支组织召开2018年朔州金融发展论坛暨年中经济金融形势分析会，市24家金融机构负责人参加会议。

9月，人行朔州市中支在人行太原中支指导下，研发“山西省金融机构重大事项报告管理信息系统”，得到太原中支的高度重视，在全省推广运行。

10月10日，工行朔州市分行与朔州市人力资源和社会保障局正式签订《关于建设社保+金融项目合作备忘录》，此项目经山西省人社厅以《关于增加中国工商银行朔州分行为社会保障卡合作银行的批复》文件批准，正式成为民生山西APP（朔州）业务合作单位，为实现“互联网+人社”多元化、规模化及创新性发展奠定基础。

10月17～18日，人行天津分行党委书记、行长周振海，太原中支党委书记、行长李文森，天津分行纪委副书记、纪检监察一处处长鹿芬，天津分行办公室主任张晓宇、副主任樊勇，天津分行人事处副处长王春江一行莅临人行朔州市中支调研指导工作。调研期间，与中支行级领导及部分科室负责人进行了座谈，在听取中支党委工作汇报后，周行长一行赴人行应县支行、应县优尊陶瓷有限责任公司、中煤平朔集团有限公司进行了调研。

10月，大同银行朔州分行和山西银联、朔州市公共交通公司共同打造的“公交一卡通”项目，并在朔州市内机构中开设公交卡缴费窗口。

10月，工行朔州市分行与政务中心签署“互联网+政务服务+金融”战略合作协议。

11月6日，农发行朔州市分行召开干部大会，任命郑建中为农发行朔州市分行主要负责人；免去刘建国农发行朔州市分行行长、党委书记职务。

11月19日，怀仁农商银行正式挂牌开业。

12月24日，中国银行保险监督管理委员会朔州监管分局正式挂牌。分局局长席宏为、副局长武日荣揭牌，副局长龚泽宇主持挂牌仪式。

12月26日，朔州市住房公积金管理中心农行服务大厅正式营业，办理缴存、提取、还贷等住房公积金业务，地址在原农行朔城区支行。

12月29日，山西省联社朔州审计中心正式挂牌。

—2019年

2月20日，人行朔州市中支组织辖内14家金融机构启动“走基层探实情　金融定向贷款”主题活动仪式，市委常委、常务副市长陈耳东出席活动并致辞。

2月20日，人行朔州市中支党委书记、行长卫文江带领金融机构主要负责人赴怀仁市开展“走基层探实情　金融定向贷款”主题活动，与怀仁市委、市政府及辖内企业代表进行“面对面、零距离”对接，共商解决实体经济发展特别是民营、小微企业融资难、融资贵、发展慢等问题，推动党政银企合作共赢。怀仁市委书记刘亮就怀仁市发展概况、规划及2019年重点项目基本情况进行了汇报。对接会上，11家银行业机构与怀仁市12家优秀企业现场签订信贷意向9.7亿元。

3月29日，朔州典当行监管职能从市商务局划归市金融办，并完成工作交接。

3月，大同银行山阴支行获批开业。

3月，中行朔州市分行与中信银行太原分行合作，成功办理首笔他行人民币一级市场福费廷业务。

3月，中行朔州市分行为平鲁晋坤能源有限公司办理全辖首笔出口融信达业务。

4月3日，工行山西省分行副行长梅超赴工行朔州市分行主持召开党委扩大会议及干部大会，宣布马向阳任朔州分行党委书记、行长，韩彦斌改任省分行国际业务部总经理。

4月17～18日，人行太原中支党委书记、行长李文森莅临山阴支行调研指导工作，办公室副主任范小彦随同调研。调研期间，李文森行长一行组织召开了山阴县金融工作座谈会，听取了全县经济金融运行情况、金融支小支民支“三农”情况、精准扶贫情况及金融风险防范情况汇报，并到山西古城乳业集团调研，就企业发展历程、生产经营、资金需求、品牌效应、未来发展规划及存在的困难问题与集团董事长、总经理进行了交流探讨。

4月23日，招商银行太原分行任命文军为招商银行朔州分行行长。

5月1日，右玉长青村镇银行成为朔州市首家代开发票的银行。

5月1日，工行右玉支行副行长马东伟荣获“全国金融系统五一劳动奖章”。

5月10日，市委书记陈振亮、政法委书记王黎明、市信访局局长卢生全接访人行朔州市中支住宅楼住户，就人行朔州市中支发行库改扩建工程建设，部分住户到朔州市政府拉横幅上访围堵市政府召开市委信访调解会，市委领导建议人行朔州市中支向上级反映汇报能否调整方案，如不能，建议住户起诉走依法审理程序；同时，为确保社会稳定，要求不能出现强行施工，或者住户拉横幅围堵市政府大门的情况发生。人行朔州市中支行长卫文江、副行长罗宏元及家属楼住户代表张志刚、段仁勇、董金平等人参会。

5月15日，工行朔州城建支行挂牌成立全市首家“不动产登记便民服务点”。

5月15日，山西银保监局党委决定，成立中国银行保险监督管理委员会朔州监管分局党委、纪委，刘慧峰担任党委书记，武日荣、龚泽宇、刘强任党委委员，马武生任四级调研员。

5月，人行朔州市中支开发设计“账户明细表应用系统”，得到太原中支认可，并组织全省会计骨干对系统进行测试，在全省人行系统运行。

6月，中行朔州市分行为中煤平朔集团有限公司开立首笔关税电子保函500万元。

8月13日，农发行山西省分行下发文件“晋农发银党任〔2019〕17号”，任命郑建中担任农发行朔州市分行行长、党委书记。

8月22日，人行朔州市中支行长卫文江带领金融机构负责人赴山阴县召开“走基层探实情　金融定向贷款”主题活动山阴对接会。会议由山阴县副县长柴俊主持，县委副书记、县长苏坡，县人大副主任毕财，县政协副主席吉谦，金融机构及县直相关单位主要负责人，企业代表等共计120余人参会。对接会现场达成信贷意向3.2亿元。同时，5家银行为12家企业现场放贷2 590万元。

8月28日，农行朔州市分行成功发放建行以来首笔旅游贷款——山西清凉山冰雪场有限公司流动资金贷款190万元，该笔贷款的发放填补农行乡村旅游贷款的空白，是助力乡村振兴的一大突破。

8月，中行朔州市分行为平朔工业集团有限公司在蒙古的工程招标中开立80亿蒙古图格里克的跨境投标保函，为朔州市银行系统首笔跨境保函业务。

9月，中行朔州市分行为平朔煤炭工业公司开办全辖首笔跨境转开投标保函2 200万元。

10月，中行朔州市分行为山西吉成生物科技有限公司办理全辖首笔海外托收业务13.6万美元。

12月6日，团省委宣传部部长、机关党委专职副书记任剑涛，团市委书记柳丽君一行5人来人行朔州市中支就青年岗位能手示范工作调研。

12月22日，为了解决人员性资金紧张问题，根据人总行及太原中支通知精神申请朔州市中支及辖区各支行积极向属地政府申请接收地方政府人员性资金。12月26日，共接收资金539万元。

12月24日，人行朔州市中支行长卫文江带领市级相关金融机构负责人深入右玉县开展“基层探实情　金融定项贷款”主题活动暨右玉农商行银企对接会。右玉农商行与当地10家民营和小微企业负责人进行了面对面交流，现场签订意向2.06亿元。

12月，人行朔州市中支金融稳定科编制完成《地方法人银行业金融机构股权信息管理监测系统操作手册》，得到太原中支认可，人行太原中支副行长杜斌署名进行刊印。

是年，人行朔州市中支会计财务科开发“会计年终决算报表打印模板”和“固定资产年终决算报表打印模板”。“会计年终决算报表打印模板”获总行会计财务司肯定，并在2019年会计年终决算工作中全国推广使用；“固定资产年终决算报表打印模板”被太原中支在全省推广。

是年，人行朔州市中支金融稳定科开发“地方法人银行业金融机构股权信息管理监测系统”，加强对地方法人银行业金融机构入股资金来源、股东资质、股权信息、关联信息和关联交易的持续、重点监测。

是年，人行天津分行关于2019年业绩考核情况的通报（津银发〔2020〕88号），朔州市中支在天津分行2019年度业绩考核等级为A类，排山西辖区第三名，天津分行考核进入A类的专业工作：办公室、人事、纪检监察、团委。太原中支考核为A类的专业工作：法律事务、国际收支。

是年，中国人寿朔州分公司市场份额达46.02%，成为朔州市内最大的人寿保险公司。

是年，朔州市首家不动产登记便民服务点成功落地工行朔州市分行，该项业务是市国土局、市不动产登记中心和工行朔州市分行三方在全市率先开办的特色便民服务业务。

是年，中行山西省分行为山西玉龙集团牛心堡风电项目投放的7.6亿元贷款，是全省中行系统内单笔最大民营企业贷款。

是年末，中行朔州市分行人民币各项贷款余额突破百亿元大关，达121.76亿元，成为朔州市国有银行中第一家授信金额突破100亿元的银行。

第一篇

货币

朔州是中国历史上使用货币较早的地区之一，也是早期金属货币的铸造地之一，更是近代山西金融发展的先驱地之一。就历代古钱币来看，“新城”布币的发掘佐证了战国时期赵国在此铸币的历史事实，各区县出土的各类布币、刀币均从侧面反映出朔州地区铸币历史悠久、铸币工艺精湛、货币流通广泛；“宋子”三孔布的面世因其在国内外实属罕见，又是我国目前考古发掘的唯一一枚三孔布，对三孔布的进一步深入研究有着重要意义，在考古界和钱币界均有较高的参考价值。此外，汉代“五铢”钱范，平鲁唐代金饼和金铤，宋代政和通宝、宣和元宝金币、靖康元宝，明代都察院钞法的发掘和发现，以及谷帛作为货币进行流通的史实和记载，也进一步印证了朔州地区货币种类丰富、史料物证翔实。在纸币方面，从旧时钱帖、金代朔州交钞之印、宝钞钱票到近现代地方纸币与边币，以及朔州本地债券（如山西朔唯陶瓷有限公司企业债券、朔州水泥厂企业内部债券、朔州市商业总公司企业内部债券等）的发行流通也证明了朔州货币流通的丰富繁荣。抗日战争时期，西北农民银行在兴县设有专门印钞厂，但以朔县境内的洪涛山命名其为洪涛印刷厂，日军虽多次寻找该印刷厂，均无所获，也进一步证明了朔州制钱系统的存在。由此可以看出，朔州市境内钱币年代之久、数量之多、品种之稀缺，在山西乃至全国钱币行业都占有重要席位。就钱币文化的延伸情况来看，朔州诸多石刻碑文中均有关于钱币的记载，民间流传的各类俗语和方言也与钱币紧密相关，近年来逐步兴起的钱币市场和钱币收藏，也在一定程度上增强了钱币行业的公众关注度，进而为相关学术的深入研究营造了良好的社会氛围。本篇从货币种类、货币流通、本土货币、谷帛流通、出土货币、涉钱碑文、钱币俚语和钱币文化几个方面入手，系统、全面、翔实地介绍了朔州地区历代货币演进的整体情况。

上篇

历史进程

第一章
货币种类

货币是商品交换的产物，根据年代、材质、形状、重量等具体特征，可将其区分为不同种类的货币。天然海贝为朔州地区使用最早的货币，后有历代沿革但形制不同的铜、铁铸币，如先秦时期的布币、刀币，秦汉时期的半两、五铢钱，唐朝至清朝时期的通宝钱、制钱。此外，贵金属货币和纸币的出现，也大大丰富了古代货币的种类。近代货币从银两、银元、铜元开始，在清末、民国初期、抗日战争、解放战争等不同时期，逐步形成晋钞、本土钱票、法币、日伪币、西农币、边币等多种货币交错使用的局面。中华人民共和国成立后，朔州地区与全国其他地区一致，实行以人民币为本位币的货币体系。

第一节　古代货币

□　贝币

贝币起源于商周时期，是我国记载最早使用的货币。《尚书·盘庚中》记载“贝者，水虫，古人取其甲以为货，如今之用钱然”，可见古人使用贝币历史悠久。贝币的种类很多，有天然海贝，也有仿制贝，如珧贝、陶贝、石贝、骨贝、铜贝、银贝、金贝等。山西省考古研究所朱华在《浅谈朔县出土的五铢钱》一文中提到“20世纪80年代时平朔汉墓考古曾发掘出贝币若干枚”。

□　铜、铁铸币

○布币

最早的布币大致出现在商朝中后期，由农具铲演变而来。《广雅·释器》记载“镈，锄也”，可见“镈”是当时农具的名称，后来将铲形铸币称为“布”也源于此，因为“布”与“镈”为同声假借字。一般来说，越早的布币，其形状越接近于它所演变的工具，以后便逐渐减重演变而形成各种布币。从出土的大量布币来看，朔州不仅是历史上使用布币较早和较为广泛的地区，而且是早期布币的铸造地之一。布币主要有以下几种：

空首布：尚未脱离镈等农具的原形，首部中空，呈銎状。出现于西周晚期，盛行于春秋战国时期。2010年前后，朔城区鄯阳街新兴服务大楼重建时曾出土一批布币，其中就有空首布。

釿布：形制特点是平首、方足、圆裆，主要有方肩圆裆或圆肩圆裆两种形制，钱文多为纪重及地名，以釿论重，故称“釿布”，按大小轻重分为半釿、一釿、二釿3种。釿布最早为晋国或晋国一些地区的货币，战国时期为魏国及其邻国沿用。釿布中以安邑釿布为最多，史载公元前410年魏文侯任李悝为相，推行平粜之法，安邑釿布很可能就铸造于当时，后各地效法，皆铸釿布。1993年，朔州山阴县文管所征集到“安邑一釿”背“安”釿布1枚。

尖足布：形制特点是耸肩、方裆、尖足并呈燕尾状，钱文多纪地名，也有的增纪币值，有大小两种，相当于一釿和半釿，因外观形似裤形，朔州当地人称其为“裤币”。1988年朔县秋寺院出土尖足布和方足布共17枚。1963年以来，朔城区沙塄河、秋寺院、北旺庄、崇福寺附近、司马泊、趄坡、府南小区等处先后出土了几批战国刀币、布币，其中有不少面文地名为“辛城”或“新城”的尖足布，是为历代布币中的稀缺珍品，在钱币界具有极高的收藏和研究价值。朔城区民间藏有“辛城”尖足布币1枚。“新城”布币为小型、平首、耸肩或微耸肩尖足布，布身长5～5.4厘米，宽2.7厘米，重5.6克左右，微耸肩布有轻薄至4克者。面文为阳文大篆书体“新城”或“辛城”，多件倒文，书刻大同小异，版别繁多。在战国时期“新”“辛”二字相通，学术界将两种货币合二为一，定名为新城布币。1963年春阳高县出土尖足布、方足布共计1 300余枚72种，据亲历者忆有新城布币，但今存于阳高县文管所及大同市博物馆共52个样式中并未见新城布币，可见其稀有。

新城布币在1938年由丁福宝编著的《古钱大辞典》、日本昭和十三年（1938年）奥平昌洪辑录的《东亚泉志》中已有收录。在中华人民共和国成立后出版的《燕下都东周货币聚珍》等众多钱谱中也收录过。在《赵国钱币》中，收录有不同版别的12品新城布币。在中国国家博物馆、中国钱币博物馆、故宫博物院、上海博物院、山西博物院等处都有收藏“新城”布币。在钱币界，珍、罕、稀、少、多五级定位中，“新城”布币属于稀见品，在三等九级定位中属于“二下”。

1963年以来，在朔城区沙塄河、秋寺院、北旺庄、崇福寺附近、司马泊、趄坡、府南小区等处先后出土了几批战国刀币、布币，经考古人员和钱币界人士整理后发现，其中有不少面文为“新城”或“辛城”的布币。这种布币除了在朔城区境内发现外，在周边的山阴县、右玉县、原平市、定襄县、阳高县，以及河北省易县都有出土。值得注意的是，这些县市在当时均为战国赵地。

新城和邯郸、榆次、晋阳、安阳、离石一样，均为布币铸造地名，有些地名至今仍在沿用，尤以三晋为多。关于“新城”的地理位置，史学界普遍认为它是战国赵邑。关于此城的历史记载最早出现于《史记·秦本纪》：“庄襄王三年①，蒙骜攻魏高都、汲，拔之。攻赵榆次、新城、狼孟，取三十七城。”唐代的《史记正义》认为，这个新城就是指朔州“西南四十七里”的新城。唐代《括地志》有载：“新城一名小平城，在朔州鄯阳西南四十七里。”20世纪出版的《中国历史地图集》也在“战国时期全图”上把新城标于此地。

经实地考察，朔州城南梵王寺村即坐落在新城南半部，村北1华里处尚存长约400米的一段城墙，为新城北墙。据当地村民李振华及支书常卫华回忆，小时候刮大风土被吹走后，城墙根下就会出现一些铜镞头，在城墙之南的庄稼地里也会发现绳纹、网纹、布纹、简板瓦和古陶器碎片。20世纪末，在距此城西北5公里的趄坡村神朔铁路工地上，出土了满满一搪瓷洗脸盆战国刀币、布币，约有数千枚，其中就有不少新城布币。新城布币的出土地点以新城为中心，一定程度上佐证了新城布币铸造于此城。

新城的始建年代当在周赧王八年（公元前307年），距今2300年左右，可谓是雁门关以北最

① 公元前247年。

早的城邑之一，也是赵国在今朔同地区仅有的两处钱币铸造地之一。另一处在今左云县西，战国晚期在那里铸造过“雁次一两”“雁次十二朱”两款三孔布，较新城布币为晚，铸造时间也短，数量极少，影响不大。钱币界的共识，布币铸造年代早晚的顺序是尖足布—方足布—圆足布—三孔布。战国时代的新城可以大量铸造钱币，一定是一个非常繁荣的城市。朔州境内及周边地区并无铜矿，赵国境内有三处铜山分别是悬瓮山（今太原境）、少山（今昔阳境）、白马山（今盂县境），都在山西中部，隔着恒山山脉。铸币所需大量矿石或铜锭需长途运输而来，说明在秦始皇修通驰道之前，朔州通往宁武关或雁门关南的道路已经畅通，交通堪称便捷。

在列国货币中，不论齐、燕之刀，魏、韩之布，秦国圆钱，均较厚重，唯有赵国的尖足布最为轻薄。新城布币也不例外，相当规范化、标准化，铸造工艺十分精致，能达到这样的难度及要求，说明当时的铸币技术十分高超。

方足布：形制特点是方肩、方裆、方足，间有耸肩者，面背俱有周郭。方足布是战国时期最流行的一种布币，主要铸造流通于韩、赵、魏三国，三晋以外的齐、鲁、宋、卫等国也曾铸行方足布。早期方足布弧裆体大厚重，布面铭文纪城邑也纪重，方足布较多的是平首平肩方足布，故称“方足小布”，如“平阳”等小布流通较为广泛。山西境内方足布普遍出土较多，1983年朔县沙楞河出土方足布13枚。

圆足布：形制特点是圆首、圆肩、圆足、圆裆。圆足布种类及数量都较少，且流通范围小、时间短。其中，“离石”和“蔺”字布有大、中、小三种，或认为是减重。1980年山阴县出土“蔺”字圆足布1枚；1985年山阴县文管所征集到“离石”背“五”圆足布1枚。

三孔布：为圆足布的一种，因其首部和两足部各有一小圆形穿孔，故称三孔布。面文多纪地名，有30余种，背文纪重，大品背“两”字，小品背“十二朱”。清代古钱币学家丁福宝所著的《古钱大辞典》中，有三孔布的记录但没有三孔布的图谱，足见其稀缺程度。1983年4月，朔县北旺庄平朔露天煤矿生活区基建施工现场出土“宋子”三孔布1枚，这是我国目前考古发掘的唯一一枚三孔布（除此之外均为传世品），因又是海内外孤品，可谓稀世珍品。朔县北旺庄平朔露天煤矿原为中国人民解放军51084部队（第69军二〇七师）农场，当时驻军6个农业生产连队共700～800人。1977年底51079部队（第69军二〇五师，驻地阳高农场）与二〇七师互换农场，后因二〇五师官兵们在该地常发现“露头煤”即氧化煤，为浅层煤小块，故开始小范围组织开采生活用煤。1982年平朔发现煤矿资源后，二〇五师将1 800亩的农场卖给平朔，朔县分三次给予二〇五师农场土地补偿金200多万元。二〇七师得知此事后非常惊喜但也稍有遗憾。

〇刀币

刀币也称刀化（货），是由实用的工具刀演化而来。刀币的流通范围没有布币广，主要是北方和东方从事渔猎的地区使用。依据其形制，刀币可分为两类：一类是北部燕国、赵国的刀币，体形稍小，但种类较多；另一类是东部齐国的刀币，体形较大，制作精整，但数量较少。燕国的刀币，形制上大致可分为针首刀、尖首刀、明刀3种类型；赵国的刀币，主要特征是刀形较直，背、刃略弧，刀首或圆钝或平斜，币面铸文主要有甘丹（邯郸）、白人（柏人）两种，另有“蔺”字刀；齐国的刀币，体形硕大，文字高挺，铸造精整，刀首内凹，周边有郭隆起，环径较大。朔州地区出土燕明刀数量相对较多，1988年怀仁县虎龙沟煤矿出土燕明刀78枚，1993年山阴县北周庄镇苑家辛庄村出土燕明刀1枚；2012年，据朔州梵王寺村支书常卫华等人回忆，村民挖自来水管道时，发现包含燕明刀的刀币及布币各20多枚。

○圜钱

圜钱又称环钱，形制由手工工具纺轮演变而来，也有人认为是由古代的玉璧发展而来，最早产生于魏国。圜钱的种类，从形制上可分为圆形圆孔和圆形方孔两种式样；从边郭上又可分为有轮廓和无轮廓两种；从币面铭文看，目前已发现有20余种，分别由魏、赵、秦、齐、燕等国铸造。圜钱是春秋战国时期在以往贝币、布币和刀币以外，新出现的一种独立的货币形态。朔城区民间藏有“蔺”字圜钱1枚，为战国时期赵国所铸。

○秦半两

秦统一六国后，规定以半两钱为全国统一的货币。《古今注》记载“秦钱半两，径一寸二分，重十二铢”。秦半两大小轻重不一，钱径一般为3.2～3.4厘米，重8克左右，钱文突起而狭长，无内外郭，背平素，个别有重过20克以上甚至重达64克的，或为《索隐》所载的当百钱。关于秦半两的形制有两种解释：一位是晋人鲁褒，在《钱神论》中从宇宙观的角度出发，认为圆形方孔钱是源于古人“天圆地方”的宇宙认知；另一位是明代的科学家宋应星，在《天工开物》中从工艺的角度出发，认为方孔钱便于修整钱币的外郭，“以竹木条直贯数百文受锉”。虽然秦朝的建立统一了全国货币，但秦半两存世不多，朔州本地出土过少量的秦半两。

目前，本地卫文江对于秦半两形制提出新看法：他在收藏战国王氏布时发现有一小孔，当时钱币理论界普遍认为秦半两形制是源于“天圆地方”说，而他查阅资料后发现，“天圆地方”之说法晚于秦始皇鼓铸钱币，因此他认为，圆形是为了避免损伤，小方孔是为了携带方便。这一观点在1995年得到山西省钱币学会会长王重山的赞赏。

○汉半两

汉初因承袭秦半两钱制，导致币制大乱，刘邦率先改铸轻钱，以济军用。汉初时，半两钱实重仅1克左右，被称为“榆荚半两”；吕后二年决定加重来提高币值，由政府铸“八铢半两”；汉文帝时又改铸“四铢半两”。相较于秦半两的厚实粗犷，汉半两更加平整秀气，且半两字体更加规整，两者区别较为明显。朔州平朔考古汉墓发掘中，“榆荚半两”“八铢半两”“四铢半两”都有出土。

○五铢钱

汉武帝即位后，“外事四夷，内兴功利”，遂下令废除汉初郡国制币权，改由中央统一铸币。五铢钱初铸于汉武帝元狩五年（公元前118年），钱文为篆字“五铢”，东汉、蜀汉、魏、晋、南齐、梁、陈、北魏和隋都有铸造，重量形制大小不一，废止于唐武德四年（621年），是中国历史上数量最多、流通时间最长的钱币。币材有铜、铁、铅、金、银等不同材质，种类有郡国五铢、赤仄五铢、上林三官五铢、传形五铢、四出五铢、直百五珠、天监五铢、常平五铢等。朔州多地多次出土五铢钱数千枚。1986年山阴县安荣乡西沟村出土汉“五铢”背“廿五”青铜钱范1件，分为上下两件，汉“五铢”背“十一”青铜钱范1件，均在边沿留三角形铸口，每次可铸8枚铜钱。钱范的出土也印证了本地汉代铸钱的史实。

○新莽铸币

王莽托古改制，行“宝货制”，内容为五物、六名、二十八品。五物是金、银、铜、龟壳、贝壳五种币材；六名为金货、银货、龟货、贝货、泉货、布货六大钱币类型；二十八品是指不同质地、不同形态、不同单位的二十八品钱币。民间流通最多的有“大泉五十”“小泉直一”“大布黄千”等。为防盗铸私钱，除颁行刑法重治外，王莽创造了一种新币型，即把古代刀币和圜钱结合，创造出世界上第一枚双色金属钱币。王莽被誉为“货币第一高手”，其货币在古代钱币中堪称精品。朔州平鲁区旧城曾出土“货布”，朔州平朔考古西汉末期至东汉初期墓葬曾出土“大泉五十”“小泉直一”“货泉”等货币。

○通宝钱

通宝钱起源于唐高祖时期，一直沿用到清末年间。据考唐高祖武德四年（621年）废五铢钱，开始铸行“开元通宝”。“开元”意为开辟新纪元，“通宝”意为通行宝货，也有人按顺时针方向回环读作“开通元宝”，成为后世铜币以“通宝”或“元宝”命名的由来。通宝钱的铸行，结束了秦汉以来以重量铢两定名的钱币体系，开创了唐宋以后以“钱”“文”为计量单位的宝文体系铜铸币，后世常在“通宝”二字前冠以年号、朝代或国名，作为自己国家的法定货币。

由于朝代更迭，根据出土和民间传世情况看，朔州本地流通的通宝钱也不断变换。唐代朔州地区流通开元通宝、乾元重宝、会昌开元等多种通宝钱；五代十国时期，由于封建割据，经济封锁，货币自铸自发行，朔州行用的货币大致有铜钱、铁钱和铅钱等；两宋时期，白银与纸币虽逐渐取得重要地位，但朔州仍以铜钱为主，所使用的钱币种类有“宋元”“皇宋”等国号钱，还有每个皇帝的年号钱，种类有数十种；辽金元时期，从目前的出土情况看，朔州曾行用过的辽钱有清宁通宝、咸雍通宝、大安元宝、寿昌元宝等；金钱有正隆通宝、大定通宝、泰和重宝等；西夏钱有天盛元宝、大安宝钱（西夏文）等；元钱有至大通宝、至正通宝、大元通宝（八思巴文）等。

○制钱

明清两代按其本朝法定钱币体制由官炉铸行的钱币，称为“制钱”，而把前朝的铜钱称为“旧钱”。明朝制钱本地出土较多，如明朝的洪武通宝、永乐通宝、天启通宝、崇祯通宝等；清朝制钱出土也较为丰富，如清朝的顺治通宝，其主要有五式钱：顺治一式为仿古钱，顺治元年至四年（1644—1647年）铸，每十文当银一分，银一两值一千文；顺治二式背汉字一，顺治元年铸，标明二十二个鼓铸局名；顺治三式为一厘钱，顺治十年（1653年）铸，钱背穿右有局名，计十七局。穿左直书“一厘”二字，指对银作价，钱一文值银一厘；顺治四式背二满文“宝源”“宝泉”，为宝源、宝泉两局所铸，在顺治十七年停铸三式钱时铸行；顺治五式背二满汉文，顺治十七年铸的，满汉文钱，钱背穿左一满字，穿右一汉字，均局名。当时全国共十二局。此外，还有康熙通宝、乾隆通宝、咸丰通宝、光绪通宝等年号钱，在博物馆、钱币市场和民间收藏者手中较为常见。朔城区旧城改造时曾大量出土清代顺治通宝（背“同”）和上千枚明代崇祯通宝钱。

□ 贵金属货币

○黄金

黄金在历史上作为一般等价物的年代较为久远，《史记·平准书》记载“及至秦，中一国之币为二等，黄金以镒名，为上币；铜钱识曰半两，重如其文，为下币”。清代则以黄金为上币。朔州境内使用的黄金主要有金条、金砖、金锞子等，其重量不一，主要用于贮藏和大额交易支付，市场流通很少。

○银锭

春秋战国时期，就有具有一定形状的银铸币。唐宋白银依其形状而称为铤、笏、版、饼等，其中以铤为最普通，又称锭。元代银锭形状变为马蹄形，始称元宝。到明清时期货币本位一般是银钱平行，均可流通使用，但银锭通常用于大额交易。市场上流通的银锭分四种，即元宝、中锭、子、福珠。朔州市场流通的元宝，大多为山西官钱局及太谷与祁县私人银号所铸的元宝。

□ 纸币

○古代钱帖

钱帖又叫钱票，广义上讲其为纸币的一种，为代替金属货币流通的纸券（兑换券）；狭义上讲也是支票、汇票的一种。“钱帖”最早有文字记载的便是《太平广记》卷一四六引《唐逸史·尉迟敬德》中尉迟恭与“钱帖”相关之事，“汝要钱，可索取尉迟公帖来。此是尉迟敬德钱也”。

○交钞之印

纸币始于宋代的“交子”“会子”及金代的“交钞”。“交钞”面额10种，以铜钱为单位，大面额为壹贯、贰贯、叁贯、伍贯、拾贯共5种；小面额为壹佰文、贰佰文、叁佰文、伍佰文、柒佰文共5种。交钞与钱并行，可兑换或以旧换新。后交钞贬值，又发行大面额交钞，从贰拾贯到壹佰贯，甚至造出壹仟贯面额的交钞。

○大明宝钞

洪武八年（1375年），明政府开始发行大明宝钞，作为法定纸币流通。大明宝钞钱面以钱文计算，其面额有6种，即壹佰文、贰佰文、叁佰文、肆佰文、伍佰文和壹贯（壹贯等于壹仟文）。洪武二十二年（1389年），又加印了小额宝钞，计有拾文、贰拾文、叁拾文、肆拾文、伍拾文5种。

○明代都察院钞法佈告

1974年，工作人员在清理山西省应县佛宫寺释迦木塔时，发现“明代都察院钞法佈告”一份。形制特征方面，此佈告高94.5厘米，长276厘米，全文292字，佈告上盖有“山西等处提刑按察司印”五方。明朝时为了维护宝钞的地位，促其流通，规定钞钱并行，禁用金银交易。宝钞的印制与发行一直持续到明宣德三年（1428年），宣宗下令停造宝钞。大明宝钞是不兑现的纸币，发行量又无限制，因滥发宝钞加之因新旧宝钞价差问题出现的官吏舞弊现象，导致通货膨胀，宝钞贬值。因此政府先后采取了各种措施来稳定宝钞的价值和购买力，应县木塔发现的明代都察院钞法佈告即为实证。

○官票宝钞

清末发行的纸币，其全称为户部官票和大清宝钞。雍正十三年（1735年），清廷在杀虎口用满、汉、蒙三种文字印制商票，用于交易商品，这是雁北地区最早发行的区域性官方纸币。咸丰十一年（1861年），朔州地区行用清政府发行的官票宝钞。清光绪二十二年（1896年），朔州地区行用山西晋源裕官钱局的银两票和制钱票。光绪三十二年（1906年），朔州地区行用“大清银行兑换券”，分银两票、银元票、制钱票3种。

第二节　近代货币

□　金属货币

○铜元

清朝末年，当制钱面临崩溃的时候，铜元问世。此钱形制精巧，大小统一，民间称“铜子儿”。朔州行用光绪年间铸造发行“当制钱二十文”“当制钱十文”。民国时期，政府铸造发行“开国纪念铜币”，山西省政府铸造发行的两种铜元，即“当十”称作“单枚”，“当二十”称作“双枚”，在市场流通较多。此外，还有从四川、陕西、湖南等省流入的铜元。

□　贵金属货币

○银元

清朝末年，墨西哥的“鹰洋”、英国人的“站人洋”流入朔州。光绪十五年（1889年），清政府自铸银元，称“光绪元宝”，又称“龙洋”。后有“大清银币”“宣统元宝”作为货币流通使用。民国三年（1914年），北洋政府颁布《国币条例》后，流通的银元种类和数量逐渐增多，新增“开国纪念币”（孙中山像银元）、“袁头银币”以及袁头辅币半元、贰角、壹角等共10多种。在朔州的流通市场中，袁头银币分民国三年、民国八年、民国九年及民国十年发行币，其中民国八年及民国九年币在朔州流通市场中数目较少，稀有；而民国三年、民国十年币则较多。“袁头银币的成色超过89%，而在此期间有甘肃银币流入朔州地区，因成色不足而在流通中难敌袁头银币”。民国十六年（1927年），北伐胜利，停铸袁头银币，改铸“孙中山开国纪念币”，通称“孙币”或“船洋”，直线边齿，重26.6克，成色不到89%，俗称“孙小头”，朔州境内同时流通“袁头银币”和“船洋”，由于成色不同，民众更喜收藏袁头银币。民国二十二年（1933年），政府实行“废两改元”，颁布《银本位币铸造条例》，改银元重量成色。民国二十四年（1935年），实行法币政策，银元不再成为合法流通货币。

□　纸币

○法币

法币是中华民国时期国民政府发行的货币。民国二十四年（1935年）11月，国民政府规定中央银行、交通银行、中国银行、中国农民银行发行国家信用法定货币，简称法币，禁止白银和银元流通，取代银本位。因受晋钞的抵制，法币在朔州地区乃至山西省均流通不多。

○山西省纸币

民国八年（1919年），行用山西省银行（前身为山西官钱局）发行的纸币，分主币银元券和辅币铜元券两种，习称“晋钞”。银元券面值有壹角、贰角、壹圆、伍圆、拾圆5种，铜元券面值有拾枚、贰拾枚、伍拾枚、壹佰枚4种。此外，还有金库兑换券。

民国二十一年（1932年），阎锡山改组山西省银行，发行新钞，以20：1收兑在市场流通的旧钞。当时在朔州地区设有朔县办事处和应县办事处，发行有山西省银行壹圆、贰角、壹角，分别加盖朔县地名券（票面均印制为中华民国十九年）。民国二十四年（1935年），山西省政府成立“山西省恳铁盐四银行号实物十足准备库”，大量发行变相纸币，朔州地区行用其晋绥地方铁路银号、绥西垦业银号、晋北盐业银号纸币。

1935年，晋北盐业银号成立，总号设在岱岳，分号设于太原。晋北盐业银号发行的纸币种类有壹角、贰角、壹圆、伍圆、拾圆5种。在铁、垦、盐三家银号中，盐业银号规模最小、资本最少、发行额也较少。抗战开始，该号的发行券及准备金奉省政府令归并省银行。至此，晋北盐业银号结束其历史使命。

抗日战争时期，阎锡山退驻晋西后，再次发行纸币，种类有晋绥地方铁路银号伍圆券、伍角券；山西省银行拾圆券、伍圆券、壹圆券，由于印刷质量欠佳，花纹图案模糊，民间称拾元券为“大花脸”，伍圆券为“二花脸”，壹圆券为“三花脸”。

○金圆券

1948年通货膨胀达恶性时期，法币急剧贬值，国民政府为挽救其财政经济危机，维持日益扩大的内战军费开支，决定废弃法币，改发金圆券。1948年8月，政府下令实行币制改革，以金圆券取代法币，强制将黄金、白银和外币兑换为金圆券。金圆券法定含金0.222 17厘，由中央银行发行，发行总额定为20亿元，金圆券一元折法币300万元。当时在朔州境内也有金圆券的发行使用。

○革命根据地纸币

抗日战争初期（1937—1942年），朔州境内的抗日根据地少量行用流通西北农民银行货币（也称西农币）、晋察冀边区银行货币（也称边币）等抗币。1946年朔州第一次解放后，除继续用西农币和边币外，还行用“晋绥银行券”及兑米票、餐证、“战时菜金票”等多种，持票可领粮、吃饭、可兑款，还可以抵交公粮，从而稳定了金融市场，保证了部队和党政工作人员及参战民工的生活需要。

附：日伪蒙疆银行纸币

蒙疆银行是日本侵华期间在华扶持建立的伪政权金融机构之一。所谓蒙疆，实为日本侵略中国创造的一个战略地理名词，泛指察哈尔南部、山西北部、绥远东部地区。1937—1945年，蒙疆银行掌控了今内蒙古中西部、山西省北部、河北省北部等地的金融业，当时在朔县设有分行。

蒙疆银行于1937年12月发行纸币，在1944年发行壹佰圆、伍佰圆等面额币。发行的纸币有佰圆、拾圆、伍圆、壹圆、伍角、壹角、伍分，共7种面额。其中佰圆券3种、拾圆券2种、壹圆券2种、伍角券2种版别，因票面主图大多为骆驼图案，朔县人称为“骆驼票”。因其发行量大，朔州当地居民当时有用蒙疆银行纸币来裱笸箩（当地的一种编织器皿），可见其当时贬值之严重。除此之外，蒙疆银行还发行了伍角白镍硬币。

第二章

货币流通

货币流通是指货币作为流通手段和支付手段在经济活动中所形成的收支运动。从已出土的历代钱币来看，朔州地区使用货币之早、铸造货币之精、货币流通之广，在山西乃至全国都占有重要的历史地位。可见，朔州地区不仅是历代兵家必争之地，也是民族融合商贾往来的聚集之地，更是古代金融发源和发展的先行之地。研究古近代货币流通情况，有助于挖掘钱币背后的经济和社会概貌，对本地金融的演进和发展研究也具有积极作用。

第一节　古代货币流通

□　先秦时期

根据文献记载和考古发现，自商代开始生活在黄河流域的古代先民，就开始以天然海贝作为财富象征及交换媒介。由于海贝大小均匀，可按枚计算，坚固耐久且便于保存、携带及运输，因此具备作为货币的天然属性。随着沿海及内陆地区的商贸日渐频繁，海贝作为一种货币形态逐步出现在内陆地区。从朔州地区来看，出土文物和民间散存的贝币主要为海贝，在公元前16世纪至公元前11世纪使用较多。山西省考古研究所朱华在《浅谈朔县出土的五铢钱》一文中提到“80年代平朔汉墓考古曾发掘出贝币若干枚”，由此推断先秦时期的贝币主要通过贸易手段流入境内。

到春秋战国时期，朔州地区的货币流通则更加丰富多彩。春秋以前朔州地区为少数民族北狄所居，战国时归入赵国版图。朔州现有古址古墓中出土许多古钱币，其分布之广、数量之大、品种之多在山西地区也是少有的。如朔县汉墓、朔县沙楞河村、右玉县威远镇南八里村、平鲁县旧城、山阴县故驿村古城址、山阴县北周庄镇苑家辛庄村、怀仁县虎龙沟煤矿等均有大量春秋战国钱币出土。在出土的古钱币中，有赵国的“蔺字布”“平阳布”“文阳布”“大阴布”“离石布”（稀有），秦国的“邬邑布”，魏国的“安邑二釿布”“安阳布”“莆子布”，韩国的“宅阳布”“屯留布”“长子布”，燕国和赵国的刀币。

从上述出土的品种看，“在战国诸侯割据相互争雄时代，只有黄金能够超越国界通用”的说法是不准确的。朔州作为当时重要的军事与商贸地区，军队、农民、手工业者和商人齐聚于此，人员的流动也将各国所铸的货币带到此地，进而促进了当地商贸经济的发展。此外，作为先秦时期重要的钱币铸造基地之一，1983年4月朔县北旺庄平朔生活区施工现场出土的一枚“宋子”三孔布、1963年以来大量出土的“新城”布币，以及在山西四个造币局（太原、大同、原平、阳高）出土“新城”布币，说明“新城”布币流传范围之广，也同时均印证了朔州地区铸币和使用货币年代之悠久，也证明了先秦时期朔州的重要金融地位，同时也为三孔布的断代归属及先秦布币研究提供了有力的实物参考。

□　秦汉时期

秦始皇三十二年（公元前215年），边帅蒙恬在朔州地区筑城名“马邑”，置马邑县，归雁门郡管辖。西汉时期，置马邑县（今朔城区）、中陵县（今平鲁区）、剧阳（今应县）、阴馆（今朔城区东南）、汪陶（今山阴县）、埒县（朔城区南）、楼烦（今朔城区西南）、善无（今右玉县），仍归雁门郡管辖。东汉时期，雁门郡迁至阴馆县，东汉末年天下大乱，人民逃亡致使大部分县被撤废。

秦朝及两汉时期，尽管统治者实行“重农抑商”的政策，但朔州地区社会经济仍有所发展，货币使用也较为广泛。尤其是在秦朝统一全国后，朔州地区依托雁门郡的行政区划设置，大力发展本地商贸经济。因此，朔县、平鲁都有秦半两、汉半两出土，西汉、东汉的五铢钱在朔县也多有出土。除货币外，黄金、丝织品等也充当一般等价物在货物贸易中扮演着重要角色。《汉书·匈奴传》中记载“匈奴自单于以下，皆亲汉，往来长城下”。汉初，当地人民即与匈奴在长城脚下开展边境关市贸易，用黄金、丝织品、手工业产品等与匈奴交换马、骆驼、兽皮和毛织品。商贸经济的快速发展，也进一步促进了本地区的货币流通与金融交流。

□　魏晋南北朝时期

西晋时期，将峪岭（今雁门关）以北各县民撤往岭南，地归代王拓跋猗卢。北魏时属畿内地，置桑干郡（今山阴东）、繁峙郡（今应县东）、马邑郡。北齐天宝六年（555年），将原朔州治从盛乐（今内蒙古和林格尔县）迁到马邑西南。北齐天宝八年（557年），改马邑县为招远县，为朔州治，此为朔州名之始。北周升朔州为总管府。

魏晋南北朝时期，尽管朔州境内战乱频繁，但商贸活动一直没有停止。《北史·莫含传》载，雁门繁畤（今应县张寨村）人莫含“家世货殖，赀累巨万”，经常贸易往来于内地与塞外，聚财入流。与此同时，295年鲜卑族占领平城（今大同市），建立北魏都城，货币流通一直处于以谷帛为代表的实物经济状态，由于实物货币的保存和传世难度较大，目前尚未发现更多的出土货币。太和十八年（494年）北魏孝文帝迁都洛阳，先后铸行了“太和五铢”“永平五铢”和“永安五铢”，但谷帛依然是通用的支付工具。北魏王朝的建立，对朔州地区的经济商贸发展产生辐射作用，也进一步带动当地金融市场的发展，使其在乱世之年仍能保持稳定的发展态势。近年来屡有出土的永安五铢、常平五铢，也从侧面印证了当时朔州商人与塞外民族相互贸易的历史史实，同时打破了史书记载的“冀州以北民众拒用铜钱，流行谷帛”的说法。

出土于应县黄花梁古墓的北魏太延三年（437年）勒石，现今为朔州市朔城区民间藏品，其上碑文载北魏张愈买地券一事：“今用钱九万九千九百九十九贯，买得此地”，侧面反映出北魏时期的朔州地区买地用“钱”这一史实，且计量单位为“贯”。

□ 隋唐五代时期

隋朝时期废总管府，改为马邑郡，辖鄯阳（今朔城区）、开阳（今朔城区南部）、神武（今朔城区神武村）。唐武德四年（621年），改马邑为朔州。唐天宝元年（742年），又改朔州为马邑郡。五代时，在唐明宗出生地金城置应州（今应县），又分朔州置寰州（今朔城区西影寺村东）。后晋天福元年（936年），朔州、寰州、应州割让给契丹。

隋唐时期，随着农业、手工业的恢复发展和交通的逐步便利，商业得以迅速发展，朔州地区的社会经济逐步进入兴旺繁荣时期。隋王朝将北方汉民族与突厥人的交市地点设在马邑（今朔城区东20公里）。其时，“在边境的交市，除各民族间的交市外，隋王朝的边郡官吏也常参与交市，获得珍奇之物，用以敬献”，可见当时朔州地区的交市贸易往来之发达。唐朝时期，由于出现了众多的固定店铺和邸店，可以堆放货物和批发货物，改变了过去“多为贩运”的贸易。唐以前的商品多系奢侈品，至此商品种类扩大。“凡货贿之物，侈于用者不可胜纪。丝布为衣，麻布为囊，毡帽为盖，革皮为带，内丘白瓷瓯，端溪紫石砚，天下无贵贱通用之。”

值得一提的是，1979年山西平鲁县屯军沟两村民在山坡悬崖挖草药时发现大量唐代金器，对唐朝时期相关历史研究提供了实物佐证。据史籍记载，唐代时期黄金有贿赂、赠送、布施、谢礼、悬赏、赌博、赋税、进献、赏赐、对贵重物品的支付、远方传递运输、路费、上供和窖藏等诸方面的用途。朔州市内新建的尉迟敬德庙中现存有唐显庆四年（659年）勒石的复制碑石，其上碑文载了唐代朔州名将鄂国公尉迟君墓志并序：“詔公为泾州道行军大総管，领兵出击，所獲萬计。賚金鞍骏馬十匹；又以公昔賠戎幕，早预军谋，赐绢一萬匹、金银各千两，拜上柱國、吴國公，食實封益州一千三百户。”这也反映出在千年前的唐朝，山西朔州等地区的黄金、白银一方面可作为制作贵重器饰的金属材料，另一方面又是具有大宗支付、贮藏功能的货币，主要用于租税、赏赐、进奉、贿赂、军费、官俸等。

在《二十四史》中有记载“飞钱”，其产生于唐朝，也叫便换，为汇兑券，但飞钱作为一种汇兑业务本身不介入流通，也不行使货币职能，并不是真正意义上的纸币。

五代时期，河东节度使石敬瑭借助契丹力量于太原称帝，国号晋，史称后晋。石敬瑭为得到契丹支持，夺取帝位，拜年龄小于自己的契丹主耶律德光为父，将中原王朝北方的天然屏障幽云十六州拱手让与契丹，朔州就在这一范围内。这一时期朔州地区作为战场，经济发展相对滞后，从这一时期出土的货币较少可以得到验证。

□ 宋辽金元时期

辽金时期，朔州地区与大同府、应州同属当时大同所设西京道。今怀仁县属大同府领，今应县、山阴县属应州统，今朔城区属朔州治。元朝时期朔州隶属山西道大同路。

辽宋金元时期的朔州地区，主要由契丹、女真等少数民族政权所控制，朔州不仅是其边防要塞，也是商品贸易之地。由于辽、金、元自铸铜钱数量较少，主要使用岁贡或商贸而来的宋朝铜钱，故朔州地区出土辽、金、元钱较少，宋钱数量较多。朔州地区在基建和旧城改造过程中，多次出土了大量的宋朝钱币，其中北宋钱币数量较多，也伴随有少量的唐代钱币、辽金钱币和南宋钱币。正如史书云：“宋钱无地无有，唐、宋、明三朝遗留的钱，较辽、金、元三朝多。”

○辽代

随着朔州地区商业活动日益活跃，辽朝在朔州南设立了专门与宋朝进行边境贸易的榷场。朔州地区作为宋辽之间贸易往来密集地区，经济交互经久不衰、互市不绝。在辽时期，朔州交易市场中主要使用宋朝的铜钱，在宋哲宗朝出使辽朝的苏辙就谈道："臣见北界别无钱币，公私交易并使本朝铜钱，沿边禁钱条法虽极深重，而利之所在，势无由止。"辽代是朔州地区经济贸易发展较快的一个时期。

○金代

金代时朔州地区商业禁例较少，这有利于当地商业经济的发展。金代与北方少数民族的贸易榷场设置在长城以北地区即今山西、河北两省北部地区，朔州境内是榷场的重要场所与通道。由于金代铸钱极少，宋金两国边界贸易频繁，朔州地区又处在边界前沿地区，因此宋朝钱币大量流入金境内的朔州地区。《金史·食货志》记载"金初，使用辽、宋旧钱"。

朔州地区在金代除使用银锭和铜钱外，也发行纸币"交钞"，因当时金国境之内铜产量缺乏，所以仿照南宋发行交钞的经验以补救钱币的不足。在内蒙古和林格尔县红河南岸新丰乡八号村边的耕地里出土铜印一方，印面汉字叠篆、朱文"朔州交钞之印"六字，可见朔州也是当时纸币发行地之一。

现存于朔州市朔城区崇福寺文管所的金正隆四年（1159年）勒石上有载"金卢孝章买地券"一事："维大金国朔州顺義軍户属、録事司東北厢賀再思街亡過人盧孝章，乞不早終。今用錢九万九千九百九十貫文，買墓地一段……"其中"买地"所用钱数、地段四至，俱属虚拟。尽管"买地券"为随葬物品，但其制作原型仍为参考真实地契的格式，这也从侧面反映出金代时期朔州地区买地用"钱"这一历史现实。

○元朝

元朝空前大一统局面的开创，为全国商贸业发展提供了有利条件。朔州地区与当时的政治、经济、文化中心大同紧邻，属于大同府所辖，南邻太原，又是蒙古势力占领较早的地区，因而商业极为繁荣。但元代铜源不足，所以铜钱的铸造量并不多，而是大量发行纸币，又杂用银两、钱币。元世祖忽必烈于中统初年印造经钞，以丝为单位（白银一两折丝二十斤），因来回折合不便，又印造中统元宝钞。除印制纸钞外还铸铜钱，如大朝通宝、大元通宝、至正通宝等，直至元十七年，才废止宋铜钱流通。

□　明朝时期

明朝时朔州隶属大同府，大同府辖怀仁县、应州（辖山阴）、朔州（辖马邑）。明朝时期是朔州地区金融业发展的重要时期，明代流通的货币经历了"钞钱并用"和"银钱并行"两个阶段，货币兑换业也逐步发展起来。明代朔州地区流通的货币和全国其他地方一样，主要包括三种：一是整个明代一直通用的制钱，每枚一文；二是明代初期盛行的"大明宝钞"；三是明代后期广泛通用的称量货币银两。

现存于朔州阻虎乡迎恩堡内的明万历十八年（1590年）勒石上有载"迎恩堡官买粮草碑记"："允就令小民照依時估，上納本色粮草，運入倉場抵兑，如腳價多而買糧少者，餘剩腳價仍舊觧庫；如買糧多而腳價少者，不足銀兩仍舊支領。"此碑文以官府文告形式，规定银两与粮草折色办法，禁私派富户，如违参处。此碑对研究朔州明代军队粮草供给有着重要价值。明初期禁用白银，形成了以“大明宝钞为主、铜钱为辅”的货币体系，但随着大明宝钞的过度发行和明代政府禁用铜钱两项政策的合力，到嘉靖年间白银货币化已经渗透到社会生活的方方面面。此碑即可证明，明万历年间在朔州地区白银货币化已得到政府承认。明代后期在朔州地区逐步形成了以“白银为主币、铜钱为辅币”的货币体系。

□ 清朝时期

清延明制，雍正三年（1725年）置朔平府，辖右玉县、左云县、平鲁县、宁远厅和朔州及马邑县；怀仁、应州与山阴同隶大同府。

清代继承明代的“银钱并行”，前期以白银为主，以铜钱为辅。清末有五式钱：顺治一式为仿古钱，顺治元年至四年（1644—1647年）铸，每十文当银一分，银一两值一千文；顺治二式背汉字一，顺治元年铸，标明二十二个鼓钱局名；顺治三式为一厘钱，顺治十年（1653年）铸，钱背穿右有局名，计十七局。该币为全母钱，有主辅币之分，开创后世的主辅币制。穿左直书“一厘”二字，指对银作价，钱一文值银一厘，清道光初年一两白银可换一千文，咸丰时期一两白银可换制钱两千二三百文，常规情况下一两白银可换1 000～2 000文铜钱。顺治十七年（1660年）停铸，至康熙初收毁；顺治四式背二满文“宝源”“宝泉”，为宝源、宝泉两局所铸，在顺治十七年停铸三式钱时铸行；顺治五式背二满汉文，顺治十七年铸的，满汉文钱，钱背穿左一满字，穿右一汉字，均局名。当时全国共十二局。1992年，朔州人寇子儒在朔城区东街古玩市场上发现顺治五式通宝若干枚，且当时全国22个鼓钱局，山西就有4处：太原、原平、大同、阳和（今阳高）4处，说明朔州地区清朝时期造币业发达，本地民众使用清朝钱币较多。朔州地区流通的货币除了铜钱、银两、钞票之外，19世纪以后受西方先进货币制度的影响，又增加了银元和铜元。到清末民初制钱基本上被其他货币代替，制钱制度发展到此退出朔州市场。

现存于朔城区崇福寺文管所的清代同治八年（1869年）勒石上有碑文载“重修崇福寺碑记”一事：“介休郭景龙捐银拾两，官吏贾琯捐钱五千文，善人齐福捐银五两，宣殿公捐银肆两，府经厅高映宿捐银贰两……常盛當、廣成當、晋豊當、晋源當、萬鎰當、萬源當、阜豐當、裕和當，共捐钱壹佰壹拾千文……”其中涉及货币之事，钱以“文”计，银以“两”计，也从侧面印证了清代钱、银兼用的事实。在捐款名录中涉及“钱行”7家，共捐钱768 300文，可见当时朔州金融业已具雏形。碑文所列名录为进一步研究朔州清代金融史提供了较为翔实的依据。

第二节　近现代货币流通

□ 晚清时期

晚清时期的朔州地区依旧沿袭了明代的银两制度，流通中的银锭分4种，即元宝、中锭、锞子、碎银。《清史稿·食货志》载：“钱千准银一两，定为画一通行之制。”顺治十年（1653年）所铸的顺治三式一厘钱，标明钱一文值银1厘，也体现了1两白银等于1 000文这一比价。鸦片战争后，由于国内大量白银外流，造成朔州地区银贵钱贱，这一比价发生了变化。清末时期墨西哥的“鹰洋”、英国的“站人洋”等外国银元也流入朔州地区，后来清政府也自制“龙洋”。开始当地民众仍以银两对待银元，但后来发现这些银元含量固定，一般一元约为7钱2分，不需要称量，使用极为便利，便广泛使用。

光绪二十六年（1900年），清政府又制造铜元，有当10文和当20文的，朔州当地人也叫铜子儿或铜板板。铜元重量标准，制作精巧，信誉好，在清末的朔州地区流通了十几年。银元和铜元的使用是货币近代化的表现。

□ 民国时期

○铸币流通

民国初年，朔州地区制钱、银两、银元、铜元混用。之后，银元和铜元逐渐代替银两和制钱。

银两包括元宝、中锭、锞子和碎银。大元宝一个重50两（50克），呈马蹄形。中锭重0～20两，形如秤锤。锞子重1～5两，多为馒头状。碎银重一两以下，有福珠、滴珠、粒珠等多种，仍属于称量货币。民国七年（1918年）后朔州地区的银两基本被银元所代替。

银元比银两使用起来方便，按个计算，每枚银元折白银七钱二分，不需称量。当时在朔州流通的银元有光绪元宝，又叫“龙洋”，英国人生产的“站人洋”或叫“杖洋”，墨西哥生产的“鹰洋”，以及中华民国政府制造的开国纪念币，即孙中山像银元、北洋政府造的“袁大头”银元等，朔州当地人称银元为“洋钱”、“盘龙儿”等。在朔州的流通市场中，袁世凯银币分民国三年、民国八年、民国九年及民国十年发行币，其中民国八年币在朔州流通市场中数目较少；而民国三年币、民国十年币则较多。民国二十二年（1933年），实行废两改元，发行“船洋”。

民国初年，朔州市场上制钱依然广泛流通，主要是清代铸造的通宝，如顺治通宝、康熙通宝、宣统通宝等。为适应市场流通需要，民国五年（1916年），山西督军阎锡山在陆军修械所内设铜元局，用制钱改铸铜元。铜元有两种：当十枚铜元和当二十枚铜元，朔州人称“铜子儿”。据《中华民国货币史》资料记载：民国六年（1917年），流行在山西境内的制钱约3亿枚。按平均数计算，朔州铜元流通14万枚以上，制钱流量已大为减少，逐渐为铜元所代替。后因军阀各自滥铸劣质铜元，泛滥成灾，导致铜元迅速贬值。北伐以后，国民政府先后用小额的铜币和镍币充当辅币，铜元逐步被替代而退出朔州地区的流通市场。

银两、银元的实际使用价值各地很不一致，以朔州当地来讲，银元比较稳定，而银两以成色论价，其他货币多不能以面额保值。当时，朔县境内制钱每串千文（满贯）。银元一元等于满钱每串400文；平鲁境内银元一元等于满钱每串340文；应县境内制钱每串500文（五钱）；怀仁境内制钱每串970文（九七钱）；右玉境内制钱每串800文（八钱）。名为银元一元等于制钱1串400文，实际等于制钱1 120文（铜元140枚）。银元一毫等于铜元12枚（制钱96文），钱铺银元卖出价，一元等于小洋13.5毫（铜元175枚）。

朔城区崇福寺文管所现收藏原竖立于朔州城南护国寺的中华民国二十九年（1940年）勒石，上刻碑文“重修护国寺碑记”中有载“应县张明捐洋贰佰元。朔县李尚仁捐洋壹佰元。蘇醴仁捐洋壹佰元。忻县傅存怀捐洋拾元。山阴醴玉雨捐洋壹拾元。朔县宣维章捐洋壹拾元……”重修护国寺一事的捐款人多为民国初年省城、各县及朔县地方名人。所捐款项俱以“元”为单位，以

"洋"为名，"洋"（"洋钱"）为清代对外国流入的银铸币（银元）的称呼。清末、民国虽有大量自铸银元流通，但民间依然习惯于将所有银元统称为"洋钱"。此碑记此次维修共募集捐洋537元，为研究民国时期朔州地区的物价水平提供了有力的历史依据。

○纸币流通

民国时期，军阀混战，国内战祸连年不断，各地滥发钞票。当时朔州市场上流通的纸币较为复杂，主要有晋钞、法币、西农币、日伪币，还有私人发行的小范围流通的钱帖。当时不但钱庄可以发行钱帖，当铺质店、粮行、布庄、商店都可发行钱帖。民国七年（1918年）2月，山西省政府制定《取缔各县纸币规则》规定：凡发行纸币之商号，必须有一定准备金（至少四成），且有殷实商号作保，并呈县长批准。

民国八年（1919年）山西省银行成立后明令禁止私票，钱帖逐渐消失。代之以省银行发行的晋钞，垄断了纸币的发行权，并以晋钞抵制国民政府法币的流通。晋钞流通后，很快在朔州市场占据了统治地位，形成了一个独立的金融体系。最初晋钞在朔州流通时较有信用，每一元零三分晋钞可兑换1元银元。但民国十三年（1924年）后，由于当时山西的大军阀阎锡山为支付军费开支，大量发行晋钞，且民国十九年（1930年）又爆发中原大战，阎冯倒蒋失败，致使晋钞贬值严重，每20～30元晋钞才兑换1元银元，出现商品抢购风潮，整个朔州经济遭到严重破坏，很多人倾家荡产，商铺倒闭。

民国二十一年（1932年），阎锡山复出，改组山西省银行并发行"新钞"（兑换券），以20：1收兑在市场流通的晋钞（旧钞）。这次发行的新钞有壹角、贰角、壹元、伍元、拾元银元票和肆拾枚、贰拾枚铜元票共7种，新钞也开始在朔州市场上流通。

民国时期朔州地区乃至全省的货币流通一直处于排外且大量通行本省纸币的状态中。民国二十四年（1935年），国民政府在全国实行统一的"法币政策"，严禁地方纸币发行流通，但在山西阎锡山政权的排挤下，法币在朔州市场上的使用量微乎其微。为了继续控制山西金融，山西省政府筹建了省铁垦盐四银行号实物十足准备库，发行变相纸币——实物准备券，大量收购农副产品，抵制法币的流通使用。当时朔州市场上主要流通"晋北盐业银号券""晋绥地方铁路银号券""绥西垦业银号券"等。民国三十年（1941年），晋钞暂停发行，逐渐退出朔州市场。

现存于朔城区崇福寺文管所的中华民国年间（1912—1949年）勒石上有载恒德昌等商户的布施情况"恒茂昌、德恒長、崇泰蔚、恒德昌、慶来隆、同德泉、源记，以上各贰元五角。天慶成、德鉅源，以上各壹元八角……"此碑为残碑，所记事实不清，但布施名单较详。所涉及款项具以"元""角"为单位，但这里的元是银元的元还是纸币的元，现难下定论。碑文所记均为商户，这从侧面反映出当时朔州地区商贸繁荣发达的事实。

○地方货币流通

民国初年，朔县义信亨钱铺发行三种钱票，分别为一串、二串、五百文，在本地流通。

民国八年（1919年），朔县裕丰银行于城内大南街成立，同年发行"裕丰兑换券"，流通于朔县、神池、宁武、丰镇等地，后因其滥发无度，被朔县商号恒德昌以其纸币挤兑银元，导致资本空虚而倒闭。

民国十九年（1930年），朔县的当铺发行钱帖兑换券，县城4家当铺共发行兑换券3 290元，面额为壹角、贰角、伍角、壹元共4种，以壹角、贰角为多，主要在朔县地区流通。

民国二十年（1931年），杨润雨集资3 000元，在平鲁开润身当，从事质当营业。民国二十一年（1932年），发行壹角、贰角、伍角三种钱帖，在平鲁市场上流通，“七七事变”后停止营业。

民国二十二年（1933年），右玉德升当当铺开设。民国二十四年（1935年），该当铺发行兑换券2 000元，抗战胜利后倒闭。

民国二十四年（1935年），怀仁刘晏庄村天盛厚钱庄自印钞票，经营放款业务，兑换银两。日军入侵怀仁后停业。

民国二十五年（1936年），怀仁县城有当铺3家，从业人员33人。共有资金18.9万元，其中自印钞票5 391元，日军入侵怀仁后停业。

□　抗战时期

抗日战争时期，阎锡山退驻晋西后，再次发行纸币，由于印刷质量欠佳，花纹面案模糊，民间称十元券为“大花脸”，五元券为“二花脸”，统称“阎币”。这些钞票面额大，群众使用不便，贬值严重。花脸晋钞初发时，每元可买小麦30斤，两年后贬值到120元买小麦30斤。1940年西北农民银行成立，朔州地区作为晋绥抗日根据地的一部分，其内流通的货币主要是晋绥抗日根据地发行的西北农民银行纸币和晋察冀抗日根据地发行的晋察冀边区银行纸币。这些“抗币”有时也被称为“西农币”或“边币”，这是在中国共产党领导下的八路军挺进山西前线后，创立银行发行的货币。这些“抗币”的流通为扶持生产、支援战争、夺取抗战胜利发挥了重大作用。

附：日伪时期

民国二十六年（1937年），日伪侵占朔州，曾禁止银元流通。但当局滥发纸币，造成恶性通货膨胀，纸币贬值，人们保存的银元仍流通于市场。民国二十七年（1938年）3月10日，日伪在北平成立“中国联合准备银行”，在察哈尔绥远成立“蒙疆银行”，大量发行“联银券”伪币，流通于朔州境内。当时朔州民间流传“孔子对天坛、五百当一元”的民谣（“联银券”上有孔子、孟子的像和天坛、长城的图案）。民国三十五年（1946年）以后，银元逐渐停止流通。

抗日战争时期，朔州境内流通的纸币除阎锡山发行过的三次晋钞和国民政府发行的法币外，沦陷区主要流通日伪币，主要有满洲银行、蒙疆银行发行的纸币。日伪蒙疆银行1937年12月1日在张家口成立，随即发行货币，与日本钱、大满洲钱等值流通。发行货币据统计31种，其中纸币27种，硬币4种，印有建筑物的伍元钞没来得及发行，拾元钞因发行很少而特别珍贵。有些纸币分冠字3位4位5位6位，铜镍合金的一角二角只见文字，没有图，伍角有铅币一种。最先发行券面额较小，有壹角、贰角、伍角、壹元、伍元、拾元等面额币。1942年时，由于太平洋战争结束后日本受到战事重创，加之中国游击战的打击，经济萧条，逐渐发行大额币。根据《大同金融志》所载，1941年李文魁于蒙疆银行盗得两麻袋蒙疆币，共计53 724元，由此也可证明当时伪钞面额已经较大，考虑可能在1944年、1945年后发行佰元、伍佰元币。截至1945年，共发行蒙疆币42亿元。日本占领朔州后，为达到彻底征服的目的，除严令禁止原有钞票通用外，还以伪钞（蒙疆银行、察南银行）对原货币进行强制的不等价兑换，虽名为整理地方币制，实际是日本金融进攻政策之一。由于当时伪币面额较大，导致通货膨胀严重，当时朔州地区民间有“用钱裱筐萝”的说法，可见蒙疆银行纸币贬值之严重。此外，晋北各县当铺及粮店发行的私帖70余种，数额达11万～12万元之多，日伪也设法禁用。在所谓“统一币制”政策下，除伪满及日、鲜等币流通外，主要即为蒙疆银行所发行之钞票，该行在朔县设有分行。抗战胜利后，朔州地区伪币作废。

第三章

新中国货币

第一节　人民币

1948年4月12日，西北农民银行、冀南银行总行与晋察冀边区银行总行在石家庄合并为华北银行。1948年12月1日，中国人民银行在华北银行的基础上成立，全国实行统一货币发行制度，从1949年12月至2019年12月，共发行五套人民币，其中第一套人民币币面上的“中国人民银行”6字由董必武书写，字体为楷书。第二套人民币改由山西侯马人马文蔚书写，字体为魏碑“张黑女”体。第三套到第五套也一直沿用该字体。

□　第一套人民币

1948年12月1日，中国人民银行发行第一套人民币，实行统一货币发行制度，朔州地区流通时间为1949年10月1日。面额有1元、5元、10元、20元、50元、100元、200元、500元、1 000元、5 000元、10 000元、50 000元，共12种面额62种版别。其中1元券2种、5元券4种、10元券4种、20元券7种、50元券7种、100元券10种、200元券5种、500元券6种、1 000元券6种、5 000元券5种、10 000元券4种、50 000元券2种。这套人民币没有发行辅币和硬币。第一套人民币与第二套人民的兑换比率为10 000∶1。

第一套人民币是我国版本最多、面值最大、流通时间最短的一套人民币，其中1万元券的“牧马图”“骆驼队”、5 000元券的“蒙古包”，500元券的“瞻德城”，都是很珍稀的品种。第一套人民币结束了近百年中国近代货币制度混乱的历史。截至1955年5月10日，第一套人民币全面停止流通使用。

□　第二套人民币

1955年3月1日，中国人民银行发行第二套人民币，面额主币有1元、2元、3元、5元、10元5种；辅币有1分、2分、5分、1角、2角、5角6种，共计11种面额13种版别。面额相加为18元8角8分。还发行了新中国第一套硬币，有1分、2分、5分3种。纸币每种面额都印有汉、藏、蒙、维四种文字。该套人民币的设计和印刷具有明显的主题特征，辅币主背景采用汽车、飞机、轮船、拖拉机、火车、水电站等生产和交通运输工具及能源设施图案，主币主背景主要有北京天安门、延安宝塔山、井冈山龙源口及民族大团结和工农联盟图案，票面图案活泼大方，一改中国传统纸币呆板的四边框形式。主色调分券别配置，票种间有明显区别；票面规格按面值大小辅币和主币分档。在印刷技术上也有所提高，3种分券采用胶版印刷，角、元券采用胶凹套印，10元券还运用了当时先进的多色接纹技术。

□ 第三套人民币

第三套人民币是新中国独立研制印刷的首套人民币，从1962年4月20日开始发行。有1角、2角、5角、1元、2元、5元、10元7种面额13种版别，其中1角券有4种版别。2000年7月1日，第三套人民币正式退出流通领域。

□ 第四套人民币

1987年4月27日，中国人民银行陆续发行第四套人民币，共发行有1角、2角、5角、1元、2元、5元、10元、50元、100元共9种面额17种版别。其中1角、5角、1元有纸币、硬币2种。1角、2角、5角、5元、10元只有1980年版一种，2元、50元、100元有1980年版、1990年版两种，1元有1980年版、1990年版、1996年版三种。与第三套人民币相比，第四套人民币增发了50元、100元大面额人民币。为适应人民币反假工作需要，1992年8月20日，又发行了改版后的1990年版50元券、100元券，增加了安全线与无色荧光油墨印刷等新技术，与第三套人民币混合流通。

□ 第五套人民币

自1999年10月1日起，中国人民银行开始在全国分批发行第五套人民币。1999年10月1日发行的1999版面额有100元、50元、20元、10元、5元、1元；2005年8月31日发行的2005版面额有100元、50元、20元、10元、5元；2015年11月12日发行的2015版面额有100元；2019年8月30日发行的2019版面额有50元、20元、10元、1元。

第二节　外汇券

□ 发行流通

外汇券全称是中国银行外汇兑换券，1980年4月1日开始发行，1994年1月1日停止发行，并于1995年7月1日起停止流通。外汇券无论面值大小，其背面均为中英文对照的“本券的元与人民币元等值。本券只限在中国境内指定的范围使用。不得挂失。”

□ 面额版别

外汇券面额分为1角、5角、1元、5元、10元、50元、100元7个券别。外汇券分1979年版和1988年版两种，其中1988年版只有100元和50元两种面值。

□ 收券单位

据国家外汇管理局平朔分局摸底调查，20世纪80年代中期，朔县、平鲁两县区域内收券单位有平鲁县宾馆、朔县火车站、神头电建二公司和平朔煤炭工业公司（下属收券单位是平朔宾馆、友谊商店、平朔医院、劳务公司），其中平朔煤炭工业公司和神头电建二公司业务量和发生额占比达98%，外汇券业务皆围绕平朔煤炭工业公司和神头电建二公司两大工程建设外籍人员日常消费而发生。1985年底，平朔煤炭工业公司外汇券余额为653 595.80元，神头电建二公司外汇券余额为6 834.30元。

□ 结汇退出

1990年下半年始，按照国家统一政策，全市各收券单位外汇券收入一律结汇，1991年，中国银行平朔支行外汇券结汇11 874 191.82元。之后随着外方退出平朔项目，外籍人员大量减少，朔州市外汇券业务也逐步萎缩。

第三节　国库券

□ 发行历程

1950年，我国发行人民胜利折实公债，预计分两年发行两亿份，实际只发行一年，总额为一亿份。1954—1958年，发行国家经济建设公债。1981年开始发行中华人民共和国国库券。截至1997年底，17年共发行21个品种的实物国库券，累计发行3 024.65亿元。

□ 面额种类

1981年发行的国库券面额有10元、100元、1 000元、10 000元、100 000元5种；1982年发行的国库券面额有1元、5元、10元和100元4种；1983—1989年发行的国库券面额有5元、10元、50元和100元4种；1990—1991年发行的国库券面额有5元、10元、20元、50元和100元5种；1992年发行的国库券面额有50元、100元、500元和1 000元4种；1993—1994年发行的国库券面额有100元、500元和1 000元3种；1995—1997年发行的国库券面额有100元、1 000元和5 000元3种。

□ 发行对象

1981年发行对象为单位；1982—1988年，发行对象为单位和个人；1989年以后发行对象主要是个人和个体工商户。单位购买的国库券收款单可记名、可挂失，按购买总额平均分5次偿还。个人购买的国库券一次抽签，按发行额分5次偿还。

□ 票面利率

国库券年利率，1981年为4%，1982—1984年为8%，1985年为9%，1986—1988年为10%，

1989—1990年为14%，1991年为10%，1992年为10.5%、9.5%，1993年为15.86%、13.96%，1994年为13%，1995年为14.5%，1996年为14.5%、10.96%，1997年为9.18%。

□ 到期兑付

1989年，朔州市兑付国库券本金48.2万元。1990年，兑付5个年度到期国库券，合计310万元。1991年，兑付国库券320万元。1982—1988年发行的国库券于1997年全部到期。1999年10月14日，中国人民银行、财政部下发文件，要求各级人民银行国库部门从1999年11月1日起，按照有关规定将国库券收款单存根联全部接收，并负责以后的兑付工作。在财政、商业银行等部门的配合下，朔州市国库部门共接收国库券收款单589份，金额143.77万元。截至2019年末，已兑付210份，金额107.23万元；剩余379份，金额36.54万元。

第四章

新中国纪念币

纪念币是我国为纪念国际或本国的政治、历史、文化等方面的重大事件、杰出人物、名胜古迹、珍稀动植物、体育赛事等而发行的法定货币，它包括普通纪念币和贵金属纪念币，质量为普制或精制，限量发行。普通纪念币在朔州地区都有少量发行，2000年后，朔州地区钱币爱好者对贵金属纪念币的购买、收藏数量也逐渐多了起来。

第一节　普通纪念币

□　种类划分

普通纪念币包括普通金属纪念币和纪念钞，与现行流通人民币职能相同，与同面额人民币等值流通。金属纪念币面额有1角、1元、5元、10元，纪念钞面额有10元、50元、100元。自1984年10月1日发行的中华人民共和国成立三十五周年纪念币开始，至2019年底中国人民银行已发行了普通金属纪念币115种、纸质纪念钞4种、塑料纪念钞1种。

□　题材选取

普通纪念币就题材选择上，突出重大历史事件、杰出人物、文化承载实物等，从一个侧面反映了新中国的政治、经济、文化、体育、科技等方面的情况。有些纪念币逐步形成了系列，如世界文化遗产系列、宝岛台湾系列、国庆系列、自治区成立系列、体育系列、伟人系列、珍稀野生动物系列等。在这当中，1988年发行的“中国人民银行建行四十周年”金属纪念币、2008年发行的“第29届奥林匹克运动会纪念钞”、2000年发行的“迎接新世纪纪念钞”（龙钞）都非常珍贵。

□　材质属性

镍铜合金：1984—1989年共发行了10套普通纪念币，除“六运会”纪念币外，其他全部为镍铜合金材质，这是一种传统的造币材料，抗氧化性较好。

铜锌合金：1987年发行的“中华人民共和国第六届全国运动会”纪念币使用了铜锌合金材质，这种材料新币光亮镜面，但易氧化币面易生黑点。

紫铜合金：1993—1999年发行的10枚珍稀野生动物纪念币使用了紫铜合金材质，这种材料容易氧化变色发黑。

钢芯渡镍：从1990年发行的“亚运会”纪念币开始使用钢芯渡镍，截至2019年底共有19套（25枚）纪念币采用了这种材质。这种材料硬度高，抗氧化性最强。

黄铜合金：从2001年发行的“辛亥革命九十周年”纪念币开始使用黄铜合金，截至2019年底共有38套（43枚）纪念币采用了这种材质，这种材料也易氧化，但是抗氧化性强于紫铜合金。

黄白双色合金：截至2019年底共有4套（6枚）纪念币采用了这种材质，分别是“香港特别行政区成立”“澳门特别行政区成立”“中华人民共和国成立五十周年”“迎接新世纪”纪念币。

此外，已发行的5种纪念钞，除“龙钞”外其余4种皆为纸质材料，2000年发行的“迎接新世纪”纪念钞采用的是塑料材质。“龙钞”是中国第一次发行塑料材质的钞票，它的发行结束了中国没有设计印制人民币塑料钞票的历史，使中国成为世界上为数不多的能够设计、印制塑料钞票的国家之一。

□ 品种规格

早期发行的普通纪念币规格并不统一，如1984年发行的“中华人民共和国成立三十五周年”纪念币（面值1元）直径为30毫米，珍稀野生动物系列纪念币（面值5元）直径为32毫米，世界文化遗产系列纪念币（面值5元）直径为30毫米。2000年后逐渐形成较为规范的币制规格：1元面值直径25毫米、5元面值30毫米、10元面值27毫米。

□ 发行方式

纪念币发行初期只在银行、企业内部进行分配，且多数职工并不愿意接受，后期逐步发展为银行柜台兑换，从2015年发行“航天纪念币”“航天纪念钞”开始，施行网上预约、银行现场兑换方式发行。流通纪念币在朔州地区基本都有发行、流通。

第二节 贵金属纪念币

□ 种类划分

贵金属纪念币包括金币、银币、铂币、钯币等贵金属或其合金铸造的纪念币，币形有圆形币、方形币、扇形币和梅花形币，有本色、彩色币。

□ 面额规格

贵金属纪念币面额有3元、5元、10元、80元、100元、200元、300元、500元、800元、1 500元、2 000元、10 000元、100 000元等。贵金属纪念币面额一般根据重量标注，如30克（或1盎司）材质为白银的纪念币标注为10元、1 000克材质为白银的纪念币标注为300元、3克材质为黄金的纪念币标注为10元，8克材质为黄金的纪念币标注为100元。2015年前采用“盎司”，2015年后采用“克”为单位来计重。

□ 市场价格

贵金属纪念币面额只是象征性的货币金额，并不表明其真实价格，发行价格主要依据当年金银价格来确定，流通价格在金银价格基础上依据发行量、市场需求量共同决定。例如，每年发行的熊猫贵金属纪念币，由于其发行量较大，流通价格基本与金银价格相差不大，而同年发行的生肖金银币价格就要远远高于金银材质的价格，即便同样是生肖题材的金银纪念币，由于不同年份的发行量和需求量不同导致流通价格差异很大。

□ 题材选取

贵金属纪念币自1979年发行的“中华人民共和国成立三十周年”第一套贵金属纪念币开始，累计发售15余个系列、2 000多个品种的金银纪念币，题材有重大政治历史事件、杰出历史人物、大熊猫及珍稀动物、十二生肖、中国古典文学名著、古代科技发明发现、中国传统文化、中国名画名家、宗教艺术、体育运动、军事科技等，内容体现了我国五千年的文明历史和源远流长的中国文化。

□ 发行方式

贵金属纪念币的发行主体是中国人民银行，由中国金币总公司总经销，中国金币总公司直属零售中心、中国金币特许零售商和部分商业银行分销。贵金属纪念币发行量不同于普通纪念币发行量，普通纪念币发行量是固定的，先铸币再发行，而贵金属纪念币在公告期只公告最大发行量，在发行过程中会根据市场反馈而决定足额发行还是少量发行。2000年后，朔州地区金银币购买量呈增长态势。

第三节　典型代表

□ 建行币

建行币，全称：中国人民银行成立四十周年纪念币

○发行规格

为了庆祝中国人民银行成立40周年，中国人民银行于1988年发行中国人民银行成立四十周年纪念币，简称建行币。面值1元，直径30毫米，重9.32克，材质为铜镍合金，色泽呈银白色，发行量为206.8万枚。在朔州地区发行约600枚。

○币面图案

正面图案：国名、国徽、年号；背面图案：“中国人民银行成立四十周年”字样、人民银行大楼、起止年份、面值。

○市场价格

建行币发行初期，民众还未形成纪念币收藏意识，有些人也是被动接受，继而进入了流通市场。建行币是发行量第二少的纪念币，再加上流通沉淀，存世的数量更少，从19世纪90年代开始，其价格就呈一路上涨态势，2005年单枚价格达800元，2010年后涨到2 000元，2019年一枚品相绝佳的建行币交易价格可达5 000元。建行币在朔州发行时只在银行内部发放，普通职工并不愿接受，最后只好强行分配给一些工资较高的老职工，人民银行右玉支行的付彦就被分配了50枚，起初他用一些建行币买了豆腐，建行币开始涨价后陆续赠送给朋友们一些，2010年的时候他手上也仅剩下3枚，准备传给两儿子一女儿每人一枚。

□ 褐马鸡纪念币

褐马鸡纪念币，全称：中国珍稀野生动物——褐马鸡纪念币

○规格发行

中国人民银行于1998年10月23日发行中国珍稀野生动物——褐马鸡普通纪念币，面值5元，直径32毫米，材质为铜合金，发行量600万枚。在朔州地区发行约5 000枚。

○币面图案

正面图案：国名、国徽、年号；背面图案：独立于山坡的褐马鸡、面值。

○市场价格

褐马鸡主要生活在山西地区，深受当地人民群众喜爱，褐马鸡纪念币发行时，朔州钱币爱好者争相购买，甚至一币难求，兑换比率逐步攀升，一度达1：10，即5元面值的褐马鸡纪念币最高时期市场交易价格达50元，随后逐步回落，2019年时市价为25元左右。

□ 建国钞

建国钞，全称：中华人民共和国成立 50 周年纪念钞

○规格发行

为了庆祝中华人民共和国成立50周年，中国人民银行于1999年7月20日发行中华人民共和国成立50周年纪念钞，简称建国钞。该纪念钞面值50元，长方形，长165毫米，宽80毫米，材质为纸钞，主色调以红色为主，发行量6 000万张。在朔州地区发行约4万张。

○币面图案

正面图案：中间主景为开国大典盛况组合图，左侧为毛泽东在天安门城楼上宣布中华人民共和国成立的情景，右侧为天安门广场庆祝的人群；背面图案：由地球、和平鸽、铜狮、华表等组合图景，左上方是国徽，右上方是汉语拼音字母和少数民族文字的“中国人民银行”。建国钞是新中国历史上发行的第一张纪念钞，开创了中国发行纪念钞的先河。

○市场价格

建国钞发行量6 000万张，在当时的纪念币发行量来说可称为“天量”，故而很长一段时间市场交易价格基本上为面值。2005年前后，建国钞市场交易价格为55元左右，随后开始逐步攀升，

2013年的时候价格突破200元，2014年突破300元，2015年在邮币卡电子盘的影响下一举突破550元，市场最高交易价格达600元，随后见顶回落，2017年各邮币卡电子盘市场被相继关停，建国钞价格快速下跌，最低跌至250元，2019年价格维持在350元左右。建国钞在朔州发行时主要在银行内部发放，有些职工有收藏意识，进行了妥善保存；有些职工朋友多，或送人或兑换给他人，所剩无几；有些职工不喜欢收藏，当下就卖给他人。

□　龙钞

龙钞，全称：迎接新世纪纪念钞

○规格发行

为了迎接新世纪、新千年的到来，中国人民银行于2000年11月28日发行迎接新世纪纪念钞，简称龙钞。该纪念钞面值100元，长方形，长165毫米，宽80毫米，材质为塑料，主色调以金黄色为主，发行量1 000万张。在朔州地区发行约8 000张。

○币面图案

正面图案：中间主景是北京九龙壁的“升龙”，左侧为火珠吉祥图和天坛图，右侧为动态全息标志；背面图案：中间主景是中华世纪坛，上方为传统飞天和中国人民银行汉语拼音，右上方为国徽，右下方为少数民族文字的“中国人民银行”字样和面额。龙钞是中国首次发行的人民币塑料纪念钞，使中国跻身于世界为数不多能够设计、印制塑料钞票的国家。龙钞正面绘有一条在云中飞腾的巨龙，龙的形态被描绘得出神入化。2000年恰逢龙年，逢千年又是龙年，历史上要三千年才能轮回一次，因此纪念钞上的这条龙是千禧龙。龙，传说中能兴云雨利万物，是中华民族的图腾，龙作为人民币的主图这是第一次，巨龙飞腾激发人民斗志昂扬，又寓意着中华民族的伟大复兴。

○市场价格

龙钞发行量相对较小，且是中国发行的第一张塑料钞，主图是深受中国民间喜欢的龙，从发行之初就受到广大人民群众的追捧，许多以前从不涉及钱币收藏的普通民众接触龙钞的时候一下被激发了收藏欲，甚至有的人从此走上了钱币收藏的道路。龙钞市场交易价格从发行开始就一路走高，2008年突破1 000元，2010年突破1 500元，2013年突破2 000元，2015年在邮币卡电子盘的带动下一举突破3 500元。随后见顶回落，2017年各地关停邮币卡电子盘后价格最低到1 500元，随后又开始反弹，到2019年龙钞价格较为稳定，普通单张价格在2 000元左右，标准百联号龙钞价格在24万元左右。龙钞在朔州发行时主要为银行内部发放，有的职工收藏意识较强，可能会通过内部交换、收集最后形成一本标准百联号龙钞。如一王姓钱币收藏爱好者就收集到一本标准百联号龙钞，2017年在北京市场卖到了35万元。

□　奥运钞

奥运钞，全称：第 29 届奥林匹克运动会纪念钞

○规格发行

为了纪念第29届奥林匹克运动会，中国人民银行于2008年7月8日发行了第29届奥林匹克运动

会纪念钞，简称奥运钞。该纪念钞面值10元，长148.5毫米，宽72毫米，主色调以蓝绿色为主，发行量600万张。奥运钞在朔州地区的分配额度为4 000张，实际发行数量为330张，剩余数量于2017年交予人行太原中支销毁。

〇币面图案

正面图案：中间主景是国家体育场，其上方为运动会会徽。左上角为光彩光变数字“10”，其下为体育场水印图。右上角依次而下为国徽、凹印手感线、面额“10”与“拾圆”字样；背面图案：主景图是古希腊雕塑“掷铁饼者”、运动员群像和2008字样，其下方为年号及行长印章。左侧为“第29届奥林匹克运动会纪念”、面额数字“10元”和光变全息开窗安全线。右上方为“中国人民银行”的汉语拼音及少数民族文字的字样和面额。

〇市场价格

奥运钞是中国发行量最少的纪念钞，发行时恰逢北京奥运会，激发了民众极大的收藏热情，一些地方在现场排队发行时，由于排队人数远远大于可发行数量，引发群众热议，随后人民银行紧急叫停了奥运钞兑换发行工作，也就是说有一部分奥运钞发行流通于市场，有一部分并未流通发行，全国各地未发行部分陆续在2017年前后进行了销毁。据估计，目前市场上流通的奥运钞为300万～400万张，远小于发行量。由于发行量少且叠加奥运效应，奥运钞价格一面世就暴涨，发行第一天400元一张，第二天800元一张，第三天1 600元一张，随后一路攀升，最高达6 000元一张，之后回落，直到2012年还维持在3 500元左右，2015年在邮币卡电子盘的带动下一举突破7 000元，随后见顶回落最低跌至3 300元，2019年市场价格约4 000元一张。

□ 航天钞

航天钞，全称：中国航天纪念钞

〇规格发行

中国人民银行于2015年11月26日发行中国航天纪念钞，简称航天钞。该纪念钞面值100元，长155毫米，宽77毫米，主色调以蓝色为主，发行量3亿张。在朔州地区发行兑换50万张。

〇币面图案

正面图案：中间主景是神舟九号飞船与天宫一号交会对接图。左上方为国徽、“中国人民银行”行名、其下为东方红一号卫星图案。左下方为面额数字“100”和汉字“壹佰元”。右侧为嫦娥一号卫星图，其上方为面额数字“100”和“中国航天纪念”字样。背面图案：由上至下依次为嫦娥一号卫星图、2020年中国空间“天宫”、喷气式客机、冯如2号双翼螺旋桨飞机、飞禽海东青图案。左上方为风筝图，右上方为面额数字“100”。下方为行长印章、年号“2015”，中国人民银行的汉语拼音字母和少数民族文字。航天钞的发行展示了我国航天事业取得的瞩目成就。

〇市场价格

从航天钞开始，纪念币发行不再走内部通道，全部公开向社会发行，采用网上预约与现场预约的方式兑换发行。航天钞是目前发行量最大的纪念钞，发行之初整个纪念币市场处于牛市，钱币爱好者、炒作者纷纷看好航天钞未来走势，发行第一天市场价格就达150元一张，随后却一路走低，最后回归面值兑换。截至2019年，单张航天钞价格基本上维持面值，一本标准百联价格为13 000元左右。

□　70钞

70钞，全称：人民币发行七十周年纪念钞

○规格发行

中国人民银行于2018年11月23日发行人民币发行七十周年纪念钞，简称70钞。该纪念钞面值50元，长150毫米，宽70毫米，主色调为金黄色，发行量1.2亿张。在朔州地区发行兑换22万张。

○币面图案

正面图案：主景为树木年轮与第一套至第五套人民币代表性图案。左上方为国徽，“中国人民银行”行名，其下为“人民币发行七十周年纪念”与“1948—2018”文字。左下方面额数字“50”，右上方为数字“50”与汉字“伍拾圆”；背面图案：主景图是中国人民银行大楼，辅以牡丹花、中国人民银行旧址、第一套人民币发行布告及城市建筑剪影。左上方为数字“50”，中国人民银行的汉语拼音和少数民族文字。下方为行长印章与年号“2018年”。

○市场价格

70钞发行初始并不被市场看好，市场交易价格维持在55元以内，随后经过沉淀，价格快速上涨，最高达100元一张，截至2019年底单张70钞价格为90元左右，一本标准百联价格为15 000元以上。70钞发行之时，市场形成炒作吉祥号之风，如尾8的70钞就受到市场追捧，一张尾888的70钞价格达1 500元，而一张尾8888的70钞价格更是达5 000元以上。

□　云冈金银纪念币

云冈金银纪念币，全称：中国石窟艺术（云冈）金银纪念币

○规格发行

中国人民银行于2010年8月26日发行中国石窟艺术（云冈）金银纪念币一套，该套纪念币共5枚，其中金币3枚，银币2枚。

○币面图案

该套纪念币正面图案均为云冈石窟外景，并刊国名、年号及“中国石窟艺术·云冈”字样。背面图案：一公斤圆形金质纪念币图案为云冈石窟三世佛造型，并刊面额10 000元（最大发行量100枚）；5盎司圆形金质纪念币图案为云冈石窟“太子乘象回城”造型，并刊面额2 000元（最大发行量800枚）；1/2盎司圆形金质纪念币图案为云冈石窟坐佛头部造型，并刊面额200元（最大发行量10 000枚）；1公斤圆形银质纪念币图案为云冈石窟菩萨与莲花纹造型，并刊面额300元（最大发行量3 800枚）；2盎司圆形银质纪念币图案为云冈石窟莲花与飞天造型，并刊面额20元（最大发行量20 000枚）。

○设计背景

云冈石窟是中国四大石窟之一，位于山西省大同市。云冈石窟历史久远，规模宏大，内容丰

富，雕刻精细，被誉为中国美术史上的奇迹，于2001年12月入选《世界遗产名录》。在云冈石窟金银币发行前，时任大同市市长耿彦波、人行大同市中支行长张启文多次与金币总公司董事长邵长年进行沟通、协商，以确定每一枚币的图案并将第二枚银币重量确定为2盎司（一般都为1盎司）。

○市场价格

2010年8月26日耿彦波、邵长年、单建省在大同组织召开了云冈石窟金银纪念币发行仪式，山西乃至全国各地的金银币爱好者、石窟艺术爱好者纷纷前往一睹此套纪念币的风采，市场交易价格也一路走高，以金银币套装（1/2盎司金币+2盎司银币）为例，由于发行量较少且银币为2盎司的规格较为少见，市场交易十分火热，高峰时达30 000元一套，2019年在价格回归理性约为15 000元一套。朔州地区钱币收藏爱好者较少且价格高昂，拥有云冈石窟金银纪念币者不超过10人。

□ 五台山金银纪念币

五台山金银纪念币，全称：中国佛教圣地（五台山）金银纪念币

○规格发行

中国人民银行于2012年5月24日发行中国佛教圣地（五台山）金银纪念币一套，该套纪念币共5枚，其中金币3枚，银币2枚。

○币面图案

该套纪念币正面图案均为中华人民共和国国徽，并刊国名、年号。背面图案：一公斤圆形金质纪念币图案为佛光寺建筑造型，并刊“五台山·佛光寺”字样及面额10 000元（最大发行量300枚）；5盎司圆形金质纪念币图案为显通寺建筑造型，并刊“五台山·显通寺”字样及面额2 000元（最大发行量3 000枚）；1/4盎司圆形金质纪念币图案为菩萨顶景观造型，并刊“五台山·菩萨顶”字样及面额100元（最大发行量60 000枚）；1公斤圆形银质纪念币图案为塔院寺景观造型，并刊“五台山·塔院寺”字样及面额300元（最大发行量10 000枚）；2盎司圆形银质纪念币图案为文殊菩萨造像，并刊“五台山·文殊菩萨”字样及面额20元（最大发行量100 000枚）。

○文化艺术

山西五台山为“中国佛教四大名山”之一，历经北魏、唐、宋、元、明、清六朝，包含了佛教建筑及独特的圣山文化景观，反映了各个时期建筑艺术特点和筑造技术的精髓，体现了悠久的佛教文化传统，展现出了人与自然的和谐统一。2009年五台山作为文化景观列入《世界遗产名录》。五台山金银纪念币发行量相对较大，价格不高，相对较为平稳，朔州钱币市场也热销过一段时间。

□ 平遥古城金银纪念币

平遥古城金银纪念币，全称：世界遗产（平遥古城）金银纪念币

○规格发行

中国人民银行于2019年6月5日发行世界遗产（平遥古城）金银纪念币一套，该套纪念币共3枚，其中金币2枚，银币1枚。

○币面图案

该套纪念币正面图案均为平遥古城迎薰门建筑造型，并刊国号、年号。背面图案：150克圆形金质纪念币图案为平遥古城典型建筑景观，并刊面额2 000元（最大发行量600枚）；8克圆形金质纪念币图案为镇国寺万佛殿建筑造型，辅以镇国寺全景图组合设计，并刊面额100元（最大发行量10 000枚）；30克圆形银质纪念币图案为双林寺韦驮塑像造型，辅以天王殿建筑造型组合设计，并刊面额10元（最大发行量20 000枚）。

○文化艺术

平遥古城位于山西省中部平遥县内，最早可追溯至西周时期，公元1370年（明朝），在原基础上扩建而成。600多年来，城市面积和规划格局基本未变，古城墙原状保持完整。城内由街道、店铺、寺庙、民居组成一个庞大的古建筑群，文庙大成殿、清虚观、武庙、城隍庙、财神庙、市楼、县衙署、吉祥寺等古建筑排列有序，保持着明清时期的历史风貌。1997年平遥古城入选《世界遗产名录》。平遥古城金银纪念币发行时处于金银币市场低谷期，市场价格波动不大，以金银币套装（8克金+30克银）为例，基本保持在5 000元以上，朔州市场也有销售，收藏者不多。

中篇

地方缩影

第五章
出土钱币

我国货币的产生和演变经历了漫长的历史岁月，每一枚钱币不仅承载和反映着中国古代政治、经济、民俗等方面的信息，其精美的文字书法和铸造技艺也一直为人们所称道。随着朝代的更迭和历史的变迁，不少珍贵的钱币已退出流通市场，或散落民间，或随葬掩埋，或流落海外，能够呈现在大众视野前的稀世珍品微乎其微。本章从发掘出土、征集馆藏和文献载录三个角度入手，力图整理出历年来朔州境内出土的各类型古近代钱币，以供读者参考和研究。

第一节　发掘出土

□　先秦时期

1950年，山阴县故驿村古城址内出土尖足布、方足布、“明”字刀共9枚。

1963年以来，朔城区沙塄河、秋寺院、北旺庄、崇福寺附近、司马泊、趄坡、府南小区等处先后出土了几批春秋战国刀币、布币，其中有不少面文地名为“辛城”或“新城”的布币。这种布币在周边的山阴县、右玉县、原平市、定襄县、阳高县，以及河北省的易县都有出土，其中阳高县长城乡天桥村出土的新城布币由当地村民刘志明于1963年发现。据考证新城布币铸于朔州当地，位于今朔城区梵王寺村。据当地村民李振华及支书常卫华回忆，小时候刮大风土被吹走后，城墙根下就会出现一些铜镞头。在城墙之南的庄稼地里还拣到绳纹、网纹、布纹筒、板瓦和古陶器碎片。20世纪末，在距此西北5公里的趄坡村神（木）朔（州）铁路工地上，出土了数千枚战国刀币、布币，其中就有不少新城布币。

1975年，朔县沙楞河村出土105枚尖足布和方足布、“明”字刀。

1977年，在朔县沙楞河村附近，发现地下埋藏的战国刀币50枚，布币100枚，现收藏于崇福寺文管所。

1982年至1986年，平朔考古发掘出土有贝币、刀币若干枚，出土的布币种类有“安阳”“宅阳”“梁”“莆子”“膚米”“膚虎”。

1983年，朔县北旺庄平朔生活区施工现场1区8号墓，出土1枚“宋子”三孔布。此枚布币圆首圆肩圆档圆足圆孔，身高5.2厘米，首宽1.1厘米，身肥2.8厘米，裆宽1.5厘米，孔径0.5厘米，重6.8克。此币目前在全国尚属孤品。

1983年，朔县沙楞河村出土方足布13枚。

1983年，右玉县威远镇南八里村出土刀币一批，大同赵志远购得6枚，其中“明刀”4枚，“成刀”2枚，同时还收藏朔县出土刀币1枚。

1987年，怀仁县出土2枚尖足布，1枚“武平”，长5.78厘米，宽2.98厘米，厚0.1厘米，重7.48克；1枚“晋阳”，长5.5厘米，宽2.88厘米，厚0.1厘米，重5.52克。

1987年，怀仁县出土2枚方足布，1枚“中都”，长4.5厘米，宽2.73厘米，厚0.1厘米，重5.07克；1枚“大阴”，长5.37厘米，宽2.69厘米，厚0.08厘米，重5.35克。

1988年，朔县秋寺院村出土17枚尖足布和方足布。

1988年，右玉县梁家油坊出土35枚尖足布、方足布、“明”字刀。1988年，怀仁县虎龙沟煤矿出土“明”字刀78枚，分2种规格，一种长13.9厘米，宽1.8厘米，厚0.17厘米，重15.6克，另一种长13.47厘米，宽1.72厘米，厚0.19厘米，重17.28克。

1991年，怀仁县出土4枚方足布，1枚“梁”，长5.21厘米，宽3.24厘米，厚0.14厘米，重11.51克；1枚“长子”，长4.76厘米，宽2.64厘米，厚0.09厘米，重4.98克；1枚“襄垣”，长4.62厘米，宽2.78厘米，厚0.1厘米，重5.99克；1枚“齐贝”，长4.63厘米，宽2.89厘米，厚0.09厘米，重5.21克。

1993年，山阴县北周庄镇苑家辛庄村出土“甘丹”尖足布1枚；“明”字刀1枚；方足布1批，分别有“平阳”“屯留”“安阳”“宅阳”“襄垣”。

2010年，怀仁县郝家宅村出土1枚大型“蔺”字尖足布，身高8.5厘米，首宽2厘米，身宽3.8厘米，裆宽2.2厘米，被民间收藏。另出土刀币一批，散落民间。

据梵王寺村村民李振华回忆，2012年施工队修自来水管道时挖出刀币、布币各20～30枚，在当地的黄土里也会挖出古钱币。

此外，出土时间不详的还有：

右玉城关出土“安邑二釿”布1枚，身高6厘米，首宽2.4厘米，身肥4.2厘米，裆宽1.3厘米，重28克。

平鲁旧城出土“戈布”1枚，身高5.1厘米，首宽2厘米，肩宽2.9厘米，足宽1.2厘米。

□ 秦汉时期

1982年至1986年，平朔露天煤矿建设北旺庄生活区时，为配合基建进行考古发掘，共清理汉墓近1 500座，出土文物万余件。在402座墓葬中共出土古钱币1 654枚，有贝币、布币、刀币、秦汉半两钱、王莽钱（“小泉直一”“大泉五十”“货泉”）及唐、宋、金各代钱币。出土数量最多的是五铢钱，共有1 347枚。其中，宋子三孔布的出土尤为珍贵，同时出土的还有战国时期赵国的安阳方足布币1枚，西汉四铢半两钱3枚，西汉早期灰陶罐3件，彩绘陶壶4件。宋子三孔布与安阳方足布这种先秦时期的货币，却在汉墓里被发现，专家推断可能为墓主生前爱好而保存下来的。

1983年8月，在平朔露天煤矿生活区6区78号汉墓中，出土一枚吉语钱，面文“日入千金”，背文“长毋相忘”，钱径2.3厘米，重5.95克，钱上铸一圆环，环径1.9厘米。根据同出五铢钱及其他随葬品判断，该墓不晚于西汉宣帝时期。此枚吉语钱是目前出土最早的压胜钱。

1985年6月，为配合中国人民解放军某部养鸡场的施工建设，在朔县照什八庄村东南发掘清理1号汉墓，出土精致的雁鱼灯、鸭形熏炉、龟镇等。同出五铢钱5枚。

1986年，山阴县安荣乡西沟村村民为制砖坯挖土，在地表以下1米深处挖出“五铢”背“廿五”青铜钱范1块，“五铢”背“十一”青铜钱范1块。范内并列两行钱腔，每次可铸8枚铜钱。现藏山阴县文管所。

此外，出土时间不详的还有：

朔城区出土两2枚秦半两，一枚径3.2厘米，穿0.8厘米，重8克；一枚径2.9厘米，穿0.8厘米，重5克。

平朔露天煤矿出土5枚五铢钱：一枚径2.5厘米，穿0.9厘米，重3.8克，据考为汉武帝早期所铸；一枚径2.5厘米，穿1厘米，重3.8克，据考为汉武帝晚期所铸；一枚径2.6厘米，穿0.9厘米，重3.9克，据考为东汉中晚期所铸；一枚径2.3厘米，穿1.1厘米，重不详，据考为西汉末年剪边钱；一枚径2.6厘米，穿0.9厘米，重3.9克，据考为东汉中晚期铸。

朔城区出土2枚五铢钱：一枚径2.7厘米，穿0.95厘米，重4克，据考为西汉早期所铸；一枚径2.6厘米，穿0.95厘米，重4.7克，据考为西汉宣帝本始元年（公元前73年）铸。

平鲁区旧城出土“货布”1枚，身长5.6厘米，首宽1.8厘米，肩宽2.2厘米，底宽2.3厘米，据考为王莽天凤元年（14年）铸。

朔城区出土“大泉五十”1枚，径2.7厘米，穿0.6厘米，重6克，据考为王莽天凤居摄二年（7年）铸。

□ 隋唐时期

1979年4月9日，平鲁县城关乡屯军沟大队青年黑云，在距屯军沟村约1公里的土沟坡地悬崖上发现一批金器。这批金器系安放在一个木匣中间，木匣长40厘米、宽25厘米、高30厘米，已经腐朽成纤维状。西端放扁圆形金片和金铤，金铤交替四层叠压在一起；东端放金箔三捆；在金铤金箔之间放金饰、金链和官服腰带上的金銙等。共计194件（包括断成两截后的总件数），合计毛重为34 810克，折合成纯金重量为33 025.64克，为我国当时已知黄金器物出土之最。根据金铤铭文可知，为唐代“安史之乱”时期的遗物。最吸引人眼球的当属82件金铤和4件金饼。这批金器现存山西省博物院。其中：

○有铭文金铤

5件。甲条：长18.6厘米、宽4.2厘米、厚0.45厘米，重807.8克，成色为97%。上面字迹系用刀刻，但字迹已被敲砸，模糊不清，仔细认读尚可见到正面有“×朝议郎××××御×赐紫金鱼袋臣××进”，背面有三行字，首行为“乾元元年岁僧钱两金贰拾两”，中行不清楚，第一字可能是“铤”，第三行为“×××官朝议郎×××司马赐×鱼袋臣张昂”，简称“乾元元年铤”。

乙条：长8.4厘米、宽4.4厘米、厚0.7厘米，长方矩形，毛重467克，成色为95%。上面有一行文字，已被敲砸，尚可认读有“柱国魏国公臣张通儒进”，简称“张通儒铤”。

丙条：长14.7厘米、上宽1.5厘米、底宽2厘米、厚0.4厘米，呈梯形，毛重283克，成色为97%。上面有一行字，是錾成的，文字清晰，“金贰拾两铤专知官长员外同正”，“正”字是刀刻的，简称“员外同正铤”。

丁条：长8.6厘米、宽2厘米、厚0.7厘米，毛重126克，成色为95%。两端尖圆，中部宽厚，底部平，表面呈椭圆弧形。背面有一个“万”字。

戊条：长方矩形，半截，残长12.4厘米、宽5.9厘米、厚0.8厘米，毛重932.65克，成色为96%。正面有刀刻的两行字，模糊不清，第一行“两”字，第二行“××参军裴×”，简称“参军裴氏铤”。此铤表面好似锤锻过，光滑明亮。

○无铭文的金铤

77件，毛重25 988.04克，是这批出土文物中数量最多、分量最重者。全部是素面，形状基本上为长方矩形，少量为两头圆、表面呈圆弧的条形。大小不一，最大者长18.2厘米、宽3.4厘米、厚1.1厘米，毛重1 091.22克。最小者长8厘米、宽1.1厘米、中部厚0.5厘米，毛重仅65克。据中国人民银行山西省分行专门做鉴定工作的郝俊山同志讲，这批金铤大部分都是矿金，由金矿石冶炼，除去矿渣后，立即浇铸而成，因此它们的成色大部分在95%～96%之间。这批金铤的重量、成色、规格比较混乱，与后期有一定规格要求的金铤不同。

○金饰

15件，重439.1克。似妇女头上的首饰，形状两头尖中间宽，如同柳叶，大小不等，长16厘米左右，最宽处2厘米许，厚约0.1厘米。花纹共分八式，有的两端各有一个圆孔，并用金丝在尖部缠绕8～12圈；有的只一端有圆孔，且尖部不用金丝缠绕。最轻者19克，最重者47克，成色为95%。

○金钗

1件，妇女发髻首饰。用一根细金丝，弯曲成圆弧，中部扁厚，两侧成尖针状。长7.6厘米、宽1.2厘米、厚0.1厘米，重7.5克。

○金链

共3件，可分二式。

甲式：2件，两头细，中部粗，两头直径0.3厘米，渐进到中部为0.5厘米，两头细圆形，中间为四方柱形，用粗细不同的金丝扭成。两端各有一个直径为0.9厘米的金圈，这两件金链长度为39厘米和28厘米，重量为75克和82克，成色为96%。

乙式：1件，全长28厘米，由两端6厘米处起，在中间另加上一条有22厘米长的小金链。形状也是两端细，中间粗，呈方棱形。重量为57.5克，成色为95%。

○金銙

82件，毛重2 048.68克，成色为93%。可分为大、中、小三种型号，每种型号又各有方形和半圆形两种，背面都有三个或四个小支钉。方形銙大型者约为长3.3厘米、宽3.4厘米、厚0.2厘米，中型者为长3.2厘米、宽2.9厘米、厚0.1厘米，小型者为长2.3厘米、宽2.2厘米、厚0.1厘米。圆弧小型銙为长2.6厘米、宽1.6厘米、厚0.1厘米，中型为长3.2厘米、宽2.2厘米、厚0.09厘米，大型为长3.4厘米、宽2.1厘米、厚0.1厘米。

○金饼

4件，形状略呈圆形，背面略低凹，成色为80%，重量631.5克。据银行同志谈，此种金又称坛子金，即把金熔化倾倒在坛子里而成。其中有一件有使用痕迹。

○金手镯

1件，呈半弧形，两端粗而中间细，有一凸棱，毛重117克，成色为95%。

○小金花

2件，装饰品，周围由凸棱构成八个花瓣，中间为椭圆形圆孔，背面有4个支钉。似乎是一种器物上的饰物，长3厘米、宽1.8厘米、厚0.06厘米，重量为7克，成色为80%。

○金箔

3捆，用金粒压延而成薄片，可分为两种，第一种长17.2厘米、宽4.5厘米，成长方矩形。第二种长30厘米、宽9厘米，为面积较大的长方矩形。全部毛重为2 588.30克，成色为98%。

○扁圆形金片

1件，毛重97.88克，成色为99%，直径为11.7厘米×12厘米，厚0.1厘米，成锅状，深2厘米，素面。用途不明。

这82件金铤和4件金饼为研究中国唐代货币史提供了丰富翔实的实物资料。

平鲁出土的4件金饼，其制作工艺较粗糙，无铭文，形状似圆非圆，背面低凹，成色仅为80%，大小重量不同，其中一件有被使用过的痕迹，是典型的称量货币。因唐代金饼至今只发现这4件，因而很难知道当时金饼的全貌，但同时期的银饼却有不少发现。唐代银饼已开始规范制作，极具特色，其上凿刻或墨书铭文，内容涉及铸造部门、人员、重量、年月、白银来源、官员姓名、工匠名称等，如“怀集县开十（开元十年）庸调银十两专知官王问乐典陈友匠高童”。从银饼铭文内容可以清楚地了解到当时的白银已被应用于租庸调、税口银、市场税收等赋税方面。

铤是一种尚未制成器物的铜铁金银。平鲁县屯军沟村出土的82件金铤，其中5件有铭文，铭文一般用刀刻成，有的因字迹被砸，变得模糊不清，但却从一个侧面透露了唐代用金信息。这些金铤形制不规范，大小轻重不一，成色也有差别，大者重1 091.22克，小者仅重65克，相差甚大，成色在95%～97%之间。这82件金铤均采用矿金模内浇铸，长方形，扁平状，正背面不够平整，有锤锻过的痕迹，其铸造上都或多或少地存在着大小不一、厚薄不均的不规范的缺陷，如果从货币的角度理解，仍是一种原始的称量的货币形式，其行使货币的职能依然停留在进奉、上贡、赋税等。

□　五代十国时期

2004年，平鲁区陶村乡修路时出土“广政通宝”1枚，径2.3厘米，为五代十国时期后蜀孟昶广政元年（938年）铸，民间收藏。

2011年，应县出土“壮国元宝”1枚，为五代后晋天福二年（937年）宣武节度使杨光远所铸，民间收藏。

□　宋元时期

1966年6月18日，在应县木塔三层佛座下，发现一花式银盒，内盛七宝与舍利佛牙。其中有“政和通宝”金币1枚，直径2厘米，厚0.1厘米，重3.8克；“宣和元宝”金币1枚，直径2.1厘米，厚0.08厘米，重3克。铜钱11枚，其中“开元通宝”4枚、“唐国通宝”1枚、“景德元宝”2枚、“天禧通宝”4枚。

1981年，朔城区翻修朔州老城北门外马路时，出土宋代钱币超过135千克。

1983年7月，在平朔露天煤矿生活区发掘M105、M106、M109三座金代火葬墓，共出土铜钱98枚，其中有汉代“五铢”，唐代“开元通宝”“乾元重宝”，宋代“太平通宝”“至道元宝”“咸平元宝”“景德元宝”“祥符元宝”“天禧通宝”“天圣元宝”“明道元宝”“嘉祐元宝”“治平元宝”“熙宁元宝”“元丰通宝”“元祐通宝”“绍圣元宝”“崇宁通宝”“大观通宝”“宋元通宝”“圣宋元宝”“皇宋通宝”，金代“正隆元宝”。

1984年，山阴县下喇叭村出土铜钱一批约1 500枚，有少许唐“开元通宝”，其余为宋钱，主要有“皇宋通宝”“天圣元宝”“天禧通宝”“熙宁元宝”“熙宁重宝”“咸平元宝”“祥符通宝”“祥符元宝”“元丰通宝”“元祐通宝”等。

1987年1月17日，朔城区贾庄乡西辛村村民张发，在朔县城建局锅炉房动工时发现一缸宋代钱币，重207千克。

2004年9月12日，平鲁区修建乡村公路时，在陶村乡陶村村东500米处挖路基时出土1 000余公斤古钱币，大多数为宋代的钱币，制钱形制有崇宁通宝、咸平元宝、开元通宝等100多种，由平鲁区文物管理所保管。

这批钱币藏于一处遗址中的石砌房址中的圆形泥制墩子里，墩子直径80厘米、厚10厘米、残高50厘米（实际高度因修路破坏不明），出土时粘连在一起，已锈蚀严重。经过几年的整理，判定这批钱币上限最早为汉代的半两、五铢钱，下限最晚为金代的正隆（1156—1161年）元宝年号钱，而唯独不见辽代钱。这批钱币大部分为宋代年号钱，发现有少量汉代半两、五铢、货泉，唐代开元、乾元等钱币。宋代多为北宋钱币，最晚为南宋绍兴元宝，均为年号钱，有小平、折二、折三、折五、当十钱，钱文真、草、隶、篆、行皆备，钱文“通宝”“元宝”“重宝”皆有，真是版别繁多，年号较全，是平鲁地区1949年以来第一次发现的数量大、品种多的钱币。根据在出土钱币的遗址上建有大量的石砌房屋及周围发现的金代时期的大量黑、白釉瓷碟、碗、陶罐等残片推断，这批钱币应是金代正隆年间军队或官府存藏的钱币。

金代铸币很少，据《金史·食货志三·钱币》记载，金代建国之初，未尝铸钱，一直都是使用辽宋旧钱，直到海陵王正隆二年（1157年）才开始铸造铜钱，文曰“正隆通宝”，轻重如宋小平钱，与旧钱并行流通。因铸钱不敷成本，不久又停铸了。金代铸钱数量不多而且时铸时罢，甚至有时还限制或禁用现钱。这与纸币通货膨胀有关，纸币贬值使铜钱价高，加之人们销毁和藏匿铜钱，遂造成流通中铜钱的不足。这也是这批钱币中未见辽代、少见金代钱的原因所在。这批钱币的出土，为研究平鲁地区辽、宋、金乃至元时期的疆域变化、民族纷争聚合、政治、经济、文化、民俗风情，提供了一份可靠的实物依据。

2006年5月31日，朔州某建筑工地施工时发现一个金代窖藏，发掘出西汉至金代钱币数万枚，共装了4编织袋，重约200千克。此次发掘的古钱币品种之多、数量之丰较为罕见，是朔州近年来第4次大量出土古钱币，对研究金代鄯阳县的经济文化有重要价值。

2007年，朔城区马邑路东马邑小区对面原马邑宾馆后墙基建，出土宋钱近千斤。

2008年，怀仁县老城拆迁改造，出土了一批宋钱，约13 000枚，主要有“圣宋元宝”“宣和通宝”“景德元宝”“祥符通宝”“崇宁重宝”“景祐元宝”“咸平元宝”“崇宁通宝”“元丰通宝”“嘉祐通宝”“天圣元宝”“元祐通宝”“皇宋通宝”“大观通宝”“绍圣元宝”“淳化元宝”“天禧通宝”“嘉祐元宝”“至道元宝”“元符通宝”“祥符元宝”“政和通宝”“至和元宝”“熙宁元宝”“治平元宝”。

2014年，朔城区市府西街修下水管道，在原北关予制厂旧址出土宋钱1坛。

2019年10月，朔城区鄯阳街道路翻修，出土宋钱近千斤。

此外，出土时间不详的还有：山阴县出土“宣和通宝”1枚，为折二试铸版，径2.95厘米，厚0.16厘米，重5克，民间收藏；山阴县出土“靖康元宝”1枚，为折二篆书，径3.11厘米，厚0.16厘米，重7克，民间收藏；内蒙古和林格尔县红河南岸新丰乡八号村边的耕地里出土铜印1方，重850克，方形，通高4.8厘米、厚1.7厘米，扇长方纽2.8×1.4厘米、高2.8厘米、印面每边长6.9厘米、边郭宽3～4毫米，印面叠篆朱文“朔州交钞之印”六字。

□　明清时期

1974年，在应县木塔一层高约11米的大塑像侧墙侧顶端发现一份明成祖永乐二十年（1422年）钞法大佈告。该佈告高94.5厘米，长276厘米，是目前国内所见唯一有关钞法的古代佈告实物，弥足珍贵。

1974年，山阴县安荣乡河阳堡村王家屏墓出土明代“大明通宝”冥钱1枚。

山阴县赵永屏藏有一块清代钱帖版，高17.1厘米，宽10.3厘米，由梨木刻制而成，外栏图由八仙及花纹图案组成，其中右上角夹“雁门”，左上角夹“广武镇”。

□　民国时期

2015年，朔城区南垣街南城派出所后面旧城改造项目工地，出土各类银锭、银元数千枚，据传原为老城南街朔县裕丰银行金库。

第二节　征集馆藏

□　先秦时期

1985年，山阴县文管所征集到“离石”背“五”圆足布1枚。

1987年，山阴县文管所征集到“大阴”尖足布1枚。

1991年，怀仁县文管所接受捐赠“平周”尖足布1枚，长5.47厘米，宽3.04厘米，厚0.1厘米，重5.88克。

1993年，山阴县文管所征集到“安邑一釿”背“安”釿布1枚。

平鲁文管所藏：“长子”方足布1枚，通长4.4厘米，通宽2.5厘米，重6克；“宅阳”方足布2枚，通长5.9厘米，通宽2.8厘米，重10克；“安阳”方足布7枚，通长4.5厘米，通宽2.5厘米，重40克；“平阳”方足布6枚，通长5厘米，通宽2.6厘米，重19克；“邬邑”方足布1枚，通长4.6厘米，通宽2.6厘米，重5克。

应县文管所藏：“平阳”方足布4枚，分别为通长5.62厘米、通宽2.0厘米，通长4.77厘米、通宽2.73厘米，通长11.1厘米、通宽1.5厘米，通长4.73厘米、通宽2.8厘米；“安阳”方足布2枚，分别为通长4.57厘米、通宽2.93厘米，通长5.13厘米、通宽3.14厘米；“明”刀3枚。

□ 秦汉时期

平鲁文管所藏：秦半两1枚，径2.3厘米，穿0.9厘米，厚0.1厘米，重2.8克。西汉五铢钱4枚。

平鲁文管所藏：新莽篆书“大泉五十”1枚，径2.8厘米，重6克；新莽“货泉”1枚，径2.4厘米，穿0.8厘米，重4克；新莽“布泉”1枚，径2.6厘米，穿0.9厘米，厚0.1厘米，重3克。

□ 辽金时期

山阴县文管所藏：辽“乾统元宝”1枚，山阴县征集。

第三节 文献载录

□ 古代货币文献

○先秦时期

孙仲汇等所著《简明钱币辞典》中收录二下新城布1枚。

山西省钱币学会编撰《中国山西历代货币》中收录1963年4月初山西阳高县刘志明发现“新城”布一枚。此币为稀少珍品。

《中国山西历代货币》收录1987年朔县出土“文阳”方足布1枚。

《中国山西历代货币》中收录1980年山阴县出土“离石”背“五”圆足布1枚。此币较少见。

《中国山西历代货币》中收录1983年朔县出土背“十二朱，一”宋子三孔布1枚。此币少见。

○秦汉时期

《中国山西历代货币》收录怀仁县出土新莽“次布九百”1枚。

○南北朝时期

《雁北地区历代钱币图录》①收录朔县出土“永安五铢”1枚，径2.3厘米，穿0.8厘米，重3克，北魏孝庄帝永安二年（529年）铸；收录朔县出土“常平五铢”1枚，径2.4厘米，穿0.9厘米，重4克，北齐文宣帝天保四年（553年）铸。

○五代十国时期

《雁北地区历代钱币图录》收录朔县出土“周元通宝”1枚，径2.5厘米，穿0.6厘米，重4克，后周太祖世宗年间（951—958年）铸。

---

① 该书为简装小册子，并未出版，只供内部参考，1988年，由原雁北地区人民银行行长赵志远编著。书中涉朔州出土钱币26枚。

○宋元时期

《雁北地区历代钱币图录》收录朔县出土“大观通宝”2枚，宋徽宗大观年间（1107—1110年）铸，一枚径2.3厘米，重3.7克；一枚径4.1厘米，穿1厘米，重15.7克。

《中国山西历代货币》收录1966年发现于应县木塔的“宋代政和通宝金币”“宋代宣和元宝金币”各1枚。

《雁北地区历代钱币图录》收录右玉县城关出土八思巴文“大元通宝”1枚，径4厘米，穿0.9厘米，重22克，元武宗至大二年铸。

○辽金时期

《中国山西历代货币》收录山阴县出土辽代“统和元宝”1枚。

○明清时期

《雁北地区历代钱币图录》收录朔县出土“咸丰重宝”当五1枚，径2.8厘米，重7克。

□　近现代货币文献

○民国时期

《中国山西历代货币》收录山西省银行民国十九年加盖“朔县”壹圆、贰角、壹角；加盖“应县”壹圆、壹角。

邢满红等所著《山西纸币》收录朔县县银号兑换券贰角，中华民国二十四年，西北印刷厂印制。

《山西纸币》收录朔县义聚隆当贰角，中华民国二十四年，北平门框胡同宝增印刷局印制。

《山西纸币》收录怀仁大德裕钱帖面值伍佰文1张，日期中华民国七年正月初一；面值贰仟伍佰文1张，日期中华民国八年三月九日；面值叁仟文1张，日期中华民国八年三月九日。

《山西纸币》收录晋北盐业银号加盖“岱岳”壹圆、壹角，中华民国二十四年，西北印刷厂印制。

《中国山西历代货币》收录岱岳聚和惠当壹圆，长14厘米，宽7.3厘米。

《山西纸币》收录山阴县农民贷借合作社壹角、贰角，中华民国二十四年，财政部北平印刷局印制。

《山西纸币》收录山阴县安薛水利信用合作券贰角，中华民国二十三年。

第六章

本土金属货币

相较于国家发行的法定货币，本土货币更具一定的地方特色，不仅能客观地反映出其在特定区域内的流通情况，更能从侧面反映出当时经济和社会的具体状况。从朔州地区来看，早在春秋战国时期就开始铸造并流通新城布币；宋子三孔布的发掘也为相关研究提供了重要参考；汉代五铢钱铜范印证了当地铸行钱币的史实；唐代金器、靖康元宝、朔州交钞之印和明代都察院钞法佈告的面世，也反映出朔州地区货币种类之多、品种之珍、管理之精。近代以来，朔州各县银号、钱铺、当铺更是印制并发行了大量本土纸币，与此同时，也出土并发掘了一批具有珍贵历史研究价值的货币实物，为研究地方经济金融的发展和演进提供了参考。

第一节　古代金属货币

□　新城布币

○发现背景

1963年以来，在朔城区沙塄河、秋寺院、北旺庄、崇福寺附近、司马泊、赾坡、府南小区先后出土了几批战国刀币、布币，其中有不少面文为“新城”或“辛城”的布币。这种布币除了在朔城区境内发现外，在周边的山阴县、右玉县、原平市、定襄县、阳高县长城乡天桥村，以及河北省易县都有出土。

○形制特征

新城布币为小型、平首、耸肩或微耸肩尖足布，布身长5 ~ 5.4厘米，宽2.7厘米，重5.6克左右，微耸肩布有轻薄至4克者。面文为阳文大篆书体“新城”或“辛城”，多见倒文，书刻大同小异，版别繁多。在战国时期“新”“辛”二字相通，学术界将两种货币合二为一，定名为新城布币。新城布币在钱币界珍、罕、稀、少、多五级定位中属于稀见品，在三等九级定位中属于“二下”。

○历史价值

新城布币的铸造地名为新城，经众多学者研究此“新城”位于今朔州市朔城区梵王寺村。关于此城的历史记载最早出现于《史记·秦本纪》：“庄襄王三年（公元前247年），蒙骜攻魏高都，汲，拔之。攻赵榆次、新城、狼孟，取三十七城。”也就是说，在公元前247年以前“新城”

就已形成。新城布币的出土从侧面佐证了此段历史的真实性，证明了在2 300年前朔州地区已经初步形成城郭，为研究此段历史提供有力佐证。

□　宋子三孔布

○发现背景

1982—1986年，在朔县城北平朔露天煤矿生活区等考古工地共发掘秦汉墓1 285座。1983年4月，在县城东北8公里北旺庄平朔露天煤矿生活区基建考古发掘中，考古工作者于第一施工区西汉文景至武帝时期的墓葬M8中清理出一枚圆头、圆脚，还带有三个圆孔的货币，因面有铭文“宋子”二字，故称宋子三孔布。

○形制特征

宋子三孔布通长5.5厘米，首宽1.1厘米，身肥2.8厘米，裆宽1.5厘米，孔0.5厘米，重6.8克，为圆首、圆肩、圆裆、圆足，布首及双足端各有一个圆形穿孔，布周与穿孔皆有郭。正面篆文“宋子”二字，为铸地。背文“十二朱”（铢），布首穿孔上有“一”字，文字笔画清晰。此宋子三孔布，规整精美，钱文奇丽，过去从未发现过，由于有明确的出土时间和地点，具有重要的科学价值，因又是海内外孤品，因而显得弥足珍贵。

○史学价值

三孔布铸造与流通的时间较短，地域也不广泛，无论是传世品或出土品都极稀少，且在新中国成立前流出国外较多，仅日本银行所藏三孔布就有20枚左右。三孔布因形制特殊、存量极稀而富有神秘色彩，也是现今钱币界公认的名珍之一，目前只有朔州出土的宋子三孔布为考古发掘出土，其他都为传世。关于三孔布是否真实存在，之前学界一直有争论，而这枚宋子三孔布在朔州的出土印证了三孔布的真实存在。有关三孔布铸造国别、铸造年代学界争论较大，从宋子三孔布的形制和布币的演变过程来看，应属战国晚期赵国铸币，从而可推演出三孔布为战国晚期赵国铸造或秦占赵后赵地所铸。

□　汉代五铢钱范

○发现背景

1986年，山西省山阴县西沟村农民为制作砖坏挖土，在地表以下1米处挖出两件汉代五铢铜钱范。现被山阴县文物管理所收藏。

○形制特征

两件钱范都为钱腔，缺盖。范身略呈平行四边形，四角圆弧，前端突出浇口。一侧通长17厘米，另一侧通长15.5厘米，宽7厘米，厚1厘米。范内并列两行钱腔，每行钱型4枚，钱径2.5厘米，正方形穿边长0.8厘米。阴刻篆书反文“五铢”二字。钱腔每枚开一小浇口与范中央的直浇口相通，直浇道长14.5厘米，前端漏斗形浇口宽2厘米。两件铜范一件重750克，另一件重800克。

○史学价值

西汉时期，山阴县行政区域设置为“汪陶”，归雁门郡管辖；东汉时期，雁门郡移至阴馆县（今朔城区东南）。汉朝初期，因为秦钱太重，曾允许民间铸钱。汉武帝时期收回郡国铸币权，推行五铢钱，实现了铸币权的统一。汉文帝五年（公元前175年），取消盗铸钱令，使自由铸币合法。汉景帝中元六年（公元前144年），颁布“铸钱、伪黄金弃市律”，收回铸币权，再次禁止民间私铸。由此推断，山阴县发现的两件五铢钱铜范应为汉初或文帝年间，当地民间私铸钱币所用的铸币工具。钱范的出土印证了朔州地区曾鼓铸五铢钱的史实，也为研究汉代铸币权之争提供了实物依据。

□ 唐代金器

○发现背景

1979年4月，山西平鲁县屯军沟村两村民在距村约一公里的山坡悬崖上挖草药时发现了大量金器，共计193件，合计毛重34 810克，折合成纯金重量为33 025.64克，其中出土有82件金铤和4件金饼，现收藏于山西省博物院展厅。

○形制特征

4件金饼，无铭文，形状似圆非圆，背面低凹，成色为80%，4件金饼大小重量不同，其中一件有被使用过的痕迹。82件金铤，其中5件有铭文，铭文多用刀刻成。这些金铤形制不规范，大大小小，轻重不一，成色也有差别，大者重1 091.22克，小者65克，成色在95%～97%之间。这82件金铤均采用矿金模内浇铸，长方形，扁平状，正背面不够平整，有锤锻过的痕迹。

○研究价值

黄金在历史上作为一般等价物的年代较为久远，《史记·平准书》：“及至秦，中一国之币为二等，黄金以镒名，为上币；铜钱识曰半两，重如其文，为下币。”而在清代则以黄金为上币。朔州境内使用的黄金主要有金条、金砖、金锞子等，其重量不一，主要用于贮藏和大额交易支付，市场流通很少。平鲁唐代金铤和金饼的出土为研究中国唐代货币史提供了丰富翔实的实物资料。黄金作为流通中的支付货币，早在商代、西周时期就在交易中开始使用，但是到了唐代黄金作为货币的史料却非常稀少。这批金器4件金饼中有一件有被切割使用过的痕迹，82件金铤全部大小不一，均可证明当时黄金可作为流通使用，只是还处于称重阶段。从货币的角度理解，黄金在唐代仍是一种原始的称量的货币，其行使货币的主要职能在进奉、上贡、赋税、储藏等方面。

□ 政和通宝金币

○发现背景

1966年6月18日，在应县木塔三层佛座下，发现政和通宝金币一枚。

○形制特征

政和通宝金币，直径2厘米，厚0.1厘米，重3.8克，字口清晰，保存完整。

○收藏价值

政和通宝，北宋徽宗政和年间（1111—1117年）铸造，有小平、折二、折三3种币值。多为铜质，银质政和通宝就较为珍罕，金质更是少之又少。现仅存有的政和通宝金币，除了朔州应县与四川各发现一枚以外，其他尚无报道，足见朔州所现政和通宝之稀有与珍贵，当可列入贵金属钱币珍品中。因其极为难得与少见，故具极高收藏价值，同时也对研究这一段金币铸造、流通历史提供了实物依据。

□ 宣和元宝金币

○发现背景

1966年6月18日，在应县木塔三层佛座下，发现宣和元宝金币一枚。

○形制特征

宣和元宝金币，直径2.1厘米，厚0.08厘米，重3克，字口清晰，保存完整。

○书法艺术

宣和元宝，北宋徽宗宣和年间（1119—1125年）铸造，仅有小平1种币值。一代帝王宋徽宗赵佶，治国无能，但书法绘画与铸币独树一帜，独创瘦金体书法。“宣和元宝”钱文为瘦金体，又称“御书钱”，具有高度的书法研究价值。此枚宣和元宝金币的发现进一步印证了从唐代开始后发行流通方孔形年号金币的历史，也为后世对于宋徽宗时期铸币的书法艺术研究提供了实物依据。

□ 靖康元宝

○发现背景

2003年，山阴县北周庄镇苑家辛庄村附近修路，其间偶有出土零星钱币，以宋钱居多，其中拣选出一枚“靖康”元宝，现被山阴县钱币爱好者收藏。

○形制特征

“靖康元宝”篆书折二钱，直径3.11厘米，厚0.16厘米，重7克，通体绿锈，字口清晰，保存完整。

○文物价值

靖康年间铸行有“靖康通宝”“靖康元宝”，有小平、折二、折三3种币值。由于铸行时间短暂，又时逢乱世，故靖康钱的传世量较为稀少，“靖康通宝”更是被列入古钱名珍。此枚出土于山阴县的“靖康元宝”篆书折二钱的发现，对研究宋人被迫北移、朔州地区民族融合的历史有一定的文物价值。

第二节 近代金属货币

□ 银锭

近现代朔州市场流通的元宝，大多为山西官钱局及太谷与祁县私人银号所铸的元宝，均为马蹄形，大者重50两，形似提篓；中锭（小元宝）重10两或20两，形如秤锤，也有马蹄形的；子重1～5两，也称“小锭”，多为馍头状，也有其他形状的；福珠（滴珠、散珠）重在1两以下，形如珠粒。银行工作人员在收兑过程中总结出的鉴别银元宝的方法：将酒精倒在元宝上用火点燃，如果手马上感到烧烫，则为真；如果迟迟感受不到烫手，可能中间有非银夹心，则为假。清嘉庆年间，朝廷在全国共设39个常关，4个海关。在39个常关中，只允许6个关口自己熔铸宝银，朔州右玉县的杀虎口就是其中之一。据钱屿主编的《金银货币的鉴定》记载，清代山西常关杀虎口熔铸的宝银有“道光年月杀虎口李逢春”，重1 870克。此外，右玉县马堡村出土12个大元宝，有明代马邑县50两银锭1个。

第七章

本土纸币、债券

第一节　古代纸币

□　尉迟恭与钱帖

钱帖最早的文字记载是《太平广记》卷一四六引《唐逸史·尉迟敬德》中尉迟恭与“钱帖”相关的轶事，“汝要钱，可索取尉迟公帖来。此是尉迟敬德钱也”。钱帖在朔州当地的应用场景主要有：一是资金充足，资本金实力雄厚且信用高的商铺和字号可自行出钱帖，自定兑换面额单位，有两、文、吊等，在一定区域范围内进行钱货周流；二是有的钱帖为双方约定往来而建立通汇关系，从而在大范围内进行钱货周流使用。一般需要预先制定好以时间、地点、名称、金额等为内容组成的密码及特定的密迹或文字，用来防伪及特殊区分，在双方的约定下交换，一般在年底之前审核核对后进行兑现。四川发现的宋代交子发行于1023年，唐代尉迟恭钱帖的记载要比其早400年左右，由此推断其为迄今为止世界上有文字记载最早的纸币与汇票。钱帖与在二十四史中记载的“飞钱”有异曲同工之处。飞钱产生于唐朝，也叫便换，为汇兑券，有汇通天下之义。钟广生在《辛亥新疆定变纪略》中有载：“初七初八两日，哄传乱事将起，民间持钱帖向店肆易取现缗者，途之为塞。”

□　朔州交钞之印

2001年在内蒙古和林格尔县红河南岸新丰乡八号村边耕地里出土铜印一方，印面叠撰朱文“朔州交钞之印”，现被内蒙古文物工作队收藏。形制特征为方形，重1.7斤，通高4.8厘米、厚1.7厘米，扁长方钮2.8×1.4厘米、高2.8厘米、印面每边长6.9厘米、边郭宽3～4毫米。交钞是金代和元朝的纸币名。金海陵王贞元二年（1154年）迁都燕京后，因国内铜少，仿北宋交子，发行交钞。朔州交钞之印应为金代所铸，在发行朔州交钞时加盖印章所用。交钞和交钞印有着密不可分的关系，朔州交钞之印的发现或可证明金代在朔州地区曾经发行过“朔州交钞”，也为研究金代交钞发行制度提供了实物依据。

□　明代钞法佈告

1974年，工作人员在清理山西省应县佛宫寺释迦木塔时，发现“明代都察院钞法佈告”一份。此佈告高94.5厘米，长276厘米，全文292字，佈告上盖有“山西等处提刑按察司印”五方。明朝时为了维护宝钞的地位，促其流通，规定钞钱并行，禁用金银交易。宝钞的印制与发行一直持续到明宣德三年（1428年），宣宗下令停造宝钞。大明宝钞是不兑现的纸币，因宝钞发行量无限制，滥发宝钞及官吏因新旧宝钞存在价差而舞弊，导致通货膨胀，宝钞贬值。政府先后采取了多项措施来稳定宝钞的价值和购买力，应县木塔发现的明代都察院钞法佈告即为实证。

第二节　近代纸币

□　清代钱票帖板

○发现背景

2000年，朔州市山阴县人赵永屏偶然在旧货市场发现一块清代钱票帖板，后购得收藏。

○体貌特征

该帖板长17.1厘米，宽10.3厘米，质地为梨木。外栏图由八仙及花纹图案组成，其中右上角夹“雁门”，左上角夹“广武镇”。版芯上首名额“执照”（该处活动，能随意调换字号额头）。下方依次为“启”“爷台视凭帖付与去人爷钱”“勿误为感此帖存照”，“　年　月　日兑票”（年号处缺字，但留有换字槽，可依年更换）。

○研究价值

清代全国各地设立众多钱铺、票号，尤其以山西为盛。钱铺、票号出具钱票可到异地兑换支取，可免金属钱币携带的不便。在钱票上分别印有凭帖、兑帖、上帖、执照等。此帖板的发现为研究清代钱票的发展提供了实物依据，同时也可反映出清代山阴乃至朔州地区经贸繁荣程度。

□　晋北盐业银号纸币

○发现背景

2000年以来，随着钱币收藏不断升温，朔州钱币市场上屡有发现印有“晋北盐业银号”字样的纸币，面值壹角、贰角、壹元、伍元的都有发现。1998年出版的《山西纸币》收录有壹角、贰角、壹元、伍元券。

○体貌特征

据史料记载晋北盐业银号发行的纸币种类有壹角（长10.7厘米，宽5.7厘米）、贰角（长12厘米，宽5.1厘米）、壹元（长13.8厘米，宽7.4厘米）、伍元、拾元共5种。从1935年开始发行纸币，截至1936年12月底，发行总额共计52万余元。

○研究价值

山西为内陆省份，盐运往晋北，价格很高。山阴、应县等地利用盐碱地的有利条件，熬制土盐，比海盐便宜三分之二，获利颇丰，并形成一定的规模。1935年，为开发晋北，扶助盐户经济，调剂盐区金融，使之纳入统一轨道，晋北盐业银号成立。该号属省营金融机关，归属山西省公营事业董事会经营，总经理为徐吉午，“以扶助盐户经济，调剂盐区各县金融为宗旨”，总号设在岱岳（今山阴县境内），分号设于太原，原定资本20万元，由山西省公营董事会拨付，后由晋绥财政整理处拨足资本100万元。晋北盐业银号营业范围，除特种经营盐款外，兼办理汇兑、存款及扶助各项公营事业，并发行兑换券，但其发行区域以晋北盐区为限，此种兑换券除用于活动调剂盐业金融外，并可完纳一切赋税。晋北盐业银号纸币的发现为研究晋北盐业银号的运行及当时山阴、应县的盐业经济提供了实物依据。

□　裕丰银行兑换券

○发现背景

收录于1998年出版的《山西纸币》。

○体貌特征

有币面值“壹拾枚”。正上面写有“裕丰银行”，左右各写有“壹拾枚”字样，四个角落写有阿拉伯数字“10”“壹拾”依次交替，呈环抱状的形式。背面正上英文“裕丰银行”，左右各附有不同的风景图。

○研究价值

裕丰银行成立于民国二年，总行设在山西朔县（城内南大街），在天津、太原、大同、忻县设有4个分行。性质属于股份制商业银行，业务只与设有分行的地方通汇。该行于山西省银行成立前停业，故该行币流通时间很短。此枚纸币的发现为研究当时裕丰银行的运行、兑换券发行等提供了实物依据。

□　朔县义聚隆当兑换券

○发现背景

朔州地区民间收藏有壹角券，1998年出版的《山西纸币》收录有贰角券。

○体貌特征

壹角券，长10.7厘米，宽6厘米。正面左上方印有“义聚隆当”，正面右上方附有编号：0011549。在四个角落各有“壹角”字样，正面右下方印有“每拾角兑壹圆”。贰角券，正面右上方印有“义聚隆当”，正面左上方附有编号：0000669。在四个角落各有“贰角”字样，正面左下方印有“每拾角兑壹圆”。壹角、贰角都在左边印“辅助金融”，右边印“救济市面”。发行时间均为民国二十四年。

○研究价值

民国时期山西省政府曾特准一些典当行发行典当行兑换券，可上市流通，当时规定典当行兑换券发行额不超资本额3倍。“朔县义聚隆当兑换券”正是在此背景下发行流通的。此两枚纸币的发现为研究当时当铺发行兑换券、兑换券的流通、朔州地区的经贸发展状况等提供了实物依据。

□ 朔县县银号兑换券

○发现背景

朔州民间收藏有贰角券，1998年出版的《山西纸币》收录有贰角券。

○体貌特征

贰角券长9.5厘米，宽5.3厘米，正上面印有“朔县县银号兑换券”，在正中央主图为矗立的高塔风景，主图两边各印有“贰角”字样，在“贰角”下面各加盖印章。在四个角落分别各附有“贰”“角”字样，呈环抱状的形式。在最下面印有“中华民国二十四年印”。背面是一对阿拉伯数字贰角，并加盖了编号，民间收藏编号为0014030的，《山西纸币收录》的不可辨。

○研究价值

朔县县银号兑换券的发现为研究当时金融机构的构成、货币发行体系提供了实物依据。

□ 怀仁大德裕钱帖

○发现背景

怀仁县有传世的大德裕钱帖三张：一张为伍佰文，年份为中华民国七年正月初一；一张为贰仟伍佰文，年份为中华民国八年三月九日；一张为叁仟文，年份为中华民国八年三月九日。这三张钱帖都被1998年出版的《山西纸币》收录。

○体貌特征

怀仁大德裕钱帖为先印制标准空白版，后加盖印章、年月日、出票单位（怀仁大德裕具）、票面。手工填写具体出票日期、票面金额、兑换办法等。钱帖上有“恒记”水印。

○研究价值

民国初期，民间具有实力的商号依然在发行钱帖方便携带汇兑。怀仁大德裕钱帖的发现为研究民国初期钱票的发展提供了实物依据，同时也可反映出当时怀仁县经济发展程度。此钱帖有“恒记”水印，也为研究当时货币防伪提供了实物参考。

□ 山阴县安薛水利合作券

○发现背景

1998年出版的《山西纸币》收录有“贰角”一张。

○体貌特征

此券正面右上方印有一行小字“山阴县安薛水利信用合作券”，左上方印有编号0006945。右中印有大字“贰角”，左中为水利图案。右边印有“每拾角兑换壹圆”，左边印有“中华民国二十三年印”，右下印有“水租担保”并在两边加盖印章。

○研究价值

20世纪30年代，山阴县除生产土盐外，还盛产油料作物，通过发行水利券来控制油料作物的生产，这使山阴县成为省政府的财源之一。此券的发现为研究此段历史提供了实物依据，也从侧面印证了当时山阴县作为晋西北的金融中心的历史地位。

□　山阴县农民借贷兑换券

○发现背景

朔州民间收藏有“壹角”一张，1998年出版的《山西纸币》收录有“壹角”“贰角”各一张。

○体貌特征

壹角券，长12厘米，宽5.1厘米。正上面印有“山阴县农民贷借合作社”。左右印有“兑换壹圆”“每拾角券”字样，中央印有醒目的“壹角”。四个角都印有一样“壹角”，呈环抱状形式。下方印有“中华民国二十四年”。背面的图案外廓是不规则形状，识别性较高。壹角券与贰角券印制的基本图案相同，区别在于壹角券主色为绿色，贰角券主色为红色。

○研究价值

此券的发现为研究山阴县当时的金融体系、货币发行历史提供了实物依据，也从侧面印证了当时山阴县作为晋西北金融中心的历史事实，同时也可反映出当时山阴县农业生产较为发达。

□　岱岳聚和惠当兑换券

○发现背景

朔州民间收藏有“贰角”“壹圆”券各一张，1998年出版的《山西纸币》收录有“壹角”“贰角”各一张，《中国山西历代货币》收录有壹圆券。

○体貌特征

壹角券，长10.8厘米，宽6厘米。正面右上方印有“聚和惠当”，正面左上方附有编号：0026948。在四个角落各有“壹角”字样，正面右中醒目“壹角”并在下方加盖“岱岳”，正面左下方印有“每拾角兑壹圆”。贰角券，长11.3厘米，宽6.3厘米。正面左上方印有“聚和惠当”，正面右上方附有编号：0038682。在四个角落各有“贰角”字样，正面左中醒目“贰角”并在下方加盖“岱岳”，正面右下方印有“每拾角兑壹圆”。壹角、贰角都在左边印“辅助金融”，右边印“救济市面”。壹圆券，长14.1厘米，宽7.4厘米。正面中上印有“聚和惠当”，两边加盖编号：0015466，在编号下方印有醒目竖写“壹圆”，左右两个各印“岱岳”。印制时间均为民国二十四年。

○研究价值

民国时期山西省政府曾特准一些典当行发行典当行兑换券，可上市流通，当时规定典当行兑换券发行额不超资本额3倍。岱岳聚和惠当兑换券正是在此背景下发行流通的。此兑换券的发现为研究当时当铺发行兑换券、兑换券的流通、山阴县的经贸发展状况等提供了实物依据，也从侧面印证了当时山阴县作为晋西北的金融中心的历史事实。

□ 山阴县相顺成兑换券

○发现背景

朔州民间收藏有“壹角”一张。

○体貌特征

壹角券，长10.7厘米，宽6厘米。正面上方中间印有“山阴县相顺成”，两边加盖编号：03441。左边印有“随市兑换”，右边印有“维持金融”字样，中央是拱字形门的图案，两边竖印醒目“壹角”，在下方各加盖相顺成印章。四个角都印有一样“壹角”，呈环抱状形式。背面是韦氏拼音写的发行部门，中央图案是正在行驶的火车。印制时间为中华民国二十四年。

○研究价值

此券的发现为研究山阴县当时的金融体系、货币发行历史提供了实物依据，也从侧面印证了当时山阴县作为晋西北的金融中心的历史事实。相顺成兑换券与万成德兑换券图案设计十分相近，为研究当时货币设计、发行、审批提供了实物依据。

□ 山阴万成德兑换券

○发现背景

朔州民间收藏有“壹角”一张。

○体貌特征

壹角券，长10.7厘米，宽5.8厘米。正面上方中间印有“万成德”，两边加盖编号：013342。左右两边印有“山阴县”字样，中央是拱字形门的图案，两边竖印醒目“壹角”，在下方各加盖万成德印章。四个角都印有一样“壹角”，呈环抱状形式。背面是英文写的发行部门，中央图案是正在行驶的火车。印制时间为中华民国二十四年。

○研究价值

此券的发现为研究山阴县当时的金融体系、货币发行历史提供了实物依据，也从侧面印证了当时山阴县作为晋西北的金融中心的历史事实。万成德兑换券与相顺成兑换券图案设计十分相近，为研究当时货币设计、发行、审批提供了实物依据。

□ 平鲁堡子沟德聚店券

○发现背景

朔州民间收藏有“壹角”一张。

○体貌特征

壹角券，长11.2厘米，宽6.3厘米。正面上方中间印有“堡子沟德聚店”，两边加盖编号：06061。左右两边印有“活动金融”“维持市面”字样，中央是水利建设图案，两边竖印醒目“壹角”，在下方各加盖堡子沟德聚店印章。正面下方居中印有“每拾角兑壹圆”，四个角都印有一样“壹角”，呈环抱状形式。背面是英文写的发行部门，中央图案一座城楼，下方居中印有“趾居乡村原为找零”。

○研究价值

此券的发现为研究平鲁区民国期间经济金融发展状况提供了实物依据。“活动金融”“维持市面”可以从侧面反映出当时市场上货币较为紧缺，尤其是小面额辅币不足影响正常交易。从“趾居乡村原为找零”反映出当时地方货币的流通范围具有区域限制。

□ 应县广钰成兑换券

○发现背景

朔州民间收藏有“壹角”一张。

○体貌特征

壹角券，长11.1厘米，宽6厘米。正面上方中间印有“应县广钰成”，两边加盖编号：001174。左右两边印有“商会担保”“随时兑现”字样，中央是凉亭风景图案，两边竖印醒目“壹角”，在下方各加盖应县广钰成印章。正面下方居中印有“每拾角兑壹圆”，四个角都印有一样“壹角”，呈环抱状形式。中央图案是正在行驶的火车。印制时间为中华民国二十四年。

○研究价值

此券的发现为研究应县当时的金融体系、货币发行历史提供了实物依据。应县广钰成兑换券与应县义合长兑换券图案设计较为相近，为研究当时货币设计、发行、审批提供了实物依据。

□ 应县义合长兑换券

○发现背景

朔州民间收藏有“贰角”一张。

○体貌特征

贰角券，长11.1厘米，宽6.2厘米。正面上方中间印有“应县义合长”，两边加盖编号：001274。左右两边印有“商会担保”“随时兑现”字样，中央是水利工程图案，两边竖印醒目“贰角”，在下方各加盖应县义合长印章。正面下方居中印有“每拾角兑壹圆”，四个角都印有一样“贰角”，呈环抱状形式。中央图案是正在行驶的火车。印制时间为中华民国二十四年。

○研究价值

此券的发现为研究应县当时的金融体系、货币发行历史提供了实物依据。应县义合长兑换券与应县广钰成兑换券图案设计较为相近，为研究当时货币设计、发行、审批提供了实物依据。

□ 抗日洪涛山纸币

抗日战争时期，境内流通的边币主要由两家边区银行——西北农民银行和晋察冀银行发行，其中西北农民银行于1940年5月设专门印钞厂，因地处晋绥边区北岳区根据地内的洪涛山而取名为洪涛印刷厂，印制西农币，在朔县当地也称其为“洪涛山纸币”。

○厂址史载

关于洪涛山印刷厂的具体厂址，据《革命战争年代的洪涛印刷厂》记载，洪涛印刷厂虽以朔县洪涛山命名，但并不是位于朔县，而是设在了吕梁兴县石楞子村，这也使日军多次寻找该印刷厂均无所获。该书认为洪涛印刷厂在1942年后迁陕西神府县路家湾村，并于1945年日军投降后，迁回兴县杨家坡村。洪涛印刷厂设有石印部、铅印部、完成部，收发室、制版室，一直承担着印制西农币的主要任务。

○当地传言

在山朔区，关于洪涛印刷厂的厂址还有另外一种说法，认为其位于洪涛山抗日根据地，即晋绥北岳区根据地内部。该根据地现以山阴县玉井镇为中心，范围为右玉南山、平鲁东山、山阴西山、朔县北山。当时日军在经济上对根据地进行全面封锁，并严设关卡，因此如果想从外界将边币运入根据地十分困难。且据当地亲历者回忆，1945年8月25日，阳高县第一次解放之后，短时间内在县印刷厂印过纸币，再加上当时日伪军、国民党军队各自圈地为政相互往来不通，因此推断洪涛山印刷厂位于洪涛山抗日根据地内部，即山朔地区。

第三节　债券

□　朔唯陶瓷有限公司债券

○发行背景

朔唯陶瓷有限公司于1992年经山西省人民政府批准，由朔州市朔城区瓷厂与意大利唯高公司合资兴建的中外合资企业，是山西省最大的一家墙地砖生产企业。1996年4月一期工程投产后，产销两旺，为了增强企业竞争力决定增扩生产规模，1997年5月，经国家计委批准向社会公开发行企业债券1 500万元用于扩大生产规模。

○批准发行

人民银行山西省分行批准朔唯陶瓷有限公司发行企业债券人民币1 500万元，发行方式采用实物券，其名称为“山西朔唯陶瓷有限公司企业债券”，面值1 000元。

○体貌特征

该债券面值1 000元，长170毫米，宽80毫米。正面图案：右边主图为高楼耸立和高架快速道路图案，正上方是“山西朔唯陶瓷有限公司企业债券”，下排“一九九七年”字样，左上方为企业商标，左边是“壹仟圆”醒目字样，下方是编号：000000，右下方是法人代表蔚强的亲笔签名，正下方是“太原市信托投资公司代理发行”，债券正面印有“票样”两个大字。背面是发行说明并加盖企业公章。

○发行实施

该债券期限三年（到期日为2000年5月20日），年利率为11%，不计复利，到期一次还本付息，到期本息合计1 995万元。该债券由太原市信托投资公司代理发行，由朔州市经济建设投资公司于1996年9月出具发行企业债券担保书，发行对象为企事业单位和个人。

○兑付违约

由于企业改制重组不成功中途停产、市场竞价致使利润下降、二期工程未能如期完成，没有形成新产能，导致企业资金紧张，该债券到期后未能按期足额兑付。

□　朔州水泥厂内部债券

○批准发行

人民银行朔州分行于1992年11月30日批准朔州水泥厂发行200万元企业内部债券，用于流动资金周转。

○期限利率

期限1年，从1992年12月1日至1993年11月30日，年利率9%，发行期1个月。

○发行对象

该债券不计名不挂失，发行对象为朔州水泥厂内部职工，发行期结束后即可在本厂职工中相互转让。

□　朔州市商业总公司内部债券

○批准发行

人民银行朔州分行于1992年12月25日批准朔州市商业总公司发行500万元企业内部债券，用于流动资金周转。

○期限利率

期限1年，从1992年12月25日至1993年11月25日，年利率9%，发行期1个月。

○发行对象

该债券不计名不挂失，发行对象为朔州市商业总公司内部职工，发行期结束后即可在本公司内部职工中相互转让。

第八章 谷帛流通

货币是人类生产生活发展的产物，实物货币如贝币等则为历史上最早的货币形态。而谷粟、布帛作为较为常见的一般等价物，在中国古代常作为一种支付手段在市场上流通。历朝历代每当时局动乱通货膨胀严重、币制波动剧烈时，谷帛的价值稳定作用便会凸显出来，并代替金银铸币进行流通。且因谷帛为生活必需品，在战乱时更是生存不可或缺之物，同时该物又为农家可自产物品，因而很容易为民众所接受。

作为晋北地区一员，朔州地区南扼雁门关，西北临内蒙古。在政治地缘方面，朔州两千多年来一直为中原王朝与北方游牧民族相互攻伐之最前线，自古为交通要塞与兵家必争之地；在经济文化方面，朔州尤其是杀虎口与丝绸之路关系密切，北朝时期平城（今山西大同）为北魏都城，是当时丝绸之路的东端，而朔州地区与平城距离较近，依托于此，晋地商贸银号发达，贸易往来频繁，为商品交换的集中交易场所。故此，谷帛流通在朔州地区实为广泛，尤其是动乱时期，甚至会出现贵金属退出流通领域、谷帛成为法定货币的现象。

我国古代以谷帛为货币的现象自夏商周时期便已出现，战国至秦汉期间发展较弱。从西汉到南北朝时期谷帛流通最为繁荣，这一时期社会长期混战且灾荒频繁，社会动荡，经济凋敝，实物货币由此复活，以谷帛为主的货币流通手段逐步兴盛起来。朔州地区在这一时期也少有铸币出土，多以谷帛为主、铸币为辅，钱币与谷帛同时使用。唐宋时期商品经济繁荣，钱币与谷帛流通并行于市场，谷帛使用更为广泛。明清时期，朔州地区为汉族与少数民族的交易集散地，实物货币与贵金属白银并行，白银尤甚。民国时期，由于通货膨胀现象严重，谷帛依旧在流通中占重要地位，中华人民共和国成立初期，国内工资发放以实物结算与钞票相结合，1953年薪金制建立，定级发薪，此时已多为钞票结算。1955年后，实物货币基本退出流通领域。

第一节 古代谷帛流通

一 夏商周时期

夏商周时期为中国实物货币发展的初创期，这时期的实物货币主要是由谷帛、贝币等来充当，山西省考古研究所朱华在《浅谈朔县出土的五铢钱》一文中有提到“20世纪80年代平朔汉墓考古曾出土贝币若干枚”。朔州地区的实物货币以谷帛为代表，在这一时期整体呈快速发展趋势。

□ 春秋战国及秦汉时期

自公元前三百多年的战国时期，到公元初的西汉末年，商品经济已经有了相当的发展程度，货币经济也随之兴盛，大量铸币流通于市场之中。朔州地区在这一时期也出土了大量钱币，如朔县汉墓、右玉县威远镇南八里村、平鲁县旧城等均有大量的战国及秦汉货币。这段时期的谷帛流通程度相较于钱币而言较弱，但始终没有退出。

□ 两汉时期

自西汉末年起，谷帛流通逐步开始繁荣。一方面，王莽当政时企图通过货币改革摆脱社会危机，大量发行各式货币，诸如“泉货六品”、货泉、布泉等，且面额较大（如“大泉五十”等），反而导致货币贬值，通货膨胀愈演愈烈；另一方面，王莽暴政加之天灾人祸，各地纷纷爆发起义，人民深陷战乱之中，这都为谷帛流通的兴盛提供了条件。建武十六年，光武帝刘秀封卢芳为代王，占据朔州地区。至此，货币经济破坏殆尽。汉章帝时废止铜钱，明文规定布帛为货币，《汉书·食货志》中载：“是时谷贵，县官经用不足，朝廷忧之。尚书张林上言：‘谷所以贵，由钱贱故也。可尽封钱，一取布帛为租，以通天下之用。’……晖复独奏曰：‘……布帛为租，则吏多奸盗，诚非明主所当宜行。’”《述异记》中有载，东汉末年大乱时“虽有千黄金，无如我斗粟，斗粟自可饱，千金何所直？”，谷帛于流通中的地位可见一斑。

□ 魏晋南北朝时期

魏晋南北朝时期，朝代更迭频繁，战争连绵不断。北魏时以平城（今山西大同）为都，确定“畿内之田”，即东至大同县东，西至朔州右玉县南，南至代县西北，北达左云县北的疆域。在平城，流通货币一直处于实物货币状态，而朔州北邻平城且右玉县南部地区包含在“畿内之田”中，因此在此期间，朔州地区以谷帛为代表的实物货币也很发达。是时，谷帛迎来鼎盛时期，且流通时间之长、范围之广在我国历史上也较为少见，以致在社会上曾出现“废弃货币”“不准使货币”的现象。《魏书·食货志》中载“魏初至太和，钱货无所周流”，北魏定以布帛、谷粟为法定货币，西晋八王之乱后，朔州地区被鲜卑族占领，北魏灭亡后又为突厥所占，常年处于战乱之中，谷帛流通愈盛。《宋书·刘秀之传》记，刘宋前期，“汉川悉以绢为货”。北魏货币流通以谷帛为主，金银、铸币为辅，规定了“三匹绢抵两匹布”交换办法。《隋书·食货志》记：“梁初，唯京师及三吴、荆、郢、江、湘、梁、益用钱，其余州郡，则杂以谷帛交易。”陈朝“承梁丧乱之后”，“兼以粟帛为货”。北齐时“冀州之北，钱皆不行，交贸者皆以绢布”。

□ 唐宋时期

唐宋多使用布帛为货币，或称作绢帛、缣帛、缯帛，其使用范围超过钱币。唐朝的《租庸调》税制规定，征税主要是征收谷帛，尤其是军费，大量支付绢帛。又如《通鉴》中所载：“发京师绢四万匹，布五万端，米六万石以给绛军。”黄宗羲《明夷待访录》中有载：“唐时民间用布帛处多，用钱处少。大历以前，岭南用钱之处，杂以金银、丹砂、象齿。贞元二十年，命市井交易，以绫罗绢布杂货与钱兼用。”赵宋每年向辽、金进贡“岁币”中就有绢布二三十万匹。在朔州民间仍继续使用谷帛为货币。

□ 明清时期

明清时期，随着农业经济的恢复和工商业的逐步复兴，朔州地区同全国其他地区一样，手工业、工矿业均迎来快速发展时期。在此期间有一重要现象，即“走西口”日渐兴起，使朔州地区与口外（长城外内蒙古）往来日益密切。而朔州右玉地区的杀虎口（当时也称杀胡口）则在其中扮演了重要角色：一方面，杀虎口为“走西口”必经之路；另一方面，杀虎口同右玉城并为“扼三关而控五道”的军事要塞，临九边重镇大同镇与太原镇，为往来重要关口。由此，朔州地区成为重要的物资集散地，北方少数民族地区的牛羊、毛革制品，通过这里流往全国各地；而粮食、布匹、丝织品、茶叶等，则通过这里运往少数民族地区，两方进行交易互换，谷帛、牛羊等实物货币使用也较多。与此同时，金属货币与纸币也随着商品经济的繁荣而得到发展。这一阶段朔州地区的金属货币与纸币和谷帛、牛羊等实物货币并行发展，金属货币中尤其白银更为兴盛。

而在铸币制钱方面，明清两代皆有铸大钱、滥制币致使通货膨胀、货币贬值的现象，这也为谷帛等实物货币的兴盛提供了条件。

明初制订钱法，中期停铸，后期滥铸，且明时发行大明宝钞纸币面额较大，使币制与货币流通不稳定，通货膨胀严重。且明朝企图推行纸币制度，对铜钱铸造时禁时放，至英宗之后数十年，朔州地区以谷帛为代表的实物交易盛行。《中国货币史纲要》中载“嘉靖十三年仿铸洪武制铸大钱，铸造加精通报折二、折三、当五、当十四等钱”；万历四年铸万历通宝，大肆增铸钱币。币值大且数量多，这带来了货币贬值与通货膨胀，尤其是明朝末年钱币之乱，使谷帛与白银在这一时期使用较多。

清朝咸丰年间，开铸咸丰大钱，从当五、当拾到当百、当千、当万，面额较大，也侧面反映了当时一定程度上的货币贬值与通货膨胀现象，因而以谷帛作为货币的情况在这一阶段仍较普遍。

第二节　近现代谷帛流通

□ 民国时期

1911—1949年，民国政府统治的这段时期属于社会转型动荡的重组时期，冲突不断。朔州地区在这段时期“晋钞”、银两、铜元、商号钱帖与谷帛并行流通，存在银元代替银两、纸币代替白银的趋势，而谷帛流通一直存在。

军事方面：该段时期内部军阀混战（1917—1929年）、国共内战（1927—1949年）、解放战争（1945—1949年）与外部抗日战争（1931—1945年）并行，社会混乱动荡不安，朔州所属的山西地界在军阀阎锡山的统治下；经济方面：首先，1919年1月1日，阎锡山组建山西省银行，该行发行一元至一百元银元票，以后又发行辅币券、铜元券，皆通称“晋钞”。此时的朔州地区“晋钞”、银两、银元、铜元、商号钱帖与谷帛并行流通。其次，民国初年，银两与银元并行，银元与铜元、银元与纸币并行，复杂的货币制度造成交易成本增加，币制混乱，从而导致当时的谷帛流通盛行。为解决这一局面，1933年，国民政府发布《废两改元令》，改银两为银元，使中国币制实现了在银本位基础上的统一，为日后推行法币奠定了基础。1935年由于国外大量收购白银，导致银元危机，引发通货膨胀。为挽救经济，国民政府当局颁布《法币规定》。至此，银元作为合法的中国货币从此结束。由于民国期间滥发多种货币，纸币币种混乱多元，最终导致恶性通货膨胀，货币大幅贬值，而谷帛流通顺势兴起，在民众日常生活中被大量使用。

□　抗日战争时期

抗日战争时期，当时的货币并未实现全国流通，只在一定区域内流通，如山西的“大花脸”“二花脸”，广东的银毫等始终在本省内流通。当时流通较广的货币有两种：重庆国民政府发行的“法币”与南京汪伪政权发行的“中储券”，除此之外，还有各根据地发行的货币，如西北农民银行、冀南银行等边区银行发行的纸币，有些货币流通两三个月就自行消失了。因为抗日战争时期的货币币值混乱，当时的谷帛流通在朔州地区较为盛行。

附：　日伪时期

1938—1945年为日伪时期。1938年“货币战争”开始，日伪在北京设立“中国联合准备银行”，其与1937年在张家口设立的伪蒙疆银行、1939年在上海设立的伪华兴商业银行和1941年在南京设立的伪中央储备银行并称为“四伪银行”，大量发行日伪纸币以与法币进行直接对抗。这一时期币种多元、币制混乱，谷帛流通依旧有着重要地位。

□　解放战争时期

1945年解放战争全面打响之后，共产党力量不断扩大，废止银元流通，当时流通货币中主要以纸币与谷帛为主。是时，出现了一种以“圆”为面值的新纸币，与之前出现的“金圆券”“法币”“边币”等进行抗衡，但此时谷帛在流通中使用仍较普遍。

□　中华人民共和国成立前后

1949年中华人民共和国成立，成立之初的工资普遍以小米折算成钱发放。一斤小米的折算钱数以第一套人民币的90 000分钱、第二套人民币的9分钱为标准，即第一套人民币与第二套人民币兑换比例为10 000：1。1949年1月25日起，银行、教育及税务系统人员实行薪金制；同年10月1日，党政机关人员也开始实行薪金制。这时依旧是挣小米。据在人民银行任职的景忠回忆，其1951年刚参加工作时一个月挣210斤小米，折合成钱发放18.9元，所发为1948年发行的第一套人民币，货币单位为“元”。

有两件事可为当时的小米与钱并行流通提供佐证：第一，当时玉井镇归右玉县管辖，据李硕讲述，1948年底李增荣带侄女李翠去右玉，为给共产党工作的哥哥李万荣领取国家提供的党员家属补助100斤小米。第二，李万荣受组织调派到村中收粮征粮，共15人征粮6个三套大骡车（约30 000斤粮），晚上车队驻扎时其家属想去征粮口袋挖粮，但李万荣拒用公家粮食，用自家粮食招待客人同事。可见当时为小米与钱并行使用。

到1953年后普遍建立薪金制，干部开始评级定级，按级别发放人民币为工资不再以小米为工资折算单位。朔州为五类地区，薪金普遍在17～25级，行长最高为17级，工资为92.5元/月，科员最低为26级，其中一般办事员、科员为23～26级，股长为21～22级，行长、副行长为17～20级。到1955年第二套人民币发行，开始全面实行货币工资制，实物结算逐渐退出流通领域。

当时国家进行统购统销，非农户居民以粮食供应（成年人每人每月28～45斤），农户由公社和大队供应。后在1955年时，山西境内部分地区对居民粮食、食油实行凭证供应，粮票在私人交易中开始有了准货币价值。粮食局每年给非农业人口每户居民发一个“居民粮食供应证”（当地简称粮本），居民持粮本到指定粮食门市部一次或分数次按当月供应数量和供应比例购粮。同年，棉花票和布票也开始发行，布票4厘米长，2厘米宽，标有“1寸”“1尺”“5尺”“10尺”字样。棉花票比布票稍微宽一些。由于布票紧缺，有的人私下进行交易。20世纪80年代初期，布票、棉花票作废；1998年，朔州民间粮票取消。

现代以谷物交换物品的以物易物交易在山村或乡下偶见。据《雁北日报》记载：由于当时通货紧缩，货币发行量少，民众手里的钱少，且交通不便，货币流通不畅，所以以物易物现象较多。例如，1986年北部山区还常出现用莜面、豌豆等粮食谷物来换菜换瓜的现象，虽有时买卖会不公平，但由于在山区拥有六七毛钱比有粮食难很多，他们宁愿以物易物。山阴安志中在1986年底进行了山区百日行，据他回忆，由于长时间不用货币交换，所以在山西朔州的右玉、平鲁等一些紧邻内蒙古的边塞地区还会有三四十块银元就可以娶个媳妇的情况。

随着经济的发展、交通的便利、国家采取积极的货币调控手段与政策，人们的积蓄不断增加，以物易物交易逐步减少。并且，谷帛在流通中有其自身缺陷：体积庞大、携带困难、贮存不便、不防水火、容易污损等，尤其是计价时更以钱币为便。《晋书·食货志》载：人们“湿谷以要利，作薄绢以为市，虽处以严刑而不能禁”。东晋人索辅批评以谷帛为币：“裂匹以为段数，缣布既坏，市易又难，徒坏女工，不任衣用。”因此，朔州和全国相同，只有在战乱或币制混乱的特殊情况下，谷帛才被用作支付手段，不可能完全替代金属货币及纸币的流通。

下篇

“钱”衍生篇

第九章
涉钱碑文

第一节　古代碑文

□　北魏张愈买地券

○出土背景

北魏太延三年（437年）勒石。出土于应县黄花梁古墓，出土时间不详，现为朔州市朔城区民间藏品。青砖质，长方形，高45厘米、宽22厘米、厚7厘米。结构紧密，质地坚硬，表面光滑，状如石材，手感颇重。

○碑文内容

维大代太延三年岁次定丑二月癸卯朔廿八己未，有神武郡张君讳愈，以疾终于神武宫。于丁亥生，年五十一，至五月廿八丁酉归死于本郡黄瓜堆之源。今用錢九万九千九百九十九贯，买得此地。其地东止甲乙，南止丙丁，西止庚辛，北止壬癸，中央戊己，并是亡人占管。朱雀在前，玄武在后，青龙蟠于左，白虎踞于右，镇守方官，神灵庇佑。凡有精邪魍魉，不相刑克，急急如律。

卖地人岁月，主保见人直苻，书契人功曹。

○碑刻解读

北魏早期自称大代，券主人张愈（387—437年）籍贯、任职、葬地均在神武郡。买地券是以地契的形式制作的随葬物，最早出现于东汉中后期，至明清仍盛行。内容大同小异，均有在阴间证明阴宅合法性之意；材料以砖为多，也有石质的。“张愈买地券”中买地所用钱数、占地、卖地人、主保见人、书契人等均为虚拟，“九”为吉祥数字。尽管买地券为随葬物品，但其制作原型仍为参考真实地契的格式，这也从侧面反映出北魏时期买地用“钱”这一历史现实，且计量单位为“贯”，为后人的研究提供实物参考。

□　大唐故开府仪同三司鄂国公尉迟君墓志并序

○出土背景

唐显庆（659年）勒石。1971年冬天出土于陕西省礼泉县烟霞镇，现存昭陵博物馆。2001年据原碑复制，复制品现存于朔州市内新建的尉迟敬德庙。

○碑文内容（摘选）

大唐故开府仪同三司鄂国公尉迟君墓志并序

若夫良臣诞秀，应星躔之象；烈士殉功，托风云之会。故能弼成帝道，肇开王业。是以淮脍豹变，终翼汗固；渭渚鹰扬，遂迁殷鼎。然后酬庸疏爵，誓彼河山；懿德嘉猷，润兹金石。扬名不朽，其在斯乎。

公志融，字敬德，河南洛阳人。重山昭度，玉理导其昌源；流星降祉，石纽开其逵胄。自幽都北徙，弱水西浮，派别枝分，承家启作。

公禀刚柔之德，秀岐嶷之姿。下列将于文昌，凝闲气于神岳。忠孝之道，发自诏初。温恭之操，彰乎帽始。年甫十二，雄略载驰。隋炀帝申威海外，薄伐辽阳，征驾南辕，乘兴西反，公时领千骑迎于幽州。有山贼翟松柏、刘宝强等拥兵数万，据山斩道，公乃率麾下百骑以掣之。矢石才交，贼徒殲殄，获马三千匹，俘虏五万人。以功授朝散大夫。又掣王须拔、历山飞等。以功授正仪大夫。

其年，突厥大掠于泾州，诏公为泾州道行军大総管，领兵出击，所获万计。賚金鞍骏马十匹；又以公昔赔戎幕，早预军谋，赐绢一万匹、金银各千两，拜上柱国、吴国公，食实封益州一千三百户。贞观十一年，封建功臣，册拜使持节、宣州诸军事、宣州刺史，徙封鄂国公，食宣州实封一千三百户，仍命子孙承袭。

○碑刻解读

尉迟敬德为唐代开国名将，碑文记述了尉迟敬德生平、功绩及赏封，其中记述："赐绢一万匹、金银各千两"反映出在唐代黄金、白银一方面可作为制作贵重器饰的金属材料，另一方面又是具有大宗支付、贮藏功能的货币，主要用于租税、赏赐、进奉、贿赂、军费、官俸等。

□　元丰四年卖地券

○出土背景

北宋元丰四年（1081年）勒石。出土地不详，2007年拓印于朔城区东街古玩店。青砖质，正方形，边长37厘米、厚6厘米。阴刻双线边框，框内竖刻单线分为15栏，每栏楷书16～17字，共200余字。镌刻恣肆随意，字时有缺短笔画现象，似未经书丹，直接刊刻而成。

○碑文内容

元豊四年十一月十一日，下吴神百姓陈英□自为家□不辨，□出卖自己父业□□□□□，卖与当村百姓王贵，永充墓田壹□。东西长贰拾伍步，南北贰拾伍步，并至石堆为界。□□价钱壹拾伍贯□□□更□□□□□各□□□钱万贯□□□定于□之旁，买与王贵家□□为□弟。东至青龙，西至白虎，南至朱雀，北至玄武。知见张坚古，代保李□，书契人东王公，其钱及地当日交付已讫，并无小□交加。所有地内金银并属□主，如有伏□，去除千□之外。恐人无信，故立此契为凭证。

自立契卖地人　陈英　同立契卖地人男　陈□□　同□村人　王忠　王英　□□　同□□人及写契人　□□

○碑刻解读

券文以契约形式记录下吴神百姓陈英将父业田地卖与本村王贵充作墓地之事。地块长宽度与成交价钱均按实数，四至与知见、代保、书契人均为虚拟，末尾4项落款人为参与此事的真实人物。元丰四年卖地券中卖地钱数、地块长宽均为实数，这真实反映出宋朝时期买卖地用“钱”这一历史现实，且计量单位为“贯”，同时为后人研究土地价格及“钱”的购买力提供了实物依据。

□ 金卢孝章买地券

○出土背景

金正隆四年（1159年）勒石。现存朔州市朔城区崇福寺文管所。青砖质，正方形，边长34厘米、厚6厘米。券文楷书8行，满行18字，全文138字。

○碑文内容

维大金国朔州顺义军户属、録事司东北厢贺再思街亡过人卢孝章，乞不早终。今用钱九万九千九百九十贯文，买墓地一段，东至青龙，西至白虎，南至朱雀，北至玄武。□□人今日直符，知见人岁月。逮已后，不得輙有侵夺；先有居者，远避千里之外。

正隆四年后六月八日　□过人卢孝章

○碑刻解读

卢孝章虽属一介平民，但其“顺义军户属”身份及“录事司东北厢贺再思街”住址，有一定考古价值。买地券是以地契的形式制作的随葬物，最早出现于东汉中后期，至明清仍盛行。内容大同小异，均有在阴间证明阴宅合法性之意；材料以砖为多，也有石质的。金卢孝章买地券中“买地”所用钱数、地段四至，俱属虚拟。尽管“买地券”为随葬物品，但其制作原型仍为参考真实地契的格式，这也从侧面反映出金代时期买地用“钱”这一历史现实，且计量单位为“贯”，为后人的研究提供实物参考。

□ 迎恩堡官买粮草碑记

○出土背景

明万历十八年（1590年）勒石。现存于阻虎乡迎恩堡内。碑青石质，圆首。高100厘米、宽50厘米、厚15厘米。碑周线刻卷云纹。碑首楷书“碑记”，首题“迎恩堡官买粮草碑记”。楷书正文18行，每行24字，400余字。

○碑文内容

迎恩堡官买粮草碑记

钦差山西布按二司兵备守巡冀北道按察使韩，右参政使周，副使张，副使吕，为革富户议官买以苏民困事，蒙众□□按三院批□四道会呈，照得旧例，各州县城堡编番富户或牛具户，责令照领官银，上纳米豆、草束，名曰召买，地方苦累，称此为最。今改为官买粮草，尽放归农，以示苏息。又查得各州县，额征马草脚价，起解□□，所充军饷，复领出散给各户召买。今议：允就令小民照依时估，上纳本色粮草，运入仓场抵兑，如脚价多而买粮少者，余剩脚价仍旧解库；

如买粮多而脚价少者，不足银两仍旧支领；若本色足抵年例召买之数，不惟小民免派，富户虽官买亦可省矣；但要州县正官毋惮烦劳，悉心料理。其初纳搬运，责成看守，预定查盘，敢索四款，祥在会呈中。若旁堡无马草，脚价去处，责成守操官买，不许暗用牛具人户。亦止于大城堡粮草颇多去处买贮，其小堡贩运不及者，临时酌议免派召买，遇有缺乏轮转接济，庶为两便。敢有私派富户等项名色，仍致贻累者，定行参究。故此勒石级事，永为遵守。

万历十八年五月九日立

守备李徙吉立

○碑刻解读

此碑文以官府文告形式，规定银两与粮草折色办法，禁私派富户，如违参处。此碑对研究明代军队粮草供给有着重要的价值。明初期禁用白银，形成了以“大明宝钞为主、铜钱为辅”的货币体系，但随着大明宝钞的过度发行和明政府禁用铜钱两项政策的合力，到嘉靖年间白银货币化已经渗透到社会生活的方方面面。此碑即可证明到明万历年间白银货币化已得到政府承认。明后期逐步形成了以“白银为主币、铜钱为辅币”的货币体系。

第二节　近代碑文

□　重修崇福寺碑记

○出土背景

清同治八年（1869年）勒石。现存朔城区崇福寺文管所。碑青石质，方首抹角。高239厘米、宽81厘米、厚14厘米。额题“百世流芳”4字。碑文楷书。碑阳碑首题“重修崇福寺碑记”7个字，正文6行，满文53字，全文304字。

曹丕显撰文，杜常隶书丹。

○碑文内容（摘选）

（碑阳）

重修崇福寺碑记

候选儒学学训导甲寅科贡生曹丕显熏沐敬撰

林衙古刹为朔郡八景之一，自唐迄今千年□。殿宇巍峨，佛光赫奕，名之曰崇福寺，为朔郡之大观也。上位大士佛像三尊，金身灿烂，法像森严，真所谓如来普渡三千界菩提广包亿万人也。至于旁配诸佛，各有庇会。三宝、文殊效灵；四天王、八金刚俾列前殿，辉映昭彰。郡官僚每遇朝贺令节，拜谒万岁于寺中，无佛睹其壮丽，奉以馨香。无何岁月摧残，□□剥落寺内之瓦，盖墙垣多见倾圮。今董事者并主持僧正司纠集聚善，各捐资鸠工，补葺重修完缮。惟文殊堂、地藏堂、□□□□三所系善人田淋前后补修，均无遗漏。合万善以同归，共成侑福侑善之举；仰佛尊而默佑，书昭普渡普护之灵。行见庇会无，慈悲广布，莫可名言。爰谨提笔为之赞诵，用志不朽。古寺巍峨气象新，云光殿上显通神，慈云普护无旁福，法界三千□□□真。

儒学生员杜常棣熏沐敬书

钦加运同御朔州正堂加五级纪录十次陈荣捐银壹封。介休郭景龙捐银拾两，吏员贾琯捐钱五千文，监生常日新捐银五两，罗钰捐银五两，军功王杰捐银五两，善人齐福捐银五两，豊豫村捐银五两，宣殿公捐银四两，张照捐银四两，张熙捐银四两，戒衲僧自来捐钱三千文，善人刘献玉捐银三两，太学生席祥捐银二两，善人池应奎捐银二两，监生李孝廉捐钱二千文，戒衲续肇捐钱二千文，例贡张钧捐银二两，监生田沅捐银二两，衙都府高映宿捐银二两，善人马喜元捐银二两，善人刘禄捐银二两，宁善人李先义捐银二两，善人周存吉捐银二两，监生高炫捐银一两五钱，留守府高烈捐银一两五钱，高煦捐银一两五钱，廪生刘光谦捐银一两五钱。

经理人　武□升　王□弼　李□郁　张□森　霍□明

木　匠　尹兆元　田　淋　李庆玉　任　玉　王进德

泥　匠　苏　泉　王占鳌　邢士魁

油　匠　任　重　任　官

石　匠　邢士全

主持僧　竺　灵　徒　法　荣　法　泰　施金伍佰张

师　叔　干　霄

大清同治八年岁次已巳□冬穀旦立

（碑阴）

今董事者并主持僧正司纠集聚善，各捐竣工，补重修完善。

部分捐钱者：介休郭景龙捐银拾两，官吏贾琯捐钱五千文，善人齐福娟银五两，宣殿公捐银肆两，府经厅高映宿捐银贰两。

当　行　常盛当　广成当　晋豊当　晋源当　万镒当　万源当　阜丰当　裕和当
共捐钱壹佰壹拾千文

粟店行　南泰和店　中和店　泰和店　万和店　永泰店　耕馀店　恒豊店　万泰店　德盛店
共捐钱壹佰叁拾壹千肆佰文

钱　行　广裕成　万顺通　大亨久　万中成　德生成　广来泰　广生成　共捐钱柒陆拾捌千叁佰文

店　行　玉盛店　元亨店　复成店　永成店　德源店　世宜店　共捐钱贰拾陆千玖佰文
聚成傥　六合成　共捐钱陆千陆百文

杂货行　万亨通　久成永　天裕恒　聚兴魁　聚兴瑞　义盛长　利泉眞　聚义成　庆春合
德合泰　聚兴和　德润昌　敦福全　元亨贞　恒德源　共捐钱七十七千四百文

纸　行　西国书府　广兴隆　永豊明　庆昌公　广兴魁　国书府　东裕恒　聚和魁　聚和成
广聚成　褒善成　翰墨林　源兴永　北清□　义和生　聚兴源　裕和恒　天锦隆
共捐钱七十千文

席铁行　东大有　西益成　永兴合　源益长　广隆常　广义常　广源魁　德盛合　西成玉
广泰公　恒益□　共捐钱叁十六千二百文

缸房行　裕成恒　久成泉　复泰和　瑞泉涌　永兴隆　玉馈源　东来远　庆荣德　广泉永

永和合　广顺成　恒源永　天泰昌　万顺长　恒顺泉　常生成　泰和成　德隆永　常盛泉　西和成　元亨长　玉兴元　万泉合　复盛泉　源逵长　复盛泰　泉盛

万源成　裕隆泉　天庆荣　复成泉　大源恒　聚成玉　天元吉　永和泉　集成远　复泰泉　德源兴　茂豫生　永隆魁　九成德　德成恒

谦泰店捐钱伍千七百文　东大观捐钱肆千七百文　大同府任臣辅捐钱叁千伍佰文　静兴店捐钱叁千四百文　广泰成捐钱叁千四百文　广亨源捐钱二千八百文　永和成捐钱二千九百文　中和堂捐钱二千八百文　三和堂捐钱二千八百文　永和堂捐钱二千八百文　德寿堂捐钱二千六百文　仁寿堂捐钱二千三百文　长庆恭捐钱一千八百文　永兴隆　永隆魁　美禄源　广泉涌　德元兴　裕成恒　集成远　德成恒　九成恒　各捐钱一千七百文　老德隆　义豊泉　德泉茂　各捐钱一千二百文　杨泰喜　监生杜光淦　万亨店　崞邑常映璧　监生祁丕显　道人吕和忠　泰和成　武生王瀛　宏义店　天益店　兴盛源　恭复永　天元楼　义兴长　义和亨　久盛永　各捐钱壹千文　元秉文　万兴荣　戒衲沙阜　戒衲心明　施廷元　戒衲觉楹　元炳　李贞彦　王兴元　王金錀　茂源盛

庠生元门远　绪因　复来店　康连　各捐钱壹千文　源兴隆　泰和泉　大源　德隆瑞　复兴永　崇德源　复盛泉　泰和成　源逵长　万泉合　恒兴源　各捐钱八百五十文　复成和　裕隆永　德泰永　复盛长　德溢源　复恒长　永庆元　各捐钱八百五十文

岁贡　张经理　白印吉

善人　郭化龙　贾维　监生阎官禄　王相　监生王夺　监生王耀　裕德成　李淳　廪生张茂森　耆休李荣　耆休苏润　裕恒泰

庠生席履谦　落常海　从九品　王世荣　席履观　各捐银壹两

麫行　庆和成　永兴成　义和公　复成和　广盛公　泰和公　义和合　大源　德隆瑞　复兴永　崇德源　复盛泉　泰和成　源远长　万泉合　恒兴源　复成和　裕隆永　德泰永　复盛长　德溢源　永兴隆　赵麫铺　文光恒　麫行　各捐银壹拾七千五百文

典史尹凤岐　彭元庆　典史蔚时华　马蘅　马邑张志德　德盛荣　李锦藩　李庆善　尹良相　王鸿叶　杜宜　王瑛　典史郝阜才　吏员白琳　丁选　谭学海　孟和　杨春花　增荣店　广德店　永生堂　杨文英　各捐银伍钱　郭玉　刘建禄　郭翼　王喜　张绍畬　王弼　邸文彬　杨仲　邸文明　唐崇　王璞　刘焕选　刘律　李淳先　卢玉沂　王瑞年　杨奉清　丁于志　僧人清俊　田秉清　高彬　张献麟　田亮　田履亨　义盛店　各捐钱五钱

王德　王惠　王□各捐钱壹千文

天益店　李恺　李林　宋加潘　王德宝　李福　王志士　仝培业　仝承业　郭步云　复亨店　张元男腾鳌　各捐钱一两　张锦　郭宝山　郭桐茂　郭维成　刘申之　宋如谋　张万金　各捐钱二百文

立兑换地约人

崇福寺沙乘，马房街马瑞，今有马房街舍科地一段，内有崇福寺善地五分，同人义明将本舍科地五分兑换西舍科地一，东至马姓，西至刘姓，南至小路，北至城底。情出两愿，日后永无反悔。恐口无凭，立兑换约存照。

公仝人　李润　杜荃　张茂林

咸丰九年四月十五日立

○碑刻解读

此碑主要记崇福寺的壮美和本次重修项目等。碑阴镌刻布施芳名和咸丰九年（1859年）兑换膳地约文一段。其中涉及货币之事，钱以“文”计，银以“两”计，也从侧面印证了清代钱、银兼用的事实。在捐款名录中涉及“钱行”7家，共捐钱768 300文，可见当时朔州金融业已具雏形。碑文所列名录为进一步研究朔州清代金融史提供了较为翔实的依据。

□ 李家河村重修龙神庙碑

○出土背景

清光绪三十三年（1907年）勒石。现存朔州市朔城区北旺庄街道李家河村内水塔北隙地。碑青石质，长方形，高169厘米、宽61厘米、厚21厘米。碑阳刻文10行，满行32字，共257字。边宽9厘米，刻八仙、花卉纹。张鹗举撰文，李调元书丹。碑阴初刻于清光绪三十四年（1908年），民国六年（1917年）补刻。碑文竖刻，楷书，清代刻10行124字，字径3厘米；民国六年刻5行，54字，字径3.5厘米。边宽9厘米，线刻回纹，莲座纹。

○碑文内容

（碑阳）

李家河村旧有龙神庙一座，其中正殿三楹，钟楼戏台皆全，所以祈嘉穀而和神人也。惟历时既久，风雨剥落，过之者不觉触目伤心焉。功德主耆宾刘公名峯，首倡斯举为重修。计将正殿、钟楼、戏台徙新建盖，又新添东禅房三间、西川廊三间、会房一间。自二十八年三月起至去年五月竣工，约计五年，通共花用过钱六百六十五千六百文，除布施外，经首三人均出。诚恐年湮代远，后之人无以明建修之自也。因特勒石为序其始末。

朔州儒学学正张鹗举撰文 朔州儒学廪生李调元书丹 公举乡饮耆宾刘峯篆额

经理人耆宾刘峯捐钱二百一十二千文，王永昌捐钱二百一十二千文，善人刘成捐钱二百一十二千文

光绪三十三年岁次丁未孟春月穀旦立

（碑阴）

刘玉、高福各捐银六两，赵万金捐银五两，梁日贵、刘宽各捐银三两。善士刘成今因好善，发心情愿将庙东河湾地壹块玖亩，上本村龙王庙作为永远食膳地。南至车道，西至刘姓，东北至地主，四至分明，随代地内粮银壹钱零壹厘。

石匠　张国宝　木匠　康增祥　泥工　李郁　秦士　白三　画工　杨全盛

光绪三十四年九月二十日

原籍神西村寄住李家河村李棠有金泉沟地贰拾亩，自己发心情愿上龙王庙作为永远食膳地，内随代粮银一钱。

民国六年十月初十日立

○碑刻解读

此碑刻碑阳记修庙始末及布施情况。碑阴清代所刻为布施人名及钱数，刘成捐田地为庙产及

石、木、泥、画工匠姓名；民国所刻为李棠将金泉沟土地捐为庙产之事。其中涉及货币之事，钱以“文”计，银以“两”计，也从侧面印证了清代钱、银兼用的事实。此外，民国时期李棠捐地的事实，也印证了当时土地政策执行私有化管理方式，个人可按自己意愿进行买卖和捐赠。

□　重修玉皇阁三官庙碑记

○发现背景

民国十四年（1925年）勒石。现存朔城区利民镇原镇政府院。碑青石质，方首抹角。高150厘米、宽66厘米、厚18厘米。碑阳额题“万善”2字，碑阴额题“同归”2字。碑文楷书。碑阳正文仅4行29字。碑阴字迹清楚，均为布施芳名。

○碑文内容

（碑阳）

重修玉皇阁三官庙碑记

碑则悲其废也，记则记其兴也，有由然唉。我堡北城□有，玉皇阁、三官庙

中华民国十四年□月上完毂旦立

（碑阴）

承天德施钱三十五千文。新成永、以合成、天和成、德和永、承天厚、贺国士、周依仁、周尚仁、贺升昇，以上九家各施钱卅千文。义丰泉、王魁、杨依源、全守业、协盛成，以上六家各施钱廿千文。庆和成、百川通、涌和泉、张茂、赵金荣、张翟清、贺玉涌，以上七家一十二千文。义盛长、张万仁、王忠、李生旺、王树、周志明、李茂、徐旺、王瑞荣，以上十家施钱各八千文。张万祯、义和泉、边凤岐、王盛永、王国宾、田禄、王□□、赵□□、赵鼎梅，以上十家各施钱六千文。意诚楼、王尊宾、张全德、李如林、赵树功、白志成、贺鳌、赫万升、王之屏、张俊德、杨增、王英士、郭荣……以上十八家各施钱五千文。杨迎、周欲仁、王继中、王家宾、王铎、李生发、王者宾，以上七家各施钱四千文。马鞋铺、张桂枝、党恒礼、闫镇，以上四家各施钱贰千五百文。杜士芳、马秉玉、王海、张珍、王之祥、王治、朱村花、王世屏、师完中、师协中、张生旺、郭之荣……以上廿人各施钱三千文。赵维□、孙□良、谢丕成、于德海、贺仲林、郝安平、张福、郭连贵、赵银，以上十家各施钱贰千文。周同仁、陈光、张遇福、冯福有、井梦熊、刘福玉、赵元、邢恩和、王功、张俊中、崔俊、杨日新、张明珍、陈业、周廉芳、杜疏、周有、沈喜、张全、李捧元、董有仁、张万荣、张万祥、王树林、卢占元、赵生元、巨盛炉、吴□隆，以上卅五家各施钱二千文。姚用中施钱一千六百文。王宝山、邢占鳌、赵满全、朱志道、贺福元、张禄、田家乐、王良士、张万明、张祯、周世林、贺希乾、杨日增、汤正光、董怀义、李捧祥、王瑞林、王金、乔日升、谷成、隆郝喜、贺仲文、杨进成、梁有万、马五正、徐光明、徐继业、全盛炉，以上各施钱一千三百文。张旺施钱贰千八百文。进门喜、周银虎、周贵、陈喜、王五明、张斌、蒯增、杨春泰、王吉成、复盛炉、赵鼎铭，以上十一家各施钱一千文。

○碑刻解读

此碑记述了1925年重修利民镇的玉皇庙事宜。捐助群体多，有社会各界人士。碑中所提到的“文”为货币计量单位。一文钱等于一个铜板。民国时期虽发行了大量纸币，但是在民间流通最

广泛是贵金属货币——银元和铜钱。

□ 重修护国寺碑记

○出土背景

民国二十九年（1940年）勒石。碑原树立于朔州城南护国寺，现为朔城区崇福寺文管所收藏。青石质，圆首。座佚，高168厘米、宽74厘米、厚20厘米。额篆“福缘善庆”4字。碑文楷书，正文12行，满行44字，共500字。

○碑文内容

重修护国寺碑记

闻之，莫为之前，虽美弗彰；莫为之后，虽盛弗继。县南关外，护国寺规制宏厰。明崇正年，僧如林修。清康熙四年，知州冀靖远、庄清度重修，乘志可考。自民国元年，和尚满月募化补葺。廿年季秋，偶得痰疽，请五寨观音寺圆宏来该寺代替，随时到院接办。未几，满月升空，圆宏勤慎，照例悬挂钟板，复振清规，积极进行，福缘善庆。基于斯，廿二年孟得贵喜舍田地一顷卅五亩。圆宏赎买田地八亩。见庙宇久历风霜，颓顷攲侧，灵爽难栖，心窃揪然。爰于廿三年孟夏，下太原。适尚仁充山西专门工业校长，丕承任该校会计。圆宏面竭，呈捐启请阅，偕知该寺困苦情形，遂向各学界勤导同志化缘，彼时未及起收。翌年春，将募捐洋五百零四元寄回。初夏，木泥匠包揽兴工，并求绍祖督工，季秋工竣。庙内弥陀佛正殿，东廊观世音，西廊地藏王，各菩萨殿、禅堂整齐完固。廿八年九月，驾升鲁班仙师位，置观世音殿，维持田地卅六亩。延廿九年孟夏，荷现任省长体仁乐施洋壹百元，旋蒙张明赞助洋贰百元。因补修韦陀殿、钟鼓楼、西房后墙暨其他疲乏，季夏落成。务使美轮美奂，庙貌灿然重新，岂不盛与！圆宏之举动如是，亦众善士之福德所致。饮水思源，曷胜感激，兹拟醵金勒石，应将众善士籍贯、芳名、义捐按等第合计缮真，以资表扬，垂永久云尔。

应县张明捐洋贰佰元。朔县李尚仁捐洋壹佰元。苏礼仁捐洋壹佰元。忻县傅存怀捐洋拾元。山阴李玉雨捐洋壹拾元。朔县宣维章捐洋壹拾元。程布青捐洋壹拾元。柳文藩捐洋一十元。李凤翔捐洋一十元。丁丕承捐洋五元。李裕仁捐洋五元。晋城马骏捐洋五元。甯武南佩捐洋五元。王忠捐洋五元。应县高志祥捐洋五元。大同郑国治捐洋五元。朔县王殿鳌捐洋四元。平顶陆近礼捐洋三元。临汾王铁勤捐洋三元。灵石耿步蟾捐洋三元。平鲁王嘉瑞捐洋三元。朔县田莘捐洋二元。繁峙姚守璧捐洋二元。陈敏沂捐洋二元。龙全晋捐洋二元。平顶池茌捐洋二元。河津东董锡魁捐洋二元。甯武常克勣捐洋二元。朔县罗宝捐洋二元。田禄源捐洋二元。丁克刚捐洋二元。崔郁捐洋二元。万泉解洁身捐洋二元。临汾杨超象捐洋二元。阳曲裴清源捐洋二元。

○碑刻解读

此碑记护国寺为明崇祯年僧如林修，清康熙四年（1665年）重修，民国二十八年（1939年）再次大修。捐款人多为民国初年省城、各县及朔县地方名人。所捐款项具以“元”为单位，以“洋”为名，“洋”（洋钱）为清代对外国流入的银铸币（银元）的称呼。清末、民国，虽有大量自铸银元流通，但民间依然习惯于将所有银元统称为“洋钱”。此碑记此次维修共募集捐献537元，为研究民国时期物价水平提供了有力的历史依据。

第三节　现代碑文

□　捐资兴校铭

○碑文背景

1992年勒石，立于朔城区第一中学校内。汉白玉质，碑长方形，石砌须弥座高130厘米、宽210厘米、厚220厘米。碑文楷书。碑阳首题“捐资兴校铭”，正文6行，满行32字，全文173字，记朔城区区委、区政府领导率领全区单位和社会各界人士捐资改造区第一中学校园环境盛举。碑阳大部分为捐资芳名。

○碑文内容

（碑阳）

捐资兴校铭

百年大计，教育为本。为振兴朔城区教育，于一九九零年始，全区机关企事业九十八个单位和社会各界二万三千六百一十五位仁人志士，继前人所为，应社会所需，慷慨解囊，为朔城区第一中学兴校捐资一百八十八万四千六百八十五元，机关干部义务投工一千二百七十一个，更新校舍，硬化道路，新建书亭，重修操场，美化环境，使校容校貌大为改观。为此，特树碑铭文，以示谢忱，永志励念。

捐款名单

安庄煤站二十二万元；杨涧煤矿二十一万五千元；前寨煤站二十一万元；西沙河煤矿六万五千元；电力公司五万元；环保局五万元；元子河煤站五万元；下窑煤矿四万五千元；土地局四万五千元；马邑煤站三万元；农委二万一千元；水泥厂二万元；财政局二万元；刘家口煤矿一万五千元；粮食局一万三千元；市政工程公司一万一千元；建筑工程公司一万一千元；交通局一万元；峙峪煤矿一万元；化肥厂九千元；酒厂九千元；纸板厂九千元；预制构件厂八千元；保险公司七千元；二轻局六千一百元；农业局五千四百元；物资局五千元；农机厂五千元；水利局五千元；供销社五千元；红旗牧场四千七百元；运输管理所四千元；林业局三千七百元；再生利用公司三千四百元；木材公司三千四百元；物资贸易中心三千四百元；机电化轻公司三千四百元；神头物资供应站三千四百元；金属建材公司三千四百元；畜牧局三千元；农机公司三千元；百货大楼三千九百元；第一运输公司三千元；五交批发公司三千元；商业综合公司三千元。

三千元以下者共五十六个单位捐款六十三万元从略。

个人捐款

林克午五百元；洪步五百元；池仓涨五百元；落国和一百二十元；李文福一百一十元；冯玉堂一百一十元；李宝一百元；王道银一百元；雷功一百元；曹占文一百元；安孝钦九十元；马翠珍九十元；王希七十五元；黄吉祥六十五元；高荣六十五元；王嘉振六十元；陈占礼六十元；王凤岐六十元；温宝泉六十元；吴尚才六十元；赵成六十元；于天宝六十元；何耀明六十元；张进

六十元；郝林虎六十元；吕荣六十元；李儒六十元；武喜荣六十元；李在塘六十元；郝曙光六十元；季成六十元；杜耀六十元；王国相五十五元；郭成根五十元；阎有英五十元；武振华五十元；洪发科五十元；李元五十元；乔啟辉五十元；冀月成五十元；王有廉五十元；张海义五十元；及之溶五十元；武荣五十元；刘永春五十元；徐啟仁五十元；武兴五十元；王继五十元；杜生耀四十五元；杨国良四十五元；李锦喜四十五元；段福忠四十元；吴天璧四十元；魏宏升四十元；殷如福四十元；郭怀富四十元。

三十元以下者二万三千四百一十四人捐资四十九万元从略。

中共朔州市朔城区委员会

朔州市朔城区人民政府

一九九二年九月立

○碑刻解读

此碑记述了1990年朔城区第一中学更新校舍，硬化道路，新建书亭，重修操场，美化环境过程中，全区98个单位，23 615位个人捐款、义务投工情况，共募集资金1 884 685元、义务投工1 271个。捐款单位可以从侧面反映出朔城区当时经济结构，从捐款额度也可反映出20世纪90年代人民的收入水平及物价水平。现代钱钞皆以“元”为单位，市场流通中还有“角”“分”。

□ 整修崇福寺院落功德碑

○碑文背景

2005年勒石。现存朔城区崇福寺千佛阁后檐廊下。青石质，方首方座。高160厘米、宽78厘米。碑文行书10行，满行37字，全文350余字。碑阴镌刻功德主芳名。

崇福寺文管所立石。

○碑文内容

（碑阳）

整修崇福寺院落功德碑

崇福寺始建于唐，续建于金与明，清代几经增葺，形成一座规模完整、气势轩然的佛教寺院。

一九八八年国务院公布为全国重点文物保护单位。寺内弥陀殿恢宏巍峨，其壁画、彩塑、背光、棂窗与琉璃脊饰堪称“五绝”，令人赞叹。建国后国家曾拨巨款对弥陀殿、山门进行大修，使殿宇更加灿然。唯院内地面年久风雨侵蚀，碎砖破石，凹凸不洁，难衬殿辉。朔城区副区长武荣屡见屡惜，萌生整修善念。今值煤炭业兴盛之际，即倡导煤炭系统捐资，以如夙愿。城区煤炭工业局李德荣局长、李帅副局长亦有同感，遂欣然应之，亲赴各矿方喻，闻者皆悦，纷纷解囊，共集捐款壹拾肆万叁仟元。硬化、绿化工程始于乙酉五月十九日，历时一月竣工，整修面积达六千平方米。而今寺院地面整洁，松柏苍翠，幽静清新，人皆称颂。捐资者功德无量，福荫子孙。勒石为记，以垂后世。

公元二〇〇五年农历九月三十日

崇福寺文管所立石

（碑阴）

朔城区煤炭工业局局长李德荣一万元；朔城区杨涧煤矿矿长边海平一万元；朔城区东坡煤矿矿长胡善亭一万元；朔城区西沙河煤矿矿长刘保一万元；朔城区担水沟煤矿矿长王秉文一万元；朔城区全武营煤矿矿长郑礼夫一万元；朔城区葫芦堂煤矿矿长王迎新伍仟元；朔城区刘家口煤矿矿长田发禄伍仟元；朔城区峙峪煤矿矿长田发华伍仟元；朔城区金坡煤矿矿长赵山荣伍仟元；朔城区暖水泉煤矿矿长温建设伍仟元；朔城区沙涧煤矿矿长张友伍仟元；朔城区泉安煤矿矿长唐生聪伍仟元；朔城区财源盛煤矿矿长卢成沛伍仟元；朔城区陡沟煤矿矿长王国金伍仟元；朔城区娄娄沟煤矿矿长张茂贵伍仟元；朔城区李大煤矿矿长尹如义叁仟元；朔城区上磨石沟煤矿矿长边僻叁仟元；朔城区金窑坡煤矿矿长马建国叁仟元；朔城区上马石煤矿矿长边江叁仟元；朔城区扒齿沟煤矿矿长杜淑琴叁仟元；朔城区峪沟煤矿矿长裴文祥叁仟元；朔城区马家梁煤矿矿长林俊清叁仟元；朔城区安赵煤矿矿长施世煌叁仟元；朔城区九户沟煤矿矿长林有秘贰仟元；朔城区林家口煤矿矿长陈显福贰仟元；朔城区石碣峪煤矿矿长崔英贰仟元；朔城区银洞山煤矿矿长尚太国壹仟元；朔城区黄石湾煤矿矿长王振平壹仟元；朔城区全武营2#井矿长马义甲壹仟元。

○碑刻解读

此碑记述了2005年整修崇福寺院落事宜。崇福寺多次修缮，此次仅为院落修整，工程较小，历时1个月，共募集资金143 000元。此碑反映了朔城区当时煤业发达的经济现象，所捐款者处几乎都为煤矿矿长，为研究当时煤炭行业留下了珍贵的历史史料，同时从所捐款金额也可反映出当时煤价偏低、煤矿从业者收入相对不高的事实。

维修观音殿塑像碑记

○发现背景

2005年勒石。现存于朔城区崇福寺观音殿前檐下。青石质，方首方座。高148厘米、宽78厘米。碑阳楷书，正文6行，满行30字，全文150余字。

崇福寺文管所立石。

○碑文内容

（碑阳）

维修观音殿塑像碑记

观音殿为金建，是崇福寺的重要殿宇。梁宇结构采用减柱营造法和双重人字交叉，结构合理，殿宇宽敞，成为古代建筑之杰作。塑像、壁画毁于早年战事，后明代补塑。现予以整修，历时半年。现塑像灿然，同殿宇交相辉映，见者多啧啧称颂。为其流芳，今勒石铭记。

公元二零零五年十月二十六日

崇福寺文管所立

（碑阴）

苏浩　朔城区上坡村　伍仟元；边海平　朔城区全武营村　壹万元；丁浩川　朔城区狼儿

村　伍仟元；陈成忠　浙江温州　伍仟零壹拾元；吴佐洲　朔城区冯庄村　伍仟元；杨星　朔城区王万庄村　伍仟元；雷全　朔城区下团堡村　伍仟元；刘卫　朔城区小平易村　叁仟元；王玉霞　平鲁区井坪镇　贰仟元；张俊平　内蒙古中旗　贰仟元；田玉先　朔城区北曹村　贰仟元；边存华　朔城区全武营村　壹仟元；陈爱军　五台县甲子湾村　壹仟元；李常玲　朔城区元子河村　壹仟元；赵全成　朔城区安庄村　壹仟元；霍生岐　朔城区小泊村　壹仟元；曹荣　朔城区东关村　壹仟元；温巧玲　朔城区东关村　壹仟元；刘建国　朔城区北邵庄村　壹仟元；焦全根　忻州樊野村　壹仟元；高宁　朔城区城内　壹仟元；梁帅　朔城区小村　壹仟元；王春义　河北蔚县北水泉镇　壹仟元；孙月琴伍佰元　甲军杰伍佰元　徐亮叁佰元　周伟叁佰元；王儒叁佰元　杨琦叁佰元　王占文叁佰元　田有成叁佰元；张焕英叁佰元　康巨才叁佰元　刘进宝叁佰元　李文明叁佰元；郭寿昌贰佰元　吴生宝贰佰元　魏良繁贰佰元　殷继元贰佰元；尹丕林壹佰元　成鹏壹佰元　王飞壹佰元　陈继兰壹佰元；落加贤壹佰元　朱桂兰壹佰元　刘明壹佰元　张治平壹佰元；王秉政壹佰元　黄兆勋壹佰元　王启明壹佰元　李荣幸壹佰元；李登连壹佰元　薛连成壹佰元　边维良壹佰元　林树英壹佰元；李应才壹佰元　李文亮壹佰元　李强壹佰元　梁孝成壹佰元；张国瑞壹佰元　朱强壹佰元　高军宏壹佰元　田勇壹佰元；赵宽壹佰元　胡翠壹佰元　谢宽贵壹佰元　李建州壹佰元；李常英壹佰元　林君壹佰元　王国华壹佰元　陶改支壹佰元；赵德明壹佰元　张君壹佰元　陈晓玲壹佰元　李永盛壹佰元；孙英平壹佰元　陈宝国壹佰元　宁富荣壹佰元　张有前壹佰元；雷亮壹佰元　秦建优壹佰元　王满存壹佰元　边继来壹佰元；白有桥壹佰元　杜尚洲壹佰元　孟传生壹佰元　李支贵壹佰元；智聪兰壹佰元　李立文壹佰元　李润壹佰元　林让壹佰元；霍翠萍壹佰元　李瑞壹佰元　李耀雄壹佰元　王西霞壹佰元；丁桂梅壹佰元　蔚玲壹佰元　霍恩泽壹佰元　梁龙壹佰元；张永玲壹佰元　段兰芝壹佰元　王秀林壹佰元　武仙如壹佰元；高翠兰壹佰元　张亚光壹佰元　杨玉英壹佰元　杨景山壹佰元；蔡勤壹佰元　杨福春壹佰元　张玉梅壹佰元　张润贤壹佰元；雷凤花壹佰元　白仙花壹佰元　吕智慧壹佰元　霍生计壹佰元；张玉林壹佰元　关斌壹佰元　寇勇壹佰元　官魁壹佰元。

○碑刻解读

此碑记述了2005年维修观音殿事宜。观音殿是崇福寺的重要殿宇，由于年久失修，剥落残损严重，因此募集资金8万元，予以整修，历时6个月。其中涉及货币之事，钱以“元”计，此“元”为人民币计量单位，反映了人民币的合法性、唯一性、统一性。捐款名录均为个人，说明朔州地区民众文物保护意识益强，佛教信仰者较多。从捐款金额来看，也印证了朔州地区经济越来越繁荣。

□ 沙疃村修路功绩碑

○发现背景

2005年勒石。现存朔城区神头镇沙疃村。黑色花岗石质，4块板材拼接组合而成。长248厘米、高180厘米。刻行书400余字，字径6厘米。记修路缘起及集资情况，后附集资者姓名及出资数额。

○碑文内容

功绩碑

该路北起我村中心，南街大运路，全长三公里，总投资四十八万元，于二零零五年七月十日竣工通车，取名为幸福路。

沙疃村历年因交通不便，制约了我村经济和文化发展，现乘党的好政策、村村通公路的东风，区镇两级领导积极组织筹资，将这条路修筑成功。在此特别感谢我村在外工作的热心儿女，他们在贾世新的倡导下，积极自愿集资，这种勇于奉献的精神值得我们学习，并希望我村的后人能将这种精神和美德发扬光大，流传后世，为此立碑树传。

刘光军贰万元　贾世新捌仟元　李和平陆仟元　贾鸿琳陆仟元　贾富文伍仟元　赵守晋叁仟元　贾有银叁仟元　赵玉文叁仟元　贾引弟叁仟元　赵国斌贰仟元　贾平贰仟元　李岗贰仟元　齐真有贰仟元　王建寅贰仟元　贾尚福壹仟元　贾尚明壹仟元　贾富银壹仟元　贾海银壹仟元　齐有智壹仟元　庞怀山壹仟元　李吉壹仟元　赵文艺壹仟元　宁日平壹仟元　赵文兵壹仟元　赵兵成壹仟元　贾建社壹仟元　贾鸿柱壹仟元　贾鸿举壹仟元　贾鸿权壹仟元　贾鸿高壹仟元　贾鸿亮壹仟元　贾宪贵壹仟元　贾文玉壹仟元　贾文生壹仟元　杨育林叁佰元。

沙疃党支部　村委会

二零零五年七月十五日

○碑刻解读

此碑记述了2005年沙疃村修路事宜。“要想富，先修路”。村民通过募捐方式修路，方便交通，发展经济。从捐资数额可以看出，社会经济中已积累了部分的资金。

第十章
钱币文化

第一节　钱币市场

“乱世黄金，盛世收藏”。随着居民生活水平的不断提高，很多人将目光投向收藏领域。钱币在历代商贸活动和经济发展中都扮演着重要的角色，抛开其作为货币的角色，其自身也承载着艺术性、文物性，故在收藏界具有极高的收藏价值。钱币收藏的兴起催生了钱币研究、钱币交换、钱币买卖，钱币市场应运而生。钱币市场的兴盛与繁荣是衡量和反映一个城市或地区的社会经济和文化发展水平的重要标尺之一。

朔州钱币市场兴起于20世纪90年代初，经过1992—1996年短短几年的发展和繁荣之后，1996年9月钱币价格开始大幅下跌，1998年后，受亚洲金融危机和国家政策的影响，钱币市场进入萧条期。进入21世纪，随着朔州地方经济持续快速发展，人们的生活水平和文化品味越来越高，钱币收藏再度兴起，朔州的钱币收藏市场由传统的地摊式经营转向店面式经营，由经营古玩杂项兼营钱币转向专营钱币生意，由简单的钱币交换交易转向深入研究鉴赏钱币，朔州钱币市场日益壮大，吸引了越来越多的钱币爱好者和投资者加入，逐渐形成了一支不可小视的文化产业队伍。2010年以来，随着钱币市场的复苏，尤其是四套人民币价格的快速上涨，大大刺激了朔州钱币交易市场，催生了新一代币商通过互联网进行钱币交易。2018年以来，古钱币和老银元的价格不断上涨，朔州的钱币市场重心又向古钱币方向转移。随着钱币收藏队伍的不断壮大，钱币藏品价格不断攀升，交易方式不断多元化，钱币研究也不断深入，朔州钱币市场在规范中不断壮大。

□　雏形发展期（1992—1993年）

朔州钱币市场于1992年逐步兴起，一些钱币爱好者、钱币贩子每周日上午自发地在崇福寺附近、邮电局门口摆摊进行售卖、交换，钱币爱好者主要是将自己收藏多余的古钱币、纪念币拿出与其他爱好者进行交换，以便扩大自己的收藏品种，而一些钱币贩子平时走街串巷、去农村“淘”各类钱币、纪念币，周日拿到集市上售卖，以便获得收入。随着钱币收藏逐步升温，经营邮票的一些摊贩也兼营起了古钱币和纪念币。其时，整个市场摆摊的人并不固定，约有10来个摊位，每个摊位货款不足5 000元，钱币爱好者也不过几百人，整个市场并不活跃，交易较为清淡。

1993年，朔城区预制厂附近、朔城区二轻局门口都出土过不少古钱币，遭到群众哄抢；1994年，朔城区鄯阳街施工出土过两批古钱币，部分被群众哄抢。随着出土钱币逐步增多，钱币市场也进一步活跃起来，在朔城区柳家巷就开了几个门市，有的兼营钱币，有的主营钱币，其中一李姓老板主卖钱币，收益颇丰。随着摊点逐步增多，钱币种类也与日俱增。在摊点上经常可以见到唐朝、五代十国、北宋、金代、明朝、清朝、民国等各朝代制钱和铜元；民国各银行、日伪中国联合准备银行、伪蒙疆银行等发行的纸币，抗日晋察冀边区纸币和西北农民银行纸币；还有各种银元，最常见的为袁世凯头像银元。有时也可遇见春秋战国方足布、明字刀等较为稀缺古币。

1993年3月，有商家制作了精美的纪念币定位册发售，人们对照纪念币定位册到市场上去进行互换、买卖所缺纪念币，纪念币市场逐渐升温。随着需求的不断增多，市场上纪念币价格一路上涨，从而进一步激发了人们对纪念币收藏的热情，在一些大户的带动下，市场开始大肆炒作纪念币，甚至达到疯狂的程度。例如，1993年9月发行的面值5元的中国珍稀野生动物熊猫纪念币市场价格一度被炒到180元一枚，可见当时市场泡沫之大、炒作程度之甚。

□　盲目炒作期（1994—1996年）

1994年5月，随着国家整体经济形势的好转和邮票市场的衰落，以及纪念币价格的一路攀升，大量社会闲散资金进入钱币市场，尤其是纪念币市场。钱币市场随着入市人数的增多，已经形成一定的规模，原来做邮票市场、股票市场的私营业主、散户也开始兼营古币、纪念币。交易时间也由原来的每周日上午，逐步发展到每天都有人出摊，每天都有人淘币，逢周六、周日钱币市场出摊的、淘币的就更多了。此时朔州钱币市场出现了一段相对的繁荣时期。

1995年，普通纪念币和第一套、第二套人民币价格持续上涨，吸引大批外来游资不断加入，导致钱币市场的市值大幅上升，经营者获利颇丰。例如，第二套人民币的3元、5元、10元苏联版价格在朔州钱币市场上涨了大约2倍，有的甚至达到6倍，可见炒作之盛。当时，买卖纪念币、经营钱币成为投资、收藏的热点，被社会各界人士广泛关注，朔州钱币市场进一步扩大，经营者、收藏者不断增多。

1996年，纪念币交投依然火爆，吸引了大批社会闲散资金注入钱币市场“淘金”，且由于当时邮票市场逐渐衰落，一些以前主营邮票的摊主也转为主营纪念币，整个市场还在扩张。当时，北京、上海钱币市场已经成型，它们的交易价格直接影响到全国各地的价格形成。朔州钱币市场也受到北京钱币市场炒作纪念币风气的带动和影响，呈现空前的热情，经营者、爱好者普遍看好未来行情。一些较为有实力的经营纪念币的业主到北京钱币市场成卷、成批购进，市场行情与北京市场遥相呼应，当时，面值1元的纪念币最低价也要17元才能买到。

这一时期，纪念币虽然被大幅炒作，价格不断推高，古钱币却并未被大幅炒作，价格波动较小，交易量也较小，主要是在钱币爱好者之间交换、买卖。

其时，朔州钱币市场快速发展，无论是经营者还是投资者、爱好者都对未来充满了希望，甚至内心都激荡着一股喜悦之情。朔州市钱币学会应运而生。1996年8月28日，朔州市钱币学会召开了成立大会，宋立新任会长，朔州钱币收藏界资深爱好者寇子儒任副会长。朔州市钱币学会的成立为全市的钱币爱好者和从事钱币研究的工作者提供了一个交流藏品、沟通信息、切磋技艺和展示学术成果的平台，也进一步促进了朔州钱币市场的发展。

□ 狂跌低迷期（1996—1997年）

1996年9月，中国人民银行发布《关于禁止倒卖人民币和纪念币的通告》，第二天纪念币的价格就下跌50%，市场交易者一时惊恐万分，不知如何应对。随后，一批经营纪念币的业主在惊慌中低价出售了自己的纪念币，不再经营买卖纪念币。有些因手中存货过多来不及出手的业主损失惨重，赔进大半家产。纪念币行情一路狂泻不止，市值大幅缩水。由于钱币市场的特定内涵，本来就要求从业人员具有一定的历史、文化基础知识和专业鉴别能力，对于普通投资者来说已经有些牵强，再加上行情下跌，市值缩水，预期低迷，许多业主不得不撤出投资，放弃经营，钱币市场进入长时间的萧条和平静。一些专门从事纪念币交易的业主，相继将自己的存货低价出售变现，开始了其他投资活动，仍在经营古币、纪念币的业主只剩下十几个摊点。古币价格虽上涨幅度较高，也有收藏者乐此不疲，但仅限于收藏而已，未引发钱币市场进一步繁荣。

1997年，受国家政策的影响，朔州钱币市场变得较为萧条，一批从事邮币卡经营的投资者，尤其是主营纪念币的摊主，纷纷转行干起了古董收藏和交易，钱币业务变成了他们的副业，钱币成为古董摊、古玩店的摆设品，钱币交易主要活动区域在朔城区老街、崇福寺周边等地。

□ 缓慢复苏期（1998—2007年）

1998年后，虽然钱币市场转为萧条，但钱币收藏并未降温，前期钱币价格的大幅上涨激发了一些有识之士的收藏热情，不断有钱币爱好者加入收藏队伍，明面上的钱币市场有所缩水，而散落于民间的钱币爱好者不断增多。随着时间的积淀，当时加入的一些钱币爱好者逐步成长为未来朔州钱币市场的中坚力量。例如，山阴县的赵永屏、怀仁县的苑富昌就是这个时间段加入的。苑富昌1995年初中毕业后在怀仁县第二砖瓦厂做土坯工，在取土过程中偶然发现出土的古钱币、银元等，一下激发了他收藏钱币的兴趣。于是，他开始购买钱币书籍深入研读，工作之余走街串巷去农村收集钱币，还去大同、太原、北京钱币市场观摩学习，一步一步成长为一名当地古钱币鉴定方面的小专家。

进入21世纪，随着国家经济形势的进一步好转、互联网的逐步普及和推广，北京、上海、广州、成都等大城市的钱币市场经过几年的调整开始步入正轨，逐步形成各具特色的影响比较大的“二级市场”，如北京的马甸邮币卡市场、报国寺古钱币市场，上海的云洲古玩城、卢湾区的工人文化宫市场等，它们通过互联网实时发布各种钱币的市场行情、交易情况、发展趋势。各大拍卖公司也加大了对钱币的拍卖力度，为钱币市场的繁荣和发展起到推波助澜的作用。朔州是北京的近邻，朔州钱币市场受北京的影响比较大。随着经营队伍的膨胀，通过传统的走村串巷式的收购活动越来越不景气，这迫使其中一批过去主要从事乡下“淘货”的投机者转向正规的钱币市场。他们一改过去传统的地摊式的经营活动，租赁门面，通过互联网进行交易，甚至不定期地自发地举办“钱币沙龙”，加深沟通，了解市场行情，提高各自抗风险的能力。

□ 繁荣发展期（2008—2016年）

2008年的北京奥运会引发了广大民众对奥运会纪念币、纪念钞极大的收藏热情，奥运会纪念币、纪念钞价格快速暴涨（如一张面值10元的奥运钞当时最高炒到6 000元），进而带动整个钱币市场价格的快速上涨。随着钱币市场行情不断上涨，越来越多的人加入钱币收藏行列，且随着互联网的兴起，钱币市场、钱币交易开始不受地域限制，逐步形成全国一盘棋的新发展格局。朔州钱币市场已融入全国的钱币市场行列中，成为名副其实的“三四级市场”。

2010年后，朔州钱币市场主体经营者逐步发展为两类：一类是传统经营者，主要集中在崇福寺附近、马邑古玩城、翰林苑古玩城，主要依托实体店铺进行经营，大约有20家；另一类为零星散落于各写字楼间，并不接待生客的经营者，主要依托互联网进行经营，大约有10家。有的经营者为了经营和交流方便，还在北京设立分店，与朔州钱币市场遥相呼应，互通有无。朔州钱币市场逐步活跃起来，形成以古钱币、金属纪念币和纸币为主体的格局。这一时期除少数品种微跌外，大部分品种呈逐年上扬之势，吸引了越来越多的钱币爱好者和投资者加入。

其时，市场上兴起炒作人民币吉祥号，第三、第四、第五套人民币的吉祥号都在炒作之列。一些大户高价收购豹子号、狮子号、大象号、生日号等，不仅稀有的退市人民币吉祥号被爆炒，就是流通中的人民币吉祥号也被大肆炒作，如一张冠字号为八个8的第五套人民币百元钞票市场价格被炒到几万元，这引发了大量钱币爱好者去各个银行换取全新的整捆、整包甚至整箱的人民币来抽取吉祥号。

随着互联网的进一步发展及快递业的快速发展，钱币市场买卖更加方便快捷了。不仅北京、上海、广州等大城市的币商可以通过互联网发布钱币购买、出售信息，朔州当地的一些经营者也加入了互联网交易。朔州的钱币经营者在互联网上以购买为主，他们通过网上信息联系卖家，确认价格、数量后，将钱款打入卖家账户，卖家通过快递公司（多为顺丰）发货过来，一般两三日就可以到货。朔州的一些经营者也通过互联网出售钱币，一般是从当地收藏者手中低价收购，然后通过互联网卖到全国各地。

2013年，中国人民银行公告发行“和”字草书纪念币（“和三”），当时搜狐网、新浪网首页转发，一下激发了普通民众的收藏热情，即使从未接触过纪念币的人也纷纷想收藏“和三”纪念币，导致面值5元的“和三”纪念币价格一路上涨，最高涨到35元。彼时依托互联网的经营者流水增长最快，例如，位于渤海商务大厦虹宇钱币的杨培林就紧紧抓住了这次机会，当年其一人所经手销售的“和三”纪念币达3万枚之巨，占到发行量的0.1%。由此，朔州市钱币市场进一步快速增长，再以杨培林为例，在2014年前他每年销售熊猫银币不足百枚，而2014年达8 000枚，可见朔州钱币市场增长之快。这时，朔州市的钱币收藏者队伍达5万人左右。

2015年，普通纪念币发行方式作出调整，由以前的收藏者在兑换日在商业银行现场排队限量兑换的方式转变为收藏者提前通过银行网站按限量预约，发行时到现场兑换的方式。当年发行的航天纪念币、航天纪念钞首次采用这种方式，一个人可预约兑换航天纪念钞10张、航天纪念币3枚，后期发行的其他纪念币改为一人可预约兑换20枚纪念币。同时，从2015年开始纪念币发行量扩容增速。2015年前，普通纪念币一般的发行量为1 000万枚，较少的如“建行币”发行量为206万枚，发行量超过3 000万枚的没几个品种。2015年发行的航天纪念币发行量为1亿枚，航天纪念钞发行量为3亿张；2016年发行的猴年纪念币更是一下达5亿枚。发行方式的转变加上发行量的快速扩容，使普通钱币爱好者能够在发行初期就参与到纪念币的收藏，这使纪念币在民间的影响力呈几何级数倍增，钱币爱好者队伍迅速扩大。2016年，朔州钱币收藏队伍达10万人左右，钱币市场进一步繁荣。由于大量新投资者的加入，在一些“庄家”的带动下，纪念币炒作异常火爆，如10元面值的羊年生肖纪念币最高炒到了150元。

2015—2016年上半年，朔州钱币市场的主体经营者经营方式出现了分化。一类是传统的“流水”经营者，他们主要是通过流水来获取收益，比如一枚进货价100元的钱币，他们的零售价为105元，一进一出赚取差价。另一类是不再满足流水收益而是采用“跟庄”囤货的方式赚取高额溢价。其时，北京、上海、广州等地出现了一些“庄家”专炒纪念币，他们的资金规模少则几千万元，多则上亿元、几亿元，这些“庄家”通过前期悄悄吸筹、中期放消息收货、后期快速拉升、最后派发出货的方式来炒作纪念币，收益颇丰。朔州的一些钱币经营者发现门路后开始“跟庄”炒作，他们通过各种渠道打探庄家的动向进而大量囤货，以获取超额利润。

□ 暴跌规范期（2016—2019年）

2016年下半年开始，随着国家支持实体经济、清除虚拟市场泡沫力度的加强，各地逐步关闭、清退了邮币卡电子交易市场，纪念币价格随之开始大幅下跌，各经营者的钱币资产不同程度出现了缩水，尤其是一些“跟庄”和“囤货”的经营者损失惨重。例如，一王姓经营者2016年初借款200万元，以400元/枚的价格买入贺岁福字纪念币5 000枚，该币后期下跌到200元/枚，王姓经营者损失惨重，从此一蹶不振。爆炒到30元/枚的猴年纪念币也跌倒了面值10元/枚，爆炒到150元/枚的羊年纪念币也跌到不足50元/枚。2017年后，朔州钱币市场各经营者纷纷收缩战线，不再“跟庄”，不再“囤货”，经营方式逐步转变为只做流水不再囤货。

2018年以来，一些以前主营纪念币的经营者开始转向主要经营、投资古钱币和老银元，古钱币市场进一步扩大，投资者收益颇丰。例如，朔城区的李胜春、山阴县的赵永屏、怀仁市的苑富昌等都主要投资经营古钱币。随着钱币收藏队伍的持续扩大、钱币文化研究的不断深入，朔州的钱币市场也越来越发达。

第二节　钱币收藏

货币在流通领域外的一个功能是钱币收藏。封建社会时期，收藏者多收藏古董字画等物件，钱币收藏并不多见，且当时的古董收藏者多集中于富裕人家。改革开放后，人民生活水平日益提高，20世纪90年代后，经济快速发展，钱币收藏者大幅增多，收藏领域逐步扩大，钱币收藏热逐步兴起。因钱币收藏而产生钱币收藏市场，同时伴生出倾轧、制假、骗人等现象。

钱币收藏通过对钱币版别进行深入研究和考证，确定钱币的年代和珍稀程度，通过集藏、整理、陈列、展览和钱币文化的宣传教育，丰富文化生活，陶冶人们的情操。朔州地区不乏对钱币收藏卓有建树的收藏家，他们对钱币的钟爱与专注可见一斑，也为钱币学的进一步深入贡献了自己的绵薄之力。

□ 赵永屏

男，1966年出生，山阴县白家堡人，现任职于工商银行山阴县支行。从事钱币收藏30余年，业余时间几乎都投在钱币收藏与钱币研究中，主藏中国历代钱币。2002年在《中国钱币》刊登《朔州地区发现清代票帖版》，为研究朔州地区清代票号发展提供了实物依据。近几年利用微信和快手直播积极普及钱币知识，对一些喜欢钱币的泉友起到了一定的宣传推动作用。多年收藏感受最深的是，器物是有灵性的，收藏是一种仪式，也是一种对话。

□　李胜春

男，汉族，1976年出生，朔城区人，北京邮电大学通信工程专业本科毕业。朔州知名佛像、钱币收藏爱好者，现为山西省收藏家协会理事、朔州市收藏家协会副会长兼秘书长、朔州市三晋文化研究会理事、朔州市长城学会理事。

自1999年开始，十余年来坚持专注于收藏、历史、传统文化研究，个人藏品主要以金铜佛像、钱币、铜镜、香炉等为主。钱币藏品中，从最早的贝币到刀布圜钱等历代古钱币，从清代钱帖到民国纸币，从银锭、银元到铜元，从新中国纸币、纪念币到外国钱币，均有涉猎，收藏品种达数千种，数量达几万枚。同时，十分注重本土钱币文化的发掘、保护和传承，遇到有朔州本土发行的历代钱币，总是不惜重金购藏，先后收藏有战国时期新城布币、清代应州兴隆粟店钱票等本土发行的纸币23种，并进行深入研究探讨。其为本志提供涉钱碑文原始资料6 000字，钱币俚语600字，参与货币篇部分章节的初评工作，部分意见被采纳。

2017年5月，为响应朔州市委宣传部首届马邑文化收藏展的号召，李胜春以个人名义举办了“殊胜堂藏中国历代钱币展”[①]，是朔州市举办品类较全、独成体系的钱币展。展览吸引了大批市民、学生、读书会等团体前来参观、学习和交流，外埠也有人专程赶来参观。展览历时两年，累计接待参观者5 200多人次。其间，李胜春举办3期专题学术讲座，开办“看钱币　说历史”研学活动26场次，取得良好社会效应。此后，在朔州市有关部门的配合下，李胜春先后举办《中国货币文化史》《钱币上的文字》《银锭的收藏与鉴定》《阎锡山和山西省银行》《日伪蒙疆银行及其发行的货币》等专题讲座，公益讲解达数十场之多，受到市民和社会各界的广泛好评。

□　田志文

男，汉族，1974年出生，朔城区人，中煤平朔集团有限公司矿山职工，朔州古玩界资深古钱币收藏、鉴赏爱好者，新生代泉友会领军人之一。青年时期在部队服兵役十多年，圈内号称“军人”，创办“塞雁泉社”实体工作室和微信交流群，以研讨学习推广钱币文化为主题，在朔州钱币收藏界颇有影响力。田志文在部队服役期间，因工作关系，经常去单位干休所送报刊，而老干部周本山是一位有着40多年藏龄的古钱币收藏家，受周老启蒙指导影响，田志文开始接触购玩古铜钱，闲暇时常沉浸于古玩旧货交易市场。起初买些常见几元的唐开元、清康熙、乾隆等古钱币和几十元称斤的古散钱，后来在网络上有针对性地购买古钱币，逐渐练就了辨版鉴藏的好眼力。田志文坚持收集研究古钱币20多年，现收藏有历代各种古钱币近万枚，主藏北宋铜钱，其中宋徽宗“瘦金体”崇宁通宝和大观通宝收藏有1 000多种不同版别；总体北宋铜钱成规模建制藏品20余册，其中有出谱品、珍稀高级版30余枚，有创见品“大观通宝”小平试铸样钱1枚。田志文被朔州泉友笑称为“泉痴”，也有“集大成者”“藏家”等美誉，而自认为是“小学生”，在不断的收藏和学习中，有孔方兄陪伴，快乐就永远相随。

① 殊胜堂为他本人斋号。

第三节　钱币考证

□　新城布币铸地考证

新城布币为小型、平首、耸肩或微耸肩尖足布，布身长5～5.4厘米，宽2.7厘米，重5.6克左右，微耸肩布有轻薄至4克者。面文为阳文大篆书体“新城”或“辛城”，多件倒文，书刻大同小异，版别繁多。在战国时期“新”“辛”二字相通，学术界将两种货币合二为一，定名为“新城布”。1963年阳高县出土尖足布、方足布共计1 300余枚72种，今存于阳高县文管所及大同市博物馆共52个样式，其中并未见新城布，也可见其稀有。

新城布币在1938年由丁福宝编著的《古钱大辞典》、日本昭和十三年（1938年）奥平昌洪辑录的《东亚泉志》中已有收录；在新中国成立后出版的《燕下都东周货币聚珍》等众多钱谱中也收录介绍过；在《赵国钱币》一书中，收录有不同版别的12品新城布币；在中国国家博物馆、中国钱币博物馆、故宫博物院、上海博物院、山西博物院等处都有收藏。在钱币界珍、罕、稀、少、多五级定位中，新城布币属于稀见品，在三等九级定位中属于“二下”。

1963年以来，在朔城区沙塄河、秋寺院、北旺庄、崇福寺附近、司马泊、趄坡、府南小区先后出土了几批战国刀币、布币，经考古人员和钱币界人士整理后发现，其中有不少面文为“新城”或“辛城”的布币。这种布币除了在朔城区境内发现外，在周边的山阴县、右玉县、原平市、定襄县、阳高县，以及河北省的易县都有出土。值得注意的是，这些县市在当时均为战国赵地。

新城和邯郸、榆次、晋阳、安阳、离石一样，均为布币铸造地名，有些地名至今仍在沿用，尤以三晋为多。关于“新城”的地理位置，史学界普遍认为它是“战国赵邑”。关于此城的历史记载最早出现于《史记·秦本纪》：“庄襄王三年（公元前247年），蒙骜攻魏高都，汲，拔之。攻赵榆次、新城、狼孟，取三十七城。”唐代的《史记正义》认为，这个新城就是指朔州“西南四十七里”的新城。唐代《括地志》有载：“新城一名小平城，在朔州鄯阳西南四十七里。”20世纪出版的《中国历史地图集》也在“战国时期全图”上把新城标于此地。

经实地考察，朔州城南梵王寺村坐落在新城南半部，村北1华里处尚存长约400米的一段城墙，为新城北墙。据当地村民李振华回忆，小时候刮大风土被吹走后，城墙根下就会出现一些铜箭头，在城墙之南的庄稼地里也会发现绳纹、网纹、布纹、简板瓦和古陶器碎片。20世纪末，在距此城西北5公里的趄坡村神朔铁路工地上，出土了满满一搪瓷洗脸盆战国刀币、布币，约有数千枚，其中就有不少新城布币。新城布币的出土地点以新城为中心，一定程度上佐证了新城布币铸造于此城。

新城的始建年代当在周赧王八年（公元前307年），距今2 300年左右，可谓是雁门关以北最早的城邑之一，也是赵国在今朔同地区仅有的两处钱币铸造地之一。另一处在今左云县西，战国晚期在那里铸造过“雁次一两”“雁次十二铢”两款三孔布，较新城布币晚，铸造时间也短，数量极少，影响不大。钱币界的共识，布币铸造的时间顺序是：尖足布—方足布—圆足布—三孔布。战国时代的新城可以大量铸造钱币，在当时一定是一个非常繁荣的城市。朔州境内及周边地区并无铜矿，赵国境内有三处铜山分别是悬瓮山（今太原境）、少山（今昔阳境）、白马山（今盂县境），都在山西中部，隔着恒山山脉。铸币所需大量矿石或铜锭需长途运输而来，说明在秦始皇修通驰道之前，朔州通往宁武关或雁门关南的道路已经畅通，交通堪称便捷。

在列国货币中，不论齐、燕之刀，魏、韩之布，秦国圜钱，均较厚重，唯有赵国的尖足布最为轻薄。新城布币也不例外，相当规范化、标准化，铸造工艺十分精致，能达到这样的难度及要求，说明当时的铸币技术已十分高超。

□　宋子三孔布铸地与年代考证

1982—1986年，在朔县城北平朔露天煤矿生活区等考古工地共发掘秦汉墓1 285座。1983年4月，在县城东北8公里北旺庄平朔露天煤矿生活区基建考古发掘中，考古工作者于第一施工区西汉文景至武帝时期的墓葬M8中清理出一枚圆头、圆脚，还带有三个圆孔的货币，因面有铭文“宋子”二字，故称宋子三孔布，目前调拨到中国国家博物馆收藏展出。

宋子三孔布通长5.5厘米，首宽1.1厘米，身肥2.8厘米，裆宽1.5厘米，孔0.5厘米，重6.8克，为圆首、圆肩、圆裆、圆足，布首及双足端各有一个圆形穿孔，布周与穿孔皆有郭。正面篆文“宋子”二字，当为铸地，背文“十二朱”（铢），布首穿孔上有“一”字，文字笔画清晰。此宋子三孔布规整精美，钱文奇丽，过去从未发现过，是我国目前所见唯一一枚考古发掘的三孔布，由于有明确的出土时间和地点，具有重要的科学价值，因又是海内外孤品，更显得弥足珍贵。

宋子三孔布面文“宋子”，为古邑名，战国赵邑，治所在今河北赵县东北二十五里宋城村。《史记·燕召公世家》记载，燕王喜四年（公元前251年），栗腹伐赵，至宋子。同书《刺客列传》记载，秦灭燕，高渐离变名姓为人庸保，匿作于宋子。《正义》记载，宋子故城在赵州平棘县北三十里。秦置县，属巨鹿郡。西汉初置宋子侯国，东汉废。北魏永安二年（529年）复置，北齐废。隋开皇初复置，属滦州，大业初废。

宋子三孔布背文“十二朱”，朱即铢字省，十二铢即为半两，是布币的纪重或纪值单位。背面首部穿孔上“一”划横，可能是铸币的炉次或范次的数字，因此不应读作一十二朱。三孔布有大、小两种，大品背“两”字，小品背“十二朱”，一两即为二十四铢，十二铢实为半两。背文纪铢两的三孔布，在我国货币史上有着一定的重要性，它是铢两货币的先导，秦半两实源于此。

三孔布铸造与流通的时间较短，地域也不广泛，无论是传世品或出土品都极稀少，且在中华人民共和国成立前流出国外较多，仅日本银行所藏三孔布就有20枚左右。据关汉亨统计，曾经公布拓本的传世三孔布有30种不同面文，共计76枚。除宋子三孔布外，其余均为传世品。三孔布因形制特殊、存量极稀而富有神秘色彩，也是现今钱币界公认的名珍之一。

有关三孔布国别与铸造年代等基本问题，仍是未解之谜，主要有以下三种说法：一是秦国铸币说，铸行于战国晚期。主要依据是三孔布采用铢两计重，而当时在钱币上采用铢两计重的只有秦国，且铸量稀少，因此推测为秦灭六国过程中占领赵国城邑后暂时出现的圆钱与布钱的混合型铸币。二是中山国铸币说，铸行于战国中期。主要依据是考证出三孔布地名主要集中在公元前4世纪中山国疆域内。据平山县中山国墓出土铜器铭文，中山曾趁燕国内乱之际攻取燕国“方数百里，列城数十”，说明这一时期的中山曾一度比较强大，有铸造精美钱币的可能。三是赵国铸币说，铸行于战国晚期。主要依据是三孔布形制类似赵圆足布，且分大、小二等，文字制作也为三晋风格，已考证出的三孔布地名要么属赵，要么先属他国而后属赵。从宋子三孔布的形制和布币的演变过程来看，应属战国晚期赵国铸币。

□ 唐代金器货币属性考证

1979年4月9日，平鲁县城关乡屯军沟出土一批金器，这批金器安放在一个木匣中间，木匣长40厘米、宽25厘米、高30厘米，已经腐朽成纤维状。西端放扁圆形金片和金铤，金铤交替四层叠压在一起；东端放金箔三捆；在金铤金箔之间放金饰、金链和官服腰带上的金銙等。全部共计194件（包括断成两截后的总件数），合计毛重为34 810克，折合成纯金重量为33 025.64克，为我国当时已知黄金器物出土之最。根据金铤铭文可知，为唐代“安史之乱”时期的遗物。

在这批金器中，最为珍贵的是其中82件金铤和4件金饼，它为研究中国唐代货币史提供了丰富翔实的实物资料，现收藏于山西省博物院展厅。

从平鲁出土的4件金饼看，其制作工艺较粗糙，无铭文，形状似圆非圆，背面低凹，成色仅80%。4件金饼大小（重量）不同，其中一件有被使用过的痕迹，是典型的称量货币。因唐代金饼至今只发现这4件，因而很难知道当时金饼的全貌，但同时期的银饼却有不少发现。唐代银饼特色明显，已开始规范制作，其上凿刻或墨书铭文，内容涉及铸造部门、人员、重量、年月、白银来源、官员姓名、工匠名称等，如“怀集县开十（开元十年）庸调银十两专知官王问乐典陈友匠高童”。从银饼铭文内容可清楚了解到当时白银已被应用于租庸调、税口银、市场税收等赋税方面。

铤是一种尚未制成器物的铜铁金银。平鲁县屯军沟村出土的82件金铤，其中5件有铭文，铭文一般用刀刻成，有的因字迹被砸，变得模糊不清，但它却从一个侧面透露了唐代用金信息。这些金铤形制不规范，大大小小，轻重不一，成色也有差别，大者重1 091.22克，小者重65克，相差甚大，成色在95%～97%之间。这82件金铤均采用矿金模内浇铸，长方形，扁平状，正背面不够平整，有锤锻过的痕迹，其铸造上都或多或少地存在着大小不一、厚薄不均等不规范的缺陷，这说明唐代金银的铸造工艺还不够完善，如果从货币的角度理解，仍是一种原始的称量的货币形式，其行使货币的职能依然停留在进奉、上贡、赋税等方面。

第十一章

朔州钱币俚语

“钱”，具有价值尺度和交换媒介的货币职能，在中国上下五千年历史间，从古时兽皮、大石头、贝壳、谷帛等实物货币，到金、银、铜、铁、镍等金属货币，再到现在流通的纸币，其随经济政治社会的不断发展而变化，在人类生产生活中占据不可或缺的地位。尽管清代、民国时期钱币学家通常将历代铸币称为“钱币”，但随着货币经济的发展与演进，民间中“货币”与“钱币”的界限逐渐模糊，“钱币”已成为“货币”的准代名词。

追溯其踪，“钱币”一词在我国最早见于春秋战国时期，《国语・周语》中有载“周景王二十一年，将铸大钱，单穆公谏之，以为作重币，以绝民资。景王不听，卒铸大钱”。其后也多在古籍记载中出现，如汉代贾谊有言：“‘钱’乃人主之‘操柄’”；清人毕沅所著《续资治通鉴》中有载：北魏时期“令钱必为文，绢帛成尺，金银成钱”等。“钱币”产生之后，钱币文化应运而生，日益兴盛，唐代张说在其著作《钱本草》中对钱币文化进行讨论：“钱，味甘，大热，有毒”；西晋鲁褒在《钱神论》中也对钱币文化进行研究：“钱之为体，有乾坤之象”等。钱币文化方兴未艾，而钱币俚语便是其衍生品之一。

钱币俚语作为“钱币”的衍生品，交织了朝代更迭中百姓生产生活的经验与情感。而在朔州钱币俚语中，虽资料单薄，几无相关在册记载，且部分有消极、拜金主义倾向，如“孔方兄”为钱币之义，而在朔州俚语中“钻孔方兄里了”就有钻钱眼之义；再如“有钱能使鬼推磨”等，然一是流传久远，再则多为当地百姓口口相传之语，故本文会依据当地俚语尽数如实记录。

在朔州钱币俚语中，其相较于普通话来讲，在语法上大同小异，但词后加“儿”“呃”“了”“哩”等词缀，且声调、韵调有较大不同，体现出朔州当地方言特色。而朔州俚语中关于“钱”的词汇和俗语不胜枚举，其中部分词随时代变迁而产生新旧之分，如“铜板板”已淡出方言体系，而代表第五套新版人民币百元钞的“红板板”则方兴未艾。朔州钱币俚语体现了朔州地区关于钱币所独有的地方特色与风俗习惯，反映出一些民间社会现象，多具告诫与教育意味。

第一节　朔州古代钱币俚语

□　钱币术语

钱［音同“其儿（qí er）”］——指钱钞现金。在朔州方言中，钱之义等同普通话中人民币［音同“仍名币（réng míng bì）”］。常用句式如“多少钱儿”“挣几个钱儿”等。朔城区方言中该词多用儿化，而其他区县并无明显儿化现象，如右玉方言中该词读作三声“且（qiě）”，平鲁区方言中读作二声“茄（qié）”。

压箱钱［音同“押想其儿（yā xiǎng qí ér）”］——是朔州民间婚礼习俗程序之一，是娘家送给新娘的私房钱，放在陪嫁箱的底部。一般情况下是不能动用的。

压腰钱［音同“呀腰呃其儿（ya yāo è qí ér）”］——结婚时亲戚给新娘腰带上放钱，意思是希望女孩身上有钱不受欺负。

□　钱币专词

大气［音同“大气（dà qì）”］——褒义词，形容人对待金钱态度慷慨，不斤斤计较。常用句式有“人家这人大气”等。该词在各区县方言间声调略有不同，如在朔城区方言中读作大气（dà qì），右玉方言中读作“达其（dá qí）”，山阴方言中读作“达气（dá qì）”。

手把大［音同“手罢呃大（shǒu bà è dà）”］——形容人不抠门，花钱大气。常用句式有“这人可手把大哩”等。该词在朔城区方言中读作“手罢呃大（shǒu bà è dà）”，在右玉方言中读作“收吧达（shōu ba dá）”。

围胡［音同“为壶（wéi hú）”］——名词，把人们聚在自己家里以钱为赌注赌博并收取提成的人，常见用法有“可别当围胡，赖营生”等。

嗦甲［音同“嗦啊甲（suō ā jiǎ）”］——形容词，指人对待金钱比较小气吝啬，多带贬义。常与“货”组词形容一类人，或与“咯览”组词表小气之义。常用句式有“这人真是个嗦甲货”“咋嗦甲咯览成个这”等。常见于朔城区方言中，其他区县尤其右玉方言中不常见。

叽荒［音同“几晃（jǐ huǎng）”］——名词，指债务，常用句式有“打叽荒”“那人嘎下可多叽荒哩”等。与朔城区当地方言不同，在右玉方言中该词多念“计哗（jì hua）”。

呐帕老财［音同“呐啪唠才（nà pā lào cái）”］——贬义词，“呐帕”在朔州方言中意指发霉发臭的东西，“呐帕老财”指把钱捂臭了都不舍得掏出来，形容人非常抠门。常用句式有“那人真是个呐帕老财”等，常见于朔城区方言中。

钱眼［音同“茄以儿（qié yǐ ér）”］——铜钱中间的方孔，在朔州方言中多与动词“掉（音同‘嗲’）”组合使用，形容人贪财好财。常用句式有“掉钱眼里头了”“你快钻钱眼里头哇”等，多带贬义。

大老财［音同“大唠财（dà lào cái）”］——旧时多指大地主，现于朔州方言中指有钱人，常用句式有“人家那是大老财了”等，多有调侃之义。

□ 钱币歇后语

半个铜钱，不成方圆［音同“半个呃铜其儿，不呃成方越（bàn gè è tóng qí ér，bù è chéng fāng yuè）”］——原为歇后语，旧时钱币为圆形方孔钱，只剩半个不圆也不方，是谓“不成方圆”。不成方圆，指言行举止没有规矩。

百家姓少了第二姓，没钱［音同“比啊贾姓少劳第二姓，么其儿（bǐ ā jiǎ xìng shǎo láo dì èr xìng，me qí ér）”］——百家姓第二姓为钱，少了第二姓是为没钱，引申义就是暗指人没钱，该句原为歇后语。

□ 钱币俗语

买得起马，备不起鞍［音同“买哩起马，备不呃起南呃（mǎi li qǐ mǎ，bèi bù è qǐ nán è）”］——古代的人买马要备鞍，不然无法骑。放到现代广泛应用于日常，比方说贷款买车但付不起油费、买不起停车位等。又指大钱花得起小钱却花不起，比喻大钱舍得花，却吝啬小钱，钱财使用不当。

袖褪黄金［音同“秀痛黄井（xiù tòng huáng jǐng）”］——袖子里连绵不断地出黄金。指因拥有某项精湛且长青的技艺而积累很多财富，钱连绵不断。

八米二糠算死了［音同“吧密二炕蒜死兰（ba mì èr kàng suàn sǐ lán）”］——打谷子出八成米二成糠，如果买米时把八米二糠都算上就亏了，形容人对钱财算得太精明，太过斤斤计较。

铁公鸡，一毛不拔［音同“恰拱儿，一呃毛不呃拔（qià gǒng jǐ，yī è máo bù è bá）”］——铁铸成的公鸡一根毛都拔不掉，形容人对待钱很吝啬小气，比较抠门。

钱上垛，人不闲［音同“其儿上剁，仍不呃鞋（qí ér shàng duò，réng bù è xié）”］——钱多得成垛，人也不闲着。形容人越有钱越有干劲越勤奋，人也越发闲不下来。与俗话中“银钱养精神”是一个道理。

君子爱财，取之有道，用之有度［音同“窘子耐财，取子有道，用子有度（jiǒng zǐ nài cái，qǔ zǐ yǒu dào，yòng zǐ yǒu dù）”］——对于钱财要得到的有道理，用起来掌握度，这样才是君子，为对人们金钱观的正确引导。

穷汉子不攒钱［音同“琼汉呃不呃攒其儿（qióng hàn è bù è zǎn qí ér）”］——有的穷人不攒钱，也攒不下钱，因为有了钱就马上花光。

穷汉赶了个末脚年［音同“琼汉呃赶唠个（qióng hàn è gǎn lào gè）”］——穷汉子本身没钱，又运气不好来迟了赶不上好年份，雪上加霜，短期内脱不了贫。

穷汉赶上闰月年［音同“琼汉呃赶上荣月捏（qióng hàn è gǎn shàng róng yuè niē）”］——闰年多一个月，干活的穷人就可以多干一个月的活多挣一个月的钱，形容苦尽甘来事情有转机了，前途有曙光有希望了。

拿上金钱讨饭吃［音同“拿上井其儿讨饭吃呃（ná shàng jǐng qí ér tǎo fàn chī è）”］——自己有钱又要向别人讨饭吃，比喻自己有极好的条件不知加以利用，却向别人乞求，也比喻极其吝啬小气的守财奴。也说“拿着金饭碗讨饭吃（ná li jǐng fàn wǎn tǎo fàn chī è）”。

化干戈为玉帛［音同“化赶嘎为玉拔（huà gǎn gā wéi yù bá）”］——古时干戈为兵器，意指战争；玉帛为玉与丝织品，古时常用丝帛为实物货币以作进贡之用，为进贡之上品。用进贡玉与丝织品来代替战争，比喻使战争转变为和平，相互礼尚往来。

妻大三，抱金砖［音同“起大伞，抱井转（qǐ dà sǎn，bào jǐng zhuǎn）”］——妻子比自己大三岁，好比抱起了金砖钱财，指婚嫁中认为女性年龄大好。

腰缠万贯［音同“咬残万贯（yǎo cán wàn guàn）”］——腰缠指随身携带，中国旧时多为方孔圆钱，绳索串钱，贯则为钱串，万文为贯。随身携带万贯钱串，形容人有钱富贵，钱财极多。

有钱人骑上马，没钱人拉上棍［音同“又其儿仍其上马，么其儿仍喇上共呃（yòu qí ér réng qí shàng mǎ，me qí ér réng lǎ shàng gòng è）”］——有钱人出门骑马，没钱人出门拉上棍子（乞讨）。通过前后句对比，表达有钱与没钱的巨大差异。

想金望银，一辈受穷［音同“想经望营，一辈呃受穷（xiǎng jīng wàng yíng，yī bèi è shòu qióng）”］——天天想着金子银子（自己命运不佳也不行动），一辈子穷困。多用于告诫人不要空想，踏实行动才会有所收获。

钻到钱眼了［音同“钻到茄一儿兰（zuàn dào qié yī ér lán）”］——旧时钱币为圆形方孔（即钱眼），该句形容人贪财爱财，多含贬义。

有钱没钱，剃头过年［音同“又茄么茄，气头过捏（yòu qié me qié，qì tóu guò niē）”］——朔州人有过年剃头的习俗，该句表达不管有钱没钱，总要剃头过年好好生活有精气神之义，含积极向上之意味。

一文钱，一文货［音同“一呃翁其儿，一呃翁或（yī è wēng qí ér，yī è wēng huò）”］——什么样的价钱对应什么样的品质。

人没钱不如鬼，茶不酽不如水［音同“仍么其儿不呃如鬼，擦不呃业不呃如水（réng me qí ér bù è rú guǐ，cā bù è yè bù è rú shuǐ）”］——茶味不浓厚不如水，人没有钱不如鬼，前后句类比反映一种社会现实，表达人没钱的窘迫。

家有万贯，不如薄艺在身［音同“贾有万贯，不呃如博艺在省（jiā yǒu wàn guàn，bù è rú bó yì zài shěng）”］——家里再有钱也不如自己掌握一门可活命的技术艺术，勉励人们自立自强。

一吊钱吊在门槛上，里外半吊子［音同“一呃吊其儿掉在蒙克儿上，里外办吊呃（yī è diào qí ér diào zài méng kè ér shàng，lǐ wài bàn diào è）”］——一吊钱挂在门槛上，那门里门外就都只有半吊。形容人技艺钻研不深掌握不精，半吊子水平。

杀人偿命，欠债还钱［音同“撒仍偿命，妾在环茄（sǎ réng cháng mìng，qiè zài huán qié）”］——杀了人就要自己偿命，欠下债就要还钱，反映了一种传统观念。

火到猪头烂，钱到公事办［音同“火到主头烂，茄到公事办（huǒ dào zhǔ tóu làn，qié dào gōng shì bàn）”］——火候到了猪头自然会煮烂，钱到位了事情自然好办，意在讽刺与揭露公事需私办的社会现象。

衙门口，八字开，有理无钱莫进来［音同“崖么口，八字儿凯，有理么茄嘛竟来（yá me kǒu，bā zì ér kǎi，yǒu lǐ me qié ma jìng lái）”］——衙门口的侍卫八字排开，再有道理没钱也别想进来（为自己主持公道）。衙门本是为百姓主持公道之地，却“没钱就没理”，表达讽刺之义。

人为财死，鸟为食亡［音同“仍为财死，鸟未时呃亡（réng wéi cái sǐ，niǎo wèi shí è wáng）”］——人为钱财而死，鸟为食物而死，指为了追求金钱，连生命都可以不要。

有钱能使鬼推磨［音同“有其儿能使鬼腿末（yǒu qí ér néng shǐ guǐ tuǐ mò）”］——有钱能让鬼来推磨，民间形容金钱万能，盲目夸大钱的作用。

第二节　朔州近现代钱币俚语

□　涉钱术语

铜板板［音同“同版伴（tóng bǎn bàn）”］——旧时钱为铜板，朔州方言中多用ABB形式的“铜板板”指代金钱，语气较之“钱”更为日常亲切。常用句式有“今年挣了几个铜板板？”“花了不少铜板板啊”等。

洋钱［音同“杨其儿（yáng qí ér）”］——又称“大洋”，指代银元，同“蓝板板”一样已退出历史舞台，在方言中也主要为老一辈人使用，常用句式有“那时候的长工干几年也挣不到一个洋钱”等。

国库券［音同“刮库缺儿（guā kù quē ér）”］——1950年起新中国最早流行于群众间的国家公债，随着1998年我国停止国库券发行，该词逐渐淡出朔州方言，现多用于收藏。常见句式为“以前的国库券可是抢都抢不上哩”等。

公分儿［音同“拱讽儿（gǒng fěng ér）”］——1958年“大跃进”开始后，人民公社化运动展开，当时出现了集体公社，公社中农民按公分挣工资，效益好的集体公社公分多，部分则公分少。常用句式有“人家挣的公分儿多”“那个大队效益好，公分儿多”等。

蓝板板［音同“兰板办（lán bǎn bàn）”］——指1990年第四套人民币中的蓝色百元钞，该词随新版人民币发行已渐淡出方言常用语，现多为老一辈朔州人使用，如“人家可收藏了好多蓝板板呢”等。

红票［音同“红票呃（hóng piào e）”］——又称“红板板”，在使用时一般呈ABB形式“红票票”，其义指百元大钞，特指第五套人民币中红色百元钞。常用句式有“这个月挣了几个红票票（红板板）？”。朔城区方言中念“红票呃（hóng piào e）”，而在右玉方言中该词念“哄瓢票（hǒng piáo piào）”，声调上有些许变化。

毛毛［音同“毛冒（máo mao）”］——该词有两义，一为小钱零钱之义，常用句式如“挣俩毛毛钱”“小毛毛”等；二为广义上的钱钞现金，常用句式有“你现在挣几个毛毛？”“不值几个毛毛钱”等。

工资［音同“拱紫（gǒng zǐ）”］——名词，指雇主为员工支付的劳动报酬，常用句式有“人家那单位工资可高了”等。

津贴［音同“井恰（jǐng qià）”］——名词，指工资以外的补助费，常用句式有“今年单位效益好，津贴发哩多”等。

□　贬义方言

白花［音同“白哗（bái hua）”］——名词，专指要钱要很大的人，比如开赌场的人。常见用法有“那人可是个大白哗”等。

求毛鬼太［音同“求毛鬼太（qiú máo guǐ tài）”］——形容词，指人对待钱财吝啬小气，多带贬义。常用句式有“这人求毛鬼太不像样”等，在六区县方言中都较为常见。

钱凑呃［音同“茄凑呃（qié còu è）”］——指装钱的袋子，有时作贬义时也称“贼凑呃（zái còu è）”，特指贼用来装赃物和脏钱的袋子。常用句式有“你看那人又背上钱凑呃出来兰”等。

耍钱［音同“耍其儿（shuǎ qí ér）”］——动宾短语，指类似赌博的一系列行为，常用句式有“那人耍钱呢”“天天就是耍钱了”“喝酒耍钱烫片片沾了个遍”等，多带贬义。

跌皮鬼［音同“嗲皮鬼（diǎ pí guǐ）”］——贬义词，“跌皮”意指敲诈勒索，多用来形容人习惯敲诈勒索别人的钱财，常用句式有“那货是个跌皮鬼”，常见于朔城区、应县方言中。

□ 特色方言

搭礼［音同“哒礼（dā lǐ）”］——在朔州地区民俗中，婚丧嫁娶时客人会给主人礼钱以示尊重，而替无法到场的客人代为上礼则为搭礼。常用句式有“我今天有事去不了了，你给我搭个礼哇”。

钱笸箩［音同“茄扑呃罗（qié pū e luó）”］——又称“钱不袋（qián bù e dài）、钱匣匣（qián xiá xiá）”，指人们用来装钱的容器，常用句式有“往出倒腾你那钱笸萝萝哇”“拿上钱不袋可得多注意着点”“人家呢钱匣匣里头可是有大宝贝哩”等，日常使用多有调侃之义。

手脚大［音同“手加大（shǒu jiā dà）”］——形容词，指人花钱大手大脚。在不同语境下有不同感情倾向，如在“人家这人给家里人花钱手脚大呢”中为褒义，指慷慨；而在“这人平时花钱随心所欲，手脚大得很”中则有花钱不知节制之贬义。

贱［音同“借（jiè）”］——该词在朔州方言中，用于金钱相关语境时特指某物便宜廉价。常用句式有“这东西现在贱了，趁便宜买”、吆喝卖货时的“贱卖贱卖”等。该词在朔州六区县方言中用法一致，而在声调上有所不同，如朔城区方言中该词读作“借（jiè）”，而在右玉方言中该词读作二声“结（jié）”。

嘎下［音同“尕下（gǎ xià）”］——指欠某人东西，放在金钱相关语境中多指欠钱。用于日常交际语中为省略宾语的动宾结构短语，“嘎”为“欠”之义，常用句式有“嘎下钱”“你嘎下我那么多啥时候还啊”等。朔城区方言中多念“尕下（gǎ xià）”，右玉方言中该词读作“旮霞（gā xiá）”，声调有变化。

打平伙［音同“打平火（dǎ píng huǒ）”］——指几个人合伙出钱或出物凑在一起吃喝。常用句式有“今儿吃饭脏（咱们）打平伙哇”等。

字一字［音同“字一呃字（zì yī e zì）”］——指花钱买东西时需要用秤称重的动作。常用句式有“给咱把这些东西字一字看多钱儿”等。

手紧［音同“收景（shōu jǐng）”］——形容词，指人花钱节俭，有时会有“抠门”之义。常用句式有“他这个人手很紧，不瞎花钱”“这人可是手紧哩很”等。

打闹［音同“打挠（dǎ náo）”］——动词，又称“倒腾”，放在金钱相关语境中特指“挣、赚”，常用句式有“你今年又打闹下多少？”“这年头打闹几个钱也是不容易啊”等。

□ 钱币俗语

有钱钱护脸，没钱脸护钱［音同“有其儿其儿护咧，么其儿咧护其儿（yǒu qí ér qí ér hù liě, me qí ér liě hù qí ér）”］——形容有钱用钱来维护面子，没钱只能用脸面来维护钱，放下脸面挣钱。

财迷心窍［音同“才迷醒翘（cái mí xǐng qiào）”］——过度贪恋钱财而蒙蔽了理性，如朔城区方言中“财迷心窍偷东西哩”。

人有不如自有，自有不如怀揣［音同“仍有不呃如自有，自有不呃如怀来揣（réng yǒu bù è rú zì yǒu，zì yǒu bù è rú huái lái chuāi）”］——别人有钱不如自己有钱，自己再有钱也不如把钱揣在怀里放心。

人和钱过，菜和盐过［音同“仍害其儿过哩，菜害爷过哩（réng hài qí ér guò li，cài hài yé guò li）”］——人想生存得有钱，无钱寸步难行；菜想腌好必放盐，无盐则无味甚至发烂。

花钱不花在土八窝［音同“花其儿不呃花在土吧我（huā qí ér bù è huā zài tǔ ba wǒ）”］——在朔州方言中“土八窝”指土沟，这句话指花钱不应该像扔沟里一样打了水漂，应当把钱花在刀刃上。

见了利益就抢，见了荣誉就要［音同“借唠利益就抢，借唠荣誉就要（jiè lào lì yì jiù qiǎng，jiè lào róng yù jiù yào）”］——形容人抢功夺利对钱企图心太大利欲熏心，急功近利不懂谦让团结。

饧公鸡倒粘别人哩［音同“刑拱己盗捏别仍哩（xíng gǒng jǐ dào niē bié réng lǐ）”］——饧，为朔州当地由米和玉米混合做成的麦芽糖，有很大黏性。这句话指别人占不上他便宜他还反过来倒占人便宜倒拿别人钱。

谁来给谁干，为的一碗饭［音同“水来给水干，为哩一呃碗饭（shuí lái gěi shuí gàn，wéi lǐ yī è wǎn fàn）”］——这句话为民国初年军阀混战特殊时期的民间俗语，当时战乱频繁民生不易，领导人频繁更替，而普通百姓乱世中为糊口挣钱生存，只能谁来领导就为谁干活以维持生计。

过日子不得不仔细，请人不得不大方［音同“过日呃不呃滴呃不呃仔细，请仍不呃滴呃不呃大访（guò rì è bù è dī è bù è zǐ xì，qǐng réng bù è dī è bù è dà fǎng）”］——过日子要点滴勤俭节约钱财方能蒸蒸日上，待客宴请却要尽其所能慷慨大方才能尽心。此句为百姓的生活之道。

腊月的水贵三分［音同“腊月哩水贵散讽（là yuè lǐ shuǐ guì sàn fěng）”］——腊月指农历十二月，指腊月里逢年关家家置办年货，物品价钱跟着上涨，此为百姓的生活经验。

腊月的穷汉赛如马［音同“腊月哩穷汉呃赛如马（là yuè lǐ qióng hàn è sài rú mǎ）”］——腊月里逢年关过节，穷人没钱买不起年货过年于是抢劫就多了，小偷抢劫偷窃时跑得快如马。

强买强卖，欺行霸市［音同“强买强卖，起行霸四（qiáng mǎi qiáng mài，qǐ háng bà sì）”］——强迫人进行金钱交易买卖，欺负行业霸占市场，为交易中的黑恶现象。

当好人费钱，当好受苦人费力［音同“党好仍费其儿，党好受苦仍费力呃（dǎng hǎo réng fèi qí ér，dǎng hǎo shòu kǔ réng fèi lì e）”］——好人不舍面子能舍钱，热心积极参与各种事宴，多上礼钱因而费钱；好受苦人吃苦耐劳，多劳动因而费力气。该句常见于山阴方言中，为当地人闫富所作，后便在朔州方言中流传开来。该句在山阴当地读作“党个蒿忍肥且哩，党个蒿熟枯忍肥力呃哩（dǎng gè hāo rěng féi qiě li，dǎng gè hāo sóu kū rěng féi lì è li）”。

一分钱掰成两半花［音同“一呃丰其儿毕啊成俩办花（yī è fēng qí ér bì ā chéng liǎng bàn huā）”］——形容人花钱节俭，有时也指人因贫穷而产生的不得已之举。

有钱人下关南做买卖，无钱人讨吃溜口外［音同“又其儿仍下管南嘬买卖，么其儿仍套吃呃柳口外（yòu qí ér réng xià guǎn nán zuō mǎi mài，me qí ér réng tào chī è liǔ kǒu wài）”］——有本事人养驴、养骆驼，骡马队下关南做生意，没地没钱人跑到杀虎口以外内蒙古、外蒙古地区以乞讨为生，维持生存。描述了有钱与没钱的不同处境。

天气越冷风越紧，人越有钱心越狠［音同“茄气余啊经丰余啊冷，仍余啊有其儿兴余啊亨（qié qì yú ā jīng fēng yú ā lěng，réng yú ā yǒu qí ér xìng yú ā hēng）”］——前后句对照类比，形容人有钱了心就狠。

白酒红人面，黄金黑人心［音同“白九红仍灭，黄井呵仍兴（bái jiǔ hóng réng miè，huáng jǐng hē réng xìng）”］——形容喝酒使人上头而脸红，黄金钱财使人心变得丑恶。

金钱如粪土，情谊值千金［音同“井其儿如风图，情以值千经（jǐng qí ér rú fēng tú，qíng yǐ zhí qiān jīng）”］——视金钱为粪土，人之间的情谊值得千两黄金，形容人的情谊珍贵。

一个钱儿一斗谷，没个钱儿守住哭［音同“一告其儿一抖谷呃，么个其儿守正哭呃（yī gào qí ér yī dǒu gǔ è，me gè qí ér shǒu zhèng kū è）”］——一个钱币能买一斗谷子，没有钱只能自己哭，指没钱的窘迫境地。

人心节节高于天，越是有钱越爱钱［音同“仍兴家家搞于且，余啊四有茄余啊耐茄（réng xìng jiā jiā gǎo yú qiě，yú ā sì yǒu qié yú ā nài qié）”］——人的心气比天都高，越有钱越爱钱，形容人拥有的越多想要的越多。

金山配银山，砬碌瓷配料炭［音同“井三配营三砬碌次配料炭（jǐng sān pèi yíng sān，huá lù cì pèi liào tàn）”］——“砬碌瓷”是指用炭做饭烧到第三遍的废炭，“料炭”是指烧到第二遍略有点用。金山银山是指钱多少。这句话是说金山和银山般配，砬碌瓷和料炭般配，多形容婚嫁对象之间的门当户对。

人老三不贵，贪财怕死不瞌睡［音同“仍唠散不呃贵，毯才怕死不呃咔睡（réng lào sàn bù è guì，tǎn cái pà sǐ bù è kā shuì）”］——“贵”有两层意思，一是稀奇少见之义，二是贵气、明智之义。人老了之后有三种常见的毛病（三不显贵），即贪恋钱财、担心死去和睡眠很少。

柴贩子、米贩子，有钱就是好汉子［音同“财范呃、米范呃，有其儿就四好汉呃（cái fàn è、mǐ fàn è，yǒu qí ér jiù sì hǎo hàn è）”］——不管干什么工作，只要给钱就不要挑剔，无论做什么生意能挣钱就行，有钱就是好工作。

有钱万事易，无病一身轻［音同“又其儿万肆意，么病一呃生清（yòu qí ér wàn sì yì，me bìng yī è shēng qīng）”］——有钱无难事，没病无负担，体现人们对生活的美好向往。

一人不喝酒，二人不要钱［音同“一呃仍不呃哈九，俩仍不呃耍其儿（yī è réng bù è hā jiǔ，liǎng réng bù è shuǎ qí ér）”］——一人不喝酒，喝醉不知轻重无人管，危险；两人不要钱，输钱或急眼了易冲动，无他人在场辨不明孰是孰非。酒、赌易上瘾，此话是朔州人的行为艺术与智慧。

喝酒厚，耍钱薄［音同“哈酒厚，耍其儿博（hā jiǔ hòu，shuǎ qí ér bó）”］——厚，使感情深厚；薄，使感情淡薄。意为朋友在一起喝酒能增进感情，但一起赌博耍钱却会伤害感情。告诫人们赌博不可取。

抱上元宝跳井了，舍命不舍财［音同“报舌元宝翘井兰，舍命不呃舍财（bào shé yuán bǎo qiào jǐng lán，shě mìng bù è shě cái）”］——抱着元宝跳井，形容要钱不要命。

人敬有钱的，狗咬穿烂的［音同“仍靖有其儿哩，沟咬喘烂哩（réng jìng yǒu qí ér lǐ，gōu yǎo chuǎn làn lǐ）”］——人尊敬有钱富贵的，狗咬穿得破烂没钱的，形容对待有钱人和没钱人的两种不同方式。

穷舍命，富抽筋［音同“琼设命，富丑井（qióng shè mìng，fù chǒu jǐng）”］——人太穷时把命看得很不值钱，太富时花点钱跟抽筋一样，形容人越有钱越小气。

只看贼花钱，不看贼挨打［音同“要看灾花其儿，不呃看灾乃大（yào kàn zāi huā qí ér，bù è kàn zāi nǎi dà）”］——只看贼花钱痛快，不看贼被捉住挨的打，比喻只看见别人享受，没看见别人付出的代价。

二分钱难倒英雄汉［音同“二丰其儿南倒应熊汉呃（èr fēng qí ér nán dǎo yìng xióng hàn è）”］——指一个很小的困难却对很大的事或很有本事人的人造成阻碍。

酒醉心里明，拿上银钱不给人［音同“九最星来明，拿上营其儿不呃给仍（jiǔ zuì xīng lái míng，ná shàng yíng qí ér bù è gěi réng）”］——指人虽喝醉了酒心里却很清楚，对涉及金银钱财之事很谨慎。

得钱不拣主，有奶便是娘［音同“滴呃其儿不呃解主，有奶憋四娘（dī è qí ér bù è jiě zhǔ，yǒu nǎi biē sì niáng）”］——只要有钱，不挑拣主人是谁；谁给吃奶，谁就是娘。比喻贪利忘义，谁给好处就投靠谁。

张口三分利，不给也够本［音同“掌口三丰立，不呃给也够本儿（zhǎng kǒu sān fēng lì，bù è gěi yě gòu běn ér）”］——生意场中，卖家热情招揽顾客，货卖出有钱可赚，卖不出有货在并不亏本。指办事勇于张嘴也许会得到好处，即便达不到也不会损失什么。

言多语失皆因酒，义断亲疏只为钱［音同“严多预失呃解应九，义断清数只为其儿（yán duō yù shī è jiě yìng jiǔ，yì duàn qīng shùzhī wéi qí ér）”］——醉酒后胡言乱语得罪人，钱看太重而断情谊疏亲系。此为对人的警示告诫。

有钱难买骨肉亲，打断骨头连着筋［音同“有其儿难买谷呃肉清，打断谷呃头连哩经（yǒu qí ér nán mǎi gǔ è ròu qīng，dǎ duàn gǔ è tóu lián lǐ jīng）”］——有钱难买骨肉亲情，就算骨头打断筋还连着。形容一家人骨肉相连，利害相关，即使产生矛盾，也难以割断亲情。

财产有败，势力有倒，人情有散，父兄有死［音同“财掺有败，势力呃有倒，仍情有散，父兄有死（cái chān yǒu bài shì lì è yǒu dǎo，réng qíng yǒu sàn，fù xiōng yǒu sǐ）”］——财产会有破败时，权势会有倒台日，人情终是有聚散，亲人终有归去时。该句道出了人间无永恒，靠千千万外物不如靠自己。

人无横财不富，马无夜草不肥［音同“仍么横财不呃富，马么业草不呃肥（réng me héng cái bù è fù，mǎ me yè cǎo bù è féi）”］——人没有意外之财不会富有，马没有夜食不会肥。比喻在正常钱财收入之外又得到了额外的财富。

能用钱买来的都不贵，能用钱办的事都不是事［音同“能用其儿买来哩读不呃贵，能用其儿办哩四读不呃四四儿（néng yòng qí ér mǎi lái lǐ dú bù è guì，néng yòng qí ér bàn lǐ sì dú bù è sì sì ér）”］——体现人们对钱的认识，夸大钱的重要性。

学会花钱比学会赚钱重要［音同“学啊会花其儿比学啊会赚其儿重要（xué ā huì huā qí ér bǐ xué ā huì zhuàn qí ér zhòng yào）”］——意思是把钱花在正确的事情上，并通过花钱明白了钱的重要性，这样才会努力赚钱。

没有钱苦恼，有了钱烦恼［音同“么有其儿苦闹，有唠其儿烦恼（me yǒu qí ér kǔ nào，yǒu lào qí ér fán nǎo）”］——没钱有没钱的难处，有钱有有钱的烦恼，指不管有钱没钱面对烦恼都避不开逃不了。

要钱没有，要命有一条［音同“要其儿么有，要命有一呃桥（yào qí ér me yǒu，yào mìng yǒu yī è qiáo）”］——要钱不要命，形容不想掏钱或赖账不想还钱。

男人有钱就变坏，女人变坏就有钱［音同“南仍又其儿就变赖，女仍变赖就有其儿（nán réng yòu qí ér jiù biàn lài，nǚ réng biàn lài jiù yǒu qí ér）”］——通过对比男人、女人各自的钱、坏关系，描述出一些社会现象。

天大的官事，地大的银子［音同“茄大哩关司，地大哩营呃（qié dà lǐ guān sī，dì dà lǐ yíng è）”］——天大一般的官司到来，就用地一般大的银子把它摆平。指只要肯大把大把地花钱，就没有打不赢的官司。

房是招牌地是累，攒下银钱是催命鬼［音同“防四找排地四乏，攒下营其儿四催明鬼（fáng sì zhǎo pái dì sì fá，zǎn xià yíng qí ér sì cuī míng guǐ）”］——指很多人每天忙碌疯狂敛财，最终钱财成为走向死亡的助推手。此句是对后人的告诫，即贪恋钱财不可取，皆乃身外之物。

钱不是万能的，没有钱是万万不能的［音同“其儿不呃四万能哩，么有其儿四万万不呃能哩（qí ér bù è sì wàn néng lǐ，me yǒu qí ér sì wàn wàn bù è néng lǐ）”］——钱不能买到世界上的所有东西，比如情感；但人活在世没有钱也寸步难行。该句话引导人们正确看待与认识金钱的意义。

第二篇

机构

朔州的金融业起源较早，据史料记载，明朝中期即有经营货币兑换的钱铺萌芽，也有负责管理军饷和验证储边商贾盐引“勘合”的银号产生。随着商品经济的发展，康熙三十五年（1696年），右玉杀虎口开设“吉盛堂”商号，后改为“大盛魁”，其业务范围涵盖内外蒙古、新疆、甘陕、晋绥以及俄国等地。雍乾之交，右玉商人率先创办以经营工商业存放款业务为主的钱庄。到清朝中后期，朔州经营当铺已十分普遍，行业发展空前繁荣。光绪十三年（1887年），右玉县共有当铺15家，朔县设立当铺11家。民国八年（1919年），朔县裕丰银行（实为银号）成立。民国十八年（1929年），山西省银行先后在朔州地区设立朔县办事处、右玉办事处、应县办事处。抗日战争全面爆发后，当铺、钱庄、银号等逐渐衰败。与此同时，在中国共产党的领导下，晋绥北岳（洪涛山）革命根据地建立，为了占据货币市场，中国共产党领导的八路军、游击队走到哪里，就在哪里组织临时兑换所与金融机构。民国三十七年（1948年），西北农民银行在山阴设立支行，为根据地的巩固和发展发挥了重要作用。

中华人民共和国成立后，1949年至1951年，朔州地区人民银行各县分支机构（县乡级）相继成立，承担辖内农村、城镇的农业和工商业存款、放款、汇兑、公债发行和金融市场管理等工作。改革开放前，辖区的金融体系比较单一，只有兼具中央银行和商业银行双重职能、高度集中统一的人民银行。1978年，党的十一届三中全会以后，朔州金融业进入蓬勃发展时期，先后设立和恢复建设银行、农业银行、中国银行、工商银行等国家专业金融机构，适应经济发展的金融体系初步形成。1989年1月，朔州建市，辖朔城区、平鲁区、山阴县。年末，全市共设有各级各类金融机构192个，其中：市级机构6个，县级机构21个，办事处、分理处8个，营业所29个，储蓄所57个，农村信用社57个，农村信用分社7个，城市信用社3个，其他金融机构4个。金融从业人员2 162人，其中银行业从业人员1 400多人。1993年7月9日，原雁北地区与大同市合并，行政区划调整，应县、右玉县、怀仁县三县划入朔州市。年末，全市设有各级各类金融机构384个。金融从业人员2 805人。改革开放后，朔州的金融机构先后历经专业化、商业化、市场化、高质量发展等重大转型变革，逐步形成以中国人民银行朔州市中心支行、中国银行保险监督管理委员会朔州监管分局、朔州市人民政府金融工作办公室为管理主体，各国有商业银行、其他银行和非银行金融机构并存的功能齐全、形式多样、分工协作、公平竞争、协调发展、监管有效的金融机构组织体系。2019年末，全市人民银行系统分支机构6家，在编职工235人、挂职干部1人、聘用制职工13人、合同制用工18人。银保监分支机构6家，在编职工51人。市金融办在编职工14人。全市设有各级各类银行业金融机构（包括营业网点）349家，银行业从业人员6 000多人。其中：政策性银行分支机构6家，从业人员122人；国有大中型银行分支机构149家，从业人员2 993人；地方法人金融机构146家，从业人员1 958人；股份制商业银行分支机构7家，从业人员98人；城市商业银行分支机构24家，从业人员436人；村镇银行分支机构17家，从业人员393人。设有保险业分支机构92家，从业人员8 000人；证券业机构2家，从业人员56人。设有融资担保机构8家，小额贷款公司41家，典当企业14家。

上篇

古近代金融

朔州地区商贸业的兴起最早可追溯至秦末时期，班壹从楚国避乱迁居于楼烦（今朔城区梵王寺、沙塄河一带），以畜牧起家，以资雄边。当时以木材、马羊和猎物等与匈奴进行贸易。到了汉代，马邑马贩子聂壹等率马帮经常出入西口（杀虎关，古称参合口），带着名贵的农产品深入匈奴地区进行贸易和馈赠。辽开泰三年（1014年），在朔州、新城等地分别设置榷场（专门买卖的场所），与宋进行贸易往来，经济交流十分频繁。还专门设置转运使，负责与北宋的贸易以及税收工作。明王朝于正统三年（1438年）沿长城一线开辟马市后，"不计十之利一""遂成巨万之富者"比比皆是。商贸经济的快速发展衍生出新的金融需求，也为旧式金融机构的兴起提供有力的物质保障。清末民初，随着商业贸易的积累和发展，朔州地区旧式金融业逐步兴起，当铺、钱庄、银号、银行等金融机构之间此兴彼衰，跌宕起伏，不断演进，推动了朔州地区经济社会的发展，也为近现代金融业的发展演进积累了丰富经验。

第一章 当铺

第一节 历史渊源

当铺也称“典当”“当店”“押店”，是以收取借款人动产和不动产作为抵押，按照抵押品的价值打折放贷，并定期回收本金和利息的一种旧式金融机构。当铺多由私人独资或合伙经营，典当对象主要是贫困农民、小商人、小手工业者和街镇居民，当价一般不超过原价的一半。典当程序分看货、协商、开票、编号、上账和上架。

从当铺起源来看，在南朝时已有寺院经营以衣物等动产作抵押的放款业务，距今已有1 500多年。唐代当铺称为质库，部分贵族官僚开设邸店和质库，从事商业和高利贷剥削。宋代当铺称长生库，富商大贾、官府、军队、寺院和大地主等纷纷经营这种以物品作抵押的放款业务。明朝正式称作当铺，全国“典肆，江以南皆徽人，曰徽商，江以北皆晋人，曰晋商”。清中后时期，朔州经营当铺已十分普遍，行业发展空前繁荣，同宁古道（大同至宁武）、雁杀古道（雁门关至杀虎口）、左沙古道（左云至沙河），西口与东口的分界地，雁门关往北一百里的山阴北周庄歧道地，从关外来的商贾川流不息，互通有无。加之日进斗金的杀虎口，昔日边塞争纷之地，变为南北川流之衢，小商大贾肆铺剧增，朔州地区旧式金融机构应运而生，金融业发展也方兴未艾。从光绪十三年（1887年）到宣统末年（1911年），朔州地区当铺经历了兴盛时期，其间，山阴县新广武杨应魁当铺和阎锡山的父亲合伙做生意成为晋商大贾。当时，朔州地区的当铺主要集中在朔县、右玉县、应县人口稠密的大县。当铺所当物品种类主要有皮货类、毛货类、丝绸类、珍珠、玛瑙、宝石、玉器以及金、银、铜、铁、锡器皿制品；也有当日用品、生产工具的，如翻犁、轧花车等。民国初期，由于当时战乱不已，制钱下跌，当铺亏本，典当业迅速衰落。民国十年（1921年），朔县有当铺11家，应县11家，平鲁县4家，其他区县记录不详。其中大部分在县城，小部分分布在村镇，如：右玉县杀虎口、威远堡，朔县利民、神头、滋润，山阴县广武等都有典当业。这些典当业有的是山西祁县、崞县、寿阳人经营，有的是当地民族资产阶级、官僚资产阶级、地主经营。在资本上，有的独资、有的合资（股份制），资本额每家平均6 000多元。其资本来源据应县、朔县8家当铺资料统计共有183.45股，股金45 800元，其中：商业股14 700元，富户股31 100元，商号12 800元，股东2 000元，资本总额为115 800元，商业资金占23.8%，富户资金占28.6%，银行钱庄资金占47.6%。借入资金占资本总额的60%多。民国二十六年（1937年），日军侵占朔县后，使当铺难以实现资本转换，加之货币不断贬值，业务日趋萧条，1945年时颓势更显，1946年9月底朔县解放。

第二节　业务规定

□　当物

除活的动物外，当物以衣服、首饰、铜、锡、木器、农具、珍珠、玉器、古董和玻璃器皿等为主，尤以衣物为多。当品额不满1元者最多，1—2元者次之，3元以上者较少，不足1元者不开票，高者无限。当品作价很低，正如民间所说："买三卖二当一元"。当铺往往对当品加以贬词，棉织品"当票"上冠以"破旧"，丝织品冠以"虫破"，皮毛品冠以"大破大洞""烂板无毛"，银器冠以"毛银"，铜锡器皿则大书一个"废"字等。

□　当期

典当期限一般较长，多为半年至一年不等，主要分为二年、一年半、一年、半年、三个月、一个月6种。期满虽有规定，但也有宽限余地。一般满期后另加五六天限期，若在宽限期内既不交利又不赎当者，当品即由当铺处理。

□　利率利息

清朝末年时利息多为2分，高也不过2.5分，低者仅1.5分。民国以后，逐渐增高，由2分升到2.5分，后来又升至3分。有年底减利的习惯。每逢1月、2月和12月赎当，则由2.5分减为1.5分。利率的计算，一般开票即算1个月，满1个月后之零日，按"过3不过4、过4不过5、过5不过6"等办法计算，如"过3不过4"即满月后过3天不计息，第4天即作2个月计算。

马邑（今朔县）人苏之芬于清雍正年间任阳高县儒学教授，暂管训导事，前丁卯科举人，雍正六年所撰《阳高县志》（清雍正版）中载，大同府阳高"薛德开当，独以二分行利，众称其义。"该句真实反映了清初阳高薛德开立当铺，以其诚信和担当，受到民众称颂，显示了他重义轻利的中华民族美德。清初时期，阳高县当铺利息为2分，属全国较低，而撰写者苏之芬的个人想法虽带有一定主观性，但其作为朔州人可能经常往返于朔州与阳高之间，对朔州当铺行情或许也较为知晓。朔州当时当铺利为2.5分，比当时的阳高最低者的利要高些。

□　当票

当铺给当户开的票据叫"当票"。当户凭"当票"赎当，当票用白麻纸蓝色印制而成。当票格式：上印当铺名称，下填当户姓（如张字、王字、李字）、当物品名、金额、期限、利率等。

□ 分红

红利分配，有的实行按人、财分股计红，有的全部归经营者所有。城内务本当，每次分红，每股可分得红利700—800元。从开当到民国十五年（1926年），共分红4次，仅财东李树洲一人就分得“红利”9 000多元。滋润德兴园当，从开当到结当，14年中得“红利”2万多两白银，全部归经营者所有。

□ 缴税

当铺在清朝年间和民国年间均受政府保护。清朝末年，官府还拨出部分资金资助每个当铺，并发给虎头牌以示保护。民国年间，每年腊月30日，当铺要上缴政府当税50元。这一天，政府会派专人保护当铺秩序。民国时期，当铺的当利均由政府规定，不得高于政府规定。

第三节 行业术语

□ 账房、号房

当铺一般由临街铺面和账房、号房组成。铺面与一般商店设置不同，柜台很高，柜台上设有木制栅栏，下方有营业口，普通人站在柜台下很难看到里面的情况。账房是账房先生（即财会人员）开票算账的地方。号房是储存押当物品的库房。号房的大小随营业额的大小设置。号房里设有许多物架，号房、物架和物品都编有特殊的号码，它的号码不是按“一、二、三”等顺序排列，而是按《千字文》里的首句“天地玄黄，宇宙洪荒”开始依单字分类编码，即“天”“地”“玄”“黄”“宇”“宙”“洪”“荒”，按号查找起来很方便。此外，当铺里还设有“座箱”，专门用来存放金银珠宝之类价值比较高的押当品，一般规定号房由专人管理，座箱由掌柜亲自掌管。

□ 开市

当铺开张叫开市，铺外要挂牌搭彩，铺内要设宴请客。除城内有名望的商人绅士到场庆贺外，城里的乞丐都要成群结队前来讨钱。其中乞丐之首为乞丐王，掌柜的会着重打点乞丐王合其心意，如此之后乞丐王便会安排乞丐们按顺序来，如一天来一两个，而不是一下子所有乞丐都堵在店里妨碍生意。乞丐们每人用一块小红布包一块石头，去向财东和掌柜们道喜。掌柜们接住红包，把石头取掉，包上钱再还给乞丐，乞丐们喜气洋洋一哄而散。据说这样做是为讨个开业大吉。如得罪了乞丐，就要冲走好运，生意不顺，当业不兴。

开市后要放饭三天，这三天间无论任何人来都可以免费吃饭，这也是为了讨个吉利。

□ 押当

当人们经济上发生困难的时候，就把自己比较值钱的物品带到当铺，站在高高的柜台下，双手举物交给窗口内的当铺掌柜。掌柜经过仔细斟酌，按照押当物品价值的一半左右决定当金数额，再将相当作价三分之一的货币付于质当者，要求高息定时还钱赎物。如果押当者同意，就可典当。到了期限，押当者连本带利一并付清，即可赎回所当物品。如需继续典当，要另开新票延续一年。如押当物丢失了，当铺全部包赔。若损坏、虫咬等，概不承认。若到期押当者无力赎回所当之物，当品便由当铺自行处理，或者瓜分，或者变卖。开当铺是一种既获高利，又不蚀本的行道，一般当铺均为有资金实力的老财开设，他们之所以开设当铺，其目的，一是为牟利，二是保险，理由是“本钱常在家，利钱送上门”。老百姓称为“把住兔子放鹰”，文人称“一本万利血汗当”，当时与当铺打交道的人十有九是吸毒、赌博者，十个钱东西卖了一个钱，一再出入此门者最终至赤贫。

□　开票

当押物品成交之后，当铺付以一纸收据，称作“当票”。票上写明所当物品、抵押价款、抵押期限、利率等，交予押当人收执。“当票”是用两层麻纸制成，长约六寸，宽不到四寸，呈长方形，整个票面为浅蓝色。左上角暗印“山成”二字，平时看不出来，一遇水就一目了然。当票的右上角盖有“天官人”印记。这“天官人”图案刻工精细，就连眉毛眼珠都极为分明。这些印记是避免有人仿照伪造。当票的两面边上印有“原有虫喂鼠咬、破料损坏”等字，这是为了防备押当者日后找麻烦。在当票的下方是“当物×件”“当洋×元”“限期×年”等字样。最下边是所当之物的编号等。账房先生在开票时字迹一般很潦草，并且要把押当物的特征记在字里行间，这个暗记是别人看不懂的。当票是典当的唯一证据，不论谁拿到当票，都可以去当铺赎取物品。所以当时有“当铺认票不认人”的说法。

□　下号

当票到期若不能按约返还本息，则所当实物就归当铺处理，称“下号”。凡典当者贫穷商民十有八九，因此下号的事时有发生，以致本来就不宽裕的人们雪上加霜，而当铺获利颇多。典当月息一到三分的高利盘剥已使城镇小商民不堪重负，无论丰歉每遇窘境却又无可奈何，不得不求助于当铺，所以流传有“典当典当，越典越穷，越穷越当。秋后算账，血本赔光”的民谣。而坐收渔利的当铺老板往往贱冱贵当，囤积居奇，抬价出售，更是变本加厉。

第四节　典型代表

□　朔县

据《中国实业志》记载，清光绪十三年（1887年），朔县有当铺10家，实为11家，颇有名者有义合当、德兴园当、务本当、天锦当4家。分布于县城内的当铺有：东门口北有务本当，南门口西有德聚当，西门口西有万成当，北街有天锦当。乡当有：利民镇十字街北有义合当，西街南有得和当，东街北有天顺当，东街东有绿成当；滋润村中心街北有德兴园当；神头镇中心街有万兴当，南街有南街当。上述当铺，各在门前竖着一块高大的木牌，上书“质当”两个大字，一望便知。柜台里有红底黑字“扶困济急”四个大字。

民国二十四年（1935年），有一份对城内当铺的调查资料，清楚地表明了朔县典当行的资本筹集途径。当时典当家数共4户，股东人数35人，股数160股。资本金额25 795元，其中商人股6 700元，富户股19 095元；流通资本34 100元，其中钱庄借入15 300元，银行借入5 300元，商家借入2 500元，富户股东垫款2 000元，发行兑换券3 920元（面额为壹角、贰角、伍角和壹元4种，以壹角和贰角券为多）。日军侵入朔县后，当铺业务萧条，抗日战争胜利后全部倒闭。

附：朔县小押当。均为家庭经营，城乡皆有。其资本少、利息高、期限短。当品以丝绸衣服、衣料、金银首饰等贵重物品为主。满期为6个月，利息为4.5分到6分，到期不赎，一律变卖处理，没有余地。

□ 平鲁县

从清道光咸丰年间到民国时期，在平鲁城先后由本地和关（雁门关）南致富商人开办的当铺有亨锡当、裕美当、三元当、万义当、复隆当、魁盛当、魁隆当、魁源当、德合当、润身当10家。在井坪镇有长春当、南当铺、北当铺共3家；在七墩镇有万盛当和万全当2家。据《晋商史料全览·朔州卷》记载，到清朝末期平鲁城的典当业主要见表2–1。

表 2–1　　清朝末期平鲁城的典当业

名称	地址	掌柜	籍贯
万盛当	平鲁城	郑文魁	平鲁响水营
万成当	平鲁城	郑永魁	平鲁响水营
德合当	平鲁城	—	—
亨锡当	平鲁城	车斌	平鲁响水营
裕美当	平鲁城	—	—
三元当	平鲁城	崔华	平鲁
润身当	平鲁城	杨润雨	平鲁
魁盛当	平鲁城	—	—
魁隆当	平鲁城	—	—
福隆当	平鲁城	—	—
长春当	井坪镇南街	—	—
北当铺	井坪镇北街	高鹏举	平鲁
万全当	七墩镇	郑文魁	平鲁响水营
万义当	清水河	董德厚	平鲁
万源当	包头	郑永德	平鲁

在平鲁地区，凡当铺都和有影响的商号紧密联系，有的干脆是某一商号的“派生”产物。七墩镇和内蒙古清水河郑家的万盛当、万全当，平鲁城杨家的润身当，在经营上一直继承了传统的商业美德，把“无道义则功利不存，无功利则道义不彰”作为信条，无论客商还是乡邻睦友，

主顾之间以义制利，各取所需，有积极的一面。特别是在荒旱饥馑之年，每遇燃眉之急，当铺总是义利之下应急为先，从另一侧面也说明平鲁晋商商业资本积累的巨大成就。民国四年（1915年），因被卢占魁抢劫，平鲁当铺生意一蹶不振。现存详细资料的有以下几家。

○井坪北街当铺

中钟牌富绅高鹏举、高鸿举（留学日本，1914年回国）于民国建立前开办，又称“老铺”，位于井坪北街财神庙十字街口，投入资金1万银圆。当铺除抵押借贷外，还兼“放账”，收取高额利息。典当物品以当铺开据的经双方画押的当票为凭。在约定期限不办理结算手续，当铺就按绝当“下号”处理。现金借贷利息分日、月、季和年，到期不能还息结算的，利息即作为本钱计息，俗称“驴打滚”。

○润身当

民国二十年（1931年）平鲁城富商杨润雨开设润身当，主要为商务金融实物抵押、放债，同时开办土地典当和抵押业务。发行有壹元、伍角、贰角、壹角的“钱帖子”在境内流通，年均借贷4 000元。直到抗日战争爆发停止流通，较大地促进了地方商业贸易。尽管当时信贷、典当比照利率城镇高达2.25%，乡村3%，但作为一种与广大民众生活息息相关的社会产业，不仅疏浚了货币流通渠道，更主要的是促进了私营金融资本的增长和商业资本的周转。

○南当铺

位于井坪南门内，民国初开办，又称“长春当”，东家同为高鹏举和高鸿举，投入资本和运营规模较北当铺小。两个当铺都于1940年左右停止营业。

□ 右玉县

早在战国时期，赵武灵王就在右玉设立雁门郡。秦始皇统一中国后，沿袭战国郡治，还在右玉设立雁门郡，由于右玉是中原通往漠北的主要通道，也就是商业贸易中心。最旺盛时是康熙五十年（1711年）到乾隆年间，商业店铺逾千家，南来北往的客商云集于此，号称“小北京”。右玉县的当铺出现于何时已无从考证，但据《赋役全书》载：“雍正年间（1723—1735年），本县征当税银175两。”这说明当时右玉县当铺已具规模。另据《山西通志》载：光绪十三年（1887年），全县共有当铺15家，月利息皆为2分。民国初年全县共有当铺3家，分别为世德当（在旧城南街文化馆院内）、永兴当（在旧城北街粮站西院）、义生当（在旧城东街完小西）。据《山西省统计资料》载，民国十年（1921年），右玉县共有当铺4家，到民国十二年（1923年），4家累计资本达6 700余元，月息为3分。

这几家当铺在当时经营甚好，获利较多，因而竞争激烈，各自的经营力量也都得以增强。在右玉当铺行业中，年代最长的是世德当，获利最多的是义生当，再则是永兴当，属不景气当铺。民国十九年（1930年），冯、阎倒蒋失败，省钞贬值（原1元战后则成5分），因当时省钞在右玉使用最多，致使义盛当、义生当、永兴当三家当铺惨淡经营不久，相继破产而倒闭。时隔3年，也就是民国二十二年（1933年），由高升店、德余泉、德和云等五家商号集股组成当铺，设在原义生当铺旧址，叫德升当。民国三十四年（1945年），日军投降，蒙疆银行倒闭，德升当随之破产。现存4家当铺的相关资料如下：

〇世德当

在现今右玉城南街的文化馆，由祁县人贾姓开办。该当开办年代最长，约在清道光年间开设，以当取衣物、金银首饰、玉器和农民劳动工具为主。资本约1万元。从业人员七八人。由于经营得力，每年都能获取大量利润，一直延续到民国十年（1921年）。后来，由于战乱不已，制钱下跌，当铺亏本，加之掌柜王庭（右玉人）贪污了当铺的大量钱财，致使长达80多年的当铺毁于王庭之手。当祁县财东第四代继承人来右玉巡视当铺时，王已无法交账，饮鸦片自杀。当时当铺只好处理全部财产，清算债务，关门倒闭。世德当倒闭后，由本地财东侯维成在原址开设新当铺叫义盛当。新当铺开设后经营很好，每年能获利1 000多元。

〇永兴当

在右玉城北街路西粮站西院，现在的城关粮站招待所。财东是杨魁、王者聘，掌柜先是史天光，后是张化云（右玉杀虎口人）。因生意萧条，且资本较少，每年获利仅500元左右，属不景气当铺。民国二十一年（1932年）倒闭。

〇义生当（又名义生泉）

坐落在大东街路南，右玉城东街完小西侧，在清朝末年开始经营，财东是本城的梁仲川，掌柜是崞县续荣、蔚金玉，由梁顺开办，资金是两万两白银，从业人员7人。每年除一切费用外，获利1 500元。民国二十年（1931年）倒闭。

〇德升当

民国二十二年（1933年），由右玉城内经营缸房的德余全和经营发货站的高升店两家商号为主要财东，组织五家商号又成立了一处当铺，地址在大南街路西，现城关文化馆处原义生当旧址，取“德”“升”二字，聘请崞县（今原平市）李忠贤做掌柜。资本8 000元，从业人员8人。民国二十四年（1935年），该当铺发行兑换券2 000元，后该当从蒙疆银行贷款4 000多元，成为右玉势力较大、资金雄厚的唯一当铺，并由省政府批准可发行钱票5 000元。这些钱票发行后，每元每月能得利3分，致使德升当旗开得胜，生意兴隆，一时成为当地最赚钱的商号之一。后来蔚金贵也加入此当铺，当了掌柜。直到1945年日军投降后，蒙疆银行倒闭，此当铺才关门破产。

附：右玉县小押当。右玉城内除了正规的当铺外，还有私人设置的“当店”，叫做“小押当”。这些“小押当”盘剥人更加严重，它典当限期短，虽然押当物的折价比当铺高，利息也少些。人们急用钱时，也只有去当铺，但大部分押当者在短期内是赎不回押当物的，只好“老号”。这样一来，就给开办者创造了发财的机会。

□ 应县

清末民初，应县只有德顺、聚盛两家当铺，后来增设质店。民国十年（1921年），应县城乡有当铺11家，质店4家。民国十五年至十七年（1926—1928年），因军阀混战，许多当铺、质店都关闭停业。民国二十四年（1935年），全县只有县城内有当铺4家，从业人员13人，共有资金6.49万元（银元）。其中，私人股金2万元（商人股金8 000元，富户股金1.2万元），向银行借款3.46万元，向商户借款1.03万元。民国中期，应县当铺号称“八座半”（见表2-2）。

表 2-2　民国中期应县当铺

名称	地址	掌柜	籍贯
义丰当	南街	张洛东	东辛寨
德顺当	西街	王大胖	胡寨
聚盛当	西街	刘训古	吴庄
德顺恒	东街	王四胖	胡寨
公合当号	浑源	田景符	东街
聚成当	东街	刘某某	吴庄
万盛当	南街	曹署庆	小石口
德全当	南街	曹大章	小石口
顺泰当	（半座城内）	杨恺	西街

□　怀仁县

《晋政辑要》载，民国十年（1921年），全县有当铺4家，其中县城3家，乡村1家。民国二十四年（1935年），县城有张元又开办了当铺1家，股东4人，4股资金4 800元（银元），架本金额为2 900元。民国二十五年（1936年），县城有当铺3家，共有资金188 706元，其中自印钞票5 391元，从业人员33人，为应县、大同、忻州人开办，年存当余额166 200元，月息2分，年收利息39 888元，纯利34 146元。民国二十六年（1937年），日军入侵怀仁后，当铺停业。

本地当铺均为当地绅士、富户及外地富商开设，贷款实行高利。其形式主要有：一为借钱抵押房屋、土地，到期不能偿还，债主将所抵房屋、土地收去；一为典房押地，以房地估价借钱，有钱可赎回；一为劳役利，以服劳役代利，至还清；一为倒灌利，借钱时债主预扣利钱；一为利滚利，逾期利变本合并计息等。其中，以动产押放为主，以“上架”（押款）重、轻而决定放款多寡。

《中国实业志·山西卷》载，本地当铺之利率，按月计算为三分、二分半、二分。当铺利计月利办法，除开票即计一月外，满月后的零日又有三种计法：一为过三不过四，即满月过三天不计息，第四天即作二月计算，也有过四不过五，或过五不过六计算；一为满月作两个月或不满月作月计利；一为半月以下为加利，超半月加一月利。因高利盘剥，丧失土地或破产者屡见不鲜。

□　山阴县

清末民初，山阴县主要当铺有瑞和当、晋源当、聚和惠当3家当铺，时间较长的是瑞和当。瑞和当开业于清光绪十五年（1889年），财东为崔汉章（本县高山疃人，系崔进士的次孙），资本为白银七万两，铺址在岱岳镇大桥沟北路东（现堡子巷医疗站占用），先后聘用聂宏（寿阳县人）、吴凤藻（寿阳县人），具体经办当业。典当的对象，主要是贫苦农民、小商人、小手工业者和街镇居民。典当的物品，一般是衣物、金银首饰和器具，衣物当四成左右，金银首饰当七成或八成，当期一至三年，利率为年息三分。由于经营不善，长期亏损，后于民国六年（1917年）与本县安荣村郭嵩山合伙经营，郭投入白银17 500两。民国十五年（1926年），国民军石友三部队在岱岳驻扎时，下令强行使用西北银行发行的货币购买物品，当地群众用西北银行的货币到瑞和当赎当，大部当物被赎走。国民军败退后，西北银行货币失效，瑞和当随之倒闭。聚和惠当于民国二十四年（1935年）开业，由怀仁县大峪口村项道侃与山阴县四铺村梁万春（山西省议员）合资开设。1937年8月中旬，日军入侵之前，被阎锡山散兵抢劫而倒闭。

第二章
钱 庄

第一节 历史渊源

钱庄是封建社会出现的一种金融组织，其诞生源于官方和民间铸钱成色不一；金属钱币携带不便；纸币、有价证券和金属钱币共同流通三个方面。从北宋起各朝代对钱庄的称谓不同，北宋至元朝前叫“交引铺”和“金银铺”；元朝时期，因货币用银逐步增加而多叫银铺，少叫钱铺。清康熙、雍正和乾隆年间，工商业繁荣，商品经济有了较大发展，中俄通商，商业信用普遍存在。右玉商人率先开办商号，创办以经营工商业存放款业务为主的钱庄。随着货币经济的发展，钱庄也得到发展，由兼营发展成专营，由单一兑换业务，发展成多项业务。如朔县的福义生、义信亨，山阴县的永记，平鲁县的四庆隆，右玉县杀虎口的晋泰泉、福全德等。这些钱庄除少数是山西祁县人开设的外，大部分是本地商户开设的。其资本有的是独资，有的是合资。福义生、四庆隆、永记等5家钱庄共有资本金73 000元，每家平均14 600元。钱庄业务由早期主营货币兑换、有价票据买卖、倾熔银锭、金银买卖、兼营抵押贷款，发展到主营信用放贷、银票钱票发行、收解汇划、汇兑存款，兼营货币兑换、抵押放款和金银买卖，初步具有了银行的雏形，在当时的经济地位较高。钱庄收存款付小利，放贷款收高利，利息一般为私人存款月息五厘左右，放款月息分二分至五分，汇费2%上下，与现在银行大致相同。只是当时钱庄存贷款利息不存在统一的标准，大多是铺主随商业形势具体定夺，且资本较小。辛亥革命后，由于钱庄业务联系面较广，资金运用方式比较灵活，有助于资金的及时划拨清算和商品流通，因而在市场上比较活跃。民国八年（1919年），阎锡山实行“统一币制”，禁止钱庄、商号发行私票，钱庄盈利锐减，兑付乏力。民国二十七年，日军侵入后，所有钱庄均经营惨淡。20世纪30年代末钱庄走向衰落，1952年通过公私合营改为银行。

第二节　典型代表

□　朔县

民国时期居民1 200户，6 000人左右。城内商贾辐辏，特别是经营羊毛、杂粮以及其他商品的批发商中不乏规模稍大者。朔县虽不属山西腹地城市，但商业和工业比较兴旺，钱铺等较大的店铺很多，有钱人也较多。现存相关资料如下：

○福义生

据《中国实业志・山西卷》记载，民国十八年（1929年）朔县大营街东庙巷北设有“福义生”钱庄，其资本总额1 800元，存款主要来源于商业，总计3.1万元。放款总计3.1万元，其中，用于手工业5 000元，商业2.6万元。汇出、汇入各33.8万多元，基本平衡。

○义信亨

该号为此地唯一的钱铺，有资本一万两白银。资本分为五股，每股2 000两白银。该钱铺属于合资性质，出资的股东不干预营业，一切店务均委托经理全权处理，经理根据其能力大小，按人股分红。在义信亨，经理拥有三股一分的人股，当钱铺有盈余时，将纯利分为81份，其中50份归股东所有，其余归经理所有。但亏损时，完全由股东负担，经理不负任何责任。因朔县有裕丰银行办理汇兑业务，该号只办理银钱的买卖和钱票的发行，概不办理汇兑业务。钱票的种类有一串、二串、五百文三种。当地之所以没有其他钱铺，是因为义信亨钱铺资本雄厚，无法与之竞争。

□　平鲁县

居民700～800户，人口3 000多人，有60多家店铺也以杂货铺和面铺为主，仅有一些货铺兼营换钱业务。货币主要是制钱，其次是银元，银两民国年间屡遭土匪洗劫，被掠夺一空，已在市面绝迹。当地的制钱采用满钱，制钱和银元的比价是一元兑一串三百四十文。银元中以民国新币及北洋为主，偶尔有站人银元流通。

清代道咸年间，平鲁城（今凤凰城）创设“四庆隆”钱庄。因钱庄财东都是依托做买卖起家的，所以钱庄以商号为支撑。晚清同光时期，受晋商票号金融影响，平鲁城的一些地方豪富以所开办的商号为支撑，吸取旧时“勘契”的经验，开始通过商号开展对民间小额贸易的汇兑贴现。由于商号经营不能适应大量的汇兑垫付，于是有平鲁城杨家、李家，响水营郑家等大户望族在原始金融资本积累还不能达到开办大规模票号汇兑的情况下，在县城开办钱庄，字号有“四庆隆”“德兴玉”“光裕厚”。通过在当地的银钱兑换、货币保管、资金借贷、号事经营相互转账等货币信用活动，为区域间的商贸流通和民间经济往来提供便利。

咸丰年间，四庆隆由响水营郑维周创办，钱庄流通垫本银圆1万元，发行一千文、二千文钱帖在境内流通。其经营不做押款，不索重息，诚实守信，声名鹊起，和钱庄发生信贷关系的商民很多，门庭若市，是当时较大的私营个体金融机构。同时，钱庄又根据当时流行的借贷方法，针对城镇小市民阶层和一些应急小商贩贷放“印子钱”。这种借贷，一般按日或按月计息归还，有朝借夕还的，也有10日或30日归还的。每还一次盖一次印，不需任何抵押，完全凭信誉到期还款。因此，咸丰三年（1853年）《大学士祁隽藻议请开办印局奏折》记载：“所有大小铺户以及军民人等，俱向其借用钱文。”另据《津门杂记》载：“印子钱者，晋人放债之名目也。还讫盖以印记，以是得名。是虽盘剥小民，然剜肉医疮，亦权济目前之急。……民贫地瘠，有无缓急，大旱此更无法设施，且有贫民日中所入，仅敷糊口，而谋食之外，不暇谋衣。是以春秋两季衣襟，俱借印子钱制造。如借钱十千或八千，则分一百日清还，每日还钱一百或一百二十文不等。如遇阴雨，翌日补足。春借则秋已还清，秋借则春已扫数。春秋两季，周而复始，无之则民不称便。是虽利钱不菲，然零星归款，子母双清，负账小民商觉轻而易举。”及至民国四年（1915年），四庆隆被卢占魁纵火烧毁，钱帖并其他借贷债务全部作废。

□ 右玉县

右玉县为清代朔平府的府城所在地，太谷人王相卿、祁县人史大学、张杰三人合伙在杀虎口外的独虎寨开了吉盛堂小铺。到雍正二年，已发展成规模较大、货物品种齐全、价格适中、从业人员较多、生意兴隆的商号，在杀虎口颇有名气。乾隆元年，右玉属于归化城的商业范围，同归化城进行的商业贸易额大于大同的贸易额。据《山西省志》记载，民国初期右玉共有四家专业钱庄（见表2-3）。

表 2-3　　民国初期右玉县钱庄

字号	地址	资本
道生钱庄	大南街	三千串
恒盛源	大南街	三千串
兴胜号	大北街	三千串
天锡源	大南街	一千串

四家钱庄中规模最大、资金最雄厚的是道生钱庄和兴胜号，营业项目除发行钱票和兑换货币外，有时还办理同归化城之间的汇兑业务，但交易不多，生意清淡。此外，还有11家货铺兼营钱铺业务，它们是：三义成、德成信、恒义公、聚义涌、天锡泰、天义德、永和元、忠信永、泰和祥、瑞林祥、广庆源。这些兼营钱庄业务的货铺大多设在大南街，以经营粮食、杂货、绸缎为本业，同时代客兑换货币，资本在千串以上者较少。兑换银两以成色而定，兑换银元买入卖出差额（利润）每元380文（大同500文）。钱庄存贷，浮存不计息，常存月息四厘左右。常贷月息七八厘，业务旺季，加高二厘左右，过期以月递加利息一分。

道生钱庄在民国初年成立，财东是梁仲川，掌柜是崞县续荣，资本1万元左右，有店员6人。店内设大掌柜、二掌柜、先生2人（会计）、佣人2人。钱庄按入股多少分红，每股为1 000元，佣人每年除吃饭外，能挣20元左右。该钱庄主要是存款、放款。存款主要是地方存款（无息）、征收粮款（无息）、吸收民间资金（主要是富人所存）。存款月息为五厘左右，期限不定。放款主要是各商号和信用较好的农户，月息1分至1.5分左右，期限不定，可随借随还。

民国十五年（1926年），冯、阎大战，票币贬值，致使该钱庄在民国十六年彻底破产倒闭。其原因是：首先，钱庄财东存款由晋军支差全部花销约1万多元；其次，晋军失败后，国民军进入右玉，从钱庄支取了全部钱粮征收款7 000多元；另外，富户存款全部取完，其存款最多的则是梁县长。国民军进入右玉后强迫其交了3 000元（当时从钱庄取走1万元交给国民军）。其他几个钱庄因资本少，加上战争骚扰也相继倒闭。

□ 怀仁县

民国二十四年（1935年），刘晏庄村“天盛厚”自印钞票，经营放款业务，兑换银两，日军入侵怀仁后停业。怀仁的钱铺多为副业，多为杂货店兼营，主要货币制钱、银元、小洋钱、铜元等的流通量较少。制钱采用九七钱，以九百七十枚为一串。抗日战争前，山西的大部分地主兼营商业，有的商人兼营土地出租以及发放高利贷。据资料记载：怀仁多户商人联手发放贷款，月息3分以上，有的高达7分、8分、10分，许多商人将抵押来的土地、房屋租赁出去，从中渔利。

□ 山阴县

县城很小，居民150户，人口600多人，流通货币皆为铜钱和制钱，制钱以五百一十文为一串，其中混有六七枚劣钱。民国年间，东辛寨（现归应县）财主张玉英，在岱岳镇大东巷口北开设永记钱庄，并兼营盐店，资本为6 000元（法币）。钱庄发行钱帖子，与银元的比价是1∶1。民国二十四年（1935年）统计，有存款3 000元，放款8 000元，全年汇出5万元，全年汇入4 000元。每年分春、夏、秋、冬四标（商场交解现款的期限）。民国二十六年（1937年）日军入侵后倒闭。

第三章
银　号

第一节　历史渊源

银号与钱庄经营业务大体相同，官方定义为“旧时规模较大的钱庄”，也有民间关于“南钱北银”的说法，即南方称钱庄，北方多称银号，如上海钱庄、京津银号。

第二节　典型代表

□　平鲁银号

明代战氛难靖，卫城平鲁和沿边长时间大军云集，负责管理军饷和验证储边商贾盐引“勘合”的银号产生，承办官府、军队和商民有关金融业务汇兑。

□　大盛魁商号

康熙三十五年（1696年），秦钺（右玉杀虎口人）、王相卿（太谷武家堡人）和史大学（祁县祁城村人）三人以御批“汇龙票”的形式筹集资金，在右玉杀虎口开设了一座叫“吉盛堂”的商号，因其经营有方，业务日趋活跃，资金日渐雄厚，买卖越做越大。到康熙末年（也说雍正初年），将“吉盛堂”改为“大盛魁”，总号移在归化城（今呼和浩特市）。从这个时候开始，通过“顶房子”的途径，逐步设立分号。

大盛魁的资本筹集较为特殊，内部设有财神股、银股、身股和狗股4种。该号的票庄业务也就应运而生了。所谓票庄业务，就是以印票的方式，通过自己的银号、票号、钱庄发生借贷、存放、汇兑来融通资金。这样，结合其开设在各地的货栈，就可以从京津、湘鄂、晋绥、蒙疆及俄国直接操办货物，划拨资金，同时建立“相与”关系。所谓“相与”，就是以业务建立感情，以感情促进业务的友谊户。“相与”是本着互利互惠、互相信任的原则建立的，一经结成，世代交往。有的“相与”户几年甚至十几年都不结账，最后以汇兑方式清结债权债务。

专营绸布的“天顺泰”，专营经纪的“东升店”等，这些遍布大半个中国的生意联络点，都是以该号的“裕盛厚”银号、“宏盛”银号和一些其他钱庄、当铺来汇兑融通资金的。通过印票货栈业务的开展，基本上把内外蒙古、新疆、甘陕、晋绥以及俄国的一部分业务都置于大盛魁的业务网络之内。号内规定每三年为一个账期，到了账期才进行结算。首先把万金账的公积金放在分配首位，作为三年经营成果的唯一标志。其次才是赏罚有序，以股分红。分红多则七八千两白银，少则一千余两。民国十七年（1928年）冬倒闭。

□　晋北盐业银号

民国二十四年（1935年），晋北盐业银号成立，总经理徐吉午，总号设在岱岳，分号设在太原。该号为山西省公营事业董事会所经营，以扶助盐户经济、调剂盐区各县金融为宗旨。原定资本为20万元，后由阎锡山令晋绥财政整理处拨足资本100万元。其营业范围，除特种经营盐款外，兼办汇兑、存款及“扶助各项公营事业”，并发行兑换券，发行区域以晋北盐区为限。此种兑换券，除“用以活动调剂盐业金融外，还可完纳一切赋税”。截至1936年底，发行总额为52万余元。同年，储蓄16 000元，发行25 000元。民国二十六年（1937年）倒闭。

附：《朔州知县与大德通票号来往信》

［与山西朔州知县来往信］敬启者，日前贵门政胡嵩龄兄迳祁，带来阁下汇湖南一千六百两银信一封，特饬鄙号汇往，其款嘱由阁下在敝城号存款内提拨，此外尚拟由晋省提用千数来金，闻信之余，殊深维谷。按嵩龄兄数百里来祁，此款似应依数付给，第事关银钱重物，敝号前既无信通报，今该兄又未带有钧谕，致弟等未敢骤应。幸兄先往黎城公干，往返均需匝月，年关尚可赶急，因特专函奉问，两项究竟如何，伏乞速信示悉，以便小号遵命照办。否则设有舛错，则恐噬脐莫及也。（《大德通票号寄朔州正堂徐葆生信》光绪二十六年十月十九日）（公元1900年）

胡嵩龄函来道，有汇寄湖南平市纹银千六百两，特请尊处妥寄，道远人稀，摺字不便奉寄，兹特函托照数速汇，因湘中待用孔急，能赶年内汇到为妙；将来算账，即用此信为凭，弟明正进省携摺会算也。（《朔州徐葆生寄大德通票号信》光绪二十六年十月十七日）（公元1900年）

第四章
银　行

第一节　朔县裕丰银行

民国八年（1919年），朔县青钟村人蔚汉洋，以“调剂资金，扶助生产”为旨，于城内大南街设最早的“朔县裕丰银行”（实为银号）。该行是拥有资本10万元的股份组织的商业银行。从业人员13人，对商号和住户办理存款、放款以及纸币与银币的互兑业务。同时发行“裕丰银行券”，流通于朔县、神池、宁武和丰镇等地。后因其券票滥发无度，被本县“恒德昌”商号以其纸币兑换银元，导致裕丰银行资本空虚而倒闭。

从业务来看，该行只在太原、大同、忻州、天津等设有分行的地方通汇（天津二两五钱，大同一两五钱，太原二两，忻州二两）。存款以六个月以内为短期存款，六个月以上为长期存款，其利率如下（存款一百两第一个月）：短期存款二厘，长期存款四厘。贷款的利息，长期一个月九厘，短期一个月一分（以六个月为短期，六个月以上为长期）。贷款包括抵押贷款和信用贷款，但不办理土地房产等不动产的抵押贷款，多以商品作为抵押。据说抵押贷款和信用贷款其利率相同。

裕丰银行有规范的运作章程共二十六条，规定了本行的管理。

第一条　本银行称为裕丰银行；

第二条　本行设总行于山西省朔县，并在各地设立分行。各地的分行称某地裕丰银行分行；

第三条　本银行按照商法中股份公司有关规定，筹备完成后，报请农商部注册登记；

第四条　本银行的资本总额暂定为大洋十万元，一经凑得成数，即行开业；

第五条　本银行的股票分为两种，以大洋十元为一零股，大洋一百元为一整股；

第六条　本银行的股金经常以年利六厘计息，利息自交款之次日起算；

第七条　本银行的性质为普通商业银行；

第八条　本银行的营业种类如下：存款、贷款、汇兑、票据贴现、金银买卖；

第九条　本银行设总理一人、监理一人、经理一人，各营业科分别设科长一名。科员人数及练习生人数视业务之繁简，由总理及监理研究决定；

第十条　本银行设置下列各科：营业科、会计科、出纳科、庶务科；

第十一条　本银行总理总揽银行一切事务，监理监察业务，经理在总理及监理的领导下指挥各科并管理本行一切事务；

第十二条　各科科长受经理之命管理本科一切事务，科员服从科长，负责执行职务；

第十三条　各科的练习生须服从科长及科员，尽职尽责；

第十四条　本银行分行设经理一员，科长及科员依经理、监理之命随时酌定；

第十五条　本银行每年定期召开股东大会，遇有特别事故时，召开临时股东大会；

第十六条　本银行的决算，除每月决算外，半年进行一次小决算，年底进行大决算，每月的决算须在下月前报告董事局，不得迟延；

第十七条　各股东在领取本银行的股息、红利时，须持股票、股息券作为凭证；

第十八条　各股东在转让股票时，让与人和受让人，须同来本银行，填写转让证书，签名盖章，作为日后的凭据；

第十九条　按前条规定进行股票过户时，如让与人因故或路途遥远不能到银行所在地办理手续时，须出具亲笔委任书，委托被委任者代为签名盖章。但被委任者必须为具有一定资本的商人，在万一时，能够赔偿；

第二十条　各股东如将股票、股息券遗失时，须及时报本行备案，在公告三个月以后，附具具有一定资本的商人的保证书，申请补发股票及股息券。所遗失的股票和股息券不论中外任何人拾得均归无效；

第二十一条　本银行的董事长和董事按现行商法办理；

第二十二条　本银行决算后有纯利时，分为一百份，以十份作为公积金，以四十五份作为股东的红利，以四十五份作为总理、监理、经理、各科长、职员及董事长、董事的红利；

第二十三条　本银行的图章为木制，上刻山西朔县裕丰银行之图章字样，以昭慎守；

第二十四条　本简章未尽事项按照商法办理；

第二十五条　本银行的办事细则，由总理会同监理、经理另定之；

第二十六条　本简章如有增删事项，须召开股东大会，讨论修正。

第二节　山西省银行分支机构

民国元年（1912年），阎锡山组设山西官钱局。民国八年（1919年）1月，阎锡山在山西官钱局的基础上，改组为山西省银行，开始发行纸币，统一了全省钞票的发行权。同时，禁止商号出“钱帖子”，不准钱庄再以“拨兑钱”名义从中过拨、暗增通货，影响物价。山西省银行在北京、上海、天津、汉口、绥远、张家口、保定和各主要县城设有分行、派出所（后改称办事处）或寄庄，共计40余处。通过汇兑、办理存放款业务获利甚厚，在全省金融业务中居垄断地位。发行纸币面额有壹角、贰角、叁角、壹元、伍元、拾元等数种，通称晋钞。民国十九年（1930年），中原大战失败，阎锡山下野，导致晋钞贬值，一日数跌。阎锡山复出后，相继设立了绥西垦业银号、晋绥地方铁路银号和晋北盐业银号，这些金融机构是山西地方新式银行的先导。

□ 朔县办事处

据《中国实业志·山西卷》载，民国十七年（1928年），朔县设山西省银行朔县办事处，属阳曲县山西银行办事处管辖，经营存款、放款、汇兑业务。办事处设经理一人、副经理一人，记账、管库各一人。据民国二十年统计，资本总额100 000元，存款3 000元，放款6 000元，汇出134 800元，汇入123 480元，货币发行额82 980元。民国二十四年（1935年），放款2 800元，汇出款5 100元，汇入款2 200元，发行款1.63万元。放款多用于商业经营，汇出款的情况是汇往太原2 000元，汇往大同3 100元。该办事处还有炊事、杂役两人。该办事处在日军侵朔前夕搬迁至太原。

□ 右玉办事处

民国十八年（1929年）春，山西省银行在右玉设办事处，主要经营存款、放款和发行省币业务。随即有面额1角、2角、1元、5元、10元等多种晋钞在本县流通，后因冯、阎倒蒋大战而停业。

□ 应县办事处

山西省银行涉足应县金融业务始于民国初年，时应县“大应广济水利公司”开始筹建。为解决融资问题，向山西省银行贷款。到民国十四年（1925年）建成受益时，共向山西省银行贷款10余万元，每年仅利息竟达2万元，公司为了抵销债务，给省银行分土地5 000余亩，土地分布在农村，省银行委派总管，设堂管理，堂名“大有堂”，负责人邢安帮、赵武城，分设两个办事处即范店、哑骨村。除出租一部分土地外，还自己耕种2 000亩，雇长工30余人，养大牲畜10余头。当时每亩地可产粮300多斤，价值18元左右；长工月工资8元，每年开8个月工资；佃种是对半分。山西省银行每年从应县经营土地获利5万余元。

民国十八年（1929年）2月，山西省银行在应县设立办事处，经营存款、放款、汇兑业务。办事处设经理1人，副经理1人，业务、记账、管库各1人，还有炊事、杂役2人。办事处于民国十九年（1930年）在应县大量投放纸币，面额有1角、2角、3角、1元、5元、10元等，通称晋钞，群众称为“纸票子”。民国二十年（1931年）晋钞贬值，几十元兑换不了一枚银元，本县群众遭受严重损失，有的商人竟至破产。

据《中国实业志》记载，民国二十四年（1935年）应县办事处放款2 800元，汇出款5 100元，汇入款2 200元，发行款1.63万元，放款多用于商业经营，汇出款多汇往太原（2 000元）、大同（3 100元）。

附：日伪银行6家机构

日伪蒙疆银行

1937年10月17日，日本关东军占领了平绥铁路沿线各地及终点包头后，即召集“察南自治政府”（1937年9月4日成立）、“晋北自治政府”（10月15日成立）、“蒙古联盟自治政府”（1937年11月成立）三个伪政权代表在绥远联合成立了“蒙疆联合委员会”。

“蒙疆联合委员会”为了控制金融，将察南银行改组，并合并绥远平市官钱局及丰业银行，成立了“蒙疆银行”。资本1 200万元，由三个政府均摊金额四分之一后开业。1937年12月1日，

"蒙疆银行"于张家口开业，发行壹圆、伍圆、拾圆、佰圆纸币及伍分，壹角，伍角纸辅币，朔县人称"骆驼钱"。截至1945年，先后发行了42亿多元纸币。该纸币与百元及满洲中央银行纸币等值流通。另外民国二十七年发行一种五角白铜币。抗日战争胜利后，国民政府公告，从1947年6月1日开始到9月30日为止，每一元"蒙疆银行"币兑换法币四角，政府共收兑蒙疆币32万元。

○"蒙疆银行"朔县支行

民国二十六年（1937年），日军侵占朔县后，于民国二十八年（1939年）秋，设"蒙疆银行"朔县分行，除发行"蒙疆银行"币外，还办理机关存款、公私营工商业存款和放款，以及蒙疆币和中联币的互兑业务。1937年12月，伪"蒙疆银行"在大同和朔县设立了分行，仅在雁北地区共发行蒙疆币1 400余万元。

○"蒙疆银行"右玉办事处

日军侵占右玉后，于1940年在右玉城南街设立"蒙疆银行"右玉办事处，主要经营发行纸币和放款业务，日本投降后，该行倒闭。

○朔县实业银行支行

民国二十九年（1940年），日伪"蒙疆政府"在朔县设朔县实业银行支行，属张家口总行管辖，办理私营工商业和住户的存款、放款、汇兑业务，控制朔县金融活动。

□　晋北实业银行

○晋北实业银行岱岳分行

民国二十九年（1940年）初，日伪"晋北实业银行"于大同成立，并在山阴岱岳设立支行，经理为岱岳人李生枝，大量发行伪币，掠夺了该县大量财富。

○晋北实业银行怀仁分行

民国二十九年（1940年）6月，日伪晋北实业银行在怀仁县城设立支行，办理私营工商业的存款、放款，隶属张家口总行管辖。民国三十四年（1945年）9月，随日军撤离怀仁而关闭。

○晋北实业银行右玉分行

晋北实业银行右玉分行位于右玉城南街20号单牌楼巷往南，现存门面两间。2019年7月，朔州市人民政府公布其为第二批市级文物保护单位。

第三节　中共革命根据地、解放区银行

抗日战争爆发后，朔州地处晋绥边区革命根据地和晋察冀边区革命根据地接壤地区（以同蒲铁路为界）。中共先后开辟洪涛山、朔平西山、大怀左、雁门关山区、左右凉、应县南山、清平、朔县路东、山朔等抗日根据地，共2 000多个村庄。在根据地开始设立银行。

□ 晋察冀边区银行

1938年3月20日，晋察冀边区银行是华北敌后抗日根据地在山西省五台梁石咀岭成立的最早的一家银行。发行20枚铜元券、一角券、二角券、五角券、一元券、二元券、五元券、十元券、伍拾元券、壹佰元券10种纸币。后又发行200元、500元、1 000元、2 000元、5 000元5种大面额的纸币。边区银行钞票的发行，清除了地方发行的各种钞票，统一了边区的货币市场，支持了抗日战争，支持了根据地生产，改善了人民生活，深受抗日根据地军民的欢迎。当时人们称晋察冀边区票为“抗日票”“红票子”。民国三十年，晋察冀边区北岳区在山阴设营业所，晋察冀边区票当时在朔州地区的敌后抗日根据地流通。

□ 西北农民银行山阴支行

西北农民银行是1949年前解放区银行及中国人民银行的前身之一。于民国二十九年（1940年）5月成立，由晋绥边区政府领导。民国三十七年（1948年）1月，晋绥边区与陕甘宁边区统一为西北解放区，西北农民银行与陕甘宁边区银行合并，仍称西北农民银行。是年，西北农民银行山阴支行成立，地址在岱岳镇南大道。开展实物贷款业务，帮助农民恢复生产。

西北农民银行于1940年5月设专门印钞厂，因地处晋绥边区朔县境内的洪涛山而取名为洪涛印刷厂，并把厂址设在兴县石楞子村，这使日军多次寻找该印刷厂均无所获。1942年后迁陕西神府县路家湾村。民国三十四年（1945年）日军投降后，迁回兴县杨家坡村。工人增加到100人，有设备40台，设有石印部、铅印部、完成部、收发室、制版室，一直承担着印制西农币的主要任务。

根据《郑季翘传》《利民纪闻》和当地人李美的回忆，以及当地参加根据地文秘人员介绍，证实：第一，1937年6月，在山西省国立第七中学毕业的李万荣等同学，在党的号召下纷纷秘密加入中国共产党；第二，1937年6月，以武新宇（山西阳高人，1937—1942年任毛泽东办公室秘书，1949年任山西省人民政府副主席。其高祖武棠曾为道光时期储君——咸丰皇帝的老师，后官至江南巡抚）为首的工作团也来到晋绥边区根据地进行抗日宣传与党的工作。1937年，八路军120师716团组建雁北支队，宋时轮（湖南黄村人，历任山东野战军参谋长、华东野战军第10纵队司令员等职务）任司令员，人们称这支队伍为“宋支队”。雁北地区只保持了120师第6支队，雁北地委进驻在水头村。1937年9月28日，宋支队从五台山出发，进驻洪涛山抗日根据地，即晋绥北岳区根据地，该根据地范围为右玉南山，平鲁东山，山阴西山，朔县北山，现以山阴县玉井镇为中心。后宋支队于1938年4月抽调至冀东。为巩固扩大根据地建设，北方局派郑季翘（原名郑继侨，后任大同市委宣传部部长、吉林省委书记）任根据地领导人之一。

抗币在北岳区根据地内流通，当时日军在经济上对晋绥北岳区进行封锁，禁止民众使用我方货币，也不准往根据地贩运货物。为占领货币阵地、恢复区域经济，并对无粮、无房、无衣、仅有30户人口的玉井镇里一个小村子进行救助捐灾，郑季翘派李万荣（1949年任雁北中级人民法院审判科科长，1962年自愿申请退职回乡务农）以抗币兑换银元银两，并发动群众有钱出钱有力出力，帮助人民打扫干活，宣传党的政策方针以赈灾。李万荣带领十余人在短时间内迅速兑收银元银两等半麻袋多，粗浅估计一麻袋有150斤银元杂银，虽很辛苦但他们一厘银钱没拿，全部上交组织。

1939年秋郑季翘调任离开，本地共产党人继续坚持在山朔县战地前沿。1942年，日军扫荡北岳区，我方失利。当年3月，由于山朔县委代理书记李易山叛变投敌，将党员名单交给日军而致使268名共产党员暴露，大部分共产党人遇害，少部分共产党人被迫自首，其他共产党人有的流离失所背井离乡，有的虽经严刑拷打未承认党员身份也未泄露组织秘密，但政治前途受阻。晋绥北岳区根据地坚持四年半后沦陷，组建北岳区根据地失败。1942年5月，雁北地委部分人员转移到朔县西山，在西山又坚持斗争八年。同时，1937年至1939年，康世恩（朔县战地动员会主任，后任国务院副总理等职。其妻杨华甫，朔县利民人，后曾任石油化工规划设计总院核心组副组长）也一直领导朔县西山游击战，1939年后康世恩调任离朔；1945年7月，王尚志（后任晋东南地委书记，1966年10月遇害）任山朔县委书记，重新组建扩充队伍，推动成立兑换所。据王振国（浑源县人，1937年11月参加工作，1945年任西北农民银行科员，1949年任潼关人民银行县支行经理，雁北人民银行县正处级离休干部）回忆，当时为了占据货币市场，共产党八路军走到哪里，哪里就有组织临时兑换所与金融机构。但此事并无文字记载。

中篇

金融监管机构

新中国成立后，1949年至1951年，辖内人民银行各县分支机构（县乡级）相继成立。人民银行作为辖内唯一的金融机构，既履行金融管理职责，又从事金融经营业务。1978年改革开放前，实行计划经济和“大一统”银行体制。1983年9月17日，国务院作出决定，由中国人民银行专门行使中央银行职能，并具体规定人民银行“审批金融机构的设置和撤并”等10项职责。从1984年11月起，辖内人民银行各县分支机构与工商银行各县分支机构相继正式分设，原人民银行承担的工商信贷和储蓄业务由工商银行专业经营，人民银行开始专门行使中央银行职能，作为金融监管机构，承担对银行业、保险业、证券业、信托业等的监督管理职能。

人民银行正式行使中央银行职能后，辖内的金融监管工作大体分为四个阶段：1985—1993年为综合监管阶段。1989年4月，中国人民银行朔州分行成立，辖内人民银行履行金融监管职能主要依靠“金融管理”和“稽核”等行政手段，主要是对社会金融活动和金融机构进行监管。1994—1997年为综合监管向分业监管的过渡阶段。1993年12月，国务院发布《关于金融体制改革的决定》，将证券业的监管职能从人民银行分离出来。1995年，《中国人民银行法》《商业银行法》《票据法》《保险法》等金融法相继颁布，人民银行的金融监督管理职能以法律的形式固定下来。1996年，辖内人民银行对银行业的监管逐步从合规监管向风险监管过渡，监管重点由过去主要承担机构监管工作转移到机构、业务、风险防范等全方位监管，通过加强对金融机构市场准入、重要事项变更、市场退出等的全过程监管，突出风险防范，维护辖区金融秩序。1998—2003年为分业监管体制的建立和完善阶段。1998年，国务院决定成立保险监督管理委员会，专司对保险业的监管，将原来由人民银行履行的对保险业的监管职能分离。同年，人民银行管理体制改革，党的关系实行双重垂直领导，中国人民银行朔州分行更名为中国人民银行朔州市中心支行，划归人行天津分行管辖。市人行根据国家金融政策法规，完善监管职能，在规范金融业务、防范和化解金融风险，保证全市金融平稳运行方面做了大量工作，为全市经济和社会发展创造了良好的金融环境。2003年以后为专业化的监管阶段。2003年3月，十届人大一次会议决定，成立中国银行业监管委员会，人民银行部分监管职能移交。市人行依法履行贯彻落实国家货币政策、维护辖区金融稳定、提供金融服务，同时，增加了辖区反洗钱和管理信贷征信业两项职能。

2004年1月，中国银监会朔州监管分局成立后，以防范银行业金融风险，促进经济金融稳定发展为主线，围绕“管法人、管风险、管内控、提高透明度”的监管理念，提升依法监管水平，维护地方经济稳定发展和金融业安全运行。2018年12月，中国银保监会朔州监管分局挂牌成立，承担辖内银行业、保险业的监管职能。

国家外汇管理局朔州市中心支局是朔州市管理外汇的机构。1987年，国家外汇管理局平朔分局成立。业务范围主要以平朔露天煤矿及神头电厂的外汇业务为主。1989年6月，国家外汇管理局平朔分局更名为国家外汇管理局朔州分局，承担全市外贸企业出口创汇、非贸易外汇、外商投资企业、外债以及银行的结售汇等外汇管理工作。1999年1月1日，国家外汇管理局朔州分局更名为国家外汇管理局朔州市支局。2001年5月1日，国家外汇管理局朔州市支局更名为国家外汇管理局朔州市中心支局（以下简称外汇局朔州市中心支局）。

2009年，朔州市人民政府金融工作办公室（以下简称市金融办）成立。2014年，按照朔州市政府职能转变和机构改革要求，市金融办调整为朔州市金融事务服务中心。2019年，根据政府机构改革要求，朔州市人民政府金融工作办公室重新组建，负责全市金融工作的组织协调等工作。

至此，朔州市金融业的监督管理部门构架更加完备，金融监管协调机制进一步完善，金融管理力度不断提升。

第五章

国家垂直监管机构

第一节　中国人民银行朔州市中心支行

□　机构沿革

1989年1月，国务院批准设立朔州市，原雁北地区朔县、平鲁县、山阴县划归朔州市。2月15日，人行山西省分行在朔县支行召开会议，会议由省人行副行长秦权记主持，朔州市委秘书长卢维邦宣布人民银行山西省分行《关于设立中国人民银行朔州分行的通知》（晋银人〔1989〕第8号），撤销朔县支行建制，成立中国人民银行朔州分行，设立朔州分行党组，隶属人行山西省分行管辖，为二级分行（正处级建制）。办公地址租赁朔城区工程公司办公楼。下辖朔城区支行、平鲁区支行和山阴县支行3个县（区）支行。管理全市192个金融机构。同时，宣布省人行晋党字第1号文件，任命王平善为朔州分行党组书记、行长；张崇斌为党组成员、副行长。4月20日，市人行开业典礼在朔城区工程公司办公楼三层会议室举行。朔州市委副书记董福山和王金书、市政府常务副市长来玉龙、省人行副行长王一开及雁北、忻州、大同市人行领导、朔州市各家专业银行和保险公司领导，共35个单位90人参加庆祝活动，活动由人行朔州分行副行长张崇斌主持，王平善行长汇报组建筹备情况，王一开副行长、来玉龙副市长分别讲话，其他兄弟分行的领导魏云、石宝镛、焦俊峰讲话祝贺。

市人行主要职责：组织各专业银行和金融机构贯彻执行金融工作的方针、政策、法令和各项基本制度；统一掌管朔州市的货币发行、货币流通，保持货币稳定；领导、管理、协调、监督、稽核全市专业银行和其他金融机构的业务工作，管理人民币和国家外汇；管理企业股票债券、有价证券，管理金融市场，经理国库财政金库，代理发行国库券及政府债券。

1993年，原雁北地区与大同市合并，行政区划调整，应县、右玉县、怀仁县划归朔州市管辖，上述3家人民银行县支行随之划入市人行管辖。至此，市人行所辖县级支行由3家增加到6家。

1995年，《中国人民银行法》颁布实施，以法律的形式明确了中国人民银行的性质和地位。市人行根据中央金融机制改革决定和法律规定，及时转换职能，把工作重点转移到贯彻执行国家货币政策和加强金融机构的监管工作上。

1999年1月1日，人民银行体制改革，市人行接受中国人民银行天津分行党政双重垂直领导，更名为中国人民银行朔州市中心支行，为人民银行派出的二级机构，在辖区内履行中央银行职责。同年，取消党组，设立了中共中国人民银行朔州市中心支行委员会。2001年，除党务、纪检、人事、内审、工会和宣传工作外，其他各项业务划归人行太原中支管理。

2004年1月，市人行与朔州银监分局分设。同年2月，新修订的《中国人民银行法》正式施行，将人民银行的职责调整为制定和执行货币政策、维护金融稳定、提供金融服务三个方面。强化了人民银行制定和执行货币政策有关的职责；由过去主要通过对银行业金融机构的设立审批、业务审批、高级管理人员任职资格审查和日常监督管理等直接监管的职能，转换为履行对金融业宏观调控和防范与化解系统性金融风险的职能，即维护金融稳定的职能；增加了反洗钱和管理信贷征信业两项职能。概括为“一个强化、一个转换和两个增加”。根据人民银行《关于授权省会中支履行全省党务、纪检、人事、内审等工作职责的通知》（银“三定”办〔2020〕3号）文件精神，2020年7月1日起，党务、纪检、人事工作划归人行太原中支管理。

市人行主要职责调整为：负责贯彻落实上级行制定的各项货币信贷政策，负责银行间同业拆借、债券等金融市场的管理。围绕货币政策决策，对全市经济金融运行情况进行分析预测，对货币信贷政策执行情况及经济金融运行中的深层次、重大问题进行跟踪研究，提供决策建议；负责全市金融监管机构及有关部门的协调沟通，监测全市金融系统风险，研究实施系统性金融风险防范和化解的措施，参与有关风险的处理和其他涉及金融稳定的事项；负责全市经济金融信息的搜集、统计和分析，及时向市委、市政府和金融机构提供信息咨询服务；负责全市支付结算、票据交换和银行账户管理规章制度的执行、监督检查，维护支付清算秩序；负责反洗钱案件的协查工作；负责全市货币发行、现金管理、金银管理、发行库管理及反假人民币工作；经理全市国库，监督管理代理行国库业务；负责全市征信管理工作，积极推进全市社会信用的建设；作为国家外汇管理局朔州市中心支局，负责全市国际收支、资本项目、经常项目、外汇检查等外汇管理工作。

□　组建银监局

2003年9月，按照党的十六届二中全会审议通过的《关于深化行政管理体制和机构改革的意见》、十届人大一次会议批准的国务院机构改革方案等精神，市人行与朔州银监分局启动组建分设工作。2004年1月，朔州银监分局挂牌。机构分设后，市人行不再承担辖区具体的金融监管职责。

2005年12月28日，市人行与朔州银监分局签订人员、财产和财务划转协议，并办理出账手续。

在人员划分方面，市人行金融机构监管科、农村合作金融机构监管科、行业管理办公室和纪委内设的在其他金融机构纪检监察岗位上的人员整体划转到朔州银监分局。相关科室人员划转按照“本人愿意去、人行愿意放、监管局愿意要，有利于双方工作”的原则进行协商划转。朔州银监分局从市人行划转33人，其中：机关整体划转21人、协商划转12人，从所辖县（区）支行划转19人。人员划转后涉及的有关工资管理、人员统计、党员管理、人事档案的移交，职工养老保险、住房公积金、专业技术职务评定等项工作，按照市人行和朔州银监分局组织人事部门联合下发的通知，进行妥善解决。

在财产和财务划分方面，市人行原鄯阳街268号的办公楼（建筑面积2 080平方米）、东配楼（建筑面积490平方米）、综合楼（建筑面积1 710平方米）、车库（建筑面积170平方米）划归朔州银监分局。职工家属楼按照“房随人走”的原则划转（机关27套）。市人行机关车辆“奥迪

A6　晋F03599、帕萨特SVW　晋F03769、旅行车SY6480AIB-ME　晋F02176”划转朔州银监分局。市人行划转到朔州银监分局工作的职工，原配备给个人的办公用品、配备给监管科室的办公设备划归朔州银监分局，其中：计算机22台、笔记本电脑4台、办公桌52张、椅子60把、文件柜48套、铁书柜6套、传真机2台、打印机13台、照相机1台、电视机3台。

截至2005年末，机构分设共划转各类固定资产占款791.55万元。其中，固定资产电子电器设备41.90万元，家属楼94.95万元，办公房屋5.70万元，交通工具8.70万元。

□　所办城市信用社脱钩

从1993年开始，市人行开始开展城市信用合作社与组建单位脱钩工作。1994年12月，人行右玉县支行、山阴县支行、怀仁县支行、应县支行先后与所办城市信用社脱钩。1998年5月，根据晋银办〔1998〕62号和人民银行银发〔1998〕225号文件有关人民银行与所办城市信用社脱钩的精神，市人行、人行平鲁区支行、人行朔城区支行与所办城市信用合作社彻底脱钩。至此，辖内人民银行与7家所办城市信用社全部脱钩。

□　所办经济实体脱钩

○与金源实业公司脱钩

1990年8月，市人行劳动服务公司成立。按照人行山西省分行《山西省人民银行系统经济实体脱钩实施意见》，1993年10月25日，市人行党组会议研究决定：原“中国人民银行朔州分行劳动服务公司”更名为“朔州市金源实业公司”，与市人行脱钩，公司作为独立企业法人，独立核算、自主经营、自负盈亏，自担风险；劳动服务公司人员转为金源实业公司职工，公司党、政、工、团挂靠市人行，公司业务接受人民银行监管。

○与海口金源实业公司脱钩

1993年3月，海口金源实业公司成立，是市人行劳动服务公司在海南投资设立的实体企业，性质为集体，法定代表人吴存有，同年8月变更为杨春祥。按照《山西省人民银行系统经济实体脱钩实施意见》，同年10月，人民银行干部劳资关系转到海口金源实业公司，人事关系仍留在市人行。

○与所办金店脱钩

1998年12月，按照《关于抓紧做好人民银行分支行与所办经济实体脱钩工作的通知》，朔州市辖内人民银行与所办金店彻底脱钩。

市人行与朔州金店脱钩。朔州金店改制为股份制企业，法人代表吴树斌，改制后法人代表景忠。注册资金50万元。

人行怀仁县支行与怀仁金店脱钩。怀仁金店改制为股份制企业，法人代表闫锦梅，改制后法人代表闫锦梅。注册资金80万元。

人行应县支行与应县销售部脱钩。应县销售部改制为股份制企业，法人代表赵金兰，改制后法人代表赵金兰。注册资金23万元。

人行山阴县支行与山阴金饰品销售部脱钩。山阴金饰品销售部改制为股份制企业，法人代表梁昌新，改制后法人代表梁昌新。注册资金30万元。

□　内设部门

1989年2月，根据人行山西省分行《关于设立中国人民银行朔州分行的通知》（晋银人〔1989〕第8号），市人行内设六科一室一部：计划科、会计科、国库科、金融管理科、人事科、办公室、营业部和外汇管理科。年末，内设机构增至11个部门：金融系统监察室、办公室、人事科、外汇管理科、会计科、稽核科、计划科、金融管理科、科技科、货币发行管理科和保卫科。

根据晋银发字〔1995〕77号和晋银人〔1996〕6号“三定”文件（定机构、定职责、定人员）精神，1995年，内设机构由三定前13个职能科室调整为14个和1个直属单位。调整前13个科室为：办公室、金管科、稽核科、计划科、外管科、会计科、国库科、政教科、发行科、保卫科、工会办、监察室和人事科。调整后14个职能科室为办公室、金管科、稽核科、货币信贷管理科、外管科、调统科、会计科、国库科、科技科、货币金银科、保卫科、工会办、监察室、人事教育科，1个直属单位为后勤服务中心。1996年10月，增设农村合作金融机构管理科。根据《关于中国人民银行朔州分行调整撤并重复分支机构的批复》（晋银复〔1998〕134号）精神，1998年9月，撤销中国人民银行朔城区支行，成立营业部。

1999年，人行天津分行下发《关于印发〈关于规范地（市、盟）中心支行、县（市、旗）支行职能配置、内设机构和人员编制方案〉的通知》（津银发〔1999〕450号）通知，开展分支机构“三定”工作。2000年3月，市人行根据第二次“三定”要求调整内设机构，共设职能科室12个，直属单位2个：办公室、货币信贷与统计科、金融机构监管科、合作金融机构监管科、外汇管理科、会计财务科、科技科、内审科、人事教育科（组织部）、货币金银科、国库科、保卫科、营业部（含清算分中心）和后勤服务中心。根据《中国人民银行分支机构党委、纪委工作机构和人员编制的规定》（银党〔1999〕19号）精神，设党委、纪委工作机构：党委办公室（与办公室合署办公）、组织部（与人事教育科合署办公）、宣传部、群工部（与工会、团委合署办公）、纪委办公室（与监察室合署办公）和机关党委办公室（与机关工会、机关团委合署办公）。

2004年1月，市人行与朔州银监分局分设。根据《关于中国人民银行朔州市中心支行及其所属县级支行内设机构及人员编制调整的批复》，内设科室16个：办公室、货币信贷管理科（金融稳定）、调查统计科（征信）、会计财务科、科技科、内审科、人事科（党委组织部）、货币金银科、国库科、外汇管理科、事后监督中心、保卫科、纪检监察室、宣传群工部（宣传部、机关党委办、工会办、团委合署办公）、营业室（含清算分中心）和后勤服务中心。

2015年，为了解决地市中支内设机构设置与履职需要之间的矛盾，根据《关于调整中国人民银行朔州市中心支行内设机构设置的通知》（津银发〔2014〕308号），市人行对内设机构进行调整。内设科室调整为16个：办公室（党委办公室、后勤服务中心）、货币信贷管理科、金融稳定科、调查统计科、会计财务科、支付结算科（反洗钱科、营业室）、科技科、货币金银科、国库科、内审科、人事科（党委组织部）、征信管理科、外汇管理科、宣传群工部、纪委监察室和保卫科。

□ 干部职工

1989年2月，省人行印发《关于设立中国人民银行朔州分行的通知》（晋银人〔1989〕第8号），规定市人行所需人员编制控制在50人之内。4月20日，市人行开业，共有干部职工24人，年末，辖内人民银行系统共有干部职工115人。其中，中支机关45人。

1995年“三定”后，市人行职能科室正、副科长由16人调整为控制在28人之内。年末，辖内人民银行系统共有干部职工326人。

1998年9月，人行朔城区支行撤销。市人行职能科室定岗100人，对于机构撤并多出定岗人员，按照晋银发〔1998〕127号文件要求批复的《朔州分行上岗分流办法》，进行了先上岗后分流工作。年末，辖内人民银行系统共有干部职工341人。

1999年“三定”后，市人行人员编制控制在140人以内。年末，全市人行共有干部职工335人。

2004年，与朔州银监分局分设，划转朔州银监分局人员52名（其中：中支机关33人，县支行19人）。同年，完成“三定”工作，年末，辖内人民银行系统共有干部职工281人。

2019年，辖内人行系统在册正式干部职工235人（中支127人，县支行108人）；聘用制员工13人（中支5人，县支行8人）；合同制用工18人（中支10人，县支行8人）；退休人员108人（中支56人，县支行52人）。正副科长37人（科长16人，副科长21人），正副主任科员17人（主任科员9人，副主任科员8人）。中共党员231人（在职党员159人，退休党员72人），其中：中支138人（在职党员97人，退休党员41人）；县支行93人（在职党员62人，退休党员31人）。高级专业技术人员6人（中支5人，县支行1人）；中级专业技术人员121人（中支73人，县支行48人）。

□ 行址变迁

1989年4月，市人行建行后，办公地址租赁朔城区工程公司办公楼三层和二层东半部，共51间，租期3年。位于朔城区新建西大街（现鄯阳街）与北关路交叉口西侧。保卫科、发行科及发行库办公地址在朔县老城南大街与盐市街交叉口东南角人行朔城区支行。

1993年，人行朔城区支行（原人行朔县支行）办公大楼竣工，位于新建西大街（现鄯阳街）朔城区医院对面（现朔州银监分局办公楼）。市人行迁址该办公楼。

1998年4月，市人行迁址开发南路26号新建办公大楼。大楼从1990年开始筹划。在人民银行、省人行和朔州市政府的大力支持下，1994年8月30日，新办公楼及职工培训中心正式破土动工。1998年4月，经有关部门验收后正式交付使用。大楼（含培训中心，下同）面积11 639平方米。附属工程面积1 585平方米（含车库小二楼563平方米，食堂390平方米，服务公司500平方米，门房30平方米）。

第二节　建市前朔县人行

□　机构沿革

1949年9月，中国人民银行朔县支行组建，隶属中国人民银行察哈尔省分行雁北专区办事处，是朔县唯一一家国家银行。1952年12月，察哈尔省撤销，人行朔县支行划归人行山西省分行管辖。1964年1月，与农行朔县支行分设，分设后农业银行仍以人民银行名义行文，信用社归农业银行领导，次年12月，与农行朔县支行合并。“文革”期间，金融工作地位弱化，人行朔县支行与县财政局经历多次合并与分设。1967年3月，人行朔县支行改组为朔县革命委员会财政贸易委员会人民银行组。1968年6月，改称为朔县人民银行革命委员会。1975年12月，恢复支行建制。1980年6月，与农行朔县支行再次分设，农村信用社接受农业银行领导。1984年11月，与工行朔县支行分设，不再兼办工商信贷和储蓄业务，开始专门行使中央银行职能。1989年9月，更名为朔城区支行，归属市人行管辖。1998年，根据《关于中国人民银行朔州分行调整撤并重复分支机构的批复》（晋银复〔1998〕134号）精神，人行朔城区支行撤销。

中国人民银行朔县支行机构沿革情况见表2-4。

表 2-4　　一览表

年份	机构沿革事件	领导班子				
1949	组建朔县支行，经理李子春。内设会计组、业务组、出纳组、农金组、秘书组	李子春（行长）				
1950	李贵宗由山阴支行副行长调任朔县支行行长。机构同上	李贵宗（行长）	闫志芳（副行长）			
1951	经雁北中支核准，在全县 7 个区中的一二五六区建立营业所，机构同上	李贵宗（行长）	闫志芳（副行长）			
1952	撤销察哈尔省，归省人行管辖。改组为股：会计股、业务股、出纳股、农金股、秘书股。在三区建立营业所，城关区金融业务由支行金融小组办理。峙峪村“农村金融小组”成立，是朔县最早成立的农村信用社	魏隐君（行长）	李茂（副行长）			
1953	试办信用社，普遍建立供销社信用部并适当发展信用组。明确信用社受当地党政的领导，接受国家银行金融政策的领导与业务上的监督管理，机构同上	魏隐君（行长）	李茂（副行长）			
1954	明确信用合作社组织的名称为信用合作社，机构同上	郭连（行长）	周润庭（副行长）			
1955	信用社发展到 51 家，机构同上	郭连（行长）	周润庭（副行长）	秦佩德（副行长）		
1956	精简机构、压缩人员，营业所下辖 51 个信用社合并为 27 个	秦佩德（行长）	周润庭（副行长）	尹丕安（副行长）		
1957	内设机构调整为：会计出纳股、业务股、储蓄股、农金股、秘书股	秦佩德（行长）	周润庭（副行长）	李玉林（副行长）		
1958	9 月人民公社化，乡改建为公社共 16 个；11 月推行以农业为主体的农业社、供销社、信用社“三社合一”，在农业社内设立供销部和信用部，机构同上	秦佩德（行长）	郭盛明（副行长）	周润庭（副行长）	王德宽（副行长）	

续表

年份	机构沿革事件	领导班子				
1959	人民公社信用部收回不再下放，对外挂人民银行营业所和公社信用部2个牌子。营业所和信用社合并为公社银行，建立在人民公社的银行，一律改为国家银行营业所，由人行朔县支行统一管理	郭盛明（行长）	周润庭（副行长）	王德宽（副行长）	—	—
1960	撤销公社信用部，恢复银行营业所、信用部	郭盛明（行长）	周润庭（副行长）	王德宽（副行长）	—	—
1961	内设5个股	郭盛明（行长）	周润庭（副行长）	王德宽（副行长）	—	—
1962	业务股与储蓄股合并为信贷储蓄股。下半年，改信用部为信用社，按照1个公社设立1个信用社的要求进行机构调整	尹丕安（主持）	周润庭（副行长）	—	—	—
1964	人民银行与农业银行第一次分设，农行仍以人民银行名义行文，信用社归农业银行领导。内设股室：人事秘书股、会计股、现金出纳股、计划统计股、工商信贷股、储蓄股、神头办事处、利民人农合办处	景秀（人行行长）杨志忠（农行行长）	尹丕安（副行长）	—	—	—
1965	人民银行、农业银行合并，神头办事处与农行神头营业所合并，隶属人民银行	景秀（行长）	温维喜（行长）	—	—	温维喜（支部书记）
1966	内设机构增加为8股1处6所：秘书股、会计股、出纳股、信贷业务股、计划统计股、公社业务股、信用合作股、国营业务股，神头办事处，城关储蓄所、城关营业所、滋润营业所、贾庄营业所、窑子头营业所、利民营业所，下辖17个信用社	杨志忠（行长）	温维喜（副行长）	—	温维喜（支部书记）	—
1967	改组为朔县革命委员会财政贸易委员会人民银行组，机构同上	杨志忠（组长）	温维喜（副组长）	—	温维喜（支部书记）	—
1968	改称朔县人民银行革命委员会，机构调整为：政治办公室、业务办公室、会计出纳办公室、中心街储蓄所、神头办事处、城关营业所、滋润营业所、贾庄营业所、窑子头营业所、利民营业所	景秀（主任）杨志忠（行长）	王寿山（委员）	李存录（委员）	张玺（委员）温维喜（支部书记）	—
1969	机构同上	景秀（主任）杨志忠（行长）	郭桐（副主任）王寿山（委员）	李存录（委员）	张玺（委员）温维喜（支部书记）	—
1975	恢复支行建制，机构调整为：秘书股、农金股、城市信贷股、社队财务股、会计、出纳股、城关营业所、滋润营业所、贾庄营业所、窑子头营业所、利民营业所、神头营业所、神头办事处、神头电厂办事处、火车站办事处、中心街储蓄所，信用社接受朔县支行领导	景秀（行长）	郭桐（副行长）	王斌（副行长）	—	—
1976	内设机构调整为：行政办公室、会计股、社队财务股、农村业务股、城市业务股、城关营业所、滋润营业所、贾庄营业所、窑子头营业所、利民营业所、神头营业所、神头办事处、神头电厂办事处、火车站办事处、中心街储蓄所	王斌（行长）	王滋玉（书记）	—	—	—
1977	银行营业所与信用社合署办公，信用社改变为国家银行的基层机构，下辖17个信用社，机构同上	王斌（行长）	王滋玉（书记）	—	—	—
1979	12月，人民银行与农业银行再次分设，内设机构同上	王斌（行长）	王滋玉（书记）	—	—	—

续表

年份	机构沿革事件	领导班子				
1980	机构调整为：办公室、会计股、信贷股、计划统计股、出纳股、储蓄股、行政秘书股、神头电厂储蓄所、中心街储蓄所；6月，农业银行朔县支行成立，农村信用社接受农业银行领导	王斌（行长）	—	—	—	—
1981	机构同上	王斌（行长）	寇子儒（副行长）	景忠（副行长）	—	—
1984	农村体制改革，政社分开，取消人民公社，建立乡镇人民政府，信用社机构进行个别调整；11月，人民银行、工商银行分设	寇子儒（行长）	景忠（副行长）	王平（副行长）	—	—
1985	专门行使中央银行职能，计划调统股同时履行金管、稽核职能。机构调整为：办公室、会计股、发行股、计划调统股	马军（行长）	景忠（副行长）	—	—	—
1986	机构调整为：办公室、会计股、发行股、计划调统股、国库股、稽核股	马军（行长）	景忠（副行长）	—	—	—
1987	成立朔县城市信用社，机构调整为：办公室、会计股、发行股、计划调统股、国库股、稽核股、保卫股、城市信用社	马军（行长）	景忠（副行长）	杨秀珍（副行长）	—	王生明（纪检组长）
1989	市人行组建，朔县支行改组为朔州分行营业部，8月恢复成立朔城区支行，机构调整为：办公室、会计股、计划调统股、国库股、金管稽核股、保卫股、城市信用社	杨钧（行长）	杨秀珍（副行长）	—	—	—
1990	机构同上	杨钧（行长）	杨秀珍（副行长）	—	—	—
1991	增设金融系统监察室，机构调整为：办公室、会计股、计划调统股、国库股、金管稽核股、监察室、城市信用社	杨钧（行长）	杨秀珍（副行长）	—	—	焦文（监察室主任）
1992	机构同上	杨钧（行长）	杨秀珍（副行长）	—	—	焦文（监察室主任）
1994	12月，城市信用社与人民银行脱钩，划归朔州市城市信用社中心社管辖	杨钧（行长）	杨秀珍（副行长）	苗秋旺（副行长挂职）	—	焦文（监察室主任）
1996	机构调整为：办公室、计划调统股、会计国库股、稽核金管股、监察室、发行股、保卫股	杨钧（行长）	杨秀珍（副行长）	—	—	焦文（监察室主任）
1997	机构调整为：办公室、计划调统股、会计国库股、稽核金管股、监察室、发行股、保卫股、农金股	杨钧（行长）	杨秀珍（副行长）	—	张志强（总稽核）	焦文（监察室主任）
1998	撤销朔城区支行	杨钧（行长）	杨秀珍（副行长）	—	张志强（总稽核）	焦文（监察室主任）

□　与农业银行分设

1963年，为了贯彻执行全国以农业为基础，以工业为主导的国民经济发展总方针，统一管理国家支援辖区农业的各项资金，促进农业的发展，人行朔县支行与农业银行开始筹备分设工作。

1964年1月，按照《朔县人民委员会关于建立我县各级农业银行机构的通知》（〔64〕朔人字第1号）精神，正式从人行朔县支行分设建立农业银行各级机构，其中：县设中国农业银行朔县支行，基层设城关、神头、窑子头、利民、滋润、沙堺河6个营业所。上述各机构于1964年2月1日对外办公，原人行朔县支行有关信用合作、农业贷款、国家支援社队各项资金的监督支付等工作，均改由农行朔县支行办理。3月，人民银行、农业银行按照“相互照顾、统筹安排”的原则，对资金、账务、财产进行划分，同时按照《山西省朔县编制委员会关于转发省编委对银行等单位的编制方案》（〔64〕朔人编字第1号）精神，核定人行朔县支行编制38人（行政编制4人、企事业编制34人），农行朔县支行编制42人。

1965年12月25日，按照《关于人民银行、农业银行两行合并问题的通知》（朔人银秘字第7号、朔农银秘字第14号）精神，人行朔县支行与农行朔县支行正式合并。两行合并后，农业银行的牌子仍然保留，所属城关、利民、滋润、沙堺河、窑子头营业所的行文名义、办理事项仍用原公章不变。神头营业所和神头办事处合并后，行文和办理事项应用人行神头办事处公章，农行神头营业所的公章停用。辖区各营业所、信用社的请示、报告等工作一律由人行朔县支行管理。

1979年2月，国务院印发《关于恢复中国农业银行的通知》，决定将农业银行从人民银行中分离出来。1980年1月，人行朔县支行与农行朔县支行再次分设。

□ 与工商银行分设

1983年9月，按照国务院决定的“中国人民银行是我国的中央银行，是国务院领导下统一管理全国金融的国家机关”精神要求，人行朔县支行开始为商业银行职能剥离做准备工作，并开始筹备工行朔县支行的分设工作。

1984年11月6日，根据国务院《关于中国人民银行专门行使中央银行职能的决定》（国发〔1983〕146号）和《中国人民银行、中国工商银行省以下机构分设和财产财务划分的意见》精神，组建工行朔县支行，朔州辖区人民银行与工商银行正式分设。原人民银行承担的工商信贷和储蓄业务由工商银行专业经营。同时，本着有利于银行改革建设，保持财产的产权、使用权明确完整，既不影响两行正常工作，又要为分设创造必要的工作和生活条件的基本原则，人行朔县支行与工行朔县支行结合实际情况，对人员、财产、资金债务进行划分。

在人员划分方面，根据双方工作需要，将实有在册人数25%划归人行朔县支行，75%划归工行朔县支行。其中，离退休人员遗属由人行朔县支行负担。

在财产划分方面，本着有利于银行改革建设出发，统筹兼顾，充分协商，互谅互让，以团结为重，大的划分，小的适当集中归属的原则，对现有财产的产权、使用权作划分。办公用房：西院（办公处）和南院（客房10间、家属房10间及伙房、库房）归人行朔县支行。新建办公大楼、中心街、东街、神头电厂三个储蓄所的财产全部归工行朔县支行；在工行朔县支行办公大楼未投入使用以前，现有营业室、东房五间及后院三间由该行借用；会议室、客房、伙房由两行统一使用，人行负责管理，待工行朔县支行大楼交付使用后，人员及财产全部撤清。家属住房：北关前排12间、中排10间及空地15间至后滴水以前归人行朔县支行，后排18间、三小排15间归工行朔县支行。固定资产：出纳股办公桌椅归工行朔县支行，2号、3号行长办公室桌椅随人走；跃进2.5吨汽车归人行朔县支行，北京212吉普车归工行朔县支行，买车所欠债务由工行朔县支行承担；自行车22辆，其中10辆归人行朔县支行，12辆归工行朔县支行；大小电子记算器随人走；伙房所有财产归人行朔县支行。

在资金、债权、债务方面：人行山西省分行下拨的新建神头电厂储蓄所的6.70万元建设费归工行朔县支行；1984年12月底以前的福利基金、业务发展基金、奖励基金和支行历年结余资金按人员比例划分；其余资金及债权债务，按各类款项总额，各划一半。

机构分设后，人行朔县支行下设3个股级机构：办公室，会计发行股，金融研究管理股。工行朔县支行保持现有股级机构：秘书股、信贷股、计划股、储蓄股、会计股、出纳股，并保持现有的中心街储蓄所、东街储蓄所，神头电厂储蓄所。在分设过程中，以选拔领导干部的“四化”标准为前提，严把政治关、年龄关、文化关，按两行内部机构设置，相应配备股级领导。

□　内设股室

1949年成立初，内设5个组：会计组、业务组、出纳组、农金组、秘书组。1952年12月，改组为股，内设会计股、业务股、出纳股、农金股、秘书股。1965年12月，人民银行与农业银行合并后内设8个股：秘书股、会计股、出纳股、信贷业务股、计划统计股、公社业务股、信用合作股、国营业务股。随着人行朔县支行改称为朔县人民银行革命委员会，1968年6月，内设机构调整为政治办公室、业务办公室、会出办公室。1975年12月，人行朔县支行恢复建制，内设秘书股、农金股、城市信贷股、社队财务股、会计股、出纳股。1980年，人民银行与农业银行再次分设后内设办公室、会计股、信贷股、计划统计股、出纳股、储蓄股、行政秘书股。1984年11月，专门行使中央银行职能后内设办公室、会计股、发行股、计划调统股。

1989年4月，人行朔州市支行成立后，人行朔县支行改组为朔州分行营业部，8月，又恢复成立朔城区支行，内设办公室、会计股、计划调统股、国库股、金管稽核股、保卫股。按照“三定”方案要求，1995年，内设机构调整为办公室、计划调统股、会计国库股、稽核金管股、监察室、发行股、保卫股。1998年9月，朔城区支行撤销。

□　人员构成

1949年成立初，全行共有干部职工9人。李子春任经理。年末，干部职工21人。1952年至1953年，全县建立供销社信用部并适当发展信用组，干部需求增加。1953年末，干部职工增至72人。人民公社化后，营业所和信用社合并为公社银行，干部职工增幅较大，1959年末，干部职工89人。1965年12月，与农行朔县支行合并，干部职工76人。1984年，人民银行与工商银行分设，干部职工17人。

1989年，更名为人行朔城区支行，共有干部职工33人。1998年，朔城区支行撤销后，44名干部职工分流到中支机关和各区县支行。

□　行址变迁

1949年9月人行朔县支行成立时，办公地址位于朔县老城南大街与盐市街交叉口东南角。房屋产权属于朔县人民政府。办公院落整体呈环形，大门位于院落西侧，面向南大街。院落西侧除大门外，有9间办公用房。院落北侧5间房，为城市信用社营业场所。院落东侧5间办公用房。院落南侧有二层楼一幢，一层为发行库，二层闲置。另外，在南角有三间小平房及一间公共厕所。办公区东侧为朔县毛纺织厂，南侧为朔县灯光体育场，西侧路对面为劳保商场，西北侧斜对面为五交化商场和朔县政府。职工宿舍位于朔县大营街和盐市街交叉路口西南角，为人行朔县支行自有用房，二层结构。

1993年，迁址新建办公大楼，地址位于新建西大街（现鄯阳街）朔城区医院对面（现朔州银监分局办公楼）。办公楼建筑面积2 080平方米、东配楼建筑面积490平方米、综合楼建筑面积1 710平方米、车库建筑面积170平方米。

第三节　人行各县支行

□　平鲁区支行

○机构沿革

1949年12月，人行平鲁金融小组成立，机构设在平鲁城。1951年，人行平鲁县支行成立，隶属中国人民银行察哈尔省分行雁北专区办事处，是平鲁县唯一一家国家银行，机构设在平鲁城。在农村下设40个金融小组，具体经办农金业务。1952年12月，察哈尔省撤销，雁北专区划归省人行管辖。同年，平鲁县支行将农村金融小组合并为7个信用社，同时建立7个营业部。支行内设保险公司（银行和保险公司是一套人员，二套机构）。1953年，平鲁保险公司成立，与人民银行分设。1958年末，平鲁县、朔县两县合并，人行平鲁县支行建制撤销，改为“平朔支行井坪办事处”，机构设在井坪镇。1961年，平鲁县、朔县两县分设，人行平鲁县支行恢复县支行建制。1963年，与农行平鲁县支行分设。1964年2月，人民银行与农业银行合并。1980年10月，与农行平鲁县支行再次分设，同时组建农村信用合作联社。

1984年，工行平鲁县支行成立。人民银行与工商银行实行两套机构一套人员。1986年8月，与工行平鲁支行分设，开始独立行使中央银行职能。具体职能是协调、监督、管理各专业银行的业务活动和经理国库、货币发行业务等。隶属人行雁北分行管辖。1989年，随着朔州市的成立，划归市人行，更名为人行平鲁区支行。

1999年4月，成立中共人行平鲁区支行党组。2004年1月，与朔州银监分局平鲁监管办事处分设。

○内设股室

1951年成立时，内设信贷股、农金股、会计股。随着保险业务的开展，1952年12月，内设股室调整为信贷股（包括储蓄、计划）、会计股、农金股和保险公司。1963年，信贷股和计划股合并为城市业务股，农金股改为农林业务组。

1980年，人民银行与农业银行分设后，内设股室调整为办公室、人事股、计划股、信贷股、储蓄股和会计股五股一室。1986年，人民银行与工商银行分设后，内设股室调整为办公室、计划调研股、金管稽核股、会计国库股、货币发行股、保卫股六股一室。

划归人行朔州分行管辖后，1989年8月，内设五股二室：金管稽核股、会计股、国库股、保卫股、计划调统股、办公室、监察室。1995年12月，按照“三定”方案要求，内设9个股室调整为四股二室：办公室、计划调查统计股、会计国库股、保卫发行股、稽核金管股、纪检监察室。按照“三定”方案工作要求，2000年2月，内设机构合并为四股一室：综合办公室、综合业务股、货币金银股、保卫股、综合金融机构监管股。2001年10月，发行库撤销后，内设股室合并为三股一室：综合业务股、综合金融机构监管股、综合办公室。随着与平鲁区监管办事处分设，2004年，综合金融机构监管股撤销。同年8月，根据《中国人民银行天津分行地（市、盟）中心支行和县（市、旗）主要职责、内设机构和人员编制调整实施方案》的要求，内设机构调整为：办公室、金融管理股、调查统计股、国库会计股。2006年6月，根据《关于中国人民银行朔州市中心支行所辖县级支行“三定”方案调整的批复》（津银复〔2006〕17号）文件精神，增设纪检监察审计室。2009年，依据《关于辖区县（市、旗）支行内设部门和岗位优化整合指导意见》（津银发〔2007〕114号），内设部门调整为两部两室：综合办公室、综合业务部、金融管理部、纪检监察审计室，延续至今。

○人员构成

1949年，平鲁金融小组共有职工6名，组长黄凤林。1951年支行成立初，共有干部职工13人，首任行长阎志方。1986年，与平鲁工商银行分设，年末，干部职工6人。1989年，划归市人行管辖，年末，干部职工18人。2001年，支行撤销发行库，年末，干部职工45人。2004年，与银监部门分设，年末，干部职工24人。2019年末，全行共有干部职工23人。

□　怀仁市支行

○机构沿革

1949年10月，中国人民银行怀仁县支行成立，隶属于中国人民银行察哈尔省分行雁北专区办事处。1954年7月，大同、怀仁两县合并后，怀仁县支行撤销，改为怀仁办事处，隶属于人行大同市支行，辖东风、金沙滩、卫星3个公社银行。1965年4月，农行怀仁县支行并入怀仁办事处。同年8月，怀仁办事处更名为怀仁县支行。1969年，怀仁县支行并入怀仁县财政局。1971年8月，从怀仁县财政局分设，恢复支行建制。1979年6月，与怀仁县农行分设。1984年，与怀仁县工行分设。

1993年，行政区划调整，划归市人行管辖。1999年，成立中共中国人民银行怀仁县支行党组。2004年1月，与朔州银监分局怀仁监管办事处分设。2018年7月，国务院批准撤销山西省朔州市怀仁县，设立县级怀仁市。2019年9月，经人总行（银函〔2019〕295号）批准，中国人民银行怀仁县支行更名为中国人民银行怀仁市支行。

○内设股室

1949年成立初内设会计、出纳、业务三股。1952年12月，随着省人行规范内部科室要求，内设计划统计、业务、农村金融、会计、出纳股。

按照“三定”方案要求，1995年12月，内设股室调整为四股两室：计划调查统计股、会计国库股、保卫发行股、稽核金管股、办公室、纪检监察室。2000年2月，按照“三定”方案工作要求，内设股室合并为四股一室：综合办公室、综合业务股、货币金银股、保卫股、综合金融机构监管股。2004年8月，“三定”后内设股室调整为6个：办公室、金融管理股、调查统计股、国库会计股、货币金银股、保卫股。2006年3月，随发行库业务停办实行零库存后，内设股室调整为：办公室、金融管理股、调查统计股、国库会计股。同年6月，增设纪检监察审计室。2009年，内设股室优化整合，调整为两部两室：综合业务部、金融管理部、综合办公室、纪检监察审计室。2010年，恢复发行库业务后，内设股室调整为四部二室：综合业务部、金融管理部、货币金银部、保卫部、综合办公室、纪检监察审计室，延续至今。

○人员构成

1949年支行成立初，共有干部职工18人。1993年末，划归市人行管辖后干部职工38人。1995年，“三定”后，共有干部职工40人。2000年末，干部职工38人。2004年，人民银行与银监部门分设后共有干部职工35人。

2019年末，共有干部职工24人。

□ 山阴县支行

○机构沿革

1949年，在原西北农业银行山阴支行的基础上组建成立，隶属中国人民银行察哈尔省分行雁北专区办事处，地址位于山阴岱岳。1950年，在岱岳、玉井、北周庄、山阴城、后所等地设立营业所、办事处、储蓄所11个。1980年，与农行山阴县支行分设。1986年8月，与工商银行分设。

1989年，随着朔州市成立，划归市人行领导。1999年4月，成立中共中国人民银行山阴县支行党组。2004年1月，与朔州银监分局山阴监管办事处分设。

○内设股室

1989年，划归市人行管辖后，内设股室调整为金管稽核股、会计股、国库股、保卫股、发行股、计划调统股、办公室、监察室。按照“三定”方案要求，1995年12月，内设9个股室调整为四股两室：计划调查统计股、会计国库股、保卫发行股、稽核金管股、办公室、纪检监察室。根据“三定”方案工作要求，2000年2月，内设机构合并为四股一室：综合办公室、综合业务股、货币金银股、保卫股、综合金融机构监管股。2004年1月，随着与山阴县监管办事处分设，综合金融机构监管股撤销。同年8月，根据《中国人民银行天津分行地（市、盟）中心支行和县（市、旗）主要职责、内设机构和人员编制调整实施方案》的要求，内设部门调整为：办公室、金融管理股、调查统计股、国库会计股、货币金银股、保卫股。2006年3月，发行库零库存后，内设部门调整为：办公室、金融管理股、调查统计股、国库会计股。同年6月，根据《关于中国人民银行朔州市中心支行所辖县级支行“三定”方案调整的批复》（津银复〔2006〕17号）文件精神，增设纪检监察审计室。2009年，依据《关于辖区县（市、旗）支行内设部门和岗位优化整合指导意见》（津银发〔2007〕114号），内设部门调整为两部两室：综合办公室、综合业务部、金融管理部、纪检监察审计室。2019年末，内设两部两室：综合办公室、综合业务部、金融管理部、纪检监察审计室，延续至今。

○人员构成

1989年末，共有干部职工25人。1995年，“三定”后，共有干部职工39人。2000年，“三定”后，共有干部职工43人。2004年末，与银监部门分设后共有干部职工30人。

2019年末，共有干部职工20人。

□　应县支行

○机构沿革

1949年11月成立，属中国人民银行察哈尔省分行雁北专区办事处。主要任务是接收官僚资本主义银行，改造私营钱庄、票号，制止通货膨胀，发行人民币，促进生产发展。1979年8月，与农行应县支行分设。1980年9月，与应县保险公司分设。1984年，与工行应县支行采取一个机构、两块牌子和两套账簿的过渡办法。1986年8月，与工行应县支行分设，开始专门行使中央银行职能，隶属人行雁北分行管辖。地址位于应县城关镇西街1号。1990年11月，迁址应县金城镇迎宾路18号至今（金城东街）。

1993年7月，雁同合并，随行政区划调整划归市人行管辖。1999年，成立中共中国人民银行应县支行党组。2004年1月，与朔州银监分局应县监管办事处分设。

○内设股室

1993年，划归市人行管辖，内设办公室、会计股、计划调统股、国库股、金管稽核股和保卫股。1995年12月，按照“三定”方案要求，调整为四股两室：计划调查统计股、会计国库股、保卫发行股、稽核金管股、办公室、纪检监察室。2000年2月，根据“三定”方案，内设机构合并为四股一室：综合办公室、综合业务股、货币金银股、保卫股、综合金融机构监管股。2004年1月，随着与应县监管办事处分设，撤销综合金融机构监管股。同年8月，根据《中国人民银行天津分行地（市、盟）中心支行和县（市、旗）主要职责、内设机构和人员编制调整实施方案》的要求，内设部门调整为：办公室、金融管理股、调查统计股、国库会计股、货币金银股、保卫股。2006年3月，发行库零库存后，内设部门调整为：办公室、金融管理股、调查统计股、国库会计股。同年6月，根据《关于中国人民银行朔州市中心支行所辖县级支行“三定”方案调整的批复》（津银复〔2006〕17号）精神，增设纪检监察审计室。2008年6月，依据《关于辖区县（市、旗）支行内设部门和岗位优化整合指导意见》（津银发〔2007〕114号），内设部门调整为两部两室：综合办公室、综合业务部、金融管理部、纪检监察审计室，延续至今。

○人员构成

1993年末，干部职工37人。1995年，“三定”后，共有干部职工39人。2000年末，“三定”后，共有干部职工37人。2004年末，与银监部门分设后共有干部职工31人。

2019年末，共有干部职工22人。

□　右玉县支行

○机构沿革

成立于1950年1月，属中国人民银行察哈尔省分行雁北专区办事处，是右玉县唯一一家国家银行。1958年11月，右玉县并入左云县，支行撤销，改为右玉办事处。1961年4月，右玉县与左云县分设，支行恢复建制。下设李达窑、城关、威远、元堡子、高家堡6个营业所和16个信用社。1967年，成立人行右玉县支行革命委员会，1974年4月撤销。1976年，随县城搬迁到梁家油坊，原址设右玉办事处。1979年，与农行右玉县支行分设，所辖营业所、信用社划归农行管理。1984年4月，工行右玉县支行成立，与人行右玉县支行实行一套编制、两块牌子。1986年9月，与工行右玉县支行分设。

1993年，行政区划调整，划归人行朔州分行管辖。1999年，成立中共中国人民银行右玉县支行党组。2004年，与朔州银监分局右玉监管办事处分设。2005年4月，支行撤销发行库，不再办理货币发行业务，保留人民币反假和人民币管理职能。

○内设股室

1993年末，内设办公室、会计股、计划调统股、国库股、金管稽核股、保卫股。1995年12月，按照“三定”方案，内设9个股室调整为四股两室：计划调查统计股、会计国库股、保卫发行股、稽核金管股、办公室、纪检监察室。2000年2月，按照“三定”方案，内设机构合并为四股一室：综合办公室、综合业务股、货币金银股、保卫股、综合金融机构监管股。2004年1月，与右玉县监管办事处分设，综合金融机构监管股撤销。同年8月，根据《中国人民银行天津分行地（市、盟）中心支行和县（市、旗）主要职责、内设机构和人员编制调整实施方案》的要求，内设部门调整为：办公室、金融管理股、调查统计股、国库会计股。2006年6月，根据《关于中国人民银行朔州市中心支行所辖县级支行“三定”方案调整的批复》（津银复〔2006〕17号）文件精神，增设纪检监察审计室。2007年9月，依据《关于辖区县（市、旗）支行内设部门和岗位优化整合指导意见》（津银发〔2007〕114号），完成优化整合工作，内设部门调整为两部两室：综合办公室、综合业务部、金融管理部、纪检监察审计室，延续至今。

○人员构成

1993年末，共有干部职工32人。1995年，“三定”后，共有干部职工32人。2000年，“三定”后，共有干部职工36人。2004年末，与银监部门分设后共有干部职工26人。

2019年末，共有干部职工19人。

第四节 中国银行保险监督管理委员会朔州监管分局

□ 机构沿革

2004年4月15日，银监会下发《中国银行业监督管理委员会办公厅关于山西银监局辖内银监分局“三定”总体方案的批复》（银监办发〔2004〕115号），朔州银监分局组建。4月16日，朔州银监分局挂牌成立。

朔州银监分局具体职责：根据银监会和山西银监局的授权，负责对有关银行业金融机构及其分支机构的设立、变更、终止和业务活动的监督管理；依法对金融违法、违规行为进行查处；审查和批准高级管理人员任职资格；统计有关数据和信息；统一领导、管理县（市、区）监管办事处，调配使用县（市、区）监管办事处人员；负责分局机关和系统党的建设、纪检和干部管理工作。

2018年12月24日，根据中国银监会和中国保监会合并精神，按照中国银保监会和山西银保监局统一部署，朔州银保监分局挂牌。25日，山西银保监局筹备组研究决定，成立朔州银保监分局筹备组，筹备组组长：席宏为；筹备组成员：武日荣、龚泽宇、刘强和马武生。

朔州银保监分局主要职责为：执行党的路线、方针、政策，加强党的全面领导，履行全面从严治党责任，负责党的建设和思想政治建设工作；根据银保监会和山西银保监局的授权和统一领导，依法依规独立对辖内银行业和保险业实行统一监督管理；对有关银行业和保险业机构及其业务范围实行准入管理，审查高级管理人员任职资格；对有关银行业、保险业机构实行现场检查和非现场监管，开展风险与合规评估，保护金融消费者合法权益，依法查处违法违规行为；统计有关数据和信息，跟踪、监测、预测辖内银行业、保险业运行情况；指导和监督地方金融监管部门相关业务工作；负责党的基层组织建设和干部队伍建设；完成山西银保监局交办的其他工作。

□　内设部门

2004年成立初内设5个科室：办公室（党委办公室）、人事科（党委组织部、党委宣传部、纪委、监察室）、统计信息科、监管一科和监管二科。2005年，增设财务会计科。2010年，增设监察科。2016年4月，增设监管三科。

2018年12月，朔州银保监分局组建成立后，内设机构9个：办公室（党委办公室、党委宣传部）、统计信息与风险监测科、普惠金融科、大型银行监管科、中小商业银行监管科、农村银行机构监管科、保险机构监管科、纪检监察科、人事科（党委组织部）。2019年5月15日，山西银保监局党委决定，成立中国银行保险监督管理委员会朔州监管分局党委、纪委，刘慧峰任党委书记；武日荣、龚泽宇、刘强任党委委员。12月16日，根据《山西银保监局党委办公室关于规范纪检部门名称及职责的通知》（晋银保监党办发〔2019〕48号）要求，将“中国银行保险监督管理委员会朔州监管分局纪检监察科”规范为“中国银行保险监督管理委员会朔州监管分局纪委办公室”。

□　人员构成

2004年1月成立初，朔州银监分局人员从市人行支划转52人，其中：整体划转21人、协商划转12人、区县支行划转19人。

2014年，山西银监局核定朔州银监分局机关人员编制增加3名，调整为39名；辖内监管办事处人员编制减少3名，调整为16名。2019年末，朔州银保监分局领导职数为1正3副，另设纪委书记1名。机关人员编制39名，科级领导职数17名。辖区5个县（市、区）（朔城区除外）设立监管组，5个监管组共核定人员编制16名，科级领导职数6名。2019年末，共有干部职工51人（职工花名详见人物篇）。

□　分支机构

2004年，朔州银监分局成立时，在朔州市所辖怀仁县、平鲁区、山阴县、应县、右玉县5个县（区）分别设立监管办事处，即：怀仁监管办、平鲁监管办、山阴监管办、应县监管办和右玉监管办。人员配置为3~4人。

2019年，朔州银保监分局成立后，所辖怀仁市、平鲁区、山阴县、应县、右玉县5个县（市、区）的监管办事处更名为监管组，即怀仁监管组、山阴监管组、平鲁监管组、应县监管组和右玉监管组。人员配置为3~4人。

第五节 国家外汇管理局朔州市中心支局

□ 机构沿革

国家外汇管理局朔州市中心支局前身为国家外汇管理局平朔分局，1987年1月，经国家外汇管理局批准成立，办公地址位于平朔生活区，业务范围主要以平朔露天煤矿及神头电厂的外汇业务为主，人员隶属中国人民银行雁北分行。

1989年6月，根据国家外汇管理局山西分局晋汇管字〔1989〕第15号和中国人民银行银复〔1989〕152号批复，国家外汇管理局平朔分局更名为国家外汇管理局朔州分局，为二级分局，承担全市外贸企业出口创汇、非贸易外汇、外商投资企业、外债以及银行的结售汇等外汇管理工作。业务范围包括朔城区、山阴县、平鲁区。与市人行一套人马、两个机构。首任局长由市人行行长王平善兼任。

1993年7月，雁北地区撤销，应县、怀仁县和右玉县划归朔州市，国家外汇管理局朔州分局业务范围又增加了上述三县。1998年4月，市人行新办公大楼建成启用，办公地址迁至人民银行办公大楼。

1999年1月1日，国家外汇管理局朔州分局更名为国家外汇管理局朔州市支局。2001年5月1日，更名为国家外汇管理局朔州市中心支局。对外挂国家外汇管理局朔州市中心支局牌子，局长由人民银行行长兼任。

□ 主要职责

贯彻、执行国家外汇管理局管理方针、政策、法规；实施国际收支统计申报制度，采集、汇总、分析本地区国际收支统计数据，对辖区国际收支申报进行核查；监督人民币汇率在本地区的执行情况和牌价变化情况；依法监督对经常项目外汇汇兑行为的监督管理职责；开展进出口收付汇核查工作；监督、管理、检查境内机构经常项目外汇账户；依法监督管理资本项目下的交易和外汇的汇入、汇出及兑付；办理外债、外汇担保登记手续；核查外债债务还本付息行为；汇总、上报外债统计监测数据。管理、检查外商投资企业外汇收支；审核各类投资外汇的流入、流出行为；监督、检查辖区金融机构外汇业务经营行为；审核非银行金融机构外汇业务审核准入；依法检查境内机构执行外汇管理法规的情况、处罚违法违规行为；与公安、工商、税务和海关等部门联合打击外汇黑市交易、逃汇、骗汇等非法行为；参与地方有关外汇管理方面的金融活动。

第六节 中华人民共和国国家金库朔州市中心支库

□ 机构沿革

中华人民共和国国家金库（以下简称国库）是负责办理国家预算资金收入和支出的专门机构。

国库分为中央国库和地方国库。经理国库是人民银行的一项重要职责。新中国成立后，为统一国家财政收支，1950年3月3日，政务院颁布《中央金库条例》，规定“各县、市设中央金库”，并明确各级金库均由同级人民银行代理。人总行根据《条例》规定，提出“普遍建库，灵活调拨”的方针。至此，朔州辖内各县支行先后建立县支金库。1951年，中央总金库转发政务院《各级中央金库兼理地方金库事宜的决定》，辖内各县支金库开始兼理地方金库业务。“大跃进”“文化大革命”期间，金库工作受到影响。1977年，国家明确各级金库既是中央金库的分支机构，也是地方金库，进一步把中央金库、地方金库统一起来。1985年7月，国务院颁布《中华人民共和国国家金库条例》，改变原委托人民银行代理金库业务为经理国库业务，中央金库改称为国库。从1986年开始，按照“一级财政设立一级国库”的原则，朔州辖内逐步建立健全国库组织机构。当年，人行朔县支行、人行平鲁县支行、人行山阴县支行收回工商银行代理国库业务，开始经理国库业务，由会计股兼管，并配备专职国库人员。1988年4月，人行朔县支行、朔县财政局、农行朔县支行等单位在朔县18个乡镇建立乡金库，组织乡金库人员进行培训，建立一卡、五账、五簿制度。

1989年，朔州建市后设立中华人民共和国国家金库朔州市中心支库，库主任由人民银行行长担任。下辖国家金库平鲁区支库和山阴县支库。1993年人行朔城区支行成立，同时设立国家金库朔城区支库。随着原雁北地区撤销，辖属应县、怀仁县、右玉县划归朔州市，相应国库同时划归。1989—1993年，随着行政区划变更，按照《国家金库条例》相关规定以及“一级财政设立一级国库”的设置原则，朔州市逐步建立健全国库组织机构，形成以人民银行为主导、商业银行（信用社）为补充的较为完整的国库组织机构体系。

1994年“分税制”财税体制改革和1995年《中国人民银行法》颁布实施后，朔州市国库组织体系相应进行充实和完善。1997年，设立朔州市经济技术开发区支库，由市人行营业部代理。1998年，人行朔城区支行撤销，原国家金库朔城区支库由市人行营业部代理。

2019年末，朔州市分别设立1个中心支库、2个城区支库，5个县（市、区）支库，14个集中收付代理银行和269个国库经收处。全市国库专职人员18人，兼职人员23人，聘用人员7人。

□　机构职责

根据《中华人民共和国中国人民银行法》《中华人民共和国国家金库条例》等规定，国库被赋予以下几项职责：组织办理国家预算收入的收纳、划分和报解；办理国家预算收入的拨付；向上级国库和同级财政部门反映预算收支的执行情况，定期与财政、税务机关对账；协助财政、税务机关督促企业和其他有经济收入的单位及时向国家缴纳应缴款项。对于屡催不缴的，根据国家税法协助财税机关扣收入库；组织管理辖内的国债发行和兑付工作；组织管理和检查指导下级国库工作；依法监督、办理库款的支拨和预算收入的退库；依法管理和检查监督辖内集中支付代理银行、国库经收处业务工作；办理上级交办的与国家金库有关的其他工作。

国库的日常工作由人民银行国库科办理。

第六章

地方政府监管机构

朔州市人民政府金融工作办公室

□ 机构沿革

2009年2月，朔州市人民政府金融工作办公室成立（以下简称市金融办），为全额预算事业单位，正处级建制，由朔州市人民政府办公厅代管。主要职责是：研究分析朔州市金融运行情况，拟定朔州市金融业及金融产业发展规划和工作计划；协调、沟通驻朔金融监管机构及金融机构与政府的关系；拓宽融资渠道，推动金融产业与地方经济结合，参与研究全市政府性投资重大项目的融资方案，建立和完善全市与各大银行的合作机制；指导、协调朔州市企业上市和股份有限公司的改制工作，协助证券监管机构开展上市公司规范发展工作；承办朔州市人民政府交办的其他事项。

2014年，按照朔州市政府职能转变和机构改革要求，市金融办调整为朔州市金融事务服务中心，隶属朔州市政府办公厅，原承担的行政职责划入市政府办公厅。

2019年，根据政府机构改革要求，重新组建朔州市人民政府金融工作办公室，为市政府组成部门。主要职责为：贯彻落实党和国家关于金融工作的法律、法规和方针政策，配合金融管理（监督管理）部门做好货币政策落实及金融监督管理工作。拟定朔州市金融业发展规划和政策，提出促进金融业发展的意见和建议；负责金融工作的组织协调。建立健全与金融机构的沟通协调机制。牵头组织对金融部门支持地方经济社会发展情况进行汇总分析、考核评价等工作。参与制订重大项目融资方案，配合有关部门指导协调投融资主体开展融资工作；拟定朔州市多层次资本市场培育、改革及发展的政策措施并组织实施。负责推进企业上市和后续相关工作；配合有关部门指导和推进银行、证券、保险、期货、信托、金融租赁、资产管理公司、金融消费公司等各类金融机构的培育、改革和发展相关工作；依法对小额贷款公司、融资性担保公司、典当行以及新型金融组织等设立、审核和业务监管工作。指导小额贷款机构、融资性担保机构、典当行行业协会有关工作；负责朔州市金融业的招商引资。吸引集聚金融资源，鼓励金融机构入驻朔州；配合有关部门做好农村金融服务体系、信用体系建设，优化信用环境。指导完善各类金融机构、金融人才的服务体系，拟定引进金融人才的规划政策。建立健全引导金融机构支持和服务全市经济发展的激励机制；依照权限配合有关部门防范、化解和处置地方金融风险，处理金融突发事件和重大事件。协助有关部门依法查处非法集资和非法证券等活动。会同有关部门建立金融风险预警体系，牵头协调组织有关部门防范、打击非法集资活动，维护金融稳定；完成朔州市委、市政府交办的其他任务。

□　内设部门

2009年成立初期，内设4个职能科室：综合科、银行协调服务科、非银行协调服务科、上市指导服务科。2012年12月，增设担保机构服务科，正科级建制，负责融资性担保机构的设立、变更审批及日常监管服务工作。2019年末，共有职能科室4个：综合科、金融机构发展科、金融公司发展科、金融稳定科。同年，增设正科级事业单位朔州市金融信息服务中心。

□　人员构成

2009年成立初期，核定全额预算事业编制12名。其中，主任1名，副主任2名，科级领导职数4名。其中：综合科编制3名，科级领导职数1名；银行协调服务科编制2名，科级领导职数1名；非银行协调服务科编制2名，科级领导职数1名；上市指导服务科编制2名，科级领导职数1名。2012年，增设担保机构服务科，核定科级领导职数1名。2019年末，核定行政编制11名，设主任1名，副主任2名，科级领导职数4名；下设市金融信息服务中心核定事业编制12名。

第七章
行业内部监管

第一节　省联社朔州审计中心

□　机构沿革

山西省农村信用社联合社朔州审计中心（以下简称“朔州审计中心”）为山西省联社派出机构，是朔州市农村信用社地（市）级管理组织。其前身可以追溯到始建于1949年9月的中国人民银行雁北专区办事处农村金融管理科。1989年3月，中国农业银行朔州市支行农村信用合作管理科成立。1996年9月，改称为朔州市农村金融体制改革领导小组办公室。1997年8月，改为中国人民银行朔州市分行农村金融行业自律管理科。2004年，改为中国银行业监督管理委员会朔州监督管理分局农村信用合作办公室。2005年8月，改称为山西省农村信用社联合社朔州办事处筹备组。2006年12月，山西省农村信用社联合社朔州办事处成立。2018年12月，更名为山西省农村信用社联合社朔州审计中心。

□　内设部门

2019年，内设综合部、审计一部、审计二部、审计三部、审计四部、审计五部、审计六部、审计七部、纪检监察室共9个部室。

□　分支机构

2019年末，管理辖内朔州农商行、山阴农商行、怀仁农商行、右玉农商行、应县农信社5个法人机构（其中农商银行4个、县级联社1个）、145个营业网点，其中营业部5个、信用社（支行）79个、分社（分理处）60个。

第二节 朔州市城市信用社中心社

□ 机构沿革

为了加强对各区、县城市信用社的管理，充分发挥中心社管理服务城市信用社和地方经济的职能作用，根据《中国人民银行朔州分行关于成立朔州市城市信用社中心社的通知》（朔银字〔1992〕第14号）文件精神，经1992年8月4日行长办公会研究决定，市人行决定成立朔州市城市信用社中心社。10月30日，人行山西省分行以《关于成立朔州市城市信用合作社中心社的批复》（晋银金字〔1992〕第159号）批准成立朔州市城市信用社中心社，注册资本金50万元，其中，所辖城市信用社入股45万元，市人行拨款5万元。实行主任负责制，马军任主任。下设营业部，王建国任营业部主任，职工7人。至此，全市形成由1个城市信用社中心社、8个城市信用合作社组成的城市合作金融体系。

1993年6月18日，朔州市城市信用社中心社开业。位于朔城区新建西大街（现为鄯阳街）与北关路交叉口西侧，原朔县工程公司办公楼。营业场所70平方米，场地为租赁。1995年11月，迁址朔州市鄯阳街38号汽车运输公司办公楼，场地为租赁。

1996年5月，注册资本金变更为161万元。1998年5月，与市人行彻底脱钩，注册资本金变更为100万元。主要负责人变更为张俊，康育民任副主任。

1999年12月，经市人行批准，朔州市城市信用社中心社第一届第三次大会民主选举，产生朔州市城市信用社中心社首届监事会成员：王玉芳、刘俊英、张永刚、宋志和赵文贤。王玉芳为首席监事。同年11月，增补康育民为理事会理事。

2000年7月，迁址朔州市兰亭文苑文化中心（七里河桥南），场地为租赁。同年12月，改制重组为朔州市朔城区农村信用合作社联合社的分支机构。

□ 机构性质

朔州市城市信用社中心社为集体所有制合作金融组织，具有独立法人地位，实行独立核算、自负盈亏、自主经营、自担风险。业务上接受市人行领导、监督和管理。以管理服务为主，同时兼营适量金融业务。主要办理城市集体企业、个体工商户存款、贷款、结算；城市个人储蓄；经人民银行批准的代理业务、代办业务及其他金融业务。

□ 机构职责

根据人民银行授权，朔州市城市信用社中心社对全市城市信用合作社进行管理。对各城市信用社在业务上进行监督、指导，总结、检查城市信用社在自我发展中的经验、教训，使之向真正的合作银行过渡，实现企业化经营；负责贯彻国家的金融方针政策，发挥城市信用社在业务上额小、多样、期短、面广优势，积极支持“两小”经济发展；统一全市城市信用社的会计制度和统计报表；辅导、培训城市信用社职工提高业务技能；统一制定并监督执行全市城市信用社职工福利待遇标准，完善用工制度、分配制度和人事管理制度等。

□ 与人民银行脱钩

1998年5月末，根据晋银办〔1998〕62号和人民银行银发〔1998〕225号文件精神，朔州市城市信用社中心社与市人行彻底脱钩。

□ 改制归口

2000年12月，根据津银发〔2000〕282号文件精神，改制为农村信用合作社，纳入朔州市农村信用合作联合社管理。

第三节　农村信用社行业管理办公室

□ 成立背景

1984年，国务院批转《关于改革信用社管理体制的报告》，朔州各县农村信用社接受农业银行领导，随后相继成立县级联社。1996年8月，国务院发布《国务院关于农村金融体制改革的决定》，决定改革农村信用社管理体制。明确：中国农业银行不再领导管理农村信用社，农村信用社的业务管理改由县联社负责，对农村信用社的金融监管由中国人民银行直接承担；省、地、市三级设立农村金融体制改革领导小组。

□ 机构沿革

1996年9月27日，朔州市成立农村金融体制改革领导小组并下设办公室，办公室人员由市农行、市人行、朔州市农委抽调干部组成，具体负责过渡时期的农村信用社的行业管理工作。10月28日，农村信用社与农业银行脱离行政隶属关系，开始独立运营。

1997年7月，市人行设立农村信用合作金融管理科，与朔州市农村金融体制改革领导小组办公室合署办公，实行一套人员、两块牌子，行使对农村信用社的监管、改革和业务制度管理等职能。农村信用合作金融管理科内部设置“三部一室”：监审保卫部、计划信贷部、财务电脑部和综合办公室。1998年5月，朔州市农村金融体制改革领导小组办公室划归市人行领导。2001年5月，朔州市按照新的监管要求，将合作金融机构监管科分设为合作金融机构管理科和信用合作管理办公室，实现行业管理和监管职能的划分。

2004年，对朔州市农村信用社的行业管理职能移交朔州银监分局。

2006年12月30日，山西省农村信用社联合社朔州办事处组建成立，行使对朔州市农村信用社的行业管理、指导、协调和服务职能。

第八章

行业自律组织

第一节　朔州市保险行业协会

□　机构沿革

朔州市保险行业协会成立于2009年12月，是经中国保险监督管理委员会山西监管局审查同意，朔州市民政局登记注册的地方性自律组织，是自愿结成的非营利性社会团体法人，其基本职责为自律、维权、服务、交流、宣传。位于朔州市朔城区开发南路110号7楼。

2011年6月，根据中国保险监督管理委员会山西监管局、山西省民政厅批复，朔州市保险行业协会成为山西省保险行业协会地方性分支机构，更名为山西省保险行业协会朔州办事处。2015年12月，迁至朔州市市府西街蒙银村镇银行4楼东。

2016年12月，山西省保险行业协会朔州办事处更名为朔州市保险行业协会。2017年12月，成立中共朔州市保险行业协会支部委员会。

2019年末，共有会员24家。

□　内设机构

2019年末，组织机构有会员代表大会、理事会、常务理事会、专业委员会和秘书处。协会实行会长负责制，最高权力机构是会员代表大会。理事会是会员代表大会的执行机构。理事会闭会期间，由常务理事会行使理事会职权。协会下设财产保险专业委员会、人身保险专业委员会、工作考核委员会和经费审查委员会4个专业委员会。专业委员会通过召开会议交流情况、协调工作。秘书处是协会的日常办事机构，下设综合办公室和综合业务部2个部门，在职工作人员10人。

□　人员构成

2009年，解东勋担任会长，孙志斌、郭建宙任副会长，白金明任秘书长；2011—2016年，吕麟担任会长，陆晓军任副会长，白金明、张海晶任办事处主任；2017—2019年，吕麟、陈永刚、梁保锋任会长，陆晓军、赵文奇任副会长，牛兴旺任秘书长。2019年末，在职工作人员10人。

□ 行业管理

2011年，开通2036321举报专线电话，设专人进行信访接待。2012年，筹建电子化考试中心，开始星级柜面评审。2013年2月，电子化考试中心进入试运行，4月底通过验收，正式投入运行。2016年5月，微信公众平台正式运行。同年，与朔州市公安局联合出台《关于开展反保险欺诈工作的实施意见》，举行朔州市反保险欺诈工作站揭牌仪式，成立全省首个反保险欺诈工作站。

2017年，对全市39个中介机构进行全面巡访。

2010—2019年朔州市保险行业协会会员单位发展情况见表2-5。

表 2-5　　2010—2019 年朔州市保险行业协会会员单位发展情况

年份	会员数	会员公司
2010	11	中国人民财产保险股份有限公司朔州市分公司、中国人寿财产保险股份有限公司朔州市中心支公司、中国大地财产保险股份有限公司朔州中心支公司、中国太平洋财产保险股份有限公司朔州中心支公司、中国平安财产保险股份有限公司朔州中心支公司、阳光财产保险股份有限公司朔州中心支公司、中国人寿保险股份有限公司朔州分公司、中国太平洋人寿保险股份有限公司朔州中心支公司、中国人民人寿保险股份有限公司朔州市中心支公司、泰康人寿保险有限责任公司山西朔州中心支公司、中国平安人寿保险股份有限公司朔州中心支公司
2012	12	增加：太平人寿保险有限公司朔州中心支公司
2013	15	增加：中煤财产保险股份有限公司朔州中心支公司、英大泰和财产保险股份有限公司朔州中心支公司、永安财产保险股份有限公司朔州中心支公司
2014	17	增加：太平财产保险有限公司朔州中心支公司、紫金财产保险股份有限公司朔州中心支公司
2015	20	增加：永诚财产保险股份有限公司朔州中心支公司、天安财产保险股份有限公司朔州中心支公司、中华联合财产保险股份有限公司朔州市平朔矿区支公司
2016	21	增加：农银人寿保险股份有限公司朔州中心支公司
2018	22	增加：安诚财产保险股份有限公司朔州中心支公司
2019	24	增加：渤海财产保险股份有限公司朔州中心支公司、英大泰和人寿保险股份有限公司朔州支公司

第二节　朔州金融市场

□ 机构设立

为适应商品经济发展，搞活资金融通，提高资金使用效益，促进地方经济发展，1992年7月31日，经市人行办公会研究决定，成立朔州市金融市场。同年11月7日，人行山西省分行以《关于设立朔州金融市场的批复》（晋银金字〔1992〕第170号）批复，同意朔州金融市场设立。位于朔州市朔城区新建路。经理王宗轩，为法人代表；会计薛振利。

□ 机构性质

朔州市金融市场为市人行直属事业单位，全民性质，独立核算，自主经营，业务上和行政上受市人行领导和管理。为会员制金融机构，凡经人民银行批准发给《经营金融业务许可证》，和工商行政管理部门领取《营业执照》的银行金融机构和非银行金融机构以及城乡信用社均可加入金融市场成为会员。金融市场的组织机构为会员大会，会员大会每年召开1次，实行人民银行领导下的主任负责制，下设业务部，人员列入人民银行编制。

□　会员基金

朔州市金融市场在人民银行开立人民币往来账户。会员入会时，需向金融市场交纳会员基金，作为金融市场自有铺底资金，会员基金数额起点为50万元，最多不得超过500万元。会员基金利率为5.1‰，同时每月按入会基金数额付8‰融资服务费，按季拨付。根据金融市场章程，按照自愿原则，金融市场吸收四家国有商业银行等金融机构会员基金1 550万元。其中：市工行200万元、朔城区工行300万元、市农行200万元，农行新市区办事处100万元，朔城区农行50万元，市人行300万元、市建行200万元、朔城区建行100万元、神头建行100万元。

□　经营范围

金融市场经营范围为统一管理会员基金；充当同业拆借的信用中介；办理资金拆入拆出业务；提供金融市场信息及咨询业务；办理人民银行批准及委托的其他业务。主要职责是负责管理、组织、监督、协调朔州地区同业拆借活动，同时，为跨地区的资金融通搭桥、挂钩、提供信用中介等。其收入主要用于融资活动经费和业务经费支出等。1992年，金融市场全年累计拆出拆入资金3.5亿元，业务范围拓展到全国20多个省市。1993年，根据上级有关精神，停办拆借业务，只办理清收业务。

□　机构撤销

2002年12月18日，人行太原中支以《关于撤销朔州金融市场的批复》（并银办复〔2002〕105号），“同意你行列支暂付款735万元，其中：210万元用于偿还工行朔州分行会员基金；175万元用于偿还农行朔州分行会员基金；150万元用于偿还中行朔州分行会员基金；200万元用于偿还建行朔州分行会员基金。并用银行贷款40万元偿还工行朔州分行会员基金。以上两项共计755万元作为货币资金清偿50%的会员基金，会员基金的剩余部分以房产抵债。清偿所欠债务后，撤销朔州金融市场”。2003年1月21日，市人行印发《关于撤销朔州金融市场的通知》（朔银办发〔2003〕23号），正式撤销朔州金融市场。

第三节　朔州市金融学会

□　组织建设

1990年10月，朔州市金融学会筹备组成立，市人行行长王平善任组长，副组长有张崇斌、李建中、崔海瑞、白志中、李惠、石宝镛等。筹备组负责开展金融学会成立前的准备工作。

1991年7月16日，朔州市金融学会筹备组在市农行召开会议。会议讨论通过《朔州市金融学会章程（草案）》、学会领导机构候选人名单，朔州市金融学会成立的时间、地点、议程等。会议接纳吸收首批会员100名。同年7月24日，朔州市金融学会在神头第一发电厂招待所召开成立大会。会议选举产生第一届会长、副会长、副秘书长、理事、常务理事。审议通过朔州市金融学会领导机构候选人名单，董福山、曹振声、来玉龙任学会顾问；王平善任会长，张崇斌任常务副会长，赵福任秘书长；理事50人、常务理事9人。首批金融学会会员100人参加会议。

□ 学会性质

朔州市金融学会是从事金融科学研究的群众性学术团体，朔州市科协的组成部分，天津市金融学会、山西省金融学会的团体会员。

□ 学会会员

学会会员有团体会员、个人会员。团体会员包括：城市金融学会、农村金融学会；市人行、市农发行、市工行、市农行、市中行、市建行、市保险系统、市农村信用社系统。凡从事金融科学研究，具有一定的学术水平，有较高的科研成果，赞同并执行学会章程，可由所在单位或学会个人会员推荐介绍，本人提出申请，经学会常务理事会批准，即可成为学会个人会员。

□ 学会研究

1990年11月1日，朔州市首届金融系统理论研讨会召开。参加研讨会的金融界人士共60余人。会议期间共收到论文66篇。经评选，获奖论文44篇，其中获得一等奖5篇，获得二等奖10篇，获得三等奖29篇。大会为获奖论文作者颁发证书和奖金。

1991年7月24日，朔州市金融系统第二次理论研讨会召开。共有44篇文章参加讨论。同年，市人行编印《朔州金融（1990）》一书，对1990年和1991年两次金融系统理论研讨会论文进行筛选，精选其中的40余篇编成论文集。

1993年10月22日，朔州市金融学会年会暨第三次理论研讨会在市人行召开。省金融学会高宏、市金融学会顾问曹振声、来玉龙，副市长李满田、市科协主席王侃、梁家祥出席会议。金融学会全体理事、撰写论文的作者共计110人参加会议。研讨会共收到论文54篇，其中6篇论文在会上进行交流。

2008年后，金融学会学术研究活动逐渐减少。

第四节 朔州市钱币学会

□ 学会沿革

1996年8月，朔州市钱币学会成立，并召开第一届会员代表大会。会议产生首届钱币学会理事会，选举产生理事22名、常务理事10名，以及正副会长，正副秘书长。市人行副行长宋立新任首任会长，寇子儒、魏建宝任副会长，罗宏元任秘书长。钱币学会会员以金融系统中的钱币收藏研究爱好者为主，共74人。会议通过《朔州市钱币学会章程》，确定学会的性质、宗旨、任务以及制度等，地点设在市人行。

2006年6月，朔州市钱币学会召开第二次会员代表大会，会议对《朔州市钱币学会章程》进行修改完善，并对新一届理事会进行人事改选，会议选举康义为理事长，李清、仁厚为副理事长，康增禄为秘书长。同时选举产生42名理事、15名常务理事。

□ 学会性质

朔州市钱币学会是由朔州市钱币学及货币学研究者、钱币工作者、收藏者组成的群众性学术团体，是山西省钱币学会的团体会员。学会接受山西省钱币学会和朔州市民政局的监督管理，相关业务接受朔州市民政局的指导，行政主管部门为市人行。全市会员代表大会是学会权力最高机构，会员代表大会每四年举行一次，必要时提前或推迟召开。全市会员代表大会闭幕期间，理事会为其执行机构。学会必要时可成立专题研究组，有计划地开展学术活动，专题研究组组长、副组长由秘书处提名，理事长任命。

□ 学会会员

各区县钱币学术团体均可为学会团体会员，经本人申请，由学会2名正式会员或团体会员介绍，经常务理事会批准，可成为学会会员，学会会员包括金融、文博、考古、大专院校及有关研究部门的钱币学者或主管人员；从事钱币整理研究工作多年，有丰富实践经验的专业人员；高等院校毕业，从事钱币学、货币史研究工作有一定学术成果者；业余从事历史货币的收藏或研究，具有一定学术水平或鉴定能力的钱币收藏者。

□ 学术研究

朔州市钱币学会成立后，编辑出版会刊《朔州钱币研究》，编印有关钱币收藏、交流动态、宣传钱币学知识，介绍钱币学理论研究情况。定期举办钱币业务知识培训和探讨会，并发挥专业优势，组织钱币鉴定工作，宣传普及流通货币外观防伪知识，配合市人行开展反假货币宣传。

2008年起，学会活动逐步减少并处于停滞状态。

下篇

银行业及其他机构

改革开放以前，朔县金融体系比较单一，只有兼具中央银行、商业银行双重职能的人民银行和专营基本建设拨款与贷款业务的建设银行雁北区朔县办事处。改革开放后，先后恢复和设立建设银行、农业银行、中国银行和工商银行等国家专业银行。1989年朔州建市后，朔州金融业蓬勃发展，金融体系进一步完善，逐步形成功能齐全、形式多样、分工协作的多层次金融机构组织体系。

1996年11月，中国农业发展银行朔州市分行成立，为辖区唯一的政策性银行。2008年5月，中国邮政储蓄银行朔州市分行成立。2011年，交通银行朔州分行成立，同年，大同银行朔州分行挂牌开业，为首家城市商业银行，之后，相继设立晋商银行朔州分行、晋城银行朔州分行。2012年4月，招商银行股份有限公司朔州分行成立，为辖区首家全国性股份制商业银行，之后，上海浦东发展银行股份有限公司朔州分行、华夏银行股份有限公司朔州分行相继成立。

朔州本地法人银行业机构从无到有，得到发展。1984年后，辖区各县相继成立县级农村信用联社，之后，经过多次改制，先后转变为法人农村商业银行。2011年4月，朔城区蒙银村镇银行成立，之后，相继设立山阴县太行村镇银行、应县金都村镇银行、怀仁县慧融村镇银行、右玉长青村镇银行。

1980年1月，朔县中断22年的保险业务得到恢复。1985年1月，中国人民保险公司平朔办事处成立，同年，组建朔县保险支公司。1989年4月，随着朔州建市，中国人民保险朔州中心支公司成立。2005年以后，保险业得到空前发展。2019年末，全市保险公司地市级分支机构达到24家。其中，财产险16家，人身险8家。

1996年，山西证券公司朔州业务部成立。2019年末，全市设有山西证券朔州分公司、大同证券朔州营业部2家券商分支机构。

2000年后，辖区融资担保机构、小额贷款公司、典当业应运而生。2005年，首家民营担保公司——嘉汇融资担保有限公司成立，2019年末，全市融资担保机构达到8家。2009年，第一家小额贷款公司——朔州西易易融小额贷款有限责任公司成立，2013年，小额贷款公司高峰时期达79家，2019年末，全市共有小额贷款公司41家。2002年10月，第一家典当企业——万通源典当公司成立，2019年末，全市共有典当企业14家。

2006年，银联商务股份有限公司山西分公司朔州业务部成立后，辖区第三方支付机构逐渐兴起，之后，先后成立通联支付山西分公司朔州业务部、拉卡拉支付股份有限公司山西分公司朔州业务部等。2019年末，在市人行备案开展第三方支付业务的机构达29家。

第九章
国有银行

第一节 农业发展银行

□ 机构沿革

1996年11月28日，中国农业发展银行朔州市分行（以下简称市农发行）经上级行和人民银行批准成立，成为朔州市唯一的政策性金融机构，由农发行山西省分行垂直领导，实行行长负责制。办公地址为朔州市马邑路2号。同年12月，朔城区、平鲁区、山阴县、怀仁县、应县设立农发行县级支行，右玉县实行派驻扶贫工作组。2007年7月，迁址至朔州市民福东街21号。

□ 内设部门

市农发行成立初，共设5个临时科室，分别为办公室、计划信贷处、财务会计处、人事教育处和稽核监察处。

2001年，根据农发行总行“三定”分类管理的要求和核准，被划分为三类行，内设8个科级机构和1个直属机构（后勤服务中心），具体为办公室（党委办公室、宣传部）、计划信贷科、财务会计科、信息电脑科、人事教育科（党委组织部）、稽核科、监察室（纪委）和保卫科。

2016年，被农发行山西省分行确定为一类二级分行，内设10个部室：办公室（党委办公室）、资金计划部、政策性业务部（扶贫业务部）、创新与投资业务部、信贷与风险管理部、财务会计部、内部审计部（法律与内控合规部）、信息科技部、人力资源部（党委组织部）和监察部。

□ 人员结构

1996—2019年农发行朔州市分行员工队伍情况见表2-6。

表 2-6　　1996—2019 年农发行朔州市分行员工队伍统计表　　单位：人

年份	人员数量						年龄结构			文化结构		
	合计	市级分行	县级支行	业务人员	管理人员	其他人员	35 岁以下	36~45 岁	46 岁以上	硕士	大学本科	大专以下
1996	119	25	94	89	30	—	60	41	18	—	3	116
1997	122	22	100	87	35	—	52	48	22	—	1	121

续表

年份	人员数量						年龄结构			文化结构		
	合计	市级分行	县级支行	业务人员	管理人员	其他人员	35 岁以下	36~45 岁	46 岁以上	硕士	大学本科	大专以下
1998	116	23	93	84	32	—	57	39	20	—	7	109
1999	119	26	93	87	32	—	50	46	23	—	7	112
2000	123	30	93	87	36	—	48	46	29	—	10	113
2001	120	30	90	83	37	—	43	46	31	—	10	110
2002	121	34	87	80	41	—	40	49	32	—	13	108
2003	121	34	87	79	42	—	42	39	40	—	15	106
2004	122	36	86	78	44	—	34	46	42	—	18	104
2005	121	37	84	75	46	—	27	51	43	—	19	102
2006	122	38	84	75	47	—	24	53	45	—	21	101
2007	117	37	80	72	45	—	22	54	41	—	26	91
2008	122	38	84	80	35	7	26	50	46	1	36	85
2009	117	43	74	74	37	6	24	45	48	1	38	78
2010	122	46	76	76	35	11	33	39	50	1	43	78
2011	130	45	85	71	40	19	39	38	53	2	54	74
2012	129	42	87	75	38	16	42	34	53	2	58	69
2013	123	41	82	86	37	—	41	32	50	2	62	59
2014	122	39	83	83	37	2	41	27	54	2	64	56
2015	119	37	82	83	33	3	43	22	54	2	69	48
2016	119	40	79	80	37	2	42	22	55	4	70	45
2017	118	42	76	71	41	6	47	22	49	4	76	38
2018	114	40	74	83	28	4	46	20	49	5	76	34
2019	121	44	77	75	38	8	51	21	49	6	84	31

□　分支机构

2019年末，下辖6家分支机构，即朔城区支行、平鲁区支行、山阴县支行、怀仁市支行、应县支行和驻右玉扶贫工作组。

第二节　工商银行

□　机构沿革

○机构分设

1984年11月，根据国务院《关于中国人民银行专门行使中央银行职能的决定》（国发〔1983〕146号）和《中国人民银行、中国工商银行省以下机构分设和财产财务划分的意见》精神，组建中国工商银行朔县支行（以下简称工行朔县支行），朔州辖区人民银行与工商银行两行分设。原人行朔县支行承担的工商信贷和储蓄业务由工行朔县支行专业经营。

〇机构成立

1989年1月朔州建市。同年4月，人行山西省分行（晋银金字〔1989〕14号）批准设立中国工商银行朔州市支行（以下简称工行朔州市支行）。6月，工行朔州市支行组建成立，为省辖市支行，级别为县处级机构。7月5日，工行朔州市支行挂牌成立。同时，根据朔州市行政区划（辖朔城区、平鲁区、山阴县），原工商银行朔县支行更名为工商银行朔州市朔城区支行，原工商银行平鲁县支行更名为工商银行朔州市平鲁区支行，工商银行山阴县支行保留原称，并将以上三区县支行划归市工行管辖，级别不变。1993年7月，朔州市并入隶属于原雁北地区的怀仁、应县、右玉3个行政县，市工行管辖的支行随之增加怀仁县支行、应县支行和右玉县支行3个县支行。1997年11月，市工行本部及其营业部迁入朔州市振华西街新办公大楼。

〇行名变更

1999年1月，工行朔州市支行更名为中国工商银行朔州市分行，相应中共中国工商银行朔州市支行党组改称中国共产党中国工商银行朔州市分行委员会，中共中国工商银行朔州市支行纪检组改称中国共产党中国工商银行朔州市分行纪律检查委员会，党委实行系统垂直管理。2005年，更名为中国工商银行股份有限公司朔州分行。

2019年末，内设19个部门，从业人员599人，对外营业机构包括11个一级支行、7个二级支行以及18个离行式自助网点。

□ 内设部门

〇“支行期”部门设置（1989—1998年）

1989年，建行初期，内设“六部一室”，即会计出纳部、人事教育部、监察稽核部、计划部、储蓄部、信贷部、办公室。1991年4月，增设工会办公室（与办公室合署办公）、政工办公室、行政办公室和保卫部。1992年5月，增设房地产信贷部（与信贷科合署办公）；同年7月，增设劳动服务公司（与行政科合署办公）。

1993年末，机关内设部门增至12个（七部四室一中心），即办公室、人事教育部、会计出纳部、信贷部、计划部、储蓄部、政工办公室、监察稽核部、行政办公室、保卫部和工会办公室及计算中心。1995年，设立房地产信贷部、信用卡业务部（与牡丹办事处合署办公）。

1996年6月，机关内设机构全面调整。原监察稽核部分设为监察室、稽核部，成立法律顾问室，隶属于监察室；会计出纳部分设为资金财会部、出纳部；信贷部、计划部改为贷款一部、贷款二部；原人事教育部改为人事劳资部；新设调查统计部、科技部、基建办公室；原政工办公室改为政工教育部；行政办公室改为后勤服务中心，成立车队（隶属后勤服务中心）。1997年6月，设立市场开发部、资产保全部。1998年，成立核算中心、事后监督中心、中心库和会计结算科。

〇“分行期”部门设置（1999—2004年）

1999年1月，党组改设党委，机关内设机构中成立党务部门，党委办公室、党委宣传部与办公室、党委组织部与人力资源部合署办公，机关党委挂靠政工教育部。

○ “股改后”部门设置（2005—2019 年）

2005年5月，内设机构调整为8大部门和4个附属中心，即法人业务部、个人业务部、信贷管理部、会计结算部、资金财务部、内控监察部、人力资源部、综合管理部、技术保障中心、事后监督中心、业务处理中心及现金营运中心。

2014年，内设机构再次进行改革，采用“12+3”的模式（“12个内设机构+3个直属机构”），内设12个部室，即公司金融业务部、个人金融业务部、机构金融业务部、结算与电子银行部、内控安全保卫部、资金财务部、信息科技部、运行管理部、信贷风险管理部、办公室与党委办公室及党委宣传部合署办公、人力资源部与党委组织部合署办公、监察室与纪委合署办公，直属机构设置3个，即银行卡中心、账务管理中心、实物管理中心。

2017年，增设票据中心、个人信贷业务中心。2018年，增设工会办公室、普惠金融事业部。

2019年，监察室改为纪委办公室。年末，内设部门19个，即公司金融业务部、个人金融业务部、机构金融业务部、结算与电子银行部、普惠金融事业部、信贷风险管理部、内控安全保卫部、办公室、工会办公室、资金财务部、人力资源部、信息科技部、运行管理部、纪委办公室、财务管理中心、实物管理中心、银行卡中心、票据业务中心、个人信贷业务中心。

□ 人员构成

1984年，人行朔县支行与工行朔县支行分设，对人员进行划分，将实有在册人数25%划归人行朔县支行，75%划归工行朔县支行。工行朔县支行从人行朔县支行划入职工51人。

1989年，建行初期，共有从业人员250人。1993年7月，随着怀仁支行、应县支行、右玉支行的并入，全辖从业人员增至533人。其中，机关人员56人。2000年，开始对营业网点进行改造升级，从业人员队伍不断壮大。是年，全辖从业人员增至817人。2002—2018年，全辖从业人员较为稳定。2019年末，共有从业人员599人。

1989—1999年工行朔州分行人员情况见表2-7。

表 2-7　　1989—1999 年工行朔州分行人员统计表　　单位：人

年份	总数	男	女	行政职务		中共党员	人员构成		
				处级	科级		干部	集体	工人
1989	250	165	85	3	22	59	234	1	15
1990	262	171	91	3	18	65	239	1	22
1991	284	183	101	3	26	67	262	0	22
1992	304	196	108	3	30	72	281	0	23
1993	533	342	191	5	43	150	477	5	51
1994	552	352	200	6	63	157	486	5	61
1995	579	371	208	6	73	167	508	3	68
1996	580	376	204	5	78	163	507	0	73
1997	577	377	200	7	96	166	507	0	70
1998	585	382	203	10	87	192	515	0	70
1999	583	377	206	11	92	205	511	0	72

2000—2019年工行朔州分行人员情况见表2-8。

表 2-8　　2000—2019 年工行朔州分行人员统计表　　单位：人

年份	总数	男	女	行政职务		中共党员	人员构成				
				处级	科级		在岗员工	其他从业人员			
								临时工	代办员	柜员	劳务
2000	817	477	340	12	94	177	487	165	165	—	—
2001	732	440	292	7	68	151	430	137	165	—	—
2002	702	422	280	9	67	164	433	123	9	137	—
2003	666	407	259	9	79	177	439	84	9	134	—
2004	595	368	227	9	79	191	427	41	9	118	—
2005	569	350	219	8	78	189	423	28	—	88	30
2006	531	312	219	9	95	198	426	—	—	53	52
2007	529	310	219	9	106	225	424	—	—	53	52
2008	516	305	211	9	103	220	416	—	—	51	49
2009	523	312	211	12	97	217	413	—	—	61	49
2010	543	318	225	9	100	226	413	—	—	87	43
2011	563	338	225	10	101	230	419	—	—	101	43
2012	579	332	247	11	96	233	415	—	—	140	24
2013	580	329	251	11	96	242	409	—	—	157	14
2014	584	332	252	10	72	249	414	—	—	170	—
2015	592	337	255	11	101	257	423	—	—	169	—
2016	588	334	254	11	106	261	419	—	—	169	—
2017	582	331	251	11	104	270	413	—	—	169	—
2018	587	334	253	9	97	274	407	—	—	180	—
2019	599	338	261	9	99	274	407	—	—	192	—

□ 分支机构

建行初期，下辖朔城区、平鲁区、山阴县3个支行。1993年，随着怀仁、应县、右玉三个支行的并入，下辖6个基层支行、2个集镇办事处、2个城市分理处和44个储蓄所。

2019年末，下辖11个一级支行、7个二级支行、18个离行式自助网点的国有股份制商业银行。其中，一级支行包括朔城支行、平鲁支行、山阴支行、怀仁支行、应县支行、右玉支行、神头支行、城建支行、牡丹支行、振华支行、开发区支行；二级支行包括铁路支行、迎宾支行、青年路支行、大西街支行、开发区支行（怀仁）、广场支行、平朔支行。

○朔城支行

前身是原工行朔县支行，1984年11月从人行朔县支行分设，时设6股，即秘书股、信贷股、计划股、储蓄股、会计股、出纳股，下辖中心街储蓄所、东街储蓄所、神头电厂储蓄所。1986年7月，迁址至朔州市朔城区开发南路92号。1989年7月，更名为中国工商银行朔州市朔城区支行，由原雁北地区中心支行划归市工行管辖。下设6个储蓄所，即中心街储蓄所、东街储蓄所、新建路储蓄所、金城储蓄所、神电储蓄所、神电第二储蓄所。1992年12月，增设北城办事处。1994年，增设市府储蓄所、古北街储蓄所、南城办事处。1996年，增设铁路办事处、铁路储蓄所。2005年，更名为中国工商银行股份有限公司朔州朔城支行。2012年，成立迎宾支行。2019年末，下设2个二级支行，即铁路支行、迎宾支行。

〇平鲁支行

1984年成立，与人行平鲁县支行一套人马、两块牌子。下设6个股：秘书股、计划股、信贷股、储蓄股、会计股、出纳股、1个储蓄专柜。1986年，正式对外营业，位于平鲁县井坪镇井东街，隶属于中国工商银行雁北中心支行管辖，下设6个股：秘书股、计划股、信贷股、储蓄股、会计股、出纳股，3个储蓄所。1987年，增设交通代办所。1988年，内设机构名称由股更名为科，增设保卫科，同时，筹建成立城市信用社。1989年，更名为中国工商银行朔州平鲁区支行，由原雁北地区中心支行划归市工行管辖。下设3个储蓄所，即西桥储蓄所、井坪储蓄所及支行储蓄所。1992年，增设稽核科。1993年，增设房地产代办处。1995年，增设科技科。1999年，撤销科技科。2005年，更名为中国工商银行股份有限公司朔州平鲁支行。交通储蓄所升格为二级支行，更名为交通支行。2015年，撤销平鲁交通支行。

〇山阴支行

1984年12月成立，位于山阴县岱岳镇车站路2号。内设秘书股、计划股、信贷股、会计股、出纳股、储蓄股、保卫股，下设第一储蓄所、第二储蓄所。1989年，由原雁北地区中心支行划归市工行管辖，下设3个储蓄所，即第一储蓄所、第二储蓄所、青年路储蓄所。1994年9月，迁址至山阴县府西街2号。2005年，更名为中国工商银行股份有限公司山阴支行。2019年末，下设青年路二级支行、内设办公室和营业室。职工49人，其中党员24名，大学以上学历47名。

〇怀仁支行

1985年，工行怀仁支行与人行怀仁支行分设，隶属于工行雁北地区中心支行。内设6个股，即秘书股、计划股、信贷股、储蓄股、会计股、出纳股；2个储蓄所，即第一储蓄所和第二储蓄所；3个办事处，即小峪办事处、吴家窑办事处、南小寨办事处。1992年，迁址至怀仁县仁人路324号。1993年7月，由原雁北地区中心支行划归市工行管辖，下设4个储蓄所、2个办事处，即大西街储蓄所、大东街储蓄所、新建路储蓄所、新华南路储蓄所、小峪办事处、吴家窑办事处。2005年，更名为中国工商银行股份有限公司怀仁支行。2018年，怀仁撤县设市，更名为工商银行怀仁市支行。2019年，下设3个二级支行，即大西街支行、开发区支行以及广场支行。内设两部一室，即综合管理部、业务部、营业室。共有员工73人。

〇应县支行

1984年1月成立，与人行应县支行实行一套人马、两块牌子，但账务及业务库、发行库分别设立。1986年7月与人行应县支行正式分设，位于应县县城旧西街西南角。1993年7月，由原雁北地区中心支行划归市工行管辖，下设西街储蓄所、昌盛路储蓄所、新建路储蓄所。1998年4月，迁址至应县金城镇新建东街一号。2005年，更名为中国工商银行股份有限公司应县支行。2019年末，下设营业网点1个，附行式自助区1个，离行式自助区1个。在编员工32人，退休员工29人。

〇右玉支行

1985年成立，与人行右玉县支行合署办公，同时承接原人行右玉县支行除国库业务外的全部业务。1986年8月，与人行右玉县支行正式分设，位于县城东大街。下设1个营业室、1个办事处（城关镇办事处），1个储蓄所（南街储蓄所）。1989年，组建城市信用社、房地产投资部。1993年7月，由原雁北地区中心支行划归市工行管辖，下设3个储蓄所、1个办事处，即南街储蓄所、东街储蓄所、西街储蓄所、右玉镇办事处。1999年，降格为右玉分理处，并撤并南街储蓄所、东街储蓄所、西街储蓄所，仅保留营业室和支行储蓄所。2000年6月，撤销右玉分理处，6名员工随存款业务和营业场所一并划归右玉农行，4名员工作为留守人员组成右玉资产管理部（挂靠怀仁支行），处理遗留问题，清收不良资产，其他人员分流到市分行及市区各网点。2012年7月，重新组建挂牌，租赁右玉县城迎宾北路安监局办公大楼一层临街商用房作为营业场所，面积350多平方米。2018年8月，迁址至右玉县城玉林西街与虎山北路交叉路口。

○神头支行

1978年，人行朔县支行在厂区设立神电办事处，位于朔州市神头电厂友谊街179号。1985年，人民银行与工商银行分设后，隶属工行朔县支行，改名为工商银行神电储蓄所。1986年，更名为工商银行神头电厂办事处，迁入神头一电厂生活区内。1989年7月，隶属工行朔城区支行。1994年8月，从工行朔城区支行分离，升格为一级支行，更名为工商银行神头电厂办事处。2000年8月，更名为工商银行神头电厂支行。2005年，更名为中国工商银行股份有限公司朔州神头支行。2019年6月，降格为二级支行，隶属开发区支行。

○城建支行

前身是市工行1995年3月组建成立的房地产信贷部。1998年，更名为城建办事处，迁址至民福东街。2001年更名为城建支行，迁址至朔州市开发路。2006年并入光华支行，迁址至民福东街55号。

○牡丹支行

前身是1995年5月成立的牡丹信用卡业务部，位于朔州市鄯阳东街原朔城区运输公司临街办公楼一层（租赁）。1996年，更名为牡丹办事处。1999年，更名为牡丹分理处，同年12月，迁址鄯阳街朔城区人民医院对面。2000年，升格为牡丹支行。2019年末，共有从业人员21人。其中，行长1人，副行长2人，合规经理1人，员工17人。中共党员9人，大学本科以上学历11人。

○振华支行

前身是市工行1995年6月成立的营业部，位于朔州市振华西街4号。1999年4月，接管原城建办事处所属的平朔露矿分理处。2000年，更名为振华支行。2019年末，下辖平朔支行（二级支行），内设7个科室，即秘书科、计划科、信贷科、储蓄科、会计科、出纳科、保卫科。共有员工42人。

○开发区支行

前身是成立于1997年12月的新城支行，位于朔州市府西街10号。2004年11月，迁址至北关路商业街C8号。2013年5月，迁址至迎宾路7~8栋商铺。2019年5月，更名为朔州开发区支行，迁址至开发区振华东街169~170号。职工20人，其中党员8人，大学本科以上学历12人。

2019年工行朔州分行离行式自助网点明细见表2-9。

表 2–9　　2019 年工行朔州分行离行式自助网点明细

机构名称	离行式自助网点	ATM	开业时间	位置
怀仁支行	朔州分行怀仁支行清河乡离行自助银亭	1	2014.05.14	怀仁县清河乡
	朔州分行怀仁支行十一中离行自助银亭	1	2015.09.06	怀仁县毛皂镇柳东营村南十一中中学
	朔州分行怀仁支行场站离行自助银亭	1	2015.10.30	怀仁县清河乡场站
	朔州分行怀仁支行一中云东校区离行自助银亭	1	2015.10.30	怀仁县怀义街云东中学
	朔州分行怀仁支行大地学校离行自助银亭	1	2015.10.30	怀仁县北环南路高新技术园区大地中学
	朔州分行怀仁一中离行自助银亭	1	2019.09.10	怀仁县怀安大街 77 号
应县支行	朔州分行应县支行广和东街离行自助银行	1	2017.11.03	应县广和东街
牡丹支行	朔州分行牡丹支行城区一中离行自助银亭	1	2013.07.01	学院街城区一中敬德校区
右玉支行	朔州分行右玉支行绿洲宾馆离行式自助银行	2	2014	右玉县玉林东街绿洲宾馆
	朔州分行右玉支行校场坪集团离行式自助银亭	1	2014.02.04	右玉县元堡乡校场坪煤业集团
	朔州分行右玉支行永昌国际酒店离行式自助银亭	1	2017.05.03	右玉县玉林西街永昌国际酒店
铁路支行	朔州分行铁路支行孵化基地离行式自助银行	1	2018.07.17	朔城区张辽路孵化基地
平朔支行	朔州分行平朔支行中北大学离行式自助银行	2	2008.04.01	开发北路中北大学
神头支行	朔州分行神头支行神头电厂离行式自助银亭	1	2011.06.01	神头第一发电厂
振华支行	朔州分行振华支行万和城离行式自助银行	1	2014.07.10	朔城区建设北路 25 号
平鲁支行	朔州分行平鲁区富城离行式自助银行	1	2012.12.01	平鲁区平安东街 8 号
开发区支行	开发北延路离行自助银行	1	筹备中	开发北延路 11 号
山阴支行	朔州分行山阴支行新建路离行式自助银行	1	筹备中	山阴县岱岳镇府东街 2 号

第三节　农业银行

□　机构沿革

根据《朔县人民委员会关于建立我县各级农业银行机构的通知》（朔人字〔64〕1号），1964年1月启动从人行朔县支行分设农业银行机构事宜，拟在朔县设农业银行朔县支行，并分设城关、神头、窑子头、利民、滋润和沙塄河6个营业所。3月，人民银行、农业银行对资金、账务和财产进行划分，原人行朔县支行有关信用合作、农业贷款、国家支援社队各项资金的监督支付等工作，由农行朔县支行办理。

按照《关于人民银行、农业银行两行合并问题的通知》（朔人银秘字第7号、朔农银秘字第14号）精神，1965年12月25日，人行朔县支行与农行朔县支行合并。1980年1月，人行朔县支行与农行朔县支行第二次分设，恢复农行朔县支行。

1989年4月13日，人行山西省分行批准设立农业银行朔州市支行（以下简称农行朔州市支行），为省辖市支行，级别为县处级机构。6月14日，农行朔州市支行开业。8月2日，农行山西省分行党组任命崔海瑞、尹勇、谢作瑜为市农行副行长，崔海瑞主持全面工作。1996年10月28日，山西省农村信用社与农业银行脱离行政隶属关系，农业银行开始向国有独资商业银行转变。1997年9月，农行朔州市支行机关整体由租借地朔城区马邑路2号西关大楼迁址朔州市开发北路346号。

1999年3月，农行朔州市支行更名为农业银行朔州市分行。2009年6月2日，农行朔州市分行更名为中国农业银行股份有限公司朔州市分行。

□ 内设部门

○国家专业银行时期（1989—1996 年）

1989年6月14日，市农行成立时内设“八科一室”：人事科、信用合作管理科、农商信贷科、工业信贷科、存款科、会计出纳科、计划科、审计稽核科、办公室。同年7月7日，新增保卫科、监察室及工会委员会，机关内部调整为“九科两室一会”。1990年，将“九科两室一会”调整为12个科室，增设2个直属机构：农行培训中心、新市区办事处。1995年3月，调整为9个科室：办公室、人事科、信合科、信贷科、会计科、计划科、保卫科、监审科、代理业务科；2个直属机构：培训中心、营业室。同年9月29日，内部科室调整为10个，分别为办公室、资金计划组织科、农业信贷科、工商信贷科、财务会计科、人事教育科、监察稽核科、保卫科、工会工作委员会、信用合作管理科。

○国有独资商业银行时期（1997—2008 年）

1997年3月，内设机构调整为八科四中心，即计划科、信贷科、会计科、资金组织科、办公室、监审科、保卫科、工会工作委员会、培训中心、机关生活服务中心、电脑信息中心、接待中心。1998年6月，增设资产保全科；10月增设开发信贷科；11月成立中心支库。2002年4月，内设机构调整为13个：办公室、财务计划处、市场拓展处、信贷处、资产风险管理处、科技处、人事处、监察保卫处、总稽核室、工会办、银行卡中心、开发信贷处、培训中心。2003年，设立运钞结算中心、清贷中心、物业管理中心。2004年7月，撤销市场拓展处，设立公司业务处、机构业务处。同时，将风险资产管理处更名为资产风险管理处。2006年6月，实行“城区直管直营”扁平化改革模式，设立12个部室：对公业务部、机构业务部、个人业务部、银行卡部、计划财务部、信贷管理部、科技运行部、办公室、人力资源管理部、保卫部、监察部、工会工作委员会办公室。同时设立3个业务处理中心：会计监控中心、清贷中心、守押中心。7月设立会计监控中心。

○国有控股商业银行时期（2009 年至今）

2009年7月，原农行山西省分行驻朔州审计办事处翻牌为内控合规办事处。2010年5月，增设内控合规部。2011年6月，成立特殊资产经营部、监控分中心、现金运营中心。2012年3月，成立个贷业务集中经营中心。2013年3月，成立网点管理办公室。7月成立信贷业务集中作业中心。11月撤销监控分中心。2016年2月，成立个人贷款集中营销中心。7月监察部更名为监察室，设立风险管理部。2017年1月，撤销特殊资产经营部。2018年3月，成立个人信贷业务集中作业中心。2018年9月，撤销网点管理办公室，设立机构业务部。11月成立财富管理中心。2019年11月，内设机构调整为16个部室：三农金融部、公司业务部、机构业务部、个人金融部、网络金融部、风险管理部、计划财务部、运营管理部、资产处置部、科技与产品管理部、办公室、人力资源部、保卫部、纪委办公室、内控与法律合规部、工会工作部。

□ 人员构成

1964年，人民银行与农业银行分家，农行朔县支行编制42人。1989年，市农行成立初期，员工626名。1998年，进行精简分流人员，清退业务岗临时工、营业所和储蓄所临时工285名，员工减少为810人。2004年，机构优化，员工663人，其中长期合同工498人、储蓄合同工138人、短期合同工27人。2006年，扁平化改革，员工549人，其中长期合同工440人、储蓄合同工126人、短期合同工28人。2019年末，在册员工662人，其中，机关134人、分支机构528人。

□ 分支机构

1989年11月，原农业银行朔县支行更名为农业银行朔州市城区支行，农业银行平鲁县支行更名为农业银行平鲁区支行，农业银行山阴县支行保留原称。1993年7月，朔州市行政区划重新调整，怀仁县、应县、右玉县划入朔州市。市农行管辖区县支行随之增加怀仁县支行、应县支行和右玉县支行。2019年末，对外营业机构8家，其中：市辖区3家，即市分行营业部、新市区支行、雁门支行；县（市、区）5家，即平鲁区支行、山阴县支行、怀仁市支行、应县支行、右玉县支行。

○市分行营业部

1993年7月成立，级别为科级。1995年12月，由原新建路1号新兴服务楼迁至朔城区大东街125号楼内。2008年3月，王坪支行与营业部合并，更名为雁门支行。2018年6月，恢复设立，位于朔州市开发北路12号。2019年，内设客户部、财会运营部、综合管理部，下辖营业室、振华街分理处、平朔路支行、豪德支行营业网点。

○新市区支行

1989年5月成立新市区办事处。内设会计股、稽核股、工会、办公室，下辖储蓄所2个。2000年9月，更名为新市区支行，级别为科级。2019年，内设客户部、财会运营部、综合管理部，下辖营业室、府南支行、西城支行、朔城支行、北关路支行、开发南路分理处。

○雁门支行

1994年8月设立，级别为科级。2000年9月，更名为王坪支行。2007年2月，由王坪矿务局小峪煤矿迁址怀仁县城迎宾西街86号。2008年3月，王坪支行与营业部合并，更名为雁门支行。2018年4月，雁门支行由原址朔州市开发北路12号迁址朔城区鄯阳东街3号。2019年12月，内设客户部、财会运营部、综合管理部；下辖营业室、鄯阳街支行、民福街支行、国贸支行、文远路支行和神电支行。

○平鲁区支行

1979年，平鲁县支行恢复，内设股室13个，下辖营业所10家、储蓄所6家。1989年11月，更名为农行平鲁区支行，下辖16个储蓄所。2009年6月，更名为农业银行股份有限公司朔州平鲁支行。2012年10月，类别调整为城区管辖四类行，内设客户部、综合管理部。2019年12月，内设客户部、财会运营部、综合管理部；下辖营业室、煤源分理处、井坪分理处；从业人员50人。

○山阴县支行

1979年，山阴县支行恢复，内设股室13个，下辖营业所9个、办事处1个、储蓄所3个。1989

年，划归朔州市支行管辖，下辖15个储蓄所。1992年8月，成立金穗综合服务公司。2009年6月，更名为农业银行股份有限公司山阴县支行。2019年末，内设客户部、财会运营部、综合管理部；下辖营业室、岱岳分理处、同太北路分理处、古城分理处；从业人员62人。

○怀仁市支行

1979年，怀仁县支行恢复。1993年7月，划归朔州市支行管辖。2009年6月，更名为农业银行股份有限公司怀仁县支行。2018年11月，更名为农业银行股份有限公司怀仁市支行。2019年末，内设客户部、财会运营部、综合管理部；下辖营业室、大西街分理处、新华街分理处、云州分理处、云中分理处；从业人员82人。

○应县支行

1979年，应县支行恢复，位于应县新建西路。1993年7月，划归朔州市支行管辖。2009年6月，更名为农业银行股份有限公司应县支行。2019年末，内设客户部、财会运营部、综合管理部；下辖营业室、金城分理处、建西分理处；从业人员50人。

○右玉县支行

1979年，右玉县支行恢复。1993年7月，划归朔州市支行管辖。1997年11月，原建行右玉县支行南街储蓄划归农行右玉县支行，同时更名为农行右玉县支行集贸市场储蓄所。1999年7月，接收工行右玉镇办事处（城关办事处）。2000年7月，接收工行右玉县支行部分业务、人员、财产。同时，接管工行右玉县分理处，更名为农行右玉县支行东街分理处。2009年6月，更名为中国农业银行股份有限公司右玉县支行。2019年末，内设客户部、财会运营部、综合管理部；下辖营业室、新城分理处；从业人员44人。

第四节　中国银行

□　机构沿革

前身为中国银行平朔支行。1984年7月1日，中国银行平朔支行建行开业，隶属中国银行太原分行（后更名为山西省分行）管辖。位于平朔生活区平朔煤炭工业公司小白楼。

1988年12月，迁址至平朔六区营业办公大楼。1997年3月，中国银行平朔支行更名为中国银行朔州支行，迁址至朔州市开发南路45号（后更名为开发南路19号）。1999年1月，更名为中国银行朔州市分行。2004年8月26日，更名为中国银行股份有限公司朔州市分行。

□　内设部门

1984年，内设办公室、会计出纳科、业务科、建筑经济科。1990年，内设机构增至11个：办公室、人事科、电脑科、综合计划科、存款科、信贷科、会计出纳科、稽核科、监察室、保卫科和营业部。1992年11月，成立中国银行太原信托咨询公司朔州证券业务部（科级）、平朔支行盛达电脑公司（科级）。1993年4月，设立信用卡科，10月改为信用卡业务部。1996年12月，撤销证券业务部。1998年，成立党委及纪律检查委员会。2000年2月，内设机构调整为12个：综合办公室、人事教育部、计划财务部、风险管理部、公司业务部、零售业务部、信息科技部、监察保卫部、总稽核办公室、工会工作办公室、结算业务部、营业部。

2001年3月，撤销中国银行山西省分行驻朔总稽核办公室，设立中国银行朔州市分行纪检监察部。同年6月，增设资产保全部。2007年2月，增设内控合规部。2012年3月，计划财务部更名为财务运营部。2015年2月，机关部门改革，内设机构调整为公司金融部、个人金融部、内控管理部、监察部、会计运营部、风险管理部、信息科技与渠道服务部、人力资源部、工会和综合管理部。

2017年8月，设立贸易金融部、银行卡部、财务运营部、风险内控部、信息科技部、综合管理部（工会办公室）；人力资源部与党务工作合并为人力资源部（党务工作部）；监察部更名为监察保卫部；撤销风险管理部、内控管理部、信息科技与渠道服务部。

2019年6月，贸易金融部更名为交易银行部。11月，个人金融部更名为个人数字金融部。年末，内设综合管理部（工会办公室）、人力资源部（党务工作部）、财务运营部、公司金融部、交易银行部、个人数字金融部、银行卡部、风险内控部、信息科技部、监察保卫部和营业部。

1984—2019年中国银行朔州市分行机关配置见表2-10。

表 2-10　　1984—2019 年中国银行朔州市分行机关配置　　单位：人

年份	内设机构数	直属机构数	全辖机构网点数
1984	4	—	—
1985	5	—	1
1986	8	2	4
1987	9	2	8
1988	10	4	12
1989	11	3	16
1990	11	3	19
1991	11	3	19
1992	15	3	23
1993	16	6	29
1994	17	6	37
1995	18	7	39
1996	18	7	39
1997	18	9	41
1998	18	11	41
1999	18	11	42
2000	12	12	41
2001	14	12	38
2002	16	15	34
2003	16	15	34
2004	16	15	34
2005	16	16	31

续表

年份	内设机构数	直属机构数	全辖机构网点数
2006	16	16	31
2007	12	18	27
2008	12	18	27
2009	12	18	27
2010	10	18	27
2011	10	18	27
2012	10	21	27
2013	10	21	27
2014	10	21	27
2015	10	21	27
2016	10	21	27
2017	11	21	27
2018	11	21	27
2019	11	21	26

□ 人员构成

1984年建行时，干部职工31人。2019年末，干部职工714人，其中机关162人，基层552人。1984—2019年中国银行朔州市分行人员情况见表2-11。

表 2-11　　1984—2019 年中国银行朔州市分行人员统计表　　单位：人

年份	全行职工数	机关职工数	基层职工人数
1984	31	—	—
1985	37	—	—
1986	75	—	—
1987	111	—	—
1988	159	—	—
1989	169	—	—
1990	187	—	—
1991	199	—	—
1992	230	—	—
1993	340	—	—
1994	408	—	—
1995	539	83	456
1996	559	94	465
1997	778	130	648
1998	803	142	661
1999	815	150	665
2000	741	140	601

续表

年份	全行职工数	机关职工数	基层职工人数
2001	809	157	652
2002	798	218	580
2003	790	184	606
2004	788	178	610
2005	773	182	591
2006	774	189	555
2007	787	232	—
2008	724	162	—
2009	750	171	579
2010	753	178	—
2011	775	198	577
2012	784	220	—
2013	781	221	560
2014	786	151	635
2015	781	151	630
2016	759	173	586
2017	746	169	577
2018	740	167	573
2019	714	162	552

□ 分支机构

自1984年建行以来，历经30多年，下设分支机构逐步增加。2019年末，共有分支机构26个，其中市辖分支机构16个，区县直属机构5个，区县管辖支行5个。

○平朔支行

1997年3月，中国银行平朔支行更名为中国银行朔州支行，中国银行平朔支行机构仍然保留，降格为科级支行，隶属市中行管辖，由市行工会主任韩有贵兼任行长。1999年1月，中国银行平朔支行生活区储蓄所更名为中国银行朔州市平朔支行生活区储蓄所，中国银行平朔支行五区储蓄所更名为中国银行朔州市平朔支行五区储蓄所。2000年11月，公寓储蓄所迁址平朔生活区七区营业。2001年12月，张利生任行长。2006年3月，高怀中任行长。2007年12月，平朔公寓储蓄所升格为平朔七区分理处，平朔五区储蓄所升格为平朔五区分理处。2013年1月，李浒任行长。2014年9月，许洪任行长。2018年1月，夏新平任行长。2019年末，共有职工26人。

○朔城区支行

1987年5月，成立朔县分理处，主任王滋玉。营业用房租用朔县乡镇局，位于体育路。1987年12月，韩有贵接任主任。1988年5月，升格为朔县支行，迁址西关，租用西街大队楼房。1989年7月，朔县支行更名为朔城区支行。1990年10月，迁址朔城区北大街81号，租用朔城区工商联楼房。1995—1998年，仝振军任行长。1999—2002年，宁日新任行长。2003—2005年，王龙任行长。2006年，赵大宏任行长。2019年末，全支行职工共18人。

〇新市区支行

1993年3月，成立新市区分理处，位于朔州市北关路府南生活区。12月，新市区分理处升格为办事处，主任仝振军。1995年，高怀中任主任。1996—1998年，赵大宏任主任。1998年3月，更名为朔州支行新市区办事处。1999年1月，更名为朔州市分行新市区办事处，薛秀任主任。2000年4月，迁址开发北路209号。2002年11月，更名为朔州市新市区支行。2003—2005年，李永强任行长。2006年，金宝成任行长。2019年，共有职工27人。

〇开发区支行

1995年5月，成立开发区办事处，位于朔州市开发区，办公用房租赁中国人民解放军51082部队农场房屋（民福东街八一饭店东侧），主任宁日新。1996—1998年，主任赵世英。1998年3月，更名为朔州支行开发区办事处。1999年1月，更名为朔州市分行开发区办事处，赵大宏任主任。2002年3月，由民福东街迁址古北东街3号。11月，更名为朔州开发区支行，行长赵大宏。2003—2005年，金宝成任行长。2006年，孟生业任行长。2009年7月，迁址朔州市开发区招远路国发大厦。2019年末，共有职工20人。

〇西城支行

1998年9月，朔城区车站办事处迁址，更名为朔城区支行西门办事处。2000年，马兰柱任主任。2001—2002年，寇旺任主任。2002年11月，迁址朔州市马邑路三区45号，隶属市分行直接管辖。12月，更名为朔州市西城支行，寇旺任行长。2006年，吉顺任行长。2016年8月，陈雁珍任行长。2018年12月，曹建成任行长。2019年末，共有干部职工18人。

〇振华东街支行

1989年5月，设立中国银行朔县支行神头电厂分理处。1998年7月，划归朔州支行直管，更名为中国银行朔州支行神电分理处，薛秀任主任。1999—2002年，赵世英任主任。2002年，怀仁县支行集贸市场储蓄所迁址朔州市神头第二发电厂生活区，并更名为中国银行朔州市分行神头电厂大唐储蓄所。2003年3月，神头电厂大唐储蓄所升格并更名为中国银行神头电厂支行，行长黄国民。6月，神头电厂支行二电厂储蓄所迁址朔州市神头二电厂生活区西大门，并升格为中国银行朔州市分行神头二电厂分理处。2004年3月，由韩有贵临时负责。2005年，解生礼任神头电厂支行行长。9月，神头电厂支行迁址神头一电厂俱乐部东侧，撤销神头电厂支行大唐储蓄所。2006年，许洪任神头电厂支行行长。2007年12月，撤销神头电厂支行二电厂分理处。2008年，王鹏任神头电厂支行行长。2015年1月，迁址朔州市开发区振华东街佳和枫景小区商业楼9号，更名为中国银行股份有限公司朔州振华东街支行。2016年8月，刘建国任行长。2019年7月，耿建华任行长，共有干部职工16人。

〇古北街支行

1993年5月，成立平朔支行信用卡科。10月，更名为中国银行平朔支行信用卡业务部，赵继宏任主任。1997年10月，新市区办事处开发路储蓄所更名升格为朔州支行古北街分理处。1999年1月，更名为朔州市分行古北街分理处。2001年12月，吉顺任副主任并主持工作。2006年3月，冯哲任主任。2007年11月，升格为中国银行股份有限公司朔州古北街支行。2012年5月，王志任行长。2016年8月，詹光宇任行长。2019年7月，苗志强任行长，共有干部职工17人。

○马邑支行

1994年，设立中国银行平朔支行新市区办事处东大街分理处，主任黄维萍。1997年12月，由朔城区旧城迁址开发南路60号，并更名为中国银行朔州支行新市区办事处开发路分理处。1999年1月，更名为朔州市分行开发路分理处。2000年5月，划归市分行直属管理，张效贞任主任。2002年7月，姜晋春任主任。2005年5月，迁址朔州市鄯阳街221号，并更名为中国银行朔州马邑分理处。2006年3月，陈雁珍任主任。2009年9月，升格为中国银行股份有限公司朔州马邑支行，陈雁珍任行长。2016年8月，吉顺任行长。2019年7月，王鹏任行长，共有干部职工19人。

○鄯阳街支行

1996年3月，成立府南区储蓄所。2001年9月，升格为中国银行朔州市分行府南区分理处，负责人段文贵。2002年12月，由中行朔州市分行新市区办事处划归市分行直接管辖，马厚山任副主任并主持工作。2004年6月，由朔州市府南生活小区迁址朔州市朔城区人民政府办公大楼东侧，并更名为中国银行鄯阳街分理处。2006年，雷向月任主任。2008年9月，迁址朔州市朔城区鄯阳街府东商用楼第11~12号。2009年7月，升格为中国银行股份有限公司朔州鄯阳街支行。2019年末，共有职工14人。

○西街支行

1989年3月，成立应县支行迎宾路储蓄所。2001年6月，升格为应县支行迎宾分理处。2002年12月，迁址朔州市朔城区西门口，并更名为中国银行朔州市分行新西分理处。2003年5月，陈雁珍任副主任并主持工作。2006年3月，王鹏任副主任并主持工作。2007年8月，刘建国任副主任并主持工作。2008年11月，刘建国任主任。2009年7月，升格为中国银行西街支行，刘建国任行长。2010年12月，迁址朔州市张辽路盛世地产A幢1号、2号。2016年6月，史引朕任副行长并主持工作。2017年5月，史引朕任行长。2019年末，共有职工15人。

○振华街支行

1985年1月，成立生活区储蓄所。1999年1月，更名为中国银行朔州市平朔支行生活区储蓄所。2002年12月，迁址平朔振华街雅秀园6栋1号，并更名为中国银行朔州市平朔支行振华街分理处，主任詹光宇。2005年12月，更名为中国银行朔州平朔振华街分理处。2007年5月，划归市分行直接管辖，同时更名为中国银行朔州振华街分理处，主任马兰柱。2009年9月，升格为中国银行股份有限公司朔州振华街支行。2019年7月，耿建华任行长，共有职工15人。

○安泰支行

1989年7月，成立中国银行朔县支行大新站分理处，负责人熊玉录。1995年，许洪任主任。1998年7月，更名为中国银行朔州支行大新站分理处，并直属市行管辖。1999年1月，更名为朔州市分行大新站分理处。2000年8月，由朔州市大新车站迁址新营业办公大楼（距原址往北50米）。2003—2005年，李树君任主任。2005年9月，迁址朔州市开发北路173号，更名为朔州安泰分理处。2006年，王保平任主任。2012年12月，升格为中国银行股份有限公司朔州安泰支行。2019年末，共有职工16人。

○体育路支行

1987年3月，成立朔城区支行体育路专柜。1990年10月，变更为朔城区支行体育路分理处。

2000年，刘占宇任主任。2002年7月，冯哲任副主任并主持工作。12月，变更为中国银行朔州市分行体育路分理处，归市分行直接管辖。2004年4月，冯哲任主任。6月，迁址朔城区崇福寺商业旅游西区A3、A4号营业。2012年12月，升格为中国银行股份有限公司朔州体育路支行，耿建华任行长。2016年8月，赵大宏任行长。2019年7月，雷向月任行长，共有职工16人。

○东门支行

1994年12月，成立中国银行朔州市朔城区西门储蓄所。1997年4月，更名为中国银行朔州市朔城区支行北大街储蓄所，迁址朔城区北大街26号。2002年8月，升格为中国银行朔州市朔城区支行北大街分理处。2005年9月，更名为中国银行朔城区东门分理处，迁址朔城区东门广场。2006年4月，刘迪新任主任。2007年12月，更名为中国银行股份有限公司朔州东门分理处，划归市分行直管。2008年9月，迁址朔州市开发南路三龙商贸19号、20号。2009年10月，张彦任副主任并主持工作。2012年12月，升格为中国银行朔州东门支行。2016年3月，迁址朔州市朔城区万象城商业区，王志任行长。2017年7月，曹建成任行长。2018年12月，林志勇任行长。2019年末，共有职工20人。

○平朔五区支行

1989年12月，成立中国银行平朔支行五区储蓄所，位于平朔集贸市场院内。1999年1月，更名为中国银行朔州市平朔支行五区储蓄所。2002年8月，迁址平朔集贸市场院外。2005年5月，更名为中国银行股份有限公司平朔五区储蓄所。2007年12月，升格为中国银行股份有限公司平朔五区分理处。2009年，临时迁址平朔支行营业部，实行分柜经营。2011年12月，迁址平朔生活区五区集贸市场。2012年12月，升格为中国银行股份有限公司朔州平朔五区支行，划归市分行直管，行长李振宁。2019年末，共有职工16人。

○平朔七区支行

1989年12月，成立中国银行平朔支行公寓储蓄所，负责人李丁力。1999年1月，更名为中国银行朔州市平朔支行公寓储蓄所。2005年12月，更名为中国银行股份有限公司朔州平朔公寓储蓄所。2007年12月，升格为中国银行股份有限公司朔州平朔七区分理处。2009年，临时迁址平朔支行营业部，实行分柜经营。10月，迁址平朔生活区七区新建综合市场。2012年12月，升格为中国银行股份有限公司朔州平朔七区支行，划归市分行直管，行长夏新平。

○平鲁区支行

1986年7月，成立安太堡办事处，主任赵日太。1988年6月，升格为平鲁县支行。9月，耿海任行长。1989年7月，更名为平鲁区支行。1995—1998年，许艳青任行长。1999—2005年，高怀中任行长。2006年，李有平任行长。2017年10月，裴进斗任行长。2019年末，共有职工28人。

○怀仁支行

1988年5月6日，成立怀仁分理处。9月，康振伟任主任。1989年4月，划归大同支行管理。1990年4月，划归雁北支行。1992年5月，升格为怀仁支行。1993年7月，划归平朔支行。1994年11月，营业场所由租借的怀仁县城新华北路24号迁址怀仁县城内新华路南新建办公楼。1995年，韩有贵任怀仁支行行长。1996—1998年，高怀中任行长。1999—2002年，李有平任行长。2003—2005年，许洪任行长。2006年4月，李浒任行长。2018年1月，李永清任行长。2019年末，怀仁支行本部职工49人。

〇应县支行

1988年6月，筹备应县支行，筹备组组长赵日太。9月，胡荣升任副组长。1989年4月1日，正在筹建的应县支行划归大同支行管理。7月，胡荣升任行长。1990年4月，划归雁北支行。1993年7月，划归平朔支行。1995—1999年，李有平任行长。1998年7月，由新建西路1号迁址新建西路14号。2000—2001年，田密任行长。2001年12月，姚新民任行长。2006年3月，李树君任行长。2019年末，共有职工37人。

〇山阴县支行

1988年5月，成立山阴分理处，主任张志军。位于山阴县同太北路1号，租用山阴县公路段的房屋。1990年11月，山阴分理处升格为山阴县支行，行长张志军。1995年，苏日举任行长。1996年3月，迁址山阴青年路58号新建大楼。1996—1998年，宁日新任行长。1999年，邓东升任行长。2000—2002年，王龙任行长。2006年3月，姚新民任行长。2016年8月，雷向月任行长。2019年8月，边进民任行长。共有职工25人。

〇右玉县支行

1988年5月，成立朔县支行西关储蓄所。1990年10月，更名为朔城区支行西关储蓄所。2000年8月，营业场所迁址马邑路马邑商城。2007年12月，升格为中国银行朔州西关分理处。2008年11月，临时与中国银行朔州西城支行合署办公。2012年11月，迁址右玉县玉林西街玉龙苑，并更名为中国银行右玉新城分理处，李永清任主任。2014年9月，升格为中行右玉县支行，李永清任行长。2018年1月，金宝成任行长。2019年12月，迁址右玉县柳影南路与正和东街交汇处。共有职工18人。

第五节　建设银行

□　机构沿革

1949年9月，中国人民建设银行雁北中心支行朔县办事处成立。1954年10月，更名为中国人民建设银行朔县支行。1970年，并入人行朔县支行。1973年，中国人民建设银行机构再度重设，在朔县设雁北区朔县办事处，办理朔县、平鲁、山阴三个县和神头发电厂的基本建设拨款与贷款等业务。1980年，建行朔县办事处分建中国人民建设银行神头电厂专业支行。1982年，建行朔县办事处再次与山阴、平鲁建设银行分建，成立中国人民建设银行朔县支行。

1988年11月，中国人民建设银行朔州市支行组建。1989年4月1日开业，营业用房暂借用建设银行朔县支行部分办公室。下辖朔城区支行（原朔县支行）、平鲁区支行、山阴县支行、神头电厂专业支行4个支行，2个分理处，11个储蓄所。同年3月27日，李惠任市支行副行长。5月，赵廷翰任党组书记、行长，李惠为党组成员。

1993年7月，随朔州市行政区划调整，怀仁县支行、应县支行和右玉县支行并入建设银行朔州市支行。1995年2月14日，由平阳路2号迁址长城饭店（现朔城区电力酒店）。1997年10月，迁址市府街新办公大楼办公。1998年10月，成立中国共产党中国建设银行朔州市支行委员会、中国共产党中国建设银行朔州市支行纪律检查委员会。

1999年3月，更名为中国建设银行朔州市分行。2004年9月，更名为中国建设银行股份有限公司朔州分行。

□ 内设部门

1989年8月，内设办公室、财务会计科、计划统计科、项目调查科、保卫科、人事教育科、投资信贷科、稽核监察科、储蓄出纳科和行政科。1992年，成立房地产开发公司、租赁公司、信托投资公司朔州经办处。1993年11月，成立基建办公室。1995年1月，撤销投资信托科，成立信贷科、投资委托科。怀仁县支行所属王坪分理处划为市行直属机构。1997年，成立住房城市建设办事处、信用卡管理科。1998年4月，成立储蓄经营部。11月，成立党委办公室、组织部、宣传与群工部。1999年2月，成立会计核算中心、会计稽核中心。3月，市分行劳动服务公司更名为朔州市成城实业公司。

2001年3月，成立房地产信贷部，撤销稽核监察科。2003年3月，设立客户理财服务中心。5月，成立后勤中心、个人理财中心、房贷中心、山西省分行朔州造价咨询分中心、票据中心和采购中心。2004年4月，设立虚拟理财中心。2008年3月，成立票据中心、信息中心和理财中心，监察室变更为纪检监察部。2010年11月，成立财富管理中心。

1989—2019年建设银行朔州分行机构配置见表2-12。

表 2-12　　1989—2019 年建设银行朔州分行机构配置　　单位：个

年份	机构总数	内设部门	县支行	储蓄所	储蓄专柜	分理处	办事处	营业部	城区营业机构
1989	15	8	3	9	1	—	—	—	—
1990	19	11	3	10	1	3	—	—	—
1991	21	12	3	11	2	—	—	—	—
1992	22	13	3	11	3	—	—	—	—
1993	53	17	6	20	13	—	1	—	—
1994	49	17	6	24	—	5	2	—	—
1995	68	18	6	25	19	6	2	—	—
1996	48	16	6	25	3	4	3	—	—
1997	45	17	5	23	3	4	4	—	—
1998	47	15	5	23	4	4	4	—	—
1999	44	15	3	24	—	6	5	—	—
2000	41	16	3	24	—	10	—	—	—
2001	43	17	3	24	—	10	—	—	—
2002	43	16	3	24	—	10	—	—	—
2003	17	16	3	7	—	7	—	1	—
2004	17	16	7	3	—	6	—	—	—
2005	17	20	7	2	—	7	—	—	—

续表

年份	机构总数	内设部门	县支行	储蓄所	储蓄专柜	分理处	办事处	营业部	城区营业机构
2006	17	19	7	—	—	2	—	—	—
2007	17	23	7	2	—	7	—	—	—
2008	17	20	7	2	—	7	—	—	—
2009	17	22	7	2	—	7	—	—	—
2010	17	22	7	2	—	7	—	—	—
2011	17	22	7	2	—	7	—	—	—
2012	18	14	8	2	—	7	—	—	—
2013	19	14	11	—	—	7	—	—	—
2014	20	14	14	—	—	5	—	—	—
2015	21	15	7	—	—	—	—	—	14
2016	21	15	7	—	—	—	—	—	14
2017	21	16	7	—	—	—	—	—	14
2018	21	15	8	—	—	—	—	—	13
2019	22	16	9	—	—	—	—	—	13

□　人员构成

建行初期，共有干部职工149人。2019年末，共有干部职工558人。

1989—2019年建设银行朔州分行人员情况见表2-13。

表 2-13　　1989—2019 年建设银行朔州分行人员情况　　单位：人

年份	机关职工	全辖职工	年份	机关职工	全辖职工	年份	机关职工	全辖职工
1989	65	149	2000	164	681	2011	271	608
1990	52	207	2001	202	683	2012	241	613
1991	54	225	2002	195	647	2013	232	611
1992	62	274	2003	194	642	2014	212	611
1993	77	403	2004	221	642	2015	200	608
1994	88	446	2005	211	642	2016	190	598
1995	97	488	2006	278	642	2017	185	581
1996	91	531	2007	229	412	2018	186	570
1997	53	546	2008	252	619	2019	182	558
1998	124	560	2009	254	620			
1999	174	664	2010	255	618			

□　分支机构

○鄯阳街支行

前身为中国人民建设银行朔县支行。1989年，更名为中国人民建设银行朔州市朔城区支行。1998年12月，更名为朔州市城区支行。2004年12月，更名为鄯阳街支行。

〇住房城市建设支行

1997年8月，成立住房城市建设办事处。2000年12月，更名为住房城市建设支行。2004年3月，龙信分理处更名为住房城建支行府西街分理处。2012年5月，地址由鄯阳街中段迁至豪德广场二期项目工程第9、10、11号商铺。

〇民福支行

1989年9月，成立朔州市朔城区支行刘家口煤炭集运站分理处。1998年12月，更名为刘家口分理处。2003年6月，迁址朔州市民福东街，8月，更名为开发区分理处。2016年12月，升格并更名为民福支行。

〇开发区支行

1996年5月，成立中国人民建设银行山西省信托投资公司朔州证券业务部，当月，更名为朔州市支行铁道办事处。1997年8月，由朔州市文化活动中心迁址朔州市大新火车站。1998年12月，更名为朔州市分行铁道办事处。2000年12月，更名为朔州市分行铁道分理处。2011年4月，迁址开发区招远路宣源房地产办公楼。2016年12月，升格更名为朔州市分行开发区支行。

〇古北街支行

1989年10月，成立神头电厂专业支行一电厂储蓄所，位于神头镇。2013年6月，升格为古北街支行并迁址古北街。9月，主管机构由神头电厂支行变为市分行。

〇平朔支行

1995年8月，成立朔州市支行平朔露矿办事处生活区分理处。1998年12月，更名为平朔露矿生活区分理处。2016年12月，升格更名为平朔支行。

〇马邑支行

2015年3月，成立南垣街支行。2018年3月，迁址更名为马邑支行。

〇翠丰苑支行

2003年6月，山阴县支行北周庄分理处迁址朔州市平朔北路翠丰苑小区，同时更名为翠丰苑分理处。2016年12月，升格更名为翠丰苑支行。

〇开发路支行

1998年12月，朔城区支行开发南路办事处更名为朔州市分行开发南路办事处。2000年12月，更名为开发南路分理处。2007年1月，更名为建行开发路分理处。2016年12月，升格更名为建行开发路支行。

〇神头电厂支行

1980年12月，朔县支行神头办事处成立。1984年12月，更名为山西省神头电厂专业支行。1986年，升格为副处级。1998年12月，更名为朔州市神头电厂支行。2000年12月，机构降格，由副处级变为正科级。

〇怀仁支行

1985年成立。1993年7月，划归市建行管辖。1995年1月，怀仁县支行所属王坪分理处划为市行直属机构。

〇怀仁迎宾支行

1994年11月，成立四化储蓄所。2014年1月，升格更名为迎宾支行。2019年8月，县域机构管理模式调整，隶属怀仁支行。

〇怀仁云州支行

1996年11月，成立朔州市支行王坪矿务局办事处。1998年12月，更名为王坪矿区办事处。2000年12月，更名为王坪矿区分理处。2014年9月，升格为朔州王坪矿区支行。2015年7月，迁址更名为怀仁云州支行。2019年8月，县域机构管理模式调整，隶属怀仁支行。

〇怀仁仁里路支行

2018年7月成立。2019年8月，县域机构管理模式调整，隶属怀仁支行。

〇怀仁嘉明分理处

1988年5月成立，位于怀仁王坪矿。2000年9月，更名为王坪煤矿分理处。2003年1月撤销。

〇山阴支行

1982年10月成立。1993年7月，划归朔州市支行管辖。

〇山阴北周庄支行

1989年9月，成立神头电厂专业支行二电厂储蓄所。1999年3月，更名为神头电厂支行二电厂储蓄所。2005年12月，迁址更名为北周庄分理处。2014年9月，升格为北周庄支行。2019年8月，县域机构管理模式调整，隶属山阴支行。

〇山阴同太路支行

2019年7月成立。2019年8月，县域机构管理模式调整，隶属山阴支行。

〇应县支行

1985年9月成立。1993年7月，划归市建行管辖。

〇平鲁支行

1981年9月成立。1989年，更名为平鲁区支行。

〇平鲁胜利路支行

2014年6月成立。2018年7月撤销。

〇右玉支行

1987年成立。1996年4月26日，业务挂靠王坪办事处。1997年9月撤销。2012年12月复设。

第六节　交通银行

□　机构沿革

2011年9月成立，位于民福西街1号。戎占宝任行长，王小丽、赵开成、戎标仁任副行长。

2017年2月，免去戎占宝行长职务，聘任李震为副行长（代为履行行长职责）。6月，聘任李震为行长。

□　内设部门

成立初期，内设办公室、运营管理部、风险管理部、市场营销部、营业部。2013年7月，办公室更名为综合管理部，风险管理部更名为授信与风险管理部，撤销市场营销部，成立公司业务部、零售业务部。2017年3月27日，零售业务部更名为个人金融业务部。

□　人员构成

2011年末，正式员工38人，其中行长1人，副行长3人，部门经理级5人，部门副总经理级3人。

2019年末，正式员工80人，其中行长1人，副行长3人，部门经理级8人，部门副经理级10人。

2011—2019年交通银行朔州分行人员情况见表2-14。

表 2-14　　2011—2019 年交通银行朔州分行人员结构表　　单位：人

人员结构 \ 年份		2011	2012	2013	2014	2015	2016	2017	2018	2019
职种	行长	4	4	4	4	4	4	4	4	4
	部门经理 / 支行行长	8	9	10	9	13	15	18	17	18
	员工	26	50	63	65	59	66	63	61	58
学历	硕士及以上	5	12	18	18	17	23	23	23	23
	大学本科	31	49	57	58	57	60	61	58	56
	大专	2	2	2	2	2	2	1	1	1
性别	男	17	26	34	35	34	37	37	36	36
	女	21	37	43	43	42	48	48	46	44
年龄	22~30 岁	26	48	47	47	45	51	51	44	47
	31~40 岁	5	8	23	24	22	25	25	29	18
	41~50 岁	7	7	7	7	9	9	9	9	15
政治面貌	中共党员	14	19	23	28	30	33	34	36	38
	共青团员	24	35	29	25	27	18	18	12	7
	群众	0	9	25	25	19	34	33	34	35

□　分支机构

○营业部

2011年9月成立，位于朔州市民福西街1号，霍丙峰任副总经理（主持工作）。年末，在职员工18人。2014年7月，李明任副总经理（主持工作）。年末，在职员工19人。2016年3月，李明任总经理。年末，在职员工20人。2019年1月，孙文元任总经理。年末，在职员工17人。

〇城区支行

2014年1月成立，位于朔城区开发南路128号，霍丙峰任行长。年末，在职员工14人。2015年10月，田川任副行长（主持工作）。年末，在职员工15人。2018年1月24日，年建军任行长。年末，在职员工15人。2019年末，在职员工11人。

〇平鲁区支行

2013年3月成立，位于平鲁区平安街与文昌路交汇口B楼1~3号商铺1~2层，年建军任行长，年末在职员工15人。2018年1月，姜继忠任副行长（代为履行行长职能）。11月，姜继忠任行长。年末，在职员工12人。2019年2月，田川任副行长（代为履行行长职能）。12月，田川任行长。年末，在职员工11人。

〇张辽路普惠支行

2016年3月成立，位于朔州市朔城区张辽路大运商贸城A区23号商铺，负责人谢万隆，在职员工4人。2017年9月，谢万隆任行长。2018年1月，邢春林任行长。2019年末，在职员工5人。

〇北新街普惠支行

2016年3月成立，位于朔州市朔城区北新街S–2＃7号临街商铺，负责人苏芳芳。年末，在职员工5人。2018年9月，苏芳芳任行长。年末，在职员工4人。2019年2月，任红任副行长（代为履行行长职能）。年末，在职员工4人。

〇建设路普惠支行

2017年3月成立，位于朔州市朔城区华源万和城A区23号商铺，高军任副行长（主持工作）。年末，在职员工4人。2019年1月，高军任行长。年末，在职员工4人。

〇招远路普惠支行

2017年12月成立，位于朔州市开发区招远路晨光花都门面房11号，王蕾任行长。2019年末，在职员工4人。

第七节　邮政储蓄银行

□　机构沿革

2008年1月，开始筹建。5月22日，挂牌营业。雷文平任党委书记、行长；廖永、张中华任党委委员、副行长。

2012年1月，更名为中国邮政储蓄银行股份有限公司朔州市分行，是朔州市唯一一家采取“自营+代理”经营模式的银行，除自身设立营业网点办理业务外，还委托朔州市邮政局27个邮政代理网点办理部分业务。

□ 内设部门

2008年成立初，内设综合业务部、渠道科技部、风险合规审计部、综合办公室。10月，成立信贷部。2009年7月，设财务会计部。2010年，设立资产保全部、风险合规部、审计部和公司业务部。2011年8月，设立监察部。2012年1月，设立人力资源部。

2013年10月，部室调整为人力资源部（党委组织部）、财务会计部、纪检监察部/党群工作部（党委宣传部）/工会、办公室（党委办公室）、风险管理部、法律与合规部、授信管理部、个人金融部、公司业务部、零售信贷部/“三农”金融部10个一级部室；审查审批中心、电子银行部、小企业金融部3个二级部室。

2015年7月，法律与合规部更名为法律与合规部（消费者权益保护工作办公室）。2017年9月，成立“三农”金融事业部朔州市分部，零售信贷部/“三农”金融部更名为“三农”金融事业部朔州市分行/零售信贷部。2018年，计划财务部/会计营运部更名为计划财务部/运营管理部，电子银行部更名为网络金融部，纪检监察部/党群工作部（党委宣传部）/工会更名为党委党建工作部（监察部），办公室（党委办公室）更名为办公室（党委办公室、工会）。

2019年末，内设人力资源部（党委组织部）、计划财务部/运营管理部、党委党建工作部（监察部）、办公室（党委办公室、工会）、法律与合规部（消费者权益保护工作办公室）、风险管理部、授信管理部、个人金融部、公司业务部和三农金融事业部朔州市分部/零售信贷部10个一级部门；小企业金融部、网络金融部和审查审批中心3个二级部门。

□ 人员构成

2008—2019年邮储银行朔州市分行人员情况见表2-15。

表 2-15　　2008—2019 年邮储银行朔州市分行人员统计表　　单位：人

年份	职工数			个人业务	公司业务	信贷业务	综合业务	财务会计	风险合规	信息技术	人力资源	其他
	总数	合同工	劳务工									
2008	186	—	—	86	18	—	—	—	—	—	—	82
2009	238	86	152	83	38	47	35	—	—	—	—	35
2010	248	93	155	61	21	67	41	—	—	—	—	58
2011	328	111	217	101	21	68	28	11	16	—	—	83
2012	357	116	241	103	31	75	46	19	21	1	5	56
2013	385	192	193	114	24	73	38	42	30	1	5	58
2014	386	233	153	106	23	71	39	41	31	1	4	70
2015	392	283	109	112	22	78	39	42	26	2	4	67
2016	391	342	49	109	23	83	43	46	25	2	4	56
2017	395	356	39	120	18	77	61	30	27	2	4	56
2018	389	351	38	165	18	75	11	31	26	2	4	57
2019	388	351	37	177	18	72	11	28	26	2	4	59

□ 分支机构

成立初下辖1个一级支行，即山阴县支行；8个二级支行，即开发路详泰支行、振华支行、古北街支行、古北西街支行、平朔支行、山阴县同太南路支行、怀仁县迎宾街支行、应县新世纪广场支行。

2019年末，下辖5个县级支行（一级支行），即怀仁市支行、平鲁区支行、山阴县支行、应县支行、右玉县支行；10个二级支行，即振华支行、开发区支行、古北街支行、开发路详泰支行、鄯阳街支行、马邑南路支行、朔城区支行、怀仁市迎宾街支行、山阴县同太南路支行、应县新世纪广场支行；27个邮政代理营业机构，其中，朔城区9家，分别为朔州市开发南路营业所、朔州市怡西路营业所、朔州市平朔营业所、朔州市建设路营业所、朔州市平朔路营业所、朔州市南垣街营业所、朔州市马邑路营业所、朔州市神电营业所、朔州市建设路营业所；怀仁市5家，分别为怀仁市云州西街营业所、怀仁市西关街营业所、怀仁市仁爱路营业所、怀仁市迎新街营业所、怀仁市下寨营业所；平鲁区3家，分别为朔州平鲁区煤源路营业所、朔州平鲁区平安街营业所、朔州平鲁区新城东街营业所；山阴县2家，分别为山阴县车站路营业所、山阴县府南街营业所；应县4家，分别为应县新建南路营业所、应县新建西街营业所、应县三环西路营业所、应县塔前街营业所；右玉县4家，分别为右玉县油坊营业所、右玉县南街营业所、右玉县右卫镇营业所、右玉县西街营业所。

○朔城区支行

2012年7月成立。

○鄯阳街支行

2012年7月成立。

○平鲁区支行

2012年12月，平鲁区新城支行（一类二级支行）升格为一级支行，更名为中国邮政储蓄银行股份有限公司朔州平鲁区支行，职工18人，其中劳务工17人，合同工1人。2019年末，共有职工25人均为合同工。

○怀仁市支行

2012年12月，怀仁县世纪支行（一类二级支行）升格为一级支行，更名为中国邮政储蓄银行股份有限公司怀仁县支行，职工35人，其中劳务工32人，合同工3人。2018年12月，更名为怀仁市支行。2019年末，共有职工39人，其中劳务工9人，合同工30人。

○应县支行

2012年12月，应县塔南路支行（一类二级支行）升格为一级支行，更名为中国邮政储蓄银行股份有限公司应县支行，职工33人，其中劳务工27人、合同工6人。2019年末，共有职工34人，其中劳务工7人，合同工27人。

○山阴县支行

2008年成立，为一级支行。内设综合管理部、综合业务部、会计核算部。职工29人，其中劳务工13人、合同工16人。2019年末，职工47人，其中劳务工7人，合同工40人。

○右玉县支行

2011年5月成立，为一级支行。职工13人，其中劳务工10人、合同工3人。2019年末，职工22人，其中劳务工5人，合同工17人。

第十章

股份制商业银行

第一节　招商银行

□　机构成立

2011年10月，招商银行股份有限公司朔州分行（以下简称招行朔州分行）开始筹建。2012年4月26日，挂牌营业，位于朔州市朔城区古北西街20号。丁俊田任行长，刘卫东任行长助理。

□　内设部门

成立初，内设综合管理部、信用风险管理部、零售银行部、公司银行部；下设营业部。

2014年3月，增设会计财务部。11月，撤销会计财务部，增设运营管理部，会计财务职能并入运营管理部。2016年8月，信用风险管理部更名为风险管理部。2018年7月，撤销运营管理部。

2019年末，内设综合管理部、风险管理部、公司银行部、零售银行部4个职能部门；下设营业部。

□　人员构成

2012—2019年招商银行朔州分行人员情况见表2-16。

表 2-16　　2012—2019 年招商银行朔州分行人员统计表　　单位：人

年份	2012	2013	2014	2015	2016	2017	2018	2019
人员总数	32	32	37	43	44	43	39	38
高管人数	2	2	2	3	3	2	3	2
中层人数	5	6	6	6	6	6	6	5

第二节　浦发银行

□　机构沿革

2011年，上海浦东发展银行股份有限公司朔州分行（以下简称浦发银行朔州分行）开始筹建。2012年10月25日，取得朔州银监分局颁发的金融许可证。同日，经中国银行业监督管理委员会山西监管局同意，浦发银行太原分行党委下发《关于王兴河等同志任职的通知》（浦银并党委〔2012〕49号），任命王兴河为浦发银行朔州分行行长，杨生梅、王晓东为行长助理。11月1日，试营业。11月30日，开业。2015年12月4日，成立中共上海浦东发展银行朔州分行纪律检查委员会，杨生梅任纪委书记。

□　内设部门

成立初，内设营业部、业务管理部、风险管理部、办公室。

2019年7月11日，撤销业务管理部，设立公司业务部、零售业务部。

□　人员构成

2012—2019年浦发银行朔州分行人员情况见表2-17。

表 2-17　　2012—2019 年浦发银行朔州分行人员结构表　　单位：人

年份	机构总数	职工					总人数
		行长	副行长	行长助理	中层干部	其他员工	
2012	1	1	—	2	4	11	18
2013	1	1	—	2	4	16	23
2014	2	1	—	1	5	23	30
2015	2	1	—	1	5	28	35
2016	5	1	1	1	8	23	34
2017	5	1	—	1	8	23	33
2018	5	1	—	1	8	24	34
2019	5	1	2	—	9	28	40

□　分支机构

2019年末，下设分支机构4个，分别为豪德小微支行、名园小微支行、祥和社区支行及马邑路社区支行。

○豪德小微支行

2014年11月11日，取得朔州银监分局颁发的金融许可证。11月30日开业，石俊杰任行长。2018年5月，高鹏晶任行长。

〇名园小微支行

2015年12月30日，取得朔州银监分局颁发的金融许可证。2016年1月15日开业，李立波任行长。2019年7月，张叶任行长。

〇祥和社区支行

2015年12月30日，取得朔州银监分局颁发的金融许可证。2016年1月15日开业，杨莉任行长。2018年6月，宋江洋任行长。

〇马邑路社区支行

2015年12月30日，取得朔州银监分局颁发的金融许可证。2016年1月15日开业。2018年6月，李立波任行长。

第三节　华夏银行

□　机构成立

2014年，华夏银行股份有限公司朔州分行（以下简称华夏银行朔州分行）开始筹建。2016年4月9日试营业，5月9日开业。无分支机构。

□　内设部门

2019年末，内设三部两室，即办公室、公司部、个人部、运营管理部、放款室。

□　人员构成

2019年末，设行长1人、副行长2人、行长助理1人，员工31人，平均年龄30岁。

2019年华夏银行朔州分行人员情况见表2-18。

表 2-18　　2019 年华夏银行朔州分行人员结构表

2019 年	正式合同工	劳务派遣工	党员	民主党派人士	团员	群众
人数 / 人	21	10	12	2	4	13
占比 / %	67.74	32.26	38.71	6.45	12.90	41.94

第十一章

城市商业银行

第一节 大同银行

□ 机构沿革

2010年11月，经山西省银监局批准筹建。2011年9月，挂牌开业。裴云任行长。

2014年，更名为大同银行股份有限公司朔州分行（以下简称大同银行朔州分行）。

□ 内设部门

2019年末，内设6个部门，分别为客户经理部、风险管理部、计财结算部、电子银行部、综合管理部和营业部。

□ 人员结构

2019年末，共设行长、副行长各1人，行长助理2人，裴云自2011年4月至今任行长。张有祥自2012年12月至今任副行长。

2011年，从业人员34人。2019年末，从业人员192人。其中，机关员工46人，营业网点员工146人。硕士38人，本科132人，专科及以下22人，本科以上学历职工人数占比88%，研究生以上员工占比19.2%，分行机关员工研究生占比45.5%。

2011—2019年大同银行朔州分行人员情况见表2–19。

表 2–19　　2011—2019 年大同银行朔州分行人员统计表　　单位：人

年份	2011	2012	2013	2014	2015	2016	2017	2018	2019
人员数	34	39	39	61	74	123	161	189	192

□ 分支机构

○营业部

2011年9月设立，承担对外业务。位于朔城区古北街与张辽路交叉口盛世嘉园。职工24人。

○朔州朔城区支行

2014年6月成立，位于朔州市开发区福荣综合楼。郭峰任行长。职工21人。

○怀仁支行

2015年7月成立，位于怀仁市仁人路293号。张志平任行长。职工22人。

○朔州平朔支行

2017年2月成立，位于朔州市振华东街曲静园临街商铺1~3号。赵权任行长。职工21人。

○平鲁支行

2017年2月成立，位于朔州市平鲁区平安西街平安花园小区11~13号商铺。付俊杰任副行长（主持工作）。职工21人。

○应县支行

2018年3月成立，位于应县新建东街与瑞东南路交汇处东南侧。严惠飞任行长。员工17人。

○山阴支行

2019年3月成立，位于山阴同太路与府西街交叉口。闫海生任行长。员工20人。

第二节　晋商银行

□　机构成立

2011年7月，开始筹建。2012年3月24日，挂牌营业。

□　内设部门

成立初内设“五部一室两中心”，即公司金融部、个人金融部、综合办公室、风险合规部、运营管理部、营业部、小微金融服务中心、小企业服务中心。2013年5月，票据中心成立。2016年9月，设立保卫部。

2019年末，内设职能部门调整为“七部一室”，即公司金融部、小企业金融部、零售银行部、风险管理部、内控合规部、运营管理部、保卫部、综合办公室。

□　人员构成

2011年，从业人员44人。2019年末，从业人员191人。

2019年晋商银行朔州分行人员分布情况见表2-20。

表 2-20　　2019 年晋商银行朔州分行人员分布情况表　　单位：人

序号	部门 / 支行	合计	管理人员	一般员工
1	办公室	10	1	9
2	右玉支行筹备组	1	1	0
3	运营部	12	1	11
4	风险部	5	0	5
5	保卫合规部	5	2	3
6	零售部	15	1	14
7	公司部	14	2	12
8	小企业部	6	1	5
9	营业部	20	2	18
10	山阴支行	16	2	14
11	城区支行	24	2	22
12	平鲁支行	12	1	11
13	怀仁支行	17	1	16
14	鄯阳街支行	28	2	26
合计		185	19	166

□　分支机构

○营业部

2011年成立。在编员工21人，中共党员6人。

○山阴支行

2014年5月20日成立，位于朔州市山阴县岱岳镇青年街，租用营业用房建筑面积1 115.26平方米。在编员工17人，中共党员5人，中共党员发展对象1人。

○朔城区支行

2014年3月18日成立，位于朔州市民福西街北侧福源小区。在编员工27人，中共党员4人。管辖民福和理想家园2家社区支行。

○平鲁支行

2015年5月6日成立，位于朔州市平鲁区井坪镇古城路四号，占地面积710平方米。在编员工16人，中共党员2人，中共党员发展对象2人。

○怀仁支行

2017年4月15日成立，位于怀仁市仁人路34号院1号楼1001号，占地面积700平方米。在编员工18人，中共党员5人。

○鄯阳街支行

2017年6月3日营业，位于朔州市朔城区鄯阳东街新兴服务楼往西50米，占地570平方米。设营业网点3个，其中支行本部1个，社区支行2个。在编员工24人，其中本部员工16人，中共党员7人。

第三节 晋城银行

□ 机构沿革

2013年1月，经山西省银监局批准开始筹建。12月29日挂牌营业，位于朔州古北西街与马邑路交叉口。2016年5月，设立晋城银行朔州分行党支部。

□ 内设部门

内设部门先后设立过综合办公室、运营管理部、风险管理部、中小企业客户部、小微企业客户部、个人客户部、市场营销部等。2019年末，内设综合办公室、运营合规部、市场营销部。

□ 人员结构

2019年末，在职职工共77人，其中，50岁以上职工2人，40~50岁职工1人，30~40岁职工28人，30岁以下职工36人；本科学历以上68人，大专学历9人；中共党员18人，共青团员19人，群众40人。

□ 分支机构

○金沙园社区支行

2016年5月12日挂牌营业。吉有任行长，设行长1名，社区主管1名，零售客户经理岗2名。

○女人街社区支行

2016年5月16日挂牌营业。吉有任行长，设行长1名，社区主管1名，零售客户经理岗1名，信贷客户经理岗1名。

○豪德小微支行

2016年5月26日挂牌营业，吉有任行长，设行长1名，社区主管1名，零售客户经理岗1名，信贷客户经理岗1名。

○怀仁支行

2017年1月10日挂牌营业，是晋城银行朔州分行第一家县域支行。李杰任行长，设行长1名，厅堂主管1名，会计经理1名，综合柜员3名，客户经理岗8名。

○民福街支行

2017年1月15日挂牌营业，李斌任行长。2018年3月，崔元武任行长，设行长1名，厅堂主管1名，会计经理1名，综合柜员2名，客户经理岗4名。

○鄯阳街支行

2017年3月26日挂牌营业，李冬峰任行长，设行长1名，厅堂主管1名，会计经理1名，综合柜员3名，客户经理3名。

第十二章

地方法人银行业机构

第一节　朔州农商行

□　机构沿革

朔州农村商业银行股份有限公司（以下简称朔州农商行）的前身是朔城区农村信用合作联社和平鲁区农村信用合作联社。1951年2月，人察哈尔省分行决定在全省范围内广泛成立不脱产金融小组。1952年，人行朔县支行在党政领导下，成立峙峪村金融小组，成立初期，该金融小组扩股100股，每股2元，但没有存款。同年12月，朔县划归山西省管辖。

1953年，人行山西省分行决定：统一在农村建立信用合作社（以下简称信用社）。是年，峙峪村金融小组改为峙峪农村信用合作社，为朔县第一个信用社。随后，各乡开始大面积成立乡级信用合作社。

1954年底，朔县共建立信用合作社46个。至1955年全县信用合作社增加到51个。1956年，随朔县行政乡的规划和调整，信用合作社精简机构、压缩人员，由51个合并为28个。

1958年10月，根据国务院《“两放、三统、一包”的财贸管理办法》，朔县原有信用社并入人民公社，改称人民公社信用部。1960年，人民公社信用部恢复为信用部。1962年，改信用部为信用社，按照一个公社设立一个信用社的要求进行机构调整，信用社由28个调整为17个。

1963年11月，朔县人民银行和农业银行分设，农信社改由农行领导和管理。1965年12月，朔县农行并入人行，全县17个信用社划归人民银行领导。

1980年6月，根据国务院《关于恢复中国农业银行的通知》，恢复农行朔县支行，全县信用社划归农业银行领导，信用社的体制“既是集体所有制的金融组织，又是农业银行的基层机构”。同时，推进以恢复“三性”（组织上的群众性、管理上的民主性、经营上的灵活性）为主要内容的信用社改革。

1984年，贯彻中央“信用社要进行改革，真正办成群众性的合作金融组织，要遵守国家金融政策和接受农业银行的领导、监督下独立自主地开展存贷业务”精神，省信用社试办县级信用联社，8月，朔县农信社联合社成立。杨福任主任、理事长，金子荣任监事长，赵钧、王悦任副主任，位于朔县西城北路3号。

1989年5月1日，随着朔州建市，朔县农信社联合社改名为朔州市朔城区农村信用合作社联合社，迁址朔城区鄯阳街288号。

1996年8月，国务院出台《关于农村金融体制改革的决定》，农信社与农业银行脱离行政隶属关系。同年，市人行设立朔州市农村金融体制改革领导小组，领导组下设办公室，负责朔州农信体制改革。10月，朔州市朔城区农村信用合作社联合社与农行脱离行政隶属关系。

1997年7月，市人行设立农村合作金融管理科，承担农村信用社行业管理和监督的双重职能，领导监管辖内142个农村信用社及信用分社业务。

2004年1月，朔州银监分局成立，朔州市朔城区信用合作社联合社划归朔州银监分局管理。

2005年，根据国务院改革试点方案，人行对农村信用社实施"花钱买机制"改革。6月，市人行对朔州市朔城区信用合作联社发行6 804万元专项票据，置换历年坏账和亏损，消化历史包袱。

2006年12月30日，省农村信用社联合社朔州办事处组建成立，隶属山西省农村信用社联合社，行使对朔州市农村信用社的行业管理、指导、协调和服务职能。

2007年12月15日，朔城区农村信用合作联社由朔城区农村信用合作社联社与所辖18家农村信用合作社合并组建成立，实现统一法人。迁址朔州市市府西街20号。

2012年，国务院把"推动农村合作金融机构股份制改造"作为金融综合改革的主要任务之一。2015年7月1日，朔州农村商业银行筹建工作小组成立，时任朔州常务副市长雷健坤任组长，筹建工作正式启动。7月3日，朔州市朔城区农村信用合作联社和朔州市平鲁区农村信用合作联社分别召开社员代表大会，通过朔州农村商业银行股份有限公司筹建工作方案。

2017年8月19日，筹建朔州农商行工作小组组长调整为时任朔州市常务副市长陈耳东。12月26日，获中国银监会同意筹建批复。

2018年6月29日，朔州农商行获山西银监局开业批复，7月18日挂牌开业，位于朔州市朔城区市府街30号。朔州农商行由原朔州市朔城区农村信用合作联社和朔州市平鲁区农村信用合作联社以新设合并的方式组建而成，先后进行三次清产核资和三次资产评估，为山西省首家以新设合并方式组建的地市级农商银行。

□ 内设部门

2019年末，内设23个职能部门：综合办公室、计划财务部、党工部、人力资源部、金融市场部、信贷管理部、授信评审部、市场拓展部、风险管理部、安全保卫部、纪检监察室、统计规划部、法律合规部、公司部、个金部、科技运维部、运营管理部、董事会办公室、监事会办公室、小微事业部、后勤管理部、票据管理中心、现金管理中心。

□ 人员结构

2019年末，在编在岗员工830人，平均年龄35岁，其中：男性员工444人，占比53%；女性员工386人，占比47%；本科及以上学历601人，占比72.4%；大专167人，占比20.12%；大专以下62人，占比7.47%。

□ 分支机构

下设朔城区支行、平鲁区支行、营业部3个一级支行。共有59个营业网点，6个社区金融服务站。

〇朔城区支行

◎机构发展

前身是朔州市朔城区农村信用合作联社，成立于20世纪50年代。六十多年来，朔城区农村信用社先后经历由人民公社、农行、人行、农村金融体制改革领导组、银监局管理或代管。

◎内设部门

2019年末，内设综合办公室、财务管理部、信贷管理部、风险管理部、客户部。下设33个营业网点：城关支行、民福分理处、福源分理处、振华分理处、神头支行、神苑分理处、大夫庄支行、开发区支行、银鑫支行、安泰分理处、开发路支行、文苑支行、西城分理处、北城支行、中心分理处、北旺庄分理处、小平易支行、贾庄支行、滋润支行、福善庄支行、南榆林支行、利民支行、马邑分理处、北关分理处、下团堡支行、窑子头支行、张蔡庄支行、新城支行、沙塄河支行、南城支行、古北西街分理处、美特好分理处、西峰分理处。

〇平鲁区支行

◎机构发展

前身是朔州市平鲁区农村信用合作联社，成立于20世纪50年代。1951年，平鲁县根据全国农村金融会议提出的《农村办信用社》的方针，积极发动民众集资入股，成立信用社和信用组。1952年，统一改为信用社。1954年，以乡建设，全县共建7家信用社。1958年，根据“两放三统一包”政策，平鲁县以人民公社为单位将所辖的信用社和营业场所合并，组成公社银行，信用社的人员、资金、财产统归公社银行经营管理。1959年，改公社银行为信用社。1976年随着公社制改革，全县信用社增设为20个。1985年，成立平鲁区农村信用合作社联合社，位于今平鲁区井坪镇平安东街农行大楼，辖内乡镇信用社成为其分支机构。

1996年，农村信用社与农行脱离行政隶属关系，平鲁区农村信用合作社联合社办公迁至现平鲁区井坪镇平安东街97号联社大楼。同年，平鲁区农村信用合作社联合社成立党委。2008年8月21日，经朔州银监分局批准，平鲁区农村信用合作联社由具有法人资格的平鲁区农村信用合作社联合社和辖内26家农村信用合作社合并组建而成。2018年7月，与原朔州市朔城区农村信用合作联社以新设合并的方式组建成朔州农村商业银行股份有限公司。

◎内设部门

2018年改制前，内设20个部室：综合办公室、计划财务部、人力资源部、金融市场部、信贷管理部、授信评审部、市场拓展部、风险管理部、安全保卫部、纪检监察室、统计规划部、法律合规部、公司部、个金部、科技运维部、运营管理部、小微事业部、后勤管理部、票据管理中心、现金管理中心。

〇营业部

前身是朔州市朔城区农村信用合作联社营业部。2018年，改制后成为一级支行。下设6个社区金融服务站，分别为万和城金融服务站、鑫隆金融服务站、福煤金融服务站、开发南路金融服务站、南邢家河金融服务站、豪德金融服务站。

□　股权结构

2019年末，共有股东634户，股份总额100 000万股。其中职工自然人股东572户，持有股份

19 979万股，占比19.98%；非职工自然人股东55户，持有股份21 021万股，占比21.02%；企业法人股东7户，持有股份59 000万股，占比59%。

第二节　山阴农商行

□　机构沿革

山阴农村商业银行股份有限公司（以下简称山阴农商行）的前身是山阴县农村信用合作联社。1950年，人行山阴县支行在岱岳、玉井、北周庄、山阴城、后所等地建立7个营业所。1952年，创建第一个农村信用社（岱岳农村信用社）。1955年，全县所有乡（镇）均建立农村信用合作组织。

1980年6月，根据国务院《关于恢复中国农业银行的通知》，农业银行山阴县支行恢复，全县信用社划归农业银行领导，信用社的体制“既是集体所有制的金融组织，又是农业银行的基层机构”。同时，推进以恢复“三性”（组织上的群众性、管理上的民主性、经营上的灵活性）为主要内容的信用社改革。

1984年，山阴县农村信用合作社联合社（以下简称山阴联社）成立，隶属山阴县农业银行，专司对全县农村信用社的指导、协调和服务。位于山阴县府东街3号农行大楼（现已拆除）。1987年5月26日，山阴联社被列为山西省18个股份制经济实体县信用社联社改革试点之一。1996年8月，山阴联社与山阴县农业银行脱离隶属关系，行使对全县农村信用社的监督和管理职能。

2007年11月，改称为山阴县农村信用合作联社，迁址山阴县府南路5号。2015年5月，山阴联社发起创立山西山阴农村商业银行，同年11月27日，山西山阴农村商业银行挂牌开业。

□　内设部门

2019年，按前中后台划分，内设15个职能部（室）。前台设5个事业部：公司事业部、三农事业部、零售事业部、金融市场部、小微事业部。中台设5部：业务管理部、财务计划部、运营管理部、科技保卫部、风险管理部。后台设5部（室）：董事会办公室（党建工作部）、人力资源部（党委组织部）、综合办公室（党委宣传部）、审计部和纪检监察室。

□　人员构成

2019年末，在编在岗员工324人。35岁以下员工198人、36~45岁员工62人、46~50岁员工34人、50岁以上30人；本科及以上学历102人、大专110人、大专以下112人。

□　分支机构

2019年末，下设1个营业部、15个支行、7个分理处。即玉井支行、马营支行、马营庄支行、后所支行、北周庄支行、华昱支行、合盛堡支行、张家庄支行、薛圐圙支行、农牧场支行、岱岳支行、城关支行、北城支行、古城支行、安荣支行。东城分理处、西城分理处、旧城分理处、新城分理处、新建分理处、中商街分理处和吴马营分理处。服务网点遍布市区各主干道及4镇、10乡，辐射30个社区、257个行政村。配套26个ATM、196个金融服务站。

□　股权结构

2019年末，共有股东294户，股份总额70 000万股。其中职工自然人股东229户，持有股份11 885万股，占比16.98%；非职工自然人股东59户，持有股份10 725万股，占比15.32%；企业法人股东6户，持有股份47 390万股，占比67.7%。

第三节　怀仁农商行

□　发展沿革

山西怀仁农村商业银行股份有限公司（以下简称怀仁农商行）前身为怀仁县农村信用合作社联合社。

1952年，怀仁县城关、金沙滩、吴家窑建立3个信用合作社。1954年，实现乡乡建社，信用合作社增至38个。1958年，成立人民公社，信用合作社合并改为公社银行。1960年，以公社建信用社，全县有7个信用社。

1979年6月，人民银行与农业银行分设，12个公社信用社划归农行怀仁支行管理。

1984年7月9日，怀仁县农村信用合作社联合社成立，辖12个乡镇信用社。地址位于仁人路185号（原名新华北路农行大楼）。

1996年10月，怀仁县信用合作社联合社与农业银行脱离行政隶属关系。

2000年10月，怀仁县信用合作社联合社迁址仁里路312号（原名为新建南路48号）。

2008年8月20日，改制更名为怀仁县农村信用合作联社。2018年11月19日，改制挂牌为山西怀仁农村商业银行股份有限公司。

□　内设部门

2019年末，内设22个职能部室：综合办公室、业务管理部、财务会计部、人力资源部、纪检监察室、小微客户管理部、三农客户管理部、运营管理部、稽核审计部、党群工作部、安全保卫部、风险管理部、董事会办公室、资金营运中心、资金清算中心、统计信息部、法律合规部、科技信息部、事后监督中心、远程授权中心、电子业务管理部、监事会办公室。

□　人员构成

2019年末，共有在编员工321人，其中：35岁以下员工189人、36~45岁员工58人、46~50岁员工30人、50岁以上19人；本科及以上202人，占比68.25%；大专82人，占比27.7%；大专及以下12人，占比4.05%。

□ 分支机构

2019年末，下设1个营业部、11个支行、10个分理处，服务网点遍布市区各主干道及4镇、6乡，辐射22个社区、162个行政村。配套5家警银亭、27个ATM、103个金融服务站。

表 2-21　　2019 年怀仁农村商业银行分支机构明细表

编号	分支机构名称	编号	分支机构名称
1	总行营业部	12	城关支行
2	云中分理处	13	新建路支行
3	新区分理处	14	新华路支行
4	东关分理处	15	何家堡支行
5	迎宾分理处	16	毛家皂支行
6	新华南街分理处	17	海北头支行
7	新华北街分理处	18	亲和支行
8	南城分理处	19	金沙滩支行
9	马辛庄分理处	20	新家园支行
10	小峪分理处	21	河头支行
11	鹅毛口分理处	22	吴家窑支行

□ 股权结构

2019年末，共有股东323户，股份总额60 000万股。其中职工自然人股东254户，持有股份3 334.4万股，占比5.56%；非职工自然人股东62户，持有股份28 765.6万股，占比47.94%；企业法人股东7户，持有股份27 900万股，占比46.5%。

第四节　右玉农商行

□ 机构沿革

山西右玉农村商业银行有限公司（以下简称右玉农商行）的前身是右玉县农村信用合作社联合社。1953年，右玉县在农村人口集中地区建立6个农村信用合作社，由人行右玉县支行管理。1954年，农村信用合作社增至32个。1961年，由于行政区划调整，合并为16个。1979年，农行右玉支行恢复后，划归农业银行管理。

1985年8月，右玉县农村信用合作社联合社成立，隶属农行右玉支行管理，辖16个乡镇信用社。位于玉林东街农行大楼。

1996年10月，右玉县信用合作社联合社与农业银行脱离行政隶属关系。

2008年8月19日，右玉县信用合作社联合社改制更名为右玉县农村信用合作联社。2010年10月1日，迁址玉林西街76号大楼。

2019年12月24日，改制更名为山西右玉农村商业银行股份有限公司。

□　内设部门

2019年末，内设19个部室：人力资源部、总行办公室、财务管理部、稽核审计部、电子事业部、小微机构事业部、监事会办公室、理财事业部、科技信息中心、统计信息部、国际业务部、法律合规部、安全保卫部、运营管理部、业务管理部、纪检监察室、风险管理部、金融市场部、清收大队。

□　人员构成

2019年末，共有在编在岗员工194人。其中，机关79人，网点115人。

□　分支机构

2019年末，下设1个营业部、10个支行、5个分理处。

□　股权结构

2019年末，共有股东143户，股份总额26 000万股。其中职工自然人股东123户，持有股份3 173万股，占比12.2%；非职工自然人股东13户，持有股份4 627万股，占比17.8%；企业法人股东7户，持有股份18 200万股，占比70%。

第五节　应县农信社

□　机构沿革

应县农村信用联社前身是应县农村信用合作社联合社。1953年，应县成立信用合作社，是集体性质的合作金融机构，其业务受人民银行的监督指导。

1985年，成立应县农村信用合作社联合社，由农行应县支行领导与管理，实行对外挂牌信用联社，对内农村信合股负责的管理模式。位于应山路辽代街应县农业银行大楼。

1996年11月，与农行应县支行脱离行政隶属关系，组建成立应县农村信用合作社联合社。

2008年4月28日，经改制更名为应县农村信用合作联社，迁址应山路7号应县联社大楼，实行一级法人，统一核算、分级管理、授权经营的管理体制。

□　内设部门

2019年末，内设零售金融部、公司金融部、金融市场部、风险资产管理部、授信审批部、综合办公室、计划财务部、运营管理部、信息科技部、人力资源部、安全保卫部、董事会办公室、风险合规部、稽核审计部和纪检监察室15个部门。

□ 人员构成

2019年末，党委班子成员6人，工会主席1人。在编在岗员工254人，其中：35岁以下162人、36~45岁54人、46~50岁23人、50岁以上15人；本科及以上学历175人、大专72人、大专以下7人。

□ 股权结构

2019年末，共有股东140户，股份总额4 368.73万股。其中，职工自然人股东97户，持有股份3 678.05万股，占比84.19%；非职工自然人股东40户，持有股份685.68万股，占比15.70%；企业法人股东3户，持有股份5万股，占比0.11%。

第六节 蒙银村镇银行

□ 机构沿革

朔州市朔城区蒙银村镇银行股份有限公司（以下简称朔城区蒙银村镇银行）是经中国银监会批准，由内蒙古银行发起，在朔城区设立的主要为当地农民、农业和农村经济发展及中小企业提供金融服务的股份制商业银行，是朔州市设立的第一家村镇银行。2010年10月，朔城区蒙银村镇银行筹建工作领导组成立，启动筹建工作。12月29日，山西银监局以晋银监复〔2010〕290号文批复同意筹建。

2011年4月10日，召开创立大会和第一届股东大会，审议通过银行章程，选举产生第一届董事会、监事会及董事长和监事长，首任行长为赵峰。5月24日，朔州银监分局以朔银监函〔2011〕15号文件批复同意开业。6月试营业，7月13日，挂牌营业。

□ 内设部门

2011年，内设综合办公室、客户部、会计部、审计部、渠道管理部、风险部、行政管理部和营业部。2015年1月，设立市场拓展部。2018年7月，设立消费者权益保护部。

2019年末，内设综合管理部、计划财务部、运营管理部、运行管理部、客户部、审计部、风险管理部、安全保卫部、普惠金融部、消费者权益保护部、营业部11个部室。

□ 人员构成

2011年，在职员工45人，平均年龄32岁。2015年，在职员工增加到110人。2019年末，在职员工154人，其中机关85人，平均年龄30岁。

□　分支机构

○穆寨支行

2014年10月24日成立，位于朔州市振华东街216号。共有员工15人。

○南邢家河支行

2019年5月8日成立，位于朔州市朔城区南邢家河村委会办公楼。主要服务滋润乡、福善庄乡、贾庄乡、沙塄河乡、南榆林乡东南五乡。支行内设3个部门，分别是综合办公室、营业部、信贷部。员工20人，专科及以上学历占85%，平均年龄30岁。

○神头支行

2017年1月6日成立，4月27日开业，位于朔州市朔城区神电友谊街151号、153号商铺。员工14人。

○西城支行

2017年1月6日成立，位于朔州市朔城区长虹路诚信名都E区国金中心商务楼。员工18人。

□　股权结构

蒙银村镇银行注册资本7 028.7万元人民币。股东14家，其中，法人股3家，占比36%；自然人股东11人，占比64%。

表 2–22　　2019 年朔城区蒙银村镇银行股权结构表

序号	发起人	持股金额 / 万元	持股比例 / %
1	内蒙古银行股份有限公司	1 405.74	20
2	朔州市双良汽车有限公司	702.87	10
3	袁熙伯	702.87	10
4	徐　华	702.87	10
5	安永福	702.87	10
6	田月凤	449.84	6.4
7	赵文忠	421.72	6
8	朔州忠荣商贸有限公司	421.72	6
9	李子海	281.15	4
10	林润柱	281.15	4
11	徐　岚	281.15	4
12	李保良	281.15	4
13	赵　峰	281.15	4
14	张　琦	112.45	1.6
合计		7 028.70	100

第七节　太行村镇银行

□　机构沿革

山阴县太行村镇银行是由晋城银行发起成立的新型农村金融机构。2011年5月28日，朔州银监分局批复同意山阴县太行村镇银行筹建。6月2日，召开创立大会。12月19日开业。2012年9月18日，成立中共山阴县太行村镇银行支部委员会。2017年5月1日，太行村镇银行办公大楼乔迁新址。

□　内设部门

公司治理结构为股东大会、董事会、监事会、经营管理层。2014年1月18日，成立小微企业信贷部，专司服务小微企业职责。2019年，内设综合办公室、运营管理部、合规暨风险管理部、品牌营销部、营业部、客户部。

□　人员构成

成立初期，共有员工17人。2019年末，共有员工90人，其中机关员工40人，行领导5人，员工平均年龄30岁。

□　分支机构

桑干河支行，2014年10月26日成立，行长李洁，共有员工11人。

古城支行，2016年1月16日成立，副行长田婷，共有员工8人。

农牧场支行，2016年3月18日成立，行长马秀霞，共有员工9人。

北周庄支行，2016年12月16日成立，行长郭秀花，共有员工9人。

岱岳支行，2017年5月1日成立，行长马俊妮，共有员工13人。

□　股权结构

成立时注册资本3 300万元，2017年增资扩股后，注册资本增加至4 000万元。2019年末，股权结构为：法人股东1户，股权数额为1 654.6万元，持股比例占41.36%；自然人股23户，股权数额为2 345.4万元，持股比例占58.64%。

第八节　金都村镇银行

□　机构沿革

应县金都村镇银行是银保监会批准成立的新型农村金融法人机构，是尧都农商银行发起设立的村镇银行。2014年10月筹建。2015年6月，召开创立大会和第一届董事会，选举亢全平为董事长。2016年7月7日开业。2018年12月，召开第二届董事会，选举刘忠为董事长；股东会选举韩红健为监事长。2019年10月16日，第二届董事会第六次会议选举董事长刘忠兼任行长。

□　内设部门

2016年，内设风险合规部、计划财务部、业务发展部、营业部和综合办公室。

2019年内设机构调整为七部一室：计划财务部、风险合规部、信贷管理部、普惠金融部、“三农”事业部、安全保卫部、营业部、综合办公室。

□　人员构成

2019年末，共有员工62人，其中大学本科25名，大专37名，男女比例为15：16。

□　分支机构

○新建西街支行

2019年筹建，位于应县金城镇新建西街与大同南路转角处西一号，员工8人。

○新城支行

2019年筹建，位于应县金城镇金城西街广益华府小区B区S1–7商铺，员工8人。

□　股权结构

注册资金2 000万元，股东9户，其中法人股东2户，法人机构山西尧都农村商业银行股份有限公司出资700万元，占比35%；山西金城振兴商贸有限公司出资200万元，占比10%；自然人股东7户，分别为李恒出资200万元，占比10%；毕飞胜、武加伟、杨续兵各出资180万元，均占比9%；王子斌、史东升、任春阳各出资120万元，均占比6%。

第九节　慧融村镇银行

□　机构沿革

怀仁市慧融村镇银行股份有限公司（以下简称怀仁市慧融村镇银行），是经银保监会和人行批准，由山西五台农村商业银行发起设立的一家新型法人农村金融机构，注册资本金6 000万元。

2015年9月10日，召开创立大会、第一次股东大会和第一届董、监事会第一次会议。董事会成员有安晓燕（董事长）、白建宇、张宇、刘永胜和李怀堂，监事会成员有张振邦（监事长）、张琦、徐平和李慧珍。11月12日，由朔州银监分局批准成立。2016年4月12日开业。董事会成员有白建宇（董事长）、张新耀、张俊花、李怀堂和刘永胜；监事会成员有郑爱军（监事长）、徐平和李慧珍。2018年，更名为怀仁县慧融村镇银行股份有限公司。

2019年4月1日，更名为朔州怀仁市慧融村镇银行股份有限公司。

□ 内设部门

2019年末，内设三农业务部、小微企业部、信贷管理部、合规风险部、电子银行与信息技术部、计划财务部、个人金融部、综合办公室、营业部9个部门。

□ 人员构成

2019年末，共有员工49人，平均年龄28岁，本科学历25人。

□ 股权结构

2019年末，共有11名股东，其中企业法人股东1个，持股25%；自然人股东10名，共计持股75%。

怀仁市慧融村镇银行股权结构见表2–23。

表 2–23　　怀仁市慧融村镇银行股权结构

序号	股东名称	出资金额 / 万元	持股比例 / %
1	山西五台农村商业银行股份有限公司	1 500	25
2	石青虎	600	10
3	张　华	600	10
4	王秀清	600	10
5	武金山	480	8
6	李光忠	480	8
7	刘永胜	450	7.5
8	徐　平	360	6
9	李怀堂	330	5.5
10	杨转梅	300	5
11	李慧珍	300	5

第十节　长青村镇银行

□ 机构沿革

右玉长青村镇银行是银保监会批准成立的新型农村金融法人机构，为长子农商银行发起设立的村镇银行。

2016年7月29日，召开出资人会议。2017年5月23日，召开创立大会暨第一次股东会。9月27日，朔州银监分局颁发金融许可证。10月25日，市人行批复同意加入人行金融服务与管理体系。

11月9日试营业。12月8日开业。位于右玉县虎山线东侧民福苑第二号商铺B1~B5。2018年2月，中共右玉长青村镇银行支部委员会成立。

□ 内设部门

2019年末，内设综合办公室、计划财务部、业务经营部、科技电子银行部、安全保卫风险合规部、营业部。无分支机构。

□ 人员构成

建行之初，共有职工32名。2019年末，共有职工52名，其中正式在编人员40人，劳务派遣人员8人，非全日制用工4人。

□ 股权结构

注册资金3 000万元，共14名出资人，其中主发起行出资1 050万元，占比35%；13名自然人共出资1 950万元，占比65%。

2019年右玉长青村镇银行股权结构见表2–24。

表 2–24　　2019 年右玉长青村镇银行股权结构

序号	股东名称	股东身份	持股数 / 万股	持股比例 / %
1	山西长子农村商业银行股份有限公司	法　人	1 050	35.0
2	王建忠	自然人	270	9.0
3	韩国清	自然人	270	9.0
4	马宇国	自然人	240	8.0
5	李　军	自然人	240	8.0
6	马晓霄	自然人	240	8.0
7	张建雄	自然人	210	7.0
8	邱　震	自然人	180	6.0
9	廉四琴	自然人	180	6.0
10	郭　周	自然人	60	2.0
11	陈　莹	自然人	15	0.5
12	范丽鹏	自然人	15	0.5
13	杨鑫付	自然人	15	0.5
14	任　璐	自然人	15	0.5
合计			3 000	100

第十三章

城市（镇）集体合作机构

城市信用合作社是中国经济和金融体制改革的重要产物，是中国金融机构的一个组成部分。1986年1月，国务院下发《中华人民共和国银行管理条例》，明确城市信用社的地位。1987年以来，根据省人行金融体制改革座谈会议精神，朔州地区先后成立9家专门服务于“两小”经济的城市信用合作社。城市信用社的快速发展，有力地支持地方集体经济和个体经济的发展。为加强对各区、县城市信用社的管理，1992年10月，朔州市城市信用社中心社经人行山西省分行批准成立，负责对全市城市信用合作社进行管理。

从1993年开始，市人行开始开展全市城市信用合作社与组建单位的脱钩工作。至1998年5月，9家城市信用合作社全部与组建单位脱钩。

2000年12月，根据津银发〔2000〕282号文件精神，辖内9家城市信用合作社全部改制为农村信用合作社，纳入所在地农村信用合作联合社管理。

第一节　人行组建的城市信用社

□　山阴县城市信用合作社

1987年4月，经人行雁北分行批准，人行山阴县支行组建成立山阴县城市信用合作社（简称山阴县城信社），是朔州地区第一家城市信用合作社。位于山阴县景明商场一层，租赁办公房三间，面积60平方米。主任李培德，为银行离退休干部。1994年变更为陈廷海；职工17人，无监事会、理事会及分支机构。个人股金9.6万元。具体经办个体、集体商业的存贷款和城镇居民的储蓄业务。1994年12月，与组建单位人行山阴县支行脱钩。2000年12月，改制归口山阴县农村信用合作社联合社管理。改制后名称为山阴县城关农村信用合作社。

□　朔城区城市信用合作社

1987年11月，经人行雁北分行批准，人行朔县支行组建成立朔县城市信用合作社。主任蔚玉珍，为银行离退休干部。1994年变更为张新明。职工12人。无监事会、理事会、分支机构。个人股金17万元。主要经办个体、集体商业的存贷款和城镇居民的储蓄业务。1989年11月，因行政区划调整，更名为朔州市朔城区城市信用合作社（简称朔城区城信社）。1990年，由人行山西省分行重新审查后保留。1993年4月，与组建单位人行朔城区支行脱钩。1998年5月，根据晋银办

〔1998〕62号和总行银发〔1998〕225号文件有关人民银行与所办城市信用社脱钩的精神，与组建单位人行朔城区支行彻底脱钩。2000年12月，转制归口朔州农村信用合作社联合社管理。改制后名称为朔州市朔城区南城农村信用合作社。

□　怀仁县城市信用合作社

1988年3月，经人行雁北分行批准，人行怀仁县支行组建成立怀仁县城市信用合作社（简称怀仁县城信社）。法定代表人闫锦梅。职工24人。设监事会、理事会。无分支机构。位于怀仁县农行办公楼。个人股金23.5万元。具体经办个体、集体商业的存贷款和城镇居民的储蓄业务。1994年，与组建单位人行怀仁县支行脱钩，迁址怀仁县四化东街路南。1997年，按照有关精神，与组建单位人行怀仁县支行彻底脱钩。2000年12月，改制归口怀仁农村信用合作社联合社管理。改制后名称为怀仁县新华路农村信用合作社。

□　平鲁区城市信用合作社

1988年4月，经人行雁北分行批准，人行平鲁县支行组建成立平鲁县城市信用合作社。主任李德成，1994年变更为崔新，为人民银行委派。职工5人。无监事会、理事会、分支机构。集体股金7.5万元。具体经办个体、集体商业的存贷款和城镇居民的储蓄业务。1989年10月，人行平鲁县支行更名为人行平鲁区支行，平鲁县城市信用合作社随之更名为朔州市平鲁区城市信用合作社（简称平鲁区城信社）。1993年4月，与组建单位人行平鲁区支行脱钩。1998年5月，根据晋银办〔1998〕62号和人总行银发〔1998〕225号文件有关人民银行与所办城市信用社脱钩的精神，与人行平鲁区支行彻底脱钩。原城市信用社主任崔新调回市人行。2000年12月，改制重组为朔州平鲁区农村信用合作社联合社分支机构，归口平鲁区联社管理。改制后名称为朔州市平鲁区平安街农村信用合作社。

□　应县城市信用合作社

1988年5月，经人行雁北分行批准，人行应县支行组建成立应县城市信用合作社（简称应县城信社）。截至1993年12月，股金20万元，其中，法人股东1人，股金12万元；个人股东38人，股金8万元。法定代表人赵志刚。职工10人。无监事会、理事会、分支机构。具体经办个体、集体商业的存贷款和城镇居民的储蓄业务。1994年，与组建单位人行应县支行脱钩。1997年12月，与组建单位人行应县支行彻底脱钩。2001年，改制归口应县农村信用合作社联合社。改制后名称为应县西城农村信用合作社。

□　右玉县城市信用合作社

1988年5月，经人行雁北分行批准，人行右玉县支行组建成立右玉县城市信用合作社（简称右玉县城信社）。截至1993年12月，股金24.2万元，均为个人股，个人股东36人。法定代表人韩烨。职工12人。无监事会、理事会及分支机构。具体经办个体、集体商业的存贷款和城镇居民的储蓄业务。1994年12月，与组建单位人行右玉县支行脱钩。1998年，与组建单位人行右玉县支行彻底脱钩。2000年12月，改制重组为右玉县农村信用合作社联合社分支机构。改制后名称为右玉县西街农村信用合作社。

第二节　工行组建的城市信用合作社

□　怀仁县新建路城市信用合作社

1988年7月，经人行山西省分行批准，工行怀仁县支行组建成立怀仁县新建路城市信用合作社（简称怀仁县新建路城信社）。截至1993年12月，股金11.9万元，均为个人股。法定代表人杨顺。职工36人。设监事会、理事会。无分支机构。1995年3月，与组建单位工行怀仁县支行脱钩。2000年12月，改制重组归口怀仁县农村信用合作社联合社管理。改制后名称为怀仁县新建路农村信用合作社。

□　右玉县东街城市信用合作社

1989年10月，经人行雁北分行批准成立，工行右玉县支行组建成立右玉县东街城市信用合作社（简称右玉县东街城信社）。截至1993年12月，股金41.7万元，其中法人股12.3万元，法人股东3个；个人股29.4万元，个人股东141人。法定代表人李树青。职工12人。无监事会、理事会及分支机构。1994年12月，与组建单位工行右玉县支行脱钩。2000年12月，改制重组归口右玉县农村信用合作社联合社管理。改制后名称为右玉县东街农村信用合作社。

第十四章

保险业金融机构

朔县保险业始于20世纪50年代初。初期开办的险种很少。1958年后，随着机构被撤销，完全中断。直到1981年保险业恢复，中断23年的保险业才逐步走上健康发展的轨道。1981年至1989年朔州建市，朔县保险业逐步复苏。1989年朔州建市后，保险业逐步深入社会经济的各个方面，成为国民经济中重要的一部分，并形成了种类齐全、内容完善、依法依规的格局，对地方经济建设和人民生活安定发挥了不可替代的作用。朔州保险业从1949年至2019年的70多年间，大体经历了七个阶段。

第一个阶段为保险业的初级阶段（1950—1958年）。当时，保险是属于人民银行的一项业务，由人民银行内设的保险股（室）经管，经营范围主要是城镇普遍火险和农村耕畜保险。1952年后增加了人身保险业务。

第二个阶段为保险中断阶段（1958—1980年）。1958年10月，国务院在西安财贸工作会议上提出："人民公社化后，保险工作的作用已经消失，国内保险业务应立即停办"。同年12月，武汉全国财经会议决定停办国内保险业务。1959年，人行朔县支行内设的保险股（室）撤销，保险业务停办。

第三个阶段为保险业的恢复阶段（1980—1988年）。党的十一届三中全会后，国家经济发展逐步走上正常轨道，保险业也随之恢复。1979年4月，国务院批准《中国人民银行行长会议纪要》，作出"逐步恢复国内保险业务"的重大决定。根据山西省政府晋政发〔1980〕102号文件精神，1981年6月，中国人民保险朔县支公司成立，归雁北保险公司管辖，标志着朔县保险业务开始得到恢复。随着业务的拓展，逐步开办一系列保险种类：企业财产和家庭财产保险、团体意外伤害保险、机动车辆及第三者责任保险和农业（奶牛）保险等。

第四个阶段为朔州保险业整合阶段（1989—1996年）。1989年1月朔州建市，同年4月25日，中国人民保险朔州中心支公司成立。下辖朔城区、平鲁区和山阴县3个支公司。1993年7月，应县、怀仁县和右玉县划归朔州市后，3县的人保支公司一并划归朔州中心支公司管辖。至此，朔州中心支公司下辖8个支公司（办事处），职工104人。与此同时，新组建中国人民保险朔州市中心支公司新市区办事处和王坪矿区办事处。这一阶段，朔州保险业主要特点是经营主体的一元化和业务险种的传统性，保险市场的经营主体只有中国人民保险公司一家。业务范围主要是企业财产、家庭财产、机动车辆及第三者责任保险、农业（包括牲畜）保险和人身保险等业务；寿险产品以养老保险、子女教育保险、婚嫁保险、学生意外伤害保险等与教育事业和计划生育政策相配套的险种为主。

第五个阶段为分业经营阶段（1996—2004年）。根据《中华人民共和国保险法》的规定，经国务院批准，1996年中国人民保险公司成为集团公司，下设财产保险、人寿保险、再保险3个子公司，实施分业经营。同年4月，中国人民保险朔州中心支公司完成区县分支机构的分设；6月，中国人民保险朔州中心支公司撤销，成立中保财产保险朔州市分公司和中保人寿保险朔州市分公司，分别承接原中国人民保险朔州中心支公司经营的财产保险和人身保险业务。分业经营后，两家公司在各自的业务范围内开展业务，经营水平、服务质量等都得到明显提高。经国务院决定，1999年3月撤销中保集团公司，组建中国保险监督管理委员会。中保财产保险有限公司更名为中国人民保险公司，中保人寿保险有限公司更名为中国人寿保险公司，中保再保险有限公司更名为中国再保险有限公司，三家公司成为各自独立的保险机构。随之，中保财产保险有限公司朔州市分公司和中保人寿保险有限公司朔州市分公司分别更名为中国人民保险朔州分公司和中国人寿保险朔州分公司，朔州市保险市场的经营主体变为两家。2003年，中国人民保险公司和中国人寿保险公司进行股份制改革，中国人民保险朔州分公司更名为中国人民财产保险股份有限公司朔州分公司，中国人寿保险朔州分公司更名为中国人寿保险股份有限公司朔州分公司。

第六个阶段为加速发展阶段（2005—2019年）。随着保险市场的进一步开放和朔州市经济建设的逐年攀升，各家保险公司先后入驻朔州市。2005年1月，中国太平洋人寿保险股份有限公司朔州中心支公司成立。之后，从2006—2019年的14年间，中国大地财产保险朔州中心支公司、平安财险朔州中心支公司、泰康寿险朔州中心支公司、中国人寿财产保险朔州中心支公司等相继成立。

2019年，朔州市保险公司地市级分支机构达到24家，全部为非法人机构，其中，财产险16家，人身险8家。保险分支机构68家。

第一节　人身保险机构

□　中国人寿

○机构沿革

中国人寿保险股份有限公司朔州分公司（以下简称中国人寿朔州分公司）其前身为1981年成立的中国人民保险公司朔县支公司，位于朔州市开发南路110号。

1996年，中国人民保险系统进行体制改革，中保人寿保险朔州市分公司从原中国人民保险朔州市中心支公司分离，并专业化经营人身保险业务。6月23日，中保人寿朔州市分公司组建成立，王满禹任首任总经理，李彦文任副总经理，韩国安任副总经理兼纪委书记，宫义任总稽核。按照改革方案的规定，中保人寿朔州分公司在原新市区办事处和朔城区支公司经营寿险业务的基础上分别建立中保人寿朔州市分公司营业部和朔城区支公司；在山阴县、应县、怀仁县、王坪矿区分别设立营业部；在平鲁区设立中保人寿朔州市分公司平鲁区井坪镇保险所；在右玉县设立右玉县油坊头保险所；在平朔矿区设立中保人寿朔州市分公司平朔矿区保险所。

1999年，更名为中国人寿保险朔州分公司。2003年11月，更名为中国人寿保险股份有限公司朔州分公司。2018年5月，迁址朔州市古北街与张辽路交叉口锦华综合楼。2019年末，共有5家综合性公司，1家银保专业化公司，3个个险营销服务部，2个团险营销服务部，营销职场29个，兼业代理网点137家。

○内设部门

2019年末，内设部门12个：综合部、财务部、风险管理部、人力资源部、个险企划部、营销发展部、个险培训部、收展发展部、银保部、团险部、健康险部、运营服务部。

○人员构成

2019年末，从业人数2 115人。

□　太平洋寿险

○机构成立

2005年1月，中国太平洋人寿保险股份有限公司朔州中心支公司（以下简称太平洋寿险朔州中支）开始筹建，1月19日挂牌营业，位于朔州市西关街南侧长虹巷东侧博园小区S–1号商用楼。

○内设部门

2019年，内设部门11个：总经理室、个险业务部、营销培训部、服务营销部、顾问营销部、团险业务部、本部支公司、营运服务部、财务会计部、行政人事部、合规与风险管理部。

○分支机构

2019年末，下辖4个四级分支机构，分别为应县支公司、山阴支公司、平鲁营销服务部及怀仁营销服务部。

○人员构成

2019年末，内勤编制75人，外勤人员1 165人。其中，应县支公司3人，山阴支公司4人，平鲁营销服务部4人，怀仁营销服务部5人。

□　泰康人寿

○机构沿革

2007年9月6日，挂牌营业。2017年1月，更名为泰康人寿保险有限责任公司山西朔州中心支公司（以下简称泰康人寿朔州中支）。

○内设部门

2019年末，内设7个部门：总经理室、公共资源部、计划财务部、运营部、续期保费部、营销部、培训部。

○分支机构

2019年末，下设3家机构/服务部，即泰康人寿保险有限责任公司山西朔州神电营销服务部，成立于2008年8月；泰康人寿保险有限责任公司山西朔州山阴支公司，成立于2010年10月；泰康人寿保险有限责任公司山西朔州怀仁营销服务部，成立于2008年10月。

○人员构成

2019年末，共有员工23人。

□ 平安人寿

○机构沿革

2008年5月，中国平安人寿保险股份有限公司朔州营销服务部由中国平安保险（集团）股份有限公司与平安人寿山西分公司授权筹建。9月6日，挂牌营业。位于山西省朔州市朔城区建设路三宇综合楼4层（怡欣苑小区门口）。2012年12月，更名为中国平安人寿保险股份有限公司朔州中心支公司（以下简称平安人寿朔州中心支公司）。

2019年12月，中共中国平安人寿保险股份有限公司山西分公司朔州支部委员会成立。

○内设部门

2019年末，内设招聘培训室、销售支持室、销售管理室、财务室、运营室。

○分支机构

2019年末，下设2个分支机构：怀仁支公司、山阴支公司。

○人员构成

2019年末，共有内勤30人，外勤421人。

□ 人保寿险

○机构沿革

2009年11月筹建。12月23日，挂牌营业，位于朔州市民福东街民福大楼6层。2016年2月，迁址朔州市开发南路5号。

○内设部门

2009年，内设七部一室：总经理室、综合部、银行保险部、个人保险部、团体保险部、互动业务部、业管部、本部营销服务部。2019年，部室调整为总经理室、综合管理部、财务部、培训部、客户服务中心、团险/银保部、个险部。公司内设党委，下有党支部1个。

○分支机构

2010年11月，平鲁支公司成立。2011年1月，山阴支公司和应县支公司成立。2月，怀仁支公司成立。3月，右玉支公司成立。

○人员构成

2009年12月至2013年5月，张兴友担任总经理。2013年5月至2016年11月，牛进华担任总经理。2016年11月至2019年11月，高树元担任总经理。2019年11月至今，郝金鸽担任总经理。2019年末，共有内勤41人，外勤628人。

□ 太平人寿

○机构成立

2012年9月25日，挂牌营业，位于朔州市开发区招远路政务大厅西侧森隆大厦7层和14层。

○内设部门

2019年末，内设9个部门：总经理室、个人业务部、朔州个险本部、教育培训部、服务拓展部、银行保险部、运营客服部、人事行政部、财务部。

○分支机构

2013年12月，太平人寿保险有限公司怀仁支公司挂牌营业。位于朔州怀仁县云东开发区学苑A区1号商铺。

○人员构成

2012年4月1日至2014年5月21日，裴沁阳任总经理。2014年5月21日至2015年8月2日，赵世欢任总经理。2015年8月2日至2017年7月24日，李书勤任副总经理并主持工作。2017年7月24日至2019年11月7日，孙秀斌任副总经理并主持工作。2019年末，共有内勤31人，个险业务员564人，银险业务员8人，续收人员2人。

□　农银人寿

○机构成立

2016年4月成立。地址位于朔州市开发区招远路西侧雅苑小区写字楼（国发大厦）10层。下辖无分支机构。

○内设部门

2019年末，内设总经理室、综合管理部、银行保险部、团体保险部、运营管理部。

○人员构成

2016年2月16日至2017年5月9日，齐瑞利任主要负责人。2017年5月10日至2018年3月25日，孟亮任主要负责人。2018年3月26日至今温泉任主要负责人。

□　英大人寿

○机构成立

2017年10月筹建。2018年8月，挂牌营业。位于朔州市朔城区古北街西侧府南小区商品房1号。下辖无分支机构。

○人员构成

2018年8月，张席担任负责人并主持工作。2019年5月至今，吴彤担任负责人并主持工作。

2019年末，共有从业人员27人。

第二节　财产保险机构

□　人保财险

○机构沿革

中国人民财产保险股份有限公司朔州市分公司（以下简称人保财险朔州市分公司）前身是1981年成立的中国人民保险公司朔县支公司。位于朔州市新建路48号。1993年12月，迁址朔州市开发南路110号。1996年，中保财产保险有限公司朔州分公司从中国人民保险朔州市中心支公司分离。1999年，更名为中国人民财产保险公司朔州市分公司。2003年，更名为中国人民财产保险股份有限公司朔州市分公司。

○内设部门

1989年，内设五部一室：政治教育部、产险业务部、人险业务部、农险业务部、经营管理部、经理办公室。1990年，经营管理部撤销，成立计划财务部和监察审计室。1995年，增设再保险管理科和中支保卫科。2002年，内设机构进行整改整编，产生三个中心：客户服务中心、业务处理中心、财务处理中心。

2019年，内设办公室/党委办/纪委办/工会办公室、人力资源部/党委组织部、信息科技部、车辆保险部、农业农村保险部、团体保险部、个人非车险部、财务会计部、客户服务中心、销售管理部、理赔中心11个部门；健康保险事业部/社会医疗保险事业部（社保专营机构）、个人贷款保证保险业务部（助贷险专营机构）2个经营机构。

○分支机构

1989年，中国人民保险朔州市中心支公司下设朔城区、平鲁、山阴3家支公司。1993年7月，随着朔州市行政区调整，增设怀仁、应县、右玉支公司。12月，增设王坪办事处、新市区办事处。1996年12月，设立直属营业部、朔城区支公司、平鲁区支公司、山阴县支公司、怀仁县支公司、应县支公司、右玉县支公司、朔州市王坪矿区支公司8家分支机构。1999年，撤销朔州市王坪矿区支公司。2005年，增设开发路营销服务部。2006年，增设神头营销服务部。2007年，增设市府街营销服务部。2008年，增设建设路营销服务部。2010年，增设安家岭营销服务部。2011年，增设开发区支公司，开发路营销服务部更名为民福支公司。2014年，建设路营销服务部由市公司直属机构降格为二级营销服务部，隶属朔城区支公司管理。

2019年末，下辖平朔矿区支公司、营业部、朔城区支公司、平鲁支公司、山阴支公司、怀仁支公司、应县支公司、右玉支公司、民福支公司、开发区支公司（电商专营机构）10家县级支公司。

○人员构成

1989年，共有职工36名。2000年11月，完成减员增效改革，职工由143人减至109人。2019年末，共有职工275人。

□ 平安财险

○机构成立

2006年8月开业。位于朔州市朔城区民福西街物产大楼北11号、12号。

○机构设置

2019年末，内设总经理室、综合管理部、车险部和客服理赔部4个管理部门，以及团体业务部、线上客户部、代理业务部、车商业务部和综拓业务部5个业务部门，拥有电销、网销和传统门店3个销售渠道。

○分支机构

2010年4月，中国平安财产保险股份有限公司怀仁支公司成立，是中国平安财产保险股份有限公司朔州中心支公司下辖的第一家县域机构。2019年末，下设怀仁支公司、山阴支公司、平鲁支公司和应县支公司4个四级机构。

○人员构成

2019年，在编人员59人，签订保险代理合同保险代理人员71人。

□ 大地财险

○机构成立

2006年8月开始筹建，11月6日，挂牌营业。地址位于朔州市开发区建设北路金塔商贸公司办公楼7层至8层。

○内设部门

2006年，内设综合部、财务部、业务管理部、中介管理部，客服理赔部。2014年，内设部门调整为综合部、财务部、客服理赔部、业务管理部、销售管理部。2016年，内设部门调整为综合部、财务部、客服理赔部、业务管理部、渠道管理部。2019年，内设部门调整为总经理室、综合管理部、计划财务部、业务运营部、理赔部。

○分支机构

2007年，下辖3个县域机构：怀仁营销服务部、应县营销服务部、山阴营销部。2011年，增设朔城区支公司。2019年末，下设县级机构4个：怀仁支公司、应县支公司、朔城支公司和山阴营销部。

○人员设置

2006—2013年，李智勇担任总经理。2013—2015年，王金枝担任总经理。2016年至今，陈晓文担任总经理。

公司成立初，共有员工23人。2019年末，共有员工74人。

□ 国寿财险

○机构沿革

2007年11月筹建。2008年1月，获得经营保险业务许可证，正式营业。

○分支机构

2008年，增设怀仁县支公司、应县支公司、右玉县支公司、山阴县支公司。2011年，增设朔城区支公司、平朔支公司。2012年，增设平鲁区支公司。2014年，增设岱岳支公司。2016年，增设马邑支公司、怀仁县新家园营销服务部。2017年，增设朔城区沙塄河营销服务部。

2019年末，下辖机构共11个。其中，平朔支公司1个，县（区）级支公司10个，兼业代理网点覆盖朔州市达50多家。

○人员构成

2008年至2016年11月，王吉任总经理。2016年至今，张雁梅担任总经理。

□ 太平洋产险

○机构成立

中国太平洋财产保险股份有限公司朔州中心支公司（以下简称太平洋产险朔州中心支公司）是中国太平洋财产保险股份有限公司所辖市级中心支公司，成立于2008年10月13日，位于朔州市朔城区张辽南路盛世佳园北区36–11幢。

○内设部门

2019年，内设11个部门。其中，管理部门7个，业务部门4个。

○分支机构

下辖6家支公司：怀仁支公司、山阴支公司、应县支公司、朔州市朔城区支公司、朔州市平鲁区支公司、右玉支公司。

○人员构成

2008年10月至2011年11月，罗劲韬担任总经理。2011年11月至2013年2月，董玉虎担任总经理。2013年2月至2019年11月，黄滨（女）担任总经理。2019年11月至今，王志勇担任临时负责人。年末，共有员工35人，平均年龄32岁。

□ 阳光财险

○机构成立

2009年4月成立。位于朔州市朔城区张辽路东马邑路西七里河畔汽配城4号商铺。

○内设部门

2019年，内设部室7个，分别为总经理室、综合管理部、理赔服务部、客户部、车商渠道、直管渠道、综拓渠道。

○分支机构

2016年6月，增设山阴支公司。2019年末，下辖怀仁、应县、山阴、平鲁区4个县级支公司。

○人员构成

2009年4月至2010年10月，孟江为公司责任人。2010年11月至2014年5月，李继春为公司责任人。2014年6月至今，谭琴为公司主要责任人。

2009年，共有职工16人。2019年末，共有职工57人。

□　英大财险

○机构成立

2012年7月开始筹建。11月22日，挂牌营业，是英大财险山西分公司全省成立的第一家分支机构。无下设机构。

○内设部门

2019年末，内设总经理室、综合部、业务及销售管理部、客户服务部。

○人员构成

2012年至今，朱峰担任总经理。2019年末，共有员工17人。

□　中煤财险

○机构沿革

2012年12月20日开业，地址位于朔州市朔城区平朔路。2019年，迁址至朔城区平朔路民福佳园小区。

○内设部门

2019年末，内设总经理室、业管部、综合部、客户服务部。

○分支机构

2013年，增设应县支公司。2014年，增设怀仁支公司。2015年，增设山阴支公司和平鲁支公司。2019年，增设朔城区支公司。

○人员构成

2012年12月，王者文担任公司临时负责人。2013年1月至今，贾达文担任公司总经理。2019年末，公司职工41人。公司成立党支部，全辖共有党员6人。

□　永安财险

○机构沿革

2012年11月，永安财产保险股份有限公司朔城区支公司开始筹建。2013年2月20日，挂牌营业。2014年9月，永安财产保险股份有限公司朔州中心支公司由永安财产保险股份有限公司朔城区支公司翻牌成立。位于朔城区市府东街南侧华源万和城C区10楼55号。

○内设部门

2013年，内设总经理室、综合管理部、业务管理部、理赔服务中心。2019年，内设总经理室、综合管理部、业务管理部、理赔服务中心、业务部、车商部。

○分支机构

2019年末，下设四级机构2家。其中，2015年9月，永安财产保险股份有限公司朔城支公司挂牌营业。2016年3月，永安财产保险股份有限公司怀仁支公司挂牌营业。

○人员构成

2013—2016年，姚万银任总经理。2017—2018年，王栋任总经理。2018年至今，王者文任总经理。

2013年公司成立初，共有员工10人。2019年末，共有员工16人，正式党员3人。

□ 紫金财险

○机构成立

2013年11月成立。位于朔州市朔城区张辽路豪德贸易广场三层。

○内设部门

2019年末，内设后线管理部门4个：总经理室、综合管理部、业务管理部、客服理赔部。前线业务部门5个：直销业务部、专代业务部、车行业务部、经纪业务部、个代业务部。

○人员构成

2013年9月至2014年12月，孟江担任负责人并主持工作。2015年1月至2019年12月，韩永担任公司负责人。2019年，共有员工15人。其中，党员2人。

□ 太平财险

○机构沿革

2014年8月19日开业。位于朔州市开发区华源大厦A座4层。2019年1月，成立党支部，共有党员3人。

○内设部门

2019年末，内设总经理室、综合管理部、销售管理部、运营支持部和销售渠道部。

○分支机构

2018年4月，增设怀仁支公司。

○人员构成

2014年8月至今，李登金任总经理。2019年，共有职工25人。

□ 天安财险

○机构成立

2014年9月19日，挂牌营业。位于山西省朔州市朔城区古北西街59号长途线务局办公楼1~2层。

○内设部门

2014年，内设总经理室、综合部、业务管理部、业务部，未设四级机构。2019年，内设总经理室、综合部、销售推动部、运营分部、直管业务部、车商业务部、银保业务部，未设置四级机构。

○人员构成

2014年9月至2016年11月，王晓君主持全面工作。2016年12月至2019年2月，姚万银主持全面工作。2019年3月，武冰峰主持全面工作。2019年末，在编员工22人，本科及以上学历员工占比90%。

□ 永诚财险

○机构沿革

2015年5月6日开业，位于朔州市朔城区张辽路东兴业商贸园A栋37号。2018年7月，迁址朔州市朔城区原建设路北侧宝源之都3号楼10号商铺。

○内设部门

2019年，内设总经理室、运营支持部、综合管理部、客户服务部和前线销售组。

○人员构成

2015年6月至2015年10月，田占敏担任公司负责人并主持工作。2016年10月至今，张晶担任公司负责人。2019年，共有职工20人，员工平均年龄35岁。党员1人，未成立党支部。

□ 中华财险

○机构成立

2015年9月成立。10月22日开业。位于朔州市安泰街北侧招远路西侧福煤花园小区二期商用楼。

○内设部门

2019年，内设总经理室、综合管理部、客户服务部、业务管理部和营业部。

○人员构成

2015年10月至2019年8月，李智勇任公司经理并主持工作。2019年9月至今，王春钢担任公司副经理并主持工作。2019年，共有职工21人，本科学历12人，专科学历8人，中专学历1人。平均年龄34岁。党员1名。

□ 安诚财险

○机构成立

2016年9月成立，位于朔州市朔城区市府东街华源万和城C区16号。

○内设部门

2019年末，内设总经理室、综合管理部、业务管理部、理赔部。

○人员构成

2016年9月至2019年3月，黄向宇担任负责人并主持工作。2019年4月至今，姚万银担任负责人并主持工作。2019年末，共有正式员工8名。

□ 渤海财险

○机构成立

2018年2月开始筹建。7月4日，挂牌营业。位于朔城区民福西街德苑小区1号、2号。

○内设部门

2019年，内设总经理室、综合管理部、财务部、客户服务部4个内勤部门及1个外勤销售部门。

○人员构成

2018年7月至今，刘志刚任负责人并主持工作。2019年末，共有从业人数6人。

第十五章
证券业金融机构

第一节　山西证券

□　发展沿革

山西证券朔州分公司的前身是1996年10月成立的山西证券公司朔州业务部。2002年，山西证券公司朔州业务部改制升格，更名为山西证券股份有限公司朔州营业部。2013年6月，山西证券股份有限公司朔州分公司成立。9月25日，取得经营许可证，是山西证券股份有限公司的分支机构，也是朔州设立的第一家券商分支机构。

□　分支机构

2019年末，下设4家营业部：朔州民福东街证券营业部、朔州老城西大街证券营业部、怀仁怀贤街证券营业部、平鲁胜利南路证券营业部。

2019年山西证券朔州分公司组织架构及人员情况见表2–25。

表 2–25　　2019 年山西证券朔州分公司组织架构及人员统计表

机构	类型	成立时间	所在区域	地址	员工数
山西证券朔州分公司	—	2013	朔州市	—	10
朔州民福东街营业部	C	1996	朔城区	朔州市民福东街森隆大厦 17 层	16
朔州招远路营业部	C	2011	开发区	—	5
怀仁怀贤街营业部	C	2012	怀仁市	怀仁市怀贤街水榭花都小区西门	5
平鲁胜利南路营业部	C	2018	平鲁区	朔州市平鲁区胜利南路 39 号	3

第二节　大同证券

□　机构沿革

2010年5月，大同证券经纪有限责任公司朔州开发南路证券营业部成立，位于朔城区开发南路华兴文化广场三楼，营业面积600多平方米。2015年5月，更名为大同证券有限责任公司朔州开发南路证券营业部。2018年10月8日，迁址古北东街文苑小区30号商铺，更名为大同证券有限责任公司朔州古北东街证券营业部。

□　内设部门

2019年末，内设业务运营中心、财富中心2个部门。

□　人员构成

2019年末，共有员工17名。

第十六章
其他金融机构

第一节 省信托投资公司朔州办事处

1998年6月，在市工商局注册成立，注册资本2 000万元。位于开发南路（朔州市文化中心北侧）。在职员工41人。2001年撤销。

第二节 第三方支付机构

2006年，朔州市第三方支付业务逐渐兴起，先后成立银联商务股份有限公司山西分公司朔州业务部、通联支付山西分公司朔州业务部、拉卡拉支付股份有限公司山西分公司朔州业务部、银盛支付山西分公司朔州业务部、山西易联支付数据处理有限公司朔州业务部。2019年末，在市人行备案开展第三方支付业务的机构还有乐刷科技、富友支付、山西万卡德、杉德支付、易生支付、合利宝、开店宝、中付支付、联动优势、付临门、钱袋宝、易宝支付、瑞银信、快钱支付、畅捷支付、盛付通、海科融通、中汇支付、汇付数据、随行付、嘉联支付、国通星驿、捷付睿通、平安付。

朔州市第三方机构情况见表2-26。

表 2-26　朔州市第三方机构情况统计表

名称	成立时间	人员情况	服务领域
银联商务朔州业务部	2006.09	7 人	传统商户：主流百货、商超、连锁便利；公共事业类：本地国电、地电、煤气、热力、自来水等；重点行业：石化、通讯、学校、医院、高速等，参与惠农支付环境建设，推动助农取款业务、农产品收购、便民缴费、移动支付等业务的开展，积极改善二级地市和县、镇乡的电子支付环境
通联支付朔州业务部	2011.11	4 人	以银行卡收单业务为基础，紧密围绕各行业客户、金融机构和个人用户需求，全面开展市场拓展工作，提供定制化的聚合支付和金融服务解决方案，涉足餐饮、娱乐、百货、超市、房产、汽车、税务、煤水电气等多个行业

续表

名称	成立时间	人员情况	服务领域
拉卡拉支付朔州业务部	2015	8人	合作商户中含众多行业知名企业，包括华林新天地商场、好又多超市、天锦苑大酒店、四季平朔酒店、海苑大饭店等
山西易联支付朔州业务部	2015.05	3人	以银行卡收单业务为基础，提供支付和金融服务解决方案，涉足餐饮、娱乐、百货、超市、房产、汽车等多个行业
银盛支付朔州业务部	2015.11.11	3人	已开展银行卡收单业务，业务范围覆盖整个朔州市。在小额非接免签免密、银联钱包、云闪付、银联二维码等创新支付领域进行探索

第三节　融资担保公司

朔州市融资担保机构起步于2005年，同年2月，辖内首家民营担保公司嘉汇融资担保有限公司成立。2009年，山阴县、应县、平鲁区、怀仁市、朔城区相继成立政府性融资担保机构，县域政府性融资担保机构实现全覆盖。2016年，右玉县融资担保有限公司、朔州市中小企业信用担保中心成立。

2019年末，辖内共有8家融资担保机构。其中，7家政府性融资担保机构，1家民营融资担保公司。总注册资本金44 300万元，担保余额82 000万元，实现净利润453万元，代偿金额2 148万元。2015年以来，累计担保贷款198 000万元，担保户数610户。

2005—2019年朔州市融资担保公司情况见表2-27。

表 2-27　　2005—2019 年朔州市融资担保公司统计表　　单位：万元

公司名称	注册地	注册资本	公司性质	是否营业
朔州市中小企业信用担保中心	朔州市朔城区	10 000	政府性	是
朔城区中小企业信用担保中心	朔州市朔城区	1 000	政府性	否
朔州市平鲁区中小企业融资担保中心	朔州市平鲁区	5 000	政府性	是
山阴县中小企业信用担保中心	朔州市山阴县	2 823	政府性	是
应县中小企业融资担保有限公司	朔州市应县	1 000	政府性	否
怀仁市鑫民融资担保有限公司	朔州市怀仁市	3 000	政府性	是
右玉县融资担保有限公司	朔州市右玉县	11 400	政府性	是
朔州市嘉汇融资担保有限公司	朔州市开发区	10 000	民　营	是

□　朔州市中小企业信用担保中心

朔州市中小企业信用担保中心是经市政府批准的市级政策性担保机构。2006年7月注册成立。市政府对中心享有出资者权益，中心挂靠市财政局。原法定代表人孟锋。2017年8月至今，李贵山任中心主任。注册资本金10 000万元。为副处级建制，实行主任负责制。内设业务科、管理科、综合科、办公室。执业人员24名。

□　朔城区中小企业信用担保中心

2009年12月成立，是经朔城区政府批准成立的国有独资融资担保中心，注册资本金1 000万元。内设办公室、业务科、管理科。朔城区财政局局长周庆山兼任主任，朔城区财政局副局长王桂珍兼任副主任。一般职工3人，由财政局科员兼职。成立以来一直未开展业务。

□　平鲁区中小企业融资担保中心

2009年9月成立，是经平鲁区人民政府批准，在原平鲁区中小企业信用担保中心基础上成立的国有独资融资担保机构。注册资本金5 000万元。平鲁区财政局经区政府授权作为出资人依法行使股东权利。内设业务部、管理部、办公室。设法人代表1名。职工10人。

□　山阴县中小企业信用担保中心

2009年6月成立，是山阴县政府批准成立的国有独资融资担保中心。10月，在山阴县事业登记管理局注册登记，注册资本金1 000万元。主管单位是山阴县财政局。法人代表郑晓斌。2011年3月末，注册资本金增至2 298万元。次年5月，由山西省金融办颁发融资性担保机构经营许可证。年末，注册资本增至2 823万元。职工5人。

□　应县中小企业融资担保有限公司

2009年8月注册成立，是经市金融管理部门和应县人民政府批准的国有独资企业，注册资本金1 000万元。未下设子公司。内设业务部、财务部、综合部。董事长郭胜利，监事长郭进。职工3人。

□　怀仁市鑫民融资担保有限公司

2019年7月成立，前身是怀仁市中小企业信用担保中心。是经怀仁市人民政府批准成立的国有独资融资担保有限责任公司。注册资本金3 000万元，怀仁市财政局经政府授权作为出资人依法行使股东权利。内设业务科、管理科、办公室。从业人员14人。

□　右玉县融资担保有限公司

右玉县融资担保有限公司是右玉县人民政府委托右玉县财政局出资成立的政策性融资担保机构。2006年6月，取得右玉县工商行政管理局核发的企业法人营业执照。2012年5月，取得省金融办首批核发的经营许可证。注册资本金11 400万元。原法定代表人王枢，2009年6月变更为范玉凯，2015年2月变更为王保平，2016年4月变更为郝新鲜，2019年8月变更为白云宇。内设担保业务部、风险管理部、财务管理部、人力资源部。公司实行经理负责制，任命经理、监事各1名。共有员工6名。

□　朔州市嘉汇融资担保有限公司

2015年2月，由市工商行政管理局核发营业执照并开业。是经市政府批准的融资担保公司，注册资本金10 000万元。位于朔州市开发区温馨小区东门。法定代表人薛桂兰。内设董事会、监事会、项目评审会、担保业务部、风险控制部、财务会计部、综合管理部。实行董事会、监事会领导下的总经理负责制。从2018年起，公司担保贷款尽数出现逾期，导致公司暂停营业。在职人员5人。

第十七章
民间机构

第一节　小额贷款公司

2008年，市政府印发《关于组建小额贷款公司试行办法的通知》（朔政发〔2008〕131号），明确市金融办为朔州市小额贷款公司主管部门，负责小额贷款公司审批和监管工作。

2009年3月，朔州市第一家小额贷款公司——朔州西易易融小额贷款有限责任公司成立，注册地为朔州市朔城区，注册资本2.5亿元。2009—2013年，由于煤炭资源整合，从煤炭领域退出的民间资本相对宽裕，民间资本相继发起设立小额贷款公司，朔州市小额贷款公司快速增加，实现辖内市、县（区）全覆盖。2013年末，朔州市小额贷款公司79家，总注册资本48.54亿元，贷款规模近50亿元。

2014年，受经济下行影响，朔州市小额贷款公司整体出现衰退。2019年末，朔州市小额贷款公司缩减到41家，总注册资本27.5亿元，分别较2013年高峰时期减少了38家和21.04亿元。其中，注册资本1亿元以上的小额贷款公司8家，除1家注册资本0.3亿元之外，其余贷款公司注册资本均在0.5亿～1亿元。

2009—2019年朔州市小额贷款公司基本情况见表2-28。

表 2-28　　2009—2019 年朔州市小额贷款公司基本情况一览表

名　称	成立时间	批准退出时间	法定代表人	地　址	注册资本 / 万元
朔城区					
中强小额贷款有限责任公司	2009.03.09	2016	贾　强	府东街岸上之家 1# 楼 15#、16#	6 100
银瀚小额贷款有限公司	2009.03.12	2018	陶　虹	平朔路西沿街商铺	5 800
益源小额贷款有限责任公司	2009.04.03	2019.03.26	柴成文	朔城区豪德市场南路东起 5 号	6 000
玺凤小额贷款有限公司	2009.04.21	—	贾世海	府西街人口大楼对面	8 000
辉煌小额贷款有限公司	2009.04.21	2019.07.16	曹　伟	朔城区建设路通宝小区 0# 楼	5 000
民达小额贷款有限责任公司	2009.05.06	2019.08.08	王　文	朔城区豪德广场对面北新街 4# 楼	5 000
融通小额贷款有限责任公司	2009.05.22	2019.06.26	赵国文	民福佳园小区东二区	6 500
西易易融小额贷款有限责任公司	2009.03.09	—	苗　寨	开发南路 46 号	25 000
福安小额贷款有限责任公司	2009.06.05	2019.06.17	张润福	招远路中元宝邸商铺（三号楼四号）	5 000

续表

名　称	成立时间	批准退出时间	法定代表人	地　址	注册资本 / 万元
博泰小额贷款有限责任公司	2009.06.09	—	王　明	朔城区市府西街西侧 6# 楼	5 000
金卫小额贷款有限责任公司	2009.06.17	—	李　世	朔城区马邑小区新怡园 B3-6 号	10 000
藤根小额贷款有限责任公司	2009.07.09	2018	戎新仁	七里河小区二区 1#（民福府东街民福大楼五楼）	5 000
鑫峰小额贷款有限公司	2009.07.15	—	王加峰	开发南路 45 号	5 000
汇通小额贷款有限责任公司	2009.07.21	2019.12.04	吴宏宇	民福东街民福大楼	5 000
东易忠厚小额贷款有限责任公司	2009.08.17	—	白守瑞	府西街（东易大酒店一楼）	5 000
朔州市鑫昌升小额贷款有限责任公司	2009.08.19	2019.08.12	苑九海	朔城区市府东街瀛湖小区 1 幢 13 号楼	50 00
朔州市同兴小额贷款有限责任公司	2010.03.16	2019.06.26	张　权	朔城区鄯阳西街上地嘉园 6 号楼 1 号商铺	5 000
鑫通小额贷款有限责任公司	2010.04.27	2018	翟　棠	朔城区照什八庄小康村南馨园小区 6# 楼	5 000
融汇小额贷款有限公司	2010.05.18	2019.07.12	孟　丽	朔城区北关小康村敬德苑小区 5#12 号	5 000
中和小额贷款有限公司	2010.07.02	—	殷玉娥	朔城区民福东街（民福学校东侧）	5 000
祥融小额贷款有限公司	2010.09.21	2014	郝　茂	朔城区开发北延长路 38 号	5 000
玉龙小额贷款有限责任公司	2010.10.11	—	刘海霞	朔城区民福东街朔云台 1 号楼 1 单元 601 室	10 000
国盛小额贷款有限责任公司	2010.10.26	—	郭秀兰	朔城区豪德广场八街 152 号	5 000
祥瑞兴业小额贷款有限公司	2010.11.23	—	贺仁军	民福东街女人街 28 号	5 000
瑞通小额贷款有限公司	2011.01.21	—	张六女	朔城区小村阳光小区 13# 门面房	5 000
安文小额贷款有限责任公司	2011.01.27	—	叶恒伟	朔城区下团堡乡马营堡村东	5 000
岳海小额贷款有限责任公司	2011.03.08	—	李岳山	朔城区敬德苑小区 11 号商铺	8 000
兴融小额贷款有限公司	2011.03.10	—	肖　贵	朔城区鄯阳西街鄯阳苑 D 栋 1#2# 商铺	5 000
金要来小额贷款有限公司	2011.03.22	2018	高培茂	振华西街 56 号	5 000
宁宇通小额贷款有限责任公司	2011.05.30	—	张　宁	开发北延长路扶贫 1# 南排东 1	5 000
顺通源小额贷款有限公司	2011.07.07	2017	王政秀	朔城区豪德贸易广场九街十八号	5 000
鑫信诚小额贷款有限公司	2011.08.26	—	乔维国	朔城区市府东街瀛湖花园小区	10 000
鑫诚小额贷款有限公司	2011.08.30	—	宣　斌	朔城区豪德贸易广场八街 11 号	5 000
原驰小额贷款有限公司	2011.09.06	—	李小梅	朔城区鄯阳街北侧建设路西侧	5 000
汇诚小额贷款有限责任公司	2011.11.09	—	吴风明	民福大楼四层	5 000
祥隆小额贷款有限公司	2011.11.15	—	李宏伟	朔城区大运商城 A 区 8 号	5 000
煜华小额贷款有限公司	2012.10.29	2019.12.04	赵红星	朔城区民福西街物产大楼西	5 000
银信小额贷款有限责任公司	2012.11.21	2019.06.26	宋贵平	朔城区开发北延长路东	5 000
恒发小额贷款有限公司	2012.11.28	—	于清兰	朔城区建设路通宝小区 0 号楼	5 000
晋昌源小额贷款有限公司	2013.08.28	—	王秉文	朔城区市府东街 7 号	10 000
开发区					
福鑫小额贷款有限责任公司	2009.08.18	—	刘忠东	开发区民福东街北侧发斯特大厦小区 23 楼	5 000

续表

名　　称	成立时间	批准退出时间	法定代表人	地　　址	注册资本 / 万元
申银小额贷款有限责任公司	2009.06.12	2019.08.12	郭育红	朔州开发区长宁街世纪星城 2C 商铺	5 000
开发区飞翔小额贷款有限公司	2009.07.24	—	张旭平	开发区武周路 35 号神朔大道北侧、穆寨一路东侧	10 000
恒晟小额贷款有限公司	2009.08.12	2016	李虎龙	朔州开发区佳和枫景小区西临街 6# 商铺	5 000
鑫泰森小额贷款有限公司	2009.10.28	2019.11.20	李　仁	朔州开发区建设路西侧	5 000
永茂小额贷款有限公司	2009.11.12	—	李青明	开发区八一路东侧 1 号住宅区 2 号商铺	5 000
华源小额贷款有限公司	2010.05.19	2014	孙　林	经济技术开发区振华街北	5 000
国发鑫融小额贷款有限公司	2010.05.25	—	高志德	开发区招远路西侧	5 000
银丰小额贷款有限责任公司	2011.01.25	—	苏新文	开发区招远路西晨光花都商铺 11 号	5 000
万佳源小额贷款有限公司	2011.04.19	—	杜建行	开发区招远路和谐家园商铺 2 号	5 000
森焱小额贷款有限公司	2011.08.29	2016	上官军乐	开发区园林小区 4 号楼 1-102 门面房	5 000
汇丰小额贷款有限公司	2011.11.04	—	杨志平	开发区广安东街 125 号	5 000
融昌小额贷款有限责任公司	2012.10.31	2016	张　发	开发区佳和枫景花园小区 21 幢 C23	5 000
中北小额贷款有限责任公司	2012.11.28	2017	高建平	开发区八一路东（银苑小区 2 号楼 5 单元一楼西门）	5 000
怀仁市					
银源小额贷款有限公司	2009.09.14	—	宁友太	怀仁县迎新街云馨花园南 6#、7#	5 000
晋银小额贷款有限责任公司	2009.11.27	—	申新年	怀仁市云中镇（怀仁迎宾路南新兴路西）	8 000
怀仁县金源小额贷款有限责任公司	2010.07.02	—	孟大权	怀仁市新华北路 244 号	5 000
友邦小额贷款有限责任公司	2011.08.30	2017	朱志云	怀仁县大同路西铁路住宅楼	5 000
怀仁县聚亿源小额贷款有限公司	2011.12.30	—	张保平	怀仁县泰安门如意嘉园	5 000
盛源通小额贷款有限公司	2012.11.21	—	何一杰	怀仁市迎新街北侧（云馨花园）北 11# 门市	5 000
朔州市融丰小额贷款有限公司	2013.07.11	—	王小泽	怀仁县仁德北街西侧 17 号	10 000
山阴县					
鑫宇小额贷款有限责任公司	2009.04.21	2014	赵　岗	山阴县同太路东	5 000
农信小额贷款有限责任公司	2009.04.27	2018.08.22	刘　涛	山阴县岱岳镇府南路	5 000
思信小额贷款有限公司	2010.03.31	2013	闫祖义	山阴县南环路南	5 000
锦河小额贷款有限公司	2010.06.17	—	李锦山	山阴县同太北路东	7 000
信悦小额贷款有限公司	2010.10.25	—	闫翠香	山阴县集贤小区	5 000
万全小额贷款有限公司	2010.11.03	—	黄桂平	山阴县岱岳镇西环路北辰小区二排 6 号	5 000
龙鑫小额贷款有限公司	2010.11.18	2019.10.10	庞翠兰	山阴县文卫东街光明 1 区	5 000
豪杰小额贷款有限公司	2010.11.18	2019.07.01	崔爱章	山阴县同太南路	3 000
孚沛小额贷款有限责任公司	2011.02.25	2018	李　成	山阴县西环路西	10 000
金桥小额贷款有限责任公司	2011.03.29	2014	金万明	山阴县岱岳镇闫家巷延伸段南侧	5 000

续表

名　　称	成立时间	批准退出时间	法定代表人	地　　址	注册资本/万元
平鲁区					
平鲁区杰旺小额贷款有限责任公司	2009.03.24	2015	徐军杰	平鲁区井坪镇平阳西街南煤源路东	8 000
平鲁区晋海源小额贷款有限责任公司	2009.07.09	2013	赵尚海	平鲁区二环路北	5 000
森汇小额贷款有限责任公司	2011.01.20	2014	郝　森	平鲁区井坪镇小木瓜界村（木瓜界矿）	5 000
宇通小额贷款有限公司	2011.01.24	2016	张　凯	平鲁区井坪镇平阳街南侧西易小区（西门向东）第十套	5 000
宏源小额贷款有限公司	2011.08.26	—	李　春	平鲁区井平镇下麻黄头村	5 000
应县					
佳宝小额贷款有限责任公司	2009.06.17	2019.03.19	郭玉斌	应县城下庄中土花地（晋华物流有限公司加油站）	3 000
汇民小额贷款有限责任公司	2009.07.20	2019.06.26	闫世清	应县大同北路6号	3 000
丰和小额贷款有限责任公司	2010.01.04	2014	冀福和	应县新建东路清华苑	3 000
宝生小额贷款有限公司	2011.05.30	2019.04.17	程美莲	应县A段商业塔前街11号	3 000
誉益小额贷款有限公司	2011.06.03	2019.10.16	王美莲	应县三环路北	3 000
富世小额贷款有限公司	2012.10.29	—	寇永富	应县惠泽园一号楼22号	3 000
右玉县					
右玉县紫玉小额贷款有限责任公司	2009.11.12	—	张来拴	右玉县玉林西街山西永昌国际酒店有限公司B座一、二楼	16 000

□　西易易融小额贷款公司

2009年3月成立，是经市政府批准，在市工商局注册登记的股份有限公司。股东会由苗寨等15人组成，注册资本25 000万元人民币。实行执行董事负责制，下设办公室、财务室、风险部、信贷部。2019年末，共有职工8名。

□　玺凤小额贷款公司

玺凤小额贷款公司是经市金融办批准，于2009年4月经市工商局核准成立的企业法人公司，注册资本8 000万元。位于朔州市府西街人口大楼对面（预制厂院内）。内设综合业务部、财务部。2019年末，共有员工11名。

□　金卫小额贷款公司

2009年6月17日，经市政府批准挂牌营业，注册资本1亿元。内设贷款业务部、风险管理部、稽核财务部及综合管理部。2019年末，从业人员13人。

□　安文小额贷款公司

安文小额贷款公司是由市政府批准，在市工商行政管理部门登记成立的小额贷款公司，注册资本金5 000万元。内设业务部、财务部、综合管理办公室。2019年末，员工12人。

□　晋银小额贷款公司

2009年11月，由市政府批准，在市工商行政管理部门注册登记。2010年，开业经营，注册资本金5 000万元。2013年，经山西省金融办批准增资扩股，注册资本金增加到8 000万元。

□　永茂小额贷款公司

2009年11月，经市政府批准成立。法人代表李青明，注册资本金5 000万元。设有股东会和董事会，并下设总经理，总经理由法人代表担任。内设信贷部和财务部。

□　汇丰小额贷款公司

2011年，经山西省晋金复〔2012〕22号和市地方金融监督管理局朔金融办发〔2011〕20号批准成立，在市工商行政管理部门注册，注册资金5 000万元。位于市开发区广安东街125号。内设信贷部、风控部、财务部、征信室、经理室、后勤部。2019年，员工8人。

□　富世小额贷款公司

2012年10月，经市政府批准，在市工商行政管理部门核准登记挂牌营业，注册资本3 000万元。2012年10月29日至2015年1月13日，孙志东任主要负责人；2015年1月14日至今，寇永富任负责人。

□　紫玉小额贷款公司

2009年11月成立，是经市政府批准，在市工商管理部门注册登记的右玉县首家商业性贷款有限责任公司。注册资本金16 000万元。位于朔州市右玉县玉林西街山西永昌国际酒店有限公司B座一、二楼。由16名自然人投资控股。法定代表人张来拴。内设会计部、信贷部、办公室。2019年末，工作人员9人。

□　万全小额贷款公司

2010年11月成立，法定代表人黄桂平，注册资金5 000万元。位于山阴县岱岳镇西环路。内设办公室、业务部、信贷部、财务部。2019年末，在职员工6人。

第二节　典当业

解放后，典当行业逐步被叫停和取缔，但受制于当时经济条件不发达，作为典当行业的附庸，用于调剂民间日用生计的估衣铺和寄卖铺得以延续。朔县估衣铺位于老城大营街北端路西，由南关人士董佳友开设经营，主要以收、售、代售各类衣物为主，同时加工一些粗糙的衣服。随着经济的逐步好转，该店铺于20世纪80年代关停。

1978年党的十一届三中全会后，随着市场经济的发展，典当行业作为银行贷款业务的一个有效补充，开始逐步恢复。1995年，公安部发布《典当业治安管理办法》（公安部第26号令）。1996年4月，中国人民银行颁布《典当行管理暂行办法》，明确典当行为非银行金融机构，由属地人民银行和公安部门共同进行监管。2000年以后，为适应金融体制改革要求，中国人民银行将典当行作为特殊的工商企业移交原经贸委统一归口管理。2002年10月，朔州市第一家典当企业万通源典当公司挂牌成立。2003年机构改革后，典当业的监管划归市商务部门负责管理。2019年3月29日，典当业监管职能划归市金融办。年末，朔州市共有典当企业14家，其中，朔城区5家，开发区6家，怀仁市1家，右玉县2家。总注册资本金1.6亿元，典当余额3 733.46万元，从业人员46人。

表 2–29　　2019 年朔州市典当行按区域分布表

序号	区域	公司名称	地址	法定代表人	注册资本 / 万元
1	朔城区（5家）	万通源典当有限责任公司	民福小区开发东路	李　万	2 000
2		金源典当有限责任公司	朔城区迎宾街 9 号	刘彩龙	1 000
3		卓信典当有限公司	朔城区开发南路名园小区公寓 2 号楼 8 层	王京平	1 000
4		山西胜元通宝典当有限公司	朔城区下团堡乡马营堡村	句小军	500
5		安鑫典当有限责任公司	朔城区下团堡乡马营堡村	程敬业	1 000
6	开发区（6家）	世通典当有限责任公司	开发区招远路瑞和小区别墅 5 栋	武日成	1 500
7		东江典当有限公司	开发区招远路国发大厦北侧	史文枢	500
8		鑫茂典当有限责任公司	开发区振华东街中元宝坻小区 2 号楼 3~4 号	朱文霞	1 000
9		民原典当有限公司	开发区翰林苑小区 11-5 号	叶彩苹	2 000
10		星顺典当有限公司	开发区汽配城小区 A-1#319 号	田文生	2 000
11		方圆通宝典当有限公司	开发区招远路西侧奥林山水小区	陶　昕	2 000
12	右玉县（2家）	右玉县耀盛祥典当有限公司	右玉县新城镇西街玉龙苑小区商铺 12 号	王文跃	500
13		右玉县金盛典当有限责任公司	右玉县玉羊街消防队高层 1 单元 11 层 1105 号	杨月松	500
14	怀仁市（1家）	怀仁县融通典当有限责任公司	怀仁市仁里南路 340 号	宋学礼	500

□　东江典当公司

2010年2月成立，3月10日开业，注册资本500万元，法人代表史文枢，由东江能源有限公司和三兴惠农农牧有限公司共同筹办。主要产品为房产抵押和动产质押贷款两项。2015年，三兴惠农农牧有限公司转股新盛源农牧有限公司。2019年4月，法人代表变更为元福。年末，典当总额486万元，均为房地产典当。典当余额486万元。

□　金源典当行公司

2012年4月成立，注册资本1 000万元，法定代表人刘彩龙。设立总经理，内设业务部、财务部和综合办。2019年末，典当总额为1 010万元，均为房地产典当。

□ 卓信典当公司

2013年5月成立，注册资本1 000万元，位于朔州市朔城区开发南路名园公寓2号楼8层。共有股东5名。其中，法人股东2名，分别是太原市高远时代科技有限公司出资460万元，朔州市贵龙商贸有限公司出资240万元；自然人股东3名，分别是王京平出资100万元，王明出资100万元，王国新出资100万元。2019年末，典当总额1 023.66万元，其中，房地产典当总额为825.66万元。典当余额1 023.66万元，逾期当金余额1 023.66万元。

□ 星顺典当公司

2015年6月成立，具有独立法人资格，注册资本2 000万元，法定代表人田文生。设董事长和业务总经理，内设财务部、业务部和综合管理部。2019年末，典当总额1 578万元，其中，房地产典当总额为748万元。典当余额1 578万元，逾期当金余额860万元。

□ 耀盛祥典当公司

2017年6月，由省商务厅批准成立，注册资金500万元，法定代表人王文跃。内设业务部、客户服务部、法律事务部、评估部、后勤部。2019年末，典当总额448万元，其中，房地产典当总额410万元。典当余额349万元，逾期当金余额105万元。

□ 融通典当公司

2007年9月成立，注册资本人民币500万元，法人代表宋学礼。位于朔州市仁爱路340号。设总经理，内设业务部、财务部和综合办。2019年末，典当总额28万元，均为房地产典当。典当余额23.37万元，逾期当金余额23.37万元。员工4人。

第三篇

监管篇

上篇

货币传导

第一章
货币信贷管理

第一节　信贷管理体制

□　统收统支（1949—1979年）

这一时期，国家实行“大一统”的计划金融体制，与此相适应的是高度集中的金融调控体系。金融调控的主要手段是严格的信贷政策，执行“统收统支”的管理体制。人行朔县支行实行“统收统支”“统存统贷”的信贷管理办法，银行存贷款业务实行指标管理。

○国民经济恢复时期

新中国成立后，人行朔县支行按照“分类指导、重点扶持”的贷款方针，灵活调度资金，支持国营经济成长，对工业企业流动资金实行全额信贷，对国营商业实行贸易金库制。同时，运用折实储蓄和存放款利率等手段调控市场货币供求，扭转金融市场混乱的状况，稳定金融市场秩序。1951年，人民银行制定《中国人民银行业务收支计划编制办法（草案）》。人行朔县支行业务收支计划编制的方法采取自上而下规定存汇任务，划定放款范围，再自下而上编制详细计划。1952年，人总行作出《关于加强计划工作的决定》，并正式下达业务收支计划编制办法（草案）。除编制年（分季）计划外，人行朔县支行还编制季度（分月）计划，检查计划执行情况以月度计划为准，总结则以季度计划为准。

○“一五”时期

从1953年开始，国家建立集中统一的综合信贷计划管理体制，实行“统存统贷”的管理办法。人行朔县支行从1954年起划分企业自有资金和银行贷款范围，建立贷款“有计划、有物资保证、近期归还”的信贷制度，按照“统存统贷”的管理办法，严格执行信贷计划，贷款指标不得突破，贷款分为工业、商业、国营农场、社队农业和农副产品预购定金5个项目，贷款指标分别掌握。1957年，人民银行下发《关于改进财政管理体制的规定》的通知，明确划定地方财政的收支范围，进一步扩大地方财政的管理权限，人行朔县支行在信贷计划范围内保证全县重点建设的前提下，增加地方的机动财力。

○“二五”时期

“大跃进”时期，工商企业及财政体制下放，信贷管理体制变化。人行朔县支行从1958年起对城镇储蓄存款和农村存款实行分成办法，即把1957年7月到1958年6月城镇储蓄增加额的20%分给地方，用于增加农业贷款。从1959年起，实行“存贷下放、计划包干、差额管理、统一调度”的管理办法，在计划包干差额范围内，多吸收的存款可以多发放贷款。在农村则实行“差额包干、一年两算、半年差额基本不变”的管理办法。

○“调整”时期

1963年，人行朔县支行信贷资金管理由“差额管理”调整为“农村信贷包干”的管理办法，财政资金和信贷资金分口管理。人行朔县支行遵循党提出的“以农业为基础、以工业为主导”的发展国民经济总方针，巩固集体经济，支援农业生产，在农村发放长期、短期贷款，支持贫下中农。商业信贷开始执行“控制投放、加强回笼、稳定市场、恢复经济秩序”的信贷政策。

○“文化大革命”时期

“文化大革命”开始后，人行朔县支行各项业务受到影响，有借有还的农业贷款政策受到较大破坏，工业贷款大幅度增加，信贷资金管理开始逐步走向削弱。1972年，人民银行重新制定《信贷、现金计划管理办法》，要求严格实行“统一计划，分级管理”的信贷资金管理体制。1976年，随着对金融的整顿和金融业务的恢复与开展，重新确定“统一计划，分级管理”的信贷资金管理体制，继续实行《信贷、现金计划管理办法》，一直执行到1978年。

□　差额控制（1980—1984年）

中共十一届三中全会后，为适应经济体制改革的需要，金融体制开始由“大一统”的计划体制模式向市场金融体制模式转换，金融调控也逐步向市场化调控体系转变。

1980年，人民银行印发《关于下达信贷差额控制办法（试行草案）的通知》，实行“统一计划，分级管理，存贷挂钩，差额控制”的管理办法。1981年2月，开始推行《中国人民银行信贷差额包干办法》。朔县支行从1980年4月1日起试行新的信贷管理办法，各专业银行按照规定编制信贷差额计划。农业贷款实行“存贷挂钩，差额包干”管理，支持生产责任制的落实及商品生产的发展；工业贷款实行“区别对待，择优扶植，经销定贷”的方针。信贷政策上打破五个框框：打破信贷资金计划管理的框框，实行差额控制的办法，保证工业生产和商品流转的资金需要，发放中短期设备贷款，使上存资金最低保持在132万元，最高达到576万元。运用存差有余的资金，解决工业贷款不足的问题424次，累计金额达1 187万元；打破只发放生产性贷款框框，发放设备贷款，发放中短期设备贷款34万元，支持煤炭、轻工企业的挖、革、改；打破只发放商品流转贷款的框框，发放商业网点建设贷款10万元，扩大销售；打破集体工业四、六比例的放款框框，累计放出集体工业生产贷款187.9万元，满足集体工业生产资金的需要；打破对事业单位不能发放贷款的框框，发放广播站修理服务部贷款，支持文化宣传服务事业。同时，适应存贷挂钩、差额控制的信贷管理体制的改革，大力开展存款业务，扩大存款资金。

□　实贷实存（1985—1997年）

○人行朔县支行时期

1984年10月，人民银行制定《关于信贷资金管理试行办法》。从1985年1月1日起，人行朔县支行在信贷资金管理上开始将计划与资金分开，实行“统一计划，划分资金，实贷实存，相互融通”的信贷管理办法。该办法一直延续到实行资产负债比例管理。在国家信贷计划额度内，实行资金的实贷、实拨、实存，各专业银行在人民银行的存款不得透支，及时按比例缴存存款准备金制度。开始运用再贷款调节银行的流动性，通过调查资金营运情况，改善资金使用状况。1986年，信贷资金管理围绕存款、搞活、用好、融通，在做好信贷资金预测的基础上，先后开办五项新业务：建立山西省第一家县级同城票据交换清算所；试办邮政储蓄业务；设立稽核股，加强信贷资金营运中的稽核工作；初步建立全县各专业银行和其他金融机构之间同业资金拆借市场；收回工商银行代理国库业务。

○市人行时期

市人行成立后，从1989年起，在信贷资金管理上实行“限额控制，以存定贷”和“全年亮底，按季控制，按月考核”的信贷管理办法，人民银行按月考核各专业银行两大计划执行情况，按照国家产业政策，优化信贷结构，盘活信贷存量，提高资金使用效益。各专业银行严格控制信贷规模，人民银行灵活把握对专业银行的再贷款。同时，建立备付金制度。

1994年，朔州市实行“总量控制，比例管理，分类指导，市场融通”的信贷资金管理体制。对全市8家城市信用社率先实行资产负债比例管理，到11月末，城市信用社、农村信用社的存、贷款比例分别为70%和65%，均达到考核的要求。10月，印发《商业银行资产负债比例管理办法》，对商业银行实行限额管理下的资产负债比例管理，要求各金融机构严格按照人民银行核定的贷款规模掌握贷款发放。实行资产负债比例管理的专业银行和其他金融机构，要按照人民银行规定的考核指标体系，全面考核各项比例的完成情况，贷款限额未经批准不得突破。市人行按季向社会公布货币供应量分层次监测控制目标，根据货币供应量目标和经济运行趋势来确定基础货币供应量。同时，加强现金管理，控制货币投放，有效抑制通货膨胀。

□ 比例管理（1998年至今）

1997年12月，人民银行印发《关于改进国有商业银行贷款规模管理的通知》。从1998年1月1日起，朔州市取消对国有商业银行信贷规模限额控制，在资产负债比例管理和风险管理的基础上，实行“计划指导、自求平衡、比例管理、间接调控”的信贷资金管理体制。同时，改革存款准备金制度，超额准备金可由金融机构自行确定。加强对各商业银行存款备付率的监督管理，使之保持在合理水平。

2003年后，中国人民银行的职责被调整为制定和执行货币政策、维护金融稳定和提供金融服务三个方面，其中涉及金融调控的职责包括制定和执行货币政策及维护金融稳定。市人行在贯彻落实国家货币政策中，综合运用包括利率政策、存款准备金政策、中央银行贷款、专项中央银行票据和窗口指导等货币政策工具和手段，调控货币信贷供应，维护金融稳定，支持地方经济健康发展。2004年后，实行差别存款准备金率制度，抑制资本充足率较低且资产质量较差的金融机构盲目扩张贷款，促进金融机构稳健经营。到2019年，逐步形成“三档两优”存款准备金政策框架。

第二节　窗口指导

市人行成立后，1989—1993年，认真贯彻“双紧”方针，严格控制信贷总量，努力盘活存量。1989年，下发《关于下达一九八九年全年贷款最高限额的通知》，对贷款实行“限额管理，按季监控，按月考核”的办法。1990年，下发《关于下达一九九零年上半年贷款最高限额的通知》，要求各行根据本地的资金运营情况，认真做好适时调节工作，促进经济稳定协调发展。1992年，把完成压缩“三个三分之一”的任务作为全年金融工作的重点，实施“五优先、五从紧”“八不贷”的信贷政策，盘活资金存量，提高资金使用效率，严格控制贷款规模。1993年，建立大额贷款审查备案制度，根据国家信贷政策，加大对专业银行贷款结构和投向的监管，从严控制总量，优化结构。

从1994年开始，市人行积极推行限额控制下的资产负债比例管理。要求各金融机构要严格按照人民银行核定为贷款规模掌握贷款发放，贷款限额未经批准不得突破，严格执行发放贷款“四挂钩”办法，即固定资产贷款发放与工程进度和各地确定的重点项目自筹资金到位挂钩；流通资金贷款发放与企业的产品销售和贷款回笼挂钩；农副产品收购贷款与棉粮油等储备、库存、调销情况挂钩；外贸收购贷款与企业出口收汇挂钩。

自1998年起，市人行取消对国有商业银行信贷规模限额控制，开始全面实行资产负债比例管理，逐步加强对商业银行的资产负债比例管理和风险管理，通过广泛宣传，加强管理，进一步规范和推广商业汇票的使用，扩大了票据承兑、贴现和再贴现业务。提出进一步改善中小企业金融服务的意见，加强信贷管理，增加信贷投入，调整信贷投向，突出朔州支持重点。

1999年至2000年，市人行围绕朔州市“国企走出困境、小康建设全面提高、稳定脱贫大见效”三大目标，强调信贷政策与产业政策的配合，积极推进两个根本性转变，引导商业银行加大对基础设施及产业结构调整的贷款投入，引导农村信用社优先发放对农户从事种养业和工商业的贷款，支持右玉、应县农业综合开发，提升农产品加工和农业产业化经营力度。

畅通货币实施各个环节。2001年，市人行出台《朔州市中心支行货币信贷监测报告制度》《季度经济金融分析会议制度》，建立货币政策监测分析制度、联席会议制度，推动贷款投向国有大中型企业，支撑和带动全市骨干企业与利税大户。同时，贯彻人总行关于农村信贷、个人消费信贷的指导意见，推广农业信贷和以个人住房消费、个人汽车消费为主的各类消费信贷业务。出台《朔州市金融系统金融债权管理公约》，加强金融债券管理，明确成员单位的职责及相应的违约责任，确保金融资产安全。

为了进一步发挥人民银行在货币政策实施上的窗口指导作用，提高全市金融系统支持地方经济发展的能力，2002年，市人行根据市委三届五次全体（扩大）会议提出的突出抓好“三个重点”建立和完善“五大体系”、全力办好40件实事和力争GDP突破100亿元大关的战略目标，建立朔州市货币监测报告制度和季度经济金融形势分析会议制度，引导全市金融机构加大信贷投入力度，重点支持神头电厂、蒙牛乳业、维尔陶瓷、嘉明陶瓷、连顺洗煤、金海洋集团、康洗奶业、长城园肉乳公司、古城乳业等30家效益较好的大中型企业。

2003年，制定《关于金融支持朔州市经济转型跨越发展的指导意见》，完善信贷政策导向效果评估制度，将金融支持循环经济发展纳入年度信贷导向效果评估体系，引导商业银行信贷资金流向，确保经济转型资金需求足额到位。开展支农再贷款管理“5555”工程，支持农村经济快速发展。开始推进下岗失业人员小额担保贷款业务，召开市财政局、劳动和社会保障局、农村信用联社参加的联席会议，制定《朔州市下岗失业人员小额贷款操作规程》，与各商业银行签订目标责任书，要求各商业银行分别确定2个机构设立下岗失业人员小额担保贷款服务窗口，执行财政贴息，此后多年连续推进该项工作。

加强贷款管理，严格贷款审批。针对辖内出现经济过热现象，2004年，市人行开展过热行业信贷投入控制工作，制定《关于进一步贯彻执行稳健货币政策，支持地方经济全面、协调、可持续发展的指导意见》，从8个方面提出具体措施，合理调整信贷结构，为地方经济发展提供有力的金融支持。根据朔州实际，按照区别对待、扶优限劣的原则，保证煤炭、电力行业的合理资金需求，对水泥、电石等不符合产业政策、过剩、过热行业加强信贷风险管理，严格审批。

贯彻“区别对待、有保有压”的原则，以信贷结构调整促进经济结构的调整。2005年，市人行出台《关于金融支持朔州市产业结构调整的指导意见》《关于认真贯彻落实稳健货币政策加大对朔州市农业信贷投入的指导意见》，确保农业资金及时到位起到了积极作用。制定《朔州市金融机构贯彻实施货币政策综合评价办法》，被朔州市政府采纳，作为考核金融机构贯彻实施货币信贷政策的依据。

加大对银行业金融机构信贷考核力度。2006年，制定《关于朔州市金融机构加大信贷投入力度，支持企业发展考核奖励暂行办法》，鼓励和引导金融机构积极支持符合国家产业政策和市场准入条件的项目建设，不断加大对地方经济的支持力度。研究出台《关于完善外汇管理　提升外汇服务水平　全力支持外向型经济的指导意见》，推进投资和贸易便利化。

2007年后，朔州市信贷政策窗口指导主要围绕市委、市政府提出的“实现两个翻番、再造一个朔州和建设两大基地、加快资源性城市转型步伐”的工作目标，引导金融机构加大对农业、新能源、中小企业、薄弱环节的信贷投入。2007年，市人行制定《关于认真贯彻稳健货币政策支持我市经济“又好又快”发展的信贷指导意见》《朔州市信贷工作指导意见》《关于朔州市金融机构加大信贷投入力度，支持企业发展考核奖励暂行办法》等，为有市场、有效益、有利于增加就业的企业提供合理的流动资金贷款，是年，新增贷款中90%以上是企业流动资金贷款。2008年，制定《2008年贯彻执行信贷政策指导意见》《朔州市金融机构信贷政策导向效果评估试点制度》，引导金融机构重点支持市委、市政府提出的“六大种植基地”“四大畜牧业工程”。对辖内金融机构的“绿色信贷”“房地产信贷”两项货币信贷政策执行情况进行评估。2009年，出台《关于加大金融支持力度、促进服务业快速发展的若干意见》《关于朔州市社会主义新农村建设的金融指导意见》《朔州市金融机构信贷政策导向效果评估试行制度》《金融支持地方经济发展考核奖励办法》，继续引导金融机构加大对重点行业、重点领域支持力度。2010年，制定《关于信贷支持朔州经济率先科学发展的指导意见》，从支持“三农”、煤炭行业转型、民生工程、民生金融、金融促进消费发展等方面，制定信贷支持措施。出台《朔州市金融支持大学生“村官”创业富民指导意见》，明确大学生“村官”创业富民支持重点、优惠措施和支持办法。制订《朔州市金融支持城乡一体化建设实施方案》，建立重点工程项目库，组织银行业金融机构与重点项目对接、跟踪监测达成合作意向项目的进展情况等措施，加大对重点工程项目信贷支持力度。全年全市入库项目56个，总投资额375.7亿元。2011年，制定《关于金融支持朔州经济转型发展的指导意见》，联合市委组织部印发《关于为大学生村干部创业富民提供金融支持的实施意见》，建立朔州市大学生“村官”创业服务示范基地，全面深化山西“138”金融工程。

为了进一步引导金融支持实体经济发展，2012年，市人行制定《金融支持朔州市转型综改试验区和“四化一体”东部新区建设指导意见》，将金融支持循环经济发展纳入年度信贷导向效果评估体系，确保全市经济转型资金需求。2013年，印发《关于金融支持朔州市经济转型跨越发展的指导意见》《关于金融支持朔州市循环经济发展的指导意见》，推动政银企合作，全年推动市级融资洽谈2次，县级政银企融资洽谈4次。联合市金融办草拟《关于鼓励和扶持企业上市促进资本市场发展的实施意见》（讨论稿），邀请山西证券对全市10家企业进入全国中小企业股份转让交易系统挂牌融资进行培训。2014年，制定《金融支持实体经济持续发展指导意见》，从融资量增长向推动经济调结构质的提升转变，并辅以专项货币政策建议书的形式，加强对金融机构贯彻执行货币政策的指导力度。当年新增存贷比达159.3%。联合市金融办筹建“五位一体”综合融资服务平台，全年组织政银企融资洽谈3次，40多家企业与银行达成贷款合作意47.35亿元。建立朔州市循环经济项目库，吸纳省级重点工程92项，市级重点工程174项，引导银行业金融机构对266个转型综改重点项目投放信贷资金37.86亿元。2015年，制定《金融支持朔州经济稳健增长和转型升级指导意见》，当年，全市银行业金融机构本外币贷款增长高于经济增速。朔城区蒙银村镇银行创新投放农村土地承包权流转协议、林权质押等形式小额贷款6.55亿元。

从2016年开始，市人行围绕供给侧结构性改革，增强窗口指导，积极助力经济转型。2016年，制定《关于金融支持朔州经济转型升级指导意见》，成立去产能工作领导小组，引导金融机构推动化解煤炭过剩产能。制定《金融支持朔州脱贫攻坚工作的实施意见》，建立金融扶贫工作协调机构及实施方案。建立金融扶贫激励机制，确立扶贫工作“行长工程”，引导各银行业金融机构加大精准扶贫力度。

2017年，制定《朔州市金融支持服务业发展指导意见》《关于进一步加快全市金融创新发展的意见》《朔州市“五位一体”推进扶贫小额信贷工作实施方案》，推动信贷资源全力支持服务行业、战略新兴产业、光伏发电及风力发电等新能源产业。成立朔州市金融精准扶贫助推脱贫攻坚领导组，提升“三农”、小微企业金融服务水平。2018年，制定《关于进一步提升金融服务实体经济能力的实施意见》《朔州市金融支持新旧动能转换指导意见》及《朔州市金融支持新旧动能转换实施方案》，开发《朔州市金融支持新旧动能转换项目库》系统，创建右玉旅游、怀仁陶瓷、应县农业、山阴工业园区、平鲁新能源5个小微项目群，同时将全市重大项目列入项目库作为重点支持对象，加大对县域经济和特色产业的支持力度。全年共收集项目117个，最终审议入库项目107个，涉及资金242亿元，推动全市信贷投向结构进一步优化。

2019年，朔州市信贷窗口指导对接全市“2+7+N”现代产业布局，形成“几家抬”工作局面。市人行联合市政府相关部门印发《金融服务乡村振兴战略的实施意见》，制定《朔州市金融支持县域特色产业项目库及行长帮扶工程建设方案》，市政府出台《关于进一步深化小微企业金融服务缓解融资难融资贵的意见》（朔政发〔2019〕17号）。全市金融机构深入各区县开展“走基层探实情　金融定项贷款”系列活动，先后在5个区县开展5次大型对接会，达成融资意向23.76亿元，落实到位18.72亿元。围绕金融助推脱贫攻坚、金融支持民营小微企业等先后召开全市货币信贷工作会、重点项目工作会、政策培训及座谈会10余次，助推脱贫攻坚，督促金融精准扶贫政策落地。

第三节　政策工具运用

□　存款准备金管理

存款准备金是金融机构为保证客户提取存款和资金清算需要而准备的资金，金融机构按规定向人民银行缴纳的存款准备金占其存款总额的比例就是存款准备金率。1983年9月17日，国务院《关于中国人民银行专门行使中央银行职能的决定》明确：为了加强信贷资金的集中管理，人民银行必须掌握40%～50%的信贷资金，用于调节平衡信贷收支。

○政策实施存量过千

朔县人行于1984年行使中央银行职能后，首次要求辖区各专业银行足额缴存存款准备金，并执行企业存款20%，储蓄存款40%，农村存款25%的法定存款准备金率。年末，全县各金融机构缴存法定存款准备金1 201.07万元。

针对辖区存款准备金率偏高的情况，1985年，人行朔县支行参照上级规定，对各类存款的法定存款准备金率均下调到10%。年末，全县缴存法定存款准备金下降至383.43万元。

为满足辖区重点产业和项目的资金需要，1987年第四季度，人民银行对辖区各专业银行及金融机构存款准备金缴存比例上调2个百分点，上调后法定存款准备金率达到12%，从而达到集中资金的目的。1988年9月，对法定存款准备金率再次上调到13%。是年，朔县城乡储蓄总额首次突破亿元，达1.08亿元，缴存法定存款准备金1 402.76万元。

○备付管理释放流动

1989年，市人行成立初期，针对辖区商业银行普遍存在备付金（超额准备金）过低、出现支付困难的现象，按照总行相关规定，市人行要求辖区商业银行备付金率必须保持在5%～7%。1991年，为改善辖区商业银行资金运营状况，保证存款支付，减少顶票压票和相互拖欠等问题，市人行制定了《备付金交存暂行办法》，建立了备付金管理制度，并按照上级行规定适时调整备付金率，以促进专业银行信贷资金良性循环。当年末，辖内工商银行、农业银行、中国银行和建设银行一般存款余额分别为2 453万元、1 722.60万元、1 144.90万元和1 534.10万元。至1994年，辖区各金融机构备付金率增加至13%，商业银行的信贷资金紧张状况得到有效缓解。

为了进一步强化商业银行备付金和缴存准备金管理，保证结算畅通和央行资金完整，1996年，市人行开始实行备付金率备案、检查制度，要求辖区各商业银行按季向市人行提供其备付金率及备付额，对备付金不足的要求其十日内必须补足，十日内尚未补足者按月利率3‰处以罚款。对于存款准备金要求各行严格按要求及时足额上缴，并进行监督检查，保证信贷资金的合理、安全运行。截至1997年末，辖内工商银行、农业银行、中国银行和建设银行平均备付金率为5.2%。

1998年，市人行依照存款备金制度改革方案，于年内将辖区各专业银行法定存款备金率下调至8%，1999年继续下调至6%，并将各金融机构代理人民银行财政性存款中的机关团体存款、财政预算外存款，划入金融机构法定存款准备金缴存基数计提范围，同时对法定存款准备金开始执行按旬末余额考核。年末，辖区缴存法定存款准备金达4.43亿元。为强化对存在支付困难的农村信用社金融政策支持，市人行于当年首次动用城乡信用社存款准备金，对平鲁区农村信用联社和朔城区城市信用社分别动用150万元和41万元，保证居民储蓄存款支付。

○差额计提平均考核

2003年，市人行依照对邮政储蓄存款100%上存中央银行制度的改革要求，统一辖区各种人民币存款的存款准备金率。同年，基于宏观经济形势的变化，辖区存款准备金率上调为7%。2004年，市人行开始实行差别存款准备金率制度，将辖区存款准备金率再次上调为7.5%。考虑到辖区农村信用社单体规模较小，以及农村金融运行的实际情况，为支持“三农”发展，加强金融服务，对农村信用社执行比商业银行较低的存款准备金率，依然执行6%的存款准备金率。同时，加强存款准备金管理，建立辖区金融机构存款准备金监测制度，按期监测辖区法人金融机构存款准备金缴存情况，督促其按规定比例足额缴存存款准备金，对其不足部分应按照有关规定给予处罚。

按照国家宏观经济金融调控政策要求，市人行于2006—2008年，开始频繁使用存款准备金货币政策工具，辖区法定存款准备金率由7.5%升至17.5%。2008年9月25日，市人行将辖区中小型金融机构的存款准备金率调低至16.5%，正式启用差别存款准备金率制度，有效形成“扶优限劣”激励机制，并在以后的利率调整中逐步扩大不同机构的存款准备金率差别。同年10月以后，由于受次贷危机的影响，货币政策开始由“紧”转向“宽松”，市人行贯彻落实适度宽松的货币政策，执行2次下调存款准备金政策，释放更多流动性向需求领域倾斜。是年，辖区农村信用社存款准备金率累计下调2.5个百分点，释放流动性资金3.1亿元。截至2009年末，朔州辖区存款准备金余额保持平稳增长态势，辖内工商银行、农业银行、中国银行、建设银行和农村信用社缴存款余额分别为697.40万元、5 730.09万元、798.62万元、550.77万元和398 019.78万元。

“四万亿元”经济投资计划实施后，经济过热现象于2010年开始逐步显现。为此，市人行按照上级要求连续12次上调法定存款准备金率，至2011年6月，辖区法定存款准备金率达到21.5%（大型金融机构）和18%（中小型金融机构）。同年12月起，为优化辖区融资结构和信贷结构，促进经济结构调整，市人行采取普降与定向相结合的方式，开始连续下调存款准备金率。

为发挥差别存款准备金制度的激励、约束作用，2012年，市人行加强对地方法人金融机构缴存存款准备金的日常监测、管理。对少缴存款准备金的朔城区农村信用联社和应县联社分别给予行政警告和2 709.10元的罚款处罚。对专项票据兑付后考核达标的山阴联社法定存款准备金率下调1个百分点，由原来的14.5%调整为13.5%，释放4 917万元可用资金。对支农效果明显，监管指标符合考核要求的山阴联社、应县联社分别给予奖励性再贷款支持1亿元和3 569万元，引导两家农村信用社增加涉农贷款2.5亿元，优化农村产业结构，促进农村经济发展。2014年，对山阴联社实施存款准备金下调1个百分点的优惠政策，释放流动性5 192.5万元。

2015年，市人行共下调存款准备金率5次，差别存款准备金制度真正实现有层次、有差别、有监管，不同资产规模的机构准备金率差别幅度大大增加。同年9月，辖区各金融机构的存款准备金考核制度由时点法改为平均法，即将存款准备金考核由每日达标改为平均达标，并一直延续至今。

2016年至2019年，市人行灵活运用存款准备金管理政策，及时落实差别准备金动态调整、定向降准政策，支持地方经济发展。其中：2016年，对怀仁县和右玉县两家农村信用社实施存款准备金率下调1个百分点的优惠政策，累计释放涉农资金近1亿元。2017年，对山阴农商行、怀仁联社和应县联社实施存款准备金率下调1个百分点的优惠政策，累计释放涉农资金1.3亿元。2018年，对符合条件的山阴农商行、右玉联社、怀仁联社和应县联社4家地方法人机构落实存款准备金率下调1个百分点的优惠政策，累计释放资金1.7亿元，有效支持“三农”资金需求。2019年，实施3次定向降准政策。4月，对怀仁农商行、应县联社、右玉联社、怀仁县慧融村镇银行、应县金都村镇银行下调1个百分点，累计释放资金1.57亿元；5月，对山阴农商行、怀仁农商行各降3个百分点的准备金率，累计释放资金4.08亿元；9月，普遍下调地方法人机构0.5个百分点的准备金率，累计释放资金2.35亿元。

□ 再贷款管理

再贷款是中央银行作为“银行的银行”向商业银行提供贷款。中央银行通过控制对商业银行的贷款额，达到控制和调节货币供应量和信贷规模的目的。

1984年，辖内人民银行行使中央银行职能，开始实行再贷款制度，通过再贷款调控基础货币。1993年7月，全国金融工作会议决定改革信贷资金分配办法，收回人民银行分支行供应和调剂再贷款规模的权力。辖内人民银行再贷款管理的主要任务是发放短期资金，用于解决农村信用社和专业银行头寸不足。从1999年开始，对农村信用社新发放的再贷款增加支农再贷款。2016年后，开始发放扶贫再贷款。2018年开始，增加支小再贷款。

○临时性贷款

1987年，人行朔县支行发放临时贷款，解决专业银行临时资金头寸不足。全年发放临时贷款16笔，累计金额1 660万元，其中，季节性贷款1 040万元。日拆性贷款41笔，累计金额6 195万元。1987年，发放临时贷款71笔，金额9 820万元。累计收回77笔，金额9 720万元。

朔州建市后，1989年，市人行制定《短期贷款管理办法》，采取既宏观调控，又适度调节的措施，全年累计发放临时性贷款31 199万元，累计收回27 351万元。1990年，贯彻“从紧”方针要求，全年累计发放临时贷款99 959万元，累计收回99 312万元。1991年，发挥专用贷款的作用，支持国家鼓励发展的经济效益好、产品有销路的重点项目。累计发放临时贷款82 790万元，累计收回71 690万元。1992年，实施专项贷款管理责任制，对3家企业累计发放专项贷款236万元。

1993年，怀仁县、应县、右玉县划归朔州市管辖，上述3县的再贷款业务随之划归市人行管理。1995—1996年，朔州市充分发挥临时贷款的应急作用，发放临时贷款66 000万元。

○短期再贷款

1994年，市人行首次发放短期再贷款1 550万元。1996—1997年，先后向农村信用社发放短期再贷款75 000万元、45 325万元，用于城市信用社短期资金头寸不足。1998—2003年，分别累计向国有商业银行发放短期再贷款27 400万元、39 100万元、43 350万元、2 600万元和11 500万元，用于解决国有商业银行短期资金头寸不足。在短期再贷款发放中，市人行贯彻人行天津分行《短期再贷款管理实施细则》要求，根据“按照政策、灵活调剂、及时发放”的原则，对各商业银行申请的再贷款从种类、期限、利率、用途等进行认真审核，对符合政策规定的商业银行及时予以发放，缓解金融机构短期资金紧张的压力。

○支农再贷款

支农再贷款是人民银行对各类农村金融机构发放的再贷款。朔州市支农再贷款投放重点主要是农村春耕备耕、种植业、养殖业、加工业、社会主义新农村建设等领域。

1999年，市人行印发《中国人民银行对农村信用合作社贷款管理的通知》，首次对农村信用合作社发放支农再贷款4 100万元。2000年，对农村信用社发放支农再贷款1 700万元，用于满足农业基础设施建设和农村春耕备耕合理的资金需求。2001年，向人行天津分行申请获取支农再贷款限额1亿元，全年累计向农村信用社发放支农再贷款14 000万元，支持农户生产、经营及短频快项目的资金需要。

2002年，市人行向人行天津分行申请支农再贷款限额1.5亿元，全年累计发放支农再贷款16 950万元，支持全市农村25 092户农户的种植业、养殖业和加工业生产需求。年末，辖内支农再贷款余额达13 100万元。

2003年，市人行开展支农再贷款“5555工程”，即在支农再贷款管理过程中，重点监控5个县支行，各区县支行分别监控所辖5个联社，并在不同时期选取5个使用支农再贷款的基层信用社作为重点监控对象，同时在辖区选取特、好、中、差50家农户进行连续典型调查，通过对各个环节的重点监测，达到支农再贷款安全、有效、合理运行。年内累计发放支农再贷款1.77亿元，累计收回1.38亿元。支农再贷款余额达1.7亿元，全市约66 870户农户得到支农再贷款的支持，占全市农户总数的23%，户均支农再贷款达2 242元。

为了充分发挥再贷款政策的导向作用，管好用活支农再贷款资金，2004年，市人行根据人行天津分行“农户常年跟踪调查制度”，在经济条件“好”“中”“差”三个层次中，各选定得到支农再贷款支持且有一定代表性、信誉好的十户农户进行跟踪调查，掌握支农再贷款的使用效果。是年，朔州市累计发放支农再贷款2.135亿元，重点支持全市春耕备耕和种植业、养殖业发展。支农再贷款限额达1.9亿元。2005年，建立年度支农再贷款需求调查制度、支农再贷款使用管理情况定期报告制度、支农再贷款使用管理考核评价制度和登记台账。是年，辖内累计发放支农再贷款23 250万元，再贷款余额达19 200万元，约95 756户农户得到支农再贷款支持，占全市农户总数的41%，户均支农再贷款达2 005元。

发挥再贷款对社会主义新农村建设的助推作用。2006年，市人行印发《关于支持朔州市社会主义新农村建设的金融指导意见》，引导金融机构加大对农户、“公司+农户”和龙头企业的信贷支持力度。年末，辖内支农再贷款累计发放20 850万元，累计收回26 550万元，实际余额达13 500万元。2007年，针对农村信用社用支农再贷款发放农户贷款利率偏高的实际，制定利率优惠定价办法，落实国家惠农政策，先后2次调整农村信用联社之间支农再贷款使用限额。是年，累计发放支农再贷款1.63亿元。2008年，制定《中国人民银行朔州市中心支行支农再贷款管理办法实施细则》《中国人民银行朔州市中心支行支农再贷款审批操作办法》，规范再贷款审批发放管理。年末，朔州市支农再贷款限额增加到3亿元，全年累计发放支农再贷款17 800万元，重点支持市委、市政府提出的“六大种植基地”“四大畜牧业工程”。到2009年末，朔州市申请借用支农再贷款的农村信用社达到32家，占全市农村信用社总数的29.4%，使用支农再贷款农户达16 542户，占全市农户总数的31.2%，农村资金供求矛盾有效缓解，农村信用社信贷资产质量、支农服务能力得到提升。2010年，向应县联社发放支农再贷款6 000万元，用于解决应县设施农业发展资金缺口。带动应县联社投入设施农业贷款6 250万元，发展培育日光温室大棚蔬菜、养殖等五大特色产业。2011年，市人行向人行天津分行申请支农再贷款限额3亿元，全年累计投放支农再贷款3亿元，惠及6万农户。重点支持山阴县日光温室塑料大棚规模生产及乳品加工业；应县花卉、食用菌、淡水鱼、大棚蔬菜、养殖五大惠农工程；怀仁县日用陶瓷生产及农业现代化试验项目；朔城区“太阳能光伏发电生态大棚”和“标准化无土栽培育苗”等现代化农业生产。2012年，累计发放支农再贷款12笔，金额4.36亿元，重点支持本地特色农产品品牌化发展和农旅一体化、种养一体化设施农业建设。对支农效果明显，监管指标符合考核要求的山阴联社、应县联社分别给予奖励性支农再贷款支持1亿元和3 569万元，引导两家农村信用社增加涉农贷款2.5亿元。2013年，朔州市申请再贷款限额增加到5.16亿元，累计发放支农再贷款4.96亿元，重点支持全市“一村一品、一县一业”和列入山西省“513”工程重点企业发展。2014年，加大对农业规模化经营和新型经营主体的信贷支持，全年累计发放支农再贷款8.75亿元。大力发展扶贫金融，实施低于再贷款基准利率1个百分点的利率优惠政策，累计投放1.15亿元优惠再贷款，推动非片区贫困县右玉经济协调发展。

2015年以来，市人行先后印发《中国人民银行朔州市中心支行关于进一步完善支农再贷款管理支持扶贫惠农的实施意见》《关于整顿和规范再贷款业务的通知》等，加强支农再贷款管理，发挥支农再贷款支持经济增长和促进结构调整作用，改进和提升辖区“三农”服务水平。2015年，累计发放支农再贷款6.3亿元，其中贫困地区优惠利率再贷款1.45亿元。2016年，坚持“限额控制、周转使用、规定用途、设立台账”的原则，以支持农民脱贫致富、促进农村信用社业务发展为切入点，累计发放支农再贷款9.55亿元。2017年，按季核查辖区内借用信贷政策支持再贷款金融机构的相关业务台账，确保相关贷款和票据的增量、用途、利率等方面合规，累计发放支农再贷款4亿元。2018年，加大对涉农地区、政策效果良好地区和金融机构倾斜，累计发放支农再贷款6亿元，促进农村信用社信贷资产结构的调整，改变朔州农村信用社以前向矿产行业投放多、向农户投放少，垒大户多、分散户少“两多两少”的信贷格局，80%以上的资金投向广大、分散、守信的农户，信贷风险得到有效分散和控制。

2019年，朔州市支农再贷款投放以结构调整为主线，以市场为导向，以产业化经营为途径，重点加大对特色农业的投入，是年，累计发放支农再贷款6亿元。

○扶贫再贷款

扶贫再贷款是人民银行为支持贫困地区地方法人金融机构发放涉农贷款提供的流动性支持。

2015年以来，朔州市贯彻落实《关于进一步做好山西省扶贫开发金融服务工作的实施意见》精神，积极探索扶贫再贷款支持扶贫开发有效途径，带动农村金融机构不断加大对扶贫开发的信贷投放力度。是年，累计发放扶贫再贷款2.25亿元，其中向山阴太行村镇银行发放2笔，金额0.25亿元；向山阴农商行发放7笔，金额1.7亿元；向右玉联社发放1笔，金额0.3亿元。2016年，制定《金融支持朔州脱贫攻坚工作的实施意见》，召开全市人民银行贯彻落实信贷政策扶贫工作促进会。向右玉联社、山阴农商行和山阴太行村镇银行发放扶贫再贷款2亿元，并实施1个点的优惠利率，释放资金1.3亿元。2017年，累计向山阴农商行、右玉联社、平鲁区联社发放扶贫再贷款12笔，金额3亿元。2018年，向右玉联社和山阴农商行累计发放扶贫再贷款4亿元，并实施1个点的优惠利率。农信机构建立贫困农牧户档案，实行差别化金融服务，对贫困农牧户进行登记并存档，对其进行降低贷款利率，减免利息等一系列优惠政策。辖内农村信用社、农商行、村镇银行创新精准扶贫产品和服务方式，拓展“公司+基地+贫困农户”“合作社+贫困农户”“能人大户+贫困户”等方式拓展支持领域。2019年，市人行对精准扶贫贷款增量不足的9家金融机构约见谈话，要求扶贫再贷款使用效果不佳的2家机构加强金融精准扶贫工作落实。是年，累计发放扶贫再贷款5亿元，强化金融精准扶贫，深入助推脱贫攻坚。

○支小再贷款

2014年3月20日，人民银行下发《关于开办支小再贷款 支持扩大小微企业信贷投放的通知》（银发〔2014〕90号），正式在信贷政策支持再贷款类别下创设支小再贷款，专门用于支持金融机构扩大小微企业信贷投放。明确：支小再贷款发放对象是小型城市商业银行、农村商业银行、农村合作银行和村镇银行4类地方性法人金融机构。贷款条件设定为金融机构须实现小微企业贷款“两个不低于”，即上季度末小微企业贷款增速不低于同期各项贷款平均增速、贷款增量不低于上年同期水平。期限设置为3个月、6个月和1年三个档次，可展期两次，期限最长可达3年。利率在人民银行公布的贷款基准利率基础上减点确定。

朔州市支小再贷款政策工具运用起步较晚。2018年末，成立小微企业金融服务工作领导小组，首次办理支小再贷款业务。同年，向山阴农商行发放支小再贷款1.9亿元。2019年，建立金融支持民营小微企业行长帮扶工程项目库，推动辖内建立6个金融支持县域特色产业项目库，确立120家小微民营企业获得金融有效扶持的工作目标。是年，累计发放支小再贷款6亿元。

1989—2019年朔州市再贷款业务情况见表3-1。

表3-1 1989—2019年朔州市再贷款业务情况 单位：万元

年份	项目名称	累计发放	余额
1989	临时贷款	31 199	31 199
1990	临时贷款	99 959	99 959
1991	临时贷款	82 790	82 790
	金银专项贷款	260	260
1992	金银专项贷款	236	236
1993	临时贷款	22 000	22 000
1994	短期再贷款	1 550	0
1995	临时贷款	66 000	0
	金银专项贷款	417.5	417.5
1996	短期再贷款	45 270	2 185
	金银专项贷款	0	417.5
1997	短期贷款	75 000	0
	短期再贷款	45 325	2 500
	金银专项贷款	0	417.5
1998	短期再贷款	27 400	1 150
	金银专项贷款	0	417.5
1999	短期再贷款	39 100	1 900
	金银专项贷款	0	417.5
	支农再贷款	4 100	1 500
2000	短期再贷款	43 350	2 500
	金银专项贷款	0	417.5
	支农再贷款	1 700	600
2001	短期再贷款	0	417.5
	支农再贷款	14 600	9 600
	金银专项贷款	0	417.5

续表

年份	项目名称	累计发放	余额
2002	短期再贷款	2 600	0
	金银专项贷款	0	417.5
	支农再贷款	16 950	13 100
2003	短期再贷款	11 500	0
	金银专项贷款	0	417.5
	支农再贷款	17 700	17 000
2004	金银专项贷款	0	417.5
	支农再贷款	21 350	19 000
2005	支农再贷款	23 250	19 200
2006	支农再贷款	13 500	13 500
2007	支农再贷款	16 300	16 300
2008	支农再贷款	17 800	9 500
2009	支农再贷款	0	0
2010	支农再贷款	6 000	6 000
2011	支农再贷款	30 000	30 000
2012	支农再贷款	43 569	43 569
2013	支农再贷款	49 570	40 075
2014	支农再贷款	87 500	40 000
2015	支农再贷款	63 000	30 000
2016	支农再贷款	95 500	70 000
	扶贫再贷款	21 000	20 000
2017	支农再贷款	70 000	70 000
	扶贫再贷款	30 000	30 000
2018	支农再贷款	105 000	100 000
	扶贫再贷款	40 000	40 000
	支小再贷款	19 000	19 000
2019	支农再贷款	103 900	95 900
	扶贫再贷款	50 000	50 000
	支小再贷款	60 000	60 000

□　再贴现业务

再贴现是金融机构为了取得资金，将未到期的已贴现商业汇票再以贴现方式向中央银行转让的票据行为，是中央银行的一种货币政策工具。

○再贴现工具使用初期

1996年，朔州市首次开办再贴现业务，全年办理再贴现2笔，金额210万元。1997年5月，市人行贯彻人民银行《商业汇票承兑、贴现与再贴现管理暂行办法》，再贴现严格按照人行省分行下达的限额，集中审批、逐笔审查、到期收回、周转使用。全年办理再贴现业务6笔，累计金额

880万元。1998年，按照人行省分行《山西省再贴现管理实施细则》，进一步强化再贴现管理。年末，累计办理再贴现20万元。1999年，按照人行天津分行《商业承兑汇票管理办法》要求，对单笔金额在400万元以上再贴现实行审批制，加速企业资金周转，分散商业银行票据风险。为了缓解企业资金紧张矛盾，2000年，朔州市对商业银行提出的再贴现业务只要符合要求，积极给予办理，再贴现规模迅速扩展。全年对商业银行累计办理再贴现业务1 540万元，收回1 040万元。

○再贴现工具停止时期

2003—2010年，随着四大国有商业银行股份制改革成功，农村信用社改革试点票据兑付成功，金融机构实力大大增强，市场利率大幅下降，同时再贴现利率长期维持不变，贴现市场利率与再贴现利率形成倒挂，辖内再贴现业务萎缩，一直停办。再者金融机构自有资金充足，再贴现申请动力不足，2004—2009年再贴现工具一直未使用。2010年，人民银行重启再贴现政策工具，支持扩大“三农”和中小企业融资，支持县域经济发展。

○再贴现工具重启时期

2011年，朔州市重启票据再贴现业务，申请增加票据再贴现限额1亿元，全年累计办理再贴现44笔，金额1.86亿元，支持辖内中小企业12家，有效缓解部分中小企业融资难。2012年，市人行申请再贴现限额3亿元，提高本地企业票据贴现贷款。全年累计发放再贴现33笔，金额2.0亿元。2015年，朔州市充分发挥再贴现工具引导资金流向、调整信贷结构作用，优先和重点支持“三农”、小微企业等领域和薄弱环节，全年累计办理再贴现6.53亿元。2018年，朔州市建立小微企业票据再贴现绿色通道，对符合支持政策小微企业票据，建立再贴现绿色通道，充分发挥再贴现资金支持实体经济、服务企业的功能。市人行全年累计向上级行申请再贴现2亿元。

2019年，朔州市严格按照有关规定，对再贴现业务实施单笔金额控制，最高不得超过1 000万元，优先办理500万元以下面值票据，优先考虑涉农企业、中小微型企业和新型科技企业，对每笔业务都做到认真审查、认真审批。全年，累计办理再贴现4 754.88万元。再贴现余额2 354.88万元。

1996—2019年朔州市再贴现业务情况见表3-2。

表 3-2　　1996—2019 年朔州市再贴现业务情况　　单位：万元

年份	累计办理	余额
1996	210	40
1997	880	0
1998	20	120
1999	0	0
2000	1 540	500
2001	246.7	0
2002	0	0
2003	0	0
2004	0	0
2005	0	0
2006	0	0

续表

年份	累计办理	余额
2007	0	0
2008	0	0
2009	0	0
2010	0	0
2011	15 867	9 958
2012	269 585	9 858.5
2013	410 547	11 700
2014	64 412.73	28 282
2015	65 318.92	29 807.42
2016	3 000	3 000
2017	0	0
2018	969.41	969.41
2019	4 754.88	2 354.88

□ 利率管理

利率政策是货币政策的重要组成部分，也是货币政策实施的主要手段之一。中央银行可以通过运用利率工具，对利率水平和利率结构进行调整，从而影响社会资金供求，达到货币政策的既定目标。新中国成立后，全国利率政策经历多次调整。

新中国成立后，利率管理逐渐统一，境内执行全国统一的利率政策。人民银行是利率主管机关，具体组织、管理和协调辖区的利率管理工作。1952年6月，“三反”“五反”后物价趋稳，市场需求恢复，中国人民银行决定大幅降低存、贷款利率。至1957年，存款利率水平基本保持稳定。1958—1978年，由于受“左”的思想影响，存、贷款利率降至历史最低水平。

中共十一届三中全会后，与经济体制改革的要求相适应，银行利率作了多次改革，总的趋势是利率水平由低到高，中间有所起伏；利率种类由少到多；利率管理体制由过渡集中与适当分散相结合方向发展。1979—1989年，中国人民银行8次调高存、贷款利率，同时增加利率种类，全国初步建立起中央银行基准利率体系。1990—1995年，开始利用利率来间接调控国民经济。1996—2003年，整体利率水平不断下调，利率政策逐渐成为央行的主要间接宏观调控工具。

2005年3月17日，中国人民银行调整商业银行个人住房贷款政策，取消自营性个人住房贷款优惠利率，改按商业性贷款利率执行，放开上限，实行下限管理，下限利率水平为相应档次贷款基准利率的0.9倍；对个人住房公积金贷款利率上调0.18个百分点。同年9月21日，人民银行规定个人活期存款由按年结息改为按季结息；单位活期存款计息期间遇利率调整改为分段计息；其他存款种类的计结息规则由开办业务的金融机构法人，以不超过人民银行同期档次存款利率上限为原则，自行制定并提前告知客户。

2007年，为了稳定市场价格水平，优化经济结构，人民银行先后6次提高人民币存贷款基准利率。2008—2009年，受国际金融危机的影响，人民银行先后5次下调基准贷款利率，4次下调基准存款利率。2010—2011年，人民银行先后4次上调金融机构存贷款基准利率，其中一年期存、贷款基准利率分别上调1个百分点，达到自2008年12月23日以来的最高点。2012—2019年，人民银行先后15次下调金融机构存贷款基准利率。

〇朔县人行时期

1984年，朔县人行开始专门行使中央银行职能后，开始对辖内专业银行和其他非银行金融机构的利率执行情况进行定期不定期监督和检查。1988年，贯彻人民银行《关于加强利率管理工作的暂行规定》，对辖内机构开展全面的利率大检查。

〇市人行时期

市人行成立后，贯彻中央“治理经济环境、整顿经济秩序”的决策，加强存贷款利率的管理。1990年，建立利率管理分账机制，设立利率专管员，对专业银行的利率执行情况进行全面检查，对朔城区、平鲁区、山阴县三县（区）城市信用社利率管理情况进行抽查，纠正部分金融机构随意上浮利率和超幅上浮利率的做法。调整农村信用社贷款利率，规定集体农业贷款、其他农业贷款，农户用于生产、生活贷款在人民银行基准利率基础上上浮30%；农户用于互商，服务业贷款、乡镇企业贷款和其他贷款在人民银行基准利率基础上上浮50%。1992年，按照人总行《关于调整存、贷利率的通知》，对城市信用社贷款利率上浮50%，促进城市信用社各项业务健康发展，提高贷款使用效率。

1996年，取消同业拆借利率上限管理，引导辖内银行业金融机构根据市场资金供求情况，自行确定同业拆借利率，强化利率对市场资金供求的调节作用。

1999年，执行修订后的《人民币利率管理规定》，实施新的利率管理规定。为了进一步促进朔州市金融业合法、稳健运行，2001年以来，市人行加大利率条块检查力度。2001年，对违规多付、少付利息的金融机构及时进行纠正，同时给予1.7万元处罚，维护利率政策的严肃性。2003年，在利率监管方面，坚持“宣传与交流并重、规范与处罚结合”的原则，对全市农业银行和农村信用社利率执行情况进行检查，检查存、贷款上万笔，检查面达50%，检查业务量达70%。

2004年后，随着全国利率市场化改革不断推进，利率市场化进程的加快，市人行积极推进辖区利率市场化建设。2006年，建立民间利率监测点，加强对商业银行、农村信用社贷款利率浮动、房地产贷款利率和民间借贷利率等情况的监测分析。2008年，做好放开城乡信用社贷款利率上限的各项准备工作及Shibor宣传工作，保证利率形成机制改革工作在辖内顺利进行。2009年，5次下调存贷款利率政策，其中贷款利率累计下调2.16个百分点。以朔城区信用社为试点，在全市实施利率定价机制，彻底杜绝农信社贷款利率“一浮到顶”的现象。2010年，将分布在五县（区）的10户无贷款企业和10户无贷款农户作为民间借贷利率监测点，按月上报利率监测情况。2011年，制定《朔州中支利率政策宣传预案》《朔州中支利率市场化备案制度》《利率风险定价能力评估制度》，保证利率形成机制改革工作在辖内的顺利进行。2015年，首次开展利率定价能力评估，引导银行业金融机构对全市经济转型企业和项目实行差别利率，降低企业融资成本。从2016年开始，每年开展合格审慎评估，推动深化利率市场化改革，组织辖内地方法人机构开展利率机制基础成员的申报工作，拓展地方法人机构的融资渠道。

2019年，市人行推动辖内地方法人机构参考LPR进行贷款利率定价，进一步推动利率市场化，降低中小微企业贷款利率。

第四节　专项中央银行票据

2003年，国务院下发《关于印发深化农村信用社改革试点方案的通知》（国发〔2003〕15号），拉开全国农村信用社改革试点的序幕。根据国务院改革试点方案，2004年，为落实国务院深化农村信用社改革工作，中国人民银行决定发行专项央行票据，对农村信用社实施“花钱买机制”改革，用于置换农村信用社长期经营中产生的不良资产。主要采取两种资金支持方式：一是由人民银行按照2002年底实际资不抵债数额的50%安排专项再贷款。专项再贷款利率按金融机构准备金存款利率减半确定，可分为3年、5年和8年。二是人民银行按2002年底实际资不抵债数额的50%发行专项中央银行票据，用于置换信用社的不良贷款，票据期限两年，按不低于准备金存款利率按年付息。

□　央行票据支持阶段

朔州市农村信用社改革资金支持选择发行专项中央银行票据的方式。央行票据支持改革试点工作分为三个阶段。

○央行票据申请发行阶段

2004年至2007年第一季度为专项央行票据申请发行阶段。市人行对农村信用社经营体制转换、完善法人治理结构、增资扩股、提高资本充足率等情况进行审核。4月，全市6家农村信用社申报央行专项票据，6月初全部通过人总行、银监会的审查和审核，通过率为100%，居全省第一。

○央行票据申请兑付阶段

2007年4月至2009年6月为专项央行票据申请兑付阶段。市人行对达到兑付条件申请专项央行票据的农村信用社完成市县两级考核，并按时将考核通过的农村信用社申请材料上报人行太原中支，对经考核通过的农村信用社兑付专项央行票据。

○票据兑付后续监测考核阶段

2009年7月至2015年为票据兑付后续监测考核阶段。市人行通过加强对农村信用社的现场检查和非现场监测，督促农村信用不断巩固改革成果，完善内部治理，提高经营水平。

□　央行票据发行

2004年，朔州市农村信用社改革试点工作开始。成立朔州市农村信用社改革资金支持领导组和朔州市农村信用社资金支持方案实施与考核工作组，市人行与市银监局协作，在农村信用社的配合下，全面开展对全市农村信用社联社和基层社各项资料的收集、整理及核实工作，做好农村信用社资金支持培训及宣传，保证全市数据的及时、准确、全面上报。

2005年，全面开展申请专项央行票据发行工作。同年6月末，辖内6家农村信用联社专项票据发行申请全部通过人总行、银监会的审核，获得央行票据认购权，央行票据额度合计31 104万元。

□　央行票据兑付

自2007年第二季度起，朔州市农村信用社改革试点专项央行票据陆续进入兑付期。市人行按时上报《农村信用社改革试点实施进展情况专题报告》及考核报表，下发《朔州市六区县农村信用社央行专项票据兑付考核意见反馈书》，加强专项票据兑付考核工作。2008年11月，辖内农村信用联社专项票据兑付全部完成，央行共向农信社支付专项票据款31 104万元，其中，朔城区联社6 804万元，山阴联社7 275万元，应县联社5 390万元，平鲁区联社452万元，怀仁联社5 751万元，右玉联社1 362万元。累计支付利息1 175万元。2008年末，全市6家农村信用联社挂牌成立一级法人。

□　央行票据监测

2009年至2012年，为加强农村信用社改革试点专项央行票据兑付后续监测考核工作，朔州市成立专项票据兑付后续监测工作领导组，负责组织实施辖区农村信用社专项票据兑付后续监测考核工作。同时成立农村信用社专项票据兑付后续监测考核工作组，办公室设在市人行货币信贷管理科，负责日常的监测考核。2009年，市人行对辖内6家农村信用联社兑付专项票据后改革情况开展全面现场检查，检查率100%。2010年，采取季度报备、年度考核、横向全面检查、纵向突击检查的方式开展后续监测工作，引导督促农村信用联社形成持续向好的经营机制。同时，建立后续监测考核档案、检查档案，强化监测整改情况落实。全年，下发整改通知书4次，约见高级管理人员谈话3次，自行组织开展后续监测检查7次，配合人行太原中支后续监测检查2次。2011年，市人行对经人总行考核同时达到将新增存款一定比例用于当地贷款考核和专项票据兑付后续监测考核标准的农村信用社，增加支农再贷款限额，对1家达标机构实行较低的存款准备金率。年末，辖内农村信用联社资本净额达到11.47亿元，表内外风险加权资产12.13亿元，资本充足率达到9.45%。各项贷款损失准备11.55亿元，资本实力大大增强；各项贷款余额114.27亿元，较2004年增加50.52亿元，增长178.5%；不良贷款余额8.17亿元（按五级分类），不良贷款率7.15%，较2004年（按四级分类）分别下降4.39亿元、35.12个百分点，资产质量显著改善。各项存款余额203.59亿元，较2004年增加98.15亿元，资金实力显著增强。拨备覆盖率158.57%，贷款损失准备充足率207.18%，抵御风险能力大幅提高。

中篇

金融管理

第二章
金融监管

第一节　银行业监管

□　现场检查

○人民银行监管时期

朔县人行正式行使中央银行职能后，作为辖区唯一一家金融监管机构开始对金融业实施监管并开展现场检查。1984年，对辖内67个企业进行现金管理检查，控制不合理大额现金支付。1985年，对各专业银行的联行汇差和透支开展检查，对存在问题按规定收回罚息款12.9万元。对县工行迟交存款准备金一天罚款321元，促使专业银行严格按政策规定办事。1986年，对全县各专业银行开展固定资产贷款、结算纪律和运用联合资金3个方面检查，对存在的问题进行纠正。1988年，根据《现金管理暂行条例》，对全县银行机构经济开发贷款、信贷、现金管理进行现场检查。

朔州建市后，针对全市金融秩序比较混乱的情况，市人行把稳定政治、稳定经济作为金融管理工作的出发点，以整顿金融秩序和清理多头开户等作为监管工作重点，加强对金融秩序的整顿和管理。1989年，对全市银行机构结算账户开展现场检查，清理多头开户单位25个、多头账户42个。1990年，清理多头开户单位199个，清理贷款8 496万元。1991年，对朔城区、平鲁区金融机构进行全面现场检查，当年，所辖机构全部达标。针对辖区各种票据积压严重、数额大、时间长，汇票结算存在漏洞等问题，开展结算纪律执行情况大检查2次。对6家金融机构222个单位和个人的497笔贷款抽查，及时提出整改措施。1989—1991年，共对金融机构开展检查8次，检查单位171个。1994年，对区县金融机构限额控制下资产负债比例执行情况开展全面检查，对检查中发现的超比例发放贷款问题进行严肃处理，全市农村信用社的存、贷款比例65%，达到考核要求。

为促进朔州市金融机构依法规范稳健经营，1995年，市人行对全市83家金融机构高息揽存情况开展现场检查，依法处置金融机构16家，经济处罚10.2万元，通报批评6家。1996年，以“三不准”为内容，开展结算纪律大检查2次，全年共清理无证户2 960个，多头户804个，补办开户手续156个，使全市持证账户达8 391个，持证率达98.69%。1997年，针对全市金融机构存在五不相符和违规经营等问题，处罚违规金融机构19个，罚款6.92万元。1998年，对全市83家金融机构和邮政储蓄部门开展存贷款利率执行情况检查，处罚机构16家，罚款6.03万元。

加强对金融机构的综合业务现场检查，2000年，对全市国有商业银行1999年末的贷款质量、盈亏状况、内控制度及高级管理人员任职资格开展真实性检查，其间，抽查营业机构41家，占全市支行级以上金融机构总数的70%。对国有独资商业银行承兑汇票等4项业务进行专项检查，针对个别工作人员违章操作、部分银行卡透支管理偏松等问题，提出整改意见并开展督查。2001年，对市工行、市农行系统2000年下半年不良贷款进行重点检查，当年，朔州市不良贷款余额较年初下降11 759万元。对全市国有独资商业银行222个分支机构内控制度建设和执行情况进行检查，现场检查累计808个工作日，检查业务量56万余笔。对国有商业银行执行《个人存款账户实名制规定》进行检查，共检查营业机构243个，对11个违规金融机构予以警告，对13个违规金融机构处以罚款4.1万元。对政策性银行、国有商业银行清理"小金库"自查情况进行检查。向被监管单位下发《现场监管提示书》144份，《后续现场监管提示书》120份。2002年，对市建行单笔亿元以上大额不良贷款、市农发行非保护价粮棉油贷款、朔州市房地产金融业务等开展多项检查，全年累计投入现场监管工作量4 700多人次，完成检查任务34项，检查各类资金260多亿元，查处违规资金1.3亿元，提出合理化建议158条。

○朔州银监局监管期间

2004年，朔州银监分局成立初期，制订《朔州银监分局现场检查人力资源集成工作方案（试行）》，设立现场检查人力资源集成小组，先后开展银行业不合理收费、整治不规范经营、"两加强、两遏制"专项检查、农村信用社社团贷款、"三违反、三套利"专项治理及整治银行业市场乱象、"巩固整治乱象成果、促进合规建设"等179项大型检查。共派出检查组269个，累计投入16 980个工作日，检查各类银行业机构2 296个（次），检查金额5 986.28亿元，提出整改意见2 935条，整改率达到95%。

2004年至2012年，朔州银监分局围绕"管法人，管内控，管风险、增强透明度"的要求，先后组织开展96项检查：对四家国有商业银行水泥、房地产、焦炭、农业、中小企业、消费贷款开展专项检查和资产质量、内部控制现场检查；对四家国有商业银行贷款分类偏离度、土地和固定资产投资项目贷款情况开展现场检查；对市工行、市中行、市建行2004年内控制度检查整改情况常规跟踪检查；对市农行城东支行、府西支行银行承兑汇票及贴现业务检查；对农信社新增支农贷款情况专项检查、增资扩股真实性及合规性检查、社序时性检查、专项案件治理检查、账外经营检查、关联方和关联企业授信业务检查；对市农发行2005年6月末的全辖区信贷管理及贷款风险分类情况现场检查；对市中行、市农行贷款分类偏离度现场检查；对市工行个人汽车消费贷款、个人住房贷款现场检查；对市中行、市农行、市工行风险试评级检查；对市建行、市中行、市农行集团客户授信业务现场检查；对市农行、市中行操作风险现场检查；对市中行、市农行、市工行、市建行银行承兑汇票、贴现业务检查；对市农行房地产贷款专项检查；对市工行汽车消费信贷专项检查；对市农发行新业务经营状况和风险情况检查；对农信社案件专项治理抽查；对农信社贷款五级分类偏离度检查等。

2013年至2019年，朔州银监（银保监）分局对辖内银行业金融机构开展一系列现场检查，同时强化行政处罚手段。其间，共处罚金融机构33家（次），罚款金额800余万元，处罚高管人员6人，同时给予罚款或警告处分。其中：2014年，对市农发行、市中行、市农行、市工行、市建行、浦发银行、招商银行、晋商银行、晋城银行、大同银行、城区联社、山阴联社、应县联社和蒙银村镇银行14家金融机构开展服务收费现场检查。检查发现制度建设、内部管理、价目公开、收费行为、投诉机制、责任追究、自查工作7个方面共计9个问题，涉及违规金额23.94亿元。对其中9家机构分别罚款20万元，共计罚款180万元。2015年，对市农发行、市中行、市农行、市工行、市建行、市邮储银行、浦发银行、招商银行、晋商银行、晋城银行、大同银行、交通银行、城区联社、平鲁联社、蒙银村镇银行15家金融机构开展“两加强两遏制”（两个加强即加强内部管控、加强外部监管；两个遏制即遏制违规经营、遏制违法犯罪）现场检查。检查发现信贷、存款、表外、理财、同业、财务、内部控制7个方面共计53个问题，对其中3家机构给予行政处罚，共计罚款80万元。2016年，对市农行、市中行、招商银行、大同银行、应县联社、平鲁联社、太行村镇银行7家金融机构开展“两两”回头看现场检查。针对在内部控制、合规经营、风险管理、案件防控、服务实体经济及重点业务方面存在的100个问题，对5家机构罚款140万元。2017年，对市农发行、市建行、浦发银行、右玉联社、山阴农商行、金都村镇银行、慧融村镇银行7家银行业金融机构开展“三三四”（三违反即违反金融法律、违反监管规则、违反内部规章；三套利即监管套利、空转套利、关联套利；四不当即不当创新、不当交易、不当激励、不当收费）专项检查。检查发现在制度建设与执行、信贷、票据、同业、理财、风险管理6个方面存在34个问题。对违规机构罚款140万元。2018年，对市工行、市邮储银行、晋商银行、华夏银行、山阴农商行、太行村镇银行、右玉联社7家金融机构开展深化整治市场乱象检查。检查发现在“双录”、收费、票据业务、信贷资产风险分类、制度的合规性等方面共计41个问题。对违规机构共计罚款160万元。2019年，开展巩固整治市场乱象成果自查，10月末，辖内银行业和保险业金融机构自查共发现问题841个，已整改815个，整改率96.9%，共问责846人次，其中，经济处罚296人次，合计金额20.69万元；开展整治市场乱象检查，检查发现问题82个，已整改66个，整改率80.49%，落实并处理相关责任人115人次。对村镇银行开展案件风险排查和全面业务现场检查，分别对4家村镇银行的股东股权、同业票据业务、借冒名贷款三项重点业务风险和右玉长青村镇银行全面业务进行检查。检查发现23类51个问题，提出监管意见10条，下发监管意见书1份。对怀仁农商行股东股权开展专项排查，检查金额3 300万元，检查发现问题3个，提出整改意见4条。开展案防评估、辖内农村中小银行机构专项安全检查等11项现场检查，检查各类银行业机构109个（次），调阅各类资料档案7 000余份，发现问题496个，提出监管意见467条。对3家金融机构违规问题实施行政处罚，罚款50万元，并对3名高管给予警告处分。

□　非现场检查

○人民银行监管时期

1985年，朔县人行专门行使中央银行职能后，明确金融管理工作要把协调、指导、监督、检查有机地结合起来，做到四个“坚持”：坚持联席会议制度，建立由人民银行为主，全市8个金融单位参加的联席会议；坚持在党的金融方针、政策、制度上对专业银行的业务领导；坚持检查监督，严把政策制度关；坚持协调领导，理顺各专业银行间的业务关系。

市人行成立后，建立完善金融监管制度，落实非现场监管责任制，运用非现场监管手段，维护辖区金融稳定。1991年，调查、测绘、制成全市200个金融机构分布图，为金融机构的总体规划、合理布局提供实物参考，并置于监督之下。成立市人行行政复议委员会，对使用罚款罚息、吊销经营许可证、停业整顿、冻结银行账户等一系列行政处罚手段加以规范，逐步实现金融管理法制化。1993年，按照《中国人民银行行政复议办法》的要求，建立组织机构7个，配备复议人员49名。1994年，制定金融监管“四个实施细则”：《关于对金融机构进行综合监管的实施细则》

《关于加强金融监管的实施细则》《关于强化结算纪律监督的实施细则》《关于加强国库监管的实施细则》。出台《关于贯彻全国全省金融机构监管工作会议精神，进一步加强金融机构监管工作的实施意见》，规范金融机构行为，维护金融秩序。

随着《中国人民银行法》《商业银行法》《票据法》《保险法》等金融法相继颁布，人民银行的金融机构监督管理职能以法律形式固定下来。监管重点也由过去主要承担机构监管工作转移到机构、业务、风险防范等全方位监管。市人行完善监管制度，注重防范化解金融风险实效，增强监管工作的系统性。1996年，建立“三个体系”，即建立人民银行自下而上、纵横贯通的整体监管体系，实行金融监管工作行长负责制；建立金融机构经营自律体系，制定《朔州市金融风险防范自律公约》，包括执行金融政策、信贷管理、业务竞争等10个方面的风险防范条款；建立社会监督体系，健全社会举报制度，监督促进人民银行金融监管和金融机构的规范经营。建立健全金融风险、重大情况及突发事件快速上报制度、金融机构报表资料专收制度、金融机构业务状况和经营风险状况报告制度、行长按季署名向上级行报送《经济金融形势分析报告》和《金融监管工作报告》制度，增强监管工作的系统性。成立农村金融体制改革领导组，完成农行与农信社脱钩。当年，全市6个农村信用联社和105个农村信用社存贷款比例严格控制在人民银行规定的70%以内，业务实现连续稳定发展。1997年，完善“一档六簿”监管档案，建立健全金融机构档案320个，其中，市级金融机构11个，科级金融机构79个，股级及以下金融机构230个。成立朔州市金融监管委员会和朔州市金融机构资格审查委员会，加强各监管部门的有效配合。1998年，建立金融机构报送报表资料考核制度，开始对金融机构报送报表情况进行考核。实行非现场监管金融联席会议制度，与市政府相关部门就金融监管工作中的问题沟通交流，为人民银行依法监管创造较好的社会环境。

从1999年开始，逐步建立和完善资产负债比例管理、信贷资产质量等风险台账，实行按旬监测、按月监控，跟踪调查、现场指导的措施，从机构管理、主要负责人管理、非现场监管、其他等方面，规范监管档案和监管标准。2001年，制定《对商业银行贷款质量监管指导意见》《对国有商业银行不良贷款考核办法》，把商业银行不良贷款下降3个百分点作为金融监管工作重点，确定重点监管对象34个，实行跟踪监管。全年向金融机构发出《监管提示书》和监管通知书25份。根据监管职能的转变，2002年，实行“绩效联动监管”，即对商业银行市级管理人员实行绩效考核；改革对县支行的双百分考核，由过去重报表的及时性考核改为监管实绩考核；以监管任务的完成情况和工作手段创新作为对监管人员评价的主要依据。推进“三大创新工程”（非现场监管自动化工程、“三农”贷款监控工程、高风险农村信用社特别监管社跟踪监管工程）。当年，向被监管单位下发《非现场监管提示书》250份。

○朔州银监分局监管时期

2004年，银监局朔州分局成立后，先后制定《非现场监管分析例会制度》《季度监管工作情况通报会制度》《监管后评价制度》等制度，统一监管标准采集、统计有关数据和信息，规范非现场监管程序、内容、方法，明确非现场监管人员的职责和报告路径，跟踪、监测、预测辖内金融机构运行情况，开展非现场监管，监管履职能力不断增强。

2018年12月，朔州银保监分局成立后，成立非现场监管专题分析小组，按季召开季度区域风险分析例会暨防范化解金融风险攻坚战工作会，定期召开监管工作通报会，持续提升非现场监管的连续性和有效性，提高监管效能，促进全市金融业、保险业的稳定和经济可持续发展。

□ 市场准入管理

○人民银行监管时期

1986年，朔县人行贯彻落实《银行管理暂行条例》《城市信用合作社管理暂行规定》，对全县43个金融机构进行清理整顿，为各金融机构全部建立金融档案，对未挂牌或印章与许可证不符的机构，要求限期整改。当年，审查上报及建立山西省第一家县级银行系统同城票据交换清算所。批准朔县邮电局试办邮政储蓄业务。试行同业资金拆借市场，畅通资金供应渠道。1987年，为全县金融机构重新换发《经营金融业务许可证》。11月，成立朔县城市信用社。1988年，同意各专业银行之间业务可以适当交叉，在资金自求平衡的情况下，发放跨系统贷款；各专业银行可以增加存款种类，发展新的储蓄方式，开辟资金来源，以满足企业对资金的需求。对金融机构换发《经营金融业务许可证》并开展换证复查工作，全县57个机构真正做到印章、牌照、业务范围与批准的许可证要求相一致。要求各金融机构把许可证和工商行政管理部门颁发的营业执照一同挂在营业场所醒目处，引导全社会对金融活动进行监督。

针对朔州建市后金融秩序比较混乱情况，1989—1992年，市人行全面整顿全市金融秩序，加强市场准入管理。1989年，制定《朔州市金融机构管理暂行规定》，对各级各类金融机构逐个进行清理整顿，经检查验收后换发《经营金融业务许可证》。制定《关于单位在金融机构开户管理的暂行规定》，明确划分各类金融机构经营范围，规定“一个单位只能在一家金融机构开设一个基本账户”，推行“单位开户，首先要到人民银行领取开户通知书，持开户通知书到指定的金融机构办理开户”的办法，人民银行审阅企事业单位《营业执照》正本后，才能办理开户手续。同时提出对已多头开户进行清理整顿的“三查三看”方法（查开户通知书，看有无私自开户现象；查已清理账户，看有无资金继续活动现象；查协议书，看清理债务执行情况）。制定《关于金融业务交叉的暂行规定》，对金融业务交叉、银团贷款等明确范围和具体开办方法，规定金融机构擅自发放跨系统贷款，人民银行要采取严厉经济制裁，包括罚款和没收全部贷款收入；对金融机构擅自不参加票据交换和无故拒办拒收他行票据的，每日罚款500元，或拒收拒办金额每日罚款万分之五。储蓄代办所不能面向社会对外营业，只能办理储蓄业务，不能吸收对公存款和发放贷款，将金融业务交叉纳入有计划管理轨道。当年，审批新增金融机构18个。撤并未经批准擅自经营金融业务机构11个。纠正超范围经营金融机构9个。对7个机构处以罚款1.07万元。对朔州市成立后金融机构名称和行政隶属关系变更的160个金融机构换发“经营金融业务许可证”。顺利开通中断8个月的平鲁区票据交换所。审查签发开户通知书522份，清理多头账户42个，全市188个金融机构全部达到规定要求。1990年，印发《关于对中国银行不执行山西省人民银行更改机构名称通知的通报》（朔银字〔1990〕第4号），对未经批准挂牌对外营业的“中国银行平朔支行营业部”通报批评。针对各专业银行申请设立新的网点情况，采取年初一次性上报规划逐个考察的办法，审核同意新增机构2个。年末，全市196个金融机构走向规范化、制度化。1992年，在业务上实行“三放开”，即业务分工进一步放开，各专业银行可以根据经济发展要求，在贷款发放上适当相互交叉；融通资金的渠道进一步拓宽，让企业直接进入市场筹集资金；开户放开，如果企业项目投资较大，一家银行难以解决，可向多家银行申请贷款，同时可开立相应的辅助账户。鼓励各专业银行发展房地产信贷业务和信托咨询业务，批准建立市建行、市工行房地产信贷部。1992年，报经人行省分行同意，批准设立朔城区农村信用联社、平鲁区农村信用联社。审批分理处、储蓄所11个。对170个金融机构进行年检并换发《经营金融业务许可证》。

按照人行省分行推行筹建制的要求，1993年，朔州市开始推行筹建制度，即按照设置金融机构的原则和要求，考察同意后发给其筹建许可证，筹建到期具备开业条件后，再由其申请开业，经审批后发给《经营金融业务许可证》。当年，全市新增各级各类金融机构8个。继续整顿金融秩序，清理整顿违规营业储蓄代办所8个。为朔城区、平鲁区、山阴县及市级212个金融机构年检和换证，对12个丢失许可证的金融机构进行处理。对行政区划变更后划归朔州市的怀仁县、应县、右玉三县157个各级各类金融机构重新编号换发新的《经营金融业务许可证》。年末，全市设有各级各类金融机构384个，全部达到规范化要求。

1994年，市人行贯彻人总行印发的《人民银行分支行转换职能的意见》，开展“两清”“两查”（两清即清理越权审批的金融机构，清理非法设立的金融机构；两查即对非银行机构进行资本金普查，对金融机构主要负责人任职资格进行普查）。全市共普查农村信用社105家，农村信用联社5家。查出非法机构17个，清理15个。对未经批准设立的“中国农业银行朔州市支行国际业务部”和“中国农业银行朔州市支行金穗卡业务部”进行经济处罚，并限期清理撤并。对373家金融机构进行年检，发现问题并在年检结束前纠正70家。当年，全市新增金融机构71个。

为贯彻人行省分行“关于规范四部管理的意见”精神，1995年，市人行按照分业经营、分业管理的原则，采取由组建行（司）拨付营运资金，任命机构主要负责人，营业证、章、牌、照名称挂靠组建单位，业务归并组建单位管理等措施，清理整顿房地产信贷部2个、国际业务代办处1个、信用卡业务部4个，对其超范围经营的银行存款业务于3月底划归有关行处，对市工行、市建行房地产信贷业务于10月底清理完成。对全市1994年新增设的25个金融机构，从执行政策、经营发展及内部管理等方面开展业绩考核，其中，考核合格24个，不合格1个，限期1个月内整顿解决问题，并对存在的7个问题进行纠正。对全市389个机构的印章进行全面检查，其中，印章尺寸样式和名称不符合规定的365个，占检查总数的93.8%，对不符合标准的要求其更换。对全市373个金融机构进行年检。当年，按照朔州市政府建设规划和各银行增设金融机构计划，审查并按程序批设金融机构8个，办理迁址6个。

加强新设金融机构的市场准入监管。1996年，全面审查市农发行分支机构负责人任职资格、报表资料、农村信用联社主要负责人资格等，为农发行分支机构的设立做准备，同时，完成市农行与农村信用社的脱钩工作。当年，对169个金融机构的主要负责人进行任职资格审查，全部合格；向省人行推荐新增科级以上金融机构25个，并考察和审批科级以下金融机构；对1家擅自变更营业地址的银行机构处以1万元罚款，并通报批评。年检金融机构411家，发现有“五不相符”和违规问题机构16个，对检查当中发现的44个证、章、牌、照和营业场所五不相符的金融机构要求限时整改，年检情况在《朔州报》上予以公告。1997年，全市新增金融机构19个，撤销金融机构4个，迁址、更名金融机构8个，改建金融机构9个。其中，完成市农发行分支机构的设立，全市共设市级分行1个，区县支行5个。审查金融机构主要负责人138个，其中审查合格133人。对756个商业银行联办、代办机构造册登记，整顿并规范代办金融机构17个，撤销代办点2个。对违规吸储的3家金融机构通报批评。对筹建而未批准开业就办理存款业务的1家金融机构罚款4 398.98元。对全市453个金融机构进行年检和换发新证，占应检查机构的100%。1998年，对22家金融机构进行通报批评，对10家金融机构罚款3.2万元。当年，全市308个金融机构，其中：银行类288个，合格机构283个；非银行类机构20个，合格机构19个。

2000年，对全市272家金融机构进行现场检查和复查验收，撤销歇业一年以上的金融机构7

个；要求无经营金融业务许可证的2家金融机构限期办理市场准入手续、没有营业地址的3家金融机构限期落实营业地址并缓办年检，对擅自搬迁、手续不全、擅自变更主要负责人，以及存在安全隐患的金融机构予以通报批评或罚款。2001年，将年检工作重点由过去的对金融机构名称、证、章、照、地址等的合规性检查转移到对内控制度的建设及执行情况检查上，年检金融机构261家。2002年，对234个金融机构及高级管理人员进行年检和业绩考核。2003年，审核批准10家金融机构升格，5家金融机构迁址，2家金融机构更名，5家金融机构撤销，32家机构换发金融业务许可证。审查银行高级管理人员任职资格34名，其中，核准10名，备案24名。对201个金融机构及高级管理人员年检和工作业绩考核，年检机构达到全市机构总数的90%。

○朔州银监分局监管时期

2004年以来，朔州银监分局制定《朔州银行业金融机构高管人员任职资格管理实施细则》《朔州银监分局行政许可委员会工作制度》《行政许可执法监督暂行制度》等，加强市场准入监管。完善和细化有关行政许可制度流程，把银行业普遍关注的行政许可事项依据、条件、程序、期限以及需要申请人提交的申请材料目录和格式要求等以书面形式或通过媒体向社会进行公示。在市场准入方面，完善预沟通机制；高管人员准入实行“三考三承诺”制度；业务准入遵循“高风险、严准入，低风险、宽准入”原则。2008年末，全市6家县级联社全部完成统一法人组建工作，实现挂牌开业。2011—2017年，先后批复同意朔城区蒙银村镇银行、山阴县太行村镇银行、浦发银行朔州分行、晋城银行朔州分行、应县金都村镇银行、怀仁慧融村镇银行、华夏银行朔州分行、右玉长青村镇银行等设立。2012—2019年，朔州银监分局共受理行政许可事项627件，其中，机构类225件、高管类405件。编发行政许可纪要90余期，在银监会外网公开各类事项396项，在朔州政府网站公开529条。

□ 银行业其他监管

○创建金融安全区

2002年至2003年，市人行开展创建金融安全区工作，制定《创建朔州市金融安全区实施意见》，将内控机制、行业自律、社会监督纳入监管体系中，初步形成以人民银行监管为核心、金融机构内部控制为基础、金融行业自律为铺垫、社会监督为补充的创建模式，使金融风险的识别、预警、反馈、控制、处置各环节衔接有效，在全市营造良好的社会信用环境。市人行、市委市政府联合召开朔州市金融工作座谈会、朔州市金融工作会议、创建朔州金融安全区工作推动会和总结会，把创建金融安全区列入朔州市整治经济发展软环境的一项重要内容，对创建成绩突出的单位进行表扬，使创建活动做到典型带动，辐射整个辖区。

○案件防范评估

2012年以来，朔州银监分局对朔州市银行业组织开展8次大规模的案防检查和评估，对所有参加考评的单位进行工作点评，提出监管要求和建议，对部分工作不扎实的机构进行监管谈话。与朔州市银行业机构签订案防责任书，对各银行业机构案防、安保工作开展情况按季听取汇报、召开座谈会、实地检查、查阅资料、个别谈话等方式进行督查和风险提示。2013年11月末，全市银行业金融机构成功堵截案件6件、避免损失金额15.38万元、避免损坏ATM1台。2012—2019年，实现连续8年无案件发生。

○处置非法集资

从2013年开始，朔州银监分局为防范非法集资等风险向银行机构传播，加强与地方政府、公安、司法、工商的协调与沟通，通过构建公众教育、送金融知识下乡、网络宣传等五个平台，开展处置非法集资知识“进机构、进社区、进家庭、进网络、进乡村”的“五进”活动，构建处置非法集资宣传长效机制。

○不规范服务收费清理

2015年，朔州银监分局落实银监会关于进一步开展银行清理工作要求，对辖内银行业机构2014年1月至2015年5月不规范服务收费情况进行清理、对63家银行业分支机构打击银行卡非法买卖开展专项督查、对辖内6月末有社团贷款余额的3家联社开展社团贷款现场检查、开展银行业柜面业务操作风险现场检查。四项检查共成立现场检查小组17个，累计投入工作日2 145个，查阅规章制度、传票等相关资料3 152册，提出监管意见29条。

□ 农商行改制监管

2014年，朔州市开始推进农村商业银行改制工作。朔州银监分局根据《国务院关于印发深化农村信用社改革试点方案的通知》（国发〔2003〕15号）和《中国银监会农村中小金融机构行政许可事项实施办法》等要求，按照“成熟一家，组建一家”的原则建立改制农村商业银行筹建达标预评估机制，对拟改制的农村信用社实行启动改制前政策辅导、不定期监管指导和组建审批。对符合筹建申请条件的农村信用社的法律程序、清产核资和资产评估、净资产分配工作进行初审，向筹建小组出具验收意见书，对整改结果复查验收；创立大会前按照“事先沟通”的原则与符合开业条件的农村商业银行就章程、公司治理、组织机构、董（监）事和高管人员人选资格等情况进行沟通，对拟任董事、高管进行监管约谈，落实各项监管要求。2015年，山阴农商行获得中国银监会批准筹建，成为辖内第一家农村商业银行。2018年7月、8月，朔州农商行、怀仁农商行分别开业。其中，朔州农商行成为山西省首家以新设合并方式组建的地市级农村商业银行。2019年，右玉联社改制完成，更名为山西右玉农村商业银行股份有限公司。至此，辖内山阴县、朔城区、平鲁区、怀仁市和右玉县5家农村信用社完成农村商业银行改制，挂牌开业。应县联社获得山西省银监分局改制农村商业银行筹建批复。

第二节　农村信用社行业监管

□ 现场检查

1997年，朔州市农村信用合作金融管理科成立后，实施对农村信用社的监管。1998年，全面完成对应县、山阴县、怀仁县、右玉县6家城市信用社的检查、清产核资及分类处置工作。2000年，根据津银发〔2000〕90号文件精神，对辖内归口农村信用合作社联合社管理的9家城市信用社1999年末的贷款质量、盈亏状况、内控制度及高级管理人员任职资格开展真实性检查，对26家农村信用社违规责任人进行处理，其中，对3人做出警告处分、对20人做出通报批评处分。2001年，对朔城区农村信用联社及所辖机构开展“八项检查”（即债券投资情况检查、1997—2000年新增贷款的质量检查、最大单户和最大十户贷款检查、清产核资及真实性检查后续检查、“三外”资金检查、县联社挤占信用社信贷资金状况检查、2001年信贷工作检查、储蓄存款实名制执行情况检查），向被检查机构下发检查意见书105份，限其30日内整改完毕。2002年，对全市农信社1 208个代办点开展整顿检查，规范代办站日常业务；对农信社单户大额贷款开展现场检查，发挥行业管理部门自律职能；完成60家农信社内控制度现场评价；当年，向被监管单位下发《现场监管提示书》28份。2003年，对农信社支农再贷款、应县及平鲁区18家农信社信贷业务、全市信用社内控制度建设和执行情况开展大检查等，向被监管单位下发《现场监管提示书》20份，《风险预警通知书》60份。对12家信用社给予相应处理及处罚。

□ 非现场检查

1997年，为全市归口管理的142家农村信用社及信用分社逐个建立监管档案。确定高风险农村信用社111家，重点监控农村信用社27家，高风险农村信用特别监管社12家。对27家重点监控社按月编制高风险监控月报表并进行反馈，对12家高风险特别监管社随时进行跟踪监控。建立高风险农村信用社目标责任制、农村合作金融监管工作报告制。1998年，建立《朔州市高风险农村信用社跟踪监管台账》《朔州市高风险农村信用社特别监管社跟踪监管台账》，对12家特别监管农村信用社实施特别监管制度。

积极推进农村金融体制改革，2000年，实行合作金融机构监管AB制，对农村信用社的监管由A（主监管员）负全责，B（副监管员）协助A开展工作。对农村信用社进行分类和处置，把全市农村信用社划分为五类：一类、二类社没有，三类社1个，四类社27个，五类社78个。把可能出现支付风险的21家高风险城乡信用社列为特别监管社开展非现场监管，要求按月上报各类报表和分析报告，填报《高风险城乡信用社监管跟踪监控台账》。同时，建立农村信用社主要负责人任职资格管理档案。

2002年，印发《关于建立监管效应示范点实施方案》，各区县选择1个四类社作为监管效应示范点，进行监管。建立《朔州市高风险农村信用社特别监管跟踪监控手册》，对106家高风险农村信用社实施特别监管，对38家高风险行社特别监管社进行跟踪监控。全年向被监管单位下发《非现场监管提示书》80份，对21名农村信用合作联合社高级管理人员进行审查，对学历不符合任职条件的4名高级管理人员要求限期整改。对153个农村信用社进行机构年检，108个农村信用社法人机构换发《经营金融业务许可证》。

从制度上加强对农村信用社的监管。2003年，建立《农村信用社大额贷款备案制》《农村信用社“三农”贷款监控制度》，签订《2003年农村信用合作社风险防范和化解责任状》，对1个二类社、1个三类社，严格按照合作制原则，增资扩股；对73个四类社，在资金政策上给予适当倾斜；对31个五类社，要求人民银行各区县支行加大监管力度，通过内部调剂、增加再贷款，扶持其生存和发展。出台《中国人民银行朔州市中心支行对农村信用社小额农户信用贷款监控实施办法》，促进农村信用社发展和风险防范。推广运用《农村信用社监管手册》，确定6家信用社为监管效应示范点，实施非现场监管。当年，向被监管单位下发《非现场监管提示书》80份，《风险预警通知书》60份。

□ 市场准入管理

严把农村信用社机构市场准入和退出管理，1997年，对朔州市农村信用社法人代表和信用机构主要负责人资格进行重新审定，对47家法人代表及分社主要负责人换发新的《金融机构法人许可证》《金融机构营业许可证》。1998年，全年新增农村信用社机构12个，其中法人机构1个，非法人机构11个；撤并机构10个；降格法人机构2个。采取与市工商局联合年检的方式，对143个农信社进行年检，现场检查面达100%；制定《农村信用服务站管理暂行办法》，对审查合格的1 129个服务站全部核发“金融业务代办证”。对9家法人机构法人代表任职资格进行审查，确认正式资格2人，临时资格7人。1999年，对全市140家农村信用合作机构进行年检，其中：农村信用联社6家，农村信用社99家，分社14家，储蓄所21家，城市信用社7家。对未经人民银行批准，擅自任用退休人员担任法人代表的1家联社给予警告，通报批评，罚款5 000元。对未经人行批准，擅自变更营业场所的2家联社给予警告，分别罚款10 000元、3 000元。2000年，撤销右玉县威坪信用社，降格朔城区神武信用社、平鲁区只泥泉信用社和山阴县史家屯信用社为分社。增加9家原城市信用社改制为农村信用社，撤销39家服务代办站。年末，全市农村信用社机构总数154家。2001年，考核评价6区县农村信用联社和朔城区所辖农村信用社主要负责人任职期间工作业绩56名，合格22人，基本合格32人。对1家农村信用联社班子做出调整。2002年，全市新增分社5家，撤销农村信用分社2家，农村信用社降格分社2家。2003年9月末，全市独立核算的农村信用社100家，联社6家，高风险农村信用社99家。资产总额31.58亿元，各项存款24.63亿元，各项贷款18.26亿元。不良贷款余额8.47亿元。

第三节 邮政储蓄机构监管

□ 现场检查

1990年4月，市人行对全市3个邮政储蓄机构进行现场稽核检查，对查出的公款私存和变相提高储蓄存款利率及时进行纠正。1991年，市人行进一步理顺金融秩序，对辖区邮政储蓄网点进行全面清理整顿，规定邮政储蓄部门开办邮政储蓄业务，要严格执行人民银行的利率政策和规定，不得以发放、赠送实物等形式变相提高储蓄利率，违反规定者，按人民银行有关管理规定予以责令纠正。当年，及时制止邮政储蓄网点办理有奖储蓄的不良竞争行为。1996年，市人行与邮政储蓄部门“一把手”签订《朔州市金融风险防范自律公约》，包括执行金融政策、信贷管理、业务竞争等10个方面的风险防范条款，防范风险。对全市7家邮政储蓄机构及其所辖的29个储蓄网点存款业务开展检查，对7个邮政储蓄网点超范围办理企事业单位存款、3个邮政储蓄网点向客户赠送物品、发放办储费变相提高利率等行为分别给予罚款处理和纠正。2001年，对邮政储蓄机构执行《个人存款账户实名制规定》进行检查，对违规机构进行处罚。2002年，市人行对邮政储蓄机构违规揽储进行专项检查。检查重点包括公款私存、汇兑转储、违规下达吸储指标及高息或变相高息揽储等违规行为。对检查中发现储蓄库存占用汇兑库存、代发工资沉淀资金套取人行转存款利差等问题在全市予以通报。

2004年，朔州银监分局承担对邮政储蓄机构的金融监管职责。2004—2012年，朔州银监分局共对全市29个邮政储蓄网点代理业务开展现场检查。2015年，朔州银监分局对市邮政储蓄银行开展“两加强两遏制”现场检查。2018年，对市邮储银行开展深化整治市场乱象检查。2019年，朔州银保监分局对市邮储银行以及代理营业机构2018年销售行为开展检查整改情况“回头看”。

□ 市场准入管理

根据国务院关于积极开办邮政储蓄的指示，1986年，朔县人行根据朔县经济发展较快，储蓄潜力较大的特点，积极协调批设朔县邮电局筹办邮政储蓄业务，并于8月正式营业。当年，全县邮政储蓄余额达到19.68万元。至1987年，朔州地区各县邮电局均开办邮政储蓄业务。邮政储蓄业务的开办，充分发挥邮电部门点多面广、传递快，营业时间长，节假日不休息的优点，方便了储户，增加了储蓄。

市人行成立后，持续加强对邮政储蓄机构的监管。1992年，围绕“控制总量、调整结构、适时调节、提高效益”的工作方针，按照在金融机构审批中实行计划管理、严格控制、布局调整为主的原则及朔州市市政建设规划要求，批设邮政储蓄网点3个；1994年，批设邮政储蓄网点10个。1997年4月，省人行下发《关于对邮政储蓄网点颁发〈金融机构营业许可证〉等有关问题的通知》，明确：邮政储蓄的业务范围是办理人民币储蓄存款业务，代理发行、代理兑付国库券，代理收付款项，经中国人民银行批准的其他业务；邮政储蓄机构的设立，由中国人民银行地市分行依据省人行下达的设立指标审核批准，统一颁发《金融机构营业许可证》，并收取一定费用。市人行根据省分行精神，对朔州市邮政储蓄机构进行审查和年检，当年，对29个邮政储蓄网点核对、登记并颁发《金融机构经营业许可证》。

2004年，辖内邮政储蓄银行市场准入管理职能开始由朔州银监分局履行。2008年5月，市邮储银行正式挂牌营业。下辖山阴县支行。2019年末，市邮储银行下辖5个县级支行，10个二级支行，27个邮政代理营业机构。

第四节 非银行业监管

□ 保险业监管

○现场检查

1989年，市人行成立后，清理整顿全市金融秩序，明确：严禁保险系统开办有奖保险。1996年，对朔州市保险公司及其所辖6个区县支公司、1个办事处开展全面业务稽核检查。对全市24个保险代理机构进行检查清理，规范代理机构业务经营。1997年，根据《关于进一步贯彻全国保险监管会议精神，全面整顿保险市场秩序的通知》，对全市43个保险机构进行摸底调查，规范保险业务和保险条款，并以会议纪要下发全市执行。根据人民银行、人行省分行《关于加强机动车辆保险业务管理的通知》，对朔州市保险机构车辆保险业务情况开展专项检查，检查面达100%，促进机动车辆保险业的健康发展。针对财险、寿险机构分设后存在的混业经营问题开展检查，对超范围经营的3个保险机构进行通报批评，并处罚款1万元。1998年，配合人行省分行整顿保险市场检查组对朔州市保险市场进行全面检查，责令保险机构对检查中发现的如保单要素不全、填写不规范、理赔档案不全面、代办管理机构不够规范等问题采取措施，限期纠正。

2019年，朔州银保监分局开展对大地财险朔州中支车险业务合规性现场检查、对辖内4S店保险兼业代理机构捆绑销售保险专项督导、“护航2019”反保险欺诈专项活动和侵害消费者权益乱象整治现场检查，累计投入工作量83人/天，核查上级提供的问题线索187条，提出监管意见8条。

○市场准入管理

20世纪50年代初，人民银行各县分支机构相继内设保险股，开办保险业务，人民银行对保险业进行领导和主管。1953年，各县相继设立保险公司。1958—1959年，根据国务院指示，各县保险公司相继停办保险业务，机构撤销，有关工作一律移交县人民银行接办。1981年6月，根据人行省分行《关于增设十二个市、县保险机构的通知》，人保朔县支公司设立。之后，其他各县保险公司陆续恢复并开展保险业务，业务上接受人民银行的领导、管理、协调、监督和稽核。1985年3月，国务院发布《保险企业管理暂行条例》，明确规定中国人民银行为国家保险监管机关。

1989年，朔州市设立后，人民保险朔州中心支公司成立。1991年6月，省人行转发人总行《关于对保险业务和机构进一步清理整顿和加强管理的通知》，规定：凡擅自开办保险业务的，要一律停办；凡擅自设立的保险机构要一律撤销。明确：“今后保险公司代理机构要纳入计划，实行指标控制”。市人行按照上级行规定，对全市保险机构进行清理整顿复查，规定凡擅自设立保险机构和开办保险业务的，一律撤销和停办，经批准已经成立的保险机构要认真做好自查，凡不符合要求的要限期纠正。1992年，全市增设11个保险代办点。1993年7月，怀仁县、右玉县、应县三个县的保险机构划归朔州市管辖，市人行继续清理整顿全市金融秩序，对清查出的由原雁北人行审批的保险公司王坪办事处进行重新报批。

《保险法》实施后，国内保险公司开始体制改革。1995年10月，人民银行下发《关于改革中国人民保险公司机构体制的通知》，中国人民保险公司的体制改革正式展开。市人行根据上级行精神，组织和领导人保朔州支公司体制改革工作。1996年，根据国家“分业经营、分业监管”的要求，报经省人行批准，设立中保财产有限公司分支机构10个、中保人寿有限公司分支机构7个，对213名保险代理人员开展业务培训和资格考试。1997年，市人行对已设立的17个保险机构颁发《金融机构经营许可证》，颁发保险代理人资格证书185个。1998年1—11月，市人行做好辖内保险业日常监管工作，制订年检方案，组织对各保险公司1997年度年检，并针对年检中发现的问题及时发出整改通知，限期整改。同时，做好保险代理人资格考试及合格人员办证、发证工作。

2001年1月，中国保监会太原特派员办事处正式成立，对朔州市保险市场进行市场准入管理。2004年2月，中国保监会太原特派员办事处更名为中国保监会山西监管局，履行对朔州保险业的监管职责。2018年，中国银保监会朔州监管分局成立，承担辖内保险业的监管职能。

2019年，朔州市银保监分局建立保险机构高管任职谈话和评分制度，加强保险行业市场准入监管。年末，全市共设保险业分支机构92家，从业人员8 000人。

□ 证券信托监管

1980年9月，人民银行发出《关于积极开办信托业务的通知》，要求利用银行机构普遍、联系面广的有利条件，积极开办信托业务。为了引导地方集资向规范化方向发展，1990年，市人行、市政府、市计经委联合制订企业集资计划，采取联合共管的办法，规定各金融机构未经人民银行批准不允许自营或代理证券买卖业务活动。针对朔州市已有4 200万元有价证券基本上市且购买者急用变现难的情况，批准筹建证券交易代办所，7月5日开始营业，当年，买进证券44万元。1991年，在原证券代理处的基础上，批设朔州证券交易营业部，开放国债市场，从增设代办点到多渠道、大面积广泛宣传等一系列环节入手，管好市场，占据市场。当年，累计交易各类债券10 705万元，其中，买进8 603万元，为活跃全市证券市场起到积极作用。1992年，市人行与市工行、市农行、市中行、市建行及政府部门协作，先后申请批设2家证券业务部，具体办理朔州市证券发行、买卖等业务。到1993年，中国银行、农业银行、建设银行信托投资公司设在朔州的3个证券业务部均能按照规定开展业务，全年自营证券买卖业务1 227万元，代理买卖12万元，代保管证券42万元。

按照人行省分行“关于规范四部管理的意见”，1994年，市人行开展对辖内3个证券业务部的检查，规范其经营行为。1995年6月，对朔州市由专业银行省级信托投资公司组建、市级专业银行管理的3个证券业务部进行清理整顿，停办证券业务部兼营的信托投资业务。同年，对省农行、省中行、省建行信托投资公司设在辖内的3家证券营业部回购业务进行专项检查。9月，对4个从事信托和证券业务的非银行金融机构进行检查清理和重新登记，对检查中发现的分支机构双重管理、营运资本金拨付不符合规定等问题予以纠正，规范其经营行为。对信托投资机构和财政部门设立的国债交易机构开展规范检查。

随着金融体制改革的深化，1996年，市人行按照分业经营、分业管理的原则，在检查和核实债权债务的基础上，推动山西省信托投资公司朔州办事处的人、财、物移交山西省信托投资公司管理；山西省农行信托投资公司朔州证券业务部转让给山西省证券公司；山西省建行信托投资公司朔州证券部改建为朔州市建行铁路办事处；山西省中行信托投资公司朔州证券业务部经省人行批示后撤销。

1997年，市人行、市公安局、市工商局查封非法办理指数期货交易业务的朔州市银桥信息咨询有限公司。

1998年4月，国务院将证券委员会并入中国证监会，确立了全国集中统一的证券期货市场监管体制。

□ 股票债券监管

○朔县时期

中共十一届三中全会以后，随着改革开放的不断深入，朔县经济发展速度加快，资金供求矛盾显现。一些企业为扩大生产和流通，面向社会筹措资金，开始发行内部股票和债券。朔县人行根据《银行管理暂行条例》的规定，履行管理企业股票债券的职责。

1986年8月，省政府批转人行省分行《关于企业股票、债券管理的暂行规定》，朔县支行、县政府联合向全县各乡镇政府、各企事业单位进行转发，通过组织通讯报道、利用县广播电台、电视台等开展宣传，明确人民银行是股票、债券的管理机关，企业进行社会集资必须经人民银行审查和同意，除经人民银行批准的金融机构外，任何单位和部门不得以发行股票、债券以及其他方式经营资金借贷业务。为进一步促进股票、债券规范化运作，朔县人行深入有关单位，开展社会集资调查研究，对存在集资情况的二轻系统、供销系统及信用社加强管理，维护正常的金融秩序。1987年，国务院颁布《债券管理暂行条例》及《关于发行国家重点建设债券及重点企业债券的通知》，规定中国人民银行是债券发行的主管机关，企业发行债券必须经中国人民银行批准。同年，朔县县政府下发《关于分配认购国家重点建设债券任务的通知》，确定朔县人行监督执行认购任务。朔县人行对县政府、财委、财政局、经委、计委1986年底预算外资金节余和1987年自筹基建计划等情况进行收集整理和认购任务分配。当年，全部完成国家重点建设债券认购分配任务。1988年，支持企业开展发行股票债券工作，批准朔县刘家口煤炭集运站发行地方企业债券300万元用于基本建设。人民银行在深入开展审查的基础上，帮助刘家口煤炭集运站制定一系列章程、发行办法等，经上报人行雁北地区分行批准，完成发行债券的工作，缓解了企业资金供应的紧张局面。把发行重点转移到发展股份制企业上来，根据山西省政府关于《企业发行股票、债券管理办法的暂行规定》，对神头电厂劳动服务公司经营状况以及发行股票的能力开展调查，认为该公司可以用发行股票的办法筹集闲散资金，搞活集体经济，发展第三产业，开办联营煤矿，购置车辆。经报人行雁北地区分行批准，神头电厂劳动服务公司发行企业股票50万元，共5 000股，每股100元，用于股份制建立。

○朔州市时期

为加强社会集资和企业内部集资管理，1989年，市人行规定：不论企业是实行股份制发行股票或筹资发行债券，都必须经人民银行批准后才能进行。对不按规定盲目集资的，坚决予以制止；对确实符合条件的，批准其按规范化的要求集资。原已集资的按规定补报审批手续提交备案。对于企业内部集资人民银行统一审批，定期检查。企业承包风险抵押金集资只能在实行承包制的企业内进行，所筹资金专户储存，如确需要，只能用于企业流动资金和临时周转。1992年，市人行组织编写《企业债券知识宣传材料》，向企业、市民开展证券知识宣传、辅导，提高筹资者、投资者的金融意识，为企业发展筹措资金。搞好债券发行审批工作，当年，要在严格履行操作规程、审查有关资料、对发债项目实地考察的基础上，会同上级部门批准朔州市商业总公司发行企业内部债券500万元，朔州水泥厂发行企业内部债券200万元，朔城区陶瓷厂发行短期融资券500万元。1997—2000年，市人行开展对朔唯陶瓷有限责任公司1 500万元企业债券的监测，多次开展实地调查，督促发债企业采取积极措施，筹集兑付资金，防范金融风险。

1999年，国务院规定企业债券市场管理统一由国家计委负责，中国人民银行不再进行管理。2000年后，市人行停止对发行债券企业的流动资金情况进行监测，也不再审核企业经营报表。

□ 城市信用社监管

1987年至1992年，朔州市相继成立9家城市信用社。1989年，市人行加强对城市信用社的清理整顿，明确：城市信用社的资本金要达到50万元，检查验收后也不能抽出，不能动用；城市信用社贷款实行信贷规模和资本金加各项存款后80%比例双项控制；各个城市信用社都可自办储蓄，但必须严格执行国家储蓄政策和人民银行规定的利率，也可为专业银行代办储蓄业务；城市信用社超范围吸收存款和发放贷款在4月底清理完毕，一时清理不完的可转让给专业银行，今后不能再吸收超范围存款和发放贷款。1990年，全面清理整顿朔城区城市信用社、平鲁区城市信用社、山阴县城市信用社超范围吸收存款276.6万元，发放贷款73万元，要求各城市信用社经市人行审核同意后，分别制定办法规定，在城镇集体企业、个体工商户、居民和本社职工中，招收股金按规定补足资本金。当年，3个城市信用社资本金均超过50万元，达到规定标准，全部通过省人行验收。筹备设立朔州市城市信用社中心社准备工作，制定自主经营、自担风险、民主管理的中心社章程；以资产负债比例为主的信贷资金管理办法；以勤俭办社扩大资本为基础的财务管理制度；以标准化、统一化、规范化为主的会计科目及报表、年度信贷、现金计划及人员培训计划等各种规章制度。1992年10月，贯彻人行省分行城市信用社归口管理的要求，经人行省分行审核同意建立朔州市城市信用社中心社。1994年，开展“两清”“两查”，全市共普查具有独立法人资格的城市信用社9家。对城市信用社限额控制下资产负债比例执行情况开展全面检查，9家城市信用社存、贷款比例为63%，均达到考核要求。1997年，对山阴县城市信用社、朔州市朔城区城市信用社2家高风险城市信用社实施特别监管，要求被监管机构按月上报主要会计、统计报表资料和重大经营活动情况，每季对特别监管机构进行一次全面稽核。1998年，对城市信用社违规经营活动进行抽查，对被列为特别监管的山阴县城市信用社、朔城区城市信用社实施以“专人负责、一社一策、跟踪监管”为内容的特别监管制度，采取不得发放任何新贷款、各项费用开支从严控制、加大清贷收息力度，实行工效挂钩办法等措施解决城市信用社支付困难问题。根据《转发总行〈关于加强对县（市）城市信用合作社监管的紧急通知〉的通知》，对辖内6家城市信用社开展全面检查、清产核资及分类处理工作。2000年，逐项核实朔州市城市信用社中心社等9家县（市）级城市信用社的资产、负债及所有者权益等，加快城市信用社的改制步伐，经人行省分行同意为符合改制条件的9家县（市）级城市信用社更换《金融机构法人许可证》。

第五节　其他金融组织监管

□　资金市场监管

○朔县人行时期

1986年，朔县人行贯彻落实国务院和人民银行关于金融体制改革方案精神，制定《朔县金融系统关于建立同业资金拆借市场的暂行办法》，组织召开朔县金融系统联席协商会议，建立同业资金拆借市场，于10月开始试行开展资金拆借业务，敞开资金供应渠道，推动全县经济发展。1987年，建立完善朔县同业资金拆借市场，积极为专业银行开展同业拆借牵线搭桥，当年，全系统累计拆出拆入资金8 000万元。同时，开展票据承兑、贴现业务，扩大短期资金市场，先后与县工行、县农行和商供系统召开座谈会，对开展票据贴现业务进行协商，扩大短期资金市场。牵头与工交、财贸和各专业银行成立清查利库小组，共清理出不合理资金占用987.8万元。1988年5月，召开首届资金市场融资座谈会，开拓朔县地区资金市场，扩大融资渠道。当年累计拆出拆入资金44笔，金额达13 651万元，缓解了辖区经济发展中遇到的固定资产投资规模过大，消费基金增长过快，物价上涨过猛，流动资金缺口较大等突出问题。

○市人行时期

市人行成立后，对同业拆借活动加以正确引导，1989年，规定今后人民银行不再办理拆借业务，而是集中精力对拆借业务进行管理和协调。根据人民银行《同业拆借管理试行办法》，1990年，加强对同业拆借的管理，允许各金融机构参加邻近的大同、太原金融市场活动，可为其会员，但只允许参加一家金融市场活动，不论参加哪个金融市场活动都要经过当地同级人民银行同意，跨区的拆借必须通过金融市场进行。各金融机构也可进行无形的市场拆借活动。不论金融机构参加哪种同业拆借活动，都必须执行人民银行规定的《同业拆借管理试行办法》。要求各区县人民银行对同业拆借活动定期进行检查和统计分析，于每月底将辖区资金拆借统计表上报。1992年11月，经人行省分行批准成立会员制的朔州金融市场，当年累计拆出拆入资金额3.5亿元，业务范围拓展到全国20多个省市。

1993年6月，国务院印发《关于当前经济情况和加强宏观调控的意见》（中发〔1993〕6号），市人行按照文件精神，整顿和规范同业资金拆借秩序，立即停办朔州市所有资金拆借业务，并对拆出拆入资金进行逐笔清理，在查明资金来源、去向和用途后，要求各家采取相应措施尽快收回拆出资金，当年，朔州市清理收回拆出资金1.3亿元，归还拆入资金1亿元。

□ 投资公司监管

1985年，朔县人行针对辖区社会集资过热问题开展专项调研，并对投资规模较大的朔县投资公司开展7次调查，发现其96%的资金来源于县财政预算资金，严重挤占已纳入信贷计划的资金来源。针对调查发现问题，根据人民银行〔35〕银传字17号紧急通知精神，对朔县投资公司进行撤销。

□ 金融性公司监管

按照国务院《关于进一步清理金融性公司的通知》，1989年，市人行明确规定，对辖内金融性公司，该撤的撤，该并的并，加强金融环境治理。1990年，对朔州市金融性公司进行调查了解，撤销中行平朔支行房地产投资公司，该公司自1988年经省人行批准设立，一直未开业。撤并1988年6月经人行雁北分行批准设立并办理储蓄和商品房贷款的原雁北工商银行房地产投资部所属的3个房地产投资部，将其业务并入工商银行内部。撤销未经人民银行批准挂牌营业的朔城区建设银行房地产投资部金融性公司。

□ 基金会监管

1989年12月，人民银行下发《关于进一步清理整顿基金会的通知》，规定：未经中国人民银行审批擅自成立的基金会，以经营存贷款、拆借等金融业务为主的基金会，经营管理混乱、利用基金会名义搞倒买倒卖等违法活动的基金会，成立时间已满一年但未开展任何资助、奖励等活动的基金会，注册基金没有达到规定要求、资金来源不合理的基金会，基金来源于财政拨款、银行贷款和会员会费的基金会以及基金会的分支机构，应予以撤销。同一地区或同一部门宗旨、任务相同的基金会，应予以合并。

1994年，市人行对辖内2家基金会开展全面调查。朔城区城关乡照什八庄农村合作基金1992年4月经朔城区农委批准成立，资金来源主要为农村集体资金和村民入股资金，到1994年末，该基金会共吸收股金647 632元，其中，个人股80户，金额321 236元；集体股326 396元。1994年9月，应县杏寨乡农村合作基金会经应县农委批准成立，资金来源为各村集体积累资金对基金会的入股，年末，共吸收股金17股，金额17 000元。1995年，根据农业部、人民银行《关于加强农村合作基金会管理的通知》（晋农业（经）字〔95〕24号）精神，整顿规范农村基金会，对应县杏寨乡农村合作基金会、朔城区照什八庄农村合作基金会入股资金少、超范围借款、股金利息支付不规范等问题及时下发整改通知，规范各家基金会业务活动。1996年，依法取缔长期未开办业务的应县杏寨乡农村合作基金会。

□　典当业监管

党的十一届三中全会后，随着市场经济的发展，典当行业逐步恢复。1993年，市人行对典当行开展清查，对朔城区、应县清理出的2个挂有典当字样的废品回收店，责令其去掉招牌中的“典当”两字，维护正常金融秩序。1996年，人民银行颁布《典当行管理暂行办法》，明确典当行为非银行金融机构，由属地人民银行和公安部门共同进行监管。市人行对辖内典当业进行合规性检查，与市公安、市工商等协商，撤销未经人民银行批准试办，并且开业4个月基本未办理业务无法经营的第一个以典当实物为主的典当行。

从2000年开始，朔州市典当业移交朔州市经贸委统一管理。2002年10月，移交朔州市商务局监管。2003年后，全市典当业划归市商务部门管理。2019年3月后，典当业监管职能由市金融办承担。年末，全市共有典当企业14家。

□　彩票监管

1995年，朔州市民政部门与所属六区县民政局联合代理山西省福利彩票中心发行中国福利彩票1 000万元，实际发行340万元，面值2元，金额680万元。1996年3月，朔州市文体委和怀仁县文体委代理山西省体育彩票管理中心发行中国体育彩票445万张，面值2元，金额90万元。当年，市人行对辖内1995年以来彩票市场的发行、销售、资金使用等情况开展检查，规范彩票发行的方式、数额、期限等。1998年，下发《关于重审加强彩票市场管理的通知》，加大对彩票市场的监管力度，对未经批准擅自发行销售彩票的单位、个人协同有关部门，坚决予以取缔。

1999年12月，人民银行、财政部联合发布《关于移交彩票监管工作的通知》，规定对彩票发行机构的监管职责和对彩票市场的监管职责移交给财政部。

第六节　金融稽核

□　组织架构

金融稽核是人民银行的重要监管手段。1985年7月，人民银行颁布《中国人民银行稽核工作暂行规定》，明确各级人民银行均独立设置稽核机构。1986年1月，国务院颁发《中华人民共和国银行管理暂行条例》，把稽核专业银行和其他金融机构的工作同“领导、管理、协调、监督”并列为中央银行的职责，正式确定稽核的法律地位。1985年前，辖内人民银行的稽核职能由计划部门承担。1989年，市人行成立后，设立稽核科。1999年3月，监管体制发生变化，稽核科撤销。

□ 稽核业务

自1986年起，辖内人民银行各级分支机构认真行使稽核权，每年开展稽核工作，并逐年加大稽核范围和力度，稳定金融秩序。

1989年，市人行对辖内金融机构开展专项稽核、全面稽核7项，涉及单位53个，覆盖面达20%。稽核检查各种账、表、凭证5 600份，累计金额6 750万元。查出各种差错45笔，金额543万元，处理40笔，罚款1 994元。提出合理化建议23条，采纳12条。稽核项目包括：根据省人行晋银稽字〔1989〕第1号文件要求，对城市信用社1988年经济业务活动全面稽核，对存在的问题限期整改。对专业银行1989年上半年贷款投向进行稽核，按照违反“十不贷”的处罚规定，进行罚款。对专业银行1988年用流动资金发放固定资产贷款进行稽核，对查出问题要求及时整改。对专业银行划缴财政性存款进行稽核，按照规定累计罚款1 769元。对人民银行各区县支行1989年上半年财务制度执行情况进行稽核，完善相关管理制度。委托市农行对全市农村信用社进行稽核，是市人行开展稽核工作以来进行的第一次委托稽核。此后，每年对全市农村信用社开展此项稽核工作。

1990年，全年共开展贷款投向、储蓄存款、划缴财政性存款、清理三角债、清理乱收费等9个方面内容的稽核。稽核县级以上金融机构（包括县支行）82行次，县以下金融机构21个次。稽核项目包括：对各专业银行划缴财政性存款情况进行后续稽核。对全市10个储蓄所进行现场稽核，对查出的公款私存和变相提高储蓄存款利率及时进行纠正。对市工行、市农行系统1990年上半年贷款投向稽核，稽核面占全市15家县级以上专业银行的40%，对存在的问题提出相应对策建议。针对金融系统收费中的不合理现象，对人民银行系统和工商银行系统收费情况进行自查和抽查，纠正行业不正之风。对市工行、市农行、市中行、市建行8月1日至10月15日发生的清欠托收承付业务进行稽核。对人行平鲁区支行资金管理、会计结算、财务管理三项业务进行内部稽核。对朔州市3个城市信用社集体5万元以上，个体5 000元以上的大额贷款进行专项稽核，加强现金管理。开展执行清算纪律、国库券兑付、地方经济开发贷款使用等13个项目的自选稽核。

为优化贷款结构，盘活资金存量，加强内部管理。1991年，稽核工作实现由合规性稽核为重点向效益性稽核为重点的转变，全年稽核县级及县以上金融机构61行次，共查出有严重问题贷款392万元，难以收回贷款578.6万元，提出合理化建议150条。稽核项目包括：根据人行省分行稽核工作安排，8月，对市建行3个区县支行信贷资产质量情况进行专项稽核，要求被稽核单位完善各项制度，对有问题贷款清理催收。11月，对建行神头电厂专业支行1990年各项业务活动进行全面稽核，对该行给予中级企业评定。在专业银行自查的基础上，市人行组成巡回检查组对3个专业银行部分信贷资产进行专项稽核。7—11月，对市建行系统1990年各项经营业务活动进行常规稽核，稽核期内，督促其收回逾期贷款210万元，提出建议30条。对市工行执行结算纪律，发放粮油、农副产品收购贷款情况进行稽核，提出建议6条。对人民银行内部财务状况进行稽核，收回干部职工在城市信用社贷款60笔，金额38.61万元。

贯彻执行“巩固基础，积极发展”的稽核工作指导方针，1992年，稽核县及县以上金融机构32行次（不包括委托稽核），没收非法所得收入10 518元，实行罚息1 259元，提出合理化建议108条，被采纳90%。主要包括：根据人行省分行安排，对市农行系统1991年各项业务活动进行常规稽核，先后检查3个区县支行、1个办事处和市支行等5个机构，提出建议35条。根据中国人民银行银发〔1992〕203号文件精神和省人行晋银发字〔1992〕第29号文件要求，对1家市级和4家县级金融机构金融政策执行情况进行专项稽核。根据晋银〔1992〕第3号文件精神，对人民银行1991年发放专项贷款开展稽核，稽核中深入企业查找贷款逾期原因，帮助各支行回收贷款，针对各支行对专项贷款管理偏松问题，要求加强管理，建立台账，严格审查，做好贷款的使用监督。对1991年市建行贷款质量进行后续稽核，对查出的问题要求在当年4月底前全部整改。当年，还开展了对专业银行结算纪律、缴存款等10个项目的自选稽核。

1993年，完成稽核项目51项（其中上级行安排6项，自选45项），稽核县及以上金融机构24行次，稽核非银行金融机构25个，稽核金额2 783 674万元，罚款13万元，针对问题，向被稽核单位提出合理化建议50多条，80%被采纳。稽核项目包括：对市工行系统存、贷款业务及房地产业务和拆借情况进行专项稽核，罚款2 000元。对农副产品收购资金使用及管理进行专项稽核，并提出相应建议。对人行山阴县支行1992年各项业务活动情况进行内部稽核，对稽核中存在的三个方面问题提出整改建议。对市中行1992年各项业务活动情况进行全面稽核，对查出的违规问题罚款4.8万元。对24家农村信用社1992年各项业务营运情况进行全面稽核，覆盖面达25%。

围绕“继续整顿金融秩序，稳步推进金融改革，严格控制信用总量，切实加强金融监管”方针，1994年，稽核各类金融机构164行次，稽核非银行金融机构20个，稽核金额9.09亿元。查出违规金额1.2亿元，进行罚款罚息17.95万元，向被稽核行社提出合理化建议92条，90%被采纳。主要包括：对61个储蓄机构的公款私存问题进行重点检查，查出公款转储92笔共计462.1万元。围绕“约法三章”，对市工行“金融宏观调控措施执行情况”进行后续稽核，要求限期纠正违规问题。对人行朔城区支行开展内部稽核，稽核内容为1993年各项业务活动情况。对市工行及所辖6个区县支行1993年各项业务活动情况开展常规稽核，提出建议7条并要求及时整改问题。对全市专业银行1994年固定资产贷款发放情况开展专项稽核。对全市农副产品收购资金贷款进行专项稽核，未发现被挤占挪用现象。对所辖8家城市信用社与组建单位脱钩前的业务运营情况进行专项稽核，对稽核发现问题如资本金不足、组建行随意占用城市信用社资金、定期储蓄不计提应付未付利息等，要求立即整改。

1995年，共开展稽核10项，稽核县以上金融机构61行次，查出违规违纪金额27 146万元，执行罚款l5.6万元，提出整改意见和合理化建议214条，被采纳率90%以上。主要包括：对市农行及所辖属的证券部、国际业务结算部、信用卡部和市建行及所辖的证券部、房地产信贷部、信用卡部的分业经营情况开展专项稽核，提出相应建议23条，并对不同情况给予相应的经济处罚。采取同级查同级方式，对市建行系统委托贷款业务开展专项稽核。对市农行13个科级以上单位、市建行13个科级以上单位、市工行12个科级以上单位的信贷资金来源与运用开展现场稽核，对存在的问题给予经济处罚。对人民银行怀仁县支行和右玉县支行进行常规稽核。对8家城市信用社的分业经营情况开展专项稽核，对查出的问题要求限期整改。

1996年，开展稽核项目8个，稽核调整2项，稽核各类金融机构180家（次），跟踪企业和单位核实问题38家（次），查出各种违规问题202个，涉及金额25 764万元，纠正各种违规问题38个，收回有问题资金2 966万元，对违规金融机构作出经济处罚11万元，给予通报批评4家（次），提出合理化建议204条。主要包括：对4家商业银行清理纠正违规经营情况进行检查，纠正问题22个。对中行平朔支行及其下辖的11个分支机构1995年度本、外币业务开展常规稽核，对存在的10个问题提出整改建议9条。对人行应县支行1995年度各项业务活动情况及其内控制度建设情况进行内部稽核。对全市人民银行系统违规经营问题进行专项稽核。

1997年，完成专项稽核5项，常规稽核3项，稽核各类各级金融机构94家（次），查出各种违规问题124个，涉及违规金额13 867.9万元，对违规比较严重的金融机构作出经济处罚8.1万元，提出合理化建议257条，被采纳243条，采纳率94.6%。主要包括：对全市金融机构系统19个单位的重要空白凭证和有价证券的管理与使用情况进行检查，其中，涉及人行系统7个机构，商业银行12个机构。对市农行、市建行、市中行各2家分支机构1996年末贷款质量、内控制度执行情况及经营风险状况进行稽核，提出15条化解信贷风险对策。对市工行及其下属10个分支机构1996年各项业务进行全面稽核，对违规严重的机构给予处罚。人行平鲁支行和怀仁支行1996年各项业务活动情况及内控制度建设情况开展内部稽核。对市工行开展后续稽核，对个别机构进行处罚。对朔州市城市信用社中心社及其下属的8个城市信用社、1个营业部1996年各项业务活动状况及财务收支情况进行常规稽核，对个别违规严重的城市信用社给予处罚。对全市6个区县农村信用联社营业部，12个农村信用社1996年全面业务开展常规稽核，稽核面16%。

1998年，市人行转发《中国人民银行现场稽核规程（试行）》。开展对商业银行信贷管理大检查，对检查中发现的贷款程度不合规、贷款人资信条件不符合要求、担保及抵押无效等问题提出纠改建议。开展对市农发行农副产品收购资金使用情况的专项稽核，摸清粮食收购贷款管理情况，减少收购资金的流失。对人行朔城区支行和山阴县支行1997年全面业务进行内部稽核，对存在的问题提出针对性建议。对4家国有商业银行1998年前三个季度贷款发放及使用情况进行稽核，要求各行加强信贷管理，调整信贷结构，优化信贷资金配置。对人行系统自办经济实体脱钩情况、债权债务清理情况进行专项调查。对人行右玉支行和山阴支行开展行长离任稽核。

1999年3月，人民银行内设机构调整改革后，市人行撤销稽核科。

第三章
金融稳定

根据《中国人民银行法》赋予的法定职责，2004年5月，市人行职能调整，增加“根据有关规定参与辖区系统性金融风险的防范化解，维护地区金融稳定”职责，由货币信贷管理科履行相关职能。2015年3月，适应履职需要，市人行设立金融稳定科，行使辖内金融稳定职能。全市人民银行系统认真贯彻落实党中央、上级行的决策部署，以防范化解区域金融风险为中心，坚持底线思维和结果导向，牢牢抓住关键风险和重点任务，有效开展金融风险监测，全面实施存款保险制度，扎实推进“两管理、两综合”工作，推动辖区金融业稳健运行。制定出台50多项金融稳定工作制度，形成涵盖人民银行、政府及相关部门、银保监局、金融机构等在内的纵向工作机制和横向协调机制，做到金融风险“早发现、早报告、推动早处置”，坚决守住不发生系统性金融风险的底线，维护辖区金融稳定。

第一节 维稳协调

□ 信息共享

金融维稳工作需要多部门协调推进。2004年4月，市人行、市银监局联合下发《关于印发〈人行朔州市中心支行、朔州市银监分局信息共享制度〉的通知》，明确信息共享交流的方式、范围等，从5月起，双方在依法履职过程中掌握的监管信息进行经常性交流。12月，召开朔州市银行系统金融信息联席会议，讨论通过《关于建立朔州市银行系统金融信息共享机制的实施意见》，建立全市银行机构金融信息共享机制，并提出8条实施意见，2005年5月1日起施行并延续至今。

2014年2月，市人行修订《关于金融风险监测系统信息共享机制的实施办法》，加强全市金融风险监测信息共享管理。

□ 协调机制

为加强全市金融稳定工作的组织领导，2004年12月，市政府成立金融稳定工作协调领导组，市政府副市长王芳担任组长，市政府副秘书长刘进智和市人行行长康义任副组长，成员由公安、检察、法院、银监局、金融机构和政府相关部门主要负责人组成。日常工作由市人行货币信贷管理科承办，副行长蔡如刚任办公室主任。

2005年2月，市人行制定出台《朔州市金融稳定协调领导组工作制度》《朔州市金融稳定协调工作制度》《朔州市金融稳定工作信息交流制度》和《朔州市金融稳定工作联席会议制度》。5月，市人行、市发改委、市统计局联合印发《朔州市经济金融横向联合调研机制实施办法》，成立经济金融横向联合调研协调领导组，进一步强化金融稳定协调机制建设。

山西省金融风险监测系统上线运行后，2014年1月，市人行建立数据报送联络员等相关制度，加强金融风险监测系统数据报送工作。4月，市人行、市金融办、市商务局联合制定《朔州市金融风险监测协调工作制度》，充分发挥各部门监管优势，协调配合，维护全市金融稳定，保障金融安全。8月，市人行转发人行太原中支、证监会山西监管局《关于印发加强证券期货监管合作共同维护金融稳定合作备忘录的通知》，加强证券、期货业监管合作。11月，市人行、省保险业协会朔州办事处联合下发《关于进一步加强保险业机构金融风险监测系统数据报送的通知》，强化全市保险业机构金融风险监测数据报送监督管理。

2019年7月，市人行、市银保监局召开全市高风险机构经营风险分析座谈会，研商重点机构风险化解措施，并对信息共享、信息互通、监管协调等达成一致意见。

□ 处置机制

为全面加强金融风险应急管理和风险处置，2005年10月，市人行制定《朔州市金融机构风险处置操作规程》，对全市金融机构风险处置组织体系、职责分工、预防预警、等级认定、情况报告、风险处置、应急保障、后期处置等工作程序进行明确。2006年，市人行制定、完善《法人金融机构支付风险应急预案》《大规模洗钱行为突发事件应急预案》等15项应急预案。2009年7月，市人行、市银监局、市财政局成立朔州市金融机构突发事件预警和处置组织机构，制定《朔州市金融机构突发事件应急预案》，规范金融机构突发事件应急处置工作。

根据人行太原中支工作安排，2010年8月，市人行组织举办山西省金融突发事件应急演练朔州培训班，太原中支副行长熊俊、金融稳定处处长孟来亮应邀对朔州市金融突发事件应急管理进行指导，市委宣传部、公安局、财政局、应急办、银监局、金融办、各银行业金融机构相关负责人参加培训。

为提升金融机构突发事件应急处置能力，2015年11月、2016年11月、2017年10月和2019年5月，市人行分别在人行怀仁市支行、应县金都村镇银行、朔城区蒙银村镇银行及人行山阴县支行、应县支行开展县域金融机构突发事件应急演练。

□ 考核机制

2009年5月，市人行、市银监局联合制订《朔州市金融支持地方经济发展奖励考核实施方案》，加强全市银行业金融机构和小额贷款公司支持经济发展考核力度。9月，市人行、市金融办、市银监局、市工商局联合制定《朔州市小额贷款公司业务经营指导意见》，从公司设立、公司治理、经营管理、信息披露、外部监管、公司变更6个方面提出指导意见。10月，市人行、市金融办、市银监局联合对全市小额贷款公司业务经营情况开展常规检查。

为规范全市银行业机构同业业务管理，2014年7月，市人行、市银监局联合召开规范金融机构同业业务会议，安排部署相关工作。

按照人行太原中支工作安排，2016年9月，市人行、市银监局联合开展“金融知识普及月”活动，联合市公安局组织全市金融机构开展“宣传金融知识，防范金融风险”大型宣传活动。

第二节 风险监测

□ 制度体系

为加强对全市106家农村信用社风险监测，2004年，市人行制订《农村信用社系统性风险监测预警实施方案》，初步建立朔州市金融稳定预警指标体系，全年累计下发风险提示书6份，对各机构业务操作中存在的5方面风险进行预警提示。

根据上级行工作安排，2005年3月，市人行制定《关于进一步做好经济金融运行监测分析工作的通知》，在全市建立地方法人金融机构监测指标体系，建立月、季度监测制度，加强对农村信用社经营情况、改革进展情况和风险状况的监测。8月，开始对全市银行业金融机构流动性指标进行全面、实时监测。

2008年5月，市人行开始组织开展重点关联行业风险监测工作，辖区各县（区）支行同步开展。7月，朔州市成功运行《山西省地方法人金融机构风险监测预警信息系统》，实现地方法人金融机构风险的系统监测和及时预警。9月，在全市实行金融风险监测周报制度，同时建立应急值班制度和金融机构重大事项报告制度。

按照人行太原中支加强重点行业及关联金融风险监测工作安排，2009年5月，市人行成立重点行业风险监测领导小组，6月，向各县（区）支行转发《关于印发〈山西省重点行业及关联金融风险监测工作指引〉的通知》（并银发〔2009〕162号），进一步明确重点行业及关联金融风险监测目的、范围和风险处置流程。

为实现金融风险分类监测，实时预警跨系统金融风险，2014年8月，市人行转发《全省人民银行金融风险分类监测管理工作指引》《中国人民银行太原中心支行金融稳定处关于加强大型有问题企业风险监测的通知》，加强大型问题企业风险监测和区域金融风险监测、评估、预警和处置。

2016年12月，市人行制定印发《朔州市银行业金融机构风险监测分类管理办法》，对全市银行业金融风险实施分类监测。

□ 风险评估

2006年3月，市人行成立朔州市区域金融稳定分析领导组，开始按年编写《朔州市金融稳定报告》。并于2009年8月调整区域金融稳定分析领导组和金融风险处置领导组，行长康义担任组长，成员包括相关职能科室负责人，全面加强区域金融风险监测、分析、评估和处置的组织领导。2011年3月，制定《中国人民银行朔州市中心支行风险定价能力评估制度》，印发全市金融机构执行。

根据《中国人民银行保险业机构稳健性现场评估方案》，2013年7月，市人行制订《朔州市保险机构稳健性专项现场评估方案（试行）》，开展辖区保险业机构稳健性现场评估工作。同年，对中国人寿朔州中心支公司和人保财险朔州中心支公司开展评估。2014年，对人民人寿保险朔州中心支公司和人寿财险朔州中心支公司、2016年对太平洋财险朔州中心支公司、2017年对太平洋寿险朔州中心支公司、2018年对中国人寿朔州中心支公司分别开展稳健性现场评估。

2015年4月，市人行制订《朔州市地方法人银行业金融机构信贷资产真实性与不良资产处置合规性专项现场评估方案》，对全市6家农村信用联社和朔城区蒙村镇银行、山阴县太行村镇银行开展信贷资产质量监测评估。2016年5月，对怀仁县联社不良资产真实性进行现场评估。

按照《中国人民银行金融稳定局关于开展银行业压力测试的通知》精神，2018年3月，市人行首次对山阴农商行、右玉联社、山阴县太行村镇银行开展偿付能力敏感性压力测试和流动性压力测试。2019年4月，分别对朔州农商行、怀仁农商行、朔城区蒙银村镇银行开展偿付能力敏感性压力测试和流动性压力测试。

□ 风险化解

针对应县联社存贷比超监管规定情况，2009年3月，市人行对省联社朔州办事处、应县联社进行流动性风险提示。8月，行长康义、副行长蔡如刚约见全市银行业金融机构高级管理人员，要求各机构提高人民币银行结算账户、财政性缴存款及反洗钱工作水平，确保朔州市银行业金融机构稳健和可持续发展。

针对辖内高风险地方法人银行机构情况，2015年2月，市人行对怀仁县联社和应县联社经营情况和风险状况进行排查，并进行风险预警。

为化解应县联社风险，2018年8月，市人行约谈省联社朔州办事处、应县联社主要负责人，对省联社朔州办事处提出6项整改要求，对应县联社提出8项整改建议。12月，针对辖内2家地方法人银行机构涉入宁夏宝塔石化集团财务公司票据违约事件，成立防风险工作领导组，组织专人对2家机构涉票情况进行专题调查，并建立持续动态跟踪机制，适时加强监测。约见人行山阴县支行行长和山阴县1家机构主要负责人，提出“高度重视，加强防风险组织领导；严格保密，严防票据业务风险；加强监测，密切关注事态进展；加强管理，做好应急准备工作；及时汇报，做好纵横向沟通工作；保持稳定，继续加大吸存力度；积极协调，尽力降低涉票损失；监测舆情，做好风险防范工作”等风险化解9条措施。

2019年5月，市人行行长卫文江约见晋城银行董事长和其发起成立的1家银行机构主要负责人，提出风险化解3项建议。同年9月，发文制定辖区2家高风险地方法人银行机构“一对一”风险化解方案和朔州市化解高风险地方法人银行机构经营风险工作方案，上报太原中支、市政府，推动全市重点机构化险稳健经营。

□ 金融改革监测

2004年6月，市人行开始关注、反映和研究辖区金融业改革情况，对工商银行、建设银行、中国银行、交通银行深化改革，农业银行“三农事业部”改革，农业发展银行商业化改革，邮政储蓄银行改革和农村合作金融机构、新型农村金融机构改革及发展情况进行监测，按年撰写改革监测报告。为加强对农村信用社改革资金支持工作的组织领导，10月，市人行成立朔州市农村信用社改革资金支持领导组。2005年5月，朔州市六县（区）农村信用社申请中央银行专项票据全部通过人民银行、银监会的审查、审核，批准发行专项票据3.11亿元。6月，全市农村信用社改革资金支持工作进入考核兑付阶段。2008年第二季度、第四季度，全市6县（区）农村信用社分2批全部通过票据兑付考核，央行专项票据资金全部到位。

2011年5月，市人行对朔州市第一家村镇银行——朔城区蒙银村镇银行跟踪开展风险监测。11月，对山阴县太行村镇银行成立后情况进行重点监测。2015年8月、11月和2017年9月，分别对应县金都村镇银行、怀仁县慧融村镇银行、右玉县长青村镇银行组建成立情况进行风险监测。

随着农村信用社改制化险稳步推进，2015年6月，市人行开始对山阴农商行、朔州农商行改制进展情况进行监测。2017年和2018年，分别对怀仁农商行、右玉农商行改制情况进行现场、非现场监测。

□ 重大事项报告管理

○制度机制

金融机构重大事项报告管理制度实施以来，市人行对辖内金融机构发生的重大事项实行按季报送台账、半年零报告制度，对漏报、瞒报重大事项的金融机构实行主要负责人问责制，对存在问题的机构开展现场核查。

根据人民银行上级行制度规定，2014年4月，市人行制定《朔州市金融机构重大事项报告管理办法》。2015年4月，修订为《朔州市银行业金融机构重大事项报告管理办法》。2016年11月、2017年9月、2018年5月3次重新修订，印发全市金融机构执行。

为强化地方法人银行业机构风险监测，2018年4月，市人行研发金融机构重大事项报告管理信息系统，9月，更名为山西省金融机构重大事项报告管理信息系统，在山西全省推广运行。2019年4月，开发地方法人银行业金融机构股权信息管理监测系统，相关模块内置于山西省金融机构重大事项报告管理信息系统，从地方法人银行业金融机构股权管理和关联交易方面监测机构风险，加强重大事项报告管理。

○重大事项

截至2019年末，朔州市累计发生重大事项1项，即2009年4月20日上午，辖区人行应县支行报告的应县联社大临河信用社原主任王兴挪用客户资金案件。

案发后，人行应县支行主要领导第一时间亲赴现场，采取主要领导第一时间紧急汇报、迅速赶赴现场了解事发和处置情况、派员实地察看事态发展、组织各部门坚守岗位应对并监测舆情四项措施，明确分工，分组应对突发事件。市人行接报后，立即启动公共突发事件应急预案，及时向人行太原中支应急指挥部及金融稳定处上报突发公共事件报告。在天津出差的行长康义和主持工作的副行长蔡如刚通过不同方式组织人行应县支行、中支办公室、货币信贷管理科等部门负责人研究、部署相关应急措施，加强风险监测，防止引发挤兑事件。因应县联社、人行应县支行、省联社、市人行处置及时，处理得当，既发风险未扩散，也未造成次生风险。涉案资金中，由涉案人员在怀仁市开办的加油站折价抵补1 400多万元，其余资金由涉案人员筹集补齐，所有资金全部追回，对事发机构未造成重大影响。

第三节　两管理两综合

“两管理两综合”包括对金融机构的开业管理、日常管理、综合执法检查和综合评价。2011年5月，朔州市启动实施“两管理两综合”工作，与山西省同步成为人民银行确定的“两管理两综合”先试先行地区。

□　组织架构

2011年6月，市人行成立金融服务与管理领导组及“两管理两综合”工作领导组。领导组办公室设在货币信贷管理科，负责组织所辖各县（市、区）支行、机关成员科室开展“两管理两综合”工作。根据工作需要，2014年3月，对两个领导组进行调整，党委书记、行长张小平担任组长，货币信贷管理科负责金融服务与管理日常工作。2018年11月，再次调整领导组，由党委书记、行长卫文江担任组长，办公室设在金融稳定科，负责金融服务与管理日常工作。

□　制度建设

人行太原中支《山西省金融服务与管理指引》《中国人民银行太原中心支行、国家外汇管理局山西省分局执法检查管理办法》和《山西省金融机构综合评价管理办法》（以下简称“一指引两办法”）下发后，市人行转发全市18家银行、13家保险及证券业金融机构执行，并提出12项具体要求。制定《朔州市新设银行业机构金融管理与服务实施细则》《综合执法程序暂行规定》，对新设金融机构服务与管理操作流程、综合执法检查工作操作流程和新设银行业金融机构领导小组工作职责进行明确，并实施金融管理与服务告知制度、约见谈话制度。

2012年5月，市人行制定《朔州市金融机构综合评价实施细则》《综合执法检查实施办法》，下发全市金融机构执行，同步实施综合评价台账管理和定期通报制度。2013年2月，对上述两项制度进行修订，并建立综合评价联络员制度，进一步规范金融服务与管理信息平台信息录入工作。2015年10月，将金融机构综合评价范围扩大到地方法人银行业金融机构，构建多体系多元化评价管理制度。2016年6月，制定《朔州市证券、保险业综合评价管理办法》，下发全市执行，实现了金融机构综合评价工作全覆盖。

□　专题会议

为深入开展“两管理两综合”工作，市人行多次召开会议推进工作落实。2011年6月，组织召开全市“两管理两综合”工作会议，就贯彻“一指引两办法”提出3项要求，全市银行、证券、保险等金融机构共70多人参加会议。2012年5月，组织召开全市“两管理两综合一保护”工作会议，全市银行、保险、证券等机构70多人参加会议，并提出5项工作要求。同年12月，人行太原中支“两管理两综合”第十二期业务培训班在朔州举办，朔州、大同、忻州、晋中、临汾、长治、阳泉、晋城、运城中支共170人参加培训，太原中支相关领导出席会议并现场授课。2013年10月，组织辖区金融机构开展“两管理两综合”第一期、第二期业务培训，邀请太原中支金融服务与管理领导组办公室主任、金融稳定处长孟来亮、副处长任桂花和科长王亚平担任主讲，辖区银行、证券、保险等机构共计360多人参加培训。2014年5月，组织召开辖区银行业金融机构2013年度综合评价通报会，通报年度综合评价结果。之后，每年组织召开“两管理两综合”工作会议，通报并“一对一”反馈上年度综合评价情况。

2019年4月，市人行2次组织召开全市金融稳定工作会议，通报2018年度“两管理两综合”工作情况，安排部署防范化解重大金融风险攻坚战相关工作。

□　开业管理

○管理权限

市人行对新设金融机构服务与管理申报采取集中受理、职能部门分项办理、集中核验和统一反馈的方式进行。新设立法人金融机构、市级（区域）分行（营业部或分公司）机构，由人行太原中支、外汇局山西省分局审核；其他层级金融机构由市人行、各县（市、区）支行审核。新设金融机构申报事项超出市人行、外汇局朔州市中心支局和县（市、区）支行权限范围的，逐级上报初审意见和申报材料，由上级行、局审核并予以批复。

○管理流程

新设金融机构在拟筹建阶段，与市人行或县（市、区）支行金融服务与管理办公室取得联系。获准筹建的，以正式文件提交筹建工作报告，并接洽申请加入金融服务与管理体系相关事宜，安排首次会见。首次会见新设金融机构筹备组负责人时，金融服务与管理领导组成员单位负责人明确告知其本部门提供金融服务的范围、标准及金融监督管理的要求；了解新设金融机构筹备工作进展情况和相关金融服务需求。新设金融机构筹备组按照人民银行的相关要求和新设金融机构金融服务与管理规定的服务与管理项目、内容与标准，提交相应的申报材料。人民银行金融服务与管理办公室收到属本级管辖的新设金融机构金融服务与管理集中申报材料后，批转相关职能部门初审，并于5个工作日内提出是否受理意见。超出管理权限的申报项目，自受理申请之日起7个工作日内初审完毕并将初审意见和申报材料移交上级金融服务与管理办公室组织审核。上级金融服务与管理办公室自收到申报材料和初审意见之日起15个工作日内，提出审定意见并批复。

人民银行相关职能部门在审核过程中采取现场辅导、培训、资格测试等方式，指导和督促新设金融机构达到相关服务标准和管理要求。金融服务与管理办公室在汇总各职能部门初审意见并报领导组批准后，组织相关职能部门开展集中现场核验并作出核验结论，自作出现场核验结论起10日内，报请领导组批准，做出是否同意新设金融机构加入金融服务与管理体系的决定并函告新设金融机构。

○管理情况

2011年至2019年末，朔州市共办理52家新设（改制）金融机构加入人民银行金融服务与管理体系。其中，国有商业银行分支机构9家、股份制商业银行分支机构6家、城市商业银行分支机构17家、改制农村商业银行4家、村镇银行及分支机构16家。

□　日常管理

○管理内容

市人行采取非现场审查与现场专项检查、综合执法检查相结合，分项评价与综合评价相结合的方式，实施对金融机构的日常管理。建立健全金融服务与管理各项制度，告知金融机构金融服务的范围、标准及金融监督管理要求，相关职能部门按照日常金融服务与管理规定的项目、内容和标准，提供金融服务，实施非现场管理；依法对金融机构进行专项检查和部门分项评价，并建立管理台账，详细记载金融机构资料报送情况和非现场审查、部门专项检查、综合执法检查中涉及本部门管理范围的情况，作为部门分项评价和综合评价的依据。金融服务与管理领导组组织开展综合评价。要求金融机构依法合规经营，认真执行国家有关金融法律法规和人民银行、外汇局的规定及政策措施，遵循市人行、外汇局朔州市中心支局金融服务与管理的主要内容和要求。

〇处罚规定

金融机构要及时、准确提供材料，确保资料的真实性，对弄虚作假、虚报瞒报的金融机构，市人行、外汇局朔州市中心支局或县（市、区）支行将约见其相关负责人谈话，并责令其改正。对违反金融管理规定的行为，依法进行行政处罚。人民银行工作人员在办理金融服务与管理业务中违反有关规定的，申请办理金融服务与管理事项的金融机构可以向人民银行的纪检部门投诉。投诉事项属于本行职责范围的，纪检部门应当依法受理。纪检部门受理金融机构投诉，经调查核实，事实清楚、证据确凿的，对负有直接责任的主管人员和直接责任人员，给予行政处分；涉嫌犯罪的，依法移交司法机关处理。

□ 综合执法检查

〇检查程序

综合执法检查是人民银行根据履职需要，进入被检查人现场，依法对被检查人执行有关金融管理规定的情况进行实地检查的行政执法活动。市人行综合执法检查采取集中入场、分项检查、统一反馈的方式开展工作。开展综合执法检查根据人行太原中支的统一安排进行，并组织各职能科室、辖内各县（市、区）支行同步进行。

◎检查准备

市人行每年第一季度对年度执法检查项目、执法检查计划作出部署。在开展执法检查前，填制《执法检查立项审批表》进行立项，经行长或者主管副行长批准后组织实施。拟定《执法检查实施方案》，经主管行领导批准后，组成检查组，确定检查组组长和主查人，具体负责开展执法检查工作。检查组组长根据工作需要，将检查组分为若干项目小组，实行组长负责制。检查人员不得少于2人（含2人）。检查组组长、主查人、检查组成员应具有中国人民银行执法证。实施执法检查前，市人行应向被检查人送达《执法检查通知书》，告知执法检查的依据、内容、期限、要求、检查组成员名单等事项；在特殊情况下，检查组也可在进入被检查人现场时送达《执法检查通知书》。《执法检查通知书》按照公文办理程序办理，由办公室统一编号，并加盖检查机关行章，一式两份，一份交被检查人，另一份存档备查。

◎检查实施

市人行按年对金融机构的货币信贷、金融稳定、金融统计、征信管理、支付清算、经理国库、货币发行、金融科技、外汇管理9个专业的相关业务进行综合执法检查。

检查组按照《执法检查通知书》确定的时间进驻被检查人现场。检查时间如有变化，提前告知被检查人。进场后，检查组成员向被检查人出示《中国人民银行执法证》《执法检查通知书》，发放《中国人民银行朔州市中心支行执行公务廉洁自律情况反馈卡》。按照事先拟定的谈话提纲与被检查人负责人及相关部门负责人进行会谈，指定专人做好《执法检查进场记录》，形成《执法检查进点会谈纪要》，由检查组组长、被检查人负责人、记录人签字确认。检查组需要调阅有关业务原始凭证、会计账表、财务报表、统计报表等有关资料的，填写《执法检查调阅资料清单》，由专人负责调阅资料和退还资料。检查组向被检查人询问有关情况的，制作《执法检查询问笔录》，经被检查人和检查组核对无误后，由被检查人和检查人员逐页签字或盖章，被检查人拒绝签字或者盖章的，检查人员注明情况，记录在案。检查组在执法检查中按照法定程序及时收集相关证据，并注明证据来源。取证时检查人员不得少于2人，并出示执法证。检查人员在实施检查时，全面、客观、完整地对检查工作情况进行记录，制作《执法检查工作底稿》《执法检查事实认定书》，由被检查人逐页签署确认意见并签名确认。被检查人对《执法检查事实认定书》有异议的，在5个工作日内提出陈述和申辩意见，逾期未提出陈述和申辩意见，又不在《执法检查事实认定书》上签字确认的，不影响检查组对有关事实的认定。

◎结果处理

执法检查结束后，市人行检查组及时撰写《执法检查报告》，经检查组组长初审，检查部门领导审核，报行长或分管副行长审定。并在10个工作日内根据查明的事实和获取的证据，制作《执法检查意见书》；因特殊情况不能在10个工作日内完成的，经本行行长或副行长同意，适当延长。《执法检查意见书》经本行行长或者副行长批准并加盖本行公章后，送达被检查人。被检查人有违反法律、行政法规或者中国人民银行规章规定的行为，依照《中华人民共和国行政处罚法》和《中国人民银行行政处罚程序规定》处理。执法检查中发现被检查人有违法行为，并且应当由其他部门查处的，依法移送有关部门处理。

○检查情况

2011年至2019年，市人行累计对全市金融机构的56家银行网点开展综合执法检查28次，实施处罚64.3万元。

2011—2019年朔州市综合执法检查情况见表3-3。

表 3-3　　2011—2019 年朔州市综合执法检查情况统计表

年份	时间	对象	方式	被处罚机构	处罚项目	处罚金额
2011	10~11 月	市中行市辖区 6 家、县(区)4 家机构	现场执法检查	市中行	违反征信管理、支付结算、外汇管理相关规定	3 万元
2012	6~10 月	市农行市区 7 家和县(区)5 家机构、晋商银行朔州分行、大同银行朔州分行、朔城区蒙银村镇银行	现场执法检查	市农行、晋商银行朔州分行、大同银行朔州分行、朔城区蒙银村镇银行	违反支付结算、金融统计、账户管理规定	市农行处罚 4 万元；晋商银行朔州分行处罚 1 万元；大同银行朔州分行、朔城区蒙银村镇银行实施诫勉谈话，警告处理
2013	6~9 月	市邮储银行、市农行及部分支行、晋商银行朔州分行、大同银行朔州分行及各县(区)农村信用社联社	现场执法检查、复查	市邮储银行、朔城区联社、平鲁区联社、山阴联社、怀仁联社、右玉联社、应县联社	违反人民币管理、金融统计、支付结算、国库管理规定	市邮储银行处罚 4.1 万元；朔城区联社、平鲁区联社、山阴联社分别处罚2.5万元，怀仁联社、右玉联社、应县联社分别处罚 2 万元，合计 13.5 万元

续表

年份	时间	对象	方式	被处罚机构	处罚项目	处罚金额
2014	5~10月	市建行、浦发银行朔州分行、招商银行朔州分行、朔城区联社、市邮储银行	现场执法检查、复查	—	—	未实施处罚
2015	5~9月	交通银行朔州分行、晋城银行朔州分行、市农发行、市工行、市中行及其分支机构	综合执法检查	市工行、市中行、交通银行朔州分行	违反账户管理、金融统计管理规定	市工行处罚0.5万元，市中行处罚0.5万元，交通银行朔州分行处罚0.5万元
2016	4~8月	市农行及其分支机构、浦发银行朔州分行、晋城银行朔州分行和朔城区蒙银村镇银行	综合执法检查	市农行桑干河支行、怀仁支行	违反反洗钱、金融统计、人民币管理规定	市农行桑干河支行处罚21万元，怀仁支行处罚0.3万元
2017	7~9月	市建行及其分支机构、招商银行朔州分行、华夏银行朔州分行、大同银行朔州分行	综合执法检查	—	—	未实施处罚
2018	5~10月	市农行及其分支机构、交通银行朔州分行、浦发银行朔州分行	综合执法检查	市农行及其部分分支机构	违反支付结算、人民币管理、金融统计管理规定	实施处罚8.8万元
2019	5~11月	市建行及其分支机构、市邮储银行及其分支机构	综合执法检查	市建行、市邮储银行	违反账户管理、支付结算、国库管理、人民币管理规定	市建行处罚1.5万元，市邮储银行处罚5.6万元

□ 综合评价

○评价方法

市人行、外汇局朔州市中心支局按年对本辖区金融机构执行国家金融法律法规、人民银行政策规定、外汇管理规定，落实人民银行、外汇管理局金融服务与管理要求等情况进行全面评价，确定评价等级。综合评价实行属地管理，具体评价层级为属地内同一金融机构的最高一级机构，所含各级分支机构的评价情况纳入最高一级机构。评价周期为每年1月1日至12月31日。新设金融机构开业不足一年但超过半年的纳入当年综合评价对象，当年评价周期为正式开业日至12月31日。银行业综合评价内容包括日常管理、信贷政策执行效果、内部控制、践行社会责任4个项目；证券业、保险业综合评价内容包括日常管理中反洗钱、外汇管理、金融稳定、金融统计，以及内部控制和践行社会责任等项目。年度综合评价先由金融机构开展自评，每年2次，于7月15日和次年1月20日前将自评报告提交金融服务与管理领导组办公室。结合机构提交的自评报告，领导组各成员单位分项评价后，由领导组办公室初步综合评价。综合评价结果分为A、B、C、D四个等级，同一等级按照综合评价得分排序。后由行长办公会研究审定评价结果及结果运用方式。

2015年10月以来，市人行采取“一扩大、三强化”措施（“一扩大”即扩大综合评价范围，将地方法人银行业金融机构纳入评价体系，“三强化”即强化对地方法人银行业金融机构的风险管控，强化县级农合机构服务地方经济转型，强化综合评价内容的真实性和可操作性），建立4个平台开展综合评价工作，分别是国有、股份制商业银行1个平台，地方法人银行1个平台，保险业、证券业各1个平台，多元开展金融机构年度综合评价。2018年将保险业评价进一步细化，建立财产险、人寿险2个评价平台，形成“五平台、五体系”综合评价体系。

○评价情况

自综合评价工作开展以来，市人行分年度评价情况见表3-4。

表 3-4 2011—2019 年朔州市综合评价情况统计表

年份	参评单位	评价办法	评价结果				采取措施
			A 级	B 级	C 级	D 级	
2011	市农发行，市工、农、中、建、邮储银行，省联社朔州市办（7 家）	一对一	银行 2 家	银行 5 家	—	—	—
2012	市农发行，市工、农、中、建、交、邮储银行，省联社朔州市办，市招商、晋商、大同银行，以及朔城区蒙银村镇银行（12 家）	一对一	银行 4 家	银行 8 家	—	—	原有机构和新设立机构分开评价
2013	市农发行，市工、农、中、建、交、邮储银行，省联社朔州市办，市招商、晋商、大同银行，以及朔城区蒙银村镇银行（12 家）	一对一	银行 6 家	银行 6 家	—	—	1 个平台开展综合评价
2014	市农发行，市工、农、中、建、交、邮储银行，省联社朔州市办，市招商、浦发、晋商、大同银行，以及朔城区蒙银村镇银行（13 家）	一对一	银行 9 家	银行 4 家	—	—	1 个平台开展综合评价
2015	市农发行，市工、农、中、建、交、邮储银行，市招商、浦发、晋商、晋城、大同银行，以及山阴农商行、各县区农村信用联社、朔城区蒙银村镇银行、山阴县太行村镇银行（20 家）	一对一	银行 8 家	银行 12 家	—	—	法人和非法人银行机构分别评价
2016	市农发行，市工、农、中、建、交、邮储银行，市招商、浦发、晋商、晋城、大同银行，以及山阴农商行、各县区农村信用联社、朔城区蒙银村镇银行、山阴县太行村镇银行（20 家）	一对一	银行 9 家	银行 11 家	—	—	国有银行、股份制银行、法人银行机构分别评价
2017	市农发行、国有银行、股份制银行、城市商业银行和地方法人银行、保险业、证券业金融机构（银行机构 23 家，财产保险 15 家，人寿保险 7 家，证券 2 家）	一对一	银行9家，财险6家，寿险3家，证券 1 家	银行14家，财险 9 家，寿险 4 家，证券 1 家	—	—	“四平台、四体系”开展评价
2018	市农发行、国有银行、股份制银行、城市商业银行和地方法人银行、保险业、证券业金融机构（银行机构 23 家，财产保险 15 家，人寿保险 7 家，证券 2 家）	一对一	银行9家，证券 2 家	银行 5 家，财险15家，寿险 7 家	银行 7 家	银行 2 家	“五平台、五体系”评价。将D级机构列入执法检查重点机构
2019	市农发行、国有银行、股份制银行、城市商业银行和地方法人银行、保险业、证券业金融机构（银行机构 23 家，财产保险 15 家，人寿保险 7 家，证券 2 家）	一对一	银行7家，财险2家，寿险2家，证券 1 家	银行 7 家，财险13家，寿险 5 家，证券 1 家	银行 6 家	银行 3 家	“五平台、五体系”评价。将D级机构列入执法检查重点机构

○结果运用

市人行按年通报金融机构上一年度综合评价情况，并“一对一”反馈评价结果，抄报其上一级机构（或发起行）、市银保监局和市政府。对综合评价为A等级的金融机构，在系统准入、业务试点、金融创新、货币政策工具使用、人员培训等方面给予优先支持。B等级及以下等级的金融机构，要求针对不足进行整改，坚持问题导向，提交整改报告。对综合评价为C等级、D等级的，或综合评价结果与上年度下降较大的，或分项评价中存在问题较多、较严重的，经行长办公会研究审定，确定为下一年度综合执法检查重点对象。

第四节 存款保险

存款保险又称存款保障，覆盖范围包括投保机构吸收的人民币存款和外币存款，既包括个人储蓄存款，也包括企业及其他单位存款，本金和利息都属于被保险存款的范围。但金融机构同业存款、投保机构高级管理人员在本机构的存款，以及存款保险基金管理机构规定不予保险的其他存款除外。存款保险的最高偿付限额为人民币50万元。按照《存款保险条例》和人民银行上级行的工作部署，朔州市从2015年5月1日实施存款保险制度，由市人行履行存款保险职能，金融稳定科具体承办相关工作。

□ 制度建设

2014年12月，市人行建立异常情况报告制度，要求银行业机构确定联络员和联系人，同步建立7×24小时值班制度和日报告、周报告、重大事项快速上报制度。2015年11月，制定《存款保险制度实施细则》，下发全市执行，规范存款保险制度实施行为。2016年，转发人民银行《存款保险费率管理和保费核定办法（试行）》和《关于做好存款保险费率管理和保费核定有关事项的通知》，规范投保机构保费核定、交纳工作，明确存款保险费率管理要求。2017年1月，朔州市建立问题投保机构名单制管理制度。印发《朔州市存款保险知识宣传活动实施方案》，加大存款保险宣传力度，提高社会认知度。2018年，建立存款保险问题投保机构主监管人制度，将问题投保机构监管责任到人；存款保险信息系统上线后，存款保险工作实现了系统化处理；按照《关于进一步明确红线指标调整标准的通知》和人民银行《关于完善存款保险差别费率机制的通知》精神，健全存款保险差别费机制，建立存款保险费率核定和央行金融机构评级红线指标调整制度。

□ 组织机制

2015年5月，市人行成立存款保险工作领导组，党委书记、行长张小平担任组长，成员包括办公室、货币信贷、金融稳定、调查统计、会计财务、货币金银等部门负责人。负责朔州市存款保险工作的组织领导、制度实施、部署规划和重要、重大事项的决策、组织、协调工作，金融稳定科负责日常工作。2018年11月，对存款保险工作领导组调整，党委书记、行长卫文江担任组长，领导组设立办公室，负责推动实施存款保险制度，组织实施有存款保险的各项检查、核查、日常管理等各项工作。同时调整市人行存款保险风险评价及费率审核小组，负责核定辖区投保机构风险差别费率，组织保费征收工作。

□ 机构管理

截至2019年末，市人行根据全市地方法人银行机构发展、改制实际，累计办理投保手续15次，其中旧机构首办投保手续8次，改制设立农村商业银行办理4次，为新设村镇银行办理3次。朔州市共有地方法人投保机构10家。

□ 费率核定

○费率机制

存款保险制度从基础费率起步，逐步过渡到风险差别费率机制，实行分级负责，属地管理。2015年，市人行对全部投保机构都按万分之1.6的费率征收保费。2016年，开始实施存款保险风险评级制度。2017年，采取定量、定性指标相结合，综合系统重要性、费率调整事项等因素，确定机构风险评分，核定投保机构适用费率，存款保险风险评价和差别费率管理机制进一步完善。2018年，开始施行央行金融机构评级制度，并将评级结果应用到风险评价和费率管理，按照定量指标65%、定性指标35%（央行金融机构评级25%、公司治理5%、风险管理水平5%）评价机构风险状况，结合费率依据记录、红线指标调整和其他风险评分调整事项确定投保机构适用费率档次和水平，高风险机构对应的费率水平大幅提高。

○适用费率

朔州市每6个月核定一次投保机构的适用费率。对农村信用社实行优惠费率政策或较低的费率档次，现行政策对应的费率上限由万分之16降为万分之5。新设投保机构首次核定费率，适用费率水平由万分之1.6提高到万分之2.5。对投保机构因重大资产损失等原因导致资本充足率大幅下降，严重危及存款以及存款保险基金安全，且在市人行及所辖县（市、区）支行规定期限内未改进的，对其费率档次提高一至三档，提高后高于八档的，适用万分之16以上的费率水平。

按照《存款保险条例》的规定，对存在违反条例规定（未依法投保；未依法及时、足额交纳保费；未按照规定报送信息、资料或者报送虚假的信息、资料；拒绝或者妨碍存款保险基金管理机构依法进行核查；妨碍存款保险基金管理机构实施存款保险基金使用方案）的投保机构，由市人行及所辖县（市、区）支行责令限期改正，逾期不改正或者情节严重的，由市人行及所辖县（市、区）支行予以记录并作为调整该投保机构适用费率的依据。费率依据每记录1次，当期适用费率可以提高万分之0.1，当期多次记录的可以累计，累计提高幅度不超过万分之0.5。也可根据机构的风险状况和经营情况对其实施红线指标调整，调高机构的适用费率档次。

□ 保费征收

○保费基数

朔州市每6个月对地方法人投保机构的保费基数核定1次。每年1月和7月，根据按月收集的被保险存款申报数据，核定投保机构的当期保费交纳基数。

○保费征缴

朔州市每半年核定保费1次，并制发保费交纳通知书。投保机构每6个月交纳1次保费。存款保险制度实施以来，市人行共组织开展存款保险保费征收工作11次，征收存款保险基金0.43亿元；对

10家地方法人银行业机构开展存款保险现场核查51次，下发风险警示函11份。

□ 存款保险宣传

加强存款保险宣传，提高存款保险公众认知水平是存款保险制度实施的重要内容。市人行按年制订存款保险宣传工作方案，于每年5月“存款保险宣传月”和9月“金融知识普及月”专题宣传存款保险知识。同时，结合存款保险标识和日常工作需要，指导投保机构重点以城乡结合部、县域和农村为重点，大力开展以“进社区、进乡村、进企业、进机关、进校园”为主的“五进”宣传活动。要求投保机构充分发挥网点优势，开展“阵地”宣传，采用图文、音频、视频等多种载体，通过微信公众号、网站、广播、电视、微博等渠道开展全天候、开放式宣传，逐步形成存款保险宣传长效机制和多方联动宣传机制。

第五节　央行评级

□ 组织机制

按人民银行2017年12月印发的《央行金融机构评级管理办法（试行）》（银发〔2017〕298号）规定，市人行从2018年1月1日起施行央行金融机构评级制度，由金融稳定科具体承办相关工作。并成立朔州市央行评级委员会，主任委员由市人行主要负责人担任，副主任委员由分管金融稳定和征信管理的行领导联合担任，委员由金融稳定、货币信贷、调查统计、会计财务、支付结算、征信管理等部门负责人担任。委员会下设2个评级办公室，金融机构评级办公室设在金融稳定科。2018年11月，调整央行金融机构评级委员会，主任委员由党委书记、行长卫文江担任，金融稳定科具体牵头央行金融机构评级相关工作。

□ 评级体系

市人行开展央行金融机构评级，主要针对地方法人银行业金融机构，对农村商业银行评级体系和村镇银行评级体系应用较多。央行金融机构评级等级分为11级，分别由数字1~10和D标识，级别越大，风险越高，D级为已倒闭，被接管或撤销机构。新设金融机构评级暂定为4级。

开展央行评级遵循定量与定性相结合原则，基于金融机构的经营管理、风险情况和数据，采用数理模型与专业评价相结合的方法进行。数理模型包括金融机构的资本状况、资产质量、预期损失抵补能力、盈利能力、运营效率和资产规模等。专业评价指标包括公司治理、内部控制、资产管理、资本状况、流动性、市场风险、盈利能力、信息系统、金融生态环境和特定的红线指标调整等。对辖区地方法人金融机构按季开展数理模型评价，按年开展专业评价。其中数理模型评价和专业评价中涉及的定量数据指标按季更新，相关数据以上季末为准，专业评价中涉及的定性信息资料按年更新，相关信息以上年末为准。

□　评级流程

市人行开展央行评级包括初始评级、评级复核、评级审定、结果报备和结果反馈五个环节。

初始评级由市人行央行金融机构评级委员会办公室会同成员部门，依据指标体系和评分标准，计算分析得出初评等级R0。央行金融机构评级委员会按季召开例会，由主任委员召集，全体委员参加，听取金融机构评级办公室评级工作开展情况、各机构经营和风险状况、拟进行红线指标调整机构和事项的工作汇报，在初评等级R0的基础上，结合评级对象风险状况的整体分析和判断，得出复核等级R1，并报人行太原中支央行评级委员会审定，确定最终等级R2，出具最终评级意见。太原中支汇总向人民银行央行评级委员会报备，由人民银行于15日内反馈调整情况。市人行收到反馈的最终评级结果后，按属地管理原则，以书面形式告知金融机构。

□　评级情况

央行金融机构评级工作开展以来，2018年1月、2018年12月至2019年1月、2019年12月，市人行先后组织央行金融机构评级专业评级3次，开展新设银行业机构开业后专业评级4次，评价结果适用1年。2018—2019年，累计开展非现场央行金融机构评级8次，评级结果有效期1个季度；累计4次对34家地方法人银行机构开展现场专业评估，下发央行评级通知书31份；2次对1家高风险机构和1家经营数据不实机构实施红线指标调整，对1家高风险机构评级结果进行下调。

□　结果运用

市人行运用央行金融机构评级结果对辖区金融机构进行差别化管理，具体包括宏观审慎管理、金融风险评估、核定存款保险差别费率以及其他央行职能。对评级结果为8级（含）以下的金融机构，在金融政策支持、市场准入、再贷款授信等方面采取更为严厉的约束措施。对存在风险的金融机构，根据工作需要开展现场核查。

第四章

反洗钱管理

2003年，中国人民银行发布1号令——《金融机构反洗钱规定》、2号令——《人民币大额和可疑支付交易报告管理办法》和3号令——《金融机构大额和可疑外汇资金交易报告管理办法》，称为“一规定两个办法”。同年5月，人民银行被确定为全国金融业反洗钱行政主管部门。12月，新修订的《中国人民银行法》第四条规定：中国人民银行负有指导、部署金融业反洗钱工作，负责反洗钱的资金监测的职责。2007年，中国人民银行颁布《金融机构反洗钱规定》，2003年的“一规定两个办法”同时废止。

根据“一规定两个办法”和2007年《金融机构反洗钱规定》，2003年，市人行开始履行反洗钱监管职责，同时，将反洗钱职能从保卫科调整到会计财务科。2006年12月，人民币大额现金反洗钱监管、外汇业务反洗钱监管分别从货币金银科、外汇管理科调整到会计财务科。2007年1月，《反洗钱法》实施，市人行全面启动辖内金融机构反洗钱监管工作。2015年3月，按照人民银行“三定”方案指导意见，坚持人随业务走的原则，反洗钱职能从会计财务科调整到支付结算科至今。2018年2月，按照朔州市扫黑除恶专项斗争工作部署，市人行成立扫黑除恶专项斗争工作领导小组，具体负责扫黑除恶专项斗争工作的日常业务。

履行反洗钱职能以来，市人行认真贯彻落实国家反洗钱政策意图，在丰富反洗钱监管手段、建设反洗钱监测模型、特定非金融领域反洗钱监管等方面开展多项创新，同时加强与地方公检法等部门的协作，积极参与涉毒、涉税、扫黑除恶、地下钱庄、涉腐等犯罪惩治工作，推动反洗钱政策落地，反洗钱工作参与朔州市社会治理的内涵和外延不断扩展。

第一节　机制建设

□ 协作机制建设

2004年，朔州市金融系统反洗钱领导组成立，负责辖内金融业的反洗钱协调组织和指导工作，朔州市反洗钱协作机制建立。2005年，市人行制定《朔州市金融业反洗钱工作实施意见》，明确反洗钱工作组织机构、工作职责、宣传培训、资料上报、检查监督、表彰处罚等内容。2017年11月，市人行、市国家安全局举行《朔州市国家安全局、人民银行朔州市中心支行深化合作机制备忘录》签字仪式，建立全市反恐怖融资工作合作机制。2018年，市人行、市公安局联合印发《朔州市公安局、中国人民银行朔州市中心支行关于建立涉毒反洗钱工作机制的通知》《朔州市银行业金融机构与公安机关开展洗钱及上游犯罪线索研判及资金查控工作机制（试行）》《朔州市公安局、中国人民银行朔州市中心支行扫黑除恶专项斗争协调联系工作机制》，并下发辖区各区县公安局、人民银行，强化在涉毒案件查处、洗钱及上游犯罪线索研判及资金查控、扫黑除恶专项斗争等方面的协作和配合。同年，市人行印发《关于充分发挥行业监管部门职能作用深化扫黑除恶专项斗争的工作方案》，建立扫黑除恶专项斗争工作领导组织、工作机制，为扫黑除恶专项斗争工作提供制度、组织保障。市人行、市国家安全局签订《反洗钱工作合作备忘录》，为进一步有效合作提供机制基础。市人行、市房管局联合签发《中国人民银行朔州市中心支行、朔州市房管局关于房地产开发公司和房地产经纪机构履行反洗钱义务的通知》，首次将房地产领域纳入反洗钱义务履行范畴，填补了特定非金融领域监管空白，至此，市内房地产开发公司和房地产经纪机构开始按照文件要求，履行相关反洗钱义务。

2019年，市人行、市规划和自然资源局等单位联合印发《朔州市房地产从业机构洗钱和恐怖融资风险管理工作指引》（朔银发〔2019〕107号），建立朔州市房地产行业反洗钱风险管理制度。

□ 工作机制创新

2016年5月，市人行印发《关于进一步加强金融机构反洗钱内部审计（检查）的通知》，工作经验被《中国反洗钱实务》采用交流。10月，设计《保险业金融机构洗钱风险识别点》模板，被人行太原中支以《中国人民银行太原中心支行办公室关于加强全省保险业金融机构洗钱类型分析工作的通知》（并银办发〔2017〕89号）印发，在全省保险业金融机构推广，弥补了保险业洗钱类型分析工作空白。11月，举办“朔州市金融机构反洗钱内部审计资料展评会”，该工作在市人行先行先试的基础上，人行太原中支总结经验，当年，在山西省金融系统推广。

根据中央全面深化改革领导小组第三十四次会议审议通过的《关于完善反洗钱、反恐怖融资、反逃税监管体制机制的意见》，2017年，市人行建立《涉税洗钱风险监测指标建设指引》，经验做法分别在中国反洗钱部际联席会议办公室主办刊物《中国反洗钱实务》、天津分行《信息调研摘编》交流，被人行太原中支以《山西省银行业、保险业金融机构涉税洗钱风险监测指标建设指引》（并银办发〔2017〕360号）发文，在山西省银行业和保险业推广。

2019年，市人行建立《涉黑涉恶洗钱风险资金监测指标建设指引》，补齐金融机构涉黑资金监测指引短板，被人行太原中支办公室印发山西省人民银行、银行业金融机构推广使用。建立《山西省金融机构涉黑涉恶可疑交易监测及可疑账户查控工作指引》，被人行太原中支办公室印发各分支机构、金融机构执行。

第二节 反洗钱监管

2006年以前，辖内反洗钱监管主要面向银行业金融机构。2007年1月，《反洗钱法》颁布实施后，反洗钱监管对象扩展到证券业、保险业等所有金融机构。

□ 反洗钱现场检查

2011年至2019年，市人行对全市金融机构积极开展反洗钱现场检查，促进辖内反洗钱工作的开展。2011年6月，对人保财险朔州市分公司反洗钱内部审计、工作计划、监管重点等有关问题进行定向辅导，并提出指导性建议。2012年，对全市6家金融机构开展反洗钱现场检查，对存在的问题责令限期整改。2013年，对农信社、村镇银行8家机构开展现场检查。2014年，对5家金融机构开展现场检查。2015年，对5家金融机构开展反洗钱现场检查，对2家违规机构罚款42万元。2016年，推进反洗钱差别化监管，对6家金融机构开展反洗钱专项检查，对12家金融机构约见谈话。2017年，完成全省反洗钱机动项目的2个机构和自有项目的4个机构反洗钱检查。对朔城区农信社、朔州市蒙银村镇银行洗钱和恐怖融资风险情况下发《监管意见书》，并分别提出监管意见6条。2018年，对应县联社、金都村镇银行、太平财保朔州中心支公司开展反洗钱现场检查，查实6大类，82个具体问题，向3个被查机构下发检查意见书，责令其限期整改。对市工行、人保朔州分公司2017年反洗钱现场检查开展回头看，问题整改率达85%以上。就非自然人客户受益所有人身份识别义务落实情况，对全市30家银行、保险机构进行现场走访，并分别下发监管意见书。

2019年，市人行对太平财保朔州中心支公司、金都村镇银行、应县联社反洗钱整改情况进行跟踪检查，对整改不彻底问题提出相应监管意见和措施4条。对长青村镇银行、慧融村镇银行开展反洗钱专项检查及约见谈话，提出监管要求4条。

□ 反洗钱非现场检查

2004年，市人行下发《反洗钱工作检查计划》，对全市金融业反洗钱监管工作进行安排部署。2007年，根据人民银行《反洗钱非现场监管办法》，对辖内金融机构进行非现场监管。

2008年，朔州市金融机构上线运行反洗钱业务综合管理系统，初步建立起辖区反洗钱非现场监管工作目标、数据指标分析和洗钱风险评估指标体系。建立朔州市“金融机构反洗钱督导台账”，制作“问卷清单”12份，试点选取6个市级银行、保险等金融机构的反洗钱管理部门，通过非现场监管促进金融机构反洗钱工作开展。2011年，反洗钱业务综合管理系统升级为反洗钱监管交互平台，在辖区各银行业金融机构实现横向数据互传。

2013年，市人行采取市级机构负责本系统自评估与人民银行核实评估相结合的方式，对全市银行、证券和保险业等26家金融机构2012年反洗钱自评估工作开展为期3个月的核实评估，推动《金融机构反洗钱风险评估标准》的运用。按照《中国人民银行太原中心支行反洗钱现场督导管理办法》，对蒙银村镇银行、太行村镇银行反洗钱大额交易报告情况、《金融机构洗钱和恐怖融资风险评估及客户分类管理指引》的落实进度进行现场走访（督导）。按照人民银行关于金融机构反洗钱评估工作新标准试点工作要求，确定人寿保险朔州分公司、太行村镇银行为试点机构，对2家机构的反洗钱5C风险评估指标试点开展情况进行现场走访（督导）和验收。2014年，对31家市级金融机构进行专项评估核实，对辖内20家金融机构反恐怖融资工作开展情况进行现场走访（督导）。2015年，对35家市级金融机构进行考核评级，评出A类机构6家、B类机构20家、C类机构9家。2016年，对10家金融机构进行风险评估，其中法人机构评估9家，走访6家。2018年，组织全市47家金融机构管辖机构完成反洗钱考核评级工作，发文通报评级结果，并提出相关监管意见。2019年，对44家金融机构（市级管辖机构）反洗钱工作分类评级，对存在的2大类、11小类共18个具体问题，在辖内金融系统发文通报，提出监管意见5条。

□　反洗钱调查

2012年，市人行根据市公安局经侦支队提供的十余起涉嫌信用卡诈骗犯罪线索，协助公安部门成功破获6起涉嫌利用信用卡恶意透支案件，追回全部损失66万元。2017年5月，发现市中行某支行一起疑似跨境非法集资风险事件（CCG），逐级上报人民银行，成为中国人民银行办公厅发布《洗钱风险提示》（2017年第3期）的重要信息源。

2019年，市人行印发《关于进一步加强涉黑涉恶反洗钱工作的通知》（朔银办发〔2019〕19号），对全市金融系统开展涉黑洗钱风险专项治理，全市40余家市级金融机构均成立工作组，开展反洗钱风险大排查、大整治。其间，共排查客户30余万户，交易170余万条。

第三节　反洗钱宣传和培训

□　反洗钱宣传

为宣传《中华人民共和国反洗钱法》，2006年12月，朔州市金融系统举行《中华人民共和国反洗钱法》颁布大型宣传活动。市政府、市公安局、金融系统、新闻媒体等500余人参加，通过散发宣传资料、设立咨询台、展示宣传图版、播放录音等方式，提高全市社会各界对反洗钱工作重要性的认识。至此，朔州市反洗钱监管范围由银行业扩展到证券业、保险业等金融机构。

2009年7月，朔州市各金融机构开展多层次、多角度、全方位的大型反洗钱重点宣传日活动。其间，派出宣传人员230余人，悬挂宣传横幅281条，发放宣传资料13 000份。10月，为进一步将反洗钱法律法规落到实处，充分发挥人民银行反洗钱行政主管部门的作用，提高社会公共服务管理水平，市人行组织辖内各县（区）人行，对当地县域金融机构开展反洗钱法律法规巡回宣讲活动。宣讲活动以《中华人民共和国反洗钱法》及相关配套法规为主要内容，以县域金融机构为宣讲主要对象，宣讲期间，受宣人数150余人。2012年11月，朔州市金融机构开展“反洗钱主题宣传月”活动，全市300多家营业分支机构、500余家大中型酒店、商场的特约商户参与主题宣传月活动，通过1个月的宣传，全市金融机构反洗钱外部环境得到进一步优化。2016年9月7日，朔州市金融系统在市政府中心广场，开展以“《反洗钱法》颁布实施10周年——预防洗钱活动、打击洗钱犯罪、维护金融秩序”为主题的宣传活动。市公安局经侦处、各金融系统负责人等500余人参加。

为贯彻落实《金融机构大额交易和可疑交易报告管理办法》（中国人民银行令〔2016〕3号），2017年7月，市金融机构召开反洗钱宣传活动启动仪式，辖区银行、保险、证券以及三方支付共54家机构参与启动仪式。其间，全市共出动宣传人员1 000余人，设咨询台80余个，悬挂宣传横幅（或LED）300余条，出租车流动LED 1 000余辆，《朔州日报》、朔州电视台、朔州电台对启动仪式进行了及时报道。2018年7月，市金融系统开展“全面普及三反知识，维护国家安全和社会公平正义”为主题的反洗钱宣传活动。同时，确定7月26日为反洗钱主宣传日，第三季度为“反洗钱新政策宣传季”，以强化社会公众、金融机构对反洗钱新形势的共识。其间，各金融机构悬挂“全面普及三反知识，维护国家安全和社会公平正义”等横幅，设置反洗钱宣讲咨询台，摆放形式多样的宣传资料，LED屏滚动播放反洗钱相关知识。部分金融机构在居民小区、学校、超市通过演讲、文艺小品的形式向群众宣传反洗钱知识。各金融机构派出宣传人员3 000余人，发放宣传资料30 000余份，答复群众咨询4 700余次。

2019年5月，朔州市300余家金融机构开展以“汇聚多方合力　打击洗钱犯罪　保护人民利益”为主题的宣传活动，大力宣传中国胜利通过FATF第四轮互评估。其间，各金融机构在办公楼前搭建宣传彩虹门20余个，宣传横幅（或LED）260余条，出动宣传人员2 700余人次，制作微信美篇40余篇，解答群众咨询9 000余次。

□　反洗钱培训

为深入贯彻落实《中华人民共和国反洗钱法》，2007年6月，市反洗钱联席会议成员单位和金融系统反洗钱高管培训会议由市人行牵头举办。会议邀请中国反洗钱监测分析中心原总分析师柴青山做专题讲座，公检法、财政、税务、建设、工商等18家反洗钱联席会议成员代表、金融系统等200余人参加培训会。2009年5月，市人行组织开展对18家市级银行业、证券业、保险业金融机构的培训，对《金融机构大额和可疑交易报告管理办法》《金融机构客户身份识别和客户身份资料及交易记录保存管理办法》进行重点培训。2010—2019年，为持续提高反洗钱义务机构培训的针对性和有效性，市人行重点推出反洗钱个性化培训服务项目，根据金融机构培训需求，为金融机构量身定制反洗钱培训课件，主要内容为金融机构履行反洗钱义务存在的问题及人民银行反洗钱新制度等。其间，共培训银行、证券等反洗钱义务机构40余家，培训人数3 000人次。

□　反洗钱业务竞赛

2007年10月，市人行组织举办朔州市金融系统“人行杯”反洗钱知识竞赛，推动全市金融系统学习贯彻《中华人民共和国反洗钱法》。全市金融系统13支代表队经过激烈角逐，市工行代表队荣获一等奖，市农发行、市中行荣获二等奖，市农行、市建行、太平洋人寿朔州中支荣获三等奖。2010年4月，组织召开全市人行系统“创新金融服务，支持经济发展”业务竞赛系列活动，并编制个性化反洗钱培训方案，为辖内金融机构提供个性化的反洗钱培训服务。当年，市人行反洗钱工作分别被人民银行、人行天津分行、人行太原中支评为“创新金融服务，支持经济发展”业务竞赛先进集体。2013年9月，组织举办“朔州市金融系统反洗钱履职十年主题演讲赛”，全市30家市级金融机构共计60人参加。演讲赛评出个人一等奖1名，个人二等奖2名，个人三等奖3名。市农行荣获集体一等奖，市农发行、市交行荣获集体二等奖，市工行、蒙银村镇银行、山西证券朔州开发南路营业部荣获集体三等奖。2016年11月，组织召开朔州市反洗钱/反恐怖融资内部审计业务展评及经验交流会，辖内38家市级金融机构参加，进一步强化金融机构反洗钱/反恐怖融资内部审计管理，延伸反洗钱监管链条。2019年5月，人行朔州市中支在人行太原中支反洗钱处举办的监管档案展评活动中，荣获金融机构报备档案展评第1名。

下篇

金融服务

第五章

货币管理

第一节　现金管理

□　新中国成立初期

新中国成立初期，银元、国民党纸币、西农币与晋察冀边区纸币等边币在朔州辖内流通。1949年9月，人行朔县支行成立之后，管理金融工作，占领城乡货币阵地。1950年，朔县设立发行库。1952年，朔县支行向市场投放现金380.2万元（为第一套人民币），收回现金310.3万元，净投放69.9万元。

□　国民经济“一五”时期

1953年至1954年，国家经济建设开始，朔县人行也遵循人民银行所出台规定，即：银行只管部队的收支总额，具体项目部队自己掌握。1956年实行公私合营，手工业者、个人服务业等进行公私合营，国家组建国营单位。1957年底以前，朔县绝大多数单位都能认真执行现金管理有关规定，市场货币量流通稳定。1953—1957年，朔县社会商品零售额平均每年增长15.4%。1955—1957年达686.2万元，比1950年增长1.2倍，市场货币流通量每年平均增长25%左右，每流通1元货币，约有5元的商品。

□　“大跃进”时期

现金管理工作有所放松。由于“大跃进”等经济政策上的失误，经济比例失调，朔县现金投放增加。1958年，朔县人行撤销计划机构，现金管理制度破而不立，县内银行基层处所对单位多不予核定库存限额。到1962年，朔县货币投放达212.2万元，市场上每流通1元货币，仅有4元多的商品，再加上自然灾害等其他原因，出现了商品供应紧张，市场物价上涨，人民生活水平下降的现象。为进一步加强金融市场管理，朔县人行通过银行控制货币投放，财政控制支出，商业采取出售高价商品等政策，回笼货币，辖内市场渐趋稳定。

□　“文化大革命”前后

朔县现金管理工作加强，各项政策执行效果较好。20世纪60年代，朔州辖内现金投放的渠道有八条，即工资性支出，包括国家工资支出、国家对个人其他支出、集体工资支出、集体对个人其他支出、国家对职工奖金支出、集体对职工奖金支出等；农副产品采购支出；工矿产品采购支出；行政管理费支出；农村财政信用支出；城镇储蓄存款支出；汇兑支出；其他支出。现金回笼渠道有七个，即商品销售收入；劳务服务收入；税收收入；农村信用收入；城镇储蓄存款收入；汇兑收入；其他收入。朔县开始根据每个国家机关企事业单位的实际收支状况，按3~5天的现金需求量核定库存限额，多余现金一律存入银行。单位之间除小额零星支付外，超过30元的需通过银行转账支票结算。

1960年货币流通量为185.8万元，比1959年同期增长27%。1962年按照中共中央、国务院《关于加强银行工作的集中统一，严格控制发行的决定》的要求，制定《朔县现金管理实施暂行规定》，要求现金收支万元以上单位编制现金收支计划。各现金管理单位基本上都能认真贯彻执行财经纪律，自觉“管严、管实、管好”现金支付。随着全国国民经济的形势好转，朔县货币流通趋于正常。1963年，受调整工资，增加投放等因素影响，年底全县货币流通总量为172.8万元，较年初减少39.6万元，与商品库存、社会商品零售额比较，市场货币流通量与社会商品零售额的比重恢复到1957年水平，并向正常方向发展。1965年上半年，取消单位编制现金收支计划规定。8月对手工业合作社、合作商店和人民公社办企业、服务站、托幼保健站、校办工厂等独立核算单位都执行现金管理。

1966年8月后，受政治因素影响，现金管理工作削弱，超限额现象严重，监督检查缺失。1966年，人行朔县支行各业务股室基本都停止工作，不少单位出现乱花乱支现象，正常的货币流通受到冲击，市场货币流通量显著增加。1976年末，朔县城乡市场货币流通量达到491.7万元，比1965年增长71.3%，当时是国家计划经济，市场上出现钱多物少、物价稍涨的状况。

“文化大革命”结束后，各项经济制度开始恢复，现金管理工作重新加强。1977年5月，人行朔县支行对城镇180个单位重新核定库存限额，对城乡1 143个单位的现金库存进行了普查，占实行管理单位的91.2%。同时，加强柜台监督，对大额现金支付实行逐级审批制度。

□ 改革开放政策后

1978年12月18日，中共十一届三中全会召开之后，随经济体制不断深化改革，多种经济成分并存的格局起步，传统的现金管理制度执行难度增大，人民银行开始因地制宜出台各项现金管理政策。朔县人行从信贷、现金两大项目计划入手，设立计划股进行现金管理。同时按旬、按月固定时间向雁北人行进行信贷、现金报告，每年年底计划股编写本地区货币流通量报表，年初报送雁北人行。朔县人行为进一步强化现金管理，堵住不合理投放，一是对全县496户国家机关团体单位重新核定库存现金限额31.97万元。二是对新组建的37个知青服务部进行现金检查，宣传现金管理制度。三是加强工资基金与奖金支付的审批与监督工作，处罚3家违反规定的单位，堵住不合理奖金支付。当年，全县现金回笼率达88.97%。

当时朔县有现金管理“七不准”原则：不准用白条抵库存；不准私人借公款；不准单位间互相借用资金；不准假造用途套取现金；不准用银行账户代其他单位或个人存入或支取现金；不准用转账凭证套取现金；不准账外保留公款，另设小金库。另外，朔县每年组织大批人员定期检查现金管理1到2次。

1980年4月，人行杭州会议后，现金管理制度再次放宽，货币投放较多。1981—1983年，朔县共回笼货币14 781.7万元。其中，商品回笼占19.1%；信用回笼占19.9%；市场货币流通量1 340万元。到1984年末，城乡货币流通量达2 319万元，比1983年增加889万元，增长62.7%。其中，机关团体库存现金195万元，比上年增加132万元，增长2倍多，占年末货币流通量的8.4%；农民手持货币1 882万元，比上年增加674万元，增长55.8%，占年末货币流通量的81.2%；城镇职工居民手持货币184万元，比上年增加41万元，增长24.1%，占年末货币流通量的2.5%。

1985年，针对上年度货币投放量过大问题，朔县人行编写《关于测算1984年末市场货币流通状况的调查报告》《对朔县现金收支变化的分析报告》《对朔县当前货币流通状况及社会购买力的调查报告》，并于4月在全县提出"统一制定工资、奖金审批办法、压缩经费支出，积极收回到逾期贷款，增加商品销售，回笼货币"。10月，根据人民银行"关于控制消费基金增长的紧急电报"，出台"现金管理办法"，建立消费基金专用户。同时，不断加强货币发行管理，杜绝不合理开支，扩大货币回笼渠道，使货币投差基本控制在计划之内。1986年，采取"以块为主、条块结合"的现金管理办法。1987年，在控制现金投放的基础上，加大现金调研力度，优化流通现金各券别比例。1988年9月8日，国务院又发布了《现金管理暂行条例》，中国人民银行制订了《实施细则》，各专业银行从各个方面严把大额提现关，控制现金投放。

□ 朔州建市后

1989年建市后，市人行设立，为适应各项工作的需要，保证朔州市正常的现金供应和农副产品收购现金需求，市人行先后深入山阴、平鲁等区县，调查了解市场现金需求。1990年，投放货币33 389.1万元，同比增长35.6%；回笼3 704.6万元，同比增长30.96%；净投放29 684.5万元，同比增长36.22%，充分保证了辖内重点企业用现需求。当年，市人行将现金投放指标分解到各专业银行，实行工资基金手册管理和支取现金许可证制度，对1 000多个单位核发工资基金管理手册，核发支取现金许可证2 000余个。在发证中，督促企业办理核准账户800余户，清理多头开户40余户，制止了单位多头开户多头提现、消费基金盲目增长，工资基金管理走上规范化轨道。1989年，家用电器迎来抢购热潮。1991年，继续完善支取现金许可证管理工作，建立完整的许可证档案资料。1993年初，居民争相购买黄金首饰、高档耐用消费品，同时，辖区企业集资、住房集资等因素，全市现金投放呈现猛增势头，当年现金净投放9亿元，增幅达73.9%。1996年，由于个体经商户携现外出进货以及大量外地民工涌入工资性支出加大，导致现金外流严重，当年，全市银行现金净投放13亿元，同比增长25.75%。对此，市人行加强现金管理，与各专业银行行长签订责任书，要求各行实行行长责任制、大额提现分级审批制，明确开户银行不得以放宽现金管理为条件招揽客户，建立健全支取现金柜台审批制度，配备专职现金管理检查人员；市人行实行定期检查，全面规范了专业银行的收付行为。

20世纪90年代后期，随着国家现金管理政策逐步放宽，过去的信贷、现金两大计划逐步侧重于信贷计划一项。1995年，市人行计划科调整为货币信贷与统计科，负责辖区内的货币政策业务和综合金融信息统计工作。

进入21世纪，市场经济逐步形成，现金管理制度由审批制逐步转向备案制、大额提款预约制，为各类经济实体及活动提供方便。但在执行过程中仍然存在不少违规行为，如各专业银行为招揽顾客放宽提现管理等。针对违规行为，市人行通过现场、非现场检查，对违规机构采取处罚和通报批评等措施，堵住不合理的现金支付。2004年，为加强现金管理，整理制定《朔州市现金管理工作联席会议制度》《朔州市金融机构人民币缴取款管理办法》《现金管理操作规程》《库存现金限额核定制度》《关于建立现金管理工作评比制度的通知》《关于成立现金管理领导小组的通知》，推动辖区现金管理工作规范化进程。同年，组织三次现场检查、一次非现场检查，检查10多家金融机构30个网点。2005年，按照《中国人民银行关于进一步加强大额现金支付管理的通知》要求，市人行先后组织三次现金检查，检查的内容有大额提现登记备案情况、账户管理情况、是否违规提现或无证提现、现金管理制度建立及执行情况等。共检查科级机构100多家，检查面达92%，并对存在问题的单位进行了处理。

2007年7月，大额现金管理相关业务移交至支付结算科反洗钱部门，货币金银科仅保留现金分析工作。市人行利用人民币流通监测网络，对辖区现金投放数据、资金流向情况、回笼情况、现金库存余额和券别明细、人民币流通整洁度、反假人民币形势等内容进行监测，为加强市场人民币流通管理提供第一手资料。2008年，朔州实现现金投放48.63亿元。

2019年3月，市人行自主研发“现金统计审核汇总系统”，全面实现了现金数据的智能化统计，现金统计数据的准确性、真实性、时效性提高。

1949—1998年朔州金融机构现金收入支出情况见表3–5和表3–6。

表 3–5　　1949—1998 年朔州金融机构现金收入统计表　　单位：万元

年份	全市	朔城区	平鲁区	山阴县	应县	右玉县	怀仁县
1949	—	—	—	—	—	—	—
1950	467	124	62	89	106	86	132
1951	791	148	79	123	179	130	171
1952	1 253	171	91	335	320	165	267
1953	1 473	260	121	366	299	160	320
1954	1 822	297	137	430	431	207	388
1955	2 043	357	188	421	470	219	451
1956	2 565	388	235	551	597	343	505
1957	2 695	461	224	573	607	325	609
1958	3 498	503	278	746	892	452	812
1959	4 196	564	266	1 032	903	619	666
1960	4 040	637	302	867	1 006	562	784
1961	3 971	560	321	816	923	470	881
1962	3 823	594	346	642	737	384	1 120
1963	3 578	822	368	543	580	334	931
1964	3 910	785	403	633	687	414	988
1965	4 124	865	442	639	709	425	1 044
1966	4 290	916	459	727	760	422	1 006
1967	4 211	936	445	715	745	401	969
1968	4 275	894	491	740	745	421	984
1969	4 947	1 005	518	769	821	467	1 367
1970	5 483	1 154	561	880	897	507	1 484
1971	5 771	1 168	596	909	983	600	1 515

续表

年份	全市	朔城区	平鲁区	山阴县	应县	右玉县	怀仁县
1972	5 916	1 276	596	1 000	964	574	1 506
1973	6 345	1 376	623	1 036	1 427	546	1 337
1974	6 582	1 370	692	1 049	1 558	551	1 362
1975	7 169	1 566	776	1 142	1 616	607	1 462
1976	7 176	1 575	770	1 152	1 604	632	1 443
1977	7 696	1 733	816	1 176	1 763	654	1 554
1978	8 402	1 992	838	1 279	1 920	670	1 703
1979	10 565	2 491	1 162	1 655	2 487	857	1 913
1980	14 954	3 236	2 591	2 130	3 258	1 107	2 632
1981	20 011	3 891	3 536	2 763	5 581	1 364	2 876
1982	22 281	4 625	3 186	3 815	5 500	1 643	3 512
1983	36 724	11 732	3 973	6 332	7 916	2 303	4 468
1984	34 414	7 722	3 601	6 460	7 689	3 179	5 763
1985	33 544	9 797	4 655	5 928	3 372	2 967	6 825
1986	39 458	12 889	4 363	8 009	7 651	3 154	3 392
1987	59 702	17 694	6 103	16 218	8 400	4 014	7 273
1988	77 130	23 946	847	21 672	9 900	5 605	15 160
1989	89 905	19 139	8 772	26 195	11 022	5 191	19 586
1990	110 664	29 811	4 768	33 875	12 104	5 739	24 367
1991	133 843	33 692	16 614	22 767	13 798	6 497	28 321
1992	167 198	52 484	22 316	27 118	27 016	7 581	16 657
1993	273 301	78 249	23 375	35 867	46 174	11 906	22 255
1994	376 657	89 491	33 023	52 651	69 501	16 167	73 038
1995	511 106	93 435	47 860	64 858	88 327	19 380	100 929
1996	615 124	85 642	56 539	68 277	107 467	23 512	107 574
1997	748 974	94 732	57 267	83 422	80 092	26 134	112 120
1998	1 099 463	98 657	63 433	89 342	41 897	41 844	122 310

表 3-6　　1949—1998 年朔州金融机构现金支出统计表　　单位：万元

年份	全市	朔城区	平鲁区	山阴县	应县	右玉县	怀仁县
1949	—	—	—	—	—	—	—
1950	870	171	88	173	169	102	167
1951	1 229	166	110	297	301	166	189
1952	1 501	212	143	405	283	185	273
1953	1 759	287	187	382	386	153	364
1954	1 963	342	164	372	483	199	403
1955	2 079	396	217	354	422	218	472
1956	2 592	413	255	482	553	354	535

续表

年份	全市	朔城区	平鲁区	山阴县	应县	右玉县	怀仁县
1957	2 633	517	309	445	474	290	598
1958	3 469	533	331	688	583	467	867
1959	4 139	604	369	967	795	615	789
1960	4 015	679	323	791	920	539	763
1961	3 873	668	384	648	859	490	824
1962	3 786	636	390	532	680	390	1 158
1963	3 575	861	401	454	524	323	1 012
1964	3 840	820	427	533	621	426	1 013
1965	4 143	870	445	576	693	469	1 090
1966	4 364	975	456	674	722	449	1 088
1967	4 400	990	446	678	742	434	1 110
1968	4 117	902	400	628	703	434	1 050
1969	4 680	1 013	441	699	754	462	1 311
1970	5 191	1 159	453	699	753	517	1 610
1971	5 880	1 250	545	797	896	644	1 748
1972	6 145	1 395	556	863	964	638	1 729
1973	6 489	1 440	513	911	1 447	560	1 618
1974	6 801	1 584	498	985	1 551	555	1 628
1975	7 286	1 720	514	1 055	1 624	630	1 743
1976	7 780	1 851	662	1 201	1 604	660	1 802
1977	7 905	1 987	668	1 112	1 743	636	1 759
1978	9 098	2 370	838	1 250	1 927	680	2 033
1979	12 317	3 433	1 162	1 781	2 500	890	2 551
1980	17 015	4 173	2 591	2 219	3 172	1 252	3 608
1981	22 459	4 891	3 536	2 944	5 607	1 440	4 041
1982	28 050	6 182	4 580	4 489	6 082	1 924	4 793
1983	36 323	7 721	3 808	7 147	8 396	2 678	6 573
1984	40 910	7 747	5 247	7 747	8 096	3 728	8 345
1985	40 434	14 433	4 468	6 948	2 491	2 982	9 112
1986	53 089	17 866	6 466	9 538	7 341	3 168	8 710
1987	76 286	22 882	9 246	16 218	8 300	4 111	15 529
1988	96 495	38 187	1 463	21 672	9 700	6 490	18 983
1989	115 921	35 323	14 533	26 195	12 270	5 946	21 654
1990	138 900	35 659	27 760	33 875	11 746	6 744	23 116
1991	163 158	48 828	3 256	29 666	12 584	7 544	20 403
1992	230 671	69 502	37 361	38 494	29 026	9 286	24 805
1993	365 431	106 653	40 914	48 411	48 243	11 955	32 189
1994	481 484	119 707	46 725	65 435	75 241	17 166	101 692
1995	621 248	116 925	60 589	81 951	88 765	20 071	127 086

续表

年份	全市	朔城区	平鲁区	山阴县	应县	右玉县	怀仁县
1996	753 631	113 987	72 583	86 851	107 673	24 604	139 882
1997	912 318	119 879	72 065	106 788	84 736	27 308	149 883
1998	1 256 146	125 843	79 345	110 342	43 663	42 524	155 324

第二节　金银管理

新中国成立以后，国家对金银实行统一管理、统购统配的政策，加强金银管制。在朔县，金银允许个人持有，但不得计价行使、私相买卖和借贷抵押，可按国家牌价出售给朔县人行；国营金矿、集体所有制金矿和公社、大队组织生产和回收的金银，群众个人采淘的砂金，一律交售给朔县人行，不得自行销售和留用。凡需用金银的单位，可按规定程序向朔县人行提出申请使用金银的计划，在国家批准的范围内审批供应。朔县辖区金银收兑的主要来源是群众的手持金银。对群众出售的金银贯彻自愿原则，一般不向出售者索取证件，鉴别成色较准，称量公平。

1950年国家对金银收兑标准进行了统一规定后，朔县的金银收兑实行收购和配收双轨制，不允许市场流通而进行统一配收。主要来源于民间，有黄金、银锭、银元、杂银、金银首饰等，按克计算，为称量货币。20世纪50年代，人民生活较为紧张，收兑量较多，黄金占收兑总量的49%，白银占收兑总量的75%，银元占收兑总量的60%。

1958年，由于国家号召大搞金银收兑，“变死宝为活宝”，支援经济建设，朔县在整个20世纪60年代的金银收兑量都维持在一个较高的水平；改革开放后，金银买卖增多；1989年到1995年为金银管理高峰期，20世纪90年代末，由过去的金银管理转变为金银服务与管理。2010年之后，开放黄金市场，黄金产品由统收专营转变为市场销售。

□　打击金银黑市

新中国成立初期，金银黑市十分猖獗。为维护金融市场、稳定人民币币值，省人行根据总行“低价冻结黄金、肃清白洋”方针，提出“开展缉私运动、摧毁白洋市场、肃清白洋”的措施。朔县人行组织人力，在全县范围内开展“取缔金银黑市运动”，深入集市、乡镇、农村宣传，布置缉私网，在咽喉要道设专人检查，凡经查获倒卖银元或以银元交易者，均强制到银行以国家规定的收兑价：黄金每克3.04元，白银每克0.04元、银元每枚1元（均折新币）进行强制收兑。当年，银元的强制收兑率达到50%以上。

经过“镇反”“肃毒”“三反”“五反”运动，以及不断扩大农副产品收购、发放农贷等，人民币全部占领城乡市场阵地，金银黑市活动基本敛迹。

为打击金银在市场上的流通买卖，1950年，朔县关停12家金银加工首饰店，当时崇福寺两旁为买卖银器聚集地，多家银锁店都被关停，并处理多起银元倒贩案。

但由于习俗相沿，暗地购买金银的人仍时有出现，以朔县周围贩卖黄金情况为例，来倒卖金银的贩子，一般每月来一两次，每次携带三五个戒指，成色低劣，黑市价黄金每钱28～30元，这些倒卖者将此当作职业，倒卖活动为时已久。进入20世纪70年代，朔县的金银黑市管理政策相对放松，但价格与国家金银收购价比还不太悬殊，黄金每钱35元左右，故投机倒卖现象较少，金银市场较为稳定。改革开放以后，金银黑市在朔县虽不十分明显，但银行收量日减。1995年后，市人行对个人黄金、白银不予收兑，后逐渐减少。

□　黄金收兑

1950年国家对金银收兑标准进行了统一规定，不允许市场流通而进行统一配收，朔州地区的黄金收兑主要来源于民间。黄金，分生金、熟金两种。

○生金

生金分砂金和矿金，在收兑时按其成色扣除损耗，如砂金成色为90%，损耗5%，即按85%成色收兑；再如朔州应县尧峪金矿产出的金矿物以自然金为主，占90%以上，金的成色为70.59%，则按其成色收兑。

○熟金

熟金分清、混两种，在黄金中只含白银为清金，除白银外还含有其他金属为混金。朔县日常所见的金条、金块、金饰品等均为熟金。朔县对于熟金的收兑多以K金计，即含金量每K为4.15%纯度，如22K按91.3%成色收兑。

○金笔尖

金笔尖的收兑需鉴别成色，称定重量后计算价格。收兑中如发现不完整笔尖，应按残缺程度四分之三或二分之一折价收兑。1980年，人行朔县支行统一办理金笔尖收兑，凡12K或50%的金笔尖成色按48%计，14K或58.3%的金笔尖成色以55%计。

1971年以后金银收兑量逐年减少。1973年，黄金为每克3.04元。1980年3月1日起，收兑牌价再次提高，黄金每克提高为13元。1985年9月，黄金收兑价调高为每克28.80元。

1973年，统一调价后金银收兑量增多，朔县全县共收兑黄金134克。1984年，全县共收兑黄金6 561克。1988年，全县收兑黄金13.2克。1989年，验收环节采取听音、看色、硝酸试剂检测等方法，鉴别准确度进一步提高，当年共收兑黄金14.4克，验收全部合格。1991年，全市回收黄金125克。到1997年，辖内全年收购黄金达733.586克，创出新高，超额完成省人行下达的收购任务。到1998年，收购黄金达1 358.47克。2019年黄金买入价为296.03元/克，卖出价为296.43元/克。

□　白银收兑

朔县的白银收兑以纯重计量，品种较多，常见种类有：银元宝，重1 750克左右（58～60两），成色一般在97%左右，另有312.5克和31.25克左右的小元宝，成色在95%～98%；银砖，重2 000克左右，成色多在95%以下；银滴粒，重62克左右，半圆形，成色在95%～98%；银条，重300克左右，成色多在90%左右。朔县还收银饰品，首饰含银量较低，成色为60%～70%，成色越低越硬，颜色越深。如银锁，收兑时需把锁打烂，铜剔除，将银皮留下。

1971年以后金银收兑量逐年减少。为鼓励金银收兑，1973年，国家进行统一调价，提高白银、银元的收兑牌价，白银由原来的每克0.04元提高为每克0.10元，1980年3月1日起，收兑牌价再次提高，白银每克为0.20元。1986年7月，白银收兑价提高为每克0.45元。

1973年，统一调价后金银收兑量增多，全县共收兑白银222 769克。1984年，全县共收兑白银51 191 059克。1988年，全县收兑白银935克。1989年朔州建市后，鉴别准确度进一步提高，当年共收兑白银7 997.3克，验收全部合格。1991年以后，全市金银收兑工作逐步规范化，金银来源渠道基本固定，当年，全市收购白银9 854克，超计划25%。2019年，白银买入价为3.28元/克，卖出价为3.30/克。

□ 银元收兑

银元标准重量26.5克，成色88%，由于流通磨损、铸造成色不一致，收兑标准规定：重量不低于25.6克，成色不低于84%，按银元收兑，如果成色或重量有一项不符合上述标准，不能按银元收兑，而应根据实际含银量按白银收兑。当时银行工作人员鉴别银元通常有五步：一是观其色，呈银白色为真，如上有绿绣则用牙膏擦除再看；二是听其音，以中指与大拇指捏着银元向其侧面吹气，可听到响若铃铛声则为真；三是打手感，左手打右手；四是称重量，以25克以上至26.5克为收兑标准；五是看图案，齿轮纹均匀，凹凸立体感强且图案清晰则为真。

1950年2月14日，银元合为两档：甲类，袁大头，其成色为96%；乙类，含孙中山开国纪念币（朔州当地也称孙小头），民国二十一年版、二十二年版的孙船币，孙小头成色为93%。包括民国初年的各种开国纪念币，及各地版的大清银币、光绪元宝、宣统元宝，香港铸站人币，1870年版及1895年版的墨西哥飞鹰币，各种版的日本龙洋，西班牙铸包括我国各地仿铸的本洋，苏维埃红军币。除以上甲、乙两类所含各种币外，均按含银量以色银收兑。1951年8月起银元一律不分类。1954年6月10日，按中国人民银行山西省分行指示，雁北、大同市统一执行山西省牌价时，银元再分甲、乙两类。1973年3月按省人行通知仍不分类，直至1993年末。

1971年以后金银收兑量逐年减少。1973年，朔县进行统一调价，提高白银、银元的收兑牌价，银元由原来的每枚1元提高为2~5元。1980年3月1日起，收兑牌价再次提高，银元每枚为5元。1986年7月，银元收兑价提高为每枚12元之后，1987年又调整牌价为15元、20元，银元收兑逐年递减，后停办了相关业务。

1973年，统一调价后金银收兑量增多，朔县全县共收兑银元56 331枚。1979年收银元增多，国家要求个人不能倒卖金银。据朔县人行工作人员讲述，当时朔县收兑金银有专门配备兑金牌，国标一木箱可装1 000块，100个一麻纸包，也不分版别品相，一年一般可以收10 000块。当时袁大头成色好受欢迎，收的最多，而孙小头币、龙币、银洋、帆船币等币种都较少。1984年，全县共收兑银元494 913枚。1988年，全县收兑银元62枚，没有发生误收假货的情况。1989年朔州建市后收兑银元155枚，验收全部合格。1991年以后，全市金银收兑工作逐步规范化，金银来源渠道基本固定，收购任务逐年增大，当年收购银元367枚，超计划36%。2019年底，银元的市场价格由造币数量与稀缺程度决定，发行量大的如袁大头，市场价为1 000元左右，而发行少的，如清光绪元宝，则为2 000元左右。其他稀缺品种，则可上万元甚至更高。国家也逐渐开放银元市场，允许传世银元自由交易，在北京马甸钱币市场形成一定规模。

□　工业供应金银

黄金和白银因其独特的金属性能，用途广泛。随着社会主义现代化建设的不断发展，金银需求量大幅增加，而金银生产还赶不上工业生产的需要。因此，朔县金银计划供应始终贯彻节约的原则，坚持计划管理、从严掌握、合理使用。

○国民经济“一五”时期前后

1952年，人行朔县支行统一配售金、银价格，不论其是否以盈利为目的，黄金每两为12.5万元，白银每两为1.95万元。收售金、银，一律以千分之千纯金银为计算标准。1953年，国民经济第一个五年计划开始实施后，为适应国家有计划地发展国民经济的要求，在国家集中统一管理金银政策不变的情况下，朔县制定了金银计划配售管理政策，开始采取统收统支，以收定支，收支两条线的金银管理办法，适应和服务于社会主义计划经济体制。凡符合总行规定条件需要购买金银者，黄金1两、白银10两以内，由人行朔县支行按市场价批准售给。

1956年10月6日，据省人行指示，人行朔县支行关于镶牙用金、工业用银出售价黄金纯重每市两以125元计，白银纯重每市两以1.95元计。矿产金银、砂金及冶金业副产品的收购、分类、价格变化频繁。

○“文化大革命”前

1960年7月7日，人行朔县支行依据人民银行山西省分行通知，对辖区内进行规定：凡属第二机械工业部所属厂矿的使用金银，需由该部统一向总行申报计划，并经总行核准后，批转各行方可供应。为此各支行在今后审查单位计划时，凡对第二机械工业部所属厂矿的使用金银，应向其说明原因，各行不得直接供应；凡在已批准的金银配售指标额度内售出银元时，应按银元每枚含银量纯重为23.44克计算折成白银，然后在分行批准各支行的白银配售指标内扣除。

○改革开放政策后期

1989年朔州建市后，全市用银需求旺盛，为落实人民银行从严从紧管理金银的文件要求，在全市工业金银配售中，本着“增收节支，择优扶持”以及“区别对待、保证重点、扶优限劣”的原则，加强计划配售管理，深入各用银单位，了解企业生产、销售、效益及金银消耗等有关情况。对企业上报的使用金银计划认真分析，随时抽查，严格审查，确保金银用到实处。实际配售中，采取“分段配售”办法，留下一些机动指标，便于应急，以满足用金银单位的需求。当年全市共配售白银20千克。

1990年全市配售金银达到59千克，其中电厂、纸板厂为辖内金银需求大户。以辖内用金银量较大的神头电厂为例，该厂当年由于大修机组六台，其中检修焊接汽轮机叶片、发电机转子、磨煤机线圈接点，需用银焊条各类规格100千克，折合白银50千克，占当年配售总量的84%。到1993年，全市配售白银达80千克。

1998年，人民银行下发通知，决定：取消白银统购统配的管理体制，放开白银市场、允许白银生产企业与用银单位产销直接见面。

2002年10月30日，市人行停止履行对黄金和白银的管理任务，不再对金银交易实行配售。

□ 金银饰品加工

○建国后

朔县用金银制作首饰和工艺品历史悠久，金银饰品具有很高的艺术价值，以其特有的品质深受群众喜爱。但在“文化大革命”期间，朔县人民受时代思潮的影响，开展“破四旧”运动，金银饰品被看作地主、资本家的特征，人们谈金色变。在那个时期，金银首饰无人问津，银行的金银饰品收兑价格也十分低廉，一般金银首饰收兑按重量和成色计价。朔县当时的黄金首饰为3.04元/克，白金首饰25元/克，银饰品0.004元/克，银元1元1个。

○改革开放政策后

随着人民生活水平的不断提高，手持货币的增多，对金银饰品的需求程度高涨，市场商品供应明显不足，抢购之风盛行。然而，当时朔县还没有一家正规的金银饰品经营商店，一些小商小贩和私营匠人进行秘密的地下加工、交易。因人民群众对金银饰品的质量、成色鉴别能力较低，加上人们购金心切，一些投机倒把者乘机鱼目混珠，将成色低劣饰品暗市抛售，使不明真相者蒙受损失。其中最具代表性的就是朔县老城大西街小巷中的“大有仓”金银加工作坊，金银匠们将金银藏于自己或者亲人家中，进行少量冶炼后，拿到市场进行交易。

国家从1980年12月起开始整顿金银饰品市场，一律不准加工出售银饰品或代群众加工、修理银饰品。为此，人行朔县支行组织力量，对朔县的金银饰品市场进行整顿。1987年人行朔县支行对全县销售金饰品及用银单位进行调查，为经营状况好、管理水平高的单位办理《经营金银许可证》，1988年全县销售金饰品10公斤。1989年朔州建市后，全市黄金首饰市场非常活跃，一些单位纷纷开办黄金首饰销售业务，1989年全市金饰品销量达40公斤。但由于进货渠道和结算方式不同，销售价格较乱，自行定价严重，有个别单位还属无照经营。市人行协同市工商局、标准局、物价局，对经营单位许可证、计量仪器、价格等进行落实，不符合规定的一律从严处理。1991年，经人民银行山西省分行批准，同意成立朔州金店有限公司等5个单位开办零售内销黄金饰品及有关金银业务。朔州金店有限公司位于古北街市人民银行东院，主要经营铂金、白银首饰、钻石、珠宝工艺品等，销售的商品覆盖整个市区及周边十几个市县，员工300余人，总营业面积1 000平方米，是当时朔州市规模最大、品种最全的金店。

1993年，根据朔州市金银饰品的市场需求，市人行、朔州市工商局联合颁布《关于金银首饰加工业管理办法》，适度开放金银加工服务业，允许个体、集体企业从事金银加工业务。对符合条件的黄金饰品零售单位、金银饰品来料加工店进行审批管理，引导金银首饰加工单位在人民银行统一管理下合法经营。这些举措引导朔州民间金银首饰加工店由“地下”走向“阳光”。1993年全市金饰品销量激增到635公斤，金饰品销售价格一路走高，达到125元/克。

1995年，市人行、国家经济贸易委员会、工商行政管理局、税务总局联合发出《关于进一步加强金银饰品零售市场管理的通知》。规定：经营金银饰品零售业务必须经人民银行省级分行批准，领取《经营金银饰品业务许可证》方可经营。市人行根据通知要求，当年，对朔州市5家经营金银饰品单位的进货渠道和销售业务范围等进行检查和监督，取缔2家无证和租售房屋、柜台进行金银饰品加工的个体摊点，进一步加强了全市黄金市场管理，维护了人民群众切身利益。

1997年，市人行联合市公安、工商部门对全市金银饰品市场进行了专项检查，查封10余家无证加工金银饰品摊点，对5家金店进行了年检换证，一系列的整顿政策进一步改善了全市金银饰品实物正常经营环境，使金银饰品销售量逐年增加。到2001年11月，取消了黄金制品零售业务许可证制度，实行黄金制品零售业务核准登记制度。

□　应县尧峪金矿

应县尧峪金矿是一座小型多金属硫化矿床，始建于1988年6月，矿区位于以金铜为主的尧峪—义兴寨—伯强多金属成矿带北段。矿床中含金矿物以自然金为主，占90%以上，金的成色为70.59%。该矿1990年底建成投产，年采选能力9 000吨，企业占地面积8 525平方米，建筑面积2 035平方米。从1991—1994年6月由该矿组织生产，累计完成销售额为149.5万元。由于先天投入不足，储量少，品位低，致使企业连年亏损，资不抵债。从1994年7月到2007年以联营或承包的形式维持生产，仍然无法扭亏为盈。到2007年10月停产。停产时有职工51人，其中：干部1人，固定职工2人，全民制工6人，农民合同制工24人，计划外用工18人。法定代表人李延令。截至2010年6月，尧峪金矿账面资产总值542万元，账面负债合计622.9万元，所有者权益合计-80.90万元，利润总额-64.58万元。2010年9月经应县人民政府研究同意对尧峪金矿实施破产处理。

第三节　流通人民币管理

□　残损人民币兑换

2003年之前，朔州市人民银行系统根据人民银行1955年制定并颁布的《残缺人民币兑换办法》，对群众所持的残缺人民币分别按照全额、半额、不予兑换的相关标准予以办理。2004年，根据人民银行《中国人民银行残缺污损人民币兑换办法》（中国人民银行令〔2003〕第7号）要求，全市金融机构按照新的标准办理残缺污损人民币兑换。推行“首办负责制”，即“金融机构第一个接待人民群众兑换残缺污损人民币的工作人员，要按照兑换标准与程序，全程跟踪负责，直至本次兑换工作办理完毕”。残缺污损人民币持有人对金融机构兑换结果有异议的，可凭金融机构出具的认定证明到人民银行当地分支机构申请鉴定。2007年，市人行开始对金融机构不自觉履行兑换职责、推诿甚至拒绝兑换的行为开展专项检查和治理，规范货币真伪和残缺污损人民币鉴定管理工作，2010年，朔州市建立货币真伪和残缺污损人民币两级鉴定管理中心（各级人民银行为一级鉴定管理中心，银行业金融机构的营业部、地方商业银行为二级鉴定管理中心）。

2019年，朔州市建立特殊残币兑换主办网点制度。年末，特殊残损币兑换主办网点33个，全年办理特殊残币兑换业务金额达23万余元。

□　人民币图样使用管理

2005年10月，根据人民银行《人民币图样使用管理办法》（中国人民银行令〔2005〕第4号）精神，人行朔州市中支受理辖区申请人关于使用人民币图样的申请，加强人民币图样使用管理，不定期组织开展对非法使用人民币图样行为的查处工作。2007年，联合工商部门对全市非法使用人民币图样制作和销售冥钞现象进行为期4天的专项检查，其间，检查经销冥币的个体工商经营户198家，对14家个体工商经营户经销的与人民币图样相似的3万余张冥钞没收并全部予以销毁。

2019年，开展违规使用人民币图样行为专项整治行动，其间，共检查商铺100余家，收缴仿人民币图样冥币15 000余张。发放“倡导文明祭扫，禁用人民币图样祭祀品倡议书”和“禁止制售非法使用人民币图样祭祀品提示书”5 000余份，签署承诺书50余份。发放“爱护人民币图样”宣传彩页10 000余份。组织全市21家金融机构318个营业网点利用LED电子滚动屏开展普法宣传。4月2日，《市人行专项整治违规使用人民币图样行为》在《朔州日报》刊登报道。

□ 流通中人民币整洁度管理

从2007年开始，朔州市建立起流通人民币质量、整洁度监测和社会公众问卷调查制度。同时聘任聘用20名人民币社会监督员对全市人民币管理情况进行监督。2010年，建立人民币流通状况监测预警机制。全市选定15家金融机构和35家企事业单位作为检测网点，采集人民币流通状况信息，按时上报监测报表和监测报告。2013年，金融机构营业网点小面额现金备付金采取最低限额管理（营业前备付金数额），为客户办理超出当日一般营业网点备付数量的小面额现金兑换业务。从2016年开始，朔州市金融机构落实硬币自循环工作。硬币自循环采取以网络拓展为平台的“硬币零钞自循环管理模式”，到2019年，全市安装纸硬币自助兑换机28台，其中联网APP平台10台。为提升小面额人民币整洁度，从2018年起，市人行开始开展小面额人民币暗访工作，到2019年末，共对23家金融机构的24个网点开展小面额人民币供应工作进行暗访。2018—2019年，全市建立“现金服务示范区”3个、“农村现金服务工作站”74个。

2019年，朔州市实行“流通现金质量义务观察员”制度，通过组建“多维度、多层次”的“观察员”队伍，开展“多形式、常态化”的培训，运用“全方位、立体化”的考评机制，初步建成“央行监督、商行自律、社会监督”的“三位一体”现金服务监管模式。

□ 人民币收付业务检查

2006年以来，市人行每年对辖内部分商业银行人民币收付业务进行现场检查，对检查中发现的问题视情况予以通报或采取行政处罚措施。是年，对全市226个金融机构网点开展人民币收付业务专项检查，发现违规机构56个，对其中7个网点处以2.7万元罚款。2007年，检查各类金融机构153家，检查覆盖率100%，对其中的6家单位罚款5.8万元，对存在其他问题的130多家机构进行通报批评。2010年，对20家办理人民币存取款业务的金融机构开展人民币管理检查，对存在问题的机构提出警告，限期整改。2012年，将检查对象范围扩大到全部金融机构，并对全部商业银行人民币业务有关内容进行评价。2013年，对朔城区农村信用联社的13家网点和市邮储银行的4家网点开展人民币现金收付业务检查，针对检查中存在的问题及时约谈相关负责人。2014年，对办理现金收付的276个金融机构网点开展人民币管理现场检查。2015年，制定《朔州市金融机构人民币现金收付业务指引（暂行）》，对金融机构在人民币现金收付、向人民银行发行库存取现金、金融机构之间人民币现金往来及对金融机构的监督考评进行详细的规定，逐步建立和完善起对银行业金融机构现金服务量化考评办法。2016年，对辖内50余家金融机构网点的人民币收付及反假货币管理进行检查，规范金融机构现金收付业务，提升服务水平。2017年，对7家金融机构的

33个网点开展人民币现金收付业务暨人民币净化工程专项检查，并对检查中发现的问题情况进行相应处罚，共处罚金13 000元。

第四节 发行基金管理

□ 发行基金投放和回笼

发行基金投放是商业银行向人民银行领取现金，发行基金回笼是商业银行向人民银行缴存现金。一般将一年内人民银行的发行基金收支差额，称为货币净回笼或货币净投放。发行基金由人民银行统一调度，各省、市、县人民银行在总行统一领导下，具体组织货币投放和回笼，有计划地控制货币发行，以保证货币流通与商品流通相适应。

解放初期，朔县人行按照《货币发行制度》，负责组织辖属发行基金的调拨、投放、回笼等工作，为做好发行基金的调拨使用管理工作，保证经济发展的需要，朔县人行不断强化货币发行计划管理、调查研究，合理调剂券别比例结构。1952年，向全县市场投放发行基金380.2万元，回收发行基金310.3万元，净投放69.9万元，现金收支协调平衡。1954年，发行基金调拨实行逐级负责制。1955年，人民银行制定《“发行—现金调拨办法”及会计核算手续（修订本）》，朔县人行根据批准的现金出纳计划编制分期收支匡计表。1979年，朔县试行发行基金定额管理。1980年，实行出纳收付款券别登记制度。1986年，会计和发行分开，货币发行的工作重点由“经营型”向“管理型”转变。为做好发行基金调拨和现金供应工作，朔县人行成立货币发行股，按照“适当集中、合理摆布、灵活调拨”的方针，对各专业银行的现金需求进行专项调研。全年共调款10次，金额达到5 988.2万元，同比增长8.02%。

朔州建市初期，经济建设发展迅速，针对建市后经济社会发展需要，市人行在发行基金调拨与管理工作中，加大对市场情况的调查力度，扩大研究面，特别是加大对重点行业如煤炭、铁路运输、制造业等投放集中企业的调查研究。总结历年的投放特点和投放经验，密切注视货币投放动态，按照货币流通规律掌握货币供应量，定期分析研究货币投回情况，对市场货币流通情况进行调查，预测现金需求量，保证合理正常的现金供应。1989年，累积从省人行调款4次，金额17 389.6万元。各区县支行从市人行调款62次，金额22 679万元，全市投放发行基金24 618万元，同比增长28%，组织回笼2 828.8万元，保证全市正常的现金供应和农副产品收购现金需求。1989—1992年，每年调拨发行基金10车次左右，1993年开始至2010年，朔州市每年调运发行基金20次左右，到2010年以后稳定在每年40次左右。2012年，为实现人民银行人民币辅币硬币化工作目标，大量调拨、投放小面额硬币。2012—2014年，3年累计调运发行基金162次，金额达到243亿元，累计投放发行基金320亿元，投放10元以下小面额票币7.8亿元，其中投放壹角硬币金额达855万元。2015年后，受煤炭、房地产行业不景气的影响，朔州市主体经济增长乏力，辖区银行业金融机构现金投放量明显减少。2015—2017年，每年执行调拨任务35次左右，投放发行基金一直保持在90亿元左右，较2013年平均下降26%。2018年后，随着经济逐渐回暖，市场用现需求上升，调拨次数及现金投放量逐步回升。到2019年末，全市货币投放量从1989年建市之初的2.4亿元增长到92.3

亿元，增长37倍多，货币净投放从2.1亿元增长到40.6亿元，增长18倍多。

1989—2019年朔州市货币回笼、投放情况见表3–7。

表 3–7　　1989—2019 年朔州市货币回笼、投放情况表　　单位：千元

年份	回笼	投放	净投放
1989	28 288	246 188	217 900
1990	37 046	333 891	296 845
1991	42 621	412 534	369 913
1992	57 103	577 789	520 686
1993	93 026	998 977	905 951
1994	197 841	1 213 166	1 015 325
1995	310 081	1 392 833	1 082 752
1996	47 158	188 451	141 293
1997	509 504	2 141 294	1 631 790
1998	503 681	1 997 258	1 493 577
1999	796 160	2 286 204	1 490 044
2000	858 389	2 257 298	1 398 909
2001	898 254	2 536 327	1 638 073
2002	712 744	2 557 354	1 844 610
2003	1 156 994	2 971 100	1 814 106
2004	1 642 320	3 322 621	1 680 301
2005	1 098 654	2 892 616	1 793 962
2006	2 168 544	4 642 549	2 474 005
2007	1 837 480	6 482 450	4 644 970
2008	1 976 880	6 774 385	4 797 505
2009	3 500 210	7 454 181	3 953 971
2010	3 823 205	7 450 230	3 627 025
2011	4 849 880	9 373 534	4 523 654
2012	5 356 915	10 575 044	5 218 129
2013	5 607 521	12 199 126	6 591 605
2014	5 150 663	9 273 426	4 122 763
2015	5 251 628	8 914 863	3 663 235
2016	6 084 110	9 018 364	2 934 254
2017	5 905 537	9 049 594	3 144 057
2018	7 001 470	10 139 140	3 137 670
2019	5 178 540	9 238 540	4 060 000

□ 发行基金调拨命令

发行基金的调拨，采取逐级掌握的原则，凭上级行的调拨命令办理。无出库命令或调拨命令不得擅自动支发行基金。2005年之前，朔州市发行基金调拨采用手工填制签发调拨命令方式，实

行电话线路上报数据。2005年，正式运行货币发行信息管理系统，按照信息系统中电子调拨命令和纸质调拨命令办理发行基金调拨，发行基金调拨工作实现电子化、信息化。2008年，正式启用人民银行山西省分行系统发行基金电子调拨命令和残损人民币电子销毁命令，纸质发行基金调拨命令和纸质残损人民币销毁命令继续使用。

□ 货币发行会计核算

2005年以前，朔州市货币发行会计核算业务采用手工记账方式。市人行按照《中国人民银行货币发行业务会计档案管理规定》《山西省货币金银业务档案管理暂行办法》，保管会计凭证、报表、登记簿、发行基金管理资料、磁介质、光盘载体；发行基金出入库凭证按时间或业务顺序每月装订，总分户账按月装订，其他实物登记凭证按年装订；建立专门的货币金银业务档案室及《档案保管登记簿》《档案移交登记簿》和《档案借阅登记簿》，加强对经审批后档案移交和借阅的保管和记录。

2005年以后，朔州市货币发行会计核算业务通过货币发行管理信息系统进行核算。2001年9月，人民银行制定《货币发行业务会计核算规定（试行）》，市人行不再向人行太原中支货币金银处报送月度发行基金实物总账和月度末日的《发行基金全辖券别报表》。2006年，中国人民银行制定《货币发行业务会计档案管理办法》，市人行按照新规定对建国以来50多年的发行会计报表、凭证、账簿等业务档案进行重新整理，按照会计档案管理要求进行归档、立卷，并移交档案室保管，发行业务会计档案管理更加规范化。2009年，全市货币发行会计业务的凭证交接、印章管理、档案交接等登记簿实行使用登记制度，共有登记簿17类。为进一步规范管理工作，2012年，发行库会计凭证档案开始实行专人专柜管理。

从2019年开始，朔州市货币发行会计核算业务开始实行精细化管理。

第五节 发行库管理

□ 发行库建设

20世纪50年代初，朔州地区人民银行各县分支机构相继设立发行库县级支库，担负辖内发行基金的调拨、现金的投放、回笼以及残损人民币的销毁等工作。1989年4月，市人行成立后，辖朔城区、平鲁区、山阴县三个区县支行，发行库设置为1个分库，3个县级支库，即人行朔州分库、人行朔城区支库（1998年9月10日撤销）、人行山阴支库、人行平鲁支库。1993年7月，右玉县、应县、怀仁县划归朔州市，相应3个县支库划归市人行。历经几次发行库撤并或实行零库存管理后，至2019年朔州全辖保留两个发行库正常开办业务，即：朔州市中心支库和怀仁市支库。

○人行朔州市中心支库

1989年，市人行成立后，发行库库房使用朔城区新建西大街与北关路交叉口西侧的库房。1998年4月，搬迁至开发南路26号人民银行办公大楼，启用新的发行库库房。发行库建筑总面积

933.39平方米，库房建筑面积513平方米。发行库安装金库门双密码锁，取消钥匙开库方式，同时，各种软硬件设施得到改善。2005年，市人行发行库被评定为二级发行库。1998年后随着大区分行的设立，朔州分行更名为朔州市中心支行，朔州分库更名为朔州市中心支库。

○辖属区县支库

怀仁县支库于1990年10月启用，库房面积64平方米，库务用房面积94平方米，发行库建筑总面积158平方米，于2006年3月停用，后于2010年12月2日，正式恢复办理业务。为当时山西省计划恢复发行业务的10个县支行中第一个开办业务的支行。2018年怀仁成立县级市后，怀仁县支库更名为怀仁市支库。

山阴县支库于1990年7月启用，发行库建筑总面积140平方米，于2006年3月实行零库存管理。

应县支库于1990年2月启用，发行库建筑总面积120平方米，于2006年3月实行零库存管理。

平鲁支库于1989年设立，2000年11月15日撤销。

右玉县支库始建于1990年，库房面积67平方米，于2005年4月21日撤销。

□ 发行库规范化管理

市人行从建立发行库起，就严格执行中国人民银行颁发的《货币发行管理制度》，实行发行库与业务库分管，钥匙、密码分管，发行库业务管理根据不同时期情况历经两人、三人、四人管库，在日常办理发行基金调拨出入库和金融机构存取款业务过程中，严格执行同进同出操作、库存实物核对制度，均实现安全无差错。

1989年市人行成立后，建立健全发行库规范化管理规章制度，增加库房设施，严格岗位责任制，实行“五化、六关、十二坚持”，对专业银行存取款实行提款证件制度和出入库登记制度，做到无证件不出库，钱捆不达标准不入库，手续不健全不出库，不是专人提款不出库。

从2002年开始，开展发行库的升级工作，制定出台《发行库规范化管理实施细则》及考核办法，加强发行库规范化管理。一是账簿设置完整。共设“三账”“八簿”。“三账”即发行基金库存账、有价证券保管账和金银实物保管账。“八簿”即查库登记簿、非管库人员入库登记簿、原封新券开箱登记簿、寄存物品登记簿、管库员交接登记簿、长短款登记簿、非管库人员进入库区登记簿、守库日记登记簿。二是严格执行制度。每日班前布置和班后检查，半年开展一次“四查两完善”活动，即查劳动纪律、查工作秩序、查工作质量、查工作效益。三是库房管理做到“四防”“六无”“三相符”。发行基金完整券与损伤券划分区域，按大小顺序排列，设置电子屏幕显示，钱捆按规定装袋、封包，统一使用人行太原中支要求的封包卡、铅封，内外装包卡要素齐全内容一致，零捆单独摆放。四是操作程序制度化。管库人员同进同出同操作，出入库款要复核，调拨款项要命令，进入库房要登记，人员变动要交换；严把审查凭证关、卡把清点关、账实核对关、锁门复验关、定期查库关和交接登记关。五是经常碰库查库。每日营业终了随即碰库，确保库款无差错。行长每半年查库一次，科长每月查库一次。六是库房考评标准化。先后配置联动门，购置叉车、托盘，改造通风设施等。

2008年至2019年，市人行先后制订《发行库管库员管理实施细则》《发行库工作岗位责任制度》《朔州市中支发行库管库员绩效考核办法》《发行库监督制度》《中国人民银行朔州市中支人民币发行库业务操作流程》《朔州市发行基金供应和调运应急预案》《复点业务操作流程》《金融机构缴取款操作流程》《库区作业谈话制度》《中国人民银行朔州市中心支行残损人民币复点业务劳务外包合同》《人民币原封新券塑料包装箱空箱处置协议》等多项规章制度，并汇编成《货币金银制度汇编》，发行库规范化管理更加完善。

第六节　残损人民币管理

□　残损人民币回收管理

○朔县时期

停止流通的人民币和残缺、污损的人民币由中国人民银行负责回收、销毁。1955年，《残缺人民币兑换办法》公布并开始施行。规定：票面残缺不超过五分之一，其余部分的图案、文字能照原样连接者；票面污损、熏焦、水湿、油浸、变色，但能辨别真假，票面完整或残缺不超过五分之一，票面其余部分的图案、文字能照原样连接者应持币向中国人民银行全额兑换。票面残缺五分之一以上至二分之一，其余部分的图案、文字能照原样连接者应持币向中国人民银行照原面额半数兑换。朔县在行用新人民币后，将旧人民币进行回收清点，分别截角和打洞，在人行雁北地区中心支行、朔县检察院、法院、公安局、财政局等有关部门的监督下，全部焚烧销毁。

20世纪80年代后期，随着市场上流通货币逐渐加大，人民币整洁度要求越来越高，残损币回收任务逐年加大。1986年，朔县人行对专业银行提出“四不准、四必须”的要求。四不准即未经复点的残币不入库；盖章不清不入库；不是交款行名章不入库；不符规定的款项不入库。四必须即必须全部复点；必须达到五好钱捆标准；必须是本行铅封；必须做到流通券无残币，残币券中无流通券。是年，回笼残币量显著增加，达到72.91万元，同比增长30.4%。

○朔州市时期

朔州建市后，加大残币兑换标准及回收残币的宣传，不断优化残币回笼机制，组织开展社会化清分工作，加大对对外支付残币的金融机构处罚力度，市场残币回笼量逐年加大，人民币整洁度明显提升。

1989年，针对建行初期残币回笼机制不健全，各专业银行上缴的残损币经复点后普遍发现差错较多现象，市人行加强票币质量管理，对各银行票币整点统一封签、纸条、捆绳标准，对不符合“五好钱捆”标准的坚决拒收并限期改正，确保回收质量。1990年，将残币回笼任务进行分解，按月落实，并进行考核。1998年，设立固定损伤票币兑换点100个，公开监督电话，实行残币收兑监督服务。2015年，创新回收机制，按业务量的大小将残币任务按季分配给各开户金融机构，并实行按季考核评比。2017年，为彻底解决各金融机构由于清分人员少、机具配置参差不齐造成的资金积压，残损币“体外循环”等问题，开始引导金融机构开展社会化清分工作，推动组建社会化清分中心，辖内10家开户金融机构全部签订合作协议。2018年，对金融机构开展对外支付残币专项检查，对4家金融机构的9个网点处罚1.4万元。

朔州市残币回笼量逐年增长。1990年，回收损伤票币440.8万元，1991年增至1 450万元，同比增长229%。2010年，回收残币12.52亿元，到2013年达到21.74亿元，2014—2019年，每年残币回笼量稳定在20亿元左右。

□ 残损人民币复点管理

残币销毁前一般要经过复点，复点工作是人民银行一项重要的专业性工作。1998年以前，省人行负责全省残损人民币复点管理工作，市人行采取抽调各县支行人员参与复点工作，各县支行采取抽调各部门人员对回笼的残损人民币进行复点。为了加强残损人民币复点管理，减少风险点，2005年，人行太原中支规定县支行不再承担残损人民币复点工作，辖内3个县（区）支库复点室撤销，县域残损人民币集中到市人行进行复点整理。2006年，市人行通过公开报名、闭卷考试、密封阅卷、择优录用的方式，从社会招聘9名残损人民币复点工作人员，制定“用工协议、培训计划内容、劳动纪律、工作守则、奖罚办法、管理制度”等一系列较完善严密的管理规章制度，配备2名专职副科长复点管理人员对残损人民币复点全程进行监督管理。至此，朔州市残损人民币的销毁复点工作迈入规范化的管理轨道。2016年，组建社会化清分中心，实施清分和残损币复点工作。全年共复点残损币30 900捆，金额48 464万元；清分现金12 342捆，金额6.56亿元，各金融机构共上缴残损币28.27亿元。2017年，制定《朔州市中心支行清分、复点检查管理制度》《清分中心发现假币收缴流程》《清分中心尾包处置流程》等，辖内10家开户金融机构全部与清分中心签订合作协议。

2019年，市人行制定《中国人民银行朔州市中心支行辖内清理残损人民币缴库专项活动方案》，成立由分管行领导担任组长的专项活动工作领导小组，以市工行为主办金融机构，以朔州清分中心为承办机构建立协调缴库长效机制。全年，各金融机构上缴朔州市中心支库残损人民币8.31亿元，上缴太原中心库10.39亿元。

□ 残损人民币销毁管理

1998年以前，残币销毁前由地市中支上报销毁报告，上级行派销毁稽查员现场对即将销毁的残损人民币按比例抽查，无误后外出采用蒸煮喷浆销毁，残币销毁点一般选在有资质的造纸厂进行。朔县残币销毁点设在朔县纸板厂。1994年朔县纸板厂倒闭后，残币运送至忻州造纸厂进行销毁。残币运到造纸厂后，由造纸厂用蒸煮法销毁残币。2004年，太原清分中心成立后，市人行不再承担残币销毁任务，统一将回收的残币送往太原清分中心进行集中销毁。

残损人民币销毁前成立销毁领导组，组长由库主任担任，抽调科室骨干人员，划分成出入库小组、复点小组、打洞小组、卡把装袋小组、监督小组、缝袋贴封小组、纸厂装球小组等。销毁操作程序包括：现场验收、拆捆、运把、递把、打洞、接把、整捆、抖散、装袋、缝袋等程序，每道程序要求2名以上工作人员同时操作，双人同岗，双人签章，做到环环紧扣，上级行派人监销，防止意外发生。经核验组现场核对袋数与出库数相符后，由销毁组人员亲自装蒸球，待蒸球正常运转后，派双人值班，轮流守护，直到喷浆验收后才全部撤离现场。

朔州建市前，辖区整体货币流通量较少，残币销毁任务较少。1989年朔州建市后，残币销毁数量逐年增加，为加强人民币销毁管理工作，顺利完成销毁计划任务，市人行组建销毁安全领导小组，实行各小组操作程序层层包干，形成上下相互监督制约机制，有效保障销毁计划任务的完成。1991年，销毁残币1 457.5万元。1994年，销毁损伤人民币金额2 136万元，其中销毁主币2 057万元，辅币79万元。1996年，完成销毁任务11 163.09万元。1997年，销毁损伤人民币15 693.6万元。2005年，销毁残损人民币60 856万元。2010年，上缴人行太原中支销毁残币4.81亿元。2013

年，达到25.28亿元。2016年，组建社会化清分中心后，残币复点效率大大提升，全年共复点残损币30 900捆，金额合计48 464万元；清分现金12 342捆，金额6.56亿元，上缴太原中心库19.37亿元。2017年至2019年，年均上缴太原中心库残损币20亿元左右。

□ 残损债券销毁管理

国家发行的债券包括公债和国库券。1991年，朔州市代财政部门销毁已兑付历年和未发行国库券526.99万元。1992年，销毁已兑付历年国库券以及保值公债、国家建设债券846.808 3万元。1994年，代财政部门销毁兑付国库券3 530 842元，保值公债209 580元。销毁国库券过程只比销毁损伤人民币多一道纸厂刀裁剪工序，其余工序基本相同。

□ 损伤票币宣传

朔州市损伤票币宣传主要是通过举办各种大型残币兑换活动、联合电视新闻媒体开展残币兑换宣传等途径，有效提升群众残币兑换意识，普及残币知识。1996年，针对市场中流通人民币损伤程度较为严重，严重影响人民币形象的问题，开展“四讲一服务”宣传活动。1998年，将损伤票币回收工作与创建青年文明号等活动有机结合起来，群众残币兑换意识显著提高。2012年，为提高市场上小面额人民币整洁度，举办“小面额残币回笼重点宣传日”活动，《朔州日报》刊登宣传资料2 500余份。是年，全市各金融机构共完成残币回收任务17.30亿元，其中20元（含20元）以下小面额残损币回收2.34亿元，占比显著提高。2019年，市人行办理特殊残币兑换业务金额达23万余元，其中，为朔城区一名群众办理的一笔15万元严重霉变的特殊残损币鉴定兑换业务，被《朔州日报》“十五万元残损人民币‘重生记’”一文报道，并在朔州电视台朔州新闻栏目播出。

第七节 反假人民币管理

人民银行在反假货币方面承担假币没收、假币鉴定、假币销毁、反假宣传与培训等法定职责。1949年以来，人民银行成立后就一直重视打击伪造、变造人民币的犯罪活动，维护人民币的信誉。

□ 反假货币机制建设

20世纪80年代以前，由于法律规章制度、人员、机具、技术手段和专业反假货币人才的限制，人民银行反假货币工作普遍比较落后。90年代后，朔州市逐步建立起完善的反假货币工作机制，不断加大对贩卖、投放假币的打击力度，辖区反假币工作逐渐步入正轨。1992年，建立反假工作、防伪手册专人专管制度，实现反假货币工作专人专管。1996年，建立朔州市反假币报告制度，反假币工作做到一案一报。1998年，成立朔州市反假货币工作领导组，负责领导、组织和协调辖内反假货币工作。

1999年后，市人行在反假货币工作机制建设方面，更加注重强化反假货币“人防”“机防”防线，发挥反假货币工作联席会议合力，把反假货币工作纳入社会治安综合治理中，实现全市反假货币工作由“单打独斗”向“整体联动、齐抓共管”转变。2000年，建立打击制贩假币信息资料库和反假币联席会议制度，联席会议成员单位由市委宣传部、市人民法院、市人民检察院、市公安局等有关职能部门组成，办公室设在市人行，具体负责组织和协调各有关职能部门做好打击、防范假币犯罪活动，开展反假货币宣传、教育、管理等工作。到2002年，全市各区（县）普遍建立反假币工作联席会议制度。市人行每年组织召开全市反假货币工作联席会议，安排部署各阶段反假货币工作任务。2003年，建立反假货币工作网络制度，按照行政区划成立反假货币宣传站、宣传点，设立反假货币网格员。2006年，设立专职复点管理员，加强复点过程中假币堵截力度，拓宽假币收缴渠道。是年，清分复点过程中发现假币金额26 877元，占总收缴额的9%。2010年，为信用社等31家金融机构核发《人民币鉴定授权书》，授权金融机构开展假币鉴定业务。为邮储银行系统、邮政储汇系统和农发行系统130余名反假考试合格人员颁发《反假货币上岗资格证书》。2014年，建立反假货币综合治理考评机制，调动各方反假货币工作积极性。2017年，市工商银行、农村信用社等机构建立假币收缴奖惩机制，收缴假币积极性显著提高，是年，金融机构共收缴假币288 491元，较2016年同期增长73.4%。收缴20元假币11 080元，较2016年同期增长31%。2018年，市人行、市公安局联合制定《朔州市2018年打击整治假币违法犯罪专项行动方案》，建立银警联动假币监测点5个。怀仁市政府出台《怀仁市人民政府办公室关于印发怀仁市假币犯罪举报奖励办法的通知》（怀政办发〔2018〕36号），对举报假人民币犯罪行为有功人员最高奖励5万元。

2019年，市人行利用假币监测点为公安机关提供假币线索135条，公安机关收缴假币1 260元，警银收缴比例0.51%，实现2017年以来零的突破。

□ 反假货币信息化管理

2005年，朔州市上线运行“货币金银管理系统——反假子系统”，辖内反假货币业务进入信息化管理时代。2015年，全市269个金融机构营业网点的存取款一体机全部实现冠字号码记录与查询功能。2016年，建立冠字号码信息查询及跨行流转体系，市建行、山阴太行村镇银行实现人民币冠字号码信息流与实物流的同步流转。2013年，根据人民银行《利用冠字号码查询解决银行业金融机构涉假纠纷工作指引》，全市金融机构配备现钞处理机具71台。2019年5月，辖内二代货币发行管理系统反假子系统上线测试。

□ 反假货币宣传

1987年第四套人民币大面额券（100元券和50元券）发行之后，伪造和变造人民币的违法活动变得严重起来。朔州加大反假货币宣传力度，普及人民币知识，提高居民识别假币意识和能力，维护群众利益和地方经济金融秩序。1996年，成立反假币宣传活动领导组，在全市范围内开展大规模的反假币宣传活动。1997年，在全市范围内开展以“维护人民币尊严、保护人民币整洁”为主题的宣传活动，提高人民群众反假、防假意识，增强全社会的反假综合能力。1998年，成立以人民银行牵头的反假货币工作领导组，年内组织开展反假币宣传活动3次。

2000年至2004年，朔州市每年开展反假货币宣传周活动。宣传活动采取集中宣传与巡回宣传相结合的方式，覆盖市区县主要地段、中小学生群体及偏远农村地区。

从2005年开始，朔州市每年开展反假货币宣传月活动，反假宣传实现常态化。2007年后，朔州市反假货币宣传从由市人行组织开展向金融机构整体联动方向转变，反假货币工作成为社会环境综合治理、构建和谐社会的重要内容。同时，积极构建城市社区、农村、乡镇三级反假货币宣传网络，到2009年，全市共建立反假币工作站1 098个。其中，城市社区反假义务宣传站47个，农村反假义务宣传站1 051个，覆盖全市百人以上自然村，培训城乡义务反假宣传员2 500余人次，发放工作手册1 098份，发放宣传资料18万余份，配置反假机具2万余台，初步建立起多层次的反假货币工作网络体系。2010年，开展2次大型反假宣传活动，发放反假宣传资料3万余份，兑换大小票2万余元，发放宣传品5 000余份。2012年，向社会公众散发宣传材料4万余份。2014年，按照“找准薄弱环节，创新宣传手段，注重实际效果”的原则加大反假货币宣传力度。2014年，全市共收缴假币1 848张、金额166 880元，张数和面额同比分别增长33.23%和30.79%。2015年，以2015版100元人民币发行为契机，采取LED电子屏滚动播放、液晶电视播放短片、摆放折页、设立咨询台、悬挂宣传标语、抽调骨干力量现场解答及派发宣传资料等多种方式，深入开展人民币反假宣传工作。2016年，全市15家银行业金融机构以在线问卷调查、微信公众号、反假货币知识有奖竞赛活动等方式扩大反假货币宣传的覆盖面，提高广大人民群众识假反假的能力。2017年，辖内参加反假知识小超人网络答题活动人数突破3.2万人，连续22天在山西省各地市中支排名第一。

2019年，开展以“更安全、更亮丽、更易于识别”为主题的反假宣传月活动，对第五套人民币2019版纸、硬币的各项防伪特征进行宣传，全市金融机构、农村反假货币工作站开展集中宣传117场，发放宣传资料69 071份，参与者9万余人次，微信、媒体转发次数多达500多条，开展现场宣讲35场。

□　反假货币培训

为了提高金融机构从业人员反假币专业技术水平，进一步提升全市反假币工作，保障人民群众利益，改善金融环境，市人行每年组织开展反假币知识培训。1992年8月，举办朔州市金融系统第一期反假防伪培训班，聘请省人行货币发行处反假防伪专家刘殿斌作专业讲授。同时，派专人按时到各区县金融机构进行指导、检查工作，通过互相传授、帮助提高、以高带低等手段训练出一批基本合格的反假防伪能手。2004年，组织1 000名城乡义务反假宣传员开展反假货币知识水平和反假货币技能培训，提高一线工作人员反假技能。2011年，开展银行业金融机构现金收付人员反假货币知识和技能培训，其间，举办6期反假知识培训，322名临柜人员参加反假培训，并为考试合格人员颁发《反假货币上岗资格证书》。2015年，按照人行太原中支工作要求，开展对一线柜员冠字号码查询工作的培训力度。2016年，组织辖区金融机构492名柜员参加第三方组织的人民币反假知识培训及考试。2017年，组织846名金融机构临柜人员及清分人员参加反假培训和考核，689人取得《反假货币知识培训考试合格证》，通过率达到81.4%。2018年，人行怀仁市支行联合怀仁市总工会举办怀仁市首届人民币知识暨业务技能竞赛，全市10家银行金融机构的70余人参加比赛。

□　反假货币检查

2005年以来，市人行不断加强反假货币检查，当年，对95家金融机构执行《人民币管理条例》《假币收缴管理规定》情况进行检查，检查面70%以上。2009年，开展为期10个月的打击假币犯罪专项“09行动”，收缴假币张数、面额分别较2008年增长82.11%、93.65%。其中，公安机关收缴假币面额达到70 510元，占总收缴金额的18%。2010年，对辖内20家办理人民币存取款业务的金融机构开展反假货币工作检查。2012年，开展对外误付假币专项治理；对9家银行业金融机构反假机具设备性能情况进行抽查；对4家银行反假币及人民币管理工作开展“两管理、两综合”执法检查。2013—2019年，每年适时开展反假货币检查，参加反假币及人民币管理“两管理、两综合”执法检查。

□ 重要假币案件

1993年，朔城区公安分局破获一起重大假钞贩运、投放案。犯罪分子经朋友介绍从陕西省米脂县一次性贩入1980年版100元券假钞4 900元。案发后，公安人员从犯罪嫌疑人家中没收假钞3 300元，其余1 600元已被犯罪分子利用人民群众对假钞识别的无知性，使用买小物找零换真币等不法手段投入市场。此批假币属机制币，票面做工精细，色彩逼真，具有很大的迷惑性，先后流入朔城区、山阴县和平鲁县。此次假钞案的假币投放范围之大，流通速度之快为朔州建市以来之最。

2009年，朔州市公安机关反假货币立案5起，立案金额18.5万元，抓获犯罪分子8名，打掉假币犯罪团伙3个。其中，9月16日侦破一起涉案金额达14万元的购买运输假币案，是朔州市公安机关“09行动”侦破的一起涉案金额最大的假币案件。

2013年，山阴县公安机关破获假币案件一起，没收假币64张，涉案金额6 400元。4月17日，山阴县公安局刑侦大队民警在开展日常巡查工作中，在县城北环宾馆对面巷内发现两名男子形迹可疑，遂上前盘查，两名男子见状立即逃跑，民警迅速追击并将其制服，在二人身上一空烟盒内当场缴获64张2005年版100元假币，经调查，两名犯罪嫌疑人为兄弟二人，系河南省潢川县人，于4月16日流窜入山阴县试图以假币行骗，被刑侦民警发现并抓获。

2016年，怀仁县公安局网警大队破获假币案件一起，没收假币113张共计1 500元，其中：20元37张；10元76张。该批假币全部为2005年版、彩色复印。假币持有人仝某某系怀仁县人，在大同市务工期间，通过网上QQ聊天购买假币，由快递寄回怀仁县。仝某某再通过酱油浸泡做旧褪色后伺机消费。之后被公安局网警大队工作人员抓获没收。

2005—2019年朔州市假人民币收缴情况见表3-8。

表 3-8　　2005—2019 年朔州市假人民币收缴情况表

收缴总量			其中（面额）			
年份	数量 / 张（枚）	面额 / 元	金融机构	公安机关	清分复点	其他来源
2005	1 000	82 825	78 575	100	0	4 150
2006	3 772	296 332	80 730	11 810	26 877	176 915
2007	1 414	117 315	104 780	0	12 535	0
2008	1 690	117 600	72 750	0	44 850	0
2009	5 414	391 078	254 278	70 510	64 890	1 400
2010	1 130	77 049	61 200	11 995	3 554	300
2011	1 221	105 715	103 795	0	720	1 200
2012	1 191	106 916	97 210	8 400	1 306	0
2013	1 234	115 505	105 425	6 400	3 680	0
2014	1 848	166 880	159 280	7 100	400	100
2015	1 778	139 250	138 260	600	180	210
2016	2 323	166 385	148 350	16 540	1 085	410
2017	3 481	288 491	286 526	0	70	1 895
2018	3 852	297 630	291 530	0	60	6 040
2019	2 865	251 336	246 336	1 260	0	3 740
合计	34 213	2 720 307	2 229 025	134 715	160 207	196 360

第六章
经理国库

经理国库是人民银行的一项重要职责。朔州建市前，辖内人民银行国库部门按照国家法律法规、相关制度办法，建立健全相应的专业队伍、组织体系和国家金库制度，办理国家预算的收纳、划分、留解及预算支出和拨付等。1989年，市人行成立后，负责经理辖区国库，并领导、组织、管理全市人民银行系统国库工作，依法管理、监督、检查商业银行代理国库业务。根据《国家金库条例》的规定，朔州市国库部门加强国库管理工作，逐步建立多部门数据共享、业务处理无缝衔接的国库运行机制，实现政府预算收支由手工处理到电子化处理的转变，国库业务量不断增加，国库信息化建设程度不断提高，核算制度逐步完善，核算质量持续提高。1989年建市初，朔州市国库收入1.5亿元，国库支出1.82亿元。1999年后，全市国库核算业务量保持总体上升势头。到2010年，全市国库收入突破50亿元，达55.75亿元；国库支出突破100亿元，达101.48亿元。2019年末，全市国库收入增至92.29亿元，国库支出增至215.22亿元。

第一节　核算管理

□　国库收支核算

1950年起，国家预算实行统收统支的财政体制，国家财政统一于中央人民政府，各分库和支库预算收入统一上缴中央，支出统一由中央拨付。辖内各县支金库建立以后，设“金库往来”科目核算。1951年，政务院颁发《1951年财政收支系统划分的决定》，财政预算收支分类、分成，划分为中央、大行政区、省（市）三级管理，将“统收统支”改为“统一领导、分级负责”。人民银行设“中央金库款”和“地方金库款”科目核算。

1956年，实行国家预算出纳业务制度，明确银行作为国家预算的统一出纳机关，国家预算的一切收入和支出均通过银行办理。1957年，《中央金库条例施行细则》修改后，金库账务作为银行账务的组成部分，账务设置以收入统计表代替明细账。1958—1977年，财政管理体制多次变动，代理国库的财务核算逐步简化，实行以表代账，财务组织由独立会计单位改为非独立会计。

中共十一届三中全会后，财政体制实行“收支挂钩，增收分成”的管理办法，国库工作得以加强。1980—1985年，国家对地、州、市级和县级财政实行“划分收入、分级包干、收支挂钩”的财政管理体制。辖内各级金库与财税部门密切配合，加强金库收入、划分、缴款工作，发挥各级金库在财政预算工作中的执行、促进、监督作用。1986年3月，人民银行和财政部联合发布《国家金库条例实施细则（试行）》，对国库预算收入的收支、划分、退付、国库的核算方法、收入对账和年终决算等作出规定。自此，辖内国库工作迈上依法管理的轨道。

朔州建市后，全市国库业务量较小，规模不大，国库业务范围定位于能准确及时地办理国家预算收入的收纳、划分、留解、库款支拨、监督库款的退付以及办理政府债券的发行和兑付等。针对1988年存在税款积压的问题，1989年，市人行组织召开由主管财贸的副市长、市级各专业银行、市财政局、市税务局、各区县支行主要负责人参加的联席会议。决定：市工行、市建行和市中行在城区内收缴的税款最迟次日票据交换上划人民银行。人民银行当日报解入库，延误者，视情节轻重对当事人处以适当制裁，在资金不足的情况下，优先上划税款，对积压票据者，除每月按万分之五罚款外，还要追究行长的责任。对山区营业所，信用社要求以旬上划，对路途较远，金额较小的边远山区决定以月上划。贯彻落实人民银行《关于专业银行办理国库经收业务的管理办法》，健全内部账务设置，制定税款报解入库制度，充实人员。到1993年，逐步理顺中心支库和各县支库以及与财政部门国库业务的工作关系，实现独立核算，经理国库职能得到强化。

按照中共中央、国务院“分税制”财政体制改革要求，1994年1月1日起，朔州市国库部门先后对中央国库和地方金库账务进行分设，并指定专人负责地方金库。组织开展“十看十查”活动，即一看缴款书填写使用，查预算收入级次、项目是否正确，有无混库现象，有无延压库款现象；二看账表，查总账、分户账和报表是否相符；三看拨款、退库登记簿，查有无不合理拨款退库；四看账簿记载，查中央国库和地方金库是否分别设立账户，分别进行明细核算；五看预算收入日报表中的“预抵税收返还收入”科目，查资金调度比例与计算基数是否正确；六看行库往来登记簿和国库、会计报单传递登记簿，查会计、国库会计凭证传递手续是否严密；七看通讯联网登记簿，查微机通讯联网是否有记录；八看传票装订，查凭证是否完整；九看国库会计业务操作程序，查是否按《中国人民银行国库会计核算操作规程》办事；十看乡国库管理，查乡国库报表、账簿与新体制接轨是否妥当。当年，人行怀仁县支行针对账务分设后核算复杂、国库人员有限的情况，开发国库记账程序。

2007年1月1日，政府收支分类改革正式实施。朔州市中心支库与市地税局联合签发《关于预算科目代码填写录入的函》，解决地税系统税收无法入库的难题，确保政府收支分类改革顺利进行。2016年，“营改增”改革实施，朔州市中心支库组织全辖完成“营改增”“资源税”“成品油税费”改革等相关参数的维护及调库、核对新旧科目、共享分成比例、税收返还比例的变化情况，确保国家预算管理体制正确执行。2019年，协调配合财税部门做好社会保险费征管职责划转及减税降费各项举措，上线朔州海关业务。

为加强国库会计标准化建设工作，2018年，组织召开国库会计标准化现场会，对全辖国库人员进行集中培训。2019年，组织编写《山西省朔州市国库会计业务标准化管理操作及考核验收指南》，开展国库会计标准化建设达标验收工作。

截至2019年末，全市国库收入92.29亿元，国库支出215.22亿元，国库业务量达66.5万笔（见3–9）。

表 3-9　　1989—2019 年朔州市国库收入支出统计表

年份	国库收入 / 亿元	国库支出 / 亿元	年份	国库收入 / 亿元	国库支出 / 亿元	年份	国库收入 / 亿元	国库支出 / 亿元
1989	1.51	1.82	2000	4.06	6.37	2011	70.91	121.56
1990	1.82	2.26	2001	4.52	8.17	2012	84.25	140.17
1991	2.00	2.59	2002	4.54	10.07	2013	95.3	165.91
1992	2.16	2.73	2003	5.28	11.31	2014	86.59	131.66
1993	2.95	3.2	2004	6.67	15.9	2015	54.3	151.36
1994	2.66	4.04	2005	11.31	20.34	2016	49.12	137.09
1995	3.24	4.78	2006	17.01	37.42	2017	73.22	168.79
1996	3.69	5.43	2007	30.2	44.11	2018	90.4	184.79
1997	3.8	5.47	2008	37.8	60.53	2019	92.29	215.22
1998	3.97	5.82	2009	46.21	77.50			
1999	3.84	5.77	2010	55.75	101.48			

□　核算制度建设

朔州建市后，朔州市中心支库建立健全各类账务报表制度，开展国库业务百分考核，制定税款报解入库制度、国库管理岗责任制，建立《凭证交接登记簿》《乡镇国库报解情况登记簿》等一系列制度，使国库工作基本走上制度化轨道。

1994年“分税制”改革后，朔州市中心支库适应改革要求，补充制定退库、重要凭证管理等规章制度，加强国库基础工作，严密国库账务核算，保证财政资金及时、足额入库。

2001年，朔州市中心支库制定《朔州市中心支库国库四级内控目标管理制度》等规章制度，补充完善拨款、退库审批、行库往来对账、上下级国库、与财政税务部门对账等制度。2002—2016年，先后制定《朔州市中心支库预算拨款、退库监督审查工作制度》等规章制度。2006年，重新修订20多项工作制度。实行拨退款限时审核、及时办理制度。2007—2019年，制定《朔州市国债监督管理办法》等多项规章制度，全市国库核算制度逐步完善。

□　国库核算系统

○自主研发系统阶段

1990年，朔城区、平鲁区、山阴县采用微机联网通信。同年10月，朔州市国库业务实现日报微波传载和电话通信。1991年7月，实现省、市、县三级国库微机联网和电话通信。1993年，右玉县、怀仁县、应县通过微机联网通信。11月，山西省《国库报解系统》《地方预算收支统计分析系统》在辖内运行，实现全辖库款上报及报表的通信联网，使资金在途时间由原来的5天缩短到1天。1996年，推行国库应用程序，脱离手工记账。2000年，建成Notes工作站。

○全国统一开放系统阶段

2001年至2009年，朔州市国库核算系统以全国统一开放系统为主、本省自主研发系统为辅。2001年4月，上线运行全国统一的“国家金库会计核算系统”（TBS 1.0版），实现以网络方式进行数据的上下传输。6月，单机运行《国库金库综合核算系统》。2003年4月，正式运行“国库会计核算系统”（2.0版），后经过不断升级和完善，2008年1月升级为4.0版，沿用至2012年末。2003

年5月，正式运行《国债收款单兑付核算管理系统》。2004年12月1日，正式运行《山西省财政与人民银行国库信息网络管理系统》。2005年4月，朔州全辖国库参与大额支付系统，实现各级国库收支款项汇划报解当天到达。2006年5月29日，朔州全辖国库参与小额支付系统。12月18日，正式运行统计分析系统。2007年，正式运行《国库非现场监管系统》。

〇国库信息化系统阶段

2010年至2019年，朔州市国库信息化系统主要以全国集中的国库会计数据集中系统（TCBS）、国库信息处理系统（TIPS）、国库管理信息系统（TMIS）为核心。2010年4月，财税库银横向联网系统（TIPS）在朔州上线运行，该系统是由财政部门、税务部门、国库部门和商业银行共同建设的电子纳税系统，通过电子网络系统办理预算收入的征缴、入库、退库、更正和对账等业务，实现税款直接缴入国库。同年，开展批量支付工具和TIPS系统培训，实现国库业务数据备份的同步异地保管。2012年12月，全国统一处理、数据集中存储的国库会计数据集中系统（TCBS）在朔州全辖上线运行，实现“税款直达入库、支出即时到账、资金零在途”的目标。2013年11月25日，国库管理信息系统（TMIS）基础信息模块上线运行。2016年，国库事后监督系统推广上线。2018年，二代TIPS系统上线运行。

2019年末，朔州国库建成运行以“3T”（TIPS、TCBS和TMIS）为核心的国库信息化系统。TIPS基本覆盖全市各级税务、国库、商业银行；TCBS在全市国库上线运行；TMIS扩展到国库统计、国债管理、国库综合管理等多种功能，实现国库业务网络化、电子化、统一化、规范化。全市共有2.89万余户纳税人实现电子缴税，电子缴税金额占比达95%。办理各项业务150余万笔，金额1 410多亿元，其中预算收入110余万笔，金额530多亿元；预算支出10余万笔，金额630多亿元；预算收入退库0.53万笔，金额6.06亿元。

□ 国库系统应急管理

辖内国库系统应急管理始于2006年，制定《朔州市中心支库国库业务系统应急预案》。2007年，成立市人行国库业务系统突发事件应急领导小组。2013年，制定《中国人民银行朔州市中心支行国库会计数据集中系统应急处置预案》等4项制度。2007—2019年，每年开展国库系统应急演练，内容包括国库TBS系统应急演练、TBS系统主备服务器切换应急演练、TCBS系统应急演练、TCBS应急备用系统（TBS）应急演练、跨区生产环境实战演练、跨地市TCBS系统应急演练等。

第二节　国库服务

□ 国库集中支付

2004年，朔州市国库集中支付改革开始试点。2005年，改革全面铺开，此后逐步清理、撤销各执收单位、预算单位在商业银行开设的财政性资金账户，解决政府性资金分散、挤占、挪用等问题。同年，与市财政局联合出台《朔州市市级单位财政国库管理制度改革资金支付管理办法》等4项制度，并选择市中行1家代理银行、5家预算单位开展先期试点。年末，市本级71家一级预算单位加入集中支付体系。2008年，94家市一级预算单位纳入集中支付体系。2009年，73家市二级预算单位纳入集中支付体系。2012年，辖内先后完成集中支付改革。2014年，印发《朔州市市级单位财政国库管理制度改革银行支付清算办法》，3家市级集中支付代理银行签订清算管理协议，各代理行完成预算单位零余额账户备案。

2019年末，朔州市共有集中支付代理银行13家。各级国库共办理集中支付业务0.3万笔，金额200多亿元。其中直接支付0.1万笔，金额99多亿元；授权支付0.2万笔，金额101多亿元。

□　国库直接支付

国库直接支付是由财政部门或预算单位直接向人民银行国库部门发出支付指令，通过国库单一账户将国库资金支付到收款人或用款单位账户。2007年，辖区右玉县开办实施“一折通”惠民业务，开通财政—人民银行—信用社—农户的“绿色通道”，将涉农补贴资金直拨到户。2010年，朔州市县支库先后采取“财政—人民银行—居户”的资金拨付模式，利用人民银行现代化支付系统开办各类国库直接支付业务，业务种类涉及村干部岗位报酬、汽车下乡补贴资金、库区移民补助资金、60岁以上老人补助资金、土地补偿款、五保户补助、太阳能光电补偿、风电补偿、苜蓿补助资金、乡镇取暖补助等10项，年末，累计发放各类补贴13 387笔，补贴资金1.33亿元，57 326人受益。2011年，发放各类补贴资金5.25亿元，1万余人受益。2012年，发放各类补贴资金4 266笔，金额2.37亿元。

□　银联卡刷卡缴税

2009年，朔州市国库部门与财税部门联合印发《朔州市银联卡刷卡缴税实施办法》，推动银联卡刷卡缴税业务，年底，开始实施银联卡刷卡缴税。2010年5月，山阴县支库创建“纳税人主动申报、POS机随时刷卡缴税、县支库及时对账入库”的一站式自动缴税新模式，实现纳税人刷卡缴税直接入库。当年，朔州市累计实现银联卡刷卡缴税0.21万笔，金额0.91亿元。2011年，朔州市中心支库利用各种途径开展宣传活动，全年实现银联卡刷卡缴税金额1.68亿元。2012年，实现车购税银联卡刷卡缴税。2014年，全市刷卡缴税金额10.63亿元。2015年，全市刷卡缴税金额达11亿元。

第三节　国库监督

国库监督管理工作是履行国库职责的主要手段。按照《国家金库条例》及《实施细则》，朔州市中心支库对辖区下级国库、商业银行代理的国库业务，以及财政、税务等征收机关的有关业务承担监督职责。

□　监督检查

1989年，建立交拨登记簿，分单位进行监督。为保证各级预算收入的准确、及时入库，1994年，朔州市中心支库对辖区支库及经收处国库资金报解入库情况进行调查。共查阅2 854张（笔）

凭证，金额6 589.9万元，查出延解积压国库资金凭证28张（笔），金额153万元。1995年，对辖内各级国库和经收处的资金收纳、报解、入库情况进行检查，查出延解积压税款12笔，金额48万元，对违规问题作出相关处理。

为贯彻《关于加强国库监管工作的通知》精神，1997年对全市第三季度税款入库情况进行检查，对经收处未按规定使用和设立账户等问题进行纠正，保证中央预算收入的完整。根据《关于进一步加强国库监管工作的通知》精神，1998年，对全市预算资金的收纳、报解、入库、支拨、退付等事项实施监督管理，对全市税款入库和清理预算收入过渡账户进行检查。共检查国库经收处16家，征收机关7家，乡镇国库8家，支库4家。

为确保财政资金足额、按时入库，从2000年开始，朔州市中心支库加强对商业银行代理国库和商业银行、信用社办理国库经收处业务的监督和管理，规范国库代理和国库经收业务，开展以落实内控制度、确保资金安全为核心的会计业务实地检查，参与开展“两综合、两管理”国库业务现场检查，梳理排查全辖国库业务系统风险及硬件设施隐患。2007年，建立国库监管档案管理系统，实现国库监管档案资料的电子化管理。针对朔州市财政部门预算执行存在不同程度的各收支分类科目支出超预算现象，2017年，自主开发《公共预算支出预警系统》，联合商业银行开发非现场监管接口，规范预算执行，强化国库监管职能。

□ 监督制度

2001年至2019年，市人行建立健全国家金库制度，先后制定《朔州市中心支库国库监管办法》等制度，规范国库业务操作。2019年，对于市级100万元、县级50万元以下的退税业务，财政部门不再进行签字，由税务部门将相关退库资料提交国库部门处理即可；市级100万元、县级50万元（含）以上的退税业务由财政部门出具授权委托书，税务部门持授权委托书以及退税相关手续即可处理，确保退库款项及时准确退付到账。

第四节　国债管理

代理国务院财政部门向金融机构发行、兑付国债和其他政府债券，是中国人民银行经理国库的一项重要职责。新中国成立后，在境内先后发行胜利建设公债、人民胜利折实公债、国家经济建设公债、国库券、国家重点建设债券、储蓄国债等类型的国债产品。人行朔州市中支参与国债管理的主要内容是会同财政部门组织国债在辖内的发行，组织办理国债的兑付并进行国债考核管理等。

□ 国债发行及兑付

○胜利建设公债

1945年，晋察冀边区行政委员会发行胜利建设公债。朔县任务数400万元，实际完成8万元。

○人民胜利折实公债

1950年，辖内发行以小米、面粉、白布、食油计价单位的胜利折实公债。发行对象主要是城镇工商业者，城乡富户和富有的退职文武官吏。察哈尔省雁北专署发行第一期人民胜利折实公债券，朔县任务数1 800分，已于1956年底还清。

〇国家经济建设公债

1957年1月发行的国家经济建设公债，朔县任务数1 250元，于1968年全部还清。

〇国库券

1981年，恢复发行中华人民共和国国库券。1989年，全市认购国库券超任务25万元。1990年，全市发行国库券382万元，兑付到期国库券310万元。1991年，全市发行国库券440万元。1993年7月，开始发行非实物券国库券。1998年，开始发行无记名国库券、凭证式国库券和记账式国库券。1999年起，辖内国库券发行由各国有商业银行承销。2000—2019年，全市商业银行共承销国债219期，销售金额575 770.8万元，兑付金额165 823.48万元（见表3-10）。

表 3-10　　2000—2019 年朔州市国债发行及兑付统计表

年份	发行期数 / 期	销售金额 / 万元	兑付金额 / 万元	年份	发行期数 / 期	销售金额 / 万元	兑付金额 / 万元
2000	3	10 894	393.31	2010	16	8 334.68	85.1
2001	3	14 436	71.41	2011	22	62 977.97	—
2002	4	6 411	19.53	2012	13	8 485.02	0.17
2003	4	8 531	17.87	2013	14	15 201.44	0.54
2004	6	8 401	8.29	2014	14	21 398.17	32 128.37
2005	5	12 580	2.56	2015	14	25 719.41	34 129.37
2006	7	13 809.9	4.64	2016	14	84 542.41	40 843.77
2007	6	8 902.38	1.12	2017	18	78 106.53	13 312.78
2008	8	8 753.6	1.15	2018	18	96 600	19 700
2009	8	7 582.71	3.5	2019	22	74 103.58	25 100

1982—1988年，财政部以国库券收款单形式向企事业单位和个人发行了若干亿元国债，1997年全部到期。。1999年10月14日，中国人民银行、财政部下发文件，要求各级人行国库部门从1999年11月1日起，全面清理1982—1988年以收款单形式发行的国债。朔州市国库部门共接收国库券收款单523份，金额114.95万元。2014年，朔州市国库部门开展国债收款单催兑工作，催兑收款单75份，金额15.93万元。截至2019年末，朔州市已兑付192份、89.86万元；剩余331份、25.08万元，大部分企事业单位因经营不善破产倒闭转改导致无法兑付，极少部分因国库券收款单丢失未申请兑付。已兑付及未兑付企业明细分别见表3-12、表3-13。

表 3-11　　1982—1988 年朔州市国库券收款单统计表

债券种类	份数 / 份	金额 / 万元	兑付金额 / 万元	剩余份数 / 份	剩余金额 / 万元
1982 年国库券收款单	30	1.21	0.26	17	0.94
1983 年国库券收款单	18	0.99	0.05	15	0.94
1984 年国库券收款单	26	1.05	0.024	23	1.03
1985 年国库券收款单	77	12.38	8.95	55	3.43
1986 年国库券收款单	86	25.88	23.09	46	2.79
1987 年国库券收款单（单位）	153	32.65	22.99	91	9.67
1988 年国库券收款单（单位）	133	40.78	34.50	84	6.29
合计	523	114.95	89.86	331	25.08

表 3-12　　2000—2010 年朔州市国库券收款单已兑付企业明细表

券别年份及购买日期	购买人	票面金额 / 元	券别年份及购买日期	购买人	票面金额 / 元
1982.09.24	山阴贸易货栈	100	1986.05.30	怀仁造纸厂	1 000
1982.11.10	山阴黑疙瘩供销社	200	1986.05.31	怀仁县芦子沟煤矿	31 000
1982.11.12	山阴老庄窝煤矿	200	1986.06.02	怀仁金沙滩磁石站	2 500
1982.11.12	山阴范家屯煤矿	120	1986.06.02	怀仁金沙滩腐肥厂	2 500
1982.11.13	山阴北周庄供销社	200	1986.06.03	山阴联营厂	300
1982.11.13	山阴合盛堡农修厂	600	1986.06.06	山阴肉联厂	100
1982.11.13	山阴甘庄修配厂	200	1986.06.09	怀仁自来水公司	2 500
1982.11.13	山阴泥河农机厂	200	1986.06.10	山阴水利局预制厂	200
1982.11.13	山阴泥河公社农机厂	200	1986.06.12	怀仁县农机公司	500
1982.11.15	山阴县山阴城供销社	300	1986.06.13	怀仁县鞋厂	8 000
1982.11.23	山阴预制厂	100	1986.06.13	山阴农机公司	500
1982.12.22	右玉工程队	200	1986.06.16	山阴二轻局经理部	200
1983.05.19	山阴岱岳公社电影队	100	1986.06.17	怀仁县峙峰山煤矿	29 000
1983.05.19	山阴北周庄供销社	200	1986.06.21	怀仁县装卸社	10 000
1983.06.14	右玉县工程队	200	1986.06.25	怀仁县水泥厂	4 000
1983.09.21	山阴县贸易货栈	140	1986.06.25	怀仁县砖瓦厂	6 000
1984.06.03	山阴水利局预制厂	100	1986.06.25	山阴山货商店	350
1984.07.17	山阴贸易货栈	100	1986.06.28	雁北地区瓷厂	5 000
1984.08.06	右玉县工程队	50	1986.06.30	怀仁木材公司	1 100
1985.06.04	怀仁交通局	2 000	1986.06.30	山阴财政局	100 000
1985.06.06	怀仁芦子沟煤矿	28 000	1986.06.30	右玉化工厂	100
1985.06.10	金沙滩腐肥厂	2 000	1986.07.01	右玉建筑公司	50
1985.06.14	怀仁小峪村	4 160	1986.07.02	怀仁县供销社	2 440
1985.06.18	怀仁县二轻局	2 000	1986.07.03	怀仁县粮食局	3 000
1985.06.20	怀仁工程公司	3 000	1986.07.24	怀仁县建筑工程公司	3 000
1985.06.28	山阴财政局	15 000	1986.07.24	怀仁海北头供销社	3 000
1985.06.28	山阴县二轻局经理部	100	1986.07.24	山阴五交化批发公司	500
1985.06.29	怀仁峙峰山煤矿	26 000	1986.07.28	山阴新兴百货商场	150
1985.06.29	怀仁石棉水泥制管厂	2 000	1986.08.11	山阴石油公司	3 000
1985.06.29	山阴山货商店	300	1986.08.25	怀仁金沙滩位庄	500
1985.06.30	怀仁县陈庄村	240	1986.08.25	怀仁金沙滩田庄	2 000
1985.06.30	怀仁县下海村	850	1986.08.25	怀仁金沙滩尚南头村	500
1985.07.01	山阴水利局预制厂	100	1986.08.25	怀仁金沙滩曹庄村	1 000
1985.07.02	山阴联营厂	300	1986.08.25	怀仁金沙滩日中城	1 560
1985.07.08	山阴贸易货栈	100	1986.08.25	山阴张家沟乡办矿	750
1985.08.01	山阴石油公司	950	1986.08.25	山阴吴马营供销社	150
1985.08.06	山阴马营供销社	100	1986.08.26	山阴贸易公司	300
1985.08.28	山阴张家沟矿	1 200	1986.08.26	史家屯供销社	150

续表

券别年份及购买日期	购买人	票面金额 / 元	券别年份及购买日期	购买人	票面金额 / 元
1985.08.30	怀仁海北头村	840	1987.05.06	山阴预制厂	300
1985.09.07	山阴北周庄供销社	200	1987.05.16	山阴财政局	50 000
1985.09.27	右玉化工厂	100	1987.05.18	山阴农机公司	3 050
1986.05.29	怀仁县五金车辆修配厂	2 000	1987.05.18	平鲁土产公司	500
1986.05.29	怀仁县二轻局	2 000	1987.05.19	右玉县工程公司	250
1987.05.22	右玉供销贸易公司	600	1987.06.30	怀仁县城镇三里庄	70
1987.05.23	山阴五交化批发公司	1 500	1987.07.02	雁北机械铸造厂	5 000
1987.05.25	平鲁生产资料公司	500	1987.07.10	山阴新兴百货商场	310
1987.05.25	平鲁副食日杂	500	1987.07.11	怀仁县工程公司	1 500
1987.05.27	山阴二大山煤矿	1 000	1987.08.12	山阴肉联厂	250
1987.05.27	山阴联营厂	700	1987.08.14	山阴北周庄供销社	350
1987.05.28	右玉食品公司	500	1987.08.15	怀仁县城关供销社	1 600
1987.06.05	山阴二轻经理部	1 000	1987.08.17	朔县粮食局	3 000
1987.06.08	怀仁县芦子沟煤矿	20 000	1987.08.18	怀仁制管厂	2 500
1987.06.09	怀仁县化肥厂	15 000	1987.09.01	怀仁县城建大队	3 530
1987.06.09	怀仁县农机公司	2 000	1987.09.19	怀仁海北头供销社	2 000
1987.06.10	山阴木材公司	1 000	1987.11.21	山阴甘庄窝后山煤矿	600
1987.06.10	朔县五交化批发公司	3 500	1988.05.19	平鲁副食日杂公司	2 000
1987.06.13	怀仁木材公司	1 140	1988.06.03	平鲁土特产品公司	2 000
1987.06.15	山西朔县冶金矿山机械厂	10 000	1988.06.04	怀仁县农机公司	5 000
1987.06.15	怀仁生产资料公司	1 900	1988.06.06	怀仁五金车辆厂	2 000
1987.06.19	怀仁县水泥厂	5 000	1988.06.06	山阴张家沟矿	2 000
1987.06.19	怀仁自来水公司	2 500	1988.06.07	雁北地区瓷厂	10 000
1987.06.20	怀仁木材贸易中心	360	1988.06.08	怀仁造纸厂	2 000
1987.06.22	山阴山货商店	400	1988.06.10	山阴北周庄煤站	65 000
1987.06.22	怀仁化肥厂	1 000	1988.06.13	山阴印刷木器美术厂	1 000
1987.06.23	右玉化工厂	200	1988.06.13	山阴第三建筑公司	2 500
1987.06.23	怀仁县综合商店	400	1988.06.14	怀仁县自来水公司	2 000
1987.06.24	山阴生产资料公司	500	1988.06.14	山阴山货商店	400
1987.06.24	山阴粮食局	2 000	1988.06.15	怀仁县化肥厂	40 000
1987.06.24	朔县百货公司	3 000	1988.06.16	山阴史家屯供销社	400
1987.06.25	山阴贸易货栈	500	1988.06.16	山阴古楼综合批零商场	400
1987.06.25	怀仁造纸厂	1 500	1988.06.17	山阴二轻工业供销经理部	1 000
1987.06.26	怀仁县土产日杂公司	2 200	1988.06.18	怀仁鞋厂	7 000
1987.06.27	朔县南街百货商场	500	1988.06.18	怀仁县工程公司	2 500
1987.06.27	右玉化工厂	50	1988.06.20	怀仁芦子沟煤矿	50 000
1987.06.27	怀仁峙峰山矿	20 000	1988.06.20	怀仁副食品加工厂	580
1987.06.27	怀仁县砖瓦厂	10 000	1988.06.20	雁北地区瓷厂	5 000

续表

券别年份及购买日期	购买人	票面金额 / 元	券别年份及购买日期	购买人	票面金额 / 元
1987.06.27	怀仁县腐植酸公司	3 000	1988.06.21	怀仁城关供销社	1 600
1987.06.29	山阴吴马营供销社	250	1988.06.22	怀仁马辛庄供销社	1 500
1987.06.29	朔县刘家口煤矿	10 000	1988.06.22	山阴农机公司	5 000
1987.06.29	怀仁鞋厂	5 000	1988.06.22	山阴预制厂	500
1987.06.29	山阴第三建筑公司	2 000	1988.06.24	怀仁县自来水公司	3 000
1987.06.30	史家屯供销社	250	1988.06.24	山阴新兴百货商场	360
1987.06.30	怀仁装卸社	7 000	1988.06.25	怀仁县砖瓦厂	30 000
1987.06.30	怀仁五金车辆厂	1 000	1988.06.25	山阴贸易货栈	1 250
1987.06.30	雁北地区瓷厂	5 000	1988.06.25	右玉县工程公司	800
1987.06.30	怀仁城关建材厂	400	1988.06.28	怀仁木材贸易中心	2 400
1987.06.30	怀仁县城镇三里庄	200	1988.06.28	怀仁新家园供销社	2 000
1988.06.28	山阴吴马营供销社	400	1988.06.30	怀仁元宝沟煤矿	7 000
1988.06.28	平鲁生产资料公司	3 000	1988.07.01	山阴陶瓷厂	800
1988.06.29	怀仁县峙峰山煤矿	50 000	1988.07.02	怀仁何家堡供销社	1 500
1988.06.29	怀仁县粮食局	7 000	1988.07.05	平鲁工程公司	1 660
1988.06.29	山阴北周庄供销社	500	1988.07.06	怀仁毛皂供销社	1 500
1988.06.29	右玉县化工厂	800	1988.07.16	怀仁县水泥厂	10 000
1988.06.30	怀仁木材公司	2 400	1988.07.25	山阴肉联厂	1 400
1988.06.30	怀仁南窑村	3 000	1988.08.25	山阴玉井财政所	1 000
1988.06.30	怀仁西小宅村	1 800	2005.04.25	应县财政局	1 000

表 3–13　　朔州市国库券收款单未兑付企业明细表

券别年份及购买日期	购买人	票面金额 / 元	券别年份及购买日期	购买人	票面金额 / 元
1982.03.18	山阴吴家坪煤矿	2 700	1984.07.31	山阴汽修厂	200
1982.03.21	山阴马营供销社	200	1984.08.01	山阴交电公司	480
1982.06.01	山阴合盛堡汽车队	400	1984.08.04	山阴合盛堡一砖厂	150
1982.08.07	山阴 52893 部队	1 000	1984.08.04	山阴合盛堡	50
1982.09.13	山阴合盛堡供销社	100	1984.08.04	山阴合盛堡修配厂	50
1982.09.22	山阴岱岳供销社	500	1984.08.08	山阴照相馆	100
1982.09.23	山阴交电公司	480	1984.08.23	山阴北祖煤矿	2 000
1982.09.25	山阴轮胎修配厂	100	1984.08.23	山阴米庄窝煤矿	1 000
1982.09.27	山阴合作照相馆	100	1984.09.19	山阴辛庄供销社	100
1982.10.16	山阴电影公司	120	1984.09.21	右玉贸易货栈	300
1982.10.18	山阴社队局	900	1984.10.08	山阴史家屯	400
1982.11.02	右玉县陶瓷厂	500	1985.06.01	怀仁县农机修造厂	3 500
1982.11.05	山阴辛庄供销社	100	1985.06.01	山阴县家用电器商店	70
1982.11.11	山阴二轻局	300	1985.06.01	山阴向阳百货商场	40

续表

券别年份及购买日期	购买人	票面金额 / 元	券别年份及购买日期	购买人	票面金额 / 元
1982.11.26	山阴玉井供销社	300	1985.06.01	山阴红旗百货商场	120
1982.12.29	山阴化工机械厂	1 530	1985.06.04	怀仁县化轻公司	410
1983.04.14	山阴县电影公司	120	1985.06.04	怀仁职工医院	100
1983.04.15	山阴芍药沟煤矿	700	1985.06.10	怀仁金沙滩镇招待所	1 000
1983.06.13	山阴外贸公司	100	1985.06.14	怀仁金属公司	120
1983.06.13	右玉陶瓷厂	200	1985.06.14	怀仁吴家窑车队	50
1983.06.15	山阴二轻局	30	1985.06.17	怀仁机电公司	190
1983.06.27	山阴化工机械厂	1 530	1985.06.19	怀仁海北头供销社	2 800
1983.06.28	山阴社队局	1 200	1985.06.21	怀仁服装厂	2 600
1983.07.23	山阴农具厂	450	1985.06.21	怀仁二轻局经理部	300
1983.08.12	右玉高家堡供销社	80	1985.06.23	怀仁东山村	1 420
1983.08.13	右玉董家窑供销社	50	1985.06.24	山阴交电公司	200
1983.08.13	右玉破虎堡供销社	50	1985.06.27	怀仁县工艺美术厂	400
1983.08.16	山阴交电公司	480	1985.06.28	怀仁鹅毛口五金厂	500
1983.08.16	岱岳供销社	200	1985.06.28	怀仁城关乡煤粉厂	1 800
1983.08.30	山阴马营供销社	130	1985.06.29	山阴电影公司	150
1983.10.26	山阴玉井董庄窝煤矿	4 000	1985.06.29	山阴蔬菜公司	100
1983.11.07	山阴城公社煤矿	1 080	1985.06.29	山阴副食品批发公司	110
1984.06.25	山阴岱岳供销社	500	1985.06.29	山阴岱岳供销社	500
1984.06.26	山阴二轻局	240	1985.07.02	山阴二轻局	240
1984.07.06	山阴吴家坪矿	1 000	1985.07.04	山阴城奶粉场	500
1984.07.06	山阴史家屯大队	600	1985.07.04	山阴城奶粉厂	1 500
1984.07.06	山阴东石人坡	800	1985.07.05	山阴乡镇局	1 000
1984.07.07	山阴电影队	120	1985.07.06	山阴五交化商店	140
1984.07.07	山阴安荣公社林场	500	1985.07.11	怀仁商业局汽车队	500
1984.07.12	山阴社队局	1 000	1985.07.11	山阴兴隆综合批零商场	60
1984.07.19	山阴玉井供销社	300	1985.07.11	山阴益民副食杂货商店	300
1984.07.31	山阴砖厂	100	1985.07.17	山阴兴利副食品商店	60
1984.07.31	山阴煤粉厂	100	1985.07.17	山阴五交化商店	70
1984.07.31	山阴石料厂	200	1985.07.17	山阴县兴盛副食品商店	60
1985.07.23	山阴焦化厂	2 300	1986.07.02	山阴五交化商店	250
1985.07.26	山阴北祖矿	2 000	1986.07.03	怀仁二轻局供销公司	1 000
1985.07.29	山阴一堵墙大队	500	1986.07.09	山阴合胜堡乡车队	400
1985.08.01	怀仁食品公司	1 500	1986.07.10	山阴玉井大窑沟煤矿	600
1985.08.05	山阴玉井供销社	300	1986.07.10	山阴薛圐圙煤矿	300
1985.08.06	山阴马营供销社	200	1986.07.11	怀任县运输站	2 000
1985.08.09	山阴辛庄供销社	100	1986.07.23	怀仁县农机公司	7 000
1985.08.10	山阴偏岭供销社	100	1986.07.23	山阴兴利副食	50

续表

券别年份及购买日期	购买人	票面金额 / 元	券别年份及购买日期	购买人	票面金额 / 元
1985.08.13	山阴合盛堡供销社	100	1986.07.25	山阴兴旺副食商店	50
1985.08.17	山阴运输公司	2 450	1986.07.26	山阴日新五交化商店	125
1985.08.22	山阴新兴百货商场	290	1986.07.28	山阴雁岳百货商店	150
1985.08.23	山阴泥河供销社	100	1986.08.03	山阴冻牛坡粉条厂	60
1985.08.29	山阴董庄窝矿	1 200	1986.08.03	山阴冻牛坡车队	40
1985.08.30	怀仁西安堡村	270	1986.08.03	山阴冻牛坡技改矿	150
1985.08.30	怀仁新发村	100	1986.08.08	山阴农产品公司	400
1985.09.05	山阴广武饭店	200	1986.08.09	山阴电影公司	150
1985.09.17	山阴兴旺商店	60	1986.08.20	山阴水利局供应站	100
1985.09.17	山阴安荣供销社	100	1986.08.20	山阴水利局车队	100
1985.09.24	山阴雁岳百货商店	290	1986.08.20	怀仁城关镇瓷厂	1 000
1985.09.28	山阴后所贸易公司	300	1986.08.24	怀仁金沙滩安町村	1 000
1985.09.29	山阴后所车队	200	1986.08.25	山阴综合批零商场	350
1985.09.29	山阴米庄窝矿	700	1986.08.26	山阴冻牛坡供销社	150
1986.05.30	右玉供销贸易中心	600	1986.09.20	山阴安荣供销社	200
1986.06.02	怀仁县工艺美术厂	500	1986.09.24	山阴辛庄供销社	100
1986.06.07	怀仁县职工医院	100	1987.05.12	山阴吴家坪煤矿	1 500
1986.06.07	山阴副食品公司	100	1987.05.12	山阴一堵墙煤矿	1 000
1986.06.09	山阴乡镇企业局	1 000	1987.05.16	山阴大修厂	1 500
1986.06.16	山阴蔬菜公司	200	1987.05.18	山阴冻牛坡乡技改矿	600
1986.06.17	怀仁何家堡贸易公司	500	1987.05.19	右玉副食日杂公司	700
1986.06.17	山阴砖瓦厂	1 000	1987.05.20	山阴王老沟圪洞矿	1 000
1986.06.17	右玉二轻局知青服务部	50	1987.05.21	右玉林产品经销站	800
1986.06.24	山阴百货商店	90	1987.05.22	山阴下喇叭车队	500
1986.06.24	山阴益民商店	350	1987.05.22	平鲁供销贸易中心	500
1986.06.25	怀仁河头乡阎家堡村	200	1987.05.23	山阴五交化商店	500
1986.06.26	山阴兴隆商店	50	1987.05.23	山阴日新五交化商店	500
1986.06.26	山阴兴隆商店	50	1987.05.25	山阴米庄窝煤矿	1 000
1986.06.27	山阴家用电器商店	125	1987.05.25	山阴副食加工厂	1 000
1986.06.27	山阴五金厂	300	1987.05.27	山阴包家岭煤矿	1 000
1986.06.28	怀仁金沙滩打井队	100	1987.05.27	山阴尖山煤矿	1 000
1986.06.28	山阴山阴城镇	2 000	1987.05.29	山阴糖酒副食批发公司	300
1986.06.28	山阴圪洞矿	1 200	1987.05.29	山阴工业供销公司	500
1986.06.30	山阴岱岳供销社	500	1987.06.03	山阴蔬菜公司	300
1986.07.01	怀仁城关电缆厂	700	1987.06.04	山阴水利物资供应站	200
1986.07.01	怀仁综合贸易公司	2 500	1987.06.04	山阴水利汽车队	200
1987.06.05	山阴八一煤矿	100	1987.07.09	怀仁县林产品经销站	3 000
1987.06.08	山阴合盛堡乡车队	500	1987.07.09	怀仁运输管理站	3 000

续表

券别年份及购买日期	购买人	票面金额/元	券别年份及购买日期	购买人	票面金额/元
1987.06.08	山阴兴盛副食商店	50	1987.07.10	山阴向阳百货商场	20
1987.06.08	山阴兴隆商店	50	1987.07.10	怀仁县城关乡日化厂	320
1987.06.08	山阴兴利商店	50	1987.07.16	怀仁供销商场	300
1987.06.10	朔县光明百货商店	1 300	1987.07.22	山阴玉井镇东庄煤矿	100
1987.06.10	朔县棉毛针织厂	1 500	1987.07.23	山阴益民商店	450
1987.06.12	山阴腐植酸公司	2 000	1987.08.03	朔县外贸公司	50
1987.06.12	朔县峙峪煤矿	2 000	1987.08.04	右玉肉联厂	150
1987.06.12	怀仁县鹅毛口镇老牛湾煤矿	2 000	1987.08.04	山阴水头煤矿	100
1987.06.13	朔县金属回收公司	300	1987.08.07	怀仁金沙滩印刷厂	250
1987.06.13	朔县鞋厂	2 000	1987.08.07	怀仁金沙滩打井队	300
1987.06.15	怀仁县新家园乡联营商店	200	1987.08.07	山阴下喇叭供销社	250
1987.06.15	山阴乡镇企业管理局	500	1987.08.12	怀仁肉联厂	150
1987.06.16	朔县机电化轻公司	200	1987.08.14	怀仁陈家峪煤矿	8 000
1987.06.16	怀仁县打井队	1 500	1987.08.14	怀仁元宝沟煤矿	5 000
1987.06.17	朔县建筑设计室	1 000	1987.08.14	怀仁何乡大南梁矿	2 000
1987.06.18	朔县神头物资供应站	300	1987.08.14	怀仁西寺沟矿	2 000
1987.06.18	朔县交电零售二门市	500	1987.08.14	怀仁何教场沟	1 000
1987.06.19	山阴后所供销社	500	1987.08.15	山阴外贸	200
1987.06.19	山阴运输公司	2 000	1987.08.17	怀仁县综合贸易公司	1 700
1987.06.19	山阴饲料公司	1 000	1987.08.21	山阴冻牛坡供销社	250
1987.06.19	朔县运输公司	5 000	1987.08.22	朔县西街饭店	120
1987.06.20	山阴农产品公司	500	1987.11.21	山阴大窑沟煤矿	600
1987.06.20	山阴石料厂	500	1987.11.21	山阴城奶粉厂	3 400
1987.06.20	朔县五交化零售商店	1 000	1988.05.20	右玉县第二建筑工程公司	300
1987.06.22	山阴黑圪塔供销合作社	350	1988.05.23	右玉县被服厂	300
1987.06.23	山阴兴旺商店	50	1988.05.23	右玉县钢木加工厂	100
1987.06.24	山阴合盛堡供销社	350	1988.05.24	山阴尖山煤矿	1 000
1987.06.27	山阴辛庄供销社	300	1988.05.24	山阴包家岭煤矿	1 000
1987.06.27	朔县中心商场	600	1988.05.24	山阴城奶粉厂	10 000
1987.06.27	朔县服装一厂	2 000	1988.05.24	右玉县涂料厂	100
1987.06.27	朔县玛钢厂	3 500	1988.05.24	右玉县工艺美术厂	100
1987.06.27	右屠二轻知青服务部	50	1988.05.25	右玉县服装厂	200
1987.06.27	怀仁城关镇服务队	2 000	1988.05.26	右玉县人造板厂	300
1987.06.29	山阴安荣供销社	300	1988.05.27	右玉县晋蜀联营玻钢厂	200
1987.06.29	朔县外贸公司	150	1988.05.30	右玉煤炭工业管理局	1 000
1987.06.29	山阴县工程公司	5 000	1988.06.01	右玉县乡镇企业供销公司	100
1987.06.30	山阴岱岳供销社	400	1988.06.03	右玉县奶粉厂	100
1987.06.30	朔县山货商店	200	1988.06.03	右玉钢木家具厂	100

续表

券别年份及购买日期	购买人	票面金额 / 元	券别年份及购买日期	购买人	票面金额 / 元
1987.06.30	怀仁乡镇企业供销公司	3 000	1988.06.03	右玉醋厂	100
1987.07.01	山阴玉井供销社	500	1988.06.07	怀仁二轻供销公司	100
1987.07.01	山阴偏岭供销社	250	1988.06.08	山阴糖酒副食批发公司	260
1987.07.01	山阴泥河供销社	300	1988.06.08	山阴县乡镇企业管理局	1 000
1987.07.03	山阴家用电器店	500	1988.06.27	山阴红旗百货商场	150
1987.07.06	怀仁农机修造厂	3 000	1988.06.27	山阴家运电器商店	500
1988.06.09	怀仁石油公司	2 630	1988.06.28	怀仁满店香商场	230
1988.06.09	山阴水利供应站	300	1988.06.28	怀仁贸易中心	1 100
1988.06.10	山阴农产品公司	600	1988.06.28	山阴辛庄供销社	400
1988.06.10	山阴综合商场	600	1988.06.28	山阴安荣供销社	400
1988.06.11	山阴吴家坪矿	600	1988.06.28	山阴向阳百货商场	50
1988.06.14	山阴益民商店	500	1988.06.29	怀仁金沙滩工程二队	1 000
1988.06.14	山阴宋家沟村	600	1988.06.29	山阴废旧物资回收公司	600
1988.06.16	山阴黑圪塔供销社	400	1988.06.30	怀仁城关镇陶瓷厂	1 500
1988.06.16	山阴玉井供销社	600	1988.06.30	怀仁城关镇卸煤组	1 000
1988.06.17	怀仁何家堡教场沟矿	2 500	1988.06.30	怀仁城关镇电缆厂	400
1988.06.20	河北省军区煤矿	1 000	1988.06.30	山阴岱岳供销社	600
1988.06.20	怀仁农机修造厂	5 000	1988.06.30	右玉机械厂门市	60
1988.06.20	山阴兴旺副食品公司	60	1988.07.02	山阴冻牛坡供销社	400
1988.06.20	山阴兴隆批零商场	60	1988.07.11	平鲁刘家窑供销社	320
1988.06.20	山阴兴盛综合批零商场	60	1988.07.12	山阴运输公司	2 500
1988.06.20	山阴一堵墙矿	600	1988.07.16	怀仁县兴昌商场	420
1988.06.20	山阴兴利副食品商店	60	1988.07.25	山阴合胜堡供销社	500
1988.06.21	怀仁综合贸易公司	2 500	1988.08.02	山阴通宝批零商店	200
1988.06.21	怀仁县电器厂	200	1988.08.04	平鲁下面高供销社	560
1988.06.21	怀仁县蔬菜公司	100	1988.08.09	山阴马营供销社	400
1988.06.21	怀仁县食品公司	200	1988.08.18	山阴国营石料厂	500
1988.06.22	怀仁糖酒食品批发公司	800	1988.08.20	山阴雁门综合服务部	300
1988.06.22	山阴商业局蔬菜公司	500	1988.08.20	山阴甘庄供销社	300
1988.06.22	山阴地方国营焦化厂	500	1988.08.29	山阴冻牛坡技改矿	750
1988.06.22	右玉腐办	100	1988.08.29	山阴冻牛坡煤矿	750
1988.06.23	山阴偏岭供销社	400	1988.09.07	山阴对外贸易公司	700
1988.06.23	山阴泥河供销社	400	1988.11.29	山阴偏岭乡	2 000
1988.06.24	山阴五交化批发公司	2 000	1988.11.29	山阴玉井煤矿	800
1988.06.25	山阴城供销社	700	1988.11.29	山阴玉井镇农场	100
1988.06.25	山阴五交化商店	500	1988.11.29	山阴玉井林场	100
1988.06.25	山阴五交化批零商场	1 000	1988.11.29	山阴合盛堡乡企业办	500
1988.06.25	山阴雁岳百货商场	350			

○国家重点建设债券

1987年，国务院决定发行国家重点建设债券。期限3年，年息6%，发给国家重点建设债券收款单。朔州市国库部门共接收国家重点建设债券收款单66份、28.83万元，截至2019年末，已兑付18份、17.37万元；剩余48份、11.46万元。已兑付及未兑付企业明细分别见表3-14、表3-15。

表 3-14　　2000—2010 年朔州市债券收款单已兑付企业明细表

券别年份及购买日期	购买人	票面金额 / 元	券别年份及购买日期	购买人	票面金额 / 元
1987.07.17	山阴农机公司	10 000	1987.10.13	山阴二轻供销经理部	590
1987.08.20	怀仁县二轻局	2 000	1987.10.14	山阴陶瓷厂	2 250
1987.08.22	怀仁化肥厂	22 000	1987.10.20	山阴广播电视局	3 440
1987.08.24	山阴肉联厂	250	1987.11.09	应县糖厂	30 000
1987.09.14	山阴水利预制厂	2 650	1987.11.25	怀仁县金属材料公司	2 000
1987.09.15	山阴农机公司	13 950	1987.11.28	雁北瓷厂	2 500
1987.09.15	山阴生产资料公司	3 710	1987.12.15	怀仁水泥预制厂	3 000
1987.09.23	山阴财政局	51 250	1987.12.21	怀仁水泥厂	1 000
1987.09.25	山阴联营厂	600	1987.12.28	雁北瓷厂	22 500

表 3-15　　朔州市债券收款单未兑付企业明细表

券别年份及购买日期	购买人	票面金额 / 元	券别年份及购买日期	购买人	票面金额 / 元
1987.01.13	怀仁综合服务社	100	1987.09.21	山阴打井队	40
1987.01.13	怀仁工艺美术厂	200	1987.09.25	山阴林业局	2 550
1987.06.20	右玉农业局	100	1987.09.26	山阴益民副食商店	1 390
1987.07.11	怀仁工程公司	1 000	1987.10.12	山阴运输管理站	1 310
1987.07.23	山阴第三运输公司	40 000	1987.10.16	山阴地毯厂	14 360
1987.08.11	山阴外贸	200	1987.10.17	山阴蔬菜公司	1 840
1987.08.14	雁北劳动技工学校	320	1987.10.17	山阴工商局	310
1987.08.20	怀仁农机修造厂	5 000	1987.10.21	山阴公证处	240
1987.08.22	山阴公路段	630	1987.10.21	山阴县党校	30
1987.08.22	怀仁糖酒副食批发公司	1 000	1987.10.30	山阴石料厂	910
1987.08.22	怀仁机电公司	1 000	1987.11.04	山阴畜牧局	250
1987.08.25	山阴市政工程公司	820	1987.11.04	山阴物价局	1 120
1987.08.25	怀仁乡镇局供销公司	500	1987.11.20	怀仁县综合贸易公司	1 000
1987.08.25	怀仁县司法局	200	1987.11.24	怀仁计量所	100
1987.08.25	怀仁蔬菜公司	700	1987.11.25	怀仁县食品公司	1 000
1987.08.29	山阴邮电局	6 800	1987.11.26	怀仁兴昌商场	200
1987.08.29	雁北预备役师坦克团	4 900	1987.11.26	怀仁贸易中心	1 000
1987.09.07	山阴水利供应站	410	1987.11.26	怀仁商业局	4 000
1987.09.07	山阴农科站	280	1987.11.27	山阴县财政局	5 850

续表

券别年份及购买日期	购买人	票面金额/元	券别年份及购买日期	购买人	票面金额/元
1987.09.10	山阴民政局	40	1987.12.03	怀仁服装厂	100
1987.09.11	山阴劳动服务公司	1 900	1987.12.05	怀仁砖瓦厂	6 000
1987.09.15	山阴综合批零商场	470	1987.12.05	怀仁县二轻局供销公司经理部	200
1987.09.15	右玉烟草公司	100	1987.12.05	怀仁广播局	200
1987.09.17	山阴五交化批发公司	1 890	1987.12.24	怀仁计划生育办公室	2 000

○特种国债

1989—1991年发行了特种国债。发行对象是经济条件较好的全民所有制企业、集体所有制企业、私营企业、金融机构、企业主管部门、事业单位和社会团体，以及全民所有制企业职工退休养老基金管理机构、待业保险基金管理机构、交通部车辆购置附加费管理机构。这3年特种国债的期限均为5年，利率年息分别为15%、15%、9%。1990年，朔州市发行特种国债145万元，1991年，发行特种国债80万元。

○财政债券

1990年，财政部向各专业银行、综合性银行以及其他金融机构发行2年期和5年期财政债券，年利率分别为7.5%、8%，朔州市共发行11万元。1993年财政债券，发行对象是各专业银行、交通银行、中信实业银行、人保公司和城市信用社。期限5年，年息9%。朔州市共发行15万元。

第五节　国库统计分析

国库统计分析是国库工作的重要组成部分。朔州市国库统计分析工作从做好国库统计报表入手，按时完成国库统计分析基础工作，开展国库统计分析业务检查、国库统计分析专题调研，按要求撰写和报送统计分析报告，逐步加大国库统计分析力度，不断提升国库统计分析和调研水平，服务政府决策的能力持续提高。截至2019年，撰写专题调研报告120余篇，信息动态530余篇，在上级刊物发表100余篇。

2000年，4篇论文获参山西省论文研讨会，2篇在会上作发言交流。2003年，贯彻中国人民银行《国库统计分析工作指导意见》，统一规范统计分析工作的内容、要求、岗位职责、档案管理等，按要求编报全辖地方预算收支统计报表，按季开展预算收支分析工作。2005年，建立国库收支数据报送制度。2006年，县（区）支库统计分析系统优化版在朔州市正式运行。2007年，根据政府收支分类改革需要，完成统计分析系统预算科目转换、升级工作。同年，《建议人民银行直接经理国库集中支付业务》被总行作为送阅信息采用。从2009年开始，按日报送国库库存通讯、横向联网通讯，按月报送统计报表，按季报送统计分析报告，按半年报送退库报表。11月，开始编制《朔州市预算收支统计表》。从2011年开始，每月编报《朔州市财政收、支、库存》报表。

第七章

支付结算

1956年起，朔县逐步形成同城、异地、城乡、农村4大类共12种结算方式。之后的30年间，结算方式根据各个时期的业务变化有所增减，但基本上沿用4大类型的结算方式。1982年，中国人民银行推行“三票一卡”（即汇票、本票、支票和信用卡），为中国票据市场的开端。为加强银行会计结算制度，缩短在途资金时间，1988年，人行雁北分行把朔县作为金融体制改革试点行，朔县人行对票据交换工作进行完善，拟定《朔县同城票据交换管理办法》《关于加快支票管理的暂行规定》，提出新的管理办法。

朔州建市后，随着支付结算方式不断革新与完善，金融业结算电子化发展突飞猛进。1994年5月，全市各县（区）电子联行正式运行。2005年4月，大额支付系统上线运行。2006年5月，小额支付系统上线运行。2013年以后，支付系统升级为二代支付系统。支付技术的不断突破和创新，推动第三方支付业务实现质和量的飞跃，一些电商平台相继崛起，网络支付日益增加。自2011年起，朔州市支付宝、微信用户与日俱增，网络支付业务不断壮大。2017年，银联云闪付开始在朔州推广，电子支付逐步成为人们主要的结算方式。同时，农村支付环境建设快速发展。从2007年开始，朔州市实施一系列“惠农”措施：在农村大力推广特色银行服务及特色银行卡服务，实现小额支付“村村通”工程全覆盖，挂牌助农取款服务点，并在原有助农取款点的基础上改造升级为“农村金融综合服务站”。

第一节　结算

□　结算方式

○中共十一届三中全会前

结算分国内结算和国际结算两种。1949年11月，朔县人行规定：由于结算业务较少，规定可5天结账一次。月结一律每月底进行结算。1953年，朔县开始推行苏联国家银行的8种结算方式：同城结算4种，即支票结算、保付支票结算、计划结算、托收无承付结算；异地结算3种，即电拨信拨结算（后称汇兑结算）、特种账户结算和信用证结算；异地与同城共同使用的托收承付结算。1955年3月，朔县开始执行省人行托收承付结算范围新规定，国营与公私合营企业间交易只要列入物资调拨计划，双方同意并订有合同或协议者，无论公私合营企业是否参加货币管理，均可采用托收承付结算方式。至此，朔县形成同城、异地、城乡、农村四大类13种结算方式。之后的30年中，结算方式虽然根据各个时期的业务变化有所增减或修订，但基本上沿用这四大类型的结算方式。1956年，朔县增加国营商店、粮食、外贸、供销社向农村收购农副产品的收购结算和供应农村生产资料的生产资料供应结算。

1958年，朔县开办县辖之间和省辖异县（市）之间的电话汇款。把托收凭证改由销货单位直接寄发购货单位的开户银行，取消县辖往来支行集中监督的环节，改由甲乙所直接对账。1959年8月1日起，朔县取消代付支票，改为先借后贷，他行票据一律收妥后抵用，同城托收无承付只能用于劳务供应的结算。主要结算方式有同城为支票、托收无承付、付款委托书3种；异地为汇兑、托收承付2种。1962年5月，制定《明确当前非现金结算中几个核算办法》，规定：托收无承付结算，只能用于同城公用事业单位和各单位之间的水、电费、电话费以及其他属于劳务供应性质的款项结算；城乡结算的同县托收承付和汇兑辅助以补助账户两种结算方式，银行应当掌握由购销双方单位根据交易性质和合同、协议以及上级调拨文件的规定，任择其一种使用，不得强求划一，要求单位勉强执行；对事业单位、机关、学校、农村人民公社、生产大队、生产队各单位不能使用托收承付的，同城可使用付款委托书或支票结算方式，但支票结算有效期仍为3天，不得延长；城乡或异地属于临时性的可用汇兑结算方式，属于经常性的可用汇兑辅助以补助账式办理。1964年8月，进一步明确办理农村结算计息问题的处理方法，规定：银行对信用社送存生产队交售农副产品的“农村委托付款凭证”结算款项，一律按转存款月息四厘二利率给付利息；信用社接到生产队送交的“农村委托付款凭证”办理转账后，加注信用社转账日期划转其开户银行，银行收到信用社划转的“农村委托付款凭证”，凭以办理转账，起息日期按信用社给生产队进账的日期，计算超前利息积数。1968年，开始使用异地托收承付结算。购销双方必须事先订有合同，并交银行监督；货物发运后，才能办理结算。异地托收承付结算适用于发货制交易和大型供应的款项结算，便于销售单位按合同有计划主动发货，加速商品流转。但对延付超期3天的，每日要加收万分之三的滞纳金，交收款单位，作为赔偿金。

〇中共十一届三中全会后

朔县恢复、建立、健全对银行、信用社的各项规章制度，在农村，实行收购农副产品转账定额支票结算办法；在城市，增加异地委托收款结算方式以及恢复银行对个人的汇款等。1979年，开始实施《省内限额结算办法》。使用范围为省内异地及所有国营企业、机关、部队等单位。由银行和信用社担保，结算凭证不通过银行传递，由购货人自行带到采购地，人到钱到，购货方便，钱货两清，不留尾欠，适应了自提自运商品交易的需要。同年，为适应农村实行生产责任制改革，农村转账结算方式主要采用农村付款委托书结算、限额结算、汇票结算等方式。1980年，采用异地委托收款结算方式。之后，逐步适用于在农村信用社开户的单位，成为多渠道、多种类交易异地结算的主要方式之一。为适应国家向农村个体专业户收购农副产品的需要，1985年，朔县实施《收购农副产品转账定额支票结算办法》。

〇朔州建市后

从1989年4月1日起，朔州市废止托收无承付、付款委托书、保付支票、信用证、省内限额结算方式，同年8月1日废止托收承付结算方式。1990年4月1日，恢复异地托收承付结算方式，帮助承担国家指令性计划生产任务的企业收回货款。1994年9月，开始试办信用卡和开办银行本票，加速结算手段电子化进程。

□ 结算检查

○检查情况

新中国成立后，由于银行机构少，业务种类少，工作人员责任心强，朔县人行未开展支付结算专项检查，多以专业银行内部检查为主。1989年朔州建市后，全市人民银行强化结算检查，加强单位银行结算户的核查和清理。2001年9月，市人行对辖内国有商业银行和邮政储蓄机构执行《个人存款账户实名制规定》情况进行全面检查，共检查营业机构243个，检查率达98%，检查6月个人存款账户83 289户，发现违规办理储蓄存款5 503笔，占检查总数的6.6%。对11个违规的网点予以警告，对13个违规较严重的网点处以罚款4.1万元。2009年，对全市117个银行网点会计核算、支付清算及银行结算账户进行现场检查，对有违规现象的29家机构进行处罚25.5万元。2017年，建立朔州市支付市场主体名录库、支付结算业务执法检查人员名录库，建立并公布随机抽查事项清单。

○处罚情况

2011年至2018年，市人行累计对全市85个银行网点和2家支付机构业务部开展支付结算执法检查，实施处罚14.5万元（见表3-16）。

表 3-16　　2011—2018 年朔州市支付结算执法检查情况统计表

年份	对象	方式	被处罚机构	处罚项目	处罚金融
2011	市工行市辖区 4 家、县区 1 家，朔城区信用社 2 家	现场执法检查	市工行	开立一般结算账户、非预算单位专户未备案	1 万元
2012	市农行市辖区 8 家、县区 3 家	现场执法检查	市农行	账户开立未核准、未备案及超期备案	3 万元
2013	市工行城建支行、市中行、市邮储银行 2 家、朔城区信用社 2 家，银联商务、通联支付朔州业务部	现场执法检查	朔城区信用社，市工行城建支行，市邮储银行张辽路支行、振华支行	账户开立未核准、未备案及超期备案，账户撤销超期备案	朔城区信用社处罚 2 万元，市工行城建支行处罚 5 000 元，市邮储银行张辽路支行处罚 5 000 元、振华支行处罚 1 万元
2014	市农发行 2 家、市工行 3 家、交通银行朔州分行、招商银行朔州分行、浦发银行朔州分行、晋商银行朔州分行、大同银行朔州分行、朔城区蒙银村镇银行	现场执法检查	—	—	未实施处罚
2015	朔城区农村信用社 3 家，市工行 2 家，市农行 2 家，市中行 2 家，浦发银行朔州分行，晋城银行朔州分行	现场执法检查	市农业银行雁门支行，朔城区信用社北关分社、北城分社、开发路信用社，市中行平朔支行	账户开立未核准、未备案及超期备案，账户撤销未备案	市农行雁门支行处罚 5 000 元，朔城区信用社北关分社处罚 5 000 元、北城分社处罚 1 万元、开发路信用社处罚 1 万元，市中行平朔支行处罚 5 000 元
2016	市建行 5 家，市邮储银行 6 家，招商银行朔州分行、大同银行朔州分行	现场执法检查	—	—	未实施处罚
2017	市农发行城区支行，市农行 2 家，市交行 2 家，华夏银行朔州分行，晋商银行朔州分行 2 家，朔城区信用社 7 家	现场执法检查	朔城区信用社	账户开立未核准、未备案及超期备案	3 万元
2018	朔州农商行 5 家，浦发银行朔州分行，市建行 3 家，晋城银行朔州分行 2 家，朔城区蒙银村镇银行	现场执法检查	—	—	未实施处罚

□ 分类评级

为保障支付系统安全稳定运行，2018年，市人行对全市22家银行机构有关支付系统管理、应急演练、业务创新等进行分类评级，全年为市农行、市建行、农商行分支机构的35个支付系统参与者进行支付系统行名的变更。2019年，对辖区农商行、农村信用社和村镇银行开展支付系统参与者分类评级。

第二节　非现金支付工具

□ 票据业务

1982年，人民银行推行“三票一卡”，为中国票据市场的开端。1997年，执行《票据管理实施办法》和《支付结算办法》，支付结算分为票据、信用证、汇兑、托收承付、委托收款等结算方式；票据分为银行汇票、商业汇票、本票和支票。其中，商业汇票按承兑人不同，又分为银行承兑汇票和商业承兑汇票。

2000年至2015年，朔州市票据承兑及贴现业务快速增长。截至2019年末，共办理出票580笔，金额22.8亿元；承兑674笔，金额29.1亿元；贴现1 398笔，金额23.2亿元；转贴现15 220笔，金额541亿元；再贴现14笔，金额2 400万元。近年来票据业务量见表3–17。

表 3–17　　2014—2019 年朔州市票据业务量统计表　　单位：万笔，亿元

机构	2014 年		2015 年		2016 年		2017 年		2018 年		2019 年	
	笔数	金额	笔数	金额	笔数	金额	笔数	金额	笔数	金额	笔数	金额
政策性银行	0.06	6.42	0.09	6.97	0.08	17.04	0.08	23.83	0.07	27.00	0.04	10.82
国有商业银行	10.05	395.09	10.40	327.28	7.65	319.26	6.00	277.73	4.74	261.35	3.88	238.81
股份制商业银行	0.39	61.03	0.34	44.34	0.21	39.20	0.25	38.68	0.23	26.44	0.13	40.91
城市商业银行	2.13	154.04	1.80	105.41	0.83	39.26	0.82	23.41	0.80	28.60	0.85	22.21
农村商业银行	0	0	0	0	1.19	39.73	1.08	9.42	0.93	9.21	1.01	16.44
农村信用社	12.37	219.15	5.77	236.78	3.74	206.58	3.09	132.23	2.46	112.02	1.51	69.77
村镇银行	0.37	19.95	0.35	17.29	0.39	17.44	0.51	20.22	0.63	19.08	0.60	18.33
邮政储蓄银行	0	0	0.28	11.30	0.27	6.63	0.32	10.89	0.29	8.06	0.27	10.16

○支票

1951年，人行朔县支行开办支票业务。1953年，推行新结算方式，对支票作了改进，分为专用支票和转账支票两种。1955年，对支票业务作出新规定，支票必须交付款单位开户银行办理结算，取消代收及票据交换的做法；专用支票改称现金支票，支票日期需中文大写，支票结算金额起点30元，支票有效期统一改为3天，交通不便的偏远地区可放宽至5天，可以用转账支票向开户银行保付，由银行在转账支票背面签注盖章退还付款单位使用，称保付支票。1962年，进一步

“明确当前非现金结算中几个核算办法”，规定，支票有效期为3天，不得延长。1974年，支票改为四联套写，既可由付款单位送开户银行办理结算，也可由收款单位送开户银行办理结算。1978年，对开立空头支票的单位，按支票面额处以1%的罚金。1987年，推行农副产品收购定额转账支票，各专业银行开办异地转账支票结算。

1990年，中行平朔支行发行代理BBC旅行支票业务。之后，随着银行卡的发行和使用，旅行支票业务逐渐减少，1992年末停办。1997年，朔州市支票业务增加普通支票和划线支票，支票记载事项的授权补记事项执行新规定。近年来支票业务量见表3-18。

表 3-18　2014—2019 年朔州市支票业务量统计表　单位：万笔，亿元

机构	2014 年		2015 年		2016 年		2017 年		2018 年		2019 年	
	笔数	金额	笔数	金额	笔数	金额	笔数	金额	笔数	金额	笔数	金额
政策性银行	0.06	6.42	0.09	6.97	0.08	17.04	0.08	23.83	0.07	27.00	0.04	10.82
国有商业银行	0.96	314.40	10.13	280.99	7.57	276.93	5.89	243.82	4.46	217.89	3.33	163.65
股份制商业银行	0.17	26.61	0.16	11.89	0.12	8.2	0.14	14.83	0.15	21.92	0.09	38.64
城市商业银行	0.65	45.89	0.60	24.90	0.73	27.47	0.70	21.19	0.77	24.92	0.84	19.95
农村商业银行	0	0	0	0	1.19	29.32	1.08	9.42	0.92	8.40	1.00	16.14
农村信用社	0.71	2 021.75	5.77	236.78	3.74	206.17	3.09	132.23	2.42	94.53	1.45	42.18
村镇银行	0.37	19.95	0.35	17.29	0.39	17.44	0.51	20.22	0.60	17.19	0.60	18.04
邮政储蓄银行	0	0	0.28	11.30	0.27	6.63	0.32	10.89	0.29	8.06	0.27	10.16

○汇票

1986年，朔县各专业银行正式开办票据承兑、贴现业务。1988年，取消银行签发汇票必须确定收款人和兑付行的限制，允许一次背书转让。

朔州建市后，1993年8月，开始实施《商业汇票办法》，银行承兑汇票用于国有企业、股份制企业、集体所有制工业企业、供销合作社以及三资企业之间根据购销合同进行的商品交易。每张汇票承兑金额最高不得超过500万元。商业汇票一律记名，允许背书转让。1997年，取消银行汇票背书转让的限制及银行汇票记载代理付款地、代理付款行和转汇的规定。同时，规范和推广使用商业汇票，扩大票据承兑、贴现和再贴现业务。1~11月，全市共办理再贴现业务6笔，累计金额880万元。2010年后，随着全市国有商业银行和股份制银行先后接入电子商业汇票系统，朔州市电子商业汇票业务得到发展。2014年11月末，共办理电子商业汇票业务承兑24笔、金额2 885万元，贴现10笔、金额15 200万元，转贴现7笔、金额18 000万元。2015年，针对年内累计签发银行承兑汇票业务5笔以上或累计签发金额在1 000万元以上的企业，市人行给予签约开办电子商业汇票业务的政策，对其他银行网点逐步开通电子商业汇票贴现、转贴现以及纸质商业汇票登记等功能。当年，全市共办理电子商业汇票承兑业务25笔、金额4 550万元，贴现18笔、金额2 880万元，再贴现298笔、金额6.53亿元。2017年，朔州市农商行，山阴农商行，怀仁、应县、右玉农村信用联社，山阴县太行村镇银行相继接入电子商业汇票系统，开办电子票据业务，全市电子商业汇票业务迅速发展。到2019年末，朔州市商业汇票承兑3 591笔，金额90.05亿元，银行汇票承兑5笔，金额1 224万元。近年来汇票业务量见表3-19。

表 3–19　　2014—2019 年朔州市汇票承兑业务量统计表

年份	机构	商业汇票承兑业务量		银行汇票承兑业务量	
		笔数 / 笔	金额 / 亿元	笔数 / 笔	金额 / 亿元
2014	国有商业银行	1 726	15.06	55	0.45
	股份制商业银行	2 595	38.48	0	0
	城市商业银行	887	3.98	0	0
	农村商业银行	0	0	0	0
	农村信用社	0	0	52 638	16.68
	合计	5 208	57.53	52 693	17.13
2015	国有商业银行	707	8.60	87	0.44
	股份制商业银行	1 579	27.97	0	0
	城市商业银行	1 281	17.79	22	3.76
	农村商业银行	0	0	0	0
	农村信用社	173	6.53	0	0
	合计	3 737	60.88	109	4.21
2016	国有商业银行	475	15.67	40	0.39
	股份制商业银行	911	22.64	1	0.03
	城市商业银行	764	15.28	0	0
	农村商业银行	80	4.79	0	0
	农村信用社	0	0	0	0
	合计	2 230	58.39	41	0.42
2017	国有商业银行	400	5.44	40	0.61
	股份制商业银行	756	22.43	1	0.002
	城市商业银行	1 444	7.53	0	0
	农村商业银行	33	0.27	0	0
	农村信用社	0	0	0	0
	合计	2 633	35.68	41	0.61
2018	国有商业银行	850	23.11	15	0.09
	股份制商业银行	1 002	44.31	0	0
	城市商业银行	458	9.57	0	0
	农村商业银行	6	0.04	0	0
	农村信用社	0	0	0	0
	合计	2 316	77.02	15	0.09
2019	国有商业银行	1 930	41.96	5	0.12
	股份制商业银行	931	37.42	0	0
	城市商业银行	678	10.50	0	0
	农村商业银行	0	0	0	0
	农村信用社	52	0.17	0	0
	合计	3 591	90.05	5	0.12

○本票

2010年，朔州市本票业务实现零突破。市工行、市农行、市中行和市建行相继开办本票业务。由于朔州本票业务量小，自2014年以来，未发生本票业务。

○同城票据交换

1986年6月1日，由朔县人行牵头，各专业银行参加，正式成立山西省第一家县级银行系统同城票据交换清算所，使同城支票结算提前一天，其他凭证结算当日即可收妥使用。当年，共提出票据48 741笔，金额41 600万元。1988年，朔县人行作为金融体制改革试点行，完善票据交换工作，制定《朔县同城票据交换管理办法》《关于加快支票管理的暂行规定》，明确：从原来每日交换1次改为每日交换2次，扩大覆盖面，缩短资金在途的占用时间。针对专业银行在人行往来账户中存款不足，出现票据交换不能及时清算的问题，提出将同业拆借和交换清算同时进行，即在交换的同时当场进行拆借。经专业银行联席会通过，给予交换员适当权利，在拆借资金50万元内，期限固定，利率固定，交换员当场清算，当场拆借，加速资金周转。当年，全县累计提出票据38 811笔，余额88 944万元，退票现象大幅减少，票据抵用率达99.9%，比原来提高2个百分点。

1989年，市人行进一步改革结算制度，加速资金流转，提高资金使用效益，提出提入票据86 465笔，结算金额达88 278万元。1994年，严格账户管理，整顿结算纪律，顶票、压票、无理拒付等违规现象得到遏制。到11月末，全市同城票据当日抵用率达到95%，异地汇划款项到账时间比以往缩短1~2天。1996年，同城票据清算实现微机操作。

2009年11月1日，朔州市取消同城票据交换业务。

□　银行卡业务

朔州的银行卡业务始于20世纪80年代末。1988年8月，平朔中行发行人民币长城万事达信用卡，是朔县首次发行银行卡，也是山西省第一张银行卡。1993年，国家开展金卡工程，大力推广普及银行卡，同时完善支付结算手段，辖内银行卡数量大幅增加。各银行发行的银行卡，在代理收付业务中，有代发工资、奖金、股息、代收水电费、电话费、煤气费、公路费、税款、保险费等。2001年，市人行牵头成立银行卡通用联网领导组。2003年，辖内金融机构实现银行卡联网互通，全部使用带有“银联”标识的银行卡，银行卡业务范围不断扩大。2019年末，朔州市各银行机构累计发行银行卡735.4万张，其中借记卡692.4万张，贷记卡43万张。

○长城卡

1988年8月20日，平朔中行发行人民币长城万事达信用卡。当年，朔州市共发行长城卡59张。1992年6月，平朔中行在平朔俱乐部举行“长城卡”金卡发卡仪式，发行金卡30张。1993年，朔州中行成立信用卡部，年底累计发行长城卡939张，存款余额812万元，全年交易额达3 589万元。2019年末，累计发行长城信用卡88 097张。

○牡丹卡

1985年10月，中国工商银行正式发行牡丹信用卡。1993年，市工行开办牡丹卡业务。同年，成立牡丹卡部，专门负责牡丹卡业务的发行管理。1995年4月，经上级行和监管部门批准，市工行牡丹卡业务部及储蓄专柜对外营业。2010年1月，全辖开始网上办理发行牡丹卡业务。9月，市工行在山西率先推出“牡丹公积金联名卡”，2016年停止发行。2019年末，全市累计发行牡丹信用卡19.19万张，累计发行牡丹借记卡82.59万张。

○金穗卡

1994年7月4日，市农行印发《关于开办金穗卡信用卡业务的通知》，金穗信用卡业务部开办金穗信用卡业务。1995年，市农行把金穗卡发卡量纳入全年经营目标责任制进行考核，通过完善网络服务，发展特约商户，增设受理网点等一系列措施，加快金穗卡发卡工作，当年，金穗卡存款余额达0.39亿元，净增0.34亿元。1997年，市农行信用卡累计发卡10 274张，净增2 194张，净增存款0.22亿元。2019年，新增4.71万张，累计发行10.3万张。

○龙卡

1993年10月，市建行成立信用卡业务部，开始发行龙卡信用卡。1996年5月，发行龙卡转账卡。1996年7月，下发《储蓄通兑及储蓄卡业务管理办法》，对龙卡借记卡相关业务进行明确。2009年10月，按照上级行要求，新发行的龙卡借记卡以发行62开头的银联标准卡为主。2015年1月，停止发行磁条卡，正式启用新版金融IC龙卡。2019年末，市建行累计在用龙卡64.03万张。

○公务卡

2005年，市中行率先发行公务卡。2009年，市人行与市财政局联合印发《朔州市市级预算单位公务卡应用推广实施方案》《朔州市市级预算单位公务卡管理暂行办法》，10月1日起，在市商务局、市审计局、市委市政府接待办公室、市建设局、市公安局实行公务卡制度试点。截至11月底，发卡量达2 340张。当年，市工行开始发行公务卡。2010年4月，市农行发行公务卡。2012年4月，市建行开始发行公务卡。从2012年开始，朔州市市级预算单位推行公务卡制度改革，公务卡发卡量和刷卡消费量快速增长。7月，市交行开始发行公务卡。2013年，市人行要求各银行切实贯彻落实人民银行发布的一系列银行卡安全管理政策，进一步改善银行卡受理环境，推广应用公务卡。2016年5月，晋城银行朔州分行开始发行公务卡。2018年1月，山阴农商行开始发行公务卡。2019年末，朔州市累计发放公务卡24 783张。

2014—2019年朔州市银行卡发卡量情况见表3-20。

表 3-20　　2014—2019 年朔州市银行卡发卡量统计表　　单位：张

年份	机构	银行卡	借记卡	信用卡
2014	国有商业银行	3 573 827	3 573 827	152 941
	股份制商业银行	34 531	34 531	9 099
	城市商业银行	48 009	48 009	0
	农村商业银行	0	0	0
	农村信用社	736 975	736 975	0
	村镇银行	14 042	14 042	0
	邮政储蓄银行	0	0	0
	合计	4 407 384	4 407 384	162 040

续表

年份	机构	银行卡	借记卡	信用卡
2015	国有商业银行	3 677 407	3 497 748	148 420
	股份制商业银行	58 128	47 335	10 793
	城市商业银行	98 100	98 100	0
	农村商业银行	0	0	0
	农村信用社	720 107	720 107	0
	村镇银行	35 616	35 616	0
	邮政储蓄银行	876 189	866 954	9 235
	合计	5 465 547	5 265 860	168 448
2016	国有商业银行	3 954 628	3 753 102	160 258
	股份制商业银行	82 087	69 689	12 398
	城市商业银行	118 526	118 526	0
	农村商业银行	121 972	121 972	0
	农村信用社	659 131	659 131	0
	村镇银行	65 348	65 348	0
	邮政储蓄银行	954 494	939 932	14 562
	合计	5 956 186	5 727 700	187 218
2017	国有商业银行	4 226 112	3 971 242	204 580
	股份制商业银行	104 036	87 412	16 624
	城市商业银行	142 227	142 227	0
	农村商业银行	113 376	113 376	0
	农村信用社	631 696	631 696	0
	村镇银行	72 372	72 372	0
	邮政储蓄银行	993 272	969 673	23 599
	合计	6 283 091	5 987 998	244 803
2018	国有商业银行	4 532 502	4 252 229	280 273
	股份制商业银行	132 340	109 625	22 715
	城市商业银行	174 087	167 812	6 275
	农村商业银行	113 384	112 344	1 040
	农村信用社	626 847	626 847	0
	村镇银行	79 855	79 855	0
	邮政储蓄银行	1 025 355	994 903	30 452
	合计	6 684 370	6 343 615	340 755
2019	国有商业银行	5 037 201	4 691 784	345 417
	股份制商业银行	164 905	133 634	31 271
	城市商业银行	204 867	184 768	20 099
	农村商业银行	305 403	304 333	1 070
	农村信用社	510 643	510 643	0
	村镇银行	90 964	90 964	0
	邮政储蓄银行	1 039 822	1 008 119	31 703
	合计	7 353 805	6 924 245	429 560

2014—2019年朔州市信用卡业务量见表3-21。

表 3-21　2014—2019 年朔州市信用卡业务量统计表　单位：万笔，亿元

机构	2014 年		2015 年		2016 年		2017 年		2018 年		2019 年	
	笔数	金额	笔数	金额	笔数	金额	笔数	金额	笔数	金额	笔数	金额
国有商业银行	1 253.47	793.31	3 487.57	2 316.77	6 022.49	3 095.36	9 790.14	3 339.40	12 069.03	4 045.79	1 348.66	4 163.93
股份制商业银行	42.30	137.97	131.03	171.51	141.46	162.78	269.77	182.20	464.89	292.97	401.90	296.48
城市商业银行	40.06	314 840.09	41.66	48.68	40.58	44.14	48.43	51.17	122.07	119.72	125.94	126.84
农村商业银行	0	0	0	0	69.03	49.06	68.03	52.03	81.12	68.79	119.81	167.53
农村信用社	203.29	51.17	457.42	413.25	320.21	242.45	278.27	301.08	296.72	381.43	194.02	244.52
村镇银行	5.82	1.69	57.19	35.10	134.36	65.94	151.53	665.04	94.33	87.71	64.69	78.30
邮政储蓄银行	0	0	314.97	168.67	352.58	191.98	338.27	184.92	1 810.16	260.23	1 981.43	285.01
合计	1 544.94	315 824.24	4 489.85	3 154.85	7 080.71	3 851.70	10 944.44	4 775.83	14 938.32	5 256.65	16 374.39	5 362.61

□　第三方支付业务

朔州市第三方支付业务主要包括银行卡收单业务、网络支付业务、移动支付业务。

○银行卡收单业务

2006年之前，朔州辖内的银行卡收单业务主要由银行机构开展。之后，银联商务、通联支付等朔州业务部成立，其他支付机构也相继在市人行备案开展银行卡收单业务。朔州辖内的收单业务市场逐步被第三方支付机构占领。2017年，朔州市银行机构办理银行卡收单业务1 933.00万笔、金额2 031.85亿元；第三方机构办理银行卡收单业务7 434.05万笔，金额6 301.02亿元。2019年末，在朔州辖内备案开展银行卡收单业务的第三方支付机构有29家，全年活动商户3.61万户，活动终端4.21万台，清算923.84万笔。2014—2019年朔州市银行卡收单业务量见表3-22。

表 3-22　2014—2019 年朔州市银行卡收单业务量统计表　单位：笔，亿元

机构	2014 年		2015 年		2016 年		2017 年		2018 年		2019 年	
	笔数	金额	笔数	金额	笔数	金额	笔数	金额	笔数	金额	笔数	金额
工商银行	235 201	6.57	294 293	7.03	421 274	7.86	501 674	13.36	449 174	15.38	279 672	10.47
农业银行	212 421	6.26	328 019	5.53	458 775	7.37	418 444	7.63	316 334	8.00	195 044	9.76
中国银行	64 713	3.30	65 741	2.88	59 062	2.28	58 802	1.76	58 256	1.99	47 850	2.76
建设银行	35 625	3.30	168 907	6.97	264 161	7.56	421 496	8.35	349 839	20.64	209 238	17.06
农信联社	113 902	6.79	121 639	5.66	171 547	5.19	225 389	6.47	279 904	7.18	150 618	2.82
邮储银行	18 033	0.47	20 518	3.10	20 233	1.88	23 782	0.57	17 513	0.19	2 571	0.005
交通银行	1 494	88.62	6 299	0.60	15 379	1.36	37 923	1.42	14 983	0.97	8 166	0.54
浦发银行	107	0.002	1 494	0.04	939	0.03	787	0.041	905	0.06	2 332	0.78
招商银行	22	0.000 01	346	0.000 5	833	0.001	439	0.000 7	59	0.000 09	1 409	0.12
华夏银行	—	—	—	—	4 544	0.16	10 874	0.34	7 873	0.27	4 149	0.16
晋城银行	1 452	0.048	3 104	0.09	3 475	0.09	2 770	0.07	2 366	0.06	1 061	0.012
大同银行	—	—	—	—	—	—	—	—	70 101	0.03	202 838	0.58

续表

机构	2014年		2015年		2016年		2017年		2018年		2019年	
	笔数	金额	笔数	金额	笔数	金额	笔数	金额	笔数	金额	笔数	金额
银商公司	1 365 626	49.77	2 192 675	45.91	2 596 891	45.55	2 640 979	42.46	2 020 692	47.70	1 446 849	47.15
通联支付	310 554	11.79	554 234	17.65	429 141	15.00	365 053	11.64	247 693	9.72	176 974	10.47
拉卡拉	7 558	0.18	76 475	1.40	226 141	6.73	775 906	17.68	1 243 442	40.34	2 219 787	70.78
银盛支付	40	0.000 7	40 454	0.49	331 524	9.40	206 684	10.03	218 924	11.70	319 742	17.76
银视通	—	—	—	—	1 838	0.21	—	—	—	—	—	—
易生支付	—	—	—	—	—	—	19 344	0.86	102 936	5.65	144 628	7.45
现代金控	335	0.04	579	0.04	9 614	0.28	7 524	0.29	14 531	0.51	154 543	5.35
卡友信息	—	—	—	—	—	—	32 376	1.03	212 019	5.86	46 711	1.41
合利宝	—	—	—	—	—	—	—	—	—	—	1 253	0.03
汇付数据	626	0.005	1 186	0.008	6 330	0.41	53 570	3.28	164 004	9.23	285 910	13.13
钱袋宝	647	0.02	—	—	—	—	—	—	—	—	2 971	0.01
腾付通	24 822	0.95	—	—	—	—	—	—	—	—	—	—
华势信息	—	—	380	0.01	12 028	0.27	20 121	0.53	1 762	0.14	4 651	0.35
上海德颐	—	—	—	—	654	0.03	59 824	3.11	—	—	—	—
海科融通	234	0.003	26 129	0.95	116 727	5.88	590 862	32.24	871 582	67.71	849 509	40.31
易宝支付	1 374	0.10	2 238	0.15	37 906	1.45	—	—	—	—	11	0.0 004
中汇支付	2 634	0.18	66 285	2.51	40 212	1.81	63 959	2.84	21 933	1.27	6 899	0.39
乐刷科技	—	—	722	0.03	2 314	0.06	35 627	1.25	71 706	2.89	68 951	3.48
畅捷通	—	—	—	—	995	0.04	8 107	0.23	10 124	0.36	46 917	1.46
嘉联支付	—	—	2 030	0.02	15 794	0.38	46 645	2.04	123 334	5.69	200 737	9.62
联动优势	—	—	2 758	0.10	10 110	0.19	5 467	0.08	4 914	0.10	14 584	0.63
点佰趣	—	—	—	—	—	—	95 332	4.79	181 306	8.45	133 676	6.32
中付支付	—	—	—	—	—	—	14 568	0.55	59 443	2.71	44 651	2.15
乐富支付	3 068	0.08	15 054	0.69	62 043	2.62	39 457	1.77	—	—	—	—
盛付通	3 554	0.02	5 647	0.03	3 966	0.02	9 171	0.09	5 789	0.13	2 488	0.13
国通星驿	—	—	37 068	1.32	197 030	6.27	176 935	4.42	355 506	19.98	304 264	13.61
瑞银信	—	—	6 616	0.31	113 582	6.20	225 515	8.95	261 791	11.71	697 039	40.54
异地机构	—	—	—	—	45	0.002 4	55	0.002	968 884	15.04	3705 635	53.92
付临门	—	—	—	—	—	—	8 709	0.31	25 891	0.99	138 930	5.46
易通支付	—	—	—	—	—	—	—	—	267	0.017	1 160	0.06
富友支付	212	0.001	216	0.000 5	93	0.000 3	1 041	0.04	1 393	0.15	486	0.007
快钱支付	12 886	0.45	41 153	1.43	24 215	0.78	15 405	0.23	5 262	0.10	54 828	1.35
钱袋网	—	—	1 781	0.065	4 139	0.26	20 889	0.09	14 832	0.06	4 137	0.02
杉德电商	—	—	18	0.001 1	1 005	0.001	2 281	0.03	10 400	0.41	10 315	0.47
开店宝	—	—	—	—	—	—	—	—	—	—	138 882	6.83

○网络支付业务

2007年，朔州市开始出现网络支付业务，主要是客户在淘宝网购物进行网络支付。随着京东、当当网、唯品会等电商平台的崛起，双11等电商活动节的流行，朔州市网络支付业务发展迅速。各银行机构网上银行、手机银行水、电、燃气等公共缴费网络支付业务量也不断增多。

〇移动支付

朔州辖内移动支付主要有微信支付、支付宝支付、银联二维码支付和聚合支付。2014年，朔州市各商场、超市、便利店先后出现微信支付静态二维码。2018年4月1日起，支付宝、微信静态二维码支付，每天限额500元。同年6月30日起，包括微信、支付宝在内的第三方支付机构全部接入网联清算平台，原本的直连模式终止。7月1日，第三方支付机构被切断各自的清算账户，此后需要经过网联或者银联才能连接到银行。

◎微信支付

以绑定银行卡的快捷支付为基础，用户可以通过手机完成快速的支付流程。朔州市辖区微信支付主要是3种支付模式：超市、商场主要是付款码支付，消费者展示微信钱包内的“付款码”给超市、商场，系统扫描后直接完成支付；便利店、出租车、餐饮店、医院、学校、旅游景区等贴有微信静态二维码的扫码支付是JSAPI支付；居民购买“吃玩在朔州”小程序中商家的产品或服务则使用小程序支付。

◎支付宝支付

2015年，支付宝在朔州市各商场、超市、便利店布放支付宝静态二维码。朔州市辖内最常用的付款方式是付款码支付、扫码支付和刷脸支付。付款码支付是用户打开自己的付款码出示给收银员，扫码枪扫一下完成付款。扫码支付是用户打开支付宝，扫商家的收款码，输入金额完成支付。刷脸支付是用户开通刷脸支付功能后，支付时只需要面对刷脸支付POS机屏幕上的摄像头，刷脸支付系统会自动将面部信息关联到支付宝账户快速完成付款。2019年，支付宝在朔州市部分便利店布放支付宝刷脸支付POS机。

◎银联二维码支付

2017年，中国银联“云闪付”APP开始在朔州推广。2018年，朔州市市区190台和县区157台公交车（免费公交除外，其中山阴县城乡公交60台，应县54台，怀仁3台，右玉县40台）全部实现银行IC卡挥卡支付和云闪付APP被扫支付。同时，部分药店、商场、超市、便利店、餐饮店实现银联二维码付款和非接支付。2018年末，朔州市“云闪付”APP绑卡用户达35 677户。

2019年，市人行组织全市银行机构开展“乘车首选云闪付”营销宣传活动，运用微信、微博、广播、公交车语音播报、网点悬挂式广告屏进行联动式广告宣传。其间，朔州中心城区单终端周交易量稳步上升，单台每周达109笔，多次位列全省第一。同年，实现“云闪付”在医疗、党费缴纳、餐饮等场景拓展。年末，全辖建成菜场9个、高校2所、企业园区4个、出租车717台、县区商圈8个、惠农站101个、农产品收购商户4个等支付场景，全部实现手机闪付和银联二维码支付。“云闪付”APP新增首绑卡114 653张，移动支付交易笔数282.78万笔，交易金额2.89亿元；移动支付月均活跃商户275户，移动支付月均活卡2.91万张，手机闪付月均活卡0.15万张。

◎聚合支付

2016年，朔州市出现聚合支付二维码，为拉卡拉朔州业务部布放的“拉卡拉收款宝”（聚合支付二维码）。2017年，银联商务布放“银联商务i码付”，通联支付布放“通联收银宝”。2018

年，各机构相继推广聚合支付二维码，如朔州农商行布放“晋享e付”、市中行布放“中银智慧付”等，用户在商场、超市和便利店可以通过微信、支付宝、“云闪付”和手机银行APP扫一扫聚合支付二维码实现快捷付款。

2016—2019年朔州市电子支付业务情况见表3-23。

表 3-23 **2016—2019 年朔州市电子支付业务统计表** 单位：万笔，亿元

年份	机构	网上支付		电话支付		移动支付		其他电子支付		合计	
		笔数	金额	笔数	金额	笔数	金额	笔数	金额	笔数	金额
2016	政策性银行	0	0	0	0	0	0	0	0	0	0
	国有商业银行	1 873.11	3 020.01	0.27	0.03	0.08	328.99	0	0	2 720.55	3 349.02
	股份制商业银行	27.68	131.04	0.003	0.01	0.004	71.28	0.004	0.006	72.27	202.34
	城市商业银行	1.33	16.92	0	0	0.000 6	6.67	27.76	3.32	35.54	26.91
	农村商业银行	1.44	18.60	0	0	0	0	0	0	1.44	18.60
	农村信用社	12.28	133.88	0	0	0	0	0	0	12.28	133.88
	村镇银行	0	0	0	0	0	0	0	0	0	0
	邮政储蓄银行	10.58	16.46	2.88	0.41	0.02	23.87	4.52	64.48	40.37	105.21
	合 计	1 926.41	3 336.90	3.16	0.45	0.09	430.81	32.29	67.80	2 882.45	3 835.96
2017	政策性银行	0	0	0	0	0	0	0	0	0	0
	国有商业银行	2 058.03	4 290.56	0.22	0.01	0.39	929.39	0	0	6 006.77	5 219.96
	股份制商业银行	39.89	219.69	5	0.000 9	67.71	122.09	0.09	0.71	107.67	342.49
	城市商业银行	1.37	11.13	0.007	0.000 5	6.91	6.07	56.77	12.80	65.07	30.00
	农村商业银行	2.69	19.77	0	0	0	0	0	0	2.69	19.77
	农村信用社	17.15	125.66	0	0	0	0	0	0	17.15	125.66
	村镇银行	0	0	0	0	0	0	0	0	0	0
	邮政储蓄银行	7.44	12.95	1.13	0.14	30.22	29.78	2.47	1.62	41.25	44.49
	合 计	2 126.59	4 679.76	1.35	0.15	4 053.35	1 087.33	59.33	15.13	6 240.62	5 782.36
2018	政策性银行	0	0	0	0	0	0	0	0	0	0
	国有商业银行	2 893.36	4 701.39	0.21	0.09	5 071.55	2 016.79	45.64	0.86	8 010.76	6 719.13
	股份制商业银行	250.76	222.13	0.000 5	0.05	94.48	123.75	0	0	3 452 436	345.92
	城市商业银行	179.98	3 598.07	0.005	0.000 6	10.09	23.21	76.70	23.72	266.77	3 644.99
	农村商业银行	0.37	7.49	0	0	3.27	5.61	0	0	3.65	13.10
	农村信用社	3.32	36.15	0	0	10.74	15.76	0	0	14.07	51.91
	村镇银行	1.38	22.38	0	0	0	0	0	0	1.38	22.38
	邮政储蓄银行	429.35	46.48	0.29	0.04	47.60	53.64	1 087.76	37.90	1 565.00	138.06
	合 计	3 758.53	8 634.09	0.50	0.17	5 237.73	2 238.76	1 210.10	62.48	10 206.86	10 935.49
2019	政策性银行	0.68	14.55	0	0	0	0	0	0.02	0.13	14.57
	国有商业银行	3 699.44	5 394.87	0.07	0.07	0.001	6 117.72	2 300.24	38.91	0.30	11 551.56
	股份制商业银行	268.37	327.07	0.000 5	0.000 5	0.37	57.07	146.54	0	0	384.14
	城市商业银行	47.21	82.37	0.004	0.004	0.000 6	11.01	38.14	131.08	28.78	224.46
	农村商业银行	2.75	22.08	0	0	0	11.88	17.93	0	0	33.95
	农村信用社	1.89	24.80	0	0	0	12.37	22.09	0	0	37.17
	村镇银行	2.29	43.65	0	0	0	0	0	0	0	43.65
	邮政储蓄银行	1 525.11	117.64	0.09	0.09	0.02	0	58.77	1.03	0.92	118.76
	合 计	5 547.06	6 012.46	0.16	0.16	0.39	6 210.04	2 583.72	171.02	30.00	12 393.69

第三节　人民币结算账户管理

□　单位银行账户管理

20世纪80年代之前，朔县单位银行账户开立仅限于行政事业单位和国有、集体企业，账户使用比较单一。1980年后，企业规模逐步壮大，商品交易行为增多，账户使用逐渐频繁。1984年，朔县打破开户的城乡分割界限，规定只要城乡个体户、联营户取得工商营业执照即可自由选择到工行或农行开户。1982—1988年，单位银行账户除了业务往来资金收付及工资、奖金和现金的支取外，还可以购买国债。

市人行成立初，针对全市账户管理混乱的局面，全面开展账户治理整顿工作。1989年，进行账户清理和撤并，制定《关于单位在金融机构开户管理的暂行规定》，明确规定："一个单位只能在一家金融机构开设一个基本账户""单位开户，首先要到人民银行领取开户通知书，持开户通知书到指定的金融机构办理开户"。当年，签发开户（或保留）开户通知书522份，占应审查单位的16%；清理多头开户单位25个，占应清理的9.3%；清理多头账户42个，占应清理的7.1%。其中，存款账户27个，存款37万元；贷款账户15个，贷款347万元。1990年6月，对全市账户开立情况进行全面检查，重新签发开设（保留）账户通知书1 307份，清理多头开户单位109个，占应清理的96%，清理存款4 694万元，占应清理的95%，清理多头贷款8 496万元，占应清理的68%。1992年，通过清理，全市保留合法账户3 610个，撤销"睡眠户"55户，清理多头账户305个，基本上扭转账户管理混乱局面。同时，适应商业实施开放政策和国营集体企业租赁承包的改革，为企业开户结算提供方便，当年，全市共为企业办理开户许可证4 060个，其中辅助账户450个。1994年，朔州市实行开户许可证制度。市人行严格账户管理，整顿结算纪律，清理企业多头户543个，清理"睡眠户"1 920个。

2005年6月，朔州市正式上线运行单位银行结算账户管理系统，企业多头开户得到进一步遏制。2006年，市人行开发账户档案图文管理信息系统，主要功能有账户资料图文信息关联存储功能、账户资料多途径收集和审核功能、开户资料有效期提示功能和账户信息综合检索查询功能。2007年4月，账户管理系统（二期）升级运行。为贯彻落实账户实名制，2009年，市人行开展全市存量单位银行结算账户相关个人公民身份信息真实性核实工作和银行结算账户年检工作，共年检各类账户12 030户，设置久悬882户，年检率达80%。2013年，执行账户专管员制度，实行持证上岗，对3家银行机构的25人颁发账户专管员证书。之后，每年对金融机构业务人员开展账户管理业务考试。到2016年末，朔州市各类单位人民币银行结算账户存量达到42 289户，全年共开立账户7 883户、变更账户2 442户，撤销账户3 256户。2018年，商业银行单位银行结算账户开立全部实现4天内开户。市工行、市中行、市建行3家试点银行机构建立客户投诉处理机制。各银行机构通过微信公众号、手机APP、门户网站等平台开通开户预约等服务。

2019年5月，市人行制定《朔州市企业银行结算账户业务应急预案》《朔州市企业银行结算账户业务监督管理方案》，对辖内银行机构账户管理工作制度修订、业务培训、系统改造、应急准备及对外宣传工作开展情况进行现场督导和验收，组织290个银行网点开展取消企业账户许可业务压力测试。20日，朔州市正式取消企业银行账户行政许可。年末，朔州市存量单位结算账户58 258户（见表3-24）。

表 3-24　　2018—2019 年朔州市单位银行结算账户数量统计表　　单位：户

年份	机构	基本存款账户	一般存款账户	专用存款账户	临时存款账户	合计
2018	农业发展银行	189	123	191	8	512
	工商银行	7 112	1 256	682	64	9 114
	农业银行	7 301	857	551	71	8 780
	中国银行	5 795	1 302	436	50	7 583
	建设银行	4 711	1 272	534	83	6 600
	交通银行	645	389	59	17	1 110
	华夏银行	147	115	3	0	265
	招商银行	687	363	7	1	1 058
	上海浦东发展银行	428	321	28	10	787
	城市商业银行	2 238	1 039	97	21	3 395
	村镇银行	988	618	81	29	1 716
	农村信用联社	8 381	1 379	808	77	10 645
	邮政储蓄	370	196	50	13	629
	合计	38 993	9 230	3 527	444	52 194
2019	农业发展银行	193	139	179	6	517
	工商银行	7 883	1 211	719	58	9 871
	农业银行	7 923	1 166	548	62	9 699
	中国银行	6 817	1 461	448	38	8 764
	建设银行	4 980	1 302	535	55	6 872
	交通银行	876	426	59	17	1 378
	华夏银行	195	110	5	0	310
	招商银行	783	333	8	4	1 128
	上海浦东发展银行	624	389	31	9	1 053
	城市商业银行	2 714	1 083	115	29	3 941
	村镇银行	1 382	699	104	36	2 221
	农村信用联社	9 289	1 610	882	83	11 864
	邮政储蓄	355	220	54	11	640
	合计	44 014	10 149	3 687	408	58 258

□　个人银行结算账户

个人银行结算账户类型主要有支票、存折、借记卡和信用卡。为严格落实个人银行结算账户实名制，2009年，市人行组织银行机构开展公民身份信息联网核查工作，年内受理“联网核查公民身份信息工作社会公众投诉登记表”26份，为58人次联网核查信息不一致的情形进行上报变更。之后，每年开展公民身份信息联网核查工作。2016年12月，辖内国有银行、股份制银行及山阴太行村镇银行实现线上和柜面开立Ⅱ、Ⅲ类户。2017年3月，朔城区蒙银村镇银行实现线上和柜面开立Ⅱ、Ⅲ类户，12月，右玉县长青村镇银行实现线上和柜面开立Ⅱ、Ⅲ类户。2018年3月，应县金都村镇银行实现线上和柜面开立Ⅱ、Ⅲ类户。4月，怀仁县慧融村镇银行实现线上和柜面开立Ⅱ、Ⅲ类户。年末，辖内农村商业银行、信用社全部实现线上和柜面开立Ⅱ、Ⅲ类户。

2019年末，朔州市存量个人银行结算账户达955.4万户（见表3-25）。

表 3-25　　2018—2019 年朔州市个人银行结算账户数量统计表　　单位：户

年份	行别	支票	借记卡	信用卡			其他	合计
				贷记卡	准贷记卡	小计		
2018	工商银行	0	893 185	203 837	7 420	211 257	1 107 650	2 212 092
	农业银行	7	1 114 789	46 228	67	46 295	415 144	1 576 235
	中国银行	0	2 222 375	0	0	0	1 361 817	3 584 192
	建设银行	0	567 532	0	0	0	89 786	657 318
	交通银行	0	81 756	40 994	0	40 994	248	122 998
	华夏银行	0	5 140	0	0	0	2 415	7 555
	招商银行	0	19 122	0	0	0	37 249	56 371
	浦发银行	0	31 096	52 367	0	52 657	888	84 641
	城市商业银行	19	161 800	0	0	0	858	162 677
	村镇银行	119	62 501	3	0	3	12 480	75 103
	农村信用联社	333	2	15	0	15	4 249	4 599
	邮政储蓄	1	0	0	0	0	322 005	322 006
	合计	479	5 159 298	343 734	7 487	351 221	3 354 789	8 865 787
2019	工商银行	0	979 697	232 054	7 760	239 814	1 213 986	2 433 497
	农业银行	8	1 181 537	90 451	57	90 508	409 350	1 681 403
	中国银行	0	2 373 552	0	0	0	1 356 905	3 730 457
	建设银行	0	628 783	0	0	0	88 264	717 047
	交通银行	0	92 523	47 463	0	47 463	245	140 231
	华夏银行	0	5 105	0	0	0	3 817	8 922
	招商银行	0	31 504	0	0	0	38 226	69 730
	浦发银行	0	39 966	64 022	0	64 022	864	104 852
	城市商业银行	21	176 351	0	0	0	853	177 225
	村镇银行	139	74 754	3	0	3	12 828	87 724
	农村信用联社	368	55 592	48	0	48	5 641	61 649
	邮政储蓄	1	16 428	0	0	0	324 831	341 260
	合计	537	5 655 792	434 041	7 817	441 858	3 455 810	9 553 997

□　防电信诈骗

2013年，市人行组织全市银行机构开展打击买卖银行卡宣传活动。2015年，由市人行牵头，市公安局、市工商局、市互联网信息办、市银监局成立整治支付结算重大违法犯罪行动联合整治办公室，开展治理网上非法买卖银行卡专项行动及集中宣传月活动。2016年，朔州市银行机构开展主题为“加强信息保护和支付安全　防范电信网络欺诈”宣传活动及存量个人账户清理核实工作。年末，核实个人银行结算账户开户合理性账户数量23.3万户，撤销账户数量18.5万户，降低账户类别账户数量676户；同一电话号码对应多人账户核实数量40.9万户，撤销银行账户数量18.7万户，暂停非柜面业务银行账户数量17户，变更为本人电话号码或核实继续保留原电话号码的账户数量2.5万户。2017年，辖区4家村镇银行接入电信诈骗信息管理平台。

2019年，朔州市辖内5家村镇银行制定《××村镇银行防范和打击电信诈骗工作实施办法》，建立打击电信诈骗专门联络员机制及大堂、保安和柜员安全告知提醒制度。全年村镇银行拒绝异常开户9户，暂停开户之日起6个月无交易记录的账户数628户。

第四节　联行往来

□　手工联行

1950年，朔县联行系统沿用旧时做法，以对方行立户，双方直接往来，直接对账。资金存欠实行集中清算制，清算多以直接运现办法进行。1953年，取消辖区汇差出入库制度及联行计息制度，同时将收汇或付汇作为业务资金列入综合信贷计划进行考核。1955年，取消按对方行立户做法，改为只设往户、来户2个账户，实行“双方直接寄发报单，省分行制发对账单，县支行勾对”的方法。1960年，增加报单联数，由三联式改为四联式，原规定发报行抄寄省分行一联增为二联，由省分行将其中的一联代替“对账表”寄收报行核对。1969年，朔县联行往来不再抄寄上级行，仅由甲、乙行直接寄发报单，并直接对账。

20世纪80年代初，全国实行大一统的联行制度，朔县开始实行在人行与农行、建行之间实行“归口清算，加强考核，存款资金互计利息”的办法。1985年1月1日，全国联行核算系统开始全面分开，各专业银行对本行系统内的汇划款项直接通汇，跨系统的汇划款项办理转汇或转划。同年4月起，朔县辖区各专业银行实行“自成联行体系，跨行直接通汇，相互发报移卡，及时清算资金”的联行体系。1987年4月1日，又将跨行直接通汇、相互发报移卡改为跨行汇划款项、相互转汇，即对跨系统票据先通过同城清算，后办理系统联行。以解决“先横后直”清算方式中出现的银行之间顶票、压票行为。1993年9月，针对专业银行联行占用汇差资金过大及信贷资金管理难以控制等问题，实施专业银行系统内10万元以上（含10万元）汇划款项通过人行办理转汇。

□　电子联行

1989年，人民银行开始着手建设通讯专用网，同时开发全国电子联行往来系统。1990年，按照改革后的联行清算制度，朔州辖区10万元以上的汇款，不论系统内外，一律交由市人行转汇，标志着朔州辖区支付系统由单纯依靠手工操作的手工联行系统向电子联行系统迈进。1993年1月，市人行在办公大楼顶设置1个卫星地面基站参加“全国电子联行系统”。1994年5月，朔州各县电子联行正式运行。1996年10月，朔州市国有商业银行先后开通省内和全国电子联行系统。1997年，通过“电子联行业务到县”方式实现朔州全辖参加全国异地跨行资金结算。年末，朔州市各区县先后设立完成电子联行。2001年，朔州市完成电子联行“天地对接”，实现跨系统异地资金实时清算，资金周转速度加快。2002年，市人行增加商业银行电子联行行号，完成全国电子联行密钥的更换工作，安装全国电子联行行名行号查询系统，实现资金异地汇划当天业务当天到账。

第五节 支付系统

2005年4月11日，朔州市会计集中核算系统（ABS）、国库核算系统（TBS）接入大额支付系统，电子联行系统正式退出朔州金融历史舞台。2006年5月29日，小额支付系统上线。会计集中核算系统（ABS）、国库核算系统（TBS）接入小额支付系统并成功上线运行。此后，全国支票影像交换系统、境内外币支付系统、电子商业汇票系统、网上支付跨行清算系统等相继在朔州辖内上线。2008年11月，朔州辖内信用联社33家机构以直连方式成功接入大、小额支付系统（后信用社全部切换成间连方式）。大额支付系统首日运行来账18笔、往账24笔；小额支付系统首日发起3包21笔业务。2013年10月8日，一、二代支付系统成功切换，第二代支付系统包括大额支付系统、小额支付系统、电子商业汇票系统、网上银行跨行清算系统、人民币跨境支付清算系统。

□ 大额实时支付系统（HVPS）

2005年4月11日，市人行TBS、ABS接入大额支付系统，资金使用效率提高，跨行异地汇划时间缩短，实现资金汇划实时到账。

□ 小额批量支付系统（BEPS）

2006年5月29日，会计集中核算系统（ABS）、国库核算系统（TBS）、小额批量支付系统在朔州辖内开通。2007年11月19日，市人行开办小额批量支付系统跨行通存通兑业务。2010年5月4日起，朔州辖区小额批量支付系统普通贷记和定期贷记业务金额上限由2万元提高到5万元。

2005—2019年朔州市大、小额支付系统业务量情况见表3-26。

表 3-26　　2005—2019 年朔州市大、小额支付系统业务量统计表　　单位：万笔，亿元

年份	大额支付系统				小额支付系统			
	发起		接受		发起		接受	
	笔数	金额	笔数	金额	笔数	金额	笔数	金额
2005	2.66	178.52	1.95	283.804	0	0	0	0
2006	4.47	525.51	3.41	644.64	17	0.85	15	0.46
2007	8.09	752.91	7.35	971.53	1.49	135.83	1.48	76.02
2008	14.31	127.87	14.11	1 580.62	3.25	7.02	3.82	3.65
2009	14.98	1 501.65	14.59	1 798.24	3.80	3.76	5.35	4.14
2010	17.26	2 175.16	16.92	2 532.95	8.90	12.60	11.33	14.94
2011	19.20	3 060.11	20.55	3 494.78	13.44	22.09	17.41	26.10
2012	22.99	3 595.87	25.60	4 243.92	17.23	26.70	27.13	33.53
2013	26.47	3 700.44	31.57	4 511.03	24.39	32.42	41.53	45.67
2014	26.49	2 923.44	33.07	3 878.65	36.07	45.51	59.18	64.34
2015	28.41	2 993.06	33.29	3 718.18	51.92	66.19	81.66	82.37
2016	33.55	3 558.77	36.03	3 755.23	72.93	85.13	124.60	113.53
2017	41.77	4 424.09	45.14	4 752.84	99.50	112.76	213.71	136.63
2018	51.84	4 389.26	56.05	4 930.04	88.89	138.01	133.79	157.92
2019	57.73	4 920.68	60.18	5 408.43	116.25	232.45	144.62	269.33

□　网上支付跨行清算系统（IBPS）

网上支付跨行清算系统主要支持网上跨行零售支付业务的处理。2011年1月23日，朔州辖区正式上线运行网上支付跨行清算系统。之后，朔州市国有商业银行、股份制银行和信用社先后接入网上支付跨行清算系统。

○手机号码支付业务

“手机号码支付”是为支持移动支付业务发展，依托网上支付跨行清算系统开展的一项新业务，用户开通“手机号码支付”业务需要通过开户银行将手机号码与常用银行账号进行绑定注册，实现在不输入账号的情况下，通过输入手机号码自动关联银行账号完成跨行支付转账。

2019年4月，手机号码支付业务上线。市工行、中行、建行、华夏银行、招商银行、晋商银行、晋城银行客户端入口开放，开办“手机号码支付”业务。

□　全国支票影像交换系统（CIS）

2007年6月，全国支票影像交换系统上线运行，突破同城限制，实现支票全国通用。2007年6月25日，朔州辖区上线运行支票影像交换系统。同年9月，全国支票影像交换系统并入小额支付系统。

□　电子商业汇票系统（ECDS）

2010年6月，人民银行电子商业汇票系统全国正式上线运行，电子商业汇票诞生。朔州市国有商业银行和股份制银行先后接入电子商业汇票系统。2013年，市人行推广电子商业汇票应用。全年全市共办理电子商业汇票承兑业务15笔、金额0.15亿元，贴现1笔、金额0.88亿元。2015年12月，电子商业汇票系统在市人行成功上线运行。12月15日，市人行成功办理电票系统首笔业务，该笔业务为市中行申请发起的再贴现业务。全年共办理电子商业汇票承兑业务25笔、金额4 550万元，贴现18笔、金额2 880万元，再贴现298笔、金额6.53亿元。2017年，辖内农商行、信用社及山阴县太行村镇银行接入电子商业汇票系统，开办电子票据业务。

□　人民币跨境支付清算系统

2014年，市人行通过“点对点”宣传、“面对面”交流和重点企业“上门服务”的方式，推动朔州市跨境人民币结算业务开展，当年，全市累计办理人民币跨境结算业务15.60亿元，其中资本金汇入占22.44%，国外借款占43.21%，帮助企业规避风险的同时，累计为企业降低结售汇成本6 000多万元。2015年10月，人民币跨境支付清算系统（一期）上线运行，朔州市国有银行相继接入。2018年5月，人民币跨境支付清算系统（二期）上线运行。

□　支付管理信息系统（PIMS）

支付管理信息系统集中管理支付系统的基础数据，负责行名、行号、应用软件的下载，提供支付业务的查询、查复和计费，以及统计监测等服务。2013年，市人行上线运行支付管理信息系统。

□ 会计核算系统

市人行会计核算系统经历从单机版核算到集中核算的转变。

○中央银行单机版会计核算系统

1991年11月，中央银行会计核算系统（单机版）正式运行，核算模式从手工核算阶段转入计算机单机核算阶段。辖区每个支行均为独立核算单位，异地业务通过联行处理。

○四集中会计核算系统

2002年9月，上线运行会计核算和管理四集中系统，实现会计核算集中、联行清算集中、会计事后监督集中和会计档案管理集中。在会计核算四集中方式下，所辖县支行不再作为一级会计核算主体，其会计业务是中心支行业务的组成部分。会计凭证为单式凭证，记账采用一记双讫方式。异地业务通过中心支行手工联行、电子联行办理。

○中央银行会计集中核算系统（ABS）

2005年2月19日，上线运行中央银行会计集中核算系统。4月11日，中央银行会计集中核算系统（ABS系统）接入大额支付系统。中央银行会计核算系统（单机版）停止运行，机器封存备用。2008年1月1日，完成中央银行会计集中核算系统（ABS系统）新旧会计科目结转工作。7月18日，市人行完成全辖县支行会计核算业务上收工作。全市共撤销各类账户218户，新开立账户53户。

○中央银行会计数据集中核算系统（ACS）

2013年11月4日，市人行成功运行中央银行会计集中核算系统。实现业务分散受理、账务集中处理、数据集中储存的运行模式。2017年7月，市人行作为试点地区开办联网取现业务，取消原来的现金支票。

ACS除了核心业务系统，还提供各项子系统。截至2019年末，市人行已安装会计数据档案管理子系统、综合前置子系统和会计数据信息管理子系统，各系统通过网络进行数据、报文信息交换，实现业务办理、档案管理等各项重要功能。朔州辖区ACS网点服务23家金融机构开设596个账户，日均处理业务金额约4 000万元。

第六节　农村支付环境建设

□ 制度机制

2009年，市人行制定《朔州市改善农村支付结算环境实施方案》，对改善农村地区支付结算环境的总体要求、工作目标、实施步骤、组织领导机构等提出明确要求。6月，市农村信用社各网点全面完成人民币银行结算账户、公民身份信息联网核查系统推广运用工作。2010年，市人行制订朔州市改善农村支付服务环境“一县一策”工作方案，辖内各银行业金融机构选取农民和农村地区适销的一种支付服务产品，如电话POS，电话银行，ATM布放，网银业务等实现“对接服务”，推进银农双赢。2011年，推进农村地区支付服务建设“城乡一体化”，推广非现金支付工具和改善银行卡受理环境。年内，全市乡村金融机构营业网点共接入75个。2018年，市人行、市商务局联合转发《中国人民银行太原中心支行山西省商务厅关于推进农村地区支付业务应用促进农村电子商务发展的实施意见》，推动电子商务在农村健康发展。

□ 农村特色银行卡服务

○农民工银行卡

农民工卡是一款方便农民工“打工地存钱，家门口取钱”的专项助农取款银行卡，通过农信社柜台或邮储银行发起跨行取款交易信息，经中国银联跨行转接平台，实现农民工取款。2007年，朔州市开始组织开展农民工银行卡特色服务。2010年，农信社和邮储银行的188个网点全部开通农民工银行卡特色服务。2012年，农民工银行卡特色服务共发生取款查询9 128笔、取款19 645笔；成功取款18 032笔、成交金额901万元，取款成功率95.2%。之后，随着普惠金融的持续推进，支付手段逐渐多样化，农民工银行卡特色服务仅作为一种普通的异地跨行结算服务，不再继续统计。

○惠农卡

2011年，中国人民银行联合中国农业银行大力推广惠农卡。朔州市按照农业主导产业链发卡，市农行、8家涉农企业和千家农户取得合作协议，通过惠农卡向有意向的农户发放涉农贷款。当年，惠农卡发卡量257 360张，激活252 341张，激活率98.05%，给予授信人532户，金额615万元，发放贷款498户，金额1 096万元，惠农卡存款2 371万元。2019年末，朔州市惠农卡存量417 612张。

○信合通福农卡

2012年，朔州市农信社发行信合通福农卡，全年共发放信合通福农卡24 748张。2019年，朔州市信合通福农卡存量319 196张。

○社保卡

2015年，人社部门委托中国银行在朔州农村地区开始发放社保联名银行卡。2016年，人社部将朔州市确定为社保卡综合应用示范基地，辖内六县区均被山西省人社厅确定为社保卡综合应用试点示范县。同年12月，市中行与市人社局签订城乡居民养老保险社会化征缴合作协议。2017年，朔州市社保卡发卡量达131.6万张，其中农村人口持卡量85万张，占比65.1%。2018年，市人行协调市中行与市人社局共同制定《朔州市社保卡“巩固提升、拓展应用”常态化实施方案》，将社保卡应用列为双方各自的年度考核项目，实现全市社保“五大险种”全部通过社保卡发放。当年，市中行与市残疾人联合会合作，在区县实现通过社保卡代发残疾人生活补贴和护理补助。开展社保卡代缴农民和居民养老保险、医院保险业务，在全市开展社保卡与医院的银医合作项目，依托社保卡为患者在医院实现挂号、缴费、购药“一站式”服务。

2019年，市人社部门委托市工行在朔州农村地区发放社保联名银行卡，当年，共发卡4.27万张。年末，市中行累计发行社保卡137.89万张。

□ “村村通”工程

农村小额支付“村村通”是省农行为贯彻落实农业银行服务“三农”、支持“三农”政策要求开发的一种独有的惠农金融服务产品。农业银行在有固定电话的所有乡村选择便民店、医疗卫生所、农副产品收购点等农民集散和消费的地方，免费安装一部转账电话，为农民免费发放一张“惠农卡”，农民可持“惠农卡”和农业银行其他借记卡通过农业银行转账电话进行日常的消费、结算、汇兑和小额取现。惠农卡享有免收年费、工本费，优惠收取异地结算、汇兑手续费等优惠政策。2009年，按照省农行安排部署，市农行在朔州市推广小额支付“村村通”工程。2010年，朔州市实现小额支付“村村通”工程全覆盖。

○一卡通

2011年，朔州辖区内，除右玉县采取“财政—人民银行—农户”模式的“一卡通”拨付方式，对涉及城镇居民医疗保险补贴资金、村干部岗位报酬、汽车下乡补贴资金、水库移民补贴资金、60岁以上老人补助等各类财政补贴资金，进行直接拨付。当年，通过“一卡通”方式累计拨付各类补贴3.3万笔，金额达26 965万元；农村地区网上支付、电话支付、移动支付交易笔数分别达170.7万笔、3.2万笔、1.1万笔，交易额分别达95 365.1万元、491.48万元、5 017.12万元。到2015年，朔州市通过“一卡通”直接拨付新农合、新农保、涉农补贴资金共计56 731万元，通过村村通转账电话、银行卡助农取款服务点，实现涉农资金结算26.85万笔，金额76 589万元。

□ “助农取款服务站（点）”工程

2012年3月，朔州市首批300个助农取款服务点挂牌。2013年末，银行卡助农取款服务点增至1 825个，乡镇覆盖率100%，办理银行卡助农取款业务查询8.9万笔，清算资金8.1万笔，清算金额82 795万元。2014年，银行卡助农取款服务点增至1 925个，乡镇覆盖率达100%。共办理银行卡助农取款业务查询10.9万笔，清算资金9.1万笔，金额89 673万元。

□ 农村金融综合服务站

2014年，朔州市在原有助农取款点的基础上改造升级，全面开展农村金融综合服务站建设工作，市中行、市农行、朔州农信社按照“试点—推广—覆盖”的模式逐步实现全市农村地区农村金融综合服务站全覆盖。到2015年末，全市建成农村金融综合服务站450家。2016年，朔州市农村金融综合服务站列入财政补贴项目。市农行、市中行、朔州农信社累计申报财政奖补资金153.6万元。全市建成农村金融综合服务站1 184家，覆盖行政村768个，覆盖率47.35%，服务站功能涵盖农村居民银行卡和存折小额现金支取、转账、刷卡消费、余额查询、公用事业费缴纳、人民币真伪识别和金融知识宣传等“一站式”金融服务。到2017年，全市累计建设农村金融综合服务标准站1 592个，其中，与电商融合的服务站达到144个，实现农村金融综合服务站覆盖行政村1 227个、覆盖率达75.65%，有条件建站行政村覆盖率达100%。通过农村金融综合服务站完成取款、转账、现金汇款、代缴费业务96.36万笔，金额累计7.89亿元。其中，完成取款1.62万笔，金额5 497万元；转账0.7万笔，金额873万元；现金汇款0.07万笔，金额29万元；代缴费85.4万笔，金额72 588万元。2016年、2017年，累计申请财政补贴资金237.4万元。2019年末，全市农村金融综合服务站与农村龙头电商企业体验店（或运营中心）融合建设9个，与本土电商体验店融合建设261个。在每个贫困县形成与扶贫产业深度结合的特色示范服务站7个，有条件的贫困地区建设农村支付支持电子商务应用示范圈（点）4个，为贫困地区农产品网络销售提供新型支付技术资金结算渠道与供销系统示范点4个、提供专属结算工具示范点2个。

第八章 外汇管理

朔州市外汇管理部门为国家外汇管理局朔州市中心支局，内设外汇管理科，主要业务为国际收支、经常项目外汇管理和资本项目外汇管理。

第一节 国际收支

□ 国际收支统计申报

1996年1月1日，国家外汇管理局出台《国际收支统计申报办法》并正式实施，国际收支统计申报开始在朔州推行。当年，朔州市发生收入申报25 541.67万美元，其中对私收入2 629美元，对公收入25 541.41万美元（全部为贸易收入）；支出申报10 415.37万美元，其中贸易支出10 022万美元，非贸易支出393.37万美元。2010年，国家外汇管理局印发《国家外汇管理局〈国际收支申报核查证〉管理工作制度》。当年，外汇局朔州市中心支局共核查国际收支申报1 628笔，金额16 911.21万美元。其中，收入申报笔数752笔，金额1 360.77万美元；支出申报笔数876笔，金额15 550.44万美元。

2019年末，全辖收入申报19 172.93万美元，其中，对公18 978.53万美元，对私194.4万美元；支出申报8 753.76万美元，其中对公6 232.9万美元，对私2 520.86万美元（见表3-27）。

表 3-27　　1998—2019 年朔州市国际收支申报统计表　　单位：万美元

年份	收入申报		支出申报	
	对公收入	对私收入	对公支出	对私支出
1998	8 774.23	4.9	3 237.14	0
1999	18 422.12	8.72	3 732.87	4.84
2000	18 508.45	8.37	5 058.81	2.74
2001	23 413.43	16.58	4 449.52	3.72
2002	27 315.71	8.29	4 158.57	29.6
2003	18 823.34	20.12	3 226.14	34.67
2004	31 401.61	67.09	2 610.88	36.95
2005	37 733.22	122.1	3 461.6	33.3

续表

年份	收入申报		支出申报	
	对公收入	对私收入	对公支出	对私支出
2006	27 358.51	232.32	4 009.82	23.69
2007	33 472.53	225.5	3 808.26	126.44
2008	869.79	260.85	5 268.63	275.38
2009	628.63	183.04	10 432.9	413.8
2010	1 169.83	190.94	15 160.88	389.56
2011	3 796.06	203.87	15 505.45	963.32
2012	12 530.14	150.13	21 538.99	1 339.94
2013	5 628.67	197.41	12 620.52	1 299.63
2014	35 328.61	242.8	7 839.77	2 101.15
2015	30 833.14	351.7	5 182.1	5 493.5
2016	16 995.25	247.15	19 228.11	3 190.88
2017	9 111.76	184.37	12 768.78	2 579.52
2018	9 981.31	195.26	22 052.86	2 610.32
2019	18 978.53	194.4	6 232.9	2 520.86

注：自 2008 年起，中煤平朔煤炭出口回款不计入国际收入统计；自 2009 年，国际收支数据包含本地企业异地收支数据。

□　银行结售汇

1994年4月1日起，全国取消外汇留成制度，实行以市场供求为基础的、单一的、有管理的浮动汇率制度，对境内机构经常项目下的外汇收支实行银行结汇和售汇制度。汇价挂牌按照中国人民银行公布的人民币对美元等可自由兑换货币的交易基准汇价，在规定的浮动幅度内公布现汇买入价、卖出价和现钞买入价。外商投资企业的外汇不实行结售汇制度，仍通过外汇调剂中心调剂余缺。当年，朔州市银行结汇1 040万美元，售汇56万美元。自1996年7月1日起，外商投资企业外汇买卖纳入银行结售汇体系，外商投资企业在核定的限额内保留经常项目下的外汇收入，超出部分必须结汇，结汇业务量大量增加。当年，朔州市银行结汇7 381万美元，售汇38万美元。2004年，人民银行出台《外汇指定银行办理结汇、售汇业务管理暂行办法》，开始对外汇指定银行办理结汇、售汇业务进行规范化管理。外汇局朔州市中心支局对朔州市外汇指定银行结售汇市场准入进行备案。2007年，国家外汇管理局下发的《国家外汇管理局关于调整银行即期结售汇业务市场准入和退出管理方式的通知》（汇发〔2007〕20号），进一步规范辖内银行业金融机构开办即期结售汇业务的市场准入和退出管理。

开办结售汇业务以来，外汇局朔州市中心支局坚持现场检查和非现场监测相结合，从机构管理、汇率执行、资金量态变化等方面强化结售汇监测和汇率汇价监测，促进辖内结售汇市场健康发展。2019年末，朔州市银行累计结售汇总额13 634万美元。其中：结汇4 046万美元，售汇9 588万美元，结售汇逆差5 542万美元（见表3–28）。

表 3-28　　2002—2019 年朔州市银行结售汇统计表　　单位：万美元

年份	银行结汇		银行售汇	
	对公	对私	对公	对私
2002	18 091	—	517	—
2003	11 239	—	293	—
2004	23 521	—	147	—
2005	29 638	—	561	—
2006	21 734	—	7 250	—
2007	15 809	271	11 615	841
2008	46 420	345	8 534	1 444
2009	4 150	430	10 503	1 954
2010	530	672	12 222	3 392
2011	6 153	746	6 748	4 504
2012	12 057	746	15 200	4 919
2013	964	1 070	12 584	7 452
2014	3 445	1 071	6 821	5 693
2015	3 215	712	1 031	5 317
2016	6 451	1 044	1 988	6 661
2017	2 228	943	3 795	5 751
2018	3 052	1 218	5 236	5 550
2019	2 841	1 205	4 261	5 327

注：自 2007 年起，个人结售汇业务数据与对公结售汇业务数据分开统计。

第二节　经常项目外汇管理

□　货物贸易外汇管理

○出口收汇核销

出口收汇核销制度建立于1991年1月1日，是以出口货物的价值为标准，核对是否有相应的外汇收回国内的一种管理措施。

◎原币划转跟踪核销

1991年，外汇局朔州分局加强对“平一”（平朔煤炭第一有限公司简称“平一”，是安太堡合作项目的中方投资者）贸易现汇收支管理，商讨拟就该公司的外汇管理具体规定，3月正式实施。当年，“平一”共出口精煤630万吨，现汇收入13 537.36万美元，收汇率达95%。1992年，在继续沿用1991年制定的“外汇管理具体规定”基础上，进一步建立原币划转（“平一”的出口收汇从中行秦皇岛支行划入中行平朔支行）跟踪核销制度和原币划转跟踪核销登记簿，使跟踪核销业务有了柜台作业和上机操作的连续性。当年，朔州市贸易现汇收入19 880万美元，收汇率达到95%以上，均集中在“平一”公司。

◎跟单逐笔核销

1993年，朔州市外贸公司取得一般商品进出口许可权。1995年，针对该公司商品出口代理点多、核销不及时的状况，外汇局朔州分局采取从严控制发单，即有一份出口合同发一份单的方法，有效促进了该公司出口收汇工作。当年，向地方进出口企业发放商品出口收汇核销单68份，回收59份，收单率为86.76%，核销57笔，为收单数的96.61%，金额136.36万美元。1996年，向地方进出口企业发放商品出口收汇核销单75份，回收61份，收单率为81.33%，金额48.35万美元。

◎差额集中核销

2001年12月，国家外汇管理局对出口收汇核销和外汇账户管理政策进行调整，取消企业收汇前到外汇局的交单环节，允许企业按月、集中办理出口收汇核销。取消出口收汇核销单使用期限，放宽出口收汇核销单的发放数量，同时实行差额核销制度。2002年，在山西省第三季度出口企业出口收汇考核中，朔州市出口企业均达到A级，2家外贸进出口公司被评为“出口收汇荣誉企业”。依据政策规定，外汇局在领单、核销等环节上进一步简化手续，支持企业出口创汇。

◎联网核查管理

2008年，国家外汇管理局、商务部、海关总署联合制定《出口收结汇联网核查办法》，代替原来的出口收汇核销制度。2014年，朔州市新增出口企业14家，实现出口收汇2 677.74万美元，同比增长31.84%。出口产品由传统的活性炭、陶瓷、高岭土等扩展到脱水蔬菜、电动汽车零配件、矿山机械产品、电梯等高附加产品，出口规模及结构均呈现多元化、规模化的发展。

2019年末，朔州市进出口企业已达50家，全年发生出口业务的企业27家，收汇5 250万美元。

○进口付汇核销

1994年8月1日，朔州市开始实施进口付汇核销制度。进口付汇业务主要集中在平朔安太堡露天煤矿，每年进口设备付汇为5 000万~6 000万美元，供货商遍及北美、西欧、东南亚近百家，各种机械的零部件有7万余种，每月大约产生300份的订单。进口方式有货到付款、预付货款和信用证、托收等，多数为货到付款。除信用证项下和托收项下的进口付汇因涉及厂家单一，能够做到单证一一对应、同步核销外，TT项下（即汇款）的进口付汇由于企业采购运作方式的特殊性，不能实现单单相符、逐项对应，给核销工作带来一定难度。针对这种情况，外汇局朔州分局研究决定，同意按照企业提出的“多笔业务集中核销或在时间上按季核销”的意见操作。1996年11月，经请示，外汇局山西分局指示可以实行“分厂家付汇，总额核销”的办法，暂时解决核销难、核销率低的问题。当年，朔州市累计进口付汇10 022万美元，核销8 857万美元，核销率上升到83%。

1998年后，由于进口付汇核销管理进一步加强，并进行计算机操作，要求逐笔核销，外汇局朔州市中心支局加大对进口企业逾期未核销的清理力度。由于安太堡矿以TT方式结算的进口付汇为：企业在与各厂家以订单方式同外商签订合同后，各厂家将货物交与该矿的国外代理承运商辛克公司，辛克公司依据矿方的需要和装运实际进行拼装，矿方依据本矿材料部门的验收证明和矿方与厂家的约定，待金额积累到一定额度再分别进行付汇，存在“集中拼装、集中报关、分类验收、分对象分别付汇”的情况，导致外汇局和银行无法做到逐笔核销。到1999年6月，累计已有

1 200万美元由于单证不一无法付汇，影响到企业配件的正常供应和对外信誉。鉴于安太堡矿是朔州市乃至山西省的外汇业务大户，在历年的外汇业务中没有发现骗汇和逃套汇行为，资信良好，经安太堡矿、中行平朔支行和外汇局朔州市支局3家会商，提出"以报关单原始合计数与核销单进行核销，以合同、发票相一致，报关单、提单相一致，并以发票金额、付汇金额、报关单、提单所列金额一致进行付汇核销"的方式，即以发票、合同相一致保证贸易背景的真实性，以报关单、提单相一致保证货物进口背景的真实性，再实行总额一致、逐笔同步付汇核销，保证进口付汇核销工作的顺利进行和企业的正常生产。2004年，对安太堡、安家岭露天煤矿等进口逾期未核销企业下达《催核通知书》2次，召集进口企业的核销人员进行座谈，对存在的问题进行沟通，帮助企业核销人员整理未核销报关单。当年，共清理进口付汇逾期未核销25笔，金额452万美元，进口付汇核销率提高到78.5%。2010年，国家外汇管理局对进口付汇核销制度进行改革，采取联网核查管理方式，实现货物贸易外汇管理向总量核查、非现场核查和主体监管转变，为企业提供方便快捷的服务。当年，外汇局朔州市中心支局累计清理逾期未核销业务73笔，涉及金额2 764万美元，清理企业历史档案34家，新企业档案全部纳入贸易收付汇核查系统管理。12月1日，辖区贸易收付汇核查系统成功上线。当年，朔州市贸易进口企业累计进口付汇11 201.41万美元。

2019年，朔州市50家进出口企业中，发生进口业务的企业14家，进口付汇额6 146.9万美元（见表3-29）。

表 3-29　2019 年朔州市涉外企业进出口情况统计表　单位：万美元

主体名称	所在地区	进口付汇	出口收汇
怀仁县尊屹陶瓷研发有限公司	怀仁市	—	482.33
山西晋利糖果有限责任公司	怀仁市	—	166.59
山西诺成制药有限公司	怀仁市	40.51	539.88
山西伊索莱特宝杰耐火材料有限公司	怀仁市	—	149.32
怀仁碧华瓷业服务有限公司	怀仁市	—	1.37
怀仁嘉吉陶瓷有限责任公司	怀仁市	—	176.15
山西绅美陶瓷纤维有限公司	怀仁市	—	29.62
怀仁环宇净化材料有限责任公司	怀仁市	—	319.15
山西晋资源陶瓷产业发展有限公司	怀仁市	—	39.47
怀仁市拓博瓷业有限公司	怀仁市	—	8.05
怀仁市万达瓷业有限公司	怀仁市	—	—
山西晋坤矿产品股份有限公司	平鲁区	0.73	434.59
山西森杰服饰有限公司	平鲁区	—	—
山西鑫霏农业开发有限公司	山阴县	—	18.84
山西宇昊蘑菇种植有限公司	山阴县	—	3.8
山西超牌煅烧高岭土有限公司	山阴县	—	—
山阴县润哲净化材料有限公司	山阴县	—	16.34
山西吉丹食品有限公司	山阴县	—	—
山西玉竹新材料科技股份有限公司	山阴县	—	—
朔州市亨特耐火材料有限公司	朔城区	—	38.27

续表

主体名称	所在地区	进口付汇	出口收汇
平朔工业集团有限责任公司	朔城区	43.26	188.61
山西三元炭素有限责任公司	朔城区	—	577.92
山西诺浩机电工程有限公司	朔城区	32.36	
山西渊源药业有限公司	朔城区	—	1.38
朔州市丰瑞工矿机电有限责任公司	朔城区	4.95	—
山西赛瑞谷物有限公司	朔城区	—	29.15
山西金能世纪科技有限公司	朔城区	0.53	
朔州市联博节能设备有限责任公司	朔城区	—	4.44
中煤平朔集团有限公司	朔城区	5 199.88	—
朔州市易园热虹吸管科技有限公司	朔城区	—	—
朔州市朔城区京昌升进出口贸易有限公司	朔城区	—	5.74
山西朔芳亚麻纺织有限公司	朔城区	200.57	1.21
朔州市砺行机电工程有限公司	朔城区	1.87	—
山西甚天机电工程有限公司	朔城区	4.12	—
中美新能源技术研发（山西）有限公司	朔城区	—	—
朔州易得通商贸有限公司	朔城区	0.56	—
朔州市鼎升贸易有限公司	朔城区	—	—
山西清宸液压设备有限公司	朔城区	—	—

□ 服务贸易外汇管理

朔州市服务贸易外汇业务一直很少，最初主要是个人项目下的旅游购付汇业务与收结汇业务。2018年，外商投资企业山西伊索莱特公司发生第一笔外资企业利润汇出业务，金额5.6万美元。之后，又逐渐发生朔州金华实业公司的设备维修收入和山西吉呈生物技术公司的加工缴费收入等。2019年，右玉县山西玉龙马会赛事有限公司收到境外体育赛事赞助费83.56万美元。

□ 个人外汇管理

1996年5月，《境内居民因私兑换外汇办法》颁布实施。6月，中国人民银行发布《结汇、售汇及付汇管理规定》，之后，多次提高居民个人因私用汇供汇标准。1998年，中国人民银行颁布《境内居民个人外汇管理暂行办法》，对居民个人项下、资本项下外汇收入与支出、外汇解付作出规定，并对外汇账户分现钞和现汇账户进行管理。2007年2月，《个人外汇管理办法》颁布实施，规范个人外汇流出入、结售汇活动，对个人结汇和境内个人购汇实行等值5万美元的年度总额管理。当年，朔州市个人购汇675.05万美元，比上年增长180.8%。2019年末，朔州市个人购汇5 314.76万美元，购汇金额比2007年增长近7倍。

第三节 资本项目外汇管理

□ 外商直接投资

○平朔安太堡露天煤矿项目

1984年4月29日，平朔安太堡露天煤矿项目由中国煤炭开发总公司与美国西方石油公司在北京正式签约，项目总投资额6.49亿美元（美方出资2亿美元）。1987年9月10日，年设计产能1 533万吨的平朔安太堡露天煤矿建成投产。

安太堡露天煤矿是我国第一家中外合资企业，被称为中国改革开放的“试验田”。后因西方石油公司董事长哈默去世，1991年美方终止合同，安太堡露天煤矿成为我国自行开采的露天煤矿。

○其他外商投资企业

1992年5月，国家外汇管理局山西分局下发《关于建立外商投资企业年检制度的通知》（晋汇管字〔1992〕14号）。1993年，外汇局朔州分局首次开展外商投资企业的年检工作。当年，申请备案的外商投资企业8家，投资总额折合2 000万美元，其中：中方占61%，外方占39%。外方资金到位率只占应投入的33%。1995年末，朔州市外商投资企业增至21家，比1994年新增4家，新增投资305万美元。到2003年末，朔州市累计登记注册外商投资企业28家，除累计注、吊销16家外，实有外商投资企业8家，涉及美国、法国、荷兰、意大利、中国香港、中国台湾6个国家和地区。按投资方式划分，合资企业6家，独资企业2家；按行业划分，纺织制造业2家，木器加工业1家，建筑材料制造业1家，化工产品制造业1家，乳制品饮料、食品制造业3家；按地区划分，朔州市区及朔城区5家，山阴县1家，平鲁区1家，应县1家。累计外商投资注册资本3 804万美元，外方累计应出资额1 961.98万美元，实际累计出资额1 714.60万美元，实际出资率为87.49%。

自2015年6月起，根据《国家外汇管理局关于进一步简化和改进直接投资外汇管理政策的通知》（汇发〔2015〕13号），外汇局朔州市中心支局取消境内直接投资项下外汇登记核准和境外直接投资项下外汇登记核准两项行政审批事项，改由银行直接审核办理，外汇局朔州市中心支局通过银行对直接投资外汇登记实施间接监管。2019年末，外汇局朔州市中心支局资本项下信息系统登记的朔州外商投资企业共25家，外方应出资额累计99 705.03万美元，实缴出资金额累计51 205.89万美元，到位率51.36%（见表3-30）。

表 3-30 2019 年朔州市外商投资企业外资到位统计表 单位：万美元

企业名称	行业属性	出资形式	登记金额（折美元）	实际发生额（折美元）
山西中电神头第二发电有限责任公司	电力、热力生产和供应业	境外汇入（含跨境人民币）	33 818.45	21 483.52
山西鑫圣能源开发有限公司	商务服务业	境外汇入（含跨境人民币）	1 000	0
山西创丰旅游开发有限公司	服务业	境外汇入（含跨境人民币）	1 449	0
山西维创浩升生物工程有限公司	农副食品加工业	境外汇入（含跨境人民币）	220	0
朔州易荣热虹吸管制造有限公司	金属品制造业	无形资产	0	20.71

续表

企业名称	行业属性	出资形式	登记金额（折美元）	实际发生额（折美元）
内蒙古蒙牛乳业（集团）山西乳业有限公司	农副食品加工业	境外汇入（含跨境人民币）	130	90
山西鸿胜商品混凝土有限公司	房屋建筑业	境外汇入（含跨境人民币）	809	0
山西绿环生物降解包装制品有限公司	橡胶和塑料制品业	境外汇入（含跨境人民币）	3.47	0
山西朔芳亚麻纺织有限公司	纺织业	境外汇入（含跨境人民币）、实物出资	1 221.57	556.6
山西吉呈生物技术有限公司	医药制造业	人民币非利润再投资	375	375
中电神头发电有限责任公司	电力、热力生产和供应业	境外汇入（含跨境人民币）	12 617.6	8 299
中美新能源技术研发（山西）有限公司	服务业	无形资产	477.54	477.54
朔州满生纺织有限公司	纺织业	境外汇入（含跨境人民币）	50	50
山西右玉万兴矿业石材有限公司	煤炭开采和洗选业	境外汇入（含跨境人民币）	130.54	87.82
恒天然（应县）牧场有限公司	畜牧业	境外汇入（含跨境人民币）	11 828	11 828
山西古城依美口乳品有限公司	农副食品加工业	境外汇入（含跨境人民币）	216.59	216.59
山西伊索莱特宝杰耐火材料有限公司	非金属矿物制品业	境外汇入（含跨境人民币）	79	79
山西平朔煤矸石发电有限责任公司	电力、热力生产和供应业	境外汇入（含跨境人民币）	5 683	0
朔州市平鲁区斯能风电有限公司	电力、热力生产和供应业	境外汇入（含跨境人民币）	1 418.66	1 418.66
山西神头发电有限责任公司	电力、热力生产和供应业	境外汇入（含跨境人民币）	15 628	4 902
山西神头电力实业有限责任公司	电力、热力生产和供应业	境外汇入（含跨境人民币）	1 361.8	1 139.5
朔州豪德贸易广场开发有限公司	房地产业	境外汇入（含跨境人民币）	220.5	162.6
山西善济德养老服务有限公司	居民服务业	境外汇入（含跨境人民币）	8 742.15	0
山西国超冶金有限公司	有色金属冶炼和压延加工业	境外汇入（含跨境人民币）	1 980.65	19.35
山西万磁新能源科技有限公司	电力、热力生产和供应业	境外汇入（含跨境人民币）	223.8	0
合计			99 746.58	54 235.65

□　对外直接投资

2019年末，朔州市共有1家对外直接投资企业，即大西洋中煤平朔有限责任公司（英文名称为Atlantic China Coal Ping Shuo (Pty) Ltd.），注册地为纳米比亚鲸湾港。公司类型为有限责任公司（Pty Ltd. company）。平朔工业集团有限责任公司作为其唯一股东，出资100%，注册资本20万纳元（折合人民币约10万元）。经营范围包括矿山专业技术支持服务；设备、备件支持服务；现场设备维修服务（设备大中修和总成件修理，项目运营）；高新技术引进及开发利用、节能环保、资源综合利用；化工原料产品及油脂（不含危险品）、信息化建设与服务；电子产品、通讯器材、机电设备及配件；旅游及畜牧业、餐饮业、沙漠绿化、日用百货；进出口贸易。2019年8月，大西洋中煤平朔有限责任公司与中广核斯科公司签署湖山矿总成件维修服务合同，计划投资约1 500万元人民币，用于购置总成件维修测试用设备及工具等。9月，该项目在国家发展和改革委员会备案（发改办外资备〔2019〕712号）。同年11月取得商务部《企业境外投资证书》。

□ 外债管理

1989年11月10日，国家外汇管理局公布《外汇（转）贷款登记管理办法》。使用外汇（转）贷款的单位应到所在地外汇管理部门办理外汇（转）贷款登记，领取贷款登记证。11月24日，国家外汇管理局山西分局下发了《关于授权各地、市外汇管理分局办理外债登记工作的通知》，决定授权各二级分局负责办理本地区的外债登记管理工作。

○间接外债

间接外债即外债转贷款。1994年，市电信局利用西班牙贴息贷款引进全市首笔外债，金额258万美元。1997年9月，平朔安家岭矿与中国银行签订第三批日本能源贷款的转贷协议，从1997年12月至1999年6月分4次到账，共计493亿日元，折合4亿美元。2002年6月，全市新增外债转贷款签约登记1笔，金额2.1亿美元，提款登记6 296.51万美元，主要是神头大唐发电公司二期工程购买捷克及斯洛伐克成套两台500MV的凝汽式汽轮发电机组买方信贷项下提款。2003年9月，外汇局朔州市中心支局贯彻国家外汇管理局《关于继续支持企业进行债务调整的指导意见》，协调市中行与安家岭露天煤矿开展日元贷款债务再置换。置换日元贷款352.38亿日元，折4亿美元。2006年，全市新增外债转贷款提款登记4笔，金额504.22万美元，其中市广播电视局新增271.72万美元，主要为市电信局购买网络交换设备；朔城区中医院62.5万美元；右玉县人民医院新增80.1万美元；怀仁县人民医院80.9万美元。三家医院主要用于购买以色列医疗B超设备。2007年，朔州电信局（后更名为朔州网通）偿还最后一笔还本付息工作，共偿还本金62.18万美元，付息1万美元。2009年9月，根据《国家外汇管理局关于改进中国进出口银行外债转贷款外汇管理方式的通知》，朔州市广播电视局由中国进出口银行承办的271.72万美元外债转贷款不纳入本地统计数据。

2013年，全市外债转贷款全部还清。

○直接外债

直接外债是境内单位直接从境外机构借入的外债。朔州市第一笔直接外债是2004年安格化工效能技术（山西）有限公司新增境外母公司直接外债500万美元，此后陆续有5家企业发生直接外债业务（见表3-31）。

表 3-31　　2004—2019 年直接外债企业统计表　　单位：万美元

年份	企业名称	累计借入外债	未偿余额	最后一笔偿还年份
2004	安格化工（山西）有限公司	1 200	0	2006
2010	山西吉呈生物技术有限公司	165.56	0	2014
2014	中电神头发电有限责任公司	32 856.47	0	2018
	恒天然（应县）牧场有限责任公司	23 714.78	23 714.78	—
2017	同煤浙能麻家岭煤业有限公司	1 000	0	2018
2019	山西中电神头第二发电有限责任公司	9 875.99	9 875.99	—

2019年末，全市外债余额33 590.77万美元。其中，恒天然（应县）牧场有限公司外债余额23 714.78万美元；山西中电神头第二发电有限公司外债余额9 875.99万美元。

第四节　外汇市场管理

□　外汇兑换券

1980年4月，中国银行发行外汇兑换券（简称外汇券）。

1987年外汇局平朔分局成立后，对朔县、平鲁两县区域内的收券单位进行摸底和清查。当年6月末，朔县和平鲁县收券单位有平鲁县宾馆、朔县火车站、神头电建二公司、朔县宾馆和平朔煤炭工业公司，业务均围绕安太堡露天煤矿和神头电厂两大工程建设外籍人员日常消费而发生。两家企业业务量和发生额占比达98%。其中，平朔煤炭工业公司于1985年9月被外汇管理局山西分局核准为收券单位，10月，在中行平朔支行开立外汇券账户。其下属的收券单位为平朔宾馆、友谊商店（1987年5月开业，平朔分局核准为收券单位）、平朔医院和劳务公司等。平朔煤炭工业公司1985年末外汇券余额为65.36万元；1986年收入609.07万元，支出368.91万元（其中归还中行贷款297.03万元，折8万美元，宾馆购货71.87万元）；1987年上半年收入283.43万元，支出568.89万元（其中归还中行贷款530万元，折14.2万美元，宾馆购货33.16万元，友谊商店进货5.74万元）。神头电建二公司1985年末外汇券余额为6 834.30元；1986年收入25 636.20元，支出27 922元；1987年上半年收入9 493.50元，支出10 521.70元。朔县火车站1986年收入2 917.40元，1987年上半年收入2 224.20元，全部存入中行平朔支行。朔县宾馆从1985年3月到1987年6月累计收入19 870元，支出19 870元（其中交存中行两笔合计15 600元，进货4 270元）。平鲁宾馆从1985年开始收券到1987年6月，累计收入49 073.36元，支出48 297.16元。

1990年下半年开始，按照国家统一政策，朔州市各收券单位外汇券收入一律结汇。1991年，外汇局朔州分局共收到中行平朔支行外汇券结汇水单364只，金额合计1 187.42万元。之后，随着外方退出平朔项目，外籍人员大量减少，朔州市外汇券业务也逐渐萎缩。1994年1月1日，中国银行停止发行外汇兑换券。1995年起，外汇兑换券停止在市场上流通。

□　外汇留成

1979年以前，国家对外汇实行统收统支的管理体制。出口收汇全部结售给国家，企业用汇由国家计划安排。1979年，开始实行外汇留成制度，在外汇集中管理、统一平衡、保证重点的同时，适当留给创汇的地方和企业一定比例的外汇。

○地方出口企业外汇留成

朔州市建市初期出口企业较少，且均无商品进出口许可权，由省有关进出口公司代理。出口产品多为土特产、服装和工艺品，出口企业的外汇留成由市对外经济贸易公司负责分配，并报备外汇局朔州分局（见表3–32）。

表 3-32　　1989 年第四季度出口商品留成外汇供货单位分配表　　单位：美元

供货单位	商品单位	供货商品	供货数量	净收汇	供货单位外汇留成
朔城区服装厂	件	童装	35 000	137 241	13 331
			30 000	127 250	12 127
朔州市外贸公司	吨	小扁豆	—	31 552	3 076
		豌豆	61.3	4 950	453
		蜂蜜	14.81	7 978	714
山阴地毯厂	平方米	地毯	4 508	167 641	15 607
朔城区陶瓷厂	箱	陶瓷	—	—	3 146
山阴县有机化工厂	吨	糠醛	—	168 689	13 522
朔州市外贸公司	吨	砂石	—	22 283	2 259
		饼干	—	6 183	623
山阴肉联厂	吨	马肉	—	44 210	4 311
		牛肉	—	118 176	11 525
		羊肉	—	1 750	171
神头肉联厂	吨	羊肉	—	5 426	529

〇安太堡露天煤矿外汇留成

鉴于安太堡露天煤矿合作项目的投资者以分配产品的方式回收投资的实际情况，经外汇局朔州分局和山西分局逐级请示，1990年12月27日，国家外汇管理局专门下发《关于安太堡露天煤矿中方企业外汇管理有关问题的批复》，一是同意中方投资者根据合作经营规定分得商品煤的出口收汇保留现汇，向合作企业——安太堡露天煤矿支付合作经营中规定的企业费用（外汇部分）；偿还该合作项目的银行外汇贷款本息，以现汇通过调剂中心卖出，用所得人民币向安太堡露天煤矿支付经营合同中规定的企业费用（人民币部分）。除以上三项支出外，其余外汇资金全部结汇，并按照中外合作企业中方投资者外汇管理的有关规定办理留成。二是同意按照合作合同规定，在合作期内为合作矿提供的劳务以外币计价收取美元。此外的其他生活服务设施向外宾收取外汇券。以上外汇收入中，除按《旅游外汇管理暂行办法》核留的外汇券专用资金外，其余一律结汇。上述结汇的额度在为合作矿的外汇贷款还贷期内可以全额留成，记入“还贷额度专户”，以备偿还上述外汇贷款本息。贷款还清，该专户即予撤销，一切外汇收入均按照国营企业外汇留成规定办理留成。

1994年，外汇局朔州分局下发《关于停止留成外汇额度交易的通知》（朔汇管字〔1994〕4号），明确自4月起，外汇市场不再进行外汇额度交易。企业原有外汇额度申请卖出时，由山西外汇调剂中心代中国人民银行收购。

□　外汇调剂

从1981年起，国家允许国内的企业、单位、部门以及外商投资企业将其在对外贸易中获得的留成外汇和自有外汇，在外汇调剂市场上进行买卖。

1989年，外汇局朔州分局办理调剂外汇业务13笔，金额1 510万美元。其中，调出现汇10笔，金额1 453万美元，包括一笔未交割300万美元，调剂出额度3.3万美元，调入现汇2笔，金额53.5万美元。1990年，办理调剂外汇业务9笔，成交累计发生额1 032万美元。

1991年3月，外汇局朔州分局下发《关于下达各创、用汇单位外汇管理具体规定的通知》，对平朔煤炭工业公司及其所属的7个单位办理留成和额度使用作出具体规定。对平朔煤炭工业公司的规定："同意在我局开立额度账户，用于收记公司下属子公司留成外汇额度""以额度归还贷款本息时给予全额留成"。当时，该公司已有1 670万美元全额留成，记入公司还贷专户。之后，随着美方撤走，平朔煤炭产量、出口量逐年扩大，出口收汇逐年增多，而企业运转所需的人民币资金却严重短缺，朔州市外汇供大于求的矛盾越来越突出。外汇局朔州分局积极和省外汇调剂中心联系，索取外汇供求信息，掌握有关情况，帮助企业寻找卖出渠道。同时，根据国家外汇管理政策的调整，进一步放宽企业自营权，允许其出省自找门路。同年，朔州市个人调剂外汇业务开始办理，全年共办理调剂外汇业务25笔，成交累计发生额5 603万美元。1992年，全年买入8 606美元，卖出6 750美元。1995年，外汇局朔州分局帮助平朔煤炭工业公司经省外汇调剂中心渠道调剂出现汇11 266.5万美元，兑换人民币10亿元，及时解决企业人民币资金短缺的困难。

1998年10月25日，中国人民银行、国家外汇管理局联合下发《关于停办外汇调剂业务的通知》，决定从1998年12月1日起，在全国范围内取消外商投资企业外汇调剂业务，外商投资企业的外汇买卖纳入银行结售汇体系。

第五节　外汇检查

□ 专项检查

朔州市外汇检查工作针对不同时期国际收支形势变化，适时调整检查主体和检查环节。1987年，外汇局平朔分局根据山西省分局文件及会议精神，要求平朔煤炭工业公司、神头电建二公司、朔县火车站、朔州宾馆和平鲁宾馆5个有现汇收支业务的单位进行自查，并对5个单位1986年和1987年上半年的外汇业务进行抽查。针对平朔煤炭工业公司检查中发现的问题如外汇券坐支严重、收券后不及时交存银行等及时进行更正。

朔州建市后，1989年5月，外汇局朔州分局接管原隶属于外汇局大同分局的山阴县出口创汇单位外汇业务管理，对山阴县有机化工厂存在私自借用外汇额度、私自转移外汇用途问题进行严肃批评，并责令山阴县对外贸易公司私自借用山阴县有机化工厂的28 000美元额度限期以额度形式归还；山阴县有机化工厂职工欠山阴县对外贸易公司的5台彩电款，由化工厂负责集中清理归还。1990年，国家外汇管理局山西分局根据《关于对外商投资企业外汇收支等报表及管理规定》，对未及时报送报表的安太堡露天煤矿处以2 000元人民币的罚款。1995年，国家外汇管理局发布《关于对外商投资企业实行外汇年度检查的通知》，正式确立外商投资企业年检制度。外汇局朔州分局对全市登记注册的13家外商投资企业全部开展年检，其中，合格6家：安太堡露天煤矿、朔唯陶瓷有限公司、山西神杰煤炭运输有限公司、山西神杰电力检修有限公司、山西朔瑞木业有限公司和山西新和建材有限公司；不合格3家：山西朔州朔新房地产发展有限公司、山西晨烜奶制品有限公司和山西山鹰奶制品有限公司。不合格原因均为资本金投入不到位。其他3家名存实亡，1家业务人员外出。2007年，对山西神头电力检修有限公司、山西神头电力实业有限公司未遵守《关于下发〈外商投资企业外汇登记管理暂行办法〉的通知》（汇资函字〔96〕187号）的登记规定情况，分别处以罚款1 000元人民币。2010年，对中煤平朔煤业有限责任公司在中行平朔支行办理货到付汇业务中未进行延期付汇登记处罚9.8万元人民币，并对其高级经理进行约见谈话。2013年，对未按规定办理外汇登记的山西晋利糖果有限责任公司处罚1万元人民币。

□ 外汇业务合规性检查

1998年6月，外汇局朔州分局对取得经营外汇业务许可证的市中行、中行平朔支行、中行应县支行、市农行和市工行外汇业务进行全面检查。对全市外汇业务主要集中的中行平朔支行存在的外汇业务概念不清、底数不清，外汇账户开户资料不齐备、档案不健全，结售汇统计数字偏差较大等问题，责令其限期整改，并通报批评。2003年，开展对朔州市金融机构的反洗钱检查，对外汇领域反洗钱工作中存在的问题提出针对性的建议。2006年，对辖内外汇指定银行2005年办理的外汇业务开展合规性检查。对违规情况较为严重的农行国贸支行、农行营业部国际收支漏申报的违规行为处以罚款1万元人民币，这是朔州外汇管理部门对检查中发现的银行违规行为首次进行经济处罚。2009年，对辖内外汇指定银行经营外汇业务开展合规性检查，对中行平鲁支行国际收支错申报业务处罚2万元人民币。2015年，对市工行、市建行、农行国贸支行存在的金融机构信息未及时变更及变更后未及时登记行为分别罚款5万元。2018年，根据外汇局山西省分局下发的异常可疑线索，对市中行2家分支机构、市工行1家分支机构、市建行、市邮储银行进行现场检查，对涉嫌结售汇业务报表违规的市建行、市邮储银行分别处罚3万元和7万元人民币。

□ 打击非法外汇交易行为

2016年，外汇局朔州市中心支局在对辖内2家银行外汇业务的常规检查中，发现招商银行朔州分行通过电子银行办理对外付汇150笔，金额730.42万美元，存在个人外汇业务分拆现象。经请示山西省分局，将违规业务移交给市公安局，实现重大违规案件移交公安部门零的突破。2017年，对招商银行朔州分行、市中行、交通银行朔州分行、市工行4家分行的个人外汇业务进行现场核查与检查，对违规个人戎某某立案处罚1万元人民币，对中行平朔支行立案处罚5万元人民币。2019年，根据外汇局山西省分局下发的可疑线索，对涉嫌个人分拆购付汇业务的解某立案1起，处罚18.8万元人民币。

第九章

金融统计管理

1986年10月，中国人民银行出台《金融统计暂行规定》。12月，下发《关于〈金融统计暂行规定〉和〈其他金融机构统计管理暂行办法〉的通知》，要求各级银行加强对统计工作的领导，健全统计机构，充实统计人员，加强统计人员的培训。同时，强调人民银行要加强对专业银行、保险公司及其他金融机构统计工作的领导，并做好服务工作。要求各专业银行、保险公司及其他金融机构，认真按照规定及时向人民银行报送报表。1995年、2002年又进行两次修订，形成金融统计的法律框架。2018年4月，国务院办公厅印发《关于全面推进金融业综合统计工作的意见》，开启金融业综合统计工作的新篇章。

市人行成立以来，调查统计经历多次的分设和合并：1994年以前，调查与统计是分开的，统计工作一直是计划资金部门的主要职责之一。1996年，根据“三定”方案，统计工作从计划资金科独立出来，与调查研究室合并组成调查统计科，负责调查统计与金融研究业务。2000年，调查统计科与计划资金科合并为货币信贷与统计科，负责金融统计、制度性调查、金融研究、货币政策等。2003年2月，按照中国人民银行“三定”方案要求和关于《中国人民银行朔州市中心支行货币信贷与调查统计科进行分设的通知》（朔银党发〔2003〕8号），货币信贷与统计科拆分为调查统计科和货币信贷管理科，调查统计科负责办理调查统计、金融研究和征信管理与服务业务。2015年，征信管理从调查统计科分设出来，调查统计科主要负责金融统计、货币监测、宏观经济分析与预测、制度性调查、专题调查、金融研究、信息报送等工作。市人行每年组织全市金融机构开展金融统计制度和统计业务培训，落实对金融机构的考核激励制度，对优秀单位进行表彰。

第一节 金融统计

□ 金融统计信息管理

○制度机制建设

1989年，市人行印发《关于下发一九八九年统计报表考核办法的通知》（朔银计字〔1989〕2号），对各金融机构统计报表采取按月打分、年底排队的办法进行考核。1991年，召开建市后第一次全市金融系统调查统计工作会议，建立86户重点工业企业统计调查制度，为地方党政部门和金融机构提供决策依据。1996年，建立金融统计复核制度。1997年，建立金融机构报送报表资料考核制度，实行金融统计资料全科目上报制度和专人专收制度，加强对报表资料的分析和考核。

根据人行山西省分行《关于现金统计问题的通知》要求，市人行明确规定：城乡信用社和邮政储蓄部门只能在同级人民银行业务库提现，不允许在人行发行库直接提现，农发行可以在同级人民银行发行库提现，但必须按规定向人民银行调统部门上报现金统计报表。2001年，首次印制“资产负债月报”“非现场监管季报”和“信贷资产质量月报”，建立统计报表考核记录台账，按期记录被考核单位的统计报表上报时间和报表质量情况，并按季进行通报。

2002年，在制度建设方面，建立“金融统计监测管理信息系统操作管理制度”“金融统计数据保密制度”“金融统计数据资料查询制度”“金融统计电子文档管理制度”“金融统计系统安全管理制度”，制订“金融统计监测管理信息系统崩溃后的恢复方案”，从制度上规范统计信息管理。在电子文档管理方面，将“金融统计监测管理信息系统”的安装盘、补丁盘逐一登记，并按秘密资料保存；对上级行发送的统计系统补丁（电子邮件）双机和纸介质备份，按来件日期、事由名称、发件人逐一登记，并下发各县（市）支行一并执行。在书面资料方面，建立金融统计岗位收发登记簿，对上级行、县支行及有关科室来文及本岗发文进行登记，各金融机构统计报表分机构保存，年末做归档处理。在安全性管理方面，金融统计工作实行专机专用，专人负责系统维护，对系统信息和统计数据定期双机备份，确保“金融统计监测管理信息系统”正常运行。在统计管理方面，出台数据资料提供办法和分级管理办法，维护统计数据的严肃性和权威性。

2005年，朔州市率先在山西省开展金融统计信息披露工作。当年，通过《朔州日报》向社会各界公开披露金融统计信息4次。2006年，开辟市人行调查统计网页，并加载中支网点试运行。2007年，实行统计工作问责制。

从2008年起，开始编制《朔州市金融统计综合月报》，涵盖全市当月经济、金融运行各类信息、全省其他市存贷款情况、朔州市建市以来经济运行主要指标信息，全面满足金融机构和有关部门统计分析需要。与市级各金融机构签订《中国人民银行朔州市中心支行与金融机构经济金融先行信息共享协议》，建立与金融机构的信息共享机制。编制《调查统计业务应急预案简要操作手册》《中国人民银行朔州市中心支行调查统计业务突发事件应急预案（2008）》。2010年，开始编制“朔州市金融统计快报”，按月向行领导和相关部门提供。完善“朔州市金融统计综合月报”内容，增加全市部分企业异地贷款情况表、小额贷款公司贷款情况统计表等。

2013年，加强小额贷款公司统计工作管理，规范小额贷款公司报表方式，实现由人民银行代报转变为由各家机构自报的报表报送模式。2014年，实现辖内各中小法人金融机构统计制度归属备案。2015年，建立《朔州市金融统计数据共享查询登记簿》，进一步规范统计数据共享流程。同时，与市发改委办公室、市统计局等政府机构建立数据共享机制，以互惠合作方式提升调查统计工作分析水平。2017年，建立“三位一体”统计数据管控机制，促进统计工作提质增效，调查统计数据报送成为全省唯一“零差错”的地市中支。2018年，建立朔州市煤炭产业发展专项监测机制，对全市各银行发放煤炭企业贷款按季度监测，市人行、市经信委、市发改委、市统计局等部门建立协调机制，及时了解煤炭生产经营现状以及政策落实情况，跟踪供给侧结构性改革推进情况。

○统计指标体系

1998年，按照金融统计改革要求，朔州市开始实施新的《现金收支统计制度》，将外汇、现金相关统计项目纳入统计范围。2000年，增加外币存贷款统计项目；推广金融统计接口程序，人民银行数据由手工录入转为数据导入。2002年，开始编制朔州市本外币合并报表。2003年，扩展统计范围，新增中长期贷款、助学贷款、下岗失业人员小额贷款等专项统计。2004年，开始编制房地产贷款专项统计报表。建立下岗失业人员小额贷款统计制度。2005年，按照人行太原中支调统处开展县域经济金融统计创新工作要求，开始按季收集、汇总、上报辖区县域经济金融运行数据。2006年，适应金融统计制度调整要求，新增房地产专项统计、代客理财统计、资金信托专项统计。2007年，按照人民银行新增“涉农贷款专项统计制度”要求，开始开展涉农贷款统计。2009年，实施银行承兑汇票专项统计制度和大中小型企业贷款专项统计制度。2010年，终止报送金融机构累收累放统计相关指标。开始实施贷款按行业分类统计制度。编制报送小额贷款公司统计数据，全市31家小额贷款公司统计数据纳入金融统计监测管理系统。2011年，开展金融标准化建设，按要求完成金融统计标准化机构编码报送数据测试工作。按季统计朔州市农村经济金融发展现状和社会融资总规模。2017年，新增“互联网金融、两权抵押贷款、金融精准扶贫贷款、主要财务指标”等专项统计。根据《中国人民银行关于建立绿色贷款专项统计制度的通知》要求，从2018年3月开始，全市地方法人金融机构开始绿色贷款统计数据申报工作，蒙银村镇银行被确定为绿色贷款申报机构。

2019年，根据人民银行《货币金融服务业和其他金融业第四次全国经济普查实施方案》要求，开展全国第四次金融业经济普查，报送8大类普查报表。

〇统计系统建设

◎金融统计监测管理系统

1997年，全面推行金融统计监测管理系统，从5月开始，全市实现按新的指标体系全科目上报统计数据。1999年，金融统计监测信息系统升级，实行新老系统并行。2000年，金融统计监测信息系统全面升级，完成统计与会计接口程序的调试、设置，统计系统直接接收会计部门的数据报文。2001年，全辖正式运行金融统计监测管理信息系统。1997—2008年，市人行每年定期对金融统计监测管理系统进行升级、维护、定义和生成全辖各类报表，并做好数据备份。

2007年，加强统计人员和计算机设备的配备，督促辖内中小金融机构完成数据集中的试点、培训及双轨运行工作，为数据集中工作做准备。2008年，按照人民银行《关于做好金融统计数据报送系统双轨运行工作的通知》，金融统计监测管理新旧系统双轨运行。4月，完成中支以及县（区）支行在新统计监测管理信息系统进行第一次报数。2009年，金融统计数据集中系统正式上线运行。金融统计数据集中后，市人行主要负责辖区金融机构、地区信息维护、定义和生成辖内各类报表。2015年，山阴农商行加入金融统计监测管理系统，为辖内第一家加入金融统计监测管理系统的农商行。2016年，怀仁县慧融村镇银行和应县金都村镇银行加入金融统计监测管理系统。2019年末，朔州市金融统计数据报送机构达23家，其中，政策性银行1家，国有商业银行6家，股份制商业银行3家，城市商业银行3家，法人银行机构10家（农村商业银行4家，农村信用社1家，村镇银行5家），小额贷款公司12家。

◎其他统计系统

1994年，朔州市实现统计手段的计算机操作。1996年7月，辖内项目电报联网运行正式开通。2008年，针对建市后经济金融运行主要指标计划纸介质存储分散零乱情况，开发设计“朔州市经济金融信息先行服务系统”，实现对数据信息的电子化管理和查询。2010年，自主开发《小额贷款公司监测系统》，规范小额贷款公司各类报表。2011年6月，上线《理财与资金信托统计监测信息系统》，通过座谈、培训、现场指导等方式保证系统顺利运行。2012年，上线人行太原中支

《中小金融机构金融统计管理系统》，加强对小额贷款公司各类数据的审核，规范其报数流程。

□ 统计业务检查

1996年至2011年，根据上级行统一部署，市人行每年整合市县两级人民银行统计执法力量，组织开展金融统计业务现场检查，针对金融机构统计执法检查情况视情节综合运用约谈、通报、处罚等手段，对查出的问题，除要求限期整改外，还通过全辖通报、约见负责人谈话、行政处罚等手段，督促金融机构不断提升金融统计数据报送质量，规范业务操作，维护金融统计法规的权威性。1996年，对全市违规经营和账外经营资金实行并账的清理工作及全市金融机构统计质量开展检查，对迟报、漏报等情况进行处理。1997年，对辖区金融机构现金收支统计开展检查，检查金融机构68家。1998年，对辖区金融机构现金收支统计执行情况进行检查，对违规金融机构处罚2 000元。2002年，对全市人民银行系统和信用社系统的统计制度执行及落实情况、数据的一致性、统计管理工作的组织实施情况、系统维护、信息披露及资料整理情况开展检查，对查出的问题向被查单位进行反馈，提出纠改意见。2005年，对辖内各金融机构存贷款、同业往来、现金统计、原始台账、统计制度、统计岗位设置等开展现场检查。2007年、2008年对辖区银行业金融机构开展现金统计现场检查，针对市农行、信用联社现金统计失真问题，约见两个机构的主要负责人，提出限期整改建议和措施，对检查情况在全市进行通报。2010年，对辖区20家金融机构2009年7月至2010年6月上报人民银行全科目统计资料的真实性及完整性、涉农贷款、助学贷款、大中小企业贷款分行业和房地产贷款专项统计制度执行情况、现金收支统计制度执行情况进行检查，并将检查结果在全辖金融机构进行通报。

从2011年开始，统计现场检查除自行开展外，还参加全市“两综合、两管理”检查。当年，对金融机构开展2次金融统计检查。5月，按太原中支安排部署，对全市金融机构统计工作进行抽查检查；10月，按照市人行“两综合、两管理”实施方案，对市中行开展统计检查。2012年，对辖内3家联社、4家农业银行机构开展统计执法检查，各金融机构统计工作质量明显提高。2013年，对辖内5家金融机构开展金融统计现场检查，并将检查结果向全市金融机构进行通报。2014年，按照《中国人民银行太原中心支行转发中国人民银行关于开展2014年金融统计检查的通知》精神，对4家金融机构开展现场检查工作。2015年，按照人行太原中支统计检查工作安排，向全市各金融机构下发《人民银行朔州市中心支行关于开展2015年全市金融统计检查的通知》，制订《人民银行朔州市中心支行2015年金融统计检查实施方案》，对市农行开展金融统计工作专项检查。配合“两综合、两管理”办公室完成对4家金融机构的统计检查工作。2016年，按照《中国人民银行太原中心支行关于开展2016年金融统计检查的通知》文件精神，对2家金融机构进行现场专项检查。根据中支综合执法检查安排，对辖区6家金融机构进行检查。2017年，按照人行太原中支统计执法检查工作要求和“两综合、两管理”检查部署，共开展对3家金融机构的统计现场检查。

□ 县域法人考核

2010年，朔州市启动鼓励县域法人金融机构将新增存款一定比例用于当地贷款工作。市人行与朔州银保监分局成立考核审查小组，召开辖内鼓励县域法人金融机构将新增存款一定比例用于当地贷款考核座谈会，安排部署相关工作。当年，山阴县、应县、右玉县、怀仁县4家县域农村信用联社参加考核，达标2家。2011—2019年，市人行每年依据《关于鼓励县域法人金融机构将新增存款一定比例用于当地贷款的考核办法》要求，对辖内县域法人金融机构和村镇银行金融统计数据开展核实，及时反馈核实结果。同时，组织召开辖区县域法人考核工作情况通报会，对考核结果进行通报。积极跟踪监测达标法人金融机构激励政策的落实。2016—2019年，朔州市县域法人金融机构考核工作连续4年获得人行太原中支肯定。

表 3-33　　2010—2019 年朔州市县域法人金融机构考核情况表

年份	山阴县农商行	山阴太行村镇银行	怀仁市农商行	怀仁慧融村镇银行	应县联社	应县金都村镇银行	右玉县联社	达标率
2010	达标	未参与	未达标	未参与	达标	未参与	未达标	50%
2011	达标	未参与	未达标	未参与	达标	未参与	未达标	50%
2012	达标	未参与	达标	未参与	达标	未参与	达标	100%
2013	达标	未参与	达标	未参与	达标	未参与	达标	100%
2014	达标	未参与	达标	未参与	达标	未参与	达标	100%
2015	达标	未达标	达标	未参与	未达标	未参与	达标	60%
2016	达标	未达标	达标	未参与	达标	未参与	未达标	60%
2017	达标	未达标	达标	未参与	达标	未参与	达标	80%
2018	未达标	未达标	达标	达标	达标	达标	达标	71.4%
2019	达标	达标	达标	达标	达标	达标	达标	100%
总达标率	90%	20%	80%	100%	90%	100%	70%	

□　经济金融数据库

1990年，市人行开始着手筹建经济金融数据库。1991年4月，组织各区县支行分管行长、计划股股长及相关人员，赴人行晋中分行考察学习组建经济金融数据库经验。同年5月，购齐建库物资。1992年，建成经济金融数据库宏观库和微观库。其中，宏观库按时间分为年度和月度2个库。年度数据包括综合、投资、消费、金融、财物、市场、物资、外贸等8个库459个指标；月度数据库504个指标。微观库涵盖全市28个工业企业数据，共有274个指标。1993年，经济金融统计数据库全部建成，配备专用微机，实现查询自动化，按月进行经济金融形势分析，按季召开联席会议，定期发布《宏观经济分析》《宏观金融分析》。同时，全市聘请专职信息员15名，做到数据库专人管理。1994年，按照省人行《中国人民银行山西省分行经济金融数据库达标升级实施方案》要求，开发部分数据库监测程序，对全市6区县金融统计数据库建设和运用情况开展现场检查，为数据库达标做好准备。1996年，与市统计局协调，增补和调整经济金融数据库部分指标，对1994、1995年2个年度的数据进行收集、整理、录入、装订，实现经济金融数据库建设经常化，规范化。1997年8月，朔州市金融统计数据库通过省人行达标验收，数据库积累原始数据1 077个。怀仁县支行数据库通过省人行升三级验收。

经济金融数据库建立后，市人行每年按时完成全市48户工业企业财务数据的收集、分析、上报工作和逐月工业景气分析。1998年后，随着金融统计监测管理系统上线运行，经济金融数据库逐步退出使用。

第二节　制度性调查

朔州市开展的制度性调查主要包括工业企业景气调查、企业商品价格调查、银行家问卷调查、民间融资调查、外向型企业人民币汇率变动承受能力调查、城镇储户问卷调查、农户储蓄问卷调查、十大行业信贷投放调查等内容。

□　工业景气调查

1990年，人民银行建立全国29个省（区、市）的5 000户作为景气调查定点企业开展景气调查。1991年，朔州市开始实施工业景气调查制度。调查内容包括重点行业、重点企业经营情况月度调查和季度企业家问卷调查两部分，月度财务调查由监测企业财务人员填写，每月5日前报送相关报表；企业家季度问卷调查由企业经理或部门负责人填写，每季10日前报送季度问卷和分析报告。当年，确定朔州水泥厂为定点调查企业，按月收集整理工业景气相关报表，及时上报月度分析报告。按季上报季度报表和季度分析报告。1993年，雁同合并。按照省人行工业景气调查要求，接收怀仁县小峪煤矿纳入工业景气调查范围。1999年，人民银行下发《中国人民银行工业景气调查制度》，正式确立工业景气调查为制度性调查。同时，对景气监测制度进行调整，工业景气和千户企业调查形成统一调查制度、统一传输方式、统一系统软件。朔州市将千户大型企业平朔露天煤矿纳入景气调查范围。朔州市工业景气调查工作实施初期，采用手工采集、汇总、编制报表。2000年，工业景气调查系统数据采集方式实现电子化采集。根据工作实际需要和操作系统对硬件升级换代的要求，2001年，企业景气调查系统完成升级。同年，停报朔州水泥厂，新增应县梨花春酒厂。到2004年，朔州市工业景气调查企业共3家，分别为平朔煤炭工业公司、应县梨花春酒厂、怀仁县小峪煤矿。2005年，按照人行太原中支《关于对全省工业景气样本企业运行调整的通知》，增加山西古城乳业、山西康喜乳业2家工业景气样本企业。工业景气调查系统总行选点景气样本企业增加至5家。2007年，根据企业的破产、兼并等情况，对样本企业进行调整，确保报价商品样本的代表性、报价数据的真实性。2008年，对工业景气系统进行升级及新增指标维护，开始采用“企业景气监测系统”采集上报数据，并与原来使用的单机系统双轨运行。2011年1月，工业景气调查新系统正式单轨运行。朔州市企业景气监测样本企业5个，按月上报监测信息，按季开展厂长（经理）问卷调查。2017年，按照人总行采样原则，调整和完善企业样本和商品样本，新增2家样本生产性服务企业调查样本。2018年，经人总行批准，新增2家景气调查样本企业，朔州市企业景气调查样本企业增加至9家。同年，停报山西康喜乳业。2019年，新增2家样本生产性服务企业，朔州市工业企业景气调查样本企业增加至11家。其中，工业企业样本企业7家，服务性样本企业4家。样本企业涵盖煤炭开采和洗选业、饮料制造业、农副食品加工业、非金属矿物制造业、商务服务业、仓储业、居民服务业、批发业及电力、热力的生产和供应业。

□　企业商品价格指数调查

1993年，人民银行建立中央银行批发物价调查统计制度。1994年，朔州市批发物价调查工作开始。调查制度建立之初，监测商品名录为香蕉、苹果、梨3种，按月采集、审核、汇总、上报调查数据。1998年，朔州市正式试运行国内批发物价指数调查系统。1999年，调查频度调整为旬。2000年，市人行共承担平朔洗精煤、山西古城乳业、应县梨花春酒厂3家企业4条规格品的报价记录。企业采价按每月5日、15日、25日时点价格进行登记、填报价格调查表。调查企业每月26日至27日向市人行上报价格数据，物价调查人员每月28日向人行太原中支上报数据，月底前上报本月物价分析。

2001年，国内批发物价指数调查更名为企业商品价格指数调查。2005年，市人行结合国家宏观调控对企业的影响，组织召开企业商品价格指数监测人员座谈会，与物价调查员签订合同，确保物价调查数据的准确、及时上报和物价分析的质量。2006年5月，完成物价调查新旧系统换版及并行。2007年，物价调查新系统上线，朔州市完成在新系统中的企业及商品注册，为物价系统启用做好准备。2007年后，市人行通过组织建立银行与企业、企业与企业之间的座谈、帮扶例会制度，与市物价局、发改委、统计局等市职能部门加强沟通交流等方法，推动物价调查工作的强化和提升。朔州市企业商品价格指数调查企业及规格品经过多次调整。2009年前，参加物价调查企业共3家、4个规格品。2014年布点企业从3家增至4家，规格品从4种增至9种。2018年，布点企业增至5家，规格品增至12种。2019年，朔州市布点企业达6家，规格品增至16种。

□　银行家问卷调查

2003年，中国人民银行和国家统计局联合建立银行家问卷制度。当年，朔州市“银行家问卷调查”工作制度建立。并开展银行家问卷调查系统的调试、调查行的选取、培训等工作，确定市农发行、市工行、市农行、市中行、市建行5家机构为定点调查单位。2004年，朔州市开始开展银行家问卷调查工作。配备专职人员1名，负责调查问卷的收集、整理、汇总和分析工作。银行家问卷调查对象为被调查行的行长或主管信贷业务的副行长，调查设置银行基本情况调查表（年报）和银行家问卷调查表（季报）。3月、6月、9月、12月分别进行了第一季度、第二季度、第三季度、第四季度银行家问卷调查数据的收集、录入、审核及上报，撰写调查分析报告上报，反馈各被调查行。2005年3月，根据人总行和人行太原中支工作安排，组织召开辖内各金融机构负责人参加的银行家问卷调查培训会议，对银行家问卷调查的制度、目的、调查范围、调查方式、操作要求进行培训，确保银行家问卷调查工作顺利完成。

2006年，朔州市上线运行银行家问卷调查新系统。2010年，朔州市银行家问卷调查开始按照2月、5月、8月、11月的调查频度进行调查数据的收集、录入、审核、上报。2011年2月，开始使用新修订的银行家问卷调查表。2012年8月起，银行家调查问卷中开始增加临时性问题。2012—2019年，市人行按照上级行工作要求，根据银行家问卷调查表内容的调整情况按季开展问卷调查、上报问卷汇总表和分析报告。

□　民间融资调查

2011年，人民银行调查统计司印发《中国人民银行调查统计司关于开展民间融资专项监测（试行）的通知》，建立民间融资专项监测制度。朔州市选取26家企业（见表3-34）作为调查对象进行监测，每半年监测1次，当年，开展问卷调查2次。2012年起，人民银行正式将民间融资专项监测列为制度性调查，频度由半年调整为季度。朔州市在保留26家样本企业的基础上，增加2家担保公司（怀仁中小企业信用担保中心、应县中小企业信用担保公司）、2家典当公司（朔州市万通源典当有限公司、朔州市晋鑫典当有限公司）、2家小额贷款公司（朔州玺凤小额贷款有限公司、朔州西易融小额贷款有限公司），按季度开展调查，每季度的6~11日前报送调查报表，14日以前报送分析报告。之后，每年开展此项调查。2017年，民间融资调查取消。

表 3–34　　2011—2017 年民间融资调查企业一览表

年份	2011	2012—2017
企业名称	朔州市军清商贸有限公司	朔州市军清商贸有限公司
	朔州市酉雅物业管理有限公司	朔州市酉雅物业管理有限公司
	朔州市胜茂农业发展有限公司	朔州市胜茂农业发展有限公司
	山西帅林农牧发展有限公司	山西帅林农牧发展有限公司
	朔州市源旺水利工程建筑公司	朔州市源旺水利工程建筑公司
	朔州市平鲁区农机石油供应站	朔州市平鲁区农机石油供应站
	朔州市平旺煤炭筛选有限公司	朔州市平旺煤炭筛选有限公司
	朔州市平鲁区兆星商务酒店	朔州市平鲁区兆星商务酒店
	内蒙古蒙牛乳业（集团）山西乳业有限公司	内蒙古蒙牛乳业（集团）山西乳业有限公司
	山西天鹏农牧有限公司	山西天鹏农牧有限公司
	山西玉龙土特产有限公司	山西玉龙土特产有限公司
	山西观音堂煤炭运销有限公司	山西观音堂煤炭运销有限公司
	山西辈辈龙蔬菜食品饮料公司	山西辈辈龙蔬菜食品饮料公司
	山阴天银高岭土有限责任公司	山阴天银高岭土有限责任公司
	山西诺成制药有限公司	山西诺成制药有限公司
	怀仁县首山食油贸易有限公司	怀仁县首山食油贸易有限公司
	怀仁晶屹建筑陶瓷有限责任公司	怀仁晶屹建筑陶瓷有限责任公司
	怀仁国益酒店有限责任公司	怀仁国益酒店有限责任公司
	朔州市跃胜实业公司	朔州市跃胜实业公司
	应县仁文淡水鱼养殖专业合作社	应县仁文淡水鱼养殖专业合作社
	应县元达房地产有限责任公司	应县元达房地产有限责任公司
	应县天美瓷业有限责任公司	应县天美瓷业有限责任公司
	山西明禾陶瓷有限责任公司	山西明禾陶瓷有限责任公司
	山西玉龙国际酒店有限责任公司	山西玉龙国际酒店有限责任公司
	山西臣丰食业有限责任公司	山西臣丰食业有限责任公司
	山西玉龙汇业房地产开发有限公司	山西玉龙汇业房地产开发有限公司
		朔州市万通源典当有限公司
		朔州市晋鑫典当有限公司
		朔州玺凤小额贷款有限公司
		朔州西易小额贷款有限公司
		怀仁县中小企业信用担保中心
		应县中小企业信用担保中心

□　外向型企业人民币汇率变动承受能力调查

2011年第二季度起，朔州市开始实施外向型企业人民币汇率变动承受能力调查。参与外向型企业调查的企业有平朔煤炭有限责任公司、山西三元炭素有限责任公司、怀仁晋利糖果有限责任公司、山西伊索莱特耐火材料有限责任公司。调查频度为季度，调查时间为3月、6月、9月、12月中旬。当年，市人行将拟参与调查企业名称、企业规模、所属行业等信息进行上报，并开展3次调查。之后，每年定期开展调查。2017年，该项调查取消。

□　城镇储户问卷调查

1999年，全国城镇储户问卷调查制度实施。2012年，朔州市开始实施城镇储户问卷调查，调查问卷200份。采取由被调查储户在调查网点现场填写问卷的方式开展调查，调查人员在调查网点对被调查储户进行现场讲解，并指导其答卷，保证回收问卷的质量。调查人员负责调查数据的采集、审核、备份及上报工作。调查时间为每年的2月、5月、8月、11月中旬，问卷数据上报时间为调查当月的24—26日，分析报告的上报时间为次月的4日之前。

城镇储户问卷调查制度实施以来，市人行严格按照上级行工作要求，发放、填写、回收储户问卷，及时、准确完成城镇储户问卷调查的采集、审核、汇总、上报工作，在问卷收集、汇总、上报工作中，做到专人负责。

□　农户储蓄问卷调查

2010年6月，按照《关于在全省范围内实行农户问卷调查制度的通知》（并银调〔2010〕7号），朔州市开始实施农户储蓄问卷调查。调查以普通农户为调查对象，调查问卷200份。调查工作每半年开展一次，调查时点为6月和12月的1—15日，调查数据上报时间为6月、12月的25日前，调查分析上报时间为6月、12月的28日前。之后，每年开展此项调查。2017年，该项调查取消。

□　十大行业信贷投放问卷调查

2005年，按照人行太原中支工作安排，朔州市开始实施金融机构十大行业信贷投放问卷调查。出台《定期上报朔州市十大行业运行状况管理办法》，按季开展十大行业信贷投放问卷调查，对十大行业信贷投放变化及发展趋势进行分析，为太原中支提供了有价值的意见和建议。当年，开展3次十大行业信贷投放问卷调查。之后，每年按季开展此项工作。2017年该项调查取消。

第三节　宏观经济分析监测

□　宏观经济分析

朔州市宏观经济分析业务分为常规分析、专题分析、热点分析等，其中，常规分析又分为月度分析和季度分析，对朔州市经济金融运行情况进行综合分析，定期撰写上报分析报告；专题分析主要围绕热点问题、苗头性问题和宏观调控政策效应问题等进行深度分析，不定期撰写分析报告。同时，市人行宏观经济分析还负责为全市经济运行情况分析例会提供宏观经济金融运行分析资料，为地方领导提供参考。宏观经济分析工作实行经济金融分析例会制度，市人行每季组织召开全市经济金融运行分析座谈会，探讨研究辖内经济金融运行态势及热点问题，分析经济金融运行中存在的问题，不断拓展分析的深度和广度，提高分析报告的时效性和实用性，对执行货币政策，加大宏观调控力度，加强和改进金融服务，维护金融稳定，促进地方经济发展提出具体的措施和建议。市人行经济金融运行分析工作多次被市政府领导批示，转化为实际政策措施。

1989年，朔州市建立经济金融分析例会制度，由市政府牵头，市人行、有关经济部门、专业银行参加，每季召开一次。1991年，建立经济金融分析报告制度，市人行、市政府经济主管部门共同研究分析经济金融形势。2001年，召开“政府、银行、企业恳谈会”，加强地方政府、金融部门、企业之间的联系与沟通。2005年，完善经济金融季度分析例会制度，拓展分析范围，按季组织召开由市人行牵头，市人大、市政府、市政协、市财政局、市发改委、市统计局以及市级金融机构负责人等参加的季度经济金融运行情况分析会，之后，每年按季组织召开全市经济金融运行分析会议。2010年后，每月按时向中国人民银行宏观经济时间序列数据管理系统填报全市经济金融指标，并按月更新补充，满足地方经济金融形势分析的需要，为经济分析预测提供支持。

□ 经济金融监测

朔州市监测工作围绕经济金融运行中出现的新情况与热点问题，特别是宏观政策调整效应，及时反映各项政策出台后的执行情况，跟踪政策实施效果，并根据辖区经济金融形势，重点关注房地产市场、煤炭企业、金融风险等变化情况开展监测，通过经济金融分析会、金融机构月度分析报告等形式加强信息采集，扩大货币监测工作的信息覆盖面，提高货币监测分析水平，及时向地方政府和上级部门进行反馈。1996年，按旬、月做好货币投向情况监测及分析。1997年，针对企业改制对金融运行的影响，对朔州市银行贷款增速、股市的区域性动态、国库券的销售情况、朔州市不良资产状况、成因及其变化等开展监测。适应金融改革发展的需要，扩大货币监测范围，由单纯的现金收支扩展到货币市场和资本市场，并逐月对货币信贷运行及货币政策效应进行分析监测。1998年，在加强基础性统计监测、分析的基础上，加强对全市货币流通量、中小企业改善金融服务及国有、集体企业生产经营及效益状况、发行库业务量等的监测。

2000年，建立货币政策监测分析制度，制定《朔州市中心支行货币信贷监测报告制度》，对金融机构的存贷款、国有大中型企业、500户及1 000户企业的资金营运状况进行跟踪监测分析。2002年，制定《朔州市中心支行货币信贷政策监测报告》基本要求，按时召集市政府有关部门、各商业银行、城乡信用社、农业发展银行等机构对全市经济、金融运行情况进行分析研究。2001—2003年，朔州市货币监测工作连续三年被人行太原中支评为一等奖。2007年，货币监测工作的重点围绕存贷款基准利率的提高、法定存款准备金率调整、股票基金市场火爆与存贷款状况分析、物价特别是副食品价格上涨对经济金融运行的影响开展，每月向人行太原中支上报一篇热点、焦点或难点动态反映。

根据人行太原中支《开展山西省特色经济数据库研究工作实施方案》，从2014年起，朔州市作为山西省人民银行系统数据监测收集点之一，开始开展特色产业监测工作。当年，市人行与市统计局、市农委沟通协调，确定“奶牛养殖产业”为朔州特色产业监测研究对象，做好特色产业监测研究分析工作。2016年，印发《关于在全辖开展特色经济调查研究工作的通知》，通过上下联动调研方法，完成《平鲁区煤炭经济发展情况的调查及对策》《对应县陶瓷业发展现状与趋势的调查》《对金融支持山阴县钙化工产业发展情况的调查》《对应县畜牧业发展情况的调查》《平鲁风力发电情况调查》等特色产业监测调研报告。2017年，建立煤炭产业发展专项监测机制。当年，与市经信委、市发改委、市统计局等部门建立协调机制，对全市金融机构发放煤炭企业的所有贷款按季进行监测，为上级行了解地方煤炭产业发展情况提供监测信息。2018年，对中煤平朔、中煤华昱、右玉玉龙集团牛心堡风力发电公司、平鲁区茂华能源投资风力发电公司等企业开展重点监测，特色经济产业监测研究工作受到人行太原中支肯定。

2019年，朔州市金融统计监测重点围绕辖内物价、房地产市场、煤炭、陶瓷、扶贫、税费等领域变化情况开展，提升对经济金融运行的分析预测和判断能力。

第四节　金融研究

□　制度机制

1989年至2019年，市人行树立“调研立行”的理念，将专题调研工作作为全行目标考核的一项重要内容，每年印发全市人民银行系统重点研究课题通知或指南，确定重点研究课题项目，具体落实到各科室、各县（区）支行，组织开展全市人民银行系统重点课题申报评审工作，并从人员、经费和撰写时间等方面予以支持。每年都有多篇调研报告被上级行或上级刊物采用。

为了推动金融研究工作，1990年，市人行组织召开朔州市“金融理论研讨会”，其间，收到各类论文66篇，其中44篇获奖。1991年，建立行领导调查联系点制度，确定全市11个大中型企业作为行领导金融调研的定点企业。1996年，建立人民银行、各专业银行、各区县人民银行、政府与银行、银行与企业互相联网、互通信息的大调研体系。同时，把调查研究工作纳入目标责任制考核的重要内容。当年，完成省人行下达调研课题7项。撰写理论研讨文章15篇，编发《朔州金融调研》6期，刊登文章270多篇。2005年，出台《朔州市经济金融横向联合调研机制实施办法》，市人行、市发改委、市统计局建立经济金融横向联合调研机制，形成人民银行、金融机构及政府有关经济管理部门的调研网络，金融研究工作合力增强。同时，印发《朔州中支重点调研课题管理暂行办法》，对全市金融研究重点课题进行规范管理。2007年，出台《朔州中支课题研究上下联动集中管理操作规程》，确立以集中调研为主线的调查研究方法，整合辖区调研资源。基本做法是：选定课题、自由报名、量才组合、统一活动、集中汇总、相互点评、组长审定等程序，实现在较短时间内完成较多调研成果的目标。之后，每年采取上下联动集中调研的方法开展调查研究。当年，市人行通联工作被山西省金融学会评为通联工作一等奖。2008年，通联工作被人行天津分行金融学会评为“2007—2008年度通联工作二等奖”。

从2011年起，对有中级职称的干部职工和副科以上领导干部均下达调查研究工作任务。同时加大奖惩力度，对在金融研究方面做出成绩的干部职工，从物质和精神两方面给予奖励，对没有完成任务或敷衍应付、工作质量不高的职工，给予一定的经济处罚。2013年，建立调研工作资源共享平台，调研资料纳入全市人民银行系统调研成果统一管理。部门或个人调研在向上级行及外部刊物投稿前，应事先报调查统计科审核备案。2015年，成立青年课题小组，提高干部职工开展金融研究工作的积极性。2016年，承办《山西金融》专刊，全辖40篇优秀调研文章被刊发。

2019年，朔州市金融机构开展“新春走基层 金融探实情”金融调研工作。其中，《民营企业有效融资需求及供给状况分析》调研报告被人行太原中支评为一等奖。《金融支持农村供给侧结构性改革案例研究》被人总行金融研究局《金融研究报告》第4期采用。《普惠金融视角下农村金融产品和服务方式创新研究》被人行天津分行《金融研究报告》采用，传人总行参阅。《关于山西省资源型企业减税降费政策实施效果的调查》被人总行批阅。

□ 重点研究课题

市人行每年根据人行天津分行和人行太原中支下达的金融研究工作重点及课题目录导向，进行申报并在规定时间内完成相关课题的报送（见表3-35）。

表 3-35　　1995—2019 年朔州市承担人民银行系统重点研究课题情况表

序号	课题名称	课题下达单位	年份	获奖情况
1	当前金融监管中所面临的几个现实问题	太原中支	1995	山西省金融学会理论研讨会交流
2	建设绿色奶都，壮大乳业经济	太原中支	2004	三等奖
3	经济欠发达地区金融脱媒问题研究	太原中支	2008	一等奖
4	居民消费结构及预期	太原中支	2008	二等奖
5	次贷危机的蝴蝶效应：金融危机对实体经济影响的调查	天津分行	2009	一等奖
6	合作博弈、激励约束和宏观环境：欠发达地区农村信用社改革效果评析	天津分行	2009	二等奖
7	高碳能源城市低碳转型发展研究	太原中支	2010	十佳课题奖
8	民间借贷发展及其规范化研究	太原中支	2011	三等奖
9	资源型地区经济发展模式转型研究	天津分行	2012	二等奖
10	小额贷款公司经营风险分析	太原中支	2012	三等奖
11	民间资本进入金融领域发展问题研究	天津分行	2013	一等奖
12	资源型地区经济发展模式转型研究	天津分行	2013	三等奖
13	利率市场化对地方法人金融机构影响与对策研究	太原中支	2014	三等奖
14	金融支持小微企业发展模式借鉴与启示研究	天津分行	2014	三等奖
15	互联网视角下农村普惠金融发展问题研究	太原中支	2015	三等奖
16	互联网金融背景下农村信用社转型发展问题研究	天津分行	2015	二等奖
17	金融支持精准扶贫工作研究	太原中支	2016	三等奖
18	去库存背景下房地产业金融风险研究	太原中支	2016	三等奖
19	农村信用社体制机制改革与发展研究	太原中支	2016	三等奖
20	绿色金融发展与地区产业结构调整关系实证分析	天津分行	2017	二等奖
21	农业供给侧结构性改革发展与金融支持问题研究	天津分行	2017	三等奖
22	绿色金融发展与地区产业结构调整相关性研究	太原中支	2017	三等奖
23	普惠金融现实困境与对策研究	太原中支	2018	三等奖
24	普惠金融视角下农村金融产品和服务方式创新研究	天津分行	2018	一等奖
25	互联网金融助推普惠金融发展问题与路径研究	天津分行	2018	三等奖
26	欠发达地区非金融企业杠杆率现状及去杠杆问题研究	天津分行	2018	三等奖

续表

序号	课题名称	课题下达单位	年份	获奖情况
27	欠发达地区房地产金融风险压力测试研究	天津分行	2019	二等奖
28	地方法人金融机构风险监测探析	太原中支	2019	优秀奖
29	民营企业有效融资需求及供给状况分析	太原中支	2019	一等奖

□　专项调查研究

市人行根据上级行及全市人民银行系统工作安排，每年开展多项专项调查研究，推动金融研究工作开展（见表3–36）。

表 3–36　　　1998—2019 年朔州市人民银行系统承担和自主专项调研情况统计表

年份	研究内容
1994	全市金融机构资产质量、固定资产投资中自筹资金到位难调查等
1996	基层专业银行转轨调查、农村信用社亏损调查、固定资产投资状况调查、现金投放过猛调查、地方国有工业企业亏损调查、农村贫富差距调查等
1997	外贸企业经营、财政收入退库、工业企业资金运行状况、人民银行资金流向以及全市中小企业改制状况等调查
1998	全市货币流通量调查、中小企业改善金融服务调查、国有及集体企业生产经营及效益状况调查、对发行库业务量调查等
2000	山西朔唯陶瓷有限公司企业债券兑付资金困难的紧急调查
2001	朔州市煤炭产销状况调查
2002	辖区金融机构助学贷款业务发展调查、市级金融机构信贷投向及投量情况调查、朔州市金融机构支持外贸企业情况调查、朔州市下岗职工再就业优惠政策落实情况调查、地方政府向中央借款调查和朔州市房地产市场与房地产金融情况调查、进一步促进投资需求增长调查、关于辖区存差情况、中小企业融资情况、金融支持地方经济情况、推行利率市场化情况等调查
2003	企业贷款难、银行信贷集权、农村信用社新监管指标执行中存在问题、票据融资中存在问题、县域经济发展中金融支持弱化调查
2004	民营企业贷款难、县域经济发展中金融支持弱化、产业及信贷结构调整、货币政策实施效果调查
2005	朔州市民间融资情况的调查、朔州市票据融资情况的调查、朔州市中长期贷款发展情况的调查
2007	“零贷款余额”现象、存款准备金连续上调对地方法人金融机构影响、抵押和质押贷款发放情况、民间融资问题、流动性过剩等调查
2010	朔州市房地产发展情况、中小企业信用担保业发展情况、新农村建设农户认知及预期、煤炭行业发展及其信贷情况、春耕备耕情况等调查
2011	2002—2010 年辖区 6 家农村信用社重点调查
2012	辖区具有法人资格的 6 家农村信用社服务中小企业情况调查、朔州市煤炭业经营状况及融资情况调查
2013	基层人民银行服务社会职能情况调查、对山西省政银合力支持小微企业情况调查、县域法人金融机构新增存款用于当地贷款有关情况调查、金融支持新型农业经营主体发展情况调查、辖内法人金融机构经营情况开展调查、辖区小微企业融资情况调查、小额贷款公司经营情况调查
2014	城市商业银行票据直贴分行业情况调查、存贷比口径调整后对山西地方法人金融机构影响调查、对农信社票据业务情况的调查、小微企业融资成本及涉农贷款调查、房地产行业调查等专项调查，关于全市经济、金融、企业、房地产、煤炭行业调查，普惠金融视角下农村小额信贷供需情况调查
2015	金融网络化背景下中小金融机构经营模式发展调查、互联网背景下小微企业融资模式调查、地方法人金融机构发展普惠金融的调查、新常态下地区金融发展与产业结构调整关系调查、对村镇银行支持县域经济发展的调查、法人金融机构支持县域经济发展调查

续表

年份	研究内容
2016	朔州市房地产运行情况调查、金融支持煤炭行业去产能情况调查、去产能过程中煤炭行业信贷风险防范情况调查
2017	小额贷款公司经营情况调查、朔州市绿色金融发展调研、煤炭行业去产能情况调查、朔州市银行业与融资担保机构合作专项调查、朔州市法人金融机构表外业务风险情况专项调查、朔州市农村信用社风险状况调查、煤炭行业金融去杠杆过程中存在的问题、煤炭去产能情况问题调查、农业供给侧结构性改革背景下对应县“粮改饲”模式的调查
2018	金融支持清洁供暖、政府债务杠杆率调查、小微企业融资调查、住户部门债务专项调查、企业应收账款专项调查、美国提高关税对工业企业出口影响调查、资产管理产品杠杆水平调查等10多项
2019	金融支持实体经济、金融支持民营小微企业、中美贸易摩擦对进出口企业影响、减税降费对企业税负影响、LPR贷款定价机制对中小金融机构影响等41项

第十章
征信管理

2003年，国务院赋予中国人民银行“管理信贷征信业，推动建立社会信用体系”职责。同年，人民银行实行职能转换，增加征信职能。2008年，人民银行“三定”方案对征信管理工作进行调整：由过去的管理信贷征信业务调整为管理征信业；增加推动社会信用体系建设新职能；明确金融征信统一平台由人民银行建设。2013年，《征信业管理条例》正式颁布实施，确立中国人民银行及其派出机构依法对征信业进行监督管理的职能。

1998年之前，朔州市征信工作主要是贷款证发放及年审工作，由市人行调查统计科负责。2000年，调查统计科与计划资金科合并为货币信贷与统计科，履职部门变更为货币信贷与统计科。2003年，征信管理服务职能改由调查统计科承担。2015年3月，市人行单设征信管理科，负责对朔州市征信业的监督管理，同时推动金融生态环境建设。至此，朔州市征信工作体系得到全面加强和进一步完善。

1999年，朔州市完成银行信贷登记咨询系统建设。2005年，个人信用信息基础数据库建设全面推进，企业信用信息基础数据库系统开始建设。2006年，中小企业信用体系建设试点工作起步。2007年，农村信用体系建设工作开始实施。1998—2019年，经过20多年的发展，朔州市征信机构从无到有，征信系统实现了从手工贷款证制度到银行信贷登记咨询系统，再到全国统一的金融信用信息基础数据库系统的跨越，征信工作从最初的单纯贷款证发放及年审到逐渐扩大为征信市场管理、征信系统建设、征信宣传及服务、社会信用体系建设等诸多方面。征信服务对象从银行类金融机构扩展到包括企事业单位、个人等在内的社会各个领域和各个层面。

第一节　征信系统建设

□　银行信贷登记咨询系统

1997年，中国人民银行正式开始建设银行信贷登记咨询系统。1999年，辖区银行信贷登记咨询系统上线运行，市农行、市中行、市建行等金融机构第一批接入系统。市人行牵头成立银行信贷登记咨询系统建设工作协调小组，具体负责全市银行信贷登记咨询系统建设推广工作。2000年，根据《山西省银行信贷登记咨询系统查询管理办法（试行）（城市人行管理子系统）》和《山西省银行信贷登记咨询系统查询管理办法（试行）（贷款卡管理子系统）》，市人行全面推广银行信贷登记咨询系统建设工作，组织金融机构信贷人员联合办公，做好各金融机构信贷业务初始数据的录入工作。当年，纳入系统管理的信贷数据占朔州市贷款余额的93%，金融机构利用系统查询400余次。2001年6月，单机版贷款卡管理子系统升级为银行信贷登记咨询系统城市分系统优化版（即V2.0版），并且率先实现与人行太原中支的联网。市人行按照《信贷登记咨询系统联网操作规范》，对银行信贷登记咨询系统中数据进行集中清理，通过4次对数据库中1 000多个借款人信息的检查，全面完成数据库的清理、重报、整理、审核。2002年6月，朔州市银行信贷登记咨询系统升级为V3.0版省域分系统，并实现全国联网。2003年，市人行开展银行信贷登记咨询系统全国联网异地数据上报卡号协查工作，协查各地市查询反馈号码1 530条，完成对32个省市的查询测试。为进一步加强银行信贷登记咨询系统建设，保证银行信贷登记咨询系统数据的质量，2001—2003年，市人行先后制定《朔州市银行信贷登记咨询系统管理办法》《朔州市城市行管理子系统查询管理办法》《朔州市银行信贷登记咨询系统工作月报制度》等多项规章制度。年末，全市共录入信贷数据50多亿元，占应录数据的98%，拥有机构用户178个，查询用户210个，数据库日均访问量20次。2005年，银行信贷登记咨询系统升级更名为企业信用信息基础数据库系统。新老系统进入双轨运行。全市共有5家银行和非银行金融机构的156个信贷网点接入信用信息基础数据库。市人行制定七项制度：《朔州市银行信贷登记咨询系统工作考评办法》、“朔州市银行信贷登记咨询系统月报制度”“月度非现场检查通报制度”“非现场检查月度分析制度”“领导约见谈话制度”“举报核对制度”“年审企业信息核对制度”，编印《朔州市银行征信管理制度汇编》，将系统运行的各项工作纳入制度化、规范化轨道。年末，全市金融机构实际入库人民币贷款余额89亿元，入库率由2004年底的68%上升到96%，增长28个百分点；外币贷款入库余额3.6亿元，承兑汇票入库余额2.86亿元，信用证入库余额0.02亿元，保函入库余额0.21亿元，与1999年末贷款余额58.12亿元相比，信息入库量增加6倍，累计实发卡1 464张，同比多增221张，比1999年的259张增加1 205张。

□ 企业征信系统

2006年3月，朔州市正式启动企业征信系统，对银行信贷登记咨询系统进行补丁程序升级、错误数据清理和数据清库，并开展贷款卡信息补录。6月，原信贷登记咨询系统停止运行。7月，实现从银行信贷登记咨询系统向企业信用信息基础数据库的切换，银行信贷登记咨询系统升级为全国集中统一的企业信用信息基础数据库。2009年，加快信用信息数据的录入进度，保证信贷数据入库率不低于96%，6月，全市企业征信系统共收录借款人信息8 872个，入库信贷业务余额150.61亿元；2010年，市邮储银行加入企业征信系统。到2011年，朔州市企业征信系统共收录借款人信息10 559个，入库信贷业务余额231.24亿元；2012年，企业征信系统共收录借款人信息11 144个，入库信贷业务余额237.98亿元；通过查询企业征信系统拒绝有潜在风险的贷款申请28笔，涉及金额2.1亿元。2015年，朔州市推动小额贷款公司和融资性担保公司（简称两类机构）通过互联网接入征信系统，全市首批4家小额贷款公司和1家融资担保公司自愿接入征信系统。2015—2018年，地方数据不再对金融信用信息基础数据库统计进行公布。2016年，朔州市建立农村信用社征信数据质量监测机制。市人行借助定点监测和两端核对手段，必要时采取约谈机构高层的方式，切实提高其征信数据报送的及时、准确、完整。11月，太行村镇银行接入征信系统。次年12月，该行通过发起行晋城银行开始征信系统端口对接以及数据报送工作。2017年，朔州市推广应用山西省小微企业和农村信用信息系统，并做好各类主体信息采集工作。年末，系统共录入数据50 623条，入库农户中授信农户10家，授信额度50万元。同年，蒙银村镇银行向市人行申请接入征信系统，接入方式以及端口开发程序全部由发起行内蒙古银行负责。2019年8月，金都村镇银行申请接入征信系统。12月，慧融村镇银行申请接入征信系统。年末，企业征信系统共收录企业信息2.6万条。

□ 个人征信系统

2004年，人民银行正式启动个人征信系统建设工作，12月15日，个人信用信息基础数据库试运行。2005年，朔州市建成个人信用信息基础数据库。全市四大国有商业银行开始向个人征信系统上报个人信贷数据。11月10日，市人行经过多次与市住房公积金管理中心沟通协商，正式就朔州市个人住房公积金信用信息纳入人民银行个人征信系统达成合作协议，并签订信用信息采集协议书。12月23日，朔州市成为山西省公积金数据首家成功加载人总行征信服务中心的地区，也是当时全国62家已报送数据中第4个全部加载成功的地区，账户记录数为12 834条。2006年，个人信用信息基础数据库在朔州正式运行，开始面向社会公众免费提供个人信用报告查询。市人行印发《朔州市企业和个人信用信息基础数据库建设工作考评办法》，从4月起，对辖内各行、社个人信用信息基础数据库建设按季考评。2009年末，朔州市个人征信系统共收录借款人信息52 007条，入库信贷余额7.44亿元。2012年，个人征信系统共收录个人信息154 900条，入库信贷余额18.54亿元。开通查询用户90个，月均查询量超过615次。12家金融机构通过查询个人信用报告拒绝有潜在风险的个人贷款申请4 026笔，涉及金额1.7亿元；2014年，个人征信系统共收录借款人信息193 456条，入库信贷余额26.64亿元。2019年末，个人征信系统共收录自然人信用信息138.2万条。

□ 中征应收账款融资服务系统

2013年，朔州市中征应收账款融资服务系统推广运行。2014年，完成中征应收账款融资服务系统的常用户注册工作。2015年，市人行组织召开由市政府相关部门、银行业金融机构和核心供应链企业分管领导和部门负责人60余人参加的应收账款融资服务推进会。11月末，朔州辖内应收账款融资服务系统注册用户80家，其中资金提供方74家，债权人/债务人6家，包括应县锦华科技实业有限责任公司、中煤平朔集团有限公司、大同煤矿集团铁峰煤业有限公司、大同煤矿集团朔州煤电有限公司等。截至2019年末，中征平台共帮助48家企业获得融资874 450万元（见表3–37）。

表 3–37　　朔州市中征应收账款融资服务平台应用情况统计表

年份	注册机构 / 个	个人注册 / 个	融资笔数 / 笔	融资金额 / 万元
2013	0	0	0	0
2014	46	0	0	0
2015	34	0	6	27 750
2016	9	1	14	224 300
2017	7	0	17	265 400
2018	6	0	7	227 000
2019	374	26	4	130 000
合计	476	27	48	874 450

□ 央行内部评级系统

2006年，朔州市启动中小微企业资信评级业务，由独立的第三方中介机构对中小微企业进行信用评级。此后，资信评级工作持续开展。当年，金诚国际信用管理公司对山阴县15家企业进行资信评级。2007年，市人行印发《2007年朔州市借款企业融资担保机构资信评级推广工作方案》，召开朔州市资信评级介绍会，积极推动资信评级工作。当年，金诚国际信用管理公司完成对平鲁2家企业的资信评级。2009年，市人行加强信用评级机构业务管理，对进入朔州市场的3家评级公司（大公、金诚、联合）评级地域范围重新划分，扩大公共业务区域，促进3家信用评级机构业务合理竞争。同时，要求各银行业金融机构在对企业信贷审查中，实行内部评级的同时，参考其外部评级情况，最大限度地降低信贷风险。制定实行三年以上（含三年）不参加贷款卡年检的企业在贷款卡年检前要参加信用评级的办法，改善企业信用评级环境。年末，全市共有14家中小企业和2家微小企业评定信用等级。2010年，开始推动小额贷款公司参与信用评级工作。当年，全市共有7家中小企业和1家信用担保公司参与信用评级，其中，大公3家、金诚4家、联合1家。2014年，开始开展信用担保公司（简称两类机构）信用评级工作，1家信用担保机构参与信用评级。到2019年末，朔州市通过央行内部（企业）评级系统共上传企业141家，通过资信评级98家。

□ 动产融资统一登记系统

2007年，动产融资统一登记公示系统建立。同年10月1日，朔州市正式推广运行动产融资统一登记公示系统。到2019年末，朔州市共审核机构用户22户，通过平台完成动产担保登记184笔，完成动产担保查询52笔。

第二节　征信服务

□ 征信查询

2001年，朔州市开通银行信贷登记咨询系统24小时不间断拨号网上查询业务和自动传真回复子系统。2005年，市人行明确规定：银行信贷登记咨询系统的数据库只对银行提供查询服务，查询前要征得被查询企业和个人的授权。2007年，市人行制定《中国人民银行朔州市中心支行个人信用报告查询业务管理办法》，开始办理个人信用查询和异议处理业务。2010年1月，朔州市开通个人征信系统区县支行查询用户。2012年7月，开始使用新版个人信用报告。2014年，征信查询服务设立A、B岗位。2015年3月，市人行征信查询窗口对外开放，企业、个人信用报告需求量逐年递增。2017年，市人行建成征信查询大厅，同时启用第一台个人征信自助查询机，征信查询进入“刷脸时代”。同年，人行应县支行配置第一家县级机构个人征信自助查询机。2018年，朔州市建立征信用户查询操作日核查机制，每日业务结束后，用户管理员对征信系统查询用户查询行为的合规性、资料完备性等进行核查，并做好登记，严守信息安全底线。同年，山阴县、平鲁区、怀仁市、右玉县4家县级机构配备个人征信自助查询机，至此，朔州市实现个人征信自助查询机全覆盖。2019年，全辖区共完成个人信用报告查询62 965笔，企业信用报告查询1 165笔。

表 3-38　　2009—2019 年朔州市征信查询量　　单位：笔

年份	个人征信报告查询	企业征信报告查询
2009	13 695	3 628
2010	26 205	5 371
2011	33 686	4 667
2012	421	52
2013	1 374	58
2014	6 987	103
2015	17 308	268
2016	25 938	369
2017	36 408	535
2018	51 564	1 002
2019	62 965	1 165

□ 贷款卡管理

1992年至1995年，中国人民银行在深圳试点贷款证制度，由贷款银行在贷款证上逐笔登记放贷信息，提高透明度，降低信贷风险。1993年，朔州市开始实行贷款证制度，发放贷款证（贷款证最初为手工纸质），规定企业申请贷款，必须向贷款银行出示贷款证。之后，各银行逐渐把执行贷款证制度作为防范风险的主要内容来抓，实行审贷分离，完善贷款放、用、收责任制，风险防范意识明显增强。1999年，磁条式贷款卡取代纸质贷款卡，市人行首次对辖内持有贷款证的企事业单位、社会团体和其他贷款人开展贷款卡发放及年审工作。之后，每年3—6月为贷款卡集中年审期。贷款卡年审坚持五核对，即核对企业的营业执照、代码证书、财务报表、法人身份、企业信贷数据。做到四相符，即入库数据与贷款证登记数据相符、财务报表贷款与贷款证登记数据和入库数据相符、年审时企业提供的相关资料与系统中企业信息相符、年审报告书与企业提供的有关资料相符。对手续不规范、资料不完整的进行纠正，保证年审质量。2006年，市人行制定《朔州市中心支行贷款卡管理工作制度》，设立服务监督电话，向社会公布贷款卡年审依据、条件及办理程序，实行预约年审。2014年12月起，人民银行取消贷款卡发放核准行政审批事项，朔州市贷款卡发放及年审工作随之取消。在二代征信系统上线前，仍保留贷款卡编码用于征信系统采集企业信用信息，名称改为“中征码”。

表 3-39　　1999—2014 年朔州市贷款卡办理数量表　　单位：张

年份	贷款卡发放	贷款卡年审
1999	—	—
2000	406	—
2001（6 月末）	99	45
2002	—	146
2003	—	165
2004	—	—
2005	83	205
2006	95	319
2007	1 607	244
2008	—	—
2009	139	260
2010	243	348
2011	196	431
2012	316	512
2013	408	845
2014	352	563

□ 异议信息处理

市人行非常重视异议信息处理工作。2007年，开始办理个人异议处理业务。2010年起，指定专人负责征信异议的受理，并公布咨询电话。2012年、2013年分别办理异议核查登记2笔、8笔，在限期内全部得到妥善处理。2017年，受理个人征信异议2笔。2018年，规范异议、投诉、司法查询规程，设立专人负责，建立专门登记簿，加强与客户的沟通，提高征信服务效率。

第三节　社会信用体系建设

□ 中小企业信用体系

2006年，中小企业信用体系建设开始试点。朔州市按照“集中采集，分散补充”的办法，启动中小企业信用信息征集工作，当年，导入中小企业信用信息907户，完成采集任务的147%。2007年，市人行印发《关于抓紧落实中小企业信用档案征集工作的通知》，确定“上下联动、广泛动员、通报督办、分步推进”的原则，采取从账户系统提取中小企业部分信息与办理贷款卡采集信息相结合的办法，完善和充实中小企业信用信息。当年，采集中小企业信用信息2 114户，其中，新入库1 520户。更新企业信息560户，完成任务的96%。2009年，引导金融机构利用中小企业信用档案挖掘优质客户，支持中小企业发展，5月25日，朔州市促进非公有制经济健康发展首届银企合作洽谈会暨签字仪式启动，24家中小企业与银行签订贷款意向13 570万元，其中现场签订贷款合同8 170万元。当年，纳入中小企业信用档案企业2 272家，其中，取得银行贷款的中小企业39户。2010年6月，印发《朔州市中小企业信用体系试验区实施意见》《关于开展中小企业信用体系试验区建设工作的通知》，确定怀仁县为朔州市中小企业信用体系实验区，启动中小企业信用体系实验区建设。2011年，建立中小企业信用档案的企业户数达2 517家，其中，取得银行贷款的中小企业户数108家。到2014年，朔州市建立中小企业信用档案的企业户数达3 205家，其中，取得银行贷款的中小企业户数504家。

□ 农村信用体系

2005年，朔州市开始推进农村信用体系建设。市人行出台《中国人民银行朔州市中心支行深化创建信用村、信用乡镇活动实施方案》《中国人民银行朔州市中心支行创建信用社区活动实施方案》和《朔州市金融生态建设三年规划》（该文被朔政办发2005年99号文印发到各县区人民政府，市直各有关单位），全市确定1个试点信用社区、5个试点信用村镇，推动金融生态向良性发展。2006年，市人行与地方政府有关部门建立长期合作和有效协商机制，把改善金融生态环境与朔州市政府建立“信用朔州”活动紧密结合，督促指导朔州市5个区县支行制定《金融生态环境建设五年规划》，均被当地政府批转执行。当年，全市评选出县级信用村24个，信用户75 929户。2007年，朔州市政府印发《朔州市优化金融生态环境建设工作意见》（朔政办发〔2007〕5号），并下发至6区县政府和市直各部门。2009年，市人行制定《朔州市农村信用体系建设实施方案》，全面开展农户信用评级工作。10月末，全市建立农户信用档案118 670户，评定信用户111 944户，根据信用资质发放小额贷款4.7亿元。2010年，开发农户信用评级系统，将已发生信贷业务的200户农户信息录入系统，并进行相应的评级授信。2012年8月，市人行、共青团朔州市委员会和各金融机构在农村信用体系建设试点县应县组织召开朔州市农村青年信用体系建设现场促进会，推进农村信用体系建设稳步开展。12月，市人行、团市委在全市范围内开展由涉农银行业金融机构推选优秀农村青年信用示范户活动，加强农村青年诚信意识教育。2014年10月，右玉县设立朔州市征信宣传教育基地并举行揭牌仪式，全市社会信用体系建设进一步加快。2017年，市人行联合朔州市发改委制订《朔州市建立完善守信联合激励和失信联合惩戒机制　加快推进社会诚信建设方案》，进一步完善对失信企业的联合惩戒机制。

□ 机构信用代码推广应用

2012年，市人行制订《朔州市机构信用代码推广运行工作方案》，成立朔州市机构信用代码推广运用工作领导机构，开始机构信用代码推广运用工作。当年，全市累计发放机构信用代码证14 583家，其中，存量机构13 731家，增量机构852家，总发证比率88.6%。2013年11月，朔州市银行业累计对18 120家机构发放机构信用代码证。其中，存量机构14 583家，增量机构3 537家，发放率100%。当年，增量机构信用代码证发证率在山西省名列前茅。2014年，累计发放机构信用代码证3 445家机构，其中，存量机构38家，增量机构3 407家。

第四节 监督检查

□ 信贷登记咨询系统运行检查

市人行建立对辖内金融机构征信业务按年度现场检查制度。2006年前，朔州市征信业务检查主要围绕银行信贷登记咨询系统运行情况开展。2006年后，现场检查主要包括个人、企业征信系统制度执行情况及贷款卡年审制度执行情况。

2001年，对辖内28家金融机构的贷款证使用和管理及银行信贷登记咨询系统的运行情况进行检查，检查涉及贷款户300多户，业务笔数1 000多万笔，被查金额6 000多万元。对8个违规信贷网点进行处罚。2003年，对辖内36家金融机构信贷登记咨询系统制度执行情况开展检查2次，配合完成山西省财监办对贷款卡收费情况的检查。2004年，对违反信贷登记咨询管理办法的6家机构进行处罚，处罚金额6万元。2005年，制定《朔州市银行信贷登记咨询系统工作考评办法》。从3月起，采取按季对市农发行、各国有商业银行市分行、农信社进行考核评比、通报、年度总评的方式，对连续2次考评排名最后者，作为人民银行重点检查对象。当年，对8家金融机构处以罚款9万元。

□ 征信业管理检查

随着征信管理科的单设，从2015年起，市人行开始负责对全市征信业进行监督管理。此后，每年根据相关文件要求，对不同接入机构开展专项执法检查，并对违规机构进行行政处罚。2018年，制定加强征信信息安全各项管理制度、实施细则和工作方案，开展征信信息安全巡查、实战型应急演练、征信舆情监测，加强对接入机构的非现场管理。同年，建立接入机构征信合规与信息安全年度考核评级制度，实现对接入机构征信信息安全工作的量化管理。

2007—2019年朔州市征信现场检查情况见表3-40。

表 3-40　　2007—2019 年朔州市征信现场检查情况统计表

年份	被检查机构	检查方式	发现问题类型
2007	市农发行、农信社	《企业和个人信用信息基础数据库管理暂行办法》执行情况检查	征信业务合规操作 征信业务内控机制
2009	市工行、市农行、市中行、市建行	个人征信异议处理情况	
	全市 15 家银行业金融机构	征信管理检查	征信业务合规操作 征信业务内控机制
2010	人行各区县支行	2008—2010 年贷款卡办理、年审行政许可业务检查	征信业务合规操作 征信业务内控机制
	20 家金融机构	征信管理工作规范化情况检查	征信业务合规操作 征信业务内控机制
2011	市中行	企业和个人征信系统资料备案情况	
	市农行、市交行和大同银行朔州分行	征信管理	征信业务合规操作 征信业务内控机制
2012	市农行、晋商银行朔州分行、大同银行朔州分行、蒙银村镇银行	综合执法检查	征信业务合规操作 征信业务内控机制

续表

年份	被检查机构	检查方式	发现问题类型
2013	市邮储银行分支机构、农信社各区县联社	综合执法检查	征信业务合规操作 征信业务内控机制
	市工行、市农行、晋商银行朔州分行、招商银行朔州分行、蒙银村镇银行、太行村镇银行	《征信管理条例》贯彻落实情况执法检查	征信业务合规操作 征信业务内控机制
2015	市农发行、市工行、市中行、市交行	综合执法检查	征信业务合规操作 征信业务内控机制
2016	市邮储银行、浦发银行朔州分行	专项执法检查	征信业务合规操作 征信业务内控机制
	晋城银行朔州分行、市农信社系统	专项执法检查	征信业务合规操作 人员与用户管理
2017	市农行、大同银行朔州分行	专项执法检查	征信业务合规操作 征信业务内控机制
	浦发银行朔州分行	专项执法检查	征信业务合规操作 人员与用户管理
2018	市建行、市邮储银行、晋商银行朔州分行	专项执法检查	征信业务合规操作 征信业务内控机制
2019	市交行	专项执法检查	征信业务合规操作 征信业务内控机制
	华夏银行朔州分行	专项执法检查	征信业务合规操作 征信业务内控机制
	市建行	综合执法检查	征信业务合规操作 人员与用户管理
	市邮储银行	综合执法检查	征信业务合规操作 落实征信管理要求

第五节 征信宣传

1998年至2004年，辖内征信宣传主要以贷款卡各项制度规定为内容，主要针对全市金融机构。2005年后，随着征信工作范围的逐步扩大，征信宣传内容不断增多，日渐制度化、常态化，宣传以日常宣传为主，集中宣传为辅。为进一步普及征信知识，营造诚信社会，朔州市一直积极推进征信知识普及工作，通过各种办法增加公众对征信知识的了解。

□ 征信进校园宣传

2005年4月，朔州市开展“征信进校园”大型宣传活动，全市广大社会公众对征信知识的认知程度得到较大提升。2006年，开展“创建信用社区”“征信宣传进校园”“诚信朔州，你我共建”征信主题宣传活动，在《朔州日报》一个月连载“百姓征信手册”，引导社会各界重塑良好的守信观念。2019年，开展“中考日，征信宣传在行动”宣传和征信进校园宣传。

□ 征信宣传周、月活动

2009年10月，朔州市开展“征信知识宣传周”活动，其间，发放宣传折页2万份，接受现场咨询156人次，各区县支行宣传队共走访农户126家，深入企业61家。2010年11月，开展“征信知识宣传周”活动，全市银行业发放宣传资料6万份，张贴宣传海报500张，接受征信咨询350人次。2011年9月，开展“征信专题宣传月”征信宣传活动，将中小企业信用体系建设、农村信用体系建设、学校、商业闹市、社区等作为宣传重点，推进征信宣传工作。2013年，开展为期3个月的《征信业管理条例》宣传活动，255个金融机构网点和5个政府部门机构参与，举办大型宣传活动78次，500多人次参加，3家媒体参与宣传报道，张贴宣传海报500份，发放宣传资料8万份，搭建宣传拱门26座，制作宣传展板120块，接受现场咨询500多人次。2015年，开展为期半年的征信宣传活动，安排宣传场次100次，参与宣传3 000人次，发放宣传资料20万份，接受群众咨询500人次。其间，举办征信知识讲座和赠送征信书籍等活动。2017年，市人行制定《关于在金融扶贫中开展征信宣传活动的实施方案》，依托全市各家银行机构的1 500多家农村金融服务站，开展征信宣传。全市安排宣传场次120次，参与宣传2 000人次，发放宣传资料15万份，接受群众咨询1 000人次。

□ 信用记录关爱日宣传

2010年6月，开展“读懂我的信用报告　维护好自己的信用权益”宣传，散发宣传资料2万余份，接受现场咨询150多人次，接受个人查询220次。2011年6月，开展全国“信用记录关爱日”活动。2012年6月，开展“信用记录关爱日”征信知识宣传活动，其间，全市共发放征信宣传资料3万余份，接受现场咨询100多人次，受理企业、个人信用报告查询200多人次。2016年6月，开展第九个“6・14信用记录关爱日”征信宣传活动，共安排宣传场次60次，参与宣传2 000人次，发放宣传资料10万份，接受群众咨询300人次。朔州市电视台对部分网点宣传实况进行全程报道。2017年10月28日，市人行党委书记、行长卫文江参加朔州电视台《与责任同行》金融访谈专场，就个人信用报告内容、不良信用记录的产生、不良信息保存期限、信用报告查询途径和信用报告查询收费问题等内容向电视观众进行详细解读。2018年，开展“普及金融知识　守护您的经济身份证”为主题的第十一个“6・14信用记录关爱日”征信宣传活动，安排宣传场次210次，参与宣传2 300人次，发放宣传资料23万份，接受群众咨询1 600人次。市发改委等11家地方政府部门和15家金融机构参加活动。宣传活动动态被《山西日报》客户端刊登，宣传活动开展情况被朔州市电视台全程跟踪报道。

□ 机构信用代码推广宣传

2013年1月，朔州市开展机构信用代码推广运用专项宣传活动，其间，全市银行业共张贴宣传海报600份，散发宣传折页等宣传资料3万余份，接受现场咨询100多人次。朔州电视台、朔州日报社、朔州新闻网3家媒体进行全程宣传报道。

□ 专题宣传

2018年，以《征信业管理条例》颁布五周年为圆心，以“五进”活动为半径，积极开展辐射宣传，扩大征信知识普及范围。

2019年，开展征信助企融资发展专题宣传，辖内23家金融机构参与，共走进小微及民营企业

148家，个体工商户1 350多家，发放宣传资料5万余份。全市民营企业授信23.48亿元，实际用信金额12.95亿元。

□ 片区联动宣传

2019年，市人行作为第一片区征信宣传牵头行，5月9日，联合大同市中支、忻州市中支在怀仁市南小寨小学开展了山西省第一片区征信宣传活动。8月19日，赴河曲县支行参加由忻州市中支牵头组织的2019年第一片区征信宣传活动。

第四篇

金融机构业务

上篇

存贷款业务

第一章 存 款

存款是银行信贷资金的主要来源。1949年，朔县人行成立后，即开展了存款业务。年末，朔县存款总额0.6万元（已换算成现币值，下同）。经过3年国民经济恢复时期，1952年末，全县存款总额达到36万元。1953—1957年，随着国民经济的恢复，财政状况开始好转，存款显著增加，1957年末，全县存款余额增至100.7万元。1960—1962年，三年自然灾害，物价上涨，群众生活费用加大，存款出现下滑。1962年末，全县存款余额230万元，比1959年减少214万元。“文化大革命”期间，存款总体上保持缓慢增长。1977年末，全县存款余额达到1 519万元。1953—1977年的25年间，存款年均增速13.62%。改革开放以前银行存款的增加，除吸收城乡居民储蓄外，主要依靠现金管理。1978年，党的十一届三中全会以后，社会资金逐步丰富，存款业务得到较快发展。

1980年，银行信贷管理实行“存贷挂钩、差额包干”，结束存贷两条线做法，多存可以多贷，打破了银行内部资金供应上的“大锅饭”，促使银行大力吸收存款。同时，人民银行加强对存款工作的领导，增加存款种类。各银行扩大存款计息范围，调动各方积极性，加上经济迅速发展，民众收入增加，储源扩大。1982年后，随着神头第一发电厂、神头第二发电厂的新建、扩建和平朔安太堡、平朔安家岭露天煤矿等大型企业的上马投产，银行各项存款大幅增加。1987年以后，随着承包、租赁、横向联合等形式经济组织出现，银行为适应经济组织的变化，实行经营承包及多种形式的存款工作责任制，改进服务手段，促使存款持续上升。1988年，国家开办“保值储蓄”，对3年以上定期储蓄实行保值贴补率，朔县存款余额增至31 747万元，比1977年末增长19.9倍。

朔州建市后，针对资金供求紧张矛盾，市人行按照“治理经济环境，整顿金融秩序，全面深化金融改革”的要求，在“控制总量、调节结构、保证重点、压缩一般、适时调节”的方针指导下，灵活调度资金，提高信贷资金效益，大力开展“三清一调”（“三清”即清收逾期和有问题贷款、清理企业间相互货款拖欠、清仓挖潜；“一调”即结构调整），对农村信用社存款利率上浮50%，缓解资金供求矛盾，增强有效供给。1989年，全市存款余额增至53 420万元。1993年雁同合并，怀仁县、右玉县、应县划归朔州市管辖，全市存款余额增至221 106万元。

“七五”到“十五”时期，朔州市各金融机构创建一流服务体系，扩大存储信贷业务范围，开辟新的存款项目，增加基层网点，加强考核，存储信贷能力不断发展，存款竞争也逐步加剧。2001年末，全市各项存款余额960 178万元，贷款余额904 991万元，银行资金供应紧张状态开始出现缓和迹象。2006年末，朔州市各项存款余额3 059 956万元，当年新增716 040万元，增长30.6%，增幅居全省第一。

“十五”至“十一五”朔州“煤炭十年黄金”时期，由于煤炭生产企业开采技术的改进、煤炭产量的增加和煤炭价格的上涨，在主导产业持续走高的强力拉动下，全市各项存款快速增长。

到“十一五”末期的2010年，各项存款余额增至7 641 190万元。

“十二五”时期的2012年末，全市各项存款余额突破千亿元，达到10 521 039万元。2013—2015年，受煤炭市场需求不足、量价齐跌、经济下行压力加大等因素影响，全市存款连续三年增长乏力，增速下滑，增速分别为3.99%、2.48%、6.27%。

“十三五”时期，随着供给侧结构性改革的稳步推进，朔州市加大产业结构调整，培育新的经济增长点，发展循环经济，支持和发展实体经济、民营经济，主导产业整体效益提升，推动了存款快速增长。2019年末，全市各项存款余额16 835 141万元，是1989年的314倍，年平均增长21.1%。

第一节　储蓄存款

□　国民经济恢复时期（1949—1952年）

1950年，朔县开始办理储蓄业务，分货币储蓄和折实储蓄两类。由于当时人民群众收入少，生活水平低，加之大户人家心存疑虑，不敢存钱，参加储蓄的不多。当年，全县仅有城镇储蓄存款1万元。为了迅速恢复国民经济，人民政府从保障储户利益出发，指示人民银行及时举办折实存款和保本保值存款。折实存款即将货币数以小米一斤、小麦一斤半，白布一尺，按市场的中等价格计算，折成折实单位，逐日公布牌价，存、取时不论市场价格涨落，均按折实单位牌价计算；保本保值存款即折实牌价上升时，按折实保值，折实牌价不升或下跌时，按原存货币数保本，故称“双保”。上述两种存款，在当时很受群众欢迎。1951年6月，全国储蓄工作会议后，山西结合储蓄业务发展情况提出“由折实储蓄逐渐转向货币和长期储蓄”的方针。1952年，随着国民经济的恢复发展和新的《储蓄存款章程》的实施，人民群众对人民币币值稳定的信心日益提高，朔县储蓄机构全面推行新的储蓄政策，停办折实储蓄，逐步过渡为全部以人民币开展储蓄。开办的储蓄种类有定活两便储蓄、有奖储蓄等，个人存款扣5%的所得税，完全的货币储蓄全面展开。

在农村储蓄工作中，朔县人行根据上级行推广农村储蓄的指示精神，广泛开展宣传，利用各种场合、多种形式大讲储蓄的好处，使广大群众知道参加储蓄利国利己。在此基础上采取简化手续、加强服务，定点定时流动吸储等办法，使储户感到方便实惠。如：朔县人行第二金融小组在下乡组织存款中：一是召开各部门会议、党团员会，进行反复的宣传解释，当干部思想觉悟提高后，立即把力量转向群众；二是召开群众大会、妇女大会、军属座谈会等，组织本组干部随时随地进行个别动员。比如在有存款力量的野狐沟村通过政策宣传吸收存款300多元，收兑色银120多两，中农闫德兴经过个别谈话，思想有了转变，在大会上自动报名存款，且兑换白洋5枚，带动了周围张家河、南磨、厦涧子、泥河等村的存款。特别是共14户人家的泥河村，村干部自发组织存款46元。到1951年末，由于物价趋于稳定，农业生产逐步恢复发展，储蓄存款明显增加，朔县储蓄存款余额增至3.3万元。

1952年，朔县储蓄工作通过取消商业信用、大力宣传收兑白洋及金银、开展城乡物资交流、举办会计和业务人员培训班、开展增产竞赛运动、整顿训练137个金融小组等，储蓄存款有了较大提升。当年，开展两次规模较大的储蓄运动，5月15日至7月15日通过开展储蓄运动，储蓄数额由1.77万元增至5.83万元，上升了229.1%，其中以存奖占大多数。收兑白洋5 253元，色银（毛重）4 345.44两，并将吸收的储蓄存款及时出贷。12月，通过开展第二次储蓄运动，截至12月20日，全县储蓄累计数达19.12万元。

□ “一五”时期（1953—1957年）

这一时期，朔县储蓄存款主要通过两个方面实现。在货币管理方面，全县从1954年起实施货币管理，确定国家机关、企业、合作社、部队、学校的一切闲置资金都必须存入国家银行，统一分配使用，各单位相互之间商品劳务及其他的支付，除小额支付外都要通过银行进行非现金结算。在开展人民储蓄存款方面，贯彻执行自愿、方便、有利、安全四个原则，开展“全面节约”运动，加强整顿农村金融小组、推动发挥金融小组和协储员的作用，使储蓄存款明显增长。全县储蓄存款从1953年的13.9万元增至1957年的21.4万元。其中，城镇储蓄存款余额由1954年末的13万元增至1957年末的21.4万元。储户由1955年的864户增至1956年的1 230户。农村信用合作社从1952年开始起步，到1955年发展到51个，1956年随着乡划合并为28个。全县6个新型集镇上均建立中心信用合作社。

1954年，国家颁布第一部《宪法》，明确规定“国家保护公民的储蓄所有权”，大大鼓励了人民群众参加储蓄的积极性。朔县人行贯彻全国城市储蓄会议精神，开展以职工为主兼顾其他阶层的城镇储蓄工作。同时，根据人行省分行“关于农村信用合作社工作的指示”精神，制定农村信用合作社章程（草案），开始开展农村储蓄工作。1955年11月，朔县人行根据国务院批转《中国人民银行关于进一步发展人民储蓄事业的请示报告》“国家银行吸收的存款已成为积累国家建设资金的重要来源，要做好宣传工作”精神，指导朔县农村信用社对社员群众大力宣传储蓄好处，推行“存贷合同”，实行定期定点流动服务，广泛发掘储源。是年，朔县乡乡有信用社，吸收股金6.1万元，存款9.2万元。储蓄种类有定活两便、零存整取、活期储蓄等。1956年10月，朔县城内中心街建立储蓄所一处，方便群众储蓄。

□ “二五”时期（1958—1962年）

受“大跃进”和严重自然灾害的影响，这一时期，朔县储蓄工作受到一定挫折，存款余额有升有降。受高指标、浮夸风的影响，存款数字有不实现象。1958年末，全县储蓄存款64.1万元，比1957年增加37.86万元。1959年大幅增至141.1万元，增加77万元，其中，农村储蓄76.6万元，城镇储蓄64.5万元。1960—1962年三年困难时期，物价上涨，市场商品供需紧张，居民收入减少，群众生活费用增大，储蓄存款急剧下降，由1960年的134.4万元下降至1962年的34.7万元。

人民公社化期间，朔县开展“死宝变活宝”集资运动，动员群众将金银首饰、生产资料及部分生活资料折价变为存款，城乡储蓄暂时大幅度上升。当时虽然挖掘了部分社会资金与物资，但由于出现浮夸和强迫命令的现象，在群众中造成误解，引起思想混乱，给储蓄工作带来不良影响。1959年，朔县人行按照《关于贯彻执行省委批准分行“关于贯彻执行实物存款宣布失效的意见的报告”的通知》，对实物存款失效工作中存在的不同情况提出意见：一是凡是原存收的实物，属于折旧归社的生产资料，应废除存贷关系，由管理区按生产资料折旧归社的办法处理；二是凡是在办理实物存款时，吸收进社员的房屋应一律退还群众，废除存贷关系；三是公社或管理区（原高级社）已将实物使用了，现在无法退还群众的，仍按原存贷关系办理；四是原存人的实物（除房屋折旧归社的部分外）弃置未用或将来管理区也不用的，应将原实物退还群众，废除存贷关系；五是有些实物虽然应退还群众，但如遇原物损失，或群众已将存款提取，或管理区已归还贷款者，不再重新处理；六是凡是退还群众实物，或折旧归社废除存贷关系的，这一段存贷均不计算利息。

1960年，朔县在城镇储蓄工作上大搞“代办化”，在国家机关、厂矿、企业、学校建立代办所32个，聘请协储员58名，便利储户存取。协助工商企业开展群众性的班组经济核算运动，工业系统核算面占班组总数的62%，商业系统占柜台门市部总数的73%。开展清资和加强现金管理运动，清理不合理占用资金42万元，将全县600多个机关、团体、企业单位的现金库存核实限额，加强资金和现金管理，节约资金。在农村储蓄工作上，根据“眼睛向下、依靠群众、自力更生解决生产资金和整顿信用分部”的方针，采取“存款到家”和“存款上门”的做法，开展社员存款红旗竞赛运动，推动储蓄业务的开展，使储蓄业务获得基本巩固。是年，全县城镇储蓄存款余额56.9万元，其中，定期储蓄占总储蓄余额的79.4%，资金利用率提高。全县参加储蓄职工28 954个，约占职工总人数的75%。社员储蓄存款余额达62.4万元，参加储蓄农户2 481万户。17个人民公社中有14个公社设有营业所机构。下半年，全县停办有奖储蓄，开展“计划”储蓄，曾发生强制订计划存款与限制取款的违反政策偏向。根据国民经济“调整、巩固、充实、提高”方针，1961年，朔县贯彻《关于调整农村信用合作社若干政策问题的规定》（山西省人民委员会〔61〕晋贸武字第126号）精神，设立国家银行办事处6个，信用社14个，便利群众储蓄。是年，全县城镇储蓄存款余额35.8万元，农村社员储蓄存款余额58.9万元。

1962年，朔县遭受自然灾害，城镇储蓄下降幅度较大。朔县人行根据中央关于加强银行工作“六条”要求，通过协助财政部门继续进行冻结存款、压缩财力及加强现金管理和工资基金管理，控制货币投放。对全县111个工资基金管理单位，实行按批准计划用钱，全年实际支付工资306万元，比1961年少支付62万元。清减企业之间互相拖欠货款；促进商业部门合理摆布商品，积极处理有问题商品；对收购部门合理的资金需求给予支持，增加灾区收入，巩固集体经济；支持手工业生产为农业服务，支援农业生产；对旧的贷款进行整顿，巩固和提高3个好的代办款，撤销8个差的代办款。通过一系列措施，使储蓄业务步入正常，余额基本稳定。是年，全县城镇储蓄余额19.8万元，比年初下降16万元，但接近1957年21.4万元余额的水平。农村社员储蓄14.9万元，比年初下降44万元。

□　国民经济调整时期（1963—1965年）

从1961年开始，国家决定对国民经济实行“调整、巩固、充实、提高”方针，逐步纠正“大跃进”中储蓄工作中的浮夸和强迫命令的做法。随着国民经济的好转，朔县市场商品增多，物价稳定，货币信用提高，人民生活有所改善，金融机构结合开展学习雷锋、艰苦朴素、勤俭持家教育，开展“五好”竞赛活动，提高服务质量，延长营业时间。全县贯彻中央提出的“以农业为基础，以工业为主导”的发展国民经济总方针，把巩固集体经济、支援农业生产放在首位，积极开展增产节约宣传，发展互助储金会，城乡普建服务站，扩大信贷资金来源。1964年，根据朔县人民委员会《关于建立我县各级农业银行机构的通知》（〔64〕朔人字第1号）文件精神，在全县建立农业银行的各级机构，县设中国农业银行朔县支行。基层设城关、神头等6个营业所。各级农业银行机构的建立，促进了农业的发展，壮大了信贷资金来源，推动储蓄业务进一步发展。1965年末，全县储蓄存款余额增至61.7万元，比1962年净增27万元，存款余额占职工月工资总额24.4万元的14.5%，平均每个职工储蓄65元。

□ “三五”时期（1966—1970年）

“文化大革命”开始后，受极“左”思想的影响，执行了中央文革小组关于冻结10种人储蓄存款的指示。此外，停止计付储户利息，降低储蓄利率，要求储户取款50元以上需提供单位证明的规定和做法，违背了“为储户保密”的原则，影响了储户的积极性，储蓄工作受到干扰。1969年，此偏差得到纠正。这一时期，国家明确人民银行是全国的信贷、结算和现金出纳中心，是我国国民经济资金活动的总枢纽。朔县储蓄存款余额从1966年的59.9万元增至1970年的73.8万元。

从1966年开始，朔县人行推行新的“现金收付记账法”，储蓄存款陆续回升。在此期间，只举办活期和定期整存整取两种储蓄业务，存期只有一年期的一种。农村普遍开展收贷、收储、支持冬季生产运动，储蓄工作一般通过召开三委会、贷户会、参与劳动访问、资料分析等方法，宣传支援国家建设，组织社员生产，贯彻执行党的收贷、收储政策。在收储对象上，主要抓好余粮户和“四万户”的储蓄。

1968年，朔县人行坚持积极开展人民储蓄事业，办好互助储金会，支援农业生产，维护经济金融发展，管好国家“钱袋子”。一是加强柜台工作，从1月末起恢复1966年第四季度取消的全面复核制。同时在第一季度试行取消几个账户的余额表，改为账员记积数，从第二季度起全部取消余额表，一律改为账页记积数的做法，加强会计手续，减少差错。二是简化手续，支援农业生产。在购买生产资料方面，从3月试行改变过去先到营业室转账后付货的做法，实行将自带凭证信封上写明汇款金额，加盖公章即生效的方法，方便社员，便利生产。三是加强社队财务工作的领导。对全县17个公社，293个生产大队，1 091个核算单位，大小队会计1 277人，以公社建立辅导站18个，以中心大队建立辅导网站108个，以社配备亦公亦农专职辅导员16名，强化社队财务工作辅导训练，当好参谋，做好后勤。

为贯彻人民银行是国民经济各部门的总会计、总出纳的精神，积极为国家积累建设资金。1970年，朔县人行在加强城乡储蓄工作上，一是加强业务阵地监督，强化现金管理，特别是对现金支付的审查，确实把住现金关；认真审查开设账户和结算凭证，注意储蓄的公款私存，严禁贪污盗窃、投机倒把。二是通过信贷资金管理，合理节约使用资金，加强对采购资金和工资基金的管理，农金员、信贷员和广大社、站干部深入农村、企业，管好用好信贷资金和其他资金。三是在银行、信用社内部实行群众理财，对资金、账务、现金、财产、开支等开展群众性的大议、大揭、大核对，针对存在的问题，堵塞漏洞；对各项费用开支，严格执行审批制度，不许“先斩后奏”，更不得“斩而不奏”；严格控制“暂收、付款项”，除有明确规定的外，一律不能乱支乱垫或白条抵现。四是在体制改革和机构设置问题上，全县仍保持“一处五所”，服务于全县17个人民公社的工农业生产，银行的营业所与信用社机构不能合并，人员不能统一调用。

□ “四五”时期（1971—1975年）

这一时期，朔县开始执行新的工资基金管理办法。储蓄存款余额由96.7万元增至211.9万元，5年平均增速21.67%。

1972年至1973年，朔县出现严重春旱秋涝。朔县人行全面贯彻执行“发展经济，保障供给”的总方针和“存款自愿，取款自由，存款有息，为储户保密”的储蓄原则，加强现金管理和工资基金管理。1972年，对全县城乡1 048个单位重新核定现金库存限额，及时制止携带大量现金外出采购的现象。对全县135个单位实行工资基金管理，初步做到招工按指标，支付工资按计划。加强柜台监督，错、乱、慢、压现象逐步扭转。改善服务态度，蹲点帮队，为社会主义建设积累资金。是年，朔县城镇储蓄存款92.7万元，城镇人口每人平均存款44元。农村社员存款31.2万元，每个农业人口平均存款1元7角。1973年，对554个单位的现金库存限额重点检查，对全县133个单位的工资基金，设专人进行管理，建立工资基金管理登记簿，逐月考核变化情况，提高企事业单位现金管理水平。加强对信用社的领导，全县17个信用社，社社盈余不亏损。开展以五比五看为主要内容的社会主义劳动竞赛，促进收储清欠任务的完成，城乡储蓄存款稳步增长。其中：城镇储蓄存款余额110.59万元，城镇人口每人平均48元，比年初增加17.9万元。农村社员存款余额39.93万元，比年初增加8.73万元，按农业人口计算，全县人均2.16元，比年初增长30%。

1975年，全县各行、社在“工业学大庆、农业学大寨”活动中，坚持贯彻党的储蓄政策原则，发展储金助金会，举办家在农村的职工口粮储蓄业务，深入农村社队、机关和厂矿，大力宣传，积极发动，延长对外办公时间，坚持节假日留值班人员，常年开门营业，基层所、社做到啥时来，啥时办，受到群众的称赞。推行新的会计结算办法，从6月起在3个公社91个生产队实行“农村社队购买物资限额结算办法”，网点上实行后在全县进行推广，加快工业品下乡，减少现金投放。配合县委批转“关于认真搞好收贷收储意见的报告”和“加强农村社队现金管理的报告”，收贷收储工作进度快，收效大。年末，储蓄存款余额增至211.9万元，其中，城镇储蓄存款余额达147.24万元，农村社员储蓄存款余额达64.7万元。

□ “五五”时期（1976—1980年）

中共十一届三中全会以后，随着国民经济恢复发展，职工工资逐步提高，实行新的资金及信贷管理制度，逐步恢复原有存款种类，并增加新的种类，储蓄存款的增长速度、稳定性、户均存款都有了较大提高。储蓄存款由1976年的236万元增至1980年的850万元。其中，城镇储蓄由159万元增至437万元，农村储蓄由76.7万元增至412.9万元。存款种类有：活期储蓄存款、整存整取定期储蓄、零存整取定期储蓄、零存整取定期储蓄集体户存款、零存整取有息有奖储蓄、定期有奖储蓄、存本取息定期储蓄、定活两便储蓄存款8类。

1976年，朔县开展“学大寨，建设大寨县”的革命群众运动，狠抓旺季信用回笼，积极开展收储收贷工作。是年，新建信用服务站28个。1977年，在储蓄工作上，搞宣传勤动员，开展五比、五赛、五看竞赛活动，建立健全财务管理制度，加大货币回笼，有效控制现金投放，对城镇180个单位重新核定库存限额，对城乡1 143个单位的现金库存进行普查。加强柜台监督，对大额的现金支付实行逐级审批制度，控制现金投放。

中共十一届三中全会后，朔县以揭批“四人邦”为纲，整顿金融治“内伤”，从思想、组织、作风、制度、财务等方面进行整顿。1978年，中国人民银行《储蓄管理暂行办法》开始实施，全县在储蓄工作方面：一是开展储蓄宣传，方法有开展阵地宣传，定期编印《储蓄之花》宣传材料，内勤坚持柜台宣传，外勤深入社会宣传；通过社会工具宣传，发动职工给报纸、刊物、广播站选送稿件，录制采访报道录音，通过各级党、政、工会组织协助共同搞好宣传；加强对代办员、协储员、宣传员的组织领导，发挥宣传作用，促进储蓄工作的开展。二是开展以服务态度好、执行政策好、工作质量好、所容卫生好、完成任务好为内容的创五好储蓄所活动，推动储蓄工作的提升。三是开展以三比三看三赛为内容的社会主义劳动竞赛和“双学”运动等，推动储蓄事业发展。四是通过整顿金融，实现信用社代办银行业务，从9月开始，在6个所（处）、社实行合署办公，11个信用社正式办理银行业务。五是恢复、建立、健全合理的规章制度，加强现金管理，培养典型户，扶植困难户，在社级单位中推广口粮储蓄存款。1979年，朔县贯彻按劳分配、多劳多得的社会主义分配原则，群众收入增加，职工工资提高，银行增设储蓄机构和网点，同时，从4月1日起，国家调高储蓄存款利率，存期和利率档次增加，存款结构发生变化，三年期、五年期储蓄存款增加，人民群众参加储蓄的积极性提高。在储蓄工作上，一是利用广播、黑板报、储蓄所办公室内布置宣传内容等各种宣传工具广泛发动群众踊跃参加储蓄。二是改善服务态度，提高服务质量。坚持做到三好、四心、五个一样和四不关门。“三好”即柜台服务好，核算质量好，执行政策好。“四心”即热心接待储户、虚心听取意见，细心办理业务，耐心解答问题。“五个一样”即新老储户一样热情，存款取款一样接待，存多存少一样欢迎，定期活期一样耐心，工作忙闲一样认真。“四不关门”即学习、周六日、中午、节假日不关门。三是依靠党委，加强领导。主动向县委请示汇报，积极争取县委领导对储蓄工作的重视和关心，号召全县职工积极为“四化”筹集资金。四是增设储蓄机构和网点，新建储金会33个，对原来的10个储蓄代办所进行整顿。是年，朔县储蓄存款余额465.9万元，其中，城镇储蓄存款余额275.9万元，是1978年净增数的2.4倍。

1980年，银行信贷管理实行“存贷挂钩、差额包干”新的资金及信贷管理制度，结束存贷两条线做法，多存可以多贷。朔县从4月1日试行新的信贷管理办法，朔县人行要求各单位大力配合，组织开展好零存整取集体户存款和互助储金会，一个月时间新增储户1 100户，净增存款26.2万元。各机关单位普遍开展互助储金会活动，占单位总数56.6%的；68个单位开展零存整取集体户存款，储蓄存款参加人数2 180人，占职工总数的16.6%，年末存款余额达到3万元。如县百货公司组织员工开展集体户储蓄，月存款251元；北关中学115名职工参与，月储蓄存款183元。同时，新增4个全面代办所，60个单一代办所。放宽开户限制，特别是对待业青年的安置和个体工商户的开业大开绿灯，全年新增开户单位34户，增加存款136万元。其中：待业青年点开户9个，个体工商户开户1个。开展学业务学技术创五好储蓄所、争当金融红旗手活动，年末，参加储蓄户数达到15 785户，比年初新增6 725户，储蓄存款余额增至850万元，其中，城镇储蓄存款余额437.1万元，非农业人口人均存款达151.65元。

□ “六五”时期（1981—1985年）

这一时期，朔县围绕国民经济“新八字方针”，紧缩银根，稳定货币，狠抓储蓄。储蓄存款由1981年的1 154.4万元增至1985年的3 834.3万元。其中，城镇储蓄存款余额由554.8万元增至2 215.0万元，农村储蓄存款余额由599.6万元增至1 619.3万元。

1981年，针对夏季旱情严重，人民急于储荒备粮、大量购买高档商品的情况，朔县人行号召广大职工、妇女、青年、个体工商户勤俭节约搞储蓄，促进储蓄事业的发展。开办东街储蓄所，朔县人行专职储蓄干部增加到15名。针对部分居民害怕储蓄失密的情况，开展以为储户保密为主的宣传教育。是年，城镇储蓄总户数达19 210户，全县非农业人口人均存款185.11元，人均净增存款41.94元。零存整取集体户储蓄存款发展到69户，参加职工人数2 290人，存款余额4.4万元。1982年，开展企业单位定期存款，把过去10万元以上存款的10个联系户扩大到5万元以上的20户，发展2户企业定期存款，存款6.5万元。专用基金实行专户储存，年末余额达183.8万元，比年初增加71万元。扩建中心街储蓄所，调整提高存款利率，实施信贷差额包干，开展“文明办储蓄，礼貌待储户”和金融红旗劳动竞赛活动，制定“三清两不”服务公约，即存单字迹要写清，本金利率交代清，政策原则解释清与不讲不文明的话，不以貌取人。是年，城镇储蓄余额达到744.9万元，较年初净增190万元。储蓄总户数达到24 159户，较年初新增5 309户，全县非农业人口人均存款240.87元，人均净增存款55.76元。零存整取集体户储蓄存款发展到63户，参加职工2 905人，存款余额6.23万元。

随着平朔露天矿动工兴建，神头电厂三期工程扩建、北同蒲复线等国家重点建设工程项目的施工、承包责任制的实行，大批建筑工人、民工驻朔，朔县城镇居民人数和货币收入迅速增加，城镇储蓄存款大幅度增加。1983年，朔县人行加强储蓄管理，制定定岗定责、定员考核，凭证领用，挂失处理等制度，储蓄管理水平不断提高。开展储蓄宣传，继续办好《储蓄之花》期刊，发挥储蓄专业干部和代办员的作用加大宣传。开展一学三优两开展“双红”劳动竞赛（一学即向雷锋和张海迪学习；三优即实现优质服务、优良秩序、优美环境；两开展即开展岗位练兵，提高业务技术水平；开展职工培训，提高经营管理水平）。是年，全县工资支出总额2 876.4万元，比1982年增长47%。储蓄存款余额2 331.3万元，其中，城镇储蓄存款余额1 027.3万元，比年初净增282万元，增长37.85%，城镇人均储蓄存款305.76元，新增储户16 160户，参加储蓄总户数达到40 319户，零存整取集体户开办结存户59户，参加职工4 144人，存款额达8.7万元。到1984年，储蓄存款余额增至3 902.6万元。其中，城镇居民储蓄存款余额1 502.8万元，比1978年增长6倍。农村储蓄存款余额2 399.8万元，比1978年增长14.2倍。1985年，实行工资制度改革，职工工资增加，收入增多。同时，国家先后4次调高储蓄利率，开办有奖活期储蓄、定期有奖储蓄、定期整存整取、零存整取和华侨（人民币）储蓄5种10类储蓄业务，增设定期三年期、五年期、八年期存款档次。全县城镇居民储蓄存款余额增至2 215万元。

□ “七五”时期（1986—1990年）

朔县人行开始专门行使中央银行职能后，在资金管理上实行“统一计划、划分资金、实贷实存、相互融通”，各专业银行在吸收居民储蓄上不再受城乡分工限制，可实行业务交叉，在国家信贷计划的额度内，实行资金的实贷，实拨，实存，打破了银行内部资金供应上的“大锅饭”，促使银行增设网点、发展代办、增加种类、充实人员、改善服务，大力吸收存款。1986年，朔县人行围绕“存款，搞活，融通”，先后开办5项新业务：建立全省第一家县级同城票据交换清算所；初步建立全县各专业银行和其他金融机构之间同业资金拆借市场；收回工商银行代理国库业务；加强信贷资金营运中的稽核工作；试办邮政储蓄业务，是年，邮政储蓄存款余额19.68万元。同时，工资改革，工人和干部职工工资增长，城镇职工居民及农民盖新房和购买商品房较少，市场上适销对路的家用电器商品减少，加上清理整顿全县金融机构和股票、债券市场，开展社会主义劳动竞赛等，推动储蓄存款大幅增加。1987年，贯彻落实“双增双节”“紧中有活”方针，深化金融体制改革，积极筹办城市信用社，活跃全县金融市场，方便城镇集体个体工商户的存贷和结算，11月，朔县城市信用社开业。是年，城市信用社吸收储蓄存款12万元，办理集体和个体开户6个。

1988年，朔县出现投资过旺、消费基金增长过快、物价上涨等现象，给社会经济发展带来不利影响。由于物价上涨，人民认为存钱不如存物，出现“抢购风”，城乡居民挤兑储蓄，冲击了储蓄存款，使银行资金供求矛盾出现紧张。为了缓解信贷资金紧张状况，朔县人民政府要求全体干部积极参加储蓄，并且把控制信贷规模等有关金融方面的事情列入政府工作议程。朔县人行贯彻县政府精神，加强金融管理，对储蓄机构积极开展信贷现金大检查，控制信贷规模。要求各专业银行利用报纸、广播、电视、印发材料、柜组设立宣传台等形式向群众宣传国家2次调高存款利率和对3年以上储蓄存款实行保值等重大举措，提高群众储蓄积极性。同时，明确各专业银行可以创造条件开办有奖储蓄和实物贴水储蓄等新的储蓄种类。各储蓄网点深入开展优质服务活动，实行储蓄任务层层分解，承包到人，同奖金挂钩，并作为年终考核干部职工工作实绩的依据，吸收社会闲散资金，使全县储蓄存款保持了增长势头。是年，朔县城乡储蓄总数突破亿元，达到10 790.5万元。

1989年至1991年，朔州建市之初，全市金融秩序混乱，资金周转不灵、支付发生困难，信贷资金效益下降，双呆贷款和产成品大量占压资金，企业之间互相拖欠严重。朔州市认真贯彻国家关于治理整顿方针，银行采取紧缩银根、严格控制贷款规模、加强现金管理和工资基金管理、制止不合理现金投放、严格结算纪律、加强企业单位账户管理等一系列措施，投资过猛和消费过热的状况得到控制，物价有所回落，金融形势也出现平稳势头。1989年，市人行贯彻中央《关于进一步治理整顿和深化改革的决定》，制定《朔州市金融机构管理暂行规定》《关于单位在金融机构开户管理的暂行规定》《关于金融业务交叉的暂行规定》，整顿金融秩序。为165个金融机构换发《经营金融业务许可证》并及时纠正9个超经营业务范围的金融机构违纪行为。清理多头开户单位25个，其中存款账户27个，存款37万元。开展“三清一调”，采取“以清促调”的办法，盘活资金，全市收回逾期和有问题贷款4 926.7万元，占应清的58.6%，其中，呆滞贷款5 621万元，呆账贷款8.4万元，落实还款计划1 617.7万元，清理企业相互拖欠6 744万元。坚决制止金融机构不正当竞争，下半年停办各种有奖储蓄、实物奖售储蓄等，并开办邮政储蓄业务。同年2月和8月国家2次调高存款利率，继续开办保值储蓄，全市储蓄存款出现较大幅度增长。是年，储蓄存款余额43 728万元，其中：城镇储蓄存款余额21 709万元、农村储蓄存款余额22 019万元。虽然当年公开发行企业、金融债券435万元，但对储蓄存款未造成影响。1990年，朔州市贯彻执行治理整顿、深化改革的方针和“控制总量，调节结构，保证重点，压缩一般，适时调节，提高效益”的货币信贷政策，实施“控、调、清、保、管”五字措施，盘活存量，努力增加存款，推动存款大幅增长，是年，城镇储蓄存款余额32 003万元，比1989年增长47.4%，高于全省5个百分点，高于全国3个百分点。各专业银行把组织储蓄存款作为增加存款的主要来源，采取强化内部管理，优化储蓄服务，利用各种新闻媒介、在储蓄网点设板报、宣传栏等大力宣传储蓄业务。如：市工行2月实现储蓄存款突破亿元大关的目标，余额11 882万元；中行平朔生活区公寓储蓄所电脑储蓄一次转换成功；市建行城区储蓄所达到建总行千万元高产所标准。

□ “八五”时期（1991—1995年）

在邓小平同志南方谈话和党的十四大精神鼓舞下，朔州市改革开放的步伐进一步加快，通过1989—1991年三年治理整顿，工农业生产适度增长，市场复苏明显，地方发展经济热情高涨，全市经济形势明显好转，储蓄存款稳定增长。1991年，朔州市出现大旱，储蓄存款受到大旱、4月和12月2次存款利率下调、国家统销粮提价、库存商品削价以及本地区一些存款机构有奖储蓄的激烈竞争等因素影响，增长较为缓慢。市人行盘活资金存量，优化贷款增量，压缩“三项资金”，清理“三角债”，强化利率管理，开展择优限劣优化政策，支持农业生产，以煤电为龙头，推动发展乡镇企业。各专业银行普遍开展规范化储蓄所达标升级活动，实行三级达标管理（总行、省行、地市行）；开展岗位培训和员工升级，利用业务比赛等形式，提高一线人员的业务技能。是年，全市城镇储蓄存款余额45 175万元，同年，辖内部分银行试办个人大额存单业务，当年个人大额存单余额633万元。1992年，国务院颁布《储蓄管理条例》，对储蓄机构设置、人民币（外币）储蓄业务种类、储蓄利率及计息、储蓄存款提前支取、挂失、查询和过户以及法律责任等作出具体规定，储蓄工作开始纳入法制化管理规定。全市先后出台3套支持地方经济上新台阶方案，储蓄存款较1991年增加11 752万元，余额达56 927万元。

1993年，朔州市出现各种形式的社会集资活动、债券热和农村建房热，对银行资金来源造成较大的冲击，影响了各银行和信用社的吸储能力。6月末，全市各种形式的计划外集资规模达1.7亿元，占1992年银行各项存款净增额的51%，造成严重的资金分流。市人行贯彻落实党中央、国务院加强宏观调控十六条措施和山西省金融工作会议精神，通过强化金融管理、规范金融行为、加强结算纪律、坚决制止乱集资等手段整顿金融秩序。各银行通过广泛宣传，提高服务质量，层层签订储蓄承包责任书，努力拓展储源等措施，保证了储蓄存款的稳定增长。如：市建行开展“百日增存”活动，在朔城区开展资产负债比例管理试点工作，开办“三三制”集资建房和公房出售等业务，大力筹措资金。是年，全市城镇储蓄存款突破10亿元，余额116 604万元。1994年，随着居民收入稳步增加、保值储蓄的实施、治理整理金融秩序工作的深入，朔州市乱集资、乱拆借得到有效遏制。同时，适应专业银行逐步向商业银行转化要求，各银行贯彻存款立行、效益兴行的指导思想，优化存款考核、加强网点建设、创新储蓄工具、狠抓低成本存款组织，储蓄存款大幅增加。是年，全市储蓄存款余额221 573万元，其中，城镇储蓄存款余额164 607万元，农村储蓄存款余额56 966万元。5~6月，全市金融机构组织开展“低成本存款大战”活动，6月底，银行低成本存款余额达24 382万元，占各项存款的比重由年初的24.4%提高到27.9%，提高3.5个百分点。到1995年，全市储蓄存款余额达290 114万元，净增68 541万元。

□　“九五”时期（1996—2000年）

亚洲金融危机后，为摆脱金融危机的影响和应对通货紧缩的局面，中央银行采取适度扩张的货币政策，存款高利率带来较高的储蓄额。这一时期，朔州市储蓄存款虽然一定程度上受到国家下调利率、开征利息税、股票行情火爆和国债热等因素影响，但在全市经济连续5年高位运行的推动下，仍然保持稳定增长，城乡储蓄存款余额由1996年的362 448万元增至2000年的649 665万元。

1996年，朔州市城乡储蓄存款余额达362 448万元，占各项存款余额的68.54%，人均储蓄存款达2 776元，其中，城镇储蓄存款余额284 182万元，人均储蓄存款11 422万元；农户储蓄存款余额78 266万元，人均储蓄存款740元。1998年，市人行深化金融改革，采取一系列措施有效解决朔城区信用社发生支付困难问题：不得发放任何新贷款；各项费用开支从严控制；加大清贷收息力度，实行工效挂钩办法；向上级行专题报告关于朔城区农村信用联社兼并城市信用社的请示报告；责令城区支行行长坐镇现场办公，责令原城区信用社主任专门负责收贷收息，动员全部力量抓存款；成立3个收贷清息吸储小组，积极开展工作。是年，全市储蓄存款余额增至491 746万元，其中农村信用社储蓄存款余额119 327万元，增势强劲，储蓄占比日益增大，占全市金融机构储蓄存款余额的24%，成为储蓄存款增长的主力军。1999年11月1日起，对储蓄存款利息所得恢复征收个人所得税，税率为20%。受国家从1998年以来连续4次下调存款利率、开征利息税、股市行情火爆和国债热销等因素影响，朔州市储蓄存款虽然稳步增长，但分流明显，增长幅度减缓。2000年，人民银行重申严禁金融机构不正当存款竞争行为，决定废除存款单项考核和奖励办法，规定不得对非存款部门下达存款考核指标，不得把存款考核指标分解到职工个人，不得与职工个人工资、福利、奖金、行政职务升迁等挂钩，不得变相提高储蓄利率。同年4月1日起，实施个人存款账户实名制。朔州市储蓄存款余额稳定增长，是年，储蓄存款余额达649 665万元。

□ “十五”时期（2001—2005年）

这一时期，朔州市储蓄存款余额由2001年的724 334万元增至2005年的1 567 342万元。储蓄增长率在11%~32%波动，平均增速15.82%。其间，煤炭企业产销势头旺盛，居民工资增长，各金融机构陆续开展财政、企业等部门代发工资业务，市人行加大储蓄存款检查，加强行业管理，努力提升农村信用社经营状况，银行储蓄卡业务迅速发展，推动储蓄存款稳定增长。

2002年，全市储蓄存款余额达807 803万元。其中，活期储蓄存款157 303万元，定期储蓄存款650 500万元，储蓄存款定活之比由2001年的83∶17变为80∶20，稳定性有所下降。2003年，储蓄存款除市工行、市邮储银行平稳增长外，其他各行不同程度地呈现季末增、季中降的波浪式发展态势。是年，朔州市储蓄存款余额954 864万元，较年初增长147 061万元，但其波浪式发展态势表明存在一定水分。2004年，在宏观紧缩政策下，受物价上涨较快、房地产市场持续升温和证券、保险公司展业竞争等因素影响，朔州市储蓄存款虽然仍为各项存款增长主体，但增速趋缓，稳定性呈下降态势。是年，储蓄存款突破100亿元，余额为1 183 621万元，增加228 757万元，增长23.86%，同比增幅提高5.67个百分点。2005年，储蓄存款增势明显，余额达1 567 342万元，增长32.29%。新增存款以国有商业银行、邮政储蓄为主。拥有通存通兑的邮政储蓄发展快速，在存款市场份额越来越大，年末，邮政储蓄存款余额为22.59亿元，增量占各项存款增量的13.84%，增幅全市排名第一。

□ “十一五”时期（2006—2010年）

2006年后，受人民银行5次提高定期储蓄利率、2008年10月以后储蓄存款利息所得暂免征收个人所得税及股市大量资金回流的影响，朔州市储蓄存款大幅增长。储蓄存款余额由2006年的1 982 058万元增至2010年的4 447 782万元。2007年，朔州市引进银联商务公司，全市银行卡产业有序健康发展，促进了储蓄事业的发展。是年，储蓄存款余额达2 411 723万元，增幅21.67%。到2008年，全市储蓄存款出现井喷式增长，余额为3 434 902万元，增长42.36%。2009年末，全市储蓄存款余额增至3 988 243万元。储蓄存款虽然增势稳定，但增量和增速双双高位回落。主要原因：一是2008年国际金融危机后减息效益有所体现，居民储蓄意向有所减弱，消费意愿回升；二是股市大跌，大量资金回流储蓄；三是住房、教育价格快速上涨，居民放弃消费而选择储蓄。

□ “十二五”时期（2011—2015年）

“十二五”时期，朔州市储蓄存款继续增长，存款余额由5 202 384万元增至8 315 658万元。储蓄存款增量增速同比双双下降，且定期与活期增量几乎相当，影响储蓄存款增加和减少的因素并存这一时期。

2011年，居民收入连年稳步提高，加息效应逐步显现，朔州市银行主体翻倍增加，住房、教育、医疗、养老等支出使居民“被迫储蓄”。是年，全市人民币储蓄存款余额5 202 384万元，比年初增加7 544 602元，同比多增295 062万元，增长16.8%，增速同比提高5.28个百分点。2014年，全市储蓄存款小幅增加，余额7 362 541万元，同比多增649 493万元。2015年，全市储蓄存款7 829 562万元，增量增速均出现下降，主要原因：一是经济下行压力加大；二是信托理财产品快速增长对银行存款形成分流；三是余额宝等第三方支付对银行存款带来挑战，吸引了较多闲散资金。

□ “十三五”时期（2016—2019年）

2016年是“十三五”规划的开局之年，朔州市储蓄存款余额达8 243 116万元。2017年，供给侧结构性改革稳步推进，乡村居民各类财政直接补贴款项到账以及农信社理财产品的发售双双带动储蓄存款的快速增加。是年，储蓄存款余额8 498 648万元。2018年，储蓄存款余额8 528 918万元，较年初增加30 270万元。

自1989年朔州建市以来，全市储蓄存款保持稳定高速增长，建市当年只有43 728万元，“八五”时期末的1995年达到290 114万元，“九五”时期末的2000年达649 665万元，“十五”时期末的2005年增至1 567 342万元，“十一五”时期末增至4 447 782万元，“十二五”时期末达7 829 562万元，“十三五”后期的2018年达8 528 918万元，2019年增至9 166 051万元。从1989—2019年，朔州市的储蓄增长率在10%~45%内波动，平均增速30.6%。

第二节　农村存款

□ 朔县时期

农村存款包括农业存款、集体农业存款、乡镇企业存款和信用社存款等，是农业信贷资金来源的一部分。

○中共十一届三中全会前

1951年，中国人民银行第一次全国农村金融工作会议提出：按区普建银行营业所，吸收存款，发放贷款；在农村开始重点试办农村信用合作组织。1952年，朔县人行在朔城区下团堡乡峙峪村成立金融小组，业务上给予指导。金融小组成立之初，扩股100余股，每股2元，但没有存款。1953年，各乡开始大面积成立乡级信用合作社，但吸收农村存款不多。1954年10月，农村信用社开始开展农村储蓄工作，农村存款得到发展。人民银行将农村存款单独立项统计。农村存款既办理社员存款，也吸收互助合作组织集体存款和乡村级机关团体存款。是年，朔县农村存款余额1.9万元，占全县各项存款总额的2.8%。1955年，农村存款余额增至3.3万元。1957年，农村存款上升至10.8万元。1958年“大跃进”，农村存款受到影响，下降至3万元。在农业合作化时期，农村存款主要是农业生产合作社和互助组存款，均由信用社办理。之后随着公社实行“三级所有、队为基础”，生产队和生产大队的存款划归信用社办理。1963年，朔县人行与农行分设，农村存款业务转至农行。是年，朔县农村存款77万元。1965年，随着农业银行并入人民银行，朔县人行再次开始办理农村存款业务。同年，朔县农村存款达85.42万元。在“文化大革命”中，农村经济发展缓慢，农村存款也徘徊不前。

○中共十一届三中全会后

国家制定一系列发展农业生产政策，农村实行家庭联产承包责任制，农村商品经济得到发展。同时，国家提高农副产品收购价格，调动农民生产的积极性，农民收入逐年增加。1980年，恢复农业银行，农村金融工作加强，农村存款稳定上升。是年，朔县农村存款余额1 747万元，比改革开放前的1978年增长4.4倍。随着农村信用社深化改革，恢复组织上的群众性，管理上的民主性，经营上的灵活性，国家提高存款利率，开办集体单位定期存款，银行、信用社增强竞争意识，农村存款稳步增加。1988年末，农村存款余额由1983年的1 716万元增至1 948.1万元，占当年朔县各项存款总额的6.1%。

□　朔州市时期

○“七五”时期

1989年朔州建市后，贯彻国家治理经济环境、整顿经济秩序方针，银行加强宏观调控，控制货币投放，紧缩信贷规模，乡镇企业资金紧缺，农村存款增长较为缓慢。是年，全市农村存款余额3 592万元。

○“八五”时期

1991年末，朔州市农村存款余额4 741万元，比1989年增长1 149万元。1992年，治理整顿工作取得显著成效，进一步完善家庭联产承包责任制，调整农业产业结构，农村经济得到较快发展，农民收入明显增加，农村存款余额大幅增至7 806万元。1993年，国家连续提高粮食价格，农业实现增产增收，农村存款快速增长。是年，6县区农村存款余额达16 662万元。由于信用社机构网点遍及农村，存取方便，农村存款中信用社转存款13 830万元，占农村存款余额的80%以上。1994年，农村存款科目归属调整，集体农业存款科目并入其他存款科目。

○“九五”至“十一五”时期

1997年，朔州市农业存款余额9 150万元，1998年增至10 298万元，1998年到2001年，受金融危机和国际市场农产品普遍低迷的影响，农民增产增收和乡镇企业生产经营出现滑坡，1999年，全市农村居民收入出现建市以来首次负增长，2001年再次出现负增长，农业存款增幅不大。2002年，党中央制定并实施一系列支农惠农政策，朔州市农业存款增至27 838万元，比1998年增加17 540万元，增长6.75倍。2004年后，党中央连续发布一系列以“三农”为主的中央一号文件，推动“三农”发展进入新的历史阶段。同时，2002—2010年，朔州市煤炭行业进入黄金十年，农民收入水平显著提高，农业存款呈现迅猛增加态势。到2009年末，农业存款余额达到384 684万元，

8年间增加356 846万元，增长11.8倍，平均增速44.29%。2010年，朔州市农村存款241 219万元，占当年各项存款余额的3.77%。2011年，由于统计指标的变化，中国人民银行在金融统计中不再对农村存款进行统计。

第三节　企业存款

□　朔县时期

○中共十一届三中全会前

企业存款包括国营工商企业存款、集体企业存款和各项专用基金存款等。中华人民共和国成立后，随着经济的发展，企业在银行的存款不断增加，逐步成为银行信贷资金的主要来源之一。朔县解放后，由于商业网点和地方工业较少，企业存款较少。1949年，全县仅有企业存款0.3万元。1950年3月，政务院发布《关于统一国家财政经济工作的决定》，确定中国人民银行作为国家现金调度的总机构，一切军政机关和公营企业现金一律存入国家银行。同年4月7日，政务院颁布《关于实行国家机关现金管理的决定》，规定所有政府机关、部队、团体、公营企事业、合作社等集体经济单位，除准予保留一定限额的现金外，其暂时不用的款项，必须一律存入人民银行。这就为人民银行大量吸收企业存款奠定了基础。因此，朔县人行在开展现金管理的同时，相应地开办企业存款业务。是年，全县企业存款余额增至4.4万元，占同期各项存款总额的27%。

“一五”时期，朔县工业企业不多，商业企业实行存贷合一，1957年末，企业存款余额25.1万元。“二五”时期，在企业存款中增设专用基金存款。企业存款包括国营工业存款、集体工业存款、地方商业存款、国营农业存款和专用基金存款5种。1962年，贯彻“调整、巩固、充实、提高”方针，工农业生产得到恢复和发展，企业存款余额增至73.2万元。国民经济调整时期，企业存款显著增加，1965年末达319万元。“文化大革命”时期，企业存款受到影响。到1978年，全县企业存款余额387.9万元。

○中共十一届三中全会后

经济体制改革深入进行，企业自主权扩大和承包责任制落实，企业生产经营规模不断扩大，留利大量增加，为增加存款提供了条件。银行除采用以经济手段为主组织企业存款外，还把计划与资金管理分开，企业存款不断增加。1980年，银行内部实行新的资金及信贷管理办法，同年9月1日起，人民银行发出通知，对企业专户存款恢复计息，月利率1.5‰。辖内各银行逐步扭转“重贷轻存”的思想，组织企业存款的积极性大幅提高。采取开办单位定期存款、提高利率及简化手续等多种措施筹集资金，企业存款增长迅速。是年，朔县企业存款增至959万元。1984年以前，朔县企业存款主要来自国营和集体企业。1984年以后，银行放开开户条件，重申集体企业和个体工商业户只要经过工商行政管理部门批准，经营正当，一般都允许在银行开户和办理结算，企业存款中增加了个体工商业、建筑企业存款等。是年，朔县企业存款猛增至2 511万元，占各项存款余额总数的35.9%。1985年，将基本建设存款数据并入企业存款，是年，朔县企业存款余额达7 418.4万元。1986年，平朔露天煤矿基建投资扩大，付给施工企业工程结算款增加，上下游物资供应企业周转资金需要量加大。同时，神头电厂新的机组投产，推动全县企业存款一直保持上升趋势，月平均余额为7 864万元。是年，全县企业存款跃上亿元，余额16 549万元。1988年，受物价上涨和商品抢购风的影响，企业资金紧张，企业在银行的贷款相对减少，相当一部分企业采取预购和赊销方式经营，加之银行管理办法陈旧，使企业间的相互拖欠越来越严重，企业存款增长缓慢。

□ 朔州市时期

○“七五”时期

1989年朔州建市初期，市人行贯彻国家“治理整顿”方针，控制货币投放，调整信贷结构，提高存款利率，帮助企业收销货款，压缩不合理资金占用，督促企业清理拖欠，印发《清理逾期贷款和有问题贷款实施方案》《在企业中清理货款拖欠的实施方案》，大力开展“三清一调”，各银行实行对公存款承包责任制、银企协作、加强专用基金管理和现金管理、科技投入等措施揽户蓄储。是年，全市共收回逾期和有问题贷款4 926.7万元，清理企业相互拖欠6 744万元，年末，企业存款余额31 329万元，占各项存款余额总数的58.65%。同年，中国人民银行在企业存款项目下设置“个体存款”科目，专门统计个体工商户存款数据，是年，朔州市个体工商户存款余额115万元。1992年末，国民经济进入快速发展时期，朔州市坚持贯彻“提高总量，调整结构，强化管理，提高效益”的货币信贷方针，经过1989—1992年的治理整顿，企业存款增至59 325万元，比1989年增加27 996万元，增长89.36%。

○“八五”时期

由于私营企业、乡镇企业、合资企业尤其是煤炭企业发展迅猛，企业存款增长加快。1994年，中国人民银行在金融统计中取消专用基金存款，增加乡镇企业存款和三资企业存款。各金融机构把吸存的焦点从储蓄存款转到成本相对较低的对公存款，争取对公存款的竞争不断加剧。同时，固定资产降温对朔州市能源重化工产业和重型产业结构影响较大，一些大中型企业减少基建投资，努力搞活流动资金，挖掘内部潜力，资金回流速度加快。是年，朔州市企业存款余额108 261万元，比年初增加28 095万元。1995年，政府加大企业改革力度，在“四放开”的商业企业推行柜组承包制度，完善承包办法，企业存款快速增长。是年，朔州市企业存款余额增至134 309万元，与1984年相比，11年间增长18.99倍。

○“九五”时期

朔州市支柱行业煤炭产业产销不畅，企业存款客观上过分依赖平朔安太堡煤矿、平朔安家岭煤矿等个别国有大中型企业，增势放缓。1996年，1—4月企业存款增势强劲，4月末朔州市企业存款一度增至156 412万元，较1995年同期增加15 891万元，增长2.5倍。9月后各金融机构普遍压缩贷款，企业存款还贷比重增加，多数企业存款进入生产或流通领域，加上一些企业资金体外循环，造成企业存款增幅急剧下降。各银行上级行普遍加大存款考核力度，对企业存款下达硬性指标，并与工资挂钩，在利益驱动和各方压力下，造成存款搬家。是年，企业存款余额168 539万元，较年初增加34 230万元，增长23.4%。1997年，企业存款大幅下降成为拉动各项存款增势减缓的主要因素，一是平朔露天矿受偿付到期贷款本息和国际煤炭市场价格下跌影响，导致企业存款大幅下降；二是企业集中支付各类款项增多，且以大中型企业最为突出；三是作为朔州市支柱产业的煤炭行业受国内、国际煤炭市场影响，产销下降，导致企业存款下降。1998年，随着银行资产负债比例管理制度的全面实施，金融机构不断完善对公存款机制，突出抓大户、无贷款户和行业系统的存款，企业存款有所回升，是年，朔州市企业存款余额151 264万元，较年初增加7 949万元，增长5.5%。其中，派生存款和临时性存款占存款增加额的50%以上，且增加额大部分集中在中国银行。1999年末，朔州市企业存款余额180 584万元，较年初增加29 224万元，增长19.3%，较1998年同期增加21 275万元，增幅提高13.7个百分点，企业存款中定活结构占比为14.5：85.5，但其增量分布却很不均衡，全市91.2%的企业存款增加额主要集中在中国银行系统和农业银行系统，其中活期存款占90%，存量中国有大中型企业平朔安太堡露天矿存款占25%。

○“十五”时期

朔州市企业存款继续保持增长，由2001年的210 591万元增至2005年的567 152万元。2001年，大运高速公路开工，平朔二矿建成投产，各行社加大吸收存款力度，企业存款大幅增长，是年，企业存款余额达210 591万元，较年初增加33 660万元，增长19.02%。2002年，企业存款继续保持稳步增长且呈阶段性波动态势，存款增长主要集中在国家投入基础设施的重点单位以及少数生产销售形势较好的优势大中型企业，同时，由于电力、铁路、煤炭三大系统划拨款项比较频繁，系统大户资金波动，引起存款阶段性增减，稳定性较差，是年，企业存款余额258 360万元，增长36.44%。2003年，煤炭行业形势大好，带动企业存款直线上升，改变往年第一季度大幅增长，第二、第三季度大幅下降，第四季度反弹的不稳定局面，但增存行业较为集中，煤炭、电力、铁路、乳制品五大行业的新增存款占各行年内存款增加额的90%以上。年末，全市企业存款343 373万元，较年初增加85 013万元，增长32.9%。2004年，商业银行授信权上收，并加大对部分过热行业的贷款控制，全年新增贷款减少，使派生存款减少。同时，由于煤炭企业经营效应良好，资金周转加快，部分企业归还大量贷款。是年，全市企业存款增速减缓，余额434 316.5万元，比年初增加90 943.5万元，呈第一季度降、第二季度增、第三季度降、第四季度增的变化特点。2005年，企业存款增速周期性反弹，进入快速增长周期。商业银行加大吸收对公存款力度，降低经营成本，在“3·19矿难”安全整顿结束后，煤炭企业快速恢复生产，经营效益明显提高，资金面宽松。是年，全市企业存款余额达567 152万元，比年初增加132 835.5万元，增长30.58%。

○“十一五”时期

朔州市企业存款平稳增长。2006年，随着煤电价格的提高，企业经营效益平稳提升，资金周转加快，活期存款增长额占企业存款增长额九成以上。年末，企业存款余额731 938万元，比2005年增加164 786万元。其中，活期存款余额695 692万元，比年初增加153 426万元。2008年，受金融危机影响，朔州市两大支柱产业——煤炭、电力企业运行效益下降，煤炭企业受煤矿突发事件影响，几乎处于停产状态，部分电力企业出现亏损，发电量明显下降，企业存款下半年有所下降，12月增加13.15亿元，拉动第四季度止跌回升，带动全年增速继续保持高位。2009年，随着煤炭价格的逐步上涨，煤炭企业效益向好，企业存款开始反弹，比年初增加365 950万元，余额达1 462 890万元，其中近七成新增企业存款来源于煤炭企业；新增定期存款集中于煤炭、财政及住房公积金等少数行业和部门，如中煤平朔煤业有限责任公司新增煤炭专款发展基金和矿山环境恢复治理保证金9.14亿元，同煤浙能麻家梁煤矿新增2.7亿元，朔州市住房公积金管理中心新增2.6亿元。随着经济企稳向好态势进一步巩固，实体企业经营逐步好转，经济活跃度进一步提升和全球及国内经济的复苏增长，美元的持续疲软，使得以美元计价的国际大宗商品价格持续走高，水涨船高使得国内煤炭价格继续维持高位，加上煤矿整合重组后产能有所提高，推动煤炭企业经营效益稳步提高，2010年末，朔州市企业存款余额达到2 006 392万元。

○“十二五”时期

这一时期，在市场需求明显萎缩、主导产品价格大幅下挫的冲击下，“一煤独大、结构单一、基数偏高”的朔州经济整体呈现出明显的换挡减速特征，企业存款逐年下降。2013年，全市263家规模以上工业企业有67家出现亏损。煤炭、电力等支柱产业经营发展停滞，存款资金流失严重。加上房地产企业占款较大，销售回款较慢，导致企业存款增长乏力。是年，全市单位人民币存款余额3 809 409万元，比年初减少263 210万元，下降6.5%。2014年，全市单位人民币存款下降明显，余额3 253 608万元，比年初减少555 801万元。到2015年，企业存款下降至1 857 896万元。

○“十三五”时期

朔州市企业存款增长乏力，2016年至2019年增长605 893万元，平均增速7.31%。2017年，部分县区农信社启动改制农商行程序，到账单位存款增加较多，如朔城区与平鲁区农村信用社进行改制，部分重要股东企业资金划入指定账户，企业存款较年初增加7亿多元。晋商银行朔州分行企业存款由于域外企业存款账户走款较为严重大幅减少，如上海慧福实业有限公司存款账户减少6亿元，中煤资源发展集团账户减少1亿元，忻州华通汇达贸易公司减少1亿元，忻州市凯莱达贸易有限公司账户存款减少1亿元。2018年末，企业存款余额2 432 575万元，比年初增加478 951万元，增长24.5%。2019年末，企业存款余额2 677 018万元，比年初增加244 443万元，增长10.2%。

第四节　财政性存款

□　朔县时期

○中共十一届三中全会前

财政性存款主要有中央和地方财政预算内、预算外存款以及待结算财政款项等。1949年后，随着各级政府相继建立，金融机构开始办理财政性存款。随着经济建设和各项事业的发展，财政收入逐年增加，财政性存款也逐年上升。1949年末，朔县财政性存款余额0.3万元。1950年增至1.7万元。1955年增至22.6万元。1960年增至318.7万元。人民公社化时期，财政资金和信贷资金实行分口管理，分别使用的原则。1961—1965年，受严重自然灾害影响，朔县财政收入锐减，财政性存款减少至1965年的85.42万元。“文化大革命”期间，各项事业都受到很大干扰和影响，但财政性存款仍保持一定的增长速度，1976年末，财政性存款余额344.3万元，比1965年增加294.98万元，增长3.03倍。

○中共十一届三中全会后

朔县经济运行逐步恢复正常，企业实行经济责任制，财政体制改革，财政收入稳定增长。

1981年1月，朔县人行执行国务院《关于控制各单位上年结余存款的紧急通知》的规定：“除了外资企业和中外合资企业、农村社队企业和城市街道企业，以及所有工商企业流动资金以外，一切机关、部队、企业、事业单位1980年末在银行的存款（包括预算外资金），一律按银行账面数字先予控制，非经批准，不得动用”。是年，财政性存款增至495.8万元。1983年9月，国务院发布《关于中国人民银行专门行使中央银行职能的决定》，首次提出“财政金库存款和机关、团体等财政性存款，划为人民银行的信贷资金”。由于当时朔县工行、人行暂未分设，工商信贷和储蓄业务尚未剥离，财政资金业务由人民银行全面办理。是年，财政性存款956.3万元。1984年，朔县财政性存款大幅度增加，余额1 106.5万元。1985年，《国家金库条例》颁布，规定中国人民银行负责经理国库。朔县财政性存款资金归朔县人行管理，但业务由各专业银行代理，定期缴存，朔县人行实行检查管理。1986年，国务院颁布《银行管理暂行条例》，规定“机关、团体、部队等财政性存款的缴存办法，由中国人民银行制定”。至此，朔县财政性存款缴存管理制度建立。

□ 朔州市时期

1989年朔州建市后，市人行代理财政金库，经办预算收支和分成报解。规定对农业水利专项拨款及县长机动拨款，财政部门必须一次性提供文件和批示，方可拨款。4月，给各区县支行下达“存款任务书”，严格对专业银行上缴财政存款和缴存存款准备金的管理，有效防止各项财政性存款的流失和转移。同时，针对各银行竞争存户实际，召开金融系统联席会议，制定《关于单位在金融机构开户管理的暂行规定》《朔州市金融业务交叉暂行办法》，提出对多头开户进行清理整顿的具体办法，加强对财政账户的管理，取消不合理开户9个，合并账户6个，使财政开户基本走上正轨。开展对专业银行划缴存款稽核，全市查出漏缴财政性存款8笔、积数金额31万元，少缴财政性存款6笔、积数金额90万元，迟缴财政性存款5笔、积数金额50万元，对查出问题按规定累计罚款1 769元。1990年，根据省人行《关于对专业银行一些行处转移财政性资金问题的复函》《金融会计制度与会计科目汇编》的有关规定，市人行要求各区县支行于1991年开始，凡财政预算拨款的农、林、水单位的行政经费必须在农业银行设预算户，并使用531科目进行核算，否则人行国库不予办理该单位的财政预算拨款。4月，对工商银行、农业银行、中国银行和建设银行划缴财政性存款进行检查，查出转移财政性存款261.8万元，并依据相关规定进行纠正。之后，随着经济市场化程度的不断加深，财政性存款的规模、用途也不断扩大，财政部和人民银行对其监管也不断加强。1993年末，朔州市财政性存款达2 433万元。

1998年3月，人民银行发出《关于改革存款准备金制度的通知》，规定从当年3月21日起重新界定财政性存款的范围，机关团体存款、财政预算外存款不再属于向人民银行全额缴存的财政性存款。人民银行对全部财政性存款的管理，缩小到仅针对商业银行代理人民银行业务（国库业务）而吸纳的财政性存款。是年，朔州市财政性存款余额7 094万元。2003年起，人民银行开始对财政机关在各级国库“地方财政库款”“财政预算专项存款”“财政预算外存款”3个科目的国库存款计息，对未代理国库业务的银行机构缴存的财政性存款，人民银行不计付利息，每年按照日平均余额的0.5‰计付手续费。同年，朔州市财政性存款余额15 045万元，比2002年下降6 538万元。2006年，财政部下发《关于加强与规范财政资金专户管理的通知》，逐步实现财政资金“集中管理、分账核算、统一调度”。2007年，朔州市经济运行效益显著提升，财政收入持续大幅增加，财政总收入与一般预算收入增速双双居山西省第一，推动财政存款持续增长，年末，财政存款余额173 521万元，比年初增加70 369万元。2009年，朔州市财政性存款余额大幅增至261 602万元，2010年末上升到387 720万元。2011年，受财政预算支出增加较多，人民银行财政存款和各金融机构代理财政性存款下降影响，财政性存款下降。是年，财政性存款余额332 718万元，比年初减少65 002万元，下降19.54%。2012年，国务院办公厅转发财政部《关于进一步加强财政专户管理意见的通知》，对财政性资金的管理逐步实现了制度化、规范化。朔州市财政性存款快速增长，是年，财政性存款余额426 330万元，比年初增加93 612万元，增长28.1%。2014年，能源、原材料市场需求不足，煤炭价格持续低迷，财政存款呈小幅增加趋势，余额494 323万元。2015—2018年，朔州市财政性存款逐年下降，2015年财政性存款余额322 512万元，比年初减少171 811万元；2016年财政性存款余额219 747万元，比年初减少102 777万元；2017年财政性存款余额160 146万元，比年初减少59 602万元；2018年财政存款余额130 261万元，比年初减少29 884万元，5年间下降364 062万元。2019年，财政性存款快速增长，大幅增至266 600万元，比年初增加136 339万元，增长104.7%。

第二章
贷　款

第一节　各项贷款

□　国民经济恢复时期（1949—1952年）

这一时期，朔县对工业企业流动资金实行全额信贷，对国营商业实行贸易金库制。朔县人行作为朔县仅有的一家金融机构，承担朔县贷款业务工作。1952年末，全县各项贷款余额30.4万元。贷款对象主要是贫雇农及少量下中农户，贷款用途主要是购买生产与生活资料。

□　“一五”时期（1953—1957年）

建立起贷款“有计划、有物资保证、按期归还”的信贷制度。从1954年起，划分企业自有资金和银行贷款范围，非商品资金由财政拨款，商品资金和在途资金由银行贷款。同时，开办贫农合作基金贷款、超计划商品储备贷款、商品流转贷款、临时贷款、结算贷款等，其中，发放贫农合作基金贷款50.2万元，帮助贫雇农和下中农解决交纳入农业社股份基金的困难。累计发放农业生产贷款405.8万元。到1957年末，全县各项贷款余额305万元。

□　“二五”时期（1958—1962年）

1958年“大跃进”，银行信贷资金敞口供应，朔县贷款增加较多，累计发放各项贷款614.7万元，社队用贷款购买了许多不适应的农业机械和设备。到1962年末，全县各项贷款余额达674万元，比1957年增长2.1倍。

□　国民经济调整时期（1963—1965年）

从1961年起，朔县贯彻国家“调整、巩固、充实、提高”的方针，对工业和基本建设进行调整压缩，纠正“左”的错误，实行贷款按计划，追加贷款程序。贷款不能用于财政性开支和缴纳利税，企业计划内亏损财政不按期弥补，计划外亏损不予贷款。对不合理资金占用进行清理，压缩企业流动资金，减少贷款。1965年末，朔县各项贷款余额708万元。

□ “三五”“四五”时期（1966—1975年）

“文化大革命”期间，有借有还的贷款政策和合理规章制度受到破坏，贷款管理放松，资金使用效益明显下降，导致生产与经销农机产品的单位报废损失达62万元之多，冲减了银行的信贷基金；信用社由民主办社改为“贫下中农管理信用社”，使信用社的“信用”和业务受到影响。到1975年末，朔县各项贷款2 012万元，贷款投放偏多，商品供应紧张。

□ “五五”时期（1976—1980年）

中共十一届三中全会以后，随着经济体制改革和对外开放、对内搞活政策的贯彻落实，国民经济蓬勃发展。为了适应形势的发展变化，按照国家方针政策，朔县改革流动资金管理体制，贷款领域逐步扩大。1980年，信贷资金计划实行差额控制办法，为信贷资金的变通使用和灵活掌握创造了条件。是年，全县各项贷款余额达2 913万元。其中，累计发放工业生产贷款927.3万元，商业贷款3 047.2万元。发放中短期设备贷款，使上存资金最低保持在132万元，最高达到576万元，保证了工业生产、商品流转扩大的资金需要。

□ “六五”时期（1981—1985年）

随着金融体制改革的不断深化，朔县建立“三制”（内外勤信贷管理责任制、各职能室联系制、信贷人员工作考核制），开展“一活动”（争创最佳信贷员活动），加强贷款管理，实行以销定贷，盲目不贷，结构调整。如雁北机械厂需求十台锅炉，但只签了六台的合同，人民银行便按六台贷款，少占用资金31.6万元；充退盲目购货订单25万元合同；择优供应，选择优质企业提供信贷、结算等服务；帮助雁北拖内配件厂转产钻杆煤钻头，销售22 182根。1985年，信贷资金实行“统一计划、划分资金、实贷实存、相互融通”，在国家信贷计划的额度内，实行资金的实贷、实拨、实存，贷款得到快速发展。年末，全县累计发放工业生产贷款7 962万元，商品流转贷款3 960万元，中短期设备贷款29万元。各项贷款余额达31 060万元。

□ “七五”时期（1986—1990年）

这一时期，控制货币信贷、稳定金融、治理通货膨胀成为金融工作重点。朔州市在严格管控信贷规模的前提下，既保证短期贷款规模不突破，又做到促进地方经济迅速发展，管好用活短期贷款，使其充分发挥资金效益。到1988年末，全县各项贷款余额达50 492万元。

1989年，朔州建市后，市人行贯彻“控制总量、调整结构、保证重点、压缩一般、适时调节、提高效益”的货币信贷政策，强化监管力度，整顿金融秩序，信贷总规模得到有效控制。年末，全市各项贷款余额101 371万元，较年初增加31 876万元，增长45.9%，占信贷最高限额的93.6%。其中：固定资产贷款和乡镇企业贷款分别较年初增长79.5%和5%，严格控制在计划额度内。新增贷款主要用于农副产品和外贸出口产品收购上。制定按月考核、按季监控、灵活调剂的总量控制办法和短期贷款管理办法，一方面按月严格监控信贷计划执行情况，另一方面运用调剂规模及时调节。全年累计发放临时贷款31 199万元，累计收回27 351万元，资金周转147次。开展“三清一调”，清理有问题贷款、逾期贷款和企业相互拖欠。年末，共清仓挖潜907万元，清欠企业间相互拖欠6 744万元，收回有问题贷款和逾期贷款4 926.7万元。对1 425家企业进行排队，确定优先支持一类企业305个，重点支持煤炭企业298个，一般支持二类企业226个，压缩的三、四类企业596个，为一、二类企业发放贷款3 118万元，使一、二类企业贷款余额占全部贷款的比例分别由年初的30%和50%上升到33.3%和53.9%。到1990年末，全市累计发放临时贷款99 959万元，累计收回99 312万元，资金周转24次，各项贷款余额达182 683万元，占最高规模的98.8%。

□ “八五”时期（1991—1995年）

1991年至1992年，朔州市信贷工作根据“控制总量、调整结构、强化管理、盘活存量、提高效益”的货币信贷方针，以“提高效益”为主题，严格按照国家计划发放贷款，未经批准不得突破。1991年末，全市各项贷款余额253 288万元，占核定全市最高限额的99%。1992年，全年先后下达调剂规模1 130万元，支持3个乳品企业生产和3个煤站的流动资金，保证经济发展资金急需。年末，全市各项贷款余额302 816万元，信贷总量控制在信贷规模的98%以内。1993—1994年，贯彻执行人民银行“五优先、五从严、八不贷”的信贷政策，制订“严控总量、盘活存量、优化投向、确保重点”的工作措施，围绕朔州市产业结构调整和优化战略部署，进一步调整贷款结构，优化资金投向，支持企业改革转制和地方经济发展。1994年末，各项贷款余额达517 364万元。从1995年开始，逐步推行资产负债比例管理。市人行加强贷款的风险管理，制定《清理逾期贷款实施方案》《关于挖掘企业内部潜力，盘活存量的意见》，充分发挥临时贷款的“应急”作用，累计发放临时贷款66 000万元，资金周转22次。对压缩有问题贷款任务，采取政府、银行“双线下达”的办法，层层下达到各商业银行、有关企业。朔州市政府对完成清贷挖潜任务实行奖励10万元措施。是年，全市共压缩有问题贷款5 215万元，完成全年任务的92%，缓解了资金紧张的状况。年末，全市各项贷款余额571 374万元。

□ “九五”时期（1996—2000年）

根据“适度从紧”的货币政策，1996年，朔州市在信贷投放上，增加农业贷款6 829万元，支持农业、农资部门的春耕备耕等活动；支持粮、油等农副产品的收购，增加收购贷款11 856万元，确保收购工作不打“白条”；增加工业贷款15 232万元，支持神头第一发电厂、神头第二发电厂、平朔露天煤矿等企业的生产活动，保证支柱产业的健康发展。年末，全市各项贷款余额达656 816万元。1997年，在积极推进信贷规模管理改革的同时，全市继续加强对国家银行信贷规模的监控，对非银行金融机构执行资产负债比例管理。是年，累计发放短期贷款75 000万元，资金周转30次。年末，全市各项贷款余额832 994万元。1998年，人民银行取消对国有商业银行信贷规模限额控制，全面实行资产负债比例管理。朔州市各金融机构大力调整信贷结构，提高贷款使用效益。年末，全市各项贷款余额增至919 293万元。1999—2000年，围绕朔州市“国企走出困境、小康建设全面提高、稳定脱贫大见效”三大目标，市人行调整信贷结构，合理把握资金投向，积极支持地方经济建设，对符合政策规定的商业银行再贷款及时予以发放。到2000年末，全年累计向国有商业银行发放短期再贷款43 950万元，累计收回46 950万元；发放支农再贷款2 200万元，累计收回2 600万元。全市各项贷款余额达917 717万元。

□ “十五”时期（2001—2005年）

2001年，人民银行3次上调存款准备金率1.5个百分点，保持货币信贷合理增长，2次上调基准利率。朔州市信贷投入不断加大，促进经济增长方式转变和经济效益的提高。年末，全市各项贷款余额904 991万元。2002年，朔州市实施“2213”规划，突出经济结构调整、深化企业改革和民营经济发展三大重点，全年新增贷款的96%投向国有大中型企业，支撑和带动全市骨干企业与利税大户。年末，各项贷款余额达985 036万元。2004年，市政府制定“提前三年翻番、再造一个朔州”的奋斗目标，全市各金融机构在国家银根紧缩形势下，采取“有保有压、区别对待”的政策，积极寻求新的渠道和方式保证对地方经济的信贷支持力度，促进全市经济的平稳增长。是年，全市各项贷款达1 001 612万元。其中，农业贷款全年新增5.49亿元，余额达18.96亿元，增长40.76%，同比多增2.45亿元；累计发放支农再贷款2.1亿元，余额1.9亿元。

□ “十一五”时期（2006—2010年）

为鼓励和引导金融机构积极支持符合国家产业政策和市场准入条件的项目建设，2006年至2008年，市人行加大对重点行业、企业的支持力度，先后制定《关于朔州市金融机构加大信贷投入力度，支持企业发展考核奖励暂行办法》《朔州市关于支持金融业发展的若干意见》《2008年贯彻执行信贷政策指导意见》《关于信贷支持朔州经济率先科学发展的指导意见》等，从支持“三农”、煤炭行业转型发展、民生工程和民生金融、金融促进消费发展等方面，引导金融机构调整优化信贷结构、开拓信贷服务领域、加大经济转型发展重点领域的信贷投入。到2008年末，朔州市各项贷款余额1 437 293万元，比2005年增加544 971万元，增长61.1%。2010年，市人行制定《朔州市金融支持城乡一体化建设实施方案》，推动银企合作、搭建融资平台，联合政府有关部门召开“全市规模以上企业重点项目银企对接会”，实现项目签约金额12.09亿元，落实贷款9.48亿元。年末，全市各项贷款余额达到1 976 763万元，比2006年增加845 712万元，增长73.4%。

□ “十二五”时期（2011—2015年）

根据深化山西“138金融工程”的指导意见，2011年，朔州市围绕推动中小企业发展、农村金融产品和服务方式创新及大学生“村官”创业三项重点工作，制定《关于金融支持朔州经济转型发展的指导意见》，市人行、市委组织部联合下发《关于为大学生村干部创业富民提供金融支持的实施意见》，建立朔州市大学生“村官”创业服务示范基地，为大学生“村官”投身建设、实践锻炼提供良好条件。是年，累计发放大学生“村官”贷款456万元，支持大学生“村官”33人。累计为2 625人次符合条件的贫困学生签订生源地助学贷款合同，金额1 472.88万元。2012年，市人行、市人力资源和社会保障局、市财政局、市中小企业信用担保中心联合制定《朔州市创业就业人员小额担保贷款实施办法》，市政府划拨1 000万元担保基金用于创业就业人员小额担保贷款业务的开展，推动全市下岗失业人员充分就业，以创业促就业。市人行制定《金融支持朔州市转型综改试验区和“四化一体”东部新区建设指导意见》，推动金融支持循环工业园区建设。年末，全市八大循环工业园区内项目和企业获得贷款支持63.75亿元，占人民币新增贷款的64.77%，八大工业园区中有40%的项目得到贷款支持。各银行业金融机构利用新的融资产品支持循环产业发展力度进一步增强，市交行发展煤炭企业循环产业大型设备融资租赁业务10.35亿元，市招行发展黄金租赁业务0.3亿元，市中行、市建行发展国内保理业务余额9.8亿元，中煤金海洋集团有限公司委托农业银行办理私募债权投资20亿元。2013年，市人行制定《关于金融支持朔州市经济转型跨越发展的指导意见》《关于金融支持朔州市循环经济发展的指导意见》，将金融支持循环经济发展纳入年度信贷导向效果评估体系，全年20个重点转型综改标杆项目获得信贷支持20.62亿元。2014—2015年，制定金融支持朔州经济稳健增长和转型升级指导意见，适时调整信贷政策导向评估制度，从融资量的增长向推动经济调结构质的提升转变，并辅以专项货币政策建议书的形式，增强信贷政策约束力，助推地方经济转方式、调结构。2015年末，全市各项贷款余额5 586 064万元，增长8.9%，银行业金融机构本外币贷款增长大大高于经济增速。

□ “十三五”时期（2016—2019年）

这一时期，朔州市信贷工作主要围绕供给侧结构性改革加大信贷支持力度。2016年，中央提出加强供给侧结构性改革。朔州市各金融机构坚持“有扶有控”，压缩退出违规和落后产能企业贷款；创新服务方式支持企业稳妥“去杠杆”；落实差别化住房信贷政策，稳步推动地区房地产市场“去库存”，完善定价机制，合理确定贷款利率水平，支持企业降本增效；弥补普惠金融服务“短板”，金融对供给侧结构性改革的支持力度不断加强。年末，全市本外币各项贷款余额577.33亿元，较年初增加18.7亿元，增速3.35%。2017—2018年，市政府提出“2+7+N”产业规划，市人行先后制定《朔州市金融支持服务业发展指导意见》《关于进一步加快全市金融创新发展的意见》《朔州市金融支持新旧动能转换指导意见》《关于进一步提升金融服务实体经济能力的实施意见》《朔州市“五位一体”推进扶贫小额信贷工作实施方案》，推动信贷资源全力支持地方经济转型发展和供给侧结构性改革。2017年，为5家煤炭企业发放生产技术改造贷款5.6亿元，为3家火力发电企业发放排污改造贷款6.8亿元，为5家煤矸石发电、7家风力发电、5家太阳能及生物发电企业发放基础设施建设贷款3.35亿元。

2019年，市人行、市政府联合印发《金融服务乡村振兴战略的实施意见》，市人行出台《关于进一步深化小微企业金融服务缓解融资难融资贵的意见》，全市金融机构开展“走基层探实情 金融定项贷款”主题活动，促进全市银企对接。各金融机构围绕金融助推脱贫攻坚、金融支持民营小微企业等，加强信贷投放。年末，全市累计发放贷款5 896 639万元，余额达8 615 456.36万元，比年初增加1 207 505万元，增长16.3%。

第二节 项目贷款

□ 固定资产贷款

○朔县时期

固定资产贷款包括基本建设贷款、技术改造贷款等。朔县的基本建设贷款与拨款始于1973年，到1980年，打破只发放生产性贷款的框框，发放设备贷款。本着花钱少，有实惠，见效大的原则，全县发放中短期设备贷款34万元，用于支持煤炭、轻工企业的挖潜、革新、改造工程。其中，帮助刘家口煤矿和峙峪煤矿购回矿车20辆，绞车1台，为煤炭能源优势的发展起到了促进作用。为朔县木器厂发放五小设备贷款4 220元，购买100千瓦变压器1台、30千瓦电机1台，配套带锯车间，该企业5个月实现产值2.4万元，利润0.4万元，贷款全部归还。1984年，朔县累计发放基本建设贷款24 332.8万元，拨出基本建设投资46 479.9万元，支持电力、煤炭、建材、地质、轻化工等8个行业、30多个单位进行基本建设。其中，为平朔露天煤矿发放基本建设贷款14 426.5万元；为神头发电厂拨款7 722.4万元，贷款6 548.2万元；为朔县地方国营和乡镇煤矿发放基本建设贷款3 304.1万元，拨款877万元；发放设备贷款234.5万元。

○朔州市时期

1989年，朔州建市后，全市经济快速发展，固定资产贷款大幅增长，到1990年末，固定资产贷款余额达84 363万元，比1989年末增加37 881万元，增长81.5%。1994年，根据国务院《关于继续加强固定资产投资宏观调控的通知》精神，市人行对固定资产贷款进行严格控制，对全市7个行业的12个新建项目和63个续建项目的贷款使用情况开展调查，针对大量挤占银行信贷资金的项目，从抑制地方投资过猛扩张，增加宏观管理和微观约束的角度出发，提出相应的治理对策，加强固定资产投资管理。年末，全市固定资产贷款余额220 122万元。2001年，为支持效益较好企业的技术改造投入，市中行向朔州市平鲁区平安化肥有限责任公司、朔州安平高岭土有限责任公司分别发放技术改造贷款3 000万元。2006年，全市基本建设贷款余额120 774万元，比年初下降55 077万元，呈现先增后减变化。其中，12月骤降88 700万元，主要是平朔第一煤炭有限公司归还贷款86 900万元。2009年7月，中国银行业监督管理委员会制定《固定资产贷款管理暂行办法》，进一步规范固定资产贷款发放。年末，全市发放固定资产贷款287 600万元。随着朔州市场经济的高速发展，固定资产贷款得到较快发展。到2019年末，全市固定资产贷款余额2 098 379万元，比1990年增加2 014 016万元，增长23.87倍。

□ 房地产开发贷款

朔州市房地产开发贷款始于2006年。是年，市工行满足保障性住房开发资金需求，发放房地产开发贷款400万元。2007年9月，人民银行、中国银监会印发《关于加强商业性房地产信贷管理的通知》，重点调整和细化房地产贷款管理政策。年末，朔州市房地产开发贷款余额达12 100万元，其中，用于政府土地储备机构贷款3 000万元，用于房产开发贷款9 100万元。2008—2010年，朔州市房地产开发贷款明显回落，2008年房地产开发余额4 566万元，2009年下降至983万元，2010年末，全市房地产开发贷款为零。2011—2016年，全市房地产开发贷款余额逐年增加。2011年，市农行发放商业用房开发贷款1 496万元。2013年末，全市房地产开发贷款余额增至9 116万元，主要是市交行发放住房开发贷款7 680万元。2014年末，全市房地产开发贷款余额达25 490万元。其中，市农发行为朔州市土地储备中心发放贷款10 710万元，市晋商银行发放房产开发贷款10 200万元。2015年末，全市房地产开发贷款余额增至47 565万元，其中，市农发行为朔州市土地储备中心发放贷款44 001万元。2016年末，全市房地产开发贷款余额达94 601万元，其中，市农发行发放保障性住房开发贷款40 000万元，为朔州市土地储备中心发放贷款40 708万元。

2019年末，朔州市房地产开发贷款余额318 398万元。其中，市农发行发放朔州市土地储备中心贷款全部收回，保障性住房开发贷款余额达307 148万元。

□ 银团贷款

1997年，中国人民银行颁布《银团贷款暂行办法》。朔州市银团贷款始于2009年，是年，全市发放银团贷款5 000万元。2010年末，全市银团贷款余额80 140万元。其中，市工行发放银团贷款5 140万元，市中行发放银团贷款70 000万元。2011年末，全市银团贷款达到99 840万元。其中，市中行银团贷款余额89 700万元。2012年末，全市银团贷款余额增至151 758万元。其中，市中行银团贷款余额141 618万元。2013年末，全市银团贷款余额108 321万元。其中，市中行银团贷款98 681万元。2014年末，全市银团贷款余额104 081万元，主要为市中行收回3 400万元，市工行收回840万元。2015年，银团贷款统计指标取消，归入单位贷款中统计。

□ 委托贷款

1999年末，朔州市委托贷款余额59 903万元，主要是市建行发放委托贷款52 942万元。2000年，人民银行印发《关于商业银行开办委托贷款业务有关问题的通知》，对委托贷款业务进行规范。是年，朔州市委托贷款达79 507万元，主要为市建行发放委托贷款73 041万元。到“十五”时期末，朔州市委托贷款余额26 983万元，主要为市农行发放委托贷款20 069万元。2018年，中国银行业监督管理委员会印发《商业银行委托管理办法》，对委托贷款作了进一步规范。是年，朔州市委托贷款余额497 013万元，受托机构为：山阴农商行发放委托贷款332 900万元，市建行发放委托贷款133 468万元，市中行发放现金委托10 441万元。

2019年末，朔州市委托贷款余额172 841万元。其中，市建行发放委托贷款148 198万元。

□ 金融精准扶贫贷款

根据《中共中央　国务院关于打赢脱贫攻坚战的决定》（中发〔2015〕34号）精神，2016年，市人行印发《朔州市金融助推脱贫攻坚联动协调机制工作方案》《中国人民银行朔州市中心支行关于金融助推朔州市脱贫攻坚工作的实施意见》，引导各银行加大扶贫贷款投放力度。是年，朔州市金融精准扶贫贷款余额137 649万元。其中，个人精准扶贫贷款余额28 847万元，单位精准扶贫贷款余额108 802万元，扶贫小额贴息信贷21 221万元。支持建档立卡贫困人口达1 546人。

2019年末，朔州市金融精准扶贫贷款余额278 990万元，当年累计发放164 223万元。其中，建档立卡贫困人口贷款余额21 091万元，累计发放7 653万元。

□ 绿色贷款

根据《中国人民银行太原中心支行关于推动山西省绿色金融发展的指导意见》的通知，2018年，朔州市开始发放绿色贷款。年末，全市绿色贷款余额713 995万元。其中，绿色农业开发项目贷款460万元，绿色林业开发项目贷款49万元，工业节能节水环保项目贷款205 632万元，资源循环利用项目贷款81 484万元，可再生能源及清洁能源项目贷款385 459万元，绿色交通运输项目贷款40 910万元。到2019年末，朔州市绿色贷款达977 427万元。

第三节　流动资金贷款

□　工业贷款

工业贷款包括地方国营工业、物资供销企业、交通运输企业和城镇县级集体企业贷款，按贷款用途分为国营工业贷款和集体工业贷款。其中国营工业贷款分为定额、超定额、结算、大修理、中短期设备、物资供销、集体工业、个体工业等8种。

○国民经济恢复时期

朔县根据国家“发展经济、保障供给”的财政工作方针和城乡互助、内外交流政策，工商信贷原则为“先公后私”“先工后商”，重点扶持私营工商业向集体过渡。其间，朔县人民银行根据全县工业发展实际，发放工业信贷0.4万元。

○“一五”时期

从1954年开始，工业企业的流动资金贷款实行由财政拨款，银行只发放季节性、临时性的超定额储备贷款，促进企业增产不增资。1956年，朔县发放工业贷款4万元，主要满足手工业部门生产小农具13.8万件的资金需要，帮助完成生产和供应计划，支援春耕生产。到1957年末，工业贷款余额增至8.3万元。

○“二五”时期

“大跃进”期间，一些信贷资金管理制度被废除，取消正常贷款审批程序，对企业生产所需资金敞口供应，1958年末，朔县工业贷款增至16万元。1961年7月，根据人民银行指示，改变全额信贷，恢复指标管理，企业所需定额流动资金80%由财政拨款，20%由银行贷款，超定额资金银行供应。恢复贷款审批制度、“三查”制度和信贷经济活动分析制度，朔县工业贷款大幅增加，余额达189万元。

○国民经济调整时期（1963—1965年）

严格执行财政资金和信贷资金分口管理的原则，实行贷款按计划，追加贷款程序，贷款不能用于财政性开支和缴纳利税，企业计划内亏损和计划外亏损均不予贷款。对违反贷款原则的企业实行信贷制裁，对不合理贷款和下马企业的贷款进行清理，压缩企业流动资金。到1965年末，朔县工业贷款余额46.1万元，比1962年减少1.3倍。

○“三五”至“五五”时期

这一时期，朔县按照国家合理供应企业资金政策，大力支持工业生产和商品流通。严格落实区别对待原则，对不合理资金占用进行清理，促进企业改善经营管理，合理使用资金，降低资金占用水平。改革信贷管理体制，扩大贷款范围，支持多种产业发展。全县工业贷款余额由1966年的41.9万元增至1980年的505.8万元，增长11.9倍。1977年，朔县发放工业贷款34.4万元，重点支持雁北机械厂、雁北农机修造厂、朔县钢铁联合厂、朔县农机修造厂等支农单位的生产。年末，全县工业贷款余额474万元。1980年，发放煤炭生产贷款186.5万元，占工业生产放款的25.2%；发放轻工生产贷款337.1万元，占工业生产放款的45.6%。为重点企业发放生产贷款388.8万元，占全部工业生产贷款的52.5%。如支持朔县酒厂扩大生产，发放贷款110.4万元，用于购进原辅材料790万斤；为杨涧煤矿累计放款166万元；对集体企业的服装厂累计放款60万元。年末，全县累计发放工业生产贷款927.3万元。

○“六五”至“七五”时期

这一时期，按照人民银行《关于加强信贷管理若干规定》《关于当前国营工业流动资金贷款掌握的意见》，坚持“区别对待、择优扶植”的原则，以提高信贷资金使用的经济效益为前提，加速企业挖潜、革新、改造的进程，促进工业生产的发展。1982年，发放工业生产贷款796.2万元。1983年，将信贷资金的投放和投量放在保效益、保重点、保速度上，支持工业生产，扩大购销业务，发放工业贷款1 290.9万元。其中，国营工业贷款682.3万元，集体工业贷款216.2万元。1984年，工业信贷改革，国营流动资金由财政、银行共管改为由银行统一管理，国营企业所需资金除自身积累的一部分外，其余部分都通过信贷方式提供，有偿使用。是年，全县工业贷款余额1 405万元，加快了企业经济体制改革步伐。到1988年，全县工业贷款余额达8 758万元。

○“八五”时期

朔州建市后，贯彻执行“控制总量、调整结构、强化管理、适时调节、提高效益”的货币信贷政策，信贷重点支持重点企业、重点行业和压缩三项资金。工业贷款实行定贷制度，严把贷款投向。1991年，全年新增贷款73 904万元，新增贷款中重点行业、重点企业占比较大，推动全市工业生产总值达205 963.7万元，较上年增长13.98%。1992年，全年清理“三角债”2 669万元，资金周转1.35次。加大对陶瓷、乳品、化工等行业的支持力度，年末，三个行业产值较上年增长6.2%。到1993年末，全市工业贷款达58 129万元。1994年，市人行制定《关于支持地方经济发展，盘活存量的意见》，按照国务院关于进一步深化金融改革的指示精神，加强金融宏观调控，整顿金融秩序，狠抓“三防一保”，使全市经济在资金紧缺的形势下，保持了较快的发展速度，经济效益明显提高。是年，全市工业贷款规模达到72 855万元。1995年，把抑制通货膨胀作为金融工作的首要目标，制订“严控总量、盘活存量、优化投向、确保重点”的工作措施，重点支持产品有销路、发展前景广阔的国营工业企业和国家重点骨干企业，如神头第一发电厂、神头第二发电厂及平朔露天矿等。是年，共发放工业贷款21 213万元。

○“九五”时期

朔州市工业信贷本着扶优限劣的原则，保效益、保投向、保重点、保回收，重点支持电力、煤炭等支柱产业发展。1996年，支持神头第一发电厂、神头第二发电厂、平朔露天煤矿等一批龙头企业健康发展。是年，全市工业贷款余额101 825万元，比1995年增加15 232万元。1997年，为平朔露天矿发放贷款41 680万元，占全市国家银行当年新增贷款的54.8%。1998年，国家取消对国有商业银行信贷规模限额控制，是年，全市发放贷款3亿元，重点支持平朔煤炭公司露天一矿、安家岭煤矿流动资金需要。同时，支持地方支柱产业生产经营，向朔州市煤运公司、怀仁南窑集运站、宋庄煤运站等企业发放工业贷款2 000万元。年末，全市工业贷款余额达139 191万元。1999年，为平朔安太堡露天煤矿发放流动资金贷款13 500万元，并将该企业14 000万元短期流动资金贷款转为中期贷款。年末，全市工业贷款余额153 543万元，较1998年增加14 352万元。

○“十五”时期

朔州市工业信贷投放重点仍以煤炭企业、国有大中型企业、经济骨干企业与利税大户为主。2001年，市中行向平朔露天煤矿增加短期流动资金贷款19 764万元，市工行向平朔第一煤炭有限责任公司发放流动资金贷款6 000万元。2002年，市工行向神头电厂、蒙牛乳业、威尔陶瓷、嘉明陶瓷、连顺洗煤、金海洋集团等优秀企业累计发放贷款3亿元；市中行向神头第二电厂二期项目发放2.1亿美元转贷、1.2亿美元现汇和2.1亿元人民币贷款，向安家岭露天煤矿、古城乳业、平一公司、西易集团等企业发放贷款1.3亿元。2003年，朔州市工业贷款净增加113 840万元。其中，市工行为平朔煤炭第一有限公司发放短期流动资金贷款26 900万元；市建行为神头一电厂发放流动资金贷款13 500万元，为安家岭露天煤矿发放流动资金贷款2 000万元。2004年，各金融机构继续加大对煤电支柱产业的信贷投放力度。市中行向山西大唐神头发电有限公司新增转贷款1.24亿美元，折合人民币10.28亿元；向怀仁矿业公司出口煤站、西易煤炭集团、歇马关、葫芦堂煤矿等企业发放贷款5 250万元。市工行支持朔城区电力公司220kV输变电工程项目贷款6 387万元。市建行向金海洋洁净煤公司发放贷款4 000万元。2005年，国有商业银行市县机构贷款权限被省分行上收，且风险责任考核趋严，贷款门槛提高，审批程序更严，朔州信贷投放受到一定影响。年末，朔州市工业贷款余额107 366万元，比2004年减少35 426万元。

○“十一五”时期

朔州市工业新增贷款主要集中于电力、煤炭、交通运输行业。2009年，电力、煤炭和交通运输行业分别新增贷款9.12亿元、2.1亿元和5.5亿元。主要为山西大唐神头发电有限责任公司新增贷款6.3亿元、山西平朔煤矸石电厂新增贷款4.7亿元。年末，全市工业贷款规模达196 906万元。2010年起，工业贷款统计口径取消，并入单位经营性贷款中统计。

□ 商业贷款

商业贷款包括国营商业、粮食、外贸、医药、书店、商办工业、合营商店、城镇集体知青商业和个体商业贷款。商业贷款种类有商品流转贷款、农副产品采购贷款、中短期设备贷款、集体知青贷款和个体商业贷款。

○中共十一届三中全会前

为了活跃市场，繁荣城乡经济，根据“公私兼顾、劳资两利、城乡互助、内外交流”的政策，1951年，朔县开始发放商业贷款，商业信贷重点支持私营商业的恢复。是年，共发放商业贷款5万元。1952年，商业贷款重点逐步转向国营商业，以增加库存，扩大销售，发挥国营商业的主导作用。是年，全县商业贷款余额8.8万元。“一五”时期，商业贷款划分为企业自有资金和银行贷款，非商品资金由财政拨款，商品资金和在途资金由银行贷款，商业贷款包括国营商业、供销、粮食、外贸以及其他商业贷款五个方面。这一时期，商业机构、网点发展较快，贷款相应增加。1955年末，商业贷款余额89万元。1956年，发放商业贷款12万元，解决饲养牲畜520头、购买小平车内外胎1 300余条的资金需要。年末，贷款余额达170万元。1958年，商业信贷由逐笔核贷改为存贷账户合一，供销社单位归属公社统一管理，信贷监督放松。年末，商业贷款余额365.6万元，比1957年增加214.3万元，增长2.3倍。1962年，中共中央、国务院作出《关于切实加强银行工作的集中统一领导，严格控制货币发行的决定》，收回下放的信贷管理权。朔县银行加强信贷管理，帮助企业改善经营，年末，全县商业贷款增至484.5万元。1960年，对有问题贷款进行清理，开办超计划商品储备贷款、商品流转贷款、临时贷款、结算贷款等信贷业务，改善了商品库存结构。1965年末，朔县商业贷款余额449.5万元。"文化大革命"期间，信贷管理和监督职能被削弱，贷款增加，效益下降。到1976年，朔县商业贷款余额1 289.5万元，比1965年增长2.7倍。

○中共十一届三中全会以后

1978年后，对商业信贷进行整顿，采取按年核定企业销售收入、平均流动资金占用、销售资金率、全年银行贷款限额、流动资金由银行统管等办法，及时给企业发放贷款，贷款的投向和投量发生较大变化。1980年，朔县打破只发放商品流转贷款的框框，开始发放商业网点建设贷款，扩大销售，方便群众。是年，共发放网点建设贷款10万元，帮助商业企业单位建设饭店、食品购销点10处；为食品公司发放冷藏设备贷款1.6万元，改变冷藏设备和肉食的持续供应。年末，全县商业贷款余额增至1 333万元。1983年，为了搞活经济，活跃市场，满足人们生产、生活的需要，朔县积极支持商业企业购进适销对路的商品，疏通商品流通渠道，填补市场短缺商品。是年，累计发放商业贷款2 169万元，商业贷款余额达2 886万元。1984年末，商业贷款达到4 670.7万元，社会商品零售额显著增加。

○朔州建市后

朔州建市后，全市金融机构增强效益意识，加强商业贷款投放力度，商业贷款大幅增长。1996年，重点支持粮、油等农副产品的收购，共增加收购贷款11 856万元，确保收购工作不打"白条"。年末，商业贷款余额112 295万元。1997年，稳定市场，平抑物价，支持国有商业企业购进商品及储备，如支持市烟草公司和金城商厦等商业企业的流动资金需要。年末，全市新增商业贷款19 374万元，比1996年同期多增6 053万元，余额达141 157万元。到2000年末，全市商业贷款增至144 509万元，比1989年建市初的28 577万元增加115 932万元，增长4.8倍。2002—2009年，朔州市各金融机构在国家宏观调控的大形势下，采取"有保有压、区别对待"的政策，寻求新的渠道和方式保证对地方经济的信贷支持力度，促进全市商业的平稳增长，商业贷款呈现"V"字形发展态势。2002年，全市商业贷款余额134 493万元，到2004年降至113 420万元，2005年后逐年增加，2009年末增至173 783万元。2010年起，商业贷款统计口径取消。

□ 农业贷款

农业贷款是对农业生产所需资金发放贷款的总称，主要包括国营与集体农业贷款、乡镇企业贷款、农户贷款、支持信用社贷款。

○国民经济恢复时期

1950年，朔县开始办理农业贷款，主要是支持农业生产的恢复和发展。1951年后，农业贷款从支持商业部门间接支援农业生产为主转为直接发放农业贷款为主，贷款方式主要由各级政府职能部门分配贷款数字与银行联合下达计划，实行专款专用，并与物资供应一起分配下达。这一时期，朔县人行根据"用途正当、保证重点"的放贷原则，满足农业生产资金需求，发放农业贷款72.8万元，用于帮助生产与生活资料。

○“一五”时期

农村进入合作化阶段，朔县农业贷款工作根据党在农村“依靠贫农、团结中农、发展农村互助合作、限制富农剥削直到最后消灭”的政策，占领农村金融阵地，重点支持农民、农业生产合作社建社，促进农业增产，扩大生产，打击高利贷行为。贷款方式由过去通过供销社转贷实物或由主管机构统一承贷的做法改为由贷户自愿申请、银行直接发放或委托信用社发放。贷款一律发放现金，并由贷户自由选购需要的生活和生产资料。1957年末，全县农业贷款余额124.8万元。

○“二五”时期

农业贷款主要用于支持人民公社发展农业生产，以发放生产费用和农用基本建设项目用款为主，解决社队生产资金不足。1958年“大跃进”期间，银行营业所归属人民公社管理，实行“存贷合一”体制，存贷款由公社统一安排使用，贷款周期长，资金使用率较低。1961年，农业遭受严重自然灾害，国家提出“调整、巩固、充实、提高”的方针，大力支持生产救灾，这一时期，朔县发放农业贷款614.7万元。1962年末，全县农业贷款余额69.9万元。

○“四五”时期

1972年，朔县发生严重干旱，朔县人行积极组织供应资金，大力支援农业生产和抗旱斗争。是年，共发放农业贷款142.2万元。其中，农村信用社发放支农贷款83.3万元。1973年，满足农业生产资金所需，发放农业贷款134万元。其中，信用社发放贷款82.06万元，帮助862个核算单位新打井92眼、配套井236眼、建电灌站38处、购化肥446万斤、调剂优种53万斤、解决机耕费8万元、解决副业费用2.38万元、购买农机具38件。1975年，发放支农贷款240.81万元。其中，发放农田水利工程建设和排灌机械发展贷款58万元；支持社队购买汽车、拖拉机及各种农副产品加工机械贷款25.92万元；发放贷款140.77万元，用于帮助社队购买化肥2 448吨、农药157 000斤、优良籽种13万斤，完成机耕地62万亩。

○“五五”时期

以提高经济效益为中心，大力支持农村商品经济发展，农村信贷走上健康发展轨道。1977年，按照“确有物资、物资适用、群众欢迎、讲求实效”的农贷原则，支援农业学大寨，发放农业贷款152.59万元。其中，发放农田水利基本建设贷款30.3万元，发放支援穷队贷款45.7万元，支援社办企业、各种经营以及当年增产增收的关键项目发展。中共十一届三中全会以后，农村信贷放宽政策，业务得到拓展，1979年，农业贷款从支持集体生产转为支持千家万户，由主要支持粮食生产转为支持农、林、牧、副、渔等多种经营。是年，朔县农业贷款余额562.8万元。到1980年末，全县农业贷款余额达918.2万元，比1977年增加355.4万元，增长1.5倍。

○“六五”时期

农村实行生产责任制后，农业投资空前增加，许多乡镇上项目，大搞商品经营，银行加大信贷投放，增设乡镇企业贷款、集体工业贷款、个体工商业贷款等项目，促进农村经济发展。到1985年末，全县农业贷款增至2 046.2万元。

○“七五”时期

贯彻“双紧”方针，适当调整力度，严格控制信贷规模，积极支持农业重点项目、农副产品收购。朔州建市后，1989年，制定《确保农副产品收购的意见》，按照企业挖潜自筹、财政补贴、专业银行贷款、人民银行支持的供应资金顺序，要求各收购部门搞活50%的资金，财政负责解决资金1 500万元，保证农副产品收购资金的落实。共拨补亏损和加价款919万元，落实归位资金1 002万元，落实新增资金2 871万元，保证收购不打“白条”。年末，全市农业贷款达到2 661万元。1990年末，农业贷款增至3 485万元。

○“八五”时期

1991年，农业抗旱，朔州市农业贷款支持农田水利基本建设，市人行发放支农资金2 000万元，其他各银行向农业投放信贷资金4 210万元，保证全年农业生产资金需求。1992年，市人行制定《关于旺季农副产品收购资金管理的实施意见》，发放临时贷款3 500万元，用于解决农副产品收购资金短缺。1993年，应县、右玉县、怀仁县划入朔州市，全市农业贷款增至14 510万元。到1995年末，全市农业贷款增至34 610万元。

○“九五”时期

1996年，支持农业、农资部门春耕备耕等活动，发放农业贷款6 829万元。1997年，朔州市农业贷款余额59 266万元，比1996年增加17 827万元，主要支持农业生产所需的化肥、籽种、农机具等生产资料和农用水利基本建设的资金需要。1998年，朔州市加大农村春耕备耕的资金支持，发放农业贷款5 611万元，帮助农民购买化肥、农膜、种子、农药等。同时，根据市政府实施“龙头企业特色县”发展战略，积极支持农副产品“龙头”加工企业，新增贷款3 576万元。1999年，加大对基础农业的信贷投入和确保农副产品收购资金的供应。年末，全市农业贷款余额75 550万元，增长15.4%。其中，市农行发放农业贷款2 000万元，用于生资部门；市农发行发放农业贷款14 962万元，用于农业收购资金需要。到2000年，朔州市农业贷款达67 227万元。

○“十五”时期

朔州市农业贷款围绕农产品加工企业、农户小额信用、农业产业化龙头企业等加大信贷投放力度。2001年，朔州市新增农业贷款8 897万元，重点支持山阴乳制品行业、山阴饮品行业、应县长城肉乳制品有限公司等企业。2002年，新增农业贷款28 160万元，重点支持蒙牛乳业、康喜奶业、长城园肉乳公司、古城乳业等效益较好的农产品加工企业。其中，市农行向农资部门发放贷款3 600多万元，向康喜奶业、长城园肉乳公司、古城乳业等企业发放贷款2 900万元。2003年，朔州市农信社系统立足“三农”定位，增加农户小额信用贷款授信额度，扩大信贷范围，评定信用户28 286户，发放贷款证28 182个。累计发放购买化肥贷款8 627万元，购买化肥125万吨；发放农药贷款278万元，购买农药1万多吨；发放种子贷款863万元，购买籽种26万吨；发放蔬菜大棚农田水利贷款827万元。当年，全市农业贷款达134 687万元。2004年，人民银行累计发放支农再贷款2.1亿元，全市农业贷款余额达189 597万元。2005年，按照《关于认真贯彻落实稳健货币政策加大对朔州市农业信贷投入指导意见》，各金融机构扩大农户信用贷款、“公司+农户”贷款和龙头企业贷款的范围和额度，支持“三农”经济发展。年末，全市农业贷款增至224 074万元。

○“十一五”时期

2006年，朔州市委、市政府提出建设生态畜牧经济区，强化农业综合生产能力建设要求，市人行引导金融机构加大对农业结构调整的信贷投入，努力推进全市社会主义新农村建设，制定

《关于支持全市社会主义新农村建设的金融指导意见》（朔银发〔2006〕27号），推动各金融机构加大对农户、“公司+农户”和龙头企业的信贷支持力度。年末，全市农业贷款余额达337 261万元，增长50.5%。其中农信社农业贷款余额319 889万元，占全市农业贷款的94.8%。累计发放支农再贷款20 850万元，累计收回26 550万元，实际余额达13 500万元。2008年，市人行向上级行申请支农再贷款限额1亿元，总额由原来的2亿元增加到3亿元，要求农信社按照1：3用自有资金增加相应的农业信贷资金，重点支持市委、市政府提出的“六大种植基地”“四大畜牧业工程”，进一步扩大农户小额信用贷款和农户联保贷款的覆盖面，为“三农”经济发展提供信贷支持。年末，朔州市支农再贷款限额26 000万元，支农再贷款余额9 950万元，累计发放支农再贷款19 280万元，累计收回支农再贷款25 630万元。农业贷款余额达562 954万元，增长25%。2010年，农业贷款统计口径取消，以“涉农贷款”口径反映“三农”信贷投入情况。市人行组织农村信用社推出“政府担保中心出资担保+农民专业合作社担保+农户联保”的三重担保模式，形成了农户、村委会、担保体和农信社互相监督、共同发展的贷款投放新机制。灵活运用再贷款工具，累计发放支农再贷款6 000万元，有效满足了“三农”发展资金需求。年末，朔州市农业贷款余额达1 061 792万元。

○“十二五”时期

2011年，市人行实施多项政策引导金融机构加大涉农信贷投放。一是对符合“县域法人金融机构将新增存款一定比例用于当地贷款”条件的地方法人金融机构给予下调1个百分点存款准备金率的优惠，释放大约4 457万元资金，有效增加支农服务资金；二是积极向人行太原中支申请支农再贷款限额3亿元，着力引导对涉农经济的信贷投入。全年累计投放支农再贷款2.6亿元，惠及6万农户，为农民带来直接收益1.6亿元。年末，全市涉农贷款余额1 434 231万元，增长26%。2012年，全市支农再贷款限额增加到3.36亿元，累计发放支农再贷款12笔，金额3亿元。按照“县域法人金融机构将新增存款一定比例用于当地贷款”的考核要求，对监管指标符合考核要求的山阴县联社、应县联社分别给予奖励性再贷款支持1亿元和3 569万元，引导两家农村信用社增加涉农贷款2.5亿元，支持本地特色农产品品牌化发展和农旅一体化、种养一体化设施农业建设。根据《关于认真落实县域法人金融机构新增存款一定比例用于当地贷款的激励政策及农村信用社专项票据兑付后继监测考核激励约束政策的通知》，对考核达标的农村信用社法定存款准备金率下调1个百分点，释放4 917万元可用资金。年末，全市涉农贷款余额达1 613 647万元，增长12.5%。2013年，全市申请支农再贷款限额增加到5.16亿元，累计发放支农再贷款4.96亿元；申请再贴现限额2亿元，累计发放再贴现3.81亿元，支持“一村一品、一县一业”和列入山西省“513”工程重点企业发展。根据人民银行“县域法人贷款政策”精神，对考核达标的农村信用社法定存款准备金率下调1个百分点，对符合考核要求的山阴县联社、应县联社分别给予奖励性再贷款支持7 000万元和4 575万元，引导两家农村信用社增加涉农贷款投入11.34亿元。年末，全市涉农贷款达2 241 056万元，增长38.9%。2014年，通过灵活运用再贷款、再贴现，对农村信用社实施存款准备金率下调1个百分点的优惠政策，释放涉农资金5 192.5万元。全年全市地方法人金融机构利用发放的6.6亿元再贷款、6.74亿元再贴现新增支农贷款21.28亿元。山阴县太行村镇银行采取“驻乡农贷服务中心”模式，扩大农户和涉农企业抵押物范围，累计发放涉农贷款3.8亿元。朔城区蒙银村镇银行拓展“乡情通”农户信贷和“绿原通”联保贷款业务，累计为2 158户农户和农业企业投放小额信用贷款6.55亿元。2015年，全市通过对农村信用社实施存款准备金率下调1个百分点释放涉农资金1.3

亿元。发放支农再贷款6.6亿元，办理再贴现6.5亿元，撬动涉农金融机构新增贷款16亿元。累计发放贫困地区优惠利率扶贫再贷款1.45亿元，直接减轻贫困地区企业和农户利息负担145万元。

○“十三五”时期

朔州市持续加大扶贫领域信贷投入，助推脱贫攻坚。2016年，市人行制定《金融支持朔州脱贫攻坚工作的实施意见》，建立金融扶贫工作协调机构、金融扶贫激励机制、扶贫工作“行长工程”等，引导各银行业金融机构加大精准扶贫力度。组织农村信用社、农村商业银行、村镇银行创新精准扶贫产品和服务方式，拓展“公司+基地+贫困农户”“合作社+贫困农户”“能人大户+贫困户”等方式支持领域，实现精准扶贫。对农村信用联社实施存款准备金率下调1个百分点的优惠政策，释放涉农资金近1亿元。全市地方法人金融机构通过人民银行7亿元再贷款撬动，新增贷款17亿元。年末，全市涉农贷款达2 676 033万元，占各项贷款的53.2%。2017年，市人行制定《朔州市“五位一体”推进扶贫小额信贷工作实施方案》，组织召开“五位一体”金融扶贫座谈会、现场办公会、推进会，推动金融扶贫工作落地见效。年末，全市金融精准扶贫贷款余额27.08亿元，较年初增长98.56%，新增贷款13.44亿元，占各项贷款新增余额的37.1%。牵头组织召开人社局、财政局及相关金融机构参加的就业创业担保贷款联席会议，推动创业就业贷款业务的开展，年末，全市创业就业贷款余额410万元。推动各金融机构开展金融支持“粮改饲”工作，用于“粮改饲”项目达到2 000多万元。指导推动金融机构落实存款准备金率调整政策，发放支农再贷款6.85亿元，并对农村信用联社实施存款准备金率下调1个百分点的优惠政策，释放涉农资金1.3亿元。年末，朔州市涉农贷款2 987 091万元，占全市各项贷款的54.5%。2018年，朔州市加大对贫困地区、政策效果良好地区和金融机构倾斜，引导金融机构扩大涉农和小微企业信贷投放。市人行、市金融办、市银监局、市扶贫办进一步完善“工作协调机制”及“信息反馈机制”，开展金融扶贫领域作风问题专项治理工作。全市落实地方法人机构存款准备金率下调1个百分点优惠政策，释放资金1.7亿元，全年发放再贷款11.9亿元。其中，支农再贷款6亿元，扶贫再贷款4亿元，支小再贷款1.9亿元。年末，全市金融精准扶贫贷款余额26.98亿元，占各项贷款余额的3.71%。涉农贷款余额3 503 623万元，增长17.3%。2019年，市人行3次下调农村商业银行、村镇银行存款准备金率，共释放资金8亿元。联合政府相关部门印发《金融服务乡村振兴战略的实施意见》，促成山西农业担保中心与怀仁市农商行、村镇银行采用农担模式发放贷款，达成合作意向2.3亿元。制定出台《朔州市金融支持县域特色产业项目库及行长帮扶工程建设方案》，推动辖内建立6个金融支持县域特色产业项目库，与全辖办事处以上机构通过建立一对一帮扶机制，确立120家小微民营企业获得金融有效扶持的工作目标。年末，全市涉农贷款达4 053 835万元，增长15.7%。

□　个人消费贷款

○个人住房贷款

朔州市房地产业起步于“八五”时期，经历“九五”时期的波动发展，“十五”后进入高速发展时期。与此同时，个人住房贷款也步入快车道，由2001年末的9 803万元增至2005年末的12 141万元。“十一五”时期，随着朔州经济快速发展，居民收入增加，消费水平提升，房地产市场加快发展，个人住房需求明显增加，住房贷款快速增长。2010年末，全市个人住房贷款达41 447万元，比2005年增长58.3%。“十二五”期间，全市城镇化快速发展，农村人口进城经商务工，外来人口增加明显，房屋买卖和租赁频繁，房价快速增长，购房需求增加，住房贷款随之增长。2015年，全市个人住房贷款达169 030万元，是2010年的4倍多。“十三五”时期，国家提出“稳地价、稳房价、稳预期”调控目标和“房住不炒”的政策定位，房地产市场受经济下行影响，由“热”变“冷”，“去库存”成为全市房地产市场主基调。为积极支持房地产市场去库存，市政府提出多项优惠政策，住房公积金中心与各商业银行积极配合政策落实。到2019年末，全市个人住房贷款余额达428 797万元（见表4–1）。

表 4–1　　2005—2019 年朔州市个人住房贷款余额统计表　　单位：万元

年份	个人住房贷款余额
2005	12 141
2006	25 366
2007	21 998
2008	14 675
2009	24 332
2010	41 447
2011	58 997
2012	82 915
2013	110 874
2014	141 256
2015	169 030
2016	202 067
2017	258 382
2018	313 133
2019	428 797

○个人汽车消费贷款

朔州市汽车消费贷款起步于“九五”时期。“十五”初期，受全国消费市场的变化影响，银行经营观念发生转变，汽车消费信贷成为各银行竞争的领域。汽车消费贷款发放主体主要为市农行、市中行。2001年末，全市个人汽车贷款余额4 263万元。其中，市农行发放汽车消费贷款2 732万元，市中行发放汽车消费贷款1 481万元，两家银行汽车消费贷款占全市汽车消费贷款的98.8%。到2005年末，全市汽车消费贷款余额达8 498万元。其中，市农行发放贷款3 683万元，市中行发放贷款2 496万元，市工行发放贷款2 275万元。“十一五”时期，受2008年国际金融危机影响，加之汽车消费贷款不良率增高，各银行对汽车消费贷款规模进行严格控制，2010年末，全市汽车消费贷款降至3 384万元。“十二五”时期，朔州市经济快速发展，居民消费观念转变，汽车逐步成为家庭必备消费品，汽车信贷需求也随之增加，但因保险公司、汽车金融公司、融资租赁公司等机构对汽车消费信贷业务的快速拓展，对银行汽车消费贷款产生明显抑制，到2015年末，朔州市汽车消费贷款余额4 944万元。“十三五”时期，各银行消费信贷业务主要集中于个人信用卡和住房贷款，汽车消费贷款成为消费信贷业务的次要补充，2019年末，朔州市汽车消费贷款仅2 076万元。

□　私营及个体贷款

朔县个体工商贷款最早发放于1986年，余额仅2.7万元，主要用于个体商户做生意周转资金所需。1988年，私营及个体贷款余额增加至3.3万元。1989年，朔州市设立后，全市两区一县个体工商贷款余额58万元。1993年，怀仁县、应县、右玉县划归朔州市，年末，全市个体工商贷款余额达229万元。1995年，全市个体工商贷款余额增至918万元。1996年成倍增加，余额达1 671万元。2001年末，全市个体工商贷款余额2 549万元。2009年末，全市个体工商贷款余额增至10 197万元。2010年起，私营及个体贷款统计指标取消。

中篇

银行业务

第三章

农业发展银行

第一节　资产业务

资产业务主要是信贷业务，包括储备贷款、粮棉油调控和购销贷款、农业产业化龙头企业贷款、中长期贷款、农发重点建设基金等。1996—2019年末，累计投放各类资金134.55亿元，其中信贷资金投入132.84亿元，占投入资金总量的98.73%。1996—2013年，贷款总量年均增幅12.96%；2014—2019年贷款年均增幅27.39%。2019年末，全行信贷资产总量突破50亿元大关，达52.48亿元。

□　粮棉油贷款

1996年，市农发行开始发放粮棉油收购贷款。1997年，为了保障全市粮棉油收购资金供应，完善收购资金封闭运行管理机制，消除收购“空白点”，出台《粮油收购供应票管理办法》，该办法被农发行山西省分行以工商〔1997〕6号转发，受到时任农发行总行行长朱元樑的肯定，并作出重要批示。湖南、河北等三省六个地市进行学习借鉴。

1998年，按照国务院关于实现收购资金封闭管理的要求，将11 636万元扶贫开发贷款、14 564万元附营业务划转至农业银行，专职从事粮棉油收购资金“封闭运行”管理，实现业务从委托代理向基本自营的过渡。年末，全市共发放粮棉油收购贷款13 007万元，累计粮油收购值达13 007万元，新收粮棉油价值与新收购粮棉油价值比率达100%；全市粮食系统累计实现销售收入6 195万元，累计回笼销售货款6 871万元，回笼率达111%。1999—2003年，市农发行贯彻落实国务院关于粮食、棉花流通体制改革的指示精神和“敞开收购、顺价销售、封闭运行”政策措施，坚持以收购资金封闭管理为中心，保证政策性收购资金的及时足额供应，稳定粮食市场，保障粮食流通，为粮棉市场化改革创造有利条件。先后出台《粮棉油收购贷款供应票管理办法（试行）》《粮棉油企业销售货款管理办法》《粮棉油贷款封闭运行管理实施办法》《粮棉油调销贷款管理办法》《中国农业发展银行朔州市分行粮棉油贷款规范化管理操作规程》《关于非保护价贷款管理的指导意见》等，完善粮棉油收购贷款封闭运行管理机制，促进非保护价粮食收购业务发展。

随着粮食流通体制改革的不断深入，2004年，银监会对农发行进行重新定位：以政策性金融为主、开发性金融和商业性金融并重的可持续性发展的政策性银行。农发行信贷服务范围开始由粮棉油流通领域逐步向加工、生产领域延伸。市农发行顺应粮棉流通体制改革和农业农村改革发展形势新要求，陆续开办粮食加工企业收购资金贷款、粮棉油产业化龙头企业贷款、粮食仓储设施贷款等新商业性贷款业务。年末，累计发放粮油购销贷款29 466万元，实现收购值29 466万元，共支持企业收储粮食1.3亿公斤，新发放粮油购销贷款物质保证率达100%，粮食收购增长率为154.8%。流转粮食收购贷款投放额21 129万元，流转粮食收购贷款投放增长率127.93%。信贷资金运用率100.99%。到2014年末，市农发行已经形成粮棉油收储、加工、流通为重点的全产业链信贷业务。当年，投放粮食收购贷款1 590万元，投放国家临储粮贷款12 809万元，划转减少中储粮贷款8 767万元。

2015年后，市农发行进入建设现代化农业政策性银行新阶段，深度聚焦“三农”重点领域，全力服务国家粮食安全。2019年末，累计投放粮棉油调控和购销贷款34.23亿元，年末余额0.24亿元，占全部信贷资金的0.45%；累计发放农副产品贷款13 007万元，保证政策性粮油收购的及时足额供应，解决农民卖粮难问题。

□ 储备贷款

支持粮棉油收储是农发行的基本职责。市农发行在加大巩固主体业务力度的同时，积极筹集资金保障各级储备增储轮换计划的顺利实施，加强各级储备体系建设，维护国家粮食安全。1998年，落实国务院敞开收购农民余粮的政策，发放简易建仓贷款50万元，基本上解决仓容量不足问题。1996—2019年，累计投放储备贷款14.04亿元，其中支持中央储备粮建储2.4亿公斤，支持10户企业建立地方储备5.3亿公斤。2019年末，全市储备贷款余额10.23亿元，占全部信贷资金的19.49%。

□ 龙头企业贷款

2005年，市农发行开始开办农业产业化龙头企业贷款业务。为了支持农业产业化龙头企业做大做强，以市级前20名粮棉油企业为重点，将粮棉油全产业链上机制好、资信好、效益好的优质企业作为长远支持、重点培育对象，形成一批发挥粮棉油宏观调控作用的骨干客户群体，落实战略性优质客户信贷扶持政策。1996—2019年末，累计投放农业产业化龙头及加工企业、农业小企业以及其他涉农企业短期流动资金贷款21.48亿元，支持怀仁县龙首山粮油贸易有限公司、山西鑫霏农业开发有限公司、应县源鑫粮油贸易有限公司、朔州市绿源粮油有限公司、右玉图远实业有限责任公司、朔州市平鲁区宏泽农牧专业合作社、山西祥和岭上农牧开发有限公司、右玉县祥和乡村旅游开发有限公司等国家级和省市级龙头企业发展壮大。2019年末，农业产业化龙头企业贷款余额0.544亿元，占全部信贷资金的1.04%。

□ 重点建设基金贷款

2015年，市农发行开办农发重点建设基金投资业务，聚焦“看得准、有回报、不新增过剩产能、不形成重复建设、不产生挤出效应”重点领域，解决国家重点项目建设资本金不足问题。当年，申报平鲁区古城小区棚户区改造项目投资额5 000万元、山阴县采煤区搬迁安置工程投资额10 065万元、右玉县元堡子采煤区治理搬迁项目资金2 050万元，三个项目共计17 115万元资金获得审批并全部投放。同时，获得配套贷款32 500万元资金，缓解全市重点民生工程项目建设资本金不足问题，支持民生改善。

□　扶贫贷款

1996年至1997年末，市农发行业务范围还包括扶贫贷款等开发性贷款业务，履行服务脱贫攻坚和农业综合开发职能。1998年，市农发行所有扶贫开发信贷业务全部划转至商业银行，共移交26 200万元，占应移交的93.2%，其中开发性贷款移交11 636万元，占应交的100%；附营业务移交14 564万元，占应交的88.5%。

2015年，中央扶贫开发工作会议召开以后，党中央、国务院明确要求农发行发放长期贷款支持扶贫开发。市农发行率先在国定贫困县右玉县和省定贫困县平鲁区、山阴县推进扶贫业务，实现全市贫困县扶贫工作全覆盖。在对贫困地区中长期业务的支持力度上，推行期限延长、利率优惠、宽限期及还款计划优化等“三优惠”政策，并在同等条件下对贫困地区项目实施服务优先、办贷优先、规模优先等“三优先”政策倾斜。2016年，累计投放扶贫贷款34 020万元，支持17 686人建档立卡贫困人口实现脱贫致富。2017年，根据农发行和省分行脱贫攻坚会议精神，加强与右玉县、平鲁区、山阴县等贫困县深度合作，全年新介入营销并成功出贷8个扶贫项目，审批金额11.7亿元，投放金额6.81亿元。年末，扶贫贷款余额10.68亿元，较年初增加6.38亿元，增幅148%。2018年，累计投放各类扶贫贷款6.15亿元，占当年总投放额度的33.2%。2019年，脱贫攻坚精准施策，投放扶贫贷款5 558万元，带动104名建档立卡贫困人口稳定增收。协调山西省扶贫公司帮助右玉图远实业有限责任公司、山西祥和岭上农牧开发有限公司、右玉祥和乡村旅游开发有限公司3户企业申请使用扶贫周转金750万元。年末，扶贫贷款余额5.9亿元。

□　基础设施贷款

自2016年起，市农发行结合朔州市经济发展实际，积极推动实施搭建棚户区改造、采煤沉陷区治理、农村公路等全市重点项目。同时，引导市、县两级行探索整体化支持朔州市基础设施建设。当年，审批并投放中长期贷款8.16亿元，包括：朔州市振华街桥及接线工程等6个项目投放1.7亿元，平鲁区古城小区棚户区改造项目投放2.7亿元，应县书香园棚户区改造项目投放1.3亿元，怀仁县图书馆、体育馆、污水处理厂升级改造3个项目投放1.46亿元，朔州市祝家庄城市供水工程项目投放0.45亿元，右玉元堡子采煤沉陷区治理搬迁安置项目0.55亿元。2017年，落实省分行棚改工作部署，棚改贷款审批17.42亿元，投放9.61亿元；介入初评棚改项目3个，拟贷款金额26.94亿元，包括市级棚改项目朔城区北旺庄等6村城中村改造工程拟融资额度25亿元。年内首次实现棚改贷款区县全覆盖。2018年，与朔州市政银投资建设公司对接，为七里河沿线棚户区改造项目发放贷款16亿元，成为全省农发行系统截至2018年审批额度最大、用时最短的中长期办贷项目。当年，新审批棚改项目5个，审批额度19.88亿元，累计投放棚改贷款14.15亿元，棚改贷款余额27.68亿元，占全行各类贷款余额的56.3%。

2019年，为七里河六座桥及其连接线和安泰中学五所中小学校2个市级重点民生工程投放贷款6.51亿元，城区南北区域交通出行压力明显缓解，全市义务教育环境得到明显改善。

第二节　负债业务

市农发行负债业务主体是存款业务，包括存款和系统内借款。2019年末，负债总额47.45亿元，其中各项存款21.64亿元，占全部负债的45.61%；系统内借款21.52亿元，占比为45.35%。

□　存款

存款主要包括企事业单位存款、财政性存款。1996—2019年，存款业务发展迅速，年均增长39.82%，特别是2014—2019年，存款业务年均增幅达42.19%。资金自给水平不断提升，保障了经营绩效的提升。企事业单位存款是存款增长的主要推力。2012—2019年末，企事业单位存款年均增长25.87%，特别是从2014年起，企事业单位存款年均增幅达42.97%。到2019年末，企事业单位存款余额20.83亿元，占存款总额的96.26%；财政专项存款0.81亿元，占存款总额的3.74%。

为应对资金市场融资难的问题，2007年，市农发行开办同业定期存款存入业务。到2019年末，累计拆入同业资金22.37亿元，缓解支农资金不足的情况。随着经营核算意识提升，低成本存款不断增长，同业存款总量逐年有序下降，2019年末，同业存款余额为零。

第三节　中间业务

2004年，市农发行开办代理保险业务、国际结算业务、咨询顾问业务等中间业务。当年，中间业务收入0.16万元，实现零的突破。2012年，中间业务发展达到最高峰，年末实现收入60.55万元，首次突破10万元大关。随着减费让利政策的出台，市农发行大幅减少收费项目，降低收费比例，中间业务收入呈现负增长。2014年末，中间业务收入33万元，同比减少18.99万元，其中，咨询顾问业务收入20.96万元，代理保险手续费收入8.44万元。2019年末，中间业务收入合计30.93万元，其中代理类中间业务收入26.03万元，占84.17%，结算类中间业务收入4.9万元，占15.83%。国际业务结算49笔，完成金额372.52万美元。

第四节　信贷管理

市农发行在拓展信贷业务的同时，优化办贷管贷机制。2006—2019年先后制定出台《贷款审查委员会工作规程》《新开办商业性贷款业务操作暂行规定》《信贷户员制管理办法》《商业性贷款业务操作流程》《朔州市分行商业性客户销售回笼货款归行管理办法》《关于加强商业性贷款客户资金监督管理工作的意见》等贷款管理办法，从项目规划编制、产品模式包装、融资方案设计、项目评审、资金管理等提供“一揽子”金融服务，推动项目快速落地。在项目包装设计环节，提供“点对点”“一对一”上门服务；在办贷管贷环节，坚持快准入、快论证、快评估、快上报、快审批、快投放“六快”要求，落实专项申报、调查、审查、审议和审批“五专”标准，开辟绿色办贷通道，为政策性金融更好地支持全市城乡一体化建设提供有利条件。

1996—2019年市农发行资产负债业务发展变化情况见表4-20。

表 4-2　　1996—2019 年市农发行资产负债业务发展变化统计表　　单位：亿元

年份	资产总额	负债总额	各项贷款余额	各项存款余额
1996	10.30	9.84	5.29	0.56
1997	14.78	14.91	7.30	0.38
1998	11.58	11.63	5.62	0.32
1999	13.76	13.76	6.92	0.17
2000	8.12	8.05	7.89	0.29
2001	6.87	6.76	6.72	0.14
2002	7.95	7.86	7.82	0.40
2003	8.16	8.13	8.02	0.34
2004	7.21	7.11	7.03	0.86
2005	10.32	10.24	10.08	2.52
2006	12.44	12.25	12.21	1.72
2007	15.73	15.60	15.39	2.86
2008	16.57	16.43	16.35	1.81
2009	18.65	21.10	18.38	7.85
2010	19.08	19.05	18.88	6.04
2011	16.74	16.52	16.50	4.92
2012	15.17	14.92	14.92	5.42
2013	17.03	16.79	16.84	3.20
2014	16.16	16.00	15.98	4.16
2015	19.64	19.29	19.38	7.23
2016	25.75	25.58	25.53	13.70
2017	34.39	33.84	33.95	20.88
2018	48.10	47.46	48.29	25.91
2019	52.27	51.42	52.48	21.64

第四章

工商银行

第一节　存款业务

市工行的存款种类从1989年建市升格初的两大类发展至三十大类，存款品种由不足十个发展到上百个，业务由纯手工操作发展到电子化+智能化+人工自助，经历了算盘—计算器—电脑—电子化—智能化五个发展阶段，全辖各项存款余额从1.9亿元发展至2019年末的212亿元，客户数量由10万拓展到55万，存款规模和客户数量急剧扩张，成为区域存款大行。

□　储蓄业务

○传统储蓄

市工行创建之初，储蓄存款余额8 833万元，占全行存款的46.46%。通过启动储蓄任务承包责任制，开展储蓄优质服务月活动，1990年末，全行储蓄存款突破亿元大关，余额达1.19亿元。1989—1990年，辖区一些地区出现价格波动和抢购风潮，为减轻市场冲击，市工行开办定期定额（存期1年，存单面值20元）抽奖储蓄活动，吸纳社会闲散资金，增加储蓄存款，奖项一般设置为1~5等，分别为冰箱、洗衣机、自行车、被面和床单等。

为实现储蓄工作目标管理任务，1991年，朔城区支行中心街储蓄所在全市金融系统首家实现储蓄业务电子化。年末，市工行零存集体户发展到89户，储蓄存款余额达1.52亿元。随着雁同地区行政区划重新调整，1993年7月，原属雁北中支管辖的怀仁县支行、右玉县支行、应县支行并入市工行。年末，全行储蓄存款余额首次突破3亿元大关，达3.96亿元。

为解决存取款难的问题，1995—1998年，市工行在全辖实行行长分片包所制（各支行行长、副行长分别以2 000元、1 500元作为抵押金，承包储蓄所任务指标、储蓄所的服务和所容环境建设）；实行储蓄考核指标与职工工资直接挂钩，每人每月揽储任务5 000元，根据任务完成情况进行奖惩；开展“兴行杯”百日储蓄竞赛活动，百日增储4 240万元。1995年末，全行储蓄存款净增额首次突破亿元大关，存款余额突破6亿元大关，达6.34亿元，占全行存款的67.31%。亿元大所战略启动前的1997年，怀仁支行大西街储蓄所成为当时朔州市同业中唯一超亿元的储蓄所，储蓄余额达1.13亿元。此后，朔城区中心街储蓄所也发展为亿元储蓄所。

○多元储蓄

为适应国有银行向国有商业银行转变的发展需要，储蓄业务开始由单一向多元化转型，加快推出“大零售战略”。1998年，逐步在全辖所有储蓄所中推行柜员制，加速业务办理进度，对储蓄存款规模达到2 000万元的储蓄所全部实行套班制。同时建设发展多功能储蓄所，从单一办理居民存取款等业务逐步向综合办理零售业务发展。各储蓄所通过开通电子汇兑网络系统，拓展储蓄业务，年末，全行储蓄存款首次突破10亿元大关，达10.87亿元，占各项存款的69.45%。

2005年至2007年，全行储蓄存款逐年稳定增长，2007年末，突破30亿元大关，余额达37.74亿元，占各项存款的57.76%。自2008年起，储蓄业务进入快速发展的新时期，2012年末，余额增至107.85亿元，突破百亿元大关。之后，储蓄存款保持稳步增长趋势，从2012年的107.85亿元增至2019年的164.19亿元，占各项存款的73%。

○网点建设

在储蓄业务发展过程中，作为储蓄网络的有益补充，储蓄联办、代办机构起到了促进作用。1989年7月，朔城区支行从营业大厅挤出一处营业用房，经市人行批准设立储蓄专柜，对外开办储蓄业务。年末，管辖储蓄所44个，代办所15个，从业人员220名。1990年，全辖代办机构增至45个（不包括单一代办），联办所2个，代办员329名。1992年，通过扩建和改造升级招远商场、中心商场、综合商场等商业网点，增加营业面积一万余平方米。

为遵循总行大所发展战略，1995年，开始推行储蓄所标准化建设，撤销了一批开业三年以上、储蓄存款余额不足200万元的低效储蓄所。随着全辖储蓄所标准化建设的推进和多功能业务的壮大，储蓄所全部上机，逐步实现省域联网和全国乃至全球联网。至1996年6月末，全辖共有31个储蓄所实现储蓄业务电子化，储蓄网点电子计算机覆盖率达77.5%。根据《储蓄所分类分档管理实施办法》，1997年，将全辖40个储蓄所划分为三类（一类储蓄所4个、二类储蓄所20个、三类储蓄所16个）进行区别管理。年末，所有储蓄所全部实现储蓄业务电子化，初步形成储蓄、信用卡、ATM、POS、电子监控等电子化业务构架和实时电子汇兑应用系统。当年，全行第一台穿墙式ATM在牡丹办事处正式投入应用。

1998年，全面启动储蓄网点户外标识标准化建设工程。2005年7月，市工行在全省率先实施扁平化管理改革，全辖7个在历次储蓄网点裁撤中保留下来的储蓄所全部升格为二级支行。2006年，开始推动基层网点由“交易结算型”向“营销服务型”转变，并关闭部分低效网点和窗口，充实客户经理、大堂经理；推行网点分区，为客户提供差异化服务。截至2019年末，市工行发展至11个一级支行和7个二级支行以及23个离行式自助网点。

□　对公存款业务

○公司存款

公司存款作为对公存款的重要组成部分，随全行经营发展平稳增长。1989—2005年，公司存款增速缓慢，在各项存款中占比由50.82%下降至33.35%。2005年，市工行组建法人业务部，承接全部法人客户的存款业务，随后公司存款业务进入快速发展期。针对客户资源尤其是优质客户资源不足的实际，2006年，全面启动“拓户工程”。2007年，公司存款突破20亿元大关，余额达20.31亿元。2009年，由省分行主导，与中煤平朔公司正式签署全面战略合作协议，开创与平朔集团全面合作的新局面。2011年，公司存款余额51.81亿元，比上年增加14.89亿元。

通过做大做强链融资业务、四大新兴市场融资业务和金融资产服务业务，2013年，公司存款余额达41.82亿元。受经济增长回归常态、同业竞争等影响，2014年公司存款高位回落，之后一直维持在20亿元上下。2018年，成功营销特大型客户苏晋能源集团，使其正式落户振华支行。2019年，公司存款余额达16.47亿元。

○机构存款

建行初，机构存款业务一直归属在对公存款口径内。2014年12月，机构金融业务部成立，年末，机构存款余额达36.17亿元。随着财政资金日益集中，代理市财政局国库集中支付已成为重点机构金融业务。2017年，取得市级代理财政国库集中支付业务资质，年末，财政备付金账户存款余额达8 000万元，96家市直机关单位零余额账户落户。

为使机构账户营销落地，2018年，制定“争合作资格获取、争客户账户落地”两条营销主线，成功促成应县职业年金归集账户落户工行。年末，机构存款余额44.25亿元，新增机构客户数435户，累计销售员工养老金管家148.94亿元，第三方存管累计客户数41 643户。

为优化政务服务环境，以政务服务智能升级为依托，2019年，成功签署“朔州市社会保险信息系统与税务征收社保端信息共享平台对接项目”，成为全省市级机构改革营销中第一家实现账户落地的二级分行。同年，成为首批中标市级社会保险基金和住房公积金的竞争性存放银行。当年，新组建及优化职能市级政府机构24个，开立基本户和零余额账户11个，十大重点客户覆盖率达40%。年末，全行机构存款余额达31.91亿元。

第二节　贷款业务

随着银行经营体制改革的深化，市工行信贷业务从操作方式到管理模式都发生改变，从单一的放贷业务发展为公司、个人、普惠等多个专业，全辖贷款余额从建行初的2.04亿元发展至2019年末的99.17亿元。

□　公司信贷

公司信贷业务自开展以来，紧紧抓住大型集团客户（核心客户）、优质项目及其上下游产业链，集中资金支持各企业发展。1989年建行初，市工行接收朔城区、平鲁、山阴三个区县支行贷款业务，共接收各项贷款1.64亿元，开户单位2 111户。按照择优扶持的信贷原则，重点支持企业扩大外向功能，1990年，累计新增贷款1.5亿元。1991年，通过资金市场积极灵活地调度、融通资金，保证了辖内骨干企业正常生产经营的贷款需求，年末，各项贷款余额2.96亿元。1993年，接收怀仁县、应县和右玉县三个县支行的信贷业务，全行各项贷款余额增至7亿元，比建行初增加4.96亿元，增长243.79%。

按照人民银行的统一部署，自1999年起，全面实施企业评级、授信管理，规范贷款发放，公司贷款实现逐年稳步增长，截至2008年末，全行公司贷款规模突破16亿元大关，余额达到16.9亿元。2009年，充分运用项目置换、政府搭桥等模式累计投放贷款24.6亿元，公司贷款规模突破28亿元。自2011年起，公司贷款业务迅速发展，至2014年，小企业金融业务并入，公司贷款余额增至64亿元。2015年末，开始重点支持煤、电、奶、瓷等行业的大户企业，公司贷款余额达65亿元，同比增加1.1亿元。2016年略有下降，公司贷款余额为59亿元。至2019年，公司贷款上升至82.46亿元。

○中长期贷款

为支持工业生产发展和商业网点改造，1992年，开始发放技术改造贷款、小额设备贷款和商业网点贷款。2002年，为嘉明陶瓷、蒙牛乳业、古城乳业等优秀民营企业首次发放贷款合计5 000万元。2005年，向平朔第一煤炭公司发放贷款5 000万元。2009年，由城建支行牵头，为朔州市博物馆和图书馆的建设发放搭桥贷款2笔共计9 200万元。2011年，向山西怀仁中能芦子沟煤业有限责任公司发放固定资产贷款2亿元。

为支持地方经济发展，2013年，累计向山西海宁皮革城、居然投资有限公司等9户煤电、交通能源、瓷奶等地方支柱产业，发放新贷款22笔，共计33.6亿元。2015年，累计向3家煤业能源公司共发放贷款20.85亿元，其中，向中煤平朔集团发放贷款17亿元；为山西大唐国际神头发电有限公司、山西神头发电有限责任公司和华电国际电力股份有限公司共发放7.5亿元。

为缓解资金供求矛盾，支持企业发展生产，2019年，累计向中煤集团、怀仁兴怀嘉业、准朔铁路等5户煤电、交通能源等产业发放贷款24.9亿元。其中，为中煤平朔集团发放贷款18.5亿元，为华电国际朔州热电分公司发放贷款0.4亿元。

○流动资金贷款

1996年，在流动资金贷款业务中启动信用等级评定工作，共评出AA级企业5户、A级企业27户、BBB级企业136户。为缓解企业“三角债”困局，在充分调查核实的前提下，1998年，为全市工商企业发放清欠贷款1 451万元。1999年，由朔城区支行牵头，首次为平朔第一煤炭公司发放流动资金贷款8 000万元，开启与中煤平朔公司融资合作的先河。

为大力扶持民营经济发展，2003年，置换平朔集团在中行的流动资金贷款2亿元。2004年，由新城支行牵头，为朔州市远隆新华夏汽车销售公司发放流动资金抵押贷款800万元。2010年，为同煤集团朔州运销公司、山西大唐国际神头发电有限公司分别发放流动资金贷款1亿元、2.5亿元。2011年，向山西大唐神头发电有限公司发放营运资金循环贷款1.08亿元。

○项目贷款

根据国家信贷政策，市工行加大贷款投放力度，特别是加大国有企业项目贷款的投入，支持企业调整产品结构。2003年，置换神头二电厂项目融资5亿元，为平朔洗煤厂新增项目贷款9 900万元。2010年，为朔州市格瑞特实业有限公司项目贷款提款500万元。2011年，开办汽车专项分期和工程机械车分期付款业务；累计为山西茂华、山西西易能源、山西神头发电3家公司共发放项目贷款8.09亿元。

通过拓展技改信贷，支持国民经济的技术改造，2012年，为山西神头发电、山阴宝山腰寨煤业、怀仁南窑晋通沙石煤业等13个技术改造项目共发放贷款58亿元。2016年，为中煤平朔第一矸石发电有限公司8亿元贷款项目提款2亿元。2019年，向山西建投公司晋朔项目和迎宾大道工程项目分别发放贷款2.05亿元和1.1亿元。

〇银团贷款

公司金融业务部自2006年组建以来，以间接银团贷款的方式成功置换中煤平朔公司在国家开发银行的中长期贷款6亿元。为优化公司贷款结构，2010年，为山西省交通厅和准朔铁路有限公司各发放行内银团贷款5 140万元、4 800万元。2011年，向同煤浙能麻家梁煤业有限责任公司发放行内项目银团贷款4亿元，向大西铁路客运专线发放银团贷款3 600万元。2019年，为山西交通控股集团发放银团贷款8.98亿元。

〇融资业务

市工行坚持择优扶持、优中选优的原则，重点支持经济效益较好的企业，2008年，为山西大唐国际发电有限公司原建设项目发放固定资产支持类融资贷款5亿元用于置换他行融资。2010年，为山西朔贸同煤炭有限公司办理商品融资9 100万元。2011年，向东方长宏能源发展有限公司和平鲁跃竞煤业有限公司办理商品融资业务4 900万元和4 500万元。

通过开拓信贷新领域，开办创新贷款，2013年，成功营销办理中煤平朔铁路专用线创新融资租赁业务10亿元，是全省系统内第一笔铁路专用线创新融资租赁业务。2014年，开办“网贷通”业务，至6月底累计办理“网贷通”业务9户，余额9 341万元。

〇票据贴现

为支持工商企业的原材料购进和商品交易，拓展票据业务，1999—2001年，连续三年累计签发银行承兑汇票1.5亿元，未出现一笔风险。2004年，签发银行承兑汇票50万元。2009年，全年累计办理贴现9.51亿元，累计转贴现出口33.93亿元，实现票据利息收入3 150万元。2014年7月，在全省率先开办商票贴现业务，全年办理商票贴现业务1.7亿元。

通过电视、银企座谈等形式，2015年，推行商业票据承兑和银行承兑贴现业务，办理票据贴现业务364笔，同比增加72笔，直贴金额9.45亿元。2017—2018年，通过多渠道筹集资金，办理票据贴现业务1.4亿元、3 271万元。

〇借新还旧

为严防新增贷款劣变，提高信贷资产质量，2000年11月，以1999年12月31日为时间节点，对全部贷款实施新老划断、分别管理，通过统一法人授信、强化新增贷款审批环节控制等措施，强化“借新还旧”和“还旧借新”管理。为切实压降不良贷款，2001年，市工行开始运用信贷管理综合系统（原信贷管理台账），对全行信贷业务实施逐日、逐笔、逐户的实时监控、预警和控制管理。全年累计发放“借新还旧”贷款2.9亿元，发放“还旧借新”贷款1.3亿元，有效防止了存量贷款的劣变。

〇其他贷款

为解决居民住房困难，2007年，为朔州市新时代房地产开发有限公司发放住房开发贷款2 000万元，支持朔州市朔唯住宅小区建设。以华电并购贷款提款为突破口，2010年，按基准利率发放贷款9 000万元。同年，为山西茂华能源投资有限公司发放煤炭并购贷款2.9亿元，成功置换西易集团在民生银行的1.8亿元并购贷款。

□　个人信贷

市工行个人信贷业务分两个重要阶段，2016年之前，是个人信贷业务的起步拓展期；2017年，《推进个人贷款经营模式，优化提升个贷业务竞争力试点工作方案》（工银办发〔2017〕58号）出台后，个人信贷业务进入快速发展期。

○起步拓展期（1989—2016 年）

这一时期，坚持个人信贷业务拓展和风险防控两手抓的原则，深入挖掘个人住房按揭项目，同时发展个人自助质押贷款，实现规模、质量和效益的良性发展。

根据国家关于扩大城镇就业、支持个体经济发展的要求，1989年7月开始发放城镇个体贷款业务。当年，发放的第一笔个人类贷款为个体信用贷款。截至1994年末，累计发放个体信用贷款800万元。2002年9月，开办个人质押贷款和汽车消费贷款业务。2014年，开办个人按揭贷款业务。年末，个人贷款余额达2.73亿元，同比增长9 687万元。通过开展按揭项目营销与个人金融资产自助质押贷款活动，2016年末，完成个人按揭贷款项目介入18个、准入5个；个人金融资产自助质押贷款余额7 315万元；个人贷款余额达4.82亿元。

○快速发展期（2017—2019 年）

这一阶段，按照上级行要求，全力开展个贷集约化经营模式优化工作，结合本地实际情况，形成市区项目由市区支行或个贷中心营销，县域支行则按照原运营模式实现从营销调查到贷后管理全流程业务操作。

2017年，对全辖存量按揭项目进行梳理，确定15个开发企业作为营销推介的目标客户，给予优质开发商首付、利率等方面的优惠政策，同时利用二维码营销、移动终端等手段实现现场收单来获取客户资源。年末，完成按揭项目准入15个，按揭项目介入21个，超额完成省行任务目标，系统内排名第一。同年，成立证券化工作小组，对目标客户开展尽职调查，逐笔对贷款抵押物开展评估工作，对债权回收情况进行内部测算，并与外部评估机构沟通；同时成立责任评议小组，开展责任评议与认定工作。截至9月末，完成个人不良贷款证券化阶段性工作，实现个人不良贷款证券化64笔，金额973万元。

根据工行省分行《关于对朔州分行申请个人住房信贷业务审查职能下沉的批复》（工银晋复〔2018〕229号），2018年，单独设立审查审核团队，开始履行个人住房按揭贷款的审查审核职能。当年，累计准入按揭项目10个。个人贷款余额8.75亿元，较年初净增2.71亿元，其中个人住房贷款余额8.25亿元，较年初净增3.1亿元；个人自助质押贷款累计投放1.46亿元。

2019年，朔州市首家不动产登记便民服务点成功落地市工行，是市国土局、朔州市不动产登记中心和市工行三方在全市率先开办的特色便民服务业务。年末，累计准入按揭项目11个。个人贷款余额达10.94亿元，其中个人住房贷款余额10.21亿元；个人自助质押贷款累计投放0.73亿元。

□　普惠信贷

○小微企业贷款

为有效抢占市场，发展小企业金融业务，市工行开始推进“拓户工程”。2009年，为朔州市同昇汽车运输有限公司、应县大众陶瓷有限公司等企业发放国内有追索权保理790万元，发放100%

保证金的保证贷款100万元，发放质押贷款3 175万元。2010年，将小企业客户账户的增加作为重要考核指标，明确分配任务，年末，全行小企业有贷户达23户，贷款余额1.78亿元。

在稳定存量优质客户的基础上，开始积极拓展供应链融资业务。2011年末，小企业贷款余额3.93亿元，其中保理业务1户，余额100万元；商品融资业务14户，余额2.85亿元。为加强贷后管理，定期排查存量风险贷款，2009—2012年，全行小企业贷款未出现一笔不良。2012年，小企业有贷户达39户，贷款余额6.3亿元。2013年，小企业有贷户降至28户，贷款余额4.03亿元。

以银政、银企合作为契机，加大小企业信贷产品创新，2016年，与市财政局合作，首推“银政通”业务，率先在全省改善小微企业金融产品较少的现状，填补“银政企”三方合作业务的空白，累计发放小企业“银政通”贷款10户、4 110万元，全面达到小微金融“三个不低于”的监管标准。2017年，严格按照银监局“三个不低于”要求，发展小微企业信贷业务，全年发放“银政通”贷款12笔、4 960万元，发放网上小额贷款4笔、57.2万元。

为顺应“数字普惠”趋势，发展线上网络融资产品，2018年，累计办理“银政通”业务11笔、余额4 040万元；网上小额贷款新生效15户，累计发放759.85万元；办理网上质押贷款58笔，共56.27万元；为6户企业开立质押电子银行承兑汇票34笔，共9 862万元。当年，小微企业全部不良贷款余额271万元，不良率为6.1%。

为贯彻国家支持小微企业政策，着力发展普惠金融，2019年，累计向132户小微企业发放贷款1.46亿元。其中，银政通产品新发放4户，余额1 290万元；经营快贷法人端（原网上小额贷款）新生效17户，累计发放22笔、2 245.2万元；办理网上质押贷款32笔，金额91.68万元，推动了全行小微企业信贷业务的发展。

○扶贫贷款

2017年，积极推动和加快精准扶贫贷款的发放进度，全年累计为平鲁下面高乡48户贫困户发放“四位一体”小额扶贫贷款240万元，超额完成省分行下达的年度任务。2018年，确定并实施以“龙头企业+合作社+贫困户”模式的操作方案，为138户建档立卡贫困户发放扶贫贷款690万元。2019年，累计为平鲁、山阴、右玉、应县四个区县的78个村、248户贫困户、832名贫困人口发放小额扶贫贷款1 240万元。

□ 不良贷款

1999年至2000年，全行共剥离53户企业，全部为信贷类资产，共剥离资金1.66亿元，其中：贷款本金1.4亿元，表内利息2 646万元。自人民银行2000年开始实施信贷业务停牌管理制度后，到2003年，平鲁区、应县两个支行的信贷资产不良率超过风险控制线，其公司信贷业务被总行列入业务停牌范围。通过调整信贷结构，抓住同煤集团兼并王坪、小峪煤矿时机，收回王坪、小峪煤矿不良贷款9 512万元。2005年，完成可疑类不良贷款40户、3.36亿元和损失类205户、1.26亿元的剥离任务，核销损失类贷款2 200万元。

从2001年集中清收不良贷款开始，截至2018年末，累计现金清收不良贷款达3.18亿元。2019年，大力清收小微企业不良贷款，以现金方式清收朔州市德威装饰有限责任公司不良贷款388万元，打包转让怀仁金龙粮油贸易有限责任公司不良贷款703万元，截至2019年末，不良贷款余额为250万元，不良率为5.4%。

第三节　中间业务

□　银行卡业务

○信用卡发行

牡丹信用卡业务自1995年5月开办以来，充分利用各种宣传媒介宣传信用卡。截至11月底，发行牡丹专用卡1 500张，在系统内被树为全国典型。同年9月，市工行成为全省首家成功应用信用卡代收养路费的地市行。1996年末，全行信用卡发卡量突破一万张。为改进服务质量，提升信用卡发行量，2002—2004年，通过使用电子计算机实现灵通卡、信用卡、国际卡在储蓄柜面、ATM和POS机的全面联网。

从改善民生、提升城市品位的角度出发，2010年8月，与朔州市住房公积金管理中心联合发行“牡丹公积金联名卡”，全国首张以公积金卡为载体的“城市一卡通”蓝本正式面世。同年12月，与中煤平朔集团有限公司联合发行“牡丹中煤平朔联名卡”，在山西省信用卡业务综合经营业务考评中名列第一。

为促进货币电子化、城市智能化的快速发展，2011年，与中煤金海洋集团合作发行“牡丹中煤金海洋联名卡”，同年又为电力系统职工发放“电力年金信用卡”，完成朔州地区公积金单位职工联名卡全覆盖。至此，市工行信用卡发卡量规模不断壮大，2018年，牡丹支行发放全市首张第三代社会保障卡。2019年末，信用卡发卡量达19.19万张。

○信用卡分期付款

从2007年推行信用卡分期付款业务以来，信用卡分期业务交易额、业务收入及中间业务收入实现快速增长。2014年末，信用卡专业中间业务收入达4 844万元，占全省卡业务中间业务收入的五分之一。

○不良资产清收

针对信用卡不良透支占比逐年增大的情况，2005年，对以前的信用卡业务进行清理整顿。从2013年重启停滞11年的核销申报工作以来，开展外包合作催收、司法催收和证券化处置工作，至2018年，共清收不良透支6 606万元，信用卡存量不良本金降至1 440万元，不良率5.95%。

□　电子银行

为拓展银行业务、为客户提供移动金融和在线服务，2000年10月，开始对网上银行、手机银行系统进行调试和环境准备工作。2009—2013年，陆续上线手机银行WAP1.1和2.0版本、iPhone、Android和WP版本。2015年3月，发布互联网金融品牌e–ICBC，成为国内第一家发布互联网金融品牌的商业银行。11月，上线手机银行3.0（开放式手机银行）。

为奉行抓“捆绑”、搞“渗透”营销理念，2016年，开展融e行、融e联产品营销。2017年，市区供暖费工银行e缴费项目落地，突破民生领域缴费项目的空白。同年，实现电商上线商户零突破，2家B2C商户（山西帅林绿色农牧发展有限公司朔州分公司和朔州市北纬叁拾玖度电子商务有限公司）成功开店。

2018年，与市政务服务中心签署“互联网+政务服务+金融”战略合作协议，开展场景共建项目，开拓全省政务类场景建设先河。10月，与朔州市人力资源和社会保障局签订《关于建设社保+金融项目合作备忘录》，正式成为民生山西APP（朔州）业务合作单位。11月，手机银行4.0版本投产。2019年11月，手机银行5.0版本投产。年末，融e行客户累计39万户。

□ 代理业务

○代发工资

1989年，全行以零存集体户和定活两便存单形式开展代发工资业务。1990年，朔城区、平鲁区、山阴县三个支行各有一个储蓄所开办代发工资和工资转存业务，代发工资人数达1 200人，累计代发金额30万元，工资转存额4.2万元，留存额占代发额的14%。

○代理保险

代理保险业务开办于2001年7月，累计余额3.48亿元。2007年10月，与寿险公司等4家公司正式签署合作协议，开始代理寿险业务。2019年，代理个人保险业务9 353万元。

○代理基金

为促进代理基金业务的发展，2007年，推出基金定投、利添利账户理财、T+0快捷赎回等新产品、新服务。2019年末，累计代理基金业务13.54亿元。

○代发国库券

建行初，接受2 100万元国库券代理发行任务。30年来，根据金融环境的变化不断创新发行方式，截至2019年末，累计代理发行（发售）国库券10.98亿元。

○代理其他债券

1990年8月，首次代理销售面值为1元的十一届亚运会基金奖券，共承销2.16万元。1998年5月，为山西电力公司代理发行电力债券560万元。2014年11月，为中煤平朔公司代理发行私募债券30亿元。

□ 理财业务

通过实施“定位中端，竞争高端，培育潜力”的客户战略，2007年，短时间内新增高端客户1.6万户，新增理财金账户客户1 352户。2014年，入选全国私银资产二级分行30强，私银资产金额达27.6亿元。2019年9月，正式开办保险箱业务。年末，全辖私人银行客户达245户，非现金类产品销售24.3亿元，私人银行产品余额达19.9亿元；个人本外币理财产品累计销售65.7亿元；完成中间业务收入866万元；累计销售实物黄金2.5吨，白银6吨，黄金递延交易6吨，白银递延交易220吨。

□ 同业往来

2009年10月，市工行和朔州市信用联社开展全面合作，归集同业存放资金20亿元，朔州市信用联社累计购买朔州分行法人理财产品55亿元。

第四节　外汇业务

外汇业务开办于1996年，业务范围包括外汇存款、外汇贷款、外汇汇款、外币兑换、贸易非贸易结算。初期只有市工行营业部一个开办网点，仅有几户储蓄账户，余额很小。至2019年，辖内共有5个外汇业务网点。

□　外汇公存

市工行的外汇公存业务主要以中煤平朔的活期存款为主。业务余额从2002年开展初的几百万美元发展至千万美元，在2010年达到最高，余额为5 054万美元。2013年以后余额一直保持在1 000万美元以下。2019年末，外汇公存业务余额为85万美元。外汇业务重点企业有中煤平朔集团、怀仁县尊屹陶、山西晋坤矿产品股份有限公司和山西晋利糖果有限责任公司。

□　结售汇

结售汇业务自2002年开办以来，发展迅速但波动较大。业务开办初期增长缓慢，截至2006年，年结售汇量增至4 800万美元。2007年开始下降，至2009年回落至1 641万美元。根据朔州市外向型经济发展的需求，自2011年起，结售汇业务得到迅速发展，年结售汇量增长幅度较大，2011年完成业务量8 882万美元，2012年增至1.1亿美元。随后两年略有下降，业务量均在7 000万美元以上。从2015年起，年结售汇量降幅较大，至2019年，业务量年均2 000多万美元。

市工行自开办外汇业务以来无外汇贷款发生。

第五节　经营利润

建行30年间，市工行经营效益呈波动式增长，拨备前利润由1989年的4 619万元上升至3.01亿元，增长547%。

建行初因营业网点少、人员不足等困难，经营利润两年亏损，至1992年通过发展业务、服务客户，开始扭亏增盈，实现利润836万元。受区域经济和网点撤并改革影响，从1995年开始，盈利能力和经营效益低位徘徊，出现阶段性经营亏损，1998年亏损额最高，达6 758万元。通过调整经营结构、改善经营管理，2003年，综合经营效益快速提升，实现利润1 207万元。

通过实施扁平化、守押社会化、内控积分管理等改革，2005年完成股改上市任务，经营规模扩张，经营效益得以改善。2008年末，全行盈利能力明显增强，实现拨备前利润1.68亿元，较2007年增长1.8倍。至此，经营效益一直保持快速增长，2013年，拨备前利润突破4亿元，达4.05亿元。受经济运行下行和煤炭能源产业形势的周期性影响，从2014年开始，经营效益增速放缓，进入螺旋式增长期，拨备前利润从2.82亿元缓慢增至2015年的2.96亿元，在2016年下降至2.4亿元。2017年，拨备前利润迅速增至3.6亿元，2018年又回落到2.6亿元。截至2019年，拨备前利润上升至3.01亿元。

第五章

农业银行

第一节　存款业务

□　专业银行时期（1979—1996年）

1989年，朔州建市后，市农行存款工作得到进一步发展。当年，国务院提高储蓄存款利率，开办保值储蓄，为储蓄创造了有利条件。年末，行、社储蓄存款1.62亿元，比年初净增0.37亿元；由于全市煤炭产品滞销，煤炭企业资金紧张，对公存款较年初下降0.16亿元，余额为2.74亿元。1990年，市农行推行储蓄“三包干”（包任务、包管理、包安全）责任制。辖内19个储蓄所全部承包，增设储蓄代办所（站）26个，开展形式多样的储蓄竞赛活动。当年，储蓄存款净增6 083万元，完成年任务的270%。1991年，完善存款考核办法，加强网点文明建设，开展储蓄意向宣传，推动岗位等级管理。年末，各项存款余额2.3亿元，比年初净增0.5亿元。其中，行、社储蓄存款余额2.87亿元，较年初净增6 464万元，增加28.79%，同比增加380.4万元；对公存款余额8 928万元，比年初增加1 200万元，占省农行年考核任务的85%，月均增长率达到9%，比省分行考核任务增10个百分点。1992年，开办“定活两便、零存整取、存本取息”等新业务，各项存款稳步增长。年末，行、社各项存款余额4.96亿元，较年初净增加1.18亿元。其中，储蓄存款余额3.81亿元，较年初净增0.93亿元；对公存款增加133万元。

1993年，怀仁县、应县，右玉县划归朔州市后，市农行对全市行、社储蓄所，全部实行承包责任制和全员含量工资制，推动各项存款稳定上升。当年，储蓄存款余额达到8.10亿元，比年初净增1.54亿元。在行社储蓄中，农业银行集镇储蓄净增0.79亿元；信用社农户储蓄存款净增0.75亿元。1994年，开办贺卡储蓄业务，根据存款的实际存期按规定计息，不受时间限制。年末，行、社各项存款余额达到12.26亿元，较年初净增2.76亿元。其中，农村储蓄存款突破10亿元大关，余额达10.62亿元，较年初净增2.52亿元。

□　商业银行时期（1996—2009年）

随着向商业化银行转轨，1996年，市农行强化资金管理，加大新业务开拓力度，围绕“要回被抢的、参与大型的、占领新上的”的方针，开展资金组织工作。当年，各项存款净增2.21亿元，同比增长14.9%。其中，储蓄存款净增1.51亿元，对公存款净增0.69亿元。

1997年，市农行围绕存款立行，把“总量最大化、成本最低化”作为调整负债结构的重点，在储蓄工作中，重点放在新储种、新单位上。年末，各项存款余额14.08亿元。其中，储蓄存款净增2.08亿元，完成全年任务的104.1%；对公存款净增0.82亿元，完成全年任务的184.2%。1998年，全市713个农村储蓄代办站撤掉632个，农村代办站储蓄存款由1997年末的2.4亿元下降为1.6亿元。当年，储蓄存款余额10.65亿元，较年初净增0.73亿元。1999年，市农行各项存款余额16.86亿元，比年初净增2.80亿元。其中，储蓄存款余额为12.38亿元，较年初净增1.73亿元；对公存款2.74亿元，较年初净增0.75亿元。各项存款存量和增量市场占有率、储蓄存款增量市场占有率，分别达到25.23%、28.23%、30.65%，均列全市国有商业银行首位。2004年，市农行各项存款余额及增量市场份额占比分别为31%、43%。其中，储蓄存款余额达23.56亿元，较年初净增4.24亿元，同比多增1.29亿元。全市27个机构，有20个支行超额完成任务。储蓄存款增量市场份额在四大国有商业银行中占比31.84%，位居第一；对公存款余额16.08亿元，较年初净增3.71亿元，同比多增1.62亿元。

2005年至2008年，市农行各项存款整体呈增长趋势。2008年，各项存款突破100亿元大关，余额达109亿元，年均增长26%。其中，储蓄存款突破50亿元，余额达67.28亿元，较年初净增19.39亿元，年均增长28%。对公存款余额41.52亿元，较年初净增5.13亿元，年均增长26%。

□　股份制时期（2009年至今）

2007年至2009年是市农行股份制改革时期。2011年，市农行成为山西省11个地市中唯一一家各项存款及分项存款实现全面计划完成的地市分支机构，全年存款日均净增稳居全省第二名。当年，各项存款144亿元，较年初增加14亿元。其中，储蓄存款94.86亿元，较年初净增10.06亿元；对公存款48.38亿元，较年初净增3.06亿元。2012—2016年，市农行各项存款整体呈增长趋势，5年年均增长4%。其中，2012年，储蓄存款突破100亿元，余额达100.33亿元。

2017年，由于同业机构过多，市场资源不足，同业竞争压力加大，客户建设基础薄弱，财政、社保、行政事业单位等大客户的营销进展缓慢，市农行存款业务发展缓慢。当年，各项存款余额181.08亿元，较年初净增2.82亿元，其中，储蓄存款146.19亿元，较年初净增4.62亿元；对公存款34.84亿元，较年初下降1.79亿元。各项存款余额工行、农行、中行和建行市场份额占比23.61%，较年初下降0.48个百分点。

2019年末，市农行各项存款突破200亿元大关，余额达212亿元。其中，储蓄存款169亿元，新增12.5亿元；对公存款43亿元，新增5亿元。

第二节　贷款业务

□　农业贷款

市农行成立后，即开办农业信贷业务。1989年朔州建市后，市农行发放农业贷款6 942.2万元，占全部贷款总额的11.4%。帮助农民购回地膜99吨，化肥31 261吨，农药33吨，籽种283吨。兴修和配套各种水利设施148处，扩大和改善水浇地13万亩，使朔州市粮食总产量在大旱之年达2.6

亿公斤。1990年，支持把科技兴农列为工作重点，支持重点科技项目11项，承包科技户935户，科技兴农贷款同比增长55%，承包基地户808户，奶牛基地贷款同比增长18%，发放贷款165万元，支持千园万场。重点支持粮、油、菜、果和肉奶业五大基地，支持农资部门和农民及时购进地膜、化肥、优种、农药、农机具等生产资料。当年，累计发放各项农业贷款8 996万元，占全部贷款的14.58%，同比增长2.88%。

1991年，围绕倾斜农业、发展粮油中心，支持科技兴农和农业综合开发，累计发放农业贷款1.24亿元，在全市遭受历史罕见的严重旱、涝、风、雹等多种自然灾害袭击的情况下，支持全市粮食总产达到2.7亿公斤，农业总收入7亿元，比上年增长4.2%。1992年，以春耕春播和抗旱救灾为中心，行、社累计发放农业贷款2.09亿元，新增0.84亿元，支持农业高产高效发展。年末，农业贷款余额增至1.34亿元。

随着全市行政区划的调整，1993年，市农行优化信贷结构，支持“两高一优”，在资金安排顺序上实行“五个优先”，即优先支持粮油生产和适销对路的经济作物生产；优先支持优质高效农业和科技兴农项目；优先支持农用水利设施的维修和配套，强化农业基础建设；优先支持双层经营机制和农村社会化服务体系；优先支持小康村建设，并组织职工开展包“五户”活动。当年，全市形成粮食基地乡村16个，畜牧村13个，蔬菜乡村11个，奶牛基地9个，科技兴农项目11项。年末，累计发放农业贷款1.19亿元，农业贷款余额1.49亿元，占全行信贷总额的21.1%。1994年末，市农行在农业贷款投放中，落实国家农业政策和保重点的原则，重点支持朔州市政府在农村经济工作中实施的“21112”“1151”“222”“双一”四项工程和牵动农民“米袋子”、影响市民“菜篮子”的农业科技项目、重点农田、蔬菜基地等基础建设，实行分区县、分项目、分专业一抓到底，层层建立责任制。行、社累计发放农业贷款1.67亿元，同比增加0.48亿元，增长40.6%，推动全市“两高一优”农业得到快速发展，粮食总产达到5.64亿公斤，同比增长7.5%。1995年，根据市委、市政府“稳粮、增畜、强工、兴林、保供、增收”12字方针，按照“种、养、加”一条龙、产供销相结合、贸工农一体化的原则，重点支持“星火计划”“丰收计划”“节水灌溉”、扩大地膜覆盖、有机旱作、机械化轮播以及推广纸筒技术、种子包衣、脱毒山药等适用技术。当年，行、社累计投放农业贷款4.22亿元，占总投放的34.6%，同比增长59.2个百分点，新增农贷规模1.2亿元，新增农贷比例第一次达到超计划、超同期、超历史。1996年，根据农业银行商业化管理需求和全市经济发展实际，把支持市委、市政府“举龙头、建基地、包农户、进市场”的农业产业化发展作为重点，以产业化为主，按效益高低、风险大小、流动快慢投放资金，集中用于产业化服务项目，以银行效益最大化，创造出适销对路、社会效益好、效益性强、含金量的高科技项目。当年，累计投放贷款1.7亿元，用于支持农村农业产业化。1998年，为农业生产部门和农户发放贷款8 000余万元，支持农业生产购销化肥10万吨、农药120吨、农膜290吨、种子1 355吨等；为农机部门和农户发放贷款2 900万元，购进各类大、中、小型农业机械、运输车辆等5 649台；为农民发展畜牧业发放贷款2 100万元，增加猪、牛、羊禽等6.4亿只；为农村打井配套、农田基本建设发放贷款120万元，新增修复机井570眼，修整农田万余亩。信贷对农业的有效投入，促使全市粮食总产达到6.58亿公斤，同比增长3.8%。2002年，以支持农业产业化龙头企业为重点，建立优良客户基地，严格执行贷款新规定，加大对客户监测和监管力度。年末，全市农业贷款余额2.08亿元，其中：农户贷款0.45亿元，龙头企业及其他企业贷款1.32亿元。2003年后，市农行新增贷款90%以上投向优良客户和低风险业务品种，到2004年末，农业贷款余额3.41亿元，占全部贷款余额的16.2%，比年初增加641万元。2005年后，农业贷款统计口径发生变化。

□　乡镇企业及工业贷款

1979年，农业银行印发《中国农业银行国营农业企业贷款试行办法》，明确提出国营农业企业贷款对象是经县以上领导机关批准设立、实行独立经济核算、拥有定额流动资金的农业企业单位。定额流动资金由财政拨款，季节性、临时性的超额流动资金和小额设备资金，由银行贷款。

为支持乡镇企业稳步发展，1989年，市农行实行有保有压，在不突破规模的情况下，发放贷款441.58万元。通过技术改造，使7个企业初具生产规模。累计发放流转贷款5 480万元，帮助企业解决生产流通过程中资金不足困难。当年，全市乡镇企业总产值实现17 465万元，较上年增长1.41%。1990年，严格控制信贷总量，努力盘活资金，调整信贷结构，积极支持企业稳步发展。当年，朔州市乡镇企业贷款累收6 633万元，较上年增长10.4%；清收关停企业贷款62万元，余额较上年下降1.3个百分点，企业结构调整明显好转。1991年，由于朔州市煤炭、奶粉市场疲软、产品积压，乡镇企业陷入困境，市农行、联社统筹资金规模，配套使用，保证乡镇企业贷款需求和生产发展。当年，累计发放贷款1.99亿元，较上年多投放7 057万元，其中：银行发放9 312万元，较同期增加2 390万元；信用社发放10 648万元，较同期增加4 667万元。1992年，以煤炭业为龙头，对科技投资少、周期短、见效快的企业，在贷款额度和贷款利率上给予优惠，保证重点企业的资金需求。年末，乡镇企业贷款总额达1.70亿元。累计发放乡镇企业贷款2.42亿元，占行社全部贷款总额的31.7%。1993年，市农行全面推行驻厂信贷员制度、企业信用度再评估制度、信贷风险补偿机制、审贷分离制度，全市工业贷款余额1.67亿元，净增0.25亿元。1994年，根据农经体制改革要求，完善风险补偿措施，建立贷款法人风险金制度，优化贷款投向，增强贷款监督服务功能，建立新型银企关系。年末，乡镇企业累计发放6.04亿元，较上年增长12.3%；工业贷款累计发放1.89亿元，贷款周转率达到0.86次。1997—2001年，市农行坚持扶优限劣，进一步优化贷款投向，加大对煤炭、电力等重点企业的信贷力度，工业贷款逐年增长，年均增长50.4%。2001年末，乡镇企业贷款余额突破亿元，达1.15亿元，占全部贷款余额的8.8%。工业贷款余额0.86亿元，占全部贷款余额的6.5%。2004年末，乡镇企业贷款余额1.07亿元，占全部贷款余额的5.1%。2004年后，由于统计指标的变化，乡镇企业贷款不再统计。

□　商业贷款

市农行商业贷款主要包括粮食贷款、供销社贷款、商品流通贷款和集体、个人商业贷款等。1989年朔州建市初期，全市商品市场疲软，供销系统出现大面积亏损，市农行积极支持供销企业开拓城乡市场，搞活流通渠道，1990年，累计发放商业贷款3.17亿元，支持市商业二级批发公司等9个市级商业供销批发公司及全市供销系统完成销售额2.6亿元，同比增长16%。1991年，省农行印发《关于进一步加强供销社设备贷款的管理办法》，明确：供销社设备贷款即以前的技术改造贷款，设备贷款必须专款专用，主要用于支持供销系统的商办工业，实行比例管理。市农行抽调38名信贷人员，深入全市47个供销企业，蹲点包帮，支持商业更新仓库、装潢门面和协调清理残次商品，使全市供销系统完成销售总额18 243万元。年末，全市商品流通贷款余额9 858万元，占贷款总额的31.3%，新增2 567万元，亏损企业由47个下降为12个。1992年，突出支持全市商业企业体制改革，对商品流通贷款实行有保有压，根据企业经营状况、信用度高低，对企业进行评估，分类排队，投向准确，投量适当。年末，累计发放商品流通贷款4.34亿元，余额达1.13亿元，新增2 827万元。1993年，落实“控制总量，优化结构，面向市场，转换机制，提高效益”的信贷方针。年末，商业贷款余额达3.92亿元，较年初净增0.52亿元，其中：一般商品流通贷款2.12亿元，较年初净增0.21亿元；农副产品收购贷款1.16亿元，较年初净增0.24亿元。1994年，人民银行等五部委下发《关于将发放粮棉预购定金贷款改为发放农业贷款的通知》，当年，市农行停止发放粮食预购定金贷款和棉花贴息贷款。农民春耕生产所需资金由农业银行、信用社发放农业贷款。

1995年后，全市在商业信贷方面，主要支持供销企业发展生产，搞活流通为重点。1998年，累计发放商业贷款0.83亿元，支持20多家供销企业走出困境。其中，为生产资料部门发放贷款和承兑汇票1 600万元，购进化肥5万吨，支持春耕春播工作。1999年末，商业贷款余额1.57亿元，占全部贷款余额的12.8%。2004年末，商业贷款余额3.64亿元，占全部贷款余额的17.3%。2005年后，商业贷款业务转交市农发行办理，市农行不再发放该项贷款。

□ 质押贷款及消费贷款

1985年8月，农行山西省分行印发《关于转发〈中国农业银行抵押贷款试行办法〉的通知》，决定开展抵押贷款业务。1995年，《中国农业银行个人定期储蓄存单小额抵押贷款实施细则》颁发，规定农行储蓄机构和其他营业机构发放小额存单抵押贷款要纳入信贷管理计划。市农行开办小额质押贷款业务。1998年11月末，小额质押贷款余额0.91亿元，占全部贷款余额的7.4%，占全部新增贷款的25.2%。1999年，人民银行印发《关于开展个人消费信贷的指导意见》，市农行开办个人住房贷款、个人汽车消费贷款业务。2001年，质押贷款、消费贷款新增1.05亿元，占全部新增贷款的68.9%。2002年，各支行开展消费信贷业务促销，组织开展“汽车消费贷款大联销活动日”宣传等，当年，消费贷款余额2.21亿元，新增1.47亿元，占全部贷款余额的14.15%。同年6月，农行山西省分行印发《关于印发〈中国农业银行山西省分行个人工资质押贷款管理暂行办法〉的通知》，在全省范围内开办个人工资质押贷款业务。2003年，农行山西省分行印发《关于贯彻实施总行〈中国农业银行个人消费贷款管理办法〉明确个人消费贷款有关事项的意见》，市农行对辖内经营行开办个人消费贷款业务品种及审批权限明确授权，由县支行集中办理。同时，进一步扩大个人质押贷款业务范围，年末，质押贷款余额1.86亿元，占全部贷款余额的6.1%，主要为个人、企事业法人单位等项目。消费贷款余额2.88亿元，占全部贷款余额的9.4%。其中：个人住房消费贷款余额1.52亿元，个人汽车消费贷款余额1.3亿元。2004年末，市农行消费贷款余额达2.69亿元，占全部贷款余额的12.8%。质押贷款余额1.94亿元，占全部贷款余额的9.2%。17个支行（部、处）开办个人小额质押贷款业务，网点涉及55个。6个支行开办汽车消费贷款，合作汽车经销商11家。2005年，针对质押贷款起伏大、质押不足、手续不规范、形态不实等问题，市农行组织开展质押贷款专项整治行动，制定权利质押凭证上移、提取、保管工作制度和操作流程，将市区20个网点10 672万元存单质押贷款所涉及的11 091万元的质押权利凭证，全部上移市农行专人管理。当年，质押贷款余额1.27亿元，占全部贷款余额的4.9%。2007年，个人质押贷款余额0.24亿元，个人消费贷款余额835万元。2015年，个人质押贷款余额717万元。

□ 扶贫贷款

为支持地方经济发展，1998年，市农行为朔州市开发路和扶贫路公路建设投放贷款300万元。

1999年，开办教育扶贫助学贷款，对象为参加高考上学困难的学生，贷款额度每名学生限5 000元以内，贷款期限1~3年，执行基准利率。年末，共发放教育扶贫助学贷款129笔，金额0.53亿元。2000年，根据《关于下达2000年第二批扶贫贷款计划的通知》（晋农银函字〔2000〕58号）精神，重点支持康复扶贫贷款计划。采取质押、抵押的办法，推行“三联制”做法。当年，康复扶贫贷款535万元；小额到户贷款12 354户，贷款2 875.5万元；企业贷款112户，贷款4 083.5万元。根据《关于把农业发展银行扶贫、开发等专项贷款业务划归农业银行的通知》，接收市农发行扶贫开发贷款3 729万元。年末，扶贫贷款总额6 959万元。2001年，在国定贫困县右玉推出扶贫到户贷款出贷“三联制”，即：联贷、联保和联责制。当年，累计发放扶贫到户贷款1 887万元，扶持贫困户12 358户，支持贫困户种养业发展。到户贷款总额达2 875万元，户均贷款0.23万元，其中信用贷款1 124万元，质押贷款226万元，担保贷款36万元，联保贷款1 489万元。2004年末，扶贫贷款余额0.55亿元，占全部贷款余额的2.6%。

第三节　风险管理

为推进清贷工作，1989年，信贷风险管理主要以清贷工作为主，行、社动员，内攻外击，活化沉淀贷款。通过人自为战、点自为战、片自为战、防战结合等措施，推动全市清贷工作取得突破性进展。1990年，成立清欠领导机构，行社动员，打好清收非正常贷款攻坚战。当年，全市非正常贷款占贷款余额的比重下降7.44个百分点，“双呆”贷款比重降低4.81个百分点。1993年，农行平鲁支行制定的《依法管贷工作细则》，严格规范信贷行为，将信贷管理纳入法治轨道，被市行印发全市，予以推广。

1994年，针对贷款质量不高、管理不严等问题，行社开展大规模的保资产质量大会战，成立由市、县两级业务主管行长挂帅的领导组，下设清非办公室，层层签订责任状，采取“三结合、一挂钩”方法，从落实悬空贷款债务入手，强化信贷风险管理，对历年来的贷款实施补办担保、抵押手续。新增贷款在审贷分离的前提下，全部实行担保。推广平鲁区政府和平鲁区金融系统在企业股份制改革中采取的“转贷入股”办法，参与企业改革，促使资产质量提高。年末，6.6亿元资产中有34%补办了担保抵押手续。1997年，根据省分行《信贷管理办法》《信贷资产“新老划段、分别考核”监测管理办法》《调整信贷定位，优化贷款投向实施办法》，结合实际情况，制定信贷管理措施。硬化贷款条件，严格规范贷款操作程序，强化风险防范意识，严格内控机制，明确落实任务，实行奖惩严明。1998年6月，为降低信贷资产风险，制定《关于进一步加强转制企业贷款管理的实施意见》，成立资产保全科，对资产实行划分时段管理、区别对待政策，把现有存量贷款分为三种类型，即1989年朔州建行前为一类，1989—1996年实行新老划断前为一类，1996年到当年为一类。明确贷款批准、经办以及介绍人，给予登记造册、列榜公布、全力以赴实施清收。全年参与63户企业的转制工作。2000年，制定《企业信用等级评定暂行办法》，对评定指标与等级做出具体规定。贯彻中国农业银行总行《关于规范信贷决策行为的若干规定》，规范信贷业务，实行审贷部门分离。2001年，制定《信贷客户调整实施意见》和《信贷结构调整五年规划》，实施“以客户为中心”信贷计划管理体制。制定出台《朔州市分行清收不良贷款实施办法》，明确市、县两级行清收贷款收息考核6项指标。当年，审批部门全部落实，贷审会规则落在实处，客户评级和授信制度执行到位。2004年，建立风险经理定期监控制度，按照省分行要求，对省、市确定的重点客户实行按季进行风险监控，向行长和贷审会报告，发现问题及时预警，做到风险防控及时化。充分发挥CRM系统“零距离、超时空”监测功能，及时监测各营业机构信贷管理全过程风险监控情况。2006年，制定《清收风险资产管理考核办法》，加大同公安、法院执法部门的密切配合。2015年，根据农业银行《关于当前形势下化解信用风险支持实体经济的意见》，积极推动风险客户化解工作，对风险客户区别对待，“一户一策”制订化解处置方案，最大可能帮扶客户，最大限度降低损失。

2019年，实行全面风险管理，推广“三线一网格”管理模式，构建“横向到边、纵向到底、条块结合、以块为主”的员工行为管理网格化责任体系，保证全行运营安全，保障业务稳健发展。当年，资产质量稳中有升，个贷、农贷和信用卡透支不良余额较年初下降；未发生案件、重大风险事件和重大责任事故。

第四节　中间业务

市农行中间业务主要有收付业务、代销基金业务、保险代理业务、银行卡、代发工资业务、议付业务、国债保管业务、国税、地税款等。2019年末，中间业务种类达9大类、26个品种。

□　代理及代收付业务

根据农行山西省分行转发《关于印发总行〈关于农业银行开办代发工资业务的意见〉的通知》，1991年11月，规定为在农业银行开户的全民所有制和集体所有制单位开办代发工资业务。1994年，开办国债保管业务，国债保管金额达670万元，证券买卖交易近2 100万元。1998年，代理保险22万元，保险箱租出46套，出租率为28%。2002年，在开办汽车消费贷款业务网点的同时开设代理保险专户，把购车保险列入代理项目，全年代收汽车消费贷款保险费923万元。代收“宝盈”“大成”“富国”基金570万元。在市交警支队宣传大厅设立收费专柜，购置电子机具，收费项目由过去的代收罚没款扩大到检车、驾照等收费项目；签订电费收费合同协议，在市区居民集中地区设立6个代收电费网点，受理当地居民电费收缴业务。2007年，开展代销基金业务。全年代销基金78只，累计销售量达1.61亿元，实现手续费收入700万元，占全市中间业务收入2 831万元的24.7%。同年，根据《关于印发〈电子银行动态口令卡业务操作规程（试行）〉并做好业务推广上线工作的通知》的要求，开办电子银行业务。2011年，开办财务顾问、贵金属、电子银行等业务。2012年，实现国内信用证结算业务零突破。信用卡新增2 655张，信用卡业务收入360万元。2013年，实现跨境人民币结算业务零突破。2015年，为山阴金海洋南阳坡煤业有限公司成功办理国内信用证项下议付，金额4 000万元，增加中间业务收入45万元，是全省农行系统中国内信用证项下首笔议付业务。

2018年末，代理保险业务收入61.17万元，机构代收代付业务收入8.09万元，代销基金业务收入85.36万元。

□ 电子银行

1993年2月，中国农业银行出台《关于信用卡业务若干事项的暂行规定》，对异地转账业务，同城转账业务授权、挂失及紧急止付、金穗卡申领及担保，统计报表等有关事宜作出规定。1994年7月，市农行印发《关于开办金穗信用卡业务的通知》，开办金穗信用卡业务。1995年，各支行成立信用卡分部，纳入全年经营目标责任制进行考核，年末金穗卡存款余额达0.39亿元，当年净增0.34亿元。1997年，贯彻农行山西省分行《关于金穗支行（办事处）职能、内设机构和人员配备的意见》，加强管理，强化组织领导，调整人员配置。年末，信用卡累计发卡10 274张，净增2 194张，净增存款0.22亿元。2002年，农行山西省分行下发关于对各二级分行开办网上银行业务进行转授权的通知。同年，市农行开办银行卡、结算、网上银行等业务。2012年，个人电子银行客户新增74 753户，企业电子银行客户新增768户，电子银行业务收入646万元。2015年，个人电子活跃客户新增63 036户，企业活跃客户新增417户。在跨行转账等多项收费减免的不利影响下，2017年，电子银行收入（不含企业网银）实现1 021.91万元，同比净增74.64%。电子商务商户净增2 903户。掌银飞速发展，掌银活跃客户数达到5.46万户，新增4.2万户。贷记卡总授信3.72亿元，同比净增41.48%；信用卡有效客户新增7 644户，同比净增137.24%；信用卡分期消费完成5 308万元。信用卡业务收入实现740.59万元，同比净增49.89%。2018年，全行信用卡中收1 056.61万元，信用卡有效客户48 710户，信用卡有效卡量57 660张，信用卡全部分期13 760笔、14 658万元，特约商户总户数822户，收单交易额12.92亿元，个人掌上银行客户总数176 018户，有效缴费商户上线18户，平台商户3 329户，平台交易额2.96亿元，微信银行客户数13 682户，网络金融收入1 220.86万元。

□ 中间业务收入

市农行中间业务收入整体呈稳中有升的趋势。2005年，实现中间业务收入1 461万元，同比多收474万元，增幅达48%，中间业务收入计划完成率分别为135%和172%。2007年，实现中间业务净收入1 936万元，同比多收636万元，中间业务收入占总收入的9.79%。2010年，实现中间业务收入2 298万元。对中间业务不断改进，2014年，拓宽中间业务创收渠道；加大电子机具的投放和渠道建设；加强电子产品的宣传推介力度。“代理通”系统的推广应用，覆盖4个街道、37个乡镇、1 200个行政村、74.6万农业人口。全年实现中间业务收入4 643万元（含委托手续费）。2015年，通过强化组织领导、业务培训、考核激励等多种措施，逐步实现中间业务多元化。成功营销朔州美特好超市、美都汇百货和妈妈宝贝；成功上线农行MIS系统，当年，共刷卡消费559.75万元，8 784笔，增加中间业务收入6 000余元；年末，全行共实现中间业务收入4 079万元。2018年，中间业务收入实现3 509万元，较上年增加188万元，增幅5.67%。代理中间业务收入154.62万元。2019年第一季度，代理中间业务收入96.53万元。

第五节 外汇业务

根据国家外汇管理局山西分局（晋汇综字〔1993〕26号）批复，1993年7月，成立中国农业银行山西省国际业务部朔州代办处。1994年，改名为中国农业银行朔州市支行国际业务部代办处。当年，外汇存款达50万美元，人民币配套贷款余额达750万元。1997年，市农行外汇业务由单一的个人外汇存款延伸到个人外汇存款、汇款、对公外汇账户开立、对公账户的结售、对公贷款的发放等，营销外汇对公客户2户，对公贷款1户，各项存款达92万美元，外汇各项贷款达38万美元。其中，外汇各项存款位居全省首位。2000年，开始办理信用证业务（服务对象为山阴古城乳业有限公司）。当年，结售汇发生额128万美元、41万马克。2003年，市分行营业部开通外币业务，外汇经办行由1家增加到2家。2004年，经外汇局朔州市中心支局批准，市分行营业部办理外币业务，经营结售汇、外币兑换等业务。到2005年末，外币存款余额150万美元，净增53万美元。其中，外币储蓄存款余额达42万美元，净增13万美元；外币对公存款余额达108万美元，净增40万美元。2008年，开办外商投资项下资本金结汇业务。当年，外汇存款24万美元，国际结算量348万美元，结售汇量335万美元。2012年3月，怀仁嘉吉陶瓷有限责任公司落户雁门支行，共结算58万美元，结束2003—2012年无新增优质对公外汇结算户的历史。9月，中煤集团金海洋能源有限公司通过贸易通系统完成来自广东分行增城市支行的3笔国内信用证通知、审单、寄单、委托收款、收款业务，实现国内信用证结算零突破，全行人民币存款净增9 471万元。首次对外汇优质客户启动资费调整营销策略，同意对中煤进口开证费率由0.15%调整为0.12%。2013年，接收来自中国香港、中国台湾的跨境人民币汇入汇款5笔，共计134.4万元，实现跨境人民币结算业务零突破。为中煤金海洋公司接收通知来自农行广东省分行、民生银行的国内信用证10笔，委托收款31 135万元全部收回，实现手续费收入21 500元，国内信用证项下委托收款金额居全省首位。2015年，为山阴南阳坡煤业有限公司办理国内信用证项下议付业务，金额4 000万元，为行内国内信用证的首次开立，和省内的第一笔议付业务。年末，全行国际结算量516万美元，结售汇398万美元；跨境人民币结算量336万元。2016年，为朔州炽能能源开发有限公司开立美元账户。当年，全行国际结算量1 234万美元，较上年净增139%，结售汇679万美元，完成率113.17%；跨境人民币结算量351万元。2017年，营销芮城中电光伏发电有限公司在雁门支行开立跨境人民币资本金账户，接收来自香港特别行政区的资本金，全年累计接收跨境人民币汇入汇款1.3亿元。当年，全行国际结算量3 150万美元，结售汇量831万美元，跨境人民币结算量13 000万元。

2019年，开办国内信用证项下贸易融资业务。为中煤集团山西华昱能源有限公司开立2笔国内信用证，合计金额2.6亿元。为信用证受益人山阴金海洋南阳坡煤业有限公司叙做2.6亿元融资业务，其中：国内信用证项下议付0.6亿元，国内信用证项下自营福费廷2亿元，成为全省农行2019年“春天行动”综合营销活动开展以来，为单个客户办理贸易融资的最高金额。为山西神头发电有限责任公司、山西神头第二发电有限公司开立资本金账户。年末，全行国际结算量达4 473万美元，结售汇达978万美元，跨境人民币结算业务量2.57亿元。

第六章
中国银行

第一节　负债业务

市中行负债业务主要是存款业务，存款种类包括企业存款、储蓄存款、其他存款等。建行初全辖各项存款余额4 270万元。1989年末，各项存款余额达13 061万元，首次突破亿元大关。2019年末，各项存款余额268.6亿元。

□　企业存款

1986年，针对平朔安太堡露天煤矿项目工程浩大、投资巨大、施工企业多的特点，平朔支行规定：凡是在平朔项目开发建设中的国营、集体、农建队符合开户条件的均予开立存款结算户，开户单位由年初的243户增至355户。年末，企业存款余额9 866万元。1988年，为增强吸存能力，平朔支行通过银企座谈、优质服务等形式，开展业务宣传，新增企业存款1 502万元，年末，企业存款余额达8 302万元。

朔州建市之初，1989年，针对专业银行及储蓄机构增多，吸存空间缩小等困难，平朔支行全面推行分级承包责任制，将对公存款任务逐级承包、落实到基层柜台和个人，拓展营业网点，加强电子化建设，并集中资金，形成局部优势，为地方骨干企业解决资金“卡脖子”困难，吸引石油公司、电力公司等少贷多存或只存不贷户开户，新增企业存款1 800万元。年末，企业存款余额9 677万元。1990年，中行太原分行印发《近期体改工作的安排意见》，要求把对公存款管理纳入行长责任制目标，平朔支行采取承包负责、任务到人、奖罚兑现、各部门协调配合的办法，大力发展企业存款。到1991年末，企业存款余额增至17 214万元。1993年，全市煤炭限产，销售疲软，结算受阻，平朔支行及时分析企业存款变化的原因和趋势，召开银企座谈会，深入企业调查研究资金运动状况，大力组织和吸收企业存款。年末，企业存款余额30 934万元，增幅21.37%。1994年后，随着中行太原分行《企业存款管理考核试行办法》的印发，平朔支行把吸收企业存款作为存款工作的重要任务，加大考核力度，实行多种形式的承包责任制，制订《朔州市分行基层机构对公存款末位淘汰办法》，将对公存款的完成情况直接同各基层行处“一把手”的去留挂钩，加强联动营销，注重构建“以点带面、上下互动、全员参与”的立体营销模式，加大对公存款营销。2009年，与山阴县支行联手，争揽山西金海洋集团公司资源整合款10亿元；西城支行等11家机构吸揽信用联社存款6.2亿元；山阴县支行争揽社会劳动保险所存款1 800万元；振华街分理处吸揽麻家梁煤矿验资户存款1.6亿元，促进了公存业务的发展。年末，企业存款余额达519 360万元。

2010年至2019年，市中行企业存款保持稳定增长。2014年末，公司存款余额75.2亿元。2019年末，公司存款余额85.13亿元。

□ 储蓄存款

1985年1月5日，平朔支行在全国中行系统首家正式开办个人储蓄存款业务。年末，储蓄存款余额42.8万元，参加储蓄的户数达1 325户。1986年，建立安太堡办事处储蓄所，在平朔生活区设置3个储蓄所。通过开立存款结算户、增设储蓄网点、储蓄代办所、扩大宣传、增加储蓄种类等措施吸收存款，新增工资转存业务。年末，储蓄存款余额356万元。为扩大资金来源，1987年，采取储蓄承包，任务分解、指标考核、按月排队、有奖储蓄、聘请协储员、行领导登门拜访等办法吸收存款。在全省首先发行有奖储蓄券100万元。同年，开办贴花储蓄业务。年末，储蓄存款余额首次突破千万元大关，达1 006万元。为增强资金实力，促进存款业务发展，1988年，发行第二期有奖储蓄券200万元；8月，开办黄金首饰、彩电等紧俏商品的奖售储蓄。年末，储蓄存款余额达1 914万元，较年初净增908万元。

朔州建市初期，针对各专业银行及储蓄机构增多、吸存空间缩小等困难，平朔支行加强对存款工作的领导，全面推行分级承包责任制，将存款工作与领导职工奖金挂钩，动员社会力量增加吸储，深化文明优质服务，并开办贴水储蓄。1989年末，储蓄存款余额3 301万元，新增1 557万元。1991年7月5日，平朔支行五区储蓄所为平朔露天煤矿2 600多名职工代发工资业务全部实现电脑化。11月23日，在山西中行系统和朔州同业中，首家向社会推出电脑储蓄通存通兑业务。1992年，全辖储蓄所（柜）达到24个。5月14日，平朔支行储蓄存款余额突破亿元大关，达10 058万元。1993年末，平朔支行营业部所属5个储蓄所（柜）全部实现电脑化。当年，平朔支行拥有全省中行系统最大的储蓄通存通兑网，储蓄余额达23 835万元，份额占全市储蓄存款的20.44%。到1994年，普遍推行“万元储蓄含量结构工资承包办法”，新增网点11个，全辖储蓄所（柜）达到38个。年末，储蓄存款余额34 097万元，新增10 262万元，储蓄存款净增额首次突破亿元大关，增幅43.1%。

1997年3月，平朔支行更名为中国银行朔州支行后，坚持“存款立行”的指导思想，把发展存款当作头等大事来抓。2006年，推出“储蓄所（柜）主任竞聘上岗方案”和储蓄柜员薪酬分配、绩效工资与业务发展挂钩考核办法，激发整个营销队伍的营销热情，成为市中行储蓄业务发展的“分水岭”。2009年，制定实施《派遣员工薪酬纳入合同制员工薪酬体系实施办法》《经营性网点封闭式柜台柜员薪酬管理办法》《经营性网点储蓄业务负责人及个金条线营销费管理办法》，在考核挂钩比例上采取“动态调整”机制。同时进一步完善储蓄网点负责人退出机制，增强营销活力。此外创新产品和服务，巩固和扩大中高端客户群。年末，储蓄存款余额达698 519万元，全行50万元以上中高端客户共有1 811户；理财客户总资产达274 597万元，较年初新增39 271万元，占全辖新增储蓄存款的41.22%。2010年后，为维护个人存款的持续稳定增长，市中行以量化积分系统运用、开展各类产品营销活动、强化社保卡拓展应用三大重点为抓手，推动储蓄存款持续稳定增长。2011年5月，第一台离行式自助银行启动。到2013年末，在全市重点工矿区和乡镇建设投入运营15台离行式ATM。2014年7月，各项存款余额突破200亿元，成为全省第二个200亿元存款大行。年末，储蓄存款余额达132.6亿元。2019年末，储蓄存款余额达183.47亿元。

第二节　资产业务

市中行资产业务主要是信贷业务，包括流动资金贷款、基本建设贷款、技术改造贷款等。建行初各项贷款总额14 030万元。2014年末，人民币各项贷款余额突破50亿元大关，达57.5亿元。2019年末，人民币各项贷款余额突破100亿元大关，达121.76亿元，成为朔州市国有银行中授信金额突破100亿元的第1家银行，投放量、贷款余额均位于山西省中行系统、朔州市同业前列。其中，公司贷款余额114.42亿元（含贴现及贸易融资），零售贷款余额约4.68亿元。存贷比45.01%。全口径授信余额121.76亿元，不良授信609.09万元，不良率0.052%。

□　流动资金贷款

建行初期，平朔支行流动资金贷款主要是保证平朔安太堡露天煤矿的建设。1985年，平朔支行先后向平朔物资供应公司等9个单位发放人民币流动资金贷款1 555万元。其中：平朔物资供应公司270万元，腊壑口石料厂3万元，朔县电厂70万元。1986年，累计发放人民币流动资金贷款3 545万元。1987年，发放人民币流动资金贷款12 236万元，年末，流动资金贷款余额突破亿元大关。到1988年，平朔露天煤矿转入生产期，对流动资金贷款的需求量猛增。当年，平朔支行共为平朔安太堡露天煤矿发放流动资金贷款13 025万元。

1989年，朔州建市后，按照上级关于收紧信贷的方针、政策和产业政策，平朔支行严格控制信贷规模，调整信贷结构，资金投向明显优化，贷款的投向重点放在平朔安太堡露天煤矿、地方外贸出口企业和其他经济效益好的骨干企业。年末，流动资金贷款余额13 796万元。其中，平朔安太堡露天煤矿9 311万元，外贸企业贷款1 280万元，两项占流动资金总额的76.8%。1990年，为山阴有机化工厂累计发放1 088万元流动资金贷款，实现利润103万元。年末，流动资金贷款余额14 818万元。1991年，支持外贸企业体制改革，全年累计向外贸企业发放人民币流动资金贷款3 960万元。“西方”石油公司撤走平朔安太堡露天煤矿股份后，针对其资金缺口增大的情况，年内累计发放三资企业人民币流动资金贷款8 050万元。年末，全辖流动资金贷款余额达16 676万元。1992年，向平朔安太堡露天煤矿发放流动资金贷款8 500万元。1993年，支持平朔煤炭公司系统贷款1 410万元，支持外贸出口收购贷款1 179万元，支持出口生产企业贷款910万元。年末，流动资金贷款余额增至30 022万元。随着朔州市经济的快速发展，市中行加强对信贷规模和信贷存量的调控力度，对各行业信贷支持力度不断增大，流动资金贷款逐年增加。截至2008年末，流动资金贷款余额达90 642万元，比1994年增长56 327万元，年均增长率7.18%。

□　基本建设贷款

平朔支行建行后，作为平朔安太堡露天煤矿项目的贷款执行人，主要负责平朔露矿建设资金的供应与管理。平朔支行贯彻落实《对平朔露天煤矿人民币基本建设贷款管理试行办法》，严格按照总行与中煤公司签订的贷款协议规定及时、足额出贷。1984年，向平朔露天煤炭公司累计发放基建贷款14 000万元。1985年，累计发放基建贷款24 000万元。1986年，发放人民币基建贷款36 393万元，累计发放额达74 393万元。为保证平朔安太堡露天煤矿投产达产的资金需要，1987

年，发放能源基建贷款22 201万元，累计余额106 537万元，基建贷款突破10亿元大关。

1994年末，平朔安太堡露天煤矿项目人民币基建贷款由中行总行划归平朔支行管理。年末，平朔支行共接管人民币基建贷款11.9亿元，并首次开始收息。

□ 技术改造贷款

1989年，平朔支行为山阴有机化工厂发放技改贷款150万元，使糠醇出口项目获得成功，当年实现利润45万元。1993年，进一步完善贷款审批程序，优化贷款投向，改善信贷资金结构。年内为市亚麻厂进口设备发放配套贷款100万元；为怀仁邮局程控改制项目发放技改贷款150万元。年末，技改贷款余额818万元。1994年，投放人民币技改贷款200万元支持朔唯陶瓷有限公司和朔州亚麻厂长麻生产线的投产，年末，技术改造贷款余额815万元。之后，随着中行由专业银行向国有商业银行转轨，各项业务不断发展突破，技术改造贷款余额整体呈增长态势。2008年末，技术改造贷款余额7 260万元，比1994年末增长8倍。

□ 其他贷款

○重点项目贷款

市中行紧紧融入市委、市政府“2+7+N”的产业布局，在支持传统产业改造升级的基础上，为新兴产业注入金融力量。2019年末，累计投放重点项目贷款17亿元，包括为山西玉龙集团右玉牛心堡风力发电公司15万千瓦风电项目投放8亿元、平鲁红沟风电公司10万千瓦风电项目投放5亿元、山阴奕光发电有限公司2×35万千瓦火电项目投放4亿元，山西晋坤矿产品股份有限公司1 200万元；市政重大工程贷款已批复金额17亿元，包括为山西建投迎宾大道项目管理有限公司投放12亿元、中铁三局朔州大医院投资建设有限公司投放5亿元、朔州市大医院PPP项目顺利完成3 400万元首批贷款投放工作。

○民营企业贷款

市中行贷款投向坚持国有企业和民营企业并重，加大对民营企业的支持力度。2019年末，民营贷款余额12.45亿元，民营企业有效户434户。其中，为朔州现代医院、泰康医院等民营医疗、医药客户叙做8笔无抵押、无担保“医保贷”，共投放金额3 000多万元；累计为应县博达瓷业、怀仁尊屹陶瓷、山西绅美陶瓷、怀仁泓韵达陶瓷、怀仁鸿达瓷业、怀仁尊睿陶瓷等企业净投放5 000余万元；为山西朔美羊肉业公司、山西中大同仁生物科技公司、怀仁亿诚农业科技公司、怀仁龙首山粮油公司等涉农龙头企业，合计投放贷款2 500余万元，推进农业企业转型发展；为朔州市宝泰工贸、全富达机械设备、龙瑞土石方、旭东土石方、平鲁亨达利通汽运、朔州市登利亚飞汽车销售、朔州市惠宇商贸、新时代建筑安装、应县源达制杆、朔州市长运公交运输等30余家涉及制造、交通运输、建筑及贸易类客户累计投放7.3亿元，支持各类行业客户持续均衡发展。

○支持企业“走出去”贷款

依靠中行自身跨境服务优势，积极助力朔州市企业的发展。2019年，以中行韩国首尔分行的低成本资金，为中电神头有限公司投放1.4亿元境外资金贷款，支持企业“走出去”；为平朔工业集团有限公司在蒙古国的工程招标中开立80亿蒙图的跨境投标保函，为朔州市银行系统首笔跨境保函业务；为晋坤矿产品有限公司、吉呈生物公司开展出口融信达产品，支持企业扩大出口业务；在中国第二届进口博览会上与摩洛哥中行对接，助力右玉民营企业山西中大同仁科技有限公司与摩洛哥Stca Al Jazira公司的橄榄油项目成功对接。

○包联帮扶百户企业贷款

2019年末，市中行共包联帮扶10户企业，累计投放贷款26.555亿元。其中，中煤平朔集团有限公司余额13.84亿元，当年发放13.8亿元；平鲁区红沟风电有限公司余额2.5亿元，当年发放2.5亿元；山西晋坤矿产品股份有限公司当年发放600万元；同煤浙能麻家梁煤业有限责任公司余额6.25亿元，当年发放1.38亿元；山西玉龙集团右玉牛心堡风力发电有限公司余额7.645亿元，当年发放7.645亿元；山西奕光发电有限公司余额4亿元，当年发放1亿元；怀仁县龙首山食业有限公司投放0.03亿元；山西绅美陶瓷纤维有限公司余额0.04亿元，当年发放0.04亿元；应县源达制杆有限公司余额0.05亿元，当年发放0.05亿元；山西中大生物科技有限公司余额0.05亿元，当年发放0.05亿元。

○普惠小微企业贷款

2019年末，普惠小微企业贷款余额1.31亿元，是朔州市普惠小微贷款投放最多的金融机构。

○涉农优质企业贷款

市中行将“三农”企业调整为选择性增长类行业，并加大资源配置力度，对辖内机构涉农业务采取绩效考评机制，调动各机构对“三农”信贷投放的积极性。2019年末，为涉农优质企业累计投放贷款余额23.64亿元，共支持涉农优质企业20户；为“三农”企业累计投放贷款0.145亿元，贷款余额0.31亿元。

○小额扶贫贷款

市中行围绕“人脱贫一家一策，村脱贫因地制宜”的总体方针，以及“找准重点，突破难点，以点带面，理性发展”的工作方法，深入开展扶贫工作。2019年末，小额扶贫贷款余额935万元。

第三节　中间业务

□　国际结算业务

1989年9月，平朔支行在全省地市行中首次正式开办贸易项下的国际结算业务，当年，为平朔安太堡煤矿办理汇出汇款业务670笔，金额2 000万美元。1992年，开办进口开证业务。

为进一步形成“以客户为中心，以市场为导向”的经营理念，2004年，市中行对中间业务流程进行整合，创新业务品种，筹建票据贴现中心和理财中心，拓展银行卡“三代”业务，兼业代理保险业务，在平朔支行、鄯阳街分理处、体育路分理处推出24小时自助银行，推出“汇聚宝”外汇理财产品、“广发中行理财银券通”等产品。当年，国际结算业务总额达34 016万美元，结算业务收益389万元。

2007年，在重点客户平朔煤炭公司进口采购、资金业务集中上收的不利形势下，市中行采取“高层营销加强沟通，强化激励调动部门积极性，整合业务流程，强化服务功能”的工作措施，狠抓国际结算业务，确保业务市场份额的巩固。当年，进口跟单业务累计开证12笔，金额303万美元。鼓励基层行发挥地域特点和自身优势拓展业务品种，基金代销、票据融资、保险代理、信用卡、代收代付等业务得到良好发展。当年，国际结算业务总额达34 239万美元，实现结算业务收益413万元。信用卡项下直接收益97万元。对公网银交易量866亿元。叙做“汇聚宝”外汇理财业务3万美元。代销基金11.2亿元，实现收益1 532万元。代销凭证式国债2 100万元；代理保险1 366万元。年末，中间业务收入累计实现2 920万元，同比增幅94%。

2014年，以省中行“创新攻坚年”为契机，加大对新业务的拓展力度。7月，叙做全省首笔跨境人民币融资租赁业务5亿元，解决中煤平朔集团有限公司的资金需求，实现中间业务收入780万元。9月，为该企业叙做5亿元全省首笔融资保理业务；叙做全省首笔商业发票贴现业务，累计金额1亿元。当年，实现中间业务净收入6 907万元，同比增加1 575万元，增幅29.5%。2018年6月，为中煤集团华昱能源有限公司办理全辖首笔4.9亿元人民币自开自贴一级市场福费廷业务，实现综合收益3 029万元。

2019年1月，为中煤平朔集团有限公司申请4亿元国内商业承兑汇票贴现额度。3月，与中信银行太原分行合作，成功办理本行首笔他行人民币一级市场福费廷业务，金额4.125亿元。为平鲁晋坤能源有限公司办理全辖首笔出口融信达业务5万美元。6月，为中煤平朔集团有限公司开立本行首笔关税电子保函500万元，有效解决客户集中缴纳税款占用资金的不合理模式，保函业务实现创新发展。9月，为平朔煤炭工业公司开办全辖首笔跨境转开投标保函2 200万元。10月，为山西吉成生物科技有限公司办理全辖首笔海外托收业务13.6万美元。

中国银行平朔支行国际结算业务开拓情况见表4–3。

表 4–3　　中国银行平朔支行国际结算业务开拓情况表

种类 项目	业务品种		开办时间／年	笔数／笔	金额／万美元	收益／万美元
非贸易国际结算	外币兑换		1984	21 400	105	6
	旅行支票	兑付旅行支票	1985	417	57	6
		代售旅行支票	1987	1 235	168	12
	外币存款	甲种外币存款	1984	13 026	118 828	5 317
		乙种外币存款	1985	6 328	153	215
		丙种外币存款	1986	5 696	196	322
	代理国外信用卡	维萨卡	1986	1 006	85	1
		万事达卡	1986	718	62	1
		运通卡	1987	108	8	1
	国际汇款		1989	235	23	1
	买汇及托收		1985	8 558	215	9
国际贸易结算	进口结算	汇出汇款	1990	3 632	21 750	417
		信用证	1992	33	5 821	134
		保函（通知）	1992	5	50	—
	出口结算	信用证	1994	18	85	2
		汇入汇款	1988	729	85 828	32
		托收	1994	5	4	—
	贸易结算融资	出口押汇	1994	2	9	—
		信用证抵押放款	1994	9	66	14
		提货担保	1994	1	139	—

□ 银行卡业务

1988年8月，平朔支行在全省中行系统首家开办信用卡业务，发行第一张信用卡——长城万事达卡，并安装电传、电脑等现代化工具。1989年，全年发行长城卡108万元，比年初净增98.4万元，超额8%完成任务。1990年12月，长城卡存款余额突破百万元，各项存款达1.55亿元。1991年，所辖朔县支行、平鲁支行、山阴县支行作为首批代发卡行开展代发卡业务。1992年6月，平朔支行举行“长城卡”金卡发卡仪式，共发行金卡30张。为专门负责长城卡的经营与管理，1993年，成立信用卡业务部。年末，累计发行长城卡939张，存款余额812万元，全年交易额达3 589万元。为扩大长城卡的发行数量，1994年，辖内10个行、部、处全部开办代发卡业务，储蓄网点均具备长城卡存取款功能。年末，长城卡数达1 911张。2011年4月，市中行成为朔州市社会保障卡项目唯一合作银行。12月，朔州市第一张社保卡正式发行。

随着信用卡的广泛使用，信用卡资产质量略有下降，不良率上升。2018年，市中行累计清收化解信用卡表内不良668万元。年末，信用卡不良余额368万元，较年初下降164万元；不良率2.05%，较年初下降1.18%，成功实现“双降”。

2019年，新增ETC发卡21 795张，市场份额16.77%。新增信用卡有效客户6 658户，同比增幅53%。信用卡应收账款2.69亿元，较年初增加8 320万元，同比增幅59%。新增分期业务交易额1.7亿元，同比增幅55%。大中型商户新增496户。信用卡消费额13.89亿元，同比增幅28%。信用卡不良余额为351万元，不良率为1.3%，较年初下降0.74个百分点，控制在省行管控要求范围之内。

第四节　外汇业务

平朔支行建行初期即开办外汇业务，主要是为适应中外合作企业平朔安太堡露天煤矿生产建设的需要。1984年，建立外币专柜，办理外汇兑换、旅行支票兑付业务。1985年，根据客户高级负责人出具的保函，推出私人支票贴现业务。1986年，开办代售美元支票、信用卡取现业务。到1988年，平朔支行办理的非贸易国际结算业务已发展到外币存款、买入外币票据、代理国外信用卡、汇款等。1990年末，各项外汇存款余额3 010万美元，其中：个人外汇存款7万美元，单位外汇存款2 947万美元，外侨合资企业外汇存款56万美元。1992年3月，开办进口开证业务。之后陆续开办出口信用证结算、跟单托收、出口押汇、信用证抵押放款等业务。同年12月，为朔州市首家中外合资企业——朔唯陶瓷有限公司发放外汇贷款252万美元。当年开证13笔，金额3 145万美元。年末，各项外汇存款余额5 165万美元，个人外汇存款20万美元，单位外汇存款4 386万美元，外商投资企业外汇存款759万美元；各项外汇贷款余额464万美元。

1993年以前，平朔支行是朔州地区唯一的外汇指定银行。当年末与瑞士皇家银行、日本富士银行等17家海外银行建立业务代理关系。

市中行开办外汇业务以来，经过30多年的迅猛发展，到2019年末，开办外汇业务网点数21个。外币存款余额2 710.45万美元；贷款余额10.13万美元。进口付汇132笔，金额4 450万美元；出口收汇58笔，金额937.96万美元。结汇1 263万美元，售汇7 431万美元。贸易融资出口融信达项下3笔，金额54 391.5美元。

第五节　其他业务

1988年4月，平朔支行外币专柜开办外汇汇票、旅行信用证、代理BCC旅行支票三项新业务。

1993年7月，平朔支行营业部推出有价证券代保管业务。

1994年1月，首次成功地开办出口审单及无证跟单托收和光票托收业务。

2019年末中国银行朔州市分行各区县支行存贷款余额见表4-4。

表 4-4　　2019 年末中国银行朔州市分行各区县支行存贷款余额　　单位：万元

区县支行		存款余额			贷款余额	利润
		储蓄存款	公司存款	合计		
市辖区	平朔支行	74 482	68 326	142 808	238 900	3 337
	朔城区支行	47 647	17 547	65 194	542	780
	新市区支行	76 716	197 542	274 258	0	1 353
	开发区支行	39 935	21 444	61 379	298.28	756
	西城支行	76 176	5 421	81 597	5 416	730
	振华东街支行	45 319	1 049	46 368	29 000	428
	古北街支行	48 182	14 095	62 277	49.7	747
	马邑支行	57 220	70 499	127 719	29.47	1 360
	鄯阳街支行	61 408	3 661	65 069	0	661
	西街支行	48 934	19 126	68 060	0	552
	振华街支行	42 925	2 019	44 944	83 000	2 155
	安泰支行	43 033	12 281	55 314	0	332
	体育路支行	54 777	587	55 364	0	429
	东门支行	29 758	1 405	31 163	500	227
	平朔五区支行	60 336	1 945	62 281	0	324
	平朔七区支行	56 138	5 757	61 895	1 400	815
平鲁区支行		99 319	119 390	218 709	35 960	2 094
怀仁支行		132 577	57 262	189 839	17 150	2 249
应县支行		120 578	39 889	160 467	1 200	1 645
山阴县支行		98 630	53 016	151 646	81 000	2 721
右玉县支行		20 628	92 838	113 466	76 950	830

第七章

建设银行

第一节　存款业务

□　股份制改革前

市建行成立初存款主要以对公存款为主，储蓄存款业务薄弱。1989年末，一般性存款达1.17亿元，名列山西省建行系统第二名，储蓄存款突破2000万元大关。1990年，朔城区支行储蓄所存款余额突破千万元大关，被建行总行评为全国储蓄工作先进集体，并被《人民日报》转载报道。1992年，推动全市住房制度改革，吸收房改资金1 332万元。

1993年，朔州市行政区划调整后，市建行推行万元增储含量工资制度，试行“含量工资”，各储蓄所打破正式工与临时工的界限，服务态度、吸储积极性明显提高。同年5月，储蓄存款突破亿元，余额为10 179万元。1994年，大胆试行储蓄柜员制，开办综合性多功能储蓄所，推动存款业务发展。年末，一般性存款余额达51 756万元，其中，储蓄存款余额达26 708万元，增速为51%。1995年，进行储蓄计价经营方式试点改革，朔城区支行、山阴县支行和怀仁县支行的四个所柜试行。1997年，率先在山西省推行会计、出纳、储蓄柜员制，提高储蓄工作效率。2000年，加强网络化建设，完成中心机房建设，开通DDN数字专线。6月，首批11个网点试运行，年末上网率达90%，完全脱离单机版的网点达48个，其中包括12个会计柜台，35个储蓄所柜和1个信用卡柜台。开办储蓄卡业务，投入使用多台ATM和POS机，开通市内通存通兑，为存款业务提供支撑。

□　股份制改革后

2004年9月股改成功后，市建行存款业务迅速增长，截至2012年末，全口径存款余额突破百亿元大关，达101亿元。2016年，与朔城区人力资源和社会保障局签订职业年金综合服务协议，成为朔州市首家职业年金综合服务合作金融机构；与市政府签署“朔州建银经济发展投资基金合作协议”。成功营销市级养老保险财政专户、区县机关事业单位养老保险、职业年金账户，与市武警支队签署《军民双拥共建合作备忘录》，成功营销朔州市武警支队基本账户、武警工资卡。与此同时，市建行将网络金融业务作为重点发展方向，积极拓宽市场领域，市直工委党费云、华昱煤业党费云、怀仁十一中学费和戒毒所生活费、开发路华源万和城等缴费云先后上线，进一步提升存款总量。2018年9月，与朔州市政务服务中心签署“互联网+政务服务+金融”战略合作协议，是山西省首家与市级政府进行智慧政务平台合作的分行。详细存款余额见表4–5。

表 4–5　　2011—2019 年中国建设银行朔州市分行历年存款增长情况表　　单位：万元

年份	一般性存款余额	储蓄存款	企业存款
2011	914 650	459 046	455 604
2012	1 009 102	547 333	461 769
2013	1 005 449	635 518	369 931
2014	1 015 299	674 379	340 920
2015	1 106 102	765 706	340 396
2016	1 247 226	845 680	401 546
2017	1 362 612	902 154	460 458
2018	1 439 937	963 145	476 792
2019	1 475 578	1 063 689	411 889

第二节　贷款业务

1989年以前，朔州市建行信贷业务单一，而且体量相对较小。朔州建市以后，随着煤炭行业的发展和行政体制的改革，市建行的信贷业务进入新的发展时期，贷款资金来源和贷款结构发生质的变化，种类不断增多，范围不断扩大，贷款管理日趋完善，贷款总量迅速增长，贷款客户行业遍及生产、流通和消费等各个领域。2019年末，各项贷款余额为908 098万元。

□　基本建设贷款

朔州市建行基本建设贷款重点向能源、交通、原材料等基础产业和基础设施项目倾斜，支持煤炭、电力和建材等行业龙头企业和骨干项目。1990年，通过灵活调度资金，对神头二电厂投资38 000万元，发放设备贷款7 523万元，清欠贷款31 800万元。1991年，神头二电厂一号50万千瓦机组建成投产，市建行为施工单位发放流动资金贷款849万元，保证二电厂投产发电。同年，为城区电厂发放技改贷款1 287万元。1992年，为重点项目发放基本建设贷款57 000万元。其中神头二电厂55 000万元，三个煤炭集运站1 500万元，并为承担这些项目的施工企业发放流动资金贷款4 760万元，保证项目早日投产。2011年后贷款投向见表4–6。

表 4-6　　2011—2019 年中国建设银行朔州市分行信贷支持分项统计表　　单位：万元

年份	煤炭行业			电力行业
	总计	其中		
		中煤平朔	中煤华昱	
2011	88 000	0	80 000	109 300
2012	188 649	26 949	80 000	132 450
2013	296 959	143 259	80 000	128 140
2014	284 868	141 868	78 000	132 834
2015	202 780	72 780	78 000	200 667
2016	239 890	111 490	78 000	302 855
2017	296 100	180 000	78 000	308 359
2018	274 000	180 000	67 000	365 041
2019	298 000	220 000	63 000	334 442

□ 小微企业贷款

2013年，率先投放山西省建行系统第一笔“善融商务小企业客户在线融资”业务。2016年2月，与市国税局、地税局举行“税易贷”业务签约仪式，成功办理首笔“税易贷”业务，为应县成文纸业有限公司成功发放“税易贷”贷款90万元。成功为朔城区柏林种植专业合作社发放由市中小信用担保中心担保的第一笔流动资金贷款，金额500万元。与市中小微企业信用保证基金开发有限公司签订“助保贷”业务合作协议，成功办理首笔“品牌贷”业务。在贷款额度方面，采用信用+抵（质）押/保证的方式确定，符合条件的优质小微企业最高可以获得150万~200万元的信用贷款额度；如信用额度无法满足企业实际用款需求，企业可提供足额有效的抵（质）押或保证，为信用额度外剩余部分贷款额度进行担保。同年，成功办理山西省首笔委托贷款业务，金额85 000万元。

“十三五”时期，建行朔州市分行积极搭建三大合作平台。即引入朔州市中小微企业信用保证基金发展有限公司搭建市级助保贷平台，通过优化原有助保贷模式进一步推动助保贷业务，全年通过该平台发放贷款4 300万元；将朔州市中小企业信用担保中心引入担保机构体系，首次搭建国有背景担保合作平台，全年总计投放该担保类贷款3 840万元；搭建税易贷合作平台。通过税务机关获取对地方经济发展作出贡献的优质纳税企业名单，筛选出符合“税易贷”产品的客户，主动营销拓展，发放9户“税易贷”804万元。2017年，市建行贯彻普惠金融和乡村振兴政策，与市政府共同举办普惠金融推进会，完成省行下达的普惠金融贷款新增1亿元的任务，营销裕农通服务网点49个。全年办理贴现业务8.58亿元，其中，一次性为大同煤矿集团轩岗煤电实业有限公司办理电票贴现业务2.35亿元，为市建行历年来最大一笔贴现业务；为大同煤矿集团朔州热电有限公司办理融资租赁9 000万元，是山西省办理租赁业务的六个行之一。与市政府组织举办“朔州市普惠金融推进会暨建行朔州分行普惠金融行动推介会”，进一步加大普惠金融的推广力度。2019年4月，在全省率先投放2笔“乡村农担贷”110万元。

□ 个人贷款

建行朔州市分行个人贷款业务经过二十多年的发展改革和创新，形成拥有鲜明特色的多样化格局，其中包括住房贷款、消费类贷款、经营类贷款以及建行“快贷”等多种类型的贷款产品。朔州建市之初，大力发展房地产金融业务，成立房地产信贷部和代办点，在山西省率先推出“存三贷七”和“三三制”低息优惠住宅贷款业务，为居民发放贷款1 512万元。其中，“存三贷七”个人购建房低息优惠贷款355万元，缓解城镇住房困难。1998年，建行朔城区支行在全市率先推出全区最大的民营经济马邑商城的按揭贷款业务。2016年，实现信用卡消费交易额23.63亿元，同业排名第一。2017年，与朔州市公积金管理中心签署《公积金缴存客户信息保密协议》。2017年，与市公积金中心合作，成为山西省首家实现市级公积金中心全辖开展公积金“快贷”的分行，“快贷”授信客户累计达9.5万人左右，快贷投放量达4.77亿元。当年，信用卡分期、消费交易额、新增商户均创同业第一。

第三节　中间业务

□　国内业务

建行朔州市分行先后开办信托投资、融资租赁、代理电信公司收费衍生金融工具等中间业务。1992年8月，成立信托投资公司朔州经办处，购买投资债券250万元，融通资金2 000万元，为太原天龙集团总公司发行股票75 000股，价值19万元。2000年以后，全部网点开通城综网，7个行处开展代发工资，在储蓄网点发展代理联通、电信、移动、广电、体育彩票等收付业务，并取得代理保险资格；证券业务系统顺利上线，全行有11个网点上线证券业务系统，共营销各种基金233万元，全年承销国债2 000万元，兑付1 256万元。2003年，证券系统、重客系统、网上银行系统等陆续上线运行；清算直联、银联卡跨行交易等一批项目先后完成升级改造。2009年末，中间业务收入达1 624万元，占当年营业收入的42.3%。2012年，对公账户新增485户，新增同业占比21.71%。其中新增财政代发工资单位户37户，人数12 121人；新增个人客户26 971户，其中AUM值3万元以上中高端客户2 181户；发行资产收益权类理财产品12.25亿元；办理结售汇5 026万美元；办理固定资产项下的承兑汇票3.37亿元，仅此一项，实现中间业务收入660.78万元。2016年末，实现中间业务年收入6 925万元。

□　国际业务

2007年，为山西汇源食品饮料有限责任公司售汇2 000万美元，实现国际业务的零突破。2016年2月，首次成功营销中煤平朔进口国际信用证业务。3月，首次成功营销一单中煤平朔集团国内信用证业务，金额2 468万元，是市建行在该业务领域内的第一笔国内信用证业务。同年，为中煤平朔集团有限公司累计办理30笔进口国际信用证业务，金额达470万美元。2017年，为麻家梁煤矿办理跨境融资性风险参与1 000万美元。

第四节　经营利润

建行朔州市分行利润增长一方面来自净利息收入，另一方面来源于中间业务的高增长。营业收入由1989年的24 161万元增长到2019年的34 475万元，年均增幅1.2%（见表4-7）。

表 4-7　　2011—2019 年中国建设银行朔州市分行历年收入变动情况表　　单位：万元

年份	营业收入	利息收入	中间业务收入
2011	18 686	29 896	2 569
2012	24 980	38 189	3 603
2013	31 079	45 986	3 655
2014	37 551	54 238	4 582
2015	36 513	55 816	4 246
2016	33 151	51 682	4 109
2017	33 168	53 475	3 259
2018	34 254	55 444	3 639
2019	34 475	59 472	3 597

第八章 交通银行

第一节 存款业务

2011年成立以来，交通银行朔州分行一直把存款的营销工作作为业务发展的重点，通过“客户大拜访、账户大营销”活动的有效开展，客户基础稳步壮大，存款业务稳步增长。2011年末，各项存款余额10.79亿元。2016年末，各项存款余额突破30亿元，达32.13亿元。2019年末，各项存款余额增至35.74亿元，8年间增长2.27倍。

表 4-8　　2011—2019 年交通银行朔州分行各项存款统计表　　单位：亿元

项　目	2011 年	2012 年	2013 年	2014 年	2015 年	2016 年	2017 年	2018 年	2019 年
各项存款	10.79	20.91	25.81	25.76	26	32.13	36.46	37.89	35.74
储蓄存款	4.3	6.31	9.10	9.56	12.6	15.14	19.22	21.13	23.52
对公存款	6.49	14.6	16.71	16.20	13.4	16.99	17.24	16.76	12.22
其中：企业存款	—	10.88	5.37	5.12	3.26	4.72	4.58	6.12	6.46
机关团体存款	—	3.72	11.34	11.08	10.14	12.27	12.66	10.64	5.76

第二节 贷款业务

□ 固定资产贷款

2012年，交通银行朔州分行开办固定资产贷款业务。年末，固定资产贷款余额2.48亿元。2013年，发放固定资产贷款1.55亿元，年末，余额4.18亿元。2014年，发放固定资产贷款0.05亿元，年末，余额3.02亿元。2015—2018年未新增固定资产贷款，其中，2015年末，固定资产贷款余额2.28亿元；2016年末，固定资产贷款余额1.19万元；2017年，固定资产存量贷款余额清零。2019年，新增固定资产贷款1.07亿元。

□ 房地产开发贷款

2013年，交通银行朔州分行开始发放房地产开发贷款，年末，房地产开发贷款余额0.77亿元。2014—2019年，无新增房地产开发贷款。

□ 工业贷款

○工业贷款

2013年，交通银行朔州分行开始发放工业贷款。年末，工业贷款余额19.52亿元。2019年末，工业贷款下降至2.88亿元。

○商业贷款

2013年，交通银行朔州分行开始发放商业贷款，年末，商业贷款余额0.19亿元。2019年末，商业贷款余额0.15亿元。

○建筑业贷款

2017年，交通银行朔州分行开始发放建筑业贷款，年末，余额0.23万元。2019年，建筑业贷款余额1.28亿元。

○农业贷款

2015年，交通银行朔州分行开始发放农业贷款1.68亿元，年末，余额1.68亿元。2019年末，农业贷款余额523.99万元。

□ 个人消费贷款

○个人住房贷款

2011年，开展个人住房贷款业务，当年发放个人住房贷款3笔、金额81万元。2012—2019年，累计发放个人住房贷款129笔、金额0.30亿元。

○公积金贷款

2016年，交通银行朔州分行与市住房公积金管理中心达成合作意向，同年10月27日正式签订《朔州市住房公积金金融业务银行代理服务网点合作协议》，开展住房公积金提取、查询、委托贷款发放业务。2017年，发放公积金贷款503笔、金额1亿元。2018年，发放公积金贷款196笔、金额0.52亿元。2019年，发放公积金贷款171笔、金额0.47亿元。

□ 扶贫小额贷款

2018年至2019年，交通银行朔州分行响应国家脱贫攻坚战略，践行金融助推脱贫攻坚责任，逐级分解扶贫任务，层层压实责任，先后为平鲁区和右玉县211户建档立卡贫困户累计发放扶贫小额贷款0.11亿元。其中，2018年，为140户贫困户发放扶贫小额贷款0.07亿元；2019年，为70户贫困户发放扶贫小额贷款0.04亿元。

表 4-9　2011—2019 年交通银行朔州分行各项贷款统计表　单位：亿元

年份	固定资产贷款	房地产开发贷款	流动资金贷款					个人消费贷款		扶贫小额贷款
			工业	商业	建筑业	农业	中小企业	个人住房贷款	公积金贷款	
2011	—	—	—	—	—	—	—	0.0 081	—	—
2012	2.48	—	—	—	—	—	—	0.09	—	—
2013	4.18	0.77	19.52	0.19	—	—	4.18	0.09	—	—
2014	3.02	0.46	12.35	0.16	—	—	3.11	—	—	—
2015	2.28	0.36	7.79	0.17	—	1.68	2.67	0.04	—	—
2016	1.19	0.10	6.88	0.14	—	0	1.31	0.0 037	—	—
2017	0	0	2.40	0.17	0.23	—	1.65	0.05	1.00	—
2018	—	—	10.52	0.16	0.72	0.05	1.86	0.014	0.52	0.07
2019	1.07	—	2.88	0.15	1.28	0.05	1.43	0.013	0.47	0.04

第三节　中间业务及利润

2012年以来，交通银行朔州分行加强中间业务管理、营销和考核，通过对公结算与现金管理、代销基金、代理保险、国债承销等多层次多角度拓展中间业务。中间业务收入从2012年的0.05亿元增加到2019年的0.28亿元，利润从2011年的0.06亿元增加到2019年的0.52亿元。

表 4-10　2011—2019 年交通银行朔州分行中间业务收入及利润统计表

年份	利润 / 亿元	中间业务收入 / 亿元	中间业务收入 / 利润
2011	0.06	0	0.00%
2012	0.29	0.05	17.24%
2013	0.44	0.03	6.82%
2014	0.44	0.09	20.45%
2015	0.34	0.09	26.47%
2016	0.42	0.2	47.62%
2017	0.31	0.15	48.39%
2018	0.3	0.19	63.33%
2019	0.52	0.28	53.85%

第四节　外汇业务

交通银行朔州分行主要开办的外汇业务有外汇存款、外汇贷款、外汇汇款、外币兑换、国际结算、代客外汇买卖等外汇业务，并在外汇局朔州市中心支局进行了备案。实际办理的外汇业务只有对公、对私外汇存款和对公、对私结售汇业务。开户的涉外贸易结算企业有：北京天牧达进出口有限公司、山西诺浩机电工程有限公司、山西三元炭素有限责任公司等公司。主要为山西三元炭素有限责任公司提供炭素出口结算业务，为山西诺浩机电工程有限公司提供设备进口结算业务。

2017年7月，开办第一笔对公结售汇业务，由山西诺浩机电工程有限公司购汇280澳大利亚元货物贸易下预付货款业务。当年，个人结汇折美元24.71万美元，售汇折美元189.91万美元，对公结汇0美元，售汇折美元1 486.76万美元。2018年，个人结汇折美元20.66万美元，售汇折美元210.82万美元，对公结汇232.26万美元，售汇折美元210.82万美元。2019年，个人结汇折美元14.69万美元，售汇折美元119.97万美元，对公结汇309.86万美元，售汇折合32.93万美元。

表 4–11　　2017—2019 年交通银行朔州分行各项外币存款统计表　　单位：1 货币单位

年份	币种	存款性质	存款余额
2017	USD	企业存款	10 001.77
2017	USD	储蓄存款	527 796.9
2017	JPY	储蓄存款	49.00
2017	HKD	储蓄存款	16 873.68
2017	GBP	储蓄存款	14 379.49
2017	EUR	储蓄存款	45 347.41
2017	CAD	储蓄存款	10 991.97
2017	AUD	储蓄存款	30 873.41
2018	USD	企业存款	2 895.57
2018	USD	储蓄存款	393 902.03
2018	JPY	储蓄存款	2 562 390.00
2018	HKD	储蓄存款	709 333.97
2018	GBP	储蓄存款	11 986.22
2018	EUR	储蓄存款	23 793.84
2018	CAD	储蓄存款	7 497.62
2018	AUD	储蓄存款	31 410.66
2019	USD	企业存款	28 909.06
2019	USD	储蓄存款	486 915.97
2019	SGD	储蓄存款	2 062.66
2019	NZD	储蓄存款	32 123.02
2019	JPY	储蓄存款	69 720.00
2019	HKD	储蓄存款	642 838.57
2019	GBP	储蓄存款	28 488.58
2019	EUR	储蓄存款	23 795.28
2019	CAD	储蓄存款	2 248.13
2019	AUD	储蓄存款	52 315.84

第九章

邮政储蓄银行

第一节　存款业务

□　储蓄存款

市邮储银行储蓄存款余额总体在逐年稳步上升，但区域产品间发展不平衡，活期比例占比较大。2014年末，储蓄余额21.09亿元，活期占比为39.42%；2015年末，储蓄余额21.59亿元；2017年末，储蓄余额23.35亿元，活期占比为35.02%；2018年末，储蓄余额82.90亿元，活期占比为32.86%；2019年末，储蓄时点结余24.53亿元，活期占比为32.68%。

□　公司存款

市邮储银行公司存款余额稳定发展，市场占有率也在稳步上升。2014年末，市邮储银行对公存款时点余额3.53亿元，对公存款市场占有率1.04%。2015年末，对公存款时点余额2.67亿元，市场占有率1.27%。2017年，对公存款时点余额7.29亿元，其中振华支行时点余额3.11亿元，列全市第一。2018年，单位存款账户668户，公司存款时点余额5.33亿元。2019年，单位存款账户700户，公司存款时点余额7.18亿元。

第二节　贷款业务

□　零售信贷

2014—2019年，零售信贷实现增长，逐步步入良性发展通道。其中，小额贷款每年发放量整体呈现平稳趋势且逐步开发新产品。消费贷款发放量整体呈增长趋势并在2017年实现突破式上升。个商贷款年发放量在2018年实现亿元突破。小企业贷款发放量在2019年突增且突破亿元。

○小额贷款

2014年，共发放小额贷款1.61亿元，年末结余1.42亿元。2015年，发展小额贷款新产品，其中：发放扶贫贷款141笔，金额701万元；发放再就业小额担保贷款49笔，金额424万元；家庭农场贷款23笔，金额1 001万元；农机购置补贴贷款9笔，金额56万元。年末，小额贷款共放款1.35亿元，年末结余1.41亿元。

2017年，共发放小额贷款1.14亿元，结余1.02亿元。2018年，小额贷款共放款1.48亿元，结余1.47亿元。2014—2018年，小额贷款年发放量都在1亿~1.5亿元浮动，整体发放平稳。

○消费贷款

2014年，共发放消费贷款0.24亿元，结余0.79亿元。2015年，消费贷款共放款0.18亿元，结余金额0.73亿元。

消费信贷实现大规模发展。2017年，消费贷款共放款1.95亿元，结余2.57亿元。2018年，消费贷款共放款1.41亿元，结余3.03亿元。2019年，消费贷款共放款1.13亿元，结余3.18亿元。2014—2019年，消费贷款发放量显著增加，其中2017年增长最迅速，同2014年相比，增长了7倍。

○个商贷款

2014年，发放个商贷款0.62亿元，结余金额1.71亿元。2015年，发放个商贷款金额0.55亿元，结余金额1.42亿元。2017年，发放个商贷款0.84亿元，结余1.69亿元。2018年，发放个商贷款首次突破亿元，发放1.3亿元，较2014年增长一倍，结余1.81亿元。

○小企业贷款

2014年，共发放小企业贷款9户，累计结余0.35亿元。2015年，放款金额0.24亿元，贷款结余0.26亿元。

小企业贷款实现发展。2017年，放款金额0.71亿元，结余0.74亿元。主要集中在小企业中心和应县支行，分别放款4 850万元和1 490万元。资产质量也不断优化，清收效果明显，重点产品的推进成效显著。2018年，小企业贷款共发放0.70亿元，贷款结余1.02亿元。

2019年，发放小企业贷款首次过亿元，共发放1.41亿元，结余1.45亿元，其中小企业普惠型涉农小微企业贷款业务净增1 908万元，小企业产业扶贫贷款业务净增1 000万元。

□　公司业务

2014年至2019年，公司业务在同业间有所突破。其中通过银团贷款成功切入中煤平朔集团，发放银团贷款2亿元，并取得合作银行准入资格。公司贷款发放量在平稳上升，发放对象在增加。票据贴现业务也在稳步拓展，不断开拓新客户。

○银团贷款

2014年，市邮储银行发放银团贷款2亿元。

○公司贷款

2014年，中煤平朔集团授信20亿元流动资金获总行批复，并成功放款10亿元。大唐新能源平鲁风力发电有限公司3.6亿元项目贷款获总行批复并发放贷款1.12亿元。2015年，累计为中煤平朔集团有限公司发放流动资金贷款3亿元，贷款结余13亿元。为大唐新能源平鲁风力有限公司发放项目贷款340万元，贷款结余1.3亿元。

2017年，为中煤平朔第一煤矸石发电有限公司新增贷款投放0.62亿元，为中煤平朔集团有限公司续贷15亿元，公司贷款结余16.72亿元。同时，为大同煤矿集团朔州煤电有限公司成功授信1亿元。2018年，公司贷款结余20.5亿元。2019年，新增投放2.55亿元，公司贷款结余为21.15亿元。

〇票据贴现

2014年，票据贴现累计0.19亿元。2015年，累计贴现0.25亿元，其中小企业客户票据贴现0.22亿元，开拓新客户票据贴现310万元。2017年，为朔州汽运公司办理电子票据贴现200万元。2018年，办理票据贴现200万元。

第三节 中间业务

建行以来，市邮储银行充分发挥自身优势，悉心管理资产，创造财富价值，不断丰富业务品种、拓宽服务渠道、提升服务能力，致力为广大居民和机构客户提供专业化、综合化理财服务。

□ 理财业务

人民币理财业务形成面对个人客户的“邮银财富”和面对机构客户的“邮银财智”两大系列产品线，满足高、中、低不同风险偏好客户的多元投资理财需求。市邮储银行人民币理财产品的数量和规模保持高速增长，2019年末，累计发售人民币理财产品超过50亿元。

〇个人理财

市邮储银行自成立以来，理财业务发展日益壮大，理财产品销售额急速上升并在全省范围内排名靠前。2014年，个人人民币理财累计完成6.8亿元，超额完成任务，全省排名第一。2015年，个人人民币理财累计完成7.41亿元，全省排名第四。2017年，个人人民币理财累计完成6.31亿元。2018年，理财累计完成7.22亿元。

〇机构理财

市邮储银行积极与其他银行机构取得联系，共同促进机构理财产品的销售，并取得良好效果。2014年，与全辖区四家（怀仁、山阴、平鲁、城区）信用联社分支机构达成合作意向，销售机构理财产品2.62亿元。2015年，累计销售机构理财产品29.2亿元。其中，销售开放式理财产品（日日升、月月升、鑫鑫向荣）21.6亿元。2018年，销售机构理财1.85亿元。

□ 代理业务

〇代理保险业务

市邮储银行个人理财发展迅速，但基金、保险相对滞后。为进一步满足客户保险需求，在传统寿险、分红险、万能险等投资型产品的基础上，引入教育金、养老金、健康险、意外险、财产险等风险保障型和长期储蓄型产品，形成涵盖客户养老、教育、疾病、理财等多方面金融需求的产品体系。2014—2019年10月末，市邮储银行代理的保险业务分别实现有效销售额563万元、759万元、1 245万元、4 028万元、4 023万元、1 097万元。

○代销基金业务

2014年至2019年10月末，代销基金业务分别实现有效销售额1 168万元、1 265万元、215万元、1 011万元、2 949万元、3 223万元。

□ 电子银行

推广电子银行的发展，渗透率快速增加，从2014年的24.95%增至2019年的87.34%，增长2.5倍。

2014年末，市邮储银行电子银行渗透率为24.95%，排名全省第一，交易替代率68.86%。新增个人网银客户激活率85.95%，累计客户激活率达到68.37%。

2015年末，累计完成个人网银注册客户7 732户，累计完成手机银行注册客户10 021户。渗透率为27.62%，全省排名第二。交易替代率为79.04%，全省排名第四。

2017年末，累计完成手机银行激活客户数14 384户，交易替代率为92.1%。电子银行客户渗透率为70.81%，全省排名第一。手机银行客户渗透率47.23%，全省排名第四。

2018年末，累计完成手机银行激活24 367户，累计完成手机银行注册22 173户，完成计划的83.04%；交易替代率94.54%，比全省均值高0.46个百分点，全省排名第五；离柜率73.68%，比全省均值高5.22个百分点，全省排名第一。

2019年末，全年累计发展邮储食堂会员3 518户，全省排名第一。全年累计完成手机银行新增激活15 110户，电子银行客户渗透率为87.34%，全省排名第一。电子银行交易替代率为96.13%，全省排名第四。

□ 信用卡业务

2015年末，累计发卡5 702张，累计结存卡量10 107张；累计卡片激活率71.05%。

信用卡发放于2017年实现历史性突破。年末，累计发卡12 420张，全省排名第一。累计结存卡量23 961张，累计卡片激活率71.41%。2018年，信用卡新增发卡13 013张。2019年，全行发卡19 520张。新增客户9 678户。激活首刷率35.15%。

第四节　外汇业务

2009年4月开办外汇业务，并在国家外汇管理局朔州市中心支局进行备案。开办业务范围包含个人国际汇款、个人结售汇、个人外币兑换、个人海外开户见证业务和个人本外币理财等业务。网点数量2个。

实际办理仅有个人结售汇业务。2009年结汇0.99万美元；2010年结汇3.76万美元；2011年结汇43.13万美元、售汇39.6万美元；2012年结汇2.43万美元、售汇2.84万美元；2013年结汇5.24万美元、售汇1.72万美元；2014年结汇3.93万美元、售汇1.44万美元；2015年结售汇金额0；2016年结汇3.26万美元；2017年结汇2.52万美元；2018年结汇24.9万美元；2019年结汇17.63万美元。

第五节　经营利润

建行以来，市邮储银行经营管理水平不断提升，收入利润逐年递增。2008年，市分行实现利润295.14万元；2009年，实现利润511.37万元；2010年，实现利润1 016.72万元；2012年，实现利润2 759.91万元；2013年，实现利润负1 030.1万元。

2014年是朔州市分行运营最为困难的一年，2014年，实现利润负1 143.81万元。但在省分行的帮助下，在市分行全体干部员工的努力下企业运营呈现逐步趋好的势头。2015年，利润负938万元，2017年，实现净利润506万元，2018年，实现利润1 358万元，2019年，实现利润3 050万元，较建行初期利润增长9倍。

第十章

股份制商业银行

第一节　招商银行

□　存款业务

招商银行朔州分行于2012年成立。当年，各项存款余额即达80 330万元，并呈现稳步上升态势。2016—2018年，对公储蓄有所减少，整体储蓄呈下行状态。2019年末，该行各项存款余额为194 444万元，达到建行初期的2倍，年均增长率达13%，其中对公存款占其存款总量的68%。存款明细见表4–12。

表 4–12　　2012—2019 年招商银行朔州分行存款余额明细表　　单位：万元

年份	各项存款余额	其中	
		对公存款	储蓄存款
2012	80 330	59 077	21 253
2013	101 107	69 611	31 496
2014	104 132	72 885	31 247
2015	156 939	116 304	40 635
2016	91 484	43 868	47 617
2017	93 974	48 039	45 935
2018	87 011	28 584	58 427
2019	194 444	132 578	61 866

□　贷款业务

招商银行朔州分行自建行以来，其贷款存量基本保持在8亿元以上，并在2013年、2014年连续突破10亿元。2019年末，该行投放贷款余额85 747万元，较建行当年增加2 744万元，年均增长率达4%。贷款明细见表4–13。

表 4-13　2012—2019 年招商银行朔州分行贷款余额明细表　单位：万元

年份	各项贷款余额	其中		
		对公贷款	个人贷款	票据融资
2012	83 003	73 505	9 498	0
2013	106 283	81 695	24 270	318
2014	103 627	81 102	18 737	3 788
2015	97 683	82 557	15 086	40
2016	53 728	42 542	10 206	980
2017	54 847	46 050	8 607	190
2018	80 281	72 490	7 231	560
2019	85 747	81 870	3 228	649

□ 表外业务

2012年至2014年，招商银行朔州分行表外业务中担保类业务逐年递增，并于2014年达到建行后最高数额96 168万元。2019年末，该行担保类业务余额81 136万元，年均增长率达70%。表外明细见表4-14。

表 4-14　2012—2019 年招商银行朔州分行表外业务明细表　单位：万元

年份	担保类业务	代理代销	委托贷款	托管业务
2012	20 000	—	—	—
2013	66 418	—	—	—
2014	96 168	—	—	—
2015	78 690	—	—	—
2016	46 061	28 103	10 000	128 754
2017	29 791	268 903	0	180 362
2018	28 690	268 195	0	0
2019	81 136	892 942	0	500 000

□ 外汇业务

招商银行朔州分行于2012年4月29日开办外汇业务，主要办理个人结售汇和外汇储蓄。截至2019年末，该行累计办理个人结汇744 643美元、个人售汇15 335 354美元。

□ 经营利润

招商银行朔州分行自建行以来，除开业当年利润为负以外，其余年度均实现盈利。截至2019年末，该行累计实现营业收入32 277万元，中间业务收入1 943万元，经营利润累计营收1 953万元。利润明细见表4-15。

表 4-15　　2012—2019 年招商银行朔州分行业务收入及利润表　　单位：万元

年份	营业收入	中间业务收入	利润
2012	3 109	170	-465
2013	5 534	276	1 801
2014	6 390	273	2 536
2015	4 735	176	1 090
2016	3 219	143	1 140
2017	3 007	150	1 553
2018	2 732	247	489
2019	3 551	508	1 953
合计	32 277	1 943	1 953

第二节　浦发银行

□　存款业务

浦发银行朔州分行于2012年成立后，各项存款业务整体呈上升趋势。2015年，受对公存款震荡下行，存款业务连续两年呈现负增长。2019年末，各类存款余额为351 236万元，较建行当年增加341 549万元，年均增长率达67%。其中，在2018年，对公存款和储蓄存款均首次突破10亿元大关。存款明细见表4-16。

表 4-16　　2012—2019 年浦发银行朔州分行存款余额明细表　　单位：万元

年份	各项存款余额	其中	
		对公存款	储蓄存款
2012	9 687	8 637	1 050
2013	101 803	93 773	8 030
2014	112 993	96 053	16 940
2015	84 576	67 764	16 812
2016	81 404	68 614	12 790
2017	115 578	64 817	50 761
2018	283 670	171 110	112 560
2019	351 236	197 020	154 216

□　贷款业务

浦发银行朔州分行成立当年，未办理贷款业务。首笔贷款于2013年投放，累计贷款投放于当年即突破10亿元，其中对公贷款占其总体贷款金额的95%。2019年末，浦发银行朔州分行各项贷款余额为266 984万元，较2013年贷款投放累计新增105 681万元，年均贷款增长率达8%。详细贷款明细见表4-17。

表 4-17　　2013—2019 年浦发银行朔州分行贷款余额明细表　　单位：万元

年份	各项贷款余额	其中	
		对公贷款	个人贷款
2013	161 303	155 650	5 653
2014	207 249	199 191	8 058
2015	165 930	158 489	7 441
2016	134 592	131 325	3 267
2017	135 154	132 183	2 971
2018	156 423	154 592	1 831
2019	266 984	258 000	8 984

□ 经营利润

浦发银行朔州分行成立初期，暂无放款权限，导致经营利润为负。2013年后，随着贷款投放增加，于2014年实现扭亏为盈，当年末利润达8 847万元。2016年、2017年，因业务结构调整，经营再度出现亏损。截至2019年末，累计实现各类中间业务收入4 638万元，经营利润累计收入11 527万元。利润明细见表4-18。

表 4-18　　2013—2019 年浦发银行朔州分行中间业务收入及利润表　　单位：万元

年份	中间业务收入	利润
2013	138	-690
2014	686	8 847
2015	585	8 314
2016	795	-8 335
2017	635	-1 780
2018	863	1 498
2019	936	3 673
合计	4 638	11 527

第三节　华夏银行

□ 存款业务

2019年末，华夏银行朔州分行吸收各类存款余额138 842万元，较2016年建行当年累计新增112 052万元，年均存款增长率达73%。是年，对公存款首次突破10亿元大关。存款明细见表4-19。

表 4-19　　2016—2019 年华夏银行朔州分行存款余额明细表　　单位：万元

年份	各项存款余额	其中	
		对公存款	储蓄存款
2016	26 790	12 046	14 744
2017	50 246	39 234	11 012
2018	84 535	52 402	32 134
2019	138 842	111 148	17 694

□ 贷款业务

2019年末，华夏银行朔州分行各类贷款存量92 092万元，较2016年开业当年累计新增91 364万元，增长超百倍。其中：贷款授信业务累计办理6笔，金额1 750 000万元，首笔授信150 000万元投放同煤集团朔州公司；撮合融资租赁业务累计发放4笔，金额105 000万元，首笔投放山西漳电王坪发电公司30 000万元；流动资金贷款业务累计发放2笔，金额10 093万元；绿色贷款业务发放1笔，金额2 000万元。详细贷款明细见表4-20。

表 4-20　　2016—2019 年华夏银行朔州分行贷款余额明细表　　单位：万元

年份	各项贷款余额	其中	
		公司贷款	个人贷款
2016	728	693	35
2017	21 232	20 625	607
2018	23 151	21 900	1 251
2019	92 092	90 762	1 330

□ 经营利润

华夏银行朔州分行自开业以来，各项经济效益综合指标不断优化。截至2019年末，累计实现各类中间业务收入599.16万元，经营利润累计营收2 830.04万元。利润明细见表4-21。

表 4-21　　2016—2019 年华夏银行朔州分行中间业务收入及利润表　　单位：万元

年份	中间业务收入	利润
2016	18	166
2017	90	254
2018	105	1 222
2019	386.16	1 188.04
合计	599.16	2 830.04

说明：2016 年和 2017 年统计口径为拨备后利润，其余年份为拨备前利润。

第十一章

城市商业银行

第一节　大同银行

□　存款业务

大同银行朔州分行自成立以来，各项存款业务稳步提升。2019年末，大同银行朔州分行各类存款余额达212 803万元，较建行当年5 676万元增加207 127万元，是当年存款余量的38倍。存款余额在2017年首次突破10亿元大关。存款明细见表4-22。

表 4-22　　2011—2019 年大同银行朔州分行存款余额明细表　　单位：万元

年份	各项存款余额	其中	
		对公存款	储蓄存款
2011	5 676	233	5 443
2012	40 205	29 109	11 096
2013	53 030	22 194	30 836
2014	41 354	6 376	34 978
2015	74 410	19 667	54 749
2016	87 462	18 152	69 310
2017	139 725	61 500	78 225
2018	190 211	88 434	101 777
2019	212 803	104 461	108 342

□　贷款业务

大同银行朔州分行自成立以来，积极向社会投放信贷资金，主动服务地方经济发展。2019年末，贷款投放余额为35 860万元，较建行之初增加32 801万元，年均增长率达36%。其中：扶贫小额贷款存量174笔、870万元；“薪酬贷”存量50笔、247万元；汽车消费贷款存量17笔、189.37万元；存单质押贷款存量6笔、414万元；商品房抵押贷款存量23笔、3 014.5万元；固定资产贷款12 040万元；流动资金贷款19 159万元。贷款明细见表4-23。

表 4-23　　2011—2019 年大同银行朔州分行贷款余额明细表　　单位：万元

年份	各项贷款余额	其中	
		对公贷款余额	个人贷款余额
2011	3 059	1 835	1 224
2012	5 129	4 367	762
2013	10 662	9 157	1 505
2014	20 884	19 097	1 787
2015	20 922	19 011	1 911
2016	25 869	20 169	5 700
2017	9 061	3 650	5 411
2018	28 605	23 810	4 795
2019	35 860	31 190	4 670

□　中间业务

○理财业务

2018年7月，大同银行朔州分行首次推出“同赢”“大盈”系列理财产品。截至2019年末，累计销售理财产品7 795.5万元，并全部兑付产品收益。

○银行卡业务

2019年末，大同银行朔州分行银行卡存量29 518张、余额1.82亿元；拥有代发工资户存量61户，其中事业单位代发工资户27户；全行发展特约商户51户，全年新增特约商户收入6 010.19元，发放POS机具251台，全年实现POS机消费7 377.13万元。

○电子银行业务

2019年末，大同银行朔州分行个人网银签约客户6 695户，企业网银签约客户153户；全行手机银行签约用户2 058户，2019年全年交易6 705笔，交易金额1 205.42万元；微信绑卡4 934户。2019年全年电子银行交易347 791笔，交易金额124 039.34万元。

□　经营利润

大同银行朔州分行成立至今，因业务规模较小，整体呈现波动亏损状态。截至2019年末，该行累计实现营业收入12 038.17万元，营业支出16 956.88万元，经营利润累计亏损5 291.53万元。利润明细见表4-24。

表 4-24　　2011—2019 年大同银行朔州分行业务收入及利润表　　单位：万元

年份	营业收入	营业支出	利润	手续费及佣金收入
2011	27.84	374.53	-346.69	0.51
2012	313.27	672.63	-359.36	3.8
2013	964.45	1 160.96	-196.51	6.10

续表

年份	营业收入	营业支出	利润	手续费及佣金收入
2014	1 121.75	1 241.1	−119.35	56.91
2015	1 490.31	557.74	557.73	19.16
2016	428.43	2 070.83	−1 642.4	10.57
2017	−338.66	3 075.73	−3 414.39	13.61
2018	306.1	4 199.59	−3 893.49	17.93
2019	7 724.68	3 603.77	4 122.93	21.32
合计	12 038.17	16 956.88	−5 291.53	149.91

第二节　晋商银行

□　存款业务

晋商银行朔州分行于2012年成立后，各项存款业务快速增长。2019年末，吸收各类存款余额592 709万元，较建行当年累计新增469 728万元，年均存款增长率达25%。存款明细见表4–25。

表 4–25　　2012—2019 年晋商银行朔州分行存款余额明细表　　单位：万元

年份	各项存款余额	其中	
		对公存款	储蓄存款
2012	122 981	93 023	29 958
2013	190 466	119 279	71 187
2014	176 330	97 120	79 210
2015	226 857	145 544	81 313
2016	318 659	198 201	120 458
2017	301 965	132 483	169 482
2018	507 331	234 069	273 262
2019	592 709	200 021	392 688

□　贷款业务

晋商银行朔州分行信贷资金主要投向辖区传统产业转型升级。截至2019年末，各项贷款在投金额共135 155万元，较建行之初的94 429万元增长40 726万元，年均增长率为5%。各年贷款余额明细见表4–26。

表 4-26　　2012—2019 年晋商银行朔州分行贷款余额明细表　　单位：万元

年份	各项贷款余额	其中	
		对公贷款	个人贷款
2012	94 429	89 033	5 396
2013	141 944	136 218	5 726
2014	162 745	146 702	16 043
2015	115 706	98 829	16 877
2016	135 153	112 793	22 360
2017	122 902	95 586	27 316
2018	121 544	95 018	23 002
2019	135 155	101 763	23 338

□　理财业务

2012年，晋商银行朔州分行开始办理理财产品销售业务。截至2019年末，个人理财产品累计销售49.8亿元，较该业务办理首年的2.93亿元增加46.87亿元，年均增长率达50%。当年，理财产品保有量达20亿元，其中净值型理财7.11亿元，占35.56%。

□　经营利润

晋商银行朔州分行成立当年，即实现盈利1 568.32万元，此后各项经营指标持续向好。截至2019年末，累计实现营业收入121 196.47万元，中间业务收入10 190万元，经营利润累计营收17 812.32万元。各年业务收入及利润明细见表4-27。

表 4-27　　2012—2019 年晋商银行朔州分行业务收入及利润表　　单位：万元

年份	营业收入	中间业务收入	利润
2012	3 550.47	750	1 568.32
2013	21 143	1 110	2 459
2014	21 049	880	3 760
2015	41 023	1 050	1 608
2016	8 845	1 800	2 705
2017	9 125	1 980	1 411
2018	8 409	1 130	2 529
2019	8 052	1 490	1 772
合计	121 196.47	10 190	17 812.32

第三节 晋城银行

□ 存款业务

晋城银行朔州分行自成立以来，始终坚持“存款”立行，营业当年存款即突破20 000万元。2019年末，该行中标朔州市财政社保基金定期存款2.5亿元，年末存款余额达203 930万元，较建行初期的23 759万元存款增加180 171万元，年均存款增长率达54%。各年存款余额明细见表4–28。

表 4–28　　2014—2019 年晋城银行朔州分行存款余额明细表　　单位：万元

年份	各项存款余额	其中	
		对公存款	储蓄存款
2014	23 759	6 756	17 003
2015	30 002	13 687	16 315
2016	31 842	9 897	21 945
2017	67 466	14 878	52 588
2018	112 429	26 417	86 012
2019	203 930	64 983	138 947

□ 贷款业务

晋城银行朔州分行重点推行小微贷业务，建行首年即投放各类贷款24 354万元，其中小微贷款12 400万元。此后，该行创新运用投资银行模式，先后设立微义贷、税金贷等信用贷款，优化信贷流程，开展线上信贷模式。2019年末，全行贷款余额达30 770万元，其中企业贷款余额为26 323万元，个人贷款4 447万元。建行以来，累计投放贷款180 000万元，支持3 000多家小微企业发展，有效助力朔州地方经济发展。各年贷款余额明细见表4–29。

表 4–29　　2014—2019 年晋城银行朔州分行贷款余额明细表　　单位：万元

年份	各项贷款余额	其中	
		对公贷款	个人贷款
2014	24 354	6 757	17 597
2015	49 090	31 273	17 817
2016	467 823	444 951	22 872
2017	28 005	6 481	21 524
2018	36 081	28 725	7 356
2019	30 770	26 323	4 447

□ 经营利润

晋城银行朔州分行开业至今，累计实现营业收入21 575.10万元，中间业务收入396.28万元，经营利润累计亏损1 316.68万元。各年业务收入及利润明细见表4–30。

表 4–30 2014—2019 年晋城银行朔州分行业务收入及利润表 单位：万元

年份	营业收入	中间业务收入	利润
2014	983.17	88.91	–1 745.06
2015	3 889.61	42.95	–512.76
2016	4 364.46	49.69	1 717.57
2017	3 493.12	37.5	1 625.45
2018	1 823.05	103.1	–3 186.58
2019	7 021.69	74.13	784.7
合 计	21 575.1	396.28	–1 316.68

| 第十二章 |

法人银行业机构业务

第一节　朔州农商行

□　存款

1954年1月，雁北专区财政经济委员会出台《雁北农村信用合作社（部）暂行制度》，规定信用社的存款业务分为定期、活期、储蓄等。次年起信用社开始快速发展，遍布所有乡镇，数量达到51个，存款余额9.2万元。

经过数十年的平稳发展，到了20世纪70年代末，朔县农信社存款余额518.41万元，转存农行存款余额396.92万元。1980年末，各项存款余额729.17万元。其中，农民储蓄存款余额412.94万元。1984年末，全区农信社存款余额2 759.53万元，转存农行存款余额1 871.39万元。1988年9月10日，信用社开始贯彻执行国家对三年期以上定期储蓄实行保值的政策。1989—1995年，农信社各项存款余额逐年递增，至1995年，各项存款余额达16 361.10万元，其中单位存款1 421.77万元，个人存款14 939.33万元（见表4–31）。

表 4–31　　1975—2019 年朔州农商行（信用社）各项存款发展情况表　　单位：万元

年份	各项存款	其中			转存银行款
		单位存款	个人存款	其他存款	
1975	279.07	168.83	64.93	45.31	266.92
1980	792.17	329.75	412.94	49.48	614.37
1985	2 708.37	486.75	2 221.62	0.00	1 531.24
1990	5 971.90	680.45	5 291.45	0.00	1 899.00
1995	16 361.10	1 421.77	14 939.33	0.00	5 439.58
2000	52 575.97	4 358.37	48 217.60	0.00	10 776.43
2005	118 574.20	30 885.26	87 688.94	0.00	44 336.66
2010	481 151.10	245 804.28	235 346.82	0.00	303 009.19
2015	809 966.5	261 986.18	547 980.32	0.00	—
2019	1 936 803.63	572 987.86	1 363 799.27	16.5	—

行、社于1996年“脱钩”后，农信社各项业务平稳过渡。到1998年各项存款余额突破3亿元，达35 729.83万元。进入21世纪，农信社各项存款稳步增长。2007年4月末，各项存款在全市信合系统率先突破20亿元。2008—2017年，农信社各项存款稳步增长，存款余额从36.6亿元逐年攀升至95.5亿元，年均增长10.07%。

2018年，农信社改制为农商行，当年末各项存款余额为175.65亿元。至2019年，全行各项存款余额达193.68亿元。

□　贷款

经过60多年的发展，贷款业务发生了翻天覆地的变化，贷款品种从最初的信用贷款发展到农户小额信用贷款、房产抵押贷款、商户信用贷款、存单质押贷款等多种信贷产品，信贷产品由单一化向多元化发展。

农信社贷款最初规模很小，集中投向生产队设备和农户。1974年，全县农信社贷款余额仅83.99万元，其中农户贷款28.5万元，农业集体贷款53.47万元，乡镇企业贷款仅2.02万元。1979年，朔县农信社贷款余额237.04万元，其中，乡镇企业贷款4.11万元。

农业银行于1980年在全国分行行长会议上提出了“重点支持社队企业发展商品经济的要求”，全省信用社开始集中大量资金支持乡镇企业发展，当年发放乡镇企业贷款14.91万元（见表4–32）。除继续支持集体单位外，信贷工作的重点开始逐步向支持承包户转移。到1983年末，朔县农信社贷款增至497.06万元，其中对家庭户的贷款增至204.22万元。经过数十年的发展，至1998年各项贷款余额达22 622.7万元，其中农户贷款7 312.65万元，农业集体贷款969.42万元，乡镇企业贷款14 340.63万元。

表 4–32　　1975—2019 年朔州农商行（信用社）各项贷款发展情况表　　单位：万元

年份	各项贷款	其中			累计投放	累计收回
		农户贷款	农业集体贷款	乡镇企业贷款		
1975	105.67	24.71	79.91	1.05	152.80	131.13
1980	292.43	23.01	254.51	14.91	411.72	356.33
1985	1 312.06	739.79	235.38	336.89	1 118.19	852.66
1990	3 546.21	1 433.04	237.66	1 875.51	2 990.05	2 530.52
1995	11 487.42	4 298.08	934.31	6 255.03	10 587.03	8 695.13
2000	33 655.61	11 930.87	1 168.73	20 556.01	28 145.45	21 858.97
2005	70 340.61	44 980.41	1 291.09	24 069.11	122 029.1	115 423.54
2010	253 258.06	161 931.78	1 304.18	90 022.10	221 557.9	177 156.09
2015	577 552.97	180 311.78	—	—	—	—
2019	1 377 876.07	502 595	—	—	—	—

进入21世纪，朔城区农信社贷款业务进入快速发展时期，贷款余额逐年攀升，到2009年末，朔城区农信社贷款余额20.89亿元。2011年，各项贷款余额突破30亿元大关，达322 989.85万元。2012年起各项贷款余额稳步增长，至2018年末各项贷款余额达767 346.97万元。

2019年末，朔州农商行各项贷款余额137.79亿元，全行账面不良贷款余额3.74亿元，不良贷款占比2.71%。

□ 中间业务

自开办中间业务至2009年末，全区信用社累计代收保费55万元，为15 725万元贷款提供了保障，此外，还对金融服务收费标准进行重新明确，共增收入4.4万元。

信合通卡2011年共计完成31 738张，余额25 257万元。此外，为提高客户对信用卡的使用量，为居然之家、汽贸公司、农机公司等信用企业发放POS机13台。次年10月底，朔城区信用联社共发放“福农卡”54 058张，较上年新增49 992张。

晋享E付于2019年完成有效活跃商户720户，新增14 760户晋享生活绑卡。晋享生活自拓缴费业务交易量完成10.71万笔。新增优质银行卡用户2.23万户。实现中间业务手续费收入111.4万元。

□ 资产经营

1999年末，朔城区联社开展清产核资工作，资产总额6.37亿元，负债总额6.63亿元，资本金总额893.14万元，资本抵债339万元。

朔城区信用联社于2001年通过采取内抓管理、外塑形象、规范经营等一系列有效措施，积极发展各项业务，全面开展增收节支，超额完成年度减亏增盈目标。年末，全区信用社实现营业收入2 434万元，其中贷款利息收入1 904万元，贷款收息率达5.02%。营业支出2 837万元，其中手续费支出323万元，营业费用支出797万元。全区同比减亏443万元，减亏幅度达50.5%，超计划20.5%。有10个社实现了盈余，盈余面达52.6%，超计划22.6%。2008年，朔城区信用联社全辖资产总额突破40亿元大关，达48.17亿元，负债总额为47.28亿元，全辖所有者权益为0.88亿元，其中股本金为0.39亿元，资本公积为0.06亿元，盈余公积为0.03亿元，一般准备为0.40亿元，净利润达811万元。此外，五级形态不良贷款余额2.80亿元，占比13.42%，资本充足率6.59%，贷款损失准备充足率134.64%。

朔州农商行2019年总资产规模达244.18亿元，负债总额227.80亿元，实现各项收入11.67亿元，获得经营利润3.75亿元。所有者权益16.38亿元，资本充足率13.35%，贷款损失准备充足率434.53%，账面不良贷款余额3.74亿元，不良贷款占比2.71%。

□ 风险资产管理

全市农信系统于2004年开展集中清收小额不良贷款活动，当年逾期贷款余额3 392.6万元，呆滞贷款余额19 236.2万元，呆账贷款余额1 243.3万元。此后不良贷款“双降”工作一直有序进行，截至2012年11月底，全区农村信用社账面不良贷款7 105万元，不良贷款占比5.51%。累计清理国家公职人员拖欠贷款本金383.7万元，利息52.95万元。未清理的33户国家公职人员贷款64.39万元。

朔州农商行于2019年实行三级联动、全员认领的清收机制，将党支部作为清非战斗堡垒，全行21个党支部每月月初利用十天时间开展集中清收，党员包收各类不良贷款累计清收167笔，金额5 093.29万元，维护诉讼时效146笔，金额2 933.57万元。

第二节　山阴农商行

□ 存款

山阴县从1952年试办信用社，存款业务随之开展。该阶段国民经济仍处于恢复期，信用社机构没有普及，因此存款增长比较缓慢，到1957年末，山阴农信社存款余额275万元。1958—1976年，“大跃进”“文化大革命”等先后发生，信用社的发展受到严重冲击，存款业务发展也受到制约。1977年末，山阴农信社存款余额435万元。中共十一届三中全会后，农村经济得到迅速发展，信用社各项业务也随之得到长足发展，存款余额平稳增长，到1985年末存款余额增至1 749万元，年均增加151.75万元。其中，单位存款余额158万元。1985—1996年，山阴联社存款业务平稳发展。1996年，行、社“脱钩”，年末存款余额18 320万元。此后山阴联社存款余额快速增长，到2005年末存款余额突破10亿元，达104 796万元，平均每年增加9 608.44万元（见表4-33）。

表 4-33　　1980—2019 年山阴农商行（信用社）各项存款发展情况表　　单位：万元

年份	各项存款	其中			转存银行款
		单位存款	个人存款	其他存款	
1980	785.00	311.00	474.00	0.00	520.00
1985	1 749.00	158.00	1 591.00	0.00	523.00
1990	5 939.00	440.00	5 499.00	0.00	938.00
1995	16 095.00	441.00	15 654.00	0.00	4 629.00
2000	29 531.00	2 016.00	27 515.00	0.00	8 830.00
2005	104 796.00	16 637.00	87 837.00	322.00	66 857.00
2010	398 986.00	109 254.00	289 720.00	12.00	215 329.00
2015	519 743.1	102 311.54	417 431.55	0	—
2019	624 711.15	110 666.86	514 044.29	0	—

信用社于2007年进行改制，更名为山阴县农村信用合作联社，当年存款余额突破20亿元大关，达212 603万元。此后山阴联社进入高速发展时期，先后于2009年、2011年、2012年突破30亿元、40亿元、50亿元大关，2012年末存款余额514 252万元。2015年，信用联社进行股改，更名为山阴县农村商业银行，当年存款余额51.97亿元。2019年末，存款余额62.47亿元，全年净增4.33亿元，增幅7.45%。

□ 贷款

“一五”期间共发放农村贷款101.8万元，有效地支持了农业生产的持续发展。为服务“大跃进”生产，1958年，山阴农信社掀起了大查、大送和再查、再送的贷款高潮，投放了大量的无效益贷款。1962年通过控制投放收到明显成效。此后三年山阴农信社全力支援贫下中农的生产、生活，为集体经济提供支持，同时对1961年前放出且尚未收回的农业贷款进行了清理和豁免。

20世纪80年代以后，山阴农信社贷款业务发展开始稳步提升，支持粮棉油生产、蔬菜林果业发展、养殖业发展、五小企业发展。截至1983年，贷款余额531.48万元，其中农户贷款余额216.54万元，占比40.74%。1984年末，贷款余额1 376.95万元，为农村商品经济的发展和农业现代化作出了积极贡献。经过八年的充分发展，贷款余额达6 809.61万元，其中农户贷款余额2 407.52万元，农业集体贷款余额659.75万元，乡镇企业贷款余额3 742.34万元。

2000年后，山阴联社推广了农户小额贷款、创建信用工程，支持县域经济建设，推广三千三百惠农工程和支农惠民行动计划。截至2012年6月底，为后所、张庄、马营庄三个乡镇21个农村合作社的300多户农民发放贷款4 882.5万元，建起蔬菜大棚3 330座。截至9月底，山阴联社共扶持全县龙头企业10个，累计发放贷款8 848.6万元；支持全县小微企业46个，累计发放贷款22 412万元。年末贷款余额33.27亿元，其中，农业贷款余额26.52亿元，小额信用贷款余额8 346万元，转贴现面值6.75亿元。自2013年起，各项贷款相继突破30亿元、40亿元大关，2015年余额37.81亿元。之后有小幅回落，2019年末，贷款余额46.82亿元，全年净增3.86亿元，增幅8.98%（见表4–34）。

表 4–34　　1980—2019 年山阴农商行（信用社）各项贷款发展情况表　　单位：万元

年份	各项贷款	其中			累计投放	累计收回
		农户贷款	农业集体贷款	乡镇企业贷款		
1980	301.36	22.86	263.13	15.37	413.59	353.47
1985	1 315.31	850.03	287.70	180.58	967.53	1 029.17
1990	4 409.69	1 741.84	158.97	2 508.88	5 580.62	4 180.65
1995	11 809.56	5 818.83	0.00	5 990.73	12 441.08	10 341.14
2000	18 659.59	9 621.59	1 825.32	7 212.68	21 227.89	18 857.31
2005	63 374.77	51 157.11	361.17	11 856.49	97 090.79	84 550.47
2010	226 502.28	193 902.54	439.17	14 676.67	180 779.15	142 369.15
2015	378 057.06	211 101.81	—	—	—	—
2019	468 177.11	165 262.97	—	—	—	—

□ 中间业务

○“信合通”

信合通（借记）卡于2010年8月5日正式上线，21日由全省农信社营业网点面向社会正式发行。2011—2015年，“信合通”发卡量由1万张发展至1.6万张，其中贷记卡的发卡量也逐年递增，由2 000张增至6 000张。

○福农卡

福农卡于2011年10月正式发行。截至2012年12月底，发行福农卡59 552张。

□ 经营效益

自1999年山阴联社按照人行天津分行安排，进行改革整顿规范后，山阴农商行各项收入稳步发展，且逐年提高。截至2018年末，各项收入余额43 020万元。经营利润也扭亏为盈，于2018年末达到21 805.62万元。

2019年末，资产总额80.52亿元，全年净增5.59亿元；负债总额71.93亿元，全年净增5.78亿元；所有者权益余额8.59亿元，全年减少0.19亿元。全年实现各项收入4.33亿元，经营利润1.65亿元（见表4–35）。

表 4–35　　2000—2019 年山阴农商行（信用社）业务情况表　　单位：万元

年份	各项收入	经营利润	中间业务收入
2000	1 187.26	–768.09	0.31
2001	1 494.74	–318.2	0.3
2002	1 890.49	157.57	0.77
2003	2 463.53	436.54	1.15
2004	3 852.61	1 366.99	5.98
2005	5 821.72	2 080.79	7.03
2006	8 519.71	2 571.82	8.07
2007	14 432.53	7 147.95	39.01
2008	18 761.76	7 488.84	17.81
2009	19 005.94	6 478.89	0
2010	21 727.61	7 948.93	26.15
2011	24 681.8	9 358.17	47.4
2012	30 268.04	11 199.96	104.1
2013	33 274.22	11 702.38	146.06
2014	31 162.2	9 505.2	104.93
2015	38 206.9	14 625.37	170.1
2016	49 590.89	16 849.94	222.67
2017	45 390.36	17 611.18	401.98
2018	43 020	21 805.62	386.06
2019	43 315.9	16 480.6	274.75

第三节　怀仁农商行

□　存款

存款主要是吸收公众存款，包括活期和定期存款，以及七天通知存款。2018年末，各项存款余额70亿元；次年在此基础上大幅增长，2019年末，各项存款余额达80.06亿元。

□　贷款

贷款分为短期、中期和长期贷款，主要以投放涉农贷款、普惠小微企业贷款和民营贷款为主。2018年末，各项贷款余额42.25亿元；2019年各项贷款余额50.96亿元。

□ 经营效益

资产总额于2018年末达84.33亿元，全年净增18.3亿元；负债总额76.94亿元，全年净增12.87亿元；所有者权益余额7.39亿元，全年实现各项收入4.57亿元，经营利润2.07亿元。2019年末，资产总额96.55亿元，负债总额88.7亿元，所有者权益余额7.85亿元。全年实现各项收入4.72亿元，经营利润2.17亿元。

第四节　右玉农商行

□ 存款

右玉农商行自2008年改制，各项存款余额逐年攀升。先后于2010年、2013年和2018年分别突破10亿元、20亿元、30亿元大关，截至2019年末，右玉农商行各项存款余额达339 001.99万元（见表4–36）。

□ 贷款

经过30多年的发展，右玉农商行各项贷款余额随着业务的拓展与更新逐年递增，分别于2013年和2015年突破10亿元和20亿元大关。虽在2016年稍有回落，但后期迅速做出业务调整。2019年末，各项贷款239 318万元，其中，涉农贷款218 261万元，小微企业贷款110 854万元，新增可贷资金54 276万元，其中新增当地贷款23 117万元。金融精准扶贫贷款余额41 721.64万元，带动建档立卡贫困人口1 901人，其中发放建档立卡贫困人口及已脱贫人口贷款笔数1 214笔、金额5 376.03万元，发放个人及产业精准扶贫贷款31笔，金额18 358.9万元。

□ 经营利润

自成立以来，右玉农商行各项收入平稳发展，逐年提高。尤其在2008年改制后，各项收入余额增速尤为明显，年末余额达1 565.44万元。2019年实现各项收入21 578.1万元，其中利息收入16 040.84万元，全辖实现经营利润8 583.82万元，账面利润3 077.44万元。

□ 电子银行

全县累计发行信合通卡8 4 027张，其中睡眠卡7 580张，久悬卡2 292张，活卡率93.53%。IC卡占比68.54%。银行卡存款4.41亿元。银行卡手续费收入累计完成71.81万元。全县晋享E付1 503户，晋享生活绑卡量2 172户。手机银行客户数3 029户，渗透率为4.27%。微信银行客户数9 981户，渗透率为14.07%。快捷支付客户数12 341户，渗透率为17.45%。个人网银客户数1 223户，渗透率为1.72%。企业网银客户数218户，渗透率为30.83%。完成“一县一品”公交业务1项，上线公共事业缴费业务。

表 4-36　　2002—2019 年右玉农商行（信用社）业务情况表　　单位：万元

年份	存款余额	贷款余额	各项收入	经营利润	中间业务收入
2002	12 614.84	8 351.55	687.42	—	0.37
2003	15 196.30	9 586.90	830.13	—	0.51
2004	18 812.72	11 155.66	1 072.73	—	0.63
2005	22 018.74	13 436.28	1 357.3	—	0.93
2006	30 062.25	20 839.30	2 140.52	—	0.45
2007	45 158.09	27 255.48	2 973.94	—	0.32
2008	67 893.28	30 967.10	4 358.26	—	0.27
2009	82 838.95	36 325.07	4 604.93	—	1.49
2010	108 551.74	41 334.18	4 927.62	1 717.4	12.59
2011	138 638.07	52 423.83	7 291.24	2 665.33	42.65
2012	188 033.91	73 423.45	11 112.2	4 051.24	91.4
2013	224 271.11	102 701.29	15 219.03	6 733.98	172.36
2014	234 459.52	135 840.4	17 185.07	7 322.25	173.61
2015	251 461.97	248 357.1	18 641.58	7 787.7	78.17
2016	273 632.91	161 471.39	19 583.63	8 536.62	85.75
2017	295 338.22	192 616.00	20 298.92	8 253.81	99.33
2018	316 691.56	216 269.68	21 537.37	10 929.73	106.73
2019	339 001.99	239 317.96	21 578.10	8 583.82	67.65

第五节　应县农信社

□　存款

应县农信社自2008年改制以来，各项存款余额逐年攀升，分别于2010年、2012年、2016年、2018年突破10亿元、20亿元、30亿元、40亿元大关。截至2019年末，应县农信社各项存款余额达到433 853.07万元（见表4-37），其中，个人储蓄存款余额386 295.02万元，对公存款余额41 701.11万元，低成本存款余额70 216.9万元。

□　贷款

应县农信社于2010年起各项贷款余额基本呈逐年递增态势，仅在2019年有小幅回落。2019年末，全行各项贷款余额275 699.31万元（包含拆放非存款类金融机构款项5 850万元）。年末，涉农贷款余额274 986万元，小微企业贷款余额143 835万元，小微企业贷款户数1 694户，申贷获得率为100%。并未开办票据融资业务。年末，全行拆放非存款类金融机构款项5 850万元。

□ 经营利润

自2010年起，应县农信社的各项业务都得到了深入发展，各项收入、经营利润也随之逐年攀升，除2013年与2014年有所回落外，其他年份均呈上升之势。2019年末实现各项收入33 765.26万元，其中利息收入27 356.64万元。全辖实现经营利润15 554.95万元。

表 4-37　　2010—2019 年应县农信社业务情况表　　单位：万元

年份	存款余额	贷款余额	各项收入	经营利润	中间业务收入
2010	150 592	110 444	10 766	4 333	7.61
2011	181 978	133 021	13 025	4 550	20.48
2012	216 739	157 481	17 071	6 138	72.07
2013	242 021	180 380	17 395	5 228	97.04
2014	254 368	189 852	12 498	1 556	73.95
2015	281 374	205 824	14 402	3 285	52.55
2016	317 439	221 526	18 924	5 844	107.97
2017	359 785.47	259 555.03	22 281.70	6 257.33	127.47
2018	407 821.57	294 366.65	40 085.91	22 761.46	776.68
2019	433 853.07	275 699.31	33 765.26	15 554.95	472.34

第十三章
村镇银行

第一节　蒙银村镇银行

□　存款

蒙银村镇银行自成立以来各项存款余额从2011年的51 924万元到2018年的191 524万元，呈现出逐年递增态势。其中，对公存款余额虽有小幅度回落，但整体保持稳步发展，2018年末对公存款余额为90 283万元；储蓄存款余额在2013年回落，之后年年攀升，2018年末，储蓄存款余额为101 241万元；活期存款与定期存款余额整体均呈逐年稳步增长趋势，个别年份小范围波动，2018年末活期存款余额为100 546.07万元，定期存款余额为90 978.28万元（见表4–38）。

2019年末，各项存款余额311 017万元，其中对公存款180 986万元，储蓄存款130 031万元（见表4–38）。

表 4–38　　2011—2019 年蒙银村镇银行存款表　　单位：万元

年份	各项存款	其中：对公存款	储蓄存款	活期存款	定期存款
2011	51 924	34 787	17 138	49 937.14	1 987.29
2012	103 836	59 882	43 954	72 159.71	31 676.19
2013	108 101	88 782	19 319	96 291.45	11 809.57
2014	111 853	78 213	33 640	87 026.77	24 826.21
2015	112 058	62 632	49 425	72 132.87	39 925.1
2016	145 671	81 528	64 144	89 027.51	56 643.73
2017	175 268	87 377	87 891	101 111.95	74 156.53
2018	191 524	90 283	101 241	100 546.07	90 978.28
2019	311 017	180 986	130 031	170 186.99	140 829.97

□　贷款

蒙银村镇银行自2011年开业以来，不断推出多种信贷产品，拓展多项信贷业务。当年末，各项贷款余额25 324万元，其中，短期贷款23 807万元，中长期贷款1 517万元，涉农贷款15 701万元。

2012年至2019年，蒙银村镇银行各项贷款业务一直处于平稳发展阶段，各项贷款余额平均每年增长18 675.14万元。短期贷款与中长期贷款也相应得到发展，2019年末，各项贷款余额178 672万元，其中，短期贷款120 866万元，中长期贷款57 806万元。各项贷款中，涉农贷款余额138 407万元，占各项贷款余额的77.46%（见表4-39）。

表 4-39　2011—2019 年蒙银村镇银行贷款表　单位：万元

年份	各项贷款	其中：短期贷款	中长期贷款	涉农贷款	小微企业贷款
2011	25 324	23 807	1 517	15 701	5 775
2012	57 946	55 500	2 446	38 352	—
2013	71 910	66 897	5 013	19 351	45 073
2014	80 914	63 633	14 051	72 943	39 600
2015	81 249	66 406	14 844	64 182	46 800
2016	98 471	68 805	29 666	81 811	—
2017	120 571	87 000	33 571	102 380	67 400
2018	148 775	107 825	40 950	122 570	86 036
2019	178 672	120 866	57 806	138 407	106 834

○小微企业贷款

蒙银村镇银行始终坚持“以服务‘三农’为本，与中小企业共荣”的理念，当年发放小微型企业贷款5 775万元。2013年，支持小微企业386户，贷款余额45 073万元。次年，为促进地方经济发展，蒙银村镇银行展开对义乌小商品城和豪德贸易广场的调查工作，大力支持小微企业。截至年末，支持小微企业150户，贷款余额3.96亿元。2015年，根据市金融扶持地方实体经济发展要求，蒙银村镇银行信贷投向仍侧重小微企业。截至年末，共支持小微企业123户，贷款余额4.68亿元。

2019年末，蒙银村镇银行支持小微企业425户，贷款余额106 834万元。为朔州市“三农”经济及小微企业发展提供了一定的信贷支持。

○特色贷款

蒙银村镇银行成立之初便一直坚持走特色化、差异化经营之路，并推出“乡情通”“绿原通”“工商通”“公务通”和“个人间客式出租车贷款”五种特色信贷产品。其中，“工商通”解决了朔州市汽配城经销商因资金短缺，无法正常营业的困难，并确立了“朔州市汽配城联保贷款”的新型信贷方式。“个人间客式出租车贷款”则抓住2011年朔州市出租车升级换代的契机，以出租车的机动车登记证书作抵押，创新信贷扶持方式。2011年发放特色类贷款3 848万元。其中，“乡情通”贷款1 684万元，“绿原通”贷款1 462万元，“工商通”贷款1 975万元，“公务通”贷款123万元，“个人间客式出租车贷款”1 376万元。

□　中间业务

○网银系统

蒙银村镇银行网银系统于2015年上半年全面上线并投入使用，年末，网上银行转账业务总交易量870笔，总交易金额6 194万元。2016年末，网上银行累计交易量达3.21亿元。

○卡业务系统

卡业务系统于2016年正式上线，当年发行借记卡“春雨卡”447张，余额3 179.19万元；2017年末，累计发行银行卡2 327张，实现手续费收入3.43万元。2018年，春雨卡业务发行量3 614张，卡余额7 011万元。2019年，春雨卡业务发行量5 721张，卡余额8 085.41万元。

○ ATM

总行及支行“24小时自助银行服务”自2016年10月开始正式运营，投产使用ATM自助设备共3台。截至2016年末，3个月全行ATM累计发生业务1 366笔，实现手续费收入8 534.39元，手续费支出3 665.13元，实现利润4 869.24元。

□ 资产利润

蒙银村镇银行2019年末资产总额达355 001.52万元，较2011年末的56 986万元增加298 015.52万元，增长了5.23倍；负债总额332 268.36万元，较2011年末的51 986万元增加280 282.36万元，增长了5.39倍；9年累计实现净利润24 424万元（历年净利润详见表4-40）。

表 4-40　　2011—2019 年蒙银村镇银行净利润表　　单位：万元

年份	2011	2012	2013	2014	2015	2016	2017	2018	2019
净利润	3 573	1 261	3 479	4 044	2 675	2 495	1 640	2 270	2 987

第二节　太行村镇银行

□ 存款

存款业务主要产品包括定/活期储蓄产品。2019年末，各项存款183 554.25万元，其中：对公存款21 108.42万元，储蓄存款162 445.83万元；定期储蓄存款138 760.44万元，活期储蓄存款21 189.66万元，通知存款2 495.73万元。

□ 贷款

贷款业务主要产品包括惠农经营类产品、消费类产品、低风险业务。2019年末各项贷款81 373.39万元。

□ 经营资产

资产总额在2019年末达197 955.90万元。其中，存放中央银行款项13 830.24万元，占比6.99%；存放同业款项96 873.58万元，占比48.94%；发放贷款81 373.39万元，占比41.11%。负债总额189 019.86万元，其中各项存款183 554.25万元，占负债总额的97.11%。

□ 太行卡

太行卡于2013年上线，正式开通银行卡业务，2019年末发卡总量80 593张。累计发放实体贷款3万余笔，30余亿元。

第三节　金都村镇银行

□ 存款

各项存款余额在2016年达8 097.8万元。2017年3月，各项存款突破1亿元大关，年末余额14 297.01万元。2018年，金都村镇银行以提升优质服务为抓手，贷款模式的转变和新增，与存款形成多存多贷的模式，年末各项存款余额达到16 792.16万元。2019年1月，提出“136工作措施”，3月，存款突破2亿元大关。年末，各项存款余额23 082.93万元，储蓄存款余额22 791.48万元。

○对公存款

金都村镇银行成立初便开立公户，包括应县华泰汽车服务有限公司、应县万豪物业管理有限公司、山西万豪凯悦国际酒店有限公司等29户，余额452.52万元。

2017年公户共计12户，余额247.74万元；同年6月20日为山西万豪凯悦国际酒店有限公司、应县宏达陶瓷有限责任公司代发工资。2018年公户共计24户，余额286.89万元。2019年公户存款余额291.45万元。

□ 贷款

金都村镇银行自成立以来便大力扶持“三农”及小微企业的发展，共计发放贷款8 304.83万元，其中，为“三农”惠丰农资、龙首山盛源牧业、牧野生态养殖合作社、禾益农资服务部、紫东粮油购销有限公司和惠杰加油站等小微企业首次发放贷款3 938万元。接下来两年贷款余额稳步发展，逐年提高。截至2018年末，各项贷款余额13 751.51万元。2019年5月，召开“应县推动银行业支持民营经济发展联席会议——金都银行专场会议”，现场为27家民营企业授信3 180万元。2019年末，金都村镇银行各项贷款余额19 536.48万元。

□ 经营利润

自建行以来，金都村镇银行资产总额、负债总额、各项收入以及经营利润均实现逐年提高。其中，资产总额由16 137.95万元增至26 300.27万元，负债总额由14 526.22万元增至23 787.48万元，各项收入由1 212.93万元增至2 434.63万元，利润由217万元增至603.88万元（见表4–41）。

表 4-41　　2017—2019 年金都村镇银行各项业务经营利润　　单位：万元

年份	资产总额	负债总额	各项收入	利润
2017	16 137.95	14 526.22	1 212.93	217
2018	19 188.11	17 188.11	1 815.45	388.27
2019	26 300.27	23 787.48	2 434.63	603.88

第四节　慧融村镇银行

□　经营状况

慧融村镇银行自开业以来，始终坚持“立足城乡，支农支小”的市场定位，倾力支持怀仁市域广大农户、个体工商户以及小微企业的经济发展。在存款方面，各项存款余额逐年攀升，2019年末各项存款余额50 524.23万元；在贷款方面，不断拓展业务、发放扶贫贷款，2019年末各项贷款余额达35 432.38万元。各项收入快速发展，2019年末实现收入3 428.05万元，净利润1 081万元（见表4-42）。

表 4-42　　2016—2019 年慧融村镇银行业务情况　　单位：万元

年份	各项存款余额	各项贷款余额	各项收入
2016	11 557.90	565	214.95
2017	24 575.95	8 805.29	845.9
2018	34 881.71	25 243.1	2 264.24
2019	50 524.23	35 432.38	3 428.05

□　特色业务

○特色存款

“慧心易利”是一款存款灵活、较常规存期拥有更高收益的储蓄产品（存期13个、25个、37个月）（见表4-43）。

表 4-43　　“慧心易利”不同存期利率对照表

项目	人行基准利率 /%	实际执行利率［1 万元（含）至 5 万元］/%	1 万元为例		
			基准利率到期利息 / 元	该行利率到期利息 / 元	较基准利率多的利息
12 个月	1.50	2.025	150	202.5	执行 13 个月较 12 个月基准利率到期多得利息 93.75 元，执行 13 个月较 12 个月执行利率到期多得利息 41.25 元
13 个月	—	2.250	—	243.75	

续表

项目	人行基准利率/%	实际执行利率[1万元（含）至5万元]/%	1万元为例		
			基准利率到期利息/元	该行利率到期利息/元	较基准利率多的利息
24个月	2.10	2.835	420	567	执行25个月较24个月基准利率到期多得利息205元，执行25个月较24个月执行利率到期多得利息58元
25个月	—	3.000	—	625	
36个月	2.75	3.713	825	1 113.9	执行37个月较36个月基准利率到期多得利息355.92元，执行37个月较36个月执行利率到期多得利息67.02元
37个月	—	3.830	—	1 180.92	

“慧心得利”是极具特色的大额存单产品，起点低、分档次、利率高、收益大，起存金额5万元，存期1年（含）以上（见表4-44）。

表4-44 “慧心得利”不同存期利率对照表 单元：%

项目		人行基准利率	实际执行利率	较基准利率上浮	5万元（含）至20万元
定期利率	3个月	1.10	1.485	35	—
	6个月	1.30	1.755	35	—
	1年	1.50	2.025	35	2.425
	2年	2.10	2.835	35	3.035
	3年	2.75	3.713	35	3.846
	5年	—	4.500	35	4.580

○特色贷款

慧融村镇银行贷款产品主要包括惠农贷、光伏贷、养羊贷、惠商贷、工薪贷、园区贷六种（见表4-45）。

表4-45 慧融村镇银行贷款产品详情表

名称	贷款对象（限怀仁市域内）	额度/万元	方式	利率/‰	期限/月	还款方式
惠农贷	涉农类种植、养殖户，农民专业合作社及社员等	<10	信用、担保、抵押	9.3	≤24	按月结息、到期还本；按季结息、到期还本；等额本息
光伏贷	有合法、稳定、可靠的经济来源，愿意从事光伏产业的居民	≤20	保证担保、信用	7.2	≤96	等额本息
养羊贷	各乡镇养羊户及已经该行评定授予担保资格的朔美羊集团、牧野生态养殖专业合作社等企业内从事肥羊、种羊养殖的养殖户	≤200	保证（企业）担保	9.6	≤12	按月结息、到期还本；按季结息、到期还本；等额本息
惠商贷	正常生产经营的个体工商户，批发、零售、餐饮、酒店、旅游、农家乐、小型生产加工作坊等	<10	信用	10	≤24	
工薪贷	行政公务员，企事业单位工作人员	≤20	信用	8	≤36	
园区贷	陶瓷园区、煤炭洗选配送园区、经济开发区持续发展能力较强的成长型小微企业	≤500	抵押、保证担保(财政担保)	9.3、9.6	≤24	

第五节　长青村镇银行

□ 存款

自2017年成立以来，长青村镇银行各项存款余额逐年递增。成立当年各项存款余额为955.72万元。2018年12月6日，各项存款突破1亿元大关，全行各项存款余额为12 262.49万元，其中：定期存款余额为9 048.19万元，活期存款余额为2 429.12万元，单位活期存款余额为758.18万元。2019年，推出特色存款业务，即“喜得利”“惠民卡”以及“授信卡”，各项存款较上年实现翻番，年末余额28 906.48万元。

□ 贷款

长青村镇银行成立初各项贷款余额211万元。2018年，贷款快速增长，较2017年增加4 551万元，年末余额4 772.71万元，其中涉农贷款余额4 003.57万元，占比95.97%；扶贫贷款余额10万元，占比0.24%；小微企业贷款余额1 243.70万元，占比25.81%；为右玉县当地“三农”经济及小微企业发展提供了有力的信贷支持。2019年，推出特色贷款，包括经营贷、消费贷、卡易贷3个系列信贷产品。当年贷款余额突破亿元大关，余额11 473.99万元。

□ 其他业务

长青村镇银行于2019年3月11日推出手机直销银行，并推出“日日升”“玉神系列”等存款产品。5月1日，新增代开发票业务窗口，成为朔州市首家代开发票的银行。

下篇

保险证券业务

第十四章

保险机构

第一节　人身保险机构

□　中国人寿

○经营范围

公司主要经营人寿保险、健康保险、意外伤害保险等各类人身保险业务；人身保险的再保险业务；国家法律法规允许的或国务院批准的资金运用业务；各类人身保险服务、咨询和代理业务；国家保险监督管理部门批准的其他业务。同时开办学生平安保险、建筑工人意外伤害保险、旅游险、外出务工人员保险。

○保险业务

2015年5月，公司成功中标朔州市城镇居民大病保险项目，取得55.78%的承办权。城镇居民基本医疗保险参保人数14.29万人，城镇居民大病保险资金筹集标准为当年城镇居民基本医疗保险筹资标准的11%，大病保险保费规模达756万余元。

2019年，公司总保费收入69 713万元（见表4–46），同比增长9.07%，为全市60多万人提供人身保险保障。同时管理着20万份个人和团体长期险保单，30多万份个人和团体短期险保单，市场份额达46.02%，成为朔州市内最大的人寿保险公司。

表 4–46　　1997—2019 年中国人寿保险股份有限公司朔州分公司业务统计表　　单位：万元

年份	保费	赔付	人寿保险		意外险	健康险	城乡居民大病保险
			普通寿险	分红保险			
1997	2 861	1 449	—	—	—	—	—
1998	2 937	1 260	—	—	—	—	—
1999	3 656	1 234	2 709	301	929	680	—
2000	4 753	1 915	3 755	0	961	337	—
2001	5 942	1 316	0	0	1 047	1 056	—
2002	12 947	1 179	0	7 252	750	837	—
2003	14 862	1 976	0	9 032	665	529	—

续表

年份	保费	赔付	人寿保险		意外险	健康险	城乡居民大病保险
			普通寿险	分红保险			
2004	16 802	1 942	9 319	0	614	613	—
2005	19 932	1 297	5 208	13 454	130	347	—
2006	22 596	1 975	5 899	14 835	469	310	—
2007	24 406	6 518	5 303	17 108	425	475	—
2008	49 061	8 131	6 499	39 291	596	1 045	—
2009	46 407	9 057	6 542	37 180	534	736	—
2010	45 769	7 538	6 372	38 275	561	1 155	—
2011	41 894	12 733	6 050	34 579	649	1 190	—
2012	33 007	14 190	5 877	25 362	650	1 638	—
2013	34 094	28 023	4 938	26 936	702	1 567	—
2014	34 698	17 083	15 827	16 149	979	1 745	—
2015	38 567	25 791	18 593	16 713	825	2 437	756
2016	47 226	27 860	23 245	18 619	1 170	4 153	2 006
2017	61 780	25 909	32 277	21 700	1 692	5 376	2 789
2018	63 916	21 521	25 429	28 414	1 764	9 202	3 368
2019	69 713	23 328	32 595	21 439	2 244	14 415	4 523

○理赔

2014年5月，赔付客户杜某疾病身故保险金104.55万元。2015年10月，客户赵某因意外车祸身故，公司赔付95.58万元。2017年7月，赔付客户胡某身故保险金529.5万元。2019年，公司累计支付赔款和保单利益超5亿元。提供就业岗位2 300余个。

□ 太平洋寿险

○经营范围

公司经营范围覆盖人寿保险、年金保险、健康保险、意外伤害保险等多个领域。主要产品有人寿保险3种：普通寿险、分红保险、万能保险；健康保险2种：短期健康险、长期健康险；团体意外伤害险2种：团体人身意外伤害保险、工程施工人员意外伤害保险。

○保险业务

公司保险销售渠道从早期传统保险代理人，到保险代理制度发布后，有直接销售与团险销售、兼业代理、个人代理、专业代理及新兴渠道。其中，新兴渠道包括网销和电销。公司与应县农信社、怀仁农信社、平鲁区农信社、右玉农信社、山阴农商行、朔城区农信社、怀仁农商行均签有兼业保险代理合同。与山西成禧保险代理公司、山西祥安保险代理公司、圣源祥保险代理公司朔州分公司、腾晟保险代理公司山西分公司均签有专业保险代理合同。

成立初，公司主要销售渠道包括公司直销、个人代理、银邮代理。2015年，携手中国高铁特供专属“幸福相伴”产品，发挥寿险“风险保障+财富管理”双轮驱动优势。2017年7月，推出税收减免和保障功能的个人税优健康保险，购买后投保人可享受每年2 400元予以税前扣除的福利，有效解决自税优政策实施以来，非团体投保的个人客户参保通道不畅的问题。2018年，保费收入达到最高峰为30 862万元。2019年实现保费收入30 631万元（见表4–47）。

表 4–47　2006—2019 年太平洋寿险朔州中心支公司保险业务统计表　单位：万元

年份	保费	赔付	人寿保险			意外险	健康险	销售渠道				
			普通寿险	分红保险	万能险			公司直销	个人代理	专业代理	银邮代理	其他兼业代理
2006	2 097	75				33	106	125	1 075	0.00	898	0
2007	10 512	45	380	2 632	7 198	148	155	191	1 831	0.05	8 490	0
2008	11 706	58	449	6 628	4 242	188	199	220	1 969	0.64	9 516	0
2009	8 118	134	484	6 965	97	315	257	321	2 844	0.64	4 953	0.02
2010	8 104	199	503	6 943	97	243	318	174	4 284	0.64	3 563	82
2011	8 652	303	520	7 293	87	307	445	152	5 687	0.64	2 640	173
2012	8 416	135	1 048	7 080	13	228	46	174	6 706	0.64	1 453	82
2013	11 213	141	1 312	9 273	10	538	80	316	8 899	0.64	1 690	307
2014	12 822	178	1 352	9 999	7	501	964	872	10 788	0.64	955	207
2015	15 516	284	1 322	12 510	6	347	1 331	807	13 990	0.64	596	123
2016	21 677	253	4 016	15 301	6	412	1 943	1 248	19 728	0.05	584	116
2017	27 303	9 087	4 657	19 333	6	500	2 807	1 182	25 540	29	338	214
2018	30 862	1 039	5 464	19 893	5	804	4 696	1 059	29 004	165	231	403
2019	30 631	932	5 057	18 547	5	768	6 254	844	29 053	156	185	392

○理赔

2017年5月，被保险人因意外身故，赔付身故保险金220万元。2006—2019年，公司支付各类保险赔款与给付12 863万元。其中，2019年支付各类保险赔款与给付932万元。

□　泰康人寿

○经营范围

公司以个人保险为核心，续期业务齐头发展，已形成定期及终身寿险、重大疾病保险、养老保险、医疗保险、少儿保险、意外保险、女性疾病保险、高额保障保险、分红保险、投资连结保险、万能保险等产品系列。公司保险销售渠道有公司直销、个人代理、银邮代理和其他兼业代理等。

○保险业务

2018年7月，推出泰康特定疾病药品费用医疗保险，至2019年末，累计销售50件。2019年4月，先后推出泰康乐惠健康（2020）重大疾病保险、泰康孝无忧特定疾病医疗保险，截至年末，两款分别累计销售3 258件、17件，其中泰康乐惠健康（2020）重大疾病保险累计保险费用575万元。6月，推出泰康智赢人生年金保险（分红型），当年累计销售807件，累计保险费用340万元。7月，推出泰康世纪泰康2019住院医疗保险，当年累计销售14件。

在重大业务发展上，公司落实健康中国战略，实现老有所养、病有所医。搭建“三级医院临床诊疗+社区配建康复医院+CCRC持续关爱社区”三层次医养服务体系。同时，通过股权投资在大健康领域进行广泛布局，陆续投资百汇医疗、和美医疗、汉喜普泰、和福医颐、药明康德等境内外知名企业，打造新型医疗健康服务网络体系。已与朔城区人民医院、朔州市第三人民医院、朔州市现代医院、怀仁市人民医院、山阴县人民医院等多家医院签订“健保通”合作协议，开展直付式理赔服务，实现出院即赔付。

2017年，保费规模突破7亿元，累计服务客户2.6万人，有效保单2.4万件。2019年，实现总保费收入10 987万元，同比增加9.60%（见表4–48）。

表 4–48　　2007—2019 年泰康人寿朔州中支保险业务统计表

年份	保费/万元	赔付/万元	人寿保险/万元				意外险/万元	健康险/万元	销售渠道/万元				从业人数/名
			普通寿险	分红保险	投连险	万能险			公司直销	个人代理	银邮代理	其他兼业代理	
2007	1 468	0	11	127	684	642	2	4	0	4	1 211	253	228
2008	10 583	18	52	2 321	656	7 538	3	13	0	1 574	9 008	0.56	253
2009	6 323	35	62	3 155	0	3 040	9	57	5	2 319	3 999	0	315
2010	3 625	99	61	3 326	0.01	130	31	76	4	1 354	2 258	10	224
2011	2 695	147	60	2 294	0.01	124	98	119	4	1 846	767	79	206
2012	3 244	1 585	73	2 703	0.01	162	154	153	181	2 164	899	0	184
2013	2 638	147	99	2 122	0.01	157	101	158	114	2 326	198	0	328
2014	5 732	1 685	2 556	2 699	0	138	96	242	112	3 170	2 449	0	337
2015	22 566	2 149	19 072	3 062	0	120	6	306	9	3 791	18 765	0.21	505
2016	6 124	1 318	1 378	4 011	0	140	8	587	12	5 280	832	0.21	702
2017	11 227	1 728	3 715	6 310	0	131	7	1 064	36	8 351	2 840	0.21	942
2018	10 025	1 142	1 325	6 916	0	127	7	1 650	42	9 832	150	0.21	1 225
2019	10 987	1 594	1 310	7 083	0	128	6	2 461	41	10 813	133	0.21	1 129

〇理赔

2018年11月，客户Z先生在前往呼和浩特途中发生交通事故，造成脊柱严重损伤。2019年6月，审核豁免Z先生后期9年保费共计180万元。

2019年3月，客户苏先生驾驶汽车碰撞桥墩引起车辆起火，当场死亡。2019年12月，审核赔付身故受益人130万元。

2019年6月，公司完成首例高额豁免理赔，累计豁免金额180万元。

□　平安人寿

〇经营范围

公司主营各种人身保险业务，包括各类人寿保险、健康保险、意外伤害保险等，同时兼业代理机动车辆保险等其他经中国银行保险监督管理委员会批准的相关业务。

○保险业务

公司落实保险业回归保障本源的要求，依托“产品+”策略，构建多层次产品体系。在保障型产品方面，升级现有旗舰保障产品，如平安福20；上市新的重疾产品，如一年期重疾无忧、守护百分百、大小福星等；开发意外保障类新产品，如安心百分百等。在长期储蓄型产品方面，加大产品开发和长缴业务推动力度，满足不同客户的长期储蓄型保险需求。

2019年，公司推出“闪赔”服务，实现“足不出户，掌上闪付”，最快速度2.2分钟。当年，公司实现保费收入8 521万元（见表4–49）。

表 4–49　　2008—2019 年平安人寿朔州中心支公司保险业务统计表

年份	保费 / 万元	赔付 / 万元	从业人数 / 名
2008	63	0	66
2009	372	3	89
2010	405	6	117
2011	659	24	97
2012	851	12	210
2013	1 156	43	133
2014	1 366	81	122
2015	1 953	68	292
2016	3 289	226	405
2017	5 388	204	492
2018	7 431	236	380
2019	8 521	316	421

○理赔

2018年9月，被保人L先生回家途中意外车祸死亡，经审核合计赔付80万元。

□ 人保寿险

○经营范围

公司主要经营人寿保险、健康保险和意外伤害保险等保险业务，在中国银保监会批准范围内，代理中国人民财产保险股份有限公司和中国人民健康保险股份有限公司的保险业务。

公司为客户提供无忧人生、百万身价B款、人保福等百余款保险产品服务，其中个险业务主要以期缴业务为主，包括无忧人生2020重大疾病保险、百万守护系列组合产品等；团险业务有学生平安意外伤害保险类、建筑工程团体意外伤害险类、团体意外伤害保险类及其各自的附加险类和一些卡折类业务等。销售渠道有公司直销、个人代理、银邮代理和其他兼业代理等。

○保费收入

2010年至2019年，公司共实现保费收入15.27亿元。其中，2019年实现保费收入12 141万元（见表4–50）。

表 4-50　2014—2019 年中国人保寿险朔州市中心支公司业务统计表　单位：万元

年份	保费	赔付	人寿保险			意外险	健康险	销售渠道				从业人数
			普通寿险	分红保险	万能险			公司直销	个人代理	银邮代理	其他兼业代理	
2014	13 228	196	11 828	1 480	16	107	79	1 153	1 654	10 636	66	466
2015	18 800	39	35 366	823	17	66	90	3 124	2 798	12 689	189	315
2016	32 638	10	42 241	1 234	23	62	184	4 902	3 534	14 514	688	327
2017	22 101	56	18 279	1 909	27	80	510	4 709	2 631	13 394	71	500
2018	16 246	7	19 570	3 176	28	96	979	3 635	3 359	9 180	73	392
2019	12 141	12	4 271	9 196	27	114	1 624	2 992	4 205	4 873	72	628

○理赔

2010年至2019年，支付各类保险赔款与给付1 200多万元。其中，2019年公司支付各类保险赔款与给付12万元。理赔案例见表4-51。

表 4-51　人保寿险朔州市中心支公司理赔案例统计表

机构名称	险种	出险原因	事故性质	理赔给付总金额（万元）
本部	金世富贵	宫颈癌	重大疾病	1.41
本部	幸福保年金保险	多发性骨髓瘤	身故	3.14
本部	百万身价、鑫盛两全保险	意外坠楼身故	意外	39.2
怀仁	人保寿险金鼎富贵两全保险（分红型 B 款）	脑梗死	疾病	9.41
怀仁	无忧人生重大疾病保险（至尊版）	宫颈恶性肿瘤	疾病	10
怀仁	无忧人生重大疾病保险	直肠癌	疾病	10
怀仁	安祥意外伤害保险	多器官功能衰竭	身故	3
怀仁	金鼎富贵 B 款	肺癌	重大疾病	4.44
怀仁	福进万家	胃癌	重大疾病	2.15
怀仁	金鼎富贵 E 款	白血病	重大疾病	38.36
怀仁	无忧人生	心脏停搏	重大疾病	10
怀仁	人保寿险金世富贵两全保险（分红型）	慢性阻塞性肺病伴有急性加重	疾病身故	2.28
山阴	福进万家两全保险（分红型）	心脏骤停死亡	身故	3.38
山阴	人保寿险附加人保福重大疾病保险	小脑幕 下良性肿瘤	疾病	29
银保	鑫利年金（B 款）	颅脑、胸腔损伤	意外身故	1.03
银保	金世富贵	脑出血	重大疾病	2.92
应县	人保寿险幸福保年金保险（B 款）	子宫内膜恶性肿瘤身故	疾病	30
应县	和谐人生	颅脑、胸腔损伤	意外身故	12
应县	和谐人生	脑出血	重大疾病	10
应县	富贵人生	宫颈鳞癌	重大疾病	10

□ 太平人寿

○经营范围

公司经营范围有个人意外伤害保险、个人定期死亡保险、个人两全寿险、个人终身寿险、个人年金保险、个人短期健康保险、个人长期健康保险、团体意外伤害保险、团体定期寿险、团体终身保险、团体年金保险、团体短期健康保险、团体长期健康保险、银保监会批准的其他业务。

公司主要产品有个人寿险、银行保险和服务拓展3个系列。在产品策略方面，以传统的终身寿险、健康保障类产品为主打，辅以子女教育、重大疾病意外风险等多种选择进行组合，如太平福禄双甲终身重大疾病保险、太平乐享金生年金保险（分红型）、太平百万行无忧2.0两全保险。

○保费收入

2012年9月开业至2015年保费收入呈逐年上升趋势。2012年保费收入240万元，2015年保费收入增至8 213万元。2016—2019年业务发展较为平稳，年均规模保费保持在4 000万元左右。2019年保费收入16 264万元（见表4–52）。

表 4–52　　2012—2019 年太平人寿朔州中支业务统计表

年份	保费/万元	赔付/万元	人寿保险/万元			意外险/万元	健康险/万元	养老险/万元	销售渠道/万元				中支			从业人数/名
			普通寿险	分红保险	万能险				公司直销	个人代理	银邮代理	其他兼业代理	员工数/名	保费规模	资产规模	
2012	240	0.02	0	222	0	2	16	0	0	240	0	0	44	239	89	145
2013	1 617	40	0.73	1 539	0	5	73	20	0	1 100	517	0	36	1 017	169	218
2014	3 320	110	988	2 173	0	22	137	27	0.27	2 148	1 172	0	28	2 307	796	253
2015	8 213	297	4 391	3 546	24	50	202	28	8	3 501	4 704	0.08	35	5 599	1 404	425
2016	10 183	574	4 583	4 777	–24	99	747	30	21	5 739	4 423	0.9	58	3 320	1 416	604
2017	16 264	845	7 306	6 997	0	175	1 786	30	134	9 352	6 722	56	94	10 100	2 271	766
2018	14 424	1 468	2 407	8 279	0	223	3 515	31	188	12 353	1 795	87	50	4 224	4 336	1 138
2019	16 264	1 417	4 005	7 775	0.01	258	4 408	20	204	14 010	2 092	141	36	3 997	5 718	799

○理赔

2013年，第一件重疾案例赔付，客户因脑膜瘤获赔20万元。2015年，客户李女士因乳腺癌获赔20万元。2018年3月，客户被山西肿瘤医院手术后诊断为绒毛膜癌Ⅰ期，快速赔付18.5万元。

□ 农银人寿

○经营范围

公司主要有银行保险、团体保险两大主要业务。其中，团体保险主要产品有：农银团体意外伤害保险、农银附加团体意外伤害医疗保险、农银附加团体意外伤害住院津贴医疗保险、农银团体交通意外伤害保险；银行保险主要产品有：农银爱永恒终身寿险、农银爱康宝重大疾病保险、农银稳得福D款两全保险（分红型）。保险销售渠道有公司直销和银邮代理。

〇保险业务

公司切实增强市场意识、成长意识、合规意识，实现新突破、新成长。2016年11月，与中煤集团山西华昱能源有限公司签署意外险保障计划，签单保费59.88万元。当年，银保渠道承保保费3 362.52万元，其中单件保费50万元（含）以上承保7件，单件保费100万元（含）以上承保6件。2017年3月，签署意外伤害、交通意外、重大疾病保险，签单保费41.74万元。全年银保渠道承保保费4 741.17万元，其中单件保费20万元（含）以上承保4件，单件保费50万元（含）以上承保3件。

2018年6月，与山西古城乳业集团有限公司签署意外伤害、交通意外、重大疾病保险合同，签单保费为6.24万元。当年，银保渠道承保保费921.91万元，其中单件保费10万元（含）以上承保17件，单件保费20万元（含）以上承保2件。

2019年4月，与怀仁县尊屹陶瓷研发有限公司签署意外险保险合同，签单保费为1万元。全年共实现保费收入3 096.18万元。其中普通寿险收入2 971万元，意外险保费收入94.27万元，健康险保费收入30.61万元。直销保费收入77.8万元，银邮代理3 018.38万元。银保渠道承保保费1 613.76万元，其中单件保费10万元（含）以上承保23件，单件保费50万元（含）以上承保7件。

〇理赔

2016年理赔受理笔数3笔，赔付金额5.36万元；2017年受理笔数23笔，赔付金额40.47万元；2018年受理28笔，赔付金额53.38万元；2019年受理17笔，支付赔款9.26万元。

□ 英大人寿

〇经营范围

公司经营范围主要包括人寿保险、健康保险、意外伤害保险等各类人身保险业务、经中国银保监会批准的其他人身保险业务。

公司主要业务包括个险、团险、银保三个系列。其中个险主要产品有：英大康佑倍至终身重大疾病保险、英大百万安惠医疗保险、英大人寿出行护身福综合意外保障计划、英大福寿安享老年恶性肿瘤疾病保险、英大百万呵护定期危重疾病保险、英大财富鑫管家年金保险（万能型）、英大百万金财富年金保险（分红型）、英大金鑫满堂年金保险、英大智汇英才少儿教育年金保险（分红型）、英大福鑫满堂年金保险（分红型）、英大福鑫高照终身寿险（万能型）；团险主要产品有：英大人寿“小微保”团体保险产品计划、英大人寿“电安保”团体保险产品计划、英大人寿团体意外伤害保险、英大人寿电力行业团体意外伤害保险、英大泰和幸福终身重大疾病保险；银保主要产品有：英大鑫禧世家终身寿险、英大元禧两全保险（分红型）、英大元睿两全保险（分红型）。保险销售渠道有个人代理、专业代理和银邮代理。

〇保费收入

2018年，全市累计实现个人保险规模保费186.8万元。其中个险首年期缴保费收入142.5万元；个险十年及以上期缴保费收入41.74万元。累计保费收入59.94万元。其中，人寿保险15.04万元，意外险0.45万元，健康险41.45万元。保费收入均通过个人代理渠道获得。

2019年，公司新增银保业务和团险业务、精准营销。其中银保渠道首年总规模保费收入2 417.85万元；银保新业务价值保费收入1万元。团险渠道全年完成保费40.87万元；精准营销全年完成标准保费28.73万元。全年累计保费收入1 895.65万元。其中，人寿保险1 829.32万元，意外险0.03万元，健康险66.3万元。保费收入中个人代理渠道86.85万元，银邮代理渠道1 808.8万元。

第二节　财产保险机构

□　人保财险

○经营范围

公司主要经营企业财产保险、家庭财产保险、工程保险、机动车辆保险及第三者责任保险、货物运输保险、农业保险和各种责任保险、信用保险，以及大病保险、人身意外伤害保险、短期健康险等业务。

○保险业务

财产保险和人寿保险分业经营后，开始单独或组合销售涉及机动车辆保险、意外伤害保险、家庭财产保险、企业财产保险等险种。2000年2月，与交警部门和医院合作推出车险事故救援“绿色通道”，使交通事故受伤人员能在指定的医院实行紧急救援。6月，开通全国统一95518服务专线，提供保户报案、理赔咨询服务项目。

2001年7月，全市系统机动车辆保险业务全面实行网上集中核保。当年，成功承保大新高速公路五个标段的工程险和责任险，承担风险责任3.35亿元。

为解决全市部分养车户因资金困难无法购车而影响全市煤炭及其他产品外销的难题，2003年11月，与2家银行、6家汽车经销商协作，推出汽车消费信贷保险。

2006年，开办的险种主要有机动车辆保险类、企业财产保险类、家庭财产保险类、责任保险类、工程保险类、意外保险类、健康保险类、综合保险类、货物运输保险类、农业保险类等10大类，共计200多个品种。7月，朔城区支公司第3901号投保单通过核保，生成第3193号保单，成为朔州市交强险第一笔保单。同年，签发首张火灾公众责任险保单，为怀仁某公司营业场所提供火灾公众责任险，收取保险费2 152.8元，保险金额150万元。

随着保险业务的不断发展，承保面扩大，险种增加。2007年，开始开办政策性奶牛保险、能繁母猪保险、城镇职工补充医疗保险等政策性险种。3月，承保平朔煤炭工业公司建筑安装工程一切险，收取保费270万元。4月，以占60%份额的主共保方与大地财险共同承保平朔安太堡（三号）井工矿建筑安装工程保险项目，总保险金额5.95亿元，共收取保费152.79万元；承保平鲁区城镇职工补充医疗保险，保费金额117.88万元，签出全市第一单城镇职工补充医疗保险。

2008年3月，独家续保2008年度中煤能源集团平朔项目财产一切险、机器损坏险，提供保险保障金额约106亿元。9月，一次性成功承保山阴张庄乡陆庄村养殖户温新奶牛113头，签单保费3.16万元，实现全市政策性奶牛保险零的突破。2010年6月，成功续保中煤平朔煤业有限公司非车险大项目，签单保费1 850万元；以主承保人48%的份额成功签单大西铁路2标工程建筑工程一切险，总保费670万元，收取保费321万元。10月，开发路营销服务部成功承保朔州环线西南段高速公路路基、桥隧ZB段工程险，保费收入261.65万元。

保险业务发展迅速。2011年，开始开办政策性玉米保险。3月底，承保中煤平朔煤业有限公司东露天矿选煤厂项目工程险，收取保费199万元。2013年3月，承保中煤平朔煤炭公司工程险、货运险，共计实现保费收入600多万元；同年，山阴支公司成功承保山西晋蒙高速公路山阴至平鲁段的1标段和3标段工程险，共收取保费341万元。2015年，开始经办城镇居民大病保险。1月，平鲁支公司与银行合作签单第1笔借款人意外险，收取保费1 500元，打破朔州市多年没有开办借款人意外险的历史。

2016年，公司成功中标山阴县、应县、平鲁区三个县（区）新型农村合作医疗大病保险，并开始开办政策性马铃薯保险。1月，右玉支公司成功签署非煤矿山责任险保单，收取保费6 267元，全市系统第一笔非煤矿山责任保险在右玉县实现破冰。6月，市分公司成功签单新农合大病保险项目，参保范围覆盖平鲁、山阴、应县3个区（县）47万人，一次性实现保费收入1 488.5万元。同月，顺利续保中煤平朔煤业有限公司企财、责任险等非车险大项目，签单保费1 400余万元。

开办个人贷款保证保险。2017年6月，作为独家承保单位为朔州市第二届全民健身“美跑”活动提供2 660万元保额的人身意外伤害保险。11月，神头营销服务部成功签下全省新材料保险首单，收取保费3 100元，实现该险种零突破。

2018年8月，与朔州市交警支队共同签署《“警保联动”战略合作框架协议》，利用“保险查勘+交通协管”双重身份帮助机动车驾驶员简化交通事故处理流程。11月，与朔州市中级人民法院确立战略合作伙伴关系，并在诉讼保全责任保险、执行悬赏责任保险、执行救助责任保险等方面进行全面合作。

作为“二青会唯一保险合作伙伴”，2019年7月，与市体育局及相关部门为朔州站300名火炬手免费提供保险保障。9月，与中共朔州市委政法委员会联合印发《关于转发〈中共山西省政法委员会　中国人保财险山西省分公司关于全面推广社会治安综合治理保险工作的指导意见〉的通知》，深入推动综治保险。

2006—2019年人保财险朔州市分公司保险业务情况见表4–53。

表 4–53　　2006—2019 年人保财险朔州市分公司保险业务统计表

年份	保费/万元	赔付/万元	财产损失保险/万元						责任险/万元	城乡居民大病保险/万元	农险/万元	保证保险/万元		特殊风险保险/万元	车商/万元	银保/万元	从业人数/名
			车险	企财险	家财险	货运险	意健险	工程险				贷款保证险	产品质量险				
2006	14 271	6 391	9 659	2 762	174	612	458	158	447	—	—	—	—	—	—	—	220
2007	16 866	9 074	11 891	1 964	199	811	1 097	92	713	—	100	—	—	—	—	—	218
2008	20 660	9 486	15 145	1 922	183	707	692	164	534	—	1 312	—	—	—	—	—	221
2009	19 040	9 411	15 054	2 157	137	264	328	340	439	—	320	—	—	—	—	—	233
2010	24 614	13 479	19 218	2 335	50	712	641	836	580	—	241	—	—	—	—	—	225
2011	31 218	14 379	23 488	2 851	125	854	576	732	1 366	—	1 226	—	—	—	—	—	291
2012	33 496	17 833	23 775	3 144	75	915	665	869	2 057	—	1 997	—	—	—	457	13	294
2013	33 105	21 405	21 597	3 002	76	1 205	1 372	1 059	1 109	—	3 685	—	—	—	1 321	3	269

续表

年份	保费/万元	赔付/万元	财产损失保险/万元						责任险/万元	城乡居民大病保险/万元	农险/万元	保证保险/万元		特殊风险保险/万元	车商/万元	银保/万元	从业人数/名
			车险	企财险	家财险	货运险	意健险	工程险				贷款保证险	产品质量险				
2014	27 921	19 441	19 454	2 706	60	1 304	1 370	21	591	—	2 415	—	—	—	812	0.6	265
2015	27 596	16 379	19 589	2 211	110	1 111	1 380	342	374	633	1 845	0.1	—	—	649	11	257
2016	29 125	18 456	19 589	1 973	77	776	1 796	134	383	2 038	2 359	0.02	—	—	676	22	257
2017	33 518	19 808	22 413	1 969	82	1 042	1 745	329	453	2 361	3 097	27	—	—	651	15	261
2018	37 707	20 238	22 023	1 411	297	1 221	2 699	205	592	4 423	3 594	1 240	—	4	642	12	269
2019	37 679	26 204	19 197	1 333	191	1 383	3 119	214	980	6 745	3 756	756	—	4	728	78	275

○理赔

2019年末，公司开通95518全国24小时服务专线、“中国人保”APP及微信公众平台等线上化理赔平台，线下有遍布全市城乡的保险服务网络，理赔一线服务人员66名，随时随地为客户提供7×24小时全天候查勘、理赔咨询服务及风险保障服务。公司理赔服务包括安心修车、简化理赔、电子理赔、急速理赔、人伤无忧理赔、限时理赔、全国范围内故障车辆免费救援服务（理赔案例见表4–54）。

表 4–54　　1991—2019 年人保财险朔州市分公司重大理赔案件统计表

赔付时间		赔付事件	赔付金额/万元
1991 年 10 月 29 日		平朔露天煤矿滑坡事故	1 864
1996 年 8 月 14 日		神头一电厂二单元电缆短路引发特大火灾	997.8
1999 年 5 月 29 日		神头一电厂 52 号联变 A 项爆炸事故	489.3
2007 年 6 月 29 日		中煤能源平朔分公司“12·10”安家岭露天煤矿特大滑坡案	803.67
2008 年 11 月 13 日		中煤能源矿井透水事故	965
2010 年 12 月 25 日		中煤平朔煤业有限责任公司多个赔案	1 098.3
2013 年 12 月 12 日		朔州汽车运输有限责任公司宇通客车晋 F61122 车与一大货车相撞	111.86
2015 年	5 月 15 日	中煤平朔集团有限公司 930E—9329 卡车曲轴断裂	195.06
	12 月 7 日	中煤平朔集团有限公司 730E 小松动卡车 4131# 因火灾受损	117.41
2016 年	2 月 15 日	中煤平朔集团公司 930E—9362 卡车发动机受损	200.94
	3 月 1 日	中煤平朔有限公司 9405# 前装机发动机受损	158.92
	9 月 28 日	中煤平朔集团公司 930E—9388 卡车的发动机受损	201.33
	12 月 6 日	中煤平朔集团有限公司 930E—9386 卡车发动机损坏	200.78
2017 年	1 月 25 日	中煤平朔集团有限公司 1662# 钻机受损	351.79
	8 月 6 日	中煤平朔集团有限公司（789C）—4006# 卡车着火	120.35
2018 年	5 月 2 日	中煤平朔集团有限公司 9386 发动机蹬腿事故损失	200.78
	5 月 28 日	中煤平朔集团有限公司 4006#（789C）发动机、驾驶室事故损失	120.35
2019 年	2 月 26 日	中煤平朔集团有限公司 9370 号卡车发动机抱瓦事故损失	150.11
	7 月 25 日	中煤平朔集团有限公司 9319 发动机蹬腿事故损失	117.53
	8 月 26 日	中煤平朔集团有限公司井下透水事故损失	165.52
	9 月 18 日	中电神头发电有限责任公司输煤运行回程皮带断裂事故	170.04

□ 平安财险

○经营范围

公司经营业务范围涵盖车险、企财险、工程险、责任险、货运险、农业保险、短期健康险、意外险等一切法定产险业务及国际再保险业务。

○保险业务

公司成立初，规范承保服务体系，大力发展保险业务，当年保费收入累计98.86万元。2017年8月，开始为朔州市本级所属行政事业单位、团体组织的车辆提供保险服务。2018年12月，保费收入突破亿元大关，为10 005.36万元。2019年7月，在机构职场内设立机动车登记服务站点，为车主及市民朋友办理车辆登记相关业务。当年保费收入12 128万元（见表4–55）。

表 4–55　　2018—2019 年平安财险朔州中支保险业务统计表　　单位：万元

年份	保费	赔付	财产损失保险					责任险				车商	个人代理	专业代理	电销
			车险	企财险	家财险	货运险	意健险	产品责任险	雇主责任险	公共责任险	职业责任险				
2018	10 980	4 099	10 475	36	13	11	367	73	0	3	1	1 547	4 373	5 054	5
2019	12 128	5 513	11 244	43	22	13	605	156	40	3	2	1 917	4 082	6 118	11

○理赔

2012年4月，上线车险“快易免”服务，包括“车险简单快赔”“人伤案件安心理赔”“免费道路救援”三大理赔便捷服务。2013年12月，开启“平安护航行动”，春节及国庆期间在全市各高速路口的临时服务点为来往车主提供理赔、简易道路救援、食物供给等服务。2014年2月，推出“停车关怀、平安常在”服务举措，为出险车主提供专业的理赔指导及救援服务。12月，开启“新一代车险理赔模式变革”，集合“电话直赔”“微信查勘”“远程定损”“E理赔手持终端”“APP自助理赔”五大线上理赔服务通道，全面优化理赔流程，缩短理赔时效，为客户打造“指尖上的理赔”。2018年12月，推出“不用任何资料”车险信任赔服务，通过人工智能和大数据计算，为安全驾驶的车主提供车险理赔信任额度，车主可在额度内自助理赔。

□ 大地财险

○经营范围

公司业务经营范围主要有企业财产损失保险、家庭财产损失保险、建筑工程保险、安装工程保险、货物运输保险、机动车辆保险、船舶保险、飞机保险、航天保险、核电站保险、能源保险、法定责任保险、一般责任保险、保证保险、信用保险、种植业保险、养殖业保险、短期健康保险、意外伤害保险、经中国银保监会批准的其他业务。

○保费收入

2019年，全险种保费收入6 109万元，同比增长6.82%（见表4–56）。其中：车险保费收入5 659万元，同比增长6.22%；意外险保费收入391万元，同比增长23.65%；健康险保费收入14万元，同比增长37.23%。

表 4-56　2010—2019 年中国大地财产保险股份有限公司朔州中心支公司保险业务统计表

年份	保费/万元	赔付/万元	财产损失保险/万元						责任险/万元				车商/万元	银保/万元	个人代理/万元	专业代理/万元	电销/万元	网销/万元	从业人数/名
			车险	企财险	家财险	货运险	意健险	工程险	产品责任险	雇主责任险	公共责任险	职业责任险							
2010	3 283	1 416	2 999	100	0	6	134	10	0	0	0	0	132	0.43	0	0	0	0	63
2011	4 000	1 615	3 534	120	0	0.4	320	0	0	0	0	0	205	0.69	0	0	0	0	65
2012	4 170	2 058	3 851	72	0	0	215	0	0	0	0	0	47	0	19	15	0	0	66
2013	3 802	1 887	3 417	0.75	0	0	344	0	0	0	0	0	335	0	44	0	0	0	67
2014	4 153	1 818	3 728	64	0	0	304	0	0	0	0	0	230	0	0	0	0	0	63
2015	4 342	2 134	3 968	23	0.55	2	290	0	0	0	0	0	207	0	0	0	0	0	72
2016	4 411	2 131	3 984	7	3	1	350	8	0	0	0	0	205	60	0	0	1 122	0	71
2017	5 356	2 042	4 917	6	3	1	378	0	4	0.62	2	0	716	0	1 190	70	879	66	59
2018	5 719	2 245	5 328	5	1	1	327	8	0	2	2	0	508	0	992	3	1 018	19	64
2019	6 109	2 904	5 659	5	3	16	405	0	0	0.72	0.57	0.08	416	0	2 322	2	682	140	76

○理赔

2018年12月，赔付车险案件被保险人卢某173.22万元。2019年3月，赔付第三者责任险案件被保险人应县永安汽车公交有限公司66.61万元。

□　国寿财险

○经营范围

公司经营范围包括车辆交通事故责任强制保险、机动车辆商业保险、财产损失保险、责任保险、信用保险和保证保险、农业保险、其他财产保险业务、短期健康保险、意外伤害保险及经中国银保监会批准的其他业务。销售渠道有个代渠道、互动渠道、车行渠道、电销渠道、银保渠道、重客渠道、责意险渠道等。在辖内各财险公司中，市场份额保持在18%左右。

○保险业务

在保障民生方面，2012年以来，累计为朔州市直机关企业提供大病医疗补充保障金额269亿元，为471人次补助大病超额补充医疗保险报销2 050万元。2017—2019年，累计为全市15万建档立卡贫困户和困难群众提供53亿元的农业生产、家庭财产、人身意外和大病救助等一揽子“扶贫一保通”和“防返贫”保险保障，有力地助力了朔州地区“三年脱贫攻坚”和困难群众的防返贫保障。

在保障生产建设方面，公司成立以来，为朔州右平高速、灵山高速、环城高速、城市基础建设等项目提供工程保险、建筑意外险等各类建设方面的保险保障20亿元。为朔州中煤平朔集团提供企业财产保险、安全生产责任保险和机器损失保险等保障金额达120亿元。

在保障教育方面，作为全省校园方责任险朔州地区唯一中标保险服务商，2012年以来累计为朔州市六区县和市直所有公私立学校提供校园责任保险保障5 996亿元，为全市2 776座学校300万人次中小学生提供校园安全保障。

在保障医疗方面，自2011年起为全市医疗机构提供医疗责任险，累计为36家医院和乡镇卫生所提供保险保障1 000万元。

2019年，已承保和投标的大项目有：朔州市各区县玉米、中草药、奶牛、生猪等各类种植业和养殖业保险、市政府采购车辆保险、市直单位大病补充保险、朔州市扶贫“一保通”一揽子保险、山西省校园方责任保险（朔州市范围）、公交公司车辆保险、中煤平朔集团财产保险和安全责任险、山西省右纵高速右玉至平鲁段高速公路工程保险等。华电国际山西朔州平鲁区茂华下梨园煤业有限公司\山西朔州平鲁区茂华东易煤业有限公司等企业的财产一切险/雇主责任险/公众责任险、朔州市同煤万通源二铺煤炭运销有限公司财产险等大项目保险。当年保费收入超过1.71亿元，居朔州本地财险市场第二位。

2008—2019年公司业务情况见表4–57。

○理赔

公司成立以来，累计为企业灾害事故赔款320万元。为减轻农户的损失负担，2014年，累计为13.69万农户补偿种植业灾害损失6 300万元、森林灾害损失415万元、养殖业灾害损失1 420万元，有力支持农民的生产生活恢复。

自2011年起，在医疗方面累计为85人次医疗责任事故补偿医疗责任保险557万元。2012年以来，累计为全市942人次校园学生意外伤亡补偿校方责任保险1 175万元。

□ 太平洋产险

○经营范围

公司主要经营机动车辆保险、企业财产保险、货运险、责任险、工程险、信用保证保险、短期健康保险、意外伤害保险及农业保险等业务。公司承保业务涉及电力、汽车、机械、化工、电子、水利、建筑、桥梁、公路、种植业等各行各业、各个领域。现与朔州市300多家大、中、小型企业有着保险合作关系，主要有市政府采购中心、中煤平朔集团有限公司、平朔高速公路建设管理处、苛临高速、晋蒙高速、中电国际神头电厂、山煤集团、中铁集团、晋能集团、电力公司、平鲁区政府、朔州市消防队、能源局、风力发电厂等单位。

○保险业务

2019年，全年实现保费收入6 576万元。其中车险保费收入5 101万元，非车险保费收入483.68万元；农险保费收入990万元（见表4–58）。

○理赔

2017年5月，山阴县关某驾驶晋BMD937号桑塔纳轿车因未看清前方路面情况碰撞行人，致4名行人死亡。公司支付赔款11万元于山阴县交警支队农商行账户。

表 4-57　　2008—2019 年国寿财险朔州中支保险业务统计表

年份	保费/万元	赔付/万元	财产损失保险/万元						责任险/万元			农险/万元						车商/万元	银保/万元	从业人数/名
			车险	企财险	家财险	货运险	意健险	工程险	雇主责任险	公共责任险	职业责任险	奶牛	玉米	马铃薯	小杂粮	能繁母猪、育肥猪	森林			
2008	4 016	691	3 241	41	0.54	349	170	17	196	—	—	—	—	—	—	—	—	1	54	145
2009	4 906	2 058	4 456	85	1	58	116	—	185	—	—	—	—	—	—	—	—	48	7	189
2010	6 803	2 680	6 077	92	4	275	165	46	143	—	—	—	—	—	—	—	—	30	262	207
2011	10 271	3 433	8 681	138	3	402	382	346	318	—	—	—	—	—	—	—	—	171	368	267
2012	13 116	5 345	11 084	269	2	550	672	20	517	—	—	—	—	—	—	—	—	421	1 241	311
2013	15 072	6 894	12 961	285	3	451	617	253	502	—	—	—	—	—	—	—	—	611	1 534	295
2014	18 044	8 750	15 054	234	0.61	566	488	168	541	—	—	95	621	—	2	—	252	1 339	1 257	237
2015	13 783	10 006	10 254	108	0.27	828	711	160	510	—	—	34	847	—	49	—	253	891	458	263
2016	12 023	8 786	8 411	194	1	644	633	28	451	—	—	12	1 274	64	24	—	254	465	311	237
2017	13 913	7 545	9 373	192	61	699	555	72	514	15	—	12	1 950	100	23	—	226	312	267	199
2018	15 812	6 285	9 754	548	147	1 025	698	61	872	12	9	62	1 834	77	—	—	226	332	110	178
2019	17 107	8 830	10 697	401	100	1 069	922	6	1 024	8	10	191	1 838	80	42	510	226	376	52	172

表 4-58　　2008—2019 年太平洋产险朔州中心支公司保险业务统计表

年份	保费/万元	赔付/万元	财产损失保险/万元						责任险/万元			农险/万元				车商/万元	银保/万元	个人代理/万元	专业代理/万元	电销/万元	网销/万元	从业人数/名
			车险	企财险	家财险	货运险	意健险	工程险	产品责任险	雇主责任险	公共责任险	玉米	马铃薯	能繁母猪、育肥猪	森林							
2008	28	2	26	0	0	0	1	0	0	0	0	0	0	0	0	—	—	28	—	—	—	9
2009	264	35	243	12	0.3	0	7	0	0.79	0	0.3	0	0	0	0	—	—	264	—	—	—	20
2010	1 221	237	1 187	10	0.07	0	19	0	0.32	3	2	0	0	0	0	—	—	1 221	—	—	—	23
2011	1 811	540	1 674	0.23	0.8	0	133	0	0.71	0.2	2	0	0	0	0	—	—	1 811	—	—	—	31
2012	2 692	1 036	2 458	3	0.77	3	90	116	3	15	4	0	0	0	0	298	15	2 249	0.08	130	0	33
2013	3 646	1 296	3 430	50	2	4	82	2	6	15	57	0	0	0	0	484	146	2 759	29	228	0.35	40
2014	3 883	2 089	3 737	85	2	4	25	0	8	13	9	0	0	0	0	273	60	3 246	13	289	2	38
2015	3 995	1 904	3 714	66	1	0.67	114	3	71	17	7	0	0	0	0	308	14	2 686	543	440	3	152
2016	3 898	2 217	3 672	50	1	4	142	5	7	1	4	11	0	0	0	261	1	3 170	37	422	7	207
2017	4 518	2 565	3 917	21	0.41	0.48	161	0	30	0.52	100	233	0	0	54	190	0	3 911	103	307	6	302
2018	5 379	2 512	4 506	25	0.07	0.6	119	34	35	3	111	480	11.68	0	54	364	0.12	3 693	1 297	8	16	287
2019	6 576	2 986	5 101	26	1	0.68	125	82	80	66	103	916	2	18	54	354	13	4 888	1 300	8	12	177

□ 阳光财险

○经营范围

公司主要开展车险、财产险、意健险及中国银保监会批复的其他业务。

○保费收入

2019年，开设信用保证保险业务，年累计保费收入达6 438.79万元，同比增长35.3%，车险占比63.77%。其中保证保险年累计保费1 678万元，占比26.06%（见表4–59）。

表 4–59　2014—2019 年阳光财产保险股份有限公司朔州中心支公司保险业务统计表　单位：万元

年份	保费	赔付	财产损失保险						雇主责任险	保证保险
			车险	企财险	家财险	货运险	意健险	工程险		贷款保证险
2014	1 496	751	1 233	33	0.13	0	209	0	18	0
2015	2 704	945	2 276	40	0.15	5	243	0	90	0
2016	3 452	1 310	2 834	47	11	0.72	371	10	169	0
2017	3 677	1 202	3 144	2	0.28	0.07	304	12	214	0
2018	4 759	1 981	4 088	5	6	0.09	391	68	202	0
2019	6 439	2 479	4 106	2	0.77	0.07	460	9	183	1 678

○理赔

2016年8月、2017年5月，承保工程机械险在同一保期内出险2次，共计赔付226万元。2019年10月，承保平鲁区紫河公共客运公司公交车晋F1518X在井坪胜利路西侧与骑摩托的戎某（醉驾）发生交通事故，按责赔付91.12万元。

□ 英大财险

○经营范围

公司主要开展业务有财产损失险、责任保险、信用保险和保证保险、短期健康险和意外伤害保险业务。特色业务有：团体意外险主要针对电力施工建设人员办理的团体意外伤害保险，保额最高至100万元，且费率维持在相应较低水平；英大居民用电人身意外伤害险主要保障家庭用电过程中所有触电意外身故、残疾、烧烫伤；“泰和之家”电网职工个人综合保障计划针对电网职工开发，个人意外、交通意外、意外医疗、家庭财产都涵盖在内，形成风险全覆盖。

○保险业务

2013年，新开拓铁路货运险业务，为铁路货物运输提供风险保障，实现签单保费133.6万元。为提高公司可持续发展能力，2015年，剔除了许多高风险车险业务，如自卸车、搅拌车等。2018年，公司首次承办电力施工人员意外险，为电力工程施工高空工作人员提供意外伤害保障。此类业务是公司紧密围绕服务电力主业而鼓励承保的业务，其中意外伤害险业务19.6万元。

2012—2019年英大财险朔州中支保险业务情况见表4–60。

表 4-60　　2012—2019 年英大财险朔州中支保险业务统计表

年份	保费/万元	赔付/万元	财产损失保险/万元						责任险/万元		其他/万元	个人代理/万元	专业代理/万元	电销/万元	网销/万元	从业人数/名
			车险	企财险	家财险	货运险	意健险	工程险	雇主责任险	公共责任险						
2012	14	0.44	14	0	0	0	0	0	0	0	0	0	0	0	0	20
2013	1 313	247	1 162	0	0.37	134	16	0	0	0.58	0	0	2	251	0.1	20
2014	925	512	834	0	0.03	86	5	0	0.41	0	0	41	0	311	0	20
2015	583	505	521	13	0.91	39	8	0	0.52	0	0	356	—	214	7	19
2016	765	311	714	0	0.02	0	14	0	0.82	10	27	449	28	57	49	18
2017	610	231	591	0	0.03	0	15	0	3	0.67	0	121	350	0	0	17
2018	584	703	561	0	0.35	0	20	3	0	0.27	0	0	62	0	0.56	17
2019	674	451	654	0	0.12	0	20	0	0	0	0	119	2	0	0.14	17

□ 中煤财险

○经营范围

公司主要经营企业财产保险、家庭财产保险、工程保险、机动车辆保险及第三者责任保险、货物运输保险、农业保险和各种责任保险、信用保险和保证保险、人身意外伤害保险、短期健康险等业务，经中国保险监督管理委员会批准的其他项目。

○保险业务

2013年，开始销售机动车辆保险、企财险、家财险、货运险、意健险、工程险等险种。其中承保股东中煤平朔集团公司工程险业务，保费收入61.35万元，提供风险保障3.2亿元；和中国人寿、中国太平洋共保山西显王煤业、平鲁区茂华万通源、东易、白芦公司财产险业务，保费收入67.32万元，提供风险保障40亿元。

经省政府和山西保监局批准，2014年，中煤公司成为山西省可以经营农险业务的三家公司之一，公司在朔城区、怀仁县开展试点，承保政策性玉米种植保险业务，保费收入64.79万元。

经过三年发展，公司在市场上赢得良好口碑。2015年，作为主承保商承保平鲁国强煤业公司企财险业务，保费收入63万元。和朔州恒义保安公司合作，为全市200多家中小商户提供个体工商户企财险保险服务，风险保障达到2 125万元。2016年，成功中标右平高速公路路基面第四合同段工程一切险项目，保费收入209万元，提供风险保障9.27亿元。2017年，公司改革转型发展，车险业务不再经营营业性大货车，整体保费规模有所减少。

受两次车险费改影响，2019年，车险保费规模进一步缩小，公司经营方向有所调整，责任险、农险成为支柱险种，两个险种加起来，业务占比47%，接近50%。在朔州所有保险主体中，市场排名居第五位。

2013—2019年中煤财险朔州中心支公司保险业务情况见表4-61。

表 4-61　　2013—2019 年中煤财险朔州中心支公司保险业务统计表

年份	保费 / 万元	赔付 / 万元	财产损失保险 / 万元						责任险 / 万元		农险 / 万元			车商 / 万元	个人代理 / 万元	专业代理 / 万元	从业人数 / 名
			车险	企财险	家财险	货运险	意健险	工程险	雇主责任险	公共责任险	玉米	马铃薯	森林				
2013	1 316	142	1 107	67	0.55	0.16	46	61	18	3	—	—	—	—	489		55
2014	3 846	903	2 984	239	0.38	0.2	123	244	19	2	65	—	—	—	2 716		59
2015	4 077	968	2 992	520	0.43	0.24	38	43	49	13	292	—	—	—	2 732		64
2016	4 012	1 350	3 078	4	0.31	45	7	217	22	0.73	536	16	—	—	2 989		51
2017	3 562	1 962	2 051	0.81	0.59	58	4	4	32	0.73	1 241	5	49	994	1 112	70	48
2018	4 161	1 332	2 378	2	2	73	11	2	55	3	1 414	8	49	886	1 264	86	46
2019	3 550	1 383	1 586	2	2	98	11	21	47	2	1 559	16	49	130	1 232	95	42

○理赔

公司建立覆盖全市各区、县、市的车险、非车险、农险理赔专职服务队伍。建立多元化车险高效理赔服务，通过查勘员现场查勘理赔、总公司集中作业中心线上远程查勘理赔、查勘员推送微信APP远程查勘理赔的方式，实现各类车险事故的方便、快捷服务。同时，对于车险万元以下小额案件，采用电子单证或“六合一”理赔单证，最大限度简化客户办理理赔所需的相关手续。另外，对万元以下小额案件按照1日、2日、5日结案率进行考核，提高结案时效。建立专业化非车险理赔服务，由人伤岗和物损岗分别受理各类非车险涉人伤和非人伤理赔案件，进行案件查勘、跟踪、资料收集、定损等全流程理赔服务。

2014年8月，山西中煤担水沟煤业有限公司9201工作面涌水事故，赔付机器损坏保险各类财产损失167.06万元。2015年6月，红旗渠建设集团有限公司高空作业掉落死亡事故，赔付建筑工程施工人员团体人身意外伤害保险94.5万元。2018年8月，应县一机车开车门撞倒三轮电动车驾驶人造成严重受伤，交强险及商业三者险赔付人伤各类损失项目112万元。

□　永安财险

○经营范围

公司主要开展企业财产损失保险、家庭财产损失保险、建筑工程保险、安装工程保险、货物运输保险、机动车辆保险、船舶保险、能源保险、一般责任保险、保证保险、信用保险（出口信用保险除外）、短期健康保险、意外伤害保险、经中国银保监会批准的其他财产保险业务。

○保费收入

2019年，实现保费收入2 838万元（见表4-62），其中车险保费收入2 759万元，意健险保费收入45万元。全年支付各类保险赔款与给付741.82万元，其中车险赔款736.39万元，财产险赔款2.63万元，意健险赔款2.80万元。

表 4-62　　2013—2019 年永安财险朔州中心支公司保险业务统计表

年份	保费/万元	赔付/万元				财产损失保险/万元					公共责任险/万元	个人代理/万元	专业代理/万元	从业人数/名
		总计	车险	财产险	意健险	车险	企财险	家财险	货运险	意健险				
2013	404	37	36	0.01	1	362	8	0.02	—	33	2	—	—	7
2014	761	189	186	0	4	737	0.1	—	—	23	0.63	—	—	7
2015	1 028	355	347	0	9	1 013	0.36	—	—	14	0.54	—	—	10
2016	1 819	410	409	−2	3	1 805	—	0.11	—	8	6	1 579	42	10
2017	2 339	866	473	−3	0.77	2 325	2	0.37	—	9	3	2 020	157	10
2018	1 889	917	916	−3	1	1 689	4	0.05	—	26	169	1 420	273	15
2019	2 838	742	736	3	3	2 759	2	—	0.19	45	30	2 266	489	20

□ 紫金财险

○经营范围

公司经营范围包括财产损失保险、责任保险、信用保险和保证保险、短期健康保险、意外伤害保险及经中国银保监会批准的其他业务。主要业务为家用车车险业务。主要产品为交强险、商业险、驾乘私家车意外险、综合意外险、百万医疗险等。

○保险业务

公司成立初，开始单独销售涉及机动车辆保险、意外伤害保险、家庭财产保险等险种。2014年，手机移动查勘项目启动，推动客户服务走进“e时代”。2015—2016年，公司聘请有销售经验的销售人员，扩大团队，与朔州市一家代理公司协作，有效推动车辆保险。2017年，开通全国统一服务专线95312，为保户报案、理赔咨询服务项目提供更好咨询。

2018年至2019年，开办的险种主要有车险、企财险、家财险、意外险、健康险、货运险等8大类（业务情况见表4-63），网销非车小险种共计20多个品种。2019年4月，与山西中泰律师事务所洽谈，开办首单律师职业责任保险，收取保险费2 830.19元。

表 4-63　　2013—2019 年紫金财险朔州中心支公司保险业务统计表

年份	保费/万元	赔付/万元	财产损失保险/万元					车商/万元	银保/万元	个人代理/万元	专业代理/万元	从业人数/名
			车险	企财险	家财险	意健险	货运险					
2013	85	8	78	0	—	0.35	7	—	—	—	—	10
2014	453	69	446	0	—	6	0.69	—	—	—	—	12
2015	622	323	619	0	0.38	0.93	0.23	37	—	—	371	14
2016	1 403	366	1 399	0	0.32	3	0.22	111	113	—	615	14
2017	1 406	368	1 399	0	0.32	6	0.22	264	—	—	900	16
2018	1 526	631	1 517	0	1	7	0	327	0.99	—	1 003	16
2019	1 489	685	1 458	14	0.16	17	0	400	—	—	580	15

□ 太平财险

○经营范围

公司经营范围有财产损失保险、责任险、信用保险和保证保险、短期健康保险和意外伤害保险，上述保险业务的再保险业务，经中国银保监会批准的其他业务（依法须经批准的项目，经相关部门批准后方可开展经营活动）。公司提供企业财产、工程、车辆、船舶、飞机、货物运输、企业责任、人身意外及健康、巨灾和特殊风险等1 000余款产品。主要产品有极速理赔、人伤无忧、掌上管家和优享服务等。与省内主要银行、大型企业建立战略合作关系，为航空航天、能源化工、煤炭冶金、交通运输、金融卫生等重要行业及政府行政单位、广大中小企业及个人客户提供全方位的风险保障。

○保险业务

2019年7月，公司承保怀仁市城市环卫服务中心团体意外险，保费30万元，保险金额2亿元。当年，公司车险保费收入实现3 072万元（见表4–64），市场排名第八。

表 4–64　2014—2019 年太平财险朔州中心支公司保险业务统计表

年份	保费/万元	赔付/万元	财产损失保险/万元						责任险/万元		个人代理/万元	专业代理/万元	电销/万元	网销/万元	从业人数/名
			车险	企财险	家财险	货运险	意健险	工程险	雇主责任险	公共责任险					
2014	129	3	117	0	0	0.34	10	0	0	0	0	0	34	0	10
2015	1 082	104	1 029	0.33	0.29	2	41	0	0.84	0.25	207	18	89	23	11
2016	1 755	474	1 714	0.22	3	1	24	0	2	0.25	198	0	0	62	14
2017	2 175	562	2 104	2	2	0	31	0	2	0.37	531	1	0.2	276	17
2018	2 754	1 001	2 650	25	2	0	70	0	6	0.29	132	190	0.77	542	25
2019	3 263	1 054	3 072	33	0.8	0	139	3	0	0.18	1 214	35	0	14	31

○理赔

公司开通“智定损”线上理赔，拨打客服电话95589，即可通过视频连接进行远程查勘定损，无须等待查勘人员现场查勘定损，从而实现极速理赔。

2017年6月，公司承保晋F92111奔驰车驾驶员无证醉酒驾驶，造成第三者人员张某死亡、晋F92111奔驰车受损的双方道路交通事故。2019年5月，赔付被保险人81.54万元足额到位。

□ 天安财险

○经营范围

公司主要承保人民币、外币的各种企业财产损失保险、家庭财产损失保险、建筑工程保险、安装工程保险、货物运输保险、机动车辆保险、信用保险（出口信用险除外），短期健康保险和人身意外伤害保险、经总公司授权的其他财产保险业务。

○保险业务

公司成立第二年，开始发展销售涉及机动车辆保险、意外伤害保险、家庭财产保险、企业财产保险等险种。成功承保山西中煤平朔宇辰有限公司产品质量保证保险，保费收入33万元。承保山西京玉发电有限责任公司财产一切险与机器损坏险，保费56.1万元。同时与市建行、市农行、市中行合作开展理财险业务，承保保费11.27万元。

2016年，开展公众责任险，承保朔州市海苑酒店有限公司公众责任险及财产一切险，保费分别为1.6万元、2.4万元。承保朔州四季华昱大酒店有限公司财产一切险及机损险，保费15.3万元。同时续保山西京玉发电有限责任公司财产一切险与机器损坏险，保费6.97万元。

2017年，成功续保山西中煤平朔宇辰有限公司产品质量保证保险，保费31.35万元。同时拓展道路客运承运人责任保险，承保朔州飞马国际旅行社有限责任公司道路客运承运人责任保险，保费1.65万元。

新拓物业管理责任保险。2018年，承保朔州市泰信物业服务有限公司物业管理责任保险，保费2.88万元。继续开展道路客运承运人责任保险，承保朔州飞马国际旅行社有限责任公司责任险，保费11.96万元。

新拓道路危险货物承运人责任险。2019年，承保朔州市恒通油品运输有限公司责任险，累计保费2.16万元。继续拓展朔州飞马国际旅行社有限责任公司道路客运承运人责任保险，保费12.57万元。同时新拓电梯责任险，累计承保保费2.23万元。

2014—2019年天安财险朔州中心支公司保险业务情况见表4-65。

表 4-65　　2014—2019 年天安财险朔州中心支公司保险业务统计表

年份	保费 / 万元	赔付 / 万元	财产损失保险 / 万元			责任险 / 万元		从业人数 / 名
			车险	企财险	工程险	产品责任险	公共责任险	
2014	47	0.4	47	0	0	0	0	25
2015	689	12	661	28	0	0	0	38
2016	491	196	429	27	0	33	2	20
2017	691	246	660	0	0	30	2	12
2018	782	183	751	0	0	30	1	16
2019	1 132	299	1 055	1	40	30	6	13

□　永诚财险

○经营范围

公司业务经营范围有财产损失保险、责任保险、信用保险和保证保险、短期健康保险和意外伤害保险、经中国银行保险监督管理委员会批准的其他项目。主要开展车险及非车险业务，车险业务规模稳居全省前三。

○保费收入

2019年，公司保费收入2 776万元（见表4-66），在朔州所有保险主体中，市场份额持续保持2个百分点以上，市场排名居第十位。

表 4–66　　2015—2019 年永诚财险朔州中心支公司保险业务统计表

年份	保费 / 万元	赔付 / 万元	财产损失保险 / 万元					公共责任险 / 万元	从业人数 / 名
			车险	企财险	家财险	意健险	工程险		
2015	125	9	125	——	0.01	0.13	—	—	6
2016	1 197	124	1 177	—	0.01	0.42	—	19	6
2017	2 231	629	2 206	—	1	5	—	19	8
2018	2 645	978	2 619	0.4	0.05	3	—	23	17
2019	2 776	1 219	2 686	8	0.15	8	2	72	18

〇理赔

2018年6月，公司承保晋BCE132长城车，因无证驾驶与道路防护墙发生碰撞后造成乘车人李某死亡、驾驶人徐某受伤，晋BCE132长城车受损的单方道路交通事故。2018年12月，共计赔付理赔款31万元。

□　中华财险

〇经营范围

公司主要经营企业财产保险、家庭财产保险、工程保险、机动车辆保险及第三者责任保险、货物运输保险、责任保险、信用保险和保证保险，以及大病保险、人身意外伤害保险、短期健康险等业务、上述业务的再保险业务以及经中国银保监会批准的其他业务。

〇保险业务

公司成立后，开始单独或组合销售涉及机动车辆保险、意外伤害保险、家庭财产保险、企业财产保险等险种，全国统一95585服务专线，客户报案、理赔咨询服务项目，业务稳步增长。12月，正式出单。

2016年，开办的险种主要有机动车辆保险类、企业财产保险类、家庭财产保险类、责任保险类、工程保险类、意外保险类、健康保险类、综合保险类、货物运输保险类、信用保险类等10大类，共计200多个品种。重点推广非车险业务。10月，承保山西中大科技有限公司产品责任保险，保费4.91万元，保险金额500万元。

继续推广非车险业务，拓展了两个重要客户成功投保。2017年4月，承保山西三城天然气有限责任公司财产综合险，保费35.2万元，保险金额37 311万元。2018年，开始拓展线上出单渠道，主要是共享保出单平台，家庭自用车直接在平台上出单。重点拓展营业货车渠道，在非车险领域中拓展燃气业务。4月，承保山西三城天然气有限责任公司财产一切险，保费35.28万元，保险金额37 337万元。

重点开展电销渠道和车商渠道。2019年，在朔城区范围内与10余家车行达成协议，电销渠道初具规模，达到15人。从2016年一直合作的燃气公司业务继续投保，单笔保费40万元，燃气保险业务规模不断扩大，由上一年的1 658户上升到2 312户。4月，承保山西三城天然气有限责任公司财产一切险，保费40.38万元，保险金额42 792万元。6月，签单保费259.5万元。当年保费收入1 606.17万元，同比增长–49.09%，市场份额1.55%，行业排名第八。

2015—2019年中华财险朔州市平朔矿区支公司业务情况见表4–67。

表 4-67　　2015—2019 年中华财险朔州市平朔矿区支公司业务统计表

年份	保费/万元	赔付/万元	财产损失保险/万元				责任险/万元				车商/万元	个人代理/万元	专业代理/万元	电销/万元	网销/万元	从业人数/名
			车险	企财险	家财险	意健险	产品责任险	雇主责任险	公共责任险	职业责任险						
2015	75	0.27	63	0.59	0	7	2	0.05	0.63	1	0	62	0	9	4	12
2016	1 418	195	1 324	13	0.43	30	7	0.14	40	3	0	1 372	0	17	29	14
2017	2 623	537	2 510	49	1	24	5	34	0	0	70	2 389	0	0.22	164	14
2018	3 155	1 573	3 015	49	12.79	25	0	0	58	0	237	1 815	977	29	97	16
2019	1 606	2 731	1 451	77	7.38	39	0.94	0	31	0	492	640	108	259	106	22

○理赔

公司为进一步加快小额案件处理速度，开通线上理赔。查勘员现场为客户提供服务监督卡，方便客户下一步工作沟通并提供意见。

2018年12月，标的车晋B94870被武某驾驶J1X334W追尾，三者武某、张某经抢救无效死亡，公司支付赔款61.22万元。2019年7月，赔付一笔乘运人责任险业务，此业务为与大地共保业务，支付金额131.87万元，这是公司成立以来赔付金额最高的一笔。

□　安诚财险

○经营范围

公司经营范围包括财产损失保险、责任保险、信用保险和保证保险、短期健康保险和意外伤害保险、经中国保险监督管理委员会批准的其他项目。

○保险业务

2016年，开办的险种主要有机动车辆保险类、企业财产保险类、家庭财产保险类、责任保险类、意外保险类等多个险种大类。当年，保费收入1.94万元。

公司第一单财产综合险在2017年3月通过核保，签单保费105.65万元，保险金额6.36亿元，且连续三年在公司承保。5月，开通全国统一95544服务专线，提供客户报案、理赔、承保咨询服务项目。经办财产基本险，与安保公司合作签单，承保企业财产保险，1~12月共签单保费32.74万元，且连续合作签单3年。

经办财产综合险。2018年，与大型煤矿公司合作签单，承保企业财产综合保险，签单保费99.31万元；1—6月承保10吨以上营运型大货车交商业务，保费收入275.08万元。

经办责任保险。2019年7月，合作签单雇主责任险，收取保费20.94万元。6~7月，合作签单道路客运承运人责任险，收取保费10.03万元。

2017—2019年安诚财险朔州中心支公司保险业务情况见表4-68。

表 4-68　　2017—2019 年安诚财险朔州中心支公司保险业务统计表

年份	保费/万元	赔付/万元	财产损失保险/万元				雇主责任险/万元	从业人数/名
			车险	企财险	家财险	意健险		
2017	608	53	536	71	—	0.71	1	9
2018	457	222	371	85	—	0.75	—	9
2019	361	317	269	61	—	5	26	8

○理赔

2018年，承保10吨以上大货车业务，大货车出险频率较高，共支付赔款107.05万元。2019年，上半年承保10吨以上大货车业务，共支付赔款22.28万元。理赔案件结案率为97.52%。

□ 渤海财险

○经营范围

公司经营范围包括财产损失保险、责任保险、信用保险和保证保险、短期健康保险和意外伤害保险、经中国保险监督管理委员会批准的其他项目。

○保费收入

2019年末，公司共实现保费收入554.65万元。财产损失保险共548.15万元，其中车险545.67万元，货运险1.58万元，意健险0.9万元。全年支付各类保险赔款与给付113万元。

第十五章

证券机构

第一节　山西证券

2012年2月，山西证券朔州分公司期货IB业务资格通过证监局验收，展业以来，开户数379户，其中股指期货51户，商品期货328户。6月，融资融券业务资格通过验收，客户数1 766户，融资总额15.7亿元。2014年5月，取得期权业务展业资格。2015年5月，开通第一个个股期权账户。2019年末，累计开户数121户。

2019年，服务客户6.55万户，其中43户B股账户，AUM资产37.16亿元，产品AUM 12.16亿元。已发行货币型、指数型、债券型、股票型等多只基金，包括：山西证券超短债债券型证券投资基金（A/C），基金规模9.09亿元；山西证券改革精选灵活配置混合型证券投资基金，规模1.03亿元；山西策略灵活配置混合型证券投资基金，规模0.47亿元；山西中证红利ETF，规模0.45亿元；山西证券品质生活混合型证券投资基金，规模3.41亿元等。为山西晋坤矿产品股份有限公司新三板挂牌企业提供持续督导服务；推荐山西北方北斗信息技术股份有限公司、怀仁市金沙滩羔羊肉业股份有限公司、右玉县图远实业股份有限公司、山西祥和岭上农牧开发股份有限公司、山西绿源康达肉类食品有限公司完成股份制改造；山西北方北斗信息技术股份有限公司、怀仁市金沙滩羔羊肉业股份有限公司完成晋兴板挂牌。

第二节　大同证券

□ 经纪业务

2010年，大同证券朔州分公司营业部秉承公司“诚信立业、稳健经营、规范发展、求实创新”的宗旨，稳步开展业务。年末，成交金额2 359.98万元。2015年，围绕“公司平台化、资源共享化和客户价值最大化”的原则，营业部业绩快速发展。年末，成交金额达57.16亿元。2019年末，成交金额达122.32亿元。

□ 融资融券业务

2014年2月，推广融资融券业务，通过情景演练、培训测试等，筛选合适客户进行推荐。年末，成交金额1 402.08万元。2019年末，成交金额3.85亿元。

□ 期货IB业务

2016年，与海航期货公司合作，开展期货IB业务。年末，资产存量10.25万元。2019年，增加瑞达期货公司的IB业务。年末，资产存量22.79万元。

第五篇

综合篇

上篇

党　建

第一章

党建工作

第一节　党组织架构

□　市人行党委

1989年2月，朔州分行党组设立，是原省人行党组派出的二级分行党的领导机构。1998年9月，中共中国人民银行山西省分行委员会（晋银党〔1998〕19号）决定将朔州分行党组改为党委，同时设立党的纪律检查委员会，垂直领导本系统的党组织和党员干部。1999年1月1日，中国人民银行朔州分行更名为“中国人民银行朔州市中心支行”，朔州分行党委随之更名为“中国共产党中国人民银行朔州市中心支行委员会”（下称朔州市中支党委），隶属中国人民银行天津分行党委领导。

1999年朔州市中支党委成立至今，下设中支机关党委，同时中支党委直接领导党委办公室、党委组织部、党委宣传群工部（工会办、团委）以及辖内5个县支行党组。其中，机关党委领导市机关内各党支部和5个县支行党支部。

5个县支行党组：中共中国人民银行平鲁区支行党组、中共中国人民银行山阴县支行党组、中共中国人民银行右玉县支行党组、中共中国人民银行应县支行党组、中共中国人民银行怀仁市支行党组。

5个县支行党支部：平鲁区支行党支部、山阴县支行党支部、右玉县支行党支部、应县支行党支部、怀仁市支行党支部。

中支机关17个党支部：办公室党支部、货币信贷管理科党支部、金融稳定科党支部、调查统计科党支部、会计财务科党支部、支付结算科党支部、科技科党支部、货币金银科党支部、国库科党支部、内审科党支部、人事科党支部、征信管理科党支部、外汇管理科党支部、宣传群工部党支部、纪委监察室党支部、保卫科党支部、机关退休干部党支部。

□　市人行纪委

1994年12月，朔州市纪委派驻金融系统纪检组，设在市人行，与金融系统监察室合署办公，纪检组长和监察室主任由一人（副处级）担任，并参加党组。1998年9月，根据《关于成立中共中国人民银行朔州分行纪委及段仁勇任职的通知》（晋银党〔1998〕25号），成立中共中国人民银行朔州分行纪律检查委员会，纪检组改为纪委（纪委和监察室合署办公），接受同级党委和上级行纪委双重领导。

□ 市人行机关党委

1989年2月，朔州分行批准成立，同时成立朔州分行党支部，隶属朔州市直机关工委领导。

1998年10月，根据《完善中国人民银行分支机构党的领导体制的实施意见（暂行）》（晋银党〔1998〕4号）精神，朔州分行党支部与朔州市直工委脱离党的领导关系，接受中国人民银行党的垂直管理。

1999年5月，成立中共人行朔州市中心支行机关委员会。根据（津银党发〔1999〕18号）文件精神，经中共中国人民银行朔州市中心支行第一次党员代表会议选举，并经中共中国人民银行朔州市中心支行委员会1999年5月11日会议研究，批准成立中共中国人民银行朔州市中心支行机关委员会（朔银党字〔1999〕32号）。

第一届机关党委（1999年5月—2002年3月）宋立新任书记，吴树斌任副书记（专职），蔡如刚、赫太、任万明、胡春发、张中华任委员。2001年8月14日，机关党委委员进行调整。宋立新任书记；杨钧、张中华、王生明、吴树斌、李荣、张志强、刘连根、管相恒、任万明、焦文任委员。

下辖8个党支部：机关第一党支部、机关第二党支部、机关第三党支部及县支行5个党支部。

第二届机关党委（2002年3月—2005年3月）赵福任书记，杨钧、张中华、王生明、吴树斌、李荣、张志强、刘连根、管相恒、任万明、焦文任委员。

第三届机关党委（2005年3月—2010年12月）胡春发任书记，王宽寿、李青梅、吴树斌、邱继岗、张志强、杨春艳、廖玉萍、管相桓任委员。2009年5月，机关调整划分为六个党支部（其中第六党支部为退休干部党支部）。

第四届机关党委（2010年12月—2017年1月）罗宏元任书记，廖玉萍、康增录、杜彩云、冯国慧、王红、刘为民、张一富、李树海任委员。2014年5月，中支机关以科室为单位划分为14个党支部，科室负责人为该党支部划分的召集人，分管领导划入分管部门，退休、退职党员组成“退休干部党支部”。

第五届机关党委（2017年1月至今）罗宏元任书记，冯国慧、刘为民、杜彩云、寇永春、廖玉萍、裴晓波任委员。随着科室党员数量的增减，到2019年中支机关党支部数量增加到17个。

□ 县人行党组

1999年4月，经中共中国人民银行朔州市中心支行委员会27日会议研究，决定成立县（区）支行党组，由朔州市中心支行党委领导。

□ 县人行党支部

1949年至1982年，县人行组建以来，党组织关系一直隶属于当地县直机关工委领导，设党的支部，支部书记由行长兼任，重大决定及人事任命由党支部研究决定；1982—1989年，相关决定由行长办公会研究通过；1989—1999年，市人行辖区下的6个县支行（含1998年撤并的原朔城区支行）相关重大决定还是由行长办公会研究通过。

1999年4月27日，经中共中国人民银行朔州市中心支行委员会会议研究，决定成立县（区）支行机关党支部，归朔州市中心支行机关党委管理。

第二节　朔县人行党建活动

□　三反运动

朔县人行设立初期，开展“反贪污、反浪费、反官僚主义”的“三反”运动，1952年1月，全行44名干部全面开展坦白、检举、领导带头检查和普遍检查工作。经过检查发现，总计被贪污钱款9 200万元（第一套人民币，于1955年以10 000：1折算成钱），追回赃款3 904万元。贪污千万元以上，受刑事处分的4人（送法院判刑的3人，机关管制的1人），受行政撤职处分的1人；贪污百万至千万元的行政处分3人（撤职的1人，开除1人，记过1人），行政免予处分的3人，未作处理的1人；贪污百万元以下的受行政处分的2人（记过1人，降职1人）。其中贪污最多是副行长苑丽声，贪污1 427万元，在三反运动中拒不坦白，乘机潜逃，抓捕后送人民法院法办。通过三反，清除部分贪污、腐化堕落分子，纯洁了组织，巩固了革命队伍，提高了全体干部的社会主义觉悟，有力地抵制了资产阶级腐朽思想对革命队伍的腐蚀，巩固了人民银行基层行根基。

□　上山下乡劳动锻炼

按照中共中央“整风运动的指示”，朔县人行在1957年进行了“反对官僚主义、宗派主义、主观主义”整风运动。5月开始“大鸣大放”，6月开始“反右派斗争”。通过辩论，个人主义及其资产阶级的名利思想有了扭转，特别是在进行“上山下乡”劳动锻炼活动中，大部分员工积极报名，要求“上山下乡”当农民、锻炼自己。暂留机关的干部要求一个人顶两个人的工作，将“上山下乡”同志的工作担负起来。支行与办事处下放与上山下乡者达41人。通过“上山下乡”运动，朔县人行大多数干部受到锻炼，阶级觉悟上有了提高，坚定了走社会主义道路的信心。

□　干部鉴定工作

为进一步提高干部思想促进工作，真正成为具有共产主义风格“又红又专”、名副其实的革命干部，1958年2月，朔县人行开展了一次普遍性的干部鉴定工作。一是政治挂帅，领导亲自带队消除干部思想顾虑；二是采取个人先书面总结检查，然后在党小组会上自我检查、小组鉴定、批评与自我批评，做到“上下结合、内外结合、同志与同志之间”三结合。工作中，个人检查时间较长、小组鉴定时间较短，既节约了时间，又使每名同志真正从思想上接受了小组对其的鉴定，从团结—批评—团结的愿望出发，开展了大鸣大放大辩论，对较大的思想问题及不良工作作风问题，开展了分析批判鸣放辩论，做到了以少数教育了全体，参加鉴定人员43名，其中第一类（优秀）23名，第二类（良好）12名，第三类（及格）7名，另有1名在派未进行站队。最后填入干部鉴定表，归放到人事和个人档案。

□ “五反”运动

在朔县县委领导下，1963年朔县人行开展了“五反”运动和社会主义教育运动，揭露出铺张浪费、分散主义、官僚主义、“走后门”、贪污盗窃、投机倒把活动等问题，认清在金融部门中阶级斗争形势，打击资本主义势力。

□ 工业学大庆　农业学大寨

1964年，中共中央号召“工业学大庆、农业学大寨”。朔县人行在朔县党政和上级行统一领导下，以阶级斗争为纲，积极参加了社会主义教育运动，通过学习毛主席著作、工业学习大庆、农业学习大寨和学习解放军等先进单位的经验，促进全行干部思想的革命化。同时辅之以“五好单位”“六好职工”为内容的比学赶帮超竞赛活动，机关工作面貌有了显著变化，在任务大、人员少、新手多的情况下，工作反而更加细致扎实。在完成好信贷、会计、出纳等业务的基础上，重点完成收兑苏印三种票子（由于国内印钞生产能力不足，又缺少高档专用印钞纸，因此面额3元、5元、10元的人民币由国内设计绘样，委托苏联代印，称为苏印“三种票”）964 838.5元的任务，在公安、武装部门的支持和配合下，做到市场物价稳定，群众思想安定，社会秩序正常。

□ “四清”运动

1964年至1966年，开展“清政治、清思想、清组织、清经济”的“四清”运动。支行有16名干部下基层开展“四清”“蹲点”“搞中心工作”，帮助基层所、社干部进行“洗手洗澡”，自我检查和改正存在的问题，下基层干部占当时县支行干部职工总数的32.6%。

□ 大学《毛泽东选集》

1965年至1976年，朔县人行坚持用毛泽东思想教育全行干部职工。利用每天下班一小时时间，重点学习《共产党宣言》《矛盾论》《实践论》《反对自由主义》等马列主义书目和毛泽东著作1~4卷。在学习中，建立理论学习领导组、开办“职工夜校”、选拔理论辅导员、培养党团员理论骨干、轮训基层所社干部职工，探索形成了“八个活动”学习方法，即坚持读书会定期活动，写心得体会人人活动，图书阅读随时活动、四个教育反复活动（阶级斗争、革命传统、形势教育、共产主义大目标）、党团课制度坚持活动、业务学习配合活动、通讯报道常年活动、文艺体育业余活动、劳动竞赛认真活动。同时，在“职工夜校”设立了一柜（图书柜）、一榜（光荣榜）、五个专栏（学习与批判栏、小组讨论栏、决心书栏、好人好事栏、劳动竞赛栏）。

□ 学习党的十一届三中全会精神

党的十一届三中全会于1978年12月18日胜利召开后，支行党支部在1979年1月3日相继召开各办公室、营业所、信用社主任和支行全体干部职工的各种会议，认真学习十一届三中全会公报及报刊重要社论文章。建立了每星期一、三、五晚上学习两小时制度，一晚上学习政治，两晚上学习业务。经过学习，加深了对“十一届三中全会向全党、全国人民发出从1979年起‘把工作着重点转移到经济工作和社会主义现代化建设上来’的号召”的理解，保证了全党工作着重点在支行工作的顺利转移，全县金融工作出现了一个崭新的局面。1980年，组织职工认真学习“党内政治生活的若干准则”、邓小平副主席“关于目前形势和任务的报告”等文件，教育职工把银行的各项细微工作和实现“四个现代化”大目标联系起来，主动出力献策，从我做起，从现在做起。

□ 学习《邓小平文选》

《邓小平文选》的出版和发行，是我国人民政治生活中的一件大事。1983年，支行组织干部职工开展学习，一方面选送部分领导骨干离职参加县党校培训班，作为行内学习的辅导教师；另一方面各个股室选出重点篇目集体学习，其余篇目要求自我学习。到10月底，全行干部职工通读了《邓小平文选》。此外，紧跟形势，还选学了“十二届二中全会公报”，“中共中央关于整党的决定”、“三中全会以来重要文献选编”等有关文件资料。

□ 1985年整党工作

1985年11月，朔县人行党支部在地方党委和上级行党组的统一安排部署下，参加了朔县第二期第二批整党工作。在整党中，党员干部认真学习了整党和端正党风的一系列文件，以自查、互查、开展面对面的批评和自我批评为手段，查纠工作中存在的各类问题。坚持边整边改的方针，联系党支部和党员个人的思想实际、工作实际，按照整党要求，进行党支部和党员个人的对照检查，揭露问题，查找根源。查出并纠正了党支部工作中存在着的“治党不严，好人主义，工作作风不扎实”等6个方面的问题，提出了抓好党性、党风、党纪教育、提高党员素质的“四起、四性”工作方针，即：从领导抓起、从现实抓起、从基础抓起、从制度抓起，教育的及时性、经常性、针对性、多样性，重新制定和完善了党内各项制度。在整党验收中，支部6名正式党员全部合格予以登记，1名预备党员也在整党结束后按期转正。

□ 坚持四项基本原则

1987年，全行紧密围绕党中央提出的在政治思想领域深入进行坚持四项基本原则，坚决反对资产阶级自由化思想教育。首先，组织全体干部职工认真学习党中央有关文件，领会精神实质，用党的政策武装头脑，认识到反对资产阶级自由化的重要性、迫切性、必要性。其次，引导干部职工在头脑里树立明确的是非观念，党支部多次组织干部职工用“积极发言、各抒己见、大家讨论、共同提高”的方法，一些老党员用自己的亲身经历和切身体会，说明资本主义在中国行不通要不得，我们搞改革、开放，目的是吸取西方资本主义国家的先进的科学技术和管理方法，而不是“全盘西化”，从而使大家分清了实行对外开放与“全盘西化”的界限。再次，党支部积极引导干部职工联系自身生活提高的过程，用分析、对比、算账的方法，认识社会主义制度的优越性，认识党的十一届三中全会以来政治、经济、文化生活方面发生的巨大变化，认识党的开放、搞活政策的正确性，认识保持艰苦奋斗、勤俭建国优良传统的必要性。

第三节　市人行党建活动

□　三个整顿　两个学习

1994年，朔州分行集中开展“思想整顿、纪律整顿、作风整顿”和“学习《邓小平选集》第三卷、党的十四届四中全会精神”活动，加强对区、县支行班子和中层领导干部的思想建设、作风建设、纪律建设，澄清了一些糊涂观念、清除了一些不正确认识，干部队伍思想认识、作风纪律得到进一步加强。

□　三讲教育

市人行党委班子在天津分行党委的领导和以李玉珂为组长的天津分行巡视组指导下，于1999年9—11月开展了“讲学习，讲政治，讲正气”的“三讲”教育。经过思想发动、学习提高，自我剖析、听取意见，交流思想、开展批评，认真整改、巩固成果4个阶段，展开了深刻的马克思主义教育。市县两级领导班子及其成员、全体党员干部参加了教育活动。

活动期间，全体党员研读中央规定的《反对自由主义》《整顿党的作风》《为人民服务》《领导干部一定要讲政治》等38篇必读内容。向副科级以上干部发出征求意见33份。找个别干部谈话、设置群众意见箱等多形式、多方面征求党委班子及成员和行级领导在党性党风方面意见和建议168条。召开领导班子及成员党性党风剖析会、专题民主生活会，党委班子成员依次进行了批评与自我批评。召开总结大会，从思想上对开展“三讲”教育以来的收获和体会进行了梳理和总结，在一些重大问题上提高认识，巩固“三讲”教育的成果。

□　保持共产党员先进性教育活动

在天津分行党委的领导和天津分行第五督导组组长温水清一行的具体指导下，市人行党委于2005年8—12月完成了“学习动员、分析评议、整改提高”三个阶段的保持共产党员先进性教育活动。活动把提高基层行党委班子执政能力为着眼点，认真解决党委班子及成员在思想、组织、作风、工作方面存在的突出问题。市县两级分支机构党委（党组）班子，辖内8个党支部和全部176名党员参加。

活动期间，广大党员认真学习了《党章》、毛泽东同志《中国共产党的三大作风》、邓小平同志《一靠理想二靠纪律才能团结起来》《胡锦涛总书记在新时期保持共产党员先进性专题报告会上的讲话》等内容。中支党委班子共对辖内8个党支部、机关16个职能科室和当地财政、工商、税务、统计局、市级各商业银行、农发行、朔城区信用联社等10个单位发放《征求意见卡》34份，征集各类意见、建议324条。中支党委成员及处级干部组织座谈、谈心会37次，集体座谈或个别谈心交流350余人次。辖内8个支部共组织座谈、谈心会64次，481人次参加，发放《征求意见卡》1 018份，收集建议、意见1 049条，座谈、谈心1 081人次。每位党员都撰写了不少于2 000字的个人党性分析材料。召开党员领导干部专题民主生活会，党委委员及行级领导开展了批评和自我批评，提出了许多意见和建议。天津分行督导组组长温水清在教育总结大会上给予高度评价。

会后，研究制定了《朔州中支保持共产党员先进性教育活动分析评议阶段“回头看”督促检查提纲》，中支党委成员分头深入各县支行、各支部组织督促、指导、调研问题整改落实情况。中支行级领导干部深入基层支行40余次，共完成调研课题12项。党委班子测评、地方政府相关部门及各金融机构测评均满意。

□ 特殊党费

“5·12”汶川特大地震发生后，在党中央的坚强领导下，按照天津分行党委的号召，市人行党委带领全体党员干部，同心同德，众志成城，迅速行动起来，无论是在职党员还是退休党员纷纷向党组织交纳了“特殊党费”，表达对灾区人民的爱心和援助。2008年5月30日上午10时，全辖189名党员自觉交纳“特殊党费”92 700元，其中：交纳1 000元以上的36人。“特殊党费”通过中支的党费账户划往中组部账户，由中央组织部代转地震灾区，支援灾区重建家园。

□ 右玉精神联组学习会

2009年8月18日，人行天津分行厅局级党委中心组联组学习会议在右玉县召开，天津分行党委中心组以及石家庄、太原、呼和浩特中心支行党委中心组的成员参加了会议，市人行党委班子成员列席会议。天津分行党委书记、行长林铁钢同志主持学习会并作了题为《振奋精神、勇于负责，为促进基层央行事业发展做出新的贡献》的中心发言。分行党委和省会（首府）城市中心支行党委办公室主任、党委宣传部部长列席了学习会。分行党委书记、行长林铁钢行长指出，为提高党委中心组学习的质量和效果，提高学习的针对性和时效性，我们创新中心组学习方式，采取了联组学习的形式。我们这次中心组的学习，主题是学习习近平同志大力学习焦裕禄精神的讲话，实地考察右玉这个地方60年中18任县委领导，一代一代，造林治沙，改天换地的实际情况，通过进一步学习焦裕禄精神，了解学习右玉精神，加强天津分行各级党委领导班子的思想作风建设，鼓舞大家应对金融危机，落实好适度宽松的货币政策，特别是开拓基层央行工作新局面的勇气和决心。会议期间，天津分行党委副书记、副行长吴盼文，分行党委委员、副行长苏东海，分行党委委员、太原中支党委书记、行长毛金明，分行党委委员、纪委书记李文茂，呼和浩特中支党委书记、行长赵志华，石家庄中支党委委员、副行长邵延进就学习“焦裕禄精神”和“右玉精神”，贯彻分行党委要求，加强领导班子思想作风建设谈了心得体会。

□ 党的群众路线教育实践活动

市人行党委围绕为民务实清廉主题，按照“照镜子、正衣冠、洗洗澡、治治病”的总要求，聚焦反对“四风”突出问题，联系基层央行履职实际，于2014年3~9月认真完成了“学习教育、听取意见，查摆问题、开展批评，整改落实、建章立制”三个环节的各项任务。天津分行第二督导组组长王晓光一行具体指导市人行群众路线教育实践活动。市县两级分支机构党委（党组）班子，辖内20个党支部共220名党员参加了教育实践活动，覆盖率达100%。

活动采取中心组专题学习、邀请党校教授辅导、行领导讲授党课、召开研讨交流报告会、视频讲座以及个人自学等多种形式，学习《论群众路线——重要论述摘编》《党的群众路线教育实践活动学习文件选编》等规定书目。辖区各党支部围绕“在专业工作中我们还有哪些薄弱环节？”“转变工作作风，我该从何入手？”等主题开展大讨论。在征求意见环节，中支党委班子成员分别深入金融机构、政府部门征求在“四风”、履职等方面的意见建议；天津分行督导组主持召开14家金融机构负责人参加的征求意见座谈会；通过走访朔州市金融办、市国税局、市财政局，征集在金融服务地方经济方面的意见和建议。采取“面对面”与“背靠背”“个别听”与“集体谈”“走进群众听”与“组织群众评”相结合，全方位听取群众意见，共征求到对领导班子“四风”方面意见建议39条，班子成员55条。在“查摆问题，开展批评”环节，中支党委班子成员先后开展3轮谈心交心，多次召开专题会议，严格对照“四风”表现形式查摆问题，找准问题根源，先后12次对剖析材料进行了撰写修改完善。在专题民主生活会上，党委成员以整风精神开展批评与自我批评，达到了“红红脸、出出汗、排排毒”的目的和“团结—批评—团结”的效果，得到督导组充分肯定。抓好整改落实工作阶段，特别是将“四风”问题专项整治作为整改工作的重中之重，制定了“两方案一计划”，即：“四风”突出问题专项整治方案、群众路线活动整改方案和群众路线教育实践活动制度建设计划。通过“建立整改台账、实行开门整改”，及时公布整改情况，并接受群众评价和监督。自主运用“教育活动提示卡”督促教育实践活动开展，得到了总行和天津分行的肯定，被天津分行教育实践活动简报刊载。在中支网站开辟“党的群众路线”专栏发布教育实践活动简报周报和学习资料。举办了“践行党的群众路线主题讨论报告会”，用身边8名同志先进事迹鼓舞带动身边的人。开展了“群众路线教育实践活动”党员学习笔记观摩展评活动。

□　“三严三实”专题教育

开展“三严三实”专题教育，是中央和总行党委的决策部署。2015年5月至12月，市人行党委以学习践行“三严三实”为主题，聚焦对党忠诚、个人干净、敢于担当，通过解决辖区处级领导干部“不严不实”问题，巩固拓展了群众路线教育实践活动成果。

活动期间，制定印发《开展“三严三实”专题教育实施方案》，成立市人行“三严三实”专题教育工作协调小组。中支党委书记、行长张小平带头以《切实把“三严三实”作为党员干部的品质追求》为题讲“三严三实”专题党课，中支党委班子成员除了在行内给党员干部上党课外，还到包点联系行上党课、问民生、解难题计22次。党委中心组开展三个专题的“三严三实”专题学习研讨：严以修身，加强党性修养，坚定理想信念，把牢思想和行动的“总开关”；严以律己，严守党的政治纪律和政治规矩，自觉做政治上的“明白人”；严以用权，真抓实干，实实在在谋事创业做人，树立忠诚、干净、担当的新形象。深入开展“三严三实”专题教育主题活动，在建党94周年前夕开展“五个一”活动：“双优一先”评选表彰、“颂歌献给党”大合唱比赛、重温入党誓词、观摩学习“全国文明单位”太谷县支行创建经验和“我的价值观我践行”征文评比。张小平陪同朔州市市长李海渊、副市长雷健坤一行就振兴朔州金融开展专题调研，选派右玉县支行优秀干部韩建勋到中支扶贫村任第一书记。开展纪念中国人民抗日战争暨世界反法西斯战争胜利70周年“铭记历史缅怀先烈”主题实践活动。召开专题民主生活会和组织生活会，注重坚持问题导向，结合“两风两纪”查摆问题环节，党委班子成员反复深入科室、联系行、服务单位征求意见，对查摆发现的8项“不严不实”问题，进行党性分析，严肃认真开展批评和自我批评。会后专门研究制定了整改措施，逐项落实到人，并进行了整改、督办、回访。中支党委向全行干部职工提出了“八讲八不”，引申了中央八项规定内容；提出并深入推进市人行“三项工程”建设，不断强化内控建设和风险防范。中支继续保持了无案件、无重大责任事故的良好局面，辖区干部职工没有出现被地方纪检部门违纪通报的情况。

□ “两学一做”学习教育

“两学一做”是落实党章关于加强党员教育管理要求、面向全体党员深化党内教育的又一次重要实践，是推动学习教育从“关键少数”向全体党员拓展、从集中性教育活动向经常性教育延伸的重要举措。市人行从2016年5月至2019年12月，在全体党员中开展了“学党章党规、学系列讲话，做合格党员”学习教育，并保持了学习教育的常态长效。

抓实“学”这个基础，增强教育实效。2016年，组织开展手抄党章活动、举办“两学一做”专题讲座，邀请朔州市委党校副校长、知名教授杨福文同志现场进行系统解读。在市人行信息网开辟“两学一做”专栏，对学习教育进行广泛宣传；建立“朔州中支职工之家”“朔州中支老党员之家”微信群平台，推送“两学一做”活动内容。2017年，开展了“赴延安红色教育”“天安门看升旗仪式”“平型关大捷纪念馆缅怀先烈”等主题教育活动6场次；各党支部因地制宜地开展了“一行三局支部联组”“与帮扶村党支部联组”“党建+扶贫+培训”等学习调研活动32场次。2018年，在帮扶定点黑洲湾村开展支部书记实地考察培训，调研脱贫攻坚工作。在朔州市委党校举办“全市人行系统党务工作者培训班”“离退休干部学习十九大精神”培训班暨主题党日活动，中支党委委员、行级领导，各县（区）支行党组书记，各党支部书记、组织委员、退休党员和入党积极分子等86人参加培训。2019年，邀请忻州师范学院教授葛延峰就《中国共产党支部工作条例》和《中国共产党党员教育管理工作条例》等做专题辅导；举办了“我和我的祖国”庆祝新中国成立70周年干部职工合唱活动；完成党员教育片《感谢近平好时代　精准扶贫奔小康——朔州市中心支行抓党员教育促脱贫攻坚纪实》拍摄工作，教育片被人民银行党委组织部推送到中组部“第十五届全国党员教育电视片观摩交流活动”。

把握“做”这个关键，促进成果转化。2017年，主动实施“党员建家工程”，指导辖区建成“党员活动室”6家。2018年，制订印发《关于设立“固定党日”推动“两学一做”学习教育常态化制度化实施方案》，规定每月第1个和第2个工作日定为党员活动日，各党支部按照“6+X模式”开展组织生活，即：“集体诵读党章、按月缴纳党费、学习党规党情、开展组织生活、实行民主议事、落实公开制度+X（自选动作）”。四年来，组织开展的户外主题党日活动，参与党员、团员青年人数342人次，党员参与率93%；开展慰问老党员、困难党员147人次，慰问金额累计32.6万元；通过金融服务进社区、进校园、进贫困户，开展党员志愿者活动32次；班子成员共131次深入区县支行调研和指导工作，撰写了38篇调研报告；组织全行党员干部职工，结合履职实践，完成175篇调研文章，被上级各类刊物采用87篇。

□ 不忘初心　牢记使命主题教育

市人行党委班子坚持习近平新时代中国特色社会主义思想，紧扣“守初心、担使命，找差距、抓落实”的总要求，于2019年9~12月按照“学习教育、调查研究、检视反思、整改落实”工作步骤，密切联系群众搞好调查研究，全面检视突出问题，抓好整改落实工作。天津分行第四巡回指导组组长卓小岩一行5人具体指导主题教育工作。市县两级党委（党组）班子，辖内22个党支部231名党员参加，覆盖率达到了100%。

中支党委书记、行长卫文江领学《习近平关于“不忘初心　牢记使命”重要论述选编》之

《理想信念是中国共产党人的政治灵魂》和《习近平总书记在“不忘初心　牢记使命”主题教育工作会议上的讲话》，为中支机关全体党员、各县（区、市）支行党组书记讲党课《坚守金融为民初心、牢记央行使命职责——推动新时代基层人民银行工作高质量发展》。党委其他5名班子成员分别为分管部门、包点行讲党课、作辅导。辖区各党支部以集中、联组等形式，原原本本学习了党的十九大报告，以及《党章》《习近平关于“不忘初心、牢记使命”重要论述选编》《习近平新时代中国特色社会主义思想学习纲要》。中支党委组织举办了“我和我的祖国”庆祝新中国成立70周年干部职工合唱活动。党委书记、行长卫文江带队深入山阴县，围绕金融支持民营小微企业服务、防范化解金融风险、金融精准扶贫开展“不忘初心、牢记使命”主题调研；党委其他5名班子成员分别深入分管部门、包点县支行开展主题调研工作；调研共计发现具体问题和困点难点44条，通过深入剖析问题、难题存在的原因，提出有针对性实效性的对策、建议和措施41条。召开“不忘初心、牢记使命”主题教育调研成果交流会，组长卓小岩对中支党委班子成员的调研成果交流给予充分肯定。结合调查研究，通过个别访谈、召开座谈会、设立意见箱、发放征求意见表、相互之间开展谈话谈心、分行巡回指导组提出意见等多种形式，征求意见建议，共梳理汇总出对党委班子共4方面肯定性意见，6方面建议，对6名领导班子成员肯定性意见25条。党委班子成员联系思想工作实际，按照习近平总书记关于“四个对照”“四个找一找”“十八个是否”“八项整治”的要求，撰写党委班子及班子成员自己的剖析材料，并提出整改意见和措施。召开“不忘初心、牢记使命”主题教育专题民主生活会，党委班子、党委成员盘点收获、检视问题、深刻剖析，开展了批评与自我批评。辖区22个党支部以“不忘初心、牢记使命”为主题召开专题组织生活会，开展批评和自我批评，民主评议党员工作。

第四节　党委巡察

2017年，人行天津分行印发《关于建立市（盟）中心支行党委巡察制度的指导意见》。同年，市人行在辖区开展第一轮党委巡察。制定《2017年朔州市中心支行党委巡察工作方案》，成立巡察工作领导小组，召开巡察工作暨培训大会，7月，完成对人行怀仁县支行党组2016年度党委巡察。2018年8月，对人行怀仁县支行开展巡察回访。同年9月至11月，对人行山阴县支行、应县支行、右玉县支行、平鲁区支行开展党委巡察，实现辖区党委巡察全覆盖。

2019年，制定《关于巡察整改日常监督暂行办法（试行）》《朔州市中心支行2019年党委机动巡察工作方案》，10月，对人行平鲁区支行开展机动巡察。10月，对人行右玉县支行开展机动巡察。对巡察发现的问题及时下达巡察整改建议书，限时整改。

第二章
纪检监察

第一节　组织架构

人民银行纪检监察机构的前身是1951年设立的监察股。1989年12月，朔州市设立金融系统监察室。确定全市金融系统监察室主要任务是：负责全市金融系统的行政监察，维护和严肃政纪，保证国家法律、法规和金融方针、政策在金融系统的贯彻执行，保证金融系统各级机关及其工作人员正确履行职责，遵纪守法、廉洁奉公。之后，市各专业银行相继组建监察室。全市金融系统监察室受上一级金融系统监察部门和所在地人民银行双重领导，并接受当地监察局的业务指导。市各级各行（司）监察室分别受其上级行（司）监察室的领导。1989年3月，省人行下发《关于在人民银行县支行设立金融系统监察室的通知》，决定在县级人行设立金融系统监察室（副科级单位），1993—1994年，辖区6区县人民银行县支行全部设立金融系统监察室，负责辖区金融系统的监察工作。县金融系统监察室受全市金融系统监察室和县人民银行的双重领导，并接受县监察局业务上的指导，为副行级（副科级）机构，编制为1~3人。1994年末，全市金融系统有专职、兼职纪检监察干部56人。

1998年末，人民银行管理体制实行重大改革，中国人民银行党组改为党委，党的关系实行系统管理，纪检组撤销，成立金融工委，在大区分行设纪委和监察专员办公室。1999年5月，中国人民银行朔州市分行纪律检查委员会成立。2000年7月，根据中共中国人民银行天津分行党委、中共金融纪工委驻天津金融系统特派员办公室（津银党发〔2000〕24号）文件精神，成立中共中国人民银行朔州市中心支行纪委、金融系统纪委检查办公室和金融系统监察室内设机构：综合科、案件检查科。撤销原中国人民银行朔州市中心支行纪检监察办公室。综合科、案件检查科负责监督指导辖区各金融机构纪委（纪检组）、监察室的工作。

2004年，根据新“三定”方案，在地市中心支行设立纪委和纪检监察办公室，纪委书记不再兼任监察室主任，纪检监察办公室全面履行纪检、监察职能。市人行纪委综合科更名为纪检监察室。案件检查科撤销。县支行设立党组纪检组，纪检、监察工作由支行办公室承担。2006年9月，根据人行天津分行《转发〈关于中国人民银行分支行监察机构及纪检监察工作机构设置问题〉的通知》（津银办发〔2005〕123号），中国人民银行朔州市中心支行监察室成立，与中国人民银行朔州市中心支行纪律检查委员会合署办公。纪检、监察机构实行统一管理。2007年，根据《关于辖区县（市、旗）支行内设部门和岗位优化整合指导意见》（津银发〔2007〕114号）精神，市人行以右玉县支行先行先试，推进辖区县支行监督机制改革，在5个区县支行设立纪检监察审计室。

2014年，中共中央政治局常委、中央纪委书记王岐山在纪检监察机关“转职能、转方式、转作风”专题研讨班上强调：纪检监察机关要紧紧围绕监督执纪问责，深化转职能、转方式、转作风，全面提高履职能力。市人行纪委推进“转职能、转方式、转作风”，逐步退出参与的议事协调机构，回归监督执纪问责主责主业。2015年，地市中支内设机构调整，纪检监察室更名为纪委监察室至今。

2019年末，全市人民银行系统纪检监察干部15人。其中，大学本科以上学历13人。

第二节　党风廉政建设

□　制度机制

1989年，市金融系统监察室从思想、机构、制度、队伍等方面促进金融系统廉政建设。完善廉政措施，在贷款公开、住房公开、财务开支公开、招工公开、提干公开、转干公开、晋级公开7个方面接受群众监督，并要求各级行建立举报箱和举报电话。印发《关于反腐倡廉在近期做好五件实事的决定》，明确：坚决果断地清理整顿好本市内的金融性公司；严禁以权谋私、以贷谋私；严格禁止用公款吃喝送礼；严格按规定用车；集中力量查处贪污、索贿、受贿、投机倒把、挪用公款等案件。1990年，在廉政建设方面，一是建立组织机构，从市级到区县级各行建立行长亲自挂帅，有关监察、稽核人员参加的廉政领导组。二是进一步完善廉政制度，制定“两公开一监督”制度。人行系统“两公开一监督”制度具体内容达30条，从放贷、审贷、批贷、评模、提干、分房、招工等多方面进行具体规范。市农行制定《关于加强廉政建设实施方案》。市中行建立干部廉政档案，设置稽核情况反馈卡。市建行建立贷款管理“审贷分离、分段管理、集体决策”内部制约机制；完善进人用人机制，对进人实行“三试一用”（面试、口试、笔试），符合进人条件才能录用、选调。1991年，建立金融系统副科以上领导干部廉政档案。聘请兼职监察人员200多人。1992年，推动党风廉政建设，全市金融系统修订各类规章制度164个。

朔州市行政区划调整后，全市金融系统党风廉政建设工作进一步加强。1993年，在领导干部廉洁自律方面，市金融系统监察室制定《中共中国人民银行朔州分行党组关于进一步加强党风廉政建设的规定》，成立反腐败斗争领导组，规定3个方面16项要求，特别对在干部廉洁自律、作出表率及纠风方面作出硬性规定，任何人不得擅自超越。1994年，市、县两级行（司）建立层层包干的政治思想和廉政建设责任制，在群众普遍关注的工资政策，财务收支、职称评定等方面，坚持“两公开一监督”。1995年，贯彻落实《有关对党和国家机关工作人员在国内收受的礼品实行登记制度的规定》《关于党政机关县（处）级以上领导干部收入申报的有关规定》精神，全市金融机构6名干部主动退出多占住房。各金融机构均建立收受礼品登记制度和重大事项报告制度。市人行制定《中国人民银行朔州分行关于市级人民银行对金融机构在执行公务中有关规定的通知》，对人民银行在所辖金融机构执行公务作出具体规定。1996年，市人行制定《朔州市金融系统关于进一步加强党风廉政建设工作的考核办法》，并附具体“检查标准”6大项20小项46条，首次把领导班子廉洁自律作为重点写进考核办法。制定《车辆管理办法》《工作人员差旅费开支的暂行规定》等，严禁以学习、参观为名搞公费旅游，严禁以各种名目滥发钱物。同年，确定山阴县人行为全市人行系统开展党风廉政建设量化试点单位。1997年，根据《山西省人民银行系统党风廉政建设量化管理检查标准》，把党风廉政建设与业务工作同布置、同研究、同考核、同奖惩。市工行、市建行将党风廉政建设工作考核结果同目标津贴挂钩。市人行制定《中国人民银行朔州市中心支行党风廉政建设工作目标责任制》，形成“一把手负总责、分管领导各负其责、纪委组织协调、职能部门齐抓共管”的党风廉政建设领导体制和工作格局。制定民主生活会制度、报告制度、“两公开一监督制度”等10余项制度，规定到基层商业银行组织检查在当地食宿，回单位不领出差补助等。

1998年，人民银行党的关系实行垂直领导后，市人行在人行天津分行和太原中支的领导下，每年制定印发《中国人民银行朔州市中心支行党风廉政建设实施意见》，明确责任和任务分工。组织层层签订党风廉政建设责任书。实行党风廉政建设责任制量化考核制度，对辖区各支行、机关各科室进行半年检查和年底全面考评。坚持按季专题汇报和研究党风廉政建设工作。1999年，市人行“三讲”教育期间，共收到群众意见和建议263条，针对群众意见，制定反腐倡廉、来客登记等群众关心的配套文件12个。2001年，印制《申报准宴证》，建立领导干部礼品登记和个人重大事项报告登记簿、领导干部为亲属操办婚丧事申报制度。2002年，制定《中国人民银行朔州市中心支行党风廉政建设量化考核标准》，对党风廉政建设责任制实行“扣分式”百分制，从机制、目标、任务、考核等5个方面强化党风廉政责任制建设。以行务公开为突破口，建立行务公开专栏，定期公开财务、车辆管理、干部任用等情况。建立廉洁自律月度统计报表制度，加强动态监督。受天津分行纪委委托，完成对张家口中心支行党风廉政建设量化管理考核检查。2003年，制定《中国人民银行朔州市中心支行2003年领导干部廉洁自律和党风廉政建设责任制工作实施意见》，签订党风廉政建设工作目标责任书，组织处级干部和正科级干部28人开展廉洁从政知识测试。2004年，成立行务公开领导组，制定《朔州中支行务公开实施细则》《朔州中支行务公开例会制度》《朔州中支行务公开征求意见和通报制度》，定期公开职工关心的工资晋升、干部任用等情况。将总行“九不准”列为民主生活会和党风廉政建设量化管理考核重要内容，开展监督检查。2005年，建立和完善《领导干部报告个人重大事项的规定》《基建工程廉政监督办法》《大宗物品采购监督办法》《再贷款集体审批办法》等监督防范机制，对可能发生违纪行为的重大事项和重要环节强化监督。2006年，制定《党风廉政建设责任制量化考核办法及任务分解表》《党风廉政建设责任追究制度》，形成横向到边、纵向到底的党风廉政工作格局。制发“依法行政和廉洁自律”廉政监督卡，当年收回卡片45张。接受天津分行巡察工作组对中心支行党风廉政建设责任制量化考核，取得98.32分的较好成绩。制定《中共中国人民银行朔州市中心支行委员会关于贯彻落实〈建立健全教育、制度、监督并重的惩治和预防腐败体系的实施纲要〉任务分工方案》，实现党风廉政建设工作由虚变实，由软变硬。2008年，贯彻落实天津分行《建立健全惩治和预防腐败体系2008—2012年工作规划》，把推进惩治和预防腐败体系建设工作情况纳入党风廉政建设责任制落实情况检查考核内容，加强惩防体系建设。2009年，辖区上线运行党风廉政建设电子日志系统，之后，每年按照工作要求，及时完成系统录入工作。2012年，建立健全纪检监察、内审、人事、信访等部门参与的“大监督”机制，强化党内监督、决策监督、县支行监督机制建设等，促使权力正确行使。贯彻人行天津分行《政府信息公开条例》和《关于深化政务公开加强政务服务的意见》，将行政许可项目、社会关注的热点和重点作为政务公开的主要内容，扩大公开的范围和层次。2013年，制定《朔州市中心支行关于落实八项规定、改进工作作风、密切联系群众的实施办法》，加强作风建设。制定《财务经费支出管理办法》《费用包干管理办法》，严格控制“三公经费”支出。重新修订《任职廉政教育谈话规定》，对干部任职教育谈话的时间、方式、程序等进行明确。2016年，上线运行《落实党风廉政建设责任制电子日志系统2.0版》，完成责任清单添加和系统维护相关工作。签订《中国人民银行朔州市中心支行党风廉政建设责任书》145份。两次组织全行职工进行《中国共产党廉洁自律准则》《中国共产党纪律处分条例》知识测试。2018年，按照《派驻纪检组监督对象廉洁档案管理办法（试行）》，在全辖建立副科以上干部廉洁档案87份。

2019年，市人行制定《中国人民银行朔州市中心支行落实全面从严治党主体责任任务清单》，完成对辖区5个区县支行全面从严治党监督检查，强化“两个责任”落实。

□ 廉政教育

在开展党风廉政教育工作中，市金融系统监察室和市人行坚持教育的经常性、广泛性、针对性、实效性，采取集中辅导、举办专题讲座、文体娱乐活动等方式，通过基础理论教育、道德职业教育、时政教育、法制教育、党史教育等使教育效果更加明显。同时，注意加强重点时期的教育，每年元旦、春节、五一、端午等节日前夕，以下发文件或召开会议等形式，强调廉政纪律和要求。坚持“一把手”上廉政党课、纪委书记讲反腐倡廉形势教育课、新行员入职廉政教育培训及廉洁谈话等制度。

1989年，全市金融系统开展以廉洁教育和纪律教育为中心的“双廉双带”活动（争建廉政机关，带头维护党和政府的权威；争做廉洁干部，带头遵守党的纪律）。1991年，市各级行（司）普遍开展形势教育、职业道德教育、法制教育、党纪党风教育、廉政建设教育及学雷锋、学“二兰”等活动，增强职工反腐倡廉意识。1992年，市人行与市司法局和律师事务所建立合同关系，聘请常年法律顾问，对职工进行法制教育；组织职工参加全市“二五”普法知识竞赛，获得优秀组织锦旗奖。1993年，市人行组织机关职工观看《新中国第一大案》《反腐倡廉纪录片》，进行案例解剖30多次。1995年，开展“三新”教育，举办16期短期培训，累计培训115天，参训人员541人次。开展“四法”培训，辖区323人参加“金融四法”“二五普法”知识考试。

1999年，市人行组织开展“讲学习、讲政治、讲正气”为主要内容的党性党风教育活动。组织干部职工观看《中国共产党纪律处分条例》电视系列片，提高党员干部廉政意识。2000年，印发“朔州中支警示教育学习材料”54套，800多份，以胡长清等重大典型案件为戒为案，对辖内党员干部开展警示教育。2001年，以怀仁工行某储蓄所李清先携款潜逃案开展典型案例警示教育。加强廉政文化建设，开展“六个一”活动：组织一次廉政教育专题学习会；在全行干部职工中开展一次廉政知识测试；把怀仁支行作为廉政教育示范单位；在中支网站上补充完善一个廉政建设专栏；举办一次廉政文化普及活动。开展安全警示教育活动，组织干部职工集中学习《中国人民银行经济案件资料汇编》《商业银行贿赂案例通报》、反腐倡廉建设电教片以及分行下发的案例通报等有关内容的警示教材。2002年，开办“党风廉政建设”宣传栏，开展党风廉政建设宣传教育。2004年，开展“先进性教育”“四大纪律、八项要求”党风廉政主题教育活动，增强反腐倡廉工作的主动性和责任感。2007年，开展“百日安全警示教育”系列活动，筑牢拒腐防变防线。2008年，组织全行党员干部集中观看大型纪录片《牛玉儒》。2009年，开展“党性修养和作风建设”专项教育活动，其间，梳理出党性和作风方面问题和差距5大类16项，当年，全部整改落实。2010年，组织县支行行长和机关业务科室负责人参观山西省全国金融系统反腐倡廉建设巡回展。组织干部职工学习《中国人民银行经济案件资料汇编》、《商业银行贿赂案例通报》、反腐倡廉建设电教片以及分行下发的案例通报等有关内容的警示教材，以典型案例教育员工。2012年，组织干部职工收看《苏联亡党亡国20年祭》《一个土皇帝的落马》《潜规则使他毁灭》等视频资料，做到警钟长鸣。在人行天津分行纪委推进机关廉政文化建设和廉政教育征文活动中获得二等奖。制作机关会议室廉政文化版面，营造廉政氛围。2013年，开展《2013年中国人民银行反腐倡廉教育学习材料》为主要内容的反腐倡廉形势教育。组织干部职工收看《失德之害》等警示教育视频。全体党员干部赴市廉政教育基地参观学习，接受廉政教育。2015年，开展以遵纪守法、爱岗敬业和弘扬“三铁”精神为主要内容的廉政教育活动。观看警示教育片、于丹《论语心得》等21次。开展以“讲规矩、守纪律、明责任”为主题的承诺活动1次。2016年，以“两学一做”为契机，开展以遵纪守法、爱岗敬业为主要内容的廉政教育活动，组织干部职工学习观看警示教育录像、中央以及上级行案例通报等18场次。2017年，组织职工参加上级行案例通报、观看警示教育录像等12次；赴应县廉政教育基地、静乐支行廉政教育基地和延安开展主题教育学习各1次；开展以身边人身边事为案例的警示教育2次。组织系统党员干部参加《准则》、《条例》、“遵规守纪”、“八项规定”和党的十九大应知应会知识测试。2018—2019年，全方位、多层次加强反腐倡廉宣传教育，创建朔州市中心支行纪检监察信息网站，定期编辑推送廉洁政策、工作动态、案例通报、廉言警句等内容；及时转发学习总分行和太原中支下发的各类违规违纪案例和风险警示案例、《遵纪化险警示专刊》等内容。

第三节　监督执纪问责

□　监督执纪

1989年市人行成立后，即把对领导班子决策机制、干部选拔任用、“三务”公开、会计财务、同级监督等作为加强党风廉政建设和做好抓源头反腐败工作的重心。当年，监督全系统选调干部45名。1990年，市金融系统监察室根据人行山西省分行《关于进行“关于在国内公务活动中严禁用公款宴请和有关工作餐的规定”检查的通知》，对全市金融系统单位在公务活动中用公款宴请和有关工作餐规定进行全面检查，没有发现大吃大喝用公款宴请现象。1991年，市人行把好用人关，监督辖区录用复退军人5名。对机关千元以上财务开支、临时贷款发放、机构审批、提调转干、晋级等逐一上墙公开，接受群众监督。1992年，市金融系统监察室加强对各级党组织的监督，督促其认真贯彻执行党的民主集中制、党管干部原则、双重组织生活会制度等。加强对要害部门的监督，对全市信贷规模、资金投向、结算纪律、拆借资金等方面开展监督检查，全年检查各项业务23 209笔、金额219 878万元。1993年，市金融系统监察室对金融机构各级党组织自党执行民主集中制和各项廉政制度进行监督检查，要求对照人民银行总行提出的“三要”“十不准”，认真进行自查自纠，加强人民银行与各专业银行的联系，促使其认真开展反腐败斗争。1994年，深入开展反腐败工作，市、县两级行（司）贯彻中纪委三次会议提出的领导干部廉洁自律“五条规定”“十个不准”，召开领导干部专题民主生活会，对照“五条规定”进行自查自纠，开展批评与自我批评。市人行监督考察4名干部走上支行领导岗位。1997年，市各行（司）贯彻落实中纪委“5・15”和“10・15”电视电话会议精神，市人行对全系统提出要管住自己的思想、管住自己的嘴、管住自己的手、管住自己的脚，当年，精简会议6次，节约经费3万元，各级领导未参加任何外单位的各种庆典活动。市工行取消庆典活动4次，节约经费12万元。市中行、市建行、市农行取消办公楼迁新址活动。1998年，市人行落实反腐败斗争和“一整两反”工作各项任务，按上级有关规定加强对通信工具的监督管理，加强对执行“8条规定”的监督检查，坚决制止公款吃喝玩乐。

1999年，市人行开展对新建、购买和装修办公楼监督检查，截至11月底，全市人民银行系统各项费用开支较1998年同期减少48万元，未发生任何违反规定新建、购买和装修办公楼的情况及领导干部在名胜区参加或召开会议的现象。根据人行天津分行严格执行“金融违法行为处罚办法”的通知要求，对全市14个科级金融单位进行监督检查，检查机构数占63%，对查出的未经人民银行批准，擅自办理小额抵押贷款、违反存贷款利率规定、顶票压票等8个问题，提出纠正措施和整改建议。2000年，市人行贯彻执行中央金融工委提出的“十个严禁”，开展对领导干部电脑配备、上网费用支付、新班子开好民主生活会等一系列监督检查。2001年，市人行对人行系统23名任免干部进行公示，接受群众监督。深化源头反腐，参与完成取缔“小金库”相关工作。2004年，制定《干部选拔任用工作监督员制度》，对当年提拔的23名科级干部开展廉政警示教育谈话。贯彻上级行“三项”清理工作要求，对领导干部超标准购买和乘坐小轿车、用公款大吃大喝以及用公款为领导干部购买个人保险等进行有效监督。2005年，加强内控制度监督，在人行天津分行组织的内控制度执行情况检查中，内控有效率达到93.22%。2006年，制定《人民银行朔州市中心支行县市支行监督机制建设实施方案》，推进县（区）支行监督机制工作建设。制定《朔州市中心支行治理商业贿赂专项工作实施方案》，开展治理商业贿赂专项工作。整理汇编《中国人民银行朔州市中心支行纪检监察工作规程》，涵盖9项工作职责、10项工作制度、4项操作规程、8个工作流程图。开展“三谈两述”，对6名新提拔非领导职务干部进行任前廉政谈话。完善和维护《领导干部档案信息系统》，录制和维护17种表式内容、12 000多个数据，并一次性上报成功。2008年，制定《中国人民银行朔州市中心支行2008年干部监督工作实施方案》，当年，聘任干部选拔任用工作监督员30名。对10名新任副科级干部开展任前廉政教育谈话。2009年，加强会计财务监督，在辖区实行决策权、执行权、监督权三者之间分离和制约，规定从9月起，纪检办负责人不再作为中支大额采购委员会成员，不再参加大额采购委员会会议，改为大额采购委员会将采购招标情况确定后，向纪委报送审核，纪委在审核决策程序无误后，转交执行部门按标书执行，事后纪委对标书的执行情况再监督；要求会计财务科在每个月的十日前，将上个月的大额开支列表上报纪委（不含个人部分及差旅费），大额支出的标准以会计财务部门规定的转账起点为准。开展“制度落实年回头看”活动，对“制度落实年”梳理出的5大类16个问题进行监督整改。2010年，开展工程建设领域专项治理，对右玉县支行办公楼加固维修项目进行检查。加强干部选拔任用监督，当年，监督提拔任用科级干部19人次，在干部选任中突出程序监督、民主监督和职数监督，做到每个程序不走样，真正体现公开、公正、公平。加强对会计财务的监督制约，全年中支机关组织大额集中采购7次，预算金额135.27万元。2012年，进一步强化党内监督，加强对主要领导干部的监督，规范权力运行。严格执行任前廉政谈话等制度，对17名新提任干部开展任前廉政教育谈话、廉政教育测试和廉政承诺。强化决策监督，抓好《中国人民银行天津分行领导班子决策监督意见》的落实，加强对领导班子决策内容、程序等的监督，督促完善班子议事规则和决策程序，认真落实民主集中制，严格实行“三重一大”集体决策。加强对县支行“一把手”的监督，开展对县支行的监督检查。

2014年，市人行纪委围绕转职能、转方式、转作风，强化对贯彻落实党中央、上级行重大决策部署、权力运行、严明党的纪律、落实中央八项规定、坚决纠正“四风”等的监督执纪。中支纪委书记认真参加党委研究“三重一大”工作会议，坚持原则，对涉及党风廉政建设事项提出警示和建议，提示党委和班子成员落实主体责任。对党务公开、行务公开、重大财务开支进行备案监督。2015年，以推动建立长效机制为核心，强化制度执行情况的监督，推动辖区全年新建制度30条，其中，中支新建《中国人民银行朔州市中心支行会议管理制度》等制度10条，机关内设部门新建制度7条，所辖县支行新建制度13条。修订制度34条，其中，中支修订《中国人民银行朔州市中心支行机关工作人员考勤制度》等相关制度2条，机关内设部门修订制度18条，所辖县支行修订制度14条。废止制度12条，其中，中支废止制度2条，机关内设部门废止制度9条，所辖县支行废止制度1条。2016年，贯彻落实人行天津分行《转发驻人民银行纪检组〈关于开展人民银行系统“四风”问题整治情况“回头看”工作的通知〉的通知》精神，以深入学习、对照查摆、剖析问题、夯实措施四个阶段开展“四风”问题整治情况“回头看”监督检查，通过自查自纠，辖区建立健全制度规定13项。制定《中国人民银行朔州市中心支行行政执法检查人员廉政风险防控监督办法》，防范行政执法检查人员违纪风险，提升行政服务效能。印发《中国人民银行朔州市中心支行整治党员干部操办婚丧喜庆事项管理办法》，当年，4人进行备案；强化财务管理监督，严控“三公”经费支出，全年辖区清理“三公”经费180.88万元，其中，机关清理107.72万元；车辆运行费用同比下降7.86万元，降幅为32%；实践运用监督执纪“四种形态”，全年纪委书记开展“一对一”谈话15人次。2017年，建立“内联网+监督”工作模式，打造党风廉政电子监察平台、干部日常监督电子平台、廉政电教室“三位一体”线上线下监督平台和“廉政之鉴”微信平台，把中支16个科室和5个支行的党风廉政责任制细化事项、干部纪律、作风、业绩绩效考评、预防案件、风险防控、警示教育、勤廉风范等多个板块全部纳入监察平台，实现干部监督常态化。加强对行政执法检查人员廉政风险防控监督，全年收到金融机构执法监督反馈备案表35份。建立副科以上干部廉洁档案87份。发出落实全面从严治党主体责任《提示单》3份。纪委书记开展“一对一”谈话50人次。2018年，制订《中国人民银行朔州市中心支行纪委监督责任清单》《中国人民银行朔州市中心支行纪检监察干部监督暂行办法》《中国人民银行朔州市中心支行2018年监督执纪工作要点》《中国人民银行朔州市中心支行监督执纪质量提升专项活动实施方案》，开展监督执纪质量提升专项活动。开展违反中央八项规定精神问题、扶贫领域腐败和作风问题、四项重点工作等多项专项治理活动。纪委书记开展“一对一”谈话24人次，让“咬耳扯袖、红脸出汗”成为常态。

2019年，市人行制定《中国人民银行朔州市中心支行机关“大监督”机制建设实施细则》，形成监督合力，持续提升监督效能。加强上级行各项重大决策部署贯彻落实情况的监督检查，先后开展对辖区5个区县支行“遵守党章党规党纪，执行党的路线、方针、政策和决议情况”“贯彻落实党的十九大、全国金融工作会议精神、防范化解金融风险情况”“违反中央八项规定精神、‘四风’问题专项治理情况”等7方面的监督检查，把党中央、上级行的决策部署落到实处。会同人事部门与受处分人所在单位，对党的十八大以来中心支行辖区办结案件的纪律处分执行情开展检查。聚焦八个方面突出问题，开展“不担当、不作为”专项整治。制定《中国人民银行朔州市中心支行2019年落实全面从严治党监督责任的任务清单》。建立辖区监察对象信息库，涉及监察对象272名，其中重点监察对象27名，及时对监察对象信息库进行更新。建立监督对象廉洁档案27份，完善16名监督执纪问责系统纪检干部个人信息。建立完善辖区272名监察对象信息库。纪委书记与班子成员、部门负责人、区县支行负责人及纪检组长共计31人进行“一对一”谈话。对6名新任副科级干部进行任职廉政谈话。

□　问责

2017年，应县人行王文胜因掩饰、隐瞒犯罪所得罪被大同市城区人民法院判处有期徒刑七个月。案件发生后，市人行坚持问题导向和防管结合，根据《中国人民银行履职问责暂行规定》，及时启动对现任（曾任）应县支行党组书记、纪检组长等4名党员干部问责追责程序，给予应县支行党组书记党内警告、行政警告处分；副行长党内警告处分；对（曾任）党组书记通报批评，责令其写出书面检查；给予纪检组长诫勉谈话。

第四节　案件防范和查处

□　案件防范

1993年，市人行制定《中国人民银行朔州分行开展“两防一保”工作的实施方案》，成立“两防一保”领导组，签订“两防一保”责任状，把保卫、发行、会计等要害岗位作为“两防一保”的重点，定期或不定期进行监督检查，实现业务科室对照“两防一保”工作每月检查一次制度。开展“两防一保”专题教育、法制教育、职业道德教育和被盗、被骗案例分析教育。组织机关职工开展案件解剖30多次、影评活动2次。1995年，剖析案例24例，播放党风党纪系列教育片与案例教育片25盘，开展“三防一保”图片展览，受教育面达100%。1996年，加强超前教育，提高干部职工拒腐防变的能力。当年，剖析案例12次。

1998年后，市人行坚持贯彻“以防为主、以查促防”的方针，成立案件防范领导小组，定期召开案件防范分析会，研究讨论案防工作，每年2次组织各科室进行案件防范自查与行为排查。2001年，制定《案件查处责任制》《领导包案责任制》，实施案件防范“一把手”负责制。中支与区县支行、机关科室，区县支行与各股（室）层层签订案件防范工作责任制和综合治理目标责任状。对综合治理、保卫、党风廉政建设量化管理、纪检监察专业实行考核，明确提出对新发生案件单位（部门）实行一票否决制，年终不能参与评先评优。2003年，制定《案件防范责任书》，组织开展案例警示教育4次。2006年，对平鲁支行和怀仁支行及中支会计财务科、国库科、营业部开展案件防范工作检查，提出整改建议12条。2008年，以制度落实执行情况为重点，对平鲁支行和怀仁支行及中支机关会计财务、国库科、营业部3个部门开展案件防范检查，提出针对性整改建议12条，及时督促相关部门整改落实。2009年，制定《中国人民银行朔州中心支行关于开展案件专项治理活动的实施方案》，开展案件专项治理活动。订购《中国人民银行岗位风险防范指南》，分发到各科室。编印《中国人民银行朔州市中心支行岗位风险防范手册》，下发至各支行、各部门。

2010年至2019年，市人行贯彻落实人行太原中支《山西省人民银行系统建立业务风险防范“三级责任制”的指导意见》精神，每年对机关要害部门“轮岗制度”“强制休假制度”“干部交流制度”进行检查及排查，要求机关31名要害岗位人员全部执行强制休假。2010年，制定《朔州市中心支行业务风险防范责任制实施方案》，成立业务风险防范领导组，完善岗位自查、部门检查、行领导督查的三级监督检查机制，形成协调联动的风险防范工作格局。编印《朔州市中心支行业务风险防范手册》，强化岗位风险防范。2013年，开展“风险防控年”活动，制定《开展廉政风险防控活动的实施方案》，成立廉政风险防控工作领导小组，对以会计、国库、发行、货币信贷、外汇管理、后勤、养老统筹为重点的资金类风险，以科技、统计、档案管理为重点的信息类风险，以防火、防盗、防抢为重点的社会治安综合治理类风险等，采取不同的业务风险防范措施，形成防范责任制相配套的防范体系。

□ 案件查处

按照《关于金融系统在教育、清理、整顿队伍中查处经济案件有关政策问题的通知》精神，1991—1992年，朔州市金融系统监察室在全市金融系统开展教育、清理、整顿活动。其间，制定《朔州市金融系统整顿建设队伍实施方案》，成立教育、清理、整顿领导组和整顿机构26个，配备专职人员53人，派出工作组87个，深入基层280人次，查处案件4起，其中市工行3起、市建行1起，涉及金额52 354元，调整各级领导班子21个（含正常调整），给予各种处分23人，岗位调整24人。截至1992年8月1日，全市金融系统共查处违法案件5起，涉及金额64 343元，处理违法违纪人员20人，调离要害岗位53人，限期调出金融系统5人。1993年，朔城区工行堵住2起伪造“中国工商银行朔城区支行转讫章”利用银行转账进账回单进行诈骗的经济案件，保护了银行资金的安全。

□ 风险排查

2008年至2019年，市人行每年根据上级行工作安排和辖区实际，开展各种风险排查。

2008年，对全行33个岗位的31名要害岗位人员开展行为排查，实行要害岗位人员轮岗制和强制休假制。2011年，落实《天津分行加强案件防范工作指导意见》，对辖区89个要害岗位、93名要害岗位人员及岗位风险点按日、旬、月进行重点监测、评价。开展工程建设领域专项治理，对右玉支行办公楼加固维修项目的决策、项目审批、项目核准、工程招标投标等重点环节进行检查。2012年，上线运行《天津分行系统工作人员行为排查信息管理系统》，实现岗位风险排查和员工行为分析的常态化管理。机关131名干部自评和互评，参评率达到98.5%；5个县支行95名干部基础信息录入系统。2013年，按照天津分行《转发总行纪委转发中央纪委〈关于在全国纪检监察系统开展会员卡专项清退活动的通知〉的通知》，开展纪检监察干部会员卡清退工作。2015年，对全行33个岗位人员“八小时”以外行为开展分析和风险排查化解。2016年，对全辖245名职工开展员工行为风险排查，排查率达100%。对全行33个要害岗位的人员通过自己申报，走访科长和家属，开展八小时以外风险排查。2017年，修订《中国人民银行朔州市中心支行请销假考勤管理办法》，制定《中国人民银行朔州市中心支行在册不在岗、离退休人员管理暂行办法》《司法介入案件的动态处理流程》，以“纪律整顿月”活动为抓手，对中支33个要害岗位的人员、员工“八小时以外”行为全面开展排查，并重点关注“在编不在岗”、参与非法集资等违法违规金融活动行为等的排查，同时，排查对象由在职职工向退休职工延伸。2018年，对安全保卫、货币金银2个要害部门26人开展全面排查，做到安全防范与廉政风险防范有机结合。开展工作人员“八小时”以外行为分析和风险排查化解工作，共计排查254人，排查率达100%。对辖区83名合同制用工进行风险排查，防范干部职工不良行为可能引发的案件和风险事件。开展预付卡（券）和挂账资金专项清理排查，有效防范风险。

2019年，对全辖381名干部职工开展员工异常行为风险排查，并且将正式行员（含离退休行员）、聘用制员工、合同制用工、劳务派遣用工及借入期限在3个月（含）以上的借调人员等全部纳入本单位排查对象，做到人员“全覆盖”。对辖区85名副科级以上干部是否存在利用名贵特产类特殊资源谋取私利等问题开展专项排查。

□　风险监督管理系统

2015年，市人行上线运行风险监督管理系统，对41名风险监督管理系统管理员和各县支行相关人员开展岗位风险防范集中学习和培训。当年，风险监督管理系统中支部门风险点录入完成数为1 347条，县支行部门风险点录入完成数为1 183条，录入各类规章制度440条，监督计划完成率为100%。2016年，风险监督管理系统中支部门风险点录入完成数1 347条，县支行部门风险点录入完成数1 183条；共录入各类规章制度440条。监督计划完成率为100%。2017年，召开辖区风险监督管理系统培训会、推进会。风险监督管理系统新增风险点1 131个，修改风险点726个，删除风险点726个，共录入监督信息179项，各类规章制度1 175条。2018年，强化风险监督管理系统运维，11月末，风险监督管理系统风险点录入完成数4 106条，实现风险岗位的全覆盖；录入各类规章制度1 197条，监督计划完成率为100%。2019年，按月对各科室、各支行风险监督管理系统录入和更新情况进行提醒与督导检查，及时完成监督计划。

□　预防职务犯罪

2002年11月，市人行牵头成立全市金融系统预防职务犯罪工作委员会，为全市金融系统纪检监察工作提供组织和制度保障。2003年，市人行组织召开全市金融系统预防职务犯罪工作会议，遏制减少职务犯罪发生。2006年，市人行、市检察院联合印发《朔州市检察院和人行朔州中支共同预防职务犯罪》，建立预防职务犯罪联络机制，定期召开联络工作会议，举办预防职务犯罪培训班，加大职务犯罪预防和打击力度。2013年5月，邀请朔州市检察院专家作预防职务犯罪讲座。

第五节　信访

1989年，市金融纪检监察室成立金融系统举报中心，受理群众对金融系统机关工作人员违法违纪行为的举报，并要求各级行建立举报箱和举报电话。1990—1992年，全市金融系统各行（司）均设立举报信箱和举报电话，并指定专人负责。1993年，市金融系统监察室加大信访工作力度，发出征求意见卡100多份。当年，共收到群众举报及上级交办的信函5件（其中有3件重复），均得到及时恰当处理。

1999年，市人行配置信访管理系统微机HPP450一台，保证数据录入、报表打印及上报工作。2001年，建立行长信箱，及时做好信访举报件的接收、统计、查证工作。当年办结信访举报4件，办结率达100%。2003年，重点围绕预防“非典”加强信访管理。当年，收到、查结信访举报信1件，属其他类信访举报，及时澄清所反映情况。2005年，实施信访工作“双向承诺”制度。2006—2016年，加强信访工作制度建设，强化案件查办流程和信访工作流程培训，推动信访举报工作制度化、规范化，实现零信访。2017年，市人行收到人行天津分行转办信访件2件。其中1件上报核查结果，1件予以了结。2018年，全年收到上级行转办信访件5件。其中，太原中支纪委转办信访件2件，天津分行转办信访件3件，均予以了结。

2019年，市人行收到上级行信访转办件2件，全部通过人行天津分行纪委审核，予以了结。并根据人行天津分行纪委工作要求，及时报送《谈心谈话情况工作总结》及《风险处置进展情况专报》。

第六节　执法监察

根据上级纪检监察机关工作要求，从1989年起，朔州市金融系统纪检监察室、市人行纪检部门把执法监察建设作为一项经常性任务来抓，维护金融纪律，保证国家宏观调控政策和各项金融法规、制度顺利贯彻实施。

1990年，市金融系统纪检监察室对严禁用公款宴请和有关工作餐的规定开展执法监察，未发现相关问题。1991年，对6家金融机构222个单位和个人497笔贷款进行检查，对全市人民银行系统职工在城市信用社介绍、担保和自贷款情况进行彻底清查，共查出3种贷款74笔，金额45万元，涉及74人，全部落实清还期限。1992年，对金融机构信贷规模、资金投向、结算纪律和贯彻国家金融方针法规情况开展执法监察。配合稽核部门对市中行拆借资金开展监执法监察，对查出的5个方面问题，按照《同业拆借管理试行办法》的有关规定给予处罚。1993年，对市人行1992年财务会计、市工行金融宏观调控政策执行情况及人民银行县支行、市农行、市工行农副产品收购资金供应情况进行执法监察，对监察发现的问题提出合理化建议并要求及时进行纠正。对工行朔城区支行超业务范围发放的住房贷款要求限期收回，对平鲁区工行自办公司向企业投资问题罚款

2 000元。1995年，开展账户清理执法监察。截至11月末，全市清理“睡眠户”2 920个，清理关停企业账户740个，补办开户许可证3 790个，新增开户1 760个。对全市资金市场1992年8月以来资金拆入、拆出、应收利息等6个方面情况进行执法监察及清查。1996年，对全市金融系统17个储蓄所、3个储蓄专柜1995年11月、12月和1996年1月的储蓄存款利率执行情况、6区县人民银行近3年批设的38个金融机构合规情况开展执法监察，对储蓄网点设置距离太近、机构更名、牌照没按时更换等问题，提出整改建议。对城市信用社中心社及所辖分支机构1995年度各项业务活动情况进行执法监察，提出建议4条。1997年，对全市金融系统提现情况开展执法监察，检查业务总笔数44 651笔，金额44 191.6万元，查出违规笔数304笔，违规金额15.24万元，提出整改建议55条，协助建立规章制度12条。对右玉县支行履行金融监管职能情况、平鲁区支行1996年各项业务活动情况和内控制度建设情况进行执法监察。1999年，对全市14个科级金融机构落实《金融违法行为处罚办法》情况开展执法监察，占检查机构数的63%。对右玉县支行、山阴县支行、怀仁县支行发行业务内控制度执行情况开展执法监察及跟踪监察，促进全辖发行库管理的规范化、科学化。对平鲁区金融机构1999年1—5月存贷款、现金业务及农行山阴县支行、建行山阴县支行，工行、建行怀仁县支行1999年第二季度结算纪律执行情况进行执法监察。通过执法监察共查出各类问题10个，涉及金额114.56万元，对查出的问题根据有关规定进行处罚，提出合理化建议24条。

2000年，市人行对山阴县支行、应县支行、怀仁县支行3家支行会计业务内控制度执行情况，右玉县部分农村信用社风险状况，应县部分金融机构《个人存款账户实名制》执行情况，山阴农业银行会计业务内控制度执行情况及右玉、平鲁金融机构安全防范工作进行执法监察。5项执法监察提出合理化建议31条，采纳31条。2001年，对右玉县支行、怀仁县支行落实党风廉政建设责任制情况及平鲁支行、应县支行国库会计业务内控制度执行情况开展执法监察和跟踪监察。2002年，对平鲁区支行、山阴县支行党风廉政建设责任制落实情况（天津分行指定项目）及怀仁县支行、应县支行会计业务内控制度执行情况开展执法监察。2003年，对怀仁县支行、应县支行党风廉政建设责任制落实情况及应县信用联社支农再贷款管理情况进行执法监察。2008年，对人行山阴县支行和人行应县支行党风廉政建设情况、外汇管理科贯彻执行《中华人民共和国行政许可法》《国家外汇管理局关于实施外汇管理行政许可有关问题的通知》情况开展效能监察。2009年，对平鲁区支行、山阴县支行、应县支行3家县支行履行反洗钱职责进行执法监察，对应县支行领导班子决策情况开展自选执法监察。2010年，对货币金银科履行工作职责情况进行执法监察。2011年，对右玉县支行国库业务履行职责、平鲁区支行和怀仁县支行固定资产管理情况进行执法监察。2012年，对人行山阴县支行和人行应县支行2010年1月1日至2011年12月31日工程建设领域突出问题、人行山阴县支行和人行应县支行2010年1月1日至2011年12月31日厉行节约开展效能监察。2013年，对怀仁县支行、右玉县支行制度执行力情况进行执法监察。2014年，对支付结算科2013年履行支付结算职责情况、山阴县支行制度执行力情况开展执法监察。2015年，对右玉县支行制度执行力情况、支付结算科2015年履行支付结算职责情况进行执法监察。2016年，制定《中国人民银行朔州市中心支行履行反洗钱职责情况执法监察方案》，对怀仁县支行2015年3月16日—2016年3月20日履行反洗钱职责情况开展执法监察。2017年，对全市征信管理情况开展执法监察。

2018年以后，执法监察工作不再开展。

第七节　纠风及行风建设

1990年9月，人民银行六行一司印发《关于切实加强廉政建设、坚决纠正行业不正之风的通知》，市金融系统各行司采取“三个结合”，坚决纠正行业不正之风。加强领导与搞好制度建设相结合，各级行（司）成立由监察、稽核、会计、办公室等科室负责人组成的纠正行业不正之风领导组25个；廉政建设与思想教育相结合，开展分阶段、分层次、多形式、多渠道廉政教育，抵制行业不正之风；宣传发动与实际行动相结合，市金融系统监察室组织监察、稽核部门，采取“三座谈”“三查看”（即同领导座谈，听取汇报，查看其廉政制度是否健全，纠正行业不正之风是否落实；同干部职工座谈，查看其对纠正行业不正之风的认识，本单位纠正行业不正之风是否彻底；同社会各界座谈，查看案件是否落实，是否仍有索、拿、卡、要现象的发生）的方法，对各行（司）纠正行业不正之风进行抽查，其间，走访企业130家，召开座谈会127次。当年，市各级行（司）向社会发出意见征询卡1 000份，向客户发出征求意见信550份，向社会聘请廉政监督员173人。同年，按照山西省委五届九次全体（扩大）会议精神，市各级行（司）均成立由一名党组成员和一名监察干部组成的清查领导组，开展乱收费、乱摊派、乱罚款清理整顿，收回人情贷款38万元，涉及65人，拒贿10人次，金额4 760元。1991年，按照人行省分行“关于继续深入抓好纠正行业不正之风工作的补充通知”，市人行开展人行职工在城市信用社介绍贷、自贷、担保贷款调查，当年，收回三种贷款60笔，金额45.5万元。市中行制定“五项业务稽核处罚规定”“催办制度”“流动资金贷款操作程序及审批权限”“重要空白凭证和有价单证管理办法”制度。市建行发放征求意见书360份，召开有关单位征求意见座谈会3次，聘请义务监督员27人。市工行从客户中聘请行风监督员150名，向客户发放征求意见卡2 000份。当年，在“纠风”工作中，全市金融系统3人分别受到留查、罚款、撤职、降级处分；13人因纪律松懈受到扣发资金、大会检查处分；10人因刁难客户、服务质量低劣，被清退或解聘；8人调换工作岗位。1992年，市人行金管、稽核、外管、会计、计划、发行6个科室向业务往来单位发出征求意见函200多封，收回123份。1993年，市建行开展“反腐倡廉树立行业新风”活动，取消准备实施的评估项目、审查工程预决算和客户自动查询卡三个收费项目。市保险公司向保户发放征求意见卡2 500份，走访保户114户，召开各种类型的保户座谈会8次。1994年，市各行（司）围绕“约法三章”，对制度执行情况、重要部位和要害岗位人员开展自查，制止变相乱集资、乱收费，严禁违章拆借和搞利率大战行为。1996年，全市金融系统开展“四项清理”，执行结算纪律“三不准”制度活动。市工行推出《文明服务管理实施细则》，实行优质文明服务“八规范”。市农行开展十项全员性服务活动。各商业银行营业网点相继推出“限时服务”等。

人民银行党的关系实行垂直领导后，市人行持续加强系统内纠风和行风建设。2001年，在全辖范围内开展“三铁”教育活动，制定《朔州市中心支行“三铁”教育工作安排》，征订《弘扬“三铁”教育精神，依法治理金融》一书，并组织知识测试。向金融机构发出《征求意见书》200余份，聘请党风廉政监督员5名。2003年，制定《中国人民银行朔州市中心支行进一步加强行业作风建设的实施意见》，参加地方政府组织的民主评议行风工作，通过《朔州日报》等媒体向社会各界作出公开承诺。向政府有关部门、金融机构、企业等单位发放《问卷调查表》800多份。

设立行风评议监督电话，向各金融机构和财税部门聘请行风监督员和评议员。2004年，组织召开金融服务听证会、咨询会、民主测评会等，其中，金融服务听证会邀请市人大、政协、政府、财政局、税务局、银监局、政策性银行、商业银行、农村信用社、平朔煤炭工业局等社会各界代表51人，探讨研究金融服务行风建设。2005年，制定《朔州市人民银行系统2005年行风评议考核方案》以及《实施细则》，召开行风评议促进会，开展"严格、规范、谨慎、诚信、创新"十字行风建设。当年，市人行行风建设工作被市委、市政府评为全优工程，并被推荐为全省行风建设先进单位。2006—2019年，市人行持续推进行业作风建设，制定《朔州中支行业作风实施方案》，从严格执行财经纪律、工作纪律、提倡高效务实工作作风、提高金融服务水平、规范行员服务行为、树立人民银行良好社会形象等方面加强行风建设。

中篇

建　设

第三章
人员招录

从建行初期1949年到1996年朔州辖内人行分支机构干部招录政策与地方机关事业单位招录政策一致，主渠道为地方人事部门统一招录分配、机关企事业单位调入、上级行调入和接收复退军人；1996年至今，不再从人民银行系统外调入干部，干部招录由人民银行系统依照国家机关事业单位招录政策，独立开展。

第一节 多渠道招录阶段

□ 朔县支行时期

组建中国人民银行朔县支行时，中国人民银行雁北专区办事处调派李子春任经理（行长），负责组建筹备工作，于1949年9月接收旧金融机构工作人员8人，之后从朔县政府机关调入12人。

招录人员经朔县人事局、支行审查后，报雁北地委人事局、中心支行和山西分行批准阶段。1950—1951年，考试吸收21人，朔县党政介绍调入27人，察哈尔省分行及雁北专区中心支行分配15人。1952—1953年，因下设营业所普遍建立供销社信用部并发展信用组，导致干部需求增加，考试吸收14人，雁北中心支行配备2人。1954—1957年，考试分配3人，县政府机关调入10人，上级行调入7人，军队转业干部1名（累计接收军转干部4名），由信用社调回4人。1958—1962年，因实行人民公社化，基层所社变动较大，支行干部职工数增减幅度较大，录用1人，县党政部门调入11人。1963年，人行与农行于年底第一次分家，当年分配学生6人，接收转业军人3人，调入5人，农村吸收1人。1966年，人行与农行合并，调入1人。1967—1976年“文革”时期，累计调出31人、调入13人，人数由1966年底的76人减少到1976年底的56人。1979年人行与农行二次分设后，人员需求较大，1980年新招录9人（主要为城镇高中毕业生），信贷股新增6人（主要从全民所有制单位工人中招考，从适合做银行工作的现有干部中选调）。1981年，接收退役军人1人，分配大中专学生2人，调入1人。

招录人员经朔县人事局、支行审查后，报地（市）人事局和中心支行批准阶段。1983—1985年，招收学生12人（主要为高中毕业生），接收退役军人3人，调入7人（4人用于增加信贷业务人员）。期间：1985年人行与工行分家后，朔县人行专门行使中央银行职能。1988年，招录7名学生（银行学校毕业生和城镇高中毕业生），最后一次招录城镇高中毕业生。

□ 市人行时期

1989年市人行成立，当年辖区招录大中专毕业生12名，其中，大学毕业生1名、山西银行学校毕业生11名、调入46人。1990—1992年，辖区共录用大中专毕业生25名，主要为山西银行学校毕业生；安置转业军人12名；调入干部22名。1993年，应县支行、右玉县支行和怀仁县支行划归市人行管辖，当年辖区录用大中专毕业生6名，主要为山西银行学校毕业生；安置转业军人3名；调入干部17名。1994—1996年，辖区共录用大中专毕业生24名（主要为山西银行学校毕业生），安置转业军人6名，调入干部22名。

第二节　独立招录阶段

从1996年起，根据《中国人民银行关于人民银行系统暂停委托培养大中专毕业生的通知》（银发〔1995〕202号），各单位暂停在行属院校和其他大中专院校委托培养大中专毕业生。1997年，辖区共录用银行学校毕业生1名，为最后一年录用银行学校毕业生；接收复退军人1人；人民银行系统内调入4人。1998年，根据《关于下达人民银行系统1998年录用计划的通知》（银人劳〔1998〕14号）规定，贯彻“凡进必考、择优录用”的原则，计划指标只允许用于录用大专以上应届毕业生（含行属高校应届毕业生）和军队转业退伍军人。人行不再从社会招收人员，暂停从人民银行系统外调入人员。当年，辖区共录用大专毕业生1名。1999—2003年，辖区招录大学毕业生6人，人民银行系统内调入1人，接收复退军人6人［据银人劳〔2000〕94号，2001年开始县（市）支行除经上级行批准安置少量转退军人外，原则上不再补充其他人员］。2004年，招录大学毕业生2人，接收复退军人2人，划转银监分局52人。从2005年起，人行地市以下分支机构不再接收军队转业退伍军人。2005—2010年，辖区共招录大学毕业生12人。根据《关于加强分支机构守库押运岗位合同制人员管理的指导意见》（银办发〔2011〕29号），作为行员队伍的有效补充，2011年，辖区首次公开招录守押岗合同制员工2人，招录主要对象为军队复退军人、军事公安院校毕业生。当年，辖区招录大学毕业生1人。至此，形成了由行员、聘用制员工和其他合同制人员共同组成的员工队伍格局。2012年，贯彻《关于进一步加强人民银行县（市）支行建设的意见》（银党〔2009〕61号），辖区县支行开始招录新行员。当年，辖区共招录大学毕业生3人。根据《人民银行关于加强分支机构业务操作岗位聘用制员工管理的意见》（银办发〔2013〕184号），2014年，招聘聘用制员工2人，招录大学毕业生3人。聘用制员工主要用于会计核算、支付结算、科技、货币发行、国库核算、征信、守库押运、外汇管理、清算9大类业务操作岗位从事业务操作类工作。

2015—2019年，辖区共招录大学毕业生42人，招聘聘用制员工12人。

第四章

工资改革

中国人民银行朔县支行、中国人民银行朔州市中心支行工资沿革与历年工资调整，是与我国工资体制改革与发展脉搏相一致的。主要经历了五个阶段。第一阶段：行员工资制的建立，新中国成立初期中国人民银行华北区行在供给制和原职原薪同时运行的基础上，实行了一、二、三等行员和练习生等级工资制，成为新中国率先实行工资制的少数几个部门之一。第二阶段：1956年等级工资制（第一次工资改革），人民银行列入国家行政机关的范围，实行行政等级工资制度。第三阶段：1985年结构工资制（第二次工资改革），银行仍实行与国家机关事业单位相同的工资制度。第四阶段：1993年职级工资制（第三次工资改革），人行除总行机关实行公务员工资制度外，分支机构同各国有商业银行一道执行了事业单位第五类工资制度即行员等级工资制。第五阶段：2006年岗位绩效工资制（第四次工资改革），人总行实行公务员工资制度，人行分支机构实行统一的岗位绩效工资制度。

为便于理解分支行工资政策沿革，选取景忠、高秀梅二人人事档案保存的珍贵工资类资料，参阅《人事工作文件选编——国家人事局出版》《人事工作文件选编——中国人民银行人事司编》等书籍资料进行了整理。景忠1951年参加工作至1993年工改前退休，高秀梅1986年参加工作到2019年退休，根据两位干部的回忆以及工资资料中涵盖的内容，可以比较全面完整地反映出基层人民银行工资演变情况。

第一节　工改初期

□　行员制

新中国成立前后，朔县人行的工资情况比较复杂，形成供给制和薪金制并存的状况。1949年2月之前人行入职学员均实行供给制，2月以后银行、教育及税务系统人员实行薪金制；同年10月1日，党政机关人员也开始实行薪金制。这时薪金依旧是小米。据在朔县人行任职的景忠回忆，其1951年刚参加工作时一个月薪金是210斤小米，折合成钱发放18.9元。朔县人行没有“大中小”灶供给制待遇，县政府机关执行这一政策，每月另发给每人6元。支行薪金制具体规定：薪资标准以小米折价：一等行员（包括支行经理及股长级干部）：350~500斤。一级：460~500斤；二级：400~440斤；三级：350~380斤。二等行员：290~370斤。一级：350~370斤；二级：320~340斤；三级：290~310斤。三等行员：230~310斤。一级：290~310斤；二级：260~280斤；三级：230~250斤。练习生：200~260斤；勤杂人员：180~300斤；试用生：140~180斤。

□ 工资分制

1952年7月，朔县支行开始实行工资分制度，正、副行长（含一等行员）从200至310工分，二等行员为180至200工分，勤杂人员从110至150工分。1953年朔县人行第一次进行干部定级，行长魏隐君因参加革命工作时间较早，工作积极肯干，定为全县科乡级最高等级17级，股长、营业所主任定为20~22级，一般职工20级以下，工作人员级别与工资分对应关系见表5-1。

表 5-1　　1954 年朔县支行干部统计报表

姓名	性别	年龄/岁	籍贯	文化程度	政治面貌	参加工作时间	职别	成分	级别/级	工资分/分
魏隐君	男	39	河北定县	高中	党员	1937	行长		17	310
李茂	男	47	浑源	高小	党员	1938	副行长		19	
郭连	男	39	朔县	初小			副行长	中农	18	292
钱祥	男	22	阳高药王庙四村	初中	党员	1949.01	秘书股长	学生	20	244
杜友权	男	19	张家口	初中		1951.03	收发	城市贫民	23	176
张玉文	男	22	内蒙古兴和县	高中	群众	1951.04	总务	手工业	23	176
刘金荣	女	23	河北怀来	初中	团员	1951.03	会计股长	富农	23	176
崔英	男	44	朔县	初小	党员	1949.09	业务股长	贫农	20	244
冯增儒	男	29	天镇	初师		1949.09	业务副股长		21	220
何芦雪	男	32	河北万全	初中		1951.03	业务员	中农	22	198
王建民	男	31	河北滦县	初中		1951.03	业务员		23	176
常克勤	男	24	北京	高中		1951.03	业务员	农业资本家	23	176
魏锦中	男	23	孝义	高小		1949	业务员	中农	23	176
李占魁	男	23	河北怀来	初中		1950	业务员	贫农	25	136
支梅英	女	23	平鲁	高小	团员	1951	业务员	中农	23	176
刘铸	男	27	平定	初中	团员	1949.02	会计股长		20	244
韩朝钦	男	28	大同	初中		1949.09	副股长		21	220
成国相	男	34	河北怀来	高小		1950.01	会计员	贫农	22	198
吉元中	男	27	怀仁	初中		1949.09	会计员	地主	22	198
孙逸英	男	29	大同	初中		1949.09	会计员	工商业	22	198
吴振宇	男	23	河北通县	初中		1951.03	会计员	富农	23	176
于家乐	男	21	北京	初中		1951.03	会计员		23	176
马锡蕃	男	27	怀仁	初中		1950.01	会计员		23	176
尹丕安	男	45	平鲁	初小	党员	1950.09	农金股长		20	244
祁日增	男	28	朔县	初中		1950.03	副股长	贫农	21	220
李祜	男	22	朔县	高小		1952.07	农金员	中农	24	156
张瑄	男	32	朔县	高小		1952.07	农金员		24	156
许喜连	男	31	河北定县	文盲	党员	1948.06	农金员		23	176

续表

姓名	性别	年龄/岁	籍贯	文化程度	政治面貌	参加工作时间	职别	成分	级别/级	工资分/分
赵家魁	男	30	北京	高中		1951.03	农金员		24	156
支存仁	男	29	大同	高中		1949.09	出纳副股长	贫农	21	220
寇振华	男	21	朔县	高小		1950	出纳员	贫农	23	176
陈翠兰	女	24	朔县	高小		1949	出纳员		23	176
蔚玉环	女	24	朔县	初小		1949	出纳员	贫农	23	176
李清娥	女	25	怀仁	高小		1951.03	出纳员	地主	24	156
朱秀琴	女	20	张家口	高小		1951.03	工人	出纳员	24	156
郝玉梅	女	19	朔县	初小		1952.07	贫农	出纳员	24	156
王同臣	男	36	河北曲阳	高小		1951.03	中农	主任	21	220
雷九星	男	24	朔县	初小	党员	1950	中农	副主任	22	198
梁桂芳	男	21	朔县	初小		1952.07	中农	农金员	24	156
范智卿	男	20	灵丘	高小		1952.04	中农	农金员	24	156
李秉安	男	23	河北怀安	初中	团员	1949.12	中农	会计员	26	116
吴钟	男	26	朔县	高小	党员	1949.02	中农	副主任	22	198
闫光明	男	23	朔县	高小		1951.03	中农	会计员	23	176
盖受禄	男	43	河北平山	初小	党员	1950	贫农	农金员	23	176
刘振忠	男	28	朔县	初中		1951.03	富农	农金员	24	156
吴良	男	22	朔县	高小		1952	富农	农金员	24	156
蔚汉帜	男	25	朔县	高小		1950	中农	主任	21	220
曹汉卿	男	26	阳高	师范		1951.03	地主	农金员	23	176
刘继尧	男	28	朔县	初中		1951.03	富农	农金员	23	176
王斌	男	20	河北怀来	高小		1952.04	贫农	会计员	23	176
张培民	男	19	朔县	高小		1952	贫农	农金员	24	156
吴仕清	男	29	河北延庆	初小	党员	1945.01	中农	主任	21	220
祝占筮	男	21	山阴	高小	党员	1949.06	中农	副主任	22	198
李治国	男	25	朔县	高小		1951.03	贫农	会计员	23	176
郭丕福	男	20	朔县	高小		1952	贫农	农金员	24	156
张继贤	男	30	河北藁城	初小	党员	1947	中农	代理主任	20	244
蒯祥	男	34	朔县	初小	党员	1948		农金员	24	156
弓长久	男	27	山西	初小		1952.03		农金员	24	156
李清	男	23	朔县	高小	团员	1951	中农	农金员		
王风岐	男	21	朔县	高小		1952.01	富农	农金员	24	156
赵光嘉	男	21	河北怀安	初中		1951.03	中农	会计员	24	156
赵秉儒	男	30	朔县	初小		1949	中农	主任	21	220
景忠	男	22	阳高县西关	初中	团员	1951.03	贫农	会计员	22	198
王永诚	男	22	朔县	高小		1951.03	中农	农金员	23	176
吴英	男	24	朔县	高小		1952.07	贫农	农金员	23	176
白成士	男	40	朔县	文盲	党员	1938	贫农	通讯员	20	244
陈亮	男	23	朔县	初小	党员	1952	贫农	通讯员	25	136
白悦	男	31	朔县	初小		1950	贫农	通讯员	24	156

续表

姓名	性别	年龄/岁	籍贯	文化程度	政治面貌	参加工作时间	职别	成分	级别/级	工资分/分
王源	男	37	崞县	初小		1951	中农	炊事员	24	156
安荣	男	25	崞县	初小		1952	中农	炊事员	25	136

每个工分值的内容，折合为粮（包括小米60%，面粉40%）、布、油、盐、煤5种定量的实物，每分工分所含以上实物的数量（品质）规定为：小米（中等米）0.48市斤；面粉（海马牌）0.32市斤；白布（五福细布）0.20市尺；食油（麻油）0.05市斤；食盐（芦盐）0.02市斤；煤炭（大同块煤）2.00市斤。以人民币折算，其时朔县人行干部职工平均每人月工资28.4元。

第二节　第一次工资改革

□　等级工资制

1955年人行朔县支行按照“国家机关及所属事业单位先行废除工资分计算办法”规定，不再实行工资分计算，为第一次工资改革做好了过渡工作。1956年4月，朔县人行取消工资分制度和物价津贴制度，开始实行职务等级工资制。一职分为数级，级间上下交叉，如科局级范围由21级到17级，而17、18级又属于市处级的起始范畴。朔县人行最低工资级别26级工资为30元每月，最高级别18级工资为72元每月，新参加工作的职工按学历水平定级，初中学历定为26级，高中学历及以上定为25级，时任行长秦佩德行政等级为18级。

在日常工作保障方面，人行朔县支行定期对干部职工发放理发票和洗澡票。职工的医药费在3元以内实行实报实销，超出部分自费。下乡出差干部，每人每天发放2角下乡补助，4两粮票。此外，每个年度发放一次工作奖金，每半年发放一次困难补助，均按照个人申请、全行评议原则进行评审后发放。为减轻职工负担，在冬季取暖期间还会发放一定金额的烤火费。1955年工资改革前，全行57名干部职工，每人平均月工资45.61元，1956年工改后平均每人月工资47元。

□　工资调整

等级工资制改革后，朔县支行有过几次为数不多的工资调整。其中1959年工资升级时，16人提级，占总人数的28%，提级工资额占总工资的0.46%。1972年全行进行了工资微调，主要是化零为整，例如支行干部寇子儒工资由34.5元调整到35元。1977—1979年，根据（中发〔1977〕89号）（国发〔1979〕）251号）文件，工资进行较大幅度升级，朔县支行除新参加工作的职工外普调一级工资，景忠按政策执行后，职务工资等级由行政22级51.5元调整为21级57元，寇子儒工资由35元调整到40元。1981年，新录用的大中专毕业生定级工资由行政25级提高到24级。1982年根据（劳人薪〔1982〕58号）文件，朔县人行再次调整部分人员工资，景忠行政等级升为20级、66.5元。

第三节　第二次工资改革

□　结构工资制

1984年人行定性为行政单位，分支机构工资按照事业单位进行发放，按照企业标准发放奖金。1985年12月人行朔县支行进行了第二次工改，并执行新的工资标准——结构工资制。新的工资制度废除了原来大一统的等级工资制，实现了企业工资制度与机关事业单位工资制度脱钩，初步理顺了工资关系，解决了职级不符的问题，较好地体现了按劳分配的原则，建立了正常的工资增长机制。主要内容是人行系统内建立了以职务工资为主的结构工资制，包括基础工资、职务工资、工龄津贴和奖励工资4部分组成，另外实行津贴补贴制度。

基础工资是工作人员最低生活保障部分，它是按当地经济的发展和物价水平而定。从行领导到一般行员，都按照银行、保险县（市）支行工资标准执行。朔县人行属于五类工资区，基础工资水平偏低，在这个工资标准下，新参加工作的干部实行一年见习期，见习期间不实行结构工资制，见习工资为45元每月，转正定级后本科68元，大专和中专分别为62元和56元。退伍军人实行半年见习期，期满转正定级。

职务工资是结构工资制的主体，体现按劳分配的主要部分，按工作人员的职务高低、责任大小和业务技术水平来确定的。行长为正科级，第一次晋档工资为每月86元，副行长为副科级，第一次晋档工资为76元，一般办事员为56元。它随职务的变动而变动，实行一职数级、上下交叉。

工龄津贴是根据干部工作年限的长短而逐年计发的报酬。按年度计算，每工作一年每月增加0.5元，最高累计限额为20元。工龄津贴的基本功能是随着干部劳动积累量的增加，使每年都能增加一些工资收入。

奖励工资用于奖励在工作中做出显著成绩的工作人员，不得平均发放，所需奖金，仍从行政经费节支中开支。

在工作需求和福利保障方面，朔县人行依据上级规定每月实行一定程度的津补贴政策。具体包括：仅管理人员和技术人员才有的书报费，按正科8元、副科6元、一般人员4元执行；全体干部都执行的医药费15元、物价补贴7元、肉食补贴5元、洗理费7元以及少量生活补助费，其中女职工较男职工多0.5元洗理费。

工资改革一律按职务套改。职务不明确的，先按现行工资额进行套改，随着职务名称系列颁布，再套入职务工资等级。1985年7月1日以后提升职务，其现行工资低于新任职务工资最低档的，从正式任命之月起，按新任职务工资最低档标准发给。降低职务的，因年龄、健康状况或机构归并等原因降低了职务的，经原任机关批准，可以不降低工资；因不胜任现职或其他原因降职、免职的，原则上按新任职务确定职务工资。

结构工资制纠正了等级工资制一次评级定终生，各等级之间工资差距小的问题，工资标准开始与职务挂钩，工作人员的职务、级别分别与其对应的执行工资呈正比例关系，这一点在行级领导工资调整中尤为明显。原雁北人民银行本属于朔县支行的上级领导单位，但在工改前工资等级与朔县支行几乎没有差别，人行雁北支行行长魏云的工资级别为20级，甚至低于朔县支行行长马军。如表5-2所示。

表 5-2　　1985 年人民银行雁北支行工资级别表

姓名	性别	出生年月	籍贯	文化程度		参加工作时间	入党时间	工资级别	现任职务		工作单位
				最高学历	现有				行政	党内	
魏云	男	1943.06	怀仁	大专	大学	1965.09	1979.06	20	行长	书记	中心支行
张录	男	1935.10	广灵	初中	初中	1953.07	1959.12	19	科长	成员	中心支行
王平善	男	1944.05	应县	大学	大学	1968.12	1978.12	19	科长	成员	中心支行
乔德府	男	1946.03	灵丘	高中	高中	1968.01	1970.06	21	科长	支委	人事教育科
康俊	男	1951.05	平鲁	高中	高中	1975.05		23	副主任		办公室
马子明	男	1930	北京	大学	大学	1951.07	1962.07	18	科长		金融管理科
冯子先	男	1949.06	河北阳源	高中	高中	1972.10	1972.01	23	副科长		金融管理科
张崇斌	男	1943.12	阳高	大学	大学	1970.08	1983.01	20	科长		计划统计科

按照工改政策套改后，职务与职级严重不符的现象得以解决。人行朔县支行干部职工月人均工资由62.88元增长到80.14元，套改前后工资执行情况见表5-2-1。

续表 5-2-1　　1985 年人民银行朔县支行工资制度改革表

姓名	职务	改革前工资状况							改革后工资状况				
		工资级别/级	标准工资额/元	附加工资/元	保留工资/元	职务津贴/元	副食补贴节支奖/元	合计工资额/元	职务级别/级	基础职务工资之和/元	工龄津贴/元	教护龄津贴/元	合计工资/元
马军	副行长	23	48				10	58	（副科）6	74	4.5		78.5
景忠	副行长	20	71				10	81	（副科）3	94.5	17		111.5
罗宏元		24	42				10	52		62.5	2.5		65
李子适		18	90				10	100		110	18.5		128.5
赫泰		22	54.5		8	1.5	10	74		74	3.5		77.5
王宽寿		23	48				10	58		68	4		72
王宇轩		23	48				10	58		68	5.5		73.5
张金梅		23	48	2			10	60		68	10.5		78.5
李金荣		24	42				10	52		62.5	5		67.5
龙玉风		21	62.5				10	72.5		80	16.5		96.5
高成财		23	48				10	58		68	6		74
王生明		21	60.5			1.5	10	72		80	8.5		88.5
王建国		23	48				10	58		68	7.5		75.5
张瑞林		24	42				10	52		62.5	5		67.5
杨秀珍		23	49				10	59		68	8		76
武日景		24	42				10	52		62.5	2		64.5
张明儒		司 4	58.4				10	68.4		80	7.5		87.5
张新明		25	37				10	47		56.5	3.5		60

结构工资改革实行后，按照劳人薪〔1986〕96号、晋工改行字〔1987〕3号文件，为了集中解决部分人员职务工资中的突出问题，例如初级专业技术人员、科级及科级以下人员和机关事业单

位工人工资的突出问题，可提高一级工资。按照该政策，景忠职务等级由副科3级94.5元上调为副科2级102.5元，工资增加8元。

□ 调职调薪

按照1987年中办发1号文件，明确工资随职务变动而变动，即调动工作变动职务按照变动后的新任职务确定工资标准；晋升职务按晋升后新任职务工资标准执行；因不胜任工作而改任较低职务的不能保留原职务工资，应按新任职务标准确定；仅由接近退休年龄，为实现班子年轻化而不担任原职务，或改任较低职务的，其原职务工资不变；超过编制人员结构比例和职数限额，晋升的职务无效，其职务工资也不得提高；工作人员职务（包括行政职务、专业技术职务）变动后，新确定的职务工资，从任免机关批准新任职务的下个月起执行。自此，工资等级开始随职务的调整而变动，景忠1987年7月提升正科后，工资于任职次月由副科2级102.5元调整为正科3级110元。

□ 职称工资

20世纪80年代初，人行朔县支行建立各类专业技术人员职务序列，实行专业技术职务聘任制，相应解决专业技术人员的职务工资问题，并适当解决了部分人员职务工资中的突出问题。规定，在首次专业技术职务聘任完成以后，专业技术职务人员的职务聘任工作即进入正常轨道，受聘人员的工资一律从被聘任起下个月进入相应职务工资档次。其中获得中级及以上职称的人员可以执行农户转非农户的户口调整政策。由于是地方性政策，该政策仅执行至1998年12月即停止。

1988年，人行朔县支行按照（劳人薪〔1988〕4号）、（晋工改行字〔1988〕9号）文件规定，解决部分中年专业技术人员工资问题，重点是中年专业技术（经济师、会计师）及以上人员工资偏低问题。景忠1987年10月聘任会计师，按照政策应该执行会计师工资标准2级127.5元，但由于基层执行政策的迟滞原因，到1989年10月才补批，当时仍执行正科3级110元。

1990年1月，市人行职工干部普调一级工资，在普调的基础上，重点解决专业技术人员工资中的突出问题（国发〔1989〕82号）（晋人工字〔1990〕4号）。景忠执行会计师2级131元调整为会计师1级140元，正科3级110元调整为正科2级119元作为档案工资管理。

根据（国发〔1989〕82号）精神，修改现行标准，与工改时专业技术职务工资标准高低次序相反，即等级变为由低到高依次为一级、二级、三级，依此类推。1990年4月，市人行调整专业技术职务工资标准（人薪发〔1990〕8号）。景忠由会计师1级调整为会计师4级，工资不变。

□ 调整工龄津贴

1992年1月，市人行将工作人员的工龄津贴标准由每工作一年0.5元提高到1元，并按本人实际工龄计发（国发〔1991〕74号）（晋人工字〔1992〕5号）。时年景忠工龄42年，工龄补贴由原19元提高到42元，其他职务工资等不变。

第四节　第三次工资改革

□　职级工资制

1993年的工资改革，市人行建立起符合行业特点的职级工资制度，避免了等级工资制、结构工资制的弊端，建立了正常的晋级增资制度，改变了工资地区类别制度等。

市人行按照《关于印发银行、保险单位贯彻〈事业单位工作人员工资制度实施改革方案〉的实施意见的通知》（人薪发〔1994〕34号）精神，从1993年10月起实行行员等级工资制。按照《中国人民银行行员工资管理暂行办法》（银发〔1995〕158号），行员等级工资在构成上分为职务工资和责任目标津贴。共设7个等级，每个等级分设若干档次，其中既有行政职务又有专业技术职务，在工资改革套改时执行了较高的职务工资，较低的职务工资作为档案工资，两套职务序列不得交叉晋升。市人行最高行政等级为时任行长张崇斌四级行员五档，副行长等级从四级行员二档起，科长、副科长从五级行员四档起，一般人员六到七级。最高专业技术职务等级为李月娥中师四档，最低为助师二档。在定期升级工资变动时，执行工资和档案工资同时调整，并执行较高的职务工资标准。也就是经常提到的“双肩挑”或“就高不就低”，这一点也于二次工改后期体现在景忠的工资发放标准由行政等级改为专技职务上，而后逐步普遍推行开来。

这次改革中新增加了责任目标津贴与奖金，它们是工资构成中活的部分，目标津贴标准占工资构成的40%，即职务工资的4/6。经总行批准，山西辖区按职务工资的4.5/5.5执行。凡年度考核基本称职以上人员，年终发给一次性奖金，奖金数额为本人当年12月工资额（等级工资和责任目标津贴之和）。

工改后保留的津贴、补贴艰苦边远地区津贴和地区附加津贴原则上可以参照地方政府新建和调整的津贴、补贴标准执行，但需报总行批准。各类津贴、补贴项目包括：工龄津贴、年终一次性奖励、保留奖金、职岗津贴、交通补、书报费、卫生费、水煤电补、生活补贴、地区补贴、误餐费（进工资项）、特岗补、2000年新增补贴、地区调节、独子补、办案补、医药费（参加地方医保后，取消）、误餐费、文娱费、通讯补、交通费、视力保护费等20余项。各类津贴补贴项目执行标准见表5-3。

表 5-3

1995 年人民银行朔州分行工资表

单位：元

姓名	职务	工改后级别	职务工资	工龄津贴	岗位补	交通补	书报费	卫生费	文娱费	医药费	独子补	特岗补	水煤补	家属药费	应发数	其他扣	实发工资
张崇斌	副行长	四级行员五	310	54	110	20	25	20	10	100	—	—	41	60	750	2	748
刑满红	副行长	四级行员四	285	48	110	20	25	20	10	100	—	—	41	60	719	2	717
宋立新	副行长	四级行员三	285	44	110	20	25	20	10	100	—	—	41	60	715	2	713
段仁勇	主任	四级行员三	285	54	110	20	25	20	10	100	—	—	41	60	725	2	723
张自强	总稽核	四级行员四	310	66	110	20	25	20	10	100	—	—	41	60	762	2	760
赵福	主席	四级行员二	252	52	110	20	25	20	10	100	—	—	41	60	690	2	688
任厚	科长	五级行员四	234	30	90	20	25	20	10	80	—	—	41	40	590	2	588
李青梅	副科	中师二档	225	40	90	20	25	20	10	80	—	—	41	40	591	2	589
邱继岗	科员	六级行员二	174	14	60	20	22	20	10	60	—	—	41	20	441	2	439
雷向东	办事员	七级行员一	140	0	50	20	22	20	10	60	—	6	41	20	389	2	387
落迎寿	副科	中师二挡	225	36	90	20	25	20	10	80	—	—	41	40	587	2	585
康增禄	副主任	五级行员四	216	30	80	20	22	20	10	80	—	—	41	40	559	2	557
张安山	科员	六级行员二	188	28	60	20	22	20	10	80	—	—	41	40	509	2	507
王连邦	科员	六级行员四	188	26	60	20	22	20	10	80	—	—	41	40	507	2	505
卢秀文	科员	六级行员三	188	16	60	20	22	20	10	60	—	—	41	20	457	2	455
康全仁	副科	助师三档	193	30	80	20	22	20	10	80	5	10	41	40	551	2	549
冯国慧	科长	七级行员二	155	0	50	20	22	20	10	60	—	10	41	20	408	2	406
雷月芳	办事员	七级行员二	157	12	50	20	22	20	10	60	—	—	41	20	412	2	410
柴映姝	办事员	七级行员一	145	10	50	20	22	20	10	60	—	10	41	20	408	2	406
段书文	工人	七级行员一	145	8	50	20	22	20	10	60	—	10	41	20	406	2	404
李荣	副主任	五级行员五	252	44	80	20	22	20	10	100	5	—	41	60	654	2	652
张明儒	副主任	五级行员四	234	52	80	20	22	20	10	100	—	—	41	60	639	2	637
吕秀荣	副主任	五级行员二	188	44	80	20	22	20	10	100	—	—	41	60	585	2	583
郭俊明	科员	六级行员三	188	42	80	20	22	20	10	100	—	—	41	60	583	2	581
刘强	副科	六级行员三	188	26	60	20	22	20	10	80	—	—	41	40	507	2	505
牛通根	科员	六级行员四	174	26	60	20	22	20	10	80	—	10	41	40	503	2	501
万翠连	科员	助师三档	193	26	60	20	22	20	10	80	—	—	41	40	512	2	510
赵文俊	科员	六级行员三	188	42	80	20	22	20	10	100	—	—	41	60	583	2	581
朱尚信	科员	六级行员三	188	36	60	20	22	20	10	80	—	—	41	40	517	2	515
张尚平	科员	六级行员三	188	20	60	20	22	20	10	60	—	—	41	20	461	2	459

续表

姓名	职务	工改后级别	职务工资	工龄津贴	岗位补	交通补	书报费	卫生费	文娱费	医药费	独子补	特岗补	水煤补	家属药费	应发数	其他扣	实发工资
周晓东	科员	六级行员二	174	14	60	20	22	20	10	60	—	—	41	20	441	2	439
霍日斌	工人	中级工三档	188	40	60	20	20	20	10	80	—	—	41	40	519	2	517
王耐香	科长	五级行员五	252	58	90	20	25	20	10	100	—	—	41	60	676	2	674
康育民	科员	六级行员三	188	20	80	20	22	20	10	60	5	—	41	20	486	2	484
郭水龙	科员	六级行员三	188	14	80	20	22	20	10	60	—	10	41	20	485	2	483
李文（大）	科员	六级行员三	188	20	80	20	22	20	10	60	—	10	41	20	491	2	489
裴晓波	科员	六级行员四	202	30	80	20	22	20	10	80	—	—	41	40	545	2	543
曹红梅	科员	六级行员二	174	14	60	20	22	20	10	60	—	—	41	20	441	2	439
樊禄林	科员	六级行员二	174	14	60	20	22	20	10	60	—	—	41	20	441	2	439
洪桂花	科员	六级行员三	188	28	60	20	22	20	10	80	5	10	41	40	524	2	522
李彩云	办事员	七级行员二	157	12	50	20	22	20	10	60	—	10	41	20	422	2	420
李文（小）	办事员	七级行员二	157	12	50	20	22	20	10	60	—	—	41	40	432	2	430
陈学峰	科员	七级行员二	155	0	50	20	22	20	10	60	—	—	41	20	398	2	396
任群生	科长	五级行员五	252	56	90	20	25	20	10	100	—	—	41	60	674	2	672
樊吉	科员	六级行员三	188	30	60	20	22	20	10	80	—	—	41	20	491	2	489
孙智萍	科员	六级行员三	188	20	80	20	22	20	10	60	5	6	41	20	492	2	490
李东民	办事员	七级行员二	157	12	50	20	22	20	10	60	5	6	41	20	423	2	421
廖玉萍	科员	六级行员二	174	16	60	20	22	20	10	60	—	6	41	20	449	2	447
赵鹏飞	副科长	五级行员四	225	38	80	20	22	20	10	80	—	—	41	40	576	2	574
罗宏元	副科长	五级行员四	234	32	90	20	25	20	10	80	5		41	40	597	2	595
董阅	科员	六级行员二	174	10	60	20	22	20	10	60	—	10	41	20	447	2	445
张文慧	科员	六级行员二	174	16	60	20	22	20	10	60	5	10	41	20	458	2	456
李金荣	科员	中师二档	213	42	90	20	25	20	10	100	5	—	41	60	626	2	624
汪燕	科员	六级行员二	174	18	60	20	22	20	10	60	5	—	41	20	450	2	448
辛秀清	办事员	七级行员二	157	12	50	20	22	20	10	60	—	—	41	20	412	2	410
王宽寿	科长	五级行员四	216	38	90	20	22	20	10	80	—	—	41	40	577	2	575
王国治	科员	六级行员三	188	34	60	20	22	20	10	80	5	—	41	40	520	2	518
张志恒	科员	六级行员二	174	18	60	20	22	20	10	60	—	—	41	20	445	2	443
元有仁	科员	六级行员三	188	24	60	20	22	20	10	80	—	—	41	40	505	2	503
李梅花	科员	六级行员二	174	18	60	20	22	20	10	60	5	—	41	20	450	2	448

续表

姓名	职务	工改后级别	职务工资	工龄津贴	岗位补	交通补	书报费	卫生费	文娱费	医药费	独子补	特岗补	水煤补	家属药费	应发数	其他扣	实发工资
薄秀荣	工人	七级行员一	145	10	50	20	20	20	10	60	—	—	41	20	396	2	394
高成才	科长	五级行员四	234	46	90	20	25	20	10	100	—	—	41	60	646	2	644
马秀峰	科员	六级行员五	216	44	80	20	22	20	10	100	—	—	41	60	613	2	611
张润娴	科员	六级行员三	188	30	80	20	22	20	10	80	—	—	41	40	531	2	529
张继业	办事员	七级行员二	157	12	50	20	22	20	10	60	—	—	41	20	412	2	410
王生明	科长	五级行员六	252	56	90	20	22	20	10	100	—	—	41	60	671	2	669
景秀文	副科长	五级行员四	216	48	80	20	22	20	10	100	—	—	41	60	617	2	615
董连卿	科员	六级行员三	188	24	60	20	22	20	10	80	5	—	41	40	510	2	508
郭有怀	工人	初级工三档	169	30	60	20	20	20	10	80	—	—	41	40	490	2	488
郝润忠	科员	六级行员三	188	20	60	20	22	20	10	60	—	—	41	20	461	2	459
郑必显	科员	六级行员三	174	18	60	20	22	20	10	60	5	—	41	20	450	2	448
张继平	科员	六级行员三	188	34	60	20	22	20	10	80	—	—	41	40	515	2	513
刘日功	科员	六级行员二	174	14	60	20	22	20	10	60	—	—	41	20	441	2	439
贾建国	科员	六级行员三	188	36	60	20	22	20	10	80	—	—	41	40	517	2	515
张文玖	科员	六级行员三	188	36	60	20	22	20	10	80	—	—	41	40	517	2	515
仝文海	科员	六级行员三	188	30	60	20	22	20	10	80	—	—	41	40	511	2	509
石志权	科长	五级行员四	234	32	90	20	25	20	10	80	—	—	41	40	592	2	590
梁继峰	科员	六级行员三	188	12	80	20	22	20	10	60	5	—	41	20	478	2	476
马宇宏	办事员	七级行员一	145	8	50	20	22	20	10	60	—	—	41	20	396	2	394
黄培忠	副科长	五级行员四	216	28	80	20	22	20	10	80	—	—	41	40	557	2	555
杨春祥	正科	五级行员四	216	36	90	20	22	20	10	80	—	—	41	40	575	2	573
张一富	副科	五级行员三	188	28	80	20	22	20	10	80	—	—	41	40	529	2	527
李月娥	科员	中师四档	265	72	90	20	25	20	10	100	—	—	41	60	703	2	701
张丽萍	科员	助师二档	179	10	80	20	22	20	10	60	5	—	41	20	467	2	465
穆金梅	科员	助师二档	179	8	80	20	22	20	10	60	—	6	41	20	466	2	464
武日荣	科长	五级行员四	216	30	90	20	22	20	10	80	—	—	41	40	569	2	567
寇永春	副科	六级行员四	188	30	80	20	22	20	10	80	—	—	41	40	531	2	529
郭志宏	科员	六级行员三	188	18	60	20	22	20	10	60	—	—	41	20	459	2	457
王宗轩	经理	中师三档	245	44	90	20	25	20	10	100	—	—	41	60	655	2	653
薛振利	科员	六级行员三	188	18	60	20	22	20	10	60	—	—	41	20	459	2	457

□ 工资调标及3%奖励晋升

1997年7月、1999年7月、2001年1月、2001年10月、2003年7月共五次调整工资标准。连续2年考核基本称职以上的人员，可晋升一个工资档次。1993年工改后，每2年正常晋升一个工资档次，至2005年10月最多晋升6次。对少数考核优秀并作出突出贡献的人员，经批准可提前晋升或越级晋升，比例控制在总人数的3%以内。如高秀梅自1993年工改后，工资正常晋升6次，调整标准5次（见表5-4）。第三次工资改革后，人行朔州分行依据上级制度建立津贴补贴。

表 5-4　　高秀梅 1993 年 10 月工资改革后工资变动表

档案工资			执行工资			
工资等级（档次）	职务等级工资 / 元	变动原因	工资等级（档次）	职务等级工资 / 元	执行时间	变动原因
助师 2 档	179	1993 年工改	六级 3 档	188	1993.10	1993 年工改套改
助师 3 档	193	正常晋升	六级 4 档	202	1995.10	正常晋升
助师 3 档	207	调标	六级 4 档	216	1997.07	调标
助师 4 档	227	正常晋升	六级 5 档	230	1997.10	正常晋升
助师 4 档	308	调标	六级 5 档	310	1999.07	调标
助师 5 档	327	正常晋升	六级 6 档	328	1999.10	正常晋升
助师 5 档	399	调标	六级 6 档	400	2001.01	调标
助师 5 档	451	调标	六级 6 档	452	2001.10	调标
助师 6 档	477	正常晋升	六级 7 档	477	2001.10	正常晋升
助师 6 档	506	调标	六级 7 档	506	2003.07	调标
六级 8 档	531	正常晋升	助师 7 档	532	2003.10	正常晋升
六级 9 档	556	—	助师 8 档	558	2005.10	正常晋升

注：上表为高秀梅的工资台账资料。

第五节　第四次工资改革

□ 岗位绩效工资制

从2006年起，市人行实行新岗位绩效工资制度，同时对津贴补贴进行了规范。按照《中国人民银行关于分支机构贯彻落实〈事业单位工作人员收入分配制度改革方案〉和〈完善艰苦边远地区津贴制度实施方案〉的意见》（银发〔2006〕406号），市人行工作人员实行统一的岗位绩效工资制度，与机关事业单位同一政策标准，自2006年7月1日起执行。由4个部分构成：岗位工资、薪级工资、绩效工资和津贴补贴，其中的岗位工资和薪级工资为基本工资。

岗位工资主要体现工作人员所任（聘）岗位的职责和要求。实行“一岗一薪，岗变薪变”，专业技术岗位、管理岗位和工勤技能岗位分别执行不同的岗位工资等级和标准。市人行专业技术岗位的起点薪级分别为：五至七级岗位16级，八至十级岗位9级，十一至十二级岗位5级。管理岗位的起点薪级分别为：五级岗位21级，六级岗位17级，七级岗位12级，八级岗位8级，九级岗位4级，十级岗位3级。市人行最高管理岗位级别为行长康义五级岗位34级，科级干部执行七级八级岗位工资，一般干部执行九级十级岗位工资。

薪级工资主要体现工作人员的工作表现和资历。市人行对于年度考核结果为合格及以上等次的工作人员，每年增加一级薪级工资，并从第二年的1月起执行。工作人员考核为基本合格的年度，不能正常增加薪级工资。

绩效工资主要体现工作人员的实绩和贡献。市人行在国家和上级行核定的绩效工资总量内，按照上级的政策指导意见，自主分配。根据人行太原中支《山西省人民银行系统关于建立基础绩效工资制度的实施方案》（并银办发〔2011〕113号），从2011年1月1日起实施。内容主要为：基础绩效工资是绩效工资的一部分。基础绩效工资主要体现工作人员所任（聘）岗位的职责大小，同时考虑工作人员的绩效、能力和资历。基础绩效工资采取宽带薪酬模式，根据工作人员的工作绩效、能力、职责等因素，具体确定工作人员的工资标准。

津贴补贴是此次工改重点规范的项目，一方面，将一些津贴补贴纳入基本工资，适当提高基本工资占工资收入的比重，优化工资收入结构。另一方面，合理确定水平，科学规范项目，严格监督管理。目前执行的补贴项目有艰苦边远地区津贴、特殊岗位津贴补贴，独子补、女职工卫生费。艰苦边远地区共分六个类区，朔州中支辖区内平鲁区支行、右玉县支行分别执行1类区、2类区标准，其中1类区地方津贴185元起，2类区地方津贴320元起，补贴金额随着专业技术职称和管理岗位的提升而增加。特殊岗位津贴补贴仅执行1项办案补贴每月220元。独子补和女职工卫生费分别为每月50元和30元。

福利方面将原来执行的冬季烤火费改为取暖补贴，职工采暖的各种费用转化为货币形式直接发放，改“暗补”为“明补”，并将补贴标准调整为科员3 200元，副科级3 800元，正科级、中级技师及高级工3 900元，副处级4 500元，市人行行长正处级为4 600元。同时，工资收入支付应以银行卡的形式发放，不得发放现金。具体工资执行内容见表5-5。

表 5-5　　2012 年 12 月中国人民银行朔州市中心支行工资发放表　　单位：元

姓名	岗位工资	薪级工资	基础绩效	考核奖	独子补	办案补	养老保险	住房公积金	医疗保险	实发工资
张小平	1 045	834	3 153	3 683	—	—	361.84	905	74.60	7 373.56
蔡如刚	850	984	3 153	3 192	—	—	357.68	894	68.14	6 859.18
原许昌	850	869	2 866	3 192	—	—	353.88	885	64.60	6 473.52
任海泉	850	799	2 866	3 192	—	220	354.64	887	64.60	6 620.76
胡春发	850	869	2 866	3 192	—	—	353.32	883	65.94	6 474.74
罗宏元	850	799	2 737	3 192	—	—	347.08	868	61.40	6 301.52
杨钧	850	944	2 737	2 824	—	—	331.76	829	65.74	6 128.50
邱继岗	850	555	2 737	3 192	50	—	337.48	844	52.36	6 150.16
刘为民	720	417	2 262	2 455	—	220	279.08	698	40.34	5 056.58
帖俊峰	620	471	1 642	1 473	50	—	149.08	345	38.70	3 723.22
孙智萍	780	613	2 186	2 210	—	—	248.68	622	38.70	4 879.62
梁恒山	720	341	2 186	2 210	50	—	250.08	625	38.70	4 593.22

续表

姓名	岗位工资	薪级工资	基础绩效	考核奖	独子补	办案补	养老保险	住房公积金	医疗保险	实发工资
侯永	680	273	1 870	1 597	—	—	185.88	465	38.70	3 730.42
高倩	590	165	1 567	1 473	—	—	161.84	405	38.70	3 189.46
廖玉萍	780	583	2 186	2 455	50	220	275.08	688	40.44	5 270.48
梁荣	640	317	2 057	2 210	50	—	226.80	567	38.70	4 441.50
李飞雪	680	341	1 870	1 597	—	—	201.40	504	38.70	3 743.90
马军	780	904	2 186	1 964	—	—	251.28	628	46.10	4 908.62
马宇宏	590	417	1 643	1 473	—	—	149.08	341	38.70	3 594.22
金萌	590	151	1 567	1 473	—	—	152.48	381	38.70	3 208.82
雷向东	720	365	2 368	2 455	50	220	268.60	672	38.70	5 198.70
冯国慧	720	471	2 186	2 210	—	—	255.76	639	38.70	4 653.54
景秀文	720	904	2 262	2 210	—	—	270.64	677	47.52	5 100.84
王攀峰	640	273	2 057	2 210	50	—	230.08	575	38.70	4 386.22
马秀峰	780	869	2 186	1 964	—	—	255.52	639	43.90	4 860.58
张一富	720	735	2 368	2 455	—	220	293.48	734	46.34	5 424.18
杜彩云	720	443	2 262	2 455	—	220	277.20	693	40.62	5 089.18
卢文秀	720	499	2 186	2 210	—	220	262.16	655	38.70	4 879.14
李斌	730	555	1 988	1 597	—	220	223.68	559	38.70	4 268.62
王世光	720	555	2 262	2 455	—	—	274.32	686	43.14	4 988.54
张云涛	730	417	1 988	1 964	50	—	227.52	569	38.70	4 313.78
李玉屏	780	735	2 186	1 719	—	—	228.84	572	38.70	4 580.46
翁玉祥	680	583	1 807	1 597	—	—	209.32	523	38.70	3 895.98
穆金梅	730	555	1 988	1 964	—	—	236.72	592	38.70	4 369.58
赵善肖	680	253	1 870	1 597	—	—	198.12	495	38.70	3 668.18
张业民	930	471	2 406	2 455	—	—	268.76	672	40.34	5 280.90
解玉太	640	613	2 154	2 210	—	—	256.80	642	41.60	4 676.60
樊国鹏	640	365	2 057	2 210	50	—	165.68	414	38.70	4 703.62
武怀英	640	417	2 154	2 210	—	—	248.16	620	38.70	4 514.14
刘淑萍	730	365	1 988	1 597	50	—	200.68	502	38.70	3 988.62
杨春祥	720	834	2 521	2 210	—	—	276.88	692	46.12	5 270.00
赵守谦	680	317	1 870	1 597	—	—	198.84	497	38.70	3 729.46
樊禄林	720	499	2 368	2 455	—	—	272.00	680	42.02	5 047.98
高煜	720	417	2 186	2 210	—	—	246.24	616	38.70	4 632.06
郭文明	640	555	2 154	2 210	—	—	252.84	632	38.70	4 635.46
魏炳华	730	499	1 988	1 597	—	—	212.04	530	38.70	4 033.26
郑文平	730	499	1 988	1 597	—	—	212.04	530	38.70	4 033.26

续表

姓名	岗位工资	薪级工资	基础绩效	考核奖	独子补	办案补	养老保险	住房公积金	医疗保险	实发工资
姚小宝	730	365	1 988	1 597	—	—	200.68	502	38.70	3 938.62
何艳太	590	215	1 567	1 473	—	—	177.16	443	38.70	3 186.14
姚政	680	365	1 807	1 597	—	—	156.52	391	38.70	3 862.78
郭水龙	720	613	2 368	2 455	—	—	277.72	694	44.34	5 139.94
王波	720	527	2 186	2 210	—	—	252.64	632	40.44	4 717.92
卢福	730	341	2 057	2 210	50	—	224.72	562	38.70	4 562.58
黄一彬	590	181	1 643	1 473	—	—	177.92	445	38.70	3 225.38
王耀	590	165	1 567	1 473	—	—	161.84	405	38.70	3 189.46
兰志亮	720	555	2 444	2 455	—	220	279.64	699	42.82	5 372.54
辛秀清	730	527	2 057	2 210	—	220	259.80	650	38.70	4 795.50
李金荣	780	944	2 186	1 964	—	220	265.88	665	45.30	5 117.82
张文慧	780	583	2 186	2 210	—	220	255.12	638	38.70	5 047.18
郭锁成	590	583	1 643	1 719	—	220	216.16	540	38.70	3 960.14
李锦芬	680	365	1 807	1 597	50	220	208.24	521	38.70	3 951.06
董连卿	720	555	2 262	2 455	—	—	274.24	686	43.14	4 988.62
张青扬	730	673	1 988	2 210	—	—	256.16	640	42.20	4 662.64
吕秀荣	720	799	2 262	2 210	—	—	266.56	666	45.48	5 012.96
张明儒	720	944	2 262	2 210	—	—	272.04	680	48.22	5 135.74
张日红	590	673	1 893	1 719	—	—	219.56	549	38.70	4 067.74
朱福锁	690	556	2 154	1 597	—	—	214.96	537	38.70	4 206.34
刘新春	720	735	1 643	1 719	—	—	214.72	537	38.70	4 026.58
周晓东	590	471	1 643	1 597	—	—	149.08	341	38.70	3 772.22
郝润忠	640	527	2 057	2 210	—	—	232.32	581	38.70	4 581.98
王美	590	703	1 643	1 719	—	—	213.44	534	38.70	3 868.86
寇永春	720	767	2 444	2 455	—	—	287.32	718	46.98	5 333.70
郭志宏	730	613	1 988	2 210	—	—	253.92	635	41.00	4 611.08
焦文	720	944	2 262	2 455	—	—	289.24	723	50.36	5 318.40
落迎寿	780	944	2 186	2 210	—	—	285.20	713	46.02	5 075.78
王连邦	640	613	2 057	2 210	—	—	254.24	636	42.20	4 587.56
张尚平	640	527	1 988	1 964	—	—	232.44	581	38.70	4 266.86
仝文海	730	673	1 988	1 719	—	—	219.12	548	38.70	4 304.18
李樱	730	735	1 988	1 964	—	—	243.88	610	41.28	4 521.84
王建铭	640	417	1 988	1 964	50	—	193.92	485	38.70	4 341.38
何文丽	730	391	2 057	1 597	50	—	203.52	509	38.70	4 073.78
郭有怀	680	643	1 807	1 719	—	—	211.76	529	38.70	4 069.54

续表

姓名	岗位工资	薪级工资	基础绩效	考核奖	独子补	办案补	养老保险	住房公积金	医疗保险	实发工资
贾俊	590	341	1 643	1 473	—	—	149.08	347	38.70	3 512.22
崔吉星	730	365	1 988	1 597	—	—	200.80	502	38.70	3 938.50
马淑霞	680	499	1 807	1 597	—	—	206.08	515	38.70	3 823.22
降文	680	317	1 807	1 597	—	—	159.76	399	38.70	3 803.54
赵守卿	720	443	2 262	2 455	—	—	273.00	683	41.46	4 882.54
张峰	730	443	2 057	2 210	—	—	245.20	613	38.70	4 543.10
句金忠	640	499	2 154	2 210	—	—	251.52	629	39.88	4 582.60
周蜀雁	730	735	1 988	1 964	—	—	228.76	572	38.70	4 577.54
孟勇	730	499	1 988	1 597	—	—	212.04	530	38.70	4 033.26
李银兰	730	417	2 057	1 597	—	—	202.68	507	38.70	4 052.62
崔而春	680	443	1 807	1 597	50	—	179.68	449	38.70	3 909.62
马震	590	215	1 567	1 473	—	—	177.16	443	38.70	3 186.14
裴晓波	720	673	2 262	2 455	—	—	278.68	697	44.54	5 089.78
李东民	720	443	2 186	2 210	—	—	255.28	638	38.70	4 627.02
李彩云	730	499	2 057	2 210	—	—	234.40	586	38.70	4 636.90
曹红梅	730	499	1 988	1 597	—	—	205.88	515	38.70	4 054.42
高秀梅	620	583	1 642	1 597	—	—	177.08	443	38.70	3 783.22
伊慧珍	590	417	1 545	1 473	—	—	184.36	461	38.70	3 340.94
李梅花	680	613	1 807	1 597	—	—	210.36	526	38.70	3 921.94
李世玲	720	391	2 368	2 455	—	—	256.80	642	38.70	4 996.50
石伟	730	555	1 988	2 210	—	—	251.52	629	39.88	4 562.60
洪桂花	730	673	1 988	1 964	—	—	241.28	603	40.08	4 470.64
汪燕	730	613	1 988	1 597	—	—	216.52	541	38.70	4 131.78
于真	590	391	1 741	1 473	—	—	186.28	466	38.70	3 504.02
张晓清	680	341	1 807	1 597	50	—	199.72	499	38.70	3 737.58
吕鉴	590	165	1 567	1 473	—	—	161.84	405	38.70	3 189.46
解丽荣	590	197	1 567	1 473	—	—	162.92	407	38.70	3 218.38
王国治	720	643	2 262	2 455	—	—	277.48	694	44.54	5 063.98
牛通根	720	583	2 186	2 210	—	—	257.28	643	38.70	4 760.02
赵培富	640	583	2 154	2 210	—	—	249.04	623	38.70	4 676.26
张宝	720	869	1 988	1 719	—	—	231.76	579	42.58	4 442.66
张文玖	620	703	1 642	1 719	—	—	214.20	536	38.70	3 895.10
贾建国	620	703	1 642	1 719	—	—	214.20	536	38.70	3 895.10
张继平	590	643	1 643	1 719	—	—	213.64	534	38.70	3 808.66
万泽	620	443	1 642	1 473	—	—	185.52	464	38.70	3 489.78

续表

姓名	岗位工资	薪级工资	基础绩效	考核奖	独子补	办案补	养老保险	住房公积金	医疗保险	实发工资
刘怀	850	1 109	1 893	1 719	—	—	246.16	615	49.78	4 660.06
刘日功	590	471	1 643	1 597	—	—	196.64	492	38.70	3 573.66
卢亮	620	583	1 642	1 597	—	—	201.92	505	38.70	3 696.38
李振军	590	253	1 494	1 473	—	—	176.76	442	38.70	3 152.54
郭俊明	620	767	1 642	1 719	—	—	216.68	542	38.70	3 950.62
张新明	590	673	1 893	1 719	—	—	201.36	503	38.70	4 131.94
张志强	720	643	2 368	2 455	—	—	277.48	694	44.54	5 169.98
王喜如	720	471	2 262	2 210	—	—	251.52	629	39.88	4 742.60
李文	720	527	2 186	2 210	—	—	256.16	640	40.44	4 706.40
刘来弟	620	643	1 642	1 719	—	—	185.88	465	38.70	3 934.42
王树宁	730	703	1 988	1 719	—	—	227.56	569	38.70	4 304.74
解晓玲	730	583	1 988	1 597	—	—	215.40	539	38.70	4 104.90
柴映姝	730	471	2 057	1 597	—	—	210.92	527	38.70	4 078.38
李臣飞	590	233	1 494	1 473	50	—	177.32	443	38.70	3 180.98
马丽	680	273	1 807	1 597	50	—	185.80	465	38.70	3 717.50
刘晓霞	730	555	1 870	1 597	50	—	199.40	499	38.70	4 064.90
连和平	680	253	1 807	1 597	50	—	198.04	495	38.70	3 655.26
李荣	720	984	2 262	2 455	—	—	290.60	727	51.16	5 352.24
李青梅	930	904	2 406	2 455	—	—	302.32	756	53.86	5 582.82
王宽寿	720	904	2 521	2 455	—	—	294.68	737	49.66	5 518.66
王建国	720	1 024	2 521	2 210	—	—	284.36	711	49.82	5 429.82
徐树珍	720	799	2 186	2 210	—	—	266.76	667	45.48	4 935.76
吴树斌	720	1 024	2 521	2 455	—	—	299.36	748	52.32	5 620.32
赵鹏飞	780	904	2 186	2 455	—	—	286.88	717	45.48	5 275.64
石志权	1 040	869	2 647	2 455	—	—	309.20	773	53.16	5 875.64
康增禄	720	735	2 368	2 455	—	—	291.28	728	46.34	5 212.38
合计	100 765	80 738	294 280	287 797	1 000	3 080	33 755	84 280	6 015	643 609.90

说明：岗位绩效工资制自 2006 年工改以来实施，到 2019 年底没有政策上的调整变化。

□ 工资增长机制

2014年10月，市人行按照《事业单位人事管理条例》要求，建立事业单位工作人员基本工资标准正常调整机制。今后基本工资标准原则上每年或每两年调整一次，近期每两年调整一次。截至2019年底，共进行了三次调整工资标准，依次为：2014年10月、2016年7月、2018年7月。《高秀梅2006年7月工改后工资变动情况表》，清楚列示了2006年工改后工资政策的执行情况，其中：部分年度薪级工资档次未变动，原因是病假超过半年未参加上年度行员考核，下一年度薪级工资不增加。

表 5-6 高秀梅 2006 年 7 月工改后工资变动情况表 单位：元

工资变动原因	增资时间	执行岗位	执行岗位等级	执行岗位工资标准	执行薪级	执行薪级工资标准	执行基础绩效岗位类别	执行基础绩效岗位等级	执行基础绩效基准标准	执行基础绩效档次	执行基础绩效工资标准
2006 年 7 月工改	2006.07	助理经济师	十二级	590	20 级	417	—	—	—	—	—
正常增加薪级工资	2007.01	助理经济师	十二级	590	21 级	443	—	—	—	—	—
正常增加薪级工资	2008.01	助理经济师	十二级	590	22 级	471	—	—	—	—	—
正常增加薪级工资	2009.01	助理经济师	十二级	590	23 级	499	—	—	—	—	—
正常增加薪级工资	2010.01	助理经济师	十二级	590	24 级	527	—	—	—	—	—
高定岗位等级	2011.01	助理经济师	十一级	620	24 级	527	—	—	—	—	—
初定基础绩效工资	2011.01	助理经济师	十一级	620	24 级	527	助师十一级	十一级	1 664	四档	1 642
正常增加薪级工资	2011.01	助理经济师	十一级	620	25 级	555	助师十一级	十一级	1 664	四档	1 642
正常增加薪级工资	2012.01	助理经济师	十一级	620	26 级	583	助师十一级	十一级	1 664	四档	1 642
正常增加薪级工资	2013.01	助理经济师	十一级	620	27 级	613	助师十一级	十一级	1 664	四档	1 642
正常增加薪级工资	2014.01	助理经济师	十一级	620	28 级	643	助师十一级	十一级	1 664	四档	1 642
工资标准调整	2014.10	助理经济师	十一级	1 280	28 级	1 354	助师十一级	十一级	1 664	四档	1 642
正常增加薪级工资	2015.01	助理经济师	十一级	1 280	29 级	1 433	助师十一级	十一级	1 664	四档	1 642
工资标准调整	2016.07	助理经济师	十一级	1 510	29 级	1 763	助师十一级	十一级	1 664	四档	1 642
解聘专业技术职务	2016.10	科员	九级	1 490	27 级	1 587	科员	九级	1 589	一档	1 286
工资标准调整	2018.07	科员	九级	1 620	27 级	1 700	科员	九级	1 589	一档	1 286

市人行干部景忠1951年参加工作月工资18.9元，1993年退休后工资560元，退休后2019年月工资5 161元；寇子儒1964年参加工作月工资30元，1972年提为城市业务办主任月工资34.5元，2002年退休时工资1 200元，2019年退休金每月5 100元；高秀梅1993年月工资188元，2018年月工资4 606元。景忠、寇子儒、高秀梅的工资变动上反映出工资调整是与改革同行的。

第六节　地区工资类别

□　三类工资区

第一次工资改革后对不同地区职工的劳动报酬按差别进行分类，《国务院关于颁发国家机关工作人员工资方案的通知》（国议习字〔1956〕第54号）规定，根据各地的物价指数和生活水平将全国划分为十一类工资区，同一等级的工资标准，十一类地区比一类地区高出30%。其中甘肃、新疆、青海等偏远地区为工资标准最高的十一类地区，北京、天津属于中等标准的六类地区，朔县属于工资标准较低的三类地区。1956年人行朔县支行职工平均月工资47元，景忠月工资标准为三类区行政22级51.5元。

□　四类工资区

1960年全国调整工资，取消了一、二类工资区，将一、二类工资区一律提高到按三类工资区标准。1979年10月，三类工资区提高为四类工资区，原四类工资区提高为五类工资区，人行朔县支行在这一年将工资区由三类区提高为四类区，工作人员也跟着进行了调薪调级。其时景忠月工资标准为四类区行政21级59元，较三类区工资标准增加了2元。

□　五类工资区

在第三次工资制度改革的同时，国家通过提高工资区类别的方法，逐步取消了1~4类工资区，第五类工资区的标准成为最低地区标准，朔县人行工作人员的工资标准也因此由四类区提高为五类区，按照增加工资标准2.75%的幅度调整工资标准。其时景忠月工资标准为五类区行政20级68.5元，较四类区工资标准增加了2元。

□　六类工资区

朔县人行于1990年7月根据（晋人函字〔1990〕2号）执行工资六类区标准，其时朔县人行年度工资总额21 740元，人均月工资额86.27元。景忠的工资标准由行政职务转为执行较高的专业技术职务，工资按六类区会计师2级131元发放，较五类区工资标准增加3.5元。

1993年工改，取消了工资区类别制度。

第七节 离退休待遇

□ 退职

新中国成立初期，年龄满足条件的干部职工实行退职政策，1954年，朔县人行第一次办理退职手续，退职1人，按照《各级人民政府工作人员退职处理暂行办法》一次性发给退职金。1957年办理退职手续4人。1958年办理退职手续5人。20世纪60年代，干部的退职与退休按工龄决定，工龄达25年者可退休，不满25年者实行退职。对于退职干部，一次性给予不到2年的工资和一部分安家费，按照乡科级最高等级17级，一次性给予18个月工资和100多元安家费，股长、营业所主任和一般职工的退职待遇依据等级递减。另外对于身体有疾病的干部，退职后实行按月发放40%的工资。1962—1966年，朔县人行办理退职手续11人，部分退职人员是个人申请，部分是组织研究处理，退职待遇均执行以上政策。1978年以后，不满足退休条件者予以办理退职手续，不再一次性发放退职金和安家费，均实行少量工资按月发放。截至2019年，市人行执行退职待遇一人，每月发放退职金2 873元，较正常退休人员工资减少近一半。

□ 退休

按照1955年《关于国家机关工作人员退休处理暂行办法》，1957年朔县人行第一次办理退休手续1人，退休金按月发放。退休金发放渠道与在职人员工资一致，从单位经费列支，并执行国家机关事业单位退休金标准。1958年，朔县支行办理退休手续1人。按照1958年《国务院关于工人、职工退休处理的暂行规定》，企业和机关女职员的退休年龄统一规定为55周岁，女工人为50周岁。1966年，朔县支行办理退休手续1人。在干部双重管理模式下，此后较长一段时期，支行干部主要归地方管理，待遇较朔县同级单位偏低，有资历的干部调出多，朔县人行没有新增退休人员。1984年，按照《国务院关于安置老弱病残干部的暂行办法》《国务院关于工人退休、退职的暂行办法》（国发〔1978〕104号）精神，朔县支行办理退休手续5人。1995年7月1日，市人行建立并运行养老保险系统统筹，离退休干部养老金改为由养老统筹基金列支，如人行干部景忠，1993年退休时每月工资560元。2012年基础绩效改革后，养老金增加部分单位经费列支，进一步提高离退休老干部待遇。2015年1月，市人行按照上级行工作部署，积极落实《关于机关事业单位工作人员养老保险制度改革的决定》（国发〔2015〕2号），对新增退休人员实行“老人”老办法、“中人”中办法、“新人”新办法，但没有立即执行属地化管理，仍保留系统统筹。2019年市人行退休人员工资见表5–7。

表 5–7　　2019 年人民银行朔州中支机关退休费发放表　　单位：元

姓名	退休前职级	统筹列支	单位经费列支	养老金合计	姓名	退休前职级	统筹列支	单位经费列支	养老金合计
张自强	正处	5 812	1 030	6 842	落迎寿	正科	4 383	1 124	5 507
段仁勇	正处	5 731	1 030	6 761	刘怀	科员	4 973	1 036	6 009
赵福	正处	5 773	1 030	6 803	徐树珍	正科	4 311	1 124	5 435

续表

姓名	退休前职级	统筹列支	单位经费列支	养老金合计	姓名	退休前职级	统筹列支	单位经费列支	养老金合计
蔡如刚	正处	4 582	1 456	6 038	张明儒	正科	4 365	1 124	5 489
胡春发	正处	4 075	1 456	5 531	郭俊明	科员	3 689	1 032	4 721
赵日彬	副处	5 396	930	6 326	景秀文	正科	4 329	1 124	5 453
景忠	正科	4 403	758	5 161	赵鹏飞	正科	4 293	1 334	5 627
王耐香	副高	5 000	928	5 928	石志权	副高	4 915	1 336	6 251
张金梅	科员	4 203	686	4 889	张日红	科员	3 632	1 032	4 664
薛利英	科员	3 779	486	4 265	王美	科员	3 390	1 032	4 422
王生明	正科	4 558	758	5 316	李樱	副科	3 946	1 124	5 070
杨秀珍	正科	4 613	758	5 371	马军	科员	3 908	1 124	5 032
任群生	正科	4 569	758	5 327	刘来弟	科员	3 128	1 032	4 160
张润娴	副科	4 197	688	4 885	马秀峰	副科	3 872	1 124	4 996
段有	科员	4 497	756	5 253	洪桂花	副科	3 639	1 034	4 673
万翠连	科员	4 249	686	4 935	周蜀雁	副科	3 547	1 124	4 671
霍日斌	科员	3 436	833	4 269	裴晓波	正科	3 518	1 124	4 642
刘淑珍	科员	3 538	982	4 520	高秀梅	科员	2 844	833	3 677
张瑞林	副科	3 893	1 034	4 927	杨春祥	正科	3 588	1 334	4 922
白清芳	科员	3 603	1 032	4 635	郭锁成	工人	2 880	2 369	5 249
王宗轩	科员	4 347	1 122	5 469	赵培富	正科	3 141	1 754	4 895
王美兰	科员	3 892	1 034	4 926	张宝	科员	3 624	1 034	4 658
李金荣	副科	4 347	1 124	5 471	李青梅	副高	4 183	1 224	5 407
焦 文	正科	4 329	1 124	5 453	王树宁	科员	3 473	1 302	4 775
吕秀荣	正科	4 194	1 124	5 318	张尚平	副科	3 025	984	4 009
吴树斌	正科	4 401	1 334	5 735	汪燕	科员	3 319	1 067	4 386
康增禄	正科	3 892	1 334	5 226	贾建国	科员	3 018	1 032	4 050
王宽寿	正科	4 293	1 334	5 627					

□　离休

按照国发〔1982〕62号文件，1984年，朔县人行首次办理离休手续3人，离休条件为1949年10月1日前实行供给制的干部，以及部分在村委会担任村委会干部的共产党员。3名离休干部除原工资照发，生活福利待遇不变外，每年增发1—2个月本人标准工资的生活补贴，在住房、用车、生活品供应等方面给予适当照顾，医疗费用实报实销，如有瘫痪等重大疾病的，每月发给一定数额的护理补助费。对行政18级的离休干部，享受副县处级政治和生活待遇以及国家规定的探亲待遇，另报销一次探望父母、子女或回原籍的往返车船费。

到1989年归市人行管辖前，朔县人行再无新增离休人员。1989年市人行组建以来，全市人行系统离退休干部增减情况见表5-8。

表 5-8　　1989—2019 年朔州市人行系统离退休干部情况统计表　　单位：人

年份	离退休合计	离休	退休	退职	当年死亡	年份	离退休合计	离休	退休	退职	当年死亡
1989	1		1			2005	23	1	20	2	
1990	2		2			2006	23	1	20	2	
1991	3	1	2			2007	25	1	22	2	
1992	4	1	3			2008	28	1	25	2	
1993	10	4	6			2009	28	1	25	2	2
1994	10	4	6			2010	31		29	2	1
1995	11	4	7			2011	35		33	2	
1996	11	3	8		1	2012	44		42	2	
1997	12	3	9			2013	53		51	2	
1998	15	3	12			2014	59		57	2	3
1999	22	3	17	2		2015	66		64	2	2
2000	21	2	17	2	1	2016	74		72	2	
2001	21	1	18	2	1	2017	86		84	2	
2002	20	1	17	2		2018	91		89	2	
2003	20	1	17	2		2019	108		106	2	1
2004	23	1	20	2							

第八节　养老统筹

1995年以前，市人行按照国发〔1978〕104号文件精神，对离退休干部按照机关事业单位离退休金标准进行工资发放，款项从单位经费列支。1995年7月1日，市人行建立并运行养老保险系统统筹，离退休养老金不再从单位行政经费列支，转而从养老保险基金列支。2012年，养老金增加部分单位经费列支款项作为补充。市人行的养老保险系统建立了一整套统筹制度，实行单位和职工个人缴费，单位缴费比例，1994—2005年为13%，2006—2007年为11.8%，2008—2015年为13%，2016年至今为20%。个人缴费比例，1994—1996年为2%，1997年为3%，1998—2015年为4%，2016年至今为8%。按总行核定的统筹项目，按时足额支付养老金，基金缴拨按时进行，基金管理安全、完整。从1998年开始到2019年底，市人行系统是朔州市唯一实行系统养老保险统筹的单位。截至2019年底，全市人行系统参保干部职工235人，受保障退休人员108人、遗属4人。2019年当年收缴保险费703万元，上级下拨收入35万元，支付养老金517万元，丧葬抚恤补助支出19万元，个人账户一次性支出2万元，上解上级支出200万元。个人账户累计储存额1 662万元。

自统筹运行以来，基金收支年年有结余，且按照统筹规则，及时上划上级行统筹使用。养老统筹基金规模逐年增大，个人账户累计储存额由1995年建立并运行时的7.79万元增加到2019年末的1 661.78万元，系统养老统筹运行25年来，统筹基金安全完整，离退休金按时、足额发放，为做实个人账户，推进养老保险制度并轨改革奠定了良好的经济基础。

第五章
职 称

第一节 职称资格

新中国成立初期至1979年，朔县人行未建立专业技术评聘制度。1979年后，实行专业技术评定制度。被评上相应职称的，不需聘任职务，不与工资挂钩，只是作为工作成就、学术水平和业务能力的标志。从1987年2月，实行专业技术资格评审与专业技术职务聘任分离政策，评审取得资格后，单位在职数范围内聘任其专业技术职务，并与工资挂钩。国民教育全日制毕业生专业技术资格初定按照国家有关规定执行。

□ 资格评审

市人行组建前，朔县人行专业技术资格评审归雁北分行管理。市人行组建后成立初级专业技术评审委员会，负责初级专业技术资格的评审和中师资格申报人员的考核推荐工作。1990年2月，组建经济系列初级专业技术资格评审委员会，由王平善为主任委员和8名委员组成。1994年7月，组建政工系列初级专业技术资格评审委员会，由段仁勇为主任委员和6名委员组成。1997年7月，组建会计系列初级专业技术资格评审委员会，由杨庆和任主任委员和6名委员组成。

评审助理级专业技术资格人员，本科毕业的，须从事专业工作1年以上；大专毕业，须从事专业工作2年以上；中专毕业，须从事专业工作4年以上；其他学历，须从事专业工作5年以上。1997年11月，组织开展了经济、会计、政工系列助理级专业技术资格的评审工作。全市评审91人，向上级行推荐申报政工师2人。此次初级评审后，经济、会计系列初级评审工作停止运行。市人行仅保留政工系列初级专业技术资格评审委员会，后因辖区政工师资格人员数量不足组建评委会最低7名成员数量要求，政工初级系列没有再进行过评审工作。

在中、高级专业技术资格评审方面，市人行对中、高级专业技术资格申报人员进行考核推荐至省级分行，中级专业技术资格由省级分行评审委员会评审，高级专业技术资格由省级分行再次考核推荐至总行评委会评审。评审内容由学历学位、工作经历、外语能力、计算机模块、论文著作、调研报告、工作业绩、专业获奖、现实表现等组成，全面考核专业技术人员的能力水平，由于重视高级专业人才建设，共有21名工作人员评审取得高级专业技术资格，具体名单见表5–9。

表 5-9　　市人行高级专业技术资格人员名录

姓名	性别	出生日期	参加工作时间	学历学位	行政职务	专业技术资格	资格取得时间	工作时间
王平善	男	1944.05	1968.12	大学本科	市人行行长	高级经济师	1989.06	1989.02—1995.01
张崇斌	男	1943.12	1969.07	大学本科	市人行行长	高级经济师	1993.07	1995.01—1997.05
赵保卫	男	1944.08	1968.07	大学本科	市人行行长	高级经济师	1989.06	1997.05—2000.05
杨庆和	男	1962.04	1981.08	大专	市人行行长	高级经济师	2000.05	2000.05—2002.01
宋立新	男	1956.09	1976.06	大专	市人行行长	高级经济师	2001.09	2002.01—2003.12
卫文江	男	1964.01	1980.05	党校本科	市人行行长	高级经济师	2007.09	2018.07 至今
邢满红	男	1947.11	1972.12	中专	市人行副行长	高级经济师	1994.08	1992.09—1997.04
赵福	男	1950.10	1970.12	党校本科	调研员	高级政工师	2000.03	1989.03—2010.10
原许昌	男	1963.04	1984.08	大学本科	副行长	高级工程师	2003.12	2010.07—2015.09
樊吉	男	1965.09	1989.08	大学本科	县支行行长（副处级）	高级经济师	2007.09	1989.08—2012.09
杨钧	男	1953.08	1976.03	大学专科	助理调研员	高级经济师	2003.11	1976.03—2013.08（已故）
张霞	女	1968.10	1988.09	大学本科	助理调研员	高级会计师	2010.11	2011.11—2014.02
姚建兵	男	1975.05	1998.07	硕士研究生	市人行行长助理	高级经济师	2015.11	2017.08—2020.03
王耐香	女	1946.10	1967.07	中专	科长	高级会计师	1996.03	1978.04—2001.10
石志权	男	1955.12	1980.02	党校本科	科长	高级政工师	2000.03	1989.01—2015.12
李青梅	女	1959.06	1976.01	大学专科	科长	高级政工师	2004.09	1989.06—2019.06
张业民	男	1969.07	1991.08	大学本科	科长	高级经济师	2011.11	1991.08 至今
赵守卿	男	1969.03	1991.09	大学本科	科长	高级会计师	2012.10	1991.09 至今
王世光	男	1967.05	1985.09	大学本科	科长	高级经济师	2012.11	1992.09 至今
兰志亮	男	1967.04	1989.09	党校本科	县支行行长	高级经济师	2012.11	1989.09 至今
梁恒山	男	1975.01	1996.09	大学本科	主任科员	高级经济师	2013.11	1996.09 至今

□ 资格考试

专业技术资格评审停止后，1998年市人行执行经济、会计系列初、中级专业技术资格考试取得政策，参加朔州市人事考试中心统一组织的专业技术资格考试，经济系列每年11月、会计系列每年5月进行。报考初级人员，必须具备高中毕业以上学历；报考中级人员，大学专科毕业后从事专业工作经济系列满6年、会计系列满5年，大学本科毕业后从事专业工作满4年，获得第二学士学位或研究生班结业后从事专业工作满2年。2004年1月，计算机工程系列初、中级专业技术资格开始通过考试取得。

□ 职称外语及计算机

评聘专业技术职务，还须具备相应的职称外语水平（分ABC三个等级）和计算机应用能力。2005年4月，市人行在评聘会计、经济、政工中级专业技术资格（职务）时，须考取外语C级资格证书和3个计算机模块证书。聘任工程中级专业技术职务时，须考取外语B级资格证书，计算机模块免试。在申报高级专业技术资格时，会计、经济、政工系列须考取外语B级证书和4个计算机模块证书；工程系列须考取外语A级证书，计算机模块免试。2007年12月起，对申报年度内男满55周岁、女满50周岁的，取得外语专业大专及以上学历的，考取BFT证书（1级）、金融专业英语证书的，免试外语。至2017年7月，职称外语考试不再作为要求。全日制国民教育本科以上学历并获得学士以上学位者、县支行专业技术人员的计算机模块不作要求。

第二节　职称聘任

□　制度建设

为加强专业技术队伍建设，根据上级行授权，对中级资格进行认定，市人行于2006年4月制订并印发《中、高级专业技术人员聘任考核暂行办法》，对高、中级专业技术人员聘免条件作出规定。2009年7月，修订并印发《中级专业技术职务聘任暂行办法》，主要对中级专业技术人员资格认定、聘任条件、聘免方式及聘期作出规定。专业技术职称采用评聘分离、择优聘任、动态管理，聘期内享受相应的职务工资待遇的做法，使专业技术人员队伍得到了长足的发展。截至2019年底，全辖具有专业技术资格的人员达到198人，占干部职工总数的84%；其中高级6人、占具有职称资格的3%，中级133人、占具有职称资格的67%，初级59人、占具有职称资格的30%。

□　结构比例控制

为适应人行管理体制改革和加强专业技术职务评聘管理工作的需要，1999年4月，市人行实行专业技术职务结构比例控制，控制比例为：市人行机关高级职称人员占9%，中级职称占35%；县支行高级职称人员占2%，中级职称占30%。2005年8月，对专业技术职务结构比例进行适度调整，高级职称人员占比不变，中级职称人员占比中支提高到50%，县支行提高到40%。2015年9月，再次调整专业技术职务结构比例，市人行机关高级职称人员占比不超过10%，中级职称占比不超过62%；县支行高级职称人员占比不超过2%，中级职称占比不超过48%。

□　职务考核

为充分激励专业技术队伍工作积极性、创造性，从1993年1月开始，市人行成立了专业技术职务考核领导组，组长由行长担任，成员由行级领导组成。此后，考核领导组均由单位行政领导干部自然组成，不再专门发文对考核领导组成员进行调整。2004年11月，制订并印发《专业技术人员年度考核实施方案》，规定市人行负责考核机关已聘任专业技术职务人员和所辖县区支行已聘任专业技术职务的行级干部，县区支行负责考核县区支行已聘任专业技术职务人员。考核内容包括学识水平、专业能力、工作成绩和工作态度四个方面。经被考核人在一定范围内进行述职和民主测评，综合民主测评结果、平时掌握的被考核人工作表现与实绩，考核领导组进行集体审核，然后确定考核结论。考核结果分为优秀、称职、基本称职和不称职四个等次。被确定为各级优秀等次的人数最多不超过本行各层次考核总人数的15%。考核结果作为专业技术人员晋升、聘任、续聘、低聘、解聘、奖励、培训的重要依据。

第六章

干部管理

随着人民银行朔州辖区金融管理体制发生的一系列变革，与之相适应的基层行干部队伍管理体制也不断革新，干部队伍管理体制经历了“上级行垂直领导”“上级行与地方双重管理”“上级银行与地方双重领导以上级银行为主”“业务与干部管理实行上级行垂直领导统一管理”“党建、干部、业务实行系统垂直管理”的发展历程。

第一节　县支行时期

□　垂直管理模式

1949年9月，中国人民银行朔县支行组建，并接受中国人民银行察哈尔省分行雁北专区办公室领导，是朔县唯一一家国家银行。行长、副行长由中国人民银行雁北专区办公室任免。

○干部审查

朔县人行按照察哈尔省分行《关于健全机构普遍审查干部的决定》要求，1950年6月，开展干部审查工作：凡系屡教不改者或是能力太低不求上进者，令其回家，不准滥竽充数。停止吸收干部，经上级行批准有会计业务出纳技术者及政治素质较强能充任人事干部者可吸收。经审查干部再发生问题，各主任、行长、股长、组长、人事秘书、干事受连带责任。当年，洗刷了6人。

○评等级评薪评奖

朔县人行按照德、才、资标准和百分制方法，1950年10月，开展评等级、评薪、评奖考绩活动。成立评委会1个，组建了3个评薪小组。经过评考收获：评出功过者，都是经过大家反复讨论、对比产生的，大家对这些功过者，都心悦诚服，毫无讽刺与不满的表现；职工在思想政治认识上提高一步；有缺点，屡经批评教育未得到改正的职工，在评考后有了明显转变，主动找工作，除完成自己工作任务外积极帮助他人；密切了党群关系，党员的深刻检查、耐心帮助别人，提高了党员在群众中的威信；群众直爽坦白地给党员提意见，对党员改造起了很大作用。

□　双重管理模式

1955年，朔县人行干部统归朔县人民委员会任免，包括副行长、正副股长、营业所正副主任，报地市中支备案。1959年，朔县人行干部职工在党校中心工作的4人，被揪斗专政的

10人，在五七干校的9人，占当时县支行干部职工总数的35%。造成干部缺额多，新建营业所4个无干部可派，已有的14个营业有9个所无领导干部。对于缺额干部，支行向朔县县委、人委请示解决。

1966年，朔县人行改组为朔县革命委员会财政贸易委员会人民银行组；1968年6月，改称朔县人民银行革命委员会；1975年底，恢复朔县人行建制。与机构变动相随，干部职工累计调出31人、调入13人，人数由1966年底的76人减少到1976年底的56人，与86名编制相比，人员缺额30名，诸如清理拖欠、财务管理等工作名义上银行管理，实际上管不起来。

□ 银行为主模式

1979年7月，朔县人行实行国有企业管理，干部编制管理为政企一体化模式。支行由上级银行与朔县政府双重领导，以上级银行为主的管理体制。

□ 垂直领导统一管理

朔县人行专门行使中央银行职能是从1985年开始的，业务与干部管理实行上级行垂直领导、统一管理，支行干部编制管理改为国家机关管理模式。

○考德考能考勤考绩

朔县人行按照《关于加强中国人民银行干部管理意见》的规定，1980年，首次从干部德、能、勤、绩四个方面考核干部。考核干部时，坚持定期考核和经常性考察了解结合起来，采取领导和群众相结合的方法，充分走群众路线。考核的结果，作为干部奖惩、升降的主要依据。建立了干部奖惩制度，把精神鼓励和物质鼓励结合起来，坚持有功则奖，有过则惩，以奖励为主的原则，以此克服干好干坏一个样和赏罚不明的现象。

○企业职工奖惩条例

朔县人行1982年起执行《企业职工奖惩条例》，奖励分为：记功、记大功，晋级，通令嘉奖，授予先进生产（工作）者，劳动模范等荣誉称号，在给予上述奖励时，发给一次性奖金。奖金一般一年进行一次。处分分为：警告、记过、记大过、降级、撤职、留用察看、开除。在给予上述行政处分的同时，给予一次性罚款。罚款一般不超过本人月工资标准的20%。

○以工代干

按照《整顿“以工代干”问题的通知》（中组发〔1983〕2号）和《中国人民银行人事司关于山西省分行人事处“以工代干”人员中吸收录用干部的批复》（银人劳字〔1985〕第26号）精神，朔县人行分别于1983年10月、1985年11月经文化、专业考试和全面考核，将“文革”期间借调信用的12名职工以及招收的部分固定工共20余名“以工代干”人员转为干部。其中，支行杨钧1983年10月由固定工转为干部。

第二节　市人行时期

□　聘用制干部

按照人行山西省分行《关于试行聘用制干部的意见》（晋银人〔1993〕第82号），1993年，经考试、考核，市人行对符合聘用条件的“以工代干”61名人员聘用为干部，并与聘用干部签订《聘用制干部合同书》，首次签订合同期限3年。

□　年度考核

○工作人员年度考核

市人行成立行员制考核领导小组及考核办公室，组长由行长担任，成员由行级领导组成。下设考核办公室，与人事科合署办公，主任由人事部门负责人兼任。同时制订并印发了《中国人民银行朔州分行工作人员考核方案》，方案主要内容：考核对象，市、区县两级人民银行正式在编工作人员；考核内容，德、能、勤、绩；考核结果，优秀（控制在15%以内）、称职、基本称职和不称职；考核方法，定量考核与定性考核相结合，个人自评、群众评议、主管领导评鉴相结合；考核程序，被考核者准备述职报告、填写年度考核登记表，被考核者在一定范围内述职并接受民主测评，主管领导根据平时和年度述职、测评情况作出评鉴意见，本单位党委（党组）听取并审核考核结果，向被考核者反馈结果并作出正式考核结论；考核资料及结果归入个人考绩档案，作为被考核者晋级、晋升、奖惩、培训的主要依据。首次考核于1995年1月开展。

○行员年度考核

市人行于2012年改革对非单位领导成员行员的考核工作。对单位领导成员行员的考核，根据干部管理权限，主要依据中央“一个意见、三个办法”公务员考核规定执行。1995年印发的《市人行工作人员考核方案》同时废止。与1995年工作人员考核办法相比改进之处有：考核结果方面，依然为“优秀、称职、基本称职、不称职”4个年度考核等次，避免对其他人事管理制度产生冲击，也是与以往考核制度的有效衔接。引进了百分制年度考核结果（划分为A，100~90分、B，89~80分、C，79~70分、D，69~60分和E，60分以下5个分数段，对A，100~90分和B，89~80分进行强制分布，分别为20%和30%），分支行能够灵活分配考核比例，可以在开展部门绩效考核的基础上，将比例控制与部门绩效考核结果相挂钩。考核目标方面，增加了绩效面谈环节，在于绩效改进，这是新的行员考核办法的选择，既要实现原考核的“奖优罚劣”，又要帮助行员改进绩效，促进行员成长和发展。考核指标体系方面，在“德、能、勤、绩、廉”基础上，增加了“学习与发展”动态指标。考核结果使用方面，运用于岗位调整，包括职务提拔、换岗和辞退等；运用于薪酬分配和奖励，其中，将百分制年度考核结果用于基础绩效工资分配，将基础绩效工资在宽带薪酬范围内的确定与百分制年度考核结果挂钩，绩效差距运用于培训开发和绩效改进。

工作人员年度考核实施以来，历年参加考核人员考核结果见表5-10。

表 5-10　　1996—2019 年市人行行员考核情况统计表

年份	参加考核人数	考核结论					备注
		优秀	称职	基本称职	不称职	不参加考核	
1996	314	47	260	1		6	优秀比例控制在 15% 以内
1997	325	48	275	1		1	不考核人员为新入行行员
1998	325	49	275			1	不考核人员为新入行行员
1999	322	48	272		1	1	不考核人员为新入行行员
2000	322	50	272				
2001	324	50	272			2	不考核人员为新入行行员
2002	326	49	277			1	不考核人员为新入行行员
2003	327	52	273			2	不考核人员为新入行行员
2004	279	45	228	2		4	银监职能划转，人随业务走调出 52 人，参加考核人数大幅减少； 不考核人员为 2 名新入行行员、2 名病事假累计超半年人员
2005	279	44	233			2	不考核人员为新入行行员
2006	280	45	233			2	不考核人员为新入行行员
2007	280	44	234			2	不考核人员为新入行行员
2008	263	43	218			2	不考核人员为新入行行员
2009	277	46	229			2	不考核人员为新入行行员
2010	276	43	229			4	不考核人员为新入行行员
2011	272	43	228			1	不考核人员为新入行行员
2012	268	53	212			3	优秀比例控制在 20% 以内； 不考核人员为新入行行员
2013	257	50	205			2	不考核人员为新入行行员
2014	250	51	196			3	不考核人员为新入行行员
2015	243	47	182			14	不考核人员为新入行行员、10 名病事假累计超半年人员
2016	243	48	178			17	不考核人员为新入行行员、10 名病事假累计超半年人员
2017	243	47	178			18	不考核人员为新入行行员、8 名病事假累计超半年人员
2018	259	51	192			16	不考核人员为新入行行员、6 名病事假累计超半年人员
2019	266	54	201			11	不考核人员为 11 名新入行行员

□　行员过渡

市人行全面贯彻执行《中国人民银行行员管理暂行办法》（银发〔1996〕222号），并对辖区行员实行集中统一和分级管理。1997年，辖区工作人员整体过渡为行员。参加行员过渡考试329人（含农金办4人），其中：符合过渡为管理实务类行员322人（含农金办4人），过渡为工勤服务类行员7人；甲种考试236人，乙种考试93人（聘用制干部65人，工人28人（含1993年聘用制干部结束后调入12名工人））。

□ 全面垂直管理

人民银行省级分行管理体制改革后，1998年12月，朔州分行更名为朔州市中心支行，隶属天津分行管辖，并成立中心支行党委，党建、干部、业务实行系统垂直管理。

〇行员处分办法

市人行2016年执行《中国人民银行行员处分办法》，行员处分的种类为警告、记过、记大过、降级、撤职、开除六种。对行员的处分，按照干部管理权限由任免单位决定，并报上一级单位备案。给予开除处分的，须报省会（首府）城市中心支行以上分支机构批准。分支机构工勤人员和聘用制员工参照本办法执行。与《企业职工奖惩条例》相比，处分种类去掉了留用察看。

〇领导干部考核

市人行按照《中国人民银行分支机构领导班子和领导干部考核评价工作指导意见》，从2016年开始，加强对辖区县支行领导班子和领导干部考核评价工作，为选好干部、配强班子、管好队伍提供科学的依据。

第七章
会计业务

第一节　会计管理

□　会计管理沿革

○新中国成立初期

人行朔县支行会计核算采用借贷记账法，按资产、负债、损益三类设82个项目478个科目进行核算，其时的账务组织采用单式传票和科目日结单，设总账、分户账、明细账三种账簿。记账凭证有现金收入、现金付出、转账收入、转账付出四种及结算业务的支票、缴款单等原始凭证作单式传票。会计报表有46种。

1952年，会计核算方式改用收付方记账法，以科目为主，凡资产的增加、负债的减少、损失的发生，记入收方；资产的减少、负债的增加、利益的发生，记入付方。1953年，会计核算推行专柜小组负责制，增设专职复核员，对收付凭证逐笔复核，会计核算质量显著提高，铁账、铁款、铁算盘由此形成。1954年，开始推行苏联国家银行会计核算办法。1962年，辖区各类会计制度进行补充完善，同时修订设立新的会计科目，实行辖区国营企业存贷款科目合并，共设11个项目163个科目。1968年，会计核算依次取消联行报单金额大写、账务复核、日记账、分户账、钱账分管等做法，开始实行科目日结、次日并笔记账、钱账一手清等。1972年，恢复账务复核操作，将“当时记账，当日结账，日清月结，做到账账、账款、账据、账实、内外账务五个相符”写入制度。1976年，开始实行存、放款科目单独记账处理，真实反映各项存贷款的情况。辖区会计科目重新修订为9项136个科目。

○中共十一届三中全会后

1979年，实行三人专柜核算模式，并配置会计辅导员。同时统一设置日计表、月计表、季度表、半年表、试算表及年终决算表6种会计报表，全面反映辖区全年资金变化、费用率、利润率、差错事故率、资金周转和盈亏情况。1984年，朔县人行开始行使中央银行职能，会计科目划分调整为财政及机关团体存款、金融机构往来、专业银行缴来存款、基金及货币资金、其他资金及占款、联行往来、损益7大类64个科目，科目代号三位数。1985年，统一辖内会计报表，要求商业银行报送月季表。

○市人行成立后

1990年，开始实行会计人员持证上岗制度。会计科负责系统内会计证的颁发和管理工作。1993年，依照《金融企业会计制度》，会计科目设置为资产类、负债类、所有者权益类和损益类4类，会计报表设置为资产负债表、损益表、财务状况变动表和利润分配表4种。银行系统“资金来源总额等于资金运用总额”的平衡概念，被“资产等于负债加所有者权益”的平衡原理代替。同年，辖内会计核算再次实行借贷记账法。

从1994年开始，市人行要求辖内各金融机构使用统一计算机程序编报资产负债表，并按规定及时、准确编报资产负债表季报及年报。2004年后，辖内银行业金融机构开始向人民银行报送年度报表，包括资产负债表、利润表、现金流量表、利润分配表、业务状况报告表等。

2008年，按照《关于印发人民银行新会计科目的通知》，启用新的会计科目。会计科目调整涉及资产类、负债类、资产负债共同类、损益类、表外科目等。1月1日完成会计报表系统5.0版上线及新旧会计科目结转工作。同年7月18日，全辖5个区县支行会计核算业务上收。

□ 资产负债管理

人民银行资产负债表是开展货币发行业务和货币政策业务所形成的债权债务存量报表，能够充分地反映出人民银行的调节手段、力度及方向，编制频度为“年”。1994年以前，市人行资产负债表采取手工核算、手工编制。1994年末，辖区资产负债表首次通过会计报表系统（1.0版）编制，报表编报实现电子化。2016年以后，会计财务综合业务系统（AIIS）各业务模块相继上线，辖区资产负债表编报逐渐实现自动化、系统化。

○资产负债表基本结构

市人行资产负债表总体关系为“资产=负债+所有者权益”，其主要构成有资产类：金融机构贷款、再贴现、其他资产（固定资产、清算往来借方汇差）；负债类：金融机构存款（法定存款准备金、超额存款准备金）、金融机构缴存财政存款、财政存款（地方财政）、其他负债；所有者权益：固定基金、收益（见表5-11）。

表 5-11　人民币业务资产负债表年报

项目	N 年	N-1 年	N-2 年	项目	N 年	N-1 年	N-2 年
贵金属				流通中货币			
外汇储备占款净值				金融机构存款			
国际金融组织资产				其中：金融机构法定存款准备金			
其中：特别提款权				金融机构超额存款准备金			
其他国际金融组织股份				金融机构特种存款			
国际金融组织捐资				邮政储蓄转存款			
金融机构贷款				公开市场操作负债			
其中：流动性贷款				其中：中央银行票据			
信贷支持类贷款				正回购			
金融稳定贷款				金融机构缴财政存款			
政策性贷款				财政存款			

续表

项目	N年	N-1年	N-2年	项目	N年	N-1年	N-2年
常备借贷便利				其中：中央财政			
中期借贷便利				地方财政			
再贴现				其他负债			
公开市场操作资产				其中：发行专项票据			
其中：有价证券				清算往来贷方汇差			
逆回购				暂收款项			
其他资产				货币互存负债			
其中：专项贷款				货币掉期贷方余额			
投资				调整项			
固定资产				负债合计			
清算往来借方汇差				国家资本			
暂付款项				固定基金			
货币互换资产				总准备金			
特种资产				收益			
调整项				所有者权益合计			
资产合计				负债及所有者权益合计			

○会计财务职能变更

1998年，人行朔城区支行并入市人行，并组建营业部，承办会计核算、支付清算等业务具体操作。会计财务科负责会计核算、支付清算的管理工作，并具体承办支付结算、会计财务、反洗钱管理等工作。2005年，市人行成立事后监督中心，负责对会计财务、会计核算、支付清算、国库核算、货币金银、外汇核算等业务实施监督。2015年，原会计财务科所属支付结算、清算、反洗钱业务调整到支付结算科，会计财务科只保留会计财务业务，具体负责会计管理、财务管理、固定资产管理、集中采购管理和基本建设管理工作至今。

○会计业务创新

2019年，市人行自主开发《账户明细表应用系统》，实现金融数据多维度查询、深层次分析、一体化校验、双系统备份等功能，《山西省会计财务工作简报》第3期网发，并在全省推广运用。人民银行会计财务司2019年第3期《会计财务工作简报》对该系统的开发进行肯定，并在全国人民银行系统推广运用。同年，开发《会计年终决算报表打印系统》和《固定资产年终决算报表打印系统》，实现金融机构年终决算报表单位名称、会计数据、报表日期、页码等要素的自动读取与填写、打印格式统一规范输出等功能，其中《会计年终决算报表打印系统》获总行肯定，并印发《关于2019年度会计年终决算有关事宜的补充通知》（银会便函〔2019〕236号），在全国人民银行系统推广使用。《固定资产年终决算打印系统》在山西省人民银行系统推广使用。

第二节　财务管理

□　财务管理沿革

○新中国成立初期

朔县人行的各项费用采取指标管理，坚持“用钱按计划，开支按标准，追加按程序”的原则，管理费用由财政部门拨付，利润全部上交财政。1952年后，各项经常费用、营业费用改由上级行垂直管理，逐级报批预算，在核定指标范围内据实报销。同时确定财务管理职责范围，包含监督业务收支、资金管理、资产多缺处理、核算损益、费用管理、成本计算6个方面。

○ 20 世纪 60 年代初

银行费用划分行政编制和企业编制。党支部书记、正副行长、秘书股长为行政编制，人员经费由同级财政预算内行政费用拨款开支。业务人员与基层机构人员为企业编制，其经费开支按照财政制度，在“各项费用”科目中列支，其中划分个人经费和公用经费两个部分。

○ 70 年代后期

1977年，按照新的《财务管理制度》，重新确定财务管理范围：管理支行业务收入、业务支出；管理内部资金；监督财产购置、保管和使用；处理财产和资金的多缺；管理各项费用开支。

○人民银行、工商银行分设时期

1984年，人行与工行分设前期，采取资金分开，两套账目，账务不分的过渡办法。在财务问题上，专业银行往来利息收支，上存、借用资金利息收支由朔县人行列账，其余营业收支、非营业收支和管理费用暂由工行朔县支行列账。1987年，按照《全国银行统一会计基本制度》要求，确定财务管理职能包括管理资金、管理成本及经济指标考核、管理营业外支出、管理利润留成及专用基金、管理固定资产及财产多缺处理5项工作。同时实行“统一领导，分级管理，成本核算，利润留成”的体制。

○市人行成立后

1991年，按照《关于印发〈国营金融、保险企业成本管理办法〉的通知》（财政部〔90〕财商字第500号）精神，对会计科目及账户进行调整，调整后的财务会计科目含9个科目68个账户。1994年，依照《中国人民银行财务制度》，实行“统一领导，分级核算，预算管理，统负盈亏”的管理体制。财务管理工作范围调整为资本金和负债管理，资产管理，财务收支计划管理，财务收支管理，财务收入及盈亏解缴管理。同年，开始实行独立的财务预算管理制度，并开始编制年度财务收支计划，在财务处理上实行收付实现制会计核算原则。按照国务院各部委、各直属事业单位预算管理改革要求，2000年，试行部门预算。2001—2005年，模拟编报财务收支计划，并报上级行批复。2006年，开始正式实施部门预算管理，并实行“二上二下”预算编报方式。按建立贯穿预算编制、执行、监督全过程的预算绩效管理体系，对安全防卫费、货币发行费、电子设备购置费等费用科目进行绩效评价，随后几年逐步实行全科目预算绩效评价。

□ 费用管理

1952年，共设8个费用科目，其科目代号从9401～9408，这8个科目开支的费用均要参加成本费用分摊。业务费用科目下设置24个账户：印刷费、邮费、电报费、电话费、出纳费、交际费、房地租税、保险费、调研费、会费、宣传费、文具费、书报费、警备费、公用服装费、交通费、业务库现金运费、零星购置费、水电灯炭费、烤火费、旅费、会议费、房屋修缮费、用具修理费、杂费。人事费用科目下设置11个账户：薪金、津贴、加班费、宿费、供给费、福利费、恤养费、奖金、工会经费、医药卫生费、特别费。训练费用科目下设置个人部分7个账户：薪金、津贴、供给费、工会经费、助学费、奖金、医药费；公用部分11个账户：公杂费、学习费、教学事业费、水电费、邮电费、交通费、广告费、房地租税、行政费、旅费、烤火费。进入成本费用分摊的还有“9402税款”“9406折旧”“9407摊提修理基金”“9408摊销低值易耗品”5个科目。从1972年开始，依照《中国人民银行财务管理制度》的规定，在费用管理方面，强调严格划分行政经费支出和企业编制部分的各项费用，一切费用开支严格按开支标准执行，并在科目账户设置上划分个人与公用两个部分。

1989年，为加强经济核算，压缩成本，节约开支，提高费用使用效率，制定《中国人民银行市朔州分行费用管理试行办法》，对业务费支出、福利费支出、其他支出三大类13个科目使用进行具体规定。1994年，依照《中国人民银行财务制度》，在费用管理方面，专设管理费支出科目，下设办公经费、个人经费及其他公用经费支出，包括会议费、旅差费、劳动保护费、水电取暖费、低值易耗品购置费、保险费、职工工资、工会经费、职工教育费、职工福利费、外事费、绿化费、公杂费、业务招待费和其他管理费等15个账户，把邮电费、印刷费、修理费等账户划到业务支出科目下核算。

1998年至2005年，将费用核算分为基本支出和项目支出两大项，共7个科目47个账户，其中基本支出包括：人员费用支出和公用经费支出；项目支出包括事业费支出、固定资产购建支出、特殊支出、其他项目支出、其他支出。2006年，对部分会计科目进行调整，取消事业费支出、固定资产购建支出、特殊支出、其他项目支出、其他支出科目，增设基建类支出、行政事业类支出，并调整部分账户归属。2014年，对反假货币经费账户进行调整，将其中核算的反洗钱内容分解，新增“行政事业类支出——反洗钱经费”用于核算反洗钱业务的宣传、奖励等。

□ 财务报账管理

2008年7月，市人行印发《财务送审制管理暂行办法》。2008年7月—2016年6月，全辖区县支行实行财务报账送审管理机制。2016年7月，县支行财务报账送审制改为县支行报账主体责任制，各区县支行日常账务处理及月末报账由各支行自行负责，会计财务科定期对各行开展会计财务制度执行情况现场检查，督导各支行会计财务行为。

2019年5月，人民银行推广运行会计财务综合业务系统（AIIS）财务模块，辖内各区县支行开始通过直连报账功能在系统中完成报账工作。

□ 系统管理

○财务核算系统

1998年至2009年6月，市人行财务核算系统使用用友软件公司开发的单机版财务软件系统，进行总分核算、经费报账，打印各类账表。2009年2月，上线运行财务综合管理系统，同年7月正式运行该系统。2019年5月，上线运行会计财务综合业务系统（AIIS）财务模块，并采用新旧两套财务系统办理日常财务核算至今。

○账户管理系统

2004年10月，中央预算单位银行账户管理系统在辖区应用推广。

○预算管理系统

2019年5月，会计财务综合业务系统（AIIS）预算模块在朔州辖区上线运行，自此，辖区各机构年度预算编制、预算分配均通过该系统进行编制。

第三节　固定资产管理

□ 系统运行

2004年，固定资产管理系统（单机版）在朔州辖区推广上线。2010年，固定资产管理系统（网络版）在朔州辖区推广上线，实现对辖区固定资产查询、统计、分析等事项的实时化管理。2019年，自主开发《固定资产年终决算报表打印模板》，在全省2019年年终决算固定资产报表打印中推荐应用。

□ 资产情况

2009—2019年市人行固定资产情况见表5-12。

表 5-12　　2009—2019 年市人行固定资产一览表　　单位：万元

年份	原值增加	原值减少	年末原值	累计折旧
2009	1 201.01	220.21	6 869.85	2 106.71
2010	165.18	116.86	6 918.17	2 306.23
2011	283.45	176.57	7 025.05	2 437.73
2012	282.77	145.86	7 161.97	2 597.52
2013	294.74	190.86	7 265.85	2 744.87
2014	82.25	281.80	7 066.30	2 851.86
2015	63.17	169.99	6 959.48	2 962.99
2016	1 709.83	505.22	8 164.09	2 846.72
2017	696.02	114.19	8 745.91	3 145.84
2018	369.52	147.78	8 967.61	3 433.07
2019	353.94	50.37	9 271.18	3 850.87

□ 主要业务

○公务用车清理

2011年5月，市人行针对辖区公务用车专项治理工作6个方面的问题对车辆进行排查登记并公示。2014年，对使用年限较长、行驶里程较多、维修成本较高和已无维修使用价值的12辆车进行置换，置回2辆一汽大众迈腾轿车。2016年，对全辖所有车辆进行排查，对3辆黄标车和老旧车予以报废，并统筹上报辖区业务用车申请。

○软件资产清查

2014年，开展软件资产清查工作，共清查软件资产117套，均为上级行部署使用的软件资产。

○办公用房清查

2015年，对照《党政机关办公用房建设标准》，按办公用房、服务用房、设备用房、附属用房等不同种类对办公用房进行分类清查，核实各类用房的实际面积。经清理核查，中支及所辖区县支行超标准附属用房建筑面积339平方米；超标准基本办公用房使用面积为1 802平方米，包括服务用房1 337平方米、设备用房465平方米。上述办公用房清理腾退工作于当年全面完成。2019年，对辖内不动产进行专项清理，共计清查办公用房、附属用房及其他建筑物面积24 625.98平方米，清查职工宿舍面积8 061.42平方米，清查土地面积33 408.8平方米。开展区县支行土地证及房产证补办、账面面积调整，账存实销清理报废等工作，辖内不动产账实相符、数据真实、资料齐全。

第四节　集中采购管理

□ 系统运行

2010年，市人行上线运行《政府采购信息系统》，该系统全面反映全年采购计划、每一笔合同填制采购的执行情况。2014年，先后上线运行《批量采购履约服务电子平台》《政府采购计划管理系统》《集中采购管理系统》。集中采购的计划、执行、信息统计等实现流程管理。2017年，会计财务综合业务系统（AIIS）集中采购模块上线运行，2014—2016年集中采购数据完成迁移。2018年，首次通过中央政府采购网购置精密空调、服务器、交换机等电子设备。

□ 采购情况

2009—2019年市人行集中采购情况见表5-13。

表 5-13　　2009—2019 年市人行集中采购一览表

年份	项目数 / 个	预算金额 / 万元	采购金额 / 万元	节约金额 / 万元	节约率 / %
2009	7	76.88	61.34	15.54	20.21
2010	7	142.52	126.99	15.53	10.90
2011	12	263.02	225.30	37.72	14.34

续表

年份	项目数 / 个	预算金额 / 万元	采购金额 / 万元	节约金额 / 万元	节约率 / %
2012	6	321.99	274.99	47.00	14.60
2013	12	377.16	336.10	41.06	10.89
2014	6	137.47	125.16	12.31	8.95
2015	8	317.46	289.79	27.67	8.71
2016	18	864.89	782.49	82.38	9.53
2017	11	276.87	250.52	26.35	9.51
2018	8	332.68	300.57	32.11	9.65
2019	7	150.91	136.97	13.94	9.23

第五节　基本建设管理

□　基建项目

○区县支行基建项目

2009年，右玉县人行办公楼维修改造。2010年，平鲁区人行办公楼集中供暖改造和屋顶维修；怀仁县人行发行库金库门、监控报警系统安装和发行库改造；应县人行办公楼屋顶维修。2011年，应县人行暖气管道维修；右玉县人行会议室维修、院内硬化和食堂改造。2012年，山阴县人行办公楼屋顶和外墙维修。2013年，山阴县人行办公楼集中供暖改造；怀仁县人行办公楼屋面维修和窗户更换。2014年，怀仁县人行办公楼院内监控报警系统安装。2016年，怀仁县人行、应县人行办公楼维修改造，工程主要内容包括给排水系统改造、供热取暖系统改造、强弱电系统改造、室内设施恢复性维修改造等；平鲁区人行、山阴县人行、怀仁县人行、应县人行和右玉县人行机房维修改造。2017年，平鲁区人行、山阴县人行、右玉县人行办公楼维修改造，工程主要内容包括给排水系统改造、供热取暖系统改造、强弱电系统改造、室内设施恢复性维修改造等。2018年，平鲁区人行党建活动室维修改造；怀仁县人行征信服务大厅维修改造；应县人行附属楼水暖改造、维修改造；右玉县人行办公楼外管网暖气管道改造。

○中支机关基建项目

2015年，朔州市中支机关办公楼维修。工程项目包括：办公楼维修改造、中心机房维修改造、电梯采购及安装三部分。其中：办公楼维修改造工程包括办公楼窗户更换、屋面维修、暖气管道沟维修、外墙四角铝塑板贴面、室内墙面粉刷以及其他间接项目工程；中心机房维修改造工程包括装修改造、供配电系统、综合布线系统、门禁系统和其他项目等；电梯更换工程包括电梯采购和电梯安装。

2019年，中支机关办公楼3~6楼冷暖风系统采购安装、木地板更换、墙壁维修，应县人行职工活动室改造，右玉县人行党风廉政教育基地建设。

第八章
金融科技

市人行信息化建设起步于1989年，是年7月，建立微机房并进入试运行阶段。此后，历经打基础、成规模、电子化、信息化等发展阶段。从最初的手工操作，到单机处理，再到区域互联、大集中和网络互连，实现了系统集中化、运营集约化、管理精细化；从最初的单调信贷、储蓄业务发展到银行卡、个人网上银行、手机银行、短信银行、微信银行、自助银行等各类惠民服务，ATM和POS机具等多种自助服务手段业务的经营管理；开拓了电子结算业务，电子汇兑、实时电子汇兑，国际汇兑等业务；建立了健全完善的全方位金融业务体系，为客户提供功能完善的电子化服务体系。

2019年末，全辖区拥有计算机及配套设施656台、监控设备及配套设备27台（套）、办公自动化设备66台、通信设备5套，科技人员11名，实现了跨越式发展。

第一节　系统建设

□　单机版系统

从1989—1998年，市人行推广各类单机版业务系统100多套，涉及人民银行各个业务领域。同时，依靠自身技术水平，自主研发部分业务应用单机版软件，得到上级行认可的优秀作品收录于省人行科技处编写的《科苑撷英》一书。

1990—1998年市人行自行研发单机版系统评审获奖情况见表5-14。

表 5-14　　1990—1998 年市人行自行研发单机版系统评审获奖统计表

年份	系统名称	推广范围	评审结果
1992	人民银行文书档案管理软件	市人行办公室	三等奖
	工资管理程序	朔州人行人事部门	优秀奖
1994	城市信用社资产负债管理软件	全省人行计划部门	优秀奖
	信托投资机构资产负债管理软件	全省人行计划部门	优秀奖
	基层国库会计核算系统	怀仁县人行	二等奖
1995	朔城区人行账户管理软件	人民银行会计部门	优秀奖
	发行业务处理系统	人行县支行发行股	优秀奖
1996	国库综合核算系统	市人行各级国库部门	三等奖
	商业银行项目电报联网接口程序	朔州辖内金融机构	优秀奖
1997	市人行办公楼 PDS	市人行办公大楼	优秀奖

续表

年份	系统名称	推广范围	评审结果
1998	金融机构许可证管理程序	朔州人行农金部门	三等奖
	人行系统职称考试管理程序	朔州人行人事部门	优秀奖
	人事档案管理软件	朔州人行人事部门	优秀奖
	安全保卫管理系统	朔州人行保卫部门	优秀奖
	银行工资管理程序	人行右玉支行	优秀奖

□ 网络版系统

1999年至2019年，市人行系统建设和应用经历升级整合、全国联网运行和系统上收三个阶段。其间，推广应用各类大型业务网络版系统，主要分布在人民银行的各项核心业务和基础业务、日常办公等方面，涵盖货币金银、征信、国库、金融统计、会计、金融稳定、反洗钱等（见表5-15）。

2019年末，共有核心业务、行业指导、调查研究、党纪监督、财务核算、人员管理、安全管理、日常办公8大类76个系统。

表 5-15　　2005—2019 年市人行各类信息系统一览表

类别	系统名称	上线时间
核心业务	人民币银行结算账户系统	2005 年
	货币金银管理系统	2005 年
	支付信息管理系统	2007 年
	国库非现场监管信息系统	2007 年
	公民身份联网核查系统	2007 年
	支票影像交换系统	2007 年
	国家外汇管理局网上服务平台	2009 年
	国库会计数据集中系统	2012 年
	中央银行会计集中核算系统	2013 年
	中央银行会计集中核算监督系统	2013 年
	会计核算电子对账系统	2015 年
行业指导	再贷款信息管理系统	2007 年
	信贷政策导向效果评估信息管理系统	2009 年
	中国票据交换系统	2009 年
	金融机构信息管理系统	2010 年
	山西省金融服务与管理平台	2011 年
	利率报备系统	2012 年
	反洗钱监管统计平台	2012 年
	山西省金融风险监测系统	2014 年
	金融精准扶贫信息系统	2015 年
	存款保险信息系统	2018 年
	山西省金融机构重大事项报告管理信息系统	2018 年
	反洗钱监管交互平台	2019 年
	中征应收账款融资服务平台	2019 年

续表

类别	系统名称	上线时间
调查研究	银行家问卷系统	2000 年
	企业景气调查系统	2000 年
	物价调查系统	2000 年
	经济调查系统	2000 年
	金融统计监测管理信息系统	2018 年
	小微企业融资调查系统	2019 年
监督管理	内审风险评估管理系统	2008 年
	内审业务综合管理系统	2011 年
	中国人民银行风险监督管理系统	2014 年
	中国人民银行纪检监察业务信息管理系统	2015 年
	金融消费权益保护环境评估	2017 年
	法律服务平台	2017 年
	领导干部个人有关事项报告系统	2018 年
	“互联网＋监管”系统	2019 年
财务核算	财务报表系统	2011 年
	财政部住房改革编报系统	2012 年
	财政部部门预算编报系统	2012 年
	通用财会软件（工会版）	2015 年
	中央预算单位银行账户管理系统	2017 年
	中央银行集中采购系统	2019 年
	中央银行预算管理系统	2019 年
	中央银行财务记账系统	2019 年
	账户明细表应用系统	2019 年
人员管理	基本养老保险统筹管理系统	2011 年
	工资管理系统	2011 年
	人力资源管理系统	2012 年
	全国离退休干部信息管理系统	2015 年
	全国党员管理信息系统	2017 年
	工会管理系统	2018 年
	中国人民银行网络学院（业务网培训系统）	2019 年
	中国人民银行网络学院（互联网培训系统）	2019 年
	云闪付党费收缴系统	2019 年
日常办公	中国人民银行邮件系统	2000 年
	朔州市中支信息网站	2001 年
	办公自动化系统（OA）	2006 年
	中国人民银行总行业务网门户网站	2010 年
	LDAP 用户管理系统	2010 年
	电子档案管理系统	2014 年
	政府信息与政务公开业务系统	2016 年
	能源综合管理系统	2019 年
	13710 督办系统	2019 年

续表

类别	系统名称	上线时间
安全管理	电视会议管理系统	2001 年
	入侵监测系统	2004 年
	非法外联监控系统	2004 年
	业务网监控系统	2013 年
	互联网监控系统	2013 年
	RA 注册业务管理系统	2015 年
	RA 用户注册系统	2015 年
	机房环境监测系统	2016 年
	漏洞扫描系统	2016 年
	一体化终端安全管理系统	2018 年

○现代化支付清算体系

1993年，市人行建立一套VAST地面卫星基站（全国电子联行系统），参加全国异地跨行资金结算。1996年，推广基于UNIX系统的《中央银行会计核算系统》，让央行会计业务告别手工记账时代。1997年，《同城票据交换程序》在全辖推广，同城票据清算实现微机操作。2002年，上线推广《中央银行会计核算“四集中”系统》，开启会计系统网络化运行模式。2005年4月11日，接入大额支付系统。2006年5月29日，成功上线小额支付系统（ABS）和国库会计核算系统（TBS），清算和国库资金划拨系统得到整合。2013年，中央银行会计核算数据集中系统（ACS）上线，同步废止《同城票据交换系统》和《全国电子联行系统》。2012年12月，国库会计数据集中系统（TCBS）上线。

○一网两系统

1999年，人行天津分行重点推广一网两系统，即中国人民银行天津分行综合金融通讯应用网、金融信息管理系统和金融监管系统，并上线电视电话会议系统。12月18日，市人行布线安装IP电话系统，成为山西省第一家调通电视电话会议系统的地市中支。

○征信管理体系

1999年，《银行信贷登记咨询系统》成功上线，全市银行系统联网运行，开始了金融信息数据共享机制，迈出了征信管理体系的第一步。2004年开始个人征信系统建设，2006年开始企业征信系统建设。截至2019年，个人企业金融信息基础数据库从无到有，逐步完善并全国联网通用、数据共享；人民银行征信管理从单一的贷款卡发放年审，逐步建设成为涉及企事业、个人等在内的社会各个领域的立体化征信管理体系。

○市人行信息网站系统

2001年，市人行自行开发第一版市人行信息网站系统并上线运行，向无纸化办公迈出第一步。2004年，开发第二版市人行信息网站系统。2017年，自主研发第三版市人行信息网站系统，在具备日常工作（如周报、动态、信息、调研、相关政策制度等报送）功能外，融合公文浏览、邮箱报送、上级行及兄弟网站链接等集成化，网站功能应用进一步丰富。

○金融机构信息管理系统

2010年7月，上线金融机构信息管理系统。2013年，按照《中国人民银行太原中心支行办公室转发中国人民银行办公厅关于2013年金融机构代码证试点单位发放指南的通知》（并银办发〔2013〕120号）要求，5月14日成功发放首张代码证，5月24日辖内301家金融机构获得代码证。

○业务辅助系统

2010年，自主开发朔州中支电子设备信息管理系统，实现电子设备管理的信息化、便捷化。同时，在人行平鲁支行配置安装国库科TBS系统异地备份数据FTP服务器。2017年，开发上线朔州中支任务清单量化管理系统，建立“建单—反馈—签字—审核”的工作流模式。是年，市人行成为TBS虚拟化省级集中工作试点单位。2018年，迁移上收办公自动化系统和电子公文系统到太原中支。2019年，自主研发会计财务账户明细表应用系统，获得人民银行会计财务司的肯定并在全国推荐；开发会计年终决算报表标准化打印模块和固定资产报表标准化打印模块，在山西省推广使用。同年，将办公自动化、中支网站、金融机构重大事项报告管理系统整合上收至太原中支。

第二节　网络建设

1998年前，计算机网络架构比较简单，只能满足简单的文件及数据传输。从1999年至2019年，经过20多年的建设，市人行逐步建成业务网、办公网、金融城域网、互联网等多个网络体系，核心网络设备全部实现双机热备。

□　低速网络建设

1989年至1995年，为朔州市金融系统计算机网络化进程的探索阶段，开始推行简单数据电传（即利用电话线路，Modem拨号）组网，一般组网用的设备传输速率为56K。

1990年7月，市人行机房安装直拨电话，9月数据通信线试路开通试用，12月实现正式运行。同年，山阴县人行作为试点首先建立机房，安装电话网络设备Modem，通过电话拨号联网，数据通信线路正式开通传输数据，至此，市人行电子化进程迈进网络时代门槛。1991年，朔城区、山阴县和平鲁区人行安装简易机房和数据通信系统。同年7月1日，省市县数据通信通道成功建立，三级机构实现数据互传，提升了数据传输速率。

□　中速网络建设

按照人民银行“网络到县、天地对接、快通工程”和山西省两个区域网工程的科技工作目标，1995年，市人行在市行办公楼内完成局域网布线工程，11月15日，各科室与省人行各处室的微机通信全部联通，各科室与省行各处室之间的数据传输环境得到改善。1996年，租用运营商线路，利用X.25方式组建成朔州城市金融网，打破了商业银行为人民银行提供数据的壁垒，解决了手工报送误差率高、效率低的问题。1997年，“电子联行到县”网络工程通过X.25网实现市—县两级行资金联网清算，大幅提升了资金清算效率。1998年，按照人民银行总行网络安全要求，完成办公大楼的综合布线、机房装修和网络建设，实现网络通信无缝衔接，并顺利通过省人行验收。1999年，开始租用更加稳定的64K DDN专线，数据传输速度及金融网工作质量和效率得到进一步提高。

□ 高速网络建设

2001年，市人行各类网络版业务系统上线运行，线路由X.25升级为DDN，带宽由64K提速到128K。2002年3月，在山西省首家重新申请128K速率的帧中继，建立全市各商业银行数据传输通道，保证银行信贷登记咨询系统和FTP服务器数据的上传和下载。2003年，从市电信公司接入V.35协议转换器，完成人民银行内联网升级扩容项目工程建设，实现内联网速度从512K到2M的飞跃。2005年，进行市县网改造，大额支付系统到太原的线路速度达2M；到区（县）的主线速度为2M，备份线路为128K。2006年，同城网（人民银行与商业银行及农村信用社联网）升级改造，线路由DDN升级为SDH，速率从64K提升到2M。2008年，接入10M互联网光纤，建立朔州中支国际互联网系统。2012年，省域网扩容改造，下行各县支行的线路改为2M，上行太原中心支行主线路升级为6M。2018年，上联业务网通信线路升级扩容，业务网线路模式由SDH升级为MSTP，线路升级扩容为10M。

□ 金融城域网建设

2011年以来，朔城区蒙银村镇银行、山阴太行村镇银行、应县金都村镇银行、怀仁慧融村镇银行、右玉长青村镇银行4家地方法人金融机构相继接入金融城域网。

第三节　信息安全管理

□ 机房设施

1989年7月，市人行建立微机房并进入试运行阶段，配备长城5020Ⅱ型机4台，隶属办公室管理，担负全行各科室各类日常工作的系统化、规范化处理任务。1991年，先后自筹资金5.57万元，购置UPS电源、发电机、工作台等。贷款2笔购置长城386微机2台、UPS电源、联想286微机和长岛终端机，运用于国库和计划业务中。同时，为山阴县人行、应县人行、平鲁区人行、朔城区人行配备科技专职人员，充实基层人行科技力量。1995年，筹资30多万元购置微机12台，缓解用机紧张矛盾。1999年，解决计算机2000年问题（Y2K），开创人民银行系统安全信息管理工作的起点。为保证全部业务系统顺利度过2000年，自筹资金100万元，购置PⅡ计算机40台。

□ 计算机安全防范

市人行建行之初，计算机安全只停留在人防上。为了加强微机管理，制定“机房十不准”“操作人员六要六不要”等内部管理责任制和岗位责任制，加强微机管理。1990年，首次出现计算机病毒蔓延问题，因应对及时，没有发生因病毒而丢失数据安全事件，至此，开始进入计算机安全技防时代。1991年，建立《微机工作日志》《会计工作日志》《科技工作日志》《机房值班守则》等制度，规定上机操作者必须登记上机时间、用途、科室等项目，机房达到“三无两全一干净”（“三无”即机房无玩游戏现象、机房无灰尘、机房无闲人；“两全”即档案资料全、规章制度全；“一干净”即机房干净）。同时，机房安装护窗和防盗门等。1995年，实现机房设施和计算机集中放置，同时，在办公楼四楼楼顶安装一座20多米高的防雷塔，计算机防雷提上日程。2001年4月26日，朔州爆发CIH病毒侵害，市人行通过安装瑞星网络杀毒软件灭杀病毒恢复正常。2017年5月12号，针对勒索病毒“WannaCry”大面积爆发情况，启动应急响应，有效抵御“WannaCry”勒索病毒的感染，保障基层计算机信息系统和网络安全。

□ 网络信息安全

为了保证数据传输的安全、保密，1997年，市人行建立专机通讯、专人负责，收发登记簿，通信状况记录及月终通讯流水账等管理制度。针对数据传输安全、网络安全、信息保密等，1998年，制定《中国人民银行朔州市中心支行计算机网络安全管理规定》《中国人民银行朔州市中心支行计算机信息安全管理规定》等制度。2005年，针对外网互联造成数据泄密的概率提高问题，制定《互联网与局域网物理隔离管理制度》。从2007年开始，每年组织开展辖内信息安全风险评估工作。为了避免内外网网线混用，2008年，互联网使用与内联网不同表皮颜色的网线，将非法外联风险降到最低。2010年，将内联网拆分为业务网和办公网，完成两网分离，业务网处理非涉密业务和信息，办公网处理涉密业务和信息，开启业务网、办公网、互联网三网时代。2012年，互联网一点接入，辖内所有互联网设备接入人行太原中支提供的节点，彻底避免私自接入互联网的行为。

□ 信息安全体系建设

1989年至2001年，内联网上没有运行安全软件，以单机防病毒软件为主。2004年，安装入侵检测系统和非法外联监控系统，预防网络入侵、内联网和互联网互联事件发生。2006年，安装补丁分发系统，所有连接内联网计算机实现最新补丁程序和自动更新功能。2015年，全辖范围内联网计算机安装360XP盾甲；办公网客户端安装主机监控与审计系统。2016年，全辖350套计算机全部安装正版Windows操作系统，实现操作系统100%正版化；全辖办公软件全部使用WPS Office 2013专业版，实现办公软件100%正版化；全辖业务网263台计算机和办公网2台计算机全部部署总行统一的一体化终端安全管理系统，互联网85台计算机全部部署正版360杀毒软件，实现杀毒软件100%正版化。软件正版化的落实到位，为信息安全体系建设奠定了坚实基础。

□ 重要时期信息安全保障

市人行每逢重要时期，7×24小时值班，确保辖内信息安全零事故（见表5-16）。

表 5-16　　2005—2019 年市人行重要时期网络信息安全保障统计表

年份	重要时期名称	值班形式	天数
2005	“两会”	工作日	12
2006	“两会”	工作日	12

续表

年份	重要时期名称	值班形式	天数
2007	“两会”	工作日	15
2008	“两会”	7×24	16
	奥运安保	7×24	20
2009	“两会”	7×24	11
	中华人民共和国成立 60 周年	7×24	7
2010	“两会”	7×24	12
	上海世博会	工作日	184
	广州亚运会	工作日	18
2011	“两会”	7×24	15
	第三届金砖国家峰会	7×24	7
2012	“两会”	7×24	12
2013	“两会”	7×24	15
2014	“两会”	7×24	11
2015	“两会”	7×24	13
	党的十八大	7×24	11
2016	“两会”	7×24	12
	二十国集团峰会	7×24	5
2017	“两会”	7×24	13
	党的十九大	7×24	9
	第九届金砖国家峰会	7×24	7
2018	“两会”	7×24	20
2019	“两会”	7×24	13
	中华人民共和国成立 70 周年	7×24	7

□ 信息应急管理保障

2006年至2019年，市人行自主和配合开展涉及各类重要业务系统、机房基础设施、网络系统等应急预案的制定和实战演练，对每次演练进行总结，增强科技人员应对突发事件的能力（见表5–17）。

表 5–17　　2006—2019 年市人行计算机应急演练统计表

年份	演练名称	次数	演练形式	年份	演练名称	次数	演练形式
2006	机房电源故障	1	自主	2012	国库会计核算系统	1	配合
	会计集中核算系统服务器切换	1	配合	2013	办公自动化系统	1	自主
	电子公文传输系统服务器切换	1	自主		机房基础设施应急	1	自主
	内联网路由器、交换机准备切换	1	自主	2014	国库会计核算系统	1	配合
2007	电子邮件系统服务器切换	1	自主		业务网网络应急	1	配合
	机房基础设施应急	1	自主		办公网网络应急	1	配合
	国库会计核算系统	1	配合	2015	国库会计核算系统	1	配合

续表

年份	演练名称	次数	演练形式	年份	演练名称	次数	演练形式
2008	电子邮件系统	1	自主	2016	机房基础设施应急	1	自主
	内联网网络应急	1	自主		办公自动化系统	1	自主
	会计集中核算系统	3	配合		业务网路由器切换	1	配合
	国库会计核算系统	3	配合		办公网路由器切换	1	配合
2009	办公自动化系统	1	自主	2017	业务网网络应急	1	配合
2010	机房基础设施应急	1	自主	2018	业务网网络应急	1	配合
	办公自动化系统	1	自主		办公网网络应急	1	配合
	IT 系统入侵攻击	1	自主		办公自动化系统	1	自主
	会计集中核算系统	1	配合		机房基础设施应急	1	自主
	国库会计核算系统	1	配合		电视电话会议系统	1	自主
2011	机房基础设施应急	1	自主		蒙银村镇银行支付系统	1	指导
	会计集中核算系统	1	配合	2019	机房基础设施应急	1	自主
	国库会计核算系统	1	配合		电视电话会议系统	1	自主
2012	机房基础设施应急	1	自主		业务网网络应急	1	配合
	会计集中核算系统	1	配合		办公网网络应急	1	配合

□　网络信息安全宣传

2014年，市人行组织辖内金融机构开展“首届国家网络安全宣传周”活动，到2019年末，共计开展“国家网络安全宣传周”现场宣传活动6次。通过走街头、进社区、网络、电视、电台、微信平台、云展览、新闻等各类媒介播放报道国家网络安全宣传周标语、案例展示、金融网络安全知识讲解等宣传信息，向社会公众普及金融网络安全知识，构建网络安全知识普及教育长效机制，推进和谐金融建设，践行金融为民理念。

第四节　金融标准化建设

从2012年开始，市人行向地方法人金融机构转发《中国人民银行办公厅金融业信息安全风险提示》30期、网络风险提示25期，转发《中国金融移动支付系列行业标准》《网上支付跨行清算系统互联规范》《中国人民银行太原中心支行办公室转发〈中国人民银行办公厅关于进一步做好金融IC卡和移动金融应用工作的通知〉的通知》《中国人民银行太原中心支行转发〈中国人民银行关于发布〈金融电子认证规范〉行业标准的通知〉的通知》等各类文件18次。2018年，建立各金融机构金融标准化工作联络员制度。

2019年，组织开展金融标准培训和金融服务企业标准“领跑者”活动4次，邀请中金国盛专家授课。辖内推广《农村普惠金融服务点支付服务点技术规范》等12项金融标准。

第九章
基础建设

第一节　人行办公楼建设

□　立项

1992年，省人行以晋银会字〔92〕36号和37号文批复同意市人行新建办公楼和职教培训中心。同年9月，市人行以《关于新建朔州市人行营业楼和职教中心的可行性报告》（〔92〕24号）上报市计委，市计委以朔计投字〔92〕349号文批准立项。1994年7月，市计委以朔计投字〔94〕177号文批复市人行新建办公楼及职教中心。该楼总建筑规模11 693平方米，投资额1 978万元。同年11月，省人行以晋银会字〔94〕46号文转发人总行《关于对朔州分行发行库、业务国库初步设计的批复》，原则同意市人行上报的初设方案。至此，市人行完成新建办公楼立项审批程序。

□　选址征地

根据朔州市城市建设总体规划，行址选定在朔州市古北街与开发路十字交叉路口东北角，即原雁北矿业公司朔县运销站所在地，面积20余亩。1992年夏，各级有关领导对选址进行了现场考察。同年9月，市人行向市建委报送《建设工程选址申请表》，市建委以朔建规字〔92〕211号文批复。10月6日，市建委核发《建设用地规划许可证》，编号111号。1993年4月18日，市人行与市土地局正式签订《朔州市国有土地使用权出让合同》，并领取土地使用证。合同规定：出让年限50年。出让金为每平方米150元，总额为201 183元，出让面积13 412平方米（合20.1亩）。

□　工程设计

工程选定山西省建设厅标准建筑设计所为市人行新建办公楼进行总体设计。1994年底，施工图全部出齐，新建办公楼整体由主楼和裙楼组成，建筑面积11 818平方米。其中主楼10 217平方米（包括两层地下室1 116平方米）、裙楼1 601平方米（包括发行库346平方米，业务库63平方米）。主楼为办公室、计算机房、培训中心等用房。裙楼为营业厅、发行库、前大厅、休息厅、多功能厅、保卫、消防控制中心等用房。主楼地面上15层（局部16层），高59.2米。

□　工程招投标

工程初设通过后，1994年7月，市人行向朔州市招投标及议标单位发出《朔州市人行综合营业大楼议标书》。并委托朔州市招标办办理有关议标事宜。参加议标的单位有铁十二局建安处、省建一公司、省建六公司等6家施工企业。通过招标办及有关单位评议，由市人行组织有关人员对参加议标的3家省级施工企业进行现场考察。同年8月23日，进行现场竞标，铁十二局建安处中标。

□　建设施工

为了保证施工质量和进度，杜绝工程资金的浪费损失，1994年8月，市人行成立市行基建领导组，组长分别由历任行长王平善、张崇斌、赵保卫担任。领导组成员由市行其他领导和有关科室负责人参加，日常工作由张自强负责。下设基建办公室，办公室主任张明儒。同时，聘请施工技术人员徐玉存、徐宝为工程质量检察员。为保证资金安全合理使用，基建领导组决定万元以上大额开支及材料设备的采购必须经基建领导组集体研究同意后方可组织实施。由施工企业负责采购材料，施工企业必须建立严格的质量检验登记制度，并经市人行认可签字。由于层层把关，1996年，市人行办公楼主体工程被朔州市质检部门评为市优工程。在整个施工过程中，没有发生任何伤亡和其他事故。

人行朔州分行新建办公楼资金来源和使用情况见表5-18和表5-19。

表 5-18　　人行朔州分行新建办公楼资金来源表　　单位：万元

年份	总行拨款	省批费用	本行自筹	其他
1994	300	70		
1995	530	200		
1996	200	300		63
1997	160	300		70
1998	400	100		2.1
合计	1 590	970	812.7	135.1
总计	3 507.8			

表 5-19　　人行朔州分行新建办公楼资金使用表　　单位：万元

项目	施工单位	金额
一、建安类		2 729.50
办公楼及部分附属设施土建安装	铁十二局施工项目	2 042.40
办公楼及附属设施装修	山西艺华和美猴王施工项目	446.50
供热工程	市建筑安装公司施工项目	42.80
办公楼玻璃幕	山东天幕集团施工项目	68.10
小二楼及零星施工队施工项目		48.10
服务公司工程项目		32.20
天然气工程		19.40
设计费		30.00

续表

项目	施工单位	金额
二、设备购置及安装（共 18 项）		368.10
三、间接费（共 12 项）		146.00
四、管理费（共 6 项）		443.00
五、投资方向调节税		208.00
六、货币资金及应收款		1.90
合计		3 507.80

□ 办公楼维修

2015年，市人行对办公楼进行维修。工程项目包括：办公楼维修改造、中心机房维修改造、电梯采购及安装三部分。其中：办公楼维修改造工程包括办公楼窗户更换、屋面维修、暖气管道沟维修、外墙四角铝塑板贴面、室内墙面粉刷以及其他间接项目工程；中心机房维修改造工程包括装修改造、供配电系统、综合布线系统、门禁系统和其他项目等；电梯更换工程包括电梯采购和电梯安装。

2019年，对办公楼3~6楼冷暖风系统、木地板、墙壁进行了维修。

第二节　农行办公楼建设

市农行办公楼建设情况见表5-20。

表 5-20　　市农行办公楼建设情况表

<table>
<tr><th colspan="3">机构名称</th><th>建筑面积 / 平方米</th><th>建成时间</th><th>投资总额 / 万元</th><th>改造时间</th><th>改造投资 / 万元</th></tr>
<tr><td colspan="3">朔州市分行机关办公大楼</td><td>20 755</td><td>1996.06</td><td>2 400</td><td>2006</td><td></td></tr>
<tr><td rowspan="12">市区支行（营业部）</td><td colspan="2">新市区支行营业部办公楼</td><td>1 463</td><td>1995.11</td><td>264</td><td>2010.10.08</td><td>75</td></tr>
<tr><td rowspan="6">新市区</td><td>府南支行</td><td>832.09</td><td>1999.12</td><td></td><td>2010.04.10</td><td>140</td></tr>
<tr><td>西城支行</td><td>1 310.66</td><td>1998.11.24</td><td></td><td></td><td>176</td></tr>
<tr><td>朔城支行</td><td>3 440.71</td><td>2002.12</td><td></td><td>2010.12.31</td><td>149</td></tr>
<tr><td>古北街支行</td><td>870</td><td>1995.09</td><td></td><td></td><td>97</td></tr>
<tr><td>北关路支行</td><td>830.19</td><td>2003.07</td><td></td><td>2010.12.18</td><td>179.71</td></tr>
<tr><td>开发南路分理处</td><td>662.09</td><td>2005.09</td><td></td><td>2012.01.15</td><td>129.42</td></tr>
<tr><td rowspan="4">雁门支行营业办公楼</td><td>鄯阳街支行</td><td>2 162.4</td><td>2000.04.04</td><td></td><td>2010.04.20</td><td>125.7</td></tr>
<tr><td>文远路支行</td><td>656.82</td><td>2008.06</td><td></td><td></td><td></td></tr>
<tr><td>神电支行</td><td>1 058.5</td><td>2003.12</td><td></td><td>2010.03.30</td><td>135</td></tr>
<tr><td>国贸支行营业部办公楼</td><td>1 468.23</td><td>2002.10</td><td></td><td>2010.07.30</td><td>100.2</td></tr>
<tr><td>市分行营业部</td><td>豪德支行</td><td>706.35</td><td>2008.06</td><td></td><td></td><td></td></tr>
</table>

续表

机构名称			建筑面积 / 平方米	建成时间	投资总额 / 万元	改造时间	改造投资 / 万元
区县支行	平鲁区支行营业部办公楼		2 901.56	1993.05	235	2010.10.08	135
	平鲁	井坪分理处（现已搬迁）	商品房一楼，实际面积 181.5				
	怀仁市支行		1 904.16	1996.04			
	怀仁	新华街分理处	276	1999.05		2012.12.09	145
		体东分理处	98.3（已拆）	1987.12			
		大西街分理处	172.07	2003.04		2012.01.15	134.99
		云州分理处	2 430.89			2010.09.02	105
	山阴县支行营业部办公楼（已拆）		2 164.43	1983.04			
	山阴	山阴县支行	1 620	2016.01			
		山阴县古城分理处	264.6	2002.03		2013.12.31	179
	应县支行营业部办公楼	应县支行营业室	3 093.6	1993.04		2010.09.06	124
		建西分理处	316.74	2002.12		2016.10.09	119.6
	右玉支行营业部办公楼		2 500.84	1999		2010.04.10	80
	右玉	新城分理处	287.06	2002.12		2012.11.10	155

第三节　运钞工具

人行驻朔各级机构成立后，发行基金运输工具经历了巨大的变化，这也成为朔州地区金融业迅速发展的一个缩影。

朔县人行于1949年成立后，跨地域间发行基金往来主要通过乘坐客运火车调拨，押运员进行资金调拨时，由朔县人行向地方铁路部门开具印有特殊编号的介绍信，押运员随身携带发行基金乘坐客运火车进行运送。县域范围内的钱款调拨，主要通过马车或步行。是年，在朔县人行大院东南角设置马厩，养马一匹，饲养员及车夫为许喜连，马车主要向平鲁、利民等朔县域内较偏远地区调拨资金，县域范围内周边乡镇资金往来由押运员步行调拨。

20世纪50年代末60年代初，朔县人行开始配备自行车（俗称洋车）。县域范围内钱款调拨改用骑乘自行车。调拨时，押运员将装有钱款的帆布袋搭在车后架子上捆好，并把袋子上印有“中国人民银行专用”的字样露在上面。由于当时治安好，“银行专用”字样不但不会招致麻烦，反而因为姓“公”，很有威严。在路程较远的调款任务中，押运员需中途休息和饮食，但要求其款不离身，也就有了“调款自行车随人上炕”的故事。

发行基金运输工具于20世纪60年代中后期，逐步跨入了机动车辆时代，也开启了跨区域机动车调款的先河。在此期间，朔县人行购置一台“嘎斯”51（南京跃进130型）卡车，并于70年代末购置一台 “解放”牌卡车。由于上述两款车型均不是专用运钞车，在发行基金调运过程中，只能将款箱堆砌在后车厢上，并用苫布遮盖，安全员随车押运。

市人行于1989年成立后，购置一台东风140厢式货车，同期配备一台丰田牌越野车作为护卫车，主要用于太原、大同之间发行基金调拨。由于当时款箱装卸尚无机械设备，主要通过人工搬运，单位给予参与装卸款箱的职工每人每次5元补贴。

20世纪90年代后，随着辖区金融现代化步伐的加快，资金需求规模日趋扩大，办公条件渐趋改善，发行基金运输也开始用上了功能先进，具有防弹防盗、网络通讯、空调设备齐全的专业运钞车。在此期间，市人行于1994年购置一台“奔驰”专用运钞车，2006年购置一台“沃尔沃”8吨专用运钞车，2012年购置一台“迪马”3吨专用运钞车和一台“沃尔沃”10吨专用运钞车，2018年购置一台“沃尔沃”10吨专用运钞车。这些运钞设备担负着朔州市全部现金需求的调拨任务，其发展更替清晰地反映了时代的发展和社会的进步。

第四节　职工食堂

□　朔县人行职工食堂

朔县人行职工食堂于1949年建行后设立，位于朔县大营街和盐市街交叉路口西南角单位自有临街用房，初期雇佣两名临时工做炊事员。1951年后单位正式职工王源开始担任食堂管理员和炊事员。受制于当年条件限制，该食堂设备简单，烹饪热源通过在灶台中燃煤获取，火焰大小经传统木质风箱助燃控制，需要一定耐力。就餐场所也相对简陋，这与当时国家“温饱型”饮食阶段相适应。

20世纪50年代末期，伴随着“大跃进”的开始，人民公社食堂逐步兴起，朔县人行所属各乡镇派出机构工作人员开始就地在各自所在乡镇人民公社食堂免费就餐，经历“大锅饭”阶段。同期，朔县人行职工食堂就餐人数也有所增加。

朔县人行食堂管理员王源于1976年退休后，继续留任炊事员岗位，期间单位雇佣一名合同制员工帮厨。在此期间，食堂所需食材采购主要通过收取职工供应粮食证，由单位统一到朔县粮食局购置，职工用餐另需缴纳少量伙食费。以馒头为例，一个馒头需缴纳4~5分钱和2两粮票，该标准一直持续到90年代初期。1986年后，朔县人行职工食堂关停。

1989年朔县人行更名朔城区人行后，职工食堂在原址重新设立，食堂管理员依次由石伟、王建军两人担任。1993年，朔城区人行搬迁至新建西大街（现为鄯阳街）新办公地址后，职工食堂与市人行职工食堂合并。

□　朔州市人行职工食堂

市人行于1989年成立后，在朔城区新建西大街（现为鄯阳街）与北关路交叉口西侧，原工程公司办公楼一楼设立职工食堂。食堂管理员依次由景忠、元有仁、张一富等人担任。炊事员为临时工刘成全。据记载，当年职工食堂用餐仍需缴纳餐费和粮票。以中餐为例：一顿饭约需4角钱，另附粮票不等。此时食堂烹饪仍需起灶生火，但已开始使用电动鼓风机助燃，出餐效率有所提升。

1993年，市人行搬迁至新建西大街（现为鄯阳街）新办公地址后，职工食堂与朔城区人行职工食堂合并。该食堂由市人行统一管理，烹饪时不再使用燃煤生火方式，而是开始使用灌装液化气。管理员依次由刘强、牛通根两人担任。食堂炊事员为刘成全。当年，食堂伙食标准为每人7~8角钱/顿饭。

市人行现有办公大楼于1997年建成，职工食堂随即搬迁至现址办公大院东侧平房，并于2004年后接入天然气，烹饪开始使用清洁能源，厨房便利化程度显著提升。是时，食堂管理员依次由杨兴、王连邦、霍日斌、张青扬、刘新春等人担任。食堂炊事员扩充为刘成全、梁宝、赵永亮、霍国华、孟丽等人。同期职工用餐采用记账式管理，即职工先就餐，餐费通过现金或扣除工资补缴。20世纪90年代末期，单位曾为职工食堂配置北京130汽车一台，用于日常食材购置。

随着中央“八项规定”“十条禁令”的相继出台，国家对机关单位食堂规范化管理要求进一步提升。为此，市人行于2017年通过集中采购招标方式对机关食堂进行社会化改制，山西毅成博易物业管理有限公司以32万元/年的服务外包费用中标。改制后，该公司选派服务人员7名，为职工提供一日三餐，同时提供会务、培训、接待等工作保障用餐。职工用餐收费标准为早餐5元/人（单位补贴4元、个人1元）、中餐16元/人（单位补贴12元、个人4元），晚餐5元/人。职工食堂用餐环境、饮食质量得到了大幅改善。

第五节　发行库改扩建

□　工程项目基本情况

2013年以来，市人行发行库库容能力远远不能适应发行人民币、管理人民币的职能需要，持续发生涨库现象。为此，市人行启动了发行库改扩建项目的申请事宜。

2016年12月，发行库改扩建工程项目经人民银行总行、太原中支批复立项；2018年3月，市人行上报工程初步设计方案，同年4月，人民银行总行、太原中支批复同意发行库改扩建工程项目的初步设计和总平面设计，核准项目总建筑面积1 520平方米，总投资1 524万元。

工程项目批复后，经市政府相关职能部门的严格审核，先后取得《建设项目选址意见书》《建设用地规划许可证》《建设工程规划许可证》《建设工程施工许可证》《质量监督注册证》等资格证书。2017年11月，太原市建筑设计研究院设计出具工程项目《总平面图》，改扩建方案为：拆除院内三层小楼，改扩建的发行库从办公楼主楼底部原发行库延伸至三层小楼原址，向北与院墙之间留有6.52米至7.28米宽的道路，供住宅楼住户出入通行，同时，发行库与住宅楼之间留6.89米宽的道路沿主楼东侧、南侧通向大门，整个大院形成环形通道供消防、运钞和人员、车辆通行。

本着“公平、公正、公开”的原则，2018年12月，市人行委托山西华普工程招标代理有限公司通过邀请招标的方式对发行库改扩建工程项目施工总承包单位和监理单位进行招标，施工中标单位为山西八建集团有限公司，监理中标单位为山西春润达工程项目管理有限公司。至此，发行库改扩建工程项目手续齐全、程序合规，符合开工建设要求。

□　工程项目受阻

2019年4月29日，施工单位进场后，在挖坑准备装项目大门立柱预埋件时，遭到住宅楼部分住户阻拦并将柱坑填埋。30日，部分住户在办公楼前悬挂“人民银行违法侵占家属院　48住户依法维权保护家园”横幅，继续阻挠工程开工。对此，市人行及时启动《发行库改扩建工程突发事件应急处置预案》，行长卫文江、处级调研员胡春发现场进行了沟通解释。5月6日，部分住户到市政府拉横幅上访，围堵市政府大门。接市信访局电话通知，行长卫文江带领副行长罗宏元、邱继岗接访，现场进行沟通解释，家属楼住户郭玉梅、任秀英、段仁勇、郭海霞、董金平等参加。接访后，行长卫文江、纪委书记郑有升赴天津分行、太原中支向上级领导汇报了相关情况。5月10日，市委召开信访调解会，市委书记陈振亮、政法委书记王黎明、市信访局长卢生全接访市人行住宅楼住户，行长卫文江、副行长罗宏元及家属楼住户代表张志刚、段仁勇、董金平等人参会。会上，市委书记陈振亮提出，市人行向上级反映汇报能否调整方案，如不能，住户起诉走依法审理程序；同时要求市人行不能出现强行施工、住户拉横幅围堵政府大门的情况发生，确保社会稳定。5月13日，行长卫文江主持召开党委会，落实天津分行、太原中支及市委就发行库改扩建工作相关指示，决定暂缓施工，进一步做好住户思想工作，维护稳定局面。5月17日，市人行组织召开与住宅楼住户沟通会，行长卫文江、副行长邱继岗、行长助理姚建兵以及职工住宅楼董金平、任秀英等9名代表参会。会议期间，住户代表当场表示拒绝与市人行沟通协商意见分歧，递交“保留现状、调整选址、整体收购家属楼”书面意见后离场。之后，市人行先后通过会议、谈心谈话、上门家访、电话交流等多种方式开展住户思想引导工作50余次。

□ 工程合法性论证

本着对双方严谨负责的态度，2019年5月20日，市人行委托山西同道律师事务所专业律师团队对工程项目的合法性及应对措施进行全面法律评估，形成《法律意见书》，评估认为发行库改扩建工程为合法工程，且工程未影响住宅楼住户的权益。市人行及时将《法律意见书》在院内栏进行了公示。

工程项目选址位置：位于单位大院北部，包括新建发行库和改建现部分库务用房两部分。新建部分将在拆除现发行库北部单身宿舍楼、迁移住宅楼化粪池后，紧邻现发行库向北扩建，为地上两层，施工区域严格控制在单位土地使用面积11 872.21平方米范围内。

土地使用权限：依据朔州市人民政府、朔州市土地管理局核发的两个“国有土地使用证”——《朔国用93字第930013-1号》与《朔国用93字第930013-2号》，市人行对单位11 872.21平方米土地具有无可争议的使用权，不存在新建工程占用住宅区土地面积的问题。

工程项目设计标准：工程项目在初步设计过程中，经太原建筑设计研究院进行充分的日照分析，工程项目建成后，家属楼日照时间完全符合国家标准。同时，在住宅楼西部建有6.52~7.28米的道路，保留了住宅楼住户的出行道路，既符合国家建筑规划设计要求，又符合消防、物权等相关规定，也符合中华民族传统民俗，不存在任何侵权行为。

□ 工程项目推进措施

2019年11月，为加快发行库改扩建工程项目实施，保障住户利益，在征得上级行同意后，市人行对改扩建原方案进行调整：“发行库由原尺寸31.3×20.55米改为31.3×11.95米，住宅楼西向道路由7.28米改为16.8米；发行库与住宅楼间规划消防通道；住宅院落与人行机关院落隔离，并西向开发南路开门”。方案调整后，分别向47户住户征求意见，收回意见表28份，其中：12户同意、13户不同意、2户未表态、1户弃权、19户未联系到。12月，针对发行库改扩建工程实施现状，结合住户征求意见，中支党委研究议定：对发行库改扩建方案进行再次调整，拟变更新建发行库位置，更改至大楼东部院内建设，待上级行和市直有关部门批复后实施。

下篇

文　化

第十章
金融文化

第一节　思想引领

□　爱国主义教育

自朔州市人民银行成立以来，爱国主义教育深受单位重视，作为加强职工思想教育的主要方式常抓不懈。在不同历史时期，单位组织不同的爱国主义教育，如看爱国主义电影、升旗等。早年的活动没有资料记载。

2004年，市人行组织党员干部赴平鲁区李林烈士纪念馆参观并重温入党誓词，追忆英雄事迹，缅怀革命先烈，接受爱国主义教育。

2010年，朔州市塞北革命纪念馆建成开放，馆内展览抗日战争、解放战争时期为国捐躯的雁北地区革命烈士事迹和遗物，成为全市最大爱国主义教育基地。市人行从2012—2014年连续3年组织不同层级干部职工赴纪念馆开展缅怀祭奠活动，追忆革命先烈事迹，传承爱国主义精神。2017年清明节期间，为迎接党的十九大，中支在纪念馆开展“缅怀先烈弘扬传统　重温誓词不忘初心”红色教育活动。中支党委班子成员、机关各党支部书记以及30余名青年职工参加活动。

为了爱国主义教育更加生动具体，市人行于2018年赴平型关大捷纪念馆开展“缅怀革命先烈　牢记初心使命”党团共建活动。行领导、辖区党支部书记和团员青年共40余人参加活动。

□　履职实践教育

○人行朔县支行时期

新中国成立到改革开放前，朔县支行职工教育主要以思想和政治路线为主。1975年，组织全县金融系统广泛开展学习无产阶级专政理论运动。建立理论学习领导组，开办政治夜校，选拔理论辅导员，培训党员、团员理论骨干，轮训基层所、社主任、会计、财管员，共开办学习班5期，180人次参加。改革开放后，朔县支行进一步解放思想，加大提升履职能力的教育培训。如：1980年，朔县支行举办银行业务知识讲座，推荐业务能力强的职工登台授课，讲述政治经济学常识、工商信贷业务、计划统计知识、会计和结算、出纳业务和储蓄知识。

〇人行朔州分行时期

人行朔州分行成立后，提升了针对职工的培训教育力度。1991年，利用每周二、四、六班前一小时，进行职工教育，内容包括初级阶段理论教育，社会主义经济学讲座、国情教育、道德理想教育、法制教育、廉政建设教育等。1992年，举办全市人行系统文秘工作规范化培训会，培训会主要讲授公文写作、档案管理，信息写作等方面内容，全系统40余人参加会议，分行行长王平善出席会议并做重要讲话。1994年，邀请市委宣传部讲师就社会主义市场经济和改革与发展等问题多次来行授课。同年，组织职工收看《金色的启示》《金融职业道德讲座》等电教片，有效促进职工政治理论水平和道德水平的提升。

〇人行朔州市中支时期

2000年以后，市人行在不断丰富业务培训的基础上，始终不忘强化理论武装，同时注重职工间学习交流、共同提高。

◎业务学习方面

2000年，针对职工电子化信息化知识匮乏，组织举办计算机应用能力培训班。通过电视讲座、科技人员授课等形式进行培训，使全行人员对电脑、网络有进一步的了解。2014年，组织举办政务信息、新闻写作培训班，特别邀请《金融时报》驻山西记者站记者郭晓东现场授课，为职工传授信息写作经验和技巧。

◎理论武装方面

2008年，党的十七大胜利召开后，市人行聘请朔州市委党校专家开展十七大知识专题辅导，推进十七大精神学习活动向纵深发展。2009年，组织举办形势报告会，聘请市委讲师团专家解读当前国际国内形势，对全行干部职工进行理想信念教育。2016年，邀请市委党校副校长为职工讲党课，解读党章。邀请市委讲师团对全行干部职工进行党的十八届六中全会精神专题辅导。2019年，举办“习近平新时代中国特色社会主义思想”专题培训，邀请山西省委党校、山西省行政学院哲学部副主任、教授张志蓬进行授课。同年，组织开展“不忘初心　牢记使命”专题学习宣讲，邀请山西省委党校哲学教研部主任、教授肖安邦现场授课。

◎交流学习方面

2001年，为教育职工正确抵制和防范邪教，组织开展“崇尚科学　破除迷信　反对邪教”签名活动。2012年，开展“一科一课”学习活动，选派各科室业务骨干就自己精通的业务和理论知识登台授课，达到干部职工互相交流，互相促进的学习目的。同年，组织开展“激情岁月　点滴记忆”座谈会，邀请1950年参加工作的退休干部景忠同志讲述工作事迹，再现朔县人民银行成立以来的风雨历程，激励青年职工爱岗敬业、奋发工作。2014年，特邀退休老干部赵日彬为青年干部做报告，引导青年职工继承和发扬老一辈金融工作者的优良传统，树立正确世界观、人生观、价值观。2019年，举办学习党的十九大精神干部职工硬笔书法作品展，将职工硬笔书写的十九大报告、习近平总书记讲话等内容集中对外展示交流。

第二节　文化建设

□ 民主管理

朔州市人民银行系统在履职过程中十分注重发扬民主，倾听职工心声，形成以职工代表大会为形式的民主管理文化，通过召开职工代表大会，搭建中支与职工之间的连心桥，了解职工思想和心声，解决职工工作和生活中的问题和困难。自1993年12月15日召开第一届第一次代表大会后，截至2019年，职工代表大会已召开四届五次。会议主要内容有审议年度工作报告、财务工作报告和工会经费审查报告，并对职工提案进行汇总解答。每次职代会前，中支职工代表向职代会提交包括中支工作管理、队伍建设、职工教育、职工福利和后勤服务等方面的各类提案。中支工会将职工代表提案汇总分类后，提交职工代表大会进行集中解答和办理。

□ 职工之家

○职工活动室

从朔州分行成立开始，单位就持续不断推进职工活动室建设。1991年，朔州分行根据机关单身和异地职工多的实际，将行内一间会议大厅布置成多功能活动场所，组织交谊舞、娱乐晚会、球类、棋类等不同形式的活动。1998年，在朔州分行办公楼15楼设置健身房、台球室、乒乓球室、棋牌室、图书阅览室，并投资8万元购置各类器材书刊供职工使用。2008—2010年，由于办公楼装修，职工活动室停用。2011年，重新开放15楼职工活动场所，并添置新活动设施和图书。2017年，投资3万余元更换老旧健身器材，添置新图书，以满足职工活动之需。

○读书俱乐部

随着基层央行精神文明建设水平不断提高，读书逐渐成为干部职工一项主要兴趣爱好。2013年，为进一步激发职工读书兴趣，引导职工树立终身学习的理念，成立读书俱乐部。同年，组织开展“书香致远，洗涤心灵”主题读书感悟交流活动。2014—2016年，读书俱乐部持续开展“读好一本书，写好一篇心得”活动，在全行干部职工中掀起读书热潮。

○骑行俱乐部

2014年，成立以公益宣传为主的骑行俱乐部，开展“关爱朔州保护母亲河”志愿骑行宣传活动。此后，俱乐部成员相继开展多项骑行活动，在强身健体的同时，提升职工的综合素养。2015年，开展身边增绿减污骑行活动，20余名成员骑行64公里往返朔州市紫荆山景区，宣传生态保护、节能减排。2016年，开展“金融知识进乡村”宣传活动，骑行至距市区12公里的张蔡庄乡开展宣传。2019年，发起助力“环保攻坚　绿色出行”志愿骑行活动。

□ 文体活动

○春节联欢会

1989年朔州分行成立后，每年春节期间组织干部职工举办迎新春联欢会。在联欢会上，干部职工们纷纷登台献艺，表达自己节日的喜悦和对央行的热爱。前期，由于场地所限，新春联欢会规模较小，以茶话座谈形式为主。自1998年迁入朔州分行办公大楼之后，单位具备大型活动场所，春节联欢会规模得到提升，节目更加丰富。根据有关规定，2013—2016年，停办迎新春联欢会。

2017年，恢复举办迎新春联欢会。此后，中支新春联欢会主题更加鲜明，节目更加引人入胜。2017年联欢会以“喜迎党的十九大”为主题，各类节目综合反映了基层职工奋发向上的精神风貌，中支胡春发、罗宏元副行长发挥自己的爱好特长，在联欢会上即兴献唱。2018年联欢会以“走进新时代　踏上新征程”为主题，还组织了优秀节目评选，共评出7个优秀节目。其中，何艳太、赵越两位青年的哑剧《吃东西》，活灵活现，令人捧腹大笑，荣获一等奖。2019年联欢会以“迎接新中国成立70周年”为主题，并首次将联欢会和双先表彰合并举办，取得“凝心聚力、选树典型”的效果。这次联欢，别出心裁的节目展示出丰富的职工才艺。如人事科青年擅长语言表演，参演的小品《有话直说》加入男扮女装角色，语言诙谐幽默，人物形象生动，好评如潮。卫文江潜心练习太极拳多年，被办公室职工邀请共同登台表演《创意“舞”拳》，向干部职工展示了一套自编四十七式花样内家拳，该拳术把国标太极拳、陈式太极拳与八卦拳融为一体，动作舒展大方、样式灵活多变，给在场观众耳目一新的感觉。怀仁支行曹艳芳等四名职工擅长高音歌唱，表演的《我和我的祖国》《我爱你中国》气势恢宏，展示出专业歌唱效果。

表 5-21　　2017—2019 年朔州市人行系统新春联欢会节目单

年份	出场顺序	类型	节目名称	表演者
2017	1	舞蹈	舞动中国	张扬、石丽娜、高倩、李瑞英、高鹏祥、王彦
	2	合唱	纤夫的爱	会计财务科
	3	歌曲串烧	闻鸡起舞等	平鲁支行
	4	朗诵	勤政颂	纪委监察室
	5	小合唱	团结就是力量	外汇管理科
	6	相声	四大名著	山阴支行
	7	微演讲	我爱发行之囧事	货币金银科
	8	歌曲串烧	美丽中国走起来等	金融稳定科、调查统计科
	9	人偶剧	明天会更好	人事科
	10	方言类	新闻联播	怀仁支行
	11	合唱	欢乐中国年、有钱没钱回家过年	支付结算科
	12	三句半	履职颂	应县支行
	13	情景剧	志愿服务　我们在行动	中支志愿者服务队
	14	朗诵	长征组诗	办公室
	15	大合唱	守押员之歌	保卫科
	16	手语舞蹈	国家	马丽、吕媛媛等
	17	三句半	交通安全	办公室
	18	手语表演	感恩的心	国库科
	19	舞蹈	左右为你	吕媛媛、王信、蔡鹏华、张惠民、苗相、赵越
	20	合唱	同一首歌	宣传群工部、科技科、内审科、货币信贷科、征信管理科

续表

年份	出场顺序	类型	节目名称	表演者
2018	1	动感鼓乐	鼓舞新时代　踏上新征程	人事科
	2	合唱	年轻的朋友来相会	支付结算科
	3	太极表演	太极功夫扇	宣传群工部
	4	舞蹈	狗年大吉	国库科
	5	朗诵合唱	走向复兴 + 走进新时代	内审科、科技、纪检监察
	6	情景剧	这个便宜不能占——关于反洗钱	应县支行
	7	舞蹈	黑白酷舞	山阴支行
	8	独唱	我的根在草原	人事科
	9	情景剧	反假情景剧——赵老头存钱记	货币金银科
	10	舞蹈	GO、GO、GO	平鲁支行
	11	朗诵合唱	中华颂 + 大中国	右玉支行、调查统计科、征信科
	12	哑剧	吃东西	货币金银科、调查统计科
	13	舞蹈	迷宫	怀仁支行
	14	数来宝	点赞中国	外汇管理科、金融稳定科
	15	合唱	开发南路的日子	货币信贷科
	16	三句半	豪情满怀话保卫	保卫科
	17	舞蹈	绿光	怀仁支行
	18	合唱	明天会更好 + 今天是你的生日	会计财务科、办公室
2019	1	大合唱	走进新时代 + 走向复兴	行领导、各区县支行行长、科室负责人及各类优秀人员
	2	歌曲	冰糖葫芦	支付结算科
	3	诗朗诵	我与外管共成长	外汇管理科
	4	舞蹈	燃烧我的卡路里	山阴县支行
	5	诗歌朗诵	不忘初心　实干兴行	会计财务科、科技科、征信科
	6	创意节目	创意“舞”拳表演	办公室
	7	小品	幸福养老院	应县支行
	8	歌曲	稳定阵线联盟	金融稳定科
	9	小品	有话直说	人事科
	10	串唱	我和我的祖国 + 我爱你中国	怀仁县支行
	11	说唱	货金人之中国心	货币金银科
	12	太极表演	四十二式太极剑	宣传群工部
	13	情景剧	奋斗	平鲁区支行
	14	独唱	歌曲两首	扶贫工作队
	15	朗诵	绿色壮歌	右玉县支行
	16	朗诵 + 合唱	央行梦	信贷科
	17	二胡独奏	走进新时代	保卫科
	18	大合唱	团结就是力量	外汇管理科、内审科
	19	诗朗诵 + 大合唱	祝福祖国	调查统计科、国库科、纪委监察室

〇庆“七一”活动

建党节是人民银行干部职工开展文体活动的重要时点。1990年，举办“中国革命和党的知识竞赛”活动。1991年，组织开展全市人行系统首届象棋大赛、首届乒乓球赛、全市金融系统首届“银桥杯”乒乓球锦标赛和歌舞大赛，庆祝建党70周年。1992年，举办全市人行系统诗歌朗诵会。1997年，为喜迎香港回归祖国，组织秧歌表演队、全民健身活动、乒乓球、象棋比赛等系列活动，抒发广大干部职工的爱党爱国热情。

2000年后，市人行庆“七一”活动更加丰富。2008年，举办“党旗在我心中”演讲比赛。2010年，举办“诵读中华经典　弘扬中华文化”表演赛。2011年，举办庆祝建党90周年红歌演唱会，全行干部职工组成多个合唱团，放声歌唱，为党庆生。中支党委班子成员、机关党委委员及各党支部书记赴平鲁李林烈士陵园，缅怀革命先辈，重温入党誓词，接受红色教育，并专题学习《胡锦涛总书记在建党90周年大会上的讲话》精神。2015年，开展“一先双优”表彰大会暨“颂歌献给党”歌咏比赛。2016年，组织举办“迎七一·榜样在身边”先进事迹巡回报告会，在全行干部职工中掀起学典型、树典型的新热潮。

2017年，开展“迎七一　强党建　促履职”主题学习教育活动，组织辖区党员和团干部赴革命圣地延安学习。举办“迎接党的九十六岁生日　纪念香港回归二十周年”干部职工红色诗歌诵读大赛。开展“看升旗仪式　走复兴之路　体验新农村”主题教育活动，组织辖区38名优秀党员、党务工作者赴北京观看天安门升国旗仪式。通过开展系列活动为党庆生，庆祝香港回归祖国20周年。

2018年，深入学习贯彻党的十九大精神，组织举办“唱响新时代　起航新征程”朗诵合唱比赛。组织机关全体党支部书记赴中支定点扶贫村黑洲湾开展“党建+扶贫+培训”学习教育活动，纪念中国共产党成立97周年。

〇迎国庆活动

每逢国庆佳节，市人行会围绕节日开展各类庆祝活动，表达对祖国的祝福。如：2001年，举办人民银行系统“迎国庆”卡拉OK演唱赛。2009年，举办“我与祖国同发展　我与央行共奋进”演讲比赛、迎国庆“我参与、我运动、我健康”趣味运动会，庆祝新中国成立60周年。2013年，开展以“健康　和谐”为主题的迎国庆趣味运动会。2019年，举办“我和我的祖国”庆祝新中国成立70周年干部职工合唱活动，庆祝新中国成立70周年。

〇庆“三八”妇女节活动

每年“三八”妇女节期间，市人行都围绕主题，组织全系统女职工开展包括行女职工座谈、先进女职工表彰、举办健康知识讲座、礼仪培训、体检等系列活动。如：2000年，举办女职工联谊会，开展“三八”宣传月活动，激励女职工在“巾帼建功”活动中争创一流。2010年，举办纪念“三八”妇女节暨先进女职工表彰会。2016年，开展“魅力女性　绽放央行”系列活动，2018年，组织女职工开展户外趣味游戏、女职工观影和瑜伽培训活动。2019年，开展“领航新时代　巾帼建新功”系列活动。

〇庆“八一”活动

为凝聚和团结全行复转、退伍军人职工，激励复退军人再立新功，市人行在“八一”建军节期间开展纪念活动。2007年，组织转业、退伍职工赴雁门关开展纪念“八一”建军节活动。

2008—2015年，连续7年组织召开庆“八一”复转军人座谈会，表达对复转军人职工崇高敬意和节日问候，在全行营造“军民一心，共谋履职”的良好氛围。

○行庆活动

1992年，朔州分行全系统自编自演22个文艺节目进行会演，庆祝建行三周年。行庆期间，全系统开展“大回顾、大总结、大评比、大表彰、大宣传”活动，通过图片展览、有奖征文、文艺比赛、会议鼓励等，激发干部职工积极性，提升业务工作水平。1998年，朔州分行举办庆祝建行9周年和市行办公大楼乔迁文艺表演活动。2000年，市人行编排并向天津分行选送了独唱和现代舞快板小表演，庆祝天津分行成立2周年。2018年，市人行组织举办纪念中国人民银行成立70周年职工手机摄影展，展现干部职工热爱祖国、热爱人民银行事业的伟大情怀。

○其他全行性文体活动

2012年，组织布展全省人行系统迎党的十八大书画摄影展。同年，开展以工间操为主要形式的全员健身活动。2013年，组织50余名党团员赴大同市拓展训练基地开展户外拓展训练活动，通过训练营造凝心聚力、团结奋进的工作氛围。2014年，举办“快乐工作，健康运动”健步健身益智趣味赛。2015年，开展干部职工太极拳展示活动。2017年，举办“闹元宵迎新春”干部职工猜谜语活动，中支行领导及全行130余名干部职工参加活动。

□ 劳动竞赛

○朔县支行时期

朔县支行时期，竞赛活动统称社会主义劳动竞赛。1973年，支行党支部提出以“五比五看”的社会主义劳动竞赛，即比不断引深批林整风，看进行思想和政治路线教育的深度和广度；比端正贯彻执行毛主席革命路线和党的各项方针，看是否有以感情代替政策，不坚持原则的现象；比工作中加强调查研究，看各项任务完成情况；比革命团结，看是否坚持三条基本原则；比服务态度，看服务方向是否明确。1977年，在室与室、所与所、社与社、人与人之间开展“五比、五赛、五看”竞赛活动。即：比学习，赛思想，看谁三大觉悟高；比出勤，赛干劲，看谁作风过得硬；比纪律，赛团结，看谁坚持三项原则好；比风格，赛协作，看谁全局观念强；比路线，赛贡献，看谁完成任务好。改革开放初期，人民银行朔县支行本着解放思想，适应改革的思路，从1980年至1982年，连续3年开展金融红旗劳动竞赛。内容为“六比六看”，即：比工作，看效果；比任务，看贡献；比质量，看差错；比服务，看态度；比出勤，看干劲；比纪律，看遵守。最终于1982年评选出县级金融红旗单位2个，县级金融红旗手13名，推选区级金融红旗单位1个，区级金融红旗手4名。1983年，朔县人行组织储蓄业务技术比赛，储蓄会计员陈少春夺得了全区储蓄珠算计息项目的第一名，并获得总行珠算能手标兵。1986年，开展争创“两个文明”先进股室竞赛活动，提出“八比八看”的竞赛内容和竞赛评比标准。在竞赛综合评比中，根据省分行提出的评选比例，一个股成绩显著，被评为全行“金融先进单位”，6名职工被评为“金融先进工作者”。1987年，朔县人行组织开展为期3个月的珠算技术培训班，经过40余次测验，全行10名会计、发行工作人员珠算技术和业务知识水平显著提升，其中两人在全县珠算比赛中分别获第二名和第四名。1988年7月，朔县人行组织人员参加山西省人民银行系统技术比武，取得珠算第五名的好成绩。

〇朔州分行时期

朔州分行成立后，劳动竞赛更加专业化和细致化。1991年，朔州分行下发《关于在全市人民银行系统开展劳动竞赛百分考核的通知》（朔银工字〔1991〕第1号），对朔城区、山阴县、平鲁县3个支行11个专业制定百分考核办法，作为年终评比先进依据。1993年，在全行范围内开展“百日劳动”竞赛活动。1995年，组织全市人行系统业务技术比武。1996年，开展岗位练兵和业务技术比赛活动。同年，组队参加全省人行系统业务技术比赛，有5名职工取得名次，极大地提高广大职工的业务操作技能。

〇朔州市中心支行时期

◎党的知识竞赛

2003年，党的十六大召开后，组织举办全市人民银行系统学习“三个代表”重要思想演讲比赛。2007年，组织举办全市人行系统党的十七大知识竞赛。2011年，开展“学党史、知党情、跟党走”主题教育活动，组织机关50余名青年职工参加朔州市委主办的网络党史知识问答，选拔4名青年职工参加朔州市党史知识现场竞赛，取得小组第三的成绩。2018年，开展党的十九大知识自测学习，以考促学，以考促纪，以考敦行，营造浓厚的学习氛围。

◎业务技能竞赛

市人行成立后，逐步加大对职工珠算能力的登记考核。其中：1992年，市人行根据岗位培训技能考核的需要，对干部职工进行为期一周的珠算培训，并进行了定级考核，所有参培人员均达到国家珠算四级水平；1996年，市人行开展珠算业务练兵，并组队参加了山西省人行系统珠算技术比赛，有5名同志夺得了名次，大大地提高了职工的业务操作技能。

2000年，市人行举办《会计法》知识竞赛。2007年，举办会计制度知识竞赛。2012年，组织举办全市金融系统首届业务技能竞赛，全市11家金融机构派出代表队参加了竞赛。2013年，举办“朔州市金融系统反洗钱履职十年主题演讲赛”，全市银行、保险、证券等30多家机构参加比赛，共评出6项集体奖和6项个人奖。同年，市人行与大同市中支联合在山阴县预备役团靶场组织保卫守押人员开展实弹射击对抗赛。2014年，市人行联合市总工会组织开展全市第二届金融知识暨业务技能竞赛，朔州市金融青联、中国银行朔州市分行承办本次竞赛，全市14家银行业金融机构42名选手参加比赛。

◎文体竞赛

2004年，市人行组织举办人行系统干部职工乒乓球比赛。2008年，举办“迎奥运　庆两节”文体竞赛活动。同年，组织开展纪念改革开放30周年摄影书画比赛，纪念建行60周年——“央行骄傲”先进集体和个人宣传教育活动，书画作品有两篇被天津分行评为二等奖，一篇被评为三等奖。2011年，组织职工开展第八套广播体操表演赛。2013年，组织开展“贺新春”文体比赛，全行100多名职工参加比赛。2015年，组织召开“文明礼仪伴我行　传统文化共分享”知识竞赛。同年，举办“守规矩、讲纪律、明责任”主题演讲比赛和“我的价值观，我践行”征文评比活动。2019年，举办“青春心向党　奋斗在央行”纪念五四运动100周年主题演讲比赛。

◎历年竞赛成果

2000—2018年劳动竞赛成果见表5-20。

表 5-22　　2000—2018 年劳动竞赛成果

竞赛时间	竞赛项目	竞赛成果
2000 年	天津分行《会计法》知识竞赛	获团体第六名、个人二等奖、三等奖
2006 年	山西省人民银行系统总务会计核算账务比赛	团体三等奖
2007 年	山西省人民银行系统会计制度知识竞赛	团体二等奖
	山西省人民银行系统劳动工资和养老保险统筹知识竞赛	团体三等奖
	天津分行青春献央行金融知识竞赛（山西赛区）	团体三等奖
2008 年	山西省人民银行系统劳动竞赛	“支付结算类”团体第一名、个人第一名，被山西省劳动竞赛委员会记集体一等功，参赛队员王攀峰被山西省劳动竞赛委员会记个人一等功
	山西省人民银行系统会计赛账活动	团体第三名、中支级个人第二名、县支行级第一名
2012 年	山西省人民银行系统乒乓球比赛	团体三等奖和两项个人第五名
2014 年	山西省人民银行系统机关职工岗位技能竞赛（工会、宣传、青年三项专业）	集体三等奖，被山西省劳动竞赛委员会记集体三等功，参赛队员王攀峰获青年工作专业一等奖，被山西省劳动竞赛委员会记个人一等功，雷向东、孟建民、侯永分别获宣传、工会、青年专业三等奖，郭君获工会专业优秀选手奖
	山西省人行系统职工乒乓球比赛	优秀组织奖、领导组个人第三名
	山西省人民银行系统象棋比赛	团体第三名、个人第三名
2018 年	山西省人民银行系统“不忘初心　牢记使命”党的十九大精神学习竞答	团体三等奖
2019 年	山西省人民银行系统管库员岗位技能竞赛	安利军荣获组合锁解码、设码个人单项第一名

□　公益服务

市人行职工在履行基层央行职责的同时，时刻不忘自身社会责任，经常自发性开展公益活动，主要针对困难群体的捐赠和志愿服务。

○社会捐赠

2006年，组织全行干部职工开展“青春央行雏鹰计划”捐助活动，共募集捐款7 010元。2008年，组织全体干部职工发起“情系地震灾区再捐款活动”，捐款合计48 800元，同时，向全辖干部职工发出抗震救灾义务献血倡议书。2009年，开展“为了灾区的孩子——央行志愿者爱心捐款”，青年职工共捐款8 505元。2010年，组织“真情系灾区　关爱汇暖流”——为玉树地震灾区捐款活动，共捐款22 820元。

2011年，市人行荣获2010年度朔州市红十字热心公益奖。2013年，组织青年职工开展“三观”教育学习会暨建设“央行青年林”现场募捐活动，现场募集捐款1 100元，通过现场捐款带动，全辖共152人参与志愿捐款活动，共募捐资金5 390元。2014年，组织志愿者走进右玉县扶贫村，对留守儿童和孤寡老人开展帮扶献爱心活动，发起扶贫捐款倡议书，共募集捐款2 960元。2015年，开展“学雷锋　WE行动”志愿服务月活动，号召青年职工捐款1 000元为空巢老人购买慰问品。2017年，组织全市银行业金融机构走进朔州市城郊东关小学，开展“点赞雷锋　公益扶贫”关爱留守儿童捐赠活动，共向学校捐献1.8万元物资。2018年，组织机关和平鲁区支行团支部10余名志愿者走进平鲁区孤儿院，开展“弘扬时代精神，增强公共意识”学雷锋关爱儿童捐赠活动，向福利院儿童捐赠40箱蒙牛鲜奶。

○志愿服务

2011年，在学雷锋纪念日前夕，组织志愿者到市中心路口清洗护栏，为弘扬社会新风贡献力量。2013年，组织开展“央行志愿者”服务活动启动仪式暨“关爱朔州　西山环保行”志愿服务活动，中支党委班子成员和机关50余名志愿者参加活动。2018年，组织金融系统30余名志愿者赴七里河生态环境综合治理工程现场开展义务植树活动，共建朔州“青年林”。同年，中支党委书记、行长卫文江带领机关青年突击队参加朔州市植树造林大会并义务植树。2019年，联合团市委在朔城区第三中学开展“新时代　新青年　新雷锋”关爱留守儿童志愿服务活动。同年，组建“流通现金质量义务观察员”队伍，开展流通现金义务观察活动。组织青年突击队，参加全市“投身清河行动　共筑碧水蓝天”活动。组织志愿者在交通高峰时间于民福岗持续开展为期一周的交通劝导活动。

□　金融知识宣传

2013年志愿者服务队成立后，自愿配合业务部门，围绕“进社区、进农村、进校园”，积极开展金融知识宣传活动。

○进社区宣传

2013年，以“小面额人民币上门兑换服务及反假币知识宣传”“支付结算进万家”、《征信管理条例》为主要宣传内容，组织志愿者到广场、小区、菜市场等居民聚集区讲解金融知识。2016年，开展国债知识宣传“进广场、进校园、进超市”活动，针对不同群体选择不同宣传场所开展宣传活动。同年，在“3·15”前夕组织开展金融维权知识、征信知识、防范电信网络新型违法犯罪等宣传。联合朔州银监分局举办朔州市“金融知识普及月”启动仪式暨金融知识集中宣传。2017年，组织金融系统20多名志愿者，分2支宣传工作队在车站、农贸市场开展“普及金融知识　守住‘钱袋子’”宣传活动。2018年，组织金融系统志愿者在飞马广场开展“普及征信知识　守护您的‘经济身份证’”征信宣传活动。

○进农村宣传

2014年，市人行组织志愿者赴平鲁区东梁村开展金融消费维权知识宣传。同年，在“农村金融消费权益保护示范点”山阴县后所村开展金融知识宣传。2015年，组织志愿者深入右玉县青草湾村宣传金融消费维权知识，现场发放宣传资料200余份，解答群众咨询60余人次。2018年，中支志愿者联合晋城银行朔州分行、朔州市图书馆、凤凰城村委会在“金融知识普及示范点”平鲁区凤凰城村开展金融知识宣传。同年，赴右玉县黑洲湾村，开展“进农村　助脱贫”志愿服务活动，向村民发放金融宣传资料，讲解金融知识。

○进校园宣传

2015年、2017年，市人行先后组织金融机构青年骨干走进中北大学朔州分校开展金融知识普及进校园讲座，增强在校大学生金融风险防范意识。2018年，针对保护在校大学生免受互联网金融犯罪活动侵害，组织金融系统志愿者赴朔州职业技术学院开展金融知识进校园讲座，以防范校园贷、识别电信诈骗和如何做一名诚实守信的大学生为主题，采取案例分析、互动问答、发放宣传资料等形式，为现场700余名新大学生进行集中授课。

□ 关爱职工

市人行坚持“以人为本”的原则，借助单位工会持续推进“暖心工程”，细化服务事项，提升服务质效，以实际行动关心关爱干部职工，对家庭困难、生病住院等职工进行帮扶慰问，让职工感受组织和单位的关怀。2006—2019年各项送温暖慰问支出情况见表5-23。

表 5-23　　2006—2019 年市人行工会各项送温暖慰问支出情况表

年份	困难职工慰问费 / 元	慰问人数 / 人	生病住院慰问费 / 元	慰问人数 / 人	本人、直系亲属去世慰问费 / 元	慰问人数 / 人
2006	8 900	15				
2007	4 200	5				
2008	6 500	11				
2009	5 500	4				
2010	9 500	6				
2011	6 500	9				
2012	6 500	7				
2013	9 000	9				
2014	1 500	3	323	1		
2015	4 500	8				
2016	12 000	7	1 000	2	2 100	3
2017	13 000	7	500	1	3 500	5
2018	12 500	9	4 500	9	2 400	3
2019	4 500	3	2 500	5	5 000	5

□ 青年风采

市人行注重文化对青年职工思想凝聚和引领，通过党建带团建，积极组织全系统青年围绕履职开展健康有益、富有特色的文化活动，形成以“我与央行共奋进”“我与行长面对面”等为代表的青年文化品牌，展示青年风采。

○我与央行共奋进

2011年以来，市人行围绕基层央行履职中心工作，组织青年职工积极开展“我与央行共奋进”活动，在青年职工中营造团结向上、积极进取的工作氛围。详细活动情况见表5-24。

表 5-24　　市人行“我与央行共奋进活动”青年品牌活动一览表

活动时间	活动项目
2011 年	“体验长征、追忆先烈”登山活动
	“悦读·明理·笃行”青年阅读实践活动
2012 年	“激情五四”户外拓展训练
2013 年	青年职工学习党的十八大精神心得展评
2014 年	“优秀青年展风采”先进事迹报告会
2015 年	“讲好青春故事，传递青春正能量”创先争优活动
2017 年	“弘扬右玉精神　喜迎党的十九大”主题团日活动
	“学习党的十九大精神　放飞青春梦想”青年读书成果展示活动

○我与行长面对面

2014年，为搭建行领导与青年职工沟通交流的连心桥，市人行面向青年职工建立“我与行长面对面”活动机制。详细活动内容见表5-25。

表 5-25　　市人行“我与行长面对面”青年品牌活动一览表

活动时间	活动内容	参加行领导
2014 年	召开“我与行长面对面”座谈会	行长张小平
2015 年	开展“我与行长面对面”户外拓展活动	行长张小平 各科室负责人
2016—2018 年	召开“我与行长面对面”座谈会	行长张小平 党委各部门负责人
2019 年	召开“我与行长面对面”欢迎新行员座谈会	行长卫文江 副行长罗宏元 党委各部门负责人

第三节　文化建设成果

□　文明单位

2005年，中央文明委开始评选首届“全国文明单位”，评选活动每三年举办一届，是全国精神文明建设领域的最高荣誉。人民银行各层级也随即启动创建。天津分行级“文明单位”的评选每三年一次，“市级文明单位”的评选每两年一次。2005年以来，市人行及辖内怀仁县支行、山阴县支行积极争创，多个年度受到天津分行和朔州市文明委的表彰（见表5-26）。

表 5-26　　2006—2015 年人行荣获“文明单位”先进集体

<table>
<tr><th>授奖部门</th><th>荣誉称号</th><th>获奖单位</th><th>获奖时间</th></tr>
<tr><td rowspan="4">人行天津分行</td><td>2003—2005 年度文明单位</td><td rowspan="2">怀仁支行</td><td>2006 年</td></tr>
<tr><td>2006—2008 年度文明单位</td><td>2009 年</td></tr>
<tr><td>2012—2014 年度文明单位</td><td rowspan="2">山阴支行</td><td>2015 年</td></tr>
<tr><td>2015—2017 年度文明单位</td><td>2018 年</td></tr>
</table>

□ 青年文明号

青年文明号活动于1994年1月在全国范围内启动，活动宗旨是培育先进青年集体和青年岗位能手。1995—2017年，市人行机关科室、县支行多个部门被授予“青年文明号”荣誉称号（见表5-27）。

表 5-27　　1995—2017 年人行荣获“青年文明号”先进集体

<table>
<tr><th>授奖部门</th><th>荣誉称号</th><th>获奖单位</th><th>获奖时间</th></tr>
<tr><td rowspan="2">中国人民银行</td><td>2006 年度青年文明号</td><td rowspan="2">怀仁支行</td><td>2007 年</td></tr>
<tr><td>2007 年度青年文明号</td><td>2008 年</td></tr>
<tr><td rowspan="3">共青团山西省委
人行山西省分行</td><td>1994 年度青年文明号</td><td rowspan="3">怀仁支行</td><td>1995 年</td></tr>
<tr><td>1995 年度青年文明号</td><td>1996 年</td></tr>
<tr><td>1996 年度青年文明号</td><td>1997 年</td></tr>
<tr><td rowspan="17">人行天津分行</td><td>1999 年度青年文明号</td><td rowspan="2">怀仁支行</td><td>2000 年</td></tr>
<tr><td>2001 年度青年文明号</td><td>2002 年</td></tr>
<tr><td rowspan="2">2005 年度青年文明号</td><td>机关国库科</td><td rowspan="2">2006 年</td></tr>
<tr><td>应县支行</td></tr>
<tr><td>2006 年度青年文明号</td><td rowspan="6">机关营业室</td><td>2007 年</td></tr>
<tr><td>2007 年度青年文明号</td><td>2008 年</td></tr>
<tr><td>2008 年度青年文明号</td><td>2009 年</td></tr>
<tr><td>2009 年度青年文明号</td><td>2010 年</td></tr>
<tr><td>2011 年度青年文明号</td><td>2012 年</td></tr>
<tr><td>2012 年度青年文明号</td><td>2013 年</td></tr>
<tr><td>2013 年度青年文明号</td><td rowspan="2">机关办公室</td><td>2014 年</td></tr>
<tr><td>2014 年度青年文明号</td><td>2015 年</td></tr>
<tr><td>2007 年度青年文明号</td><td rowspan="4">科技科</td><td>2008 年</td></tr>
<tr><td>2009 年度青年文明号</td><td>2010 年</td></tr>
<tr><td>2010 年度青年文明号</td><td>2011 年</td></tr>
<tr><td>2016 年度青年文明号</td><td>2017 年</td></tr>
</table>

□ 模范职工之家

1984年，全国总工会在基层广泛深入开展建设职工之家活动。人民银行朔州市中心支行系统各级工会切实维护职工群众的合法权益，为职工办好事办实事，深受广大职工拥护和信赖。2003—2018年，市人行及辖内2个支行先后被授予“标杆职工之家”“模范职工之家”荣誉称号（见表5-28）。

表 5-28　　2003—2018 年人行荣获“模范职工之家”先进集体

授奖部门	荣誉称号	获奖单位	获奖时间
中国人民银行	标杆职工之家	怀仁支行	2015 年
人行天津分行	模范职工之家	怀仁支行	2003 年
			2006 年
			2010 年
人行太原中支	模范职工之家	怀仁支行	2018 年
		山阴支行	
山西省金融工委	山西省金融系统	市人行	2018 年

□ 女职工文明示范岗

2002—2018年人行荣获“女职工文明示范岗”先进集体情况见表5-29。

表 5-29　　2002—2018 年人行荣获“女职工文明示范岗”先进集体

授奖部门	荣誉称号	获奖单位	获奖时间
人行天津分行	2001 年度女职工文明示范岗	应县支行	2002 年
	2005 年度女职工文明示范岗	山阴支行	2006 年
	2006—2007 年度	怀仁支行	2007 年
	2011—2012 年度	怀仁支行	2012 年
人行太原中心支行	2015—2016 年度	怀仁支行	2016 年
	2017—2018 年度	山阴支行	2018 年

□ 其他先进集体荣誉

自建市以来，辖区金融机构紧密围绕中央、地方政府和上级行工作总体部署，有效发挥职能作用，支持辖区经济金融发展，得到上级行及地方政府的认可表彰。

朔州市辖区银行业金融机构先进集体荣誉见表5-30至表5-33。

表 5-30　　辖区人行系统省级以上先进集体荣誉

获奖单位	荣誉称号	授奖部门	获奖时间
外汇局朔州支局	2001 年度外商投资企业重点监测先进单位	国家外汇管理局山西省分局	2002 年
市人行	全省保密法制宣传教育（2001—2005）先进集体	中共山西省委保密委员会	2006 年
市人行	山西省人民银行系统 “十五”期间安全保卫工作先进集体	人行太原中心支行	2007 年

续表

获奖单位	荣誉称号	授奖部门	获奖时间
市人行	2005—2009 年农民工银行卡特色服务推广先进集体	山西省产业发展领导组	2010 年
怀仁人行	星级职代会	人行天津分行	2010 年
市人行	山西省农村支付服务环境建设先进集体	山西省金融办公室 人民银行太原中支	2011 年
怀仁县人行	山西省农村支付服务环境建设先进集体	山西省金融办公室 人民银行太原中支	2011 年
市人行	“创新金融服务　支持经济发展”业务竞赛活动先进集体	中国人民银行	2011 年
市人行	山西省金融系统优质服务先进单位	山西省金融工委	2018 年
市人行	“一会一品”优秀奖	山西省金融工委	2018 年
市人行	管库员岗位技能竞赛团体三等奖	人行太原中支	2019 年

表 5-31　　辖区农发行系统所获荣誉及表彰情况

获奖单位	荣誉称号	授奖部门	获奖时间
农发行朔州市分行	1998—1999 年度省级文明单位	山西省精神文明建设指导委员会	2000.02
农发行朔州市分行	2000—2001 年度省级文明单位	山西省精神文明建设指导委员会	2002.01
农发行朔州市分行	2002 年度经营目标责任制考核一等奖	农发银行山西省分行	2003.01
农发行朔州市分行	2002 年度防范风险推进奖	农发行山西省分行	2003.01
农发行朔州市分行	2002 年度党风廉政建设目标责任制考核完成奖	农发行山西省分行	
农发行朔州市分行	2002 年度安全保卫和社会治安综合治理工作考核完成奖	农发行山西省分行	
农发行朔州市分行	2002—2003 年度省级文明单位	山西省精神文明建设指导委员会	2004.02
农发行朔州市分行	2002—2003 年度先进集体	农发行山西省分行劳动竞赛委员会	2004.03
农发行朔州市分行	2003 年度经营目标责任制考核一等奖	农发行山西省分行	2004.03
农发行朔州市分行	2003 年度全省决算报表评比第三名	农发行山西省分行	2004.03
农发行朔州市分行机关第三党支部	先进基层党组织	中共中国农业发展银行 山西省分行委员会	2004.06
农发行朔州市分行团委	优秀基层团组织	农发行山西省分行	
农发行朔州市分行	信息技术工作先进单位	农发行山西省分行	
农发行朔州市分行	2004—2005 年度省级文明单位	山西省精神文明建设指导委员会	2006.02
农发行朔州市分行	2004—2005 年度先进集体	农发行山西省分行	2006.02
农发行朔州市分行团委	优秀基层团组织	共青团中国农业发展银行 山西省分行委员会	2006.05
农发行朔州市分行	信息化建设先进单位	农发行山西省分行	2006.09
农发行朔州市分行	2006 年度全省市分行综合考评第三名	农发行山西省分行	2007.02.11
农发行朔州市分行	2006 年度全省市分行人均中间业务收入单项考评第三名	农发行山西省分行	2007.02.11

续表

获奖单位	荣誉称号	授奖部门	获奖时间
农发行朔州市分行	CM2006 系统正式运行工作先进单位	农发行山西省分行	2007.03.21
农发行朔州市分行资金计划部	2007 年度省分行文明和谐先进单位	农发行山西省分行	2008.01
农发行朔州市分行	2006—2007 年度省级和谐文明单位	山西省精神文明建设指导委员会	2008.02
农发行朔州市分行	2006—2007 年度省级和谐文明单位证书	山西省精神文明建设指导委员会	2008.02
农发行朔州市分行	奖励朔州市分行完成 2009 年 1—6 月呆账核销 8 个项目	农发行山西省分行	2009.07.22
农发行朔州市分行	“七一”党史知识竞赛优秀组织奖	中共中国农业发展银行山西省分行委员会	2009.07
农发行朔州市分行	2009 年粮食清仓查库工作先进单位	山西省粮食清仓查库工作领导小组	2009.11
农发行朔州市分行	档案管理一级单位	农发行山西省分行	2009.10
农发行朔州市分行	集中推进档案管理先进行	农发行山西省分行	2009.04
农发行朔州市分行	财会业务技能竞赛优胜奖	农发行山西省分行	2009.08
农发行朔州市分行	2008—2009 年度文明和谐单位	山西省精神文明建设指导委员会	2010.01
农发行朔州市分行团委	优秀基层团组织	共青团中国农业发展银行山西省分行委员会	2010.04
农发行朔州市分行团委	优秀基层团组织（荣誉证书）	共青团中国农业发展银行山西省分行委员会	2010.04
农发行朔州市分行办公室	2008—2009 年度全省系统文明和谐先进集体	农发行山西省分行	2010.02
农发行朔州市分行	2010 年度财会业务技能竞赛团体第三名	农发行山西省分行	2010.07
农发行朔州市分行	青年文明号	农发行山西省分行	2010.04
农发行朔州市分行	信贷业务知识竞赛二等奖	农发行山西省分行	2010.09
农发行朔州市分行	2010 年度存款营销先进行	农发行山西省分行	2011.01
农发行朔州市分行	庆祝建党 90 周年红歌大赛一等奖	农发行山西省分行	2011.06
农发行朔州市分行团委	优秀基层团组织	共青团中国农业发展银行山西省分行委员会	2011.05
农发行朔州市分行	2011 年度全省系统中间业务营销先进行	农发行山西省分行	2012.02
农发行朔州市分行	优秀基层团组织	共青团中国农业发展银行山西省分行委员会	2012.04
农发行朔州市分行	青年文明号	中国农业发展银行团委 中国农业发展银行山西省分行	2012.04
农发行朔州市分行	“金农发行杯”合规风险控制业务知识竞赛优胜奖	农发行山西省分行	2012.09
农发行朔州市分行	2010—2011 年度文明和谐单位	山西省精神文明建设指导委员会	2012.04
农发行朔州市分行财务会计部	2011 年度文明和谐先进集体	农发行山西省分行	2012.02
农发行朔州市分行	太极拳展示比赛团体一等奖	山西省分行工会工作委员会	2013.07
农发行朔州市分行	太极拳展示比赛团体一等奖	山西省分行工会工作委员会	2013.07
农发行朔州市分行	“金农发行杯”财会业务技能竞赛团体一等奖	山西省分行劳动竞赛委员会	2013.06

续表

获奖单位	荣誉称号	授奖部门	获奖时间
农发行朔州市分行	“金农发行杯”财会业务技能竞赛团体一等奖	山西省分行劳动竞赛委员会	2013.06
农发行朔州市分行	2012—2013 年度文明单位	山西省精神文明建设指导委员会	2014.06
农发行朔州市分行	“金农发行杯”法律合规知识竞赛最佳参与奖	农发行山西省分行	2015.06.25
农发行朔州市分行	“金农发行杯”信贷基础管理业务技能知识竞赛团体二等奖	农发行山西省分行	2015.08.26
农发行朔州市分行	“金农发行杯”信贷基础管理业务技能知识竞赛团体二等奖	农发行山西省分行	2015.08.26
农发行朔州市分行“平鲁区古城小区棚户区改造工程项目”青年突击队	2015—2016 年度支农贷款项目营销青年突击队标兵	共青团中国农业发展银行山西省分行委员会	2016.08
农发行朔州市分行	2014—2015 年度山西省文明单位	山西省精神文明建设指导委员会	2016.10
农发行朔州市分行	2016 年度经营绩效先进行	农发行山西省分行	2017.02
农发行朔州市分行	2017 年度经营绩效先进行	农发行山西省分行	2018.02
农发行朔州市分行	2016—2017 年度山西省文明单位	山西省精神文明建设指导委员会	2018.02
农发行朔州市分行	2016—2017 年度朔州市文明单位	山西省精神文明建设指导委员会	2018.02
农发行朔州市分行	2016—2017 年度五四红旗团组织	共青团中国农业发展银行山西省分行委员会	2018.05
农发行朔州市分行	第二届农发行微课竞赛二等奖	农发行总行	2018.11

表 5-32　辖区农行系统所获荣誉及表彰情况

获奖单位	荣誉称号	授奖部门	获奖时间
农行怀仁支行	全国金融系统先进单位	中国金融工会全国委员会	1992 年
农行怀仁支行	全国金融系统先进单位	中国金融工会全国委员会	1993 年
农行朔州市支行工会	合格职工之家	中国金融工会朔州市工会委员会	1996 年
农行平鲁支行	山西省金融系统“青年文明号”	山西省青年文明号领导小组	1996 年
农行朔州市支行	农行山西省分行模范职工之家	农行山西省分行	1998 年
农行朔州市支行	山西省金融系统模范职工之家	山西省金融工会委员会	1998 年
农行市分行营业部	中国农业银行“青年文明号”	中国农业银行	2001 年
农行朔州市分行	山西省文明单位	山西省精神文明建设指导委员会	2002—2003 年
农行朔州金穗支行	中国农业银行“青年文明号”	中国农业银行	2003 年
农行朔州市分行	山西省文明单位	山西省精神文明建设指导委员会	2004—2005 年
农行朔州市分行	诚信单位	山西省消费者协会	2005 年
农行朔州市分行	山西省文明和谐单位	山西省精神文明建设指导委员会	2006—2007 年
农行朔州市分行	中国农业银行先进工会委员会	中国农业银行	2006 年
农行朔州市分行	中国农业银行文明和谐单位	山西省精神文明委员会	2007 年
农行朔州市分行	中国农业银行学习型组织标兵班组	中国农业银行	2007 年
农行朔州市分行	山西省文明和谐单位	山西省精神文明建设指导委员会	2008—2009 年
农行朔州市分行	山西省文明和谐单位	山西省精神文明建设指导委员会	2010—2011 年
农行朔州市分行机关工会	农行山西省分行先进职工之家	农行山西省分行	2010 年

续表

获奖单位	荣誉称号	授奖部门	获奖时间
农行朔州民福支行	农行山西省分行青年文明号	农行山西省分行	2010 年
农行朔州府西支行	农行山西省分行先进职工小家	农行山西省分行	2010 年
农行新市区支行工会女职工委员会	优秀工会女职工委员会	农行山西省分行	2011—2012 年
农行朔州市分行	中国农业银行特殊资产经营工作先进集体	农行总行	2011 年
农行朔州市分行	山西省分行综合绩效考核第一名	农行山西省分行	2011 年
农行朔州雁门支行	山西省分行五四红旗团支部	农行山西省分行	2011 年
农行右玉县支行	山西省分行十佳业务经营支行	农行山西省分行	2011 年
农行右玉县支行青年突击队	优秀青年突击队	农行山西省分行	2011 年
农行山阴县支行团支部	山西省分行五四红旗团支部	农行山西省分行	2012—2013 年
农行右玉县支行	中国农业银行职业道德建设先进单位	农行总行	2012 年
农行朔州市分行	山西省服务业 100 强企业	山西省企业联合会、山西省企业家协会	2012 年
农行朔州市分行	山西省金融系统五一劳动奖状	山西省总工会金融工会委员会	2012 年
农行朔州分行工会委员会	山西省分行先进工会组织	农行山西省分行	2012 年
农行怀仁县支行	山西省分行先进职工之家	农行山西省分行	2012 年
农行共青团朔州分行	学习型组织标兵单位	农行山西省分行	2012 年
农行朔州雁门支行	山西省分行安全保卫条线先进集体	农行山西省分行	2013—2016 年
农行朔州国贸支行	山西省分行安全保卫条线先进集体	农行山西省分行	2013—2016 年
农行朔州市分行	山西省服务业 100 强企业	山西省企业联合会、山西省企业家协会	2013 年
农行怀仁县支行党委	先进基层党组织	农行山西省分行	2013 年
农行朔州市分行	山西省文明单位	山西省精神文明建设指导委员会	2014—2015 年
农行朔州市分行	重合同守信用单位	国家工商行政管理总局	2014—2015 年
农行朔州雁门支行	山西省分行五一劳动奖状	农行山西省分行	2014 年
农行朔州市分行	山西省金融系统模范职工之家	山西省总工会金融工会委员会	2014 年
农行朔州洪涛支行	山西省分行先锋号	农行山西省分行	2014 年
农行朔州国贸支行	山西省分行先锋号	农行山西省分行	2014 年
农行应县支行营业室工会小组	山西省分行先进职工小家	农行山西省分行	2015—2016 年
农行朔州民福支行工会小组	山西省分行先进职工小家	农行山西省分行	2015—2016 年
农行朔州分行工会委员会	山西省分行先进职工之家	农行山西省分行	2015—2016 年
农行朔州市分行	山西省分行五一劳动奖状	农行山西省分行	2015 年
农行朔州市分行工会	山西省金融系统模范职工之家	山西省总工会金融工会委员会	2015 年
农行朔州民福支行	山西省分行先锋号	农行山西省分行	2015 年
农行朔州洪涛支行	山西省金融系统工人先锋号	中国金融工会山西工委会	2015 年
农行朔州洪涛支行	中国农业银行先锋号	中国农业银行	2015 年
农行朔州分行资产处置部	山西省分行先锋号	农行山西省分行	2015 年
农行怀仁县支行云中分理处	山西省分行五一巾帼标兵岗	农行山西省分行	2016—2017 年
农行右玉县支行	金融扶贫先进集体	农行山西省分行	2016—2018 年
农行“新市区支行党委”	先进基层党组织	农行山西省分行	2016 年

续表

获奖单位	荣誉称号	授奖部门	获奖时间
农行朔州市分行	山西省分行五一劳动奖状	农行山西省分行	2016 年
农行朔州市分行	山西省服务业 100 强企业	山西省企业联合会、山西省企业家协会	2016 年
农行朔州市分行营业部	山西省分行国际业务先进集体	农行山西省分行	2017—2018 年
农行朔州分行公司业务部	山西省分行大客户业务先进集体	农行山西省分行	2017—2018 年
农行朔州鄯阳街支行工会小组	山西省分行先进职工小家	农行山西省分行	2017—2018 年
农行平鲁区支行营业室工会小组	山西省分行先进职工小家	农行山西省分行	2017—2018 年
农行怀仁县支行工会	山西省分行先进职工之家	农行山西省分行	2017—2018 年
农行朔州市分行	全国农行文明单位	中国农业银行	2017 年
农行朔州市分行	山西省服务业 100 强企业	山西省企业联合会、山西省企业家协会	2017 年
农行朔州市分行	信贷风险管理先进集体	农行山西省分行	2017 年
农行朔州分行个人金融部	山西省分行先锋号	农行山西省分行	2017 年
农行山阴县支行	山西省分行五一劳动奖状	农行山西省分行	2017 年
农行怀仁县支行云中分理处	山西省分行青年文明号	农行山西省分行	2017 年
农行朔州市分行	山西省分行国际业务营销综合奖	农行山西省分行	2018 年
农行朔州市分行	山西省服务业 100 强企业	山西省企业联合会、山西省企业家协会	2018 年
农行朔州市分行	业务经营综合绩效进步奖	农行山西省分行	2018 年
农行朔州市分行营业部	山西省分行国际业务营销活动专项奖	农行山西省分行	2018 年
农行应县支行营业室党支部	山西省分行先进基层党组织	农行山西省分行	2018 年

表 5-33　　辖区中国银行系统先进集体荣誉表

获奖单位	荣誉称号	授奖部门	获奖时间
平朔支行	全国金融系统文明优质服务先进单位	中国银行总行 / 中国金融工会	1988 年
平朔支行生活区储蓄所	存款先进单位	中国银行总行	1988 年
平朔支行	文明优质服务先进集体	山西省分行	1988 年
平朔支行	五项指标考核第一名	山西省分行	1989 年
平朔支行	五项经济指标考核第二名	山西省分行	1990 年
平朔支行	安全保卫先进单位	山西省分行	1990 年
平朔支行	全省总行系统文明优质服务先进集体	山西省分行	1991 年
平朔支行	双百分考核第二名	山西省分行	1992 年
平朔支行	双百分考核第二名	山西省分行	1993 年
平朔支行	信息宣传先进集体	山西省分行	1993 年
朔州市分行	储蓄目标考核第二名	山西省分行	1993 年
平朔支行	社会主义四化建设一等功	山西省社会主义劳动竞赛委员会	1994 年
平朔支行	双百分考核第二名	山西省分行	1994 年
平朔支行	搞活资金　促进开放	山阴县人民政府	1994 年
平朔支行	中国银行文明优质服务先进单位	中国银行总行	1995 年

续表

获奖单位	荣誉称号	授奖部门	获奖时间
平朔支行	模范单位	山西省委省政府	1995 年
平朔支行	全辖双百分综合考核第一名	山西省分行	1995 年
平朔支行	社会主义四化建设一等功	山西省劳动竞赛委员会	1996 年
平朔支行	双百分考核第三名	山西省分行	1996 年
平朔支行	党风廉政建设先进集体	山西省分行	1996 年
平朔支行	企业存款综合考核第二名	山西省分行	1996 年
平朔支行	全省信贷管理考核目标优胜单位	山西省分行	1996 年
朔州市分行	山西省精神文明建设先进企业	山西省精神文明建设指导委员会	1997 年
朔州市分行	社会主义四化建设一等功	山西省劳动竞赛委员会	1997 年
朔州市分行	山西省内部审计工作先进集体	山西省审计厅	1998 年
朔州市分行	储蓄业务目标管理考核第二名	山西省分行	1999 年
朔州市分行	全辖经营目标管理考核第二名	山西省分行	2000 年
西门办事处、营业部、营业部储蓄专柜、怀仁支行储蓄专柜、大新分理处保卫股、平鲁支行保卫股、平朔支行会出科	先进集体	山西省分行	2000 年
市分行营业部	五一先进集体	山西省劳动竞赛委员会	2001 年
市分行营业部、信息科技部	先进集体	山西省分行	2001 年
朔州市分行营业部	全省文明优质服务红旗单位	山西省分行	2001 年
朔州市分行	全省"三五"普法保密先进单位	山西省保密委员会	2001 年
平朔支行	先进集体	山西省分行	2002 年
市分行营业部	文明优质服务红旗单位	山西省分行	2002 年
市分行营业部	先进集体	山西省分行	2003 年
平朔支行	先进集体	山西省分行	2004 年
朔州市分行	资产保全工作先进单位	山西省分行	2004 年
平朔支行、山阴支行	先进集体	山西省分行	2005 年
朔州市分行	定点扶贫先进单位	山西省委干部下乡领导组	2006 年
怀仁县支行、鄯阳街分理处	先进集体	山西省分行	2006 年
怀仁县支行、平朔支行五区储蓄所	文明优质服务 20 周年表彰	山西省分行	2006 年
朔州市分行	业务发展特别奖	山西省分行	2006 年
朔州市分行	储蓄存款首季开门红竞赛优胜单位	山西省分行	2006 年
朔州市分行	《员工守则》《员工违规处理办法》学习宣传教育活动优秀组织奖	山西省分行	2006 年
怀仁县支行、营业部	先进集体	山西省分行	2007 年
中国银行朔州市平朔支行	全国级青年文明号	山西省分行	2007 年
朔州市分行营业部、新市区支行	总行级青年文明号	中国银行总行	2007 年
山阴支行	山西省分行文明优质服务先进单位	山西省分行	2007 年
朔州市分行	省分行电子银行业务发展先进集体	山西省分行	2007 年
平朔支行	青年文明号	国家级	2007 年
朔州市分行营业部	青年文明号	总行级	2007 年

续表

获奖单位	荣誉称号	授奖部门	获奖时间
古北街分理处、朔城区储蓄专柜、开发区支行、平鲁支行营业部、山阴支行营业部、怀仁支行储蓄专柜	省行级青年文明号	山西省分行	2007 年
朔州市分行	个人金融业务优胜单位	山西省分行	2007 年
朔州市分行	定点扶贫先进单位	山西省下乡领导组	2007 年
朔州市分行	工会工作综合目标管理考核先进单位	山西省分行工会	2007 年
朔州市分行	《我来寻找风险点　我为防案做贡献》主题教育活动先进单位	山西省分行	2007 年
平朔支行党支部	先进基层党组织	山西省分行	2008 年
朔州分行营业部	精神文明建设先进单位	山西省分行	2008 年
怀仁县支行	职业道德建设先进单位	山西省分行	2008 年
朔州市分行营业部储蓄专柜	奥运服务先进单位	山西省分行	2008 年
古北街分理处储蓄专柜	省行级巾帼文明示范岗	山西省分行	2008 年
平朔支行、西城支行	先进单位	山西省分行	2008 年
营业部	重新认定中国银行系统青年文明号	总行	2008 年
平朔支行	继续认定全国级青年文明号	共青团	2008 年
古北街支行、朔城区支行储蓄专柜、开发区支行、平鲁区支行营业部、山阴支行营业部、怀仁支行储蓄专柜	继续认定省分行级青年文明号	山西省分行	2008 年
朔州市分行	2009 文艺汇演优秀表演奖	山西省分行	2009 年
朔州市分行	贵金属产品营销竞赛活动一等奖	山西省分行	2009 年
机关第二党支部 平朔支行党支部	先进基层党组织	山西省分行	2009 年
平朔支行	学习型组织先进班组	山西省分行	2009 年
古北街分理处储蓄专柜 平朔支行营业部	巾帼文明示范岗	山西省分行	2009 年
朔州市分行营业部业务发展部	巾帼文明示范岗	总行级	2009 年
朔州市分行、平朔支行	先进职工之家	山西省分行	2009 年
朔州市分行	档案达标一级单位	山西省分行	2009 年
营业部	文明优质服务标杆单位	山西省分行	2009 年
朔州市分行	党内全优报表单位	山西省分行	2009 年
东门分理处、山阴支行	内控合规达标先进单位	山西省分行	2009 年
振华街分理处、平朔支行	先进集体	山西省分行	2009 年
平朔支行营业部	巾帼文明示范岗	省行级	2009 年
朔州市分行营业部团组织	五四红旗团组织	山西省分行	2009—2010 年
古北街支行、朔城区支行储蓄专柜、开发区支行、平鲁区支行营业部、山阴支行营业部、怀仁支行储蓄专柜、东门分理处	青年文明号	山西省分行	2009—2010 年
机关第五党支部、东门分理处党支部	先进基层党组织	山西省分行	2010 年

续表

获奖单位	荣誉称号	授奖部门	获奖时间
风险管理部	建设防风险信息体系突出贡献集体	山西省分行	2010 年
朔州市分行	精神文明建设工作先进单位	山西省分行	2010 年
朔州市分行	淘宝卡发卡竞赛优胜单位	山西省分行	2010 年
平朔支行	职工职业道德建设先进单位	山西省分行	2010 年
东门分理处	职工职业道德建设先进班组	山西省分行	2010 年
朔州市分行营业部业务发展部	巾帼文明示范岗	总行级	2010 年
朔州市分行	党内统计工作优秀单位	山西省分行	2010 年
平朔支行营业部	巾帼文明示范岗	省行级	2010 年
朔州市分行	弘扬蓝图精神加快科学发展核心价值观优秀案例演讲会优秀单位	山西省分行	2010 年
朔州市分行平朔支行团支部	五四红旗团组织	山西省分行	2010—2011 年
山阴支行	案防攻坚年先进单位	山西省分行	2011 年
朔州市分行	先进基层党组织	山西省分行	2011 年
朔州市分行、平朔支行	先进职工之家	山西省分行	2011 年
市分行营业部	精神文明建设先进单位	山西省分行	2011 年
山阴支行、市分行营业部	先进基层党组织	山西省分行	2011 年
朔州市分行	中银卓越奖	山西省分行	2011 年
朔州市分行	强素质促发展主题读书实践活动优秀组织奖	山西省分行	2011 年
朔州市分行	学习型组织先进单位	山西省分行	2011 年
朔州市分行	中银卓越奖	山西省分行	2011 年
朔州市分行	外汇管理法规知识竞赛团体三等奖	山西省分行	2011 年
朔州市分行	职业道德建设先进单位	山西省分行	2012 年
平朔支行五区分理处	职业道德建设先进班组	山西省分行	2012 年
朔州市分行平朔支行营业部	巾帼文明示范岗	山西省分行	2012 年
朔州市分行营业部	巾帼建功标兵岗	山西省分行	2012 年
朔州市分行	山西服务业企业 100 强	山西省企业联合会、企业家协会	2012 年
中国银行股份有限公司山阴支行	公司金融“开门红”优秀网点	中国银行总行	2012 年
朔州市分行	全国金融系统职工代表大会制度建设示范单位	中国金融工会全国委员会	2012 年
振华街支行团支部	五四红旗团组织	山西省分行	2012 年
营业部、新市区支行、古北街支行、朔城区支行储蓄专柜、开发区支行、平鲁区支行营业部、山阴支行营业部、怀仁支行营业部、东门分理处	2011—2012 年度山西省分行青年文明号名单	山西省分行	2012 年
山西省分行朔州市分行营业部	2011—2012 年度中国银行青年文明号	中国银行总行	2012 年
西街支行	“中银卓越奖”先进集体	山西省分行	2012 年
朔州市分行营业部 朔州市分行山阴支行营业部	“十佳网点”	山西省分行	2012 年
朔州市分行	山西省金融系统优质服务竞赛先进基层	山西省总工会金融工会工作委员会	2012 年

续表

获奖单位	荣誉称号	授奖部门	获奖时间
朔州市分行	山西省分行第三届“学习型组织先进单位”	山西省分行	2013 年
山西省朔州市分行营业部	中国银行总行级“巾帼文明示范岗”	中国银行总行	2013 年
朔州市分行平朔支行营业部	省行级“巾帼文明示范岗”	山西省分行	2013 年
古北街支行	“百佳先进”十佳网点	山西省分行	2013 年
朔州市分行营业部、朔州市西城支行、朔州市振华街支行、朔州市怀仁支行营业部、朔州市应县支行营业部、朔州市朔城区支行	总行级优质高效服务网点	中国银行总行	2013 年
右玉新城分理处	能手率达 100% 的先进基层网点	山西省分行	2013 年
朔州市分行平朔支行营业部	“巾帼文明示范岗”	山西省分行	2013 年
中国银行朔州市分行	山西省思想政治工作优秀单位	山西省思想政治工作研究会	2013—2014 年
朔州市分行振华街支行	第四届职工职业道德建设“先进班组”	山西省分行	2014 年
朔州市分行	第四届职工职业道德建设“先进单位”	山西省分行	2014 年
朔州市分行	培训教育优秀集体	山西省分行	2014 年
西街支行、右玉支行	二十佳网点	山西省分行	2014 年
右玉支行	能手率达 100% 的先进基层网点	山西省分行	2014 年
朔州市分行团委	省级五四红旗团组织	山西省分行	2014 年
右玉支行	能手率达 100% 的先进基层网点名单	山西省分行	2014 年
怀仁支行支部委员会	先进基层党组织	山西省分行	2016 年
朔州市分行	个人存款拓展先进单位	山西省分行	2016 年
朔州市分行	行政事业存款拓展先进单位	山西省分行	2016 年
马邑支行	十佳网点	山西省分行	2016 年
怀仁支行党总支部、马邑支行党支部	“四强”基层党支部	山西省分行	2017 年
应县支行党支部	“四强”基层党支部	山西省分行	2018 年
应县支行党支部	2019 年度“四强”党组织	山西省分行	2019 年

第四节　金融行业春联

□　发展变迁

根据人民银行老同志景忠回忆，新中国成立后一直到20世纪70年代，各单位春联都是由为数不多的会舞文弄墨的同志书写，内容大多是：“春风吹万里，党恩泽九州”“红心向党抓革命，恐后争先促生产”等，突出政治，口号较多，文学艺术性比较欠缺，行业特色不明显。20世纪80年代，春联内容主要是宣传改革开放好政策，如“改革春风吹大地，富民政策荡神州”“春风化雨连天碧，国策生辉满地金”等。

朔县人民银行成立后，春联多是由本单位职工张玉文书写。张玉文是河北人，20世纪70年代调回河北省新河县人民银行后，单位春联书写由李子适接替，直至其1991年离休。

随着印刷业的发展，20世纪90年代以后，手写春联走向没落。家庭或单位，到集市书画摊上买回印刷体大红对联贴上即可。内容也多是嵌入生肖，祝愿发财顺利之类的吉祥语。如："牛耕绿野千仓满，虎啸青山万木荣"等。

进入21世纪，春联大多是歌颂新时代，赞扬新风尚，弘扬社会主义核心价值观，单位的春联开始有了明显的行业特色。如商业银行春联有"聚财兴国安黎庶，存款便民秉赤心""社会交流凭货币，财源命脉系金融"等；保险公司有"四季保险千般好，一家受灾万户帮"等。特别是如工行、中行、邮储银行、大同银行和一些保险公司瞅准春节这个全民的盛大节日，结合行业特色制作各种各样字体的印刷品春联赠送客户，还有如晋商银行、建设银行等在业务大厅聘请当地知名书法家现场书写春联，赠送顾客，都起到了很好的宣传效果。

2018年以来，市人行党委非常重视单位的文化建设，办公大楼的春联由本单位干部郭志宏（市楹联学会副会长）编撰，高煜（市书法家协会副主席）书写，并用硬板加工固定，基层央行职能以及地域、时代特色鲜明，高端大气，四季常新，成为一张亮丽的名片。

□　市人行春联记录

2018 年大楼前门春联

上联：领金融之航，竞发千帆风正好。下联：鼓经济之翼，腾飞九域宇长清。横批：稳中求进

2018 年大楼后门春联

上联：调控银根，良田沃借桑干水。下联：助推经济，彩翼张凭紫塞风。横批：春满央行

2019 年大楼前门春联

上联：引领金融，风正帆悬船愈稳。下联：腾骧经济，春和景秀业长兴。横批：宏图大展

2019 年大楼后门春联

上联：华彩盈轩，一元欣复始。下联：芬芳满院，万象喜更新。横批：紫气氤氲

第五节　调研信息

□　发展历程

朔县人行于1949年成立后，兼具监督管理和承办金融业务双重职能，工作重心以办理居民储蓄和存贷款为主，调研信息作为业务开展的辅助工作，以反映实际问题的调查报告居多。从20世纪50年代到80年代初期，朔县人行依次涌现出钱祥、寇子儒、张万银、韩占德等一批优秀调研信息人员，并撰写出货币流通管理、信贷资金管理、农贷资金使用等方面的大量调研信息报道。

随着经济社会进一步发展，调研信息工作逐步发挥出提供金融决策依据的重要作用，朔县人

行的调研信息编撰队伍也逐步由最初的7人发展到80年代以李子适等为代表的23人。同期，朔县人行创编《经济信息》月刊，通过信息报道宣传党的金融方针、政策及金融服务举措，为繁荣地方经济发展起到积极作用。

国务院于1983年实行金融体制改革后，人民银行开始专门行使中央银行职能。1984年，时任人行雁北分行行长魏云要求辖区各级行响应总行、省分行精神，为切实加强金融宏观调控的需求，把主要精力放在调研和信息工作上，放在及时反映情况上。同时，印发了《关于加强调查研究和信息工作的通知》，创办了《雁北金融》期刊。至此，调研信息工作成为朔县人行一项主要业务工作。1986年，时任朔县人行行长马军主导创办《朔县金融简报》，面向全县金融系统，各经济单位和有关部门，宣传党在经济改革中的金融方针、政策。该金融简报及时、准确地反映朔县经济和金融工作的新情况、新问题，得到有关部门和领导的重视和好评。

市人行于1989年成立后，辖区调研信息工作逐步步入规范化、科学化阶段。之后的1990年，辖区首次举办朔州市金融系统理论研讨会，会议期间共收到各类金融论文66篇，其中有44篇获奖，当年市人行被朔州市委、市政府授予1990年度信息工作先进单位。1992年，为进一步繁荣和发展朔州金融理论，市人行创办了《朔州金融调研》，当年的调研信息被上级行、地方政府和刊物采编率较往年有大幅提升。同期，右玉县支行帖俊峰因所撰稿件数量较多、实效性较强，在个人投稿中获得较高的采用率。

人民银行与银监局于2004年分设后，调查研究工作的重要性更加凸显。是年，市人行成立了调研、信息领导组，制定了《朔州市中心支行调研信息工作实施意见》和《朔州市中心支行调研信息工作考核办法》，从制度规定上对调研信息工作进行全面规范。

2009年，时任人行天津分行行长林铁钢提出“依法履职、服务为主、调研立行、安全第一、制度至上、重在实绩、鼓励创新、促进和谐”的三十二字基层央行履职核心价值理念，首次将调查研究作为履职重心列入中心工作。为此，市人行确立“围绕履职抓调研，抓好调研促履职”的工作理念，采取建立调研信息人才库、组建金融研讨组、构建长效激励机制等一系列措施，促进辖区调研信息工作逐步向高质量、专业化、深层次转变。

随着调研信息考核力度的逐步加大，近年来，市人行实施了传统调研手段与信息化手段相结合，辖内调研与跨区域联合调研相结合的工作措施。为此也相继培养出赵守谦、何艳太、马丽等一批优秀调研信息编撰人员，并形成众多高质量、有影响的调研信息成果，多项调研信息报告得到总行、分行、太原中支，及各级地方政府的高度评价和批示。

□ 编撰成果

朔县人行自1983年职能转变以后，调研信息成果有较完整的记录，截至1988年底的5年间，朔县人行累计编撰各类调研报告206篇，其中被国家级刊物《市容建设报》采用1篇，被省级刊物《山西金融》等采用11篇，被地区级刊物采用15篇。累计编撰各类信息报道1 820篇，其中被中央级采用1篇，省级采用26篇，地区级采用286篇，县级采用1 035篇。大量调研信息的编撰，及时准确地反映了当时朔县经济和金融工作情况，为上级行金融决策提供了可靠的依据。

市人行于1989年成立至2003年末，全辖累计编发各类调研报告1 262篇，其中被上级行采用132篇，被各类刊物采用296篇；累计编撰各类信息报道2 930篇，其中被上级行采用268篇，被地方政府采用636篇。

2004年金融体制改革后至2019年，市人行累计开展现场调研1 600余次，组织较大规模问卷调查200余次，形成调研报告1 815篇，其中被上级行采用698篇，被各类刊物采用566篇；累计编撰各类信息报道2 865篇，其中被上级行采用839篇，被地方政府采用88篇。调研信息成果明细见表5–34。

表 5–34　　2004—2019 年度市人行调研、信息编发统计表　　单位：份

年份	调查研究			政务信息		
	编报数量	其中		编报数量	其中	
		上级采用	刊物采用		上级采用	政府采用
2004	63	26	15	385	126	12
2005	52	21	12	265	89	9
2006	88	27	18	139	42	7
2007	89	32	24	124	36	5
2008	69	27	20	78	25	3
2009	57	26	22	94	28	2
2010	61	28	28	108	33	5
2011	97	67	62	107	36	5
2012	116	55	53	85	29	3
2013	113	65	59	117	41	3
2014	68	36	30	132	42	4
2015	62	39	30	168	32	4
2016	179	60	61	236	28	5
2017	263	55	38	220	43	6
2018	227	58	32	365	105	8
2019	211	76	62	242	104	7
合计	1 815	698	566	2 865	839	88

□ 激励机制

伴随着人民银行各个时期工作任务和服务对象的不同，辖区调研信息编撰工作的激励措施也在不断发展变化。

朔县人行于1986年首次实行调研信息考核机制，通过将撰写调研信息与发放奖金挂钩，有效促进高质量、有层次的调研信息产出。具体奖励措施是：撰写一篇1 500字以上调研报告奖励5元，其中被媒体刊物采用的，县级奖励15元，地区级奖励30元，省级奖励50元，中央级奖励100元；撰写一篇通信报道奖励2元，其中被媒体、刊物和政府采用的，县级奖励3元，地区级奖励5元，省级奖励13元，中央级奖励28元。

2018年，市人行创新调研信息积分奖励制度，对辖内调研报告和信息报道按成效进行1~10分的差异化的积分，年末以40元/分给予兑换，全辖年均调研信息奖励资金达6万元左右。众多调研信息的研究撰写和成果转化，为市人行有效发挥基础职能，更好地支持朔州市经济金融发展提供了蓬勃的动力。

第十一章

教育培训

第一节 县支行时期

□ 扫盲运动

20世纪50年代，大规模的扫盲运动在全国各地开展起来，朔县人行根据配备干部的条件，对一部分文化低的干部职工，选送到朔县文化业余学校学习，提高基本文化水平；对一部分文化较高的干部，组织了理论学习，在朔县县委统一领导下，学习了《新民主主义经济》《社会发展简史》《政治经济学》和《中国革命与中国共产党》，改造落后思想，奠定革命人生观及为人民服务的思想基础和能力。

为进一步促进学习，提高干部理论文化水平，1951年6月朔县人行开办壁报，要求干部职工积极向壁报投稿，推动文化水平较低的工农干部提高写作能力。开办当月就投稿十余件。

□ 政治思想教育

为纠正资产阶级思想，解决政治思想薄弱的问题。1954年，朔县人行开展干部的政治思想教育工作，同时整顿组织机构，确定人员编制，并贯彻积极培养、大胆提拔干部的精神，进行干部职工的定级工作，相应地做好文娱、体育和员工的福利保障，以保证员工的身心健康。

□ 全面节约 反对浪费

为贯彻中央“全面节约、反对浪费”指示精神，1955年8月，朔县人行开展了厉行节约运动。首先，打通全体干部思想，真正认识到节约的重大意义；其次，在全行上下发起自上而下的反对浪费、批判错误认识现象的自查工作，针对自查发现的以往由管理不善和官僚主义的错误所形成严重浪费现象，大胆地发动群众，自下而上地开展了批评与自我批评。再次，自上而下地发动职工从工作中挖潜力、想办法，从而制订了节约计划并落实到位。既节省了人力又减少了国家的开支，当年节约建设用信贷资金76万元；单位内部，每月节约用煤15元、信封3元、食堂用粮食55斤、邮电费0.75元。

□ 先进工作者评比运动

中共八大时期，朔县人行开展先进工作者运动。评选方法为以股为单位划分为小组，在小组内先由个人自我介绍工作中的优缺点，然后由小组评选出先进工作者人选，推荐到全行大会。大会结合平时的先进、差错登记簿，并对照评选条件进行民主评议，得到大家一致公认再提交评委会审查批准。每半个月召开一次竞赛委员会议，进行汇报研究在竞赛中的优缺点，每周以股为单位进行一次检讨会，主要检查执行制度和工作中的优缺点，及时改正和推广等。活动开展后，共评选先进工作者25人，其中，出席雁北专区先进表彰的2人，出席朔县财贸先进工作者代表会的13人，评选出先进单位6个，创新成果有三联捆票机、快速找账法。

□ 集体劳动

为了响应党的号召，1961年，朔县人行组织干部参加集体劳动。规定每位干部职工种地一亩，产粮30斤。支行在利民镇西辛庄生产大队，开垦荒地30余亩，除一名干部因故未参加外，其余以股为单位抽调干部分批分期参加集体劳动。截至1963年，分别在城关公社、小村大队建立了劳动点，根据农事季节分别给大队积肥、锄田等，如李锋山（青年党员）等，经常主动帮助工务员烧茶炉、扫卫生，积极参加体力劳动，特别是60岁的尹丕安，虽然年迈且身体抱恙，也和其他干部一样积极下地，到小村大队送肥、锄地，如王凤岐等几名干部职工，挤出中午、夜间时间，打扫单位卫生，使朔县人行成为县卫生模范单位。

□ 银行工作六条

为了加强对银行系统的管理，1962年，朔县人行组织干部职工24名（另有2名因病、去省财经学院学习）认真学习贯彻党中央、国务院3月10日印发的《关于加强银行工作的集中统一、严格控制货币发行的决定》（简称银行工作六条）精神。主要内容为：收回原下放的一切权力，银行业务实行彻底垂直领导；严格信贷管理，加强信贷计划；严格划清银行信贷资金、财政资金界限；加强现金管理，严格结算纪律；建立各级人民银行向当地党政汇报工作制度；严格财政管理。在6月25日县委宣传部组织的测试中，全行干部均获得优异成绩。

□ 红旗劳动竞赛

中共第十一届五中全会结束后，根据上级行对红旗劳动竞赛的安排意见，朔县人行深入开展了“大干四化、争当金融红旗手”，创建金融红旗单位的社会主义劳动竞赛活动。竞赛中：比工作、看效果；比任务、看措施；比质量、看差错；比服务、看反映；比出勤、看干劲；比纪律、看遵守制度的“六比六看”。考核中，采取按月检查、季总结、半年初评、年终总结评比的方法，共评出红旗单位两个，红旗手11名，较好地调动了广大干部职工大干四化的积极性。

□ 全民文明礼貌月

党中央在1982年提出把3月作为第一个“全民文明礼貌月”后，支行及时召开会议，成立了文明礼貌活动领导小组，进行了文明办行的详细安排。3名正副行长把深入企业，深入股所，深入柜台顶班当作转变领导作风的具体内容来抓。在储蓄战线上开展了“文明办储蓄，礼貌待储户”的活动，制定了“三清两不”的服务公约，即：存单字迹要写清，本金利率交代清，政策原则解释清和不讲不文明的话。全行划分了卫生责任区，出纳股、会计股实行了卫生值班制，全行卫生面貌一改往常，出现了窗明几净、焕然一新的局面。

□ 五讲四美三热爱

20世纪80年代初期，全国大兴“五讲四美”之风。1983年，朔县人行开展了“五讲四美三热爱”活动。联系社会主义银行和资本主义银行的本质区别，启发全员树立“人民银行为人民”的共产主义劳动态度，服务明显改善，好人好事层出不穷。组织的文明服务送温暖活动小组，深入28户老弱病残退休离休的老干部家上门服务，如中心街储蓄所主任王同臣得知老干部董风和有病在身，子女又不在身边，主动帮助安排家庭经济生活，帮助其把退休工资存活期储蓄，什么时需要什么时送上门。体现出支行上下“文明办行，礼貌待客，优质服务，方便群众”的道德风尚，受到人民群众的称赞。

□ 三抓三适应

人民银行和工商银行两行分设后，为更好地适应履职需要，朔县人行于1985年制订实施了“三抓三适应”活动方案，即：抓思想教育，适应新的工作要求；抓业务学习，适应新职能对能力的要求；抓制度建设，适应新的工作需要。通过行务会，职工大会和个别谈心，干部职工认识到人民银行脱离具体存贷业务，专门管理金融，是经济发展的需要，是社会主义经济协调发展的需要，感到肩上的担子不是轻了而是重了。坚持集体学习与个人学习相结合，辅导与自学相结合，理论与实际相结合的原则，由精通业务、知识面广的职工讲课，坚持每天班前一个小时的业务学习，工作能力有了进一步的提高。根据职能转换的需要，对以前岗位责任制重新做了修订，做到人人有专职，事事有人管，办事有标准，工作有检查。

□ 赛学习 赛写作 赛工作

为了转变干部职工专业知识较差的现状，朔县人行在1987年开展了“三赛”活动。以行内组织学习和职工自学为主，以参加省地学习为辅，开展了多层次、多专业、重效益的文化、业务学习活动。专门安排时间抽出一名既懂金融又懂经济的老银行李子适担任老师，辅导上课，组织学习了《政治经济学》《会计原理》《货币银行学》等银行专业知识，采用课堂提问，定期或不定期进行考试，以促全员学习。全年共派13人参加了省地分行举办的培训班学习，使他们成为业务上的骨干。鼓励在职干部职工参加山西省银校中专函授学习，有10名同志经考试合格结业11门课程。全行人员素质明显提高，逐步开创了全行工作的新局面。

第二节 朔州分行及中支时期

□ 学先进 赶先进 争先进

市人行组建第二年，全市人行系统开展了向雷锋、潘星兰、杨大兰学习的活动，同时还注重塑造本单位的先进典型，用身边活生生的事例教育广大干部职工。1990年2月，市人行专门整理了保卫科守库员景秀文同志兢兢业业、无私奉献的感人事迹，并以党组名义向全市人行系统干部职工发出了“向景秀文同志学习”的号召。11月，分行外管科石志权同志在探亲途中拣到5 979.10元巨款，通过组织渠道寻找并如数交还失主。为弘扬这种优秀的共产主义精神，分行党组再次发出了“向石志权同志学习”号召。通过两个典型的树立和学先进活动的开展，很快在全市人行系统形成了比、学、赶、帮的局面，大大提高了干部职工的思想觉悟。

□ 教育清理整顿

按照上级行对于职工教育的要求，1991年全市进行金融队伍的教育清理整顿工作。在指导思想上，坚持“四为主、一提高”，即以正面教育、自我教育、思想教育、预防教育为主，提高广大干部职工拒腐防变的能力。在方式方法上，坚持“四自”原则，即自查、自议、自讲、自纠。市分行机关以处级、科级、一般干部划分为不同层次的小组，在小组会上“自己讲，讲自己”，许多同志在发言中深刻剖析了自己，对行领导提出了实事求是的批评，对行里工作中存在的问题进行了负责的评价，并提出许多建设性意见。在整个揭摆查阶段，共整理出各类意见、建议、问题100多条。广大干部职工在这场活动中受到了一次深刻的拒腐防变教育，思想政治觉悟得到进一步提高，精神面貌为之一新，从而推动了各项工作的顺利进行。

□ 学习新知识 新业务 新技术

为使人民银行在其“位”谋好“政”，适应中央银行改革的要求，1994年市人行在全系统掀起了“学三新、比技能、下苦功、练精兵”的热潮，一方面派出三批学员参加了省行的“三新”知识培训，另一方面对区县支行和分行机关人员进行了两期培训，经上级考核验收，优秀率达99%。此外，还派出人员参加了省分行的专业岗位培训，自办各类培训班13期，参培人员392人次，并鼓励人员参加自学考试，当年有52人通过了专业培训考核，40多人被录取参加了各类继续学历在职学习，在提高人员素质、实现人民银行职能转变方面迈出了坚实的步伐。

□ 金融四法

在《中国人民银行法》《商业银行法》《证券法》《保险法》陆续颁布后，市人行于1995年举行了大型宣传活动，通过电台、电视、报刊向社会公众广泛宣传，对规范金融活动，促进金融业稳健运行起到了积极作用。此外，在组织行级领导参加省分行的“四法”培训的基础上，举办了县支行股级以上干部、市行科级干部参加的培训班，市行领导登台讲课，共有61人参加了培训，并在10月17日组织了全系统323人参加“金融四法”和“二五普法”知识考试，派出人员参加了山西省分行举办的金融法知识竞赛，取得了优良的成绩。

□ 四讲一服务

为了进一步提高干部队伍的业务水平与服务意识，1996年，市人行组织市金融系统开展“讲改革、讲政治、讲法纪、讲效益、提高服务水平”的四讲一服务活动，涌现出了一大批精神文明标兵和先进集体，中国银行平朔支行优秀青工王鹏同志，在华北地区中行系统青工业务技术比武中获奖；农业银行平鲁支行、中国银行朔州分行的先进经验在人民银行山西省分行《思想政治工作通讯》中刊载，并在全省金融系统推广；建设银行朔州分行的先进事迹被《山西新闻》报道。

□ 职业道德教育

进入21世纪，市人行集中开展职业道德教育活动。活动主要围绕理想信念、责任意识、纪律与法制、职业道德与岗位职责四个专题教育开展。集中学习了《为人民服务》《一靠理想二靠纪律才能团结起来》《切实加强和坚决维护党的纪律，保证改革和建设事业顺利前进》《中国人民银行法》《中国人民银行行员管理暂行办法》《中国人民银行员工守则》等书目。为干部职工提升履职水准，提高廉洁从政意识，增强“窗口”部门服务能力起到积极推动作用。

□ “三铁”主题教育

“铁账本、铁算盘、铁规章”（以下简称“三铁”）教育是市人行于2001年集中开展的主题教育活动。全辖干部职工认真学习了“三铁”教育读本《弘扬“三铁”精神，依法治理金融》，联系单位和个人实际情况，认真进行了自我总结，查找问题，按照“三铁”精神要求，对照爱岗敬业、艰苦奋斗、无私奉献标准以及严、勤、细、实的作风，从主观上、内因上找原因，从自身因素上分析存在的差距和不足。干部职工都能严格按照程序和制度办事，模范执行廉洁自律有关规定，自觉维护“三铁”准则，忠实履行“三铁”行为，规范倡导“三铁”精神。

□ 全员任职资格考试

为了建设一支“学习型、研究型、专家型、务实型和开拓型”的人才队伍，市人行组织辖区干部职工开展全员岗位任职资格考试工作。岗位任职资格培训和考试自2006年7月起正式实施，以三年为过渡期，到2009年12月结束。每年组织两次岗位任职资格考试，考试时间一般安排在7月和12月。同时，实行岗位任职资格考试与广播电视大学学历教育接轨，解决一部分基层员工的学历问题，促进队伍整体学历水平的提高。处级及以上干部参加资格培训和考核；科级及以下员工参加任职资格考试。

学习方式分为自学培训、集中辅导培训和学习交流培训。具体考务工作委托广播电视大学朔州分校承办。考试科目分公共科目和专业科目。公共科目有《金融基础概论》《金融法律概论》等。专业科目包括货币政策类的《宏观经济金融分析》，金融稳定类的《金融稳定理论与实务》，金融服务类的《银行财务会计》，综合管理类的《领导管理科学》，外汇管理类的《外汇管理理论与实务》，反洗钱管理类的《反洗钱理论与实务》，科技类的《计算机编程》，监督与内控类的《金融稳定理论与实务》等。辖区符合条件的干部职工均参加了规定科目的考试。

□　远程培训

为贯彻落实中央“大规模培训干部，大幅度提高干部素质”的战略任务，提高中支机关干部职工履职能力，2011年1月，组织机关干部职工开展为期三年的地市中支全员远程培训工作。

学习方式分为四种：在线学习，通过人民银行总行远程培训平台在线学习培训课程；下线学习，下载总行为每门课程配备的培训讲义和参考资料，利用业余时间进行学习；专业辅导，组织干部职工积极参加总行为每门课程安排的非实时网络答疑和在线专题研讨，解答每门课程的重难点问题；培养骨干，选派业务骨干参加总行举办的全员培训课程示范班和太原中心支行举办的山西省内市中心支行远程管理及应用培训班。培训结束后，回单位登台讲解培训内容及体会。

培训会采取“边学边测”的考试方式。每门课程在线学习过程中，插入3~5次阶段性测试，以客观题为主，答对全部测试题可获得该课程学分。行级领导干部培训课程主要设置两门必修课程：宏观经济与金融分析、内部管理。中支机关其他干部职工培训课程分为必修课程和选修课程两部分。必修课程需全部完成，选修课程可根据个人情况从课程的各个单元中自由选学。截至2013年8月，参训人员全部修满规定的课程。

□　网络学院

随着央行网院的上线，市人行的教育培训开始由线下全面转向线上。2014年，央行网院成为市人行辖区全体干部职工开展教育学习的主平台，通过计算机网络或手机APP进行远程培训，内容由人民银行总行和太原中支制定，涉及公共知识、专项业务、内部管理和微课程等多个方面。截至2019年，市人行组织学习《央行干部英语（听说）远程培训》《反洗钱重点业务远程培训》《存款保险评级远程培训》《学习习近平新时代中国特色社会主义思想远程培训》以及《山西省人民银行系统新录用行员远程专题培训》等十多个项目，涉及课程83门。

第六篇

人物

第一章

金融系统人物传

（以卒年时间为序）

第一节 人民银行

王增山

（1932年5月—1993年2月）男，汉族，山西山阴人，大学专科学历，中共党员。

1950年参军，历任战士、司务长、团后勤处处长等职务；1976年，转业至人行山阴县支行任副行长，1986年5月，任行长；1990年11月，人行朔州分行党组成员、副行长。

赵子生

（1908年8月—1993年4月）男，汉族，山东莱阳人，1949年8月加入中国共产党。

1940年7月，国民党莱阳县地方保安团、国民党部队当兵。1948年8月，中国人民解放军第二野战军36师108团3营9连，历任战士、副班长、班长、排长，1949年，获“战斗三等功”两次；1951年7月，中国人民志愿军68军辎重35团3营9连2排排长；1952年1月，转业至人行察哈尔省大同市支行任业务员；1952年9月，人行怀仁县支行业务员、营业所主任；1966年8月退休；1982年4月退休改为离休（科员待遇）。

吴巨元

（1918年3月—1994年10月）男，汉族，山西高平人，群众。

1938年3月，参加高平抗日游击队；1939年1月，决死纵队32团团部工作员；1941年1月，高平抗日政府秘书科长；1942年12月，高平抗日四区区委委员、区长；1943年10月，长治县抗日政府民政科长；1945年1月，长治四区区委委员、区长；1946年3月，太行区第三财经办事处干事；1947年2月，冀南银行三分行业务科长；1950年2月，人行晋南中支秘书科长；1951年2月，人行山西省分行农金科、信贷科综合股长；1958年3月，人行怀仁县支行工作；1981年3月离休（县处级待遇）。

刘若石

（1924年12月—1996年8月）女，汉族，河北张家口人，高小文化。配偶：王德贵。

1938年12月，张家口市日伪察南政厅、清查总署、日伪山西省政府警察厅、张家口市日伪交通银行打字员；1948年12月，人行察哈尔省分行打字员；1952年12月，人行雁北地区中心支行打字员；1957年7月，人行应县支行打字员；1958年12月，山阴县县委打字员；1959年12月，人行应县支行打字员；1972年5月退休；1982年1月退休改为离休（科员待遇）。

王德贵

（1928年1月—2000年4月）男，汉族，天津人，配偶：刘若石。

1943年8月，在旧政府石门铁路机务段、大同晚报社、石家庄物品库工作；1948年3月，在解放军第四军分区丰台区后方医院、丰台镇公所工作；1949年3月，张家口市公安局机关生产（华元旅馆）会计；1950年1月，人行张家口市支行桥西支行练习生；1950年5月，人行察哈尔省分行营业部会计组组长；1952年3月，人行应县支行会计股副股长；1958年4月至1961年10月，先后在应县臧宅生产队、吴庄农牧厂工作；1961年11月，人行应县支行会计；1987年3月离休（正科级待遇）；1998年荣获庆祝中国人民银行成立50周年荣誉证书。

罗文德

（1931年8月—1999年5月）曾用名罗文达（为避免国民党抓壮丁与哥哥共用此名），男，汉族，河北万全人，初中文化，1949年12月加入中国共产党。

1949年4月，人行雁北地区中心支行干事；1949年9月至1951年10月，人行朔县支行股长（连续两年被评为模范干部，并在省级报刊刊登先进事迹）；1951年11月至1957年4月，人行雁北地区中心支行干事（1954—1956年连续三年被评为先进工作者）；1957年5月，人行阳高县支行秘书；1958年2月至1964年1月，阳高县守上堡水库施工委员会、人事局干事；1964年2月，人行阳高县支行副行长；1968年5月，阳高县农业社支部书记；1968年12月，阳高县生产组、计划办公室副主任；1972年3月，阳高县计委副主任；1975年10月，阳高县基建局局长；1981年2月，阳高县建委副主任；1983年11月，阳高县环保局局长、党支部书记；1992年8月退休。

李　珍

（1930年6月—2001年3月）男，汉族，山西怀仁人，高小文化，1949年10月加入中国共产党。

1948年10月，怀仁县公安局派出所户籍警；1950年3月，怀仁县公安局干事；1951年7月，人行怀仁县支行警卫、出纳员、出纳股股长；1990年7月离休（主任科员待遇）；1998年荣获庆祝中国人民银行成立50周年荣誉证书。

钱　祥

（1931年8月—2002年4月）男，汉族，山西阳高人，初中文化，1950年8月加入中国共产党。

1949年1月，人行阳高县支行业务员、副组长；1951年3月，人行雁北地区中心支行人事科干事；1953年10月，人行朔县支行秘书股股长；1954年4月，朔县县委办公室干事、秘书；1957年7月，朔县县委宣传部干事；1960年1月，朔县县委办公室干事；1963年10月，朔县窑子头公社副主任；1964年4月，阳高县委办公室副主任；1967年4月，休养、下乡蹲点；1972年9月，阳高县县委办事组副组长兼县委行政办公室主任；1975年8月，阳高县县委文教部副部长；1980年9月，阳高县一中党总支部书记（正县级）；1983年12月，阳高县县委统战部副部长；1992年7月离休。曾撰写《阳高县志》宗教部分。

张守弼

（1929年10月—2005年6月）男，汉族，山西阳高人，初中文化，1983年4月加入中国共产党。

1946年7月至12月，阳高县常守堡小学教员；1947年8月至1948年10月，北京青年军208师5团一营炮兵；1948年12月至1954年4月，晋察冀边区银行阳高县支行股长；1954年4月至1957年4月，人行雁北地区中心支行农金科资料员；1957年4月至1979年12月，人行山阴县支行农金股副股长；1980年1月，农行山阴县支行副行长、调研员；1989年11月离休。

李子适

（1929年2月—2010年2月）男，汉族，山西朔城区人，高中文化，经济师。

1948年5月，华北军区补训兵团四旅十三团通讯员、文书、文化教员；1949年6月，公安部队北京市总队三团九连司务长；1951年4月，公安部队北京市总队三团九连后勤处出纳、会计；1955年12月至1980年2月，人行朔县支行农金员、信贷员、计划统计员；1980年3月至1991年12月，人行朔县支行计划股、信贷股、金融管理股股长（1982年、1983年人行朔县支行计划股被人行雁北地区中心支行评为“先进集体”；1984年李子适被朔县人民政府评为“先进工作者”）；1991年12月离休，享受副县（处）级待遇。

杨 钧

（1953年8月—2019年5月）男，汉族，山西朔城区人，大学专科学历，高级经济师，1982年6月加入中国共产党。

1976年3月，人行朔县支行统计员、信贷员；1976年11月，人行雁北地区中心支行办公室、计划科、金融研究室科员；1986年6月，人行雁北地区中心支行办公室副主任（主持工作）；1989年2月，原人行朔县支行被改组为人行朔州分行营业部，任主任；1989年7月，营业部又恢复成立支行，原人行朔县支行更名为人行朔城区支行，任行长；1991年、1992年被人行山西省分行评为“先进工作者”；1998年9月，人行朔州分行营业部主任；2000年6月，人行朔州市中支办公室主任；2001年5月，人行朔州市中支组织部部长、人事科科长；2002年8月，人行朔州市中支副处级监管员；2007年7月，人行朔州市中支助理调研员。

蒯 祥

（1921年2月—2019年8月）男，汉族，山西朔城区人，1948年6月加入中国共产党。

1948年9月，朔县第一区财政助理；1950年1月，人行朔县支行六区营业所主任；1953年8月，人行朔县支行业务员；1954年10月，人行灵丘县支行业务员；1956年10月，人行灵丘县支行石家田营业所副主任；1961年9月，人行朔县支行储蓄股长；1986年9月离休。

金成兰

（1931年6月4日—2021年10月14日）女，汉族，河北省阜平县史家寨乡庙台村人，1949年1月加入中国共产党，与聂力中将同窗。

1950年3月，人行广灵县支行出纳员；1950年12月，人行怀仁县支行文书；1952年1月，人行朔县支行秘书股干事；1952年7月，朔县二区区委宣传委员；1954年5月，朔县县委宣传部干事；1956年4月，朔县妇联秘书；1964年4月，阳高县粮食局人事干事；1965年9月，阳高县城关镇团妇主任；1969年1月，阳高县北徐屯下乡工作；1971年5月，阳高县孙仁堡公社妇联干事；1971年10月，阳高县服装厂副厂长；1974年11月，阳高县交电公司副经理；1984年1月，阳高县交电公司调研员；1988年12月退休。

第二节　国有银行

周焕文

（1925年8月—2005年1月）男，汉族，北京密云人，中共党员。

1948年参加中国人民解放军，参军后多次受部队表彰，颁发奖状奖章，立大功一次，小功两次；1964年从广东汕头转业至人行平鲁县支行工作，先后从事出纳、会计、办公室等工作，后任营业部主任；1984年11月，工行平鲁县支行秘书股长；1985年离休。

韩有贵

（1949年11月—2011年10月）男，汉族，山西平鲁人，大学本科学历，中共党员。

1985年4月，中行平朔支行建筑经济科副科长（主持工作）、科长；1987年12月，中行朔城区支行行长；1995年10月至2006年3月，历任中行平朔支行、中行朔州市分行工会工作委员会主任。

赵廷翰

（1930年12月—2012年5月）男，汉族，山西朔县人，初中文化，高级会计师，1950年5月加入中国共产党。

1946年5月至1959年，解放军一野三军八师战士、班长、军需员、会计；1959年，调任地对空导弹学院工作，历任助理员、副处长、处长；1982年，转业至建行雁北地区中心支行副行长（正处级待遇）；1989年，建行朔州市支行党组书记、行长；1992年5月离休。

李树声

（1924年8月—2013年11月）男，汉族，天津人，大学本科学历，1982年4月加入中国共产党。

1946年秋考入中行天津分行；1985年3月至1986年11月，借调至中行平朔支行协助开展业务（副行级）；1987年，中行天津分行体制改革办公室副主任；1992年退休。天津国际商会调解中心调解员、天津佛学学会会员。

宿士连

（1943年1月—2014年8月）男，汉族，山西平鲁人，大学专科学历，高级经济师，中共党员。

1961年11月，朔县贾庄乡信用社会计；1971年10月至1984年2月，人行朔县支行统计员、财务员、信贷股副股长；1984年3月，人行平鲁县支行行长；1985年12月，工行平鲁县支行行长；1992年11月，工行朔州市支行工会主席、副处级调研员；2003年1月退休。

1989年，荣获工行山西省分行先进个人；1990年，在山西省社会主义劳动竞赛中，荣立三等功。

李星升

（1962年9月—2015年3月）男，汉族，山西岚县人，大学专科学历，中共党员，高级经济师。

1979年12月，人行方山县支行信贷员；1983年7月，先后任人行岚县支行信贷员、信贷股副股长、股长、副行长；1996年3月，工行离石分行石州办事处副主任、副主任（主持工作）；2005年7月，先后任工行吕梁石州支行行长、永宁支行行长；2006年2月，任工行朔州分行党委委员、副行长；2008年8月调离。

张　敏

（1934年7月—2018年4月）男，汉族，山西浑源人，大学专科学历，中共党员。

1984年10月，中行平朔支行建筑经济科负责人；1985年4月，中行平朔支行业务科科长；1986年11月至1995年4月，任中行平朔支行党组副书记、副行长；1986年7月至1987年3月，兼中行平朔支行工会主席；1993年10月，中行平朔支行正处级调研员。

第二章
历任领导名录

第一节 监管及行业管理部门领导

表 6-1 人民银行朔县支行历任领导名录

姓名	性别	出生日期	参加工作时间	政治面貌	学历	职务	任职时间
李子春	男	不祥	1937	中共党员	不祥	行长	1949.09—1950.10
李贵忠	男	不祥	不祥	中共党员	不祥	行长	1950.10—1952.03
魏隐君	男	1907 年	1937	中共党员	高小	行长	1952.03—1954.03
郭 连	男	1915 年	1946.02	中共党员	初小	行长	1954.03—1956.01
秦佩德	男	1924 年	1948.03	中共党员	高小	行长	1956.01—1959.02
郭盛明	男	1905 年	1937.05	中共党员	初中	行长	1959.02—1962.01
尹丕安	男	1911 年	1950.01	中共党员	高小	副行长（主持工作）	1962.01—1963.03
景 秀	男	1917 年	1948.10	中共党员	初中	行长、主任	1963.03—1976.01
杨志忠	男	1923 年	不祥	中共党员	不祥	组长、行长	1964.02—1975.07
王 斌	男	1935 年	1951.03	中共党员	初中	行长	1976.01—1984.02
寇子儒	男	1942 年	1964.06	中共党员	高中	行长	1984.02—1984.11
马 军	男	1957 年	1976.03	中共党员	大学专科	行长	1986.07—1989.03
杨 钧	男	1953 年	1976.03	中共党员	大学专科	行长	1989.04—1998.09

注：1989 年 9 月人行朔县支行更名为人行朔城区支行。

表 6-2 人民银行朔州市中心支行历任领导名录

姓名	性别	民族	出生年月	籍贯	学历	政治面貌	职务	任职时间
王平善	男	汉族	1944.05	山西应县	大学本科	中共党员	党组书记、行长	1989.02—1995.01
张崇斌	男	汉族	1943.12	山西阳高	大学本科	中共党员	党组成员、副行长	1989.02—1995.01
							党组书记、行长	1995.01—1997.04
王增山	男	汉族	1932.05	山西山阴	大学专科	中共党员	党组成员、副行长	1990.11—1993.02
邢满红	男	汉族	1947.11	山西原平	中专	中共党员	党组成员、副行长	1992.09—1997.04
宋立新	男	汉族	1956.09	山西怀仁	大学专科	中共党员	党组成员、副行长	1993.09—1998.09
							党委委员、副行长	1998.09—1998.12
							党委书记、行长	2002.01—2003.12
赵　福	男	汉族	1950.10	山西应县	大学本科	中共党员	工会主席（副处级）	1993.11—1998.12
							党委委员、工会主任	1998.12—2004.07
							党委委员、副行长	2004.07—2009.08
段仁勇	男	汉族	1944.11	山西应县	大学本科	中共党员	金融系统监察室主任	1992.03—1998.09
							党组成员、金融系统监察室主任	1994.12—1998.09
							党委委员、纪委书记、调研员（正处级待遇）	1998.09—2004.11
赵保卫	男	汉族	1944.08	河北邢台	大学本科	中共党员	党组书记、行长	1997.04—1998.09
							党委书记、行长	1998.09—2000.05
杨庆和	男	汉族	1962.04	山西怀仁	大学本科	中共党员	党委委员、副行长	1997.06—2000.05
							党委书记、行长	2000.05—2001.12
张自强	男	汉族	1944.07	天津静海	高中	中共党员	总稽核（副处级）	1990.11—1998.08
							党委委员、副行长、调研员（正处级待遇）	1998.09—2004.07
蔡如刚	男	汉族	1956.06	山西右玉	大学专科	中共党员	党委委员、副行长、调研员	2001.04—2014.04
赵日彬	男	汉族	1948.07	山西山阴	大学专科	中共党员	副调研员	2001.08—2008.07
任　厚	男	汉族	1963.12	山西平鲁	大学本科	中共党员	党委委员、副行长	2002.08—2003.12
杨　钧	男	汉族	1953.08	山西朔城区	大学专科	中共党员	副处级监管员	2002.08—2007.06
							助理调研员	2007.07—2013.08
康　义	男	汉族	1958.05	山西大同	大学专科	中共党员	党委书记、行长	2003.12—2012.09
邢　毅	男	汉族	1969.02	山西太原	博士研究生	中共党员	党委委员、副行长（挂职）	2004.07—2005.03
任海泉	男	汉族	1963.07	山西怀仁	大学专科	中共党员	党委委员、纪委书记	2004.07—2015.09
							党委委员、副行长	2015.09 至今
胡春发	男	汉族	1959.10	山西右玉	大学本科	中共党员	党委委员、工会主任	2004.07—2009.08
							党委委员、副行长	2009.08—2017.07
							调研员	2017.07—2019.11
李　清	男	汉族	1968.02	山西阳泉	大学本科	中共党员	党委委员、副行长	2004.07—2010.07
徐向东	女	汉族	1966.02	山西太原	大学本科	中共党员	党委委员、副行长（挂职）	2006.08—2008.10
原许昌	男	汉族	1963.04	山西河津	大学本科	中共党员	党委委员、副行长	2010.07—2015.09
罗宏元	男	汉族	1963.09	山西朔城区	大学本科	中共党员	党委委员、工会主任	2010.05—2017.08
							党委委员、副行长	2017.08 至今
樊　吉	男	汉族	1967.09	山西应县	大学本科	中共党员	山阴县支行行长（副处级）	2010.07—2012.09

续表

姓名	性别	民族	出生年月	籍贯	学历	政治面貌	职务	任职时间
邱继岗	男	汉族	1968.11	山西山阴	大学本科	中共党员	应县支行行长（副处级）、副调研员	2010.07—2017.07
							党委委员、副行长	2017.07 至今
张　霞	女	汉族	1968.10	山西襄垣	大学本科	中共党员	党委委员、助理调研员	2011.11—2014.02
张小平	男	汉族	1961.12	山西侯马	大学专科	中共党员	党委书记、行长	2012.09—2018.05
卫文江	男	汉族	1964.01	山西阳高	大学本科	中共党员	党委书记、行长	2018.07 至今
郑有升	男	汉族	1962.08	山西应县	大学本科	中共党员	党委委员、纪委书记	2015.09 至今
姚建兵	男	汉族	1975.05	山西永济	硕士研究生	中共党员	党委委员、行长助理（正科级挂职）	2017.07 至今

表 6-3　　人民银行平鲁区支行历任领导名录

姓名	职务	任期	姓名	职务	任期
黄风林	行　长	1948.06—1949.03	宿士连	行　长	1984—1985
张其针	副行长	1949.03—1955.02	张自强	副行长	1984—1986
郭盛明	行　长	1955.06—1960.03		行　长	1986—1989
王德宽	副行长	1955.03—1957.04	段　有	副行长	1987—1989
李守田	副行长	1957.04—1963.07		行　长	1989—1996
李世元	行　长	1963.03—1966.08	任海泉	副行长	1994.03—1994.10
项宝泰	副行长（主持工作）	1966.08—1969.02	任万明	副行长	1994.10—1998.02
于　耀	行　长	1969.02—1971.04	任群生	副行长	1989—1993
邸福海	行　长	1971.04—1979.01	管相桓	行　长	1996—2000
郭生和	书　记	1971.04—1979.01	黄培忠	行　长	2000—2003
解　平	副行长	1976.06—1983.01	梁继锋	行　长	2003—2008
			赵　荣	行　长	2008 至今

表 6-4　　人民银行怀仁市支行历任领导名录

姓名	职务	任期	姓名	职务	任期
韩　龙	行　长	1949—1955	庞锡林	监察室主任	1988—1991
韩炳南	副行长	1949—1966	杨庆和	行　长	1992.02—1997.07
李　秀	行　长	1955—1957	管　祥	副行长	1988.07—1998.04
王启登	副行长	1956—1957		行　长	1997.07—2000.06
李贵忠	行　长	1957—1958	刘爱学	监察室主任	1993—1998.04
高　清	行　长	1958—1959		副行长	2001.06—2004.11
路景章	副行长	1958—1959	张中华	副行长	1997.08—2000.06
席清美	主　任	1960—1961	刘连根	副行长	1999.04—2001.06
周东泽	主　任	1961—1963	赵　荣	监察室主任	1999.04—2001.06
任振业	主　任	1963—1965	任　厚	行　长	2000.06—2002.09
段显光	行　长	1965—1967	管相桓	副行长	2000.06—2012.03
李　三	指导员	1964—1970	石志权	行　长	2002—2008.01
杨柏青	行　长	1965—1969	常庆福	监察室主任	2003.06—2004.11

续表

姓名	职务	任期	姓名	职务	任期
马　瑞	主　任	1969—1970	龚泽宇	副行长	2002.07—2003.03
周　殿	主　任	1970—1972	王喜如	副行长	2004—2009.04
刘清泉	副行长	1971—1972	李建国	纪检组长	2006—2017.08
宋庆祥	副主任（主持工作）	1973—1975	梁继锋	行　长	2008.01—2015.03
	副主任	1975—1978	闫玉春	副行长	2009.04—2015.03
张　俊	行　长	1975—1984		行　长	2015.03 至今
庄　连	副行长	1977—1978	马志荣	副行长	2011.03 至今
苑贵芳	行　长	1984—1986	王果兰	副行长	2012.05 至今
常希德	行　长	1986.06—1989.12	李建忠	副行长	2015.03 至今
韩国安	副行长	1979—1984	曹艳芳	纪检组长	2015.03 至今
马兆勇	副行长	1979—1989.12			
	行　长	1989.12—1992.02			

表 6-5　　人民银行山阴县支行历任领导名录

姓名	职务	任期	姓名	职务	任期
梁　祥	行　长	1949—1950	赫　太	副行长	1992—1993
李贵宗	副行长	1949—1950		行　长	1993—1998
赵喜善	行　长	1951—1952	王增西	总稽核	1991—1993
李世元	行　长	1952—1956		副行长	1993—1994
李　秀	行　长	1957—1958	任海泉	副行长	1994—1998
杨玉山	行　长	1959—1960	石志权	行　长	1998—2002
王乐甫	行　长	1961—1963	张志强	副行长	1998—2001
孙振林	行　长	1964—1965	任万明	副行长	2001—2017
张成连	行　长	1966—1978	兰志亮	副行长	1994—2004
黄守亮	行　长	1979—1984		行　长	2012 至今
王增山	副行长	1976—1986	康全仁	行　长	2002—2006
	行　长	1986—1990	王　红	副行长	2002—2016
田国平	副行长	1986—1986	武怀英	副行长	2004—2008
张志军	副行长	1987—1988	樊　吉	行　长	2006—2012
原建国	副行长	1987—1991	樊国鹏	副行长	2008—2011
	行长（主持工作）	1991—1991	郭　君	副行长	2012 至今
雷日和	副行长	1989—1992	李生桃	副行长	2006 至今
	行长（主持工作）	1992—1992	杨宝山	纪检组长	2012 至今

表 6-6　　人民银行应县支行历任领导名录

姓名	职务	任期	姓名	职务	任期
白福清	行　长	1949—1951	王子禄	副行长	1990—2000
任　生	行　长	1951—1956	武日荣	行　长	1999—2002
李树林	行　长	1956—1963	焦　文	副行长	1998—2003
李　春	行　长	1963—1971	杨春艳	副行长	2001—2016
张治安	行　长	1971—1976		行　长	2016 至今

续表

姓名	职务	任期
王连亭	行　长	1976—1982
王儒胜	行　长	1982—1984
李建忠	行　长	1984—1986
刘宝德	行　长	1986—1992
王定国	副行长	1987—1999
管相桓	行　长	1992—1996
段　有	行　长	1996—1999

姓名	职务	任期
刘　强	行　长	2002—2004
赵　荣	副行长	2003—2004
	行　长	2004—2008
孟建明	副行长	2004 至今
邱继岗	行　长	2008—2016
刘文权	纪检组长	2006—2016
	副行长	2016 至今
沈日阳	纪检组长	2016 至今

表 6-7　　人民银行右玉县支行历任领导名录

姓名	职务	任期
周欣生	行　长	1950.01—1951.03
郑鸣钟	行　长	1951.03—1952.06
郭常	行　长	1952.06—1955.10
薛连生	副行长	1952.11—1953.01
张达仁	副行长	1953.01—1954.07
李　茂	副行长	1954.01—1956.03
	行　长	1956.03—1958.09
高振祥	副行长	1954.07—1955.08
刘进财	副行长	1956.06—1958.10
张　权	行　长	1961.08—1964.02
王星奎	副行长	1961.10—1963.11
	革委主任	1967.01—1971.03
董自新	副行长	1965.08—1966.02
宁锁孩	革委主任	1971.03—1971.09
王　俊	革委主任	1971.09—1974.04
	行　长	1974.04—1979.03
湛德富	革委副主任	1971.09—1972.10
吉存泰	革委副主任	1972.12—1974.04
	副行长	1974.04—1984.03
范德礼	副行长	1975.08—1980.09
	行　长	1980.09—1992.02
孙义和	副行长	1979.06—1984.03
裴二恒	副行长	1981.03—1986.09

姓名	职务	任期
李月生	副行长	1985.02—1986.09
蔡如刚	副行长	1987.07—1992.02
	行　长	1992.02—1998.10
王　君	副行长	1987.10—1992.02
胡春发	副行长	1992.02—2000.06
	行长（主持工作）	2000.06—2001.05
	行　长	2001.05—2002.04
任万明	副行长	1992.02—1994.04
白宝祥	总稽核	1995.04—2001.05
	调研员	2001.05—2004.09
黄培忠	行　长	1998.10—2000.06
刘爱学	副行长	1998.10—2001.06
刘连根	副行长	2001.06—2003.06
常庆福	监察室主任	2002—2003
于学军	副行长	2001.05—2010.03
	行长（主持工作）	2010.03—2010.08
	行　长	2010.03 至今
赵鹏飞	行　长	2002.04—2010.03
王俊仁	副行长	2004.09 至今
苏　强	副行长	2010.03—2014.06
王耀亭	纪检组长兼总稽核	2007.06—2016.12
	副行长	2016.12 至今
沈　强	纪检组长	2016.12 至今

表 6-8　　中国银保监会朔州监管分局①历任领导名录

姓名	性别	民族	出生年月	籍贯	学历	政治面貌	职务	任职时间
宋立新	男	汉族	1956.09	山西怀仁	大学专科	中共党员	局　长	2004.01—2009.09
任　厚	男	汉族	1963.12	山西平鲁	大学本科	中共党员	纪委书记、副局长	2004.01—2007.06
							局　长	2009.09—2014.10

① 2018 年之前中国银监会与中国保监会分设；2018 年 3 月后合并为中国银保监会。中国银保监会朔州监管分局筹建于 2018 年 12 月。本表在此时间之前指的是中国银监会朔州监管分局。

续表

姓名	性别	民族	出生年月	籍贯	学历	政治面貌	职务	任职时间
武日荣	男	汉族	1962.12	山西朔城区	大学本科	中共党员	副局长	2006.09 至今
刘 强	男	汉族	1963.09	山西天镇	大学本科	中共党员	监管副调研员	2006.09—2010.04
							纪委书记	2010.04—2018.12
孔祥东	男	汉族	1960.09	山西阳城	大学本科	中共党员	副局长	2014.10—2015.06
席宏为	男	汉族	1963.09	山西垣曲	硕士研究生	中共党员	局 长	2015.04—2018.12
							朔州银保监分局筹备组组长	2018.12—2019.05
刘慧峰	男	汉族	1972.10	山西原平	大学本科	中共党员	局 长	2019.05 至今
龚泽宇	男	汉族	1972.06	山西怀仁	硕士研究生	中共党员	副局长	2009.03 至今
马武生	男	汉族	1967.11	山西山阴	大学本科	中共党员	监管副调研员	2014.04—2018.12
							副局长	2018 至今

表 6-9　　1987—2019 年朔州国家外汇管理局机构及领导名录

时期	机构名称	局长	副局长（或分管领导）
1987.01—1989.06	平朔分局	魏 云	王平善
1989.06—1992.09	朔州分局	王平善	张崇斌
1992.09—1993.08	朔州分局	王平善	邢满红
1993.08—1995.01	朔州分局	王平善	邢满红
1995.01—1997.04	朔州分局	张崇斌	宋立新
1997.04—1998.12	朔州分局	赵保卫	宋立新
1999.01—1999.04	朔州市支局	赵保卫	宋立新
1999.04—2000.05	朔州市支局	赵保卫	宋立新
2000.05—2001.05	朔州市支局	杨庆和	宋立新
2001.05—2002.01	朔州市中心支局	杨庆和	宋立新
2002.01—2003.12	朔州市中心支局	宋立新	蔡如刚
2003.12—2009.04	朔州市中心支局	康 义	蔡如刚
2009.04—2012.11	朔州市中心支局	康 义	蔡如刚
2012.11—2014.04	朔州市中心支局	张小平	蔡如刚
2014.04—2017.07	朔州市中心支局	张小平	胡春发
2017.07—2018.07	朔州市中心支局	张小平	邱继岗
2018.07 至今	朔州市中心支局	卫文江	邱继岗

表 6-10　　2009—2019 年朔州市人民政府金融工作办公室历任领导名录

姓名	职务	任职时间	姓名	职务	任职时间
白 秀	党组书记、主任	2009.02—2019.01	张慧文	党组成员、副主任	2012.12—2019.01
刘 磊	党组成员、副主任	2009.02—2013.11	吴夺魁	党组书记、主任	2019.01 至今
张天林	党组成员、副主任	2009.04—2012.01	马维东	党组成员、副主任	2019.01 至今
赵晓皎	党组成员、副主任	2012.01—2019.01	李 斌	党组成员、副主任	2019.01 至今

表 6-11 山西省农村信用联社朔州审计中心历任领导名录

姓名	性别	民族	出生年月	籍贯	学历	政治面貌	职务	任职时间
梅跃进	男	汉族	1958.06	河北井陉	大学本科	中共党员	党组书记、主任	2006.12—2010.06
郝建会	男	汉族	1958.12	山西原平	大学本科	中共党员	党组书记、主任	2010.06—2015.04
靳　彪	男	汉族	1963.11	山西神池	大学本科	中共党员	副主任	2011.04—2015.04
							党组书记、主任	2015.04—2019.03
李智升	男	汉族	1973.06	山西静乐	大学本科	中共党员	党组书记、主任	2019.03 至今
黄培忠	男	汉族	1963.11	山西山阴	大学本科	中共党员	副主任	2006.06—2011.12
							工会主席	2015.07—2019.06
苏云霞	女	汉族	1966.10	山西平鲁	大学本科	中共党员	副主任	2006.06—2009.06
崔　健	女	汉族	1962.12	山东	大学本科	中共党员	副主任	2009.11—2011.04
栗加春	男	汉族	1965.06	山西怀仁	初中	中共党员	副主任	2012.01—2014.12
穆　青	男	汉族	1972.08	山西浑源	硕士研究生	中共党员	副主任	2015.07 至今
王文飞	男	汉族	1963.09	山西朔城区	大学本科	中共党员	副主任	2015.07—2018.06
贾利军	男	汉族	1970.09	山西太原	大学本科	中共党员	副主任	2018.07—2019.11
刘志平	男	汉族	1970.10	河南滑县	硕士研究生	中共党员	纪检组长	2018.07—2019.12
							副主任	2019.12 至今
王卓玉	男	汉族	1958.10	山西繁峙	大学本科	中共党员	纪检组长	2010.06—2015.07
蔡宝成	男	汉族	1962.01	山西朔城区	大学本科	中共党员	纪检组长	2015.07—2017.08
任建军	男	汉族	1966.10	山西阳高	大学本科	中共党员	纪检组长	2019.12 至今
解　伟	男	汉族	1975.02	山西平鲁	大学本科	中共党员	工会主席	2018.07—2019.03
赵志刚	男	汉族	1967.08	山西应县	大学本科	中共党员	工会主席	2019.03 至今

第二节 国有银行领导

表 6-12 1996—2019 年农业发展银行朔州市分行历任领导名录

姓名	性别	民族	出生年月	籍贯	学历	政治面貌	职务	任职时间
张　平	男	汉族	1948.10	山西天镇	大学专科	中共党员	副行长（主持工作）	1996.11—1997.05
							党委书记、行长	1997.05—2007.04
吴日厚	男	汉族	1955.07	山西山阴	大学本科	中共党员	党委委员、副行长	1997.05—2009.09
							纪委书记	1998.10—2009.09
魏一龙	男	汉族	1952.04	山西广灵	大学专科	中共党员	党委委员、副行长	1997.08—2003.07
王少新	男	汉族	1963.10	山西右玉	大学本科	中共党员	党委委员、副行长	2003.07—2008.03
尹继君	男	汉族	1969.09	山西岚县	硕士研究生	中共党员	党委副书记、副行长	2006.04—2007.12
							党委副书记、副行长（主持工作）	2007.04—2007.12
							党委书记、行长	2007.12—2009.03

续表

姓名	性别	民族	出生年月	籍贯	学历	政治面貌	职务	任职时间
王瑞华	男	汉族	1959.09	山西河曲	大学本科	中共党员	党委委员、副行长	2007.12—2009.03
							党委书记、副行长（主持工作）	2009.03—2009.06
							党委书记、行长	2009.06—2013.10
刘建国	男	汉族	1973.05	山西临县	硕士研究生	中共党员	党委委员、副行长	2009.04—2014.10
							纪委书记	2013.07—2014.08
							党委委员、副行长（主持工作）	2014.07—2014.10
							党委书记、行长	2014.10—2018.11
曹彩云	女	汉族	1968.04	山西平陆	大学本科	中共党员	党委委员、副行长	2009.03—2013.04
							纪委书记	2009.09—2013.04
王　洋	男	汉族	1966.09	山西朔城区	大学本科	中共党员	党委委员、副行长	2010.06—2016.05
							纪委书记	2014.08—2016.05
马宏伟	男	汉族	1965.11	山西忻州	大学本科	中共党员	党委书记、行长	2013.10—2014.07
朱俊义	男	汉族	1964.07	山西五台	大学本科	中共党员	党委委员、副行长	2013.10—2019.01
							纪委书记	2016.06—2019.01
李洪波	男	汉族	1974.06	山西万荣	硕士研究生	中共党员	党委委员、副行长	2016.05—2019.07
侯育军	男	汉族	1975.07	山西应县	大学本科	中共党员	党委委员、副行长	2015.02—2017.12
							党委委员、副行长、纪委书记	2019.01 至今
郑建中	男	汉族	1972.07	山西五台	硕士研究生	中共党员	党委委员、副行长（主持工作）	2018.11—2019.06
							党委书记、行长	2019.06 至今
付兴业	男	汉族	1973.12	山西原平	大学本科	中共党员	党委委员、副行长	2019.01 至今

表 6-13　　1989—2019 年工商银行朔州分行历任领导名录

姓名	性别	出生年月	籍贯	学历	政治面貌	职务 / 党内职务	任职时间
李建忠	男	1946.01	山西应县	大学专科	中共党员	行长 / 党组书记	1989.05—1998.04
						正处级调研员	1998.04—2006.01
张万银	男	1952.01	山西朔城区	大学本科	中共党员	副行长 / 党组成员	1989.05—1996.06
寇子儒	男	1942.09	山西朔城区	高中	中共党员	朔县工行行长	1984.12—1989.04
						副行长 / 党组成员	1989.07—1998.04
						副处级调研员	1998.04—2001.04
付作梅	男	1942.08	山西山阴	高中	中共党员	纪检组长 / 党组成员	1992.12—1998
						纪委书记 / 党委委员	1998—1999.01
						副处级调研员	1999.01—2001.04
宿士连	男	1943.01	山西平鲁	大学本科	中共党员	工会主席	1992.12—1998.04
						副处级调研员	1998.04—2002.12
王建敏	女	1959.05	河北安国	大学本科	中共党员	副行长 / 党组成员	1994.12—1998.04
姜　啸	男	1955.06	辽宁沈阳	硕士研究生	中共党员	副行长 / 党组副书记	1996.06—1997.05
武兴文	男	1956.04	山西怀仁	大学本科	中共党员	行长助理 / 党组成员	1996.12—1998.04
						副行长 / 党委委员	1998.04—2002.05

续表

姓名	性别	出生年月	籍贯	学历	政治面貌	职务 / 党内职务	任职时间
赵　亭	男	1956.03	山西朔城区	大学本科	中共党员	总稽核	1996.09—2000.09
						纪委书记 / 党委委员	2000.09—2009.03
						副处级调研员	2009.03—2016.03
张洲昆	男	1954.03	山西平遥	大学本科	中共党员	行长 / 党委书记	1998.04—1999.10
安振平	男	1954.03	河北高碑店	大学本科	中共党员	副行长 / 党委委员	1998.04—2001.03
						副行长（主持工作）	2001.03—2002.04
						行长 / 党委书记	2002.04—2005.03
杜恒柱	男	1964.03	山西大同	大学本科	中共党员	副行长 / 党委委员	1998.05—2002.03
王玉成	男	1956.10	山西山阴	大学本科	中共党员	工会主席	1999.05—2011.10
						副处级调研员	2011.11—2016.10
宋　民	男	1954.06	河南平顶山	大学本科	中共党员	行长 / 党委书记	1999.12—2000.12
白建新	男	1968.04	山西右玉	硕士研究生	中共党员	副行长 / 党委委员	2000.09—2006.01
王俊梅	女	1957.08	山西平鲁	大学本科	中共党员	总稽核	2000.09—2006.12
						副处级调研员	2006.12—2012.08
郝恩源	男	1962.08	天津	大学本科	中共党员	副行长 / 党委委员	2001.11—2005.03
						副行长（主持工作）	2005.03—2006.05
						行长 / 党委书记	2006.05—2007.12
刘茂森	男	1954.03	山西灵丘	大学本科	中共党员	副行长 / 党委委员	2002.04—2005.03
牛　波	男	1958.04	河北高碑店	大学专科	中共党员	副处级监察员	2002.10—2014.05
李　锋	男	1971.10	山西太原	硕士研究生	中共党员	副行长 / 党委委员	2005.04—2007.06
李星升	男	1962.09	山西岚县	大学专科	中共党员	副行长 / 党委委员	2006.02—2008.08
李贵林	男	1962.01	山西灵丘	高中	中共党员	副处级调研员	2006.05 至今
宣　平	男	1967.12	山西平鲁	大学本科	中共党员	副行长 / 党委委员	2006.09—2019.01
牛喜军	男	1973.06	山西长治	硕士研究生	中共党员	行长 / 党委书记	2008.02—2012.05
贾元应	男	1961.11	山西宁武	大学专科	中共党员	副处级调研员	2008.09 至今
王东山	男	1966.01	山西应县	大学本科	中共党员	副行长 / 党委委员	2009.04—2010.11
						副行长 / 党委副书记（正处级）	2014.01—2014.04
						行长 / 党委书记	2014.04—2018.01
钮建中	男	1962.06	山西孝义	大学本科	中共党员	副行长 / 党委副书记（正处级）	2009.04—2013.05
						纪委书记（兼）	2009.06—2014
于向云	男	1961.10	山西应县	大学专科	中共党员	行长助理（正科级）	2009.09—2010.12
						副行长 / 党委委员	2010.12—2015.02
吉继福	男	1967.03	山西山阴	大学专科	中共党员	行长助理（正科级）	2010.12—2012.01
						副行长 / 党委委员	2012.02—2017.03
						纪委书记 / 党委委员（兼）	2014.05—2019.10
						工委主任（兼）	2017.03—2019.10
董建军	男	1975.06	四川资阳	硕士研究生	中共党员	副行长 / 党委副书记	2012.02—2012.06
						行长 / 党委书记	2012.06—2014.03

续表

姓名	性别	出生年月	籍贯	学历	政治面貌	职务 / 党内职务	任职时间
刘　鹏	男	1973.05	山东曹县	硕士研究生	中共党员	副行长 / 党委委员	2012.02—2015.02
蔺志军	男	1972.07	山西朔城区	大学本科	中共党员	行长助理（正科级）	2012.01—2014.06
						副行长 / 党委委员	2014.06—2014.10
王文锦	男	1967.12	山西朔城区	大学本科	中共党员	工会主席	2013.04—2017.03
						副行长 / 党委委员	2014.06 至今
刘桂彬	男	1966.12	山西繁峙	大学本科	中共党员	副行长 / 党委委员	2014.12—2019.07
张志刚	男	1976.06	山西盂县	大学本科	中共党员	行长助理（正科级）	2015.02—2016.05
						副行长 / 党委委员	2016.05—2017.12
王永军	男	1972.09	山西山阴	大学本科	中共党员	行长助理（副处级）	2017.08—2018.08
						副行长 / 党委委员	2018.08 至今
韩彦斌	男	1971.03	山西汾阳	大学本科	中共党员	行长 / 党委书记	2018.03—2019.04
张宏宙	男	1975.02	山西大同	硕士研究生	中共党员	副行长 / 党委委员	2019.01 至今
马向阳	男	1972.08	山西芮城	硕士研究生	中共党员	行长 / 党委书记	2019.04 至今
杜晋伟	男	1973.08	山东莒县	硕士研究生	中共党员	纪委书记 / 党委委员	2019.11 至今
						工委主任（兼）	2019.11 至今
李永鹏	男	1983.04	山西娄烦	大学本科	中共党员	副行长 / 党委委员	2019.12 至今

表 6–14　　1989—2019 年农业银行朔州市分行历任领导名录

姓名	性别	民族	出生年月	籍贯	学历	政治面貌	职务	任职时间
崔海瑞	男	汉族	1941.09	山西山阴	中专	中共党员	副行长	1989.08.02—1990.12.31（主持全面工作）
							行　长	1990.12.31—1998.10.12
							巡视员（正处级）	1998.10.12—2001.09
尹　勇	男	汉族	1939.10	山西朔城区	大学专科	中共党员	副行长	1989.08.02—1991.09.13
谢作瑜	男	汉族	1948.10	山西平鲁	大学本科	中共党员	副行长	1989.08.02—1991.09.13
杨　福	男	汉族	1940.09	山西朔城区	大学专科	中共党员	总稽核（副行级）	1990.02.13—1991.12.31
							纪检组长	1991.12.31—1998.10.12
							调研员（正处级）	1998.10.12—2000.10.27
兰文增	男	汉族	1949.06	山西山阴	大学专科	中共党员	工会主席（副行级）	1990.12.31—1992.07.27
赵日彬	男	汉族	1948.06	山西山阴	大学专科	中共党员	总稽核	1991.12.31—1996.11
丁树祥	男	汉族	1936.02	山西山阴	中专	中共党员	调研员（副处级）	1992.12.26—1994.04.21（退休）
于　德	男	汉族	1942.07	山西山阴	大学专科	中共党员	工会主任	1994.05.08—2001.06.25
							调研员（副处级）	2001.06.25—2002.07
韩鼎新	男	汉族	1941.09	山西怀仁	大学专科	中共党员	副行长	1991.09.13—2001.09
张　平	男	汉族	1947.10	山西天镇	大学专科	中共党员	副行长	1991.09.13—1996.11.26
杨　佑	男	汉族	1942.06	山西怀仁	大学本科	中共党员	副行长	1993.07—1998.10.12
孟泽平	男	汉族	1961.01	山西五台	大学本科	中共党员	副行长	1996.06.18—1998.10.12
赵志明	男	汉族	1962.10	山西山阴	大学本科	中共党员	副行长	1997.09.29—2005.02.02
李维健	男	汉族	1957.05	山西怀仁	大学本科	中共党员	副行长	1997.09.29—2005.01.26

续表

姓名	性别	民族	出生年月	籍贯	学历	政治面貌	职务	任职时间
孟　涛	男	汉族	1951.03	山西左云	大学专科	中共党员	副行长	1998.10.12—2002.02（主持工作）
							行长	2000.02.12—2005.01.26
王恒山	男	汉族	1955.02	山西朔城区	大学本科	中共党员	副行长	1998.10.12—2005.01.26
常鹏举	男	汉族	1955.03	山西山阴	大学专科	中共党员	纪委书记	1998.10.12—2009.05.08
							副行长	2006.09.20—2010.04.26
张天亮	男	汉族	1959.11	山西天镇	大学本科	中共党员	副行长	2005.01.26—2015.10（主持工作）
							行　长	2005.10.26—2010.08.30
韩丕峰	男	汉族	1958.09	山西五台	大学本科	中共党员	副行长	2006.09.20—2013.10.18
高义民	男	汉族	1963.06	山西万荣	大学本科	中共党员	副行长	2009.08.20—2011.09.19
王维忠	男	汉族	1965.11	山西平定	大学本科	中共党员	纪委书记	2010.04.26—2013.07.09
							副行长	2013.07.10—2014.09.12
朱晓明	男	汉族	1965.08	山西介休	大学本科	中共党员	省分行驻朔审计办主任（副处级）	2006.08.30—2010.05
李明珠	男	汉族	1965.03	河北平山	大学本科	中共党员	行　长	2010.12.03—2014.09.12
李京龙	男	汉族	1970.09	山西运城	大学本科	中共党员	副行长	2011.12.31—2013.05.03
段世德	男	汉族	1963.10	山西阳高	大学本科	中共党员	副行长	2013.08.13—2015.03.20
郭新春	男	汉族	1969.12	山西山阴	大学本科	中共党员	副行长	2010.12.03 至今
张　勇	男	汉族	1967.05	山西右玉	大学本科	中共党员	副行长	2013.10.18 至今
李继胜	男	汉族	1966.03	山西万荣	大学本科	中共党员	副行长	2014.09.12—2016.11.29
都郭胜	男	汉族	1968.03	山西沁水	大学本科	中共党员	副行长	2015.07.09—（代行长履职）
							行　长	2015.11.30—2017.10.23
苏　功	男	汉族	1965.11	山西朔城区	大学本科	中共党员	副行长	2016.05.04—2018.03.12
冀　军	男	汉族	1968.10	山西原平	大学本科	中共党员	副行长	2017.02.28 至今
董中华	男	汉族	1973.10	山西平定	硕士研究生	中共党员	行　长	2017.11.09 至今
杨巧云	女	汉族	1973.11	山西应县	大学本科	中共党员	纪委书记	2018.02.12 至今
王伟民	女	汉族	1969.08	山西朔城区	大学本科	中共党员	资深专员	2018.01.17 至今

表 6-15　　1986—2019 年中国银行朔州市分行历任领导名录

姓名	性别	民族	出生年月	籍贯	学历	政治面貌	职务	任职时间
王黎明	男	汉族	1953.11	山西繁峙	大学本科	中共党员	党组书记	1986.11—1988.03
							行　长	1984.07—1988.03
李树声	男	汉族	1924.08	天津市	大学本科	中共党员	副行级	1985.03—1986.11
张　敏	男	汉族	1934.07	山西浑源	大学专科	中共党员	党组副书记	1986.11—1995.03
							副行长	1986.11—1993.10
							正处级调研员	1993.10—1995.09
白志中	男	汉族	1957.03	山西五台	硕士研究生	中共党员	党组成员、副行长	1986.11—1988.03
							党组第一副书记（主持工作）	1988.03—1990.05
							第一副行长（主持工作）	1988.03—1989.05
							党组书记	1990.05—1995.07
							行　长	1989.05—1995.07

续表

姓名	性别	民族	出生年月	籍贯	学历	政治面貌	职务	任职时间
白树屏	男	汉族	1951.08	山西五台	大学专科	中共党员	党组成员、副行长	1988.03—1990.11
耿　海	男	汉族	1948.01	山西平鲁	大学本科	中共党员	党组成员、副行长	1993.10—1998.12
							党委委员、副行长	1998.12—2000.11
							党委副书记	2000.09—2000.11
							党委副书记、副行长	2000.11—2003.04
王滋玉	男	汉族	1937.03	山西朔城区	初中	中共党员	党组成员	1995.02—1995.07
							总稽核	1988.03—1993.10
							副行长	1993.10—1995.07
							正处级调研员	1995.07—1997.03
王　佐	男	汉族	1948.07	山西平鲁	大学专科	中共党员	党组成员	1995.04—1998.12
							党委委员	1998.12—2003.08
							副行长	1993.10—2003.08
							副处级调研员	2003.08—退休
李子明	男	汉族	1942.06	山西朔城区	初中	中共党员	总稽核	1993.10—2000.02
							副处级调研员	2000.02—2002.07
张步皋	男	汉族	1941.12	山西朔城区	大学本科	中共党员	总经济师	1993.10—1995.07
							总经济师（副处级）	1995.07—2000.02
							副处级调研员	2000.02—退休
赵日太	男	汉族	1934.01	山西山阴	中专	中共党员	纪检组长	1988.03—1993.10
							正处级调研员	1993.10—1994.01
张　炳	男	汉族	1954.08	山西朔城区	大学本科	中共党员	党组书记、行长	1995.07—1998.12
							党委书记、行长	1998.12—2000.11
赵启荣	男	汉族	1959.08	山西原平	大学本科	中共党员	党委书记、行长	2000.11—2005.05
周愈胜	男	汉族	1956.10	山西朔城区	大学本科	中共党员	党委委员、副行长	2002.12—2011.09
							文明优质服务督导	2011.09—2016.09
白云华	男	汉族	1961.10	山西忻州	大学本科	中共党员	党委书记	2005.05—2009.11
							行　长	2005.05—2010.01
耿晋耀	男	汉族	1952.10	河北阜平	大学本科	中共党员	党委委员	2006.03—2008.10
							文明优质服务督导	2008.10—2012.11
张利生	男	汉族	1962.06	山西大同	大学本科	中共党员	党委委员、副行长	2006.03—2018.03
							高级经理	2018.03 至今
韩有贵	男	汉族	1949.11	山西平鲁	大学本科	中共党员	文明优质服务督导	2006.03—2009.11
赵继宏	男	汉族	1963.08	山西平鲁	大学本科	中共党员	党委委员、副行长	2008.10—2011.09
罗　成	男	汉族	1970.02	山西朔城区	大学本科	中共党员	高级经理	2008.10—2011.09
韩玉辉	男	汉族	1960.11	山西平鲁	大学本科	中共党员	党委书记、行长	2010.01—2015.12
仝振军	男	汉族	1960.11	山西怀仁	大学本科	中共党员	党委委员	2011.11—2014.03
							副行长	2013.04—2014.03
							文明优质服务督导	2019.10 至今
杨　明	男	汉族	1965.04	山西平鲁	大学本科	中共党员	党委委员	2008.10—2017.11
							副行长兼纪检书记	2011.11—2015.12
							副行长	2015.12—2017.11

续表

姓名	性别	民族	出生年月	籍贯	学历	政治面貌	职务	任职时间
张　彦	男	汉族	1973.03	山西朔城区	大学本科	中共党员	党委委员	2011.09—2016.03
							副行长	2011.11—2016.06
							党委书记、行长	2019.10 至今
王　巍	女	汉族	1971.08	辽宁抚顺	大学本科	中共党员	党委委员、副行长兼财务总监	2011.09—2014.03
李　浒	男	汉族	1964.09	山西平鲁	大学本科	中共党员	高级经理	2011.09—2013.01
武志刚	男	汉族	1971.03	山西沁县	大学本科	中共党员	党委委员	2014.03 至今
							副行长兼财务总监	2014.05—2015.12
							副行长	2015.12 至今
左中和	男	汉族	1963.08	山西怀仁	大学本科	中共党员	党委书记、行长	2015.10—2016.11
史晋旭	男	汉族	1965.08	山西五台	大学本科	中共党员	党委书记、行长	2016.11—2019.10
齐　晓	男	汉族	1971.01	山西广灵	大学本科	中共党员	党委委员、副行长	2016.03 至今
韩锦鹏	男	汉族	1983.03	山西娄烦	硕士研究生	中共党员	党委委员	2017.11 至今
							副行长	2018.02 至今
白彦峰	男	汉族	1969.06	山西五台	大学本科	中共党员	党委委员、纪委书记	2017.11 至今
朱益军	男	汉族	1972.12	山西山阴	大学本科	中共党员	高级经理	2019.08 至今

表 6-16　　1989—2019 年建设银行朔州分行历任行级领导名录

姓名	性别	民族	出生年月	籍贯	政治面貌	职务	任职时间
赵廷翰	男	汉族	1930.12	山西朔城区	中共党员	行　长	1989.05—1991.04
牛润田	男	汉族	1931.05	山西阳高	中共党员	总稽核（副行长级）	1990.06—1992.04
贺　甫	男	汉族	1933.02	山西怀仁	中共党员	副行长、党组成员	1990.06—1994.06
李　惠	男	汉族	1953.03	山西山阴	中共党员	副行长（主持工作）	1991.04—1992.06
						行　长	1992.06—1997.07
何祚乾	男	汉族	1952.02	山西山阴	中共党员	纪委书记	1993.09—2011.04
杨英庭	男	汉族	1954.03	山西大同	中共党员	副行长（主持工作）	1997.08—1999.04
						行　长	1999.04—1999.11
黄培德	男	汉族	1953.01	山西山阴	中共党员	工会主席	1999.04—2011.03
郭凤唐	男	汉族	1960.12	山西平鲁	中共党员	行长、党委书记	1999.12—2005.03
张跃武	男	汉族	1966.03	山西宁武	中共党员	副行长、党委委员	2002.04—2010.11
丁　锐	男	汉族	1964.08	山西大同	中共党员	副行长、党组成员	2002.05—2003.05
王珺卿	男	汉族	1970.04	山西怀仁	中共党员	行长助理（副行级）	2004.09—2006.09
靳悦德	男	汉族	1953.08	河北怀安	中共党员	行长、党委书记	2005.03—2006.12
李宏伟	男	汉族	1965.09	山西武乡	中共党员	副行长、党委委员	2005.04—2011.04
贺建平	男	汉族	1965.08	山西怀仁	中共党员	风险主管（副行级）	2006.09—2013.03
李彦宁	男	汉族	1962.06	河北定州	中共党员	行长、党委书记	2006.12—2011.03
茹　霞	女	汉族	1969.03	山西临猗	中共党员	副行长、党委委员	2009.08—2011.12
冯子澜	男	汉族	1979.06	山西长子	中共党员	行长助理（副行级）	2010.08—2014.11

续表

姓名	性别	民族	出生年月	籍贯	政治面貌	职务	任职时间
杨　军	男	汉族	1962.12	山西左权	中共党员	行长、党委书记	2011.03—2016.01
徐福兴	男	汉族	1971.12	山西朔州	中共党员	高级客户经理（副行级）	2011.04—2014.11
吴建业	男	汉族	1966.11	山西朔州	中共党员	副行长、党委委员	2011.04 至今
牛　颖	女	汉族	1971.03	北京市	中共党员	副行长、党委委员	2012.12—2014.09
						副行长、党委副书记	2014.09—2016.04
贺建平	男	汉族	1965.08	山西怀仁	中共党员	副行长、党委委员	2013.03—2014.08
王奇邦	男	汉族	1970.11	山西山阴	中共党员	副行长、党委委员	2014.11 至今
杨浩宇	男	汉族	1970.10	山西运城	中共党员	行长、党委书记	2016.01—2019.10
杨静霞	女	汉族	1972.03	山西广灵	中共党员	副行长、党委委员	2016.12 至今
张占军	男	汉族	1971.01	山西大同	中共党员	纪委书记、党委委员	2017.03—2018.05
郝春勇	男	汉族	1971.06	北京市	中共党员	纪委书记、党委委员	2018.05—2019.06
						驻行纪检组组长、党委委员	2019.06—2019.12
王晓亮	男	汉族	1980.08	山西壶关	中共党员	行长、党委书记	2019.10 至今
李鸿涛	男	汉族	1978.07	山西交口	中共党员	副行长、党委委员	2019.10 至今

表 6-17　　2011—2019 年交通银行朔州分行历任领导名录

姓名	性别	民族	出生年月	籍贯	学历	政治面貌	职务	任职时间
戎占宝	男	汉族	1965.09	山西平鲁	大学本科	中共党员	党委书记、行长	2011.09.01—2017.02.08
王小丽	女	汉族	1963.02	山西太原	大学本科	中共党员	党委委员、副行长	2011.09.01—2015.10.08
赵开成	男	汉族	1971.06	山西朔州	大学本科	中共党员	党委委员、副行长	2011.09.01—2015.01.27
戎标仁	男	汉族	1965.11	山西平鲁	大学本科	中共党员	党委委员、副行长	2011.09.01 至今
徐利平	女	汉族	1968.08	重庆市	大学专科	中共党员	党委委员、副行长	2015.01.27—2018.03.01
张旭峰	男	汉族	1974.04	山西高平	大学本科	中共党员	党委委员、副行长	2015.10.08—2017.08.09
李　震	男	汉族	1976.07	山西山阴	硕士研究生	中共党员	党委书记、行长	2017.06 至今
田立红	男	汉族	1973.10	山西晋中	硕士研究生	中共党员	党委委员、副行长	2019.01 至今
孟庆玲	女	汉族	1972.05	山西太原	硕士研究生	中共党员	行长助理	2018.03.01 至今

表 6-18　　2008—2019 年中国邮政储蓄银行朔州市分行历任领导名录

姓名	性别	民族	出生年月	籍贯	学历	政治面貌	职务	任职时间
雷文平	男	汉族	1970.07	山西朔州	大学本科	中共党员	党委书记、行长	2008.05.22—2010.01
廖　永	男	汉族	1963.12	山西朔州	大学专科	中共党员	副行长	2008.05.22—2011.12
							纪检书记、总审计师	2010.02—2011.12
							副行长、纪检书记	2014.12 至今
张中华	男	汉族	1961.01	山西怀仁	大学本科	中共党员	副行长	2008.05.22—2016.12
							工会主席	2010.02—2016.12
闫兴华	男	汉族	1965.02	山西兴县	大学本科	中共党员	党委书记、行长	2010.02—2012.07
王保平	男	汉族	1967.04	山西离石	大学本科	中共党员	党委书记、行长	2012.07—2014.09
孙景旺	男	汉族	1967.01	山西繁峙	大学本科	中共党员	副行长、纪检书记	2012.07—2014.12

续表

姓名	性别	民族	出生年月	籍贯	学历	政治面貌	职务	任职时间
刘文明	男	汉族	1966.10	山西右玉	大学专科	中共党员	总审计师	2012.07 至今
							副行长	2016.12 至今
李景元	男	汉族	1977.05	山西武乡	硕士研究生	中共党员	行长助理	2013.12—2014.12
李建峰	男	汉族	1972.05	山西临汾	大学本科	中共党员	党委书记、行长	2014.09 至今
李学明	男	汉族	1968.10	山西阳城	大学本科	中共党员	副行长	2014.12—2018.12
陈步平	男	汉族	1975.02	山西怀仁	大学本科	中共党员	副行长	2019.04 至今

第三节　股份制商业银行领导

表 6-19　　2011—2019 年招商银行朔州分行历任领导名录

姓名	性别	民族	籍贯	学历	政治面貌	职务	任职时间
丁俊田	男	汉族	山西原平	大学本科	中共党员	党委书记、行长	2011.11—2013.09
刘卫东	男	汉族	山西太原	大学本科	中共党员	行长助理	2012.01—2013.05
王国清	男	汉族	山西原平	大学本科	中共党员	行长助理	2012.05—2013.05
马厚山	男	汉族	山西朔州	大学本科	中共党员	行长助理	2013.05—2015.05
任康玉	男	汉族	山西河津	硕士研究生	中共党员	党委书记、行长	2013.09—2015.05
王锁林	男	汉族	山西原平	硕士研究生	中共党员	党委书记、行长	2015.05—2017.04
刘建军	男	汉族	山西朔州	大学本科	中共党员	行长助理	2015.09—2019.02
陈　亮	男	汉族	山西大同	大学本科	中共党员	副行长	2015.06—2017.04
						党委书记、行长	2017.04—2019.01
索　玮	男	汉族	山西朔州	大学本科	中共党员	行长助理	2018.03—2019.02
文　军	男	汉族	山西垣曲	硕士研究生	中共党员	党委书记、行长	2019.01 至今
梁海龙	男	汉族	山西吕梁	大学本科	群众	行长助理	2019.04—2019.11
黄立胜	男	汉族	江苏江阴	大学专科	中共党员	党委委员、纪委书记	2019.11 至今

表 6-20　　2012—2019 年浦发银行朔州分行历任领导名录

姓名	性别	民族	籍贯	出生年月	政治面貌	学历	职务	任职时间
王兴河	男	汉族	山西忻州	1969.12	中共党员	大学本科	党委书记、行长	2012.10.25—2014.08
杨生梅	女	汉族	山西平鲁	1976.06	中共党员	硕士研究生	行长助理	2012.10.25—2016.07.20
							纪委书记	2015.12.04—2017.08.01
							副行长	2016.07.20—2017.08.01
王晓东	男	汉族	山西忻州	1970.01	中共党员	大学本科	行长助理	2012.10.25—2014.06.24
刘　航	男	汉族	河北定州	1981.08	中共党员	大学本科	党委书记	2014.12.02—2018.03.01
							党委书记、行长	2015.07—2018.03.01
高旭峰	男	汉族	山西太原	1981.06	中共党员	大学本科	行长助理	2016.07.20—2017.10.25

续表

姓名	性别	民族	籍贯	出生年月	政治面貌	学历	职务	任职时间
范顺东	男	汉族	山西运城	1984.10	中共党员	大学本科	纪委书记	2017.09.06—2019.05.22
							副行长	2017.09.19—2019.06.13
刘慧生	男	汉族	山西忻州	1974.10	中共党员	大学本科	行长助理	2017.11.06—2019.07.06
							纪委书记	2019.05.22 至今
							副行长	2019.07.06 至今
赵陆海	男	汉族	山西定襄	1969.02	中共党员	大学本科	党委书记	2018.03.01 至今
							党委书记、行长	2018.07.24 至今
陈志军	男	汉族	山西晋城	1977.11	中共党员	大学本科	副行长	2019.07.06 至今

表 6-21　　2016—2019 年华夏银行朔州分行历任领导名录

姓名	性别	民族	籍贯	学历	政治面貌	职务	任职时间
纪建华	女	汉族	山西太原	大学本科	中共党员	行　长	2015.12—2017.03
霍丙峰	男	汉族	山西山阴	硕士研究生	中共党员	行长助理	2015.10—2018.01
						副行长	2018.02 至今
顾爱明	男	汉族	山西偏关	硕士研究生	中共党员	行长助理	2015.10—2018.01
						副行长	2018.02 至今
孟瑞鸿	男	汉族	山西怀仁	博士研究生	中共党员	行　长	2017.04 至今
吕建萍	女	汉族	山西清徐	大学本科	中共党员	副行长	2018.02 至今

第四节　城市商业银行领导

表 6-22　　2011—2019 年大同银行朔州分行领导名录

姓名	性别	民族	籍贯	出生年月	学历	政治面貌	职务	任职时间
裴　云	男	汉族	山西运城	1960.12	大学专科	中共党员	行　长	2011.04 至今
张有祥	男	汉族	山西山阴	1971.04	大学本科	中共党员	副行长	2012.12 至今

表 6-23　　2011—2019 年晋商银行朔州分行历任领导名录

姓名	性别	民族	籍贯	出生年月	学历	政治面貌	职务	任职时间
蔡　夺	男	汉族	山西朔城区	1969.06	大学专科	中共党员	副行长	2011.09—2013.09
							行　长	2013.09—2016.09
罗红秀	男	汉族	山西朔城区	1974.04	大学本科	中共党员	行长助理	2011.12—2013.11
							副行长	2013.11—2018.02
							党总支副书记、副行长（主持工作）	2018.02—2019.12
郭瑾华	女	汉族	山西山阴	1970.07	大学专科	中共党员	行长助理	2011.12—2013.09
							副行长	2013.09—2014.09

续表

姓名	性别	民族	籍贯	出生年月	学历	政治面貌	职务	任职时间
李建武	男	汉族	山西忻州	1972.06	硕士研究生	中共党员	行长助理	2015.01—2017.09
							副行长	2017.09—2018.01
关　健	男	满族	吉林	1971.10	大学本科	中共党员	党总支副书记、副行长（主持工作）	2016.02—2018.02
王宏明	男	汉族	山西平鲁	1975.12	大学本科	中共党员	行长助理	2018.02—2019.12
杨　波	男	汉族	山西五台	1980.09	大学本科	中共党员	行长助理	2018.02—2019.12

表 6-24　　2013—2019 年晋城银行朔州分行历任领导名录

姓名	性别	籍贯	出生年月	学历	政治面貌	职务	任职时间
张国兴	男	山西高平	1969.05	硕士研究生	中共党员	行　长	2013.12—2014.10
吉　有	男	山西山阴	1967.02	大学本科	中共党员	副行长	2013.12 至今
夏　彦	男	山西天镇	1972.07	硕士研究生	中共党员	行　长	2014.11—2015.12
宋　波	男	山西怀仁	1980.12	硕士研究生	中共党员	副行长	2014.11—2016.12
董志斌	男	山西高平	1975.05	大学本科	中共党员	行　长	2016.01 至今

第五节　地方法人银行业机构领导

表 6-25　　2018—2019 年朔州农村商业银行历任领导名录

姓名	性别	民族	出生年月	籍贯	政治面貌	学历	职务	任职时间
杨慧新	女	汉族	1964.09	山西朔城区	中共党员	大学本科	党委书记、董事长	2018.04—2019.10
原　恒	男	汉族	1973.10	河北承德	中共党员	大学本科	党委副书记、行长	2018.04 至今
赵志刚	男	汉族	1967.08	山西应县	中共党员	大学本科	纪委书记、监事长	2018.04—2019.03
谢兴一	男	汉族	1967.11	山西平鲁	中共党员	大学本科	副董事长	2018.04 至今
李　健	男	汉族	1969.03	山西平鲁	中共党员	大学本科	党委委员、副行长	2018.04 至今
贾智俊	男	汉族	1967.02	山西朔城区	中共党员	大学专科	党委委员、副行长	2018.04 至今
于永久	男	汉族	1974.06	山西繁峙	中共党员	大学本科	党委委员、副行长	2018.04 至今
李跃文	男	汉族	1982.09	山西平鲁	中共党员	大学本科	党委委员、副行长	2018.04 至今
王　铭	男	汉族	1974.10	山西平鲁	中共党员	大学本科	党委委员、副行长	2018.04—2018.08
张　砺	女	汉族	1977.01	山西定襄	中共党员	大学本科	党委书记、董事长	2019.12 至今
许建军	男	汉族	1970.07	山西右玉	中共党员	大学本科	党委委员、副行长	2018.08 至今
田阜睿	男	汉族	1967.05	山西朔城区	中共党员	大学本科	党委委员、副行长	2018.08 至今
解　伟	男	汉族	1975.02	山西平鲁	中共党员	大学本科	纪委书记	2019.03—2019.12

表 6-26　　2002—2018 年朔州农村商业银行朔城区支行历任领导名录

姓名	职务	任职时间
金子荣	理事长	2002.11—2006.11
	党委书记	2005.09—2006.11
卢　亮	监事长	2002.11—2006.11
李沛雨	副书记	2005.09—2006.11
卢　毅	党委书记、理事长	2006.11—2009.11
王文飞	副书记	2006.11—2009.11
苗永青	监事长、纪检书记	2006.11—2009.11
	副书记	2009.11—2015.07
栗加春	理事长	2009.11—2011.11
	党委书记	2010.08—2011.11
王振鹏	纪检书记、监事长	2009.11—2011.11
申贵进	党委书记、理事长	2011.11—2015.07
杨慧新	党委书记	2011.11—2018.04
	理事长	2015.07—2018.04
白文东	纪检书记、监事长	2011.11—2015.08
雷　全	副书记	2015.07—2018.04
王建军	纪检书记、监事长	2015.07—2018.04

表 6-27　　1996—2017 年朔州农村商业银行平鲁区支行历任领导名录

姓名	职务	任职时间
王　文	党委书记、理事长（主任）	1996—2002
王知新	党委书记、理事长（主任）	2002—2004
刘　浩	党委书记、理事长（主任）	2004.07—2009.10
申贵进	党委书记、理事长（主任）	2009.11—2011.11
杨慧新	党委书记、理事长（主任）	2011.11—2016.06
赵志刚	党委书记	2017.04—2018.04
申贵进	副书记	2006.11—2009.11
李　强	副书记	2009.11—2011.11
邸　豹	副书记	2011.11—2016.06（2016.06—2017.04 全面主持工作）
刘国斌	纪检书记、监事长	2002—2008
任春华	纪检书记、监事长	2006.11—2009.11
邸　豹	纪检书记、监事长	2009.09—2011.11
闫忠清	纪检书记、监事长	2011.11—2017.12
吴晓宇	副行长	2018.10 至今
张　瑞	副行长	2018.10 至今
苏　禹	副行长	2018.08 至今

表 6-28　　1984—2019 年山阴农村商业银行历任领导名录

姓名	职务	任职时间
王　相	副行长（副主任）	1984.04—2006.07
闫启忠	副行长（副主任）	1984.12—2003.04
王纯禄	副行长（副主任）	1985.03—2002.05
	监事长	2002.05—2006.10
倪育新	党委书记	1996.04—2006.06
	董（理）事长	1996.04—2006.06
苗永青	副行长（副主任）	2002.08—2006.10
申贵进	副行长（副主任）	2003.04—2006.10
刘志平	副行长（副主任）	2004.04—2006.10
	党委副书记	2006.11—2009.10
	行长（主任）	2007.02—2009.10
	党委书记	2011.11—2018.07
	董（理）事长	2011.11—2018.07
刘珍荣	党委书记	2006.11—2009.10
	董（理）事长	2007.02—2009.10
贺全仁	监事长	2009.11—2016.01
曹永峰	副行长（副主任）	2010.08—2016.01
庞新民	副行长（副主任）	2010.08 至今
杨　宏	副行长（副主任）	2010.09—2014.12
李　强	党委副书记	2011.11—2014.12
	行长（主任）	2011.11—2014.12
武冬山	党委副书记	2015.01—2018.07
	行长（主任）	2015.01—2018.07
	党委书记	2018.08 至今
	董（理）事长	2019.03 至今
程　义	副行长（副主任）	2015.01—2016.01
白文东	副行长（副主任）	2007.02—2009.10
	纪委（检）书记	2015.08 至今
	监事长	2016.02 至今
何世春	副行长（副主任）	2015.08 至今

续表

姓名	职务	任职时间	姓名	职务	任职时间
杨慧新	纪委（检）书记	2007.02—2009.11	解 元	副行长（副主任）	2015.08—2017.05
	监事长	2007.02—2009.11	张秉珍	党委副书记	2018.08 至今
	党委副书记	2009.11—2011.11		行长（主任）	2018.08 至今
	行长（主任）	2009.11—2011.11			
王文飞	党委书记	2009.11—2011.11			
	董（理）事长	2009.11—2011.11			

表 6-29　　1984—2019 年怀仁农村商业银行历任领导名录

姓名	职务	任职时间	姓名	职务	任职时间
杨 佑	行长（主任）	1984.07—1986.01	程 义	副行长（副主任）	2006.11—2015.01
王 佩	副行长（副主任）	1984.07—1986.01	刘志平	副行长（副主任）	2002.11—2004.03
曹振江	副行长（副主任）	1984.07—1986.01		党委书记	2009.11—2011.11
康政伟	副行长（副主任）	1984.07—1986.01		董（理）事长	2009.11—2011.11
翟掌仁	副行长（副主任）	1984.07—1986.01	张银政	党委副书记	2009.11—2011.11
李永先	行长（主任）	1986.01—2004.07		行长（主任）	2009.11—2011.11
	董（理）事长	1996.10—2004.07		党委书记	2017.04 至今
	监事长	2004.07—2006.10		董（理）事长	2017.04 至今
	纪委（检）书记	2006.08—2006.10	白文东	纪委（检）书记	2009.11—2011.11
彭 明	副行长（副主任）	1986.01—2002.10		监事长	2009.11—2011.11
赵大明	副行长（副主任）	1987.01—1995.08	韩文军	副行长（副主任）	2010.08—2015.01
刘珍荣	副行长（副主任）	1987.01—1997.09	魏碧海	副行长（副主任）	2010.08—2018.08
张 俊	副行长（副主任）	2001.10—2004.07	赵志刚	党委书记	2011.11—2017.04
	党委书记	2006.08—2009.11		董（理）事长	2011.11—2017.04
	董（理）事长	2004.07—2009.11	张秉珍	党委副书记	2011.11—2018.08
王振鹏	副监事长	2002.11—2004.11		行长（主任）	2011.11—2018.08
	副行长（副主任）	2004.11—2009.11	王峰山	副行长（副主任）	2015.01—2018.08
	纪委（检）书记	2011.11—2015.08	柴树山	纪委（检）书记	2015.08 至今
	监事长	2011.11—2015.08		监事长	2015.08 至今
宋学文	副行长（副主任）	2002.11—2004.07	宋满堂	副行长（副主任）	2015.08 至今
	行长（主任）	2004.07—2006.10	杨仲伟	副行长（副主任）	2017.11 至今
	党委副书记	2006.08—2006.10	梁 永	党委副书记	2018.08 至今
康育民	党委副书记	2006.10—2009.11		行长（主任）	2018.08 至今
	行长（主任）	2006.10—2009.11	薛志伟	副行长（副主任）	2018.08 至今
李 强	纪委（检）书记	2006.10—2009.11	张志勇	副行长（副主任）	2018.08 至今
	监事长	2006.10—2009.11			

表 6-30　1984—2019 年右玉农村商业银行历任领导名录

姓名	职务	任职时间	姓名	职务	任职时间
湛日升	党委委员、副行长（副主任）	1984.01—1985.01	赵志刚	党委副书记、行长（主任）	2006.11—2009.10
	党委委员、副行长（副主任）	1994.01—2002.07		党委书记、董事长	2009.11—2011.11
	党委副书记、行长（主任）	1996.08—2002.07	吴国栋	纪委书记、监事长	2006.07—2009.11
孙荣禄	党委委员、副行长（副主任）	1985.01—1988.01		党委副书记、行长（主任）	2009.11—2015.07
赵国才	党委委员、副行长（副主任）	1988.01—1994.01	柴树山	纪委书记、监事长	2009.11—2015.07
	党委书记、董事长	1996.08—2004.07	苏兴宽	总稽核	2010.01 至今
	纪委书记、监事长	2004.07—2006.07	许建军	党委委员、副行长（副主任）	2010.08—2015.07
王世平	总稽核	1997.02—2009.12		党委副书记、行长（主任）	2015.07—2018.08
张玉宝	党委副书记、行长（主任）	2002.01—2006.05	李　健	党委委员、副行长（副主任）	2010.08—2015.07
	党委委员、副行长（副主任）	2002.06—2006.07	张银政	党委书记、董事长	2011.11—2017.04
谢兴一	纪委书记、监事长	2002.06—2004.07	左　权	党委委员、副行长（副主任）	2015.08 至今
栗加春	党委委员、副行长（副主任）	2002.10—2004.07	薛志伟	党委委员、副行长（副主任）	2015.08—2018.08
	党委副书记、行长（主任）	2004.07—2007.01	邸　豹	党委书记、董事长	2017.04 至今
	党委书记、董事长	2007.02—2009.11	王　铭	纪委书记、监事长	2018.01 至今
李树清	党委副书记、行长（主任）	2003.01—2010.07	韩文军	党委副书记、行长（主任）	2018.08 至今
	党委委员、副行长（副主任）	2003.01—2010.07	朱永平	党委委员、副行长（副主任）	2018.08 至今
田皇睿	党委委员、副行长（副主任）	2004.08—2006.10			
	党委委员、副行长（副主任）	2007.02—2010.10			
	纪委书记、监事长	2015.08—2018.01			

表 6-31　1985—2019 年应县农村信用合作联社历任领导名录

姓名	职务	任职时间	姓名	职务	任职时间
王　发	党委副书记、主任	1985.01—1987.05	蔡宝成	党委书记、理事长	2006.10—2009.11
	党委副书记、主任	1989.01—1989.05	闫忠清	党委副书记、主任	2006.12—2009.11
仝　清	党委副书记、主任	1987.06—1988.12	赵　峰	党委委员、副主任	2006.12—2011.11
王振喜	党委委员、副主任	1989.01—1992.11	贺义文	纪委书记、监事长	2009.11—2015.02
孙　纪	党委副书记、主任	1989.06—1995.12		党委副书记、主任	2015.02—2018.07
韩松先	党委委员、副主任	1989.06—1996.08	康育民	党委书记、理事长	2009.12—2015.02
刘　浩	党委委员、副主任	1992.03—2002.08	任春华	党委副书记、主任	2009.12—2015.02
	纪委书记、监事长	2003.01—2004.08	解　伟	党委书记、理事长	2015.02—2018.07
王知新	党委副书记、主任	1996.01—2002.08	韩文军	纪委书记、监事长	2015.02—2018.07
	纪委书记、监事长	2004.07—2006.12	雷向阳	党委委员、副主任	2015.08—2019.08
门应中	党委委员、副主任	1996.10—2015.02		党委副书记、主任	2018.08—2019.08
王　文	党委副书记、主任	2002.10—2004.08	杨　坤	党委委员、副主任	2015.08—2019.09
	党委书记、理事长	2003.01—2006.11	马　军	党委委员、副主任	2015.08 至今
左　德	党委委员、副主任	2003.01—2006.10	赵志坚	党委委员、副主任	2017.11 至今
	纪委书记、监事长	2006.11—2009.11	雷　全	党委书记、理事长	2018.08—2019.08

续表

姓名	职务	任职时间	姓名	职务	任职时间
王峰山	党委委员、副主任	2003.01—2012.02	魏碧海	纪委书记、监事长	2018.08 至今
刘珍荣	党委副书记、主任	2004.09—2006.11	刘小刚	党委委员、副主任	2018.08 至今

表 6-32　　蒙银村镇银行领导名录

姓名	性别	民族	出生年月	籍贯	学历	政治面貌	职务	任职时间
陈　烨	女	汉族	1962.01	内蒙古呼和浩特	大学本科	中共党员	董事长	2011.07—2017.08
赵　峰	男	汉族	1971.02	山西朔城区	大学专科	中共党员	行　长	2011.07 至今
胡　伟	男	汉族	1967.01	山西朔城区	大学本科	民建会员	监事长	2011.07 至今
杨耀军	男	汉族	1972.09	山西应县	大学本科	中共党员	副行长	2012.09—2019.11
王明利	男	汉族	1967.04	山西应县	中专	中共党员	副行长	2013.01 至今
柴占银	男	汉族	1967.01	山西平鲁	大学本科	中共党员	副行长	2013.01 至今
宋焕文	男	汉族	1968.02	山西大同	大学专科	中共党员	副行长	2013.12 至今
郭春恒	男	汉族	1961.05	山西稷山	硕士研究生	中共党员	董事长	2017.08 至今

表 6-33　　2011—2019 年山阴县太行村镇银行历任领导名录

姓名	职务	任职时间	姓名	职务	任职时间
谢振山	董事长	2011.06.02—2012.03.29	田　婷	首席风险官	2015.03.17—2018.10.29
常鹏举	行　长	2011.06.02—2019.10		副行长	2018.10.29 至今
	董事长	2014.03.28 至今	张　俊	首席风险官	2018.10.29—2019.10
谢秋贵	董事长	2012.03.29—2014.03.28	卫小朋	首席风险官	2019.10 至今
刘胜利	监事长	2014.03—2019.12	苏军军	监事长	2019.12 至今

表 6-34　　2011—2019 年怀仁市慧融村镇银行历任领导名录

姓名	职务	任职时间	姓名	职务	任职时间
安晓燕	董事长、行长	2015.11.16—2017.03.18	郑爱军	监事长	2017.03.18 至今
张振邦	监事长	2015.11.16—2017.03.18	张俊花	副行长、财务总监	2017.03.18 至今
张　宇	副行长、财务总监	2015.11.16—2017.03.18	张　琦	行长助理	2019.12.10 至今
白建宇	董事长、行长	2017.03.18 至今			

表 6-35　　2017—2019 年右玉县长青村镇银行历任领导名录

姓名	职务	任职时间	姓名	职务	任职时间
郭　周	董事长	2016.10—2018.09	李丽霞	监　事	2017.05—2018.12
陈　莹	行　长	2017.05 至今	郭宏强	董事长	2018.09 至今
范丽鹏	行长助理	2017.05—2019.12	陈愈芳	监　事	2019.01—2019.12

第六节　保险业领导

□ 人身保险机构

表 6-36　1996—2019 年中国人寿朔州分公司历任领导名录

姓名	职务	任职期间	姓名	职务	任职期间
王满禹	总经理	1996.06—1999.08	闫全斌	总经理	2007.08—2009.11
高铁强	总经理	1999.08—2001.07	解东勋	总经理	2009.11—2014.03
李彦文	总经理	2001.07—2004.12	吕　麟	总经理	2014.03—2018.08
李建民	总经理	2004.12—2006.07	陈永刚	总经理	2018.08—2019.09
赵有中	总经理	2006.07—2007.08	梁保锋	总经理	2019.09 至今

表 6-37　2005—2019 年太平洋寿险朔州中支历任领导名录

姓名	职务	任职时间	姓名	职务	任职时间
史云峰	总经理	2005—2008	刘国华	总经理	2015—2018
郭书军	总经理	2008—2010	曹文杰	总经理	2018 至今
左永凌	总经理	2010—2015			

表 6-38　2007—2019 年泰康人寿朔州中支历任领导名录

姓名	职务	任职时间	姓名	职务	任职时间
岳彩刚	总经理	2007.07—2009.04	王志骞	总经理	2011.10—2014.10
杨　欣	总经理	2009.04—2010.06	姚明明	总经理	2014.10—2018.06
韩　狄	总经理	2010.06—2011.09	候利英	总经理	2018.06 至今

表 6-39　2008—2019 年平安人寿朔州中心支公司历任领导名录

姓名	职务	任职时间	姓名	职务	任职时间
赵　军	负责人	2008.09—2010.03	康文财	负责人	2013.09—2016.10
王　耿	负责人	2010.03—2012.03	孟永担	负责人	2016.10—2018.05
冯婷婷	负责人	2012.03—2013.09	皇甫鹏	负责人	2018.05 至今

□ 财产保险机构

表 6-40　1989—2019 年人保财险朔州市分公司历任领导名录

姓名	职务	任职时间	姓名	职务	任职时间
石宝墉	主要负责人	1989—1993	郭建宙	主要负责人	2009.07—2011.04
王新业	主要负责人	1993—1997	张金旗	主要负责人	2011.04—2012.04
王者成	主要负责人	1998—2000	黄向宇	主要负责人	2012.04—2014.07
栗安锁	主要负责人	2000.02—2004.07	陆晓军	主要负责人	2014.07—2018.01
刘瑞祥	主要负责人	2004.07—2008.06	赵文奇	主要负责人	2018.01 至今
贾达文	主要负责人	2008.06—2009.07			

表 6-41　　2006—2019 年平安财险朔州中支历任领导名录

姓名	职务	任职时间	姓名	职务	任职时间
张国堂	总经理	2006—2007	杜晨光	总经理	2011—2014
李永生	总经理	2007—2008	张念明	总经理	2014—2016
靳瑞松	总经理	2008	梁　军	总经理	2016 至今
高志刚	总经理	2008—2011			

第七节　融资担保公司领导

表 6-42　　2019 年朔州市中小企业信用担保中心领导名录

姓名	职务	任职时间
李贵山	主　任	1990.12
聂志天	副主任	1992.11

第八节　典当业领导

表 6-43　　2019 年朔州市典当业领导名录

公司	姓名	性别	学历	职务	任职时间
朔州市东江典当公司	元　福	男	高中	法　人	2019.04
	韩宪文	男	高中	经　理	2019.04
朔州市星顺典当公司	田文生	男	初中	董事长	2015.05
	王志强	男	大学本科	总经理	2018.08
右玉县耀盛祥典当公司	王文跃	男	初中	总经理	2017.05
怀仁市融通典当公司	宋学文	男	高中	经　理	2009.12

第三章

人物简介①

第一节　监管部门

□　人民银行

王平善

男，汉族，1944年5月生，山西应县人，中央财政金融学院毕业，大学本科学历，高级经济师，中共党员。

1964年9月至1968年11月，中央财政金融学院读书；1968年12月至1974年7月，冶金部新疆有色工业局工人；1974年8月至1984年1月，人行应县支行秘书股干事、股长；1984年2月，人行浑源县支行行长；1984年12月，人行雁北分行副行长；1989年2月，人行朔州分行行长；1995年2月，国泰证券公司海南分公司总经理；2004年6月退休。中国金融学会会员、山西金融学会理事。

张崇斌

男，汉族，1943年12月生，山西阳高县龙泉寺人，山西财经学院毕业，大学本科学历，高级经济师，中共党员。

1969年7月，阳高县罗文皂公社中学教师；1970年9月，人行阳高县支行干事、信贷股长；1983年1月，人行阳高县支行行长；1985年2月，人行雁北分行计划科长；1986年7月，人行雁北分行纪检组长、监察室主任。1989年2月，人行朔州分行副行长、国家外汇局朔州分局副局长；1995年1月，人行朔州分行党组书记、行长、国家外汇局朔州分局局长；1997年5月，人行大同分行调研员；2003年12月退休。

在朔州任职期间，所辖6个支行的会计工作达三级标准；人行怀仁县支行的档案管理晋升山西省一级标准；朔州分行、右玉县支行、怀仁县支行3家发行库通过了二级验收，应县、朔城区、平鲁3家发行库通过了三级验收。1996年人行朔州分行机关党支部被朔州市委授予“先进基层党组织”。

① 以在朔州市金融系统任职先后为序。

赵保卫

男，汉族，1944年8月生，河北邢台人，中央财政金融学院毕业，大学本科学历，高级经济师，中共党员。

1997年4月，人行朔州分行党组书记、行长、国家外汇局朔州分局局长；1998年9月，人行朔州分行党委书记、行长、国家外汇局朔州分局局长；1998年12月，人行朔州市中支党委书记、行长兼国家外汇局朔州市中心支局局长；2000年5月，人行太原中支党委委员、工会主任；2004年9月退休。

在朔州任职期间，人行朔州市中支被评为“山西省金融系统1999年职业道德建设先进单位”，中支机关党委被天津分行党委授予“1999年先进基层党组织”称号。

康　义

男，汉族，1958年5月生，山西大同市城内人，大学专科学历，政工师，1979年10月加入中国共产党。

1974年12月，中国人民解放军总后勤部直属汽车四十九团战士、班长；1978年1月，解放军汽车运输技术学校学习；1979年12月，解放军汽车管理学院任排、连职教练员；1984年4月，人行大同分行办公室干事；1984年11月至1992年10月，人行大同分行人事教育科副科长（主持工作）、科长；1992年11月至1995年7月，大同市金融系统监察室（机构设在人民银行）主任（副处级）（1994年6月，中央党校函授学院学习经济管理，取得大专学历）；1995年8月，人行大同分行党组成员、副行长兼国家外汇局大同分局副局长，大同市金融系统监察室主任，大同市纪委驻金融系统纪检组组长；2000年，兼任人行大同市中支机关党委书记；2003年12月，人行朔州市中支党委副书记、副行长兼外汇局朔州市中心支局副局长（主持工作）；2004年1月，人行朔州市中支党委书记、行长兼外汇局朔州市中心支局局长，其间担任中共朔州市第四届党代会代表、朔州市政协第五届委员会委员；2012年11月，人行大同市中支党委书记、行长兼外汇局大同市中心支局局长，其间担任大同市第十四届人民代表大会代表、财政经济委员会委员，大同市第十四届政协经济和人口资源环境委员会兼职副主任；2018年6月退休。

在朔州任职期间，人行朔州市中支党委被天津分行党委授予“2006年先进基层党组织”、两次荣获支持朔州经济发展“集体一等功”。2016年3月主编《大同金融志》。

张小平

男，汉族，1961年12月生，山西侯马人，大学专科学历，经济师，中共党员。

1979年11月，中国人民解放军51114部队战士；1983年5月，人行侯马市支行干事；1991年8月，人行侯马市支行金融管理股、发行股股长；1993年7月，人行侯马市支行副行长；1999年2月至2004年6月，人行临汾市中支人事教育科科长（2000年7月，中共山西省委党校经济管理专业大专学习）；2004年7月，人行临汾市中支党委委员、纪委书记；2008年1月，人行临汾市中支党委委员、副行长兼外汇局临汾市中心支局副局长；2012年11月，人行朔州市中支党委书记、行长兼外汇局朔州市中心支局局长；2018年5月，人行运城市中支党委书记、行长兼外汇局运城市中心支局局长。

在朔州任职期间，人行朔州市中支被朔州市委、市政府评为“朔州市和谐文明单位”，被山西省总工会金融工会授予“山西省金融系统五一劳动奖状”“山西省金融系统优质服务标兵单位”等荣誉称号。

卫文江

男，汉族，1964年1月生，山西阳高城内人，2002年7月天津商学院在职硕士研究生结业，高级经济师，中共党员。

1970年2月至1980年5月，在阳高县西北学校、阳高一中、阳高二中读书；1980年5月，阳高县铸造厂模型工；1982年10月，中国人民解放军51089部队一营通讯排通讯员；1983年2月，中国人民解放军51084部队医院卫训队学员、班长；1984年7月，中国人民解放军51084部队农场卫生所卫生员、班长；1986年2月至1991年7月，人行阳高县支行保卫干部兼文秘及档案员、保卫股副股长、股长；1991年7月，人行雁北分行行政科干事；1992年10月，人行雁北分行劳动服务公司副经理兼银光金店经理（副科级）；1993年3月，雁北地区城市信用社中心社副主任兼营业部主任、大同市城信社第二中心社副主任、大同市顺城街（通宝）城信社副主任；1994年9月至2001年10月，先后任人行大同市分行金融管理科、行政科副科长（其间在市南郊区新民村扶贫1年）；2001年11月，人行广灵县支行党组书记、行长；2004年7月，人行大同市中支党委委员、副行长；2014年12月，人行大同市中支党委委员、副行长兼国家外汇管理局大同市中心支局副局长；2018年7月至今，人行朔州市中支党委书记、行长兼国家外汇管理局朔州市中心支局局长。

兼职：1999年至2019年，先后任《经济研究》特约通讯员，中国社会科学院魏晋南北朝史学会会员，广灵县政协第六届委员会常务委员，广灵县第13届人大常委会委员，大同市收藏协会常务理事，大同市钱币学会常务副会长、会长，大同市博物馆理事会理事，大同市武术学会名誉会长。

1987年3月撰写《阳高县志》金融部分；2002年3月主编《广灵县金融志》；2006年至2012年主编67万字《大同钱币》十期；2016年3月统编《大同金融志》。

邢满红

男，汉族，1947年11月生，山西原平人，中专学历，高级经济师，1966年3月加入中国共产党。

1972年12月，原平轩岗信用社业务员；1978年4月，人行原平支行轩岗办事处信贷员；1980年7月，人行原平县支行梁沟办事处副主任；1982年11月，人行原平县支行轩岗办事处主任；1984年3月，人行原平县支行副行长、行长；1992年9月，人行朔州分行党组成员、副行长兼国家外汇管理局朔州分局副局长；1997年4月，人行忻州分行书记、行长兼国家外汇管理局忻州分局局长；1999年1月，人行忻州市中支党委书记、行长兼国家外汇局忻州市中心支局局长；2007年11月退休。

1999年被人行天津分行党委授予“优秀共产党员”；2004年评为中国人民银行先进工作者。

赵 福

男，汉族，1950年10月生，山西应县人，党校大学学历，高级政工师，1984年5月加入中国共产党。

1970年12月，应县北楼口公社干事；1972年9月，应县北楼口信用社财管员、副主任、主任；1984年4月，农行应县支行股长；1985年11月，农行广灵县支行副行长；1989年3月，人行朔州分行办公室主任；1993年11月，人行朔州分行工会主席、金融系统工会主任；2002年1月，人行朔州市中支党委委员、工会主任；2004年7月，人行朔州市中支党委委员、副行长；2009年9月，人行朔州市中支调研员；2010年11月退休。

1999年4月，山西省劳动竞赛委员会授予“山西省五一劳动奖章”；2001年4月，中共山西省委、省人民政府授予“山西省劳动模范”。

段仁勇

男，汉族，1944年11月生，山西应县人，大学本科学历，政工师，中共党员。

1969年7月，河北正定县劳动锻炼；1970年8月，山西省天镇县一中教师；1978年9月，天镇县科委干事；1979年4月，天镇县五交化公司无线电修理工；1983年11月，天镇县委打击经济犯罪办公室干事；1988年3月，天镇县电大工作站副站长；1989年5月，人行朔州分行监察室副主任；1992年3月，人行朔州分行党组成员、纪检组长、金融系统监察室主任；1999年1月，人行朔州市中支党委委员、纪委书记、监察室主任；2004年7月，人行朔州市中支调研员；2004年11月退休。

1992年被人行山西省分行评为“金融系统纪检监察先进工作者”。

张自强

男，汉族，1944年7月生，天津静海人，高中文化，经济师，1985年5月加入中国共产党。

1963年9月，人行右玉县支行会计员；1978年5月，人行右玉县支行信贷股长；1984年10月，人行平鲁县支行副行长；1986年1月，工行平鲁县支行行长；1986年9月，人行平鲁县支行行长；1989年3月至1990年10月，先后任人行朔州分行计划科、稽核科科长；1990年11月，人行朔州分行总稽核；1995年7月，人行朔州分行党组成员、总稽核；1998年9月至2004年6月，人行朔州市中支党委委员、副行长；2004年7月退休享受正处级待遇。

1998年获中国人民银行成立50周年荣誉证书。

蔡如刚

男，汉族，1956年6月生，山西右玉人，大学专科学历，经济师，1982年9月加入中国共产党。

1976年3月，人行右玉县支行干事；1986年7月，脱产山西电大城市金融专业毕业；1987年6月，人行右玉县支行副行长；1992年2月，人行右玉县支行行长；1998年9月，人行朔州市中支人事教育科科长；2001年4月至2015年8月，人行朔州市中支党委委员、副行长（2004年12月至2014年3月，兼国家外汇管理局朔州市中心支局副局长）；2015年9月，人行朔州市中支调研员；2016年7月退休。

1996年1月获公安部安全保卫工作个人三等功；1990—1993年连续4年被人行山西省分行评为先进工作者；1999年被人行天津分行党委授予优秀党务工作者。

赵日彬

男，汉族，1948年7月生，山西山阴人，大学专科学历，经济师，1975年1月加入中国共产党。

1972年10月，山阴县辛庄信用社办事员；1975年8月，人行山阴县支行干事；1978年5月，农行山阴县马营营业所主任；1980年2月，农行山阴县泥河营业所主任；1981年1月，农行山阴县支行股长；1984年1月，农行怀仁县支行副行长；1989年6月，农行朔州分行科长；1991年12月，农行朔州分行总稽核；1996年11月，朔州市农金体改办专职副主任；1997年12月，人行朔州分行行业办主任；2000年6月，人行朔州市中支金管科科长；2001年8月，人行朔州市中支副处级调研员；2008年8月退休。

1990年被农行山西省分行授予“模范信贷科长”。

邢　毅

男，汉族，1969年2月生，山西太原人，经济学博士研究生，高级经济师，1998年11月加入中国共产党。

2001年6月，人行太原中支办公室副主任；2004年7月，人行朔州市中支党委委员、副行长；2005年6月，人行晋中市中支党委书记、行长兼国家外汇管理局晋中市中心支局局长；2010年8月，人行太原中支党委组织部部长、人事处处长；2014年6月至2021年5月，人行太原中支党委委员、副行长，国家外汇管理局山西省分局副局长；2021年5月至今，人行太原中支党委委员、副行长、副巡视员。

任海泉

男，汉族，1963年7月生，山西怀仁人，大学专科学历，经济师，1993年10月加入中国共产党。

1980年12月至1987年6月，人行怀仁县支行干事、科员；1992年2月，人行怀仁县支行总稽核；1994年3月，人行平鲁区支行副行长；1994年10月，人行山阴县支行副行长；1998年9月，人行朔州市中支会计科副科长（主持工作）；1999年4月，人行朔州市中支会计财务科科长；2004年7月，人行朔州市中支党委委员、纪委书记；2015年9月，人行朔州市中支党委委员、副行长。

2005年，所分管的行风评议工作获朔州市“全优工程”称号；所分管的纪检监察室被天津分行党委授予“2006—2009年度纪检监察工作先进集体”；所分管的党风廉政建设责任制工作2008年、2009年、2011—2015年共7个年度被人行天津分行考评为A级。

胡春发

男，汉族，1959年10月生，山西右玉人，大学本科学历，经济师，1990年10月加入中国共产党。

1976年3月，右玉县蔡家屯大队插队；1978年12月，中国人民解放军39490部队战士；1984年3月，右玉县广播电视局工作；1985年3月，右玉县广播电视局干部；1987年1月，人行右玉县支行科员；1992年2月，人行右玉县支行副行长；1999年4月，人行右玉县支行党组成员、副行长（正科级）；2001年5月，人行右玉县支行党组书记、行长；2002年4月，人行朔州市中支后勤服务中心主任；2004年7月，人行朔州市中支党委委员、工会主任；2005年3月，人行朔州市中支党委委员、工会主任兼机关党委书记；2009年8月，人行朔州市中支党委委员、副行长兼机关党委书记；2010年12月，人行朔州市中支党委委员、副行长；2014年4月，人行朔州市中支副行长兼国家外汇管理局朔州市中心支局副局长；2017年7月，人行朔州市中支调研员；2019年11月退休。

2003年人行天津分行党委授予“优秀共产党员”称号；2008年度人行朔州市中支机关党委被人行天津分行党委评为“先进基层党组织”。

李　清

男，汉族，1968年2月生，山西阳泉人，大学本科学历，经济师，2000年8月加入中国共产党，现任人行太原中支货币金银处处长。

1990年7月，山西重型机械学院起重运输与工程机械专业毕业；1990年9月，人行阳泉分行干事、科员；2000年7月，人行阳泉市中支办公室副主任；2003年2月，人行阳泉市中支组织部部长、人事科科长兼机关党委办公室主任。2004年7月，人行朔州市中支党委委员、副行长；2010年7月，人行太原中支守押中心副主任、主任，支付结算处处长；2018年8月，人行太原中支货币金银处处长。

在朔任职期间，先后被人行太原中支评为“山西省人行系统‘十五’期间安全保卫工作先进个人”“山西省优秀青年卫士”；被山西省劳动竞赛委员会授予个人二等功。

徐向东

女，汉族，1965年2月生，山西太原人，大学本科学历，高级经济师，1987年12月加入中国共产党，现任人行太原中支党委委员、工会主任兼党委组织部部长、人事处处长。

1988年9月，大学本科毕业后在太原市饮食服务总公司参加工作；1991年8月，山西省水利水电勘测设计研究院工作；1992年3月，人行山西省分行外汇综合处干事；2004年

8月，人行太原中支工会办公室副主任；2006年8月，人行朔州市中支党委委员、副行长（挂职）；2008年12月，人行太原中支会计财务处副处长；2012年7月，人行太原中支会计财务处调研员；2014年7月，人行太原中支清算中心主任；2017年1月，人行太原中支党委组织部部长、人事处处长；2020年10月任现职。

原许昌

男，汉族，1963年4月生，山西河津人，大学本科学历，高级工程师，1991年5月加入中国共产党。

1984年8月，山西大学应用数学专业本科毕业；1984年8月，山西省阳泉市经济信息处理中心干部；1988年4月，人行阳泉分行干部；1988年10月，人行阳泉分行科技科副科长；1992年6月，人行阳泉分行科技科科长；2002年2月，人行平定县支行党组书记、行长；2004年7月，人行阳泉市中支党委委员、副行长；2010年7月，人行朔州市中支党委委员、副行长；2015年9月，人行阳泉市中支党委委员、纪委书记；2019年1月，人行阳泉市中支调研员。

1991年12月，被评为“人民银行总行电子化建设先进个人”；1995年5月，被评为“中国人民银行科技先进工作者”。

罗宏元

男，汉族，1963年9月生，山西朔城区人，大学本科学历，经济师，1999年12月加入中国共产党。

1980年5月至1987年7月，人行朔县支行办事员、科员；1993年2月至1999年3月，人行朔州分行计划科、调统科、国库科副科长；1999年4月至2008年11月，人行朔州市中支国库科、会计科科长；2008年12月，人行朔州市中支助理调研员；2010年4月，人行朔州市中支党委委员、工会主任兼机关党委书记；2017年8月，人行朔州市中支党委委员、副行长兼机关党委书记。

1997年，被山西省金融系统工会评为“优质服务标兵”；2013年，被朔州市总工会授予“五一劳动奖章”；2016年，被山西省总工会金融工作委员会授予“山西省金融系统优质服务标兵”“山西省金融系统五一劳动奖章”。

樊　吉

男，汉族，1967年9月生，山西应县人，大学本科学历，高级经济师，2001年12月加入中国共产党。

1989年8月，雁北师范专科学校数学专业大专毕业；1989年8月至2000年5月，人行朔州分行会计科、计划科、调统科干事、科员；2000年6月，人行朔州市中支货币信贷与统计科副科长；2002年4月，人行朔州市中支办公室副主任；2003年2月，人行朔州市中支调查统计科副科长；2003年12月，人行朔州市中支货币信贷管理科副科长；2004年9月，人行朔州市中支货币信贷管理科科长；2006年11月，人行山阴县支行党组书记、行长；2010年6月，人行山阴县支行党组书记、行长（副处级）；2012年9月，人行吕梁市中支党委委员、纪委书记；

2015年7月，人行大同市中支党委委员、副行长。

2002年，被中国人民银行研究局评为“金融调研先进工作者”。

邱继岗

男，汉族，1968年11月生，山西山阴人，大学本科学历，经济师，1999年12月加入中国共产党。

1989年8月，山阴县国营第二电石厂干事；1990年12月至1993年3月，人行山阴县支行办事员；1993年4月，人行朔州分行人事科科员；2000年6月，人行朔州市中支人事科副科长；2004年1月，人行朔州市中支人事科副科长（主持工作）；2004年3月，人行朔州市中支党委组织部副部长、人事科副科长（主持工作）；2004年9月，人行朔州市中支党委组织部部长、人事科科长；2008年1月，人行应县支行党组书记、行长；2010年6月，人行应县支行党组书记、行长（副处级）；2015年7月，人行朔州市中支副调研员兼任人行应县支行党组书记、行长；2017年7月，人行朔州市中支党委委员、副行长。

2006年，被人行天津分行授予“天津分行优秀党务工作者”；2007年，被朔州市人民政府授予“2006年度朔州市劳动和社会保障工作先进个人”。

张　霞

女，汉族，1968年10月生，山西襄垣人，大学本科学历，高级会计师，中共党员，现任人行太原中支会计财务处副处长。

1988年12月，人行临汾分行国库科干事；1990年12月至1998年12月，人行山西省分行会计处工作；1999年12月，人行太原中支会计财务处工作；2011年11月，人行朔州市中支党委委员（正科级）；2013年4月，人行朔州市中支党委委员、助理调研员；2014年2月，人行太原中支国库处助理调研员；2018年10月至2020年7月，人行太原中支会计财务处助理调研员；2020年7月，人行太原中支会计财务处副处长。

郑有升

男，汉族，1962年8月生，山西应县人，大学本科学历，经济师，1988年10月加入中国共产党。

1979年3月，山西省雁北地区戏曲学校中专毕业；1982年12月，山西省雁北地区行政公署文化局干部；1985年3月至1992年11月，雁北地区档案局科员；1992年12月，雁北地区档案局副科长；1995年2月，人行大同分行办公室科员；1997年8月，人行大同分行办公室保密员（副科级）；2001年3月，人行大同市中支办公室副主任；2004年8月，人行大同市中支货币金银科副科长（主持工作）；2006年9月，人行大同市中支货币金银科科长；2011年5月，人行大同市中支助理调研员；2015年2月，人行大同市中支副调研员；2015年9月，人行朔州市中支党委委员、纪委书记。

1998年，被人行山西省分行评为“档案管理先进个人”；2017年度、2019年度所分管的纪检工作分别被人行太原中支、天津分行考核为A级。

姚建兵

男，汉族，1975年5月生，山西永济人，硕士研究生学历，中共党员，高级经济师，1998年5月加入中国共产党。

1998年9月，太原公路局工作；1998年12月，山西省交通规划设计院工作；2002年10月，山西省交通厅规划发展中心工作；2007年7月，人行太原中支营业部副主任科员；2009年12月，人行太原中支会计财务处副主任科员；2010年10月，人行太原中支货币信贷处主任科员；2012年7月，人行古交县支行纪检组组长；2014年7月，人行太原中支货币信贷处主任科员；2017年7月，人行朔州市中支行长助理（挂职正科级）；2020年4月，人行太原中支金融稳定处主任科员；2020年9月，人行太原中支支付结算处副处长。

□ 朔州银保监分局

宋立新

男，汉族，1956年9月生，山西怀仁人，大学专科学历，高级经济师，中共党员。

1974年2月，怀仁县城关公社于家园大队插队；1976年6月，怀仁县信用社会计；1979年11月，农行怀仁县支行信贷股股长、办公室主任；1985年3月，人行雁北分行办公室科员；1986年8月，人行雁北分行人事教育科副科长、科长；1992年11月，人行雁北分行党组成员、监察室主任（副处级）、雁北地委驻金融系统纪检组组长；1993年7月，人行大同分行监察室副主任；1993年10月，人行朔州分行党委委员、副行长，兼国家外汇管理局朔州分局副局长；2002年1月，人行朔州市中支党委委员、行长，国家外汇管理局朔州市中心支局局长；2004年1月，朔州银监分局党委书记、局长（其间连续当选三届朔州市人大代表，并多次当选主席团成员）；2009年10月，大同银监分局党委书记、局长（其间连续两届当选大同市人大代表）；2014年9月，大同银监分局监管调研员；2016年9月退休。

1984年，山西省劳动竞赛委员会荣记三等功；2002年，山西省劳动竞赛委员会荣记二等功；2003年，获山西省五一劳动奖章；2004年被授予“山西省劳动模范”荣誉称号；2010年被评为全国银监系统先进工作者。

任　厚

男，汉族，1963年12月生，山西平鲁人，大学本科学历，中共党员，1987年7月加入中国共产党。

1981年8月，平鲁县中学任教；1989年4月至1996年12月，人行朔州分行办公室科员、人事科科员、负责人、副科长（主持工作）、科长；1997年1月至1999年4月，人行朔州分行工会办主任；1999年4月至2000年6月，人行朔州市中支办公室主任、党委办主任；2000年6月，人行怀仁县支行党组书记、行长；2002年8月，人行朔州市中支党委委员、副行长；2004年1月，朔州银监分局党委委员、纪委书记、副局长；2007年6月，忻州银监分局党委书记、局长；2009年9月，朔州银监分局党委书记、局长；2014年10月，大同银监分局党委书记、局长；2018年12月，大同银保监分局筹备组组长；2019年5月，大同银保监分局党委书记、局长。

孔祥东

男，汉族，1960年9月生，山西阳城人，大学本科学历，1995年9月加入中国共产党。

1977年10月至1982年11月，阳城县寺头供销社门市部业务员、会计、负责人；1982年11月，阳城县县志编委会编辑、县供销合作社联合社办公室干事、工行阳城县支行储蓄员、计划股科员、办公室科员；1992年1月，铁道部第十七工程局企业管理办公室干事；1993年5月，人行晋城分行办公室科员；1995年6月，人行阳城县支行副行长；1997年7月，人行晋城分行调统科副科长（主持工作）；1998年7月，人行沁水县支行行长；1999年5月，人行沁水县支行党组书记、行长；2002年1月，人行晋城市中支党委委员、副行长；2004年1月，晋城银监分局党委委员、副局长（2004年10月至2010年4月，兼纪委书记）；2014年10月，朔州银监分局党委副书记、副局长（主持工作）；2015年6月，晋城银监分局调研员；2018年12月，晋城银保监分局筹备组成员；2019年5月，晋城银保监分局调研员；2019年6月，晋城银保监分局二级调研员；2019年12月，晋城银保监分局一级调研员。

席宏为

男，汉族，1963年9月生，山西垣曲人，硕士研究生学历，1996年12月加入中国共产党。

1981年12月至1992年11月，人行垣曲县支行科员、人行运城分行金管科科员；1992年12月至1999年1月，人行山西省分行金管处科员、银行处副主任科员；1999年1月至2004年6月，人行天津分行太原监管办银行检查处副主任科员、主任科员、太原监管办农行监管处主任科员、工行监管处主任科员、国有银行监管一处主任科员；2004年7月，山西银监局监察室（纪委办）副主任、主任；2013年4月，山西银监局外资金融机构和非银行金融机构监管处处长；2015年4月，朔州银监分局党委书记、局长；2018年12月，朔州银保监分局筹备组组长；2019年5月，长治银保监分局党委书记、局长。

刘慧峰

男，汉族，1972年10月生，山西原平人，大学本科学历，2001年12月加入中国共产党。

1997年7月至1999年1月，人行山西省分行纪检组干事；1999年1月至2003年9月，山西省金融纪检监察特派员办公室科员、副主任科员；2003年10月，山西银监局监察室副主任科员；2003年12月，山西银监局金融资产管理公司监管处副主任科员；2006年9月至2009年2月，山西银监局市场准入处副主任科员、主任科员；2009年3月山西银监局市场准入处副处长；2009年9月至2012年10月，山西银监局监察室（纪委办）副主任；2012年10月至2016年12月，山西银监局综合业务监管处副处长；2016年12月至2018年10月，山西银监局财务会计处处长；2018年10月至2019年5月，山西银保监局财务会计处处长；2019年5月，朔州银保监分局党委书记、局长。

武日荣

男，汉族，1962年12月生，山西朔城区人，大学本科学历，中共党员。

1981年12月至1987年1月，人行朔县支行科员；1987年1月至1989年4月，人行雁北分行外汇管理科科员；1989年4月至1993年8月，人行朔州分行外汇管理科科员；1993年8月至1999年4月，人行朔州分行外汇管理科副科长、科长；1999年4月至2002年5月，人行应县支行党组书记、行长；2002年5月至2002年10月，人行朔州市中支机关党委副书记、办公室主任；2002年10月至2004年1月，人行朔州市中支人事教育科科长；2004年1月至2006年9月，朔州银监分局人事科长、组织宣传部部长；2006年9月至2018年12月，朔州银监分局党委委员、副局长；2018年12月至2019年5月，朔州银保监分局筹备组成员；2019年5月，朔州银保监分局党委委员、副局长，三级调研员。

刘　强

男，汉族，1963年9月生，山西天镇人，大学本科学历，2000年12月加入中国共产党。

1983年5月至1989年6月，朔县红旗牧场中学英语教师；1989年6月至1990年4月，人行朔州分行发行科科员；1990年4月至1996年1月，人行朔州分行办公室科员；1996年1月至1999年4月，人行朔州分行后勤服务中心主任；1999年4月至2002年4月，人行朔州市中支后勤中心主任；2002年4月至2004年1月，人行应县支行党组书记、行长；2004年1月，朔州银监分局监管三科科长；2006年9月至2010年4月，朔州银监分局监管副调研员；2010年4月至2018年12月，朔州银监分局党委委员、纪委书记；2018年12月至2019年5月，朔州银保监分局筹备组成员；2019年5月，朔州银保监分局党委委员、副局长；2019年11月退休。

龚泽宇

男，汉族，1972年6月生，山西怀仁人，硕士研究生学历，中共党员。

1993年7月至1997年6月，人行怀仁县支行办公室科员；1997年6月至1999年1月，人行怀仁县支行农金股股长；1999年1月至2002年7月，人行怀仁县支行办公室主任；2002年7月至2003年2月，人行怀仁县支行党组成员、副行长；2003年2月至2004年1月，人行朔州市中支办公室副主任；2004年1月至2005年8月，朔州银监分局人事科副科长、组织部副部长并兼任分局团委书记；2005年8月至2009年2月，朔州银监分局办公室副主任（主持工作）、党委办副主任、办公室主任；2009年3月至2018年12月，朔州银监分局党委委员、副局长；2018年12月至2019年5月，朔州银保监分局筹备组成员；2019年5月，朔州银保监分局党委委员、副局长，三级调研员。

马武生

男，汉族，1967年11月生，山西山阴人，大学本科学历，经济师，1994年3月加入中国共产党。

1988年8月至1990年6月，人行山阴县支行办事员；1991年6月，人行山阴县支行办公室副主任；1992年1月至1998年3月，人行山阴县支行计划调研股副股长、股长；1998年4月，借调在人行朔州分行金融机构监管科工作；2001年7月，人行山阴县支行党组成员、监察室主任；2001年8月，人行朔州市中支金融机构监管科副科长；2002年7月，人行朔州市中支银行管理科副科长；2003年2月，人行朔州市中支货币信贷科副科长（主持工作）；2004年1月至2014年3月，朔州银监分局统计科、财务会计科、监管三科科长；2014年4月，朔州银监分局监管副调研员；2018年12月，朔州银保监分局筹备组成员；2019年5月，朔州银保监分局副调研员；2019年6月，朔州银保监分局四级调研员。现任朔州银保监分局党委委员、副局长。

□　朔州市人民政府金融工作办公室

白　秀

男，汉族，1964年2月生，山西平鲁人，大学专科学历，1985年加入中国共产党。

1978年9月至1981年7月，雁北农机学校学习；1981年7月，先后任平鲁县白堂乡、平鲁县科委、平鲁县委宣传部、朔州市文教委、朔州市经济研究中心干事；1994年7月，朔州市体改委干事（1998年7月任体改委副主任）；2001年9月，朔州市经济研究中心副主任；2009年2月，朔州市金融办党组书记、主任；2019年1月，朔州市政府副秘书长兼办公室主任。

吴夺魁

男，汉族，1964年1月生，山西大同人，大学本科学历，1986年加入中国共产党。

1985年10月，作为省委组织部第三梯队培养对象在灵丘县城关镇工作；1986年9月，灵丘县政府办、朔县县委办干事；1989年1月，朔州市政府筹备组、政府办公厅财贸科干事；1992年2月，朔州市政府地方志办公室副主任、主任；2011年10月，朔州市政府副秘书长（2017年10月，兼市治超办主任）；2019年1月，朔州市金融办党组书记、主任。

赵晓皎

女，汉族，1965年9月生，山西平鲁人，大学本科学历，1996年4月加入中国共产党。

1997年12月，中共朔州市委行政中心工会主席；2004年2月，中共朔州市委接待处党支部书记；2008年5月，中共朔州市委组织部人才办正科级干部、副主任；2012年1月，朔州市金融办副主任。

张慧文

男，汉族，1969年9月生，河北易县人，硕士研究生学历，经济师，1990年9月加入中国共产党。

1997年3月，农行朔州分行城东支行行长助理（副科级）、副行长；2006年7月，农行朔州分行城东支行正科级副行长（主持工作）；2009年2月，朔州市金融办非银行服务科科长；2012年12月，朔州市金融办副主任。

马维东

男，汉族，1967年9月生，山西山阴人，硕士研究生学历，高级经济师，1999年2月加入中国共产党。

1995年10月，朔州市计划委员会农业科干部、办公室副主任；1999年5月，朔州市发展与改革委员会社会科科长、综合科科长；2009年4月，朔州市重点工程建设办公室纪检组长；2019年1月，朔州市金融办副主任。

李　斌

男，汉族，1983年1月生，山西平鲁人，大学本科学历，2010年8月加入中国共产党。

2007年8月，朔州市人才交流服务中心人事代理；2009年2月，朔州市金融办科员、非银行协调服务科副科长；2015年5月，朔州市金融办非银行协调服务科科长；2019年1月，朔州市金融办党组成员、副主任。

第二节　国有银行

□　农业发展银行

张　平

男，汉族，1948年10月生，山西天镇人，大学专科学历，高级经济师，1965年加入中国共产党。

1964年10月，先后任天镇县社教工作团、逯家湾公社、二十里铺村、三十里铺公社信用社、人行干事、农行干事；1984年1月，农行阳高县支行副行长；1985年8月，农行阳高县支行行长；1991年9月，农行朔州市支行副行长；1996年11月，农发行朔州市分行副行长（主持工作）；1997年5月至2007年4月，农发行朔州市分行党组（党委）书记、行长；2006年12月，农发行朔州市分行正处级调研员。

尹继君

男，汉族，1969年9月生，山西岚县人，硕士研究生学历，经济师，1998年加入中国共产党。

1991年9月，山西立德工程技术公司职工；1997年6月，农发行山西省分行办公室科员、副主任科员、主任科员；2003年12月，农发行山西省分行（党委）办公室副主任；2006年4月，农发行朔州市分行副行长（2007年4月主持工作）；2007年12月至2009年3月，农发行朔州市分行党委书记、行长。

王瑞华

男，汉族，1959年9月生，山西河曲人，大学本科学历，经济师，1986年加入中国共产党。

1977年1月，河曲县五花城插队、农行干事；1996年12月，先后任农发行河曲县支行信贷部主任、副行长，农发行原平市支行副行长、行长；2006年4月，农发行忻州市分行副行长；2007年12月，农发行朔州市分行副行长；2009年3月至2013年10月，农发行朔州市分行党委书记、行长。

马宏伟

男，汉族，1965年11月生，山西忻州人，大学本科学历，高级会计师，1996年加入中国共产党。

1983年12月，农行忻州市支行干事；1996年11月，农发行忻州市分行财务会计科副科长、科长；2000年7月，农发行五寨县支行行长；2001年9月，农发行山西省分行财务管理处副处长、机关服务中心副总经理；2004年6月，农发行晋中市分行副行长；2007年5月，农发行山西省分行财务会计处副处长；2010年10月，农发行阳泉市分行党委书记、行长；2013年10月至2014年7月，农发行朔州市分行党委书记、行长。

刘建国

男，汉族，1973年5月生，山西临县人，硕士研究生学历，经济师，1993年加入中国共产党。

1994年7月，农发行大同市分行干事；1999年6月，先后任农发行大同市分行人事教育科副科长（主持工作）、南郊区支行副行长、广灵县支行客户服务组组长；2006年8月，农发行大同市分行办公室主任；2009年4月，农发行朔州市分行副行长；2014年10月至2018年11月，农发行朔州市分行行长。

郑建中

男，汉族，1972年7月生，山西五台人，硕士研究生学历，经济师，1996年加入中国共产党。

1996年7月，农发行山西省分行办公室干部；2001年10月，农发行山西省分行信贷管理处副主任科员、客户一处副主任科员、主任科员、业务经理；2010年9月，农发行阳曲县支行副行长（挂职锻炼）；2011年10月，农发行山西省分行客户一处业务经理、副处长；2016年6月，农发行山西省分行粮棉油处副处长；2018年11月，农发行朔州市分行副行长（主持工作）；2019年6月，农发行朔州市分行党委书记、行长。

□ 工商银行

李建忠

男，汉族，1946年1月生，山西应县人，大学专科学历，高级经济师，1971年9月加入中国共产党。

1964年8月至1989年5月，先后任应县县委干事、应县边跃公社信用社财管员、科长，人行应县支行副行长、行长，工行雁北分行工会主任；1989年6月，工行朔州市支行党组书记、行长；1998年4月，工行朔州市支行正处级调研员；2006年退休。1993年获“山西省劳动模范”荣誉称号。

张洲昆

男，汉族，1954年3月生，山西平遥人，大学本科学历，高级经济师，1977年11月加入中国共产党。

1971年6月，平遥县水泥厂材料保管员、厂团支部书记、车间主任；1980年4月，人行平遥县支行信贷员、行长、党支部书记；1985年2月，工行平遥县支行行长、党支部书记；1993年4月，平遥县副县长、党组成员、中共平遥县委委员；1995年10月，工行晋中分行党组副书记、副行长（主持工作）；1998年4月，工行朔州市支行党组（委）书记、行长；1999年10月，工行衡水分行党委书记、行长；2001年3月，工行河北省分行工会主任（副厅级）；2009年5月，工行山西省分行副行级巡视员；2014年退休。

宋　民

男，汉族，1954年6月生，河南平顶山人，大学本科学历，高级经济师，中共党员。

1999年9月，工行朔州市分行党委书记、行长；2000年12月，调光大银行任职；2014年退休。

安振平

男，汉族，1954年3月生，河北高碑店人，大学本科学历，1984年4月加入中国共产党。

1970年10月，大同市服务公司干事；1984年12月，人行大同分行干事；1985年5月至1998年3月，工行大同分行科员、办事处副主任、主任、矿务局支行行长（副处级）；1998年4月，工行朔州市支行副行长、党委委员；2002年4月，工行朔州市分行党委书记、行长；2005年2月，工行大同分行正处级调研员；2014年4月退休。

郝恩源

男，汉族，1962年8月生，天津人，大学本科学历，高级经济师，1983年4月加入中国共产党。

1980年9月，石家庄陆军学院北京军区步兵学校学习，六十三军坦克团装甲步兵连服役；1986年6月，工行山西省分行干事；2001年11月，工行朔州市分行党委委员、副行长（2005年3月主持工作）；2006年5月，工行朔州分行党委书记、行长；2008年2月，工行晋中分行党委书记、行长；2012年11月，工行吕梁分行党委书记、行长；2015年8月，工行山西省分行纪委副书记；2018年9月，工行山西省分行监察室资深经理。

牛喜军

男，汉族，1973年6月生，山西长治人，硕士研究生学历，高级经济师，中共党员。

1995年7月，工行山西省分行个人金融业务处科员；2002年8月，工行太原分行大营盘支行副行长、兴华街支行行长、大营盘支行行长；2005年6月，工行山西省分行营业部总经理助理兼大营盘支行行长；2006年5月，工行山西省分行营业部副总经理；2008年1月，工行朔州分行党委书记、行长；2012年3月，工行山西省分行党委委员、副行长；2017年8月，工行青岛分行党委书记、行长。

董建军

男，汉族，1975年6月生，四川资阳人，硕士研究生学历，高级经济师，1998年7月加入中国共产党。

2000年7月，工总行法律事务部科员；2003年10月，工行北京分行宣武支行行长助理、党委委员，工行法律事务部诉讼管理处副处长、综合管理处处长；2010年8月，工行大同分行党委副书记、副行长（正行级）；2012年2月，工行朔州分行党委副书记、副行长；2012年6月，工行朔州分行党委书记、行长；2014年2月，工总行投资银行部副总经理、法律事务部副总经理、消费者权益保护办公室副主任（2016年6月主持工作）；2017年5月，工总行法律事务部总经理、消费者权益保护办公室主任。

中国银行间市场交易商协会法律专业委员会主任，中国银行法学研究会副会长。

王东山

男，汉族，1966年1月生，山西应县人，大学本科学历，工程师，1990年1月加入中国共产党。

1985年8月，雁北地区农机局、进出口商品基地总公司干事；1993年1月，工行大同分行新建北路分理处记账员，石油分理处记账员、主任，御河北路办事处副主任、营业部副主任（正科级）；2000年3月，工行大同县支行行长、御河北路支行行长；2006年3月，工行长治分行党委委员、副行长；2009年4月，工行朔州分行党委委员、副行长；2010年12月，工行山西省分行运行风险监控中心副总经理（主持工作）、总经理；2013年6月，工行山西省分行营业部纪委书记、党委委员、副总经理（总经理级）；2014年1月，工行朔州分行党委副书记、副行长；2014年4月，工行朔州分行党委书记、行长；2018年1月，工行大同分行党委书记、行长。

韩彦斌

男，汉族，1971年3月生，山西汾阳人，大学本科学历，中共党员，高级经济师。

1989年3月，51196部队战士；1992年8月，工行山西省分行办公室科员、副主任科员、主任科员、副处级秘书、副主任；2009年8月，工行山西省分行机构业务部副总经理、办公室副主任；2014年4月，工行山西省分行办公室主任、宣传部部长；2018年3月，工行朔州分行党委书记、行长；2019年4月，工行山西省分行国际业务部总经理。

马向阳

男，汉族，1972年8月生，山西芮城人，硕士研究生学历，高级会计师，2001年6月加入中国共产党。

1992年7月，工行山西省分行科员、计划财务处主任科员、计划财务部总经理助理；2003年12月，工行山西省分行计划财务部副总经理；2007年1月，工行山西省分行财务会计部副总经理、网点规划办公室主任；2011年4月，工行长治分行党委委员、副行长（正行级）；2012年11月，工行山西省分行财务会计部副总经理（总经理级）、总经理；2019年3月，工行朔州分行党委书记、行长。

张万银

男，汉族，1952年1月生，山西朔城区人，大学本科学历，高级经济师，1974年2月加入中国共产党。

1974年10月，人行朔县支行办公室主任；1984年3月，人行雁北分行办公室主任；1984年12月，工行雁北分行办公室主任、党组成员、纪检组组长；1989年4月，工行朔州市支行党组成员、副行长；1996年6月，中行大同市分行党组成员、副行长；2012年1月退休。

寇子儒

男，汉族，1942年9月生，山西朔城区人，高中文化，高级经济师，1972年7月加入中国共产党。

1964年6月，人行朔县支行业务员、人事干事、城市业务股股长；1980年9月，人行朔县支行副行长、行长；1984年12月，工行朔县支行行长；1989年5月，工行朔州市支行党组成员、副行长；1998年4月，工行朔州市支行副处级调研员；2002年9月退休。

付作梅

男，汉族，1942年8月生，山西山阴人，高中文化，高级经济师，1971年加入中国共产党。

1960年，山阴县北周庄人民公社文教干事、北周庄信用社主任；1978年，人行山阴县支行副股长、股长、副行长；1986年，工行山阴县支行行长；1993年，工行朔州市支行党组成员、纪检组组长；2002年8月退休。

王建敏

女，汉族，1959年5月生，河北安国人，大学本科学历，高级会计师，1980年4月加入中国共产党。

1976年12月，人行雁北分行会计股副股长；1985年，工行雁北分行营业部秘书股股长、科技科副科长、营业部副主任、政工部副主任、副行长；1993年7月，工行大同分行副行长；1994年12月，工行朔州市支行党委委员、副行长；1998年4月，工行大同分行党委委员、副行长；2000年6月，工行大同分行正行级调研员；2014年5月退休。

姜　啸

男，汉族，1955年6月生，辽宁沈阳人，硕士研究生学历，高级经济师，1984年4月加入中国共产党。

1996年5月至1997年6月，任工行朔州市支行党组成员、常务副行长。

武兴文

男，汉族，1956年4月生，山西怀仁人，大学本科学历，高级经济师，1985年5月加入中国共产党。

1985年10月，工行雁北分行稽核科副科长；1988年5月，工行怀仁县支行副行长、行长；1996年11月，工行朔州市支行党委委员、行长助理、副行长；

2002年5月，工行晋中分行党委委员、党委书记、副行长、行长；2007年12月，工行吕梁分行党委书记、行长；2016年，工行山西省分行银佳公司董事长；2016年4月退休。

赵　亭

男，汉族，1956年3月生，山西朔城区人，大学本科学历，高级经济师，中共党员。

1986年9月，工行朔县支行副行长；1989年9月，工行朔城区支行行长；1996年9月，工行朔州市支行总稽核；2000年9月，工行朔州市分行党组成员、纪委书记；2009年3月，工行朔州分行副处级调研员；2016年3月退休。

杜恒柱

男，汉族，1964年3月生，山西大同人，大学本科学历，经济师，1984年5月加入中国共产党。

1993年4月，工行大同分行姜家湾办事处主任、党支部书记；1996年3月，工行左云县支行党支部书记、行长；1998年5月，工行朔州市支行党委委员、副行长；2002年3月，工行忻州分行工委主任；2009年9月，工行忻州分行党委委员、副行长；2012年8月，历任江苏银行北京分行业务发展五部总经理、石景山支行行长、总部基地支行行长、西三环支行行长。

王玉成

男，汉族，1956年10月生，山西山阴人，大学本科学历，高级经济师，1987年9月加入中国共产党。

1984年3月，人行山阴县支行信贷股副股长、股长；1986年8月，工行山阴县支行副行长、行长；1998年11月，工行朔州市支行工会办公室主任、工会委员会主任；2011年11月，工行朔州分行副行级调研员；2016年11月退休。

刘茂森

男，汉族，1954年3月生，山西灵丘人，大学本科学历，高级经济师，1976年6月加入中国共产党。

1970年10月，人行大同市支行东华门办事处信贷员，电厂分理处会计员、主任；1981年6月，中行大同支行副行长；1981年10月，人行大同市支行副行长；1983年12月，人行大同市支行大北街办事处副主任（主持工作）；1988年10月，工行大同市支行稽核部主任；1991年4月，工行大同市支行纪检组组长；1995年11月，工行大同市支行副行长；2002年4月，工行朔州市分行副行长；2004年4月，工行朔州市分行副行长（主持工作）；2005年3月，工行大同分行副行长（正处级）；2006年4月，工行大同分行副行长兼纪检书记；2009年，工行大同分行正处级调研员；2014年4月退休。

白建新

男，汉族，1968年4月生，山西右玉人，硕士研究生学历，高级经济师，1987年12月加入中国共产党。

1996年5月，工行朔州市支行法律顾问室主任（副科级）、监察室副主任、办公室主任；2000年9月，工行朔州市分行党委委员、副行长；2006年2月，工行吕梁分行党委委员、副行长；2009年6月，工行山西省分行信贷管理部副总经理、小企业金融业务部总经理、授信审批部副总经理（总经理级）；2015年10月，工行大同分行党委副书记、副行长（正行级）；2017年，工行山西省分行个人信贷业务中心总经理。

王俊梅

女，汉族，1957年8月生，山西平鲁人，大学本科学历，高级会计师，1989年5月加入中国共产党。

1986年6月，工行平鲁县支行会计股股长；1989年7月，工行朔州市支行会计出纳部干事、副主任、副主任（正科级）；1996年4月，工行朔州市支行资金财会部、计划财务部经理；2000年9月，工行朔州市分行总稽核、副处级调研员；2012年8月退休。

李　锋

男，汉族，1971年10月生，山西太原人，硕士研究生学历，高级经济师，2003年9月加入中国共产党。

2002年8月，工行太原分行太钢支行副行长、新业务发展部经理；2005年4月，工行朔州分行党委委员、副行长兼振华支行行长；2009年3月，工行私人银行太原分部副总经理；2014年8月，工总行私人银行部业务管理部副总经理；2015年7月，晋商银行总行投资银行部总经理、国际部业务总经理、公司金融部总经理。

宣　平

男，汉族，1967年12月生，山西平鲁人，大学本科学历，高级经济师，1999年12月加入中国共产党。

1996年6月，工行朔州市支行信贷二部公存专管员（副科级）、新城支行副行长；1998年6月，工行朔州市支行调统部副经理、管理信息科科长；2000年5月，工行朔州市分行神电支行行长；2003年4月，工行朔州市分行信息科技部经理、资金财务部经理；2006年9月，工行朔州分行党委委员、副行长，2019年1月，工行大同分行党委副书记、副行长。

钮建中

男，满族，1962年6月生，山西孝义人，大学本科学历，高级政工师，1994年12月加入中国共产党。

1999年3月，工行山西省分行人事处主任科员、监察室副处级监察员、监察室副主任（正行级）；2009年4月，工行朔州分行党委副书记兼纪委书记、副行长（正行级）；2013年5月，工行山西省分行监察室副主任（主任级）、监察室序列资深经理。

于向云

男，汉族，1961年10月生，山西应县人，大学专科学历，高级经济师，1986年9月加入中国共产党。

1997年9月，工行朔州市支行城建办露矿分理处主任；1998年4月，工行朔州市支行新城支行副行长、平鲁区支行行长；2002年4月，工行朔州市分行信贷管理部经理、怀仁县支行行长、公司业务部经理；2009年8月，工行朔州分行行长助理兼公司业务部经理；2010年12月，工行朔州分行党委委员、副行长；2015年2月，工行朔州分行高级经理。

吉继福

男，汉族，1967年3月生，山西山阴人，大学专科学历，政工师，1984年11月加入中国共产党。

2001年8月，工行山阴县支行副行长、行长；2010年12月，工行朔州分行行长助理、山阴县支行行长；2011年5月至2019年9月，历任工行朔州分行行长助理，党委委员、副行长，纪委书记兼工委主任；2019年10月，工行忻州分行党委委员、纪委书记兼工委主任。

2008年度荣获山西省五一劳动奖章；2008年5月被山西省政府授予“五一劳动奖个人二等功”；2010年被工行山西省分行授予“2009年度行长特别奖（个人理财）”“优秀党务工作者”。

刘　鹏

男，汉族，1973年5月生，山东曹县人，硕士研究生学历，高级工程师，2003年7月加入中国共产党。

1995年11月，工行山西省分行管理信息部科员、副主任科员、信息科技部总经理助理、副总经理；2012年2月，工行朔州分行党委委员、副行长；2015年2月，工行山西省分行私人银行中心副总经理、总经理。

王文锦

男，汉族，1967年12月生，山西朔城区人，大学本科学历，高级经济师，1998年12月加入中国共产党。

1998年11月，工行朔州市支行神电办事处副主任；2000年10月，工行朔州市分行计划财务科副科长（主持工作）、科长；2005年7月，工行朔州分行平鲁区支行、怀仁支行县行长；2009年6月，工行朔州分行财务会计部经理、工会主席；2014年6月，工行朔州分行党委委员、副行长兼工会主席；2017年3月，工行朔州分行党委委员、副行长。

张志刚

男，汉族，1976年6月生，山西盂县人，大学本科学历，高级经济师，2005年12月加入中国共产党。

2006年5月，工行朔城区支行副行长；2009年9月，工行私人银行部太原分部科员；2011年6月，工行山西省分行个人金融业务部总经理助理；2015年2月，工行朔州分行行长助理、党委委员、副行长；2017年12月，工行山西省分行银行卡中心副总经理；2018年6月，工行山西省分行渠道管理部副总经理（主持工作）、总经理。

刘桂彬

男，汉族，1966年12月生，山西繁峙人，大学本科学历，高级政工师，高级经济师，1985年5月加入中国共产党。

2005年2月，工行大同分行办公室（党委办）主任兼机关党委副书记；2007年9月，工行大同分行御河北路支行行长、党支部书记；2013年6月，工行忻州分行党委委员、副行长；2015年1月，工行朔州分行党委委员、副行长；2019年7月，工行大同分行党委委员、副行长。

王永军

男，汉族，1972年9月生，山西山阴人，大学本科学历，中共党员，高级经济师。

2001年，工行朔州市分行管理信息部、个人金融业务部、信息科技部、办公室担任经理、主任；2013年5月，工行朔州分行振华支行行长、振华支行行长（副处级）；2017年8月，工行朔州分行行长助理（副处级）；2018年8月，工行朔州分行党委委员、副行长。

2014年被山西省委、省政府评为“山西省劳动模范”；2016年被中共中国工商银行委员会评为“优秀共产党员”，同年当选为“中共山西省代表大会代表”；2017年、2018年连续两年被工行山西省分行评为“全省十佳一级支行行长”；2018年被工行山西省分行授予零售发展优秀舵手奖。

张宏宙

男，汉族，1975年2月生，山西大同人，硕士研究生学历，高级经济师，2004年12月加入中国共产党。

2002年4月，工行朔州市分行计划财务部经理助理、副经理；2007年5月，工行山西省分行财务会计部副主任科员、人力资源部副主任科员、主任科员；2016年7月，工行大同分行行长助理（正科级）、阳高县支行行长；2018年9月，工行大同分行副行长、党委委员；2019年1月，工行朔州分行副行长、党委委员。

□ 农业银行

崔海瑞

男，汉族，1941年9月生，山西山阴人，中专学历，高级经济师，1981年5月加入中国共产党。

1965年8月，山阴县农业中学教师；1969年11月，山阴县合登堡信用社工人；1974年12月，人行朔县支行干事；1981年5月，农行山阴县支行副行长、行长；1989年8月，农行朔州市支行副行长；1991年1月，农行朔州市支行行长；1998年10月，农行朔州市支行巡视员（正处级）；2001年9月退休。

孟　涛

男，汉族，1951年3月生，山西左云人，大学专科学历，高级经济师，1984年12月加入中国共产党。

1977年11月，左云县张家场信用社会计；1980年7月，农行雁北分行营业部会计、科员、信合科副科长、科长、总稽核；1993年9月，农行大同分行国际业务部总经理、党组成员、副行长；1998年10月，农行朔州市支行党委副书记、副行长（主持工作）；2000年2月，农行朔州市分行党委书记、行长；2005年2月，农行大同市分行副行长；2006年11月，农行大同市分行正处级调研员；2011年3月退休。

张天亮

男，汉族，1959年11月生，山西天镇人，大学本科学历，高级经济师，1985年7月加入中国共产党。

1981年9月，农行天镇县支行信贷员、农行雁北分行办公室干事、副主任、主任；1993年8月，农行大同市分行办公室主任、农行大同小西门办事处主任；1998年10月，农行大同市分行党委委员、副行长；2005年2月，农行朔州市分行党委副书记、副行长（主持工作）；2005年10月，农行朔州市分行党委书记、行长；2010年8月，农行朔州市分行正行级领导；2012年12月，农行山西省分行专项检查二组正行级领导、巡视二组正行级领导；2015年1月，农行山西省分行第二巡视组正处级干部。

李明珠

男，汉族，1965年3月生，河北平山人，大学本科学历，高级经济师，1995年12月加入中国共产党。

1987年7月，农行山西省分行资金组织处干事、科员、副主任科员、主任科员（1994年5月至1997年6月，农行山西省分行团委副书记）；1999年4月，农行山西省分行资金组织处副处长、个人业务处处长、审计处处长；2009年6月，农行山西省分行“三农”个人金融部总经理；2010年9月，农行朔州市分行党委副书记（主持工作）、党委书记、行长；2014年11月，农行山西省分行财务会计部 / “三农”核算与考评中心总经理、高级专家兼财务会计部总经理、高级专家；2003年4月，入选农总行后备干部。

1997年被农行山西省分行表彰为行务信息先进工作者；2001年被农行山西省分行表彰为优秀共产党员；2005—2007年被农总行表彰为审计工作先进个人；获2011年农总行科技进步二等奖（FCS系统负责人）、互联网产品“代理通”；2013年农总行产品创新优秀奖和农行山西省分行一等奖。

段世德

男，汉族，1963年10月生，山西阳高人，大学本科学历，高级政工师，1989年10月加入中国共产党。

1984年8月，天镇县农业局技术推广站科员、农行雁北分行办公室、人事科科员；1994年7月，农行大同市新胜街办事处主任助理、副主任；1996年10月，农行大同市分行人事教育处副处长（主持工作）、处长、党委组织部部长、人事教育处处长；2005年10月，农行大同市分行党委委员、副行长；2013年8月，农行朔州市分行党委副书记、副行长；2014年9月，农行朔州市分行党委副书记、副行长（代为履职）；2015年3月，农行山西省分行副处级干部、风险管理部副总经理、第二巡视组副组长、第二巡视组专家兼副组长、第二巡视组专家。

都郭胜

男，汉族，1968年3月生，山西沁水人，大学本科学历，高级经济师，1995年6月加入中国共产党。

1990年7月，农行沁水县支行潘庄营业所业务员、支行办公室干事、副主任、营业部主任兼会计股长、综合业务部主任、行长助理；1999年1月，农行阳城县支行副行长、农行晋城市分行财务会计处副处长；2001年9月，农行泽州县支行党委副书记、副行长（2005年3月主持工作）；2005年11月，农行泽州县支行党委书记、行长；2007年7月，农行晋城市分行正科级干部；2009年9月，农行山西省分行办公室秘书部经理、党委组织部、人力资源部/“三农”人力资源管理中心副部长、副总经理；2013年5月，农行晋城市分行党委副书记、副行长；2015年7月，农行朔州市分行党委副书记、副行长（主持工作），11月，任党委书记、行长；2017年9月，农行大同市分行党委书记、行长。

董中华

男，汉族，1973年10月生，山西平定人，硕士研究生学历，高级经济师，1997年10月加入中国共产党。

1996年2月，农行阳泉市分行平定支行岩会营业所会计、矿区支行营业室会计、副主任、主任；2002年10月，农行阳泉市分行矿区支行党支部委员、副行长，党支部副书记、副行长（主持工作）；2006年8月，农行阳泉市分行矿区支行党支部书记、行长；2010年9月至2016年3月，先后任农行大同市分行、阳泉市分行党委委员、副行长；2016年4月，农行阳泉市分行党委副书记、副行长（主持工作，2016年11月任党委书记）；2016年12月，农行阳泉市分行党委书记、行长；2017年9月，农行朔州市分行党委书记；2017年11月，农行朔州市分行党委书记、行长。

先后被农行山西省分行授予“先进工作者”“优秀团干部”“营销能手”“优秀行长”等称号；2005—2007年连续三年被评为山西省农行系统“优秀行长”；2008年度全国农行系统十大杰出青年；2010年获“全国劳动模范”称号。

郭新春

男，汉族，1969年12月生，山西山阴人，大学本科学历，高级经济师，2002年12月加入中国共产党。

1992年7月，农行朔州市支行办公室干事、人事科干事、信贷管理处副处长、机构业务部副经理（主持工作）；2008年6月，农行怀仁县支行行长、党委书记；2010年12月，农行朔州市分行党委委员、副行长。

2008年4月被农总行表彰为第三方存管先进个人；2016年5月被农行山西省分行授予“五一劳动奖章”；2017年2月被农行山西省分行评为“个贷业务先进个人”；2019年5月被农行山西省分行授予“信用卡业务先进个人”。

张　勇

男，汉族，1967年5月生，山西右玉人，大学本科学历，高级经济师，1993年10月加入中国共产党。

1985年5月，农行右玉县支行办公室干事、会计股联行员、威远营业所会计（主任）、支行办公室主任；2003年8月，农行右玉县支行党委委员、副行长（2007年7月主持工作）；2008年6月，农行右玉县支行党委书记、行长；2012年2月，农行朔州市分行党委组织部部长、人力资源部总经理；2013年10月，农行朔州市分行党委委员、副行长。

2003年7月被农行山西省分行党委表彰为“山西省分行优秀共产党员”；2012年2月被农行山西省分行评为“十佳支行行长”；2012年4月被山西省劳动竞赛委员会授予“山西省五一劳动奖章”。

冀　军

男，汉族，1968年10月生，山西原平人，大学本科学历，经济师，2000年9月加入中国共产党。

1988年12月，农行原平县支行会计股、营业室会计员；1993年10月，农行忻州市分行信贷股科员、古城办事处干事、副主任；2002年6月，农行山西省分行营业部营业室客户二部科员、客户一部科员、营业室副主任；2006年8月，农行山西省分行营业部营业室副科级、业务处副主任科员、大客户部客户二部经理、一部经理；2016年11月，农行朔州市分行党委委员；2017年2月，农行朔州市分行党委委员、副行长。

2009年4月，被农总行评为2008年度对公业务“百名优秀基层客户经理”；2011年12月，被农总行评为“中国农业银行大客户优秀客户经理”；2016年6月，被农行山西省分行机关委员会评为“2015年度优秀共产党员”。

杨巧云

女，汉族，1973年11月生，山西应县人，大学本科学历，高级经济师、高级政工师，1998年9月加入中国共产党。

1993年7月，农行大同市分行迎宾西路办事处会计、储蓄员、科员；1996年11月，农行大同市分行人事教育处科员、人事处科员；2006年2月，农行大同市分行党委组织部副部长、人事处副处长、人力资源部副经理、监察部总经理、党委组织部部长、人力资源部总经理；2017年11月，农行大同市分行党委委员、纪委书记；2018年3月，农行朔州市分行党委委员、纪委书记。

2003年7月，被评为中共中国农业银行山西省分行委员会优秀共产党员；2006年7月，被评为中共中国农业银行山西省分行委员会优秀党务工作者；2016年7月，被评为中共中国农业银行委员会中国农业银行优秀党务工作者。

王伟民

女，汉族，1969年8月生，山西朔城区人，大学本科学历，高级经济师，1996年7月加入中国共产党。其长兄王伟中现任第十九届中央候补委员、广东省委副书记、深圳市委书记。

1987年3月，农行朔县支行会计股、信贷股副股长、北关路办事处主任；1999年1月，农行朔州市分行营业部副主任、市场拓展处副处长、机构业务处副处长；2006年5月，农行朔州市分行府南支行行长；2011年8月，农行朔州市分行监控分中心副主任；2012年1月，农行平鲁区支行副行长（主持工作），12月任党委书记、行长；2016年4月，农行朔州市分行雁门支行党委书记、行长；2018年1月，农行朔州市分行资深专员。

2017年1月被授予农总行“共产党员岗位标兵”荣誉称号；2017年2月被评为农行山西省分行“共产党员岗位标兵”；2017年2月山西省人社厅、山西省妇女联合会“山西省巾帼建功标兵荣誉称号”；2017年4月山西省劳动竞赛委员会“山西省五一劳动奖章”。

□ 中国银行

王黎明

男，汉族，1953年11月生，山西繁峙人，大学本科学历，中共党员。

1984年7月，中行平朔支行党组书记、行长；1987年3月至1993年3月，中行山西省分行副行长（1987年3月至1988年3月，兼平朔支行行长）；1993年4月，中行海南省分行副行长；1995年，中行海南省分行行长；1999年，中行江西省分行行长。在朔任职期间，在全国中行系统率先开办人民币储蓄业务；连续五年获得中行山西省分行系统先进集体、信贷目标管理考核前三名的称号（2000年6月9日外逃美国；2001年11月22日由国际刑警组织发布红色通缉令，“百名红通人员”第58号）。

白志中

男，汉族，1957年3月生，山西五台人，硕士研究生学历，中共党员，高级经济师，20世纪70年代原雁北行署专员白效禹长子。

1986年5月，中行平朔支行办公室主任、党组成员、副行长；1988年3月，中行平朔支行党组第一副书记、第一副行长（主持工作）；1989年5月，中行平朔支行党组书记、行长；1995年7月，中行山西省分行综合计划处处长、办公室主任；后任中行宁夏回族自治区分行党委书记、行长，中行广西壮族自治区分行党委书记、行长，中行四川省分行党委书记、行长，中行广东省分行党委书记、行长，中银基金管理有限公司董事长等职；2017年3月退休。

张　炳

男，汉族，1954年8月生，山西朔城区人，大学本科学历，1980年加入中国共产党。

1976年4月，人行朔县支行出纳、会计；1980年1月，农行朔县支行会计股副股长、工商信贷股股长；1985年10月，中行平朔支行业务科副科长、稽核科科长；1987年9月，中行大同市分行副行长；1991年3月，中行晋城市分行第一副行长；1992年3月，中行晋城市分行党组书记、行长；1995年7月，中行平朔支行党组书记、行长，中行朔州市分行党组（委）书记、行长；2000年11月，中行山西省分行大同稽核中心主任；2007年1月，中行山西省分行巡视组组长；2014年8月退休。

赵启荣

男，汉族，1959年8月生，山西原平人，大学本科学历，1985年加入中国共产党。

1981年10月，人行原平县支行干部；1987年12月，中行原平县支行副行长、行长；1993年6月，中行忻州市分行副行长；1996年8月，中行长治市分行副行长

（主持工作）；1998年9月，中行长治市分行党委书记、行长；2000年11月，中行朔州市分行党委书记、行长；2005年7月，中行阳泉市分行党委书记、行长；2007年8月，中行大同市分行党委书记、行长；2009年12月，中行山西省分行资深经济师；2013年11月，中行山西省分行公司金融委员会副主席；2019年8月退休。

白云华

男，汉族，1961年10月生，山西忻州人，大学本科学历，1994年加入中国共产党。

1982年9月，忻州地区通用机械厂总工艺员、锻压机床厂企管科干事、工业普查办公室干事（1986年3月至1987年4月，日本广岛大学进修）；1987年12月，中行忻州市分行信贷科科员、副科长、信用卡部主任、证券部主任、营业部主任、信贷科科长；1998年11月，中行忻州市分行党委委员、副行长（2000年5月主持工作）；2001年11月，中行忻州市分行党委书记、行长；2005年5月，中行朔州市分行党委书记、行长；2010年1月，中行运城市分行党委书记、行长；2011年10月，中行山西省分行风险管理与内部控制委员会副主席。

韩玉辉

男，汉族，1960年11月生，山西平鲁人，大学本科学历，1979年加入中国共产党。

1977年1月，解放军51139部队服役；1982年1月，雁北地区供销社、中行平朔支行计划信贷科干事；1988年10月，中行应县支行信贷部股长、副行长；1990年9月，中行怀仁分理处副主任、中行雁北支行黄花场办事处副主任、主任；1995年5月，中行大同市分行纪委书记；2002年12月，中行晋中市分行副行长；2010年1月，中行朔州市分行党委书记、行长；2015年12月，中行大同市分行党委书记、行长。

左中和

男，汉族，1963年8月生，山西怀仁人，大学本科学历，1991年加入中国共产党。

1980年4月，雁北物资局机电公司会计、总经理、副总经理；1994年11月，中行大同市新区办事处副主任（正科）、西环路办事处主任、矿务局支行行长（副处级）；2002年11月，中行大同市分行党委委员、纪委书记；2006年3月，中行大同市分行副行长（2006年3月至2008年10月兼纪委书记）；2010年1月，中行大同市分行党委书记、行长；2015年12月至2016年11月，中行朔州市分行党委书记、行长；2018年8月，中行大同市分行公司金融部公司客户经理。

史晋旭

男，汉族，1965年8月生，山西五台人，大学本科学历，1986年加入中国共产党。

1983年12月，中国人民解放军86558部队服役；1988年4月，中行山西省分行营业部押运员、出纳科副科长、主任科员、会计科副科长（主持工作）、出纳科科长；1999年7月，中行太原平阳支行副行长；2008年12月，中行太原平阳支行行长；2014年4月，中行太原漪汾支行党委书记、行长；2016年11月，中行朔州市分行党委书记、行长；2019年10月，中行山西省分行机构业务部高级经理。

张　彦

男，汉族，1973年3月生，山西朔城区人，大学本科学历，2003年加入中国共产党。

1993年10月，中行平朔支行信用卡部科员、古北街分理处科员；1998年7月，中行朔州支行信用卡科科员、零售业务部科员；2003年5月，中行朔州市分行资产保全部副主任、个人金融部副主任、东门分理处副主任（主持工作）、主任、营业部主任；2011年9月，中行朔州市分行党委委员、副行长；2016年3月，中行晋城市分行党委书记、行长；2017年9月，中行太原经济技术开发区支行党支部书记、行长（中层经营管理正职）；2019年2月，中行太原综改区支行党支部书记、行长（中层经营管理正职）；2019年10月，中行朔州市分行党委书记、行长（2019年10月兼任太原综改区支行行长）。

王新民

男，汉族，1945年10月生，山西朔城区人，大学专科学历，中共党员，高级经济师，高级政工师。

1960年5月，朔县县委秘书处工作；1965年12月，怀仁县搞四清工作；1967年11月，太平窑水库党委副书记；1971年1月，朔县县委组织部干事；1972年12月，朔县窑子头公社副主任、党委委员；1981年11月，朔县福善庄公社副书记；1983年1月，雁北地区房产局副局长；1984年12月，中行平朔支行纪检书记兼办公室主任；1987年3月至1987年9月，中行平朔支行纪检组组长；1988年12月，中行大同市支行副行长（主持工作），1989年12月任行长；1996年6月，中行山西省分行工会副主任。

白树屏

男，汉族，1951年8月生，山西五台人，大学专科学历，中共党员。20世纪80年代原雁北地委书记白兴华之子。

1986年12月至1988年3月，中行平朔支行办公室主任；1987年3月至1988年6月，中行平朔支行工会主席；1988年3月至1990年11月，中行平朔支行党组成员、副行长；1990年12月，中行雁北分行副行长（主持工作）；1993年5月，中行太原市分行行长；1998年，中行四川省分行副行长（主持工作），2000年任行长；2007年10月，中行河南省分行行长。

耿　海

男，汉族，1948年1月生，山西平鲁人，大学本科学历，中共党员。

1987年9月至1988年9月，中行平鲁县支行副行长；1988年9月至1993年12月，中行平鲁区支行行长；1993年10月，中行平朔支行党组成员、副行长；1998年12月至2003年4月，中行朔州市分行党委委员、副行长（自2000年9月起，兼任党委副书记）。2008年1月退休。

王滋玉

男，汉族，1937年3月生，山西朔城区人，初中文化，中共党员。

1976年至1980年1月，人行朔县支行支部书记；1980年1月至1986年11月，农行朔县支行行长；1988年3月至1993年10月，中行平朔支行总稽核；1995年2月至1995年7月，中行平朔支行党组成员、副行长；1995年7月至1997年3月，正处级调研员。1997年3月退休。其长子王伟中现任第十九届中央候补委员、广东省委副书记、深圳市委书记。

王　佐

男，汉族，1948年7月生，山西平鲁人，大学专科学历，中共党员。

1985年4月至1986年6月，中行平朔支行业务科副科长；1986年7月至1992年10月，中行平朔支行信贷科科长；1992年11月至1993年9月，中行平朔支行证券业务部经理；1993年10月至2003年8月，中行朔州市分行副行长；2003年8月，中行朔州市分行副处级职务；2008年7月退休。

李子明

男，汉族，1942年6月生，山西朔城区人，初中文化，中共党员。

1984年7月至1994年4月，中行平朔支行会计出纳科副科长（主持工作）、科长；1993年10月至2000年2月，中行朔州市分行总稽核；2000年2月，中行朔州市分行副处级调研员；2002年6月退休。

张步皋

男，汉族，1941年12月生，山西朔城区人，大学本科学历，高级经济师，1973年加入中国共产党。

1963年1月，朔县小平易公社干事；1964年5月至1965年5月，朔县小平易供销社售货员；1965年6月至1974年10月，朔县小平易信用社会计、出纳、财管员；

1974年11月至1980年1月，人行朔县支行社队财务管理员；1980年2月至1983年12月，农行朔县支行办公室副主任；1984年1月至1985年9月，农行平鲁县支行行长；1986年4月至1993年9月，中行平朔支行综合计划科科长；1993年10月至2000年2月，中行朔州市分行总经济师；2000年2月副处级调研员；2001年12月退休。

赵日太

男，汉族，1934年1月生，山西山阴人，中专学历，中共党员。

1988年3月至1993年10月，中行平朔支行纪检组组长；1993年10月至1995年9月，中行平朔支行正处级调研员。

詹　俊

男，汉族，1949年9月生，山西浑源人，大学专科学历，中共党员。

1988年12月至1995年3月，中行平朔支行人事科长、办公室主任、工会主席；1995年4月，中行山西省分行办公室副主任；1999年8月，中行阳泉市分行行长；2000年12月至2004年6月，中行大同市分行行长；2009年9月退休。

牛根荣

男，汉族，1962年3月生，河北衡水人，大学本科学历，会计师，1997年11月加入中国共产党。

1981年10月，山西省太原市五金工业公司会计；1987年5月，中行山西省分行存款处科员；1992年5月至1998年12月，先后任中行山西省分行信用卡部科员、控制科科长、控制科主任科员；1998年12月，中行朔州市分行副行长（挂职）；2000年11月，中行山西省分行零售业务处副处长；2005年10月，中行山西省分行个人金融部副总经理；2008年10月，中行山西省分行银行卡部总经理。

周愈胜

男，汉族，1956年10月生，山西朔城区人，大学本科学历，中共党员。

1974年9月参加工作，先后在民办学校、雁北师专、冶金地质队任职；1987年，任职于中行平朔支行；1990年，中行雁北分行办公室主任；1992年，中行雁北分行纪检组组长；1994年，中行吕梁市分行副行长（主持工作）；1996年，中行大同市分行副行长兼矿务局支行行长；2002年11月至2011年9月，中行朔州市分行党委委员、副行长；2011年9月至2016年9月，中行朔州市分行文明优质服务督导。2016年10月退休。

张利生

男，汉族，1962年6月生，山西大同人，大学本科学历，中共党员。

1981年6月，大同市蔬菜公司研究所出纳员；1986年6月，调入中行平朔支行，从事外币兑换工作；1989年7月，在中行平朔支行从事外汇结算工作；1990年4月至1990年10月，在中总行营业部天津分行国贸处跟班学习；1992年5月，中行平朔支行营业部副主任；1995年11月，中行朔州市支行营业部主任；2000年，中行平朔支行行长；2006年4月，中行朔州市分行副行长；2018年3月，转聘为高级经理。

赵继宏

男，汉族，1963年8月生，山西平鲁人，大学本科学历，中共党员。

1992年2月至1993年5月，中行平鲁区支行副行长；1993年5月至2008年9月，先后任中行朔州市分行信用卡业务部经理、办公室主任；2008年10月至2011年9月，中行朔州市分行党委委员、副行长；2012年9月至2015年10月，中行阳泉市分行行长。

耿晋耀

男，汉族，1952年10月生，河北阜平人，大学本科学历，中共党员。

1993年10月至1999年11月，中行平朔支行纪检组组长；1999年11月至2006年3月，中行朔州市分行纪委书记；2006年3月至2008年10月，中行朔州市分行党委委员、纪委书记兼工会工作委员会主任、工会主席；2008年10月至2012年11月，中行朔州市分行文明优质服务督导。

仝振军

男，汉族，1960年11月生，山西怀仁人，大学本科学历，中共党员。

1989年4月至1993年5月，中行朔城区支行副行长；1993年5月，中行新市区办事处主任；1995年至1998年，中行朔城区支行行长；2011年11月至2014年3月，中行朔州市分行党委委员；2013年4月至2014年3月，中行朔州市分行副行长；2019年10月，中行朔州市分行文明优质服务督导。

杨　明

男，汉族，1965年4月生，山西平鲁人，大学本科学历，中共党员。

2008年10月至2017年11月，中行朔州市分行党委委员；2011年11月至2015年12月，中行朔州市分行党委委员、副行长、纪检书记；2015年12月至2017年11月，中行朔州市分行党委委员、副行长；2017年12月，中行太原鼓楼支行党委委员、纪检书记。

王　巍

女，汉族，1971年8月生，辽宁抚顺人，大学本科学历，中共党员。

2011年9月至2014年3月，中行朔州市分行党委委员、副行长；2011年11月起，兼任财务总监；2014年4月起，中行山西省分行计划财务部副总经理。

武志刚

男，汉族，1971年3月生，山西沁县人，大学本科学历，2006年加入中国共产党。

1992年8月，中行太原市分行办公室干事、营业部清算岗会计、办公室宣传综合岗干事；1999年6月，中行山西省分行行长办公室秘书、资金计划处统计科统计员、副科长；2005年12月，中行山西省分行计划财务部经营规划与产品管理团队主管、计划财务部高级经理（2008年10月至2009年5月兼经营规划与产品管理团队主管）、财务管理部高级经理；2014年3月，中行朔州市分行党委委员、副行长（2014年5月至2015年12月兼财务总监）。

齐　晓

男，汉族，1971年1月生，山西广灵人，大学本科学历，2000年加入中国共产党。

1993年5月，广灵县广灵商场员工、中行大同市北岳办事处会计、出纳、会计股长、城区支行操场城办事处会计股长；2000年3月，中行大同市南郊支行副行长；2009年10月，中行大同市勘探街支行行长；2015年12月，中行太原市经济技术开发区支行党支部委员、副行长（中层经营管理副职）；2016年3月，中行朔州市分行党委委员、副行长。

韩锦鹏

男，汉族，1983年3月生，山西娄烦人，硕士研究生学历，2007年加入中国共产党。

2008年7月，中行山西省分行营业部储蓄柜员、法律与合规部法律团队助理经理、风险管理部综合管理团队助理经理、消费信贷风险管理团队经理、综合管理团队经理、综合管理团队主管；2017年11月，中行朔州市分行党委委员、副行长（基层经营管理正职职级，挂职）；2019年4月，中行朔州市分行党委委员、副行长。

白彦峰

男，汉族，1969年6月生，山西五台人，大学本科学历，1998年加入中国共产党。

1989年8月，中行忻州市分行计划科科员、信用卡业务部副主任、综合计划科副科长；2000年3月，中行五台县支行副行长（2006年3月主持工作）；2007年5月，中行五台县支行行长；2010年4月，中行忻州市分行综合管理部主任；2014年3月，中行阳泉市分行党委委员、纪委书记；2017年11月，中行朔州市分行党委委员、纪委书记（2017年12月兼工会主席）。

□　建设银行

李　惠

男，汉族，1953年3月生，山西山阴人，硕士研究生学历，高级经济师，高级会计师，山西财经大学兼职教授，1971年4月加入中国共产党。

1975年8月，人行山阴县支行马营营业所；1978年，建行雁北支行干事、副科长、科长；1988年11月，建行朔州市支行筹备组副组长、副行长；1991年4月，建行朔州市支行副行长（主持工作）；1992年6月，建行朔州市支行行长；1997年7月，建行大同市分行行长；1999年3月，建行山西省分行副行长；2007年8月，建总行驻宁夏区分行总监；2013年，宁夏区政府参事。

杨英庭

男，汉族，1954年3月生，山西大同人，大学本科学历，高级经济师，1988年加入中国共产党。

1970年10月，大同钢厂机修车间工人；1979年6月，建行大同市支行拨款科业务员、副科长、广场办事处主任；1997年8月，建行朔州市支行副行长；1999年4月，建行朔州市分行行长；1999年11月，建行大同审计办事处主任；2002年4月，建行大同市分行党委副书记；2011年3月，建行大同分行调研员，2014年5月退休。

郭凤唐

男，汉族，1960年12月生，山西平鲁人，大学本科学历，高级经济师，1990年加入中国共产党。

1982年8月，建行神头电厂支行业务科干部、科员、神头电厂专业支行业务科科长；1990年7月，建行平鲁区支行行长；1993年2月，兼任建行山西省分行万家寨水利专业支行平鲁办事处主任；1996年4月，建行山西省分行神头电厂专业支行行长；1998年4月，建行朔州市支行党组成员、副行长；1999年12月，建行朔州市分行党委书记、行长；2005年3月，建行忻州分行党委书记、行长；2007年1月，建行山西省分行五台山培训中心总经理；2008年2月，建行山西省分行总务部调研员（正处级）。

靳悦德

男，汉族，1953年8月生，河北怀安人，大学本科学历，高级经济师，1986年加入中国共产党。

1969年9月，大同南郊区口泉乡插队；1972年10月，人行大同市支行口泉办事处干部；1979年6月，建行口泉办事处干部、副主任、主任；1993年11月，建行大同市南郊区支行行长、铁道专业支行行长；1995年10月，建行大同市分行党委委员、副行长；1999年5月，建行大同市分行党委书记、行长；2005年3月，建行朔州分行党委书记、行长；2006年12月，建行山西省分行信贷审批部专职贷款审批人、调研员（部门总经理级）；2013年9月退休。

李彦宁

男，汉族，1962年6月生，河北定州人，大学本科学历，经济师，1992年加入中国共产党。

1980年12月，建行交口县支行干部、科员、副行长、行长；1995年8月，建行阳泉分行党组成员、副行长；2003年8月，建行阳泉分行党委副书记、副行长；2006年12月，建行朔州分行党委书记；2007年4月，建行朔州分行党委书记、行长；2011年3月，建行山西省分行信用卡业务部总经理；2019年7月，建行山西省分行信用卡业务部高级专家。

杨　军

男，汉族，1962年12月生，山西左权人，大学本科学历，经济师，1985年加入中国共产党。

1980年12月，建行左权县支行干部、副行长、行长；1994年3月，建行晋中市支行副行长、党组（委）成员；2002年4月，建行山西省分行总审计室现场审计二处处长、高级经理；2008年4月，建行太原并州支行风险主管；2011年3月，建行朔州分行党委书记、主要负责人；2011年5月，建行朔州分行党委书记、行长；2016年2月，建行山西省分行内控合规部（法律事务部）总经理；2019年10月，建行山西省分行内控合规部（法律事务部）高级专家。

杨浩宇

男，汉族，1970年10月生，山西运城人，大学本科学历，政工师，1990年加入中国共产党。

1985年6月，运城市盐化局劳动服务公司职工；1987年10月，中国人民武装警察部队山西省总队直属第二支队战士、太原指挥学院武警指挥专业学员、山西省总队直属第二支队干部；1996年9月，建行太原市分行干部、建行山西省分行人事教育部科员、机关科副主任科员、劳资科副科长、科长、业务经理；2005年6月，建行山西省分行总审计室人力资源业务经理、高级副经理、高级经理、处长、机构业务部副总经理、私人银行部总经理；2016年1月，建行朔州分行党委书记、主要负责人（2016年2月任行长）；2019年10月，建行山西省分行总务部总经理。

王晓亮

男，汉族，1980年8月生，山西壶关人，硕士研究生学历，高级经济师，2002年加入中国共产党。

2003年7月，建行太原钢城支行胜利东街储蓄所干部，并州支行人力资源部干部、二级业务员，电子信息部二级业务员、一级业务员；2007年6月，建行山西省分行人力资源部统筹科、薪酬科、绩效管理科一级业务员；2013年7月，建行山西省分行工会办公室/公共关系与企业文化部团委书记；2016年5月，建行长治分行交流挂职；2017年5月，建行长治分行党委委员、副行长；2018年4月，建行山西省分行机构业务部副总经理；2019年10月，建行朔州分行党委书记、行长。

吴建业

男，汉族，1966年11月生，山西朔州人，大学本科学历，经济师，1995年加入中国共产党。

1997年9月，建行平鲁区支行行长；1998年2月，建行朔州市支行营业部主任；2001年3月，建行朔州市分行城区支行行长；2002年4月，建行大同市煤炭支行行长；2005年3月，建行大同分行纪委书记、党委委员；2011年4月，建行朔州分行纪委书记、副行长、党委委员；2012年10月，建行朔州分行副行长、党委委员。

王奇邦

男，汉族，1970年11月生，山西山阴人，大学本科学历，经济师，1999年加入中国共产党。

1999年4月，建行朔州市分行团委副书记（副科级）、办公室副主任、办公室（党委办公室）主任；2004年9月，建行朔州分行营业部党支部书记、主任、行长助理；2014年11月，建行朔州分行党委委员、副行长。

杨静霞

女，汉族，1972年3月生，山西广灵人，大学本科学历，经济师，1992年加入中国共产党。

2006年4月，建行大同市同泉路支行主要负责人、行长、党支部书记；2010年2月，建行大同分行财富管理中心主任、私人银行经理、个人金融部兼私人银行经理、个人金融部经理；2016年12月，建行朔州分行党委委员、副行长。

李鸿涛

男，汉族，1978年7月生，山西交口人，大学本科学历，经济师，2014年加入中国共产党。

2009年2月，建行山西省分行投资银行部一级业务员、投资银行业务部一级业务员、业务副经理（主持工作）、业务经理、业务部科长；2019年10月，建行朔州分行党委委员、副行长。

赵　芳

女，汉族，1971年10月生，山西朔城区人，大学本科学历，政工师，2002年加入中国共产党。

2005年2月，建行朔州分行团委书记、办公室副主任、办公室党委秘书、办公室主要负责人、办公室主任；2016年5月，建行山西省分行电子银行部副总经理（交流挂职）；2018年5月，建行朔州分行高级客户经理。

马　骥

男，汉族，1965年5月生，山西平陆人，大学本科学历，经济师，1995年加入中国共产党。

1999年5月，建行朔州市分行信贷管理委员会办公室副主任、风险管理部副经理、风险经理；2011年7月，建行朔州分行公司业务部主要负责人、经理；2016年7月，建行朔州分行高级副经理。

□　交通银行

戎占宝

男，汉族，1965年9月生，山西平鲁人，大学本科学历，2001年8月加入中国共产党。

1981年11月，部队服役、铁道部大同机车厂干事、农行大同南郊红旗办事处、工农路办事处干事；1998年8月，农行大同市振兴街分理处主任、新世纪支行行长、振华支行副行长；2010年8月，交行山西省分行大客户部副高级经理；2010年12月，交行大同分行副行长；2011年9月，交行朔州分行党委书记、行长；2017年2月，交行大同分行党委书记、行长。

李　震

男，汉族，1976年7月生，山西山阴人，硕士研究生学历，1999年1月加入中国共产党。

1992年12月，右玉县汽车运输公司干事、工行大同分行牡丹信用卡部科员；2000年11月，工行大同分行团委书记（副科级）、鼓楼支行副行长、广场支行副行长、大同县支行副行长（主持工作）；2006年7月，工行大同县支行行长、工行大同分行公司业务部经理；2010年6月，交行山西省分行公司业务部副高级经理；2010年12月，交行大同分行副行长；2017年2月，交行朔州分行副行长（主持工作）；2017年6月，交行朔州分行党委书记、行长。

戎标仁

男，汉族，1965年11月生，山西平鲁人，大学本科学历，1985年4月加入中国共产党。

2002年5月，曾任工行怀仁县支行副行长（正科级）、工行朔州市分行个人金融业务部经理；2005年6月，工行平朔支行行长、工行振华支行副行长（正行级）、行长；2011年7月，交行大同分行副行长；2011年9月，交行朔州分行副行长。

赵开成

男，汉族，1971年6月生，山西朔州人，大学本科学历，1997年7月加入中国共产党。

2011年3月，交行山西省分行大客户五部副总经理兼朔州分行党委委员；2011年10月，交行朔州分行副行长、纪委书记、工会主席；2015年1月，交行大同分行副行长、兼公司业务管理部总经理；2018年3月，交行大同分行副行长挂职浑源县副县长。

徐利平

女，汉族，1968年8月生，重庆人，大学专科学历，1987年12月加入中国共产党。

2010年6月，交行山西省分行个人金融业务部高级市场推广经理；2010年10月，交行大同分行副行长；2015年1月，交行朔州分行副行长；2018年3月，交行大同分行副行长。

王小丽

女，汉族，1963年2月生，山西太原人，大学本科学历。

2005年11月，交行太原城北支行副行长兼会计主管、车站支行副行长、建南支行副行长兼会计主管；2011年3月，交行山西省分行会计结算部副高级经理、大客户五部副总经理；2011年9月，交行朔州分行副行长。

张旭峰

男，汉族，1974年4月生，山西高平人，大学本科学历，1996年11月加入中国共产党。

2004年1月，交行晋城新市街支行会计科长、会计结算部检查辅导员、副总经理、总经理；2015年7月，交行朔州分行纪委书记、行长助理、副行长；2017年8月，交行长治分行副行长。

田立红

男，汉族，1973年10月生，山西晋中人，硕士研究生学历，2013年5月加入中国共产党。

2005年7月，交行太原分行营业部会计主管、兴华街支行副行长；2011年1月，历任交行太原并州路支行副行长、新建北路支行副行长、长风支行副行长、并西支行副行长、行长助理、五一路支行行长助理；2017年9月，交行朔州分行行长助理；2019年1月，交行朔州分行副行长。

孟庆玲

女，汉族，1972年5月生，山西太原人，硕士研究生学历，2009年12月中国共产党。

2004年11月至2011年12月，历任交行太原亲贤北街支行副行长、文源巷支行副行长、朝阳街支行副行长、水西关支行副行长、桃园南路支行副行长、朝阳街支行副行长；2012年1月至2018年2月，历任交行山西省分行桃园南路支行副行长、行长、旱西关支行行长；2018年3月，交行朔州分行行长助理。

□ 邮政储蓄银行

雷文平

男，汉族，1970年7月生，山西朔州人，大学本科学历，经济师，1997年12月加入中国共产党。

1991年8月，大同市邮电局邮政科科员、速递局局长助理、邮政运营部副主任；1998年12月，大同市邮政局南郊邮政局局长；2001年10月，大同市邮政局经营服务部主任、市场部主任；2006年1月，市邮政局副局长；2008年5月，邮储银行朔州市分行党委书记、行长。

闫兴华

男，汉族，1965年2月生，山西兴县人，大学本科学历，助理政工师，1993年7月加入中国共产党。

1982年7月，忻州武警支队战士；1985年10月，兴县邮电局营业员、财务会计、综合办秘书、工会主席、副局长；2000年10月，吕梁市邮政局工委副主任、岚县邮政局局长、兴县邮政局局长；2008年2月，邮储银行吕梁市分行副行长；2010年1月，邮储银行朔州市分行党委书记、行长。

王保平

男，汉族，1967年4月生，山西离石人，大学本科学历，1995年3月加入中国共产党。

1990年7月，太原市邮政局尖草坪支局营业员、储汇局储蓄管理员；1995年6月，太原市邮政局储汇局副局长、城北中心局副局长；1999年8月，太原市邮政局储汇局局长；2000年10月，省邮政局储汇局挂职锻炼、太原市邮政局业务部副主任、古交市邮政局局长；2005年4月，太原市邮政局助理调研员（2005年7月，兼计财部主任）；2006年1月，大同市邮政局副局长、邮储银行大同市分行党委书记、行长；2011年1月，邮储银行太原市分行党委书记；2012年7月，邮储银行朔州市分行党委书记、行长。

李建峰

男，汉族，1972年5月生，山西临汾人，大学本科学历，经济师，1999年6月加入中国共产党。

1989年11月，临汾地区邮电局邮政分局干事；1998年10月，临汾市邮政局速递分局副局长（1999年2月主持工作）；2002年1月，临汾市邮政局速递分局局长；2006年5月，临汾市洪洞县邮政局局长；2008年3月，邮储银行临汾市分行副行长；2008年12月，邮储银行临汾市分行党委委员、工会主席、副行长；2010年1月，邮储银行临汾市分行党委委员、纪委书记、副行长；2011年12月，邮储银行临汾市分行党委委员、高级经理、纪委书记、副行长；2014年9月，邮储银行朔州市分行党委书记、行长。

第三节　股份制商业银行

□　招商银行

丁俊田

男，汉族，1965年11月生，山西原平人，大学本科学历，经济师，中共党员。

1986年7月，宁武县林业局技术员、中行原平县支行干事；1996年1月，中行定襄县支行副行长、中行太原北城支行副行长、中行太原鼓楼支行风险保全部主任、五一路支行行长；2008年7月，招行太原分行公司一部副总经理、兴华街支行行长；2011年11月至2013年9月，招行朔州分行党委书记、行长。

任康玉

男，汉族，1969年2月生，山西河津人，硕士研究生学历，中共党员。

1992年7月，农行山西省分行信托投资公司证券业务部干事、驻上海证券交易所交易员、大客户管理员；1997年1月，农行晋阳支行办公室副主任、主任；2003年4月，农行太原市分行晋贸支行行长、晋阳支行公司业务部经理；2008年7月，招行太原分行公司银行部总经理助理、总经理；2013年9月至2015年5月，招行朔州分行党委书记、行长。

王锁林

男，汉族，1968年5月生，山西原平人，硕士研究生学历，中共党员。

1984年，工行大同分行矿务局支行会计员、出纳员、出纳科长、公存科长、副行长，南郊支行行长；2009年11月，中信银行大同分行行长；2012年7月，中信银行太原分行战略客户部总经理；2013年7月，招行大同分行筹备组组长；2015年5月至2017年4月，招行朔州分行党委书记、行长。

陈　亮

男，汉族，1968年9月生，山西大同人，大学本科学历，经济师，中共党员。

1985年，大同县五中任教；1990年，工行大同分行干事、会计结算部副经理；2007年2月，工行大同分行结算与现金管理部（含电子银行二级部）经理及机构业务部（含资产托管二级部）经理；2008年9月，工行大同分行城区支行行长；2013年12月，招行大同分行筹备组副组长；2015年6月，招行朔州分行副行长；2017年4月至2019年1月，招行朔州分行党委书记、行长。

文　军

男，汉族，1974年7月生，山西垣曲人，硕士研究生学历，中共党员。

1991年，中国人民解放军86025部队参军；1997年，中行太原朝阳街支行、并州支行信贷、会计干事；1999年，光大银行太原分行客户经理、业务副经理；2004年，浦发银行太原分行客户经理、高新区技术产业开发区支行副行长；2008年，招行太原分行营业部总经理、公司银行部特大客户团队负责人、资产托管部总经理；2019年1月，招行朔州分行党委书记、行长。

黄立胜

男，汉族，1969年11月生，江苏江阴人，大学专科学历，中共党员。

1996年8月，建行太原并州支行个人银行业务部科员、辅导员、副经理、五级客户经理；2006年8月，建行太原迎泽支行个人金融部经理；2011年12月，招行太原分行营业部总经理助理、零售金融事业部专业序列高级一级、零售银行部总经理助理；2019年12月，招行朔州分行党委委员、纪委书记。

□　浦发银行

王兴河

男，汉族，1969年12月生，山西忻州人，大学本科学历，2009年7月加入中国共产党。

1990年7月，太原市工业经济学院工业与民用建筑专业毕业；1990年9月，工行古交市支行会计、储蓄柜员、信贷员、信贷科长（2000年，中央党校经济管理学院毕业）；2004年2月，浦发银行太原分行公司五部客户经理、高新支行客户经理；2006年4月，浦发银行太原分行漪汾街支行副行长、行长；2011年11月，浦发银行朔州分行筹备组员；2012年10月，浦发银行朔州分行党委书记、行长；2014年8月，浦发银行太原同城支行行长。

刘 航

男，汉族，1981年8月生，河北定州人，大学本科学历，2010年7月加入中国共产党。

2005年1月，浦发银行太原分行风险管理部干事；2009年6月，浦发银行忻州分行行长助理、副行长；2010年1月，浦发银行太原分行个人银行风险管理部总经理、漪汾街支行行长；2015年7月，浦发银行朔州分行行长（2014年12月任党委书记）；2018年2月，浦发银行太原分行投资银行部总经理。

赵陆海

男，汉族，1969年2月生，山西定襄人，大学本科学历，2012年6月加入中国共产党。

1989年7月，中行山西省分行营业部干事；1993年6月，中行太原市分行信息科技处处长助理、副科长；2003年5月，中行山西省分行零售银行部消费信贷团队经理；2006年5月，招行太原分行零售业务负责人；2007年7月，浦发银行太原分行双西支行副行长；2008年1月，浦发银行太原分行财富管理部总经理、公司业务管理部总经理、营业部总经理；2018年3月，浦发银行朔州分行党委书记（党支部书记）、行长。

杨生梅

女，汉族，1976年6月生，山西平鲁人，硕士研究生学历，2004年10月加入中国共产党。

2002年4月，工行牡丹支行会计股股长；2008年12月，工行朔州分行运管部副经理、报表中心主任兼财务会计部副经理；2011年10月，浦发银行朔州分行筹建组工作；2012年11月，浦发银行朔州分行行长助理；2016年7月，浦发银行朔州分行副行长；2017年7月，浦发银行太原迎泽支行行长。

高旭峰

男，汉族，1981年6月生，山西太原人，大学本科学历，2016年12月加入中国共产党。

2011年1月，浦发银行朔州分行公司客户经理、风险管理部总经理、行长助理；2017年10月，浦发银行太原分行特殊资产管理部总经理助理；2019年3月，浦发银行太原分行事业法人部客户经理。

刘慧生

男，汉族，1974年10月生，山西忻州人，大学本科学历，2000年12月加入中国共产党。

1999年10月，中行原平市支行前东分理处主任、体南分理处主任、铁路分理处主任、广场分理处主任；2009年4月，浦发银行忻州分行个金部总经理、综合营销部副总经理、总经理兼办公室主任、综合营销部总经理兼七一路支行筹备负责人；2013年6月，浦发银行忻州分行七一路支行行长；2016年6月，浦发银行忻州分行公司业务部负责人、业务管理部总经理；2017年11月，浦发银行朔州分行行长助理；2019年7月，浦发银行朔州分行副行长。

范顺东

男，汉族，1984年10月生，山西运城人，大学本科学历，2014年6月加入中国共产党。

2010年12月，浦发银行太原分行高新支行、羊市街支行客户经理；2011年9月，浦发银行太原分行羊市街支行营销团队负责人、综合营销部负责人；2013年7月，浦发银行运城分行盐湖支行副行长、太原羊市街支行行长助理、晋中分行党委委员、晋中分行副行长；2017年9月，浦发银行朔州分行副行长；2019年6月，浦发银行太原分行资金财务部负责人。

陈志军

男，汉族，1977年11月生，山西晋城人，大学本科学历，2005年6月加入中国共产党。

1997年8月，工行晋城分行牡丹支行营业部副经理兼出纳科长、储蓄科长、系统管理部副经理兼团支部书记、市场部副经理兼团支部书记、行长助理兼团支部书记；2005年7月，工行晋城分行古书院支行行长、孟匠支行行长、景西路支行行长、党支部书记；2010年6月，兴业银行太原分行营销四部工作、晋城支行零售部负责人；2011年6月，浦发银行太原分行零售业务部员工、总经理助理；2017年8月，浦发银行晋中分行行长助理；2019年7月，浦发银行朔州分行副行长。

□ 华夏银行

纪建华

女，汉族，1968年7月生，山西太原人，大学本科学历，经济师，2015年10月加入中国共产党。

1988年1月，太原市南郊区粮食局、省化工进出口公司干事；1994年12月，交行太原分行国际部、私人金融处营销科干事、私人金融业务处二级专务、营销科副科长、国师街分理处副主任、城坊西街分理处副主任、城坊西街支行副行长（主持工作）；2005年9月，兴业银行太原分行业务拓展三部干事；2008年12月，华夏银行太原分行公司业务部副总经理；2010年10月，华夏银行太原分行北城支行负责人、行长；2014年5月，华夏银行朔州分行筹备组组长；2015年12月，华夏银行朔州分行党支部书记、行长；2017年4月，华夏银行太原分行营业部总经理、消费者保护办公室6级行员。

2007年担任太原市杏花岭区政协委员、太原市工商联合会常委，2014年担任山西省朔州市政协常委。

孟瑞鸿

男，汉族，1970年6月生，山西怀仁人，博士研究生学历，经济师，2002年12月加入中国共产党。

1999年7月，山西煤炭工业管理局服务公司业务科科长；2005年6月，太原市商业银行体育路支行行长、迎泽东大街支行行长；2009年8月，晋商银行太原分行公司业务一部总经理兼投资银行部总经理；2013年7月，晋商银行龙城支行党委委员（2013年9月任副行长）；2014年6月，晋商银行忻州分行副行长、金融同业部副总经理；2015年7月，华夏银行大同分行负责人；2015年12月，华夏银行大同分行副行长（主持工作）；2017年4月，华夏银行朔州分行负责人；2017年10月，华夏银行朔州分行党支部书记、行长。

顾爱明

男，汉族，1970年7月生，山西偏关人，硕士研究生学历，中级经济师，中共党员。

1993年6月，建行朔州市支行办公室科员、副主任、城区支行副行长；2002年4月，建行朔州市分行企业文化部总经理、平鲁支行行长、党委宣传部部长；2011年6月，浦发银行朔州分行综合营销部总经理；2015年10月，华夏银行朔州分行行长助理；2018年2月，华夏银行朔州分行副行长。

霍丙峰

男，汉族，1978年3月生，山西山阴人，硕士研究生学历，中级经济师，中共党员。

1995年12月，怀仁县联社会计、云中信用社副主任、朔城区联社营业部副主任兼稽核科副科长、业务科科长、营业部主任、开发路信用社主任；2011年7月，交行朔州分行公司业务部总经理、营业部总经理、城区支行行长；2015年10月，华夏银行朔州分行行长助理；2018年2月，华夏银行朔州分行副行长。

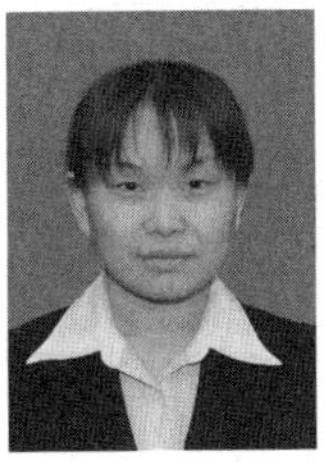

吕建萍

女，汉族，1971年6月生，山西清徐人，大学本科学历，经济师，中共党员。

1999年11月，华夏银行太原分行滨河西路支行营业部会计主办、长风街支行任营业部副经理、会计部主管；2017年12月，华夏银行朔州分行行长助理；2018年2月，华夏银行朔州分行副行长。

第四节　城市商业银行

□　大同银行

裴　云

男，汉族，1960年12月生，山西运城人，大学专科学历，高级政工师，1991年加入中国共产党。

1988年5月，中行大同市分行信贷员；1990年4月，中行雁北分行信贷科科长、康乐街信用社主任；2001年1月，大同市商业银行北都支行行长；2011年4月，大同银行朔州分行党总支部书记、行长，兼任朔州市红十字会副会长。

张有祥

男，汉族，1971年4月生，山西山阴人，大学本科学历，助理经济师，2003年加入中国共产党。

1994年7月，人行山阴县支行保卫股副股长、监管股副股长；2004年1月，朔州银监分局山阴办事处副主任；2011年1月，朔州银监分局监察科纪检监察；2012年12月，大同银行朔州分行副行长。

□　晋商银行

关　健

男，满族，1971年10月生，吉林人，大学本科学历，1992年3月加入中国共产党。

1989年12月，工行大同分行新建路办事处电厂分理处储蓄员、红旗商场储蓄所主任、车厂分理处主任、储蓄部副经理、资金营运部经理、御河北路办事处主任助理、御河北路支行副行长；2004年2月，工行大同分行资产管理中心副经理、资产风险部副经理；2007年3月，工行山西省分行派驻大同分行风险管理工作组副经理、经理；2009年2月，工行大同分行风险管理部、信贷管理部经理、西花园支行行长；2012年2月，晋商银行大同分行副行长；2016年2月，晋商银行朔州分行党总支副书记、副行长（主持工作）；2018年2月，晋商银行大同分行党总支书记、行长。

罗红秀

男，汉族，1974年4月生，山西朔城区人，大学本科学历，2000年12月加入中国共产党。

1995年7月，工行朔州市支行营业部会计、工商信贷员、国际结算岗干事；2005年9月，工行朔州分行营业部副主任、国际业务部副主任、振华支行副行长；

2005年9月，山阴县农村信用联社干事；2009年10月，邮储银行朔州市分行综合业务部副经理；2010年5月，邮储银行朔州市分行平鲁区新城支行行长；2011年6月，邮储银行朔州市分行公司业务部经理；2011年12月，晋商银行朔州分行行长助理；2013年11月，晋商银行朔州分行副行长；2018年2月，晋商银行朔州分行党总支副书记、副行长（主持工作）。

王宏明

男，汉族，1975年12月生，山西平鲁人，大学本科学历，2006年6月加入中国共产党。

2000年7月，建行平鲁区支行会计科干部、建行朔州市分行人力资源部科员；2010年2月，建行朔州分行翠丰苑分理处副主任、党支部委员；2012年1月，晋商银行朔州分行综合办公室主任；2015年1月，晋商银行平鲁区支行行长；2017年7月，晋商银行朔州分行营业部经理；2018年2月，晋商银行朔州分行党总支委员、行长助理。

杨　波

男，汉族，1980年9月生，山西五台人，大学本科学历，1998年3月加入中国共产党。

1996年12月至1998年12月，六十三集团军司令部打字员；1999年5月，交行太原分行客户经理；2008年7月，渤海银行太原市分行客户经理；2010年7月，中信银行新建南路支行公司部负责人；2013年7月，晋商银行太原分行小店支行行长、龙城支行营业部经理、迎泽支行行长；2017年11月，晋商银行太原分行龙城支行公司业务八部负责人；2018年2月，晋商银行朔州分行党总支委员、行长助理。

□　晋城银行

张国兴

男，汉族，1969年5月生，山西高平人，硕士研究生学历，中级经济师，1993年1月加入中国共产党。

1993年7月，农行晋城市分行城区支行信贷科长、客户部经理；2001年11月，农行晋城市分行综合办主任、泽州县支行副行长、金穗支行行长；2011年11月，农行晋城市分行“三农”金融部总经理；2013年10月，晋城银行朔州分行行长；2015年1月，晋城银行小草银行项目组组长；2016年1月，晋城银行村镇银行管理部太行分校主任；2017年11月，晋城银行机构金融部总经理助理；2019年8月，晋城银行村镇银行管理部副总经理。

夏　彦

男，汉族，1972年7月生，山西天镇人，硕士研究生学历，中级经济师，2004年6月加入中国共产党。

1992年6月，中行雁北支行干事；1994年10月，大同市商业银行康乐街支行信贷科科长；2002年7月，大同市商业银行市场营销部总经理、公司银行部总经理；

2010年11月，民生银行大同分行副行长；2014年10月，晋城银行微小金融部总经理、行长办公室副主任；2015年1月，晋城银行朔州分行行长。

2007年至2013年，担任第七届、第九届大同市工商联常务委员；2010年至2016年，担任第八届、第九届山西省青联委员。

董志斌

男，汉族，1975年5月生，山西高平人，大学本科学历，中级经济师，2017年12月加入中国共产党。

1997年7月，晋城市糖酒公司干事、晋城市城市信用中心社、广场城市信用社干事；2006年4月，晋城市商业银行红星街支行营销部负责人、新东支行行政主管；2008年1月，晋城银行泽北支行行长、国贸支行行长；2016年2月，晋城银行朔州分行行长。

郭　栋

男，汉族，1982年7月生，山西沁水人，大学本科学历，2019年12月加入中国共产党。

2004年10月，晋城市城市信用社、晋城市商业银行企业金融部干事；2011年1月，晋城银行煤炭金融部经理助理；2012年1月，晋城银行公司业务五部经理；2013年1月，兼任晋城银行泽州县支行副行长（主持工作）；2016年1月，晋城银行战略研究及创新部研究员；2017年9月，晋城银行大同分行行长；2020年3月，晋城银行朔州分行行长。

第五节　地方法人银行业

□　省联社朔州审计中心

郝建会

男，汉族，1958年12月生，山西原平人，大学本科学历，中共党员。

1979年12月，农行原平县支行、农行忻州市支行干事；2000年9月，忻州市信用联社干事；2009年1月，山西省联社阳泉办事处干事；2010年7月至2015年4月，山西省联社朔州办事处党组书记、主任。

靳　彪

男，汉族，1963年11月生，山西神池人，大学本科学历，中共党员。

1983年7月，神池县韩家洼信用社出纳、东湖信用社会计、虎北信用社主任、东湖信用社主任；1996年4月，神池县联社总稽核、主任、理事长；2009年10月，山西省联社大同办事处副主任；2011年4月，山西省联社朔州办事处副主任；2015年5月至2019年3月，山西省联社朔州办事处书记、主任。

李智升

男，汉族，1973年6月生，山西静乐人，大学本科学历，2002年7月加入中国共产党。

1991年6月，静乐县龙家庄信用社出纳、神峪沟信用社干事、联社业务经营股干事、联社主任助理兼业务经营股股长、联社主任助理兼办公室主任、城关信用社主任；2002年9月，静乐县联社副主任兼联社营业部主任，静乐县联社党委副书记、主任；2009年11月，岢岚县联社党委书记、理事长；2015年7月，山西省联社太原办事处党组成员、副主任，岢岚县联社党委书记、理事长；2015年8月，山西省联社太原办事处党组成员、副主任（2015年12月兼太原市城区联社党委委员、副主任）；2019年3月，山西省联社朔州审计中心党组书记（2019年9月任主任）。

穆　青

男，汉族，1972年8月生，山西浑源人，硕士研究生学历，2001年12月加入中国共产党。

2003年4月，浑源县永安信用社副主任、主任、浑源联社筹备组成员、副主任；2009年11月，天镇联社纪检书记、监事长；2011年9月，灵丘联社党委书记、理事长；2015年7月，山西省联社朔州办事处党组成员、副主任；2018年12月，山西省联社朔州审计中心党组成员、副主任。

任建军

男，汉族，1966年10月生，山西阳高人，大学本科学历，2004年10月加入中国共产党。

1997年12月，大同市农金体改办纪检、保卫科长、省联社大同办事处综合办公室主任、人力资源科科长；2015年7月，大同市农村信用社工会主席；2018年7月，山西省联社大同审计中心党组成员、纪检组组长；2019年12月，山西省联社朔州审计中心党组成员、纪检组组长。

刘志平

男，汉族，1970年10月生，河南滑县人，硕士研究生学历，中共党员。

2007年2月，山阴联社党委副书记、主任；2009年11月，怀仁联社党委书记、理事长；2011年11月，山阴联社党委书记、理事长；2015年5月，山阴农商行党委书记、董事长；2015年7月，山西省联社朔州办事处副处稽核员、山阴农商行党委书记、董事长；2018年7月，山西省联社朔州办事处党组成员、纪检组组长；2018年12月，山西省联社朔州审计中心党组成员、纪检组组长；2019年12月，山西省联社朔州审计中心党组成员、副主任。

赵志刚

男，汉族，1967年8月生，山西应县人，大学本科学历，1987年10月加入中国共产党。

2004年8月，应县联社副监事长兼办公室主任、纪检书记；2006年11月，右玉县联社党委副书记、主任；2009年11月，右玉县联社党委书记、理事长；2011年11月，怀仁县联社党委书记、理事长；2017年4月，平鲁区联社党委书记；2018年4月，朔州农商行党委委员、纪委书记、监事长；2019年3月，山西省联社朔州审计中心工会主席。

□ 朔州农商行

卢　毅

男，汉族，1966年11月生，山西平鲁人，大学本科学历，高级经济师，中共党员。

1983年9月，平鲁县白堂信用社会计、副主任；1987年3月，平鲁县信用联社股长、副主任、主任；2006年11月，朔城区联社党委书记、理事长；2009年10月，山西省联社大同办事处党组成员、副主任；2015年5月，忻州市联社党组副书记、主任；2017年5月，山西省联社安全保卫部部长、后勤服务中心主任。

张　砺

女，汉族，1977年1月生，山西定襄人，大学本科学历，经济师，2004年10月加入中国共产党。

1997年7月，忻府区联社干事；2008年3月，忻州市联社科技信息中心副经理、财务管理科科长、纪检监察室主任；2017年5月，岢岚联社党委书记、理事长；2018年8月，岢岚农商行党委书记、董事长；2019年12月，山西省联社朔州审计中心党组成员，朔州农商行党委书记、董事长。

许建军

男，汉族，1970年7月生，山西右玉人，大学本科学历，1992年7月加入中国共产党。

1999年12月，右玉县高墙框信用社主任、右玉县联社营业部主任、东街信用社主任、右玉县农村信用合作联社副主任；2015年8月，右玉县农村信用合作联社党委副书记、主任；2018年8月，朔州农商行党委委员、副行长。

田阜睿

男，汉族，1967年5月生，山西朔城区人，大学本科学历，2004年5月加入中国共产党。

2004年8月，右玉县农村信用合作社联社副主任、改革前期工作组成员、党委成员、副主任；2010年8月，朔城区农村信用合作联社党委成员、副主任；2015年8月，右玉县农村信用合作联社纪检书记、监事长；2018年8月，朔州农商行党委委员、副行长。

李　健

男，汉族，1969年3月生，山西平鲁人，大学本科学历，2007年7月加入中国共产党。

1988年1月，平鲁县农村信用合作联社井坪信用社任会计、安太堡信用社主任、平鲁县农村信用合作联社营业部主任、右玉县农村信用合作联社副主任；2015年8月，平鲁区农村信用合作联社党委委员、副主任；2018年4月，朔州农商行党委委员、副行长。

贾智俊

男，汉族，1967年2月生，山西朔城区人，大学专科学历，1999年7月加入中国共产党。

1995年5月，朔城区联社北旺庄分社主任、开发路信用社主任；2010年8月，朔城区联社党委成员、副主任；2018年4月，朔州农商行党委委员、副行长。

于永久

男，汉族，1974年6月生，山西繁峙人，大学本科学历，2005年11月加入中国共产党。

2009年7月，平鲁区农村信用联社风险资产管理部经理；2015年8月，朔城区农村信用合作联社党委委员、副主任；2018年4月，朔州农商行党委委员、副行长。

王　铭

男，汉族，1974年10月生，山西平鲁人，大学本科学历，2007年7月加入中国共产党。

2005年4月，平鲁区农村信用合作联社阻虎信用社主任、平鲁区农村信用合作联社客户部经理、平安街信用社主任、安太堡信用社主任；2015年8月，平鲁区农村信用合作联社党委委员、副主任；2018年4月，朔州农商行党委委员、副行长；2018年8月，右玉农商行纪委书记、监事长。

李跃文

男，汉族，1982年9月生，山西平鲁人，大学本科学历，2012年8月加入中国共产党。

2010年1月，朔城区联社马邑分社主任、朔城区联社营业部主任；2015年8月，朔城区联社党委成员、副主任；2018年4月，朔州农商行党委委员、副行长。

李彦富

男，汉族，1976年9月生，山西朔城区人，大学本科学历，2007年9月加入中国共产党。

2015年9月，朔城区农村信用合作联社改制办公室主任、改革发展部经理；2018年7月，朔州农商行董事会秘书。

□山阴农商行

倪育新

男，汉族，1958年8月生，山西山阴人，硕士研究生学历，1980年3月加入中国共产党。

1974年11月，山阴县安荣修配厂材料会计；1979年11月，农行山阴县支行业务股信贷、办公室资料综合、干事、办公室副主任；1986年8月，农行山阴县支行办公室副主任、主任、业务副行长；1996年4月至2006年3月，山阴县信用联社理事长兼主任、党支部书记。

刘珍荣

女，汉族，1961年8月生，山西应县人，大学本科学历，1991年7月加入中国共产党。

1979年12月，应县藏宅信用社会计；1984年8月，怀仁县联社会计、办公室主任，怀仁县联社副主任；1996年8月，朔州市信合办副科长；2004年8月，应县联社主任；2006年11月，山阴县联社党委书记、筹备前期工作组组长；2007年2月，山阴县联社党委书记、理事长；2007年12月至2009年10月，山阴县联社党委书记、理事长。

王文飞

男，汉族，1963年8月生，山西朔城区人，大学本科学历，中共党员。

1984年6月，朔城区南榆林信用社会计；1987年5月，朔城区信用联社业务员、业务股长、社务股长、副主任；2006年10月，朔城区信用联社主任；2009年11月至2011年10月，山阴县联社党委书记、理事长。

武冬山

男，汉族，1976年11月生，山西山阴人，硕士研究生学历，2001年4月加入中国共产党。

1996年8月，山阴县城市信用社会计、信贷员；1999年8月，人行山阴县支行监管员（借调）；2001年3月，山阴联社办公室干事、团支部书记、办公室副主任、主任、党委办公室主任；2009年10月，山西省联社教育培训中心干事（借调）；2010年8月，山西省联社朔州办事处干事、办公室副主任；2015年1月，山阴联社党委委员、副书记、主任；2015年11月，山阴农商行党委副书记、行长；2018年8月，山阴农商行党委书记；2019年3月，山阴农商行党委书记、董事长。

□ 怀仁农商行

李永先

男，汉族，1949年2月生，山西怀仁人，大学专科学历，中级经济师，1984年3月加入中国共产党。

1970年4月，怀仁县马辛庄信用社会计；1971年1月，农行怀仁县支行会计股股长、农行左云县支行副行长、农行怀仁县支行副行长、行长；1996年11月，怀仁县联社理事长兼主任；2004年7月，怀仁县联社监事长；2006年11月退居二线；2009年11月退休。

张　俊

男，汉族，1957年4月生，山西怀仁人，大学专科学历，中级经济师，1990年12月加入中国共产党。

1974年1月，怀仁县于家园村插队、怀仁县供销社干事；1988年12月，人行怀仁县支行保卫股长、办公室主任；1998年6月，朔州市城市信用社中心社主任；2001年6月，怀仁县农信社副主任、主任；2004年7月，怀仁县联社理事长；2009年11月退居二线；2017年4月退休。

张银政

男，汉族，1968年4月生，山西应县人，大学本科学历，中级经济师，1998年5月加入中国共产党。

1984年5月，应县联社北曹山信用社出纳、会计、副主任，双钱树信用社副主任、主任，大临河信用社主任，南河种信用社主任；2004年8月，平鲁区联社党委委员、副主任；2009年10月，怀仁县联社党委副书记、主任；2011年11月，右玉县联社党委书记、理事长；2017年4月，怀仁农商行党委书记、理事长（董事长）。

2019年被山西省人民政府授予山西省劳动模范荣誉称号；2019年被评为省直机关第四届道德模范（敬业奉献道德模范）荣誉称号。

薛志伟

男，汉族，1984年11月生，山西右玉人，大学本科学历，2001年3月加入中国共产党。

2010年10月，右玉县联社油坊分社副主任、西街分社副主任、北环分社主任、联社营业部主任；2015年8月，右玉县联社副主任；2018年8月，怀仁农商行党委委员、副行长。

□　右玉农商行

赵国才

男，汉族，1949年10月生，山西右玉人，高中文化，经济师，中共党员。

1970年9月，杨千河信用社会计、主任；1984年8月，农行右玉县支行信合股业务组长；1984年12月，转为国家干部，曾任农行右玉县支行城关营业所主任、信合股股长兼县联社常务副主任、纪检组组长；1996年，右玉县联社主任；2009年退休。

栗加春

男，汉族，1965年6月生，山西怀仁人，初中文化，中共党员。

1984年5月，怀仁县里八庄信用社会计、农行怀仁县支行稽核股稽核员、计划股副股长；1995年3月，金沙滩信用社主任、怀仁县信用联社业务股股长，2002年10月，右玉县联社副主任、主任；2007年2月，右玉县联社党委书记、理事长；后调任朔城区联社、朔州办事处、大同审计中心、山西省联社安全保卫处工作；现在山西省联社督察组工作。

邸　豹

男，汉族，1968年7月生，山西平鲁人，大学本科学历，中级经济师，中共党员。

1984年12月，平鲁县榆岭信用社出纳、农行平鲁县支行稽核员；1996年8月，平鲁区信用联社保卫股股长；2004年7月，平鲁区白堂信用社主任；2006年11月，山阴县联社党委成员、副主任；2009年11月，平鲁区联社党委成员、监事长；2011年11月，平鲁区联社党委成员、副书记、主任；2017年4月，右玉县联社党委书记、理事长。

□　应县农信社

王知新

男，汉族，1949年4月生，山西应县人，大学专科学历，1985年6月加入中国共产党。

1972年10月，应县山条岭信用社财务管理员，人行应县支行会计员、下社营业所会计；1982年6月，农行应县支行会计副股长、股长、副行长；1995年11月，应县农村信用社主持工作；1996年10月，应县联社主任；2002年8月，平鲁区联社理事长兼主任；2004年7月，应县联社监事长；2006年12月退职；2009年12月退休。

王　文

男，汉族，1956年3月生，山西平鲁人，大学专科学历，1986年8月加入中国共产党。

1979年，平鲁县李林中学任教；1984年，农行平鲁县支行信贷员、办公室副主任、主任、工会主席；1996年，平鲁区联社主任；2002年9月，应县联社主任、理事长；2006年11月退休。

蔡宝成

男，汉族，1962年10月生，山西朔城区人，大学本科学历，1989年6月加入中国共产党。

1980年11月，朔县寇庄信用社出纳、会计，窑子头信用社信贷员、梵王寺信用社主任；1995年11月，朔城区联社保卫股长、营业部主任、朔城区联社副主任；2006年10月，应县联社党委书记、理事长；2009年12月，山西省联社朔州办事处稽核科科长、副处级稽核员、纪检组组长、正处级稽核员；2018年12月，山西省联社朔州审计中心正处级稽核员；2019年9月，山西省联社朔州审计中心二级高级审计专员。

康育民

男，汉族，1965年12月生，山西应县人，大学专科学历，2004年12月加入中国共产党。

1986年8月至1998年8月，人行雁北分行、朔州分行干事；1998年9月，朔州市城市信用社中心社副主任；2000年5月，朔城区信用联社南城信用社主任、朔城区联社副主任；2006年11月，怀仁县联社前期筹备工作组第一副组长、怀仁县联社主任；2009年11月，应县联社党委书记；2009年12月至2015年1月，应县联社党委书记、理事长。

解 伟

男，汉族，1975年2月生，山西平鲁人，大学本科学历，2004年5月加入中国共产党。

1991年2月，平鲁区联社井坪信用社出纳、会计；1996年7月，朔城区信用联社营业部联行会计、副主任、营业部主任；2006年11月，山阴县联社筹备前期工作组成员、党委委员、副主任；2010年8月，朔城区联社党委委员、副主任；2015年1月，应县联社党委书记、理事长；2018年8月，朔州市农村信用社工会主席；2019年3月，朔州农商行党委委员、纪委书记（副处级待遇）；2019年12月，大同审计中心纪检组组长。

雷 全

男，汉族，1969年2月生，山西朔城区人，大学本科学历，2005年11月加入中国共产党。

1989年4月，朔城区联社下团堡信用社储蓄会计，北旺庄分社信贷员、出纳，峙峪分社主任，小平易信用社主任；2010年8月，平鲁区农村信用合作联社党委委员、副主任；2015年8月，朔城区农村信用合作联社党委副书记、主任；2018年4月，朔州农商行党委委员、正科级稽核员；2018年8月，应县农村信用合作联社党委书记、理事长。

魏碧海

男，汉族，1979年6月生，山西怀仁人，大学本科学历，2003年4月加入中国共产党。

2002年12月，怀仁县联社鹅毛口信用社出纳、会计，新区分社会计、信贷员，亲和信用社副主任；2007年1月，怀仁县联社综合办公室主任；2010年8月，怀仁县联社党委委员、副主任；2018年8月，应县联社党委委员、纪委书记、监事长。

□ 蒙银村镇银行

陈 烨

女，汉族，1962年1月生，内蒙古呼和浩特人，大学本科学历，会计师，1982年加入中国共产党。

1979年12月，内蒙古纺织局统计员、内蒙古展览馆讲解员、商业洽谈干事；1992年5月，呼和浩特市城市信用社营业部主任；1999年1月，呼和浩特市商业银行联信支行行长；2004年1月，内蒙古银行兴安南路支行直属营业部主任；2011年7月，朔城区蒙银村镇银行董事长；2017年8月退休。

郭春恒

男，汉族，1961年5月生，山西稷山人，硕士研究生学历，经济师，1985年加入中国共产党。

1985年2月，人行呼和浩特分行金融管理科、资金科干事；1993年1月，呼和浩特市城市信用联社副主任、漠南城市信用社主任；1999年11月，呼和浩特市商业银行漠南支行行长；2001年1月，呼和浩特市商业银行信贷二处副处长、处长、零售业务部总经理、九州支行行长、稽核监察部总经理、特殊资产部总经理；2010年5月，霍林郭勒蒙银村镇银行筹建组负责人、董事长；2013年6月，内蒙古银行村镇银行风险稽查副组长、董事会风险管理委员会副主任；2017年8月，朔城区蒙银村镇银行董事、董事长。

赵　峰

男，汉族，1971年2月生，山西朔城区人，大学专科学历，经济师，1999年加入中国共产党。

1988年2月，朔县暖崖信用社会计、朔县信用社保卫股干事；1998年12月，朔城区南城信用社主任、开发路信用社主任；2007年2月，应县信用联社副主任；2011年7月，朔城区蒙银村镇银行行长。

胡　伟

男，汉族，1967年1月生，山西朔城区人，大学本科学历，建筑工程师，民建会员。

1987年11月，建行朔县支行干事；1996年9月，山西金海洋能源集团公司芦西煤矿矿长；2002年6月至今，朔州市双良汽车有限公司董事长；2011年7月，朔城区蒙银村镇银行监事长。

柴占银

男，汉族，1967年1月生，山西平鲁人，大学本科学历，经济师，1999年加入中国共产党。

1995年9月，朔城区北城信用社副主任、福源信用社主任、北城信用社主任、朔城区联社营业部主任；2013年1月，朔城区蒙银村镇银行副行长；2017年，兼任朔城区蒙银村镇银行西城支行行长。

宋焕文

男，汉族，1968年2月生，山西大同人，大学专科学历，经济师，2004年加入中国共产党。

2012年4月，朔城区蒙银村镇银行风险部经理；2013年12月，朔城区蒙银村镇银行副行长；2019年，兼任朔城区蒙银村镇银行南邢家河支行行长。

王明利

男，汉族，1967年4月生，山西应县人，中专文化，助理会计师，2004年加入中国共产党。

1996年5月，建行朔州市支行科技科科员、稽核审计员副科长、信息技术部副经理、经理、信用卡中心主任；2013年1月，朔城区蒙银村镇银行副行长；2015年4月，兼任朔城区蒙银村镇银行董事会秘书及综合管理部总经理。

杨耀军

男，汉族，1972年9月生，山西应县人，大学本科学历，会计师，2006年加入中国共产党。

2011年8月，农行朔州市分行民福支行行长；2012年9月，朔城区蒙银村镇银行副行长；2019年11月辞职。

□　太行村镇银行

常鹏举

男，汉族，1955年3月生，山西山阴人，大学专科学历，高级政工师，1974年加入中国共产党。

1972年12月入伍，历任战士、文书、班长、技师、正连职干事、宣传股长、兰空政治部正营职干事、空军某师宣传科长（副团职）；1994年，转业至农行朔州市分行。历任信贷科长、人事科长、纪委书记、副行长；2011年6月至2019年10月，山阴县太行村镇银行行长；2014年3月至今，山阴县太行村镇银行董事长。

苏军军

男，汉族，1974年4月生，山西晋城人，2010年7月加入中国共产党。

1994年7月，晋城市泽州路城市信用社西关分部主任、新市街城市信用社副主任；2002年11月，晋城市商业银行西关支行行长；2004年8月，晋城银行商贸金融部副总经理、小企业金融部副总经理；2008年6月，陵川县太行村镇银行行长；2014年2月，晋城银行农村金融工作部经理、对外合作渠道协调管理领导组成员；2019年12月，山阴县太行村镇银行监事长。

□　慧融村镇银行

安晓燕

女，汉族，1967年1月生，山西五台人，大学专科学历，助理会计师，中共党员。

1984年3月，五台县联社东雷信用社会计；2000年4月，五台县联社沟南信用社会计主管；

2008年1月，五台县联社南门路分社主任；2012年7月，五台农商行事后监督中心主任；2013年3月，五台农商行向前支行行长；2015年11月至2017年3月，怀仁慧融村镇银行董事长兼行长。

张振邦

男，汉族，1977年3月生，山西五台人，大学本科学历。

2003年6月，五台信用联社豆村信用社出纳员、贷款会计；2009年1月，五台信用联社客户部科员、副经理；2011年11月，五台农商行微小企业贷款业务部经理；2015年11月至2017年3月，怀仁慧融村镇银行监事长。

白建宇

男，汉族，1969年5月生，山西五台人，大学专科学历，助理经济师，中共党员。

1986年5月，五台县联社城关信用社、建安信用社、阳白信用社会计、信贷员；1997年5月，五台县联社红表信用社副主任、主任、阳白信用社主任；2010年5月，五台农商行沱阳支行行长；2012年3月，五台农商行对外拓展部经理、慧融村镇银行管理部总经理；2017年3月，怀仁慧融村镇银行董事长兼行长。

郑爱军

男，1969年9月生，大学本科学历，中共党员。

1991年7月，五台县灵境信用社会计；1993年3月，五台县柳院信用社副主任；1998年4月，五台县东雷信用社主任；2009年1月，五台农商行风险部经理；2017年3月，怀仁慧融村镇银行监事长。

□ 金都村镇银行

亢全平

女，汉族，1966年4月生，山西临汾人，大学本科学历，中级经济师，中共党员。

1982年3月，临汾市屯里信用社干事、东芦信用社会计、坂下信用社任分社负责人、应县联社财务科干事；1998年9月，临汾市马务信用社任主任、南街信用社主任、坂下信用社主任；2010年12月，坂下支行行长、尧庙支行行长；2015年1月，尧都农商银行战略投资管理部干事；2015年2月至2018年12月，应县金都村镇银行董事长。

吴培林

男，汉族，1960年4月生，山西应县人，大学专科学历，助师、理财师，中共党员。

1985年1月，农行山阴县支行出纳、会计、商业信贷股信贷员、工业信贷股副股长、股长、人事股股长、行长助理、副科级营业部主任；1998年6月，农行应县支行副行长；2009年1月，农行应县支行行长；2011年12月，农行朔州市分行人力资源部工作；2015年2月至2018年12月，应县金都村镇银行行长。

刘　忠

男，汉族，1969年3月生，山西临汾人，大学本科学历，中共党员。

1984年10月，霍州城关信用社出纳、襄汾县永固信用社会计主管；1993年4月，尧都区联社城郊信用社会计、副主任；2010年1月，尧都农商行汇通支行副行长；2013年11月，尧都农商行村镇银行管理部副总经理；2019年3月，应县金都村镇银行董事长（2019年12月兼任行长）。

韩红健

男，汉族，1984年11月生，山西临汾人，大学本科学历，国家二级理财规划师，中共党员。

2006年8月，网通临汾分公司科技部干事；2007年12月，尧都农商行汾河支行柜员、刘村支行柜员、胜利支行客户经理、零售业务部综合岗干事；2018年6月，应县金都村镇银行副行长；2019年11月，应县金都村镇银行监事长。

□　长青村镇银行

陈　莹

女，汉族，1986年2月生，西安人，大学本科学历。

2008年12月，长子联社营业部柜员、党委办公室科员、营业部综合柜员、营业部信贷会计；2013年8月，长子联社营业部副主任；2013年12月，长子农商行小额贷款中心经理、微贷事业部兼“三农”事业部总经理，兼村镇银行筹备工作领导组成员；2016年10月，右玉长青村镇银行筹备工作领导组成员；2017年5月，右玉县长青村镇银行董事、行长。

陈愈芳

女，汉族，1972年3月生，山西长子人。

1990年3月，岚水信用社、南张店信用社、南郭村信用社干事；2003年4月，大堡头信用社主任、鲍店信用社主任；2012年10月，长子农商行风险资产管理部经理；2015年10月，长子农商行妇联主任；2019年1月，右玉长青村镇银行监事。

郭宏强

男，汉族，1976年4月生，山西长子人，大学专科学历，中共党员。

2003年6月，长子联社大堡头信用社、城关信用社、平顺联社、长子联社干事；2011年5月，长子联社北城信用社主任；2013年11月，长子农商行城关支行行长；2016年10月，灵丘县长青村镇银行支部书记、董事长；2018年9月，右玉县长青村镇银行董事长。

郭　周

男，汉族，1981年9月生，山西长子人，大学本科学历。

2006年7月，长子县联社布村信用社出纳、色头信用社信贷会计；2012年10月，长子县联社横水信用社主任；2013年11月，长子农商行南张店支行行长；2016年10月，右玉县长青村镇银行董事长；2018年10月，长子农商行村镇银行管理总部总经理。

李丽霞

女，汉族，1973年10月生，山西长子人，大学专科学历，中共党员。

1989年9月，农行长子县支行干事；1995年11月，长子县农商行营业部坐班主任、监审科副科长、稽核部经理等；2014年9月，长子农商行企业文化部；2017年5月至2018年12月，右玉长青村镇银行监事。

第六节　晋北籍金融领导

魏　云

男，汉族，1943年7月生，山西怀仁人，山西财经学院财政金融系信贷专业毕业，全日制大专学历，高级经济师，1974年2月加入中国共产党，曾任人行山西省雁北分行行长，山西省金融系统纪检监察特派员（正厅局级）。

1965年至1976年，人行雁北地区中心支行科员；1976年至1981年，人行雁北地区中心支行副科长；1981年至1984年，人行雁北分行办公室主任、金融研究室主任；1984年至1992年，人行雁北分行党组书记、行长；1992年至1994年，人行山西省分行总经济师（副厅局级）；1994年至1996年，人行山西省分行副行长；1996年至1997年，人总行接管中银信托投资公司工作组负责人；1997年至1999年，人行海南省分行党组副书记、副行长；1999年至2003年，山西省金融系统纪检监察特派员（正厅局级）；2003年12月退休。

在人行雁北分行任职期间，连续六年工作考核名列前茅；1986年获评山西省劳动模范。处理我国首例以市场退出机制处置金融机构风险案例并被收入《干部金融知识读本》；主编《雁北金融实践》《雁北金融四十年》；撰写60多篇论文及调研报告被省级、国家级期刊采用。

刘满生

男，汉族，1950年11月生，山西原平人，高级会计师，1975年7月加入中国共产党。

1972年12月至1976年3月，在中国人民解放军第二七九医院服兵役；1976年3月至1984年10月，人行呼和浩特支行新城办事处干部；1984年10月至1989年8月，人行呼和浩特分行营业部副主任、会计科科长；1989年8月至1993年2月，人行内蒙古自治区分行会计处副处长；1993年2月至1997年4月，人行山西省分行会计处处长；1997年4月至1998年9月，人行大同分行党委书记、行长，国家外汇管理局大同分局局长；1998年9月至2002年2月，人行大同市中支党委书记、行长，国家外汇管理局大同支局局长；2002年2月至2008年8月，人行太原中支党委委员、副行长；2008年8月至2012年3月，人行太原中支助理巡视员（副厅局级）（其间：2010年3月至2012年3月任人行天津分行巡视二组组长）。2010年11月退休。

撰写的《煤都大同经济金融运行态势分析》《大同银行业支持地方经济发展的新举措》等调研被《能源基地建设》《山西金融》等刊物采用，对大同市资源经济转型、支持地方经济发展作出了积极贡献。在人行太原中支任职期间，与省财政厅共同制定《山西省国债管理办法》《山西省储蓄国债监督检查办法》，对实物券从兑付、划款直至销毁进行规范，提高了全省国债管理水平。

陈新权

男，1954年8月生，山西代县人，北京大学哲学博士研究生。

1970年12月，山阴县农机修造厂工人；1972年12月，解放军重庆后勤工程学院警通队战士；1974年9月，解放军总后勤部政治教员培训队学习；1976年1月，解放军重庆后勤工程学院政治部政教室教员；1978年10月至1982年7月，北京大学哲学系哲学专业学习；1982年7月至1985年1月，北京大学哲学系辩证唯物主义与历史唯物主义专业硕士研究生；1985年1月至1988年4月，北京大学哲学系马克思主义哲学史专业博士研究生；1988年4月，中共中央宣传部研究室干部；1989年10月，中共中央宣传部研究室副处级调研员；1990年7月，中共中央政法委员会研究室副处级干部；1991年3月，中共中央政法委员会研究室综合处处长；1992年7月，乔石同志办公室秘书（正处级）；1991年3月至1993年6月，中央党校领导干部函授班政治经济学专业学习；1993年9月为副局级；1995年10月为正局级；1998年10月，中共中央金融工作委员会宣传部部长；2000年4月，中共中央金融工作委员会监事会工作部部长；2003年5月，国有重点金融机构监事会主席（驻银河证券）；2005年12月，中国保险监督管理委员会纪委书记、党委委员；2015年12至2017年9月，中央纪委驻保监会纪检组组长、保监会党委委员。

荀海儒

男，汉族，1955年4月生，山西平鲁人，山西财经学院毕业，大学本科学历，经济师，注册审计师，1986年加入中国共产党。

1976年至1992年，人行雁北分行科员、副科长、科长；1992年至1998年，人行山西省分行主任科员、副处长；1999年至2003年，人行太原中支副处长、处长；2003年至2009年，山西银监局处长；2009年至2015年，山西银行业协会专职副会长、顾问；2015年5月退休。

出版发行著作《区域金融行为研究》；主持编写《山西银行改革30年》《山西银行业监管统计年鉴（2004—2007年）》《金石之言不讳之路——银行从业人员内控须知》。主持统计科技工作期间，统计信息工作被中国工会评为文明单位。主持山西银行业协会工作期间，协会被民政部评为五A级协会。

宋 连

男，汉族，1956年8月生，山西阳高人，中央党校函授本科学历，高级经济师，1985年5月加入中国共产党，曾任人行太原中支副行长、助理巡视员（副厅级）。

1972年10月，阳高县友宰信用社营业员；1974年8月，人行雁北中心支行营业部会计员；1981年，人行阳高县支行南街储蓄所会计股副股长；1984年11月，人行阳高县支行副行长；1985年1月，人行阳高县支行副行长（主持工作）；1986年9月，人行阳高县支行行长；1987年12月，人行雁北分行党组成员、副行长；1992年11月，人行大同分行党组成员、副行长兼国家外汇管理局大同分局副局长；1995年9月，人行大同分行党组书记、行长兼国家外汇管理局大同支局局长；1997年4月，人行阳泉分行党组书记、行长兼国家外汇管理局阳泉分局局长；2003年12月，人行太原中支党委委员、副行长兼国家外汇管理局山西分局副局长；2012年3月，人行太原中支助理巡视员（副厅级）；2016年8月退休。

在人行阳高县支行任职期间，连续三年在人行雁北分行各专业考核中名列前茅；在人行大同分行任职期间，连续两年在山西省人行系统专业考核中跻身前列；在城市商业银行改制过程中作出突出贡献。《对雁北地区工业高速低效问题思考》《转换国库职能的实践与反思》等20多篇论文和调研文章被省级以上刊物发表；执笔编写20万字《商业银行资产负债比例管理》（山西高校出版社出版）。2001年获山西省五一劳动奖章。

胡日明

男，汉族，1960年3月生，山西平鲁人，大学专科学历，中共党员，现任山西省农村金融研究会常务理事、中国金融作协会员。

1977年5月，平鲁县教师；1988年7月至1999年6月，农行平鲁县支行办公室副主任，农行大同市分行信合处副处长、处长，大同市农村金融体制改革办公室专职副主任；1999年7月，人行大同市中支办公室主任；2004年7月，人行大同市中支党委委员、工会主席（副处级）；2006年6月，山西省联社太原办事处党组书记、主任（正处级）；2009年11月，山西省联社理事会秘书处处长；2015年7月，山西省联社督察组一组组长；2017年7月，山西省农村金融研究会秘书长（常务理事）。

参加工作以来，在《人民日报》《金融时报》《中国农村金融》《中国金融文化》《金融作协公众号》《山西农村金融》发表50余篇调研及诗赋作品，并多次获奖；编撰出版山西农信《观潮》《观澜》（五卷，120万字）；参与编撰总纂《山西农信志》（100余万字）。

康全仁

男，汉族，1962年3月生，山西山阴人，大学本科学历，高级经济师，1997年12月加入中国共产党。现任人行太原中支票据清算中心主任。

1981年7月至1989年6月，在山阴县从事教育工作；1989年7月至2002年9月，在人行朔州分行从事科技工作；1996年4月，人行朔州分行科技科副科长（主持工作）；1999年4月至2002年9月，人行朔州市中支科技科科长；2002年9月至2006年10月，人行山阴县支行党组书记、行长；2006年10月至2008年12月，人行太原中支支付处主任科员（负责票据交换所）；2008年12月，人行太原中支票据清算中心副主任（主持工作）、主任。

在人行朔州分行任职期间，多次评为先进工作者，2001年被人行天津分行授予“一网两系统”建设先进个人。在人行山阴县支行任职期间，建立了完善的绩效考核体系并在人民银行总行进行经验交流，受到上级行的肯定。在人行太原中支工作期间，设立了太原票据清算中心，建设了山西省集中代收付系统、山西省中小金融机构资金资金清算服务平台（电子同城）。

杜　斌

男，汉族，1964年3月生，山西大同人，2002年7月天津商学院在职硕士研究生结业，高级经济师，中共党员，现任人行天津分行党委委员、工会主任。

1981年9月，人行大同县支行干部；1986年9月，人行大同县支行办公室副主任（主持工作）；1987年4月，人行雁北分行调研室干部；1989年4月，人行雁北分行计划统计科副科长；1992年11月，人行雁北分行调统科科长；1993年7月，人行雁北分行办公室主任；1993年8月，人行大同分行办公室副主任（主持工作）；1995年9月，人行大同分行办公室主任；1997年6月，人行大同分行党组成员、副行长兼国家外汇管理局大同市中心支局副局长；1998年9月，人行大同分行党委委员、副行长兼国家外汇管理局大同市中心支局副局长；1998年12月，人行大同市中支党委委员、副行长；2003年12月，人行大同市中支党委副书记、副行长；2004年1月，人行大同市中支党委书记、行长兼国家外汇管理局大同市中心支局局长；2008年4月，人行天津分行党委办公室主任、办公室主任；2009年6月，人行天津分行党委办公室主任、办公室主任兼《金融时报》驻天津记者站站长；2014年5月，人行太原中支党委委员、副行长。

主编1998年至2006年版15万字《大同金融志》；2006年主编《基层央行新业务读本》；2007年获山西省五一劳动奖章；2013年获天津市五一劳动奖章。主持参与的《金融动荡冲击下中国债券市场的开放》等10多篇总行调研课题在《金融参考》《华北金融》等刊物发表。任职期间，出台多项金融服务措施，完成山西省城商行改革；稳妥处置金融突发事件。

吴利军

男，汉族，1964年8月生，山西朔州人，中国人民大学经济学博士研究生，高级经济师，现任光大集团副董事长、总经理。

1988年起先后在国家物资部、国内贸易部人事劳动司、办公厅工作；1997年4月，国内贸易部国家物资储备调节中心副主任；1997年10月，中国证监会信息中心负责人；1998年10月，中国证监会培训中心副主任（主持工作）；2000年11月，中国证监会人事教育部副主任、党委组织部副部长（主持工作）；2001年4月，中国证监会人事教育部主任、党委组织部部长；2009年4月，中国证监会主席助理、党委委员；2014年8月，深圳证券交易所党委书记、理事会理事长（副部级）；2019年9月，光大集团副董事长、总经理。

纪志宏

1968年4月生，山西怀仁人，研究员，中国人民银行研究生部国际金融专业硕士研究生（1995年），中国社会科学院国民经济学专业博士研究生（2005年），中国金融四十人论坛（CF40）成员。

2008年2月，中国人民银行上海总部公开市场操作部副主任（副局级）；2010年4月，中国人民银行货币政策司副司长；2012年9月，中国人民银行研究局局长；2013年8月至2019年5月，中国人民银行金融市场司司长（2013年8月至2016年5月兼任上海总部金融市场管理部主任）；2019年8月起任中国建设银行副行长。

第四章
离退休干部

第一节　原县人行干部

郭殿臣

男，汉族，1927年1月生，山东郸城人，初中文化，1947年12月参加工作，1958年1月加入中国共产党。1944年至1946年，抗日随营中学读书；1949年，干部学校学习；1952年，抗美援朝出国；1954年，华北训练四团工作；1958年，黑圪坨乡工作；1959年，农行平鲁县支行信贷员；1961年，人行朔县支行干事；1964年，农行山阴县支行营业所主任；1986年离休。

丰守珍

男，汉族，1927年2月生，山西山阴人，初小文化，1949年5月参加工作。1949年5月，山阴县税务局盐务员；1950年5月，察哈尔盐务办事处东辛庄盐务所盐务员；1952年5月，平鲁县税务局会计；1971年9月，平鲁县向阳堡公社下乡；1973年11月，平鲁县下水头公社会计；1978年8月，平鲁县化肥厂会计；1979年12月，农行平鲁县支行信贷员；1986年4月离休。

赵佃基

男，汉族，1928年2月生，群众。1949年9月至1950年1月，应县一区视导员；1950年1月，人行应县支行副股长；1981年5月，工行应县支行干事；1985年5月离休。

李志书

男，汉族，1930年10月生，群众。1949年8月，山西省粮食局会计；1949年10月，忻县粮食局股长；1959年2月，怀仁小峪煤矿股长；1962年10月，人行朔县支行主任；1984年10月，工行朔县支行干事；1990年3月离休。

赵生财

男，汉族，1931年11月生，山西朔城区人，中专文化，1948年8月参加工作，1951年10月加入中国共产党。1948年8月至1963年2月，任解放军战士、排长、助理员；1963年3月，人行平鲁县支行平鲁办事处主任；1971年7月，平鲁县农机局干部；1979年12月，农行平鲁县支行信会股股长、工会主席；1986年2月离休。

翟　琅

男，汉族，1932年10月生，群众。1949年9月至1950年3月，解放军绥远军政干部学校学员；1950年4月，解放军骑兵第一师文化教员；1953年9月，华北军区第二文化学校文化教员；1956年2月，太原第一建筑工程公司统计员；1958年7月，山西晋北地区工业局科员；1959年4月，山西晋北机厂业务员；1961年7月，朔县拖拉机站会计员；1962年11月，人行朔县支行信贷员；1984年12月，工行朔县支行信贷员；1992年12月离休。

张子栋

男，汉族，1933年1月生，山西应县人，初中文化，1948年5月参加工作，1953年4月加入中国共产党。1948年5月至1959年12月，在部队参军；1959年12月，建行河北省分行干事；1962年3月，在河北兴隆县委工作；1964年10月，人行应县支行工作；1980年1月，农行应县支行工作；1992年10月离休。

乔　华

男，汉族，1933年5月生，山西右玉人，高小文化，1948年10月参加工作，1965年7月加入中国共产党。1948年10月，右玉县威远四区工作；1951年11月，右玉县委会干事；1954年9月，庄窑坡供销社工作；1959年1月，右玉县林业站工作；1960年1月，左云县付需站工作；1961年6月，右玉县委会工作；1966年12月，人行右玉县支行干事；1974年2月，人行右玉县支行威远营业所工作；1987年3月，农行右玉县支行办公室工作；1993年5月离休。

景　忠

男，汉族，1933年6月生，山西阳高人，高中文化，1975年2月加入中国共产党。

1947年7月，阳高县城内忠诚货店店员；1951年3月，人行朔县支行干事；1977年7月，人行朔县支行会计股股长；1980年9月，人行朔县支行副行长；1987年1月，人行雁北分行外汇管理科副科长（1987年7月享受主任科员待遇）；1989年4月，人行朔州分行外汇管理科科长；1993年2月，人行朔州分行劳动服务公司经理；1993年7月退休。

王生明

男，汉族，1947年8月生，山西朔城区人，中专学历，政工师，1969年9月加入中国共产党。

1968年3月至1985年4月，新疆00123部队服役；1985年4月，人行朔县支行干事；1987年9月至1989年3月，人行朔县支行纪检组组长；1989年3月至1992年4月，人行朔州分行保卫科副科长；1992年4月至1999年6月，人行朔州分行保卫科科长；1999年6月至2004年8月，人行朔州市中支纪委副书记；2004年8月至2007年8月，人行朔州市中支纪检监察办公室（主任科员）；2007年8月退休。

王宗轩

男，汉族，1952年8月生，河北曲阳人，中专学历，会计师，1991年7月加入中国共产党。

1974年9月至1976年3月，朔县城关信用社干事；1976年3月，人行朔县支行科员；1977年7月至1991年7月，人行朔县支行会计股股长；1991年7月，人行朔州分行计划科副科长；1995年1月，人行朔州分行金融市场经理（正科级）；1997年12月，人行朔州分行农金科副科长；2000年6月，人行朔州市中支农金科科长；2001年4月，人行朔州市中支货币信贷与统计科科员；2012年8月退休。

焦　文

男，汉族，1953年1月生，山西朔城区人，中专学历，经济师，1973年12月加入中国共产党。

1970年12月至1989年9月，空军第一飞行学院第三训练团战士；1989年10月，人行朔城区支行保卫股副股长、股长；1991年10月至1998年9月，人行朔城区支行监察室主任；1998年9月，人行应县支行副行长；2001年6月，人行应县支行副行长（正科级）；2003年2月，人行朔州市中支党委宣传部副部长兼工会办主任；2006年2月，人行朔州市中支货币金银科副科长；2008年8月，人行朔州市中支货币金银科主任科员；2013年1月退休。

杨秀珍

女，汉族，1953年10月生，山西应县人，中央党校在职大学学历，经济师，1988年9月加入中国共产党。

1969年8月至1979年8月，雁北拖拉机厂干事；1979年8月，人行朔县支行干事；1984年10月，人行朔县支行副股长；1987年10月，人行朔县支行副行长；1989年2月，人行朔州分行营业部副主任；1989年8月，人行朔城区支行副行长；1998年9月，人行朔州市中支计划科副科长（主持工作）；1999年4月至2000年5月，人行朔州市中支计划科科长；2000年6月，人行朔州市中支营业部（营业室）主任；2006年2月，人行朔州市中支内审科主任科员；2008年10月退休。

马　军

男，汉族，1957年9月生，山西朔城区人，中专学历，1975年8月加入中国共产党。

1976年3月，朔县城关信用社干事；1977年12月，人行朔县支行科员；1984年11月，人行朔县支行副行长；1986年7月至1989年3月，人行朔县支行行长；1989年4月，人行朔州分行金管科科长；1992年9月，朔州市城市信用社中心社主任；1998年6月，人行朔州市中支科员；2017年2月提前退休。

第二节　中华人民共和国成立前入党的离退休人员

鲍凤鸣

男，汉族，1928年9月生，山西朔城区人，高小文化，1949年7月加入中国共产党。

1948年9月至1963年3月，在部队参军；1963年3月，在山阴县食品公司工作；1966年4月，人行山阴县支行干事；1980年1月，农行山阴县支行工作；1986年9月离休。

第五章
先进人物

第一节　劳动模范

（以出生年月为序）

柴贵福

男，1933年6月生，汉族，高小文化，山西应县人。1959年加入中国共产党。1961年参加信用社工作。先后十余次被信用社系统、应县人民政府、雁北地区和省人民政府评为“先进工作者”“全能红旗手”“劳动模范”“标兵”等称号。1982年2月和1985年分别被山西省人民政府授予“劳动模范”荣誉称号。

郭水龙

男，汉族，1966年9月生，山西怀仁人，大学本科学历，工程师，1989年7月参加工作，1999年12月加入中国共产党。现任人行朔州市中支征信管理科科长。2000年11月被山西省社会主义劳动竞赛委员会记一等功一次。

赵守卿

男，汉族，1969年3月生，山西朔城区人，大学本科学历，高级会计师，中共党员，1991年参加工作，现任人行朔州市中支会计财务科科长。2011年11月，被山西省人民政府金融工作办公室和人行太原中支评为“山西省农村支付服务环境建设”先进个人；2013年8月，被山西省总工会金融工作委员会、人行太原中支授予2013年会计财务专业劳动竞赛先进个人第三名，被山西省劳动竞赛委员会荣记个人二等功一次；2016年7月，被中共中国人民银行天津分行委员会授予中国人民银行天津分行优秀共产党员称号；2017年12月，被中国人民银行授予中国人民银行会计财务工作先进工作者。

张业民

男，汉族，1969年7月生，山西应县人，中央党校大学本科学历，高级经济师，1991年8月参加工作，2004年12月加入中国共产党。现任人行朔州市中支金融稳定科科长。2018年4月26日被授予山西省“五一劳动奖章”。

张　峰

男，汉族，1969年9月生，山西朔城区人，中央广播电视大学本科学历，经济师，1991年8月参加工作，2007年12月加入中国共产党。现任人行朔州市中支支付结算科副科长。2005年，被山西省劳动竞赛委员会记一等功一次；2013年，被山西省总工会金融工会评为山西省金融系统“优秀会计”。

王攀峰

女，汉族，1980年10月生，山西怀仁人，大学本科学历，经济师，2002年7月参加工作，中共党员。现任人行朔州市中支金融稳定科副科长。2008年10月和2014年9月分别被山西省劳动竞赛委员会记一等功一次。

表 6-44　　1989—2019 年工商银行朔州分行先进个人荣誉统计表

姓　名	年份	颁奖单位	荣誉称号
王玉成	1989	共青团山西省委员会	新长征突击手
	1991	工行山西分行	先进工作者
	1996	工行山西分行基层党组织联席会	模范共产党员
	1996	工行山西分行精神文明建设领导组	1995 年度文明行员
	1997	工行山西分行基层党组织联席会	模范共产党员
	1997	工行山西分行劳动竞赛委员会	全省工行第三届“最佳储蓄员”
	1998	工行山西分行	优秀思想政治工作者
	2002	工行山西分行	综合业务系统二期工程投产工作一等奖
王俊峰	1990	工行山西分行	“汉字数码书写”省级能手
李建忠	1993	山西省人民政府	山西省劳动模范
杨文科	1994	工行山西分行	先进工作者

续表

姓 名	年份	颁奖单位	荣誉称号
苏文保	1994	工行山西分行资金计划部	全省工商银行资金计划系统优秀统计员
	1996	工行山西分行精神文明建设领导组	1995 年度文明行员
	2014	工行山西分行劳动竞赛委员会	优秀法人客户经理
	2018	工行山西分行	优秀对公客户经理
王秉军	1994	工行山西分行、人行太原中支、山西省金融工会	金融稽核工作先进个人
	2013	工行山西分行劳动竞赛委员会	2012 年度信息系统安全生产先进个人
符晓龙	1995	金融工会工行工委、工行财会部	出纳业务机器点钞总行级技术能手
	2002	工行山西分行	全省综合业务系统二期工程二等奖
王彩兰	1995	工行山西分行	先进工作者
	2015		巾帼岗位标兵
齐志贵	1995	工行山西分行	先进工作者
	1995		文明行员荣誉称号
	2018		零售推动突出贡献奖
王树峻	1995	工行山西分行	手工翻打传票项目技术能手
贾宏亮	1995	工行山西分行	文明行员
	1999		核算先进工作者
	2000		核算中心质量目标管理考核三等奖
	2004		全功能银行系统投产工作特等奖
	2005		核算体制及业务流程改革先进个人一等奖
	2012	私人银行太原分部	私人银行业务管理推动先进个人
	2014	工行山西分行	优秀党务工作者
	2014		先进工作者
	2017		先进工作者
钟启霞	1996	工行山西分行	文明行员
	1999	中共山西省委	机要文件管理先进个人
	2003	工行山西分行工会工作委员会	优秀工会干部
	2004—2006	工行山西分行工会工作委员会	先进女职工工作者
	2006	中国工商银行工会工作委员会	优秀工会工作者
	2006	工行山西分行劳动竞赛委员会	优质文明服务标兵
	2011	山西省妇女联合会	优秀女共产党员
	2014	工行山西分行	2013 年度“专业合规标兵”
白雅芬	1996	工行山西分行、工行山西分行工会	整把单张点钞技术能手
	1998	金融工会工行工委、工行财会部	总行级单指单张技术能手
	2009	工行山西分行	二〇〇八年度优秀运行督导员
彭文圣	2000	工行山西分行	青年岗位能手

续表

姓名	年份	颁奖单位	荣誉称号
翟静	2001	工行山西分行工会、女工委员会	先进女职工
	2005		
	2007	工行山西分行劳动竞赛委员会	2006年度优秀个人客户经理
	2007	工行山西分行工会委员会、女工委	营销女标兵
	2008	工行山西分行劳动竞赛委员会	优秀个人客户经理
	2008	工行山西分行工会委员会、女工委	巾帼岗位标兵
	2012	工行山西分行劳动竞赛委员会	员工行为规范征文三等奖
	2013	工行山西分行劳动竞赛委员会	优秀大堂经理
郭旺	2001	中共工行山西分行委员会	优秀共产党员
	2018	中共工行山西分行委员会	优秀党支部书记
白永丽	2002	工行山西分行劳动竞赛委员会	金融先进工作者
	2003	工行山西分行劳动竞赛委员会	金融先进工作者
	2005	共青团工行山西分行委员会	优秀共青团员
	2006	工行山西分行劳动竞赛委员会	金融先进工作者
	2010	工行山西分行劳动竞赛委员会	先进工作者
韩向辉	2002	工行山西分行	综合业务系统二期工程个人三等奖
	2005		青年岗位能手
	2010		十大杰出青年
	2011		2010年度电子银行业务专项营销竞赛明星
	2016		2015年度先进工作者
牛钧	2002	工行山西分行	先进工作者
李志国	2004	工行山西分行	全功能银行系统投产一等奖
	2009		“9991”工程信息化建设杰出贡献奖先进个人
	2012		2011年度信息系统安全生产运行先进个人
	2012		运营改革先进个人
	2013		2012年度信息系统安全生产运行先进个人
	2015		2014年度信息系统安全生产运行先进个人
	2016		2015年度科技奖励基金省分行级核心人才奖
	2017		2016年度信息系统安全生产运行先进个人
	2017		2017年度科技奖励基金重点工程奖
马东伟	2004	工行山西分行	青年岗位能手
	2019	中国金融工会	全国金融五一劳动奖章
李永平	2006	工行山西分行	先进个人
	2018		先进个人
彭艳平	2006	工行山西分行	优秀柜员
	2011		先进个人
郝敏	2006	工行山西分行	十佳总会计
	2007	工行山西分行内部控制管理委员会	2006年度“内控达标”活动先进个人称号

续表

姓　名	年份	颁奖单位	荣誉称号
袁　涛	2006	工行山西分行劳动竞赛委员会	金融先进工作者
	2006		不良贷款剥离先进个人
	2015	工行山西分行	2014 年度创新处置不良资产先进个人
赵金平	2006	工行山西分行劳动竞赛委员会	金融先进工作者
	2008		先进工作者
	2011	中共工行山西分行委员会	优秀共产党员
	2015		优秀共产党员
李晓荣	2008	工行山西分行劳动竞赛委员会	2007 年度先进工作者
	2011	共青团工行山西分行委员会	优秀共青团干部
吉继福	2008	山西省政府	五一劳动奖个人二等功
	2010	工行山西分行	2009 年度行长特别奖（个人理财）
	2010		2009 年度行长特别奖（法人理财）
	2010	中共工行山西分行委员会	优秀党务工作者
刘海兰	2008	工行山西分行	优秀柜员
	2016		先进工作者
	2016		十佳营销标兵
牛喜军	2008	山西省政府	五一劳动奖个人二等功
张艳萍	2008	工行山西分行	服务女明星
	2012	工行山西分行劳动竞赛委员会	优秀个人客户经理
	2014		优秀对公客户经理
	2015		优秀个人客户经理
	2017		优秀对公客户经理
	2018		精英理财经理
康怀芳	2009	中共工行山西分行委员会	优秀共产党员
	2011		优秀共产党员
	2013		优秀共产党员
	2014	工行山西分行	先进工作者
张桂芳	2009	工行山西分行	优秀大堂经理
	2011		MOVA 系统推广应用中期表彰组织推动三等奖
	2012		“学标准、强服务、促发展”知识竞赛二等奖
	2013		优秀共产党员
	2013		网点运营效能提升及标准化建设先进个人
	2015		人力资源工作先进个人
	2017	中共工行山西分行委员会	优秀党务工作者
戎有珍	2009	工行山西分行	优秀柜员
	2010		优秀柜员
	2010		全辖业务运营知识技能竞赛个人综合三等奖
	2014		优秀柜员
	2015		优秀柜员
	2017		优秀柜员

续表

姓　名	年份	颁奖单位	荣誉称号
倪育国	2009	工行山西分行劳动竞赛委员会	中间业务营销先进个人
李宝军	2009	工行山西分行	优秀柜员
	2010		优秀柜员
	2013		2012 年度优秀柜员
	2015		电子银行先进个人
宣荣枝	2010	工行山西分行	人力资源工作先进个人
	2015		先进工作者
白宝平	2010	公安部	公安部保卫干部经济民警三等功奖章
	2012	工行山西分行	“金融卫士”
贾永权	2010	工行山西分行	2009 年度党风廉政建设信息员
	2013		员工行为主题教育有奖征文评选活动三等奖
	2015		忠诚员工
	2016		优秀共产党员
闫探宇	2010	工行山西分行	先进个人
崔前林	2010	工行山西分行	2009 年度信息系统安全生产运行先进个人
刘瑞雪	2011	工行山西分行劳动竞赛委员会	优秀个人客户经理
	2012		优秀个人客户经理
	2017		优秀个人客户经理
祁　文	2011	工行山西分行	先进工作者
李耀富	2011	中共工行山西分行委员会	优秀党务工作者
朱秉成	2011	工行工会工作委员会	优质服务先进个人
	2011	工行山西分行工会工作委员会	优质服务先进个人
丁秀峰	2011	工行山西分行劳动竞赛委员会	“2010 服务价值年”先进个人
	2013		优秀大堂经理
	2019	工行山西分行	2018 年度精英理财经理
刘建旺	2011	中共工行山西分行委员会	优秀党务工作者
	2016		优秀党务工作者
刘汉勋	2011	工行山西分行	先进工作者
	2014	山西省工会工作委员会	五一劳动奖章
	2018	全国总工会	2017 度全国工人先锋号
	2019	工行山西分行	2018 年全省“十佳一级支行行长”
程晓燕	2011	工行山西分行	优秀柜员
	2012		运营质量提升先进个人
温　娜	2011	工行山西分行	运营质量提升先进个人
	2012		营销宣传标兵
	2016		优秀个人客户经理
王　蛟	2011	工行山西分行	“金融卫士”

续表

姓　名	年份	颁奖单位	荣誉称号
闫美丽	2011	中共工行山西分行委员会	优秀共产党员
闫美丽	2012	工行山西分行	优秀柜员
闫美丽	2015	工行山西分行	先进工作者
闫美丽	2016	工行山西分行	优秀柜员
闫美丽	2017	工行山西分行	优秀柜员
闫美丽	2018	工行山西分行	优秀柜员
白永荣	2011	共青团工行山西分行委员会	2010 年度优秀共青团干部
苏爱芳	2015	工行山西分行	合规标兵个人
苏爱芳	2011	工行山西分行	优秀共青团员
李建繁	2012	工行山西分行	贵金属旺季营销品牌金营销明星
李建繁	2013	私人银行太原分部	2012 年度私人银行客户营销先进个人
李建繁	2014	工行山西分行劳动竞赛委员会	优秀个人客户经理
李建繁	2015	工行山西分行劳动竞赛委员会	先进工作者
李建繁	2015	工行山西分行劳动竞赛委员会	十佳营销标兵
李建繁	2016	工行山西分行劳动竞赛委员会	优秀个人客户经理
李建繁	2018	工行山西分行劳动竞赛委员会	二十佳营销标兵
李建繁	2019	工行山西分行	杰出理财经理
刘　佳	2012	工行山西分行	优秀个人客户经理
刘　佳	2013	工行贵金属部与世界黄金协会	黄金大使
刘　佳	2013	工行山西分行	营销状元
刘　佳	2014	工行山西分行	优秀个人客户经理
刘　佳	2015	工行山西分行	十佳营销标兵
刘　佳	2016	工行山西分行	二十佳营销标兵
刘　佳	2017	工行山西分行	二十佳营销标兵
刘　佳	2018	工行山西分行	贵金属营销先进个人
刘　佳	2018	工行山西分行	精英理财经理
刘　佳	2018	工行山西分行	巾帼岗位标兵
刘　佳	2018	工行山西分行	百佳理财经理
刘　佳	2018	工行山西分行	私人银行创优个人
张爱萍	2012	工行山西分行劳动竞赛委员会	2011 年度优秀柜员
张爱萍	2018	工行山西分行劳动竞赛委员会	2017 年度先进工作者
葛　晶	2012	工行山西分行	优秀柜员
葛　晶	2014	共青团工行山西分行委员会	优秀共青团干部
葛　晶	2018	工行山西分行	先进工作者
贺志刚	2012	工行山西分行	优秀个人客户经理
闫金富	2012	工行山西分行	优秀法人客户经理
韩海峰	2012	工行山西分行	先进工作者
张先锋	2012	工行山西分行	先进工作者
冀晓霞	2013	工行山西分行劳动竞赛委员会	优秀柜员

续表

姓 名	年份	颁奖单位	荣誉称号
贺岳明	2013	工行山西分行	2012 年度优秀柜员
杨 瑛	2013	共青团工行山西分行委员会	“我与工行共成长”主题演讲比赛三等奖
	2014	国际金融理财标准委员会（中国）	2014 年中国金融理财师大赛 500 强
	2018	工行山西分行工会工作委员会	“学习十九大　岗位谱新篇”征文一等奖
	2018	工行山西分行工会工作委员会	“学习十九大　说说心里话”征文二等奖
霍冬梅	2014	工行山西分行	电子银行营销标兵
王永军	2014	山西省劳动竞赛委员会	山西省劳动模范
	2016	工行山西分行	十佳一级支行行长
	2016	中共中国工商银行委员会	优秀共产党员
	2017	工行山西分行	2016 年度“渠道管理先进个人”
	2018		“领航三晋”零售发展优秀舵手
田志忠	2015	工行山西分行	2014 年优秀大堂经理
	2015		2014 年服务明星
	2018	中共工行山西分行委员会	优秀共产党员
	2019	工行山西分行	忠诚员工
梁昌生	2015	工行山西分行	优秀党支部书记
李 蓉	2015	工行山西分行	业务运营知识技能个人综合二等奖
	2015		业务运营知识技能综合交易处理优胜奖
	2016		优秀柜员
白 玮	2016	工行山西分行	安全生产先进个人
	2017		安全生产先进个人
熊杰斌	2016	工行山西分行团委	优秀共青团干部
	2016	中共工行山西分行委员会	优秀共产党员
王晓敏	2016	中共工行山西分行委员会	优秀共产党员
	2018	工行山西分行	扶贫小额信贷先进个人
郑丽媛	2016	工行山西分行劳动竞赛委员会	优秀大堂经理
	2017		优秀大堂经理
	2017		营销推广工作先进个人
	2018		优秀个人客户经理
	2019		精英厅堂客服经理
康建华	2016	工行山西分行工会工作委员会	巾帼岗位标兵
杨 健	2016	工行山西分行	优秀柜员
李 强	2016	工行山西分行	2015 年度先进工作者
丁 强	2016	工行山西分行办公室	科技先进个人
李锦锋	2016	工行山西分行	先进工作者
朱玉梅	2016	工行山西分行	总行优秀网点负责人
何新春	2017	工行山西分行劳动竞赛委员会	优秀大堂经理
张 睿	2017	工行山西分行劳动竞赛委员会	二十佳网点负责人
	2019	工行山西分行	2018 年度结算与现金管理业务先进个人
	2019		2018 年度养老金理财营销推广先进个人

续表

姓　名	年份	颁奖单位	荣誉称号
贾树婧	2017	中共工行山西分行委员会	优秀共产党员
	2018	工行山西分行	2018 年全辖业务运营技能大赛
李秀成	2017	工行山西分行劳动竞赛委员会	二十佳网点负责人
	2019	工行山西分行运行管理部	印章综合改革先进个人三等奖
孟志贤	2017	工行山西分行	“员工养老金管家”先进个人
	2018		营销标兵
王保军	2017	工行山西分行	先进个人
樊会庭	2017	工行山西分行	先进工作者
秦学敏	2017	工行山西分行	二十佳营销标兵
	2018		二十佳营销标兵
	2019		二十佳营销标兵
田宪红	2017	工行山西分行	优秀柜员
	2018		先进工作者
薛有香	2018	工行山西分行	合规标兵
郝桂芳	2018	工行山西分行劳动竞赛委员会	优秀大堂经理
	2019	工行山西分行	百佳厅堂客服经理
武叶芬	2018	工行山西分行	优秀柜员
魏　斌	2018	工行山西分行	二十佳网点负责人
王　军	2018	工行山西分行	优秀网点负责人
王　鹏	2018	工行山西分行	优秀共产党员
宁瑞敏	2018	工行山西分行	优秀党员
赵玉玲	2019	工行山西分行	网点零售发展优秀领航人
李亚春	2019	工行山西分行	精英厅堂客服经理
	2019		2018 年度百佳厅堂客服经理
康青仙	2019	工行山西分行	2018 年度零售推动突出贡献奖
张　元	2019	工行山西分行	优秀对公客户经理
梁　星	2019	工行山西分行	先进工作者
丰建伟	2019	工行山西分行	二十佳网点负责人

表 6-45　　1985—2017 年中国银行朔州市分行先进个人荣誉统计表

年份	荣誉名称	授予单位	受表彰个人
1985	先进个人	中国银行山西省分行	李树声　鲍德宁
1986	先进个人	中国银行山西省分行	赵日太　张步皋　朱　军
1987	先进个人	中国银行山西省分行	赵日太　张步皋
1989	先进个人	中国银行山西省分行	李子明　李增秀　詹　俊
1991	先进个人	中国银行山西省分行	耿　海　魏　耀　刘志光　侯　斌
1992	先进个人	中国银行山西省分行	耿　海　李子明　张步皋　韩有贵　詹　俊
1993	先进个人	中国银行山西省分行	韩有贵　李有平　贺　琦　武　瑛　黄国民
1994	先进个人	中国银行山西省分行	白志中　李鹤年　赵继宏　张　胜　仝振军
1994	先进女职工	中国银行总行 / 山西省分行	李鹤年

续表

年份	荣誉名称	授予单位	受表彰个人
1995	先进个人	中国银行山西省分行	张国平　王文兰　黄国民　殷海国　皇甫翠萍
1995	先进女职工	中国银行总行	李鹤年
1996	先进个人	中国银行山西省分行	张国平　黄国民　牛福仁　皇甫翠萍　王有仁
1996	青年岗位能手	山西省金融系统	王　鹏
1997	先进个人	中国银行山西省分行	高　日　许艳青　牛福仁　皇甫翠萍
1997	文明优质服务标兵	山西省金融系统	王　鹏
1998	先进个人	中国银行山西省分行	吉　顺　赵德海　杜　峥　薛　青
1998	先进女职工	中国银行总行	王　清
1999	先进个人	中国银行山西省分行	张　炳　张利生　苑　震　王　清　李鹤年　王　鹏　李　庆　张子平
2000	先进个人	中国银行山西省分行	马兰柱　张利生　袁尚平　陈雁珍　杜成海　王　莉
2001	先进个人	中国银行山西省分行	张利生　黄卫平　耿建华　张玉莲　李　庆　高屹峰　贺晓兰　宋世晋
2001	全省文明优质服务标兵	中国银行山西省分行	张玉莲　韩　毅
2001	全省吸储揽存状元	中国银行山西省分行	耿建华
2001	全省巾帼吸储揽存能手	中国银行山西省分行	史引朕
2001	全省青年岗位能手	中国银行山西省分行	仝学智　李宇智　李振宁
2002	先进个人	中国银行山西省分行	张利生　张志平　罗　成　张玉莲　李　庆　李永清　张　斌　宋世晋
2002	文明优质服务标兵	中国银行山西省分行	宋世晋　高建中
2003	先进个人	中国银行山西省分行	王　龙　詹光宇　张志平　严惠飞　宋世晋　朱益军　张慧斌　符晓锦
2003	基层优秀工作者	中国银行山西省分行	赵大宏
2003	文明优质服务标兵	中国银行山西省分行	张志平
2003	先进女职工	中国银行山西省分行	黄文秀　李永珍
2003	先进女工工作者	中国银行山西省分行	张亚利
2003	青年岗位能手	中国银行山西省分行	王保平　武榵容　温　禄　王玉琼
2004	先进个人	中国银行山西省分行	牛福仁　詹光宇　李世荣　李逢春　张利花　李永清　吴海生　李　和
2004	文明优质服务标兵	中国银行山西省分行	徐志芳　张丽花　王玉琼　贾永明　李世珍　胡海霞　詹光宇
2005	先进个人	中国银行山西省分行	牛福仁　詹光宇　闫　勇　郭景莉　武进雄　杨金叶　宋世晋　李永芳
2006	文明优质服务 20 周年表彰	中国银行山西省分行	刘迪新　闫　勇　耿建华
2006	先进个人	中国银行山西省分行	李　浒　雷向月　夏彩丽　闫　勇　武进雄　任翠萍　李永清　张　彦
2007	先进个人	中国银行山西省分行	李　浒　寇　旺　耿建中　李永清　邵新叶　贾永明
2007	山西省个人一等功	山西省总工会劳动竞赛委员会	牛福仁
2007	青年岗位能手	中国银行山西省分行	李永清
2007	山西省分行文明优质服务先进个人	中国银行山西省分行	耿　民　闫　勇
2007	省分行电子银行优秀业务营销员	中国银行山西省分行	王　志

续表

年份	荣誉名称	授予单位	受表彰个人
2007	优秀共青团员	中国银行山西省分行	田 蕾 毛志玲
2007	优秀共青团干部	中国银行山西省分行	吕宁非
2007	四星级柜员	中国银行山西省分行	王玉琼 李 丽 武吉荣 耿 民 李燕萍
2008	优秀共产党员	中国银行山西省分行	詹光宇 夏新平 周晓兵 乔大新 仝学智
2008	优秀党务工作者	中国银行山西省分行	赵继宏
2008	巾帼吸储状元	中国银行山西省分行	李少华
2008	巾帼揽存状元	中国银行山西省分行	聂欣梅
2008	职业道德建设先进个人	中国银行山西省分行	闫 勇
2008	奥运服务优秀员工	中国银行山西省分行	闫 勇 张 东
2008	储蓄存款业务春季竞赛揽存标兵	中国银行总行	闫 勇
2008	先进工作者	中国银行山西省分行	高怀中 吉 顺 闫 勇 刘立新 毛志玲 苏海丽
2008	四星级柜员	中国银行山西省分行	王玉琼 寇新梅
2008	青年岗位能手	中国银行山西省分行	李燕萍
2009	巾帼吸储揽存状元	中国银行山西省分行	李世琰 祁瑞玲
2009	优秀共产党员	中国银行山西省分行	马兰柱 赵大宏 刘喜珍 李万芳 李永清
2009	优秀党务工作者	中国银行山西省分行	赵开成
2009	知识型职工先进个人	中国银行山西省分行	吉 顺
2009	优秀工会干部	中国银行山西省分行	曹 刚 原 峰
2009	档案达标优秀工作者	中国银行山西省分行	田秀峰
2009	优秀共青团员	中国银行山西省分行	田 蕾 段 君
2009	优秀共青团干部	中国银行山西省分行	赵秉瑞
2009	文明优质服务标兵	中国银行山西省分行	李 娟
2009	优秀通讯员	中国银行山西省分行	赵秉瑞
2009	防范案件先进个人	中国银行山西省分行	徐桂花
2009	先进工作者	中国银行山西省分行	高怀中 马兰柱 李树君 田秀峰 杨培云 田海霞
2009—2010	优秀团干	中国银行山西省分行	田秀峰
2009—2010	优秀团员	中国银行山西省分行	岳砚砚
2009—2010	青年岗位能手	中国银行山西省分行	苏海丽
2010	党务工作者	中国银行山西省分行	杨 明
2010	优秀党员	中国银行山西省分行	黄卫平 李永强 张 彦 赵秉瑞 任志勇
2010	建设防风险信息体系突出贡献个人	中国银行山西省分行	张全兵
2010	IT 蓝图建设先进个人	中国银行山西省分行	任志勇 李万芳 武 瑛
2010	IT 蓝图一类网建设先进个人	中国银行山西省分行	武 瑛 乔大新
2010	巾帼吸储揽储状元	中国银行山西省分行	王晋花
2010	职工职业道德建设先进个人	中国银行山西省分行	任志勇
2010	党建优秀通讯员	中国银行山西省分行	赵秉瑞
2010	党内统计工作优秀个人	中国银行山西省分行	田秀峰
2010	防范案件先进个人	中国银行山西省分行	温 禄 张银娥 刘玲花 王振国 魏振宇

续表

年份	荣誉名称	授予单位	受表彰个人
2010	十佳理财经理	中国银行山西省分行	林志勇
2010	优秀员工	中国银行总行级	张银娥
2010—2011	青年五四奖章	中国银行山西省分行	张银娥
2010—2011	优秀团干	中国银行山西省分行	史文彦
2010—2011	优秀团员	中国银行山西省分行	岳砚砚
2011	IT 蓝图 3.0 建设先进个人	中国银行山西省分行	闫树文
2011	党建文化最佳通讯员	中国银行山西省分行	赵秉瑞
2011	优秀党务工作者	中国银行山西省分行	韩玉辉
2011	优秀共产党员	中国银行山西省分行	许　洪　夏新平　霍　东　李少华　唐　斌
2011	中银卓越奖	中国银行山西省分行	寇　旺
2011	巾帼吸储揽存状元	中国银行山西省分行	陈雁珍　李彩霞
2011	防范案件先进个人	中国银行山西省分行	岳砚砚　陈廷军　蔡鸿雁　毛美琴　武海斌　唐英慧　杜青山　朱益军
2011	平安中行先进个人	中国银行总行	杨　明
2012	职业道德建设先进个人	中国银行山西省分行	康茂才
2012	巾帼吸储揽存状元	中国银行山西省分行	肖　寒　陈雁珍
2012	巾帼建功标兵	中国银行总行	张银娥
2012	巾帼建功标兵	中国银行山西省分行	张银娥
2012	巾帼建功先进个人	中国银行山西省分行	陈雁珍
2012	巾帼建功先进工作者	中国银行山西省分行	田秀峰
2012	山西省金融业反洗钱工作先进个人	人民银行太原中支	丰静波
2012	“青年五四奖章”	中国银行山西省分行	陈廷军
2012	优秀共青团员	中国银行山西省分行	田　秀
2012	优秀共青团干部	中国银行山西省分行	赵秉瑞　郝雅丽
2012	中银优秀网点负责人	中国银行总行	朔州山阴支行营业部寇旺
2012	“四星级柜员”	中国银行山西省分行	苏海丽　李　丽　苏玉萍
2012	防范案件先进个人	中国银行山西省分行	平鲁支行：马　海　王志强；西街支行：张　芳；应县支行：沈日杰
2012	“中银卓越奖”先进个人	中国银行山西省分行	韩玉辉
2012	公司金融条线　“十佳营销能手”	中国银行山西省分行	闫嘉东
2012	个人金融条线“十佳营销能手”	中国银行山西省分行	任怀江
2012	个人金融条线“十佳大堂经理”	中国银行山西省分行	沈日杰
2012	2011—2012 年度山西省分行青年岗位能手	中国银行山西省分行	张银娥
2013	山西省分行第三届“知识型职工先进个人”	中国银行山西省分行	朱益军
2013	“巾帼吸储揽存状元”（对私）	中国银行山西省分行	陈雁珍
2013	“四星级柜员”	中国银行山西省分行	师淑琦　闫树梅
2013	全市金融工作先进工作者	人民银行朔州市中支	兰海林

续表

年份	荣誉名称	授予单位	受表彰个人
2013	中国银行业文明规范服务“明星大堂经理”	中国银行工会工作委员会	陈廷军
2013	防范案件先进个人	中国银行山西省分行	营业部：郝瑞刚；西城支行：徐瑞芳； 西街支行：宿永慧　张　芳　田　庚； 古北街支行：黄福忠；开发区支行：马碧荣； 振华街支行：韩利芬； 体育路支行：李玉秀；鄯阳街支行：高鹏燕； 平鲁井坪镇支行：王志强
2013	十佳网点负责人	中国银行山西省分行	王　志
2013	最佳个人客户经理	中国银行山西省分行	任怀江
2013	最佳大堂经理	中国银行山西省分行	陈廷军
2013	最佳柜员	中国银行山西省分行	贺小兰　钱　磊　孔令珍　刘艳萍　麻肖霞 黄保平
2014	第四届职工职业道德建设“先进个人”	中国银行山西省分行	陈廷军
2014	“巾帼吸储揽存状元”对公	中国银行山西省分行	陈雁珍
2014	“巾帼吸储揽存状元”对私	中国银行山西省分行	朱美琴
2014	“创新”征文一等奖	中国银行山西省分行	韩玉辉
2014	培训教育先进个人	中国银行山西省分行	李永强　林志勇
2014	省行级内训师	中国银行山西省分行	李永强　林志勇
2014	二十佳网点负责人	中国银行山西省分行	朱益军　李永清
2014	最佳公司客户经理	中国银行山西省分行	武吉荣　成爱萍
2014	最佳个人客户经理	中国银行山西省分行	武丽华　秦世登
2014	最佳大堂经理	中国银行山西省分行	李志霞
2014	最佳柜员	中国银行山西省分行	李大军　贺小兰　吴志明　张东雁　姚文丽 刘文治　麻肖霞　刘文华　钱　磊　乔金华
2014	最佳风险尽职员	中国银行山西省分行	张振华
2014	最佳内控合规员	中国银行山西省分行	赵春生
2014	明星客户经理	中国银行山西省分行	武丽华　马瑞平　薛　艳
2014	防范案件先进个人	中国银行山西省分行	林小刚　刘德川　王福国　闫佳强　唐英慧 白凤花　张红芳　刘玲花　闫红梅　边晓蓉 李振宁　杜　庚　任彦飞　李　娟　徐瑞芳 苗晓莲　詹光宇
2014	四星级柜员	中国银行山西省分行	付　皎　赵玉福
2014	五星级柜员	中国银行总行	师淑琦
2015	基层网点 ETC 发卡优秀组织奖	中国银行山西省分行	曹建成　魏立英　许　洪
2015	ETC 发卡标兵	中国银行山西省分行	高志平　麻肖霞　李逢春　薛　艳　寇玉娟
2015	防范案件先进个人	中国银行山西省分行	胡　强　梁　钰　李　俊　赵彩梅　王　帅
2015	中国银行业文明规范服务 明星大堂经理	中国银行总行	钮晓丽
2015	山西金融五一劳动奖章	中国金融工会山西工作委员会	李永清
2015	省行级优秀共青团干部	中国银行山西省分行	郝雅丽

续表

年份	荣誉名称	授予单位	受表彰个人
2015	省行级最美一线青年员工	中国银行山西省分行	武丽华
2016	优秀党务工作者	中国银行山西省分行	朱益军
2016	优秀共产党员	中国银行山西省分行	乔大新　毛志玲　叶增桃　武吉荣
2016	中国银行优秀共产党员	中国银行总行	叶增桃
2016	省分行风险排查合规卫士	中国银行山西省分行	王晋荣
2016	总行级“优秀大堂经理”	中国银行总行	唐英慧
2016	优秀派驻业务经理	中国银行山西省分行	刘　琦　陈廷军　赵晓芳
2016	省行级优秀共青团员	中国银行山西省分行	兰亚妮
2016	十佳网点负责人	中国银行山西省分行	右玉支行李永清
2016	十佳业务经理	中国银行山西省分行	刘　琦
2016	十佳公司客户经理	中国银行山西省分行	赵晓霞
2016	十佳大堂经理	中国银行山西省分行	唐英慧
2016	十佳柜员	中国银行山西省分行	贺晓兰
2016	十佳内控标兵	中国银行山西省分行	魏立英
2016	十佳营销能手	中国银行山西省分行	张银娥
2016	全辖贸易金融业务十大突出贡献标兵	中国银行山西省分行	杨环文
2017	优秀党务工作者	中国银行山西省分行	夏新平
2017	“四优”共产党员	中国银行山西省分行	孟恒吉　田　蕾　张剑敏　张绪文
2017	风险排查合规卫士	中国银行山西省分行	郝雅丽　田　蕾　王晋荣

第二节　文苑人物

寇永春

男，1963年10月生，山西朔城区人，大学本科学历，中共党员，经济师。现任人行朔州市中支宣传群工部部长。朔州市第一届摄影家协会会员、第三届摄影家协会副主席、第四届摄影家协会副主席兼秘书长。

工作后经常为单位业余拍摄会议及重大活动照片，逐步喜欢上摄影，利用节假日立足周边拍摄朔州市的自然风光，多个摄影作品获奖，其中，《守望》《收获》《牧羊人》《父与子》等作品荣获朔州市第二届摄影大赛二等奖和人行太原中支职工书法摄影二等奖；《七里河大桥夜景》荣获中共朔州市委宣传部朔州市文联“中华人民共和国成立50周年建市10周年摄影作品展”银奖；《收获》在中共山西省委农村工作领导组办公室、山西省农业厅和山西日报社联合举办的雁门关生态畜牧区建设摄影大赛中荣获“佳作奖”；《守望》入选《中国职工书法绘画摄影作品精品选》，并由中国工人出版社出版。

郭志宏

男，1965年12月生，山西山阴人，大学本科学历，中共党员，经济师。现任人行朔州市中支外汇管理科主任科员。中华诗词学会会员、山西省作家协会会员、山西诗词学会会员、朔州诗词学会、楹联学会副会长、人民银行文联二届四次理事会理事、晋社成员。

1986年11月，读书期间与校园同好者一起创办雁北师专雪野文学社，任首任副社长。2008年汶川大地震，撰写的《汶川大地震七日祭》，被《朔州日报》副刊头条登载。十几年来，笔耕不辍，多部作品发表在《中华诗词》等各级各类报刊及《云帆》《诗词家》《小楼听雨》等众多微信平台；多部作品入选《中华诗词文库山西诗词卷》《2017中国诗词年选》《今韵诗词三百首》《见证朔州建市20年》等文库。与诗友合集出版《古邑新韵》《晋社诗汇》《塞上吟坛同题诗词选》《雁门关外》等。

朔州市文联主席、诗人李志斌评价他的诗词："郭志宏是中文系出身的银行干部，对诗词的韵律、对仗、用典以至于拗救等章法问题都能熟练掌握，作品不拘古泥古，新词新意入诗，诗风自然通达，深入浅出，言简意赅，疏朗平和，小中见大，质朴真挚，同时表现出强烈的乐观主义精神。"

高　煜

男，1970年10月生，山西繁峙人，大学本科学历，中共党员，经济师，现任人行朔州市中支征信管理科主任科员。山西省书法家协会会员、朔州市书法美术家协会副主席，别署朔风堂主人。

1991年8月，山西银行学校财政金融专业毕业；1991年8月，右玉县威远镇政府办事员；1992年7月，人行右玉县支行办公室副主任；1996年3月至1998年12月，人行朔州分行调查统计科、货币信贷与统计科办事员、科员（1999年7月，山西电大货币银行专业毕业）；2004年11月至2015年3月，人行朔州市中支调查统计科副主任科员、副科长、主任科员（2005年6月，山西电大工商管理专业毕业）；2015年3月，人行朔州市中支征信管理科主任科员。

幼承庭训，唐楷开蒙，及长浸淫历代经典碑帖，寄情翰墨，乐此不疲。不惑之年，远赴金陵，师从当代著名中青年书法家李双阳先生，受益匪浅。近年对于行草经典情有独钟，流连于王羲之的倜傥、颜鲁公的浑朴、苏东坡的文气、米南宫的痛快，以及近代白蕉的自然蕴藉，临池不辍，方窥书法堂奥。得获全国及省级各类书法比赛奖项达15次，其中，获人民银行书法比赛一等奖4次。全国性书法专业入展2次，省级6次。2018年入展中国书法家协会组织的《书法新时代——首届全国新文艺群体书法作品展》；2018年入展《山西省第七届群众书法篆刻展》（获三等奖）。

马宇宏

男，1970年12月生，山西平鲁人，大学本科学历，中共党员，经济师。1991年7月毕业于雁北艺校，山西省音乐家协会会员。1992年3月分配到人行朔州分行工作，从事工会、团委工作。1993年获得朔州市首届青年歌手大奖赛特等奖；1995年获得人行山西省分行系统文艺汇演优秀奖；2000年代表人行天津分行参加华北地区人行文艺汇演，获得好评。

黄智远

男，1970年7月生，山西山阴人。现任建行山西省分行驻朔州分行纪检组纪检员。

中国音乐家协会会员、中国金融音乐家协会会员、山西省音乐家协会会员。声乐专业毕业，擅长通俗唱法，有着属于自己的独特的演唱风格和技巧。1993年获得朔州市第二届青年卡拉OK歌手赛一等奖；1995年获得山西省“万水泉杯”中国歌曲演唱大奖赛十佳歌手奖；2015年获得全国金融系统首届歌手大赛通俗组二等奖；在中国金融音乐家协会组织开展的纪念改革开放40周年主题歌曲创作作品征集活动中，作品《逐梦云天》获得原创纪念奖。近年来演唱的《爱是一首最美的歌》《与爱同行》《苹果花》《美丽新罗请你来》《新余有爱》《爱满织金》《幸福如花》《爱在松原》《梦想在飞扬》《宏远之歌》《中国记忆》《巫山的云朵》《爱满如皋》《莲湖之恋》《爱的传承》《让青春飞扬》《逐梦北京》等数十首原创歌曲均获奖；为建行“劳动者港湾”创作单曲《爱的港湾》；为建行山西省分行2018年旺季营销表彰展示活动创作单曲《逐梦云天》；为建行右玉县支行创作单曲《红梅花开》。

史文韬

男，1973年6月生，山西平遥人。现任建行山西省分行纪委驻朔州分行纪检组正科级纪检员。

自幼酷爱书法，终日研习，笔耕不辍，尤以硬笔书法见长，作品多次在系统内外的展览中获奖。近年来，充分利用业余时间致力于规范汉字的推广与应用。现任中国硬笔书法协会会员、中国金融书法家协会会员、中国硬笔书法协会注册教师、全国规范字书写注册教师、河南省硬笔书法研究院理事。

第六章
监管部门人员名录

第一节 人民银行人员名录

□ 1954年人民银行朔县支行干部职工名录

魏隐君 李 茂 郭 连 钱 祥 杜友权 张玉文 刘金蓉 崔 英 冯增儒 何芦雪 王建民
常克勤 魏锦中 李占魁 支梅英 刘 铸 韩朝钦 成国相 吉元中 孙逸英 吴振宇 于家乐
马锡蕃 尹培安 祁日增 李 祐 张 瑄 许喜连 赵家魁 支存仁 寇振华 陈翠兰 蔚玉环
李清娥 朱秀琴 郝玉梅 王同臣 雷九星 梁桂芳 范智卿 吴 钟 闫光明 盖受禄 刘振忠
吴 良 蔚汉帜 曹汉卿 刘继尧 王 斌 张培民 吴仕清 祝占篮 李治国 郭丕福 张继贤
蒯 祥 弓长久 李 清 王凤岐 赵克嘉 赵秉儒 景 忠 王永诚 吴 英 白成士 陈 亮
白 悦 王 源 安 云 李秉安

□ 1984年人行、工行分设人员名录

人民银行朔县支行干部职工名录（1984 年 11 月）

马 军 武日荣 景 忠 李金荣 高成才 王建国 王宗轩 张瑞林 王宽寿 张金梅 李子适
罗宏元 陈少春 龙玉凤 吉允中 寇永春 张明儒

人民银行朔县支行划归工行人员名录（1984 年 11 月）

寇子儒 秦秀珍 王同臣 王 平 吉惠玲 翟桂香 杨成军 王文志 李志书 田秀梅 黄丽荣
薛士贵 田全喜 杨海娥 卢生平 贾元应 贾文秀 张晋玲 苑得冠 季 官 郝玉梅 赵 亭
武保仁 黄丽君 王永成 王小荣 沄玉梅 翟 琅 景秀斌 解俊和 杨文科 郭玉梅 温志新
张桂珍 李文生 任秀英 韩富梅 雷桂英 杨秀珍 马希会 蒯常信 张 瑄 徐晋明 刘小慧
蒯 祥 景耀明 阎相宇 王金花 吴 英 蔚玉珍 周田芳

□ 1989年人民银行朔州分行职工名录

1989 年 4 月人民银行朔州分行成立初干部职工名录

机　关：王平善　张崇斌　赵　福　姚富国　张自强　马　军　景　忠　王耐香　高怀中　吴树斌　张一富　李金荣　李　文　王建国　高成财　王生明　张明儒　张映勇　石志权　寇永春　武日荣　薛振利　孙智平　贾鸿琳

营业部：杨　钧　杨秀珍　赫　泰　张志强　李梅花　张润娴　王宽寿　王国治　仝文海　景秀文　徐树珍　王宗轩　王树宁　龙玉凤　李子适　罗宏元　张金梅　张瑞林　李玉屏　张新明　吕秀荣　刘来弟　郭瑞祥

1989 年末人民银行朔州分行机构人员名录

王平善　张崇斌　段仁勇　姚富国　李青梅　贾鸿琳　李　仲　汪　燕　赵　福　任　厚　元有仁　张一富　张明儒　吴树斌　薛振利　景　忠　石志权　武日荣　寇永春　王耐香　李金荣　李　文　康育民　樊　吉　张自强　王建国　康　俊　高怀中　杨春祥　孙智平　马　军　高成财　张映勇　段仁勇　康全仁　郭水龙　王宽寿　刘　强　徐建斌　李梅花　张润娴　王国治　王生明　景秀文　仝文海　蔚茂荣

□ 2019年人民银行朔州市中支人员名录

2019 年 12 月人民银行朔州市中支机关人员名录

卫文江　任海泉　罗宏元　郑有升　邱继岗　姚建兵　刘为民　梁恒山　孙智平　张青扬　郝润忠　刘新春　马　丽　高　倩　苗　相　李佳洋　朱福锁　樊禄林　解玉太　樊国鹏　刘淑萍　尹祥荣　马晓军　张业民　李东民　王攀峰　赵守谦　王永欣　常欣岱　梁继锋　郭文明　苏　强　何艳太　姚　政　姚　婷　赵守卿　李彩云　马　震　李银兰　吕元媛　王　芳　李世玲　句金忠　石　伟　张　峰　孟　勇　郭有怀　于　真　齐红江　张晓清　解丽荣　吕　鉴　田　佳　徐　嘉　张志强　王　波　卢　福　王　耀　高鹏祥　郭志荣　雷向东　王联邦　王建铭　李梅花　仝文海　郑文平　何文丽　崔吉星　降　文　安利军　董连卿　李　文　王喜如　解小玲　李臣飞　刘晓霞　郝一飞　石丽娜　任麟祥　吉晋樑　张一富　武怀英　张文慧　辛秀清　李锦芬　伊慧珍　曹红梅　吴文瑶　廖玉萍　梁　荣　李飞雪　徐仁杰　杨东昌　马宇宏　贾　俊　周晓东　崔而春　刘渊婧　郭水龙　高　煜　姚小宝　白强强　朱　锐　王世光　郭志宏　穆金梅　赵善肖　李玉屏　翁玉祥　何冬太　寇永春　冯国慧　侯　永　张云涛　柴应姝　杨艳菲　杜彩云　卢文秀　魏炳华　李　斌　张惠民　康　悦　王国治　牛通根　张文玖　张继平　卢　亮　张新明　刘日功　万　泽　李振军　刘　鹏　王梓臣

新招录行员：

杨柳桃　张广元　董艳霞　王晓荣　聂瑶瑶　梁婕妤　卢娜娜　黄文贞　周伟真　高　健　郭志良　赵　靖

第二节 中国银保监会朔州监管分局人员名录

□ 2004年朔州银监分局成立初人员名录

宋立新 任 厚 赫 太 符 虎 张丽萍 张志恒 张继业 姚守成 岳晓观 郭宏莲 高成财
张安山 元有仁 薛振利 雒 文 吕 慧 霍映凯 张 礼 李寿山 郑必显 朱尚信 张中华
武日荣 马武生 马德兴 龚泽宇 赵文俊 蔚茂荣 陈晋华 李玉琴 李国英 王 军 王君文
黄培忠 赵 立 崔 新 杨 兴 张 文 吉 有 张有祥 洪文东 刘 强 杨立新 管苏海
孙勇刚 刘爱学 常庆福 王 力 常志平 刘连根 翟亚华 史战胜

□ 2019年末朔州银保监分局人员名录

刘慧峰 武日荣 龚泽宇 马武生 王君文 杨 静 彭尚昆 刘 春 窦 帅 岳晓观 张志恒
李 扬 郭盛涵 符 虎 孙勇刚 史战胜 吕 慧 谷建翔 张丽萍 高 杨 闫 鹏 马德兴
王 军 姚守城 冯娟娟 宋 陆 张 文 雒 文 蔚茂荣 陈晋华 吴文俊 郑必显 李玉琴
常志平 任海玲 田 野 秦若冰 赵 立 韩志祥 管苏海 洪文东 张继业 张安山 杨立新
常庆福 王 力 薛振利 杨文俊 元有仁 翟亚华 沈元江

第三节 朔州市人民政府金融工作办公室人员名录

□ 2009年市金融办成立时人员名录

白 秀 刘 磊 张天林 张慧文 尹祥文 周俊清 高昕宇 李 江 李 斌 黄 华 王 静
刘晓珊

□ 2019年末市金融办人员名录

吴夺魁 马维东 李 斌 周俊清 李 江 王淑珍 张 平 黄 华 范凯华 王 静 史志刚
王耀诚 张建民 刘晓珊

第七篇

纪略

上篇

古韵传奇

新城铸币　梵王循迹

□　铸地考证

新城，为布币铸造地名。关于新城的地理位置，史学界普遍认为它是战国赵邑。“新城”之名，最早出现于《史记·秦本纪》：“（秦庄襄王）三年（公元前247年），蒙骜攻魏高都、汲，拔之。攻赵榆次、新城、狼孟，取三十七城”；唐代的《史记正义》认为，这个新城就是指朔州“西南四十七里”的新城；唐代《括地志》又载：“新城一名小平城，在朔州善阳（今朔城区）西南四十七里。”而文中“西南四十七里”处正是今天的梵王寺村。

梵王寺村位于朔城区西南部窑子头乡，20世纪70年代以前，这一带的墓葬封土堆星罗棋布，据考，多为西汉至北朝时代的古墓。多年来，学界已形成共识，梵王寺古墓群是古楼烦文化的一处遗存。楼烦，约在春秋之际建国，疆域大致相当于今天北起内蒙古呼和浩特市，南到山西省朔州市一带，当时在今太原市娄烦县一带也有活动，春秋时成为与秦、晋、燕等中原国家相对抗的势力。到战国时期，列国间战争频繁，赵武灵王即位后，实施“胡服骑射”变革，逐渐占据相邻的楼烦国等地。至此，朔州全部归赵。赵在今梵王寺村附近建了一座城邑，取名“新城”，隶属雁门郡。秦灭赵，置楼烦县。明清时期，梵王寺村因梵王寺得名。

新城为雁门关以北最早的城邑之一，被称“朔州第一城”，同时也是赵国在今朔同地区仅有的两处钱币铸造地之一。另一处在今左云县西，战国晚期在那里铸造过“雁次一两”“雁次十二朱”两款三孔布，较新城布币为晚，铸造时间也短，数量极少，影响不大。

□　形制特征

新城布币为小型、平首、耸肩或微耸肩尖足布，布身长5~5.4厘米，宽2.7厘米，重5.6克左右，微耸肩布有轻薄至4克者。面文为阳文大篆书体“新城”或“辛城”，多见倒文，书刻大同小异，版别繁多。在战国时期“新”“辛”二字相通，学术界将两种货币合二为一，定名为“新城布”。新城布币为减重币，成本低，较为薄小，有减重逐利倾向。1963年以来，在朔城区沙塄河、秋寺院、北旺庄、崇福寺附近、司马泊、趄坡、府南小区先后出土了几批战国刀币、布币，经考古人员和钱币界人士整理后发现，其中有不少面文为“新城”或“辛城”的布币。这种布币除了在朔城区境内发现外，在周边的山阴县、右玉县、原平市、定襄县、阳高县以及河北省的易县都有出土。1963年阳高县出土尖足布、方足布共计1 300余枚72种，据亲历者忆有新城布币，今存于阳高县文管所及大同市博物馆共52个样式，其中并未见“新城”布，亦可见其稀有。由新城出土各种及各个地区古钱币可知，该地也可以铸其他地区的货币。

新城布币在1938年由丁福宝编著的《古钱大辞典》、日本昭和十三年（1938年）奥平昌洪辑录的《东亚泉志》中已有收录。在新中国成立后出版的《燕下都东周货币聚珍》等众多钱谱中也收录介绍过。在《赵国钱币》一书中，收录有不同版别的12品新城布币。在中国国家博物馆、中国钱币博物馆、故宫博物院、上海博物院、山西博物院等处都有收藏。在钱币界珍、罕、稀、少、多五级定位中属于稀见品，在三等九级定位中属于“二下”。

□　梵王循迹

关于新城城址，曾有学者实地考察，认为今朔城区梵王寺村即坐落在当年新城的东南角，村北500米处至今尚存长约400米的一段城墙，即为当年的新城北城墙。在城墙之南的庄稼地里还拣到绳纹、网纹、布纹筒、板瓦和古陶器碎片。据当地村民李振华回忆，在他们小时候（20世纪60年代），当时刮大风土被吹走后，城墙周围就会出现一些生锈发绿的铜镞头，他们会把这些东西捡回后去供销社卖掉。当年在趄坡村出土了一件将军盔甲，也佐证了当地有过战争一事。

1993年秋，在距此西北5公里的趄坡村神（木）朔（州）铁路工地上，出土了数千枚战国刀币、布币，其中就有不少新城布币。据梵王寺村支书常卫华回忆，在当地黄土里也会偶尔挖出古钱币，本地村民也有私人收藏，有些工人拿钱币去小卖部换方便面，而当地也有人以此而发家盖房或去城里买了房子。2012年挖自来水管时又出土战国古钱币，土坑深1.3米左右，挖出刀币、布币各样20~30个。战国钱币特别是新城布币的集中出土，也在一定程度上佐证了新城城址之所在。

□　趣闻轶事

由于梵王寺与新城布币等古钱币有千丝万缕之关系，故当地关于金银财宝的故事也较多。有关轶事还有一则，即“挖出金擀杖”①：相传一男子在锄田时发现一金光闪闪的金擀杖，因在土地里卡得深，不好拿，他急忙回家取锹想挖出来，结果回来后发现金擀杖已经没了。当地人后来纷纷传言是这金擀杖自己跑了。男子自此之后便日日在之前挖到金擀杖的附近挖土刨坑，弃干活种田于不顾，一心希望可以再挖到金擀杖。如此挖了九十九天之后，还真又挖到了一个金擀杖。自上回痛失金擀杖后，他不管去哪都随身带着铁锹，这次他欣喜若狂地把金擀杖用铁锹刨出来，并用布包着，想趁天黑带回家。匆忙赶路时经过一户人家，不留神碰碎了门口水缸，引出主人家恶狗撕咬，被狗大撕皮肉，直到惊动主人将狗赶开方才脱身。回家后因伤势太重急需用钱，忍痛用金擀杖换了钱。看郎中、买药、保养，折腾下来过了大半年。再算上前面只顾寻找金擀杖而荒置的农活，一通计算下来，竟也抵了这白来的金擀杖。他悔恨又自责地感叹：“人的钱有数啊，不该贪不该贪。”所谓九九归一，黄粱一梦。这也告诉我们，钱财乃身外之物，不该被白来之财所操纵，做一些天上掉馅饼的美梦，脚踏实地地生活才是正途。

世上最早纸币

——尉迟恭与钱帖

尉迟恭，字敬德（585—658年），谥号“忠武”，山西马邑（朔州）人。隋末从刘武周为将，后归唐，立战功。唐高祖武德初年（618年），授秦王府左二副护军；武德九年（626年），玄武门

① 金擀面杖，当地称“金礲碌”，擀面杖为做吃食的工具，而金擀杖在当地有“有了金饭碗，衣食无忧”之义。

之变，助唐太宗李世民夺取帝位，累官泾州道行军总管、襄州都督，封鄂国公。《三教搜神大全》《永乐大典》曾记："三十六宫、七十二院。夜无宁静，尉迟敬德同秦叔宝夜晚戎装守卫宫门，唐太宗寝宫邪恶、鬼祟全消。后是沿袭，遂永为门神。"尉迟恭的"门神"形象在民间口口相传，已成共识，不仅其出生和事迹与朔州有着浓重的历史渊源，而且在货币创新方面也能够探寻出诸多蛛丝马迹。

□ 尉迟恭马邑寻迹

朔州当地的许多地名都与流传甚广的"尉迟恭擒海马"故事有关。相传在马邑县司马泊村附近有一"金龙池"（今朔州神头），池中有一被称为"海马"的怪物，糟蹋百姓庄稼，人人叫苦不迭。铁匠尉迟恭力大无比，在当地颇有声望，自告奋勇挺身而出为民除害，冒险擒海马将其驯服。搏斗过程中，"海马"一跃而起，猛跳至旁边一村庄，该村庄便命名为"马跳庄"。尉迟恭曾于两村庄上下马，该两地便称为"上马石"和"下马石"（现在的上、下刘家窑村）；"马鞍山""鞍子坪"为尉迟恭得到马鞍之地；"歇马关"则为尉迟恭驯服马之后歇脚之地。而至今司马泊村金龙池畔的柳树树干都是扭纹的，据说都是当年尉迟恭擒海马时扭弯大树的后代。由此可见，尉迟恭与朔州地区的联系之紧、渊源之深、底蕴之厚。

作为护佑平安的门神，尉迟恭在民间有极高的知名度，可谓家喻户晓，妇孺皆知。但鲜为人知的是，古代货币流通中使用的钱帖与尉迟恭也有很大关系。

□ 尉迟恭钱帖考证

在我国货币流通中，曾使用"钱帖"进行支付。钱帖在朔州当地的应用场景主要有以下几种：一是资金充足、资本金实力雄厚且信用高的商铺和字号可自行出钱帖，自定兑换面额单位有贯、两、吊、文等，在一定区域范围内进行钱货周流；二是有的钱帖为双方约定往来而建立通汇关系，从而在大范围内进行钱货周流使用。一般需要预先制定好以时间、地点、名称、金额等为内容组成的密码以及特定的密迹或文字，用来防伪及特殊区分，在双方的约定下交换，一般在每年腊月底审核后进行兑现。钱帖与《二十四史》中有记载的"飞钱"有异曲同工之处。有文字记载，飞钱产生于唐朝，也叫便换，为汇兑票，有汇通天下之义。四川发现的宋代交子发行于公元1023年，而唐代尉迟恭钱帖比之早400年左右，是迄今为止世界上有文字记载的最早的纸币。

"尉迟恭钱帖"一物最早有文字记载的便是《太平广记》卷一四六引《唐逸史·尉迟敬德》中尉迟恭与"钱帖"相关之轶事："隋末有书生，居太原，苦于家贫，以教授为业。所居抵官库，因穴而入，其内有钱数万贯，遂欲提携。有金甲人持戈曰：'汝要钱，可索取尉迟公帖来。此是尉迟敬德钱也。'书生访求不见，至铁冶处，有锻铁尉迟敬德者也。方袒露蓬首，锻炼之次。书生伺其歇，乃前拜之。尉迟公曰：'何故？'曰：'某贫困，足下富贵，欲乞钱五百贯，得否？'尉迟公怒曰：'某打铁人，安有富贵？乃假我耳。'生曰：'若哀悯，但赐一帖，他日自知。'尉迟不得已，令书生执笔曰，'钱付某五百贯。'具月日，署名于后。书生拜谢而去。尉迟公与其拊掌大笑，以为妄也。书生既得帖，却至库中，复见金甲人，呈之，笑曰：'是也。'令系于梁上高处。遣书生取钱，止于五百贯。后敬德佐神尧，立殊功，请归乡里，敕赐钱，并一库未曾开者，遂得此钱。阅簿欠五百贯。忽于梁上得帖子，敬德视之，乃打铁时书帖。"可谓富贵天定，吉人天相是也。

在朔州当地，至今仍然流传着尉迟恭与钱帖的故事，对故事中"钱帖"一物挂在梁上有不少民间说法。一是当地在盖房时习惯贴对联取吉，上联“德公在此”，下联“诸神退位”，横批“上梁大吉”。其中“德公”即为尉迟恭，“上梁大吉”理解为上梁（房大梁上最中间那根吉檩）得德公庇佑，因尉迟敬德为李世民门神，可降妖辟邪，故贴此对联保佑平安大吉。故事中的钱帖挂在梁上取吉，可能夺了几分尉迟恭的吉利，如若未被挂到梁上的钱帖取吉，说不定德公能取得更大的成就。二是当地人常盖“大立架”“两出水”结构房屋，该结构中房梁里最中间那根梁便叫“吉檩”，并需要铁匠打“扒揪”和“贯穿钉”来对檩条与柱子（为直卯榫卯结构）及檩条间进行固定，同时也要固定梁上的燕尾榫卯结构，铁匠送去后在吉时上钉卯可得吉利。明朝时山阴人王家屏为当朝宰相，当地人称王阁老。他向皇帝申请提高当地民间房屋档次，晋北房屋进一步改进为“大立架”“前穿廊，前后挑飞出檐”“起脊房”“两出水”房屋造型，以及“筒板瓦”房屋构造，使晋北房屋构造明显区别于其他地区，外乡人来到晋北惊叹该地房屋好似紫禁城，民间住宅高大气派。民间至今还沿袭由唐朝至明朝逐渐演变的房屋架构。尉迟恭力气大、打铁技术好，名为敬德，人也德行上佳，百姓建房时都愿意找他打“扒揪”和“贯穿钉”，而且他饭量很大，为了吃口饱饭经常帮人们打“扒揪”讨油糕（油糕在朔州当地有高升旺涨之义，为胡麻油即亚麻籽油所炸的黍制面油糕）和肉吃。该处关于讨吉利的说法，与距其不过几十年的北魏人民求吉利有异曲同工之妙。北魏时期孝庄帝的永安五铢背部穿孔上“土”字与背孔空方相连，正好是个“吉”字，当时又称为“吉钱”，为讨“吉祥如意”的寓意，人人随身佩戴，而据坊间传闻，尉迟敬德家族为鲜卑人，取吉的讲究或受此影响。

《唐逸史·尉迟敬德》记录的轶事，发生在千余年前的隋唐时期，今天再读，部分情节好似“门神”的传奇一样，虽觉蹊跷，但目前作为唯一有关我国唐朝时的“钱帖”史料，其珍贵程度也是显而易见的。从中我们也可以获取不少信息：其一，在千余年前的唐朝时期，山西朔州地区的经济生活中已出现“钱帖”这一货币形态；其二，故事中反映了“认帖不认人”“凭帖支付”的货币流通现象及管理规则；其三，文献记录了唐朝时的钱帖格式，其书写内容需有“钱帖金额、出帖日期、出帖人署名”三要素。这对于我们更深入认识与溯源“钱帖”一物有着重大意义。

唐朝金器　农夫偶遇

——平鲁屯军沟村民黑云献宝

□　突现金器

1979年4月9日这天，平鲁区凤凰城镇西面的屯军沟里，村民黑云领着杨茂、安斌、张莺儿一行四人上山打荒草，而他并不知道，在这个平淡又一如往常的日子，接下来所发生之事，会在他的人生中激起怎样的波澜。

由于近山之草已经割尽，黑云等人决定去远些的地方看看。西南边的土沟，因树木减少，水冲土流，早已由一片平川变成沟壑。黑云他们在沟底打了些荒草，总是不满意。抬头发现沟沿上有一大丛好草，却是陡峭难攀。黑云自告奋勇冒险攀岩而上开始割草，眼见着好草还多，但黑云的动作却越来越慢，最后竟停了手盯着那地方看。众人还在疑惑，却见黑云头也不抬，只是端详着草丛深处被刨出来的东西：原来是个腐烂的木匣子，从里边露出不少青黄色链子，还有一些金灿灿的东西。黑云脱下褂子把这一堆东西包裹起来，顺原路返回沟底。

刚一下来，伙伴们就围了上来。众人仔细一看，这些器物上还刻着字，大体掂出其重量足有五六十斤。黑云也不管那么多，按照古老朴素的“见者有份”传统，给其他人一人3~5件，自己留了100多件。第二天，黑云带所余之物到公社和供销社、信用社求教，三处均表示不能确认；又电话报至县人行，县人行一名叫解平的副行长带出纳股股长王杰抵达平鲁实地查看，初步确认为是黄金制品，但县人行毕竟晓得这批东西不是普通意义上的黄金，不能确定是何物，于是解平将此事报告平鲁县委，县委书记王旭群高度重视此事，当即派公安局局长董泉与解平一道，再到平鲁实地考察，通过做黑云等群众的思想工作，将出土之物全部收回，放在县人行金库保管。后立马上报至省人行及省文物局。省文物局接到报告后，非常重视，立即安排张畅耕、陶正刚二位专家承担鉴定任务，陶正刚当天连夜赶到了平鲁屯军沟黑云的家里，后与省人行货币发行处工作人员郝俊山一同鉴定其为文物，确认是黄金。

□ 出土金器

该装有金器的木匣长40厘米、宽25厘米、高30厘米，多年风化，木匣已腐蚀成了纤维体。匣内一端陈放扁圆形金片和金铤（音ting，指熔铸成条块的金、铜、铁等），金铤交替四层叠压在一起；另一端陈放金箔三捆；在金铤、金箔间堆放着金饰、金链和官服腰带上的金銙（音kua，古代腰带上的饰品）等，共193件，合计总重为34 810克（约合35公斤），折合成纯金重量为33 025.64克（约合33公斤，2019年6月按金店价格折合市价约为1 674.4万元），且含金量竟在95%以上。

如此大额数量、良好质量的古代金器，着实让陶正刚为之一惊。他立刻组织人手亲赴土沟上的悬崖进行实地考证：这是一处东西长33米、南北宽8~9米、北部高2.8米、南部高2.3米、北高南低的夯土建筑台基。东部从刨面上看，好像有一个台阶，上面用石块砌地。夯土层夯打坚硬，土质为灰红褐色五花土，每层厚在7~10厘米，台基为南北向。

初步考察后，陶正刚对这批金器进行了分类：铭文金铤5件、无铭文金铤77件、金饰15件、金链3件、金饼4件，还有小金花2件，金箔3捆，扁圆形金片、金钗和金手镯各1件。经过对金铤铭文的仔细辨识、鉴定和查证，陶正刚判断，这批物件是中唐时期的遗物。

鉴于这批金器的主要形式是铤（占全部出土物重量的90%以上），而铸金为铤，正是唐代继承魏晋南北朝时期的传统习惯。据史料记载，唐开元二年（714年），唐玄宗李隆基下令，用法律形式规定黄金必须铸为铤。这说明唐代金铤不能像货币那样直接在商品市场上流通。据史籍记载，唐代的黄金有用于赠送、布施、谢礼、悬赏、赌博、赋税、贿赂、进献、赏赐，以及对贵重物品的支付、远方传递运输、路费、上供和窖藏等诸多方面的价值。此外，陶正刚还在“乾元元年铤”和“张通儒铤”上发现，最后面都标有一个“进”字。据考，这是唐代中叶官吏向天子或者上级官吏进献搜刮来的财富的一种标志。这种进献制度初见于唐玄宗时期，经“安史之乱”，唐肃宗收复两京之后，此风渐盛，后来逐渐泛滥成灾。

除了有铭文的金铤外，无铭文的金铤有77件，毛重25 988.04克，是这批出土文物中数量最多、分量最重者，都是素面，形状基本上为矩形，少量为两头圆、表面呈弧形的条形。其大小不一，最大者长18.2厘米、宽3.4厘米、厚1.1厘米，毛重为1 091.22克；最小者长8厘米、宽1.1厘米、中部厚0.5厘米，毛重仅为65克。此次平鲁出土的铤，正和唐代制度相符。但这批金铤的体积、重量并不统一，最重的金铤几乎是最轻的16倍；铭文虽也注明了重量，但并不十分准确，只是约数。据人民银行山西分行从事鉴定工作的郝俊山研究，这批金铤大部分都是矿金，由金矿石冶炼，除去矿渣后，立即浇铸而成，因此它们的成色大部分较低，在95%~96%。此外，这批金铤的成色、重量、规格都比较混乱，和后期有一定规格要求的金铤不同。

□　金器溯源

根据金铤上的铭文可知，这批金器是中唐时期的历史文物。而“乾元元年”（758年）正是唐肃宗的第二个年号，当时正值“安史之乱”、唐肃宗组织力量镇压叛乱的时期。

关于这批文物金器的由来，学界目前有两种说法。

有人认为，唐朝叛军安禄山部队和平叛唐军郭子仪、李光弼军队之间，在河东道大同云中郡、关内道单于都护府振武军、朔方郡等地不断争战。而平鲁县屯军沟就位于这次军事斗争区的中心地带。因此，金器因战争而流散在这个地方是可能的。金铤铭文大部分被錾去，表示都曾几次换了主人。最后的所有者在战乱时埋入地下，但自己却在战乱中死亡，这批窖藏成无主之物。

而另一些人认为，早在公元前3世纪分布于贝加尔湖以南的敕勒部落联合体，是“回纥”的前身。唐朝时，“回纥”取“迅捷如鹘然”的意思，改称“回鹘”。立国后，回鹘与唐朝一直友好。唐至德二年（757年），回鹘葛勒可汗应征派他的儿子叶护率领精兵4 000余人，帮助唐朝平定安史之乱。回鹘军队两次打进东、西二京时，自恃有功，到处杀人放火，抢劫国库民财，这批出土的“张通儒”等有铭文的金铤也被掠取至回鹘人手中。到唐会昌二年（842年），回鹘内部争斗，势力削弱，唐朝一招降，他们的一个部落就移居到了今天的平鲁。《山西通志》卷四“沿革”记载，唐朝的“保大栅”，也就是后来的平鲁（现在的凤凰城镇），在会昌年间是回鹘降人的聚居地。所以，人们推断，当一部分回鹘人定居保大栅时，就将这批掠夺来的金器也迁移至此，辗转窖藏。

总之，按专家得出的结论，唐代金器被埋藏于平鲁屯军沟的原因，上述两种情况都有可能，后一种可能性更大些。

□　黑云献宝

黑云将挖到之物完整上交，共计193件。这批金器是物质之宝，更是文物之宝，当时的雁北地区专署文物处担心放在文物局不安全，于是全数护送至人民银行山西分行金库内保管。之后，部分具有代表意义的金器和有铭文的金铤，又送存到山西省博物院保管。同时，县委书记王旭群响应群众呼声，在县人行院中铺红毯，将金器铺陈面向社会展览3天，也借此向群众宣传出土文物为国家财产，宝藏需上缴国家的理念，教育群众爱惜与保护文物。

当年5月28日，平鲁县委召开了隆重的表彰大会，奖给黑云现金2 500元，并将他安置为县机械厂工人；奖给他所在平鲁城公社（今凤凰城镇）和屯军沟村现金各15 000元。省里相关部门后来又给屯军沟村奖励了55型拖拉机1台。而黑云拾金不昧、爱惜国家文物并主动上缴文物的精神也值得我们多多学习、大力弘扬。

佈告现世，明钞溯史

——应县木塔现明都察院钞法佈告

1974年，于山西省应县佛宫寺释迦木塔中发现明代“都察院钞法”佈告，佈告高94.5厘米，长276厘米，盖有“山西等处提刑按察司印”五方。“都察院钞法”佈告是我国唯一发现有关钞法的古代佈告实物，明确制定了伪造纸钞的惩处规则，对研究明朝时期货币流通有十分重要的意义，因而显得弥足珍贵。

都察院是明清时期官署名，主掌监察、弹劾及建议，与刑部、大理寺并称三法司（遇有重大案件，由三法司会审，亦称“三司会审”），为最高监察机关，是明代监察制度的主要实施者。都察院明洪武十五年（1382年）改前代所设御史台为都察院，长官为左、右都御史，下设副都御史、佥都御史。又依十三道，分设监察御史，巡按州县，专事官吏的考察、举劾。明朝都察院不仅可以对审判机关进行监督，还拥有“大事奏裁、小事立断”的权力，在维护封建统治正常秩序和保障封建国家机器平稳运转方面起着重要的作用。

大明宝钞是明代官方发行的唯一纸币，明太祖洪武八年（1375年）始造，至宣德三年（1428年）停造，虽仅持续短短53年，但在明代货币流通中也占据了重要地位，而明代都察院作为明代最高检察机关在宝钞监管体系中起到至关重要的作用，体现明代对于都察院及宝钞流通的重视。

明代钞法主要包括设置管理机构，规定纸钞形制，制订防伪措施，印制、发行宝钞，制订旧钞更新办法等。为了维护宝钞的地位，促其流通，明朝以律法规定钞钱并行，禁用金银交易。百文以下交易悉用铜钱，大额支付用宝钞；商税三成收钱，七成收钞；税粮可以用银、钱、钞、米折纳，米1石折抵白银1两，钱千文或钞1贯。宝钞的印制与发行一直持续到明宣德三年（1428年），宣宗下令停造宝钞。

大明宝钞是不兑现的纸币，发行量又无限制，而且新旧宝钞存在价差诱引官吏舞弊，这些因素导致通货膨胀，宝钞贬值。封建统治者先后采取了各种措施来稳定宝钞的价值和购买力，应县木塔发现的明代都察院钞法佈告即为实证。但明王朝最终也未能挽救宝钞贬值和消亡的命运，至明朝中叶以后，大明宝钞完全退出了流通领域。

因宝钞面额大且发行较多，引发通货膨胀物价高涨，民众负担沉重，导致民众对此政令乃至对于宝钞的使用较为抵触。据传，一商人在厉行钞法后依旧拒用宝钞并带头阻挠宝钞的使用，后个人被提刑处死，全家发配边疆。虽厉行严法，但宝钞的使用仅持续不到50年便退出历史舞台。

后附佈告原文：

山西等处提刑按察司近奉都察院为钞法事永乐二十年九月十五日早本院左都御史刘观同户部等衙门官于。

奉天门□奉

聖旨洪武年间钞法流通不分新旧昏软一般使用军民买卖十分便当如今街市上做买卖的有等泼皮无籍之徒不肯接钞及有接钞的只要新钞将那昏软旧钞□不□□用故行阻滞钞法好生无理□都察院便出榜去晓谕多人□道那新旧昏软钞贯务要一般行使不许阻滞敢有□□□□软不行使用的许诸

□□□□所在官司拿问那正犯人□□处死户下追钞全家发边远充军其中若有因行钞法辄将铺面关闭不做买卖及有等泼皮无籍之徒倚恃钞法于□□市铺面并客商处强买强□□□货的拿住都一般治罪不饶□□除钦遵外今将聖旨事意备云□□仰钦遵施行须至榜者

右榜谕

衆□知

（注：□处模糊不清无法辨认）

中篇

支持产业经济

煤 都

朔州市因煤而立、因煤而兴，是典型的煤炭资源型城市。早在新石器时代，辖内先民已经开始利用煤炭的可燃性生产生活，后经数千年的发展，煤炭逐步成为辖区经济发展的支柱产业。新中国成立后，特别是改革开放以来，伴随着金融信贷资金的大量投入，“改革开放试验田”安太堡露天煤矿等一大批煤炭企业应运而生，辖内煤炭企业数量一度达到最高峰，有300余座。随后辖区煤炭行业又经历了承包托管、关小上大、资源整合三个重要转型阶段，发展为原煤产能山西第一、全国第三的产煤大市，成为名副其实的“煤都”。在煤炭行业快速发展的40年间，朔州市所辖金融机构以勇立潮头的责任担当，累计向煤炭行业投放信贷资金达1 500亿元，源源不断金融活水的持续浇灌，为以煤炭为支柱产业的朔州市经济高质量发展奠定了坚实的金融基础。

□ 资源优势变动能

朔州市境内已探明煤炭储量为494.1亿吨，占山西省煤储总量的六分之一，煤层厚、埋藏浅、便于开采，成为我国重要的动力煤基地。辖区煤质主要以气煤为主，资源储量占总量的71.8%，其次为长焰煤和少量的未分类煤，分别占总量的27.9%和0.3%。原煤发热量在4 200~5 300大卡/千克，灰分多在20%~30%。煤区主要分布在平朔矿区、朔南矿区、山阴矿区、怀仁矿区、右玉矿区，含煤面积为1 644.95平方公里，占全市总面积的14.2%。

在优势资源面前，朔州市辖区金融机构紧扣地方政府经济发展脉络，进一步做好支持煤炭行业发展的金融服务工作，为辖区重大涉煤、非煤产业提供信贷支持，有力推动朔州市煤炭资源优势向经济优势转变。截至2019年末，朔州市辖区14家金融机构向全市68座煤矿投放信贷资金203.96亿元，占全辖本外币贷款余额的23.67%。在各项金融组合拳的助力下，当年朔州市煤炭产能达1.89亿吨，配套煤炭洗选能力达3.4亿吨，煤炭发运能力超过2亿吨，均居山西省第一位。

表 7–1　　朔州市煤矿企业及产能一览表　　单位：万吨 / 年

序号	企业名称	产能	序号	企业名称	产能
1	中煤平朔集团安家岭露天矿	2 000	13	中煤担水沟煤业有限公司	90
2	中煤平朔集团安太堡露天矿	2 000	14	山阴兰花口前煤业有限公司	90
3	中煤平朔集团东露天矿	2 000	15	平鲁区兰花永胜煤业有限公司	120
4	中煤平朔集团井工一矿	1 000	16	平鲁区国兴煤业有限公司	180
5	中煤平朔集团井工三矿	1 000	17	平鲁区国强煤业有限公司	120
6	中煤平朔北岭煤业有限公司	90	18	平鲁区茂华白芦煤业有限公司	180
7	山阴金海洋台东山煤业有限公司	300	19	平鲁区茂华东易煤业有限公司	90
8	山阴金海洋五家沟煤业有限公司	300	20	平鲁区茂华下梨园煤业有限公司	150
9	山阴金海洋南阳坡煤业有限公司	300	21	平鲁区茂华万通源煤业有限公司	210
10	山阴金海洋元宝湾煤业有限公司	90	22	煤炭运销集团莲盛煤业有限公司	90
11	中煤东坡煤业有限公司	270	23	煤炭运销集团石碣峪煤业公司	90
12	中煤西沙河煤业有限公司	150	24	平鲁区易顺煤业有限公司	180

续表

序号	企业名称	产能	序号	企业名称	产能
25	平鲁区西易党新煤矿有限公司	150	47	右玉玉龙煤业有限公司	150
26	平鲁区西易煤矿有限公司	90	48	怀仁中能芦子沟何家堡煤业公司	90
27	平鲁区华美奥兴陶煤业有限公司	150	49	怀仁南窑晋通砂石煤业有限公司	90
28	平鲁区华美奥冯西煤业有限公司	90	50	同煤浙能麻家梁煤业有限公司	1 200
29	平鲁区华美奥崇升煤业有限公司	90	51	同煤集团同生峪沟煤业有限公司	90
30	山阴中煤顺通北祖煤业有限公司	300	52	同煤集团恒宝源煤业有限公司	90
31	山阴中煤顺通辛安煤业有限公司	300	53	同煤集团同生安平煤业有限公司	90
32	山阴宝山玉井煤业有限公司	210	54	同煤集团同生千井煤业有限公司	90
33	山阴宝山腰寨煤业有限公司	120	55	同煤集团铁峰煤业南阳坡煤矿	300
34	右玉东洼北煤业有限公司	240	56	同煤集团铁峰煤业增子坊煤矿	120
35	右玉教场坪煤业有限公司	120	57	同煤集团朔煤小峪煤矿	210
36	右玉教场坪集团玉岭煤业公司	90	58	同煤集团朔煤王坪煤电有限责任公司	180
37	怀仁峙峰山煤业有限责任公司	300	59	大同市焦煤矿有限责任公司一矿	150
38	怀仁峙峰山吴家窑煤业有限公司	90	60	同煤集团挖金湾虎龙沟煤业公司	120
39	怀仁联顺玺达柴沟煤业有限公司	600	61	同煤集团圣厚源煤业有限公司	90
40	怀仁中能芦子沟煤业有限公司	300	62	中煤潘家窑煤业有限公司	90
41	山阴县华夏煤业有限公司	300	63	煤炭运销集团下窑煤业有限公司	90
42	平鲁区龙矿大恒煤业有限公司	300	64	山阴金海洋水泉煤业有限公司	90
43	平鲁区后安煤炭有限公司	500	65	山阴兰花朱和咀煤业有限公司	90
44	平鲁区森泰煤业有限公司	180	66	平鲁区西易杰旺煤业有限公司	210
45	山阴芍药花煤业有限公司	180	67	山阴西宜煤业有限公司	120
46	平鲁区芦家窑煤矿有限公司	150	68	晋煤集团山阴晋泰煤业有限公司	120

注：2019 年末，朔州市辖区 14 家银行业金融机构在投煤炭行业贷款 203.95 亿元，占全辖本外币贷款余额 861.55 亿元的 23.67%，较 1984 年的 186.5 万元增长 1.09 万倍，年平均增速为 30.43%。

□ 沧桑巨变话历程

朔州地区煤炭开采利用始于何时，文献无载。但根据朔州煤田的煤层露头较多，且又长期自燃的史实，联系在新石器时代怀仁县鹅毛口遗址的先民们，已经用火并能从河谷山坡开采裸露的三叠纪凝灰岩、煌斑岩夹层制作石器的事实，推断在新石器时期人们可能就发现煤炭的可燃性，并从煤层露头处拾取、利用煤炭。

北魏时期郦道元所著《水经注》，是最早用文字记载有关朔州域内及周边煤层的自燃和煤炭的开发利用情况的书籍。至宋代，煤炭已成为冶炼、烧石灰、烧砖、制陶、酿酒等工业行业的重要能源。辽、金、元时，朔州地区的采煤业已很发达，冶铁业也历久不衰，促进了采煤业的发展。明、清时代，随着煤炭广泛利用和煤炭采掘技术的发展，煤炭的运销活动逐步扩大，朔州区域出现了许多煤炭交易的中间人——“炭牙”，域内原煤主要运销陕西和内蒙古等地区。

民国期间，在煤炭市场日益扩大和高额利润的刺激下，一些官僚、地主、商人投资矿业，兴办煤窑。据1937年《山西省实业公报》载，朔县有小煤窑156座，年产量2万吨。日军占领期间，辖区煤炭生产遭到破坏，年产量下降到0.3万吨。

新中国成立初期，朔州地区采煤业仍然以人畜力开采为主，1949年煤炭开采量仅有4万吨。随着国家加大生产投入力度，提高煤矿生产设备能力，扩大煤炭开采规模，朔州地区煤炭事业得到了持续性发展，至1965年，全辖煤炭产量已达100万吨。

“文化大革命”期间，朔州地区煤炭年均产能为310万吨左右。改革开放后，我国经济的快速发展使得国家对煤炭需求量剧增，地方政府抓住机遇，主动转型，变资源优势为经济优势，建设中国煤炭能源基地，煤炭产业成为重点扶持产业，至1985年，辖区煤炭产量已达1 280万吨，并首次突破千万吨。1987年，中国煤炭开发总公司与美国西方石油公司合作建设的平朔煤炭工业公司安太堡露天矿投产，使我国煤炭工业一步跨越了与发达国家之间30年的差距。

1989年朔州市建市，全辖煤炭产量已达2 502万吨，煤炭工业产值达8.76亿元，占全部工业产值的41.5%，全辖以煤炭工业为主导和支柱的产业结构也成为朔州经济持续增长的主要推动力量。至1991年，全市煤炭产量超过3 000万吨。

朔州市煤炭产业于2002年至2012年得到迅猛发展，为此，也被称为煤炭行业的“黄金十年”。在此期间，全市煤炭产量从2002年的4 700万吨增长到2012年的20 691万吨；煤炭平均售价从2002年的167.8元／吨增长到最高期2012年的450元／吨；煤炭行业税收占财政总收入的比重从2002年的31.8%提高到2012年的66.2%。其中在2007年，全市煤炭产量达10 800万吨，首次迈上亿吨台阶。随着煤炭市场供需发生逆转，全市原煤产量于2013年达22 091.5万吨的历史最高水平。随后煤炭平均销价、产量、销量等均出现了较大变化，“煤炭黄金十年”就此告一段落，朔州市支柱产业煤炭工业增长放缓。

为积极推动煤炭行业供给侧结构性改革，朔州市于2016年提出将煤炭产业向“市场主导型、清洁低碳型、集约高效型、延伸循环型、生态环保型、安全保障型”转变。年内，煤炭去产能工作取得成效，市场供需失衡局面有所改善，煤炭价格大幅回升，煤炭产业利润出现恢复性增长。据中国煤炭工业协会2017年发布的数据，朔州市以14 806.40万吨的年产量，连续7年保持全国第三大产煤大市的地位，煤炭产量占山西省的比重由1978年的3.16%提高到当年的17.32%。

经过新中国成立后70年的发展，朔州市原煤产量于2019年达18 010.3万吨，是1949年的4万吨产量的4 503倍，平均每年以12.77%的速度递增，煤炭工业的快速发展在保障地方财政收入稳步增长的同时，也为整个工业经济的稳定发展注入了活力。

□ 金融支持助发展

煤炭行业作为朔州市经济增长和社会发展的主要支柱，其发展离不开金融的支持。特别是改革开放以来，辖区各银行业金融机构按照国家对煤炭行业的调控政策要求，在强化风险防控的同时，以“真金白银”不断加大对煤炭行业的信贷支持力度，促进煤炭行业可持续发展。1980年，辖区信贷政策开始实行“区别对待，择优扶植，以销定贷”的方针，煤炭行业成为信贷支持的重点。当年，朔县辖内金融机构累计向煤炭行业发放贷款186.50万元，占工业生产贷款927.30万元的20.11%。1983年，朔县辖内金融机构累计向煤炭行业发放贷款219.3万元，占工业生产贷款1 290.9万元的16.99%。贷款重点支持辖区杨涧煤矿，为其投放信贷资金占煤炭行业贷款总数的近70%。

随着安太堡露天煤矿1984年后的组建投产，辖区金融机构对煤炭行业的信贷支持逐年增加。截至1987年末，辖区煤炭企业使用信贷额度已达11.88亿元，首次突破10亿元大关。1988年，国家实行“适度从紧”的货币政策，信贷投放持续收紧，辖区一些乡镇煤矿被迫停产，累计形成的银行乡镇企业贷款沉淀达2 500万元。为此，各金融机构采取“以优带差”的方式，协助涉贷停产煤炭企业与部队、厂矿联营，尽快解困。其中：朔县农行累计协助15座煤矿实现产值1 670万元，累计使690万元涉煤贷款恢复正常运转，并有7座煤矿归还贷款460万元。

朔州建市后，为支持市域经济建设，辖区金融机构灵活调度资金，加大力度支持煤炭骨干企业的生产。以1990年为例，市建行投放设备储备贷款3.88亿元、技改贷款660万元用于煤炭行业，市农行投入涉煤贷款6 961万元，支持101个乡村煤矿扩大生产规模和12个煤矿进行技术改造。市工行当年为辖区煤炭企业投放贷款3 750万元，占该行当年贷款净增额的85.9%。

美国西方石油公司于1991年撤资安太堡露天煤矿后，企业资金缺口增大，为确保其生产经营的顺利进行，市中行当年向其投放人民币流动资金贷款8 050万元，并为该企业开具1 500万美元的信用证。同年，市建行为辖区三个煤炭集运站发放基建贷款1 980万元，为全市煤矿扩建配套工程发放生产性流动资金贷款2 500万元，为地方煤矿环节配套调剂发放临时周转贷款410万元。

针对煤炭积压滞销情况严重的情况，1992年，辖区各银行业金融机构认真研究解决煤炭积压、盘活资金的办法，先后派出56名信贷员组成16个清理小组，深入全市40家煤矿和煤站调查了解积压成因，并及时投入技改贷款587万元帮助企业进行技术改造，累计撬动资金4 000万元，处理煤炭积压300万吨，减少资金占压1.2亿元。同年，市中行向平朔露天煤矿发放流动资金贷款8 500万元，帮助调剂外汇8 440万美元，支持其完成生产任务955万吨，完成商品煤销售任务946万吨，实现销售收入9.52亿元，实现利润2.76亿元，实现创汇收入1 198美元，成为全国首家创汇企业。

为进一步拓展煤炭市场海外业务，市中行于1993年与17家海外行建立了代理关系，当年为安太堡露天矿等企业办理境外汇款834笔，金额5 301万美元，办理进口开证业务4笔，金额458万美元、9 569.7万日元。此后，辖区金融机构信贷政策开始实行“定贷”制度，全市工业贷款规模逐年增长，辖区平朔露天煤矿、煤炭集运站等一大批龙头企业成为重点支持对象，保证了朔州市支柱产业的健康发展。以1997年为例，金融机构当年累计为平朔露天煤矿注入流动资金4.17亿元，占全市金融机构当年新增贷款的54.8%，使企业生产经营维持正常运转。同时累计向其下属公司投放流动资金贷款4 300万元，有效支持了辅助产业的发展。

1998年，辖区金融机构信贷规模取消限额控制，实行资产负债比例管理，信贷支持力度进一步加大，至1999年底的两年内，辖区金融机构累计投放涉煤贷款近4.55亿元，重点支持平朔安太堡露天市煤运公司、怀仁南窑集运站、宋庄煤运站等企业。其中：市工行首次为平朔第一煤炭有限公司发放流动资金贷款8 000万元，开启了该行与中煤平朔公司融资合作的先河。

伴随着利率市场化的逐步推进，国家于2000年后加强了对金融行业的监管。辖区金融机构抓住机遇，不断创新涉煤信贷业务种类，煤炭企业也迎来了快速发展期。1990—2006年，全市金融机构累计向辖区煤炭企业投放信贷资金54.84亿元，约占全市金融机构人民币信贷投放总量的48.6%。截至2006年末，朔州市煤炭行业贷款余额共计21.23亿元。2007年，市工行首度与国家开发银行合作，向平朔安家岭煤炭有限公司发放6亿元间接银团贷款。

随着辖区涉煤贷款总量及占工业贷款比重逐年增大，统计部门于2007年将煤炭行业信贷进行单独列式，金融系统对煤炭行业发展的助推作用更加直观。

在此期间，朔州市于2016年开始推动煤炭行业供给侧结构性改革，在加快新旧动能转换、促进经济转型升级的背景下，辖区各金融机构在推动金融支持煤炭供给侧改革方面进行了积极作为。其中：市农发行以PPP的模式向采煤沉陷区搬迁项目投放贷款4.5亿元、为农村土地整治项目发放贷款2.1亿元。市工行、市农行、市中行等金融机构通过政府、银行、企业有效对接，投放5.6亿元贷款支持5家煤炭企业进行生产技术改造，投放3.35亿元贷款支持5家煤矸石发电、7家风力发电、5家太阳能及生物发电企业进行基础设施建设。

2019年末，朔州市银行业金融机构的煤炭行业贷款余额已达203.96亿元，占全辖本外币贷款余额861.55亿元的23.67%，较1984年的186.5万元增长1.09万倍，年平均增长速度30.43%。其中，为煤炭龙头企业中煤平朔集团有限公司投放信贷资金125.98亿元，占辖区全部煤炭行业贷款余额的61.77%，占中煤平朔总贷款余额250亿元的50.39%。金融兴则经济兴，新中国成立70年来，朔州市辖区金融机构积极满足煤炭高质量发展的需要，书写出服务地方经济的宏伟篇章。

附：朔州市辖区银行业金融机构涉煤贷款投放余额明细表（见表7–2）

表 7–2　　**朔州市辖区银行业金融机构涉煤贷款投放余额明细表**　　**单位：亿元**

年份	2007	2008	2009	2010	2011	2012	2013	2014	2015	2016	2017	2018	2019
工商银行	5.93	6.42	4.77	7.43	21.60	29.98	36.62	38.11	40.02	36.01	32.91	35.71	39.01
农业银行	3.14	0.12	0.22	4.14	4.90	11.59	21.39	24.40	36.65	32.07	32.47	31.63	36.48
中国银行	1.47	1.41	1.26	2.09	16.09	27.21	37.15	39.70	37.17	33.67	30.61	36.27	35.07
建设银行	1.20	2.82	3.50	8.10	8.80	19.06	30.50	29.75	20.81	23.44	29.00	26.73	28.90
交通银行	—	—	—	—	3.00	13.68	15.52	8.41	5.42	3.79	1.70	9.20	1.70
华夏银行	—	—	—	—	—	—	—	—	—	—	—	—	2.00
招商银行	—	—	—	—	—	2.18	4.20	6.25	7.80	4.14	3.45	6.23	7.29
浦发银行	—	—	—	—	—	—	5.20	8.20	5.20	3.70	5.00	9.29	16.75
晋商银行	—	—	—	—	—	3.67	2.61	2.61	0.45	0.20	0.25	0.23	2.16
晋城银行	—	—	—	—	—	—	—	0.10	—	—	—	2.58	2.55
农商银行	—	—	—	—	—	—	—	—	2.37	2.71	2.89	2.87	11.96
邮政储蓄	—	—	—	—	—	—	—	—	—	15.00	15.00	17.60	19.10
村镇银行	—	—	—	—	—	—	—	—	—	0.20	0.20	0.24	0.24
农信社	10.67	8.85	7.21	6.52	7.85	7.35	8.26	8.96	5.89	5.48	5.69	7.62	0.75
合计	22.41	19.62	16.96	28.28	62.24	114.72	161.45	166.49	161.78	160.41	159.17	186.02	203.96

电　都

朔州市是华北地区重要的电力工业基地，因辖区煤炭资源储量丰富，且多为优质动力煤，铸就了电力行业蓬勃发展。朔州地区发电和用电始于1934年朔县老城的鸿记打蛋厂，之后经过近40多年的发展，于1973年起开始兴建神头第一、第二发电厂，党和国家领导人曾多次莅临视察。伴随着大型火力发电厂的建设，辖区金融机构信贷资金也开始大量投入电力行业，助力其逐步发展为仅次于煤炭产业的第二大产业。高峰时期，首都北京闪烁的十盏灯中就有三盏由朔州电力倾情点燃，“电都”盛誉由此得名。世纪交替，随着“碳达峰、碳中和”战略目标的提出，朔州电力开始向清洁化、多元化发展，辖区金融机构“一揽子”金融服务也更加积极主动地支持到“绿色电力”建设中来。据统计，自辖区金融机构向朔县发电厂发放首笔基建贷款以来，已累计投放电力行业信贷资金近800亿元，“电力+金融”的合作模式已成为电力行业转型发展的新动能。

□ 多元发展蹚新路

1989年建市以来，朔州电力工业不断发展壮大，火电、风电、光伏发电、生物质能发电、沼气发电竞相发展，逐步形成“风光火并举，多能源互补”的新格局。2019年末，朔州市已建成运营发电企业80家，总装机容量1 524.35万千瓦，全年外送电量350亿千瓦时。其中，火电装机容量为925万千瓦，占山西省火电装机容量的13.42%；风电装机容量为495.55万千瓦，占山西省风电装机容量的24.67%；太阳能光伏装机容量为85.89万千瓦，占山西省光伏装机容量的6.55%；生物质能发电装机容量为5.4万千瓦，占山西省生物质能装机容量的7.43%；分布式光伏容量为12.53万千瓦，占地区装机容量的0.82%。

为支持朔州市电力能源的快速发展，全市金融系统坚持与电力企业发展同频共振，持续谱写区域能源发展新篇章的担当与作为。2019年末，朔州市辖区金融机构向辖区40余家电厂投放贷款余额达111.05亿元，占全辖本外币贷款余额的12.89%。得益于辖区金融机构多种金融工具的持续性支持，朔州市当年发电量达381.67亿千瓦时，占山西省发电总量的12.05%，较改革开放初期发电量增长近84倍。

附：朔州市电力企业及装机容量一览表（见表7–3）

表 7–3　　朔州市电力企业及装机容量一览表　　单位：万千瓦

序号	企业名称	装机容量	序号	企业名称	装机容量
1	山西神头第二发电厂	100	19	朔州平鲁嵩林山风电场	25.95
2	大唐神二电厂	100	20	平鲁天汇大山台风电场	29.85
3	华电朔州热电分公司	70	21	朔州平鲁孟佳山风电场	15
4	朔州同煤崇福电厂	70	22	朔州平鲁台子山风电场	10
5	山西朔州靳家洼风电场	9.08	23	朔州平鲁板申风电场	7
6	大唐新能源利民风电场	29.85	24	西易风能朔州平鲁暖会风电厂	9.08
7	朔州蓬勃峪光伏电站	2	25	朔州平鲁卧龙洞风电场	20
8	山西神头发电有限公司（洪涛）	10	26	朔州平鲁将家坪风电场	34.90
9	中煤平朔第一煤矸石发电厂	132	27	朔州平鲁鹰鹞山风电场	10
10	山西中电神头发电有限公司	120	28	朔州平鲁鹰鹞山二期风电场	10
11	平朔电厂	60	29	朔州平鲁鹰鹞山风电场三期	5
12	朔州格瑞特电厂	27	30	朔州平鲁泽恒光伏电站	2
13	大唐白玉山风电场	4.95	31	平鲁阻虎发电站	0.05
14	国电朔州平鲁虎头山风电场	22.35	32	山西京玉发电有限责任公司	66
15	国电山西洁能平鲁北山风电场	9.09	33	大唐右玉圣水塘风电厂二期	10
16	华电朔州平鲁鄯阳风电场	9.92	34	朔州右玉圣水塘风电场	4.95
17	福光平鲁风电场	4.88	35	国电右玉老千山风电场	14.85
18	山西省瑀丰风电场	9.09	36	国电右玉高家堡风电场	19.80

续表

序号	企业名称	装机容量	序号	企业名称	装机容量
37	福光右玉风电场	4.13	62	山西奕光发电有限责任公司	130
38	朔州右玉总了山风电场	9.09	63	山西永皓电厂	10
39	朔州右玉牛心堡风电场	24.85	64	同煤（山阴）织女泉风电场	14.85
40	山西铁山堡风电场	9.75	65	朔州山阴千佛寺风电场	9.95
41	朔州右玉卧龙洞三期	9.95	66	朔州山阴沐风风电场	10
42	巽丰朔州右玉前胡彩风电厂	4.25	67	朔州山阴众能风电场	15
43	朔州右玉甘泉山风电厂	10	68	山阴联成风能有限公司	9.95
44	太原诚达右玉新誉威坪风电场	4.95	69	山阴风光新能源陆家窑风电场	0.06
45	同煤朔州和煦光伏电站	10	70	山阴风光新能源梁头风电场	0.06
46	右卫光伏发电站	1	71	山阴风光文博新能源（蓿麻沟）	2.04
47	大同右玉火石沟光伏电站	5	72	山阴中电新能源（合盛堡）	10
48	朔州右玉旺顺光伏电站	3	73	朔州山阴须家洼光伏电站	5
49	朔州右玉苍头河光伏电站	3.05	74	朔州山阴荣新光伏电站	2
50	右玉华谊中泰哑别岭光伏电站	2	75	朔州山阴荣新二期光伏电站	8
51	同煤国电王坪发电有限责任公司	40	76	大唐国际应县青龙山风电场	4.08
52	朔州怀仁友能风电场	10	77	华电朔州应县剧阳风电厂	5
53	怀仁风光无限新能源有限公司	1	78	格盟朔州应县竹岭风电场	4.02
54	怀仁风光无限新能源有限公司	0.08	79	山西晶辉光伏电站	6
55	朔州怀仁初晨光伏电站	7	80	山西福润生物质能热电有限公司	2.04
56	山西太阳能光热发电有限公司	2		市区分布式光伏合计	0.000 5
57	山西漳电王坪怀仁亲和乡光伏站	2		平鲁区分布式光伏合计	0.89
58	怀仁峙峰山煤业光大光伏站	0.59		右玉县分布式光伏合计	6.09
59	山西漳电热力怀仁海北头一期	2		怀仁县分布式光伏合计	2.85
60	山西漳电热力怀仁金沙滩光伏站	1.18		山阴县分布式光伏合计	2.87
61	山西鸿狮腾达新能源生物质电厂	3		应县分布式光伏合计	0.96

□ 因地制宜谋发展

朔州境内发电和用电始于1934年，当时在朔县老城三道巷和北大街的鸿记打蛋厂配置锅驼机和小型发电机发电，供生产和照明。1938年，日寇侵占朔县城后，利用鸿记打蛋厂旧址及修复后的锅炉和蒸汽机发电。同期，日寇出于掠夺的需要，在怀仁县鹅毛口村建立小型电站，为怀仁县张瓦沟昭和坑输电。1940年，朔县火车站配置一台直流发电机发电，供站务照明用。

新中国成立后，雁北恒兴源联合加工厂于1952年在朔县大营街安装一台64千瓦蒸汽发电机，供厂内粮食加工、厂房和商店照明，同时兼供县委、县政府机关及商业部门和部分街道居民照明。1956年平鲁县在东古城安装15千瓦发电机，供政府和广播站用电。1958年建右玉小电厂，装机135马力柴油发电机，供右玉城关用电。同期为满足人民生活和生产用电，朔县政府在胡家窑村西筹建朔县发电厂（俗称小电厂），1959年1号机组投产发电，较大范围解决了厂矿生产和居民生活用电。1974年朔县发电厂扩建二号机组，并于1975年实现1号、2号机组并列运行，通过35千伏输电线路与穆寨变电站联网供电，该电厂的建设为境内工农业发展起到巨大作用。

大型火力发电厂的建设和扩建，为华北地区提供了电力供应保障。1977年10月，神头第一发电厂建成投产，总装机容量为120万千瓦，当年朔州辖区发电量达4.55亿千瓦时。1987年10月，神头第二发电厂开工建设，一期工程安装2台50万千瓦发电机组，该企业也是山西第一座亚临界参数、大容量机组电厂，所发电力通过500千伏高压输电线路分别送至太原和京津唐。截至1988年末，全辖发电量达6.99亿千瓦时。

朔州建市以后，境内电力事业又有新的发展，电能产量及外送能力进一步增长。1994年，全市发电量首次迈上100亿千瓦时的台阶，达109.88亿千瓦时。1997年大唐神头发电厂经国务院批准开始建设。

世纪交替后，朔州市紧抓电力“改革与发展”的时代主题，不断探索发电新模式。2004年，辖区立足于煤矸石利用，兴建总装机容量2×135兆瓦的格瑞特矸石发电厂。之后的2006年，朔州市发电量迈上200亿千瓦时的台阶，达222.5亿千瓦时。2008年，针对辖区西山区域风力大的自然气候特点，上马大唐新能源朔州百万风电场利民一期工程项目。煤矸石发电和风力发电项目的建设，实现了境内经济向循环经济和低碳环保经济的转型跨越，发电生产逐步向“安全、经济、稳发、多供、低耗”的水平发展。截至2010年，全市拥有大中型电力企业11家，发电总装机达455.1万千瓦，位居山西省前列。

随着“碳达峰、碳中和”战略目标的提出，“绿色电力”实施方案应运而生。2014年，朔州市并网发电及在建的电厂总装机规模达1 653.6万千瓦，居山西省第一。其中，风力发电、太阳能发电、生物质能发电等新能源电力装机规模达121.5万千瓦，位居山西省第一。2017年，朔州市发电量迈上300亿千瓦时的台阶，达323.3亿千瓦时。火电、风电、光伏发电占全市总发电量的比重分别为85.34%、13.39%、1.27%，与1978年相比，火电下降14.66个百分点，清洁电力上升14.66个百分点。2018年12月，天润、国电、大唐、晋能等18家新能源发电企业与朔州市及六区县园区代理售电公司签订“风电打捆”交易协议，实现打捆电力直接交易“零”的突破，这也成为朔州市电力体制改革在山西省的首创之举。

截至2019年，朔州市发电量达381.67亿千瓦时。其中，火力发电量315.30亿千瓦时，风力发电完成发电量60.66亿千瓦时，光伏发电量5.71亿千瓦时。总发电量较改革开放初期发电量4.55亿千瓦时增长了近84倍，发电量占山西省发电总量的比重也从4.27%增长到12.05%。

□ 金融活水促振兴

电力行业作为朔州市工业领域第二大支柱产业，在其发展历程中，得到辖区金融机构大力的支持。特别是20世纪90年代以来，辖区金融机构持续加大对电力行业的信贷投放，形成“电力+金融”的合作模式，有效促进了朔州市电力行业的健康、快速发展。

朔州市建市初期，辖区电力产业主要包括朔城区电厂、神头一电厂、神头二电厂等企业。面对当年信贷相对收紧的情况，全市金融系统灵活调度资金，重点支持了上述电力骨干企业生产和建设。其中在1990年，市建行向神头二电厂投放基建贷款3.8亿元、设备贷款0.75亿元，清欠贷款3.18亿元。市工行向电力行业投放贷款余额达0.21亿元，占该行工业生产企业贷款净增额的31.5%。1991年，市建行为神头二电厂发放流动资金贷款0.08亿元，年末累计投资5.85亿元，确保了其按时投产发电。同时该行为朔城区电厂发放技改贷款0.13亿元。当年，市工行为神头一电厂发放0.05亿元流动性贷款，也成为山西省工行系统首笔支持发电企业的流动资金贷款。1992—1993年，辖区金融机构持续加大对大型火力发电企业建设的资金支持，重点向神头二电厂发放基建贷款11.39亿元。信贷资金对辖区电力行业的精准、快速支持，助推了该行业的蓬勃发展，也奠定了朔州市比较雄厚的电力基础。

进入21世纪，辖区电力行业装机容量已初具规模，金融支持逐步转向新兴能源电力产业。其中，市工行于2003年置换神头二电厂贷款5亿元；2007年为大唐国际投放贷款4.1亿元；2008年、2010年分别为山西大唐国际发电有限公司发放固定资产支持类融资贷款5亿元，发放流动资金贷款2.5亿元。截至2010年末，朔州市电力行业贷款余额为47亿元，重点投放3家煤矸发电厂、6家风力发电和2家太阳能发电企。在此期间，外债的流入也为电力企业发展注入动力。2007年6月，山西神头电力检修有限公司和山西神头电力实业有限公司在国家外汇管理局朔州市中心支局办理FDI业务登记，分别吸纳外债投资615.11万美元和1 361.81万美元，这也是朔州市所辖企业首次通过举借外债进行投资。

随着国家环保政策逐年趋紧，辖区电力企业“上大压小”成为常态，金融机构对电力行业的基本信贷政策也有所改变，主要体现在对火电支持相对缩小，并且逐步向火电大机组优化和调整，同时对风能、太阳能、生物质能等可再生能源逐步扩大。以市工行为例，该行于2011年向山西茂华投资能源有限公司和山西西易能源集团有限公司分别投放项目贷款4.58亿元和2.95亿元，向山西大唐神头发电有限公司发放营运资金循环贷款1.08亿元，向山西神头发电有限责任公司发放项目贷款0.56亿元。2012年，储备山西神头发电有限责任公司2×60万千瓦火电机组项目贷款15.6亿元。2015年，为山西大唐国际神头发电有限公司发放贷款2亿元，向山西神头发电有限责任公司发放贷款1.5亿元，向华电国际电力股份有限公司发放贷款4亿元。2016年，为中煤平朔第一矸石发电有限公司8亿元贷款项目提款2亿元，为大唐新能源朔州平鲁风力发电有限公司和华电夏县风电有限公司投放贷款1.88亿元。

市农行与市邮储银行电力行业信贷投放额度在2011年以后开始迅速扩展。其中，市农行在2011—2018年累计投放电力行业贷款达44.16亿元，占该行年均新增投放贷款额度的近25%。市邮储银行在2014—2017年累计投放电力行业贷款达5.25亿元，主要支持大唐新能源平鲁风力有限公司、中煤平朔第一煤矸石发电有限公司和大同煤矿集团朔州煤电有限公司。与此同时，股份制商业银行业也加紧了对辖区电力行业信贷市场的开拓力度。其中，华夏银行朔州市分行于2017年6月为首笔撮合业务山西漳电国电王坪发电有限责任公司融资租赁3亿元落地，12月为山西漳电国电王坪发电有限公司申请的1.5亿元单位委托贷款授信获批；2018年，为山西漳电国电王坪发电有限公司发放1亿元单位委托贷款，撮合业务山西晋神能源有限公司3亿元融资租赁项目落地。大同银行朔州市分行于2018年向中电神头发电有限责任公司投放1.7亿元贷款。

保险业的风险保障在辖区电力行业快速成长中同样发挥着社会稳定器的作用，自辖区大型电厂、特高压输电线路等一批重大基础设施建设投产以来，朔州市所辖保险企业以业内“电力保险专家”为定位，全面承担了电力企业财产保险、机器设备保险和责任保险等，累计提供电力行业风险保障金额超数千亿元，有效发挥出金融保险在守护电力行业中的风险保障功能。

截至2019年末，朔州市辖区银行业金融机构在投电力行业贷款余额为111.05亿元，占电力、热力、燃气及水生产贷款114.61亿元的96.89%，占全辖本外币贷款余额861.55亿元的12.89%。为积极构建朔州市电力行业新格局，朔州市辖区金融机构将积极发挥金融、保险、投资三大业务板块协同发展的综合优势，从电力产业供给和需求两端双管齐下，为“北方电都”保驾护航。

附：2019年朔州市重点电力企业信贷投放余额一览表（见表7–4）

表 7–4　2019 年朔州市重点电力企业信贷投放余额一览表

金融机构	贷款余额	投放电力行业主要企业名单
工商银行	3.81 亿元	华电国际朔州热电分公司 0.4 亿元；山西漳泽电力山阴风电有限公司 3.41 亿元
农业银行	19.68 亿元	中电神头发电有限责任公司 5.92 亿元；山西京玉发电有限责任公司 4.61 亿元；大同中电光伏发电有限公司 3.63 亿元；浑源中电光伏发电有限公司 1.58 亿元；芮城中电光伏发电有限公司 1.5 亿元；左云中电光伏发电有限公司 1.34 亿元；山西神头发电有限责任公司 1.1 亿元
中国银行	18.69 亿元	山西国信信誉电力工程有限公司 0.15 亿元；中电神头发电有限公司 2.85 亿元；山西奕光发电有限公司 4 亿元；斯能风电有限公司 1 亿元；朔州市平鲁区红沟风电有限公司 2.5 亿元；山西玉龙集团右玉牛心堡风力发电有限公司 7.65 亿元；中电神头发电有限公司 0.54 亿元
建设银行	33.44 亿元	大唐新能源朔州风力发电有限公司 1.15 亿元；中电神头发电有限责任公司 3.21 亿元；华电国际电力股份有限公司朔州热电分公司 6.94 亿元；中煤平朔第一煤矸石发电有限公司 2.85 亿元；山西玉龙集团右玉牛心堡风力发电有限公司 1.82 亿元；朔州市平鲁区天石风电有限公司 4.78 亿元；朔州市平鲁区天润风电有限公司 7.92 亿元；朔州市平鲁区卧龙风电有限公司 4.78 亿元
交通银行	1.70 亿元	中煤集团山西华昱能源有限公司 1.70 亿元
邮储银行	2.05 亿元	山西大唐国际神头发电有限责任公司 0.5 亿元；大唐新能源朔州平鲁风力发电有限公司 0.96 亿元；中煤平朔第一煤矸石发电有限公司 0.59 亿元
招商银行	0.09 亿元	大唐新能源朔州平鲁风力发电有限公司 0.9 亿元
浦发银行	6.45 亿元	大同中电光伏发电有限公司 1.80 亿元；山西漳电网坪热力有限公司 3.90 亿元；中电神头发电有限责任公司 0.75 亿元
华夏银行	5.00 亿元	大同煤矿集团朔州热电有限公司 5 亿元
大同银行	1.55 亿元	中电神头发电有限责任公司 1.55 亿元
农商银行	0.68 亿元	山西鸿狮腾达新能源有限责任公司 0.6 亿元；山西福润生物质能热电有限公司 0.05 亿元；朔州乐普新能源有限公司 0.03 亿元

瓷　都

朔州陶瓷原料储量丰富，陶瓷生产历史悠久，与景德镇烧瓷历史接近，素有“陶埴一技，独擅北方”之称。早在春秋战国时期，辖区就有烧制陶瓷的窑厂，所辖碗窑村更曾是全国最早的官窑生产地。后经两汉发展、辽宋兴盛，一直绵延赓续，薪火相传，创造了兼容古老民族、地域文化特色的陶瓷文明。千百年来，朔州陶瓷通过丝绸之路销往世界各地，为促进经贸发展、文化交流发挥了重要作用。改革开放后，随着国内日用陶瓷市场的持续升温，中外合资企业朔唯陶瓷有限公司及一大批民营小微陶瓷企业应运而生。为助推陶瓷行业快速发展，朔州市辖区金融机构紧抓机遇，以优化资源配置和深化机制建设为着力点，输活水、助实体，持续加大对辖内陶瓷企业的金融支持，累计投放信贷资金超过28亿元，助力朔州市集中力量建设了应县新型陶瓷产业科技园区和怀仁金沙滩产业园区两大陶瓷产业集群，日用陶瓷年产能力达35亿件，建筑瓷年产能力达7 200万平方米，并培育出“怀仁陶瓷”“明禾”“天懿”等知名品牌，被外界誉为北方“瓷都”。

□ 由黑变白兴产业

朔州市境内探明高岭土、石英、黑釉土、石膏、高铝矾土等陶瓷矿藏资源多达56种，包括高岭岩储量7亿吨、瓷石储量20亿吨、黏土储量4亿吨、石英储量7 500万吨。其中，95%以上高岭土为优质瓷土，在全国陶瓷界享有很高的声誉。近年来，朔州市所辖金融机构在各自上级行和朔州市委、市政府的正确领导下，围绕“北方瓷都”战略定位，聚焦高端陶瓷、聚力民营小微，持续加大对以小微民营企业为主的陶瓷行业的信贷支持，着力推动信贷结构调整的机制势能向服务效能转化。截至2019年，朔州市辖区108家陶瓷企业，近半数得到金融机构信贷支持达4.62亿元，占全市制造业贷款余额的15.75%。在金融信贷的大力支持下，全市陶瓷生产线已发展到141条，并形成锂瓷、骨瓷、精陶、高白瓷、色釉瓷、黜上彩、釉中彩、凸花瓷八大类上千个花色品种、70多个系列工艺酒具、7个系列工艺品瓷、大尺寸建筑墙地砖等系列产品，实现了优势资源“由黑变白”的产业蜕变。

附：2019年朔州市辖区主要陶瓷企业产能及信贷投放一览表（见表7–5）

表 7–5　　2019 年朔州市辖区主要陶瓷企业产能及信贷投放一览表

序号	企业名称	年产能	贷款余额	贷款发放行
1	怀仁市泓韵达陶瓷有限公司	3 000 万件	592 万元	建设银行、中国银行
2	怀仁市新顺源瓷业有限公司	2 800 万件	700 万元	农业银行、农商银行
3	怀仁市碧盛瓷业有限公司	2 500 万件	100 万元	农业银行
4	怀仁市晶屹建筑陶瓷公司	20 万平方米	3 650 万元	大同银行
5	怀仁市世嘉陶瓷有限责任公司	2 500 万件	800 万元	农商银行
6	怀仁市尊睿陶瓷有限责任公司	3 000 万件	500 万元	中国银行
7	怀仁市尊屹陶瓷研发有限公司	3 000 万件	3 000 万元	邮储银行、华夏银行、农商银行
8	怀仁市恒源瓷业有限公司	2 500 万件	900 万元	农业银行
9	怀仁市恒益瓷业有限公司	2 500 万件	19 万元	建设银行
10	怀仁县佳美乐陶瓷有限责任公司	3 000 万件	800 万元	农商银行
11	怀仁市佳美乐现代家用陶瓷公司	3 000 万件	600 万元	农商银行
12	怀仁市明鑫陶瓷有限责任公司	3 000 万件	600 万元	农商银行
13	怀仁东方陶瓷有限责任公司	2 800 万件	1 300 万元	农商银行
14	怀仁市龙欣瓷业有限责任公司	2 800 万件	1 000 万元	农商银行
15	怀仁市祥和陶瓷有限责任公司	3 000 万件	100 万元	农业银行
16	怀仁市永祥陶瓷有限责任公司	3 000 万件	190 万元	晋商银行
17	怀仁市鸿达瓷业有限责任公司	3 000 万件	1 804 万元	农业银行、中国银行
18	怀仁市盛泽瓷业有限公司	3 000 万件	913 万元	建设银行、农商银行
19	怀仁市三友陶瓷原料公司	2 500 万件	340 万元	晋商银行、农业银行
20	山西绅美陶瓷纤维有限公司	2 200 万件	400 万元	中国银行
21	怀仁市金典陶瓷有限责任公司	2 800 万件	280 万元	农商银行
22	怀仁市义民陶瓷原料加工厂	2 800 万件	800 万元	农商银行
23	朔州恒锐达建陶有限公司	10 万吨	1 000 万元	邮储银行
24	朔州市华伦建陶有限公司	3 000 万件	1 300 万元	邮储银行
25	山西朔神新材料科技有限公司	2 000 万件	420 万元	建设银行

续表

序号	企业名称	年产能	贷款余额	贷款发放行
26	山阴县明新瓷业有限公司	1 000 万件	495 万元	建设银行
27	应县大众陶瓷有限公司	0.53 万吨	200 万元	建设银行、农业银行
28	应县宏达陶瓷有限公司	0.35 万吨	200 万元	建设银行、农业银行
29	应县明高物资商贸有限公司	2 000 万件	50 万元	建设银行
30	应县盛福瓷业有限公司	3 000 万件	3 191 万元	农商银行
31	应县富彩陶瓷有限公司	3 000 万件	1 806 万元	邮储银行、建设银行
32	应县新星陶瓷有限责任公司	0.95 万吨	90 万元	建设银行
33	应县天美瓷业有限责任公司	3 000 万件	2 118 万元	农商银行
34	应县东进陶瓷有限公司	3 500 万件	500 万元	建设银行
35	应县优尊陶瓷有限责任公司	3 000 万件	4 399 万元	农商银行
36	应县博达瓷业有限公司	5 000 万件	1 000 万元	中国银行、农商银行
37	应县通盛陶瓷有限公司	2 800 万件	10 060 万元	农商银行

□ 千年传承铸瓷都

朔州地区陶瓷生产历史悠久，自古就是我国陶瓷重要产区，所辖怀仁吴家窑镇碗窑村更曾是全国最早的官窑生产地。辖区所产陶瓷从数千年前的红黑灰色各类纹饰夹砂陶器和泥质陶器，一直发展到如今精巧玲珑的细瓷产品，铸就了一座千年瓷都。

春秋战国时期，在现朔州市所辖怀仁市河头乡下峪村的西南地区，就存在烧制陶瓷的窑厂，后经专家多次对该窑厂遗址和现存陶片考证，认定其为春秋时期绳纹陶器烧制窑址，为朔州地区这个千年古窑地提供了有力的佐证。

宋、辽、金时代，辖区逐步形成以朔县峙峪村、磨石沟村、赵家口村，应县黄花岭，怀仁小峪村、张瓦沟村、吴家窑村为中心的烧瓷产业，并有“陶埴一技，独擅北方”之称。据朔县大平易村南窑址考证，宋辽金时代该地产品有白瓷碗、印花瓷和花瓷，这些遗物表明当时生产的白瓷已达到较高水平。

元、明以后，辖区陶瓷产地主要集中在峙峪村一带，主要产出具有当地特色的赤釉瓷。怀仁地区陶瓷又以吴家窑、碗窑最为出名，闻名遐迩的国内最大大同九龙壁主体琉璃瓷便由怀仁吴家窑赵氏兄弟烧制而成，后由该窑烧制的“黑釉描金盖杯”也被载入《中国陶瓷史》。

清末民初，朔州地区陶瓷生产稳步发展。以辖区朔县为例，1928年，全县瓷窑发展到17座，烧窑的造型均为尖圆形，一般瓷窑炉高5米，直径4米，每窑可装瓷碗250轴（1 000件）。生产方式皆为人工掏黏土、畜力拉石碾磨料。1936年，峙峪的瓷窑已增加到21座，年产盔、瓮各1 500多套，碗3 800轴。

新中国成立后，朔州地区陶瓷产业加速发展。1954年峙峪村组建陶瓷手工合作社，经营碗窑7座，瓮窑7座，产品产量达9.33万吨。后由该厂在20世纪60年代生产的毛泽东瓷像和机轮刮碗成为畅销精品。1970年，在原县砖瓦厂陶瓷车间基础上扩建成立朔县卫生瓷厂，年生产能力为釉面砖5万平方米，日用瓷10万件，卫生瓷2万件。后该厂同香港签订销售合同，成为全省第一家在国际市场打开销路的陶瓷厂。1977年，在朔县东北郊新建县瓷厂，年生产800万件。在此期间，由朔州地区烧制的具有地域与民族特色的二龙戏珠、荷花、龙凤等15种浮雕图案和5种规格的豆青碗，获得部优、省优产品奖。

朔州市陶瓷行业于20世纪90年代进入快速发展期。1992年，朔州市首家中外合资企业朔唯陶瓷有限公司成立。县域经济中，以怀仁嘉明、东海等为代表的陶瓷企业也迅速发展起来。2002年，全市陶瓷产能发展到2亿多件，年创产值6.7亿元。2009年，全市陶瓷产能已达10.5亿件，成为全国最大的日用瓷生产基地。2011年后，朔州市日用瓷产能基本占据山西省总产量的80%、全国总产量的6%。其中怀仁县白瓷产量占到全国市场份额的1/3，被授予“山西省日用陶瓷生产和出口基地”称号。同期辖区还相继培育明禾、宏、天懿等自主陶瓷品牌33个，其中国家级著名产品商标5个，省级著名商标12个。“怀仁陶瓷”也成为山西省第一个陶瓷产品中国地理标志认证商标。

经过建市后30年的快速发展，朔州市陶瓷企业产值于2017年达80亿元，接近全市工业总产值的1/10，被中国轻工业协会、中国陶瓷协会联合授予中国日用瓷生产基地。同年，山西省日用瓷产品质量监督检验中心在朔州市挂牌成立。所辖怀仁市也被商务部认定为“山西省第一批外贸转型升级基地（陶瓷）”。同时，随着怀仁金沙滩、应县新型陶瓷产业科技两大陶瓷园区的逐步成型，2019年4月18日，中国陶瓷产品进出口交易会在应县举办，交易会吸引了来自31个国家和地区的1 000多名海内外采购商参会参展，80余家采购商和投资者深入陶瓷生产企业实地考察对接，签订贸易订单144份，交易额达11.1亿元人民币，陶瓷行业也正式发展为朔州市辖区继煤电之后的第三大支柱产业。

□ 金融助力显成效

陶瓷行业作为朔州市支柱产业之一，其发展得到了辖区金融机构的大力支持。特别是20世纪90年代后，随着政府主导的陶瓷业发展政策相继出台，辖区金融机构不断优化陶瓷业信贷服务水平，持续提升陶瓷业信贷投入力度，有效促进辖区陶瓷产业的快速发展。

朔州建市后，全市首家中外合资企业朔唯陶瓷有限公司于1992年成立，当年，市中行为该企业发放首笔外汇贷款252万美元。随着金融服务陶瓷企业的逐步深化，市中行年均为朔唯陶瓷有限公司等企业办理境外汇款830笔，金额5 300万美元。1997年，市人行就朔唯陶瓷有限公司经营困难的情况进行专项调研，同时向朔州市政府做了《关于山西朔唯陶瓷有限公司企业债券兑付资金困难的紧急报告》，提请市政府和有关部门以及参与企业债券发行管理工作的有关单位做好协调工作，帮助该企业落实垫付资金来源，保证了该企业债券到期及时兑付。

在朔州市陶瓷产业的逐步扩展过程中，小微民营陶瓷企业迅速崛起。为进一步支持小微民营陶瓷企业的资金需求，市工行、市农行、市建行于2001年分别向怀仁嘉明陶瓷公司发放贷款800万元、650万元、2 300万元。同期，市工行与山西美锦集团朔州威尔陶瓷有限公司签订贷款意向，重点为该公司年产300万平方米大规格高档地砖生产线及年产3 000万件氧化铝陶瓷制品生产线两个项目投入资金，支持企业进行技术改造，并于次年将新增贷款的96%投向辖区煤、电、陶瓷等支柱产业，全年累计向威尔陶瓷、嘉明陶瓷等优秀企业发放贷款3亿元。

为切实解决陶瓷企业流动性差及资金周转不畅的问题，辖区金融机构在充分调研的基础上，进一步优化产品结构，不断提升金融服务质量。其中，市建行于2003年收回怀仁嘉明陶瓷公司1 500万元固定资产贷款，同时又向其发放流动资金贷款1 500万元；市工行于2009年向应县大众陶瓷有限公司等企业发放国内有追索权保理790万元，发放100%保证金的保证贷款100万元，发放质押贷款3 175万元。各项措施的实施有效减轻陶瓷企业利息负担，提高了信贷资金的周转速度。同时，市农行在信贷支持陶瓷业方面开始发力，并于2010—2011年向辖区多家陶瓷企业发放流动性贷款900万元。2012年，怀仁嘉吉陶瓷有限责任公司落户市农行雁门支行，年内累计为该企业办理结算58万美元，居朔州市十大外汇结算企业进出口额的前列，同时也结束了市农行9年来无新增优质对公外汇结算户的历史。

随着股份制银行相继在朔州挂牌成立，陶瓷行业信贷投放力度得到进一步加大。2012年，招商银行首次向辖区陶瓷行业投放贷款900万元；2014年，大同银行为怀仁县晶屹陶瓷有限责任公司发放中长期贷款9 000万元。招商银行向辖区陶瓷行业投放贷款400万元；2015年，浦发银行首次向辖区陶瓷行业投放流动性贷款1 000万元；2016年，大同银行为怀仁县晶屹陶瓷有限责任公司投放贷款3 650万元；2018年，朔州农村商业银行为辖区内16家陶瓷企业发放贷款1.35亿元。市农行向辖区陶瓷行业投放贷款715万元。华夏银行、邮储银行均首次向辖区陶瓷企业发放流动性贷款950万元、2 300万元。

为拓宽辖区陶瓷企业融资渠道，2019年3月15日，市人行联合应县县委统战部、应县工商联召开陶瓷业中征应收账款融资服务平台现场推进会，助推应县24家陶瓷业平台注册。当年，市中行加大对地方陶瓷业发展的支持力度，累计为应县博达瓷业、怀仁尊屹陶瓷、山西绅美陶瓷、怀仁泓韵达陶瓷、怀仁鸿达瓷业、怀仁尊睿陶瓷等陶瓷企业净投放5 000余万元。大同银行为怀仁晶屹建筑陶瓷有限责任公司贷款3 650万元。市农行、华夏银行、邮储银行分别向陶瓷企业投放贷款2 494万元、1 000万元、5 000万元。截至2019年末，朔州市银行业金融机构的陶瓷行业贷款余额已达4.62亿元，占全辖制造业贷款余额29.34亿元的15.75%。

□ 产业集群促发展

朔州市辖区应县新型陶瓷产业科技、怀仁金沙滩两大陶瓷产业园区是集技术研发、工艺创新、生产销售为一体的综合产业体系，产品销售网络涵盖全国20多个省市，并出口欧洲、美洲及东南亚等地区。作为“中国地理标志”商标，近年来两大产业园区成为辖区金融机构重点支持对象，对产业园区的陶瓷企业授信额度和贷款投放均有大幅提升。

应县新型陶瓷产业科技园区：园区规划面积2.5万亩，目前共有陶瓷生产企业19家，生产线28条，其中日用陶瓷生产企业17家，生产线25条；建筑陶瓷生产企业2家，生产线3条。日用瓷年产量达到10亿件、建筑瓷达3 300万平方米、工艺瓷达到4 000万件，拥有自营出口权的企业达到6家(博达、优尊、富彩、通盛、东进、大众)，全行业固定资产在30亿元左右。近年来，应县以打造北方瓷都为目标定位，不断完善陶瓷产业发展规划，从资金、用地、人才、融资等方面进行全方位扶持。2015年以来，辖区银行业金融机构持续加大对园区陶瓷企业信贷支持力度，累计投放信贷资金3.49亿元。其中，应县农商行累计为博达瓷业有限公司、应县宏达陶瓷有限责任公司、应县优尊陶瓷有限责任公司等9家企业投放贷款29笔、金额达2.19亿元。邮储银行累计为朔州华伦建陶有限公司、朔州恒锐达陶瓷有限公司、应县富彩陶瓷有限公司等6家企业投放贷款12笔，金额达1.11亿元。市中行向应县博达瓷业有限公司投放贷款1 000万元。市建行向应县通盛陶瓷有限公司、朔州市华伦建陶有限公司、应县大众陶瓷有限公司3家企业投放贷款3笔，金额达500万元。市工行向朔州市华伦陶瓷有限公司投放贷款300万元。市农行向大众陶瓷有限公司投放贷款100万元。

怀仁金沙滩产业园区：园区占地面积6.4万亩，总投资202亿元，入园企业36家，生产线73

条，产能达10亿件，产品以日用瓷为主，同时发展了工艺瓷、建筑瓷、工业瓷等七大类2 000多个花色品种，同时园区以助推北方“瓷都”建设为目标，不断优化投资环境，促进陶瓷产业的集聚力和市场竞争力，着力建成“产、学、研、销、展”五位一体的现代化陶瓷工业园区。为大力促进陶瓷产业发展，辖区金融机构持续加大对涉陶企业授信额度，最大限度地为企业运营提供流动性，2019年末全辖金融机构已对怀仁金沙滩产业园区陶瓷企业授信4.35亿元。

附：怀仁金沙滩产业园区陶瓷企业授信额度一览表（见表7–6）

表 7–6　　怀仁金沙滩产业园区陶瓷企业授信额度一览表

金融机构	授信额度	授信涉陶企业明细
中国银行	4 500 万元	怀仁嘉吉陶瓷有限公司（1 000 万元）、怀仁县盛兴源瓷业有限公司（500 万元）、山西绅美陶瓷纤维有限公司（400 万元）、怀仁县尊睿陶瓷有限公司（800 万元）、怀仁县尊屹陶瓷有限公司（500 万元）、怀仁县泓韵达陶瓷有限公司（500 万元）、怀仁市鸿达瓷业有限公司（800 万元）
工商银行	702.90 万元	怀仁县佳美乐现代家用陶瓷有限责任公司(55 万元)、怀仁市碧盛瓷业有限公司（87 万元）、怀仁县佳美乐陶瓷有限责任公司（210.90 万元）、怀仁县东方陶瓷有限责任公司（350 万元）
农业银行	4 247.50 万元	怀仁市永恒陶瓷有限公司（25 万元）、怀仁市永恒陶瓷有限公司（61 万元）、怀仁市三友陶瓷原料有限责任公司（100 万元）、怀仁县尊屹陶瓷研发有限公司（400 万元）、怀仁市佳和兴陶瓷有限公司（56.50 万元）、怀仁恒源瓷业有限公司（900 万元）、怀仁市碧盛瓷业有限公司（100 万元）、怀仁市三友陶瓷原料有限责任公司（190 万元）、怀仁市新顺源瓷业有限公司（100 万元）、怀仁市祥和陶瓷有限责任公司（100 万元）、怀仁市昌元陶瓷原料有限责任公司（100 万元）、怀仁县盛兴源瓷业有限公司（15 万元）、怀仁市昌元陶瓷原料有限责任公司（100 万元）、怀仁县尊屹陶瓷研发有限公司（500 万元）、怀仁市鸿达瓷业有限公司（1 000 万元）、怀仁县尊屹陶瓷研发有限公司（500 万元）、怀仁市鸿达瓷业有限公司（350 万元）
建设银行	845 万元	怀仁市碧华瓷业有限公司（495 万元）、怀仁市鸿达瓷业有限公司（350 万元）
邮政储蓄银行	4 248.50 万元	怀仁东兴陶瓷有限公司（900 万元）、怀仁盛瑞陶瓷有限公司（800 万元）、怀仁佳美乐陶瓷有限公司（1 000 万元）、怀仁县恒益瓷业有限公司（450 万元）、怀仁县恒源瓷业有限公司（98.50 万元）、怀仁县尊屹陶瓷研发有限公司（1 000 万元）
大同银行	350 万元	海辰陶瓷门市部（165 万元）、怀仁祥宇高岭土有限公司（185 万元）
慧融村镇银行	5 745 万元	怀仁市尊睿陶瓷有限责任公司（430 万元）、怀仁县金星陶瓷有限责任公司（95 万元）、怀仁县尊屹陶瓷研发有限公司（430 万元）、怀仁市龙欣瓷业有限责任公司（470 万元）、怀仁县恒益陶瓷有限公司（400 万元）、怀仁县新顺源瓷业有限公司（200 万元）、怀仁县泓韵达陶瓷有限公司（500 万元）、怀仁市鸿达瓷业有限公司（490 万元）、怀仁县科美达陶瓷原料加工有限责任公司（200 万元）、怀仁市钇丰陶瓷有限责任公司（450 万元）、怀仁市金典陶瓷有限责任公司（450 万元）、怀仁市世嘉陶瓷有限责任公司（300 万元）、怀仁市嘉庆陶瓷有限公司（140 万元）、怀仁县雅宸瓷业有限责任公司（400 万元）、怀仁市嘉和陶瓷有限责任公司（300 万元）、怀仁县清雅陶艺有限责任公司（490 万元）
晋商银行	2 630 万元	怀仁县世嘉陶瓷有限责任公司（650 万元）、奕佳陶瓷有限责任公司（1 000 万元）、怀仁县永祥陶瓷有限责任公司（400 万元）、怀仁县嘉吉陶瓷有限责任公司（400 万元）、怀仁县三友陶瓷原料有限责任公司（180 万元）
农村商业银行	20 028 万元	怀仁县钇丰陶瓷有限责任公司（800 万元）、怀仁市溢彩陶瓷有限公司（800 万元）、怀仁市明盛源高岭土有限公司（600 万元）、怀仁县佳美乐现代家用陶瓷有限责任公司（600 万元）、怀仁市亿家亲陶瓷有限责任公司（760 万元）、怀仁市义民陶瓷原料加工厂（800 万元）、怀仁市尊睿陶瓷有限责任公司（800 万元）、怀仁市万达瓷业有限公司（300 万元）、怀仁市碧盛瓷业有限公司（720 万元）、怀仁市云鑫耐火材料有限责任公司（500 万元）、怀仁金牛耐火材料有限责任公司（500 万元）、怀仁市佳胜瓷业有限公司（200 万元）、应县通盛陶瓷有限公司（4 080 万元）、怀仁县新顺源瓷业有限公司（600 万元）、怀仁县盛泽瓷业有限公司（900 万元）、怀仁县世嘉陶瓷有限责任公司（800 万元）、怀仁东方陶瓷有限责任公司（1 300 万元）、应县盛福瓷业有限公司（1 368 万元）、怀仁县佳美乐陶瓷有限责任公司（800 万元）、怀仁县明鑫陶瓷有限责任公司（570 万元）、怀仁县尊屹陶瓷研发有限公司（1 000 万元）、怀仁县金典陶瓷有限责任公司（280 万元）、怀仁县龙欣瓷业有限责任公司（950 万元）
晋城银行	95 万元	怀仁市君浩陶瓷有限责任公司（35 万元）、怀仁县鸿韵达陶瓷有限公司（60 万元）

奶　都

朔州乳业起步于20世纪50年代建起的山阴农牧场。1958年山阴农牧场从荷兰引进纯种奶牛28头，开始进行奶牛专业化养殖。1959年山阴农牧场开始自主研制生产“土制奶粉”。1966年建起半土半机制奶粉厂，并开始生产“半土半洋奶粉”，产品主要在山西和内蒙古两省区销售，一度供不应求。在奶粉厂的带动下，山阴县奶牛养殖规模不断扩大。山阴县土地资源丰富，气候温润，在饲草料种植和奶牛养殖方面有着得天独厚的优势，20世纪80年代初被国务院命名为“全国奶牛养殖基地县”，被国家科委誉为“北方农区第一奶都”。截至2019年，朔州市奶牛存栏18.5万头，鲜奶产量57.5万吨，全省排名第一，奶牛存栏、鲜奶产量均占到全省的一半以上。建成现代化奶牛场154座，推行了自动化挤奶、智能化管理等先进技术和设施，优质牧草饲喂覆盖面达100%，全市日产鲜奶超过1 300吨，鲜奶质量全国一流，成为蒙牛、伊利、光明等乳业的重要奶源基地。为促进乳业发展，朔州市内银行业金融机构持续对辖内乳制品企业、奶牛养殖业提供金融支持。从1984年山阴农行为山阴城奶粉厂发放首笔35万元贷款开始，全市金融机构累计投放乳业贷款超过100亿元，助推乳制品生产企业、奶牛养殖户快速发展。

□　听党指挥兴乳业

1974年，国务院业务组副组长王霹来山阴作了“要坚持以农养牧，以牧促农，在畜牧业生产中把养牛放在重要位置，逐步走喝奶、吃肉道路”的指示，山阴奶牛养殖业进一步有所发展。1978年，全县奶牛发展到1 321头。

20世纪70年代至80年代，山阴县奶牛品种以黄牛改良为重点，共通过杂交改良方式培育中国黑白花奶牛1.56万头，私人养牛户逐年增加，奶牛养殖业大为发展，并建成山阴农牧场、红旗牧场、山阴城奶粉厂（古城集团前身）三家小型奶粉加工厂，形成乳业产业化雏形。

从20世纪80年代中期到20世纪末，朔州乳业实施了一条以建设乳制品龙头企业，实施龙头带基地、建市场的发展战略，几年间朔州乳制品企业由原来的3家增加到最多时17家，在此期间创出了古城乳业这一国家级名牌，还有山西溶溶乳业有限公司、山西康喜奶业有限责任公司、山西春城乳业有限公司、山阴县鑫源乳业有限责任公司等几家优秀本地乳品企业。

1994年，山阴城奶粉厂改制为职工股份制，企业名称变更为山西古城乳业有限公司。古城乳业是一家集奶牛饲养示范、乳制品生产销售于一体的晋北地区最早的乳制品加工企业，八部委确定的首批国家级农业产业化重点龙头企业之一，是“全国五一劳动奖”获得单位，国际乳品联合会（IDF）会员单位。

1995年，山西古城乳业有限公司与荷兰依美口有限公司组建山西古城依美口乳品有限公司。1997年10月，山西古城乳业有限公司、山西古城依美口乳品有限公司、山西明星乳品有限公司三家企业组建成立山西古城乳业集团有限公司。

1998年，朔州境内10座乳制品加工厂日处理鲜奶320吨，是全国农区最大的乳制品基地之一。

进入20世纪90年代后，奶牛养殖业在山阴县已有了坚实的基础。1994年山阴县组建了古城乳业有限公司，实施了“双五万”（乳制品生产能力达5万吨，全县奶牛养殖达5万头）工程，极大地调动了全县农民养牛的积极性，全县奶牛头数逐年增加。1998年，全市奶牛饲养量为6.8万头，鲜奶产量为18万吨，分别占到全省总量的67%和53%，是全省奶牛带的主体。山阴县奶牛存栏3.95万头，年产鲜奶12.4万吨，全县系列乳制品生产能力达4.3万吨，居全省第一。山阴成为全国农区养奶牛最多的县、全国乳品大县。山阴县奶业收入占到全县经济总收入的1/3以上，是全县的支柱产业。1998年，山阴奶牛养殖被确定为工作标准化示范国家级项目。

为促进乳业发展，朔州市内银行业金融机构持续对辖内乳制品企业、奶牛养殖业提供金融支持。1984年，山阴农行为山阴城奶粉厂发放首笔贷款35万元。1992年4月，山阴信用联社为乳品企业发放首笔贷款50万元。1994年，山阴农行、山阴信用联社大力支持乳产品基地建设，投放贷款5 000万元，购买奶牛615头，使奶牛总数达19 600头。

□　深化改革大发展

2001年，朔州市政府提出了以建设大规模、高档次、绿色奶源基地为重点，充分发挥乳业基础好、饲草资源丰富的优势，从政策、资金等多方面积极扶持，做生态文章，打乳业品牌，建畜牧强市，加快全市乳业发展的步伐。同年，山西古城乳业有限公司改制成民营企业。2002年，在山阴县政府的组织推进下，山阴县康喜乳业同内蒙古伊利乳业签订了联合建厂协议，成立了朔州伊利康喜乳品有限公司。

2003年，全市已新建成液态奶生产线24条，年加工能力达43万吨。乳制品加工企业实现销售收入5.37亿元，同比增长210%。同年4月，山阴县溶溶公司在经营困难、产品销售艰难的情况下，引进了蒙牛乳业，成立了朔州蒙牛溶溶乳品有限公司，合作后，该企业2003年实现销售收入5 000万元，是合作前2002年的7倍多。

2004年，伊利、蒙牛的引入提升了全市的乳制品生产能力，激活了市场，并直接促进了奶源基地的建设，带动了朔州乳业的发展。乳制品产量高速增长，仅上半年，全市乳制品产量达11.54万吨，比上年同期增长了691.7%。

2007年，全市乳制品产量44.41万吨，同比增长73.7%。古城乳业经济效益居朔州市非煤企业第一、山西省乳制品同行第一、全国十大乳制品集团公司第七。

奶牛养殖快速发展，2003年，朔州市全市奶牛存栏9.3万头，年产鲜奶28.6万吨，奶牛养殖业总产值达6亿元，是2000年的两倍。农民人均奶牛养殖纯收入415元，占总收入的18%，奶区农民人均奶业收入达1 150元，成为农民增收的主渠道。2004年，全市奶牛存栏12.6万头，同比增长36.5%。同年，古城乳业集团公司建成“良种奶牛繁育基地”，全市奶牛良种繁育覆盖率达86%。2005年，全市奶牛存栏数13.3万头，同比增长18.2%；牛奶产量33.4万吨，同比增长21.2%。2007年，全市全年牛奶产量40.17万吨，同比增长16.9%；奶牛存栏量13.86万头，比上年增长14.4%。

为促进本土乳制品企业发展，2002年12月，经山阴农行申报，省、市分行贷审会审议，于2003年1月17日批复同意山阴农行为山西古城乳业集团有限公司发放年产16万吨液态奶乳品加工生产线项目固定资产贷款13 198万元，期限5年。

□　多措并举渡难关

2008年，受“三聚氰胺”事件影响，朔州奶业发展陷入低迷。截至2008年底，朔州市乳制品产量为21.75万吨，比上年减少52.4%。乳制品产业实现销售收入2.03亿元，同比减少46.09%。本土企业古城乳业集团有限公司受影响最大，一方面受“三聚氰胺”事件的影响，另一方面公司多年来在管理经营等方面形成积弊，企业生产经营陷入了困境，产生资金短缺、拖欠奶农欠款等负面影响。同年，为保证奶源质量，省、市两级政府积极推进机械化挤奶，对新建奶站省级补贴资金10万元，市级补贴资金5万元，支持乳品企业建立标准化奶站。

2009年，乳制品行业仍呈低迷态势，但在朔州市各级政府的种种扶持措施下，乳制品生产从4月起逐步回升，到8月生产已基本接近正常年份的平均水平。2009年前三个季度朔州市乳制品累计产量13.88万吨，同比下降21.5%，比上半年降幅缩小10.3个百分点。全行业完成工业增加值3.92亿元，同比下降13.68%，比上半年降幅回落1.69个百分点。

2009年，古城乳业进行了股权重置、管理者更换等重大结构调整，开始重建振兴古城乳业，实现企业的优化升级，特别是通过产品结构调整、走差异化竞争之路的创新工作，企业经营状明显好转，比上年减亏3 000万元。

2010年，朔州市乳制品行业整体发展仍显疲软，奶制品产量呈下降趋势。全年乳制品产量17万吨，同比减少3%。全年牛奶产量40.18万吨，同比下降11.0%，液体乳产量10.73万吨，同比减少18.9%。

2008年底，朔州市奶牛存栏量达14.44万头，同比增长4.2%；截至2009年底，全市全年牛奶产量为45.2万吨，增长4.8%；液体乳产量为1.3万吨，比上年减少28.1%；2010年朔州市奶牛存栏达15.5万头，日产牛奶1 200吨。

2008年，山阴农行在古城乳业固定资产贷款到期后，逐步转换成流动资金贷款，从2008年起到2019年底，对古城乳业授信额度维持在9 500万元至13 000万元，贷款余额保持在8 000万元至13 000万元。2008年、2009年、2010年古城乳业集团在山阴农行贷款余额分别为11 453万元、12 900万元、10 000万元。

2008年，为维护广大奶农利益，缓解古城乳业经营困难，山阴农信社向古城乳业集团提供贷款4 300万元作为收购牛奶的流动资金。

2010年末，全市奶业贷款115 741万元，增长29.4%，贷款主要投向企业的新技术，如奶质的检验、产品的包装、保鲜、设备和技术的引进，培育出古城乳业、应县雅士利等乳品知名企业。

□ 有序发展铸奶都

2011年，朔州市乳制品行业开始回暖。全年乳制品产量21.1万吨，同比增长27.2%。牛奶产量43.6万吨，同比增长8.51%。为把控奶源质量，山阴县实行标准化奶牛养殖，并被确定为全国高产奶牛养殖工作标准化示范国家级项目；同时建立了一套现代网络系统，对奶站的挤奶、储存、运输等环节进行全过程、全方位24小时全天候监控，全面监管生鲜乳工作站，保证鲜奶质量。截至2011年底，朔州市现有奶站机械化挤奶率达90%，鲜奶质量大大提高，奶站标准化建设和规范化管理迈上新台阶。2011年上半年古城乳业实现了扭亏为盈，重新成为朔州乳业的龙头企业。同年，古城婴幼儿配方乳粉被中国经济合作学会品牌推广委员会评为“中国农产品走出去十大品牌”。

2012年，全市乳制品产量为29.5万吨，同比增长40.2%。

2013年，全市乳制品行业完成工业增加值为5.84亿元，占全市规模以上工业增加值的1.05%。创造工业总产值27.17亿元，占全市规模以上工业总产值的2.04%。全年乳制品产量为28.1万吨，同比减少4.8%。乳制品行业所创造的工业总产值已跃升为全市第三，仅次于煤、电行业。作为朔州乳制品行业的本土代表，古城乳业的产值产量占绝对份额，2013年的产量达11.5万吨，创造产值10.5亿元，分别占全市本行业的41%、39%。占全省本行业的21.5%、23.98%。

2014年，朔州市运营的乳品加工企业4个，包括伊利、蒙牛、雅士利和古城，全年乳制品产量24.4万吨，同比减少13.3%。全年鲜奶总产量为50万吨，增长3%。

2015年，乳制品产量为23.2万吨，同比减少4.8%。

2016年，乳制品产量为18.9万吨，同比减少18.8%。

2017年，乳制品产量为12.5万吨，同比减少33.6%。

2018年，全市牛奶产量41万吨，同比下降9.4%。全年乳制品产量9.4万吨，同比减少25.2%。截至2018年底，古城乳业实现销售收入8.63亿元，同比增长10.59%，实现利润5 700万元，已形成包括牧草种植、饲料加工、良种奶牛繁育、全品类乳制品加工、新品研发等于一体的“全产业链”经营模式，古城乳业已经成为国家级龙头企业。

2019年，全年乳制品产量8.1万吨，同比减少14.9%。截至2019年底，古城乳业拥有同行业领先水平的乳制品生产线42条，销售网络覆盖山西及周边省市区域，经销网点达1 500多个，产品有奶粉系列、灭菌奶系列、酸奶、乳酸菌饮料及巴氏奶系列等共60多个品种，完成销售收入77 131万元，实现净利润5 806万元。

奶牛养殖快速发展，2011年，山阴县奶牛存栏超8万头。2014年，全市奶牛存栏18.1万头，同比增长1.5%，全部为荷斯坦牛。全市共建成奶牛养殖小区237个。在经过四年多的整顿与整合，全市标准化奶站由2010年的512个减少到2014年的222个，鲜奶生产机械化挤奶达100%。为加强监管，严格落实监管责任，2014年对全市所有奶站实现网格化监管，完善市县乡三级监管体系，建立定期巡查制度，对奶站和运输车辆安装电子监控设施。

2016年，朔州市奶牛存栏达18.7万头，全年牛奶产量49.6万吨，同比下降5.1%。规模化奶牛养殖场225个，机械化挤奶覆盖全市，所有奶牛基本实现规模化饲养。2018年，奶牛存栏18.4万头。

2019年，全市奶牛存栏18.5万头，鲜奶产量57.5万吨，全省排名第一，奶牛存栏、鲜奶产量均占到全省的一半以上。朔州市现代化奶源基地建设获得新成效，建成现代化奶牛场154座，推行了自动化挤奶、智能化管理等先进技术和设施，优质牧草饲喂覆盖面达到100%，全市日产鲜奶超过1 300吨，鲜奶质量全国一流，成为蒙牛、伊利、光明等乳业的重要奶源基地。

金融机构持续发力，全面支持朔州奶业做大做强。市人行加强政策引导，积极发放支农再贷款，助推奶牛养殖产业升级转型。2011—2019年，市人行通过支农再贷款投向奶牛养殖产业贷款余额分别为0.8亿元、1.2亿元、1.8亿元、2亿元、2.3亿元、3.3亿元、2.8亿元、3.5亿元、3.9亿元。

山阴农行持续对古城乳业集团提供金融支持，助推企业做大做强。2011—2019年古城乳业集团在山阴农行贷款余额分别为10 000万元、13 000万元、13 000万元、12 700万元、12 000万元、10 700万元、8 300万元、8 000万元、8 730万元。

山阴农商行为缓解古城乳业经营压力持续提供信贷支持，2011年为古城乳业提供流动资金贷款2 000万元，2017年增加信贷投放5 000万元，一直到2019年贷款余额保持在7 000万元。

市人行通过货币政策引导辖内银行业金融机构加大对奶牛养殖产业的信贷扶持力度。截至2019年，全市投向奶牛养殖产业贷款余额超过50亿元，信贷支持涉及38家企业、126个奶牛养殖专业合作社和820家养殖大户。

外汇支持神电集团

——山西神头发电有限责任公司

山西神头发电有限责任公司前身是神头第一发电厂，公司始建于1971年，1977年2月17日首台机组投产，是山西最早建成的百万千瓦级以上的大型火力发电厂。2002年底在国家电力体制改革过程中，神头第一发电厂由山西省电力公司划归中国电力投资集团公司，2004年7月划归中国电力国际有限公司管理。2004年12月完成股份制企业改制，并于次年分离成立了山西神头发电有限责任公司。在其发展改制过程中，该公司通过吸收外债拓宽融资渠道，成为朔州市首家使用中长期外债的企业。目前，公司还代管中电神头发电有限责任公司、山西神头电力检修有限公司、山西神头电力实业有限公司、山西中电神头第二发电有限责任公司、芮城中电光伏发电有限公司、浑源中电光伏发电有限公司、左云中电光伏发电有限公司7家山西省辖内中电系的电力公司。

2007年6月，山西神头电力检修有限公司、山西神头电力实业有限公司办理FDI业务登记，企业注册资本金分别为615.11万美元和1 361.81万美元，投资总额与资本金基本一致。外方投资方分别为英属维尔京群岛的博亚发展有限公司和香港天泽有限责任公司，投资资本金当年已全部到位。但由于上述两家企业在2005年12月核发营业执照，并于企业逾期6个月后，在2007年6月到外汇局进行外商投资企业登记，违反《关于下发〈外商投资企业外汇登记管理暂行办法〉的通知》（〔96〕汇资函字第187号）相关规定，依据该文件，国家外汇管理局朔州市中心支局对上述两家企业作出了分别罚款1 000元人民币的行政处罚。

2008年9月，山西神头发电有限责任公司在国家外汇管理局朔州市中心支局办理FDI业务登记，企业投资方为香港中国电力国际发展有限公司，企业注册资本金1.65亿美元，投资总额为1.65亿美元。依据商务部相关的有关批复，依企业境内资产划转完成出资确认工作。

2011年12月，中电神头发电有限责任公司在国家工商管理总局预核准，未核发营业执照，国家外汇管理局朔州市中心支局依据相关规定为企业的境外母公司中国电力国际发展有限公司开立了外国投资者专用账户，用于企业资金筹备工作。

2012年1月，中电神头发电有限责任公司在国家外汇管理局朔州市中心支局办理FDI业务登记，投资总额为49.8亿元人民币，注册资本10亿元人民币。其中，外方股东香港中国电力国际发展有限公司出资8亿元人民币，占80%，中方股东中煤能源股份有限公司出资2亿元人民币，占20%。2012—2013年，企业外方股东累计出资7.18亿元人民币，外方出资比例达88.92%，基本完成资本金的注资义务。2013—2017年，中电神头发电有限责任公司在国家外汇管理局朔州市中心支局累计办理直接外债登记10笔，外债提款金额20.8亿元人民币，折32 856.47万美元。国家外汇管理局朔州市中心支局充分利用外汇政策，有效解决了企业融资难、融资贵的难题，有效支持了地方实体的发展。上述助企做法和经验于2017年6月被《金融时报》以《外汇局朔州市中心支局精准帮扶实体企业转型升级》为题予以报道。

2015年7月，山西中电神头第二发电有限责任公司，在市中行办理FDI业务登记，注册资本金为6 500万美元，投资总额为19 500万美元，投资方为香港中国电力国际发展有限公司。2019年

10月，企业注册币种变更为人民币，投资总额为72.56亿元人民币，注册资本金为23.85亿元人民币。截至2019年底，累计完成资本金入账登记4.2亿元人民币（市中行2.2亿元，市农行2亿元）。

2017—2018年，代管的芮城中电光伏发电有限公司资本金流入15 500万元人民币，折2 336.14万美元。代管的浑源中电光伏发电有限公司资本金流入16 093万元人民币，折2 391.03万美元。代管的左云中电光伏发电有限公司资本金流入16 746.万元人民币，折2 488.05万美元。

支持平朔露天煤矿

——中煤平朔集团有限公司

中煤平朔集团有限公司的前身为1982年创建的平朔煤炭工业公司，该公司于1997年6月并入中国中煤能源集团公司，成为集团旗下的核心生产企业。2006年，原平朔煤炭工业公司纳入中煤能源股份公司，2008年8月注册成立中煤平朔煤业有限责任公司，2011年更名为中煤平朔集团有限公司，2016年分离为中煤平朔集团有限公司和中煤平朔煤炭工业公司。自1982年创立开始，公司经历了创业期、发展期、跨越期、转型期四个阶段，期间得到朔州市辖区金融机构的全力金融支持与服务，为其健康可持续发展奠定了坚实的资金保障。

□　创业时期（1982—1991年）

1979年1月，邓小平同志访美期间，与美国西方石油公司董事长阿曼德·哈默博士达成共识，在山西北部缔造全国第一个也是全国最大的中外合作项目——平朔安太堡露天煤矿项目。同年4月，煤炭部向国务院呈报了《关于加快开发山西朔县露天煤矿的报告》，安太堡项目被正式提到中外合作开发的议事日程上。为顺利开发安太堡项目，1982年初，组建“中国平朔露天煤矿筹备处”。同年3月，哈默来到中国，与中方正式签署了《关于合作编制山西省平朔矿区安太堡露天矿可行性研究报告协议书》，正式列入国家计划。1984年4月底，中国煤炭开发总公司与美国西方石油公司在北京正式签订了合作开发平朔安太堡一号露天煤矿的协议，合作开采年限为30年，总投资额6.5亿美元。其中“中岛”出资3.44亿美元（哈默出资2亿美元）；“平一”出资3.05亿美元（其中中煤开发出资2.62亿元，中信出资0.46亿美元）。

为支持经济发展，提升金融力量贡献度，1984年7月，在安太堡露天煤矿组建初期，朔州辖区成立中国银行平朔支行（以下简称平朔中行），隶属中国银行太原分行（后更名为山西省分行）管辖，并于当年向平朔露天煤炭公司发放首笔基建贷款1.40亿元。

1985年6月25日，《合作经营安太堡露天煤矿合同》在北京人民大会堂正式签字。1985年7月1日，安太堡露天煤矿举行开工典礼。同年，平朔中行向平朔露天煤炭公司发放基建贷款2.40亿元，向平朔物资供应公司等9个单位发放人民币流动资金贷款0.16亿元。其中，平朔物资供应公司270万元，腊壑口石料厂3万元，朔县电厂70万元。

为更好地服务于安太堡煤矿的建设，平朔中行于1986年7月成立安太堡办事处，主要为平朔安太堡露天煤矿的施工单位提供金融服务，并于当年向该企业煤矿发放人民币基建贷款3.64亿元。

1987年9月，年设计产能1 533万吨的平朔安太堡露天煤矿建成投产。作为中国改革开放的第一家中外合资企业，安太堡露天煤矿是当时引进外资额度最大、现代化程度最高的中外合作项目，被誉为“中国改革开放试验田”，该项目的投产大大缩短了中国煤炭工业与世界先进水平的差距，在中国煤炭史和社会经济发展中具有里程碑的意义。年末，平朔中行向平朔露天煤炭公司发放基建贷款累计余额达10.66亿元，突破10亿元大关。向其各类附属涉煤企业发放人民币流动资金贷款1.22亿元，突破亿元大关。

为提升对安太堡露天煤矿的金融服务质量，1989年9月，平朔中行在全省地市行中首家正式开办贸易项下的国际结算业务，当年共为安太堡矿办理汇出汇款业务670笔、2 000万美元。

1987—1991年，平朔公司原煤产量由154万吨增长到1 337万吨，商品煤量由31万吨增长到1 000万吨，销售收入由零增长到9亿元，利润由负数增长到2.9亿元。

□ 发展时期（1992—2003年）

1991年7月，美国西方石油公司调整经营方针，退出“中岛”，中国银行信托咨询公司买入美国西方石油公司在“中岛”的全部股份，安太堡露天煤矿的生产经营全部由平朔煤炭工业公司接管。平朔公司开始自主发展，于1996年生产原煤1 500万吨，创造了“高效率、高科技、高效益、快节奏”的“三高一快”模式，并连续多年被评为全国高产高效矿井和安全质量标准化矿井。

按照《商业银行法》和《贷款通则》关于商业银行不得参与投资的规定，1995年，中国银行对中岛在安太堡露天煤矿的投资开始实施股转债，方案由中煤开发作为借款人，中煤集团作为担保人与中行签署了4.41亿美元加1.2亿美元的《平朔安太堡煤矿项目外汇贷款总协议》，将“中岛”对安太堡露天煤矿的投资全部转为中煤开发对中行的借款。外汇贷款总协议签订后，中行曾收回贷款本息8 975.51万美元。后由于中煤开发与“中岛”一直未能签署相应的股权转让协议，“中岛”没能从法律程序上正式退出安太堡露天煤矿、解除自身的股东地位，因此中行对安太堡露天煤矿的权益一直处于非债非股状态。

1997年，平朔安家岭露天煤矿项目开始筹建。安家岭露天煤矿项目是国家“九五”期间煤炭工业重点建设项目，是我国自行勘探、自行设计、自行施工安装、自行经营管理的特大型现代化煤矿。9月，平朔安家岭煤矿同中国银行签订了第三批日本能源贷款的转贷协议，从1997年12月至1999年6月止分四次到账，共计4 933 323万日元，折合4亿美元，贷款的加权平均利率为2.33%。按照转贷协议的规定，1997—2001年为贷款的宽限期，2002年6月20日至2012年6月20日为还贷期。

为推动安家岭露天煤矿建设顺利进行，2001年3月，国家开发银行太原分行、中国银行山西省分行、山西平朔安家岭露天煤炭有限公司共签协议，国家开发银行向山西平朔安家岭露天煤炭有限公司贷款8.66亿元人民币，由中国银行山西省分行作为该项目结算资金代理行。截至2001年3月底，朔州中行近3年累计向国家重点企业平朔安太堡露天煤矿发放流动资金贷款3.3亿元，占该行流动资金贷款总额的74.6%。

2001年12月，按照国家政策规定，平朔安太堡露天煤矿各方股东共同起草并签署平朔安太堡矿债转股协议，股东共同投资新公司——平朔安太堡煤业有限责任公司，基本确立了按设立登记的方式组建新公司，在新公司登记注册时注销“平一”法人资格和安太堡露天煤矿非法人资格，原公司的债权、债务由新公司承继。与此项目有关的“一揽子”解决方案由于人民银行总行报国务院未被批准，由此搁置。

2003年，安家岭露天煤矿投产，平朔公司产能快速增长，为企业的跨越发展奠定了坚实的基础。截至2003年底，平朔公司累计生产原煤2.63亿吨，商品煤2.05亿吨，上缴国家税费17.17亿元，为国家创汇30亿美元。

□　跨越时期（2004—2012年）

2004—2012年，中煤平朔公司发展进入跨越期。公司原煤产量由3 198万吨增长到1.13亿吨，商品煤量由2 651万吨增长到8 987万吨，销售收入由36.7亿元增长到393.5亿元，利润由9 844万元增长到100.7亿元。

2004年末，中国银行将平朔安太堡露天煤矿原准备实施债转股的4.61亿美元债权转卖给人民银行，债转股问题随着债权关系的转变而中止。

受金融危机的影响，国际金融市场动荡不安，日元对美元汇价持续贬值，尤其是“9・11”事件以后，美元利率降到近几十年来的最低点，日元实行零利率的货币政策，安家岭矿的日元贷款成本加大，成为制约安家岭矿项目整体效益的主要因素，且该矿的经营收入主要是人民币和美元，收入和支出货币不匹配。国家外汇管理局朔州市中心支局充分利用国内外资本市场的变化及国家外汇管理政策的调整，推动朔州市外债结构调整，实现银企“双赢”。2005年12月20日，平朔中行与平朔安家岭露天煤炭有限公司的外汇贷款协议正式生效，标志着安家岭露天煤炭有限公司的日元能源贷款成功置换。安家岭露天煤炭有限公司一次性从中行平朔支行贷款305.39亿日元，提前偿还完日本能源贷款，贷款利率从原来的2.337%降为2.2835%，贷款期限为9年，宽限期1年，在宽限期内，根据国际金融市场的情况，在银行和企业双方都能接受的汇率情况下，将日元贷款转换为人民币或美元贷款，从而达到彻底规避汇率风险的目标。

2006年初，中煤能源进出口集团公司已从人民银行将平朔安太堡露天煤矿原准备实施债转股的4.61亿美元债权全部回购。同年，安家岭露天煤矿项目投产。

2010年，平朔东露天煤矿开工建设，中煤平朔公司原煤产量再次提升，到2010年12月15日，原煤产量突破亿吨，达1.038亿吨，成为我国首座单一的露井联采亿吨级矿区。而安太堡露天煤矿2010年的产量达2 700万吨，占公司总产量的1/4。

经过三十多年的发展建设，中煤平朔公司的产能逐步扩大。2012年，公司原煤产量达1.3亿吨，销售收入和利润总额分别达到393亿元、100亿元，创建矿以来最好水平。

□　转型时期（2013年至今）

2013年以来，随着煤炭市场的急转直下，中煤平朔公司的原煤产量、商品煤量、利润逐年走低，2014年公司陷入亏损困境。在此情形下，辖区金融机构积极与中煤平朔公司对接，抓住国家供给侧结构性改革的良机，助力企业实现转型发展。截至2015年，中煤平朔集团有限公司在辖区11家金融机构获得授信，总授信余额为248.63亿元，其中流动资金贷款为118.95亿元，项目贷款为54.72亿元，银行承兑汇票为5.16亿元，融资租赁为55亿元，融资租赁保理为4.8亿元，国家开发银行与中信银行发短期债10亿元。在平朔集团“规模集约、综合利用”转型过程中，金融机构找准信贷支持切入点，为国内首个66万千瓦级超临界循环流化床锅炉的煤矸石发电项目发放贷款10.62亿元，助力企业创造出新的利润增长点。

2016年，平朔东露天煤矿建成投产。

2018年以来，朔州市辖区各金融机构紧密围绕“生态立市、稳煤促新”整体战略，积极对接“2+7+N”现代产业体系，通过综合运用各种货币政策工具，坚持政策指导和投向引导相结合，盘活信贷存量、用好信贷增量，促进经济结构调整和优化，持续加大对中煤平朔集团有限公司的支持力度。

2019年底，中煤平朔总贷款余额为250亿元，较该公司组建初期贷款余额增加178倍，年平均增长速度14.65%。其中，朔州辖区金融机构投放于中煤平朔贷款余额为125.98亿元，占辖区全部煤炭行业贷款余额的61.77%，占中煤平朔总贷款余额的50.39%。从信贷投放机构来看，主要来自国有商业银行，其中朔州工行投放35.4亿元，朔州农行投放23.59亿元，朔州中行投放23.89亿元，朔州建行投放22亿元，朔州邮储银行投放16.1亿元，朔州招行投放5亿元。在金融资金的大力支持下，中煤平朔集团有限公司经历了创业期、发展期、跨越期、转型期，累计生产原煤14.26亿吨，外运商品煤11.47亿吨，累计缴纳税费722.79亿元，为繁荣地方经济发展、带动煤炭行业进步作出了突出贡献。

外债管理

1989年11月10日，国家外汇管理局公布《外汇（转）贷款登记管理办法》，对外汇（转）贷款实行全面登记管理制度。使用外汇（转）贷款的单位应到所在地外汇管理部门办理外汇（转）贷款登记，领取贷款登记证。11月24日，国家外汇管理局山西分局下发了《关于授权各地、市外汇管理分局办理外债登记工作的通知》，决定授权各二级分局负责办理本地区的外债登记管理工作。

□ 间接外债

1996年12月末，朔州市外债余额258万美元，主要为1994年朔州市电信局利用西班牙贴息贷款购置网络设备。

2001年12月末，朔州市外债转贷款共两笔，金额40 667.13万美元。一笔是朔州市电信局利用西班牙政府的贴息贷款，金额263.21万美元；另一笔是平朔安家岭露天煤矿使用的第三批日本能源贷款，金额493.33亿日元（折40 403.92万美元）。

2002年6月，全市新增外债转贷款签约登记1笔，金额20 993万美元，提款登记6 296.51万美元，主要为神头大唐发电公司二期工程购买捷克及斯洛伐克成套两台500MV的凝汽式汽轮发电机组买方信贷项下提款。

2003年9月，朔州外汇管理局贯彻国家外汇管理局《关于继续支持企业进行债务调整的指导意见》，协调朔州中行与安家岭露天煤矿开展日元贷款债务再置换，置换日元贷款352.38亿日元，折4亿美元。截至2003年末，朔州市外债转贷款共有三笔，金额4.24亿美元。其中，第一笔是朔州市电信局1994年利用西班牙贴息贷款引进的外资，金额254.21万美元，债务类型为买方信贷；第二笔为平朔安家岭露天煤矿使用的第三批日本能源贷款，金额为3.48亿美元，债务类型为外国政府贷款；第三笔是大唐神头发电有限公司买方信贷，金额为7 499.03万美元。

2004年，间接外债余额为5.38亿美元，其中，朔州市电信局外国政府贷款转贷款252万美元，平朔安家岭露天煤矿外国政府贷款转贷款3.4亿美元，大唐神头发电有限公司买方信贷外债1.96亿美元。

2005年，间接外债余额为1.91亿美元，其中，朔州市电信局外国政府贷款转贷款249万美元，大唐神头发电有限公司买方信贷外债1.89亿美元。平朔安家岭露天煤矿第三批日本能源贷款328.89亿日元，全部置换为国内外汇贷款，折2.57亿美元。

2006年，新增外债转贷款提款登记4笔，金额为504.22万美元，其中，朔州市广播电视局新增271.72万美元，主要为朔州电信局购买网络交换设备；朔城区中医院62.5万美元；右玉县人民医院80.1万美元；怀仁县人民医院80.9万美元。三家医院主要用于购买以色列医疗B超设备。截至2006年12月末，全市外债余额为1.52亿美元，其中大唐神头发电有限公司买方信贷外债1.46亿美元，朔州市广播电视局271.72万美元，朔州市电信局外国政府贷款转贷款101万美元，朔城区中医院38.25万美元，右玉县人民医院新增49.02万美元，怀仁县人民医院55.23万美元。

2007年，朔州电信局（更名为朔州网通）偿还最后一笔还本付息工作，共偿还本金62.18万美元，利息1万美元，至此，网通公司外债清偿工作全部完成。全市间接外债余额为1.09亿美元，其中，大唐神头发电有限公司买方信贷外债 1.05亿美元，朔州市广播电视局271.72万美元，朔城区中医院30.81万美元，右玉县人民医院39.48万美元，怀仁县人民医院55.23万美元。本年偿还本金4 317.19万美元，利息579.22万美元。

2009年9月，根据《国家外汇管理局关于改进中国进出口银行外债转贷款外汇管理方式的通知》（汇发〔2009〕22号），中国进出口银行的外债转贷款业务不再纳入本地区统计，朔州市广播电视局由中国进出口银行承办的271.72万美元外债转贷款不纳入本地统计数据。

2010年，间接外债余额为41.54万美元，主要为朔城区中医院、右玉县人民医院、怀仁县人民医院三家医院外债转贷余额。大唐神头发电有限公司本年累计偿还外债本金2 099.34万美元，此笔外债转贷款已经于2010年6月全部偿还完毕。

2013年，间接外债中外债转贷款已全部还清。本年累计还本核准13.84万美元，付息核准0.36万美元，转贷费用核准0.03万美元。

□　直接外债

2004年，新增直接外债500万美元，主要为安格化工效能技术（山西）有限公司境外母公司短期贷款，所借外债当年已全部偿还本金及利息。

2005年，安格化工效能技术（山西）有限公司新增境外母公司境外直接外债700万美元，2006年执行完毕后注销外债。

2010年，山西吉呈生物技术有限公司新增母公司贷款直接外债165.56万美元，2014年，直接外债转增资本金，执行完毕后注销外债。

2014年，中电神头发电有限责任公司新增直接外债登记3笔，金额7亿元人民币，折美元11 361.55万美元；恒天然（应县）牧场有限责任公司新增直接外债登记2笔，金额4.99亿元人民币，折8 119.52万美元。

2015年12月末，全市外债余额39 866.68万美元，其中，中电神头发电有限责任公司境外股东借款余额20 033.00万美元；恒天然（应县）牧场有限公司境外股东借款余额19 833.68万美元。全年新增直接外债登记11笔，累计借款金额23 636.84万美元。中电神头发电有限责任公司偿还外债本金及利息3 322.31万美元。

2016年12月末，全市直接外债余额43 279.91万美元。其中，中电神头发电有限责任公司境外股东借款余额20 089.49万美元；恒天然（应县）牧场有限公司境外股东借款余额23 190.42万美元；全年新增直接外债登记8笔，登记金额6.2亿元人民币，折7 002.48万美元。

2017年12月末，全市直接外债余额40 986.28万美元。中电神头发电有限责任公司境外股东借款余额16 105.94万美元；恒天然（应县）牧场有限公司境外股东借款余额23 714.78万美元；同煤浙能麻家梁煤业有限责任公司股东借款余额1 000万美元。本年累计偿还外债本金及利息6 027.27万美元。

2018年末，中电神头发电有限责任公司根据山西省拟筹建苏晋能源有限责任公司统一规划，全部归还境外母公司贷款及境外银行贷款。辖区外债余额23 714.78万美元，全部为恒天然（应县）牧场有限公司境外母公司借款。本年偿还外债本金及利息15 458.42万美元，中电神头发电有限责任公司和同煤浙能麻家梁煤业有限责任公司均已全部偿还外债本金及利息，外债予以注销。

2019年，中电神头第二发电有限公司新增熊猫债外债登记1笔，直接外债7亿元人民币，折9 875.99万美元。截至2019年末，全市外债余额为33 590.77万美元，其中，恒天然（应县）牧场有限公司境外母公司外债余额为23 714.78万美元；中电神头第二发电有限公司外债余额为9 875.99万美元。

定点帮扶

朔州人行自2004年开展定点帮扶工作以来，按照“结对帮扶解民情、精准扶贫送关爱、项目带动谋发展”的总体工作思路，形成“横向到边、纵向到底”的扶贫工作责任网络，先后完成6个贫困村的结对帮扶工作，累计投入资金约70万元，有效地带动了建档立卡贫困户脱贫致富，定点帮扶工作取得了积极成效。

□ 平鲁区向阳堡乡南汉井村

2004年，按照朔州市政府定点帮扶工作总体要求，确定朔州人行的定点扶贫村为平鲁区向阳堡乡南汉井村。在两年的帮扶过程中，朔州人行共组织捐资10多万元，帮助贫困户联系农业种植贷款12万元，解决了扶贫点生产资金紧缺、教学困难、饮水困难等诸多问题，累计为群众办实事、好事20多件。2005年12月15日，南汉井村接受朔州市委扶贫工作组的验收。

□ 平鲁区向阳堡乡东平太村

2006—2008年，朔州人行的包点扶贫村调整为平鲁区向阳堡乡东平太村。在近三年的帮扶过程中，朔州人行先后组织开展了“送温暖、献爱心”活动，送去各类贫困资助资金和面粉等生活物资累计达1.8万元；开展东平太村小学捐赠活动，为该村小学送去学习文具、少儿百科、工具书、教辅书籍等文化用品。

□　平鲁区榆林乡石峰村

2009—2010年，朔州人行的包点扶贫村调整为平鲁区榆林乡石峰村。在两年的帮扶过程中，朔州人行致力于提升产业扶贫，重点围绕村内生态养殖厂，就经营模式、思路、技术、环境、发展等方面提出了许多建设性意见。同时，持续性开展送温暖活动，累计发放慰问面粉260余袋。

□　平鲁区榆林乡东梁村

2011—2014年，朔州人行的包点扶贫村调整为平鲁区榆林乡东梁村。在近四年的帮扶过程中，朔州人行党委班子成员多次深入该村进行调研，详细了解东梁村的实际情况，并对东梁村增加农民收入提出了看法和建议，重点帮助村委会扶植养殖项目，筹建养殖场。组织开展“温暖走进扶贫村”主题志愿活动，累计募集捐款2 960元，赠送朔州人行志愿者捐助的被褥等日常生活用品，并提供假币识别、残币兑换等金融服务。在“两节”期间，持续性地为困难群众送去粮油等慰问物资，累计发放慰问面粉600余袋。

□　右玉县丁家窑乡青草湾村

2015—2016年，朔州人行的定点帮扶村调整为右玉县丁家窑乡青草湾村，并首次选派韩建勋担任该村第一书记驻村扶贫。在近两年的帮扶过程中，朔州人行党委科学谋划扶贫项目，制订脱贫计划，确保扶贫政策精准落地见实效，先后出资3.5万元为村内23户养殖户购买了草料粉碎机，出资9 000元为村民维修供牲畜饮水的大口井，有效促进了村内养殖业发展。先后组织开展“送国债知识下乡、助农民安全理财”等金融知识宣传活动、“学雷锋　WE行动”志愿服务活动，累计为贫苦户募集捐款9 000余元，衣物50多件。“两节”期间累计发放慰问米面150余袋。

□　右玉县右卫镇黑洲湾村

2017年至今，朔州人行的定点帮扶村调整为右玉县右卫镇黑洲湾村，其间，选派刘新春任担任该村第一书记，选派两期6人扶贫工作队驻村扶贫。在近四年的帮扶过程中，朔州人行党委先后协助右玉县政府新建黑洲湾村党组织阵地，完善村级活动场所设施，组织机关科室与村党支部开展联组学习活动。为发展村集体经济和增加群众收入，确立了“农牧结合　绿色生态”的帮扶思路，确定并承办了一批民生实事。四年来，共计投入扶贫资金38.40万元，重点扶持了涉农产业、村集经济，并协助解决了村民的饮水、住房等民生保障问题。此外，定期开展入户谈心谈话，组织青年志愿者开展“送政策、送温暖、送知识”文化扶贫活动，先后投入资金4.78万元，为村民购置米面油炭等生活必需品；扶贫工作队员先后自筹资金1.1万元，为村民购置暖水瓶、炕布等暖心用品。新冠肺炎疫情暴发以来，及时采购防疫用品予以捐赠，动态掌握贫困户外出务工意愿，并协助实现复工复产。扶贫期间，据实制作的《感谢近平新时代、脱贫致富奔小康》纪实片被人民银行推荐到中组部观摩学习，撰写的《精准发力真扶贫、攻坚克难扶真贫》被《山西日报》《春暖央行》《驻青春》刊载，扶贫工作纪实多次被朔州电视台采访报道。

全国、省级创新项目

创新是国家和民族发展的灵魂，也是推动人类社会进步的重要力量。朔州人行与朔州银监分局分设后，为进一步适应新形势、新要求，朔州人行持续强化创新意识、增强创新能力，有效推动了各项工作创新发展。2005年，首次申报《经济金融运行监测指标体系》等创新项目24项，开启了以创新驱动金融发展的先河。2012年以后，随着创新工作考核力度的逐步增大，朔州人行创新工作开始由量向质迈进，同期产生了一批省级优秀创新项目。2018年以后，在新一届党委的坚强领导下，朔州人行采取业务创新和科技创新相结合的方式，占领先机、赢得优势，申报的创新项目在全国推广应用，当年业绩考核首次进入天津分行A类，履职工作全面实现了提档进位。统计显示，2005—2019年，朔州人行累计申报创新项目436项，上报天津分行、太原中支96项。其中在全国推广2项，全省推广6项，创新工作已成为全行提升履职效能的不竭动力。

□ 账户明细表应用系统

○研发背景

近年来，人民银行会计财务工作开始全面推进管理体系与管理能力的标准化、精细化，并重点围绕深度介入的转型目标，强化对“两张表”的研判分析。2018年，朔州人行准确把握金融业会计财务管理目标任务，针对会计综合业务系统（AIIS）数据查询功能不便捷、报表数据口径粗放等问题，立项研发“账户明细表应用系统”。

○项目内容

“账户明细表应用系统”采用基本模块及人机界面交互形式，技术上采用C/S客户端服务器部署模式，基于C#语言进行开发。系统研发得到人总行会计财务司、人行太原中支会计财务处的大力支持，于2019年3月完成初步设计。后经人行天津分行、临汾市中支、阳泉市中支、运城市中支的数据测试及反馈，逐步完善后，于2019年5月最终定型。“账户明细表应用系统”结构主要包括数据采集、数据汇总、报表生成、数据查询、参数维护、系统维护6个主模块，并分设ACS月报采集、月报汇总、科目查询等13个子模块。

○项目成效

“账户明细表应用系统”的研发成功主要实现了四个成效：一是实现了“科目查询”和“账户查询”等数据的多维度查询；二是自主增设下级科目，创新了深层次数据分析；三是完成了数据一体化校验，实现了表间钩稽直观化，部门协作便捷化；四是跟进双系统数据备份，补全了账户明细表历史数据库，实现了快捷调阅往期账户明细表数据。

○成果应用

人总行会计财务司2019年第3期《会计财务工作简报》对该系统的开发进行了肯定，并向全国人民银行系统进行推荐。2019年6月，“账户明细表应用系统”率先在山西省人民银行系统上线运行，随后天津、吉林、云南、湖北等省、市人民银行系统相继上线运行。截至2019年末，全国范围内已有十余个省份人民银行使用该系统。该系统也成为由朔州人行独立研发并获得全国推广的首个创新项目。

□　会计、固定资产年终决算报表打印模板

○研发背景

随着人民银行会计业务持续拓展，年终决算报表所反映信息及种类不断增多，会计综合业务系统（AIIS）和固定资产系统产出的报表信息合并困难、格式不统一、装订标准不一致等问题相继显现。为进一步提升人民银行会计财务工作标准化、规范化水平，2019年，朔州人行立项研发“会计年终决算报表打印模板”和“固定资产年终决算报表打印模板”。

○项目内容

“会计年终决算报表打印模板”和“固定资产年终决算报表打印模板”由朔州人行会计财务科、科技科独立研发。两个项目均基于Excel的VBA技术开发，并根据实际需求进行差异化设计。该项目于2019年11月完成初步设计，后经人民银行上海总部、北京营业管理部、济南分行、广州分行、合肥中支等机构测试反馈，逐步完善后，于2019年12月末最终定型。“会计年终决算报表打印模板”和“固定资产年终决算报表打印模板”以会计综合业务系统（AIIS）和固定资产系统输出的原始数据为基础，自动转换为统一规范的年终决算打印格式，实现了年终决算报表单位名称、会计数据、报表日期、页码等要素的自动读取与填写、打印模板统一规范输出等功能。该模板的应用对会计财务标准化水平有显著提升作用。

○项目成效

“会计年终决算报表打印模板”和“固定资产年终决算报表打印模板”研发成功主要实现了三个成效：一是动态链接，集成报表数据自动抓取；二是格式优化，整合自动排版和页数编码；三是智慧识别，实现按需浏览显示和打印。

○成果应用

“会计年终决算报表打印模板”获人总行会计财务司肯定，并在2019年会计年终决算工作中，被总行在全国人民银行系统推广使用。“固定资产年终决算打印模板”获人行太原中支会计财务处2019年第10期《会计财务工作简报》的肯定，并在2019年固定资产年终决算工作中，在山西省人民银行系统推广使用。

□　可疑交易类型和识别点对照表

○项目背景

银行业金融机构自2013年开展洗钱类型分析工作以来，一直未设计洗钱类型分析工作的核心工具，致使保险业金融机构未能开展洗钱类型分析工作。为深入实践风险为本反洗钱方法，提高保险业金融机构风险防范能力和可疑交易监测水平，2016年10月，朔州人行率先探索性设计“可疑交易类型和识别点对照表”，有效地填补了保险业洗钱类型分析工作空白，提升了保险业金融机构反洗钱工作的整体水平。

○项目内容

“可疑交易类型和识别点对照表”总结了7类常见可疑交易类型和相对照的识别点，具体包括保险合同、资金交易、客户等67个识别点。

○项目成效

“可疑交易类型和识别点对照表”出台，取得了三个方面的成效：一是填补了保险业金融机构洗钱类型分析工作的空白；二是推进保险业金融机构对洗钱风险的精准防控，深化落实风险为本反洗钱，提高反洗钱工作有效性；三是提高保险业金融机构的可疑交易报告质量，提高情报价值，配合相关部门，实现对洗钱犯罪的精准打击。

○成果应用

“可疑交易类型和识别点对照表”的设计，受到人行太原中支反洗钱处的充分肯定。太原中支在征求山西省10余家大型保险公司的意见并修改完善后，于2017年4月印发《关于加强全省保险业金融机构洗钱类型分析工作的通知》(并银办发〔2017〕89号)，至此，山西省保险业金融机构开始开展洗钱类型分析工作。该项工作同时受到中国反洗钱监测分析中心高度评价，并指出“你行高度重视非银行业反洗钱监测与洗钱类型研究分析工作，在分支行系统具有开创性和示范性。反洗钱中心将予以关注和支持，待成果体现后及时推广”。

□ 存款保险现场核查工作手册

○研发背景

2017年，为全面履行《存款保险条例》赋予的各项职能，解决存款保险现场核查人员素质参差不齐、核查标准方法不一、缺乏现场核查经验和可借鉴的核查模式等问题，朔州人行经过集体研讨和充分论证，创新编制《存款保险现场核查工作手册》，在朔州市创建实施“手册+模板”核查模式，目的是有效掌握投保机构真实风险状况，提升金融风险管控力度，引导投保机构审慎稳健经营，防范化解金融风险，助力区域经济转型高效发展。

○项目内容

《存款保险现场核查工作手册》坚持“简单、实用、系统、高效”的原则，围绕金融风险监测核心指标，从资产类、负债类、权益类业务三个维度，对存款保险现场核查和评级中涉及的342项定量指标和207项定性指标的核查依据、内容、方法、标准、应用等进行表述，并辅以必要的注释定义、重点案例、图文图表和核查依据，辑撰成册。

○项目成效

该手册在朔州市的刊印实施，对规范全市存款保险现场核查和风险评级操作，统一全市现场核查方法、流程、标准，提高工作质量、效率，提高业务人员工作水平和实战经验起到了积极作用。“手册+模板”核查模式实施以来，其对工作的实践指导性及实效性多次受到上级行的高度评价。2019年末，朔州市、县人民银行依托“手册+模板”核查模式累计开展存款保险现场核查140多次，取得了良好成效。

○成果应用

2017年，朔州人行将《以“手册+模板”的模式，增强实用性，提高存款保险现场核查、评级效率》作为重点、亮点工作上报人行太原中支后，得到充分认可。现场核查形成的《关于某某农村信用合作联社的核查报告》及典型案例被人行太原中支全文登载，认为“朔州中支根据工作开展情况，形成了存款保险现场核查报告，具有借鉴价值，供各市中支金融稳定部门参考”。

□　创新反洗钱监管，提高金融机构反洗钱自管能力

○项目背景

近年来，金融机构按照相关法规要求，开展不同层面、不同形式的反洗钱内部审计工作，但与反洗钱监管要求还存在较大差距，特别是在人民银行推行以风险为本的反洗钱工作理念以来，对内部洗钱等风险的自控自管能力仍存在内部审计流于形式、内部审计流程不规范、内部审计未追责、内部审计内容滞后等不足。为此，朔州人行于2016年确立了“创新反洗钱监管，提高金融机构反洗钱自管能力”重点创新项目。

○项目内容

该创新工作项目建立了联动机制、内部审计关键节点的报备制、金融机构反洗钱内部审计非现场评价机制、金融机构反洗钱内部审计评价和金融机构反洗钱工作的年度考核评级高度融合机制，同时加强了对金融机构反洗钱部门人员的反洗钱知识培训和内部审计规范性培训。

○项目成效

该创新工作项目取得四个方面的成效：一是有效解决基层人民银行监管资源短缺的现状；二是提高金融机构反洗钱部门人员的业务素质，发挥好金融机构反洗钱牵头部门作用，以此推动金融机构全系统反洗钱整体工作能力；三是推进风险为本反洗钱工作理念，提高风险为本反洗钱义务履行水平，提升反洗钱工作针对性和有效性；四是进一步提高金融机构洗钱和恐怖融资风险自主管控能力和工作水平。

○成果应用

该创新工作项目的实施，得到人行太原中支的充分肯定，并就进一步完善推广提出建设性建议。该项目同时在人行天津分行信息调研摘编、《中国反洗钱实务》中刊登以进行经验交流。2017年，人行太原中支在该项目基础上，研究制定了《山西省金融机构反洗钱和反恐怖融资内部审计工作指引》（并银发〔2017〕169号），印发全省金融机构推广，引导全省金融机构自主开展反洗钱内部审计，规范审计流程，有效传导反洗钱政策，提高全省金融机构反洗钱自管能力。

□　涉税洗钱风险监测指标建设工作指引

○项目背景

涉税反洗钱作为“三反”工作的重要一环，其资金监测也成为“三反”工作的重要内容。涉税洗钱风险监测指标的建立成为完善“三反”监管体制机制的重要基础工作之一。2017年，朔州人行以此工作为重点，积极探索完成了涉税洗钱风险监测指标的建立工作。

○项目内容

“涉税洗钱风险监测指标建设指引”共四个部分，包括引言、识别涉税洗钱活动的风险指标、共享背景信息以提升风险指标有效性、结论，较为详尽地介绍了指标的范围、使用，50个指标及相关6个案例，以及提高指标使用有效性等，较为全面地为金融机构及相关执法机构（税务等）提供相关工作指引。

○项目成效

“涉税洗钱风险监测指标建设指引”取得五个方面的成效：一是增强金融机构反逃税意识，熟悉掌握涉税洗钱资金监测重点；二是推进金融机构对涉税洗钱风险的精准防控，提高反洗钱工作有效性；三是提高金融机构对涉税洗钱可疑交易报告质量，提高情报价值，实现对涉税洗钱犯罪的精准打击；四是规范人民银行与税务部门、金融机构等合作行为，夯实合作基础；五是实现以金融情报为纽带，以资金监测为手段、以数据信息共享为基础的“三反”监管体制机制。

○成果应用

“涉税洗钱风险监测指标建设指引”分别在人行天津分行信息调研摘编、《中国反洗钱实务》中刊登以进行经验交流。2017年12月，人行太原中心支行印发《山西省银行业、保险业金融机构涉税洗钱风险监测指标建设工作指引》（并银办发〔2017〕360号），在山西省银行、保险机构推广该项目，促进全省银行、保险机构深入践行风险为本的工作原则，切实提高涉税可疑监测分析工作的有效性。

□ 金融机构重大事项报告管理信息系统

○研发背景

2018年，为及时、准确、全面地掌握金融机构风险状况和影响区域金融稳定的重大事项，发挥金融机构重大事项报告制度风险信息源作用，打好防范化解重大金融风险攻坚战，朔州人行依据新修订的《山西省金融机构重大事项报告制度》（并银发〔2018〕70号），创新研发了金融机构重大事项报告管理信息系统。

○项目内容

系统对金融机构重大事项报告的目的、内容、对象、方式、类别、流程和审批、权限进行明确规定，纵向建立了人民银行省、市、县三级系统管理员和操作员，按“属地管理”原则，添加了银行业、证券业、保险业各级分支机构，对金融机构报送的重大事项按报送机构、事项类别、事项性质等进行分类归属，实现了重大事项的系统录入导入、多维度查询、多角度汇总导出、图表分析、重大事项报告台账导出和单一事件重大事项报告单导出等多项功能。

○项目成效

系统通过全方位、多维度加强重大事项报告管理，实现了金融风险识别由数量向质量、由点到面的转变，破解了金融风险监测信息不对称、报送重大事项内容零散、性质类别繁杂、手工处理信息效率低下等难题，为人民银行分类施策，提示、预警风险提供了强力支撑，大大提高了应对突发风险的处置能力。

○成果应用

2018年10月，人行太原中支将系统更名为“山西省金融机构重大事项报告管理信息系统”，并在全省推广运行。该系统同时得到人总行金融稳定局高度评价，并提出三点建议：一是系统导入接口要进一步延伸到金融机构，落实金融机构报送重大事项的责任；二是要把系统移植到服务器，留足系统扩展空间；三是进一步加强系统的试运行，使用过程中不断发现问题，改进系统，待系统运行稳定后，实施推广使用。

□　地方法人银行业金融机构股权信息管理监测系统

○研发背景

2019年，为加强地方法人银行业金融机构股权结构和关联交易的风险管控，防止风险跨业态、跨机构传递，坚决打好防范化解重大金融风险攻坚战，在人行太原中支指导下，朔州人行创新开发了地方法人银行业金融机构股权信息管理监测系统。

○项目内容

该系统的功能模块和工作界面内置于《山西省金融机构重大事项报告管理信息系统》，在系统中增设了“法人银行股权管理”模块，由法人银行基本信息、股东基本信息、股权变动信息、股东禁止性行为、金融机构贷款、股权质押、股东关联方及一致行动人和股东投资情况八个子模块构成，每个子模块又相互关联，互为补充；同时，借助外部公用信息平台，如国家企业信用信息公示系统、“企查查”、中国执行信息公开网等，补充地方法人银行股东相关信息。发现或发生风险情况后，可利用系统提供的约见谈话纪要、风险警示函、早期纠正通知书模板进行风险应对和处置。

○项目成效

系统的推广应用，达到了对地方法人银行公司治理、股权信息和关联交易进行实时监测目的，为进一步完善地方法人银行机构公司治理结构、推动建立有效公司治理体系提供了数据支持和技术平台，对规范股东行为、补齐监管短板、隔离实业风险向金融风险的传递途径具有重要作用，也对落实金融机构防范金融风险主体责任、促进形成区域金融风险信息反馈机制和风险隔离机制起到积极的推动作用。

○成果应用

系统的上线运行，得到人行太原中支金融稳定处的充分认可和高度重视，其中编制的《系统操作手册》进行了刊印，全省推广使用。

“粮改饲”项目

朔州是全国首批草牧业发展和“粮改饲”的示范试点。近年来，朔州市充分发挥朔州黄金养殖带区位优势和生态畜牧养殖优势，紧紧围绕农业供给侧结构性改革这条主线，按照“立草为业、以草促牧、种养结合、以牧富民”的发展思路，开展“粮改饲”，发展草牧业，促进农牧结合、草畜一体化生产格局，形成了草牧业良性循环的发展态势。2015年，农业部开始“粮改饲”试验试点，鼓励粮豆轮作、粮肥轮作、粮饲轮作，在有条件的地方开展“粮改饲”试点。朔州市朔城区、山阴县、应县被选为“粮改饲”首批试点。“粮改饲”主要是立足种养结合循环发展，引导种植优质饲草料，发展草食畜牧业，推动优化农业生产结构。其重点是调整玉米种植结构，大规模发展适宜于肉牛、肉羊、奶牛等草食畜牧业发展急需的青贮玉米和优质牧草，进而满足当地草食家畜养殖对饲草料的需求，逐步实现当地牛羊等草食家畜饲草料的供需平衡，大幅降低畜牧业生产成本。

□ 农业开启新篇章

2015年，朔州辖内朔城区、山阴县、应县被农业部列为全国首批“粮改饲”的示范试点县。朔州市政府按照国家试点方案的要求，合理确定试点工作内容；按照给全国创造经验的要求，制定出台切实可行的扶持政策，在国家扶持基础上拿出专项资金扶持草牧业发展，创新金融、保险、信贷等扶持机制，确保试点工作取得实效。

朔州位于北纬39°05′~40°17′，是典型农牧交错带，也是草食畜牧业的黄金产业带。朔州辖朔城区、平鲁区、山阴县、怀仁市、应县、右玉县6个县（市、区），国土总面积1.07万平方千米。全市耕地面积34.5万公顷，玉米种植17.7万公顷，年产玉米9亿公斤，占粮食总产量的75%左右。除此之外，朔州市有天然牧草坡地18.8万公顷，四边草地5 000公顷，盐碱地面积10万公顷。经过多年发展，朔州市已经成为全国优质奶牛和育肥羊生产基地，并形成了相对完整的产业链，也为推进“粮改饲”提供了有利条件。朔州市按照整市推进的目标要求，打破地理区划界限，在各试点县都开始落实“粮改饲”项目。从执行情况看，2015年全市共调减3.27万公顷籽实玉米种植面积，改为青贮饲草种植，当年青贮饲草产量达85万吨，共有161家收贮企业（合作社）参与试点项目。2016年，全市青贮饲草种植面积比2015年增长了20%，当年青贮饲草产量达105万吨，共有236家收贮企业（合作社）参与试点项目。2017年，全市青贮饲草种植面积预计比上年增长18.5%。全市农业耕地总播种面积中，饲草种植面积约占15%，全株玉米青贮量达135万吨。全市粮经饲比例优化为41：19：40，种植结构不断优化。

政府方面：为推动“粮改饲”试点项目顺利实施，朔州市政府出台了相应的政策和保障措施，出台了《关于对朔州市草牧业试点工作的扶持意见》，其中就饲草种植、养殖、水利设施建设、农牧业机械推广、龙头企业和农民合作组织、科技和金融支持等，都作出了具体部署和安排。朔州市及有关县（区）政府分别成立了项目领导小组，制订年度“粮改饲”的实施方案，负责青贮饲料种植和收贮补贴工作的政策把握，以及项目管理、项目验收、结果公示、补贴资金发放各环节的组织协调。领导小组下设牧草收贮实施组，主要负责确定实施主体、核定收贮能力、监督青贮过程、核实青贮数量、兑现补贴资金等事项。为确保种养有效结合，在种植开始前，根据全县（区）食草牲畜养殖量，对种植户青贮种植面积、合同签订种植面积，养殖场收贮地点、青贮窖容积和收贮能力及发展计划进行统计，鼓励收贮单位以租用和流转土地的形式发展饲草种植；并组织养殖企业、饲料收贮企业与种植户签订收购协议。推进“粮改饲”工作，需要资金支持。在资金支持方面，朔州市政府采取了一系列举措。一是加大项目整合力度，增加对“粮改饲”的资金投入。农业部每年安排朔州市进行“粮改饲”和草牧业试点项目资金6 500多万元，市政府出台政策，整合相关项目资金用于“粮改饲”试点项目中。二是朔州市农业部门积极争取本级政府财政支持。例如，2015—2019年，朔州市政府投入专项资金，用于规模化苜蓿生产示范基地和燕麦草生产示范基地建设，并引进进口牧草机械对一些规模化饲草生产加工项目进行支持。2019年，市政府又投入1 000万元，用于支持苜蓿产业化发展。除此之外，为拓宽投资渠道，一些试点县谋划了一批“粮改饲”三元结构调整发展草牧业的项目，并及时向社会公布招商引资，通过合理的规划吸引社会资本投资。

“粮改饲”种养利益联结模式：一是通过订单方式联结饲草料种植户与养殖企业，确保农户种植的青贮饲草能销出去。据统计，2015年朔城区、山阴县、应县三个试点县（区）共有143个养殖企业与农户签订了3 200多份青贮饲草料订单。以朔城区为例，全区种植的青贮玉米，有80%以上实现订单种植。在具体实施中，部分养殖企业向合同订单种植户提供农资产品，种植户负责青贮玉米和饲草的田间管理，养殖企业负责统一收割、加工和收贮，这种模式被很多试点单位采用。二是以第三方牧草服务组织为桥梁，联结种养。由于朔州青贮玉米种植主体多是分散农户，为解决种植户在青贮饲草生产中面临的收割和运输难问题，也为解决中小规模养殖企业没有实力购买收割加工器械，以及组织收贮等难题，全市范围内共组建了150多家青贮玉米收获服务组织，组建了30多家苜蓿及燕麦草的服务组织。牧草服务组织的运作大体上按照如下模式，即公司年初与种植户签署青贮饲料生产和收贮订单合同，收割期到来时，公司按合同约定，统一到地头进行收割、加工和运输，与农户以合同价结算。专业牧草服务企业收购和贮存的饲草，主要供应给周边的中小养殖企业。例如，应县恒天然牧场群项目，恒天然（应县）牧场有限公司出资投资建设了超大规模青贮窖，每年通过牧草社会化服务组织与周边种植户签订种草合同，并按合同收获。按照项目规划，全部达产达效后，每年可产青贮饲草3亿公斤，订单覆盖的青贮玉米种植面积就达5 333公顷，这种模式对于打通全株玉米青贮供需双方通道成效显著。而且，依托第三方草业服务组织和企业，对农户牧草种植进行技术指导，弥补技术不足的短板问题，逐步提升了试点县草牧业的产业化经营水平。三是有针对性地引进和培育龙头企业。国内较为知名的百绿、克劳沃、田园牧歌等草业公司纷纷落户当地，并在地方政府支持下搭建了草业服务平台，为当地农户饲草种植进行技术指导，带动饲草产业发展。政府着力培育畜产品生产龙头企业（如古城乳业集团等），与当地中小奶牛养殖合作社和园区建立稳定购销关系，减轻了由于价格波动给中小养殖场带来的市场风险。怀仁县金沙滩、金艺、五洲等屠宰加工龙头企业，带动当地中小型肉羊育肥场快速形成规模。自草牧业战略实施以来，一些龙头企业在继续发展主业的同时，也投资建设优质牧草生产和加工生产，促进了种、养、加、销的深度融合。四是政府支持农民成立草业合作社。为更好地带动分散农户参与“粮改饲”项目，政府鼓励具有一定经营能力和生产基础的能人牵头组建草业合作社，并引导小规模饲草种植户以土地入股的形式加入合作社，每年根据农户所持股份比例获取稳定的收益。例如，朔城区的助农农机专业合作社张成厚，吸收周边50多户农民加入种草合作社，合作社种植苜蓿80公顷，仅此一项，合作社成员每户平均获收入3.2万元。据初步统计，朔州市已经涌现出类似的农民专业草业合作组织12家。

□ 金融助力大发展

人民银行：为积极推进金融支持“粮改饲”项目发展，朔州人行与市畜牧局先后联合印发《金融支持农业供给侧结构性改革的指导意见》《金融助推“粮改饲”模式发展的实施方案》；多次牵头召开“粮改饲”政银企对接会，引导各金融机构积极创新信贷产品、大力支持“粮改饲”相关的养殖户和企业；对支持“粮改饲”项目发展的涉农金融机构在支农再贷款方面给予政策倾斜，从2015年至2019年末，累计向这些机构发放支农再贷款5.2亿元，并以低于普通贷款2.5个百分点的利率为60多家收贮企业和50家养殖大户累计节约融资成本600多万元。

信贷支持情况：目前，朔州已初步形成了以农村信用社为主体，农发行、农行、邮储银行为补充，村镇银行、小贷公司为辅的金融服务体系，金融机构网点达39家，其中涉农金融机构网点达34家，全县金融机构从业人员500人，涉农金融机构从业人员421人。自实施试点以来，各银行业金融机构积极响应“粮改饲”政策号召，在信贷投放规模、支持主体数量上均给予了大力支持。2015年、2016年、2017年、2018年、2019年，各金融机构向“粮改饲”相关主体分别累计发放信贷资金1 500万元、2 800万元、5 800万元、6 000万元、8 100万元，呈逐年增长态势，获得信贷支持的各类主体也由2015年的15家企业、95户养殖户发展到当前的48家、220户。

金融服务方面：一是创新金融产品。针对参与“粮改饲”的养殖农户，开发“爱心乳业贷”“家庭牧场贷”系列产品及农户小额信用循环贷款、农户联保贷款、惠农一卡通质押贷款等。二是创新合作模式。针对收贮专业合作社探索了“银行+企业+农户”“银行+政府+专业合作社+农户”“银行+公司+基地+农户”等多种有效模式，创新授信流程，以“一次核定、总额控制、随用随贷、循环使用”的方式简化信贷手续、提高资金使用效率。三是创新担保方式。针对参与“粮改饲”项目的养殖户和青贮企业，以县畜牧局年终发放的相关补贴为担保，银行按照担保额的2~3倍提供信贷支持。例如，村镇银行按照上述三方担保协议，为55家获得650万元补贴的青贮企业发放贷款1 200万元，贷款利率为8%，低于其他企业2.4个百分点。四是以“粮改饲”项目助推金融扶贫效应。金融机构在支持“粮改饲”项目发展过程中推出了“贫困户+公司+银行”的创新扶贫模式，通过贫困户带资入股本地农业新型经营主体，经营主体给予贫困户收益分红，同时提供就业机会，增加贫困户家庭收入，助其脱贫。截至2019年末，各金融机构通过上述扶贫模式，已累计发放扶贫小额贷款1 400多万元，带动贫困户195户年均收入超过3 000元。

□　各方受益得实惠

降低了养殖成本。实践表明，实施“粮改饲”后，由于可以降低养殖成本，养殖户普遍使用青贮饲料，很多农户自己种植收割并贮存的青贮玉米饲草量并没有纳入统计范围。采用玉米全株青贮喂饲，可以降低饲养成本，提高养殖收益。2015年，朔州市在150个规模化奶牛场使用青贮玉米代替传统玉米秸秆喂饲的试验结果表明，每吨牛奶饲料成本降低了300元，每头产奶牛日增产鲜奶3公斤，吨奶的饲料成本降低300元，而且奶质明显提高，平均乳蛋白3.2以上、乳脂率4.0左右。

增加了种植户收益。改种全株青贮玉米亩均收益已超过传统籽实食用玉米亩均收益，参与“粮改饲”项目的种植户（合作社）、种养一体化的合作社（企业）都从中受益。根据对朔州市部分试点的实地调研情况，按平均水平测算，当地种植籽实玉米的每公顷产约6 000公斤，加上秸秆收入，每公顷平均收益在15 000元左右。改种全株青贮玉米后的结果表明，青贮玉米每公顷平均产量为52 500~60 000公斤，每公顷平均收入18 000~22 500元。同时，由于改变传统的转变玉米利用方式，大大减轻了种植户籽实玉米的收割和储存收储压力。

促进了种养统筹发展。据统计，朔州市奶牛存栏量、肉羊饲养量已达18万头和590万只，分别占全省总量的50%和25%；90%的成母牛、70%的肉羊实现规模化、标准化养殖，标准化养殖小区达702个，对牧草的需求潜力巨大，为以畜定草、草畜结合、调整种植业结构创造了基础条件。种植业结构调整不断优化。2015年，全市种草面积3.27万公顷，其中青贮玉米2万公顷，苜蓿0.48万公顷，燕麦草0.75万公顷，完成青贮量85万吨，涉及收贮企业（合作社）161家；2016年，全市种草面积增加0.67万公顷，完成青贮量105万吨，涉及收贮企业（合作社）增加到236家；2017年，全市种草面积累计达到5.13万公顷，其中青贮玉米3万公顷，苜蓿1.13万公顷（上年留床12万亩），燕麦草1万公顷。种植总面积比上年增长18.5%，饲草种植面积占到耕地总面积的15%以上，是2014年的4倍多。预计全株玉米青贮量将达135万吨。

提升了生态环境效益。“粮改饲”政策实施后，朔州市本着“农牧结合、循环发展”的原则，构建草牧业生态产业链，采用“田中长饲料，粪便做肥料，以牧肥田”绿色环保高效种养模式，较大地提升了生态效益，增强了当地农牧业发展后劲。全株玉米进行青贮后，可减少秸秆产量17万吨。同时，养殖场为周边种植区域提供有机肥，每年粪肥沃田总量达280万吨，3.33万公顷土地得到改良，秸秆量减少，粪污资源化得到再利用，有利于地力和环境的保护。

下篇

金融轶事

工作侧记

朔州建市后，1989年4月20日，朔州人行（处级单位）成立。建行以来，历任8任行长带领班子成员和全行干部职工认真履行基层央行各项职能，在促进全市金融业壮大、助推辖区经济持续健康有序发展作出了积极贡献。现选取8任行长工作二三事为缩影，记录朔州金融事业的发展历程与足迹。

□　王平善：搞活金融促开放

在邓小平同志南方谈话精神鼓舞下，围绕朔州市委、市政府“大思路，大动作，大突破”战略部署，深化改革，勇于开拓，全力支持地方经济发展，在金融业务上实行“三放开”：进一步放开各专业银行贷款业务分工，在发放贷款时适当相互交叉；进一步放开融通资金的渠道，促进企业直接进入市场筹集资金；进一步放开账户管理，企业可向多家银行申请贷款。适应经济多元化要求，发展各类金融机构。健全信用社管理体系，成立朔城区和平鲁区两个农村信用联社和朔州市城市信用社中心社；批准成立了建行、工行两个房地产信贷部及中行信托咨询公司朔州证券营业部；发展保险业务，批准设立11个保险代办点，基本上适应了全市经济发展的要求。拓宽融资渠道，促进资金横向融通。1992年成立会员制的朔州金融市场，全年累计拆出拆入资金3.5亿元，业务范围拓展到全国20个省市；发行企业债券，为企业发展筹措建设资金，批准3家企业发行债券总额为1 200万元。这些措施对搞活朔州市资金市场、引导企业走向市场起到了积极的作用。发展金融第三产业。进一步扩大了证券营业部、朔州金店和彩扩部的业务，各区县支行也都根据现有条件，积极兴办第三产业。例如，山阴支行的金店、朔城区支行的金融租赁公司、平鲁支行的银星实业公司等企业的组建，为改善职工福利待遇、活跃地方经济起到了积极作用。大力开展清理“三角债”工作，1990—1993年累计清欠34 253.5万元，努力盘活资金存量，缓解资金供求矛盾。

加强市人行内部改革与管理，鼓励工作人员参加自学考试，有52人通过了专业培训考核，40多人被录取参加了各类在职学历教育，提高了人员素质。把解决实际问题与干部职工思想教育结合起来，为部分职工解决了两地分居、家庭子女就业问题，补助有特殊困难的职工，新建职工住宅54套，发展劳动服务公司，坚持职工生病必访等，增强了凝聚力向心力。1990年市人行被省公安厅、省人民银行评为“安全保卫工作先进集体”。1993年在省人行系统目标责任考核评比中市人行获得A类（第三名）。

□　张崇斌：勤俭持行办实事

落实监察部两个“五条规定”，严控费用支出、严格后勤管理，通过取消机关科级以上干部住宅电话费报销待遇等多项措施，两年半来为市人行节约经费812.7万元，积极用于改善职工的工作、生活环境。采取“职工积一些、经费中挤一些”的办法，新建了分行机关家属楼，解决了无房干部职工住房问题。力所能及地为7名干部职工解决了子女家属就业和12名干部职工子女入学问题。鼓励干部职工参加学历教育，并给予学费上的支持，有37人参加了金融电大班的学历教育。坚持以市场为导向配置资金，优化贷款投向，引导国家银行重点支持产品有销路、发展前景广阔的国营工业企业和国家重点骨干企业，如神头一、二电厂和平朔露天矿等；保障农业生产条件和农副产品收购资金需求，任职期内辖内未出现给农民打“白条”现象；信贷支持商业企业组织货源，活跃市场，平抑物价，满足城乡居民日常消费需求。通过实施重点支持，不仅把有限的信贷资金用在了“刀刃”上，也促进了朔州市拳头优势产业的发展。

1996年“七一”前夕，市人行机关党组织被朔州市委评为“先进基层党组织”。任期内，市人行所辖6个支行的会计工作达三级标准；怀仁支行的档案管理晋升山西省一级标准；市人行、右玉支行、怀仁支行3家发行库通过了二级验收，应县支行、朔城区支行、平鲁区支行的发行库通过了三级验收。

□ 赵保卫：推动改革向纵深

20世纪90年代末是加快和深化金融体制改革的重要时期，金融改革任务密集而繁重。农村金融体制改革工作方面，市人行成立了农村金融体制改革领导小组，做好对过渡时期农村信用社和县联社的指导、协调工作，及时划转了原农行信合科干部，成立了农村信用合作金融管理部门，加强对农村信用社县联社的建设和城市信用社的改制工作。完成六区县农业发展银行扶贫、开发专项贷款及粮棉油附营企业占用信贷资金业务划归农行工作。大力推进准备金制度改革和住房制度改革，推动发展个人住房贷款业务，为把住宅消费培育成新的经济增长点奠定了基础。采取双向选择和民主测评相结合的办法，完成了人行朔城区支行机构撤并工作，分流人员22人，同时组建了市人行营业部；完成了人行与所办城市信用社和金店的财产人员全面脱钩工作，并将城市信用社人员的党组织关系划转到其他相应部门；积极配合原人行山西省分行的机构撤并工作，顺利实现了市人行归口人行天津分行领导的工作衔接。

1999年，市人行被授予“省金融系统职业道德建设先进单位”、市人行机关党委被人行天津分行党委授予“先进基层党组织”称号。

□ 宋立新：抓好党建强监管

创立“以党建促监管、在监管中提升党建”的工作新思路，组织制订《市人行围绕党建抓监管实施方案》，把支部建设、党员目标管理等与监管工作挂钩，建立了全面细致的分数考核指标。设立监管党支部，发挥党员干部在落实重大监管任务时的带头作用。同时，把金融监管的有效性同干部的培养、选拔、管理与监督紧密结合在一起，对在监管工作中有突出成绩的6名年轻干部，大胆提拔任用。大力开展创建金融安全区工作，将内控机制、行业自律、社会监督纳入监管体系中，形成以人行监管为核心、金融机构内部控制为基础、金融行业自律为铺垫、社会监督为补充的创建模式，使金融风险的识别、预警、反馈、控制、处置各环节衔接有序，并且和“诚信”教育结合起来，在乡村开展“信用乡”“信用村”“信用户”评比活动，营造了良好的社会信用环境，得到朔州市领导的充分肯定。实施“监管流程化、连环作保障”的农村信用社监管创新工程，全市农村信用社在山西省监管办事处考核的12项指标中取得了8项指标超额完成、2项指标接近完成的好成绩，被人行天津分行评为合作金融监管工作“一级行”。

由于工作表现突出，2002年，宋立新荣获“省下乡模范工作队员”，被省劳动竞赛委员会记“二等功”；2003年，荣获省劳动竞赛委员会授予的“五一劳动奖章”。

□ 康义：不拘一格选人才

在2004年监管职能分设的改革大背景下，面对人员划转后大量干部职数空缺和如何正确履行好新职能的挑战，以康义为书记的市人行党委找到了破解方法——依靠干部的力量。按照《干部选拔任用工作条例》和《中国人民银行领导干部任免办法》规定，在认真研究后，市人行党委决定对大面积选拔配备干部采取竞争性选拔方式。2004年9月，市人行机关开展了建行以来首次“中层干部竞聘上岗”工作。48名同志报名参加了竞聘，经过笔试、演讲面试、民主测评、组织考察、党委决定等环节，共选拔出有群众基础且实绩突出的19名副科级干部。在此后的工作当中，市人行党委不拘泥于竞争性是干部选拔唯一方式，对干部选拔采取民主推荐等方式灵活开展，确保以适当的方式把群众公认、德才兼备、想干事能干事干成事的干部选出来、用起来。2010年3月提拔的7名副主任科员首次采用差额提名和干部梯次配备的方式进行选拔，推动了基层行干部人事制度改革，有效调动了各个年龄段干部工作的积极性和实现自身职业目标的自信心，这一做法被人总行《组织人事工作参考》2010年第6期刊登交流。到2012年，共选拔和调整科级干部达178人次，交流干部111人次，覆盖机关16个科室和5个县支行。

良好的用人机制遴选出优秀的干部，给工作注入了新的活力和动力，顺利打开了职能分设后基层央行工作新局面。履行“一个强化、一个转换和两个增加”央行新职能和市人行“23412”工程（两个创新、三步走战略、抓好四项工作、坚持十二字工作方针）建设取得显著成效，有力地推动了“两管理、两综合、一保护”、加强宏观审慎管理、第二代支付系统上线等新政策、新业务的顺利实施。市人行被朔州市政府评为朔州市“平安单位”“完成工作目标责任状先进单位”，两次荣获“支持朔州经济发展集体一等功”；被天津分行党委授予“先进基层党组织”荣誉称号，被太原中支评为“全省人行系统金融统计先进单位”“国库会计核算系统推广工作先进单位”“农信社改革资金支持工作突出贡献单位”。怀仁县支行被天津分行授予“文明单位”称号。

□ 张小平：整章建制夯内控

以实施“夯基础、强管理、保安全；促服务、强监管、保平安；抓队伍、强党建、构和谐”三项工程为中心，以制度治行为抓手，积极推动基层行正确履行职责。组织开展内控制度有效性评价，修订完善310项内控制度。其中，《请销假考勤管理办法》《在册不在岗、离退休人员管理暂行办法》被天津分行纪委《纪检监察工作简报》2017年第13期全文转发；创新实行费用包干到科室制度，办公费用较包干前下降31.7%；编制《工作责任清单》和《工作任务清单》，按月考核、按月通报，有效提升了全员责任意识和工作管控力度。加强干部教育，开展了各党支部书记到全国文明单位——人行太谷县支行观摩学习、党员干部赴延安红色主题教育、“一先双优”人员到北京看升旗等系列活动，积极推进央行文化建设。

强党建、抓管理，辖区全体干部职工树立“为民务实清廉”的理念，主动适应经济发展新常态下基层央行履职需要，平稳推行存款保险制度、地方法人金融机构合格审慎评估等改革工作。市人行荣获全省人行系统“社会管理综合治理平安单位”“省金融系统优秀基层工会组织”“省金融系统五一劳动奖状”“省金融系统优质服务标兵单位”“朔州市和谐文明单位”等荣誉，山阴县支行被天津分行授予“文明单位”荣誉称号。

□ 卫文江：力抓创新上台阶

上任伊始，卫文江行长快速熟悉单位实情、潜心研究工作方法，提出了“筑牢基础强管理，转变作风树形象”工作思路，强化源头管理。组织修订和完善了《市人行机关工作业绩考核办法》《市人行重点、亮点及创新项目考评办法》，进一步强化重点亮点创新工作的奖励力度，激励干部担当作为。把“调研兴行”作为基层央行履职的基础工作来抓，将信息调研纳入《市人行机关创先争优考核奖分配实施细则》，与评奖、评先、职称晋级晋升挂钩。仅2019年，市人行上报的各类政务信息累计被上级行采用56篇，调研报告被上级行及各类刊物采用32篇，新闻宣传稿件被《金融时报》采用17篇，被山西省级、朔州市级地方媒体报道72次，为有效实施货币政策、防范金融风险等提供了重要的决策参考。为推动扶贫小额信贷投放，先后深入15家龙头企业开展调研，指导金融机构加大扶贫小额贷款发放力度，受益贫困户7 681户。积极对接朔州市“2+7+N”现代产业布局，深入区县开展“走基层探实情　金融定项贷款”系列调研活动，为破解小微企业融资难找方法寻途径、牵线搭桥，促成63家小微企业获得信贷支持18.72亿元。

创新驱动，调研立行，金融脱贫攻坚、系统性金融风险防范、金融放管服改革、从严治党治行等工作取得明显进步。《账户明细表应用系统》《年终决算报表打印系统》两项创新工作被人总行推广，《固定资产报表打印系统》《全省金融机构重大事项报告管理信息系统》两项创新工作被太原中支在全省人行系统推广，《地方法人银行业金融机构股权信息管理监测系统》《金融消费权益保护环境评估系统》等创新项目得到太原中支认可。助力民营经济、流通现金质量义务观察员制度等7项重点亮点工作做法和成效被《金融时报》报道。2018年、2019年度天津分行地市中支党委书记抓党建述职评议考核结果为“好”；2019年天津分行山西辖区业绩考核市人行被考评为A级（第三名），朔州市委、市政府授予市人行“朔州市2019年度目标责任考核突出贡献奖”。

典型事例

□ 李占魁运库款失而复得

1953年，人行朔县支行业务员李占魁，骑自行车为窑子头信用社押送一笔人民币1 000万元（第一套人民币，折合1955年第二套人民币1 000元）库款，途中不慎将装有现金库款的背包掉在朔县南关大街上，发觉后返回寻找未果，主动报告支行领导。支行领导当即决定，边派人员沿途寻找，边向朔县公安机关报案，请求协助侦破现金库款丢失案。公安机关对李占魁采取了临时拘留措施，并派公安人员开展侦破工作。在丢失现金库款案侦破过程中，有南关居民看到丢失的现金库款被一卖豆腐老汉捡到，遂找回了丢失款项，如数交回了朔县支行。

□ 寇振华制三联式捆票机

1956年，朔县支行出纳股寇振华在办理日常现金收付业务中发现，所使用的捆票机效率低下，已不能适应现金业务量日益增加的需要，于是想办法改进捆票机。起初，寇振华想出多角形的捆票法，但捆扎后的现金往外挤，捆不结实。他并没有因试验失败而灰心，更加苦心钻研。在多次尝试后，又想出了一次能捆三到六捆的三联式捆票机，很好地克服了多角形捆票法捆不结实的缺点，但是三联式捆禁票机的三根轴一次不能同时转动，使新的捆票法研制再次陷入停顿。寇振华仍然没有放弃，而是更加投入，挤时间反复思考、试验。一次在大街上闲逛时，看到攒麻绳匠人使用一次转动三根轴的机械时，启发了创造灵感，终于制造出理想的三联式捆票机。

□ 马项发明快速找账方法

1956年，朔县滋润中心信用社会计马项在工作中发现，贷户贷款次数多、户头多，造成找账费时且不够准确。苦心思索后，发明了“以村拼户、分类编号”的快速找账法，使工作效率提高了6倍以上，既避免了账户管理的混乱、方便了工作，又减少了客户的等待时间。快速找账法在朔县支行各所社网点被推广使用。

□ 赵文兰办理存款识盗案

神头信用社会计赵文兰牢记“笔尖底下有敌情，收收付付有斗争”，自觉维护党的财经纪律，加强柜台监督，与裁剪假票、拼凑、剥离人民币现象做坚决斗争。1974年10月，赵文兰在办理存款业务中，发现一个存款“顾客”的款额零碎又带有土，还有不流通的五六年版黑色一元券，特别是来人说存款是刚发的工资。赵文兰联想起半个月前神头供销社电厂分店被盗案件未破，有所警觉，一边处理业务，一边进行了严格的审查。事后马上和办事处同志们商量，同有关单位进行了联系，公安部门通过侦破，发现存款人果真就是盗窃犯。赵文兰履职尽责，发挥了金融部门监督职能，打击了案犯的破坏活动。

□ 平鲁区票据交换风波

1988年12月11日，平鲁区农行、工行联合提出：“平鲁区中行不遵守结算纪律，到处乱拉客户，使不少企业多头开户多头贷款，影响了原开户行贷款的按期收回，为此，要求停止与中行的票据交换。”报告尚未送到平鲁区支行，票据交换就于次日自行停止。

多方多次出面调解未果。1989年5月26日，平鲁区区长、副区长出面主持召开各家银行行长会议并达成协议，内容如下：（1）6月1日恢复票据交换；（2）划分业务范围，消理多头贷款；（3）乱拉客户、乱放贷款按有关规定严厉处罚。

但平鲁区票据交换问题仍未解决，不能按期开通。票据积压日趋严重，据平鲁区中行统计，截至7月中旬，积压票据214张，金额达108万元，退票150多张，金额50多万元，到7月23日仍积压票据93张，金额达33.8万元，这三项按银行存款利率计算，企业直接经济损失达6.4万元；按银行流动资金贷款利率计算，直接经济损失达23.9万元。绕道朔州再回平鲁区的票据达300多张，金额800多万元。按十天在途时间计算，企业减少直接收入46.1万元。票据不通不仅给企业造成严重的损失，也给各家银行的资金营运带来很大困难，降低银行信誉，损害银行形象。

朔州市人行成立后，市人大常委会转来3月市人代会关于解决平鲁区票据交换问题的提案。讨论后，市人行认为平鲁区票据交换问题的本质是金融秩序混乱、缺乏法律依据。为解决这一问题，在反复研究和多次征求专业银行意见的基础上，市人行制定了《朔州市金融机构管理暂行规定》《关于单位在金融机构开户管理的暂行规定》和《关于金融业务交叉的暂行规定》，并于8月11日召开市级金融系统第一次联席会议，通过了市人行起草的会议纪要并以文件形式转发各行执行。

会后第二天，平鲁区农行、工行与中行的票据交换问题就得到了解决。据平鲁区人行统计，从1989年8月14日到8月24日的10天时间，票据交换笔数就达1 091笔，日均121笔；金额达397万元，日均4万元，比票据交换恢复前，日均笔数增长35%，日均金额增长73%。各区县也在推进清理多头开户和整顿金融机构的工作。据平鲁区人行8月20日统计，农行和中行相互清理多头开户3家，其中农行为中行清理贷款71.2万元，中行为农行清理贷款75万元，工行与中行相互清理外贸公司多头开户1家，中行为工行清理贷款60万元。与此同时，平鲁区人行对全区14个金融机构进行了清理检查，查出井坪信用社东大街储蓄所未经批准就开业。发出停业整顿通知书，责令整改并要求其摘掉挂牌。还查出农行北街、迎新、堡子沟3个储蓄所超出经营范围，违规发放个体贷款9.7万元，市人行责令其停止发放贷款，并对以前发放的贷款限期进行清理。

□ 张显提调款遭抢悬案

朔县贾庄信用社会计张显于1954年12月30日下午四时许到上沙塄河营业所公干：一方面，提取该社的存款，用于支付贾庄农业社的存款；另一方面，送交代收银行农业贷款，共计361.2元。据张显说，他走到距离营业所约有五里处的河湾沟渠时，遇到两个歹徒：一个穿着黑制服，戴蓝帽子，穿黑胶底鞋，三十多岁，似山阴县口音；一个着蓝裤子皮袄，戴紫色毡帽，穿布棉鞋，二十多岁，系本地口音。两人冒充国家干部，以要火柴吸烟为由把张显叫住，盘问该村情况。张显信以为真，便蹲下来谈话。谈了一阵子，因天色逐渐变黑，张显动身往营业所里走。在走出十余步后，这两个歹徒又把张显叫回来问话。当时张显没有防备，身穿黑制服的匪徒迎身冲去，将张显抱住摔倒在地，把张显口袋扯破，抢走了全部现款和一个存折。穿皮袄的匪徒要脱换张显的好皮袄，张显不从，就地奋起把穿皮袄的匪徒推倒在地。这时穿黑制服的匪徒又把张显抱住，穿皮袄的匪徒从田地里翻起，抽出宰羊屠刀向张显左右腿部各刺了一刀（右腿只把裤子刺破，左腿见血），砍伤了张显手部虎口，还刺了胳膊一刀（只将皮袄袖刺破）。生死斗争之时，从远处来了一辆拉煤车，才把这两个匪徒惊跑。张显带伤于五点左右到达下沙塄河营业所。

朔县支行在当日五点左右接到下沙塄河营业所电话报告这个情况后，当即报告了县公安局，由其派人连夜前去进行搜捕。支行为安抚张显情绪，随即让营业所将其领到当地卫生所敷药治疗，又于次日派专人携带了挂面三斤、白糖半斤、纸烟三盒前去慰问。

公安局侦查结果证明，事实与张显所述情况有些出入。例如，争斗现场检查发现有十余个足迹，很不像互相打斗的情况，后与张显鞋底对照发现是他自己的脚印，并没有别人的足迹。此外，张显所受之伤既不在致命处而且轻微，如两腿刺破只有一腿受伤，长为三分，深为一分多，好像用小刀子划伤似的；右手虎口处虽见血伤也属轻微。另外，张显谈到那两个匪徒向西小寨村方向跑了，经查看这条路线也没有行人足迹（因为遍野是雪）。按以上初步侦查情况来看，这一个被劫问题还不能肯定真相，有待公安部门继续侦查确定事实后再行上报。

先进事迹

□ 于海不畏威胁整顿财务

梵王寺信用社主任于海在农村金融阵地上，牢记党的基本路线，时刻不忘肩负职责。1975年，该社马家梁大队财务管理混乱，群众反映极大，直接影响农业学大寨运动的发展。为了澄清情况，于海决定对该队进行财务整顿，但是这个大队的出纳员却威胁说，谁要查我的账，迟早要杀他的头。于海为了维护党的利益、巩固无产阶级政权，毫不惧怕，终于查清这个出纳员贪污生产队现款600元，并发动群众对其贪污行为进行批斗，巩固和扩大了集体经济。1977年的全行工作总结这样评价于海："年迈体弱志更坚，愿把重担挑在肩，坚持蹲厂又跑面，业务不误厂貌变，'双学'运动出大力，誓为革命多贡献。"

□ 石志权拾金不昧好榜样

石志权，男，1955年12月出生，1980年2月参加工作，1989年4月调朔州人行外汇管理科，后任工会负责人。1990年底，石志权被评为朔州人行优秀信息员，获得"好信息奖"。

1990年10月12日，朔州人行工会负责人石志权回怀仁探亲，下火车后在怀仁县农贸市场不远处发现一小布包，内有人民币现金129.10元及4张储蓄存款单，合计人民币5 879.10元。在当时，2 000元就能买一间平房，石志权捡到了这样一笔在当时堪称巨款的财物，却毫无贪念。他在离家只有几里外的农贸市场附近等了整整四个小时，直到黄昏仍无人来领失物，他只好回家。第二天，石志权便赶回分行，报告上级领导捡钱一事。最终找到失主杨国华，如数交还。

□ 景秀文尽职尽责守库员

景秀文，男，山西阳高人，1987年1月由铁路系统调入银行任专职守库员。在行期间，主要从事保卫金库和国家财产安全工作，吃苦耐劳，爱岗敬业。自入行以来，面对人员少、条件差、责任大的工作环境，景秀文迎难而上，一人干多人工。1988年，保卫股与办公室股室分设，面对更高的工作要求，他努力自学上进，熟读银行保卫书籍资料、相关文件。1989年4月，人民银行朔州分行正式成立，随着二级分库的建立，业务量大、守库员少的窘境更加凸显。可他不畏困难，主动请缨挑大梁，日夜坚守，带病加班守岗成常事，爱行如家。同时，他十分重视武器枪弹维护工作，当时金库安装红外报警器和短路报警器，只要响了就要立马巡逻，景秀文每次都第一时间出现。

在他的带领下，1988年朔县人行保卫工作跃居全雁北区前两位，通过省公安厅检查验收，获得"治安安全合格证书"，成绩瞩目，功夫不负有心人。景秀文1989—1992年连续四年获得朔州市人行系统"年度先进个人"，被省分行和省公安厅授予"先进工作者"称号。

□ 刘雁云上门服务贴民心

心里装着群众，想着客户，工作就有了力量；心中有爱，服务就有了温度。

2018年腊月的一天，家在山西朔州市朔城区的董秀梅大娘遇到了一件烦心事，吃不香，睡不着，眉头上皱起个小疙瘩。用常来串门的邻居张大娘的话讲，麻烦的，人折腾得有些消瘦了。

这是咋了？一向开朗大度的董大娘，遇见什么烦心事，竟然到了夜不能寐的地步。起因还得从一件不大不小的事情说起……

原来，董大娘老汉董尚元，因病瘫痪常年在床，因病致贫靠吃低保为生，家里家外全靠董大娘一人操持，日子过得异常紧巴。前一阵儿，董大娘忙采购过年食物，忙昏了头，使用老汉低保卡在工行牡丹支行取钱时，一时糊涂忘记了灵通卡密码。按惯例，董大娘采购好一冬物品就窝在家里不大出门了，生怕感冒，再加腿脚不便，随着年龄的增长，冬天一到，董大娘就蛰伏在热炕上，和老人们唠唠家常，说说心里话。

如今，天气日渐寒冷，家里腌菜取暖、购置过冬吃的穿的，到了花钱的时候，可银行卡没有密码无法取钱，用董大娘的话讲，再不买山药蛋，就耽误购买季节了，一冬天喝西北风？你说大娘她能不着急上火吗？

话传话，传得快。董大娘的事情很快传到家在附近的工行牡丹支行员工刘雁云耳朵里。小刘进入工行多年，拥有一副热心肠，坚守“客户至上、服务无止境”的理念。回到单位，小刘立即将客户董大娘的事情报告给分管领导符晓龙副行长。符晓龙副行长当即表态，成立上门服务工作组，尽快上门服务，为客户董大娘办理密码重置业务，解除客户的后顾之忧，推进岗位学雷锋活动常态化，更多地奉献社会。

2019年1月25日，天刚蒙蒙亮，牡丹支行营业大厅里整洁干净，灯火明亮，员工们正装微笑，迎接每一位光临的客户。安顿好手头工作，按照工作部署，符晓龙副行长带领客户经理刘雁云和一名柜员，直奔董大娘家。

老人的住房位于平房区，小巷纵横交错，不好辨别方位。三位同志逐个巷子，逐间房屋地寻找，终于在一个小巷子里找到董大娘简陋的家。一进门，刘雁云一行三人向老人表示亲切问候和良好祝福，顾不上喝水，就在热炕上，董大爷躺着，董大娘坐着，大家一起重新核对灵通卡，确认无误，便取出办理业务委托书和手续，认真填写，让董大爷按下手印，拍照现场操作相片留存，在家里的炕上为老人顺利办理了密码重置手续，为老人解除了难题。老人露出了笑容，眼眶里滚动着激动的眼泪。

缓过神儿来的董大娘不停地感谢工行的同志们，说：“大娘和老汉十分感谢你们，你们那么忙，还挤时间上门为我们穷人服务，不图名不图利，你们就是活雷锋，感谢你们！”符晓龙副行长微笑着回应道：“为行动不便群众服务，是我们应尽的责任和义务。无论什么时候，您们一旦有金融方面的业务需求，我们一定还会竭尽全力，为大娘提供最优质的服务，大娘以后有困难，我们还来上门帮助。”接着，符晓龙副行长一行三人安顿老人好好保重身体，祝福老人健康长寿，便告别一家人，匆匆奔赴新的工作岗位。

□ “好媳妇”侯竹青

在工行这个温暖和谐的大家庭里，涌现出无数个尊老爱幼、扶助残弱的身边故事。今天，不说他人的模范事迹，单表一个人，那就是工行朔州分行账务处理中心的“好媳妇”侯竹青。

“好媳妇”侯竹青的大名不是自封的，是老公婆婆和别人聊天时，发自内心的倾诉和表达。虽然婆婆去世多年，如今想起婆婆，侯竹青还是泪眼迷离，不由自主地述说婆婆的难忘过去。

“俺们竹青”

侯竹青婆婆在的时候，有一个著名的口头禅，那就是“俺们竹青”。在和周围邻居们聊天的时候，老人三句话不离“俺们竹青”。有老婆婆问：“她张姨，晌午吃啥呀?”老人笑呵呵回答道：“俺们竹青说了，晌午吃饺子。”老婆婆吃惊地追问：“见天吃好的，还调着样的吃，一个星期不重样，也难为你家媳妇了，真是好媳妇。”老人无比自豪笑着继续回答道：“那是的，哪像你，见天吃大烩菜馒头，也不换个做法，哪像俺们竹青，为了做好饭，见天看电视上美食节目，做的那个菜呀，真叫香啊!”“是不是，哪天请我们姊妹去解解馋，好不好?”“行呀，那你们得多带礼物呀!让俺们竹青给你们露一手，哈哈哈……”

是媳妇更是女儿

侯竹青婆婆也是位苦命人，老汉下世的早，丢下六个没成年孩子，上学的上学，吃奶的吃奶，用婆婆的话讲“正在酣泥洼里面”，少吃没穿，千辛万苦将孩子们拉扯大。从农村里走出来的侯竹青，也没少吃苦，穷人的孩子真早当家，从小懂得孝顺大人，小小年纪懂得心疼大人，体谅大人的艰辛和难处。

进入张家，了解了婆婆的苦难过去，侯竹青暗自决心：在侯家做好女儿，在张家也要做好媳妇，好好孝顺婆婆，让婆婆吃好喝好，安度晚年，不负以前为儿女们的付出。

婆婆身材肥硕，衣服不好买，侯竹青为了给婆婆买一件合适的衣服，四处奔波，一有时间就上街看。以至于和朋友们上街，朋友们也是四处观看寻找她婆婆的衣服。

婆婆饭量好，晚上也要吃“硬”的，而侯竹青晚上基本喝稀。为了婆婆，侯竹青晚上像中午一样，挺着一天工作疲乏的身子，做可口主食，保证老人晚上吃好吃饱。

永不退色的军嫂

侯竹青结婚的时候，丈夫在外服役当兵，儿子出生了，丈夫还在部队，也顾不上回来，以至于儿子会跑了，还不认识父亲。在上有老、下有小的情况下，瘦弱单薄的侯竹青没有倒下，而是坚强地站起来，全力支撑这个大家庭。

有一个冬天，天气分外寒冷，外面下着鹅毛大雪，下班回家的侯竹青开始打炭做饭，端饭上桌，伺候一家老小，等洗完锅，时间已经不早了。侯竹青突然想起，婆婆每天喝的酸奶今天没了，可事务繁多，忘记买了。惦记着婆婆好这一口，侯竹青毅然穿起棉衣，带着手电出去为婆婆买酸奶。天黑路滑，那时候小巷没路灯，侯竹青不知道摔倒多少次，跑了好几个小卖铺，几经周折，终于在一个很远的地方，才找到一家开门的卖酸奶的小店，为婆婆买到心仪的酸奶。

无论家里大事小事，侯竹青都一个人扛着，从来没有打电话惊扰当兵的丈夫，让丈夫请假回来。在侯竹青的大力支持下，丈夫在部队成长很快，成为业务尖子，成为领导干部，为祖国国防建设作出了很大的成绩。

如今，丈夫转业和家庭团聚，可侯竹青依然没有褪去军嫂本色，一如既往地支持丈夫工作。

工行好员工

侯竹青在账务中心是年龄最大的女同志，即将面临退休，可她从来没有因为家庭繁忙身体不好而懈怠工作。她身兼多个岗位，对账、清算、总务，在每一个岗位上，力争做得最好。

有一次，年底结算，到了账务中心最繁忙、最关键的时候，可由于长年劳累，侯竹青重感冒了，头痛得厉害，浑身发烫，双脚软得站不稳，领导同志们纷纷劝她去医院打点滴，休息休息再来上班。可一想到中心人员本来就紧张，一个萝卜一个坑，自己休息了，工作谁来做，侯竹青就挺着身子，喝完药到单位继续工作。直到结算完，账务一切正常，侯竹青才拖着难受的身子，挣扎着返回家里。要知道，侯竹青一整天只是喝了几杯开水，一粒米也不想吃，吃不进，也不知道她是如何抗过来的。

那年，中心主任说："老侯辛苦一年了，你的工作大家也看见了，今年先进就评你吧。"侯竹青连忙摆手道："主任，我老了，荣誉给年轻同志更有意义，当不当先进，我照样好好干。"

这就是侯竹青淡泊名利、追求自我、孝顺婆婆的故事。

□ 王天军汗滴禾下土

2019年，一位身材瘦弱的中年汉子，知天命之年来到右玉县李达窑乡魏家堡村，担任村第一支部书记兼朔州分行驻村扶贫工作队队长。

他不是别人，正是从行长岗位上退下来的王天军同志。在领导岗位上获得无数荣誉的王天军，没有躺在荣誉簿上"颐养天年"，而是克服上有老、下有小的家庭困难，义无反顾地接过扶贫重担，一头扎进长城脚下的山村，开始了人生的另一份艰辛"创业"。

踏遍山村访疾苦

长期以来，受地理区位和自然环境条件的影响，魏家堡村生活比较困苦，农民群众增收缓慢，特别是土地贫瘠，农业生产条件较差，贫困面比较大，脱贫攻坚的任务艰巨而繁重。

踏进魏家堡村，王天军开始了有计划、有步骤、有目标的扶贫工作。他挨家挨户地走访，不分白天黑夜，用半个月时间高效率掌握了魏家堡村"村情"：全村131户、290人，建档立卡贫困户27户、55人，其中一般贫困户16户、34人，低保户9户、19人，五保户2户、2人，全村耕地面积146.67公顷（含35.2公顷退耕还林）。为了取得第一手翔实的村情民貌资料，王天军花费不少精力，田间地头、茅舍炕头、羊圈猪窝都留有王天军忙碌的足迹。进村三个月，生生磨烂王天军三双袜子一双鞋。

王天军带领的工作队是"播种机"，问寒问暖中传播党的政策、金融知识、致富信息，走到哪里，将脱贫致富的种子"播种"在哪里，点燃了贫困户们的致富希望。

赶着羊儿奔小康

魏家堡村交通不便（距市区150公里）、信息闭塞、土地贫瘠、资源匮乏，加之青壮年劳动力不足，长期以来一直处于贫困状态。面对困境，驻村工作队因地制宜，大做"羊文章"，带领村民"发羊财"。经过一年多的努力，全村绵羊存栏数增长了37%，历史性地突破了1 000只大关。

绵羊存栏数多，"卖羊难"的问题又摆在了村民们面前。为此，王天军同志立即召开会议，号召工作队全体队员，动用一切资源，紧急联系亲朋好友、同事客户以及单位食堂为村民的天然绿色无公害羊肉寻找销路。为了扩大销路，王天军带领工作队奔波在朔州市与魏家堡村之间，为村民运输羊肉，销售的羊肉价格比村里高3元多。仅中秋节前的一周时间，就帮助村民销售绵羊106只，销售额达127 200元，其中帮助贫困户人均增加收入1 000多元，受到贫困村民和当地政府的好评，被朔州市多家媒体深度报道，引起社会各界的广泛关注和赞誉。

扎身田地“庄户人”

金秋十月，塞北大地进入一年一度的收获季节。魏家堡村与其他大多数山区农村一样，年轻人悉数外出打工，留下来的都是老弱病残，收割庄稼成了村民尤其是贫困户们的头疼事。

在魏家堡村，61岁的贫困户庞改莲大娘是秋收困难户中的困难户。8年前，老伴儿不幸过世，家里只留下大娘一个人守着0.3公顷地度日。秋收将至，怕影响孩子们工作，耽误前程，大娘坚持不让孩子们请假回来，独自收割庄稼。

哪里有困难，哪里就有工作队。正当庞改莲大娘一个人在地里剥玉米的时候，被在田间巡查秋收工作的王天军和队员们看到，他们挽起袖子就和庞大娘一起弯下身子剥起玉米。整整三天时间，工作队员们帮助庞大娘剥完了玉米棒、收割了玉米秆，使庞大娘的0.3公顷玉米田应收尽收。

路过的村民看见这些“公家人”扑下身子帮助孤寡老人干农活，不禁啧啧称赞。而王天军和队员们顾不上这些，只是埋头苦干，火辣辣的太阳晒黑了他们的脸庞，手指也磨出了水泡。从来没有干过农活的王天军一声不吭，咬牙坚持着。

在40多天时间里，王天军带领工作队帮助姚文明、白兰芝、郭吉世、陈占和等7户贫困户收割玉米、山药、莜麦等农作物2.43公顷，碾场4户，合计经济价值4万多元。

□ 老农民辛苦钱发霉破碎 张军明出手相助暖塔城

家在朔州市应县的王大爷是一位老菜农，靠种菜卖菜为生，勤俭持家过日子，积攒了几千元，藏在家里的犄角旮旯里，不料钞票发霉变质，霉的霉碎的碎，几年血汗钱成为一堆残币。老汉看到残币的一瞬间，眼泪唰地流了下来，这正是呼天天不应，叫地地不灵。

王大爷的不幸遭遇传到工行应县支行副行长张军明耳朵里。张行长分管支行现金管理工作，是一位老出纳。获知老人的情况后，张行长几经周折，找到王大爷，告诉他：“工商银行是老百姓的银行，有困难可以找工行，兑换残币尽管来工商银行柜台。”王大爷闻讯，感到喜从天降，急忙为张行长递烟倒水，张行长顾不上喝水，抓紧时间告诉王大爷兑换手续，老人不住地点头称是。

第二天，王大爷早早来到银行，找到张行长，将一堆残币放到办公桌上。张行长热情地接待了老汉，将老人让在椅子上，倒一杯热茶，让老人暖暖身、润润口，然后清理办公桌，将残币取出来，一张一张地拼对原样。由于残币保存条件不善，损坏程度十分严重，拼凑困难，进度异常艰难而缓慢。

时间在一分一分地流失，王大爷紧张地瞪大眼睛，死死盯着张行长的一举一动。这是一项需要眼明手快的细致营生，慢慢地，张行长两颊淌下汗滴，而张行长完全沉浸在残币的世界里，忘记了擦拭一把汗水……

功夫不负有心人，经过三个小时的连续工作，张行长终于将最后一块残币粘拼在预留空白处，完成了残币的所有拼对工作。张行长和王大爷核对好数量，带领王大爷来到营业大厅，将残币递进兑换柜台，按规定为他兑换了残币。

接到兑换的崭新的人民币，王大爷激动万分，紧紧握着张行长的手，说不出一句话，将一腔感激之情倾注在紧握的双手中。

张军明行长笑着回应老汉的心情，借此机会，安顿老人：“一定要将收入储蓄在工商银行，千万不要存在家里、埋在地里，这样容易失窃、虫蛀、发霉、变坏。工商银行欢迎大家来存款！”

张行长一席话，引起王大爷的共鸣，王大爷在感激之际，表示今后有钱一定存在工商银行。

□ “螺丝钉”田志忠

在工行这个大家庭里，有一群奉献者，像一颗人民需要的螺丝钉，毫不挑剔，总是愉快地接受组织的安排，哪里需要哪里拧。他们不求索取，埋头苦干，在平凡岗位上，用青春和汗水书写着大行工匠不平凡的精彩故事。

其中，有一位佼佼者，时刻闪耀着不一般的光和热，在有限的职业生涯中，唱出了一曲脚踏实地的奉献之歌。

在工行朔州山阴支行，繁忙的营业大厅，有一位银发覆头的老同志，神采奕奕地奔波于客户之间，笑容满面地问候来客，认真回复客户的每一个问题，直到客户满意而归。

这位老者，正是后年就将退休的山阴支行客户经理田志忠。说起老田，在朔州分行无人不知，无人不晓。用人家的话讲，老田也曾经是个官，在山阴支行，也曾辉煌过，20世纪90年代，老田升官了，当了山阴支行总会计，那也是行级人物，分管会计、出纳、营业室工作，管理着全行一半员工，可谓责任重大。

进入2000年，银行开始收缩，机构撤并，人员减少，总会计岗位取消了，老田不幸“中枪”了，因为工作需要，从领导岗位上退了下来。从领导岗位上退下来的老田，精神头依然十足，在营业室柜台充当一名普通的记账员，算盘呼啦得啪啪响，该加该减，分毫不差，账务核算准确无误，仿佛还是二十年前那个英俊的小青年，时光居然倒流了，老田又回到了从前。

官没了，可老田的精神没有变。同志们戏言：老田“官”越做越小，干劲越来越大。老田做事认真负责，做人踏踏实实，为人处世，那是没得说。从记账员到会计科长，从会计科长到总会计，从总会计到记账员再到大堂经理，老田的人生轨迹是一个圆，从这头到那头，不变的是精神头，该干的干，该做的做。回到普通员工岗位上的老田依然神采奕奕，不管分内分外，有事总是冲在前头，带头维护集体利益，服务客户群众。

智擒歹徒

2013年5月2日，大堂经理老田在支行营业室巡视，在自助区，老田突然发现几个人不对劲儿，鬼鬼祟祟的。老田顿时提高警惕，密切注视几个人的举动，看见他们实施“掉包”盗窃银行卡犯罪活动，急忙报告行长，并召集保安和其他同志，成功制止犯罪活动，同时将嫌疑人围住，协助警察将其擒获，公安由此破获一个到处流窜作案的江西瑞金籍诈骗团伙。

服务无止境

2018年6月的一天，一位客户持定期存单到营业室支取现金，却因密码不对无法办理。细心的老田询问客户，才知道客户持有的是其父亲名下存单。因老人患病，已无法来银行办理业务，而且忘记了存单密码。怎么办？一家人无助无奈之际，老田问清了客户地址，提出上门办理，请客户在家等候。

第二天上午，老田处理完手头的工作，带领一名同志几经问询后，终于在一个小巷找到老人的住址。老田重新核对存单，确认无误，便取出办理业务委托书和手续，代为填写，让老人按下手印，拍照现场操作相片留存，在家里为老人顺利办理了密码重置手续。老人在病床上感动地流下了眼泪，向老田们抬手致谢，表示对工商银行为民服务的无限敬意。

人民勤务员

人常说，不在其位，不谋其政。但对老田来说，人活着就要奋斗，就要奉献。人老了，觉就少了。每天清晨，老田早早来到营业室，干一些力所能及的营生：开门清理卫生、摆放业务凭证、开动门楣屏幕……真真做到了以行为家。晚上，结完账务，等待接款车，老田让年轻人先走，自己家里事情少，迟回家也不影响，总是最后一人走。在等待款车的时候，老田也不闲着，检查电脑是否关机，电源是否关闭，地面是否有火源，勤快得像个勤务员。

□ 袁奇勇斗歹徒保卫库款

袁奇，男，汉族，1936年出生，自1976年起，担任应县大临河乡寺庄村信用服务站临时收储员。1994年1月4日凌晨，一蒙面歹徒，趁人睡熟之机越墙入院，潜伏在大临河乡寺庄村信用站厕所内，伺机进行抢劫库款。早上7点，袁奇的妻子起床去厕所，被歹徒用约1.2尺长的铁板在头部猛击数次。袁奇的妻子一边与歹徒搏斗，一边呼喊人们。袁奇听到呼救声，急忙跑出院内，与歹徒展开了搏斗。歹徒年轻力壮，而袁奇当时已经58岁了，但他只有一个念头——保护国家财产，他不顾个人安危，与歹徒连战几个回合，虽然脸部被歹徒击伤几处，妻子昏迷在地，但他仍不放弃，后来在村民的协助下，将歹徒抓获归案。库款保住了，但袁奇和他的妻子均受伤入院。他用鲜血为农金战线谱写了一曲壮歌。几年来，袁奇同志在支农服务中作出了较大贡献。他以高度的工作责任感与歹徒进行顽强的搏斗，保住了国家财产。1月6日，人行应县支行行长办公会议决定，号召全县农金战线要向袁奇同志学习，学习他不顾个人安危，为保护国家集体财产，敢于和歹徒拼搏的献身精神，给予袁奇同志1 000元的奖金。1月13日，农行朔州市分行对全辖转发了应县支行《关于对袁奇同志与歹徒顽强搏斗的表彰通报》，号召全辖组织行、所、社、站干部职工，结合省委、省政府《关于见义勇为同违法犯罪做斗争的先进分子进行表彰奖励的决定》，认真学习，在所辖范围内掀起一个学袁奇、赶袁奇活动高潮，学习他誓死保卫国家财产的高度政治觉悟，学习他临危不惧、勇斗歹徒的革命英雄主义精神。通过开展学习，在全市行社干部职工中，树立高度的政治责任感、创安责任感和见义勇为使命感，在行社形成见义勇为光荣、见义不为可耻的良好气氛。

□ 任志宏拾金不昧品德高

2011年6月15日，受客户刘盼女士委托，刘先生来到农行朔州开发区支行，为任志宏同志送来一面写有“拾金不昧，品德高尚”的锦旗，对其拾金不昧的高尚品质大加赞赏，表示诚挚的感谢。

2011年6月7日，农行朔州开发区支行员工像往常一样认真而忙碌的工作着。客户刘盼女士在6号窗口办理业务后，匆忙中将一个棕色钱包遗落在柜台上。该行柜员任志宏发现后，及时将钱包妥善保管起来。由于刘女士客户资料信息不完整，未能查找到其有效的联系方式。想到客户遗失钱包（内有居民身份证、数张银行卡和其他重要证件）一定心急如焚，极有可能会返回该行寻找，任志宏在日终下班后，独自在营业室耐心等待失主。在等了近一个小时后，仍不见失主到来。正当任志宏准备离开单位时，一辆轿车急停在该行门口，刘女士在家人的陪同下来到营业厅，询问钱包的事项。在仔细核对了刘女士的身份和校对钱包内物品后，任志宏同志将其归还给刘女士。

拿到钱包的刘女士说，钱包内的银行卡是其房贷还款卡和生意往来款项卡，对其十分重要，丢失后对其损失很大。她对该行员工拾金不昧的行为大加赞扬，称农行员工素质好、服务优，农行是让人放心的银行，并一个劲儿地向任志宏表示感谢。

任志宏作为一名刚入行的大学生员工，严格要求自己，从一点一滴小事做起，认真践行“客户至上，始终如一”的服务理念，微笑接待，满意服务，将农行人诚信、文明的形象展示给每一位客户，用自己的实际行动诠释了党员示范岗的内涵。

警示案例

□ 杨权威贪污案

杨权威，男，1979年5月10日出生，应县人。2018年因涉嫌贪污罪，被应县公安局执行逮捕。2008年4月30日，被告人杨权威利用担任应县储汇局塔前街储蓄所主任的职务便利，获取储户密码，秘密转移侵吞储户存款，陆续从储户周某账户转出3万元、5万元，2008年5月转出5万元、5万元，卡取90万元，卡取83万元，卡取17万元，存入杨权威账户17万元，某某账户50万元，陈勇账户50万元，马文青账户50万元。经审理，朔州市朔城区中级人民法院判处如下：被告人杨权威犯贪污罪，判处有期徒刑四年八个月，并处罚金二十万元。

□ 王国胜合同诈骗案

王国胜，男，1963年4月23日出生，建行朔州支行工作人员。2019年2月26日，因涉嫌犯合同诈骗罪及骗取贷款、票据承兑、金融票证罪，由朔州市公安局开发区分局执行逮捕。2013年10月8日，被告人王国胜与妻子陈桂芬持户名为甄某的天津市河东区林语居15-1-1002房地产权证，以陈桂芬之名，从朔州市银丰小额贷款有限责任公司办理抵押贷款120万元，直至2015年底，王国胜一直未还本息。经查，该房地产证为王国胜购买的假证。经审理，朔州市朔城区中级人民法院判处如下：被告人王国胜犯骗取贷款罪，判处有期徒刑一年六个月，宣告缓刑两年，并处罚金两万元。

□ 武敬华挪用公款案

武敬华，男，1983年1月1日出生。2014年5月12日，朔州市朔城区人民检察院指控被告人武敬华犯挪用公款罪。自2011年1月到2013年11月25日，被告人武敬华利用自己担任工行朔州分行牡丹支行ATM管理员的身份，多次从加钞箱里取出现金，将公款挪出用于自己经营煤炭生意。2013年12月7日，武敬华主动向工行牡丹支行退还赃款165.02万元。经审理，朔州市朔城区中级人民法院判处如下：被告人武敬华犯挪用公款罪，判处有期徒刑六年。

□ 王兴挪用客户资金案

按照银监部门2009年4月4日、11日下发的关于“紧急排查案件风险”的文件精神，4月17日，应县农村信用合作联社在引深开展案件治理“回头看”深度排查期间，发现大临河信用社原主任王兴存在涉嫌挪用客户资金问题。随后，该联社紧急成立案件专项检查组，从4月17日起，对王兴在大临河信用社任职期间挪用客户资金情况进行彻查。经核实，王兴利用职务之便，从2005年1月起，采取非法手段，大量挪用客户资金，涉案金额大，时间跨度长。除王兴外，涉案人员还包括1名应县农村信用社员工和1名当地保险公司员工，案发后3人均已移交当地公安机关。最终核实涉案资金4 107.5万元，风险金额3 607.5万元。其中：内蒙古某工贸公司账户资金3 112.5万元，马某某活期存折户资金495万元。

案发后，人行朔州市中支组织各相关部门迅速行动，形成合力，及时处置，既发风险未扩散，也未造成次生风险。涉案资金由涉案人员所办实体折价抵补、筹集补齐，全部追回，对机构未造成重大影响。所有涉案人员由司法机关依法进行了惩处，王兴被判处有期徒刑2年，信用社另一涉案人员和保险公司涉案人员未追究刑事责任。

□　周全生、刘峰光非法集资诈骗案

周全生，男，1961年10月26日出生。2015年3月24日，犯罪嫌疑人周全生因涉嫌集资诈骗罪，被朔州市公安局朔城分局逮捕；2015年5月5日，犯罪嫌疑人刘峰光因涉嫌非法吸收公众存款罪，被朔州市公安局朔城分局逮捕。该案中，周全生租用朔州市朔城区平朔北路丰苑小区37号商铺，开设“秦晋通投资担保有限公司”，冒用河南洛阳鹏昌冶金耐材有限公司的名义，伪造公司法人代表图章。经理刘峰光在明知“秦晋通投资担保有限公司”无融资许可的情况下，向社会公众宣传，以借款担保为幌，吸收公众存款，涉案金额1 288.6万元，受害者达106名。经审理，朔州市朔城区中级人民法院判处如下：被告人周全生犯集资诈骗罪，判处有期徒刑十五年，并处罚金二十万元；被告人刘峰光犯非法吸收公众存款罪，判处有期徒刑四年，并处罚金五万元。

□　王志军合同诈骗案

王志军，男，1975年7月15日出生，山西朔州右玉人。2015年9月1日，因涉嫌合同诈骗罪，被朔城区人民检察院批捕。2013年2月7日，王志军伪造其名下土地证号为03774房屋所有权作为抵押，向朔州玺凤小额贷款有限公司贷款120万元人民币。2014年4月17日，王志军利用伪造的“平鲁机械厂小区2号楼3单元2层西门、买受人范先平”的购房合同作为抵押，向朔州玺凤小额贷款有限公司贷款50万元人民币。王志军取得贷款后用于工程周转，诉讼期间将其所贷140万元及产生利息50万元全部退还朔州玺凤小额贷款有限公司，取得公司谅解。最终判决如下：被告人王志军犯骗取贷款罪，判处有期徒刑一年，缓刑一年，并处罚金人民币一万元；随案移送伪造的房屋所有权一本，购房合同三份，予以没收。

□　刘新民信用卡诈骗案

刘新民，男，1966年12月11日出生。2010年8月24日，因涉嫌犯信用卡诈骗罪，被朔州市公安局刑事拘留；12月30日，被逮捕。该案中，被告人刘新民做生意赔钱后向朋友借款，为归还借款，分别于2008年7月18日、2009年12月18日在工行朔州市分行神电支行办理贷记卡两张。在明知无还款能力的情况下，刘新民以非法占有为目的，恶意透支，产生不良贷款10 976.49元，构成信用卡诈骗罪。其在被抓获后，于2010年8月25日，将透支款本息合计13 329元全部还清。最终判决如下：被告人刘新民犯信用卡诈骗罪，免予刑事处罚。

□ 刘胜贞、王海冬信用卡诈骗及故意毁坏财物案

刘胜贞，男，1983年2月10日出生，2011年3月15日因涉嫌故意毁坏财物罪被逮捕。王海冬，男，1990年2月2日出生。2011年3月25日因涉嫌盗窃罪被逮捕。2011年1月5日，刘胜贞与王海冬在鑫众阳光网吧上网后，刘胜贞将朱某遗失钱包拿走，钱包内有现金900元、中国银行信用卡两张、身份证一张。两人持朱某身份证及银行卡，将卡内3.79万元全部取走。2011年1月5日晚，刘胜贞因租房与原告高某产生纠纷，刘胜贞纠集社会人士将高某店内玻璃及部分商品损毁并殴打高某，损坏财物1.22万元。判决如下：被告人刘胜贞犯信用卡诈骗罪，判处有期徒刑二年零六个月，并处罚金二万元；犯故意毁坏财物罪，判处有期徒刑一年零六个月，并处罚金二万二千元。被告人王海冬犯信用卡诈骗罪，判处有期徒刑一年零八个月，并处罚金二万元。

□ 李清先贪污案

“嘀铃铃，嘀铃铃……”一阵电话铃急促响起。

2001年3月18日上午，时任工行怀仁县支行行长杨某正在办公时，突然接听了一个电话。

“我弟弟不在了，一天了联系不上……”来电人正是李清先的哥哥。

李清先是本行大东街储蓄所主任。行长杨某意识到情况不正常，于是，立即带人到大东街储蓄所进行账务核查，发现李清先利用职务之便，采取空存实取、储蓄所调款不入账的手段作案，涉案金额833万元。李清先贪污案件浮出水面。

李清先，男，1964年出生，2000年5月任怀仁县支行大东街储蓄所主任。

2001年3月6日，李清先用事先窃取的储蓄所副主任的高级密码，偷增新柜员号，蓄谋作案；

2001年3月15日，李清先到大同市，分别在工行大同市分行牡丹办储蓄专柜、机车厂储蓄所、雁同东路储蓄所、新建路储蓄所、新建路办事处储蓄专柜、大北街第二储蓄所、车站路储蓄所、矿务局支行西花园储蓄所、营业部储蓄专柜等10个储蓄所分别开设12个活期储蓄通存通兑账户，并在每个账户上存款50元；

2001年3月16日中午，该所下班后，李清先利用储蓄所无人（怀仁支行大东街所中午不营业）之机，登录事先偷增的新柜员号，在大同开设的9个账户和本所开设的1个账户中虚增存款803万元；

2001年3月16日下午，李清先利用自己违规保管的内部往来领款凭证和公章，自制领款凭证，在支行领取30万元现金带回家中；

2001年3月17日，李清先在大同工行10个储蓄所支取现金480万元。

2001年3月18日，李清先在大同被抓获归案。

李清先案件发生后，工行省、市行领导极为重视，组织力量迅速查处，在案发当日将510万元赃款全部追回，未形成资金损失。工商银行省市分行深刻剖析案件发生原因，吸取教训。对作案人李清先开除公职，并移送司法机关追究其刑事责任；对其他各层级相关操作、管理人员共24人进行了严肃处理。

□ 翟清非法吸收公众存款案

翟清，女，1958年7月13日出生，2015年9月17日经朔州市人民检察院批准逮捕，一直在逃，

2016年1月6日被朔州市公安局执行逮捕。2011年8月，被告人马爱斌、彭子蛟等成立山西和利创业投资有限公司后，向社会公众非法集资。而被告人翟清在该公司担任业务员期间，通过宣传彩页、“口口相传”等方式变相向社会公众吸收资金342万元，造成投资人损失125万元。判决如下：被告人翟清犯非法吸收公众存款罪，判处有期徒刑二年，缓刑三年，并处罚金二万元。

□　耿建忠非法吸收公众存款罪

耿建忠，男，1975年6月8日出生，因涉嫌非法吸收公众存款罪、虚报注册资本罪，于2014年7月31日被逮捕。该案中，犯罪嫌疑人上官军乐于2011年8月29日向朔州市融通小额贷款公司借款5 000万元，其与被告人耿建忠等使用虚假证明文件，办理成立朔州市森焱小额贷款有限公司工商注册手续。从该公司成立到2013年12月9日，上官军乐指示公司股东耿建忠以资金委托协议等名义非法吸收公众存款。其中，有被害人报案的共计164笔，涉及117人，共吸收存款11 472.5万元，归还本金423万元；无报案的共计93笔，共吸收存款5 990万元，归还本金3 310元。判决如下：被告人耿建忠犯非法吸收公众存款罪，判处有期徒刑九年六个月，并处罚金三十万元；被告人耿建忠涉案的钱款，应退赔被害人。

附　录

彩插图片标注

图1标注：

1986年9月，人行雁北分行在朔县支行召开第二次人行、工行两行分设会议，人行雁北分行党组书记、行长魏云（前排左五）；党组成员、副行长张禄（前排左四）、副行长王平善（前排左六）、13县支行长及雁北分行部分科级干部合影

一排左起：常希德（怀仁县支行行长）、陈子栋（雁北分行会计科副科长）、范德礼（右玉县支行行长）；张禄（雁北分行党组成员、副行长）、魏云（雁北分行党组书记、行长）、王平善（雁北分行党组成员、副行长）、王增山（山阴县支行行长）、王贤堂（广灵县支行行长）、王增（大同县支行行长）、景忠（朔县支行副行长）

二排左起：杨钧（雁北分行办公室主任）、宋连（阳高县支行行长）、张晓丽（雁北分行计划科副科长）、刘宝德（应县支行行长）、仝存义（灵丘县支行行长）、张自强（平鲁支行行长）、马补存（左云县支行行长）、张宁寿（大同县支行副行长）、张贵玺（天镇县支行行长）、王维华（浑源县支行行长）

三排左起：冯子先（雁北分行金融管理科副科长）、马军（朔县支行行长）、张占平（雁北分行货币发行科长）、范海（雁北分行保卫科副科长）、乔德府（雁北分行人事科长）、孙义和（天镇县支行副行长）、郭家玉（浑源县支行副行长）、康俊（雁北分行计划科长）、马兆勇（怀仁县支行副行长）

图2标注：

2000年4月8日，中共中国人民银行朔州市中心支行委员会召开第一次党员代表大会，中支行长赵保卫（前排左四），副行长宋立新（前排左五）、张自强（前排右三）等出席会议

一排左起：吴树斌（机关党委副书记）、赵福（工会主席）、杨庆和（副行长）、赵保卫（行长）、宋立新（副行长）、张自强（副行长）、段仁勇（纪委书记）、蔡如刚（人事科长）

二排左起：张中华（怀仁支行副行长）、赵元英（平鲁支行）、任万明（山阴支行副行长）、杨钧（办公室主任）、王子录（应县支行副行长）、洪桂花（会计科）、刘淑琴（应县支行）、刘翠平（应县支行）

三排左起：郭锁成（应县支行）、龚泽宇（办公室）、赫太（金融管理科科长）、王连邦（办公室）、高成财（农金科科长）、张文（山阴支行办公室主任）、景秀文（保卫科副科长）、沈强（右玉支行）

四排左起：胡春发（右玉支行行长）、王宗轩（行业办主任）、张志强（山阴支行副行长）

图3标注：

2009年8月18日，人行天津分行厅局级党委中心组联组学习会议合影。

天津分行党委书记、行长林铁钢（左七），太原中支党委书记、行长毛金明（左九），朔州市中支党委书记、行长康义（右一）出席会议

一排左起：邵延进、季淳、朱志强、兰埃用、苏东海、苏连根、林铁钢、吴盼文、毛金明、李文茂、王深德、赵志华、康义

二排左起：赵鹏飞、梁娟娟、轧瑛、贾广权、朱新春、牧人、额尔德尼、郭保民、任德智、曹元芳、于木兰、王秀琴、郭俭

三排左起：李清、胡春发、张杰、李江、张子君、李小秋、熊俊、李增仁、包健、肖长江、黄蓓、李健、许静

四排左起：李东升、任海泉、赵福、李庶民、蔡如刚、钟志铎、宋连、曹峥继、曹增和、李勇、巴毅、杜斌、周胜强

图4标注：

2018年7月30日，人行朔州市中支召开干部宣布暨宪法宣誓仪式，天津分行工会主任杨红员（左四）、太原中支副行长杜斌（左三）出席会议，宣布新任党委书记、行长卫文江同志（右一）任职决定

主席台上左起依次为：张小平（朔州市中支原行长）、王春江（天津分行党委组织部副部长）、杜斌（太原中支副行长）、杨红员（天津分行工会主任）、陈耳东（朔州市副市长）、白秀（市金融办主任)、孟五虎（太原中支党委组织部副部长）、卫文江（朔州市中支行长）

图5标注：

2018年8月8日，山西怀仁农村商业行股份有限公司创立大会暨第一次股东大会召开，人行朔州市中支党委书记、行长卫文江（左二），山西省农村信用社联社副主任任晓峰（左四），朔州市银监分局副局长武日荣（右三）出席会议

左起依次为：郑必显（朔州市银监局三科科长）；靳彪（省联社朔州办事处书记、主任）；卫文江（人行朔州市中支党委书记、行长）；任晓峰（省联社副主任）；谭金花（怀仁市副市长）；武日荣（朔州市银监局副局长）；张银政（怀仁农商行党委书记、理事长）

图6标注：

2018年8月16日，人行太原中支副行长王山松（左二）莅临人行朔州市中支调研指导工作

左起依次为：邱继岗（朔州市中支副行长）、王山松（太原中支副行长）、王珍云（太原中支会计财务处处长）、卫文江（朔州市中支行长）、暴国红（太原中支会计财务处基建管理科科长）、刘为民（朔州市中支办公室主任）、赵守卿（朔州市中支会计财务科科长）

图7标注：

2020年6月8日，人行朔州市中支组织召开助企惠农、稳就业、保增长政银企恳谈会。朔州市委常委、副市长张韬（左三），人行朔州市中支党委书记、行长卫文江（左二），朔州市银保监分局局长刘慧峰（左一）出席会议

一排左起：刘慧峰（市银保监分局局长）、卫文江（人行朔州市中支党委书记、行长）、张韬（市委常委、副市长）、尚兴阳（市政府副秘书长）、吴夺魁（市金融办主任）、李震（市交行行长）、刘文明（市邮储银行副行长）

罗宏元（二排左二，人行朔州市中支副行长）、王晓亮（二排左四，市建行行长）、任海泉（二排左五，人行朔州市中支副行长）、文建宏（二排左六，怀仁龙首山集团董事长）、郑建中（二排右五，市农发行行长）、张彦（二排右四，市中行行长）、马向阳（二排右三，市工行行长）、裴云（二排右二，市大同银行行长）、梁永（二排右一，怀仁农商行行长）

图8标注：

2020年11月，人行太原中支党委书记、行长高波（左四）来朔调研，人行朔州市中支党委书记、行长卫文江（右四）陪同

左起依次为：郑有升（朔州市中支纪委书记）、徐向东（太原中支党委委员、工会主任兼党委组织部部长、人事处处长）、任海泉（朔州市中支副行长）、高波（太原中支党委书记、行长）、卫文江（朔州市中支党委书记、行长）、罗宏元（朔州市中支副行长）、范小彦（太原中支办公室副主任）、邱继岗（朔州市中支副行长）

图9标注：

1988年，人行雁北地区中心支行会计、计划业务培训，时任朔县支行行长马军（二排左五）参加

一排左起：苏子新、庞尔华、黄保萍、鲁雪梅、杨秀珍、刘自忠

二排左起：祁乃、宋英祥、姚兆祥、张占平、马军、陈子栋、景忠、张小丽、赵本固、李敏昌

三排左起：张青梅、温金莲、王建林、左玉兰、刘翠平、王志莲、方玉梅、裴晓波、王耐香

四排左起：韩元国、王军、高怀中、张谦、黄培忠、任海泉、周健、武彪

图10标注：

1989年，人行朔州分行开业合影。人行山西省分行副行长王一开（前排右六），市委副书记、市长董福山（前排左七），副市长来玉龙（前排右四），人行朔州分行行长王平善（前排右三）参加开业典礼

张崇斌（前排左一，市人行副行长）、侯树仁（前排左二，大同市人行行长）、刘柏林（前排左四，市委常委、纪委书记）、岳来秀（前排左五，市政协副主席）、王金书（前排左六，市委副书记、朔城区书记）、董福山（前排左七，市委副书记、市长）、王一开（前排右六，省人

行副行长）、张林杰（前排右五，市人大副主任）、来玉龙（前排右四，副市长）、王平善（前排右三，市人行行长）、焦俊峰（前排右二，忻州市人行行长）、魏云（前排右一，雁北人行行长）

图11标注：

1994年12月，朔州市人行老干部协会成立留念，副行长张崇斌（前排左五）出席会议

李子适（前排左一）、贾继卓（前排左二）、刘宝德（前排左三）、景忠（前排左四）、张崇斌（前排左五）、王少浩（前排左六）、王增西（前排右三）、王德贵（前排右二）、姚兆祥（前排右一）

二排左起：赫太、李青梅、赵福、王子录、任万明、杨钧、胡春发、邢满红、宋立新、原建国

三排左起：雷向东、张中华、任厚、康增录、赵立、张自强、段仁勇、李文、杨庆和、刘文泉

图12标注：

1997年10月，人行山西省分行行长张绍瑞（前排左五）出席在汾阳召开的省人行老金协会会长座谈会，市人行退休干部景忠（二排左三）参加会议

李守信（前排左一，晋中人行行长）、张尚喜（前排左三，总经济师副厅级）、张保山（前排左四，省人行副行长）、张绍瑞（前排左五，省人行行长）、王重山（前排左六，原省人行副行长）、王少浩（前排右六，原省人行副行长）、秦权记（前排右五，原省人行行长）、王柞洪（前排右四，原省人行副行长）、啜宝真（前排右三，原省人行总稽核）、王存玉（前排右一）

图13标注：

2020年12月27日，《朔州市金融志》全体编纂人员合影

一排左起：马震、梁恒山、郝东、郭水龙、钟启霞、王君文、卫文江、郑有升、李锦海、刘为民、周俊清、魏炳华、梁荣

二排左起：郝一飞、吕鉴、何艳太、赵守谦、卢福、郭志宏、张峰、穆廷权、苏强、侯永、李世瑞、解丽荣

三排左起：孙璐、李江禹、张君武、王保卫、杨翠山、王晓荣、黄文贞、赵靖、梁婕妤、马晓军、刘海峰、徐大伟

四排左起：张广元、杨柳桃、卢娜娜、赵凌娟、张靖胤、李晟华、于思敏、智国栋、李明钰、聂瑶瑶、董艳霞、高健

附 表

1949—1988 年朔县城乡居民储蓄存款余额统计表

单位：万元

年份	城镇储蓄	农村储蓄	合计
1949	0.00	0.00	0.00
1950	1.00	0.00	1.00
1951	3.30	0.00	3.30
1952	2.70	0.00	2.70
1953	13.90	0.00	13.90
1954	13.00	3.00	16.00
1955	12.60	9.20	21.80
1956	14.10	3.20	17.30
1957	21.40	4.90	26.30
1958	30.60	33.50	64.10
1959	64.50	76.60	141.10
1960	56.90	62.40	119.30
1961	35.80	58.90	94.70
1962	19.80	14.90	34.70
1963	23.80	15.70	39.50
1964	36.90	12.80	49.70
1965	45.60	16.10	61.70
1966	47.00	12.90	59.90
1967	48.40	14.40	62.80
1968	49.60	14.40	64.00
1969	52.00	20.00	72.00
1970	57.40	16.40	73.80
1971	72.80	23.90	96.70
1972	92.70	31.20	123.90
1973	110.59	39.93	150.52
1974	137.80	66.10	203.90
1975	147.24	64.70	211.94
1976	159.30	76.70	236.00
1977	184.00	123.30	307.30
1978	210.50	157.50	368.00
1979	275.90	190.00	465.90
1980	437.10	412.90	850.00
1981	554.80	599.60	1 154.40

续表

年份	城镇储蓄	农村储蓄	合计
1982	744.90	939.20	1 684.10
1983	1 027.30	1 304.00	2 331.30
1984	1 502.80	2 399.80	3 902.60
1985	2 215.00	1 619.30	3 834.30
1986	3 632.50		
1987	5 882.20		
1988	8 842.40	1 948.10	10 790.50

1949—1988 年朔县人民币存贷款统计表 **单位：万元**

年份	存款		贷款	
	项目	金额	项目	金额
1949	存款合计	0.60	贷款合计	0.05
	一、企业存款	0.30	一、公私合营企业贷款	0.05
	二、财政性存款	0.30		
1950	存款合计	7.10	贷款合计	2.40
	一、企业存款	4.40	一、公私合营企业贷款	0.10
	二、财政性存款	1.70	二、农村公社农业贷款	2.30
	三、城镇储蓄存款	1.00		
1951	存款合计	31.90	贷款合计	16.20
	一、企业存款	11.90	一、公私合营企业贷款	2.10
	二、财政性存款	5.80	二、农村公社农业贷款	10.10
	三、城镇储蓄存款	3.30	三、地方工业贷款	1.50
	四、其他项目存款	10.90	四、供销合作社贷款	2.50
1952	存款合计	36.00	贷款合计	30.40
	一、企业存款	9.20	一、公私合营企业贷款	7.90
	二、财政性存款	12.40	二、农村公社农业贷款	13.60
	三、城镇储蓄存款	2.70	三、地方商业贷款	0.30
	四、其他项目存款	11.60	四、供销合作社贷款	8.50
			五、手工业贷款	0.10
1953	存款合计	82.10	贷款合计	73.00
	一、企业存款	37.80	一、公私合营企业贷款	1.10
	二、财政性存款	17.90	二、农村公社农业贷款	12.90
	三、城镇储蓄存款	13.90	三、地方商业贷款	21.50
	四、代中央管理项目	0.30	四、粮食贷款	30.00
	五、其他项目存款	12.20	五、手工业贷款	0.10
			六、其他项目	7.50

续表

年份	存款		贷款	
	项目	金额	项目	金额
1954	存款合计	66.40	贷款合计	51.00
	一、企业存款	22.20	一、公私合营企业贷款	0.10
	二、财政性存款	21.02	二、农村公社农业贷款	25.80
	三、城镇储蓄存款	13.00	三、地方商业贷款	5.30
	四、农村存款	1.90	四、粮食贷款	12.10
	五、代中央管理项目	0.10	五、手工业贷款	1.00
	六、其他项目存款	8.00	六、其他项目	6.70
1955	存款合计	93.40	贷款合计	157.00
	一、企业存款	28.00	一、公私合营企业贷款	1.70
	二、财政性存款	22.60	二、农村公社农业贷款	51.90
	三、城镇储蓄存款	12.60	三、地方商业贷款	6.60
	四、农村存款	3.30	四、粮食贷款	61.00
	五、代中央管理项目	19.70	五、手工业贷款	3.00
	六、其他项目存款	7.20	六、地方工业贷款	11.30
			七、供销合作社贷款	21.50
1956	存款合计	73.40	贷款合计	338.10
	一、企业存款	25.10	一、公私合营工业贷款	3.60
	二、财政性存款	20.30	二、农村公社农业贷款	144.90
	三、城镇储蓄存款	14.10	三、地方商业贷款	68.70
	四、农村存款	6.60	四、粮食贷款	67.40
	五、代中央管理项目	0.20	五、手工业贷款	6.30
	六、其他项目存款	7.10	六、地方工业贷款	6.80
			七、供销合作社贷款	33.90
			八、其他项目	6.50
1957	存款合计	100.70	贷款合计	305.20
	一、企业存款	25.10	一、公私合营企业贷款	2.30
	二、财政性存款	36.60	二、农村公社农业贷款	124.80
	三、城镇储蓄存款	21.40	三、地方商业贷款	77.80
	四、农村存款	10.80	四、粮食贷款	39.50
	五、其他项目存款	6.80	五、手工业贷款	6.80
			六、地方工业贷款	1.50
			七、供销合作社贷款	34.00
			八、预购定金贷款	7.90
			九、国营农牧场贷款	10.60
1958	存款合计	223.40	贷款合计	540.40
	一、企业存款	56.00	一、农村公社农业贷款	147.60
	二、财政性存款	130.20	二、地方商业贷款	278.10
	三、城镇储蓄存款	30.60	三、粮食贷款	87.50
	四、农村存款	3.00	四、手工业贷款	12.60
	五、代中央管理项目	3.60	五、地方工业贷款	3.40
			六、国营农牧场贷款	11.20

续表

年份	存款		贷款	
	项目	金额	项目	金额
1959	存款合计	444.80	贷款合计	992.40
	一、企业存款	91.50	一、农村公社农业贷款	62.10
	二、财政性存款	137.50	二、地方商业贷款	498.00
	三、城镇储蓄存款	64.50	三、粮食贷款	213.20
	四、农村存款	142.20	四、地方工业贷款	109.90
	五、代中央管理项目	9.10	五、预购定金贷款	3.50
			六、国营农牧场贷款	22.90
			七、地方物资局管理贷款	14.00
			八、代中央管理项目	63.00
			九、其他贷款	5.80
1960	存款合计	581.06	贷款合计	805.50
	一、企业存款	101.07	一、农村公社农业贷款	51.20
	二、财政性存款	318.07	二、地方商业贷款	380.50
	三、城镇储蓄存款	56.09	三、粮食贷款	37.40
	四、农村存款	99.07	四、手工业贷款	26.20
	五、代中央管理项目	4.60	五、地方工业贷款	157.10
			六、供销合作社贷款	64.70
			七、预购定金贷款	4.40
			八、国营农牧场贷款	0.50
			九、地方物资局管理贷款	23.60
			十、代中央管理项目	59.90
1961	存款合计	551.04	贷款合计	793.50
	一、企业存款	183.08	一、农村公社农业贷款	51.20
	二、财政性存款	130.00	二、地方商业贷款	357.60
	三、城镇储蓄存款	35.08	三、粮食贷款	125.70
	四、农村存款	198.08	四、手工业贷款	24.30
	五、代中央管理项目	3.00	五、地方工业贷款	165.10
			六、供销合作社贷款	64.70
			七、预购定金贷款	4.40
			八、国营农牧场贷款	0.50
			九、国营农牧场贷款	0.50
1962	存款合计	230.60	贷款合计	673.80
	一、企业存款	73.20	一、国营工业贷款	101.10
	二、财政性存款	50.80	二、农业贷款	69.90
	三、城镇储蓄存款	19.80	三、商业贷款	391.70
	四、农村存款	38.90	四、粮食贷款	79.40
	五、冻结存款	47.90	五、社办工业贷款	4.00
			六、手工业贷款	14.30
			七、外贸贷款	9.20
			八、预购定金贷款	4.20

续表

年份	存款		贷款	
	项目	金额	项目	金额
1963	存款合计	308.40	贷款合计	573.40
	一、企业存款	94.50	一、国营工业贷款	50.50
	二、财政性存款	90.30	二、农业贷款	73.00
	三、城镇储蓄存款	23.80	三、商业贷款	238.10
	四、农村存款	77.00	四、粮食贷款	183.00
	五、冻结存款	22.80	五、社办工业贷款	4.00
			六、手工业贷款	16.10
			七、外贸贷款	5.00
			八、预购定金贷款	3.70
1964	存款合计	394.00	贷款合计	503.40
	一、企业存款	198.00	一、地方工业贷款	48.00
	二、财政性存款	63.00	二、农业贷款	49.79
	三、城镇储蓄存款	36.90	三、商业贷款	136.00
	四、农村存款	75.00	四、粮食贷款	187.00
	五、冻结存款	21.10	五、供销合作社贷款	69.00
			六、预购定金贷款	2.54
			七、灾区口粮贷款	6.49
			八、支援贫下中农困难贷款	4.58
1965	存款合计	501.73	贷款合计	708.02
	一、企业存款	319.54	一、工业贷款	46.11
	二、财政性存款	51.20	二、农业贷款	123.97
	三、城镇储蓄存款	45.57	三、商业贷款	137.84
	四、农村存款	85.42	四、粮食贷款	214.10
			五、供销合作社贷款	81.49
			六、工商结算贷款	5.41
			七、预购定金贷款	10.68
			八、灾区口粮贷款	6.65
			九、支援贫下中农困难贷款	3.66
			十、物资部门贷款	3.54
			十一、地方农业基建贷款	74.57
1966	存款合计	461.98	贷款合计	1 090.47
	一、企业存款	183.10	一、工业贷款	41.92
	二、财政性存款	127.55	二、农业贷款	131.42
	三、城镇储蓄存款	47.03	三、商业贷款	126.89
	四、农村存款	104.30	四、粮食贷款	466.09
			五、供销合作社贷款	102.25
			六、工商结算贷款	32.65
			七、预购定金贷款	22.84
			八、灾区口粮贷款	13.02
			九、支援贫下中农困难贷款	4.87
			十、物资部门贷款	44.56
			十一、地方农业基建贷款	103.92

续表

年份	存款		贷款	
	项目	金额	项目	金额
1967	存款合计	497.07	贷款合计	1 024.08
	一、企业存款	222.50	一、工业贷款	83.99
	二、财政性存款	146.19	二、农业贷款	161.84
	三、城镇储蓄存款	48.35	三、商业贷款	106.96
	四、农村存款	80.03	四、粮食贷款	434.41
			五、供销合作社贷款	92.22
			六、工商结算贷款	8.65
			七、预购定金贷款	33.87
			八、灾区口粮贷款	14.73
			九、支援贫下中农困难贷款	5.20
			十、物资部门贷款	22.31
			十一、地方农业基建贷款	59.90
1968	存款合计	426.00	贷款合计	1 098.03
	一、企业存款	159.00	一、工业贷款	127.25
	二、财政性存款	127.00	二、农业贷款	183.81
	三、城镇储蓄存款	49.60	三、商业贷款	159.29
	四、农村存款	90.40	四、粮食贷款	435.09
			五、供销合作社贷款	86.48
			六、工商结算贷款	14.63
			七、预购定金贷款	22.30
			八、灾区口粮贷款	22.27
			九、支援贫下中农困难贷款	5.72
			十、地方农业基建贷款	28.89
			十一、其他贷款	12.30
1969	存款合计	539.00	贷款合计	1 195.59
	一、企业存款	283.00	一、工业贷款	170.54
	二、财政性存款	58.00	二、农业贷款	197.68
	三、城镇储蓄存款	52.00	三、商业贷款	141.26
	四、农村存款	146.00	四、粮食贷款	537.54
			五、供销合作社贷款	97.63
			六、预购定金贷款	20.90
			七、灾区口粮贷款	30.04
1970	存款合计	637.00	贷款合计	1 376.09
	一、企业存款	243.00	一、工业贷款	114.97
	二、财政性存款	158.60	二、农业贷款	244.66
	三、城镇储蓄存款	57.40	三、商业贷款	278.70
	四、农村存款	178.00	四、粮食贷款	525.59
			五、供销合作社贷款	160.14
			六、预购定金贷款	26.29
			七、物资部门贷款	25.74

续表

年份	存款		贷款	
	项目	金额	项目	金额
1971	存款合计	776.00	贷款合计	1 483.00
	一、企业存款	290.00	一、工业贷款	162.00
	二、财政性存款	80.00	二、农业贷款	125.00
	三、城镇储蓄存款	72.80	三、商业贷款	466.00
	四、农村存款	270.00	四、粮食贷款	536.00
	五、其他存款	63.20	五、供销合作社贷款	126.00
			六、其他贷款	68.00
1972	存款合计	632.00	贷款合计	1 539.00
	一、企业存款	219.00	一、工业贷款	178.00
	二、财政性存款	86.00	二、农业贷款	253.00
	三、城镇储蓄存款	92.70	三、商业贷款	380.00
	四、农村存款	188.00	四、粮食贷款	463.00
	五、其他存款	46.03	五、供销合作社贷款	92.00
			六、其他贷款	173.00
1973	存款合计	685.62	贷款合计	1 736.80
	一、企业存款	265.39	一、工业贷款	231.58
	（一）地方工业存款	150.71	二、农业贷款	239.07
	（二）商业存款	62.13	三、商业贷款	590.67
	二、财政性存款	116.27	四、粮食贷款	500.26
	三、城镇储蓄存款	110.59	五、工商结算贷款	20.35
	四、农村存款	193.37	六、预购定金贷款	24.41
			七、对信用社贷款	47.48
			八、地方国营农业贷款	28.76
			九、物资部门贷款	54.24
1974	存款合计	792.38	贷款合计	1 790.04
	一、企业存款	243.89	一、工业贷款	260.47
	（一）地方工业存款	112.73	二、农业贷款	245.76
	（二）商业存款	61.57	三、商业贷款	640.40
	二、财政性存款	96.85	四、粮食贷款	492.76
	三、城镇储蓄存款	137.80	五、工商结算贷款	2.32
	四、农村存款	313.84	六、预购定金贷款	36.88
			七、对信用社贷款	29.82
			八、地方国营农业贷款	32.27
			九、物资部门贷款	49.36
1975	存款合计	1 022.84	贷款合计	2 012.01
	一、企业存款	482.39	一、工业贷款	308.86
	（一）地方工业存款	172.57	二、农业贷款	268.27
	（二）商业存款	135.22	三、商业贷款	516.97
	二、财政性存款	124.44	四、粮食贷款	483.41
	三、城镇储蓄存款	147.24	五、供销合作社贷款	251.80
	四、农村存款	268.77	六、工商结算贷款	24.42
			七、预购定金贷款	32.10
			八、对信用社贷款	36.51
			九、物资部门贷款	51.19
			十、地方国营农业贷款	7.37
			十一、社员口粮贷款	31.11

续表

年份	存款		贷款	
	项目	金额	项目	金额
1976	存款合计	1 721.30	贷款合计	2 139.80
	一、企业存款	837.30	一、工业贷款	356.40
	（一）地方工业存款	493.52	二、商业贷款	1 289.50
	（二）商业存款	140.30	三、预购定金贷款	26.20
	二、财政性存款	380.40	四、国营农业贷款	9.90
	三、城镇储蓄存款	159.30	五、农业贷款	457.80
	四、农村存款	344.30		
1977	存款合计	1 519.20	贷款合计	2 336.50
	一、企业存款	470.50	一、工业贷款	474.00
	（一）地方工业存款	206.36	二、商业贷款	1 266.00
	（二）商业存款	86.15	三、预购定金贷款	23.80
	二、财政性存款	391.10	四、国营农业贷款	9.90
	三、城镇储蓄存款	184.00	五、农业贷款	562.80
	四、农村存款	473.60		
1978	存款合计	1 192.20	贷款合计	2 047.80
	一、企业存款	387.90	一、工业贷款	436.00
	（一）地方工业存款	159.62	二、商业贷款	866.80
	（二）商业存款	58.89	三、预购定金贷款	35.50
	二、财政性存款	211.40	四、国营农业贷款	9.00
	三、城镇储蓄存款	210.50	五、农业贷款	700.50
	四、农村存款	382.40		
1979	存款合计	1 699.30	贷款合计	2 232.90
	一、企业存款	666.90	一、工业贷款	374.70
	二、财政性存款	332.40	二、商业贷款	1 050.50
	三、城镇储蓄存款	275.90	三、预购定金贷款	41.70
	四、农村存款	424.10	四、国营农业贷款	5.00
			五、农业贷款	761.00
1980	存款合计	2 431.10	贷款合计	2 912.70
	一、企业存款	959.00	一、工业贷款	505.80
	二、财政性存款	409.00	二、商业贷款	1 333.00
	三、城镇储蓄存款	437.10	三、预购定金贷款	45.60
	四、农村存款	626.00	四、国营农业贷款	7.10
			五、农业贷款	918.20
			五、固定资产贷款	57.90
			六、其他贷款	45.10
1981	存款合计	3 313.80	贷款合计	3 234.60
	一、企业存款	1 259.60	一、工业贷款	505.00
	二、财政性存款	495.80	二、商业贷款	1 375.20
	三、城镇储蓄存款	554.80	三、预购定金贷款	34.00
	四、农村存款	1 003.60	四、国营农业贷款	12.80
			五、农业贷款	1 220.80
			六、固定资产贷款	75.80
			七、其他贷款	11.00

续表

年份	存款		贷款	
	项目	金额	项目	金额
1982	存款合计	5 083.00	贷款合计	4 129.20
	一、企业存款	1 538.00	一、工业贷款	484.70
	二、财政性存款	716.00	二、商业贷款	2 439.00
	三、城镇储蓄存款	744.90	三、预购定金贷款	20.00
	四、农村存款	1 747.00	四、国营农业贷款	7.90
	五、其他存款	337.10	五、农业贷款	1 104.70
			六、固定资产贷款	72.90
1983	存款合计	5 860.30	贷款合计	4 917.50
	一、企业存款	1 863.80	一、工业贷款	681.90
	二、财政性存款	956.30	二、商业贷款	2 886.20
	三、城镇储蓄存款	1 027.30	三、预购定金贷款	20.00
	四、农村存款	1 716.10	四、国营农业贷款	12.50
	五、其他存款	297.30	五、农业贷款	1 269.10
			六、固定资产贷款	47.80
1984	存款合计	6 980.00	贷款合计	8 864.50
	一、企业存款	2 511.00	一、工业贷款	1 404.90
	二、财政性存款	485.00	二、商业贷款	4 443.20
	三、城镇储蓄存款	1 502.80	三、预购定金贷款	30.00
	四、农村存款	1 888.00	四、国营农业贷款	68.80
	五、信托存款	145.80	五、农业贷款	2 244.90
	六、其他存款	447.40	六、固定资产贷款	274.50
			七、其他贷款	398.20
1985	存款合计	11 998.70	贷款合计	31 060.00
	一、企业存款	7 418.40	一、工业贷款	2 599.70
	二、财政性存款	583.40	二、商业贷款	4 670.70
	三、城镇储蓄存款	2 215.00	三、建筑业贷款	30.00
	四、农村存款	1 615.90	四、国营农业贷款	63.00
	五、信托存款	78.00	五、农业贷款	2 046.20
	五、其他存款	88.00	六、固定资产贷款	21 649.60
			七、其他贷款	0.80
1986	存款合计	23 057.20	贷款合计	38 477.70
	一、企业存款	16 549.30	一、工业贷款	4 823.40
	二、财政性存款	695.60	二、商业贷款	7 743.90
	三、城镇储蓄存款	3 632.50	三、建筑企业贷款	1 002.60
	四、农村存款	1 641.60	四、国营农业贷款	136.70
	五、信托存款	328.40	五、农业贷款	587.90
	六、其他存款	209.80	六、固定资产贷款	22 513.10
			七、信托贷款	110.00
			八、其他贷款	19.10
			九、个体工商业贷款	2.70
			十、乡镇企业贷款	1 538.30

续表

年份	存款		贷款	
	项目	金额	项目	金额
1987	存款合计	25 028.90	贷款合计	40 618.90
	一、企业存款	14 873.90	一、工业贷款	4 830.00
	二、财政性存款	984.90	二、商业贷款	8 433.90
	三、城镇储蓄存款	5 882.20	三、建筑企业贷款	536.00
	四、农村存款	2 254.20	四、国营农业贷款	144.10
	五、信托存款	372.00	五、农业贷款	901.20
	六、其他存款	661.70	六、固定资产贷款	23 701.20
			七、信托贷款	202.00
			八、其他贷款	269.30
			九、个体工商业贷款	3.60
			十、乡镇企业贷款	1 597.60
1988	存款合计	31 747.20	贷款合计	50 491.80
	一、企业存款	18 027.30	一、工业贷款	8 757.70
	二、财政性存款	1 842.80	二、商业贷款	11 241.40
	三、城镇储蓄存款	8 842.40	三、建筑企业贷款	1 037.00
	四、农村存款	1 948.10	四、国营农业贷款	208.90
	五、信托存款	568.00	五、农业贷款	905.10
	六、其他存款	518.60	六、固定资产贷款	25 218.60
			七、信托贷款	28.00
			八、其他贷款	1 195.00
			九、个体工商业贷款	3.30
			十、乡镇企业贷款	1 896.80

1989—2019 年朔州市人民币存贷款余额表

单位：万元

年份	项目	金额	项目	金额
1989	存款合计	53 420	贷款合计	101 371
	一、企业存款	31 329	一、工业贷款	15 342
	二、工业存款	5 968	二、商业贷款	28 577
	三、财政存款	-6 931	三、建筑企业贷款	1 444
	四、机关团体存款	1 377	四、个体工商业贷款	58
	五、部队存款	0	五、乡镇企业贷款	6 253
	六、城镇储蓄存款	21 709	其中：固定资产贷款	3 095
	其中：定期储蓄存款	19 038	六、农业贷款	2 661
	活期储蓄存款	2 671	七、固定资产贷款	46 482
	七、农村存款	3 592	八、信托贷款	50
	八、信托存款	1 301	九、其他贷款	504
	九、其他存款	1 063		

续表

年份	项目	金额	项目	金额
1990	存款合计	70 887	贷款合计	182 683
	一、企业存款	38 987	一、工业贷款	20 274
	二、财政存款	–8 376	二、商业贷款	34 845
	三、机关团体部队存款	2 245	三、建筑企业贷款	1 794
	四、城镇储蓄存款	32 003	四、个体工商业贷款	41
	五、农村存款	3 935	五、乡镇企业贷款	6 540
	六、信托存款	833	其中：固定资产贷款	3 165
	七、其他存款	1 260	六、农业贷款	3 485
			七、固定资产贷款	84 363
			八、信托类贷款	50
			九、其他贷款	31 291
1991	存款合计	93 457	贷款合计	253 288
	一、企业存款	47 664	一、流动资金贷款	77 329
	（一）工业存款	8 593	（一）工业贷款	24 928
	（二）商业存款	11 440	（二）商业贷款	43 146
	（三）国营农业存款	1 140	（三）建筑企业贷款	2 444
	（四）集体企业存款	3 078	（四）各体工商业贷款	31
	（五）个体存款	209	（五）乡镇企业贷款	6 780
	（六）专用基金存款	1 024	其中：固定资产贷款	3 305
	（七）单位定期存款	1 913	二、农业贷款	4 171
	其中：单位大额存单	51	（一）国营农业贷款	1 743
	（八）其他企业存款	11 828	（二）集体农业贷款	1 024
	（九）建筑及基建企业存款	8 439	（三）农业贷款	483
	二、财政存款	–8 975	（四）其他类贷款	921
	（一）地方财政存款	1 082	三、固定资产贷款	145 121
	（二）地方财政预算外存款	678	（一）基本建设贷款	140 240
	（三）建行财政性存款	–10 735	（二）技术改造贷款	4 651
	三、机关团体部队存款	2 605	（四）地方经济开发性贷款	230
	四、城镇储蓄存款	45 175	四、信托类贷款	50
	其中：定期储蓄存款	39 032	五、其他类贷款	26 617
	个人大额存单	633		
	五、农村存款	4 741		
	（一）乡镇企业存款	474		
	（二）集体农业存款	117		
	（三）信用社存款	4 150		
	其中：准备金	2 173		
	六、信托类存款	590		
	七、其他类存款	1 657		

续表

年份	项目	金额	项目	金额
1992	存款合计	130 743	贷款合计	302 816
	一、企业存款	59 325	一、流动资金贷款	89 635
	（一）工业存款	12 544	（一）工业贷款	27 672
	（二）商业存款	16 797	（二）商业贷款	51 397
	（三）集体企业存款	4 427	（三）建筑企业贷款	2 944
	（四）个体存款	216	（四）个体工商业贷款	53
	（五）专用基金存款	1 657	（五）乡镇企业贷款	7 569
	（六）单位定期存款	1 840	其中：固定资产贷款	3 455
	其中：单位大额存款	109	二、农业贷款	6 306
	（七）建筑企业存款	12 043	（一）国营农业贷款	2 804
	（八）其他企业存款	9 801	（二）集体农业贷款	1 475
	二、财政存款	57	（三）农户贷款	601
	（一）中央财政存款	-2	（四）其他农业贷款	1 426
	（二）地方财政存款	936	三、固定资产贷款	189 052
	（三）地方财政预算外存款	821	（一）基本建设贷款	183 424
	（四）建行财政性存款	-1 698	（二）技术改造贷款	5 232
	三、机关团体部队存款	2 513	（三）地方经济开发性贷款	396
	四、城镇储蓄存款	56 927	四、信托贷款	450
	其中：定期储蓄存款	47 195	五、其他贷款	17 373
	活期储蓄存款	8 732		
	五、农村存款	7 806		
	其中：乡镇企业存款	1 253		
	集体农业存款	887		
	国营农业存款	167		
	信用社存款	5 499		
	其中：信用社存款准备金	2 739		
	六、信托存款	728		
	七、其他存款	3 387		
1993	存款合计	221 106	贷款合计	440 442
	一、企业存款	80 166	一、流动资金贷款	162 580
	（一）工业存款	22 463	（一）工业贷款	58 129
	（二）商业存款	25 908	（二）商业贷款	87 331
	（三）集体企业存款	5 012	（三）建筑企业贷款	4 225
	（四）个体存款	772	（四）个体工商业贷款	229
	（五）专用基金存款	1 436	（五）乡镇企业贷款	12 666
	（六）单位定期存款	2 126	其中：固定资产贷款	4 712
	其中：单位大额存单	66	二、农业贷款	14 510
	（七）建筑企业存款	13 949	（一）国营农业贷款	5 276
	（八）其他企业存款	8 500	（二）集体农业贷款	3 196
	二、财政存款	2 433	（三）农户贷款	1 572

续表

年份	项目	金额	项目	金额
1993	（一）中央财政存款	20	（四）扶贫贴息贷款	1 319
	（二）地方财政存款	3 801	（五）信用社贷款	5
	（三）地方财政预算外存款	1 046	（六）其他农业贷款	3 142
	（四）建行财政性存款	-2 434	三、固定资产贷款	253 867
	三、机关团体部队存款	3 522	（一）基本建设贷款	241 758
	四、城镇储蓄存款	116 604	（二）技术改造贷款	9 096
	其中：定期储蓄存款	101 169	（三）老少边穷地区发展经济贷款	1 062
	活期储蓄存款	15 435	（四）地方经济开发性贷款	1 951
	五、农村存款	16 662	四、信托贷款	458
	其中：乡镇企业存款	1 457	五、其他贷款	9 027
	集体农业存款	997		
	国营农业存款	378		
	信用社存款	13 830		
	其中：信用社存款准备金	5 712		
	六、信托存款	-5 660		
	七、其他存款	6 379		
1994	存款合计	324 233	贷款合计	517 364
	一、企业存款	108 261	一、短期贷款	248 537
	二、财政存款	-8 137	（一）工业贷款	72 855
	三、机关团体部队存款	3 861	（二）商业贷款	82 153
	四、城镇储蓄存款	164 607	（三）建筑企业贷款	4 660
	五、农户储蓄存款	56 966	（四）个体工商业贷款	1 047
	六、农村乡镇及集体存款	5 103	（五）三资企业贷款	250
	七、信托类存款	-7 304	（六）乡镇企业贷款	37 647
	八、其他类存款	876	（七）农业贷款	27 893
			（八）其他短期贷款	22 032
			二、中长期贷款	261 634
			其中：基本建设贷款	239 058
			技术改造贷款	8 448
			代理开发银行贷款	14 128
			三、信托类贷款	386
			四、其他类贷款	6 807
1995	存款合计	427 750	贷款合计	571 374
	一、企业存款	134 309	一、短期贷款	289 888
	二、财政存款	-9 575	（一）工业贷款	86 593
	三、机关团体部队存款	4 530	（二）商业贷款	92 921
	四、城镇储蓄存款	222 894	（三）建筑企业贷款	5 859
	五、农户储蓄存款	67 220	（四）个体工商业贷款	918
	六、农村乡镇及集体存款	6 867	（五）三资企业贷款	7 907
	七、信托类存款	489	（六）乡镇企业贷款	43 672
	八、其他类存款	1 016	（七）农业贷款	34 610

续表

年份	项目	金额	项目	金额
1995			（八）其他短期贷款	17 408
			二、中长期贷款	269 426
			其中：基本建设贷款	237 038
			技术改造贷款	9 432
			代理开发银行贷款	6 850
			三、信托类贷款	75
			四、其他类贷款	11 985
1996	存款合计	528 789	贷款合计	656 816
	一、企业存款	168 539	一、短期贷款	374 952
	二、财政存款	-15 307	（一）工业贷款	101 825
	三、机关团体部队存款	4 218	（二）商业贷款	112 295
	四、城镇储蓄存款	284 182	（三）建筑企业贷款	6 039
	五、农户储蓄存款	78 266	（四）个体工商业贷款	1 671
	六、农村乡镇及集体存款	6 782	（五）三资企业贷款	43 677
	七、信托类存款	723	（六）乡镇企业贷款	49 103
	八、其他类存款	1 386	（七）农业贷款	41 439
			（八）其他短期贷款	18 903
			二、中长期贷款	267 260
			其中：基本建设贷款	225 344
			技术改造贷款	14 799
			代理开发银行贷款	9 150
			三、信托类贷款	34
			四、其他类贷款	14 570
1997	存款合计	621 881	贷款合计	832 994
	一、企业存款	143 315	一、短期贷款	453 601
	（一）活期存款	119 127	（一）工业贷款	125 302
	（二）定期存款	24 188	（二）商业贷款	141 157
	二、财政存款	5 683	其中：农副产品贷款	72 928
	三、机关团体存款	4 422	（三）建筑业贷款	5 882
	四、储蓄存款	423 453	（四）农业贷款	59 266
	（一）活期储蓄	50 702	（五）乡镇企业贷款	51 237
	（二）定期储蓄	372 751	（六）三资企业贷款	44 940
	五、农业存款	9 150	（七）私营企业及个体贷款	1 735
	六、信托存款	484	（八）其他短期贷款	24 082
	七、委托存款	30 577	二、中长期贷款	334 487

续表

年份	项目	金额	项目	金额
1997	八、其他存款	4 797	（一）基本建设贷款	302 842
			（二）技术改造贷款	19 049
			（三）其他中长期贷款	12 596
			三、信托贷款	20
			四、委托贷款	44 185
			五、逾期类贷款	701
1998	存款合计	705 942	贷款合计	919 293
	一、企业存款	151 264	一、短期贷款	531 426
	（一）活期存款	126 229	（一）工业贷款	139 191
	（二）定期存款	25 035	（二）商业贷款	150 353
	二、财政存款	7 094	其中：农副产品贷款	66 815
	三、机关团体存款	6 600	（三）建筑业贷款	5 681
	四、储蓄存款	491 746	（四）农业贷款	66 245
	（一）活期储蓄	55 868	（五）乡镇企业贷款	60 797
	（二）定期储蓄	435 878	（六）三资企业贷款	75 927
	五、农业存款	10 298	（七）私营企业及个体贷款	2 526
	六、委托存款	28 311	（八）其他短期贷款	30 706
	七、其他存款	10 629	二、中期流动资金贷款	3 296
			三、中长期贷款	331 310
			（一）基本建设贷款	299 949
			（二）技术改造贷款	19 450
			（三）其他中长期贷款	11 911
			四、信托贷款	19
			五、委托贷款	52 892
			六、逾期类贷款	350
1999	存款合计	738 352	贷款合计	917 717
	一、企业存款	180 584	一、短期贷款	545 087
	（一）活期存款	154 356	（一）工业贷款	153 543
	（二）定期存款	26 228	（二）商业贷款	166 295
	二、财政存款	7 445	其中：农副产品贷款	79 490
	三、机关团体存款	7 718	（三）建筑业贷款	4 321
	四、储蓄存款	554 917	（四）农业贷款	75 550
	（一）活期储蓄	73 725	（五）乡镇企业贷款	59 929
	（二）定期储蓄	481 192	（六）三资企业贷款	56 963
	五、农业存款	10 597	（七）私营企业及个体贷款	2 387
	六、委托存款	−26 357	（八）其他短期贷款	26 099
	七、其他存款	3 448	二、中期流动资金贷款	37 758
			三、中长期贷款	327 615
			（一）基本建设贷款	290 555
			（二）技术改造贷款	18 927
			（三）其他中长期贷款	18 133
			四、信托贷款	19
			五、逾期类贷款	7 238

续表

年份	项目	金额	项目	金额
2000	存款合计	846 262	贷款合计	888 011
	一、企业存款	176 931	一、短期贷款	513 436
	（一）活期存款	156 888	（一）工业贷款	137 510
	（二）定期存款	20 043	（二）商业贷款	144 509
	二、财政存款	6 160	其中：农副产品贷款	83 156
	三、机关团体存款	8 232	（三）建筑业贷款	8 665
	四、储蓄存款	649 665	（四）农业贷款	67 227
	（一）活期储蓄	93 417	（五）乡镇企业贷款	55 967
	（二）定期储蓄	556 248	（六）三资企业贷款	58 651
	五、农业存款	12 971	（七）私营企业及个体贷款	974
	六、委托存款	-27 825	（八）其他短期贷款	39 933
	七、其他存款	20 127	其中：个人短期消费贷款	10 226
			二、中期流动资金贷款	47 238
			三、中长期贷款	326 388
			（一）基本建设贷款	281 105
			（二）技术改造贷款	16 665
			（三）其他中长期贷款	28 618
			其中：个人中长期消费贷款	3 823
			四、信托贷款	0
			五、融资租赁	0
			六、委托贷款	0
			七、票据融资	959
			其中：贴现	959
			八、各项垫款	10
2001	存款合计	960 178	贷款合计	904 991
	一、企业存款	210 591	一、短期贷款	527 489
	（一）活期存款	194 570	（一）工业贷款	126 275
	（二）定期存款	16 021	（二）商业贷款	134 143
	二、财政存款	7 855	其中：农副产品贷款	71 597
	三、机关团体存款	14 025	（三）建筑业贷款	2 495
	四、储蓄存款	724 334	（四）农业贷款	76 124
	（一）活期储蓄	119 892	（五）乡镇企业贷款	54 859
	（二）定期储蓄	604 442	（六）三资企业贷款	80 800
	五、农业存款	20 651	（七）私营企业及个体贷款	2 549
	六、委托存款	-41 718	（八）其他短期贷款	50 244
	七、其他存款	24 440	其中：个人短期消费贷款	15 741
			二、中期流动资金贷款	49 702
			三、中长期贷款	325 883
			（一）基本建设贷款	271 542
			（二）技术改造贷款	16 063
			（三）其他中长期贷款	38 278

续表

年份	项目	金额	项目	金额
2001			其中：个人中长期消费贷款	15 303
			四、信托贷款	0
			五、融资租赁	0
			六、委托贷款	0
			七、票据融资	1 907
			其中：贴现	1 907
			八、各项垫款	10
2002	存款合计	1 116 882	贷款合计	985 036
	一、企业存款	258 360	一、短期贷款	602 089
	（一）活期存款	247 653	（一）工业贷款	114 123
	（二）定期存款	10 707	（二）商业贷款	134 493
	二、财政存款	21 583	其中：农副产品贷款	82 709
	三、机关团体存款	14 110	（三）建筑业贷款	4 489
	四、储蓄存款	807 803	（四）农业贷款	104 284
	（一）活期储蓄	157 303	（五）乡镇企业贷款	56 800
	（二）定期储蓄	650 500	（六）三资企业贷款	101 800
	五、农业存款	27 838	（七）私营企业及个体贷款	2 428
	六、委托存款	-42 322	（八）其他短期贷款	83 673
	七、其他存款	29 510	其中：个人短期消费贷款	16 676
			二、中长期流动资金贷款	39 810
			三、中长期贷款	338 973
			（一）基本建设贷款	274 256
			（二）技术改造贷款	3 050
			（三）其他中长期贷款	61 668
			其中：个人中长期消费贷款	32 738
			四、信托贷款	0
			五、融资租赁	0
			六、委托贷款	0
			七、票据融资	4 154
			其中：贴现	4 154
			八、各项垫款	10
2003	存款合计	1 359 504	贷款合计	1 079 268
	一、企业存款	343 373	一、短期贷款	710 056
	（一）活期存款	333 010	（一）工业贷款	227 963
	（二）定期存款	10 363	（二）商业贷款	129 314
	二、财政存款	15 045	其中：农副产品贷款	83 683
	三、机关团体存款	17 941	（三）建筑业贷款	985
	四、储蓄存款	954 864	（四）农业贷款	134 687
	（一）活期储蓄	212 944	（五）乡镇企业贷款	58 355

续表

年份	项目	金额	项目	金额
2003	（二）定期储蓄	741 920	（六）三资企业贷款	65 250
	五、农业存款	41 099	（七）私营企业及个体贷款	3 162
	六、委托存款	-40 279	（八）其他短期贷款	90 339
	七、其他存款	27 461	其中：个人短期消费贷款	17 310
			二、中期流动资金贷款	29 939
			三、中长期贷款	316 362
			（一）基本建设贷款	236 536
			（二）技术改造贷款	4 684
			（三）其他中长期贷款	75 142
			其中：个人中长期消费贷款	45 311
			四、信托贷款	0
			五、融资租赁	0
			六、委托贷款	0
			七、票据融资	22 912
			其中：贴现	22 912
			八、各项垫款	0
2004	存款合计	1 727 842.04	贷款合计	1 001 612
	一、企业存款	434 316.05	一、短期贷款	611 929
	（一）活期存款	417 033	（一）工业贷款	142 792
	（二）定期存款	17 283.05	（二）商业贷款	113 420
	二、财政存款	37 751.08	其中：农副产品贷款	73 691
	三、机关团体存款	29 209.04	（三）建筑业贷款	53
	四、储蓄存款	1 183 621.02	（四）农业贷款	189 597
	（一）活期储蓄	310 144.01	（五）乡镇企业贷款	35 025
	（二）定期储蓄	873 477.01	（六）三资企业贷款	35 000
	五、农业存款	58 607.07	（七）私营企业及个体贷款	5 117
	六、委托存款	-40 440.09	（八）其他短期贷款	90 926
	七、其他存款	24 776.07	其中：个人短期消费贷款	18 816
			二、中长期流动资金贷款	17 282
			三、中长期贷款	332 643
			（一）基本建设贷款	236 794
			（二）技术改造贷款	23 885
			（三）其他中长期贷款	71 964
			其中：个人中长期消费贷款	42 131
			四、信托贷款	0
			五、融资租赁	0
			六、委托贷款	0
			七、票据融资	39 758
			其中：贴现	39 758
			八、各项垫款	0

续表

年份	项目	金额	项目	金额
2005	存款合计	2 343 916	贷款合计	892 322
	一、企业存款	567 152	一、短期贷款	569 895
	（一）活期存款	542 266	（一）工业贷款	107 366
	（二）定期存款	24 886	（二）商业贷款	134 997
	二、财政存款	54 254	其中：农副产品贷款	98 819
	三、机关团体存款	53 362	（三）建筑业贷款	500
	四、储蓄存款	1 567 342	（四）农业贷款	224 074
	（一）活期储蓄	452 752	（五）乡镇企业贷款	46 063
	（二）定期储蓄	1 114 589	（六）三资企业贷款	0
	五、农业存款	70 835	（七）私营企业及个体贷款	4 262
	六、委托存款	783	（八）其他短期贷款	52 633
	七、其他存款	31 754	其中：个人短期消费贷款	12 987
			二、中长期贷款	275 934
			（一）基本建设贷款	175 851
			（二）技术改造贷款	4 904
			（三）其他中长期贷款	95 179
			其中：个人中长期消费贷款	38 045
			三、信托贷款	0
			四、融资租赁	0
			五、委托贷款	0
			六、票据融资	44 098
			其中：贴现	44 098
			七、各项垫款	2 395
2006	存款合计	3 059 956	贷款合计	1 131 051
	一、企业存款	731 938	一、短期贷款	814 501
	（一）活期存款	695 692	（一）工业贷款	158 112
	（二）定期存款	36 246	（二）商业贷款	141 336
	二、财政存款	103 151	其中：农副产品贷款	0
	三、机关团体存款	70 202	（三）建筑业贷款	9 198
	四、储蓄存款	1 982 058	（四）农业贷款	332 196
	（一）活期储蓄	657 091	（五）乡镇企业贷款	89 815
	（二）定期储蓄	1 324 967	（六）三资企业贷款	0
	五、农业存款	137 781	（七）私营企业及个体贷款	1 188
	六、信托存款	—	（八）其他短期贷款	82 656
	七、委托存款	-4 670	其中：个人短期消费贷款	19 468
	八、其他存款	39 495	二、中长期贷款	216 030
			（一）基本建设贷款	120 774
			（二）技术改造贷款	5 770
			（三）其他中长期贷款	89 486

续表

年份	项目	金额	项目	金额
2006			其中：个人中长期消费贷款	21 800
			三、信托贷款	0
			四、融资租赁	0
			五、委托贷款	0
			六、票据融资	98 684
			其中：贴现	98 684
			七、各项垫款	1 836
2007	存款合计	3 771 282	贷款合计	1 152 819
	一、企业存款	849 659	一、短期贷款	912 740
	（一）活期存款	786 931	（一）工业贷款	132 689
	（二）定期存款	62 728	（二）商业贷款	163 532
	二、财政存款	173 521	（三）建筑业贷款	6 965
	三、机关团体存款	82 409	（四）农业贷款	450 618
	四、储蓄存款	2 411 723	（五）乡镇企业贷款	97 898
	（一）活期储蓄	844 504	（六）三资企业贷款	0
	（二）定期储蓄	1 567 219	（七）私营企业及个体贷款	4 427
	五、农业存款	198 388	（八）其他短期贷款	56 611
	六、信托存款	—	其中：个人短期消费贷款	3 716
	七、委托存款	-1 298	二、中长期贷款	212 837
	八、其他存款	56 882	（一）基本建设贷款	98 918
			（二）技术改造贷款	6 760
			（三）其他中长期贷款	107 160
			其中：个人中长期消费贷款	19 611
			三、信托贷款	0
			四、融资租赁	0
			五、委托贷款	0
			六、票据融资	24 612
			其中：贴现	24 612
			七、各项垫款	2 629
2008	存款合计	5 247 196	贷款合计	1 437 293
	一、企业存款	1 096 940	一、短期贷款	104 326
	（一）活期存款	975 990	（一）工业贷款	156 505
	（二）定期存款	120 950	（二）商业贷款	166 911
	二、财政存款	174 891	（三）建筑业贷款	5 002
	三、机关团体存款	188 916	（四）农业贷款	562 954
	四、储蓄存款	3 434 902	（五）乡镇企业贷款	61 168
	（一）活期储蓄	1 180 398	（六）三资企业贷款	0
	（二）定期储蓄	2 254 503	（七）私营企业及个体贷款	3 486
	五、农业存款	247 918	（八）其他短期贷款	87 400

续表

年份	项目	金额	项目	金额
2008	六、信托存款	—	其中：个人短期消费贷款	1 580
	七、委托存款	2 661	二、中长期贷款	258 310
	八、其他存款	100 968	（一）基本建设贷款	128 917
			（二）技术改造贷款	7 260
			（三）其他中长期贷款	122 132
			其中：个人中长期消费贷款	16 397
			三、信托贷款	0
			四、融资租赁	0
			五、委托贷款	0
			六、票据融资	133 211
			其中：贴现	133 211
			七、各项垫款	2 347
2009	存款合计	6 398 662	贷款合计	1 789 635
	一、企业存款	1 462 890	一、短期贷款	1 119 319
	（一）活期存款	1 148 423	（一）工业贷款	196 906
	（二）定期存款	314 467	（二）商业贷款	173 783
	二、财政存款	261 602	（三）建筑业贷款	5 639
	三、机关团体存款	235 566	（四）农业贷款	615 845
	四、储蓄存款	3 988 243	（五）乡镇企业贷款	66 897
	（一）活期储蓄	1 536 478	（六）三资企业贷款	0
	（二）定期储蓄	2 451 765	（七）私营企业及个体贷款	10 197
	五、农业存款	384 684	（八）其他短期贷款	50 051
	六、信托存款	—	其中：个人短期消费贷款	5 108
	七、委托存款	1 563	二、中长期贷款	463 087
	八、其他存款	64 114	（一）基本建设贷款	237 867
			（二）技术改造贷款	6 260
			（三）其他中长期贷款	218 960
			其中：个人中长期消费贷款	26 780
			三、信托贷款	0
			四、融资租赁	0
			五、委托贷款	0
			六、票据融资	205 225
			其中：贴现	205 225
			七、各项垫款	2 003
2010	存款合计	7 641 190	贷款合计	1 976 763
	一、企业存款	2 006 392	一、境内贷款	1 976 763
	(一)活期存款	1 725 133	（一）短期贷款	1 128 724
	(二)定期存款	281 258	1. 个人贷款及透支	623 321
	二、财政存款	387 720	其中：个人消费贷款	7 323

续表

年份	项目	金额	项目	金额
2010	三、机关团体存款	409 813	2. 单位贷款及透支	484 587
	四、储蓄存款	4 447 782	其中：经营贷款	443 884
	(一)活期储蓄	1 740 302	固定资产贷款	40 700
	(二)定期储蓄	2 707 480	3. 普通并购贷款	0
	五、农业存款	241 219	4. 银团贷款	0
	六、信托存款	—	5. 贸易融资	20 815
	七、委托存款	37 274	(二)中长期贷款	781 811
	八、其他存款	110 990	1. 个人贷款	97 954
			其中：个人消费贷款	44 722
			2. 单位贷款	574 717
			其中：经营贷款	265 438
			固定资产贷款	309 279
			3. 普通并购贷款	29 000
			4. 银团贷款	80 140
			5. 贸易融资	0
			(三)信托贷款	0
			(四)融资租赁	0
			(五)委托贷款	0
			(六)票据融资	66 228
			其中：贴现	66 228
			(七)各项垫款	0
			二、境外贷款	0
2011	存款合计	9 148 352	贷款合计	2 718 498
	一、单位存款	3 582 121	一、境内贷款	2 718 498
	其中：活期存款	3 154 507	(一)短期贷款	1 259 882
	定期存款	400 913	1. 个人贷款及透支	681 528
	通知存款	400	其中：个人消费贷款	7 317
	保证金存款	11 269	2. 单位普通贷款及透支	536 726
	二、个人存款	5 204 503	其中：经营贷款	492 741
	其中：储蓄存款	5 202 384	固定资产贷款	43 981
	保证金存款	—	3. 普通并购贷款	0
	结构性存款	2 118	4. 银团贷款	0
	三、财政性存款	332 718	5. 贸易融资	41 628
	四、临时性存款	27 425	6. 境外筹资转贷款	0
	五、委托存款	825	(二)中长期贷款	1 242 815
	六、其他存款	761	1. 个人贷款	169 742
			其中：个人消费贷款	69 033
			2. 单位普通贷款	880 258
			其中：经营贷款	186 194

续表

年份	项目	金额	项目	金额
2011			固定资产贷款	694 064
			3. 普通并购贷款	92 800
			4. 银团贷款	99 840
			5. 贸易融资	0
			6. 境外筹资转贷款	174
			（三）融资租赁	0
			（四）票据融资	215 802
			其中：贴现	215 802
			（五）各项垫款	0
			二、境外贷款	0
2012	存款合计	10 521 039	贷款合计	3 813 290
	一、单位存款	4 072 619	一、境内贷款	3 813 290
	其中：活期存款	3 440 907	（一）短期贷款	1 736 951
	定期存款	585 984	1. 个人贷款及透支	805 422
	通知存款	15 935	其中：个人消费贷款	12 986
	保证金存款	24 276	2. 单位普通贷款及透支	854 984
	二、个人存款	5 970 538	其中：经营贷款	854 881
	其中：储蓄存款	5 940 726	固定资产贷款	100
	保证金存款	372	3. 普通并购贷款	0
	结构性存款	29 440	4. 银团贷款	0
	三、财政性存款	426 330	5. 贸易融资	76 545
	四、临时性存款	49 072	6. 境外筹资转贷款	0
	五、委托存款	49	（二）中长期贷款	1 733 135
	六、其他存款	2 430	1. 个人贷款	226 891
			其中：个人消费贷款	90 720
			2. 单位普通贷款	1 245 790
			其中：经营贷款	247 416
			固定资产贷款	998 373
			3. 普通并购贷款	108 609
			4. 银团贷款	151 758
			5. 贸易融资	0
			6. 境外筹资转贷款	87
			（三）融资租赁	0
			（四）票据融资	343 204
			其中：贴现	343 204
			（五）各项垫款	0
			二、境外贷款	0

续表

年份	项目	金额	项目	金额
2013	存款合计	10 941 783	贷款合计	4 696 725
	一、单位存款	3 809 409	一、境内贷款	4 696 725
	其中：活期存款	3 002 161	（一）短期贷款	2 147 271
	定期存款	684 352	1. 个人贷款及透支	931 410
	通知存款	15 598	其中：个人消费贷款	30 604
	保证金存款	92 473	2. 单位普通贷款及透支	1 176 351
	二、个人存款	6 698 285	其中：经营贷款	1 176 348
	其中：储蓄存款	6 620 031	固定资产贷款	0
	保证金存款	789	3. 普通并购贷款	0
	结构性存款	77 465	4. 银团贷款	0
	三、财政性存款	377 141	5. 贸易融资	39 511
	四、临时性存款	45 845	6. 境外筹资转贷款	0
	五、委托存款	35	（二）中长期贷款	2 126 055
	六、其他存款	11 068	1. 个人贷款	277 577
			其中：个人消费贷款	120 384
			2. 单位普通贷款	1 662 338
			其中：经营贷款	470 771
			固定资产贷款	1 191 567
			3. 普通并购贷款	77 819
			4. 银团贷款	108 321
			5. 贸易融资	0
			6. 境外筹资转贷款	0
			（三）融资租赁	0
			（四）票据融资	423 399
			其中：贴现	423 399
			（五）各项垫款	0
			二、境外贷款	0
2014	存款合计	11 213 395	贷款合计	5 129 300
	一、单位存款	3 253 608	一、境内贷款	5 129 300
	其中：活期存款	2 252 612	（一）短期贷款	2 047 633
	定期存款	836 927	1. 个人贷款及透支	838 330
	通知存款	10 558	其中：个人消费贷款	53 060
	保证金存款	114 005	2. 单位普通贷款及透支	1 198 322
	二、个人存款	7 431 413	其中：经营贷款	1 178 294
	其中：储蓄存款	7 362 541	固定资产贷款	20 000
	保证金存款	1 221	3. 普通并购贷款	0
	结构性存款	67 651	4. 银团贷款	0
	三、财政性存款	494 323	5. 贸易融资	10 981
	四、临时性存款	24 916	6. 境外筹资转贷款	0

续表

年份	项目	金额	项目	金额
2014	五、委托存款	-930	（二）中长期贷款	2 448 875
	六、其他存款	10 065	1. 个人贷款	451 367
			其中：个人消费贷款	159 667
			2. 单位普通贷款	1 837 796
			其中：经营贷款	588 148
			固定资产贷款	1 249 647
			3. 普通并购贷款	55 631
			4. 银团贷款	104 081
			5. 贸易融资	0
			6. 境外筹资转贷款	0
			（三）融资租赁	0
			（四）票据融资	632 793
			其中：贴现	632 793
			（五）各项垫款	0
			二、境外贷款	0
2015	存款合计	11 916 957	贷款合计	5 586 064
	一、境内存款	11 916 207	一、境内贷款	5 586 064
	（一）个人存款	8 315 658	（一）住户贷款	1 372 174
	其中：储蓄存款	7 829 562	1. 短期贷款	795 241
	其他存款	486 096	其中：消费贷款	61 342
	（二）非金融企业存款	1 857 896	经营贷款	733 899
	其中：活期存款	1 436 104	2. 中长期贷款	576 933
	定期及其他存款	421 792	其中：消费贷款	176 322
	（三）机关团体存款	1 408 350	经营贷款	400 611
	（四）财政性存款	322 512	（二）非金融企业及机关团体贷款	4 213 890
	（五）非存款类金融机构存款	11 792	1. 短期贷款	1 295 219
	二、境外存款	749	2. 中长期贷款	2 203 284
			3. 票据融资	715 387
			4. 融资租赁	0
			5. 各项垫款	0
			（三）非存款类金融机构贷款	0
			二、境外贷款	0
2016	存款合计	12 959 463	贷款合计	5 773 341
	一、境内存款	12 958 957	一、境内贷款	5 773 341
	（一）个人存款	9 143 321	（一）住户贷款	1 510 550
	其中：储蓄存款	8 243 116	1. 短期贷款	810 352
	其他存款	900 205	其中：消费贷款	73 734
	（二）非金融企业存款	2 071 125	经营贷款	736 618
	其中：活期存款	1 684 207	2. 中长期贷款	700 198

续表

年份	项目	金额	项目	金额
2016	定期及其他存款	386 918	其中：消费贷款	212 209
	（三）机关团体存款	1 484 535	经营贷款	487 989
	（四）财政性存款	219 747	（二）非金融企业及机关团体贷款	4 262 791
	（五）非存款类金融机构存款	40 229	1. 短期贷款	1 227 928
	二、境外存款	506	2. 中长期贷款	2 286 617
			3. 票据融资	746 259
			4. 融资租赁	0
			5. 各项垫款	1 987
			（三）非存款类金融机构贷款	0
			二、境外贷款	0
2017	存款合计	13 811 350	贷款合计	6 237 786
	一、境内存款	13 811 023	一、境内贷款	6 237 786
	（一）个人存款	9 886 577	（一）住户贷款	1 810 024
	其中：储蓄存款	8 498 648	1. 短期贷款	920 701
	其他存款	1 387 929	其中：消费贷款	143 358
	（二）非金融企业存款	1 953 624	经营贷款	777 343
	其中：活期存款	1 676 585	2. 中长期贷款	889 323
	定期及其他存款	277 040	其中：消费贷款	268 517
	（三）机关团体存款	1 758 870	经营贷款	620 806
	（四）财政性存款	160 146	（二）非金融企业及机关团体贷款	4 405 762
	（五）非存款类金融机构存款	51 805	1. 短期贷款	1 319 030
	二、境外存款	327	2. 中长期贷款	2 349 706
			3. 票据融资	737 026
			4. 融资租赁	0
			5. 各项垫款	0
			（三）非存款类金融机构贷款	22 000
			二、境外贷款	0
2018	存款合计	15 314 694	贷款合计	7 383 768
	一、境内存款	15 314 388	一、境内贷款	7 383 768
	（一）个人存款	10 812 311	（一）住户贷款	2 075 405
	其中：储蓄存款	8 528 918	1. 短期贷款	1 020 321
	其他存款	2 283 393	其中：消费贷款	141 406
	（二）非金融企业存款	2 432 575	经营贷款	878 915
	其中：活期存款	1 922 949	2. 中长期贷款	1 055 085
	定期及其他存款	509 626	其中：消费贷款	325 874
	（三）机关团体存款	1 923 906	经营贷款	729 211
	（四）财政性存款	130 261	（二）非金融企业及机关团体贷款	5 300 363
	（五）非存款类金融机构存款	15 335	1. 短期贷款	1 782 948
	二、境外存款	305	2. 中长期贷款	2 714 159

续表

年份	项目	金额	项目	金额
2018			3. 票据融资	780 956
			4. 融资租赁	0
			5. 各项垫款	22 300
			（三）非存款类金融机构贷款	8 000
			二、境外贷款	0
2019	存款合计	16 835 141	贷款合计	8 615 456
	一、境内存款	16 834 800	一、境内贷款	8 615 456
	（一）个人存款	11 977 669	（一）住户贷款	2 222 907
	其中：储蓄存款	9 166 051	1. 短期贷款	1 029 082
	其他存款	2 811 618	其中：消费贷款	185 458
	（二）非金融企业存款	2 677 018	经营贷款	843 624
	其中：活期存款	2 037 884	2. 中长期贷款	1 193 825
	定期及其他存款	639 134	其中：消费贷款	450 563
	（三）机关团体存款	1 898 205	经营贷款	743 262
	（四）财政性存款	266 600	（二）非金融企业及机关团体贷款	6 371 199
	（五）非存款类金融机构存款	15 308	1. 短期贷款	1 818 021
	二、境外存款	341	2. 中长期贷款	3 821 315
			3. 票据融资	703 064
			4. 融资租赁	0
			5. 各项垫款	28 800
			（三）非存款类金融机构贷款	21 350
			二、境外贷款	0

后　记

根据《山西省地方志事业发展规划纲要（2015—2020年）》要求，2020年初，朔州市委在召开的第二轮地方志编纂推进会上，安排市人行负责组织撰写《朔州市志》金融部分，同时市委常委、副市长张韬要求由市人行牵头组织并由我负责主编朔州市金融专志。接此任务，我深感责任重大，甚是荣幸！

其实，在接受这一光荣而艰巨的任务之前，我也曾萌生过编修一本关于金融或人行年鉴的想法，对任期业内工作进行全面汇总，因手头相关档案、资料充足，做起来也比较顺手。但编纂《朔州市金融志》这样一部体量大、难度高的志书，无论其广度、深度、难度还是专业性，都与我先前设想的“资料汇编”不可同日而语，且考虑到自己视神经萎缩，能力有限，因此惴惴不安，唯恐不能胜任，辜负了组织的重托、领导的期望！

而最终促使我下定决心编纂《朔州市金融志》的因素很多。首先，党的十八大以来，以习近平同志为核心的党中央高度重视地方志工作，习近平总书记发表了一系列关于地方志工作的重要论述，为我们“读志、用志、修志”指明了方向、树立了典范，我们必须认真贯彻，积极践行。其次，朔州市在全省第二轮修志中进展相对滞后，且至今也没有一部金融行业专志，市委安排编纂朔州市金融专志，既是一项政治任务，也是组织对人民银行和自己的信任，责无旁贷。最后，清雍正年间阳高县儒学教授、训导事苏之芬（鄯阳人，今朔州人）早在雍正六年便为阳高县主编了首部6万字的《阳高县志》，距今已293年。作为阳高人，我青年时也有幸拜读，至今记忆犹新。今机缘巧合，我调任到朔州市工作，能为苏老先生故里修志出力，也是对他老人家曾经造福阳高县的最好纪念！

人类总是在一次次探索中开拓创新、不断进步、实现突破。说起来，我与修志结缘甚早，也积累了一些经验。自1987年参与撰写《阳高县志》金融部分，2002年主编《广灵县金融志》，2016年统编《大同金融志》以来，我已参与3次修志工作。30多年断断续续、跌跌撞撞的修志生涯，让我对修志之事理解愈深，对修志之难认识越透，对修志之意义重大体会更甚！修志是促进后人资政、存史、教化的金融文化大事，虽然其体系庞大且任务艰巨，但为填补朔州在这项工作上的空白，我逐渐坚定了排除万难也要修一本朔州市金融行业专志的信心和决心。

“心”有了，“行”便笃定。中国人民银行朔州市中心支行党委经研究，决定联合朔州市金融工作办公室、市银保监分局，组织辖内银、证、保等51家相关机构，正式成立《朔州市金融志》编纂委员会。《朔州市金融志》编纂工作从2020年3月启动。初期，市农行解锋积极提供

《朔州市分行志》以供编委会参考。2020年9月完成初稿；11月，完成定稿。此后，《阳高县志》主编郭海用一个半月时间对部分内容进行修改，共删减21533字，修改7599字；2020年12月25日完成清样稿并寄送中国金融出版社。其间，省地方志研究院副院长刘益令、方志编研四室主任董剑云也对修志工作进行讲授指导。之后，我们又用半年多时间进行自我加压、反复修改、精雕细琢，在原来纯字数100万字的基础上继续缩减46万字，并增加综合篇、人物篇、纪略篇等篇目共25万字。其间，我提出一系列修改意见与要求，如根据各个时期实现文本去流水账化，编设标题多立目、多分类等。魏炳华、刘为民、马震、梁荣、黄文贞、郭峻峰（大同）、苏强、张广元8位同志积极配合工作，梁恒山则负责统筹协调沟通各方，与各金融机构做好资料对接，同时对初稿进行梳理。在相关领导、同志们的指导帮助、鼎力支持下，通过编写组64名成员的不懈努力，历时536天，数易其稿，《朔州市金融志》终于付梓。

《朔州市金融志》全书百万余字，体量巨大，修志过程中所遇困难不胜枚举。比如，有人对修志认识不同，所以不予理解，但我还是坚持以“愚公移山”之志推进修志工作。再如，我虽眼部不适，但作为主编，需对每个篇章节目反复修正，并参与资料收集，稿件撰写、评审、编辑全过程，有时难免疲乏，但重担在肩，丝毫不敢有所懈怠！我深知，修志一事兹事体大，尽管有几次修志经历，却也不敢托大，时常忧心此番行事是否正确。也常深夜辗转，推敲志中措辞，琢磨怎样解决新问题，思考如何进行下一步，有时一晃大半夜便过去了。

由于时间紧、任务重，志书中难免存在一些遗憾和不足，如管理篇只有人行而几乎无其他机构内容等体量不均的问题。对于本书的不足与纰漏之处，望读者不吝赐教、批评指正。当然，有缺陷与不足，也有进步与创新。本志书严格按照横分纵述、不缺项不断项、多立目多横排等修志标准体例撰写。同时，货币篇、机构篇、纪略篇等篇章特色突出，有所突破与创新。

《朔州市金融志》能够顺利出版，首先要感谢省志院、市委的领导们提出建设性的意见，感谢市委书记姜四清的悉心指导，感谢朔州市市长吴秀玲，朔州市人大常委会主任冯云龙，朔州市政协主席张立新，以及市委副秘书长、政研室主任郑羽提出的宝贵建议和意见，感谢郭海老师的悉心指导，感谢编委会全体成员的日夜耕耘、勤恳奉献，也要感谢提供资料的“无名英雄”！

国有史、郡有志、家有谱，则国有根、郡有源、家有底，文明才能流传存续。值此建党100周年之际，谨以本书献给伟大的中国共产党！献给勤劳淳朴的朔州人民！献给历久弥新的修志事业！献给美丽厚重的朔州大地！

《朔州市金融志》编纂委员会主任

衛文江

2021年9月6日晚